许慎文化研究 （肆）

——第四届许慎文化国际研讨会论文集　上

王蕴智　晁伟　李艳华　主编

江西人民出版社
Jiangxi People's Publishing House
全国百佳出版社

图书在版编目（CIP）数据

许慎文化研究.四：全3册/王蕴智，晁伟，李艳
华主编. -- 南昌：江西人民出版社，2019.12
　　ISBN 978-7-210-11876-3

　　Ⅰ.①许… Ⅱ.①王… ②晁… ③李… Ⅲ.①《说文
》-研究②许慎（约54-约147）-人物研究 Ⅳ.
①H161 ②K825.5

中国版本图书馆CIP数据核字(2019)第281335号

许慎文化研究（四）（全3册） 王蕴智　晁伟　李艳华　主编

责任编辑：李月华

特约编辑：张丽华

书籍设计：同异文化传媒

出　　　版：江西人民出版社

发　　　行：各地新华书店

地　　　址：江西省南昌市三经路47号附1号

编辑部电话：0791-86898143

发行部电话：0791-86898815

邮　　编：330006　　网址：www.jxpph.com

E-mail:270446326@qq.com

2019年12月第1版　2019年12月第1次印刷

开　　本：1/16　787毫米×1092毫米

印　　张：58.25　字数：1022千字　插页：12

ISBN 978-7-210-11876-3

定　　价：218.00元

承　印　厂：长沙超峰印刷有限公司

赣版权登字—01—2019—907

第四届许慎文化国际研讨会开幕式在许慎文化园中华汉字体验馆举行。

　　来自韩国、加拿大、中国香港、中国台湾等国家和地区以及清华大学、复旦大学等高校的百余名专家学者参加开幕式。

中国文字学会会长黄德
宽在开幕式上讲话。

漯河市政协主席吕岩在
开幕式上致辞。

漯河市人民政府副市长
栗社臣主持开幕式。

在第四届许慎文化国际研讨会开幕式上，专家们围绕"新时代许慎文化的传承与弘扬"发表主旨演讲。

教育部"长江学者"特聘教授、清华大学中文系主任李守奎先生发表《创新——"六书"理论与〈说文解字〉给我们的启示》主旨演讲。

中国训诂学研究会会长，北京师范大学教授、博士生导师朱小健先生发表《许慎精神的当下价值》主旨演讲。

北京师范大学文学院教授、博士生导师，汉字研究与现代应用实验室主任，教育部重点基地民俗典籍文字研究中心副主任王立军先生发表《〈说文〉的内在系统性及其在训诂实践中的应用》主旨演讲。

河南省文字学会会长，河南大学教授、博士生导师王蕴智先生发表《中原地区汉字文化创意实践简述》主旨演讲。

青年学者代表、南通大学文学院副院长张学城先生发表《〈说文〉古文新证（五则）》主旨演讲。

第四届许慎文化国际研讨会开展学术研讨活动。本次研讨会共收到高水平学术论文96篇，并开办了青年学者专场研讨会。

海内外专家陈述观点，展开讨论。

与会青年学者认真研讨，互相交流。

香港能仁专上学院副校长（学术）暨文学院院长及中文系主任，香港大学中文学院荣誉教授单周尧先生书"字学无双"惠赠许慎文化园。

中国台湾"中研院"历史语言研究所研究员蔡哲茂先生惠赠许慎文化园《甲骨缀合集》。

漯河市政府副秘书长徐长来为单周尧先生颁发"收藏证书"。

第四届许慎文化国际研讨会在漯河市圆满闭幕。

王蕴智（左一）、黄德宽（左二）、朱小健（右二）、栗社臣（右一）出席闭幕式。

字圣故里、汉字名城——河南漯河。

全国重点文物保护单位、国家 AAAA 级旅游景区——许慎文化园。

薪火相传 继往开来（代序）

黄德宽

　　许慎及其《说文解字》是中国学术史上一颗璀璨的明珠，不仅在传统学术领域享有崇高的历史地位，以当代的学术眼光来看，它依然熠熠生辉，至今还是具有重要参考价值的学术经典。一部学术著作能辉映古今两千年，这在世界学术史上也堪称奇迹！"许慎文化"，是对许慎在经学、文字学、训诂学等方面所涉及的内容、取得的成就以及许慎精神的简洁概括和表述，是一个内涵丰富的学术概念，需要进行深入的揭示和阐释。正如第九届、第十届全国人大常委会副委员长许嘉璐先生所指出的："一部《说文解字》，不仅给了当时和后代一把打开古代文化的钥匙，而且在人生的价值、对学术意义的追求、治学应有的精神和治学方法等多方面，都有着它留给我们的财富。"这就是"许慎文化"的魅力所在！

　　2005年以来，在许嘉璐先生的指导下，中国文字学会和中国训诂学研究会与漯河市合作，已连续四次举办许慎文化国际研讨会。十多年来，我们目睹了漯河市经济社会的快速发展和巨大进步。尤其是漯河在传承许慎文化精神、建设汉字文化名城方面所取得的成就，让我们深受鼓舞！从第一届许慎文化国际研讨会正式提出"许慎文化"这一概念以来，专家学者们围绕许慎的生平事迹与学术思想、许慎的经学成就、《说文》的成就和价值、许慎精神的当代意义等许多课题进行了深入研究,取得了不少新的成果。这些研究使"许慎文化""汉字文化"等内涵越来越清晰地呈现出来。可以说,连续三届许慎文化国际研讨会的召开,将传统文字学、训诂学和"许学"的研究提升到了一个更高的水平。漯河打造许慎文化国际研讨会这个学术品牌,不仅体现了漯河人民对先贤的尊崇和礼敬,对发扬光大先贤精神的自觉,也为中国文字学、训诂学的当代发展做出了积极的贡献。在第四届许慎文化国际研讨会隆重开幕之际,我们谨向古代的先贤许慎和今天的漯河人民,致以我们崇高的敬意!

　　许慎文化的弘扬光大,体现了漯河市委、市政府推进经济社会发展的远见卓识。市委、市政府着眼于漯河经济社会发展的战略定位,对许慎文化当代价值的认识不断深化,通过修建许慎文化园、打造汉字文化实践基地、举办许慎文化和汉字教学国际学术会议、建设汉字文化名城等多项举措,将许慎文化的弘扬与贯彻落实党中央文化强国建设的战略目标结合起来,与制定实施漯河市经济社会发展战略规划结合起来,产生了广泛而深远的影响,使漯河在地域传统文化传承和当代文化建设方面声名远播。当前,市委、市政府进一步把打造具有漯河特色的中华汉字文化名城,作为漯河城市发展"四城同建"的内容之一,为弘扬许慎文化注入了新的时代精神。漯河市将传统文化的弘扬与当代经济社会发展有机结合、长期坚持、持续深化,是促进优秀传统文化创造性转化、创新性发展的一个成功的范例。中国文字学会和训诂学研究会作为有影响的国家级学术团体,两会汇聚了国内代表性的优秀学者,在推进文字学、训诂学研究的同时,我们走出书斋,投身实践,十余年来与漯河市长期合作,举办许慎文化国际研讨会。这是人文知识分子服务经济社会发展的有益尝试。每次来到漯河,我们都深切地感受到漯河的发展变化，看到漯河精神文明建设所取得的成果，我们能为漯河的文化建设尽一份绵薄之力深感荣幸，与漯河十余年的合作，也启示我们学者如何寻找合适的路径更好地服务社会、奉献社会。为了使许慎文化国际研讨会能持续办好，本届研讨会设立了"青年学者专场"，邀请了部分优秀的青年学者参会。青年学者代表学术的未来，我们期待许慎文化精神能薪火相传，继往开来，通过一代代学者不断发扬光大。

汉字乃中华文化根脉之所系，汉字文化是中华文化中最核心的内容，许慎文化既是汉字文化也是中华优秀传统文化的重要组成部分。今天我们在许慎故里召开国际研讨会，其影响绝不仅仅局限于漯河，其意义也绝不仅仅局限于当下。漯河弘扬许慎文化，打造汉字文化名城，不仅有着重要的现实意义，也具有深远的历史意义。

本文系作者在 2018 年第四届许慎文化国际研讨会开幕式上讲话的整理修改稿。

黄德宽，中国文学学会会长、清华大学出土文献研究与保护中心主任。

目　录

上　卷

中　册

下 册

上卷

《说文解字》的辞书学观照

李建国

国家语委

　　【摘要】许慎《说文解字》是中国字典之祖。它创造性地借鉴了此前《尔雅》《方言》及小学类字书的编纂法则，是第一部建立在经学、语言文字学研究基础上的宗旨明确、理论坚实、方法科学、体例严密的汉语辞书。历代辞书，无论是共时描写型的，还是历时考释型的，无不以引领语言文字应用、传承历史文化为主旨。《说文》为其后辞书树立标志。后世辞书应时而作，代有更易，而编纂之宗旨和路径，大抵不外《说文》所创立的规制，至今为辞书学所借鉴。

　　【关键词】说文　文字研究　系统方法　历史借鉴

一、《说文》开创了辞书编纂的新时代

　　中华文化，自夏、商、周以迄战国，历经分合损益，至秦朝而短暂一统，到汉代终于集大成。汉代出现了可靠的学术著作、历史记录、词典编纂，以及对先秦经典的大量注释，是中华文化兴盛的奠基时代。辞典是浓缩的集约型文化载体，如果没有理解汉代人使用某个词语时所对应的实物及其渊源流变，准确读解是不可能做到的。许慎的《说文解字》，在历史与现实的交汇位点上鉴古用今、继往开来，创造性地以辞典的物质媒介形态，载录了两汉的语言文字和学术文化，开创了中国辞书编纂的新时代。

　　许慎以"五经无双"名世。以小学即文字学通经学，是汉代古文经学家治学大法。许慎之前已有"辞书"的胚胎，即所谓"小学类"书籍。据《汉书·艺文志》"小学"类载："《史籀篇》者，周时史官教学童书也，与孔氏壁中古文异体。《仓颉》七章者，秦丞相李斯所作也；《爰历》六章者，车府令赵高所作也；《博学》七章者，太史令胡毋敬所作也：文字多取《史籀篇》，而篆体复颇异，所谓秦篆者也。是时始造隶

书矣，起于官狱多事，苟趋省易，施之于徒隶也。汉兴，闾里书师合，《仓颉》《爰历》《博学》三篇，断六十字以为一章，凡五十五章，并为《仓颉篇》。武帝时司马相如作《凡将篇》，无复字。元帝时黄门令史游作《急就篇》，成帝时将作大匠李长作《元尚篇》，皆《仓颉》中正字也。《凡将》则颇有出矣。至元始中，征天下通小学者以百数，各令记字于庭中。扬雄取其有用者以作《训纂篇》，顺续《仓颉》，又易《仓颉》中重复之字，凡八十九章。臣复续扬雄作十三章，凡一百二章，无复字，六艺群书所载略备矣。"继班固之后，东汉和帝时贾鲂复增广班书作《滂喜篇》三十四章，合《仓颉》《训纂》八十九章，凡百二十三章，七千三百八十字。许慎复博采通人，广征异体，《说文》凡九千三百五十三文，异体重文一千三百四十二，汉代小学书所收文字皆在网罗之中矣。小学字书是古代童蒙识字和学习文化知识的教学用书。汉代小学字书受其前《尔雅》编纂体例的影响，分类编排，不相杂厕，如存世至今的史游《急就篇》，开宗明义即说："急就奇觚与众异，罗列诸物名姓字。分别部居不杂厕，用日约少诚快意。"内容按姓名、衣服、饮食、器用等分类，成三言、四言、七言韵语。以首句"急就"二字名篇。其他此类字书，其体例亦无非是"杂取需用之字，以文理编成有韵之句"的简单、零散、略有部居而无严密体例的读物，"辞书"编制尚在自为阶段。许慎的《说文》，则步入自觉编制阶段，首创部首编纂法，以五百四十部统摄所有文字。段玉裁《说文注》（以下简称"段注"）曰[1]："分别其部为五百四十，每部各建一首。而同首者，则曰'凡某之属皆从某'。于是形立而音义易明。凡字必有所属之首，五百四十字可以统摄天下古今之字。此前所未有之书，许君之所独创，若网在纲，如裘挈领，讨原以纳流，执要以说详，与《史籀篇》《仓颉篇》《凡将篇》杂乱无章之体例，不可以道里计。"[2] 这是说《说文》在辞书编纂史上具有开天辟地、前无古人的伟绩。因了体例的创新和内容的拓展，遂将原本童蒙识字读物提升为辨章学术、考镜源流的学术著作，奠定了汉语文字学的坚实基础。所以段氏说："当汉时，无不知三代之音，亦无不读《尔雅》者，学士大夫，又有《仓颉》《凡将》《训纂》诸篇为字形之书，童而习之，三者备矣。三者既备，而《说文解字》何以作也？许氏以为，沿流不若讨原，乃取《周官》指事、象形、形声、会意，列部五百四十，创为说形之书，形在是而声与义均在是，读者见其形，可以得其声与义，自古小学之书，义例未有善于此者。顾以形为主，则义必依形；字有假借之用，则义不必依形。此《说文解字》于经传、《尔雅》鉏铻不合，触处皆是之故。虽然，舍《说文解字》则未有能知假借者。经传、《尔雅》所假借，有不知本字为何字者，求之许书而往往在焉。是非经无以知权，其触处鉏铻者，其毫未鉏铻者也。许书专言本字义，而其义之可以引申转徙，似异而同、似远而近者，抑同音而即可相代者，无不可以书中求之。然则谓《说文》为纲，谓《尔雅》《方言》《释名》《广雅》诸书为目，可也。"[3] 这是说《说文》之为辞书在学术研究上无可替代的作用和地位。又曰："既曰'说文'，又曰'解字'者，古曰文，今曰字，言文字以晐古文、籀文、小篆三体；言说解以全晐指事、象形、形声、会意、转注、假借六书。每字先说解其义，次说解其形，次说解其音。说，释也。解，判也。后世从省，但目为《说文》。"[4]《说文》而后，字学蔚成专门，学者以字考经，以经证字，字学、经学相互为用，遂使传统语言学研究步入康庄矣。

二、基于文字研究的辞书编纂

《说文》之所以成为创世之作，盖源于许慎对文字发展规律的体认及其理论的总结。换言之，《说文》是在系统文字理论引领下具有坚实学术基础的著作。《说文·叙》则集中体现了许慎的文字学思想、理论和方法，是中国学术史上第一篇文字学专业论文。

在许慎看来，文字是记录语言的工具，是国家文明的表征。中国上古三皇无文，五帝以下始有文字："古者包羲氏之王天下也，仰则观象于天，俯则观法于地，视鸟兽之文与地之宜，近取诸身，远取诸物，于是始作《易》八卦，以垂宪象。及神农氏结绳为治而统其事，庶业其繁，饰伪萌生。黄帝之史仓颉，见鸟兽蹄迒之迹，知分理之可相别异也，初造书契。"文字的产生，是文明的标志。文字应社会需求而生，又随社会发展而变异。"仓颉之初作书，盖依类象形，故谓之文。其后形声相益，即谓之字。文者，物象之本。字者，言孳乳而寖多也。"由结绳记事、标志符号，至依类象形、画成物象之文，再到形声相益、孳乳寖多之字，文字终于完成记录语言的功能，成为形、音、义三位一体的系统。而文字系统的开放性，使之适应社会发展而不断增益变化："以迄五帝三王之世，改易殊体，封于泰山者，七十有二代，靡有同焉。"[5]

文字是记录语言的工具，是文化载体，因而它具有为社会服务的功能。其一是教化功能，这是国家产生后文字的首务："盖文字者，经艺之本，王政之始。""'夬，扬于王庭。'言文者，宣教明化于王者朝廷，君子所以施禄及下，居德则忌也。"[6]黄帝所以垂衣裳而天下治，即得力于文字载体的宣教明化的作用。仓颉造字，开启了官方统一文字,为了充分利用文字的教化功能,历朝历代,官方均重视统一文字。上古"封于泰山者七十二代,靡有同焉"是如此,周公制礼作乐、著《尔雅》统一名物亦复如此,周宣王太史籀作大篆十五篇,秦始皇以小篆书同文字,汉《尉律》规定"学童十七已上,始试,讽籀书九千字乃得为史。又以八体试之,郡移太史并课,最者以为尚书史。书或不正,辄举劾之"[7],亦莫不如此。许慎承前启后,以毕生之力著作《说文》:"今叙篆文,合以古籀,博采通人,至于小大,信而有征。稽诠其说,将以理群类,解谬误,晓学者,达神旨。"[8]亦无非规范文字、宣明教化之能事。唯许慎个人学术成果终获政府加持,得以传播于世,以致唐宋以降,官修辞书不绝如缕,更自觉地完成了规范文字、宣明教化的功业。

其二,文字的记载功能:"文者,物象之本;字者,言孳乳而寖多也。著于竹帛谓之书。书者,如也。"[9]古以竹帛为材质,如实记录。记录手动过程谓之书,记录结果的典、册、经亦谓之书。这些书籍,穿越时空,畅达政令,统一认知,维护了民族团结、社会和谐和国家统一。

其三,文字的传承和认知功能。由文字为载体,记录历史文化而形成的典、册、经等书籍,除了为当世宣教明化服务,更能以经典的物质形态广播于四方,流传于后世,故能达到"前人所以垂后,后人所以识古",承前启后,延绵不绝,历史文化得以存续。

基于上述文字思想的体认,许慎重新审视了过往有关六书论述,确认六书系造字之法,重新加以界定,并付诸实践,以六书解构文字,著作《说文》。段玉裁《说文注》(以下简称"段注")云:"六书者,文字声音义理之总汇也。有指事、象形、形声、会意,而字形尽于此矣。字各有音,而声音尽于此矣。有转注、假借,而字义尽于此矣。异字同义曰转注,异义同字曰假借。有转注,而百字可一义也;有假借,而一字可数义也。——戴先生曰:指事、象形、形声、会意四者,字之体也。转注、假借二者,字之用也。圣人复起,不易斯言矣。"[10]戴震的六书"四体二用"自是一家之说,但验诸《说文》,皆有理据。《说文》逐条标注六书构形、造字之法。指事、象形、形声、会意四书,说解中已有明言,而假借、转注二书,亦自有体例。"假借者,本无其字,依声托事",属一字数义,以声为义,节制形体的造字法。如《说文》:"西,鸟在巢上也。象形。日在西方而鸟西,故因以为东西之西。"段注:"此说六书假借之例。假借者,本无其字,依声托事。古本无东西之西,寄托于鸟在巢上之西字为之。凡许言'以为'者类此:韦本训'相背',而以为'皮韦';乌本'孝鸟'，而以为'乌呼'；来本训'瑞麦'，而以为'行来'；朋本古文凤，而以为'朋党'；子本训'十一月阳气动万物滋'，而以为人称。后人习焉不察，用其借义，而废其本义，乃不知西之本训鸟在巢，韦之本训相背，朋之本训为凤，逐末忘本，大都类是，微许君言之，乌能知之。"又于"洒"字条下发凡曰："凡言某字古文以为某字者，皆谓古文假借字也。"此皆为许慎揭示六书假借之法。"转注者，建类一首，同义相受，考老是也"，属数字一义，同义互训的文字孳乳之法。《说文》分同部转注和异部转注两例，段注曰："老部曰：老者，考也。""考者，老也。以考注老，以老注考，是之谓转注。盖老之形，从人毛匕，属会意；考之形，从老、丂声，属形声而其义训则为转注。全书内用此例不可枚数，但类见于同部者易知，分见于异部者易忽。"[11]段注中多有揭橥，具可信据。

许慎六书说，贯穿于《说文》全书，既是《说文》的文字学理论基础，帮助读者认知文字构成之原理，又为后世创制文字、发展文字规定了大法，至今为世人所遵从。

三、应用系统论构建辞书

许慎是东汉初古文经学家贾逵的入室弟子，传承古文经学开派大师刘歆以来的文字理论，综合古今，兼采众说，用系统的方法，别开生面，构建《说文》。这种方法，贯彻全书的始终。

一是篇制的架构系统。许慎遵承汉人著述惯例，《说文·叙》别自为篇，列于正文之后。叙的前一部分，许慎系统阐述了他的文字学思想、六书理论以及著作缘起和宗旨，如同现代辞书的"前言"。紧承其后的是五百四十部部首，即如现代辞书之目录。叙的后一部分，说明全书总体结构："此十四篇，五百四十部也，九千三百五十三文，重一千一百六十三。解说凡十三万三千四百四十一字。其建首也，立一为端。方以类聚，物以群分。同条牵属，共理相贯。杂而不越，据形系联。引而申之，以究万原。毕终于亥，知化穷冥。"[12]还有著作时间及许氏身世，大体可为现代辞书"凡例"之滥觞。唯正文先于自叙，示尊上而卑下，次序与今不同。这一著述框架，为后世沿用，至今不出其范围。

二是部首编排系统。许慎创发五百四十部，以部首统摄篆、籀、古文，乃至方俗用字，构筑《说文》全书，"分别部居，不相杂厕"，"同条牵属，共理相贯。杂而不越，据形系联。引而申之，以究万原"。段注："谓五百四十部次第，大略以形相连次，使人记忆易检寻。如八篇起人部，则全篇三十六部皆由人而及之是也。虽或有以义相次者，但十之一而已。"[13] 细考各部列字次第，大率如是。

三是部内编排系统。每部中字以义为次，按义类编排。如玉部一百二十四文，段注曰："自璙已下，皆玉名也。瓒者，用玉之等级也。瑛，玉光也。璑已下五文，记玉之恶与美也。璧至瑞，皆言玉之成瑞器者也。瓃、珩、玦、珥至璬，皆以玉为饰也。玼至瑕，皆言玉色也。琢、琱、理三文，言治玉也。珍、玩二文，言爱玉也。玲已下六文，玉声也。瑀至玖，石之次玉者也。珆至瑎，石之似玉者也。琨、珉、瑶，石之美者也。玓至珋，皆珠类也。琀、璗二文，送死玉也。㻛，异类而同玉色者。靈，谓能用玉之巫也。通乎《说文》之条理次第，斯可以治小学。"[14]

四是条目构建系统："今叙篆文，合以古、籀。博采通人，至于小大，信而有征。"段注："凡《说文》一书，以小篆为质，必先举小篆，后言古文作某。""此书法后王、尊汉制，以小篆为质而兼录篆文，所谓'今叙篆文，合以古、籀也'。"又说："《说文》，形书也。凡篆一字，先训其义，若'始也''颠也'是。次释其形，若'从某、某声'是。次释其音，若'某声'及'读若某'是。合三者以完一篆故曰形书也。"[15] 训义、析形、释音，"俾学者因形以考音与义"；完成说解篆文后，复博采通人，附以书证，以见述而不作，信而有证。段注："稽考诠释，或以说形，或以说音，或以说义，三者之说，皆必取诸通人。其不言某人说者，皆根本六艺经传，务得仓颉、史籀造字本义，因形以得其义与音，而不为穿凿。"这种条目系统构建，启迪了后世字书、义书和韵书的分类编纂。故段氏曰："其书以形为主，经之为五百四十部，以义纬之，又以音纬之。后儒苟取其义之相同相近者，各比其类为一书，其条理精密胜于《尔雅》远矣。后儒苟各类其同声者，介以《三百篇》古音之部分如是为一书，周秦汉之韵具在此矣。故许一书可以为三书。"[16]

五是说解开放系统。《说文》以小篆为质，附以古文、籀文，乃至奇、俗字，"博采通人，至于小大，信而有征"，其收字即不围于小篆，至于文字诠释，更是一个开放系统。除本字的说解"博采通人"，如"陞，危也。从自，从毁省。徐巡以为陞，凶也。贾侍中说：陞，法度也。班固说：不安也"。本字说解外，复引三家之说，用广异闻。此外，许慎又增设"一曰"例，分别立项，用以记别说，广异闻，而不隘于一说也。此即后世辞书设列义项之肇始。全书出"一曰"例者（又称"一名""一说""又""或""或曰""或名""或说"等），凡数百条，形式多样，内容丰赡，大略有文字的、文化的和学术的三类。

文字的：字有异义，出"一曰"以示别义。如"莹，玉色也。从玉，荧省声。一曰，石之次玉者。"段注："此字义之别说也。"又如"跸，止行也。一曰，灶上祭名也。从走，毕声"。字有异音，出"一曰"以示别音。如"玖，石之次玉黑色者。从玉，久声。《诗》曰：'贻我佩玖。'或曰：若人句脊之句"。段注："此又一音也。"又如"啻，语时不啻也。从口，帝声。一曰，啻，諟也。读若鞮"。段注："疑此谓后一义之读。"又如："烦，热头痛也。从页火。一曰，焚省声。"字有别体，出"一曰"以示异形。如"迭，更迭也。从辵，失声。一曰，达字"。段注："一曰此达字之异体。""卜，灼剥龟也。一曰，象龟兆之纵衡也。"段注："字形之别说也。"

文化的：事物解说不同，物名有异，出"一曰"以示别说。如"局，促也。从口在尺下，复局之。一曰，博所以行棋，象形"。或方俗文化有异，出"一曰"以示别说。如："眄，目偏合也。从目，丐声。一曰，邪视也。秦语。"又"翚，大飞也。从羽，军声。一曰，伊雒而南，雉五采皆备曰翚"。又"巂，巂周，燕也。从隹，山象其冠也，冏声。一曰，蜀王望帝淫其相妻，惭而去，为子巂鸟。故蜀人闻子巂鸣，皆起曰：是望帝也"。

学术的：资讯来源不同，出"一曰"以示别说。如"珊，珊瑚，色赤，生于海，或生于山。从玉，删省声"。又"鬻，大釜也。一曰，鼎大上小下若甑曰鬻"。文献记载不同，出"一曰"以示别说。如"邗，国也。今属临淮。从邑，干声。一曰，邗本属吴"。又"淇，淇水，出河内共北山，东入河。或曰出隆虑西山。从水，其声"。学术见解不同，出"一曰"以示别说。如"屋，尻也。从尸。尸，所主也。一曰，尸象屋形。从至。至，所止也。屋室皆从至"。

大部分条目的"一曰"例，或义，或音，或形，仅增列一个义项。但也有一条数个"一曰"例，形、音、义或增设多个义项。如"攒，积竹杖。从木，赞声。一曰，穿也。一曰，丛木"。本义之外，增列一动词一名词两个义项。"湑，茜酒也。一曰，浚也。一曰，露皃也。从水，胥声。"本义之外，增列一动词一形容词两个义项。"械，桎梏也。从木，戒声。一曰，械，器之总名。一曰，械，治也。一曰，有所盛曰器，无所盛曰械。"本义外，复增列一动词和二名词三个义项。"媒，媒娜也。从女，果声。一曰，果敢也。一曰，女侍曰媒。读若骊，一曰，若委。"本义外，复增列一形容词义，一名词义，还有一"读若委"之别音。"妍，技也。一曰，不省录事也。从女，开声。一曰，难侵也，读若研。一曰，慧也。一曰，安也。"本义外，既增列四个动词义，还有一"读若研"之别音。

此外，条目说解中形、音、义有不明者，以"阙如"例闻疑载疑，以期"庶有达者，理而懂之"，亦是开放系统的展现。这种不限于一时一说，实事求是的做法，为保存发展文字、启迪来学、增订辞书搭建了学术平台。

四、《说文》的历史鉴视

《说文》之为书，其功至伟。

其一，《说文》为辞书之祖，开字典编纂之先河。自《说文》问世后，二千多年来，编纂字书字典，后人只能在《说文》的架构上进行，正如颜之推所言："大抵服其为书，櫽栝有条例，剖析穷根源……若不信其说，则冥冥不知一点一画，有何意焉。"[17]后世辞书虽随小学而三分，有雅书、字书、韵书之目，大抵遵从《说文》，以释词解字、命名别物、传承文化为指归。至于《说文》部首，则由文字形体的部目分类，逐步演变为部首检字法，并催生出笔画检字法和音序检字法，便捷了辞书的检索。

其二，《说文》是中国文字学的开端，后演成专门之学，至清乾嘉时期而达极盛。汉以后，学者无论研究汉字，使用汉字，还是创制新字，一依《说文》为准的。近代以还，随同出土古文字的发现，传统文字学突破《说文》的藩篱，增广视域，自为大国，但《说文》仍是不可离弃的参考。近代辞书的编纂，则受外来文化之刺激，应时而变，渐成应用语言学之分科——辞书学。辞书学是研究辞书编辑思想、编纂理论、编纂方法体例乃至辞书应用等的学科，无论是共时描写型的辞书，还是历时考释型的辞书，抑或实用型辞书，无不以引领语言文字应用、传播科学知识、传承历史文化为主旨。因此，辞书学必以语言文字学为学术支撑，建立在对语言文字精深研究的基础上。此亦为许慎著作《说文》精神之延伸。因此，今日辞书学应首当传承并弘扬这种专业精神，在学术研究的基础上编纂和修订辞书，应用于实践，规范语言文字，更好地为社会民众服务。

文字是文化的载体，文字本身即是文化符号。许慎"博采通人，考之于逵"，于"六艺群书之诂，皆训其义。而天地鬼神、山川草木、鸟兽昆虫、杂物奇怪、王制礼仪、世间人事，莫不毕载"[18]。《说文》在记录、诠释和传播文字的同时，载录了历时文化和共时文化，成为古代文化的集约型载体。这表明许慎具有明确的文化自觉意识和继往开来的学术担当。当今世界已进入信息化时代和多元文化的格局，中华文化业已融入其中，辞书的编纂也应面向世界、面向未来、面向现代化，具有多元文化的考量。笔者以为，对汉语言文字唯符号性的认定，曾使辞书编纂过分追求文字形、音、义的表层规则的认知和应用，而忽略了对民族文化的全面观照。于是语文辞书只有工具性，而缺少文化性的含量。因此，借鉴许慎编纂《说文》的文化自觉精神，观照历史文化，加强辞书的文化性，是当代辞书编纂者应当关注和解决的问题。比如历时考释型辞书，要适时吸纳共时性专书研究和历史文化研究的成果，不断修订，完成其辨章学术、考镜源流的使命。而共时描写型辞书，则要适时吸纳民俗文化、地域文化的精华。因为方言俗语被称为历史的活化石，其中蕴藏着丰富的历史文化遗存，在共时性辞书中融进历时性成分，既扩充了文化的体量，又富有时代特色，更好地完成辞书继承和弘扬优秀传统文化的任务。

最后，当代语文辞书编纂，还应秉持《说文》所开创的开放系统和海纳百川的包容精神，关注网络文化和外来文化，学习新理论，引进新方法，融会新知识，探索新形式，编纂新款辞书，以立于世界先进文化之林。凡此种种，都是对许慎《说文》精神的历史借鉴，是对许慎"庶有达者，理而懂之"期许的现代回应。

注释：

[1]本文引用段玉裁《说文解字注》，系江苏凤凰出版社2007年版，下不一一具注。

[2]《说文注》第十五卷上，第1321页。

[3]《经韵楼文集补编》，上海古籍出版社2008年版，第374页。

[4]《说文注》第十五卷上，第1345页。

[5]《说文注》第十五卷上，第1306页。

[6]《说文注》第十五卷上，第1307页。

[7]《说文注》第十五卷上，第1313—1314页。

[8]《说文注》第十五卷上，第1321页。

[9]《说文注》第十五卷上，第1307页。

[10]《说文注》第十五卷上，第1308页。

[11]《说文注》第十五卷上，第1309页。

[12]《说文注》第十五卷下，第1339页。

[13]《说文注》第十五卷下，第1339页。

[14]《说文注》第一篇，第31页。

[15]《说文注》第一篇上，第1页。

[16]《说文注》第十五卷下，第 1342 页。

[17]《颜氏家训·书证》，上海古籍出版社 1980 年版，第 458 页。

[18]《说文叙》，第 1345—1346 页。

许慎精神的当下价值

朱小健

北京师范大学汉语文化学院

【摘要】许慎精神在当下最值得我们借鉴的是"学术担当"。古人评价许慎"五经无双",主要着眼的是他的学术成就。许慎辨明"天号"异义,既是具象文化传承之需,更体现出一份文化担当。其治经说字,非为学术而学术,要在阐释传承中华文化。在世风浮躁、传统文化相对薄弱的今天,许慎这种精神尤为可贵。

【关键词】许慎精神　学术担当

我们会议的主题是"新时代许慎文化的传承与弘扬",这是一个非常重要的命题。进入新时代,中华民族的伟大复兴面临前所未有的机遇和挑战,党的十九大报告两次使用了"居安思危"这个词,并且在一开始就作为对全党的要求提出,就是对这种机遇和挑战的认识。提出"居安思危",其实体现了一种自信。居安,是中国新时代的特点之一。安,来源于几代人的努力奋斗,特别是十八大以来的举国同心戮力,也来源于我们的道路、理论、制度、文化,同时也是构建人类命运共同体的基石。思危,是基于自信的应对。十九大报告指出"当前,国内外形势正在发生深刻复杂变化","世界正处于大发展大变革大调整时期",因而才要"登高望远、居安思危","推动人类命运共同体建设"。在人类命运共同体的建设中,中华文化有自己的使命。我们可以贡献给世界的,最重要的是中国特色社会主义文化。这个文化的构成,根基是中华传统文化,这是特色的基础。许慎文化是中华优秀传统文化的杰出代表,在这个时候深入研讨许慎文化的价值作用及其传承弘扬,非常有意义。

四年前,我在给《许慎文化研究(二)——第二届许慎文化国际研讨会论文集》写的跋里提出许慎文化在今天有三方面特点值得我们注意:一是对本民族文化传承的担当意识;二是对世事万物无止境的探究精神;三是载疑阙疑尊重真理的求是原则。这三个特点我觉得仍然是今天我们观察分析许慎文化的重要方面,但着眼新时代许慎文化的传承与弘扬，如果要用一个特点来概括的话，我认为许慎精神最值得我们借鉴的是"学术担当"。

所谓学术，就是运用人类已有的知识和方法，探究和解决所遇问题的精神活动。具体到许慎成就最为人知的经学和文字学领域，就是从汉语文献语言实际出发，发掘汉语汉字词汇的文化积蕴，注重语言文字的实际应用，尽可能还原经典的语境原意，为读者解决常见、急需解决的疑难问题的活动。这种活动与政治、经济、军事等活动不同，不以满足人类生存的物质需求为目标（虽然其研究成果可能促进生产生活物质的提升和丰富），而以思考追寻人类文明本质精神，揭示语言文字本身蕴含文化信息，阐释既往历史演化规律，前瞻社会发展路向为己任。古人评价许慎"五经无双"，主要着眼的就是他的学术成就。

所谓担当，就是认识到自己对社会的责任并付诸实施。任何人都存活在自己所处的特定时代，作为社会关系总和的人，是命运共同体中的一员，客观上每个人都参与构成着其所在当下的文化，而人的个体价值实现程度，则主要取决于其能不能与同时代的社会（包括但不限于其所在族群和国家）命运相结合。对自身使命意识的自觉与否，使得其参与文化构建实现个体价值的情况各异。中华民族慎终追远，注重阐释与传承，是中华文化独特性之一。许慎所著《五经异义》，讨论的大都关乎礼制名物，即具象的民族文化。他细致辨明礼制名物歧说异义，既是具象文化传承之需，更是他那一份文化担当的体现。其治经说字，非为学术而学术，要在阐释传承中华文化，所以我把这种精神称为学术担当。

例如：

今《尚书》欧阳说：春曰昊天，夏曰苍天，秋曰旻天，冬曰上天，总为皇天。《尔雅》亦然。古《尚书》说云：天有五号，各用所宜称之。尊而君之则曰皇天，元气广大则称昊天，仁覆愍下则称旻天，自上监下则称上天，据远视之苍苍然则称苍天。谨按：尧命羲和，钦若昊天，总敕以四时。知昊天不独春也。《春秋》左氏曰：夏四月己丑，孔丘卒。称曰：旻天不吊。时非秋也。（《五经异义·天号》）

许慎在这里讨论了古代文献中关于"天"的称呼，他所见到的《尔雅》与今本不同（今本作"春曰苍天，夏曰昊天"）。所谓"异义"，就是与当时流行的看法不同。

他举出《尚书·尧典》的例子证明"昊天"可以统称四时,举出《左传·哀公十六年》的例子证明旻天不一定专指秋天,实际上是想表明天之所以有不同称呼,是由于人对"天"的不同形态不同观察不同感受和自身认识而致,并非固拘一定。郑玄对这条有驳论,认为文献经典中称"天"常有求诉于天之意,未必是四时之称,所以"尧命羲和,钦若昊天,孔丘卒,称旻天不吊,无可怪耳"。但我们细译郑说,其本质思路与许慎实同,皆以为天之称号有常有变。故这种说法为邢昺乃至郝懿行以降学者所承。

许慎之所以能得出这个比较符合文献语词原貌的结论,一是得益于他对经典的熟悉,"博学经籍"是当时知识分子的普遍追求,但能发现问题,"以《五经》传说臧否不同,于是撰为《五经异义》",则体现出他的学术能力。二是对本民族文化传承的担当意识。许慎所处的时代,无论古文经学还是今文经学,《五经》所记所述主要都是古圣先民处理人与人、人与社会、人与自然关系的理念事迹。其中所涉古代礼制名物,既由人类生存需要而生(一般来说,礼制仪规都有其初始尚未成"制"时的生活实际功用),更反映着人类对把握自身命运的追求(成为仪规的"礼"与化作民风的"俗",都体现着文明的进步与觉醒)。讲清楚这些语词的理据,辨明其运用中的变化,正是为中华民族传承文化,就是一种担当。

世界各民族文明都曾经历过对"天"的自然崇拜,许慎对"天号"展开的探究,也折射出中华古人农耕文明虽然早就形成慎终追远的传统,以祖先为最主要的崇拜对象,但对自然的关注、敬畏和探究从来没有消失过。许慎承用旧说以苍、昊、旻、上、皇的本义或原指的特征来统摄和形容"天",也显示出他既触摸到了汉民族自然观的本质,也具有一定的归纳现象,抽绎规律的能力,这在中华传统学术中是非常可贵的。同时,他通过自己的工作,也向世人证明了人类文化文明可以通过阐释来传承,这也是经学家和文字学家的责任。

世界格局剧变,是新时代的重要性质。倡导构建人类命运共同体是中华民族对世界新格局下自身使命的认识,是解决当下人类社会发展困局的智慧选择,不同文化共融共通有益人类命运共同体构建。人类命运共同体的经济、技术合作共赢非常重要,但文化建设是其持续的根本,文化是人类命运共同体建设的要害。这种文化建设不以某一文化及其模式为指归,相反,尊重各种不同文化的差异,提倡不同文化的互动互补。

当前人类社会遇到了困境,能源匮乏,空气污染,诚信丧失,信仰迷惘,世界范围内众多学者正在探索人类如何走出困局，其中生态文明成为一个重要领域。一些国外学者在开展生态文明研究中提出对非人类生命及无生命物应予以关注，其实在中国古代文明中早有相关事例和思想。《诗经·鲁颂·閟宫》："秋而载尝，夏而楅衡。"说的是为了保证秋尝祭祀的质量，要提前在供祭的牛角上绑个木条。现在有人认为绑楅是为了保护牛角，这确实也是绑楅后的效果之一。但这与古人的认识相去甚远。毛传："楅衡，设牛角以楅之也。"郑笺："楅衡其牛角，为其触牴人也。"孔疏："此夏而已楅衡其牛，言豫养所祭之牛，设横木于角以楅之，令其不得牴触人也。"牛角是牛的工具和武器，加了楅当然可以防止牛误触石头等而伤角，但更重要的是使牛失去了运用这个工具和武器的能力，也就使得牛不会伤害和破坏他人他物。本来这个楅是在祭祀时加于牛角之物，见《周礼·地官·封人》："凡祭祀，饰其牛牲，设其楅衡。"而现在提前在夏天就加上，其目的可能包含让牛不要伤人犯错，保证牛"德"的目的。这在一定意义上体现着古人更深层次地关注非人类生命的意识。《说文解字》："楅，以木有所逼束也。""衡，牛触，横大木其角。""告，牛触人，角箸横木，所以告人也。"许慎对楅、衡、告等字的说解，过去人们认为针对的是性格暴躁的牛，是对人的关怀（限制牛、警示人），现在看来，不排除对牛本身的关怀。至少，用于秋尝的牛应当物色纯完"道德"无瑕（不能有伤人等过错）。他用"有所逼束"来说明楅的功用，强调了对牛之行为的约束，而这种约束的动机正是为了保证牛不犯错。我曾跟美国人文与科学院院士小约翰·柯布先生和世界自然保护联盟荒野专家组主席万斯·马丁先生交流过这个看法，他们都表示对中华传统文化中的这些理念很感兴趣。所以我们可以说，许慎对中华传统文化的阐释，于人类命运共同体的文化交流和建设有积极意义。我们要学习许慎精神，对本民族文化深入研究，并将之转化为其他民族习惯和喜闻乐见的表述形式，从而展开不同文化的接触、理解、交融。

与世界分享中华文化，需要学者的自觉、民众的参与，要在事上磨。文化需要阐释，训诂学者更有一份主动参与的责任。所谓"事上磨"，就是不能只是书斋中的自娱自乐，而要勇于担当，贡献力量。学者走出书斋，既是服务社会，也是完善自己，从而完善自己的研究成果和理论。中国训诂学研究会去年曾组织学者前往云南普洱，给当地大学和中学授课，考察体验民族文化，为地方文化发展建言献策，就是这样的举措。我们与漯河合作举办许慎文化国际研讨会，也是这样的实践。

宋人张载说要"为天地立心"，孟子说"心之官则思"，天地就是宇宙和地球，它的心,它的思,其实就是天地的自在状态,就是老子说的"自然"。挖掘自然的规律,充分认识它,让它成为人们明白的道理,就是为天地立心。这正是数千年中华民族优秀儿女不懈努力创造创新中华文化的追求。古代汉语文献承载着前人为天地立心的经历和成果,解读这些经典,还原古人思想,汲取其精华,摒弃其糟粕,为人类命运共同体构建提供中国思考,就是许慎精神在当下最重要的价值。在世风浮躁、传统文化相对薄弱的今天,许慎这种精神尤为可贵。作为训诂学者,我们要努力提升自己的学术能力,像许慎那样主动负起阐释中华文化、传播中华文化、参加建构中华文化、为人类奉献中国智慧的责任。

《说文》的内在系统性及其在训诂实践中的应用

王立军

北京师范大学文学院

【摘要】《说文》是一部蕴含着深刻系统观念的小学巨著，仅从《说文》的部首系统就可以很好地体现这一点。540 部的总体设计，实际上是对整个世界秩序的映射。研究和运用《说文》，必须坚持从系统的视角出发，将所考察的问题置于其内在系统网络中，去寻求解决问题的线索和途径。

【关键字】《说文》 部首 版本异文 训诂实践

学界在评价《说文解字》（以下简称《说文》）时，往往将它定性为"我国第一部字典"，其实这样的评价是不准确的。《说文》的价值并不仅仅局限在字典史上，而是表现在对整个中国传统语言文字学的奠基作用。特别是《说文》所蕴含的深刻的系统观念，体现了中国传统语言学的灵魂所在。无论在部首的设置、形体的分析，还是在意义的阐释方面，《说文》都是在系统思想指导下进行的。《说文》的性质并不仅仅是一部字典，而是中国古代小学史上一部极为重要的学术著作。王鸣盛在《说文解字正义·序》中将《说文》誉"为天下第一种书"，并说"读遍天下书，不读《说文》，犹不读也。但能通《说文》，余书皆未读，不可谓非通儒也"，这足以体现《说文》在清代学者心目中的重要地位。因此，研究《说文》，必须从学术著作的高度去认识它、理解它、运用它，坚持从系统的视角出发，将所考察的问题置于其内在关系网络中，去寻求解决问题的线索和途径。

一、从《说文》部首看其内在的系统性

"部首"的意识并不是从《说文》才开始有的，在秦代的《仓颉篇》中就已经出现了同部首字集中排列的做法。但真正使部首成为统系近万字的一个严密的系统，则确实是《说文》的首创。540 部首既像编制《说文》这张大网的总纲，使之浑然一体，

又像维系《说文》整个肌体的动脉，使之生机盎然。

（一）部首框架的哲学内涵

《说文》的作者许慎被当时人誉为"五经无双"，他兼通古今文经学，在学术思想上深受当时阴阳哲学的影响。整部《说文》的总体框架建构，也正是在阴阳五行思想的指导下完成的。特别是 540 部的设立，集中体现了许慎的哲学观念。崔枢华研究发现："《说文》部首数目的确定颇有深意：在许君可谓用心良苦，绝非率意而为；在后人则需仔细体察，而不应囫囵了事。经过研究，我发现，《说文》部首之所以确定为 540 个，固然与许氏对小篆字形进行的具体分析有关，但最根本、最重要的原因，是由于受到《周易》的影响。质言之，540 这个数目实际是六、九与十这三个数的连乘积。"[1]崔枢华的这一发现非常重要，他揭示了《说文》部首之所以是 540 部的哲学内涵，为整部《说文》的内在系统性找到了哲理支撑。

《说文》对"六""九""十"这几个数目字，都是从《周易》阴阳五行的角度解释的："六，易之数。阴变于六，正于八。从八从入。""九，阳之变。象其屈曲究竟之形。""十，数之具也。一为东西，丨为南北，则四方中央备矣。"在《周易》当中，六是老阳，九是老阴，二者分别代表了《周易》哲学世界的二元基石；而"十"所蕴含的东西南北中五个方位，则是五行的象征。这样，六、九、十相乘，正代表了《周易》所构拟的完整的哲学世界，这个数字正是 6×9×10=540。

正如崔枢华所说，540 这个整数的得来，固然是基于许慎对小篆字形的构形分析，但分析的结果不可能如此巧合，而是在《周易》哲学思想的指导下微调的结果。我们发现，《说文》中的所有数目字和干支字都被列为部首，即使有些数目字和干支字根本没有统辖任何字。邹晓丽统计了《说文》中的"无字部首"，共计 36 个[2]，其中有 16 个属于数目字和干支字，即"三""四""五""六""七"和"甲""丙""丁""庚""寅""卯""壬""癸""未""亥"。没有领属的字却被列为部首，这本不符合"凡某之属皆从某"的部首设置原则，所以只能从哲学的角度去寻求原因了。

从数目字来看，《说文》的首字便是"一"，这自然是受到其"始一终亥"思想的影响（详见下文）。"二"列在卷十三下，"三"紧随"一"之后列在卷一，"八"在卷二，"十"在卷三，剩下的没有领属字的"四""五""六""七"均在卷十四当中。而干支字无论有无领属字，均安排在卷十四当中，集中展示出干支的完整系统。我们只需简单浏览一下《说文》关于数目字和干支字的解释，就能领略其浓厚的哲学意味了。如:"四,阴数也,象四分之形。""五,五行也。从二,阴阳在天地间交午也。""七,阳之正也。从一,微阴从中衺出也。""甲,东方之孟,阳气萌动,从木戴孚甲之象。""乙,象春艸木冤曲而出,阴气尚强,其出乙乙也。""丙,位南方,万物成,炳然。阴气初起,阳气将亏。从一入门。"正是出于哲学体系的构建,即使像"五"这样的字,按照许慎的说解本可以归入"二"部,而且也没有领属字,却仍然被独立为部首。对于这种做法,有不少学者提出了批评,认为许慎"穿凿附会""望文生训"。如果从纯文字学的角度来看,这样的批评是应该的;但如果从《说文》本身的系统建构来说,只有深刻理解许慎这样做的哲学基础,理解阴阳五行思想在建构整个《说文》系统中的纲领性作用,才能真正把握住《说文》的内在机制。

(二)部首编次的匠心独运

《说文》的内在系统性还体现在 540 部首的编排次序上。《说文·后叙》明确表述了部首的编排原则:"其建首也,立一为端。方以类聚,物以群分。同条牵属,共理相贯。杂而不越,据形系联。引而申之,以究万原。毕终于亥,知化穷冥。"所谓"立一为端",就是将部首"一"作为所有部首的开端,放在第一卷的卷首。《说文》云:"一,惟初太始,道立于一,造分天地,化成万物。"这明显来源于老子《道德经》中的"道生一,一生二,二生三,三生万物"。而其中的"方以类聚,物以群分",则来源于《易·系辞》,表示不同的部首代表着不同的事物类别,540 个部首将万事万物进行了穷尽性的分类和类聚。部首与部首之间又通过"据形系联"的方式,使相互之间井然有序、"杂而不越";再通过"引而申之",达到"以究万原";最后"毕终于亥,知化穷冥",从而实现对由老阴、老阳和全数所构成的整体世界的诠释。"亥"是 540 部首的最后一个,也是《说文》全篇的收尾之字。《说文》云:"亥,荄也。十月微阳起,接盛阴……亥而生子,复从一起。"徐锴曰:"亥则物之该尽,故曰穷冥。"就十二地支而言,亥为末,子为首,"亥"之终即"子"之始;就天下万物而言,"亥"即为"该","该"为该备、齐全,万事万物至此齐备,一个新的轮回就此开始。所以"复从一起",又回到了《说文》的首字"一"。可见,《说文》540 部首不是线性的排列,也不是简单的"始一终亥",而是一个循环往复的圆环,终而复始,生生不息,这正是许慎所要表达的宇宙观。

我们再看一下《说文》关于"一""二""三"三个部首的次序安排,应该也有特殊的用意。从造字的角度看,"二""三"都是由"一"叠加而成,按照"据形系联"的原则,"二""三"理应都系联于"一"之后。但实际上,"三"作为无字部首,通过"上""示"两个部首的过渡,系联于"一"之后,而"二"却远远地列在十三卷,这又该如何解释呢?《说文》:"三,天地人之道也,从三数。"按照许慎的理解,"三"上面的一笔代表天,下面的一笔代表地,中间的一笔代表人,这就是《周易》所说的"三才"。《易·系辞下》:"有天道焉,有人道焉,有地道焉。兼三才而两之,故六。六者非它也,三才之道也。"有了"三才",然后才有了万物,而万物均在天地之间。所以,在"一"和"三"之间有"上""示"二部,"上"为天,"示"为上天所垂之象;"三"之后是"王","王"为"天下所归往也"。董仲舒曰:"古之造文者,三画而连其中谓之王,三者,天地人也,而参通之者,王也。"孔子曰:"一贯三为王。""王"之后则是草木山川、自然人事,依次排列。直至十三卷终了,才出现了"二"。《说文》:"二,地之数也,从偶一。""二"代表地,天在上,地在下,万物在天地之间,这不正是整个世界的形象再现吗?至于"二"后面直至"四"之前的几个部首,都是由"二""引而申之"出来的与地相关的部首,而"四"以后的部首则是我们前面所说的数目字和干支字部首,是对宇宙的进一步宏观的哲学概括。由此可见,540 部的总体次序,实际上是对整个世界秩序的映射。

在微观层面,许慎为了将如此众多的部首都能有序地系联在一起,还匠心独运地设计了"过渡部首"。如前所述,《说文》的部首并非完全按先后线性排列,而是如同一张地图一样,居民点与居民点之间有公路相连;越大的居民点,与之连通的居民点就越多。我们将类似大居民点的部首叫作"核心部首"。"核心部首"与"核心部首"之间必须有公路相连,才能确保540 部首的联系不中断。而要想顺利实现这一点,也并非易事。"过渡部首"就是一个非常巧妙的做法。如"丨""小""八"三个核心部首相互系联,就是靠部首"小"的过渡,因为"小"的构形是"从八、丨"。类似的例子相当多,如"八""半""牛"三部,其中"半"从八从牛,在"八"部和"牛"部之间起到过渡作用;"牛""告""口"三部,其中"告"从牛从口,在"牛"部和"口"部之间起到过渡作用。这些都说明了540 部的总体架构,是许慎精心编制的完整系统。这正如段玉裁所说:"凡部之先后,以形之相近为次;凡每部中字之先后,以义之相引为次。《颜氏家训》所谓櫽栝有条例也。《说文》每部自首至尾次弟井井,如一篇文字。"

（三）部首设置的层级观念和尚义原则

《说文》部首所反映的系统性,还体现在许慎对汉字构形层次性的认识和对汉字构意的重视。王宁《汉字构形学导论》曾运用系统论的方法,对汉字的内部结构进行了深入细致的分析和归纳，并在此基础上总结出一条非常重要的汉字构形规律，即汉字构形的系统性表现为一种严密的层次结构，整个汉字体系是由一定数量的基础部件，按照有限的构形模式逐级生成的。[3]王宁的这种汉字逐级生成理论，正是在《说文》内在系统的启发下提出的。

《说文》中的部首并不都是相互独立的，有许多部首的构形当中往往包含其他部首。如前面所说的"核心部首"，就可以参与构造一定数量的其他部首。以部首"口"为例，由它直接参与构造的部首就有"凵"（像张口之形）、"吅"（从二口）、"告"（从口从牛）、"足"（从止从口）、"品"（从三口）、"㗊"（从四口）、"舌"（从干从口）、"谷"（从口、上象其理）、"只"（从口，象气下引之形）、"**向**"（从口从内）、"句"（从口丩声）、"古"（从十口）、"言"（从口辛声）、"甘"（从口含一）、"曰"（从口乙声）15个；而"吅"又参构部首"哭"，"品"又参构部首"龠"，"言"又参构部首"音"和"誩"，"甘"又参构部首"旨"等。我们将由"核心部首"衍生出来的复合部首叫作"衍生部首"。《说文》对"衍生部首"的设立，正体现了许慎对汉字构形层次性的深刻认识。

"衍生部首"能够独立成为一个部首的条件，是这些部首往往作为部件又参与构造别的字，而且在新字中的构意与其"核心部首"的构意有明显差别。如由"口"衍生出来的部首，除部首"凵"未参与构造新字外，其他都或多或少地参与构造新字，而且其构意与核心部件相比已发生很大的变化。如部首"足"虽然是从口构成的，但在其所领属的84个足部字当中，"足"的构意都与"人之足"有关，而与"口"的构意没有直接关系；"甘"从口含一会意，表示甘甜，由它参构的"甜""猒""甚""旨"都有甜美、安乐义，也与"口"的构意没有直接关联。许慎将这些部首独立出来，既符合汉字构形的层次原则，也符合《说文》分析字形、说解本义的初衷。

由"核心部件"重叠构成的叠体字更具有典型意义。据黄宇鸿统计，《说文》中共收录叠体字146个，其中有62个被列为部首[4]。这些叠体字从构件数量来看有二度叠体，如"吅""虤"等；有三度叠体，如"蟲""品"等；有四度叠体，如"㗊""茻"等。叠体字虽然是由同一部件叠加而成，但叠加后大都产生了不同于单一部件的新义。如"吅，惊嘑也""虤，虎怒也""蟲，群鸟也""品，众庶也""㗊，众口也""茻，众艸也"等。这些能够参构他字且产生新义的叠体字都另立为部首，而那些没有参构新字的82个叠体字都没有独立成部首，如"祘""甡""聑""鱻"等。这进一步说明，如何更好地呈现汉字构形和意义的系统性，是《说文》部首设置的一项根本原则。换句话说，通过分析《说文》的部首系统，我们就可以领会许慎对汉字构形和意义系统性的深刻理解。

二、《说文》系统性在训诂实践中的应用

《说文》的内在系统性，为我们在训诂实践中解决实际问题提供了很好的依据。下面我们借助《说文》不同版本之间存在异文的几个典型例子，阐释如何借助《说文》的说解系统、字形分析系统、词汇意义系统等，有效解决因版本异文而产生的各种疑难问题。这种方法也就是大家常说的"内证法"，亦即陈垣校勘四法中的"本校法"。

（一）支

"支"字《说文·支部》大小徐各本皆作："𢇇，去竹之枝也。从手持半竹。凡支之属皆从支。𡳿，古文支。章移切。"而《说文句读》则云："手当作又。"那么，𢇇的说解到底应该"从手"还是"从又"？经考察，《说文》对含有部件"又"的字的说解中，"从又持某"共有 14 例：

丈：十尺也。从又持十。

𡰥：拭也。从又持巾在尸下。

秉：禾束也。从又持禾。

𣂬：楚人谓卜问吉凶曰𣂬。从又持祟，祟亦声。读若赘。

彗：扫竹也。从又持甡。

史：记事者也。从又持中。中，正也。凡史之属皆从史。

聿：手之聿巧也。从又持巾。凡聿之属皆从聿。

只：鸟一枚也。从又持隹。持一隹曰只，二隹曰双。

蒦：规蒦，商也。从又持萑。一曰视遽皃。一曰蒦，度也。

𦯀：隹欲逸走也。从又持之，𦯀𦯀也。读若《诗》云"𪅂彼淮夷"之"𪅂"。一曰视遽皃。

兼：并也。从又持秝。兼持二禾，秉持一禾。

帚：粪也。从又持巾埽冂内。古者少康初作箕、帚、秫酒。少康，杜康也，葬长垣。

豚：小豕也。从彖省，象形。从又持肉，以给祠祀。凡豚之属皆从豚。

𤎅：大熟也。从又持炎、辛。辛者，物熟味也。

而"从手持某"的说解方式仅见"支"字一例，这显然是游离于体例之外的。从另一个角度讲，《说文》部首的顺序是遵循"以类相从"的原则编排的。"支"在

卷三,前面紧承"又""屮""史"各部,后面紧接"聿"部,这些部首都含有部件"又"或"又"的反文,这说明,"支"字作为部首字,是与"又"类部首"以类相从"的,其构形应该从"又"而不从"手"。《说文》"手"部在十二卷,与"支"部相距甚远。综上,我们可以推断出,"支"字的训释应如《说文释例》所说,作"从又持半竹"。宋张有《复古编》"丈支支"条下云:"上丈直两切。十尺也。从又持十。中支土刀切。滑也。从又屮。下支章移切。从又持半竹。"《复古编》一书的编纂目的,是根据《说文》以辨俗体之讹,书中对字形的说解多源自《说文》。"丈支支"条中对"丈""支"二字的说解皆与今本《说文》相合,唯独"支"字与今本《说文》有别,作"从又持半竹"。这进一步证实了我们的推测,即在当时宋本《说文》中,"支"字的训释确实作"从又持半竹",而非"从手持半竹"。

（二）瑀

《说文·玉部》:"瑀,石之似玉者。从玉禹声。"今大小徐本皆如此。而《毛诗正义》引《说文》作"石之次玉也",段注从之而改。姚文田、严可均《说文校议》:"下文'玭、玲、璓、玖'皆次玉,明'瑀'亦次玉。"段玉裁等人对"石之次玉"与"石之似玉"的辨析,正是从《说文》内部说解系统和编次原则出发的。《说文》在说解《玉部》字时,首先对《玉部》字按义类进行了归纳,分别用"玉也""玉之美者""石之次玉者""石之似玉者""石之美者"等训释语去说解,并将训释语相同者编排在一起。"瑀"下"玭、玲、瑠、琚、璓、玖"6字皆为次玉,其下20字皆为似玉[5],条理甚为分明。由此可知,"瑀"字应为"石之次玉者"无疑。

（三）刍

"刍"字《说文·艸部》小徐本作:"刍,刈艸爲也,包束艸之形。"大徐本各本均作:"刈艸也。象包束艸之形。"如何判定何者为优?首先,小徐本"刈艸爲也"不成句,很难解释;再者,"包束艸之形"也与《说文》的说解体例不合。《说文》中"象……之形"出现83次,无一例作"……之形"者。问题就出在"刈艸爲也"中的"爲"字,与大徐本相对照,发现"爲"应当是"象"字之讹。"爲"的字形从爪从象,只比"象"字多了一个部件"爪"字,很容易发生讹误。"象"讹为"爲"后,又与"也"字颠倒,便造成"刍,刈艸爲也,包束艸之形"的错误。查玄应《一切经音义》所引《说文》,正作"刈艸也。象包束艸之形",说明大徐本为是。

（四）卑

《说文》的编写目的在于根据字形探讨本义,其说解内容都是建立在对字形分析的基础上的。由于许慎所依据的字形主要是小篆，其字形分析往往会偏离汉字的实际构造意图，从而给研究者认识字形带来障碍，有时也就会因理解不一而导致版本上的差异。

如“卑”字，《说文·𠂇部》平津馆本、藤花榭本以及小徐本各本皆作：“贱也。执事也。从𠂇甲。徐锴曰：右重而左卑，故在甲下。补移切。”《说文解字真本》《说文解字义证》则作：“贱也。执事者。从𠂇甲声。徐锴曰：右重而左卑，故在甲下。补移切。”两种说解的差异在于是“从𠂇甲”还是“从𠂇甲声”？是“执事者”还是“执事也”？

我们觉得，无论“从𠂇甲”，还是“从𠂇甲声”，似乎都很难得出“贱也”“执事也”这样的意义。除了徐锴用“右重而左卑，故在甲下”去附会外，徐灏《说文解字注笺》解释为：“甲乙之次甲为尊，故𠂇在甲下也。”王筠《说文句读》：“甲象人头，尊也。𠂇在甲下，故卑。”这些解释也都难以令人信服。“卑”上古在帮纽支部，“甲”在见纽盍部，二者声音关系甚远，把“卑”的构形分析为“从𠂇甲声”，也很难成立。所以，朱骏声《说文通训定声》对许慎的说解提出了怀疑，说：“许说形声义俱误。此字即椑之古字。椑，圆榼也。酒器，象形，𠂇持之。”

那么，“卑”是否如朱骏声所说像酒器之形呢？考察金文字形发现，“卑”字下面或从𠂇，或从又：。《六书通》《缪篆分韵》的字形或从右手作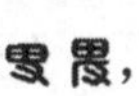，或从左手作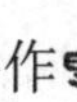，或从双手作。可见，“卑”字下面的手形只是表示用手持之而已，并不特别强调是左手还是右手，因而也就不可能与“右重而左卑”的观念有关。“卑”字中所从之手是完全可以转写为“又”的。《说文》“𠂇”部的属字只有一个“卑”，而“卑”字并不从左右之“𠂇”，这说明，“𠂇”这个部首根本就没有存在的必要。

林义光《文源》认为，“卑”甲骨文字形像手持锤形以服劳役。甲骨文“陴”字作，正像手持锤形工具筑墙之形。《说文·𨸏部》：“陴，城上女墙俾倪也。”金文以卑为俾。段玉裁《说文解字注》：“古或假卑为俾。”《说文·女部》：“婢，女之卑者也。从女从卑，卑亦声。”综合这些材料可以看出，“卑”“陴”“俾”“婢”实同出一源，由手持锤形工具筑墙，来表示服劳役之义，着眼于动作本身则是“执事”，着眼于动作主体则是“执事者”。可见，“执事也”和“执事者”的版本差异，并没有绝对的优劣之分，不必在这个地方过于深究。但是，《说文》将“贱也”置于“执事也”之前，则于词义引申逻辑不符。“卑”字本义应为“执事”或“执事者”，执事者低位必然卑贱，故又引申为“贱也”。可见，《说文》在建立形义关系时选错了本义。

关于这一点，我们同样可以从《说文》的说解体例得到印证。经考察，《说文》中从"又"的字多为动词，也有作名词的：

右　手口相助也。从又从口。

叜　老也。从又从宀。阙。

曼　引也。从又冒声。

尹　治也。从又丿，握事者也。

㕁　拭也。从又持巾，在尸下。

及　逮也。从又从人。

秉　禾束也。从又持禾。

叔　拾也。从又尗声。汝南名收芋为叔。

彗　扫竹也。从又持甡。

其中只有一个"叜"许慎解释为形容词，这个字现已公认是"搜"的早期写法，故其词性应为动词。这样，从"又"的字就没有形容词了。这就进一步证明了"卑"字的本义应为动词性或名词性的"执事"，而非形容词性的"贱"。"贱"是"执事"的引申义。

（五）达

词汇意义是成系统的，"词汇意义的系统性表现为词义关系的普遍性与有序性"[6]，词汇意义总是处在一定的子系统之中，与相关词义构成一定的意义序列。《说文》对字词的训释，往往通过同训、互训、递训等多种方式，解释字义或词义的内在系统性。因此，我们在分析《说文》版本异文时，可以将一些关于字词的训释，放在相关的字义或词义序列中去考察，从而选择更符合词义系统性的说法。

如《说文·辵部》："达，行不相遇也。从辵羍声。"《经典释文》引《说文》作"达，不相遇也"，与今本《说文》相比少一"行"字。那么，这个"行"到底该不该有呢？

要回答这个问题，我们需要从考察"行不相遇"的具体含义入手。《说文·辵部》："通，达也。从辵甬声。"《段注》："按，'达'之训'行不相遇也'，'通'正相反。经传中'通''达'同训者，正'乱'亦训'治''徂'亦训'存'之理。"很显然，段玉裁把"通"训"达"视为反训现象。他认为通则能相遇，达则不能相遇，所以是反训。

那么，"通"训"达"是反训吗？为什么"达"训"行不相遇也"？王筠《说
</caption>

文解字句读》"达"字下云："《郑风》传：'挑达，往来相见貌。'……于此又云'行不相遇'，然则许意与毛相反。……许君所以反毛义者，盖上二章'不嗣音''不来'，下文'不见'，是不遇此青衿矣。若忽言往来相见，则与上下文皆不类，且果与相见，则诗人亦在城阙矣，岂有躬蹈之而以刺人者乎？故许不敢苟为同也。至如'通'下云'达也'，'道'下云'一达谓之道'，则假借之义。"显然，王筠把许慎的"行不相遇"理解为"行不相见"了，而且他认为"通"训"达"是假借，与段玉裁的反训说完全不同。

朱骏声《说文通训定声》则云："愚谓许君云行不相遇者，如《尔雅·释宫》之九达旁岐这道，行路者不相遇，大通之道也。"这里所说的"九达"，在《尔雅·释宫》中有详细的表述："一达谓之道路，二达谓之岐旁，三达谓之剧旁，四达谓之衢，五达谓之康，六达谓之庄，七达谓之剧骖，八达谓之崇期，九达谓之逵。"所谓"一达"，是指只能一辆马车通行的道路；所谓"二达"，是指同时可以通行两辆马车的道路，以此类推。可见，"达"就是通达的意思，"达"与"通"之间既不是反训的关系，也不是假借的关系，而是近义关系。

那么，"达"为什么可以训释为"行不相遇"呢？我们先来看一下《说文》中与"遇"相关的字义训释：

遇　逢也。从辵禺声。

逢　遇也。从辵峰省声。

遭　遇也。从辵曹声。

遘　遇也。从辵冓声。

这几个字的意义都有两两相对的特点。特别是"遘"字，体现得更为典型。"遘"字本作"冓"。《说文·冓部》："冓，交积材也。象对交之形。"而在甲骨文当中，"冓"写作，像两条鱼头碰头相遇之形。这说明，"遘""遭""逢""遇"的本义，强调的是相向而行的双方正面碰撞在一起。这样我们就理解了，"行不相遇"不是走路不见面的意思，而是说道路很宽，双方迎面走路时可以同时向对面通行，而不会撞在一起。"九达"就是九辆马车并列来往通行而不会迎面相撞，这当然是朱骏声所说的"大通之道"了。由此可见，段玉裁和王筠对"行不相遇"的理解都不符合许慎原意，只有朱骏声的解释才是正确的。同时，通过以上字形、字义、文献等方面的综合分析可以看出，既然"行不相遇"强调的是相向而行的双方不正面碰撞在一起，那么，这里的"行"字并非可有可无，而是不可或缺的。

　　以上诸例，从不同角度体现了《说文》内在系统在训诂实践中的应用价值。作为一部具有浓厚系统观念的小学著作，《说文》不仅为我们保存了丰富的、成体系的字词材料，而且为我们提供了潜在的系统理论和传统语言学研究方法，从而成为中国传统语言学发展的重要基石。

注释：

　　[1]崔枢华：《〈说文〉部首540辨疑——兼论〈周易〉对〈说文〉的影响》，《内蒙古民族师院学报》（哲学社会科学·汉文版）1991年第1期，第43—46页。

　　[2]邹晓丽：《论许慎的哲学思想及其在〈说文解字〉中的表现》，《北京师范大学学报》1989年第4期，第27—36页。

　　[3]王宁：《汉字构形学导论》，商务印书馆2015年版。

　　[4]黄宇鸿：《〈说文〉叠体字的构形与意象思维》，《古汉语研究》2004年第1期，第73页。

　　[5]《段注》"璓"下云："石之玉。"锴如此，下有"言次玉者"四字，盖注释语。自瑂至玏十八字，皆似玉者。铉本作"石之次玉者"，与锴本注皆非。《玉篇》《广韵》皆云："璓，石似玉。从王燮声。"

　　[6]王宁：《论词的语言意义的特性》，《北京师范大学学报（社会科学版）》2011年第2期，第40—41页。

《说文解字》的"字用"思想发微

李运富

郑州大学文学院

【摘要】《说文解字》通常被看作"形"书,其说解汉字的方法及对汉字的具体解析得到学史肯定。本文认为,《说文解字》的另一重要价值在于"字用",其"字用"思想可以从《说文·叙》和《说文解字》对字的解释两个方面考察。在《说文·叙》中,许慎揭示了"假借""依声托事"的用字实质;用"古文""大篆"等字体概念指称古文字材料和古文献中的用字;许慎对文字的定义和文字功能的表述体现了职用实质;许慎对时人谬解文字的批评,对《说文》编撰目的和编撰原则的说明也都是从文字使用角度表述的。《说文》对字的解说首重意义,形体分析只是对意义的印证;《说文》的解说中常用"古文以为某"来揭示古代不同于汉代的用字现象;《说文》说解中用"重文"揭示汉字使用的"异字同用"事实,用"一曰"揭示汉字使用中的"同形异用"现象,都是就字的功能而言;《说文》说解还常常引用书例来证明字义。

【关键词】《说文解字》 许慎 文字职用

一、《说文·叙》中的字用思想

（一）《说文·叙》对"文字"功用的认识

《叙》曰:"盖文字者, 经艺之本, 王政之始, 前人所以垂后, 后人所以识古。故曰'本立而道生', 知天下之至啧而不可乱也。今叙篆文, 合以古籀, 博采通人, 至于小大, 信而有证, 稽撰其说。将以理群类, 解谬误, 晓学者, 达神旨。分别部居, 不相杂厕。万物咸睹, 靡不兼载。厥谊不昭, 爰明以喻。其称《易》孟氏、《书》孔氏、《诗》毛氏、《礼周官》、《春秋》左氏、《论语》、《孝经》, 皆古文也。于其所不知, 盖阙如也。"

这段话陈述了三个意思, 都是围绕职用来说的。首先是文字的功用, 在"前人所以垂后，后人所以识古"。就是用文字记录语言形成文献以传承知识和文化。其次是该书的编撰目的，"将以理群类，解谬误，晓学者，达神旨"。就是通过文字的整理和分析，正确解读经书和其他古籍文献。这是文字功用的具体体现。再次是该书的编撰原则，形式上"分别部居，不相杂厕"，内容上"万物咸睹，靡不兼载"，解释上"厥谊不昭，爰明以喻"。所爰（引）之经典，"皆古文也"。此"古文"指古文版本，即用古代文字书写记录的文本，许慎对"古文"的关注是跟今文版本的用字差异，包括形体结构不同的字位，非专指字体而言。即使把古文字体转写为隶书字体，其版本仍然属于"古文"系列。可见所谓"古文经""今文经"主要指用字差异，字体只是来源和分类的依据，研究"古文"的目的在解读经典文献而不在书法艺术。解释上还有"于其所不知，盖阙如也"，"不知"而"阙"者当然不是指字的外形（有目共睹，怎会不知），而是字的结构和功用。

（二）《说文·叙》对"假借"的解释着眼于汉字的使用职能

我们知道，许慎是第一个对"六书"作出解释的学者。"六书"的性质有许多争议，从其出现的语境——小学教学来看，应该属于汉字基础教育内容。[1]学生学习汉字的目的不在掌握字形，而在通过字形来记录和理解语言。一般而言，单音节的个体字符在构形时应该跟汉语的某个单音节语素对应。但语素是开放的，无法穷尽，人们不可能为每个语素都构造对应的字符，所以为了满足记录汉语的需要，必须尽量扩展已有字符的记录功能。许慎就是把"假借"当作使用汉字时扩展已有字符记录职能的办法来理解的："本无其字，依声托事，令长是也。""本无其字"的语素可能是单义的，也可能是多义的。按照许慎的解释和举例，如果以义项为观察对象，只要某个义项"本无其字"，"依声"借用某个字形，都属于"假借"。因而本用与借用的义项之间可能毫无关系，也可能具有引申关系。后人把"假借"限定为意义无关联的借用，未必符合"六书"原意。例如"令"字，构形理据对应于"号令"义，而使用中可以记录意义有关联的长官义（"县令"），也可以记录意义无关联的美善义（"令爱"）；"长"的构形本义为长短之"长"，而使用中可以记录意义有关联的生长之"长"，也可以记录意义关系不大的长官之"长"。这些跟字形没有直接联系的不同义项原来都是"本无其字"的，因为同音（有意义关联的同音和无意义关联的同音）而借用同一字形，从而大大缓解了字少而义多（语素多、词多）的矛盾。

汉字的构形有理据，但汉字的使用不能限于理据。因而出现同字异词（异义）、同词异字（异形）的复杂情况。汉字的单位与其所记录的汉语的单位不能完全对应，这是汉字的重要特点，也是汉字难学的主要原因。让学生从小了解汉字的这种同音借用方法，既是使用汉字的必然，也是阅读文献了解字义的需要。所以成为小学语文科目的"六书"之一是合情合理的。许慎"本无其字，依声托事"的解释和举例正是体现这一用字教学思想的。

（三）《说文·叙》的"字体概念"大都指实用文字材料

"古文"指"大篆"以前的应用文字，相当于"古代文字"，是泛指概念，包括与职用相关的字构字种，也可指与职用相关的古文献，而并非书写风格范畴的特种字体概念。所以才会说孔丘书《春秋》、左丘明述《春秋传》"皆以古文"。"以"就是"用"，使用古代的文字来记录和表述《春秋》《春秋传》的内容。

"鲁恭王坏孔子宅，而得《礼记》《尚书》《春秋》《论语》《孝经》。又北平侯张仓献《春秋左氏传》。郡国亦往往于山川得鼎彝。其铭即前代之古文。皆自相似。虽叵复见远流，其详可得略说也。"此与前文"孔子书《六经》，左丘明述《春秋传》，皆以古文"相应，可见许慎所说的"古文"所指基本同一，都是指"古代（大篆以前）的文字（文献）"，是个含有形体、结构、职用三维属性的复合概念，非指单一的书体概念。当然说孔子壁中书是大篆以前的文字并不符合实际。

"大司空甄丰校文书之部，自以为应制作，颇改定古文。时有六书，一曰古文，孔子壁中书也。二曰奇字，即古文而有异者也。"这里的"古文"是根据孔子壁中书的文字改定的，也既指字体又指形体结构，"古文而有异者"就是指同为古文而结构不同的，也就是把"古文"中某些结构形体的字仍叫作"古文"，而另一些结构不同的古文改称为"奇字"。如果这里的"古文"和"异"都指字体的话，那"古文这种字体中不同的字体"就不合逻辑。

"大篆"与"古文或异"，也是指异其构而非指其体，"体"之异原不待言，且字体之异在整在全而不仅为"或"。准此，分为七国的"文字异形"亦当包括构意职用，非专指风格字体而言。字构职用之异在个体而非全体，在局部而非全部，所以七国"文字异形"也是"或异"，与"古文或异"意思差不多。

"小篆"的"或颇省改"，也是指省改大篆之构件构意；"隶书"之"以趋约易"者，省改小篆之构件构意，既便用又便写，当亦非专指书写风格而言。故所谓"小篆""隶书"，虽称其体，实兼其构其用。"而古文由此绝矣"之"古文"亦非全部古文之形之体，实指与隶书结构用法不同之古文，"绝"指不再使用，非消失不存也。

段玉裁"式"字注说："凡言古文者，谓仓颉所作古文也。此书法后王，尊汉制，以小篆为质,而兼录古文、籀文。所谓今叙篆文,合以古籀也。小篆之于古籀或仍之,或省改之。仍者十之八九,省改者十之一二而已。仍则小篆皆古、籀也,故不更出古、籀。省改则古、籀非小篆也,故更出之。一二三之本古文明矣,何以更出弌弍弎也,盖所谓即古文而异者,当谓之古文奇字。"所谓"仍""改"无疑是指字形而言,非指字体而言,"一二三"之与"弌弍弎"显然是用字的不同,不是字体风格的不同。

所以许慎所说"体"应该不等于后世的"字体",而是指"形体"。说七十二代"改易殊体",只能理解为其中的某些字形体不同;如果指"字体",怎么可能有"七十二"种字体!存在异体字形的七十二代文字统称为"古文",这"古文"当然也不可能是指某种具体的字体,而是指七十二代使用的文字。

(四)《叙》所言汉代对文字的研究,无论正误都是着眼职用

"通《仓颉》读者","亦能言之""说文字未央廷中","作《训纂编》","群书所载,略存之矣",皆主要指文字的结构和功用而言,书写风格当在其次。

"诸生竞说字解经谊,称秦之隶书为仓颉时书,云父子相传,何得改易?乃猥曰:'马头人为长。''人持十为斗。''虫者屈中也。'廷尉说律,至以字断法,'苛人受钱',苛之字止句也。若此者甚众。皆不合孔氏古文,谬于史籀。"这段话的"说字解经谊"就是"马头人为长""人持十为斗"之类,明显是指个体结构和功用,其"不合孔氏古文,谬于史籀"的不是书写风格,而是形体结构及其功用。

二、《说文》说解中的字用思想

(一)说解的目的在字用,形体分析是手段

"一"字下段注:"《尔雅》《方言》,所以发明转注、假借;《仓颉》《训纂》《滂熹》及《凡将》《急就》《元尚》《飞龙》《圣皇》诸篇,仅以四言七言成文,皆不言字形原委。以字形为书,俾学者因形以考音与义,实始于许,功莫大焉。"

"元"字下段注:"凡文字有义有形有音。《尔雅》已下,义书也;《声类》已下,音书也;《说文》,形书也。凡篆一字,先训其义,若始也,颠也是。次释其形,若从某某声是。次释其音,若某声及读若某是。合三者以完一篆,故曰形书也。"

段玉裁虽然说《说文》是"以字形为书"的"形书",但这是跟《尔雅》《声类》《仓颉》等书相对而言的,因为《尔雅》等书"皆不言字形原委",而《说文》把义形音"合三者以完一篆,故曰形书也"。可见说《说文》是"形书"乃在其说到了"形",而并非只说"形"。实际上"先训其义"才是重点,"释形"的目的在"俾学者因形以

考音与义"。所以析形是手段,探求形体所负载的音义,也就是字形的功用才是《说文》学术价值的真实体现。《说文》的说解体例无论是"先训其义",还是"重文""一曰",拟或"古文以为某"和引用书证,都是围绕"字用"进行的。这种体例设置与《叙》中阐明的编撰目的是一致的。

(二)《说文》解说常用"古文以为某"来揭示古代不同于汉代的用字现象

许慎解释某个字时说该字"古文以为某",实际含义是指这个字在古代文献中被借用为另一个字。如《说文·中部》:"中,艸木初生也。象丨出形,有枝茎也。古文或以为艸字。"段玉裁注:"汉人所用尚尔。或之言有也,不尽尔也。凡云古文以为某字者,此明六书之叚借。以、用也。本非某字,古文用之为某字也。如古文以洒为洒扫字,以疋为《诗·大雅》字,以丂为巧字,以臤为贤字,以炛为鲁卫之鲁,以哥为歌字,以詖为颇字,以皿为脴字;籀文以爱为车辕字。皆因古时字少,依声托事。至于古文以中为艸字,以疋为足字,以丂为亏字,以臤为训字,以臭为泽字,此则非属依声,或因形近相借,无容后人效尤者也。"可见许慎用"以为"说解了两种用字现象,一是同音借用,二是形近借用,并且把这些古书中的用字现象跟秦汉时代的用字习惯进行比较,反映出汉字职用职能和字词对应关系的变化。这说明许慎"说文解字"不只是分拆文字形体,而是已有明确的文字职用思想,是结合用字来审视文字形体的,无愧于"五经无双"!

(三)《说文》的"重文",揭示了汉字使用中"异字同用"的事实

《说文》的"重文"是指某一字头下所列举的在文献中曾有过相同用法的其他字形,如"某"字"古文作某""某"字是"某古文""某"字是"某籀文""某"字"或作(从)某"等,也是就字的功能而言。大徐本《说文解字》标注"重文"1163字,"包括形体变易、同音通借、义通换用三种情况"(沈兼士)[2]。"形体变易"是指异体字,异体字本来就是为同一词语构造的,所以记录职用相同。"同音通借"构成本字与通假字关系,"义通换用"也叫"同义换读",反映的是同义字关系,它们虽然各自的本用不同,但在文献中曾有相同的用法,即记录过同一词项或同一义项。如《说文·一部》:"惟初太始,道立于一,造分天地,化成万物。凡一之属皆从一。弌,古文一。"《说文·水部》:"澜,大波为澜。从水阑声。漣,澜或从连。"《说文·又部》:"叜,老也。从又灾。傁,叜或从人。""一"与"弌"、"澜"与"漣"、"叜"与"傁"在文献中都同用过。所有"重文"材料都属于职用现象。

(四)《说文》的"一曰",揭示了汉字使用中"同形异用"的事实

"一曰"是《说文》的说解体例之一,主要作用是列举对释义、字形分析和读

音的异说，"有言义者，有言形者，有言声者"（段玉裁）。异说可能是解释者的看法不同，实际上不能共存；也可能是实际存在的不同事实，那就反映了被释字的多功能性。例如意义方面的"一曰"，"有谓别一义者，有谓别一名者"。（段玉裁）"别一名者"与文字解释无关，"别一义者"指的是除了"先释"的那个"义"外，还有其他的"义"。这几个意义是可以共存的，包括具有引申或派生关系的不同义项、同形的多种合理解释等。如《说文·刀部》："制，裁也。……一曰止也。"《说文·目部》："盱，张目也。从目于声。一曰朝鲜谓卢童子曰盱。"《说文·马部》："腾，传也。……一曰辖马也。"段注："上文辖马谓之骣，则是腾为骣之假借字。"无论"一曰"之义跟"先释"之义是什么关系，只要它是文献中客观存在的，就反映了同一字形的多职能使用现象。

（五）《说文》的字义训释大都有文献用例为据

书证是现代字典辞书的必具内容，而《说文》却是创始。《说文》引用书例的目的，正是用文献实例来证明字的某项功能的客观存在，体现了文字的文献表达功用。据清代学者张度《说文补例》统计，《说文》引用各种文献 37 种，其中引《诗》最多，明确标引达 440 条，还有不少《诗》句未标明出处。这些书证大部分用来证明前面的释义，也就是证明某个字在文献中有某个用法（本义或引申义），因而这个字的释义是有文献根据的。如《说文·雨部》："霾，风雨土也。从雨貍声。《诗》曰'终风且霾'。"也有的书证用来比况读音，即某字跟书证中的某字读音相同或相近，如《说文·玉部》："玤，石之次玉者。以为系璧。从玉丰声。读若《诗》曰'瓜瓞菶菶'。"段玉裁注："此引经说字音也。"即"玤"读若"菶"。还有的书证仅仅在于说明某部文献中用过这个字，但文献中使用的意义其实并非对字头解释的意义。如《说文·艸部》："芼，草覆蔓。从艸毛声。《诗》曰："左右芼之。"无论拟音还是证义，拟或只是见过某字，都是属于字的职用问题，都是结合文献用例的。当然，《说文解字》中首创书证法，运用还不彻底。但没有书证的训释，实际上也是以文献实用为基础的，大概因为常用，所以没有一一举证。其实大都可以补上书证。桂馥《说文解字义证》就做了这方面的工作。

注释：

[1] 参李运富《"六书"性质及价值的创新认识》，《世界汉语教学》2012 年第 1 期。

[2] 沈兼士：《汉字义读法之一例——说文重文之新定义》。

中原地区汉字文化创意实践概述

王蕴智

河南大学黄河文明与可持续发展研究中心

【摘要】河南是汉字学的发祥地，是著名的出土古文字大省，中原地区有着深厚的历史积淀和得天独厚的汉字文化资源优势。从 20 世纪 80 年代中期到 90 年代初，学术界围绕纪念汉字学宗师许慎和《说文》学研究这一主题，先后在许慎故乡漯河市召开了多次学术研讨会。为此中原人民深受鼓舞，并在这方面有着深刻的感悟。

在充分认识许慎精神和中原地区汉字文化优势的前提下，值 2005 年、2010 年和 2015 年金秋时节，我们诚邀海内外专家学者，分别召开了三届许慎文化国际研讨会，并创建了"许慎文化园"。近期我们又新成立了"许慎文化学院"，冀望逐步通过办学实践，把中原家乡当作汉字文化圣地来爱护。

为了培育中原人民热爱汉字、热爱家乡的情结，2002 年，我们向当时的河南省政府李克强省长上书，希望在政府的支持下，能够对中原历年出土古文字数据乃至几千年来的汉字文化遗产给予重视，希望给我们的汉字安一个"家"。李省长曾及时将这一建议批转给了安阳市政府，国家有关部门后来正式批准建馆。围绕文字博物馆建设这一中心任务，我们就文字博物馆的建设及布展内容等问题提出了专业论证和规划。如今我们在甲骨文出土地安阳，开创性地建成了一座以传播文字知识为专题的中国文字博物馆。今后中原地区以"弘扬汉字文化，传承许慎精神，建设学术文化强省"为宗旨的创意实践活动及文化建设项目有望进一步地展开。

一、纪念许慎活动的发起

许慎在中国东汉时期有"五经无双"的美誉，是著名的经学大师。他用平生心血所撰著的《说文解字》（简称《说文》），又使他成为汉语文字学的开山祖师。千百年来，人们习惯上把对许书的研究称为"《说文》学"。直到现在，如果要想深一步地了解中国古代的语言文字和文化，也同样需要学习、熟悉许慎的《说文》。

由于许慎为民族文化和汉字学术事业作出了卓越的贡献，历代的文人学士还有中原许慎家乡的人们，都对这位字学先哲怀有十分崇敬的心情，并进行过不同形式的纪念活动。自 20 世纪初至"文化大革命"期间，国家几度受社会变革和政治运动的影响，文化学术事业历尽波折，像许慎这样的历史文化名人，没有得到应有的重视。20 世纪 70 年代后期，随着国家改革开放政策的确立和知识分子政策的落实，文化学术事业得到了全面复苏，传统汉语汉字的研究焕发出勃勃生机。这同样也激发起广大语言文字学界同仁和中原家乡人民纪念许慎的热情。

早在 20 世纪 70 年代末至 80 年代初，河南省地方上的一些有识之士，从关心家乡精神文明建设的大局出发，提出了有关恢复和建立纪念许慎文化设施的呼吁。如当时郾城县（今称漯河市郾城区）和西平县的两位教师，就曾分别向省、地、县等有关政府部门提出建议，呼吁在当时许慎的家乡郾城县建立许慎纪念馆，恢复"许南阁祠"，收集许学专著和字画作品，宣传许慎事迹，加强对许慎故里遗迹的保护。他们的这些建议和呼吁，得到了地方有关主管部门的重视。

1982 年 11 月，出于纪念先哲、弘扬许学、促进文化交流的考虑，当时已是 80 岁高龄的著名语言文字学家、书画史论家于安澜先生在苏州召开的中国训诂学会年会上，提出筹备召开以纪念许慎为主题的全国性学术研讨会的倡议。这一倡议得到了与会专家学者的积极响应和支持。大会认为，要继承和发展中国的语言文字学事业，就应从纪念许慎开始。会议还委托河南大学于安澜、赵天吏教授会后与河南省地方有关部门具体筹划许慎学术讨论会事宜。

这次会议之后，于安澜先生曾多次与河南省有关部门领导写信磋商。1983 年 1 月 21 日，河南省文物局专门下发了"豫文物字（83）第五号函"，通知河南省郾城县及地方文化局做好迎接召开纪念许慎学术讨论会的准备工作。该函特别提到要修缮许慎墓，并责成许昌地区文化局（当时隶辖郾城县）予以大力支持。同年 4 月，于安澜、董希谦等先生又亲临许慎故里调研，向当地人民宣传纪念许慎活动的意义。

1983 年 10 月，中国训诂学会在扬州召开纪念段玉裁、王念孙、王引之学术讨论会，会议特邀郾城县文化局赵怀然、张汝鲤二位先生赴会。会上于安澜先生向与会者介绍了在河南发起纪念许慎活动的情况，郾城县代表也汇报了他们为开好许慎会所做的各项准备工作。由于筹备工作的就绪和河南方面所作出的努力，大会正式决定于 1985 年 4 月在中原家乡召开全国第一次纪念许慎学术研讨会。

二、重修许慎墓祠

为了迎接全国首次许慎学术研讨会的召开，1984 年 10 月，郾城县政府组织人力，开始了许慎陵墓的修复工程[1]。该工程由河南省文化厅出资赞助，整个工程历时半年，包括征地、砌墓、立碑、植柏等一系列内容，于 1985 年 4 月竣工。为使陵墓园林化，便于人们瞻仰，这次对陵墓的修复，共征用土地 6.92 亩。重修后的许慎墓高 5 米，底径 16 米，占地 3 分。墓呈穹拱式高起，墓表封土植草。墓周用青色条石砌成环形墓基，墓基高 1 米，基圆周筑以甬道。墓后重新植上北方柏 186 株，象征许慎的传世之作《说文解字》成书后距这次修墓的时代，已经有 1860 多年了。

修复陵墓时，许慎墓前又立了三通碑。一通为新立的"重修许慎墓碑记"，另

图一、图二　重修后的许慎墓和墓前所立的三通石碑

两通为原来的清碑，即康熙年间的"汉孝廉许公之墓"碑和光绪年间的"许夫子从祀文庙碑记"碑。三通碑鼎立许墓陵前，均建有传统式的五脊飞檐挑角碑楼作为保护。两通清碑以前曾让人伐断，后被许家后裔保存，这次又由许家后裔献出，并分别进行了黏结处理。根据题名的内容，"汉孝廉许公之墓"碑立在了许慎墓正前方2米处，碑前设有一石案供祭拜所用。"许夫子从祀文庙碑记"和"重修许慎墓碑记"分别立在墓的东南方和西南方25米处。

"重修许慎墓碑记"碑高2米，宽0.8米，厚0.35米。在碑额处，于安澜先生用古朴典雅的篆书写下了"冠冕千秋"4个大字。碑的右边纵列为楷书，碑题为"重修许慎墓碑记"7字，下有正文600余字，追记了许慎事迹和重修许墓的经过。正文为北京师范大学教授、中国训诂学会名誉会长陆宗达先生撰文，时间为"一九八五年三月吉日"。该碑文一方面反映出学术界特别是当代著名学者对许慎的深切感怀，另一方面也反映出华夏学子在历经时代变革之后，所焕发出来的强烈的爱国意识和传承学术文化的使命感。所以这通碑对于纪念许慎来说，它已不是简单的旧时祭奠的重复，而是赋予了更多的时代理念。

这次重修许慎陵墓，当地政府对许慎之子许冲的墓地也进行了修整工作[2]。经过适当培土，许冲墓加高到1.5米，底径3.5米，围长6米，维持原来的土冢形式。另于墓前新立一"汉召陵万岁里公乘许冲之墓"碑，墓周围植北方柏4株。1983年12月，郾城县文物管理委员会又分别于许慎、许冲墓前，树立了"重点文物保护单位"标志牌[3]。1991年上半年，当地县政府还委托交通局，将漯（河）周（口）公路至许慎墓地一段约16里长的土路拓宽硬化，改建成了三级公路，定名为"许慎公路"。这条公路为许慎家乡故里今后的开发建设奠定了良好的基础。

在重修许慎陵墓的同时，郾城县还对故"许南阁祠"的部分建筑设施进行了整修。[4]首先，县里把仅剩下来的合祠5间过厅及门前的空地从县一中划分了出来，别开门院，使过厅门外修葺一新。院内新种下10多棵柏树，厅前一侧新立了"原许南阁祠绍介"碑，另一侧立下了黏结修补后的"创修后汉许公祠碑"。过厅门上方正中，新挂上了著名语言学家王力先生题写的"许慎纪念馆"馆名匾额，意味着这里已暂被用为许慎纪念馆馆址。在过厅两边门柱上，一副木质楹联端重醒目："一部说文明古训，千秋学术仰宗师。"（郾城张汝鲤老师题写。）厅内布置为纪念馆展厅，在正中暖阁内，供有木刻版许慎全身画像（河南大学美术系王威教授创作）。像前设有原许南阁祠仅存的"汉先儒许慎之位"木主，厅内两边门柱上悬挂着著名语言学

家周祖谟先生的篆书赞联："考文字之本源，存古留真，诚乃儒林楷式；标诂训之
旨趣，探微索隐，允推汉学宗师。"在厅内四周展柜内，陈列着有关许慎生平事迹、《说
文解字》的不同版本以及历代有关许学研究的专著等。另外在大厅四壁及两侧套间
的内壁上，还征集有 60 多幅全国名家题赠的书画墨宝。整个展厅浓郁烘托出许氏
故祠的典雅肃穆和汉字文化气息，它使一批批来自于国内外的专家学者、华裔同胞、
许氏宗亲等各界人士在这里流连驻足。1987 年，郾城县政府也将这里确立为重点
文物保护单位。2007 年，河南省政府将其命名为省级重点文物保护单位。

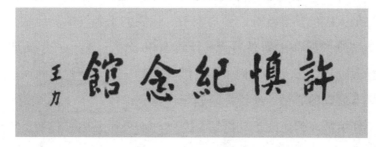

图三　王力先生题写的"许慎纪念馆"馆名

图四　整修后的许南阁祠正门

三、20 世纪后期大型许学研讨会的召开

从 20 世纪 80 年代中期到 90 年代初，学术界围绕纪念许慎和《说文》学研究
的主题，先后在许慎的故乡召开了多次学术研讨会。中原地区举办这种专题的大型

学术活动，前所未有。

1985 年 4 月 12 日，全国首届"纪念许慎学术讨论会"在位于古都开封的河南大学隆重开幕，100 多位大专院校及有关科研单位的专家学者参加了大会。会议共历时 4 天，来自全国各地的学者就许慎的生平事迹、《说文解字》的有关专题、许学研究的回顾和展望、汉字六书理论、文字考释等一系列问题进行了踊跃发言，广泛交流了各自的学术观点。这次盛会的召开，把纪念许慎的活动以及许学研究推向了一个高潮。

4 月 16 日下午，与会代表由开封抵达漯河市郾城县 [5]，到许慎故乡寻访字圣的遗踪，受到当地人民的热烈欢迎。翌日上午，代表们来到许慎墓地举行新修陵墓揭碑仪式，当地群众纷纷前来助兴，会场计约 5000 余人，整个许慎陵园此时沉浸在盛典之中。当天晚上，专家学者们来到了故许南阁祠，即新建立的许慎纪念馆。在这里，他们怀着激动的心情，纷纷挥毫题记，直到深夜。

在结束了许慎故乡的纪念活动之后，全体与会人员又驱车赶赴当年许慎奋斗过的地方——东汉都城洛阳。这是此次会议所到达的最后一站，大家在这里举行了许慎塑像的落成典礼和大会闭幕式。新落成的许慎雕塑，参照了清人《说文统系图》上的许慎画像，用白水泥塑造而成。高 3 米多，下设 1 米多高的四方像座，坐落在洛阳市图书馆门前。许君手握书稿，南向而立，一尊儒雅、矜持、执着、敦厚的形象，活现他当年在此撰《五经异义》、完成《说文解字》初稿的神情。他的身后，正是原来的汉朝国家图书馆的重地，即许慎在东观校理群书的地方。在他的像座正面，端庄地写有"许慎"二字。其基座背面，是于安澜先生用篆书写下的《后汉书》许慎本传。

1985 年的许学会议，在国内外引起了很大的反响。它通过学术纪念活动和媒介宣传，使更多的人了解了许慎，有力地促进了许学的发展。许慎的故乡人民，也进一步认识到许慎的伟大。这以后，到许慎故地参观、拜谒、学习的学者，华侨同胞及国际友人越来越多。不少知名人士向许慎家乡馈赠了书画珍品，给予了经济和文化的投资，他们对办好许慎家乡的事情寄寓了厚望。另外，战国时代以后迁居到汝河两岸的许氏后裔，隋唐时有移居闽粤者，明末清初有的离开大陆，在港台和东南亚开拓创业，成绩卓著。据台湾许氏宗亲会称，仅那里的许氏后代就达 37 万。他们每年都派出代表团回大陆祭祖观光，所以许慎故乡又成为许氏宗亲寻根祭祖的圣地。

　　1989 年春，河南省漯河市召开了"许慎研究会成立大会暨第二届许慎学术讨论会"，省内外有关专家学者参加了大会。这次会议使纪念许慎的学术活动保持了连续性，各家的学术思想也得到了充分的交流。会议期间，许慎研究会成员还会见了前来祭祖观光的台湾许氏宗亲豪华团，并向他们赠送了许慎研究专著及有关礼品。1990 年 12 月，郾城县政府又特邀国内 20 余位著名许学专家聚会于漯河，在许慎家乡成立了许慎研究所，这也使当地人民纪念许慎的活动迈向了高层次。

　　1991 年 9 月，许慎故乡人民迎来了一个前所未有的大型国际性盛会——"许慎与'说文学'国际学术研讨会"。这次学术会议是由河南省对外文化交流协会、许慎研究会以及东道主漯河市联合主办的。应邀莅临这次大会的专家学者共计 80 余人，其中除了国内 20 余个省市高等院校的代表外，还有如日本、韩国、马来西亚以及来自香港、台湾地区的知名学者，大会包括特邀人员约计 160 余人。

　　这次参加会议的中外嘉宾有些是前两次许慎会的参加者，而更多的则是第一次来到会上，表现出许学的兴旺发达。在学术研究方面，本次与会代表共提交大会论文 96 篇，有 60 多位学者做了大会发言。他们的论文包括许慎的事迹和治学思想、《说文解字》研究、文字考释、许书版本校勘、汉字学与汉字信息处理、六书与汉字教学等问题，其内容广泛而丰富，反映出了许学研究的最新成果。通过会上会下的相互交

图五　许慎研究会编《说文解字研究》书影

图六　王宁、董希谦主编《许慎与说文小丛书》书影

流，大家追怀先贤、切磋学术、以文会友，以饱满的学术热情纪念了这位汉字学宗师。值这次会议之际，由许慎研究会主编的《说文解字研究》即许慎与"说文学"国际学术研讨会论文集（第一辑），正式由河南大学出版社出版发行。另外在这次会议之后，漯河市郾城区统战部编印了《许学研究集刊》，北京师范大学汉字研究所和河南省文字学会还共同策划了一套由王宁、董希谦先生主编的"许慎与《说文》小丛书"。该套丛书共分9册，分别对字圣许慎的生平事迹、家乡故里及许学研究的不同方向作了深入浅出的概述，1994年由河南人民出版社完成出版发行。

四、新世纪以来三届"许慎文化"国际研讨会的召开 和"许慎文化园"建设

中原地区以纪念许慎为主题的相关学术活动，由于种种原因，自20世纪末以来一度有所中断。但无论如何，在时隔多年之后，作为许慎故乡的漯河市和中原人民，对前些年由知识界所带动起来的许学纪念活动依然深受鼓舞，并在这方面有着深刻的感悟，逐步认识到了许学研究和开发许慎文化的价值。从大环境来看，国家在逐年富强，许学也在振兴与拓展之中。这给新时期专业工作者开辟了辽阔的视野，提出了新的命题，肩负起更多的责任。

一方面来说，随着近百十年来各种古文字资料的大量被发掘出土，古文字学交叉在汉语文字学、考古学、历史学、文献学诸学科之间，结合传统的文字、音韵、训诂及文献典籍知识，尤其是以《说文》学为基础，取得了丰硕的科研成果。如今在大陆、香港、台湾等许多著名高校或科研单位，都相继成立有汉语言文字学、古文字学研究机构，这方面的研究方兴未艾。由许慎所奠定和开创的学术事业，正在通过现当代学者的不懈努力而得到弘扬光大。

另一方面来说，世界正在快速向全球化方向发展，中外文化的交流及全球范围内的汉语、汉字学习热潮仍在不断升温。随着汉字信息处理技术的深度开发和利用，汉字文化越来越为世人所瞩目。不仅如此，致力于汉字文化、许慎文化研究的有识之士亦越来越多，许慎文化的影响，已经跨越了地域和国界。海内外学习、研究许学和汉字文化的学人，都希望有机会能到许慎故里来，亲身感受汉字学故乡的文化氛围。

2004年，在国内外广大专家学者的关心支持下，漯河市党政领导积极推行文化兴市的思路，着手与河南省文字学会共同承办新世纪里新一届的国际性许学研讨会事宜。筹备中的许慎会议拟由中国文字学会、中国训诂学研究会、河南省人民政

府共同主办。经过专家倡议和政府决策，即将召开的许学盛会初步定名为"首届许慎文化国际研讨会"。"许慎文化"作为一个新的概念，也正是在这时候被提出来的。

"许慎文化"作为一个概念，我们当时将其内涵界定出许慎精神和《说文》学两个方面。这个界说还可以广义一点来理解，即"许慎文化"当是指华夏同胞热爱汉字、学习研治汉字的传统人文精神以及由许慎所发凡、创立的汉字学[6]。

2005 年 10 月，漯河市政府举行了新闻发布会，开展了许慎文化宣传月活动，在新闻媒体上开辟专栏进行"许慎文化"的广泛宣传。2005 年 11 月 21 日，初冬时节有着春天般的温暖，备受关注的首届许慎文化国际研讨会在漯河市体育馆隆重开幕。来自中国、美国、加拿大、乌克兰等国家和中国香港、台湾等地区的近 200 位专家学者、富有声望的许氏宗亲代表以及国内各大媒体齐聚一堂。许慎一生对于汉字的热爱及其学术奉献，已成为感召当代学子的精神力量。由他所开创和奠定的汉语文字学大业，今后还将会得到更大的发展。

开幕式结束后，与会代表和各位领导共同来到扩建整修后的许慎陵园。新整修后的许慎陵园建立了围墙，面积为 12.56 亩，陵园中央的许慎铜像高 3 米，基座高 1.88 米。在鞭炮和掌声中，大家拜谒了许慎墓，并为新落成的许慎铜像揭幕。作为许慎文化的发源地，漯河市今后将以挖掘汉字文化为主题，以许慎陵园保护开发为着力点，以汉字文化国际交流为手段，努力把漯河建成全国许慎文化研究中心、许学文献数据中心和汉字文化圣地旅游中心[7]。在为期两天的许慎文化国际研讨会上，会议围绕许慎与汉字学、古文字研究、汉字地位与价值、许慎文化资源开发建

图七　2005 年新落成的许慎铜像和许慎陵园正门

图八　首届许慎文化国际研讨会主会场

图九　首届许慎文化国际研讨会
论文集《许慎文化研究》书影

设等问题进行了认真的讨论与交流。在许慎文化学术研讨的同时，漯河市政府还组织了许氏宗亲座谈会、"字圣故里千秋情"文艺晚会、纪念许慎名人字画展等活动，通过地方领导与漯河家乡父老的齐心努力，这次会议办成了一个规模空前的国际性盛会。

2009年4月,漯河市又一次联手河南省文字学会，协同成立了筹备工作领导小组，制订了实施方案，切实抓好与会人员的联络邀请和第二届许慎文化国际研讨会学术论文征集工作，并着手于"许慎文化园"的筹建工程。

河南是我国汉字学的发祥地，是著名的出土古文字大省，十几年前漯河境内舞阳贾湖遗址新发现的裴李岗文化刻画符号，距今已有8000年之遥，更引起世人对中华文字起源命题的新思维，作为许慎家乡的漯河市有着深厚的历史积淀和得天独厚的文化资源优势。漯河市如今统辖源汇、郾城、召陵三个行政区划，正逐年加快改革开放的步伐，今后以纪念许慎为内容的学术活动及文化建设项目将可望进一步地展开。正在启动的以纪念许慎为内容的文化建设项目，应当说是在充分认识中原自身文化优势的前提下所作出的选择。它的创建将会进一步培育家乡人民及全社会纪念许慎、热爱汉字的情结，增进民族自豪感。

值 2010 年 10 月金秋时节，在当地政府及海内外专家学者的关心支持下，我们

图十　许慎文化园全景

图十一　2010 年新落成的许慎文化园汉字大道景观

图十二　如今的许慎墓和墓前景观

图十三　2010 年新落成的许慎文化园中汉字故事长廊外景

在许慎故乡召开了第二届许慎文化国际研讨会和"许慎文化园"开园典礼。这次大会的宗旨是"弘扬汉字文化，传承许慎精神"。来自日本、韩国、法国等国家和中国大陆及香港、台湾等地区的近 100 位专家学者集聚漯河。当今的学者，再一次为许慎故乡人民诚挚笃厚的精神所感动。

图十四　许慎碑林外景

　　2015 年 11 月 1—3 日，我们河南省文字学会与当地政府一起，在许慎故乡漯河市，再次迎来了海内外 100 多位专

图十五　第二届许慎文化国际研讨会开幕式现场

图十六　第二届许慎文化国际研讨会论文集《许慎文化研究（二）》书影

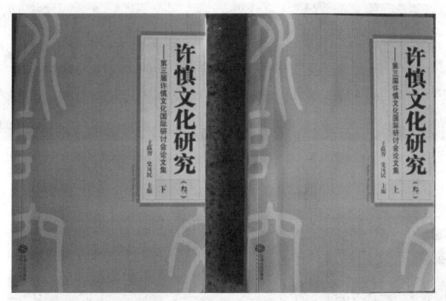

图十七　第三届许慎文化国际研讨会论文集《许慎文化研究（参）》书影

家学者，隆重召开了第三届许慎文化国际研讨会和"汉字文化名城"揭牌典礼。中原家乡近三届许慎文化国际研讨会的成功召开，充分向世人展示出了漯河这个新兴城市的魅力。当今的漯河市是一个以许慎为荣的城市，是一个汉字文化底蕴厚重的城市，漯河市民众的淳朴热情给全体与会人员留下了深刻的印象。

　　值得一提的是，2017年4月27日，我们在许慎家乡的漯河市，举行了"许慎文化学院"成立暨揭牌仪式和专家论坛。新创办的许慎文化学院拟坐落在许慎文化

图十八　第三届许慎文化国际研讨会开幕式现场

图十九　第三届许慎文化国际研讨会报告会和闭幕式现场

图二十　第三届许慎文化国际研讨会闭幕式后现场

图二十一   2015 年两岸青年"汉字溯源漯河行"座谈会留影

图二十二   2015 年两岸青年"汉字溯源漯河行"留影

园西侧，这将是首家以汉字文化知识为主题的学院。汉字学是许慎开创、历代学人继承光大的一门很专业的学问。新发现伴出新学问，对出土古文字原材料的研究是当今汉字的学术重点。我们衷心希望今后通过这样的办学实践，逐步把中原家乡当作汉字文化圣地来培育，把汉字知识真正视为宝贵的人类文化遗产和中华民族的精神纽带。河南应该把许慎文化学院所对应的汉字学专业教育当作特色学科来建设。这类大学至少可以设置汉字解说学、汉字传播学、汉字书法学、汉字信息学、汉字产业学、比较文字学、汉字文化学等专业方向。其办学目标应该是进一步加强人文

图二十一、二十二　"许慎文化学院"成立暨揭牌仪式和专家论坛留影

社会学科建设，弘扬中华传统优秀文化，把许慎文化学院打造成汉语国际教育和许慎文化人才培养基地，进而为今后建立国家级的以汉字文化为主题的大学奠定基础。

　　长期以来，学术界对许学的研究一直处在学术的层面。要使许慎文化走出书斋、走向社会，单靠专业学者的力量是不够的。对于许慎本人的敬仰，也不能仅表现在尊许和祭许的层面上。实际上，对于许慎的人格、为学精神以及他何以能够成为中国的字学宗师，并不是全社会都能够了解的。作为许慎的后学，我们也不能简单地依赖一部《说文》搞许学，因为我们今天毕竟看到了更为丰富的出土文字材料。一方面，我们需要像许慎那样沉下心来整理、研治文字，另一方面，我们还需要像许慎那样花大力气，做出一部更为完整的汉字发展史和古今汉字解说奉献给世人。如今我们开发家乡的许慎文化资源，首先是要进一步向全社会推广宣传字圣许慎的事迹，让家乡的人民都知道许慎，都了解许慎精神，普及汉字知识，积极培育适合许慎文化资源开发的大环境。二是应充分认识到汉字文化的博大精深和汉字本身的价值，认识到古今汉字文化的内涵和许慎文化本身的专业性。这方面尤需注重选拔培养有关专业人才和管理人才，组织一支高素质的管理班子和专业团队。三是经过反复论证，切实制订出总体开发议项和科学的近远期规划，保证开发项目实施的质量和今后工作的规范有序，尽可能使许慎文化资源开发有条不紊、循序渐进，周密规划、不赶风潮，力戒浮躁虚套、少走弯路。

五、在安阳创建中国文字博物馆

为了进一步面对未来、面向世界，振兴民族精神，培育中原人民热爱汉字、热爱家乡的情结，2002 年，我们曾向当时的河南省政府领导李克强省长上书，建议在省内创建一座标志性的大型文化设施——河南文字馆。建议书希望在政府的支持下，能够对中原历年出土古文字数据乃至几千年来的汉字文化遗产给予重视，希望给我们的汉字安一个家。[8] 当时的李省长曾及时将这一建议批转给了安阳市政府，国家有关部门后来正式批准在安阳市建设中国文字博物馆。围绕文字博物馆建设这一中心任务，我们还通过《郑州大学学报》邀请到国家这方面的著名专家，就文字博物馆的建设及布展内容等问题提出了权威性的指导意见 [9]。我们期望新创建的中国文字博物馆是现代化知识信息型的，是一部让世人领略中华文明的景观式文字大典 [10]。它是河南的，也是中华的，又是世界的。它将以翔实的数据、严谨的布局、科学的方法辅以现代化的高科技手段，高品位地荟萃历代中国文字样本精华，揭示古今汉字的文化内涵；真切生动地讲解古汉字的演化和构形特征，展现汉字发生、发展的历史轨迹；同时注重反映河南出土古文字资源与中国文字研究的地域优势，精彩营造以文字为独特视角的东方华夏文明与以计算机信息开发成果为标志的现代社会文明的谐和氛围，使人们真切地感悟到先民的聪明和智慧，审视到中华文字的历史和未来 [11]。

图二十三　2002 年 12 月 5 日寄呈河南省李克强省长《建议书》的首页

2003 年 2—8 月，我应邀为安阳方面提出了构建文字博物馆布展内容的一揽子规划。2003 年 8 月底，部分在京专家在京友宾馆举行了《安阳·中国文字博物馆布展方案》（含 10 种布展文本样稿）论证、评审会，来自清华大学、北京大学、北师大、国家语委、故宫博物院、中国社科院以及安阳市政府、郑州大学等单位的专家和领导参加了会议。与会专家一致通过了《布展方案》的评审，并对该布展方案的构思和前期准备工作给予了充分肯定。2005 年，国家有关部门正式批准在安阳市建设中国文字博物馆，由我所编写的《安阳·中国文字博物馆布展方案构想》全文发表。

安阳中国文字博物馆的建设项目于 2006 年正式启动，2007 年 8 月 17 日，由国家文化部召集的中国文字博物馆专家委员会第一次会议在北京市京西宾馆召开，我们代表河南省文字学会向会议提交了《中国文字博物馆布展文本编纂方案》和《中国文字博物馆布展内容脚本》。2007 年 12 月 10—12 日和 2008 年 5 月 8—10 日，中国文字博物馆编制专家委员会分别在北京、安阳市召开两次会议。2008 年 9 月 20 日，由国家文化部和省政府召集的中国文字博物馆陈列展示内容知识文本研讨会在北京市河南大厦召开，我们编制的《中国文字博物馆布展内容文本》（甲编）和王宁先生主编的《中国文字博物馆布展内容文本》（乙编）提交会议并获得与会专家通过。中国文字博物馆于 2009 年 11 月 16 日正式开馆，在文字博物馆开馆之际，我们在首届中国文字发展论坛发表《河南应该从文字资源大省向汉字文化学术强省跨越》的重要论文，对中原地区汉字文化资源保护和中国文字博物馆的后续建设提

图二十四   2007 年 12 月在北京召开中国文字博物馆布展文本研制专家论证会

出了指导性的意见。基于这样的情况，如今我们在甲骨文出土地安阳，开创性地建成了一座以文字知识信息为专题的中国文字博物馆。

许慎文化资源的开发[12]和安阳中国文字博物馆建设项目，将会在未来形成一个全方位展示古文字学、《说文》与中国文字学、汉字发展史、汉字书法文化、汉字印刷与汉字信息开发等各个知识层面的文字大观园，这是在充分认识中原自身文化优势的前提下所做出的选择。衷心期望通过中原人民和广大学人的共同努力，争取把未来的中原家乡，建设成为对世人进行汉字文化素质教育的基地。作为当代中原学子，从学术层面来考虑，我们应当充分利用中原家乡的地域资源优势，加强学术团队建设，加强对中原汉字文化遗产进行基础整理、研究、保护、开发的通盘规划，加大对河南出土大宗文字数据整理的力度和工作量，把富有中原文化底蕴的远古刻画符号，殷商甲骨文、金文，中原出土的晚周盟书、简册、玺印文字，《说文》小篆，中原碑刻等古汉字资料作为宝贵的人类文化遗产来加以整理、

图二十五、二十六、二十七　中国文字博物馆外景

图二十八　在中国文字博物馆为本馆员工现场讲解

图二十九　在中国文字博物馆为本馆员工开设讲座

研究，着手建立能够反映这方面的大型系列文字库（如推出商代文字库、甲骨文语料库等）；推出富有中原特色的古文字中外文版图书、字书等中原汉字文化遗产学术文库。

今后中原地区以"弘扬汉字文化，传承许慎精神，建设学术文化强省"为宗旨的创意实践活动有望进一步地展开。我们十分期待通过这种高品位的文化建设，共同营造一种别具特色的中原文化氛围，有力推动地方文化资源的开发利用，为实现中原崛起的战略目标作出贡献。

注释：

［1］许慎墓的具体位置是在今漯河市召陵区姬石乡许庄村东北约350米处，墓式为土冢状。至清朝末年，许慎墓占地为六分多，据《郾城县记·疆域篇》云："黑许庄，在召陵故城西六里，庄东有许祭酒墓，围四十余步，高一丈余。"

［2］许冲墓位于许庄村西北约15米处，该墓在重修前高1.1米，底径2.1米，围长3.5米，东距许慎墓约550米。

［3］许慎墓于1959年被列为县级重点文物保护单位，1986年被列为省级重点文物保护单位，2006年被列为国家级重点文物保护单位。

［4］许慎的家乡原有两处专祠。其中一处祠堂建于清代以前，遗址在今许庄村北30米处，该祠毁于明末兵燹。另一处"许南阁祠"建于清末，位于原郾城县城内。据《郾城县记·疆域篇》云："许祭酒祠，在县治东北隅。清光绪二十五年知县周云倡劝购地三亩三分创建，享堂五间，过厅五间，大门五间，门外有照壁、石桥。"辛亥革命后，这里一直成为学校，整修前祠堂面目已非。

［5］1985年河南省区划调整后，原许昌地区的漯河市升级为省辖市，郾城县属漯河市管辖。今漯河市所辖的郾城县被撤销后划分成两个区，改称为漯河市郾城区和召陵区。

［6］参见河南省文字学会提交给漯河市政府的《关于进一步弘扬许慎精神、促进许慎文化资源开发的倡议书》；载王蕴智、吴艾萍、郭树恒主编：《首届许慎文化国际研讨会论文集——许慎文化研究》，中国文艺出版社2006年版。

［7］为了促进许慎文化资源的全面开发，学术界提出了许慎的家乡应该建设"三个中心"的基本构想。

［8］王蕴智《关于开发许慎文化资源的规划构想》，载《首届许慎文化国际研讨会论文集——许慎文化研究》。另可参考杨志有先生对王蕴智先生的采访报道，该报道题名为《许慎的家乡应该成为"三个中心"》，载《漯河内陆特区报》2005年7月11日"文化天地"版。"三个中心"的构想内容是：一、许慎文化研究中心：主要任务是，联络海内外专家学者及有关团体，组织许慎文化学术交流活动；编纂出版许学专辑和高水平的普及性汉字读物，吸引有关高校对口到许慎故乡进行实地办学，并争取在这里创办以汉字文化为品牌课程的专业学校；为深化汉语汉字及传统文化的教育实践作出贡献。二、许学文献资料中心：主要任务是，广泛征集古今中外有关学者许学专著、论文、文稿及许氏宗谱等文献资料，在许慎故乡建成规模较大的许学及汉字研究资料库。三、汉字文化圣地旅游中心：主要任务是积极开发许慎和汉字文化旅游资源，组织各种引人入胜的汉字素质教育活动和与之相关的汉字知识观摩活动，吸引国内外学生和广大游客到许慎故里参观旅游，使旅游经济与发达的漯河食品经济比翼双飞，增添新的活力。

［9］参见王蕴智：《关于创建河南文字馆的规划构想》，《字学论集》，河南美术出版社2004年版，第479—492页。

［10］《安阳·中国文字博物馆的建设问题专家笔谈》，《郑州大学学报》2005年第5期，第13—14页；

［11］参见王蕴智主编：《中原文化大典·古文字卷》上、下册，中州古籍出版社2008年版；又参见王蕴智主持编纂的《中国文字博物馆知识内容文本》（甲编）上、中、下册，2008年8月完成；王宁先生主持编纂的《中国文字博物馆知识内容文本》（乙编）上、下册，2008年7月完成。

［12］参见王蕴智：《建设安阳中国文字博物馆及有关布展内容的一些思考》，载《文化兴市再探》，中国文联出版社2005年版，第191—200页。又《创建一座富有中华文明特色的文字博物馆》，载《中国当代文博论著精编》，文物出版社2006年版，第122—125页。

［13］许慎文化资源的开发，说到底就是对许慎精神以及汉字文化价值的开发，这方面尤以光大许慎精神为前提。因为只有大张旗鼓地宣传许慎事迹，提倡光大许慎精神，我们才会营造起中原家乡所特有的汉字文化氛围，广大家乡父老才会像许慎那样热爱我们的汉字，热爱一直由几千年古今汉字所维系着的我们的精神文化家园。只有光大了许慎精神，才会令更多有识之士像许慎那样致力于弘扬汉字文化事业，并在如今这么好的历史条件下，把我们的汉字当成一种人类文化瑰宝来加以呵护、加以开发。

《说文》形义匹配思想与训诂价值[1]

肖　峰　蒋冀骋

湖南师范大学文学院

许慎《说文解字》的成就是全方位的。从文字学上讲，第一次成系统地从形体上将汉字进行串联，第一次对汉字形义关系进行全面阐述，奠定了中国传统文字学研究的基础，对后世汉字形体研究影响深远。一方面，后世遵循这一原则释读出了不少出土文献上的古文字；另一方面，利用这一原则重新审视许书和其他文献典籍：或正其误说，或补其未备。

形义匹配，认知语言学者主要着眼于整个句子，从语法方面考察形义的匹配问题。我们所说的形义匹配虽然与其有共通之处，但也有着本质上的区别：我们着眼于单个的词（字）及汉字的构件（这里指的是小篆及以前的古汉字）、汉字的本义及构成该义的义素；当前基础教育领域也提形义匹配，他们主要着眼于字形与特定词义外在的简单对应关系。我们则从特定汉字的内部形式去考察其本义与字形的关系，以及其内部构件的关系、构件与分析该汉字所指称的意义后所得的义素之间的对应关系。

一、《说文解字》形义匹配思想体现与相关阐释

段玉裁指出：“《说文》，形书也。以字形为书，俾学者因形以考音与义，实始于许，功莫大焉。”《说文》是系统阐述古汉字形音义关系最成功也是最伟大的实践尝试。它在说解中所表现出来形义匹配思想，为后世汉字形义关系的研究并以此来审视特定汉字的形音义奠定了坚实的基础，为后世形义理论的形成提供了充分的准备。

该书大部分的形义说解非常精妙，可以说，字形分析与语义说释有机融为一体。为了说明的方便，我们分别从象形、指事、会意和形声中各选一定数量的字例作点分析。它，《说文》作⫚，云：“虫也。从虫而长，象冤曲垂尾形。”甲骨文作 等形，其所从之 金文作 ，一条蛇的形象，上像蛇头，中间为蛇身，弯曲部

分为蛇尾，十分逼真。小篆在甲金文基础上稍写意，省去了蛇身，而突出了蛇头。所以字形直接与事物的形象对应，这实际也就与这一概念发生了对应。有些象形字的外形特征不太明显，容易与其他事物的外形发生混淆，所以往往要添加其他构件，这些构件绝大多数是提示它出现的环境，如"瓜"字，《说文》："胍也。象形。"这里没有指出如何象形，即各个构件与概念之间是如何对应的。该字金文作𤓰，小篆作𤓰，后人根据许氏其他释例，对该字形义关系作出了明确的说明：徐锴曰："外象其蔓，中象其实。"杨树达指出："𠄌象瓜实，为本形；𠂆象瓜蔓，示瓜之所在之他形。"因此，作为象形字，它可以通过整个字形，也可以通过字形中的部分构件来与其所指称的事物进行对应，总之象形字的字形是可以与语义匹配的。

作为指事字，是通过纯粹的符号或指示性符号来表达抽象性概念。这种概念无形可像，只能通过符号来作出规定。纯粹的符号如一、二、三、四等，带指示性符号的指事字是其主体，占大部分，这类指事字的构成是通过指示符号所表达的概念相关的事物形象作为陪衬，以加点画的方式来指明符号所要表达的概念。如本、末、朱，因为都是跟木有关，表示木的不同部位，所以点画在不同部位，就表示木的不同部位：在下为本，在上为末，在中为朱。它如"亦"，《说文》："人之臂亦也。从大，象两亦之形"，甲骨文作𡙓，金文作𡗓，小篆作𡙒，表示人的下腋，所以在"大（即人）"的基础上用两个点画分别表示人的左右两腋。

总而言之，指事字中，有些字形是直接整个对应相应的概念，有些则通过其他构件作陪衬，用主体构件来对应相应的概念。这一特点，与象形字的基本理念是一样的，只是在匹配时字形性质上具有不同的特点。象形是对事物的客观模仿，具有图画特点；指事是对事物主观抽象规定，具有符号特点。（所谓"符号"一词，我们采用裘锡圭先生的观点，即区分文字表示语言的性质与文字本身所使用的字符的性质，在这里我们主要是指后者。）

会意则是通过两个或以上的构件的语义信息的组合来曲折反映相应的概念。如"爨"字，《说文》："齐谓之炊爨。臼象持甑，冂为灶口，廾推林内火。"许氏首先释义，"爨"就是炊，烧火做饭的意思。其次对该字字形的分析紧紧围绕"炊"的语义而展开：双手持（臼）炊具（𦥑）放在灶上，双手持（廾）柴（林）推入灶口（冂），点火（火）烧煮。这样，就将烧火做饭相关的主要事物和涉及的动作全部囊括进来，共同表达"炊"这个动作概念。不过其中的单个构件所表达的语义信息不能直接与概念相对应，这也是会意与象形、指事之间的本质区别。

形声字总体上包含两类构件：义符与声符，义符与该字所指称的词的概念类别、属性等相对应，而相当部分的形声字的声符与该字所指称的词的语源义（概念义）相对应，因此，两者互相配合，共同表达该词所包含的语义，从而达到形义匹配。比如"積，穊概也。从禾、真声。《周礼》曰：'積理而坚。'"从字形看，"積"有两个构件，一个是"禾"，一个是"真"，从义素来看，一是与庄稼相关，一是"稠密"，从对应关系来看，"禾"对应"庄稼"，"真"对应"稠密"。为了证明"積"有此义，引文献为证。整个说释言简而意赅，将形义匹配巧妙融入其中，令人叹服。

在象形和指事中，有些并非是独体字，还存在不少合体字，它们的主要构件不仅与该字所表示的概念对应，同时附加构件也起陪衬作用，因此，字形构件所表达的语义信息与语义所包含的信息并非是完全对等关系，而是一种覆盖关系。很明显，字形构件所表达的信息要大于语义所包含的信息。在形声字中，也存在这种情况，这就是王筠所谓的"累增字"，这类字的特点为"字有不须偏旁而义已足者，则其偏旁为后人递加也"。杨树达称之为"加旁字"，认为"初文加旁必犯重复之病"。所谓"不须偏旁而义已足"，说的是加偏旁前字形与字义的信息是对称的、匹配的，如果再加其他构件，所加构件势必增加了该字的语义信息，就会出现信息冗余。这类现象在古汉字发展过程中非常普遍，比如"奉"，《说文》："承也。从手从廾，丰声。"金文作🔣，容庚先生认为："省手，犹承省手作也。《汗简》在廾部，释为奉。在手部以为捧古文。"杨树达亦言："盖奉之初字也。字从廾丰声，小篆复加手旁，则与从廾义复。余曩谓会意形声字后复加义旁者，必患义复，如益加水旁作溢则重水，困加木旁作梱则重木。皆其切例也。"高鸿缙认为："古捧字，从廾丰声。秦时又加手旁作🔣，隶定为奉，后以奉借为上奉之奉，乃又加手旁作捧。"因此，高氏认为"捧"最初作🔣，从廾丰声，字形所表达的信息与语义所含信息是对等的。后又加手旁作"奉"，后加之手于义已复，而现作"捧"，则在"奉"的基础上又加手，于义重复之甚：即有"承"义，完全可以表示"捧"的语义。而"捧"相对于🔣，多出了两只手，这就大大超出了🔣所表达的语义信息，从而导致信息冗余。由于古汉字有一大批这样的例子，我们认为它们仍然符合形义匹配这一原则。

既然字形构件所表达的信息可以超过语义所包含的信息，那么存不存在前者的信息无法支撑语义所包含的信息呢？我们认为，这种情况是不存在的。这种情况的出现，有二种可能：一是字形无误，释义有误，即误将引申义或假借义认作本义。一是释义无误，字形已有讹误或构件有省略，即误将讹形或省形认作造字之初的"初文"。限于篇幅，我们只举第二种情况的例子。

　　启，《说文·口部》："开也，从户从口。"《段注》云："会意"，"口户为开户也"。王筠《文字蒙求·卷三》将其归入并峙为意，并说，"此类字不能以所从之两体三体连贯而直捷言之，由其用意多委曲，或有字形不足以尽字义者也"。所谓"字形不足以尽字义者"，就是说这类字各构件所包含的信息总和不足以表达整个汉字所包含的语义信息。就以启字为例，其核心义为开，其字形从户从口，户与通道有关，口与言说有关，组合后不足以表达出开的语义来。王筠当然不赞同段氏直接训口为开的结论。杨树达结合甲骨文有𢼄和戾、金文有戾，对启字进行了重新考释，"从又从户，为以手开户之义，启字当从口戾声"（《金文说·遂戾諆鼎跋》）。又说："愚谓训开者当为此字，以手辟户，故为开也。训教之启，许解为从攴启声，愚谓当解为从口戾声。盖教者必以言，故字从口，教者发人之蒙，开人之智，与启户事相类，故字从戾声，兼受戾字义也。"（《述林·释启》）这样一考释，将两字的字际关系梳理得清清楚楚，同时两字的形构与它们各自所包含的语义信息形成完全对称，彻底解决了王筠的疑惑。在此基础上，他又将两字的构形关系作出了澄清："甲文别有启字，乃启字之省体"，"训开之字，说其形为从户从口，不如说其形为从又或从攴从户之切也。训教之字，说其形为从攴从启，不如说其形为从口从戾之切也"（《述林·释启》）。像《说文》中"启"等字之所以字形构件表达出来的信息总和不足以支撑语义所包含的信息，主要原因在于有省形的情况。在《说文》中，许慎对很多小篆的省形情况有明确的说明，但也有不少小篆，由于认识的偏差或时代的局限，没有将它们看作为省形的情况，这些小篆尤其需要注意。

　　还有一种情况就是字形所表达的信息与语义完全不搭边，原因可能有多个方面，但根本还是在于字形分析有误和对本义的认定有误。下面"叟"字就是一个较为极端的例子。

　　叟，《说文·又部》："老也。从又从灾。"《段注》云："玄应曰：'又音手。'手灾者，衰恶也。言脉之大候在于寸口。老人寸口脉衰。故从又从灾也。"王筠认为："从又从灾，均不可解。《众经音义》病见于脉之说，亦附会难通。"这实际上是批评段说无据。朱骏声认为"叟即搜之古文，从又持火，屋下索物也。会意"。俞樾指出："叟字借为长老之称，故又制从手之搜。"相对于朱、俞，许慎的说解无论是字形还是语义说解上，都是有问题的，从语义上看，"叟"最初之义并非为"老"，而是"搜求"，字形并非为从"灾"从"又"，而是从"宀"从"又"持"火"。这样一来，字形所表达的信息与字义所包含的语义信息就完全匹配了。可以说，汉字形义不匹配，问题不是出在造字之初，而是后世或因汉字在发展过程中出现讹误等原因而在字形分析上有误，或误将引申义或假借义认作本义。在这个问题上，杨树达有十分精彩的理论阐述："夫文字之成，形与义未有不密合无间者。若形与义不相密合，必其说有可疑者也。盖形当矣而义不与之合，则说义有失也；义是矣而形不与之合，则说形有误也。""古人制字，因义赋形，形与义未有不密合者。说者失其形，则义具而不知其源；失其义，则形孤无而所丽。""叟"字的形义关系之谜之所以千百年来一直未能破解，就在于杨氏所宣称的"形义不能密合"，在于"失其义"后"形孤而无所丽"而最终导致了形义两失。

二、形义匹配思想在校订《说文》中的作用

杨树达所说"古人制字，因义赋形，形与义未有不密合者"可以说是古文字理论研究者所形成的一种共识，而这又是直接从《说文解字》中归纳与总结出来的。形义匹配是该书其他理论和原则的基础和核心，比如"六书"、分部和形音义的说解。颜之推盛赞许书之精："大抵服其为书，骡括有条例，剖析穷根源，郑玄注书，往往引以为证；若不信其说，则冥冥不知一点一画，有何意焉。"我们认为，这个所谓的"条例"，是以形义匹配为核心的，只有从形义匹配出发，才知"一点一画"之深意。不仅如此，还可以以此为准来检验整个汉字系统："许慎检以六文，贯以部分，使不得误，误则觉之。"所谓"贯以部分"，就是将所有汉字进行构件拆分，而构件拆分是形义匹配的基础，误与不误，以形义匹配来检验。许慎在《说文》成书之初采用这一原则来检验每个字的篆形和释义的正误，千余年后，随着该书的递次传抄，讹误不少。有鉴于此，段玉裁重新拿起这个武器对该书进行了大规模的校订："然则其读之也宜何如？一曰：以《说文》校《说文》，何谓以《说文》校《说文》也？《说文解字》中字多非许旧，则自为龃龉，即以《说文》正之，而后指事、象形、形声、会意之说可明也。"段玉裁在注解《说文》时，所遵循的基本思想就是"以许纠许"，表现在改订《说文》小篆形体时，利用形义匹配原则，来审定篆形，校正语义。其中很多论述非常精彩，成为古籍校勘的经典范例。我们在《说文段注改篆评议》一书中已有全面总结，在此，从形义匹配角度仅举两例稍作分析。

麿，《说文》："麿，和也。从甘从麻。从麻，调也，甘亦声，读若函。"段改作"厤"，认为："《厂部》曰：'厤，治也。'《秝部》曰：'稀疏适也。'稀疏适者，调和之意。

《周礼》：'凡和，春多酸，夏多苦，秋多辛，冬多咸，调以滑甘。'此从甘麻之义也。"

段氏所改，是很有见地的。《说文》中的"䴢"训为"和"，从"甘"之由可说，而从"麻"之由不可说。其不可说，有两种可能性，一是释义有误，"䴢"不当释为"和"。金文有从"麻"从"甘"之"曆"，作 䕛 䕜 等形，但很多学者读为"历"。李孝定认为金文之"曆"与《说文》之"曆"只是混同，不是同一字。不过无从"麻"从"甘"之字。因此，《说文》"曆"释义有误的可能性不大。那么存在另一种可能性，即释义不误，当为"和"，而字形有误，不当作此形。我们查徐锴《系传》，小徐在该字下就有注解："麻音历，稀疏勻调也。"这说明该字在宋初尚不讹，之后才出现讹变。而且从形义匹配上看，字形所表达出来的语义信息与字形所含有的语义信息是对称的，如果构件是"麻"，《说文》："枲也。"是麻类植物的总称，其引申义没有"调和"之义。这样，形义就无法达到信息的对称，匹配不起来。反观"秝"字，也有"和"义，"秝""甘"皆有"和"义，而"曆"也为"和"，构件所表达的语义信息和该字所含有的信息在总体上是匹配的。

段氏改篆像这样精彩的例子还有很多。除了改篆外，也有不少是改释语的，有些为不刊之论，但有些稍为缴绕，值得商榷，比如：

龂，《说文》："齿本也。"段氏改为："齿本肉也。"他之所以执着于改释语，一方面今语"牙龈"有"齿本肉"之义，二则古多训"龂""龈"为"齿根肉"。如汉扬雄《太玄·密》："琢齿依龈，君自拔也。"《急就篇·卷三》："鼻口唇舌龂牙齿。"颜师古注："龂，齿根肉也。"汉刘桢《鲁都赋》："水产众伙，各有彝伦：颁首莘尾，丰颅重龂。"（见《汉语大词典》"龂"字条）诸如此类。《说文段注改篆评议》指出："今借龈为龂，而龈字反废。恐与龈从艮声与根关系更为密切。由此可旁证龂得声于根。《曲礼》：'笑不至矧。'郑注：'齿本曰矧。'为龂之假借，是郑玄亦以齿本训龂。"其实，"齿本"与"齿本肉"之间为本义与引申义之间的关系，"因龈为齿根，齿根旁的肉亦曰龂"。杨树达也认为，"按：龈之为言根也"，"本根同义，《说文》龂训'齿本肉'，而《仓颉篇》训'齿根'，则已明著其语源于义训中矣"。此处段氏改释语致误，表面上看是轻信后世辞书和相关书证，将引申义误认为本义，而将本义误认为引申义。其实质还是在于没有将从许慎那里继承来的形义匹配原则贯彻到底：从字形来看，"龂"包含两个构件："齿"与"斤"；从语义上看，"龂"包含两个义素："齿"与"本"。构件"齿"与语义"齿"对应，构件"斤"与语义"本"对应。形与义刚好是匹配的。如果本义为"齿本肉"，则构件所表达的信息涵盖不了语义信息中的"肉"，无法对称。结合同声符字"根",构件为"木"与"艮",语义中的义素为"木"与"本",两者刚好对称。因此,许氏释义为上,而段玉裁改释语不确。

总之,形义匹配原则是考察《说文》中每个小篆的形音义是否恰当的一个非常重要的标尺。当今很多学者站在词典学的角度来看《说文》释义,最大的不足就是很多释义太过笼统、粗疏,如以属概念释种概念。这一不足说到底就是没有将形义匹配原则贯彻到底:只有义符的信息与语义对应,而没有释出声符所表达出来的信息。段玉裁在注《说文》时,在这方面也有不少补充,成绩很大,如:

琐,《说文》:"玉声也。从玉、肖声。"段注云:"玉声。谓玉之小声也。《周易》:'旅琐琐。'郑君、陆绩皆曰:'琐琐,小也。'"

瑝,《说文》:"玉声也。从玉皇声。"段氏云:"玉声。谓玉之大声也。从王、皇声。"

"琐""瑝"二字,许只云:"玉声也。"段氏依其条例,前者改为"玉之小声也",后者改为"玉之大声也"。这种改动是很合理的:依许氏说解,"琐"字形体分为两个构件,即"玉"和"肖",义分"玉"和"声",构件"王"与义素"玉"对应,构件"肖"与义素"声"对应。这看似能够对应,但将"瑝"字以及同部之"玲""玎""琤""玱"等字纳入进来一考察,问题就出来了——"皇"等构件也对应"声"义,因此,构件"肖"的语义信息不会是"声",而是"小"。这个推论可以用文献加以证明,如"琐"字,《系传》引左思诗"娇语若连琐"即用其本义"玉之小声者",后因语义扩大,指称一切细小之事物。如段氏所引《周易》"旅琐琐"即是。另外我们也可以通过"琐"的声符"肖"和部分从"皇"得声的字作出推论,因此段氏的释义是非常正确的。由此可以看出,段氏以许正许,用《说文》所体现出来的形义匹配原则订正许氏部分含糊的释义。

段氏在这方面虽然做了很多工作,也取得了非常瞩目的成就,但因种种原因,有些许氏含糊的释义没有作出补充,值得研究。我们在这里略举一例。

霣,《说文》:"雨声。从雨眞声。"段氏于此处无释,查《说文解字诂林》各家治《说文》者和《古文字诂林》等治古文字者亦无进一步讨论。

根据上文"琐"与"瑝"的讨论,此处形与义所体现的信息不对称,即语义不能匹配字形。我们认为,当释为"雨声之盛大者",理由如下:

一是从"真"得声之字,多有"盛"义。段注"真"下云:"此真之本义也。经典但言诚实,无言真实者,诸子百家乃有真字耳。然其字古矣,古文作🙼,非仓颉以前已有真人乎?引伸为真诚。凡稹镇瞋瞋膜填窴阗嗔滇鬒瑱瞋慎字皆以真为声,多取充实之意。其颠槙字以顶为义者，亦充实上升之意也。"

查《说文》："嗔，盛气也。""阗，盛皃也。""𨍳，车𨍳鉎也。""謓，恚也。"所谓"恚"者，乃怨怒之气充盛于胸，亦得有"盛大"义。

其二，证之以文献，凡形容声音之大者，多以"真"为声，或从"土"，或从"门"，或从"穴"，或从"石"，而且各字之间可以互通。《楚辞·九歌·山鬼》："雷填填兮雨冥冥。"自然界声响之大者，首推雷声，"填填"即"声之盛大者"自无疑问。《六书故》"填"下云："亭年切。邑土塞空也。凡实中者因曰填，亦作寘。又借以状鼓声，《孟子》曰：'填然鼓之。'亦通作阗，《诗》云：'伐鼓渊渊，振旅阗阗。'（又作磌，《公羊氏》曰：'闻其磌然。'）"

声之盛大者可以从"真"得声，依此推论，从雨真声之"霣"自可指"雨声之大者"。事实上，的确存在这一释义，宋阴时夫《韵府群玉·卷二·上平声·四支》云："𩄎，大雨声。"清毛奇龄《古今通韵》同。辞书有此义训，当有所本。

传世文献中训"霣"或"𩄎"为"大雨"或"大雨声"书证绝少，根据我们的资料，仅有一例，见《四库全书·集部·别集类·清·御制诗三集·卷九十七·古今体九十一首（辛卯五）·雨（五月初四日）》："自晨霏细丝，申刻乃霶𩄎。""霶"为"大雨"，"𩄎"与之连文，亦得训"大雨"，"霶𩄎"与上句"霏细丝"相对，其为"大雨"义十分显豁。

总之，从实际的使用上，释"霣"为"雨声之盛大者"，是合理的，从形义匹配上看，"霣"的构件为"雨"与"真"，语义义素为"雨声"与"盛大"，两者正好对应，是最恰当的释义。

三、许氏形义匹配思想在《广雅》训诂中的作用

许慎在《说文解字》一书中运用形义匹配的原则对每个所收录的文字进行种种说解和分析，为后世理解相关汉字提供了重要的参考。有鉴于此，我们可以通过《说文解字》来审视其他辞书中的部分疑难字形或释义，比如《广雅》。

因为《广雅》是一部雅书，通过同一词条中的被释词和其他释词，我们基本可以确定特定词语的词义，而在词义基本确定的情况下，根据形义匹配原则，就可以确定该词的正确形体，这样，有些前人阙如或可疑误释的词形就可以得到恰如其分的解释。我们在研究《广雅》过程中，碰到不少这样的情况，利用许氏形义匹配原则，这些问题都得到了较为完美的解决。

《广雅·卷三上》"搒、撅、妭、擿,投也"。"抌"条中,有一个"妭"字,王氏疏云:"妭"字音义未详,曹宪音内有"本作𨚵,未详,弋音"七字。考字书、韵书皆无"妭""𨚵"二字。卷三云:"投、搊,擿也。"《释言》云:"磡,砐也。"此云:"妭、擿,投也",则"妭"与"搊""擿"同义。《玉篇》:"砝,竹格切,砐也。"《广韵》:"又都盍切,掷地声;又竹亚切,亦作砝。""砝"与"妭"字相似。又《说文》:"㪬,击踝也。读若踝。""㪬"与"𨚵"字亦相似,未知谁是《广雅》原文,姑并记之,以俟考正。

王念孙只是从语义上对该字作出了确定,应该有"投"或"击"义。但具体是哪一个字,他只是从字形相近的角度作出了初步的推测:可能是"砝"字,也有可能是"㪬"字。这个字我们认为应该是"㪬"字。从语义上看,释词与其他被释词都有"击"义,所以我们基本上可以确定"妭"字在这里也应该释为"击"义。而从该字的形义匹配方面来考察,我们需要从以下两个方面来进行:一是要排除不能与该义匹配或匹配程度不高的字形。首先,我们在字形上的考察基点是"妭","砝"与"妭"两字右旁皆从"戈",同。所不同者为前从"石"而后从"女"。"石"与"女"从字形上来看,并非如王氏所言"形似",也很难找到两字因"相似"而有相通的确切字例。此外,我们不将"砝"字与"妭"字对应,还有一个更为重要的原因,"砝"字首见于《玉篇》,而不见于《说文》,时间要晚于《广雅》的成书时间,如果将"妭"看作是"砝"字的形讹,在时间上是说不过去的,至少是要打上疑问的。二是需要证明从"女"与从"𡙇"两字形"相似"和通用情况。我们虽然以目前的文字材料没有办法直接证明"妭"就是"㪬"字的形讹,但可以通过其他从"𡙇"在文字发展演变中讹变成"女"例子,从而间接证明"妭"就是"㪬"字的形讹。这个问题我们在《广雅疏证校勘记商补》《广雅文字札记》中对"熟""娸"等字的分析已经很详细了,在这里我们不再展开。

我们谈形义匹配,是建立在对该词在具体的语境下的语义以及在某一时间段的用字情况的充分考察的基础上的,没有这些语言事实作为坚实支撑,所作的形义匹配分析都是空谈,是很难经得起推敲的,上文所提到的"娸""熟"与"妭"等字的分析,都是建立在大量的语言文字材料作为坚实证据的基础上的。下文我们通过形义关系考证《广雅·卷一下》"丞,没也"中的"丞"即"函"字,就是一个非常完整的论证过程。

《广雅·卷一下》"没也"条有被释词"丞"字,王氏无释,钱大昭《广雅疏义》云:

丞者，因其没而出之也。辰陵切。扬雄《羽猎赋》："丞民于农桑。"《集韵》引《广雅》："溁，没也。"是本又作溁，通作承。《列子·黄帝》篇："使弟子并流而承之。"张湛注："承音拯。"引《方言》："出溺为拯。"

《补疏》同，并云："凡援溺者必没水中，故丞有没谊。"

作者按：该字王氏无释，原因很简单，既找不到义训的依据，更找不到用例书证，所以只好避而不谈。而钱大昭诸家发现不能用语义相似来求得解决，所以只得从另一个角度即语义的相关关系上去思考：该词条中有被释词"溺"，可以训"没"，而"溺"与"拯"可以连文，"溺"是"拯"的对象，"拯"的动作行为是施加给"溺"的。根据转喻的类型来判断，当为第一类："行为本身代替行为受事。"按之以张揖之前的文献，"拯""溺"搭配比较多见：

> 《邓析子·无厚》："不治其本，而务其末，譬如拯溺而硾之以石，救火而投之以薪。"
>
> 《淮南子·说林训》："质的张而弓矢集，林木茂而斧斤大，非或召之，形势所致者也。待利而后拯溺，人亦必以利溺人矣。"
>
> 《淮南子·说山训》："欲灭迹而走雪中，拯溺者而欲无濡，是非所行而行所非。"
>
> 《淮南子·齐俗训》："游者不能拯溺，手足有所急也；灼者不能救火，身体有所痛也。"
>
> 《吕氏春秋·察微》："子路拯溺者，其人拜之以牛，子路受之。孔子曰：'鲁人必拯溺者矣。'"
>
> 《吕氏春秋·劝学》："夫弗能兑而反说，是拯溺而硾之以石也，是救病而饮之以堇也。"
>
> 《论衡·自纪篇》："救火拯溺，义不得好；辩论是非，言不得巧。"

认知语言学者普遍认为："动作跟事物之间可以进行转指"，因为"一个动作，总是涉及一定的事物或人。动作必然关联相关的事物，而事物则不一定关联动作。动作是整体，而事物是参与动作、事件的一个组成部分，因此动作可以激活并转指事物"[2]。沈家煊认为："一个动作概念总是包含相关的事物概念在内，不可能想象一个动作而不同时联想到跟动作有关的事物。"[3] 这就为"拯"可以替代或转指其对象"溺"在语言学上找到了坚实的理论依据。至此,钱大昭的相关论述似乎可以成为定谳。事实上问题并没有这么简单。

钱氏在疏文中有一点值得注意:"《集韵》引《广雅》:'泛,没也。'是本又作泛。"而《拾补》则疑为"伏"字之误。

钱氏与张洪义氏的疏证给了我们两个启发:一是该字有异文,这也是我们用以作进一步研究的重要材料;一是该字如果通过语义相似考察而无法进行匹配的话,还有一种可能性,那就是其中一个词存在形讹的现象。[4]

我们先考察异文"泛"的问题。在语义上,因为《集韵》是抄袭《广雅》的,以"没"释"泛"是没有问题的,这点可以不用质疑。但在语音上就值得怀疑了:曹宪在此处没有注音。没有注音,按照曹宪的注音体例,说明该字是个比较常用的字,不需要注音。而作为"泛"字,并非是个常用字,《说文》《尔雅》《方言》《释名》皆不收录,张揖之前的经、史、子、集亦无用字之例,这就充分说明,"泛"字是个非常用字。该处如果是"泛"字,就存在本来很需要注音,曹宪却不给它注音的矛盾。从注音来看,"辰陵切"的最早出处来自《集韵》,《集韵》引《广雅》作"泛",说明此处有异文。后世辞书如《类篇》《正字通》《康熙字典》等递相沿引,并赫然注为"辰陵切"。由于《集韵》成书时间相对较迟,其语音来源颇值得怀疑,应该查找更早的辞书的注音作为正音依据。从字形上来看,因在语义上有"沈"义,音有"辰陵切",在音义上皆与"沈"字相近。所以,如何确定该字的身份,一直是后世辞书编纂者十分纠结的问题:《正字通》云:"俗沈字,旧注音丞,引《博雅》:'潜、泛,没也。'即沈义,分为二,非。"在《正字通》之前的字典辞书包括《字汇》在内,虽然义同音近,都将"泛""沈"分列,而到张自烈,称"俗沈字",对之前的编纂者做法持否定态度:"分为二,非。"则将其合为一字,主张只是正俗的区别。我们查阅众多资料发现,张自烈的判断是错误的,该字根本不是"沈"字的俗体,而是"涵"字的讹形。在此,我们从以下几个方面来讨论。

一从读音来看,"泛"字有"涵"的读音,读"胡南切",而且要远远早于《集韵》的"辰陵切"。《原本玉篇残卷(黎本玉篇)·卷十九·水部》云:"涵,胡玧反。《说文》:'水泽多也。'《毛诗》'僭始既涵'是也。今亦为'泛'字。《字书》以'泛'音'下垎反','没沉也'。以含容之'涵'为'函'字,在凵部。"《可洪音义·第二十六册·集沙门不应拜俗等事六卷·第六卷》:"泛丈"下云:"上胡南反,容也。《礼》:'席间菡杖',正作'菡'。两存。"《龙龛手鉴·入声卷第四·彳部第十七·上声》:"徆"下云:

"《新藏》作'泜',胡感反,水入舩也。"《玉篇残卷》的"胡舫反"即《可洪音义》的"胡南反",平声,而《字书》的"下垯反"即《龙龛手鉴》的"胡感反"。仅在声调上为平上的区别。

二是从字义来看,"涵"与"泜"一样,可以训"没"。《方言·卷十》:"涵,沈也。楚郢以南曰涵。"梁元帝《望江中月影》诗:"澄江涵皓月,水影若浮天。"此"涵"即为"沉浸"之义。《说文》:"泜,潜行水中也。"亦有"潜沉"义,因此,"涵""泜"两字可连用,如左思《文选·吴都赋》:"涵泜乎其中。"刘逵注云:"涵,沉也。"谢灵运《撰征赋》:"羡轻鲦之涵泜,观翔鸥之落啄。"唐宋以来,亦多以"涵泜"连文,表示"沉浸、潜沉"义,如韩愈《禘祫议》:"臣生遭圣明,涵泜恩泽。"宋濂《送刘永泰还江西序》:"今幸遭逢有道之朝,登崇俊良,凡有血气者莫不涵泜歌舞于神化之中。"亦可用于比喻义,表示深入领会。如罗大经《鹤林玉露》卷十三:"正渊明诗意,诗字少意多,尤可涵泜。"王世贞《艺苑卮言》卷一:"西京以还至六朝及韩柳,便须铨择佳者,熟读涵泜之,令其渐渍汪洋。"可以说,"涵"训"沉"义在古代汉语里是非常普遍的。

不仅"涵"字有"没"义,"函"也有"没"义,如《文选·吴都赋》"函幽育明"。张铣注云:"物在水,故曰函幽。""在水"即是"潜沉"。另从《玉篇》"以含容之涵为函字"一语,我们也可以看出,"函"与"涵"两字在形音义上存在千丝万缕的联系,在张揖时代,两字在具体的使用上也有不可分割的联系。通过以上分析,我们有充分理由认为"涵"即"泜"字。

三是从字用的情况来看,"泜"就是"涵"字的异体。上文《玉篇》引《字书》可以了解,字本作"涵",后因亦可作"泜",两字音义各有所专:在读音上,"涵"读"胡南反",平声;"泜"读"胡感反",上声。在语义上,"涵"专"包含"义,而"泜"专"潜沉"义。实际上就承认了"涵"与"泜"就是异文和异体的关系。当然,字典的规定与实际使用是有出入的,这两个字的使用在不同时期都存在交叉情况,即使到了明代也是如此:如史语所1962年版《明实录·明太宗实录校勘记·卷十九》:"泜养其德性。"下云:"旧校改泜作涵。"旧校因不识"泜"即"涵"字,而将其以校勘的形式作出更改。从这里其实也间接证明,在明太宗时期,颇有人知道"泜"即"涵"字,"涵养"不写作常见的"涵"而写作较为生僻的"泜",而且语义是"涵"的本义"水泽多也",即具体事物"水的滋养"以隐喻方式来指称抽象的事物"道德的滋养"。另明严嵩《钤山堂集·畜德发祥之碑》:"翼翼岩翁,质禀英茂。泳泳学海，翱翔文薮。"结合上文"羡轻鲽之涵泳，观翔鸥之落啄"一句，可以看出严文是化用谢赋；所谓"泳泳"，就是"潜沉、沉浸"，即《玉篇》引《字书》所有的词义。结合"涵泳"的语义和用法，完成可以肯定"泳泳"即"涵泳"。

以上考察可以很确切地得出结论：《广雅·卷一上》该条中，"丞"即"函"字之讹。"泳"即"涵"字之讹。其实我们从字形的角度出发，可以对这种现象的产生作出合理的解释。

最初，两字在小篆及以前虽然有很高的区分度，但随着隶定和行书的出现，两字逐渐趋同。丞字甲骨文作🦣或省坎作🦣，会"人入陷井，援双手拉出之"之意。古陶文作🦣，所从之"山"当"凵"字之讹，而小篆"承"之为🦣，释为"高举奉承"，不确。"函"字甲骨文作🦣，金文作🦣，象矢在函中之形。小篆讹作🦣，释为"舌"，不确。不管字形多有讹变，词语的释义也非正解，但在小篆之前，两字形体有别，很难相混。到隶书阶段，"函"字作🦣（居延简）🦣（流沙简）一袭小篆字形，而作🦣（刘骄墓木札）则矢袋口与袋中之矢结合，而成"承"形，只是两旁笔画稍不相连，而矢袋则作"凵"；而"丞"有作🦣（居延简）作🦣（曹全碑）者，"卩"与"山"的中间一竖及"収"相结合而成"承"，而"山"的剩余部分则没有作"凵"，而作"一"。这样一来，两字在隶书阶段除"函"从"凵"，"丞"从"一"有差别外，剩余构件则基本混同了。到行书阶段，两字的区分度就进一步弱化："丞"字作🦣（三国皇象急就章）作🦣（唐欧阳询）作🦣（明解缙），而"函"则作🦣（晋王羲之）作🦣（唐怀素）。如果说王羲之行书"函"字之"凵"与"一"字还能看得出两者的差别，怀素行书之"函"字则基本与"丞"字相混。此外，行书产生于汉末，发展于魏晋南北朝，而"泳""涵"两字的讹混正好也是这个时间段，上文所提到的黎本《玉篇》对它们作了收录，实际上是当时两字已经在实际使用过程所产生的混同最有力的证据，这也是目前发现的有关这两个字混同的最早记载。其后的《可洪音义》《龙龛手镜》则是作为偏旁构件的"函"与"丞"之间的全面混同。

以上所讨论的是形义匹配思想可以对《广雅》中有疑难的字形作出合理的判断，其实，有些词在它字形确定的情况下，也可以重新审视前人对它的不确释义，比如墾。见《广雅·卷二上》"踞、膂、墾、劢、威，力也"条。

王氏疏云：

《方言》："垦，力也。"注云："耕垦用力也。""垦"与"墾"同。

王氏引《方言》正文释"垦"为"力"没有问题，但注文认为"垦"与"力"

的关系在于人们在耕垦田地时需要花费体力，将"力"训释为【力气】或【力量】，就值得商榷了。这可能受到《说文》的影响："力，筋也。象人筋之形。治功曰力，能圉大灾。"后世治《说文》者对"力"的形义关系基本持此说。如徐锴："象人筋，竦其身作力劲健之形。"段玉裁认为："筋下曰：'肉之力也。'二篆为转注。筋者其体，力者其用也，非有二物。引申之，凡精神所胜任皆曰力。""象人筋之形。象其条理也。"王筠《说文释例》亦云："筋多在肯綮中，其状盘结，亦有与骨相辅而条直者，故上曲下直以象之。"都是进一步申说许氏"筋也"象形之由，并摹其筋形之态。这些说解认屴之形为"筋"形，虽然在词义上能与【力气】或【力量】相匹配，但字形屴，与人筋之本来形象难以对应，其说妄诞，难以让人信服。故林义光《文源》："按古作㇗，象奋臂形；或作㇏，从爪。"从字形来看，屴为"人之臂"似乎要比"人之筋"相似一点。杨树达认为"力"为"肋"之初文，像"人肋骨横列之形"，其说虽无太多依据，但也很显然表明对以许氏为代表的"人筋"说的不满。近世古文字研究者普遍认为"力"最初的意义实际就是一种农具。"力"的甲骨文作㇗，金文作㇗，徐中舒认为"力象耒形"，戴家祥则认为"耒"是"正面之形"，"力"是"侧面之形"。正因为它是一种农具，所以就有【耕作】义：这不仅可以征之于甲骨文，也可以征之于传世文献。因此，甲骨文㇗、金文㇗是最初之形，而【耕作】义则为最初之义，这样形义匹配最为切合。可以说，《广雅》承袭《方言》，载其初形，录其初义，以纠许说之失，还原语言文字之真，其功大矣！

结论

　　《说文》一书体大思精，是中国文字训诂学研究成果的集大成者，包含了许多中国古代汉语的语言文字思想，而形义匹配思想最为重要，最为核心，是其他理论、方法的基础，对后世传统说文学各项研究产生深刻影响，在当前文字理论发展新阶段，必将焕发更加灿烂的光辉。

注释：

[1]基金项目：国家社科基金重大项目：中国古代语文辞书注音释义综合研究（12&ZD184）。

[2]陈忠《认知语言学研究》，山东教育出版社2006年版，第317—318页。

[3]吴为善《认知语言学与汉语研究》，复旦大学出版社2011年版，第161页。

[4]出现形讹的当然应该是"丞"而不会是"没"，因为其他词都可与"没"匹配。

许书"犹"字"隔""通"发覆

汪启明

西南交通大学人文学院

一、关于"义隔而通"

许慎《说文解字》多处以"犹"字作为释义术语。段玉裁《说文解字注》发凡起例，认为许书用"犹"解释词义分为两种基本的用法，一是"雠"下注："凡汉人作注云'犹'者，皆义隔而通之。"二是"尔"字下说："以今语释古语，故云'犹'。"亦即段玉裁将许慎用"犹"释词义分为两类：义不通而实通；以今语释古语。

肖璋先生总结了汉人注释中"犹"字的两类用法：一是用作揭示文献中的比喻，二是为了押韵而临时改用合韵的字，这类变化中或为因果关系，或为原事物的特性或功能，他取名为"德业表意"。在解释"义隔相通"时指出：

"义"指词义，即词的本义或常用义。"义隔相通"指注释家所选用的注释字与古书上的被注释字，词义隔阂，实际相通。表面上的词义隔阂，使人难于理解；懂得"义隔相通"的注释方法，又掌握了词义不同的注释字与被注释字的相通之处，必能对古文的语言特点、文章含义有比较准确深入的理解。这种注释的注释字前有时加"犹"。也有的虽不加"犹"字，也属"义隔相通"。[1]

其他学者，或是在段玉裁归纳的基础上有所发明，如周大璞先生《训诂学初稿》提出训诂术语"犹"有四种用法：

（1）说明被释词和解释词不是同一含义，只是某一方面词义相当，或引申可通，即段玉裁所说的"义隔而通之"，用现代汉语翻译，就是"某跟某差不多"，"某相当于某"，"某有某的意思"。（2）用本字释借字。（3）以今语释古语。（4）也有用作解释同义词、近义词的。[2]

　　或是抓住主要用法,如郭在贻先生《训诂学》有"训诂的术语"一节,在解释"犹"字说:"格式是'甲犹乙也'。使用'犹'时,释者与被释者往往是同义词或近义词的关系。"[3] 或是为段玉裁的归纳张本,如赵振铎先生《训诂学纲要》[4] 指出:"'犹'在训诂里使用的情况比较复杂。它的意思相当于现代汉语的'等于说'。"并举了《毛传》《左传》《列子》《荀子》《史记》的例子来说明段玉裁的"通古今之语"和"义隔而通"的归类。[5] 张新武对《淮南子》注释中 220 个"犹"的研究表明,离开了上下文,被释字确实没有"犹"字所释的意义。"'某犹某也'的注释形式,绝大多数是'义隔而通之',我们不能将这些训话材料直接概括成字典辞书的义项;但其中也有少量的同义相训,它们被概括成字典辞书中的义项也是可能的。"[6] 其他研究成果还有不少。[7]

　　"犹"字的用法,虽然大略如"相当""差不多""等于说",表明被解释的字与解释的内容具有大致相同的意义。但从汉代以来文献训诂实际看,用"犹"的被释字与所释义还是有很多差异。不仅有小学书的"犹"与经传训诂中的"犹"之别,而且"隔"有本义与本义不同,也有本义和引申义不同;既有字词与字词的对应,也有字词与句子的对应。从引申序列各义项的关系上看,有段同义、线同义和点同义之"隔",还有比喻同义、相关同义、婉言同义、类推同义等临时同义。从语音上来分析,"犹"字在训诂学实践中还有被释词与解释的内容存在同、近、通、转等关系。如果还要细分,"犹"字联结的两端则有声同韵近、韵同声近、声韵俱近、声韵全同等不同的情形。从字形上分析,又有本假、异体、正俗等关系。要之,用"犹"时"隔"有类别、远近、程度的不同,又有形、音、义某一方面或某几方面的相因、相关,辗转相通,还有古今、方语之"隔"。例如,表示因果关系的"犹",段玉裁《说文·水部》"漂,浮也"下注:"谓浮于水也。《郑风》:'风其漂女。'毛曰:'漂犹吹也。'按上章言吹,因吹而浮,故曰'犹吹'。凡言'犹'字之例视此。"这就是"飘"本无"吹"义,以因果关系而通的典型例证。

　　"犹"字的本义并没有做训诂术语的资格。《犬部》下:"犹,玃属。从犬酋声。一曰陇西谓犬子为猷。"训诂学中释字义术语所用之"犹",当然不是这个意义。段玉裁注引《尔雅》释许说:"《释兽》曰:犹如麂,善登木。许所说谓此也。"嗣后又引历代"犹豫"之诂,斥为"郢书燕说"。他认为"犹豫""要亦是双声字"。既而引《尔雅·释诂》:"猷,谋也。"《释言》:"猷,图也。"和《诗经·召南传》:"犹,若也。"结论是"图也、谋也、若也为一义"。又说"猷"与"犹"是古今字,"今字分'猷谋'字犬在右,语助字犬在左,经典绝无此例。"亦即古字"犹""猷"只是一字,没有分用的文献用例。犹的主要意义是"迟疑郑重之意",其他的意义都是从它的本义引申而成,如"可",如"道",如"已"。"陇西"之说,是为方言,这个方言词的词义与本义同类。

关于"犹"这个训诂学术语,段玉裁多次论及。

(一)《言部》"譙"字下注:

凡汉人作注云"犹"者,皆义隔而通之。如《公》《谷》皆云"孙犹孙也",谓此"子孙"字同"孙遁"之"孙"。《郑风》传:"漂犹吹也。"谓漂本训浮,因吹而浮,故同首章之"吹"。凡郑君、高诱等每言"犹"者皆同此。许造《说文》不比注经传,故径说字义不言"犹",惟"珏"字下云:"珏犹齐也。"此因珏之本义极巧视之,于掘从珏义隔,故通之曰"犹齐"。

按:段玉裁所举例见《诗·豳风·狼跋》:"公孙硕肤。"郑玄笺:"孙之言孙遁也。周公摄政七年,致大平,复成王之位,孙遁辟此成功之美。"孔颖达疏:"古之'逊'字,借'孙'为之……孙炎曰:'遁,逃去也。'"《谷梁传·庄公元年》:"孙之为言犹孙也。"晋范宁注:"孙,孙遁而去。"所举《公羊传》例则:《公羊传·庄公元年》:"孙,犹孙也。"《公羊传·文公十三年》:"世室,犹世室也,世世不毁也。"

(二)《贝部》"赘"字下注:"敖,出游也。放,逐也。敖与放义不同而可通,故曰犹。"

(三)《珏部》"掘"字下注:"凡汉人训诂,本异义而通之曰'曰'。从四工,同心协力之状,'室'不必极巧,故曰'犹齐'。注经者多言犹,许书言犹者三见耳。"

不难看出,即便是同字相训,也存在"义隔"的情况。要之,段玉裁认为许书中用"犹"是词有别义,字同而义隔。但我们对许书中的"犹"字逐一董理,发现许书的"犹"字用法复杂多样。从表面上看,"犹"字是大约、等于是、约略同,但字义却并非一般义,本质上有所不同。我们的考察表明,许书言犹者多至 13 见,如果把作为书证的 1 见去掉,还有 12 见,并不是段玉裁所说的三见。段说可商。

二、许书释义、解形之"犹"

根据我们的寻检,许慎《说文解字》中共有 13 处使用"犹"来做注释的例子。

这 13 例约略可以分为两类，一类主要是解释词目的意义，另一类则主要是解释构件的意义。这 13 个例子表列如次：

编号	部首	字头	释义	释形	补释
1	八部	公	平分也	从八厶	八犹背也。韩非曰：背厶为公
2	辵部	逍	逍遥，犹翱翔也	从辵肖声	
3	言部	譙	犹譴也	从言雠声	
4	㸚部	尔	丽尔，犹靡丽也	从冂从㸚	其孔㸚，尒声，此与爽同义
5	贝部	贅	以物质钱	从敖、贝	敖者，犹放；贝，当复取之也
6	匕部	艮	很也	从匕、目	匕目，犹目相匕，不相下也。《易》曰："艮其限。"匕目为艮，匕目为真也。"
7	苟部	苟	自急敕也	从羊省，从包省，从口	口犹慎言也。从羊，羊与义、善、美同义
8	本部	本	进趣也	从大从十	大十，犹兼十人也。凡之属皆从夲。读若滔
9	水部	渖	汁也	从水审声	《春秋传》曰："犹拾渖。"
10	不部	不	鸟飞上翔不下来也	从一 / 象形	一犹天也 / 凡不之属皆从不
11	至部	至	鸟飞从高下至地也	从一 / 象形	一犹地也 / 不，上去；而至，下来也
12	𠂤部	官	吏，事君也	从宀从𠂤	𠂤犹众也，此与师同义
13	辛部	辞	讼也	从䇂，	䇂犹理辜也。冏，理也
14	丮部	掘	穾也	从丮从卄	穾宀中。丮，犹齐也

按：（1）上表第 9 例《水部》："渖，汁也。从水审声。《春秋传》曰：'犹拾渖也。'"（563 页）这句话出于《左传·哀公三年》："无备而官办者，犹拾渖也。"杜预注："渖，汁也。言不备而责办，不可得。"陆德明《释文》："北土呼汁为渖。"《释名》："宋鲁为谓汁为渖。"这里的"犹拾渖"，是引《春秋》作为书证，用北方方言把汁叫"渖"，"拾渖"而不得，并不解释字义，也不是解释构件义。这个例子与段注的"义隔"和"通"均了无干系。

（2）上表第 3 例"譙"字注释段玉裁认为应该删"犹"，被释字与解释字不"隔"，当直陈其义，即《言部》"譙，犹譴也"的这一条。这里认为不应该删，下文有说明。

（3）余下的 13 个许书用"犹"的例子，释字头义的 3 例；释汉字构件义的 10 例。释字头义的 3 例，其中两例是以字头组成联绵词，再用"犹"字释联绵词。剩下的 1 例是单字释单字。解释构件义的 10 例中，以单字释单字的 6 例，以复音词释单字的 2 例，另外还有以短语释复音词的 2 例。

三、许书释字的"隔"与"通"

从形式上看，这十三个例子，可以分为四个大类，一是以"犹"释构件，二是以"犹"释字头，三是用字头组词，然后再用"犹"做解释；四是用构件组词，然后用"犹"做解释。

（一）以"犹"释构件义

以"犹"释构件，可以分为释单一构件和组合构件两类。释单一构件的如：

1.《八部》："公，平分也。从八厶。八犹背也。韩非曰：背厶为公。"[8]

按：许书的"犹"，是释"公"字构件义而并非释"公"义。惠栋《九经古义·卷四》："说文云：厶，奸衺也；公，平分也。从八从厶，八犹背也。韩非曰：仓颉作字，自营为厶，背厶为公。"段玉裁《说文注》："郑注《尧典》'分北三苗'云：'北犹别也。'证以韦昭《吴语注》云：'北，古之背字。'然则许、郑之语，正互相发明。分别之乃相舛背，其义相因相足。则许不云'八，背也'而云'犹背'，郑不云'北，别也'而云'犹别'。凡古训故之言犹者视此。"又段玉裁《古文尚书撰异》："自营为厶，六书之指事也；八厶为公，六书之会意也。《韩非》以背训八，故许君释之曰八犹背也。""八"非"背"，二者本义不同。"八"是成字构件，《说文》本义是"别"，象分别、相背；"背"的本义是"背脊"，二者"义隔"，读音也有差异。

高鸿缙《中国字例》："八之本义为分，取假象分背之形。"是为形之"通"。八、背二字在音上有关系，《八部》段注："八，别也。此以双声叠韵说其义。今江浙俗语以物与人谓之八。与人则分别矣。"桂馥《义证》："《北堂书钞》引韦昭《辨释名》云：'公犹取正直无私也。故公字从八厶。'注云：'八音背，厶，古之私字。'"林义光《文源》："八、分双声对转，实本同字。"可见二者又是以声为义，是为音"通"。二者在语义上也有关，"八"与"厶"分别以动词性语素、名词性语素参与会意，推导出"公平"之义，与"背"的引申义相通。而"公"字的甲骨文意义是"瓮口""瓮底"叠加，下从口，不从厶，象大瓮之形，徐中舒《甲骨文字典》："象瓮口之形，当为瓮之初文。卜辞借为王公之公。"与《说文》字头也"隔"。应该指出，许书所说，是根据汉代字形来解释词义。

2.《贝部》："赘，以物质钱。从敖、贝。敖者，犹放；贝，当复取之也。"

按:"贽"字本义是以物质钱,是抵押。《放部》:"敖,出游也。从出、放。"段玉裁注:"放,逐也。敖与放义不同而可通,故曰'犹'。""放"的本义是"逐",敖的本义是"出游",二者义"隔"。《诗经·邶风·柏舟》:"以敖以游。""敖""游"义足;《庄子·列御寇》:"无能者无所求食而遨游。"二者为同义复词。"敖"从放而有"放浪"义,二字义通。它们共同的构件是"攴",章太炎先生《章太炎说文解字授课笔记》:"凡作事之字多从攴。"(第三篇下)此为"敖""放"二字相通的基础。俗字又作"遨",《诗·邶风》:"以敖以游。"《释文》:"敖,亦作遨。"朱骏声《说文通训定声》:"敖,俗字作遨。""放"引申义有"散放",《尚书·武成》:"归马于华山之阳,放牛于桃林之野。"二字本义与本义"隔",但"敖"(遨)本义与"放"的引申义"通"。

3.《不部》:"不,鸟飞上翔不下来也。从一,一犹天也。象形。凡不之属皆从不。"

按:"不"的本义,许慎以为鸟飞冲天。古文字形或以为花萼(罗振玉《殷墟书契考释》、王国维《观堂集林·释天》、郭沫若《甲骨文字研究》),或以草根(赵诚《甲骨文简明字典》、姚孝遂《甲骨文字诂林》),或以为胚芽(康殷《文字源流浅析》)《诗经·小雅·常棣》:"常棣之华,鄂不韡韡。"郑玄笺:"不当作柎,柎,鄂足也。"或花或鸟,"不"均为实体实义。《说文解字·一部》:"一,惟初太极,道立于一。造分天地,画成万物。"可见,许慎是以汉代的观念和汉代的字形解释"一"字。甲文本义,"天"为头顶(甲3690),《天部》:"天,颠也。至高无上,从一大。"可见"天"为抽象概念,至高无上;"一"为计数的"数之始",刘师培《小学发微补》:"中国文字、卦画皆起于一。"《说文》从一之字,在上者为"天",在下者为"地",盖以至高者莫若天,高至天而止;至卑者莫若地,卑至地而止。"[9]引申为"万物之始"。徐灏《说文解字注笺》:"造字之初,先有数而后有文。一二三四,画如其数,是为指事。"二字义隔。古文字形既然有鸟上飞状,则上为天,一亦为天。段注:"他处云:'一,地也。'此以在上,知为天。"是为义通。

4.《至部》:"至,鸟飞从高下至地也。从一,一犹地也。象形。不,上去;而至,下来也。凡至之属皆从至。"

按:《说文·见部》:"亲,至也。"段玉裁注:"到其地曰至。"《尔雅·释诂》:"从高而下曰至,自外而来亦为至。"罗振玉《雪堂金石文字跋尾》认为,"至"义为倒,象倒矢远来降地形。林义光《文源》卷六:"与鸟形不类""从矢射一,一象正鹄,矢着于鹄,有至之象",商承祚《甲骨文字研究》下编赞成他的说法。姚孝遂《甲骨文字诂林》则不同意这个意见；杨树达《中国文字学概要》归入合体指事类，并引罗振玉说为矢。[10]"一"为指事性符号可知。无论"至"为倒矢抑或倒鸟，要之为实义。一之初义释见上条。无论地、鹄，均与"一"义隔。但一有"极"义，地也有"极"义，在行为终点这方面二者又"通"。

5.《自部》："官，吏，事君也。从宀从自。自犹众也。此与师同义。"

按：段玉裁"官"下注："自不训众，而可联之训众。以宀覆之，则治众之意也。""自"下注："其字俗作堆。堆行而自废也。"朱骏声《说文通训定声》同意他的意见。《说文·帀部》："师，二千五百人为师。从帀，从自。自，四匝众意也。"《尔雅·释诂》："师，众也。"《释言》："师，人也。"郭注："谓人众。"《诗经·大雅·韩奕》："溥彼韩城，燕师所完。"毛传："师，众也。""自"无"众"义，二者相"隔"，但"与师同义"，正如段玉裁说"联之训众"，即为义通。

6.《珏部》："掘，室也。从珏从廾，室宀中。珏，犹齐也。"

按："掘"下"犹齐也"段注："说从珏之意。凡汉人训诂，本异义而通之曰'犹'。珏从四工同心同力之状。室不必极巧，故曰'犹齐'，注经者多言。犹，许书言犹者三见。"《说文·言部》"雠"下注："许造《说文》，不比注经、传，故径说字义，不言'犹'。惟'掘'字下云：'珏，犹齐也。'此因'珏'之本义'极巧视之'于'掘'从'珏'义隔，故通之曰'犹齐'。"段注认为"掘"为"室"，为"塞"；掘从珏，构件的"珏"为巧视，是整字与构件之间的"义隔"。但从全书文例看，这里应该是"犹"字的两端"义隔"而"通"。《玉篇·珏部》："珏，今作展。"《康熙字典》引《玉篇》："古文展字。"《六书正讹》："珏俗作展。"《尔雅·释言》："展，适也。"王引之《经义述闻》："适与省同义……是省视谓之展，亦谓之适也。""珏"与"齐""义通"。今四川方言中有双音词"展齐"，本字当为"珏"，或由"整齐"音转，《字汇·尸部》："展，整也。"《周礼·地官·司市》："守门市之群吏平肆，展成奠贾。"郑玄注："展之言整也。"珏、齐义隔，展（整）、齐义通。

（二）以"犹"释字头义

《言部》："雠，犹膺也。从言雔声。"

按："雠"，《说文解字·心部》："应，当也。"段注："雠者，以言对之。诗云'无言不雠'是也。""又引伸之为雠怨，诗'不我能惜，反以我为雠'，《周礼》'父之雠''兄弟之雠'是也。《人部》曰：'仇，雠也。'仇雠本皆兼善恶言之，后乃专谓怨为雠矣。"段氏又认为："此以'应'释'雠'甚明，不当曰'犹应'，盖浅人但知雠为怨词，

以为不切，故加之耳。"《说文·言部》："譍，以言对也。"譍，《说文解字义证》："譍
当为应。"段注认为"譍"是"应"的俗字。此处的"犹"应该删去。但这里认为"雠""应"
之间仍然有"隔"。首先，"譍""应"之间是字形之隔；其次它们也有字义之"隔"。
"譍"是"以言对"；"雠"的本义《玄应一切经音义》引《三仓解诂》："雠，对也。"
《史记·魏其武安侯列传》"颇不雠"张守节正义："雠，对也。""对"与"言对"，
二者有种属之"隔"。《左传·僖公五年》："忧必雠焉。"杜注："雠，犹对也。"因此，
虽然段玉裁认为此处当删"犹"，但实际二字相"隔"，不当删"犹"。

（三）用字头组词再以"犹"字释义

1.《说文新附·辵部》："逍，逍遥，犹翱翔也。从辵肖声。"（大徐本42页）

按：本条为《说文新附》，《诗经·郑风·清人》篇，"河上乎逍遥"与"河上
乎翱翔"对举，"逍遥"即"翱翔"，二者显系一组同义的联绵词。但二者虽然通，
但也有"隔"，《诗·齐风·载驱》："鲁道有荡，齐子翱翔。"毛传："翱翔，犹彷徉也。"《庄
子·逍遥游》："彷徨乎无为其侧，逍遥乎寝卧其下。"成玄英疏："逍遥，自得之称。"
司马相如《长门赋》："夫何一佳人兮，步逍遥以自虞。"刘良注："逍遥，行貌。""逍
遥"不必"翱翔"，"逍遥""翱翔"在无拘无束，自由自在这点上可"通"，它们属
于"点同义"之"义通"。

2.《焱部》："尔，丽尔，犹靡丽也。从冂从焱，其孔焱，从尔声。此与爽同义。"

按：段注："'丽尔'古语，'靡丽'汉人语。以今语释古语，故云'犹'。"段
玉裁在"雠"下注："此犹亦可删与？"然后自问自问题，这是通古今语，可以用"犹"
释义。"靡丽"见于《韩诗外传》、司马迁《史记》、班固《汉书》、司马相如《上林
赋》、班婕妤《捣素赋》等，"丽尔"古代用例少见，《骈雅·释诂》："丽尔，华缛也。"
杨慎《丹铅余录》卷十三："丽尔之为言犹靡丽也。"《义府》卷上引《说文》略同。
这是古今之"隔"。

（四）用构件组成词或短语，再以"犹"作释

1.《辛部》："辞，讼也。从罽辛，罽辛犹理辜也。"

按：这段话，有些本子释字形没有"辛"，只有"罽"，"罽辛犹理辜"作"罽犹理辜"。
段注："释会意之旨。"从许书通例看，"从"后不当没有其他构件。因此，当为"罽
辛"。又有的本子释义作"说也"，清沈涛（1792—1861）的《说文古本考》认为这
个错误起于《广韵》："似古本作说不作讼矣，然训解中'理辜'云云，则作'讼'
为是。"辛则《说文》："宰，罪人在屋下，执事者。从宀从辛。辛，辜也。"《说文》：

"辛,罪也。"嗣,《说文》:"嗣,治也。……读若乱同。一曰理也。"段注:"此与《乙部》乱音义同。""乱"与"治""理"义相反而成。故为义"隔"。徐锴《说文系传》:"乱必当理,故理为乱,亦训理。"是为义"通"。杨树达《中国文字学》则归入动宾会意。

2.《苟部》:"苟,自急敕也。从芊省,从勹口,勹口犹慎言也。从羊,羊与义、善、美同意。凡苟之属皆从苟。"

按:原文作"从羊省,从包省,从口",段注本为"从勹口",王筠《说文句读》:"谓勹口犹缄口也。"桂馥《义证》:"勹,通作包,勹、包声近。"《说文·勹部》释"勹"为裹。段注:"今字包行而勹废矣。"《正字通》:"勹,包本字。""包"有容、含、藏义,"勹口"犹言"闭口",与"慎言"二者义隔,但相因为义,是为"义通"。

3.《匕部》:"艮,很也。从匕、目。匕目,犹目相匕,不相下也。《易》曰:'艮其限。'匕目为艮,匕目为真也。"

按:段注:"很,不听从也。""目相匕即目相比,谓若怒目相视也。""艮"本义为六十四卦之一,象征山。王筠《句读》:"'匕目'之义委曲,故解之。目相比,谓目摄之也。"很,《系传》改为"狠"。"不相下",即"不下",两目对视,表示凶狠,不退让。对视与凶狠义不同,但可连带而及,相因生义之"通"。

4.《夲部》:"夲,进趣也。从大十。大十,犹兼十人也。凡夲之属皆从夲。读若滔。"

按:段注:"说从大十之意,言其进之疾,如兼十人之能也。"字与"本"不同。《义证》《句读》引庄述祖:"柳宗元《陆文通墓表》:'后之学者,穷老尽气,左视右顾,莫得而夲。'音土刀切,人或误读为'本末'之'本'。""夲"文献中用例不多,多以"滔"代。"大"为正面的"人"字,所以段注说"兼十人之能"。"夲"是异体会意字,"犹"字所释,既指字头的"夲",又指构形的"大十"意。

四、结语

以上我们对许慎《说文解字》中的释义术语"犹"做了初步分析,主要的观点是:(一)段注认为,许慎《说文》中只有3例用"犹"解释"义隔而通",而且其中一例还不当用"犹"释义。但我们的研究表明,《说文》中共有14例用"犹"释义的例子;段注认为应该删除的1例,论文结合文献,认为不当删。(二)段注认为"犹"字这个训诂学术语,在《说文》中主要用于"义隔而通"和"以今语释古语";周大璞总结了四种用法。这里认为,"义隔而通"有种种情形,有形隔、音隔、义隔,其下又可分为多种小类,不限于段注的"义隔"和周大璞先生的四类。从例证中分析，"犹"字后释义的指向，既有指向字头的，也有指向字形分析的；有字头组合后再释组合义的，又有单释字头义的；有指向单一构件义的，也有指向构件组合义的。以此推之，汉人注释中的"犹"，也需要作全面的董理，才能接近于训诂学的相关事实。相应地，现有的训诂学教材的术语篇，也需要对"犹"字有更全面而科学的介绍。

注释：

［1］肖璋《谈义隔相通》，语文出版社 1994 年版，第 15 页。

［2］周大璞《训诂学初稿》，武汉大学出版社 1987 年版，第 238 页。

［3］郭在贻《训诂学》，湖南人民出版社 1986 年版，第 73 页。

［4］赵振铎《训诂学纲要》，陕西人民出版社 1987 年版，第 50 页。

［5］隗宁《从〈文选注〉与〈说文段注〉看训诂术语"犹"的用法》穷尽性搜集了段注用"犹"的例子。

［6］张新武《训诂术语"犹"的释义特点与字典辞书义项的设立》，《新疆大学学报》2010 年第 5 期，第 132 页。

［7］较著者如古敬恒《〈吕氏春秋〉高诱注"犹"字说例》，《佳木斯师专学报》1989 年 5 期；刘世俊《训诂学术语及其规范》，《宁夏大学学报》1996 年 1 期；乌兰《简析训诂术语"犹"》，《内蒙古社会科学》2001 年 5 期；向宁《简论段玉裁给训诂术语"犹"下的定义》，《四川师范大学学报》1993 年增刊；刘英波《郑玄〈三礼注〉中"犹"字用法探究》，《聊城大学学报》2005 年 4 期；王明春《高诱注中的"犹"字》，《枣庄学院学报》2006 年 6 期；杜松柏《浅论段玉裁对"犹"的界定》，《社科纵横》2009 年 9 期；王诚《〈左传〉杜注"某犹某也"类释》，《重庆文理学院学报》2013 年 6 期；李福言《〈广雅疏证〉"某犹某也"研究》，《湖北工程学院学报》2015 年 2 期，等等。

［8］以下例句所标识页码，均为段玉裁《说文解字注》，上海古籍出版社 1981 年版。

［9］《刘师培经典文存·读书随笔》，广陵书社 2016 年版，第 250 页。

［10］杨树达《中国文字学概要》，北京联合出版公司 2015 年版，第 82 页。

参考文献：

［1］段玉裁《说文解字注》，上海古籍出版社 1981 年版。

［2］许慎《说文解字》，中华书局 1963 年版。

《说文解字》无从属字部首再析[1]

陈松长

湖南大学岳麓书院 / 贵阳孔学堂

《说文解字》中共有 36 个无从属字的部首，对这些部首存在的原因，学界大致有三种看法：一种认为无所属字的部首不应该存在，应该归入其他部首之中。[2] 一种认为无所属字的部首是许慎为了保持系统的完整性，不得已而为之。[3] 还有一种则认为，无所属字的部首比较特殊或拥有特殊功能，所以要单独设立一个部。[4] 可以说，这三种说法兼有可取之处，但都有其可商榷之处。如第一种是以今人的学术观点去要求的结果，其按照异体字或后生字对《说文》做要求是不妥的；第二种观点是为了维护许慎的权威而所作的辩解，第三种观点则有点夸大无所属字部首作用的意味。因此，我们今天本着求实的精神，对其无从属字部首进行具体的分类和讨论，以期实事求是地分析和揭示这些无从属字部首成立的原因。

许慎在叙述《说文解字》部首的编纂原则时说："其建首也，立一为端，方以类聚，物以群分，同条牵属，共理相贯，杂而不越，据形系联，引而申之，以究万原，毕终于亥，知化穷冥。"[5] 其实，《说文解字》中的无所属字的部首编排整体上也是根据这个编撰原则进行的，只是有些特殊的情况，许慎作了不同的处理罢了。例如五百四十部中的数目字和干支字就是其特例之一。

首先，我们可以将这 36 个部首中的数目字和干支字单独列出来进行分析，因为在《说文解字》中数目字和干支字并未都遵循"据形系联"的编连原则，其中大部分被单独列出在卷末。

《说文》中的记数部首为一、二、三、四、五、六、七、八、九、十，天干部首为甲、乙、丙、丁、戊、己、庚、辛、壬、癸。《说文》解释"一"为"惟初太始，道立于一，造分天地，化成万物"，解释"三"为"天地人之道也"，解释"甲"为"东方之孟，阳气萌动"，解释"乙"为"象春草木冤曲而出，阴气尚强"，这些部首的释义明显体现了汉代流行的天人合一与阴阳五行思想。无从属的数目部首和天干部首共有 16 个，占了记数部首和天干部首总数的三分之二左右，可见数量之多，许慎在部首编排中即使是空置部首，也要把记数字和天干字放进去，从这一点上我们可以更加明显地体会到许慎在编纂《说文》时对天人合一、阴阳五行思想的重视。另外，我们在分析了这 16 个部首的位置以后，发现即使是数字和天干等特殊的部首，许慎也是先根据"据形系联"的原则编排，然后再利用数字和天干的类别属性进行编次。比如，四部和其后的宁部是因为字形上相似而系联在一起，甲部是和其前的兽部都有头形，所以前后相次；而五、六、七部和天干绝大多数部首是根据它们的类别进行排列的。

其次，我们再来看看其他 20 个部首之所以没所属字的原因，我们认为，除了数目字和天干部首字外，其他 20 个无从属字部首基本上都是按照"据形系联"原则编排的。但是，我们要注意的一点是，针对许慎的"据形系联"原则，徐锴曾提出过"据义系联""以义相次"的部首相次原则 [6]，尽管他的很多说法都被证明是荒诞的，但是他的做法为我们提供了思考方向和一定的借鉴意义。段玉裁在解释许慎《说文解字·后叙》"据形系联"一句时说"虽或有以义相次者，但十之一而已" [7]，这表明段玉裁事实上也承认了许慎的"据形系联"原则不仅是据"形"，还有据"义"。分析以上所说的 20 个无从属字部首，我们发现根据许慎的编次与解释，这些部首有一部分是据"形、义"相次的，比如凵部，上接口部，许慎解释为"张口也"，明显是形义系联；又比如冄部，其下为而部，许慎解释"冄"为"毛冄冄也，象形"，解释"而"为"颊毛也，象毛之形"，明显也是形义系联。同样的部首还有厽部、久部、才部、毛部、巫部、克部、录部、峝部、能部、く部、率部、它部。还有的部首是据"形"系联的，比如，燕部，许慎在解释鱼部时说"水虫也，象形，鱼尾与燕尾相似"，因为"鱼"与"燕"在字形上的相似，因此这两个部首之间是以形相连的；又比如莧部，上接兔部，许慎解释为"山羊细角者，从兔足，苜声"，因此它们是以形相连的。同样的部首还有兕部、易部。

那么，既然许慎是按照"据形系联"的原则来编排这些部首，那怎么会没有所属字呢？我们认为，大致有如下几个原因：

一、后人的增补影响了无从属字部首

在以上 16 个干支和数字部首以外，20 个无从属字部首中还有开部、克部、录部这 3 个部首是比较特别的。我们首先来谈谈开部。开部上蒙金部，下接勹部，在字形上它们没有相同和相似的部分；在字义上，许慎解释"开"为"平也，象二干对构，上平也"，徐铉补充解释说"开，但象物平，无音义也"，而许慎解释"金"为"五色金也"，解释"勺"为"挹取也"，由此看来，它们在字义上也毫无关联。既然开部与金部和勺部都没有联系，那么它为什么会成为部首并存在于这两个部首之间呢？笔者认同马叙伦的观点，马氏怀疑许慎《说文》本来没有开部，这一部首是西晋吕忱所增的，并引用日本学者高田忠周的观点，认为"开"是"枅"的初文。[8]

同样存在后人增补问题的还有克、录两部，这两个部首在《说文》中是被编排在一起的，并且有形、义系联关系，《说文》解释"克"为"肩也，象屋下刻木之形……㦸亦古文克"，解释"录"为"刻木录录也"，它的篆文字形为"𫞠"。顾廷龙认为"许氏误以录之重文㦸移于克下，遂并刻木之说而移之，又以屋下加上，而其辞益支"[9]，商承祚认为"象屋下刻木之形"是"录字注语，后人误入克下"[10]，笔者认为"㦸"是"录"的古文，"刻木之形"也是对"刻木录录"的发挥，"克"应该只有"肩"的意思，也就是徐铉补充解释的"肩任也，负何之名也，与人肩膊之义通，能胜此物谓之克"[11]。我们观察到按照形、义系联的原则，朿、片、鼎、克、录为一组在字义上与木有关的部首，当"克"字剔除掉原属于"录"的解释后，它是不能列入这一组部首中的。由此可见后人对《说文》的误增误补人为地造成了这种无所属字的空部首问题以及无所属字的部首排序问题。

二、许慎对字形的错误理解影响了无从属字部首

值得注意的是，我们在谈论克、录部时还存在着另外一个问题，《说文》解释"录"为"刻木录录"的意思，但现在我们分析"录"的甲骨文、金文字形，认为"录"为"渌"的本字，是汲水而上的工具。[12]事实上，这引出了无从属字部首存在的一大重要原因，即许慎对字形理解的错误。以下我们再列举两个例子，首先是凵部，《说文》解释"凵"为"张口也，象形"，朱骏声《说文通训定声》解释为"张口也，象形，一说坎也，堑也，象地穿，凶字从此"[13]，杨树达认为"凵"不是张口的意思，"坎"的声符"欠"与"凵"同是添部溪母字，音相同，而凵象坎陷，因此凵应为坎的本字，[14]持同一观点的还有高淞荃。既然"凵"与"口"无关，自然也就找不出其所属字来。

其次是莧部，《说文》解释"莧"为"山羊细角者，从兔足，苜声"，徐铉早已

认为"𦣞"不是声符，而是象形，林义光、马叙伦、朱芳圃、于省吾等人都认为这个字为象形字，马叙伦、朱芳圃、于省吾还认为这个字就是"源"字。[15]许慎之所以认为"㲋"从兔足，是由于这个字在演变为小篆以后，尾足部分发生了讹变，导致许慎将其与㲋部、兔部放在一起，故无所属字。许慎对字形理解有误的无从属字部首还有凵部、久部、毛部、易部、燕部等。

三、无从属字的部首是作为承接上下两部首而特设的

在以上这些存在问题的部首之外，我们认为才部、𣎆部、峉部、㝊部、兜部、能部、〈部、率部、它部作为无从属字的空部首是有意义的。它们往往是一组形、义系联部首中的一部分，比如，才是木、东、林中的一部分，〈是〈、〈〈、川中的一部分，率是弦、系、糸、素、丝、率中的一部分，这和其他不是空部首的部首组合是一样的，比如屮、艸、蓐、茻，走、止、癶、步、此、正、是、辵等，这些组合中间有些部首也是可以合在一起的，我们不能因为空部首没有从属字，而否定它作为部首的意义。另外，我们也注意到，像〈、〈〈、川这样的部首编次方式，和泉、灥以及水、沝一样，它们都在笔画上有由少增多的发展，这在部首排列上是让读者一目了然的，这也许正是许慎不合并这样的部首的原因。我们通过对《说文解字》中这些无从属字部首的再分析，可以看出许慎对其《说文解字》的编排原则上还是依照"据形系联"为主来编排的，但有时为了能使两部首的承接不突兀，他也会加入过渡性的无属字部首来使其顺承。但有些部首无形可联，为使编排有序，就按"以类相从"的方法来补正，以求整个体例的完整性。

注释：

[1] 本文是在我辅导学生所作的《说文解字》导读课件的基础上综合修订而成，参与研修的硕士生有向红燕、谢计康、杨飞辉、谢文奕、刘思意等，在此一并致谢。

[2] 陆宗达《说文解字通论》，中华书局 2015 年版；冯玉涛、赵兵战《〈说文解字〉无从属字部首评析》，《宁夏大学学报（社科版）》，2001 年第 6 期，23—26 页。

[3] 胡达超《〈说文解字〉部首体例研究》，《现代经济信息》2009 年第 2 期，132—133 页。

[4] 王晴《〈说文解字〉五百四十部首研究》，江西师范大学硕士论文，共 51 页。李丽姣《〈说文解字〉无从属字部首浅谈》，《赤峰学院学报（汉文哲学社会科学版）》，2014 年第 4 期，第 183—185 页。

[5] 许慎撰、徐铉校定《说文解字·第十五下》，中华书局 2013 年版。

［6］见徐锴《说文解字系传部叙》，中华书局1987年版。

［7］见许惟贤整理《说文解字注·第十五卷下》，凤凰出版社2007年版。

［8］见马叙伦《说文解字六书疏证·卷二十七》，上海书店1985年版，电子版。

［9］见顾廷龙《顾廷龙文集》，上海科学技术文献出版社2002年版。

［10］见商承祚《甲骨文字研究》，天津古籍出版社2008年版。

［11］许慎撰、徐铉校定《说文解字·第七上》，中华书局2013年版。

［12］见古文字诂林编纂委员会《古文字诂林·第六册》，上海教育出版社1999年版。杨桓、沈兼士都认为"录"本义为汲水工具，马叙伦认为是辘轳，不必是汲水之具，汲水也可以用。

［13］见朱骏声《说文通训定声》，中华书局2016年版。

［14］见杨树达《杨树达文集·积微居小学述林全编》，上海古籍出版社2013年版。

［15］见古文字诂林编纂委员会《古文字诂林·第八册》，上海教育出版社1999年版。

《〈说文〉部首集注笺证》简介

叶正渤

江苏师范大学文学院

《〈说文〉部首集注笺证》，由陕西师范大学文学院辛介夫教授生前主编，参编人员分别是：叶正渤、陈枫、蔡永贵、田耕渔、陈曦、冯玉涛六人。该书是献给辛介夫教授逝世十周年祭而出版的。该书由陕西师范大学出版社出版。

2015年8月22日至24日，我们在中国人民大学参加中国文字学会第八届学术年会。会议期间，陕西师范大学副校长党怀兴教授对我讲，陕西师大文学院准备出版过世的老先生们未出版的手稿，当年你们参编的那部《〈说文〉部首集注笺证》也在计划出版之列，正准备安排人打印书稿。我说，几年前我已经把讲义全文输进电脑了，当时忙于做国家社科基金课题，没有来得及校对原文和造古文字。党教授说，那就由你来整理这部书稿吧。整理先生未出版的遗著手稿，是我们做弟子义不容辞的责任，于是我就答应下来了。

书的性质和内容，该书序言曰："后汉许慎所著《说文解字》一书，是中国汉文字学史上一部极为重要的宝书。时至今日，由于主客观方面的原因，虽然存在着一些错误，但其历史意义与现实价值仍是显而易见、有目共睹的。研究中国汉文字学，不可不读。《说文》之五百四十部首，又是研读《说文》必须首先掌握的钥匙。于其形、音、义不可不明。由部首而读《说文》，举纲挈领，执要说详，可收事半功倍之效。有鉴于此，我们中国文字学专业叶正渤、陈枫、田耕渔、蔡永贵、陈曦、冯玉涛六位研究生同志，在老师辛介夫先生的指导下，以一年有半的时间、集体讨论的方式认真研究了《说文》五百四十部首及所统属的一些字。求实求是，溯源探流，对于每一个部首的初形、古音、本义以及形变、音转、意义引申等，钩沉索隐，无征不信，务求明其所以然。同时，我们又将研讨的结果，整理成册，反复修改，几易其稿，由辛先生一一审阅修改，并加按语，方集成是稿。希冀于中国汉文字学的建设能有万一之用。"

序言又曰："本书自属献芹之作，然同类著述国内外迄今尚未多见。康殷《说文部首》、邓散木之《说文部首校释》窥其用意，似为书法、篆刻而作，非为文字学而作。本书主旨，不关书法、篆刻，专为读《说文》而作的入门书。对于初学《说文》者来说，或可起到向导作用。由此而读《说文》，或可少走一些弯路，早登《说文》之堂而入古文字学之室。"

序言又曰："这只是一种大胆尝试，能否如愿，未可逆料。加之编者学历浅薄，谫陋寡闻，舛误疏失，实所难免。恳请学者通人，惠于指正。"

"为了学习的方便，另撰有《〈说文解字〉部首字六书归类表》和《〈说文解字〉六书归类解说用语》作为附录，附于书后。"

该书的撰写体例，其凡例曰：

1. 本书于每字之下，首列篆文、楷书、反切、今音，次录许书原文；再次则录所择各家注语；最后为编者按语。

2. 本书所录篆文及《说文解字》正文，一仍中华书局 1963 年 12 月所印大徐本。若大徐本显有讹脱者，则于注中加以订正说明，正文中不擅加改正。

3. 本书所注切音，仍依大徐，用孙愐《唐韵》。

4. 本书所注今音，是根据大徐所注反切，并参考了《古今字音对照手册》《现代汉语词典》《中华大字典》《辞海》《辞源》以及《广韵》等书。

5. 自唐迄今，疏释许书者甚多，或臧或否，历代皆然。本书不讳过、不掠奇、不求全，唯真理是求。于诸家注疏中，但取其精者是者，以时代先后次第之而已。

6. 本书所录《说文解字》原文，简称"许解"。所引各家书中，其书（或文）多次出现者，则用简称。其他书偶有引证者，则录全名。

7. 本书所加按语，为求说明问题而已，或长或短，不求统一。所下断语，力求信而有征，或求之以形、音，或形、音、义互求，或稽之于文献典籍，或考之于方言俚语。遇有著者所见与前贤偶有同者，则弃私见而从成说；若有与前人、今人所论同而未能标出者，或为了行文方便而未标，或为暗合，并非掠美。

8. 本书于按语之中，力求说明一些文字嬗变之轨迹，或探求古音、本义，推寻形变、义转。凡有可信之古文字者，均选而录之，或一或众，不求统一，以能说明问题为准。但本书不以古非今，一味地以甲、金文否定小篆，而是正视文字发展之事实，承认文字改革的合理性。

9. 本书所录古文字，多取自《甲骨文编》（中国科学院考古研究所编辑，中华书局 1965 年 9 月版）、《金文编》（容庚著，中华书局 1985 年 7 月版）、《古文字类编》（高明编，中华书局 1980 年 11 月版）、《汉语古文字字形表》（徐中舒主编，四川辞书出版社 1981 年 8 月版）、《甲骨文集释》（李孝定编）、《金文诂林》（周法高主编）等书，于正文中不再加注说明。

10. 本书所论虽为五百四十部首，但其涉及甚广。遇有难明其义者，或阙或疑，不作定论；遇有两说均可通者，则兼收并蓄，以示审慎藉广异闻。下面略举数例，以见该书之貌。

十【士】　　钮里切　　今读 shì

许解：事也。数始于一终于十，从一从十。孔子曰："推十合一为士。"凡士之属皆从士。

段注：士事迭韵，引申为凡能事其事者称士。

王国维曰：《易》云："老妇得其士夫，老夫将其女妻"，是士为少年未娶之称。龟板文牡作𤘕，从士，推十合一为后起义。

吴承仕说："许训士为事，古以士称男子，事谓耕作也。《释名·释言》语云：'事，伟也；伟，立也。青徐人言立曰伟。'《礼记·郊特牲》云：'信事人也'。《注》：'事犹立也。'《汉书·蒯通传》云：'不敢事刃于公之腹者。'李奇《注》：'东方人以物插地中为事。'盖耕作始于立苗，所谓插物地中也。人生莫大于食，事莫重于耕，故士为插物地中之事，因引申为一切事之称。"（见杨树达《积微居小学述林·释士》）

谨按：甲文没发现独用士字，金文作土、�土，单从独立之形，难以推求出字之本义。甲文中，往往于动物字形旁加⊥形或匕形，表示动物性别的特征。如牝，甲文作𤘘、𤘘、𤘘、𤘘、𤘘等形。《说文·二上·牛部》牝篆下解曰："畜母也。"牡，甲文作𤘕、𤘕、𤘕、𤘕等形。《说文·二上·牛部》牡篆下曰："畜父也。"可知匕为雌性标志，⊥为雄性标志。最有说服力的是婿字，或写作壻。《说文·士部》："壻，夫也。从士胥声。《诗》曰：'女也不爽，士贰其行。'"在《诗经》中，士女每对举，他如《野有死麕》："有女怀春，吉士诱之。"《氓》："女也不爽，士二其行。"《女曰鸡鸣》："女曰鸡鸣，士曰昧旦。"《溱洧》："溱与洧方涣涣兮，士与女方秉蕳兮。"可知士之本义为成年男子无疑。或谓甲文⊥像男子牡器，古人盖不讳言之也。今陕西骂人"驴𡳯的"，盖古音之遗。后世或书为势、为矢。

𤜴【能】　奴登切　　今读 néng

　　许解：熊属。足似鹿，从肉㠯声。能兽坚中，故称贤能；而强壮，称能杰也。凡能之属皆从能。

　　段注：《左传》《国语》皆云："晋侯梦黄能入于寝门。"韦注曰："能似熊。"凡《左传》《国语》能作熊者，皆浅人所改也……故皆从比也。㲋足麤足亦同。

　　王筠《句读》：《左传》《释文》昭七年黄能，云亦作熊，《述异记》："黄能即黄熊也，陆居曰熊，水居曰能。"《晋语》："今梦黄能入于寝门。"韦注："能似熊。"……不言从比者，本非从比也，且㠯象其头，肉以象其胸。此字与身字一类，兼会意形声以为形，乃象形之别一类。……桂氏曰："能与台、耐声相近。"《乐记》："故人不耐无乐。"郑注："耐，古书能字也。"《汉书·晁错传》："扬粤之人能暑。"颜注："能读曰耐。"《天官书》："三能即三台。"《释鱼》："鳖三足，能。"并读奴来切。《离骚》能与佩为韵，东方朔《画赞》能与才为韵，陆机《挽歌》能与思离为韵。奴登切。（能兽坚中）以下发明假借。《系传》曰："坚中，骨节实也。"郭注《尔雅》："貘，白豹"，曰："骨节强直，中实少髓。"

　　谨按：能，金文作𦜝等形，整体象形。ㄥ象耳（非声符），𠃌象头（与甲文虎、象之头同，不是肉），ヒヒ象足，能与耐音义皆通。《汉书·晁错传》："胡貉之人性格能寒，扬粤之人性格能暑。"注："能读曰耐，耐寒即经受得起严寒的侵袭之意，音转为 nài，今关中即谓经受不住曰"耐不起"，而"耐得"意即有能力。能兽皮实肉厚，能耐严寒，故名曰能。

酉【酉】　　与久切　　今读 yǒu

　　许解：酉，就也。八月黍成，可为酎酒，象古文酉之形。凡酉之属皆从酉。丣，古文酉。从丣，丣为春门，万物已出。酉为秋门，万物已入。一，闭门象也。

　　段注：就，高也。《律书》曰："酉者，万物之老也。"《律历志》曰："留，孰于酉。"《天文训》："酉者，饱也。"《释名》曰："酉，秀也。"秀者，物皆成也。古文酉谓丣也，仿佛丣字之形而制酉篆。此与弟从古文弟之形，民从古文民之形，革从古文革之形为一例。

　　王筠《句读》：酉乃古酒字也，故《律历志》曰"留孰于酉"，《天文训》曰"酉者，饱也"。留、饱皆与酉迭韵，许君不用而独于酒篆下"就也"同用一义，足见其意矣。

　　张舜徽《约注》：卯酉之酉，当以古文丣为正文。门（开门）为卯，故闭门为丣。计时之字，盖惟此用其本义。

谨按：酉，甲文作🍶，或作🍶；金文作🍶或🍶，皆像酒器。常借为酒字。《说文》："酉，就也。八月黍成，可为酎酒。"未免牵强。许氏以十二支配十二月，故有此等说明。用于一日之间，显然不通。但谓"象古文酉之形……酉，古文酉。从卯，卯为春门，万物已出。酉为秋门，万物已入。一，闭门象也"，则可参考。酉象关门，已届黄昏，与卯相对，日入而息之时也。酉位于申后，顺理成章。酉，与久切，《广韵》属以纽有韵。酉当作力久切，《广韵》属来纽有韵，二字迭韵。又，以属喻纽四等，古归定纽，来、定二纽都在舌头，可以旁转，故古音假酉为酉，完全可能。或以酉字不见甲文、金文为说，然古文确有酉字，刘、留、柳等皆从酉，可以为证。疑酉、酉、酉三字或因形似，或因音同，混淆已久也。姑录以待考。

🪖【戌】 辛书切　今读 xū

许解：戌，灭也。九月阳气微，万物毕成，阳下入地也。五行，土生于戊，盛于戌。从戊含一。凡戌之属皆从戌。

段注：威，大徐本作灭，非。《火部》曰："威，灭也。"本《毛诗·传》"火死于戌"。阳气至戌而尽，故威从火、戌。此以威释戌之恉也。《律书》曰："戌者，万物尽灭。"《淮南·天文训》："戌者，灭也。"《律历志》曰："毕入于戌。"《释名》："戌，恤也。物当收敛矜恤之也。"九月于卦为剥，五阴方盛，一阳将尽。阳下入地，故其字从土中含一。

朱骏声《定声》：当训"恤"也。人被杀伤，可矜恤也。从戊，古文矛字，一，指事，识其杀伤处，与刃同意。

谨按：字甲文多作🪓、🪓，或作🪓等形，金文多作🪓。学者或以为像戌形，与戊本是一字；或以为戌之本义为斧，像斧锋刃旁向形；或以为戌是戚的本字。戚者斧也，后人因戌为支名所专，因而又造戚字。以形求之，戌确为古代兵器之一。以音求之，戌，心聿切，《广韵》属心纽，术韵。戚，仓历切，《广韵》属清纽、锡韵。心、清旁纽双声，则戌为戚之本字说或是。用作支名，当是借音。《说文》《白虎通》《汉书·律历志》《淮南·天文训》都解作"灭也"。《段注》解作"威也"，其说甚恰。窃疑威字结构，形声兼义，以戌覆火，其果为威。火，表示光线和温度，时已入夜，故光线已没，温度已失，位于酉后，情理恰合。甲文用字有省形之例，如🪓省作β，酒省作酉。支名戌字，亦似有可能为威字之省。

　　由该书序言可知,《〈说文〉部首集注笺证》是专为学习阅读《说文解字》而撰写的,由于当时还没有类似的著作,因此是很有价值的,遗憾的是当时没有能及时出版。该书即使在研究《说文》的著作很多的今天,还是有其独特之处,同时也是对《说文》学的一大贡献。

　　需要说明的是,我的关门弟子研究生王森同学在校对书稿过程中,不仅把《说文》所有的部首字小篆字形和所列的部分古文字字形全都补上,而且还新造或从其他地方摘取了很多的甲骨文、金文等古文字和若干冷僻字。可以说,王森同学为此书的出版也做了大量的具体工作,付出了很多辛劳。此外,在书稿交付出版社以后,陈枫教授和蔡永贵教授的研究生们也帮助校对引文原文,工作量非常之大。于此,谢谢诸位研究生同学。

　　书中出现的错误在所难免。《论语·尧曰》:"朕躬有罪,无以万方;万方有罪,罪在朕躬";"百姓有过,在予一人"。所以,若有错误,其责任在予一人。

附参编人员近况简介(至 2016 年 12 月底):

叶正渤,江苏响水人,江苏师范大学文学院教授(退休)。

陈 枫,新疆乌鲁木齐人,陕西师范大学文学院教授(退休)。

蔡永贵,陕西子洲人,宁夏大学文学院教授。

田耕渔,四川盐源人,四川绵阳师范学院教授。

陈曦,江苏苏州人,澳门科技大学教授。

冯玉涛,陕西铜川人,福建华侨大学华文学院教授。

从注释学视角看段玉裁对《说文》部首之诠释

徐富昌

中国台湾大学中国文学系

以部首分类之字书，始于东汉许慎之《说文解字》。《说文》以前之字书，多为童蒙识字讽籀读本。字数不多，多以四言、六言或七言韵语为句，其功能在于记诵识字，多"不言字形原委"[1]。至《说文》时，文字已多至 9353 个字，合重文字共为 10516 字，无法再沿用四言或七言为句之编排法[2]，故许慎以"分别部居，不相杂厕"[3]之编辑体例，新创"部首分类"之编排法。将 10516 个字，按字形结构分为五百四十部[4]，每部各建一个部首，以之统摄诸字，使原本各不相关之字分别归属到各部中去，不致纷乱浑杂。段玉裁云："合所有之字，分别其部为五百四十，每部各建一首。五百四十字可以统摄天下古今文字，此前古未有之书，许君之所独创，若网在纲，如裘挈领，讨原以纳流，执要以说详，与《史籀篇》《仓颉篇》《凡将篇》乱杂无章之体例，不可以道里计。"[5]可见《说文》部首构思精密，编排巧妙。其《叙》云：

> 其建首也，立一为端。方以类聚，物以群分；同条牵属，共理相贯，杂而不越，据形系联，引而申之，以究万原；毕终于亥，知化穷冥。[6]

段玉裁以为："凡部之先后，以形之相近为次，凡每部中字之先后，以义之相引为次，《颜氏家训》所谓檃括有条例也。《说文》每部自首至尾，次第井井，如一篇文字。"[7]可见《说文》义例精严，颇具系统性。惟《说文》之体例，于《叙》中多未指明。故其书虽具系统，却不易掌握。若能阐明其体例，则有助于对该书之解读。有关《说文》体例之阐微，在清人段玉裁之前，尚未有人能如段氏般的详细而全面地注释发明及归纳总结。段玉裁以数十年之功力注《说文》，其考证之赅博，条例之精审，莫不突过前人。江沅尝云："世之名许氏之学者伙矣，究其所得，未有过于先生者也。许氏著书之例以及所以作书之旨，皆详于先生所为注中。"[8] 王筠亦云："段氏书体大思精，所谓通例，由前人所未知"[9]，对段注释中所透显之体例，皆颇推重。而段氏于注中，对部首之诠解亦多精审之处，本文谨就其对"部首"部分所阐发者，从"注释学"之视角略论其特点。

一、段注关于《说文》部首之分部及编次原则

《说文》部首编次，始于"一"部，终于"亥"部，自有其规则。依《说文·叙》中所言，知其分部原则为"不相杂厕"；其次第原则乃为"据形系联"与"引申类聚"。段玉裁注云：

> 系者，县也。联者，连也。谓五百四十部次第，大略以形相连次。使人记忆易检寻。如八篇起八部，则全篇三十六部皆由人而及之是也。虽或有以义相次者，但十之一而已。[10]

可知《说文》对部首次第之安排，原则有二：一是以形相次；一是以义相次。段氏又云："凡部之先后，以形之相近为次，凡每部中字之先后，以义之相引为次。"以下针对段氏对《说文》之分部原则、列部次序及部中字序，略论之。

（一）段玉裁对《说文》分部原则之看法

《说文解字》以五百四十部统属全书收字，其分部原则大抵在"不相杂厕"之前提下进行。前引："其建首也，立一为端，方以类聚，物以群分；同条牵属，共理相贯，杂而不越，据形系联。引而申之，以究万原；毕终于亥，知化穷冥。"或明或暗，于分部原则，皆有迹可循。段注曰：

> 凡云"凡某之属皆从某"者，《自序》所谓"分别部居、不相杂厕"也。《尔雅》《方言》所以发明转注、假借，《仓颉》《训纂》《滂喜》及《凡将》《急就》《元尚》《飞龙》《圣皇》诸篇，仅以四言七言成文，皆不言字形原委。以字形为书，俾学者因形以考音典义，实始于许，功莫大焉。[11]

由《段注》可知凡云"凡某之属皆从某"者，即部首字，意指凡由此一部首统摄之字，皆由此一部首的字根所构成。如"凡革之属皆从革"之革字，其所统摄之

革（䩐）、鞹、靬、䩌、鞄、韗（䩵）、鞣、靼（𩏶）、鞼、鞶、鞏、鞔、靸、䩕、鞮、䩡、𩌏、鞵、靪、鞠（𩌃）、鞀（鞉、鼗、𪔛）、𩌑（鞔）、鞞、鞎、鞃、鞪、䩛、鞻（𩏂）、䩓、鞁、鞥、靶（𩏝）、靳、䩶、靷（𩍉）、䩪、䩬、靬、鞾、鞧、䪅、鞍、䩸、鞊、鞈、勒、䩦、𩋇、䪁、鞬、韇、韉、鞭、鞭（𠫵）、鞅、韄、鞑、䩨、𩍠、韡、靮诸字，其义都由“革”出，其形皆以“革”为本。同于部首之字归属其下，即所谓“分别部居，不相杂厕”。关于《说文》分部原则，江举谦概括有三[12]，高明分列有五[13]，二氏所揭分部原则，皆颇得许书分部要旨。证诸段氏注语，亦多可见此类条例。如“蓐部”下注云：

此不与《艸部》五十三文为类而别立蓐部者，以有薅字从蓐故也。[14]

案“艸部”收字计文445，重文31。就“一曰”注语，依例应归入“艸部”，但有“薅”以蓐为声符，故为之立部。高明以为此乃“为属字之训解而立部”者，故云：“蓐字不入艸部，而独立一部，为薅字也。薅训‘从蓐，好省声’，若归入艸部，从艸从㛐，薅为俗字，且又无声，非造字之本意；若谓从艸从女从辱，何以薅艸必用女字，又难以解说；此蓐字必立一部之故也。”[15]

又如“珏部”下注：

因有班、㻫字，故珏专列一部。不则缀于《玉部》末矣，凡《说文》通例如此。[16]

依许书分部原则，“珏部”应置于玉部之下，不应另行立部。然因另有他字（班、㻫）统属于此，故于玉部之后，另立一部。又如“𩺰部”下注云：

所以不并入鱼部，必立此部者，以有瀺字从𩺰也。[17]

“𩺰”字立部理由与上举二例相同，皆因有他字相从。与“珏”“𩺰”例属同文而无他字相从者，如祘、扶、㪿、奻、㚣、赫、瓜、龖、臸、㯱、猋、𩺰、磊、驫、鱻、轰等字，则分别归入示、夫、斤、女、赤、瓜、龙、至、页、犬、鱼、石、马、兔、车诸部，不别立部。其他同文之字，如叩（吅、㕤（㖾）、严（嚴）、咢、单、吅相从）、品（㗊、皛相从）、詰（譶、善、竞、讟相从）、朋（冏、爽相从）、焱（爾、爽［奭］相从）、羴（［羶］、羼相从）、雔（霍、雙相从）、轟（矗、麤［集］相从）、丝（幽、幾相从）、虤（贙、赞相从）、林（霖、鬱、楚、棽、楸、麓［禁］、梦、森、梵相从）、多［夕夕］（夥、桼相从）、从（［從］、并相从）、比［夶］（毖相从）、北（冀相从）、从（眾、聚、臮［杲］相从）、毳（毳相从）、覞（覵、霓相从）、屾（盆相从）、麤（麤［麆］相从）、状（獄、獄相从）、炎（餤、銛、嚕、黏、炎、燚［燚］、燮、粦相从）、焱（荧、燊相从）、竝（普［普〖㬱〗、暜］相从）、弜（弼［弨、弥、弸、彁］相从）、絲（辔、辮相从）、虫（蟲、蟊［蚤］、蛊［蚤］、虱、螽［螽］、蠆、蟊、蟲、蜃、竃、蠹、蠥、蟲［蜱］、蠭［蠡］、蠶［蜜］、蠭、蠪［蠶、蚊］、蛮、蠹［蠹］、蠡［蕎］、蠡［蛮］、蠹［蜉］、蠹、蠢［蛓］相从）、虫（蠹［蝥、蚌］、蟲［蚍］、蠹［蜱］、蚹、蛊相从）、圭（堯［垚］相从）、劦（恊、勰、协［叶、叶］相从）、辡（辩相从）、孨（孱、孴、孴相从）等部，因有他字形义相从，故分别立为其部。

大抵因有他字形义相从而立部者，不烦逐字注出，而于卷一"珏部"下及卷十一"鱟部"下注，隰栝其义。

（二）段玉裁对《说文》列部次序之看法

《说文》之部首编排法，对后世影响很大。余行达云："梁顾野王的《玉篇》，清张玉书等之《康熙字典》乃至近代之《辞源》《辞海》《汉语大字典》等，都沿用部首检字法，仅对《说文》之部首有所增减、合并而已。"[18] 现行字典之部首次第乃依笔画多寡，目的在于方便检索，与《说文解字》"始一终亥"之部次不同，江举谦认为："字书分部次第，后世多据部首笔画之多寡。意者便于捡寻而已，不必有深意也。《说文》创始分部立首，其次第先后标准与后世异。虽或有所取意，亦必以方便捡寻易于记忆为多。"[19] 然而《说文》分部次序，规律并不易掌握，即使熟悉《说文》者，查起来亦非易事。《说文》分部次序，有其规则，即前述之"据形系联"与"引申类聚"，段玉裁则注谓："五百四十部次第，大略以形相连次""或有以义相次者"。段氏又云："凡部之先后，以形之相近为次""凡每部中字之先后，以义之相引为次。"可知段玉裁以为《说文》对部首次第之安排原则有二，一是以形相近为次，此为主要原则；二是以义相引为次，而此法仅占十之一而已。故段氏注《说文·叙》中所列五百四十部之编次，多就部首形构关联以阐释其相互蒙次之理，发明部次编排之意。此外，亦有次第寓"循环无端"之义，未必尽在形义关联之中者，如王筠在《列文次第》一文中指出：

> 叙曰"同条牵属，共理相贯"，此谓五百四十部之大体，以义相属也。又曰"杂而不越，据形系联"，此谓五百四十部之小体，以形相属也。而卷首一部说云"道立于一"，卷末亥部说云"亥而生子，复从一起"，且寓循环无端之义矣。而楚金部叙但据义，段氏注部首又但据形，皆蔽也。[20]

黄侃则以为上述诸原则外，另有与形义无关之"无所蒙者"，其云："许书引部之次（次第），据其自述，谓据形系联，徐锴因之以作部叙。大抵以形相近为次，如一、丄、示、三、王、玉、珏相次是也。亦有以义为次者，如齿、牙相次是也。亦有无所蒙者，冓之后次以幺，予之后次以放，是也。必以为接有意，斯诬矣。"[21] 其他关于《说文》部次高明综合分析，归纳条例有四：1. 字形连部相蒙为次例；2. 字形隔部相蒙为次例；3. 字形上无所蒙，则系之谊例；4. 行谊物无可系则特起例。[22] 据此，可知许慎部次之整体原则。

段氏有关《说文》部次之看法，尚见于"足""斗"二部字下。案"足部"下段注云：

> 依《玉篇》订：口犹人也，举口以包足已上者也。齿，上止下口。次之以足，上口下止。次之以疋，似足者也。次之以品，从三口。[23]

依前述部次原则，《段注》依《玉篇》以形体订其编次。案"齿"之形体为"上止下口"，"足"之构形为"上口下止"，二者形近，且构件相同而位置不同，故足次于"齿"。"疋"下从止，"足"下亦从止，二者形义皆近，故次于"足"后[24]。"鬥部"下段注云：

> 按此非许语也。许之分部次弟，自云"据形系联"。乩（甹）厈（甹）在前部，故受之以鬥（鬥），然则云争也。两乩相对象形，谓两人手持相对也。乃云两士相对，兵杖在后，与前部说自相庚，且文从两手，非两士也。此必他家异说，浅人取而窜改许书。虽《孝经音义》引之，未可信也。[25]

案："鬥"，《说文》："两士相对，兵杖在后，象鬥之形。凡鬥之属皆从鬥。"案"鬥"字，段注云："两乩相对象形，谓两人手持相对也。"甲骨文作 （甲1092，合8132）、 （甲1157，合14370）、 （前2.9.3，合36946）、 （前2.9.4，合14583）、 （乙433，合20231）、 （乙6988，合152）、 （乙3956）、 （铁181.4，合19236）、 （粹1342，合26362）、 （存下174，合14562）、 （诚452，合39323）、 （师友2.144）、 （坊间3.102，合）、 （燕442，合16851），皆像两人徒手打斗之形。其相对之形，即"乩""厈"二字。"乩"为部首，"厈"从反乩，故列于"乩"部之末[26]，此乃《说文》部内字之编次原则。段注又云："乩（ ）厈（ ）在前部，故受之以斗（ ）。"可见"鬥"次于"乩"后，亦"据形系联"之法。

（三）段玉裁对《说文》部中字序之看法

《说文》部内从属字编序原则为"物以类聚、事以群分"。王筠《说文释例》云："许君之列文也。形声字必隶所从之形，以义为主也。会意字虽两从，而意必有主从，则必入主意一部，此通例也。"亦即，形声字根据其意符决定其所归之部；会意字之偏旁，虽皆主义，仍有主从之别，须据其主要意符决定其所归之部。如"肉部"下段注云：

> 《说文》之例，先人后物，何以先言肉也。曰以为部首，不得不首言之也。生民之初，食鸟兽之肉，故肉字最古，而制人体之字，用肉为偏旁，是亦假借也。人曰肌，鸟兽曰肉，此其分别也。[27]

段注指出部内从属字遵循"先人后物"之原则。如《肉部》中，开头诸字为"腜，妇孕始兆也""肧，妇孕一月也""胎，妇孕三月也"，皆指妇女怀孕；后列之字如"胘，牛百叶也""膍，牛百叶也""胫，鸟膍胫也""膘，牛胁后髀前合革肉也"，始为描物者也。而"肉"字置于一部之首者，以其为部首也，故为特例焉。

《说文》部中列字之序次规律，段玉裁于"玉""肉""刀""邑"等之部末，皆曾分述该部之序次规律。如"刀部"共74字，段氏云：

> 自首到剥、割、剺，皆为刀及刀之用也；自剂、刷至券，皆非必用刀而拟乎刀之用者也；其刖、劓、刑、刭四字，则司寇之邢用刀者也；不与

凡用刀之字为伍者，因上文言罚而系联之也。[28]

此外，段氏在各部内从属字下亦经常阐述该部列字规律。如"绢"下云："自绢至缥廿三篆皆言缯帛之色"；"织"下云："自缉篆至绗篆二十六字皆言布也"；"霜"下云："许列前缀雷，为动万物者莫疾乎此也；次之以雪，乃次之以霝、霙，谓冬雪而后春雨也；次之以露，露、春夏秋皆有之；秋深乃凝霜也，次之以霜而岁功成矣"；"辑"下云："自轥篆以上皆车名，自舆篆至軜篆皆车上事件，许书列字次第有伦，可考而知也。"又如"虫部"计153字，自虫至蜡98字为虫名；蜎字以下12字为虫之动态；自蛟、螭以下43字非虫而似虫者；其中蜃、蛤、蚌、蜗诸字为介虫，亦相比紧连。段氏于"一部"部末云："凡部之先后，以形之相近为次。凡每部中字之先后，以义之相引为次。"可见《说文》部内序次乃将类别相同或意义相近之字，前后类聚。《说文》部内诸字之编次，以段氏于"邑部"末所作分析之规律，最见依据：

　　邑部自邦至郙，皆国邑殊名及国邑所有之地也。自鄯以下则皆地名，自西而东。鄯、窭，西北之最远者也，郊则近东北矣。自邰至邠，汉之三辅属司隶。邽、部二文，陇西、天水郡也，在三辅之西，属凉州。自郖至邢，弘农、河南、河内、河东四郡也，在三辅之东，亦属司隶。鄔、祁，太原郡也，属并州。自邺至鄗，魏郡、赵国、清河、常山、巨鹿郡也。鄭，涿郡也，属幽州。郅，北地郡也，属凉州。郻者，近北地之狄。自鄢至郾，颍川、汝南郡也，属豫州。自邓至郢，南阳、南郡、江夏三郡也，属荆州。自郫至那，汉中、蜀、广汉、犍为、牂柯五郡也，属益州。自鄱至邔，豫章、桂阳、会稽三郡也，属扬州。长沙在江南，故附于豫章下，长沙本属荆州也。自郜至鄣，盖汉豫州、兖州之地。自邳至郯，临淮、东海、琅邪三郡也，属徐州。郭至邹，齐地也，当属青州。郂、戠，陈留郡也，属兖州。以下概云"地名"，则未审其在何所也。[29]

段氏分析颇为中肯，而段氏在"玉部"部末，剖析该部百余篆文之序次规律后，尝云："通乎《说文》之条理次第，斯可以治小学。"吾人若能依其所示之法，自可掌握《说文》各部列字序第之规律。

二、段注关于《说文》部首训诂术语之运用

段玉裁在《说文解字注》中,经常使用"浑言""析言""统言""对文""散文""统名""泛言""分析言之""别言""专言"等训诂术语,多为段氏所独创,且运用得相当广泛。对《说文》之训释,颇具意义。郭在贻云:"对于凡是可以相骈联的近义词,段氏每每征引载籍,或用'对文''散文''析言''浑言'的训诂方式比较其通别,往往发许慎所未发。"[30] 以下针对部首中所述及者,略论之。

(一)部首中段注"浑言"与"析言"并释例

段注中所谓之"浑言"是指采用浑同、笼统之训释方式解说词义;"析言"是指采用分析、辨别之训释方式解说词义。马景仑谓:

> "浑言"重在说明一对或一组同义词所共有的含义,以模糊笼统的语言突出这些词相同的方面;"析言"重在说明一对或一组同义词中每个词所特有的含义,以精细准确的语言突出每个词区别于其他词的不同的方面。[31]

大抵说来,段注中"浑言"与"析言"成组出现,其目的在于辨析一对或一组同义词之词义训释情况,同时亦用以指出被解说词与说解词之间的细微差别。以下针对《说文》部首中涉及"浑言/析言"之训释情况者,分析之:如"走部",《说文》:"走,趋也。"然而,"走"并不等于"趋",段注云:

> 《释名》曰:"徐行曰步,疾行曰趋,疾趋曰走。"此析言之,许浑言不别也。今俗谓"走徐""趋疾"者非。[32]

段氏以"浑言""析言"说明了同义词"步"和"趋""走"的训释情况:以"徐行"释步,"疾行"释趋,"疾趋"释走,是用准确语言分析三者之"异",此即"析言";若以浑同、笼统之模糊语言释之,三者皆与"行走"有关,则三者近义,甚而无别,此乃"浑言"。又如"奔"字(夭部部内字),《说文》:"奔,走也。从夭,贲省声。与走同意,俱从夭。"段注云:

> 走者,趋也。《释宫》曰:"室中谓之时,堂上谓之行,堂下谓之步,

门外谓之趋，中庭谓之走，大路谓之奔。"此析言之耳。浑言之，则奔、走、趋不别也。[33]

段氏引《释宫》指出"时""行""步""趋""走""奔"等词，因所之不同而显示出不同之行进模式[34]。前三者为慢行，后三者为快跑。然程度上容有不同："奔"最快，"走"次之，"趋"稍慢。详而言之，清楚辨析，此析言也。若浑言之，则"奔、走、趋不别也"。又如"匕部"，《说文》："匕，变也。从到人。"段注云：

变者，更也。凡变匕当作匕，教化当作化。许氏之字，指也。今变匕字尽作化，化行而匕废矣。《大宗伯》："以礼乐合天地之化，百物之产。"注曰："能生非类曰化，生其曰产。"按虞荀注《易》分别天变地化，阳变阴化。析言之也。许以匕释变者，浑言之也。[35]

段氏以"浑言""析言"清楚地训释同义词"变""匕"之通别。又如"见部"，《说文》："见，视也。从儿，从目。"段注云：

析言之，有视而不见者、听而不闻者；浑言之，则视与见、闻与听一也。耳部曰："听，聆也。""闻，知声也。"此析言之。[36]

"视"与"见""听"与"闻"两对同义词情况相似。"视""见"皆与眼看有关；"听""闻"皆与耳听有关。由段注可知，"视"仅表示"看"，"见"则兼表看之结果，强调外界事物已真正地进入眼帘，即"看见"；"听"仅表示以耳朵去"聆听"声音，而"闻"则兼表听之结果，强调外来声音已真正地传入耳膜，即"听见"。又如"后部"，《说文》："后，继体君也。象人之形。"段注云：

《释诂》《毛传》皆曰："后，君也。"许知为继体君者，后之言后也。开刱之君在先，继体之君在后也。析言之如是，浑言之则不别矣。[37]

又如"厄部"，《说文》："厄，圜器也。一名觛。所以节饮食。"段注云：

角部曰："觛者,小卮也。"《急就篇》亦卮觛并举,此浑言、析言之异也。[38]

又如"女部",《说文》:"女,妇人也。象形。"段注云:

　　浑言之,女亦妇人;析言之,适人乃言妇人也。《左传》曰:"君子谓宋共姬女而不妇,女待人,妇义事也。"此可以知女道妇道之有不同者矣。言女子者,对男子而言,子皆美称也。曰女子者,系父母而言也。[39]

又如"盐部"《说文》:"盐,卤也。从卤,监声。古者宿沙初作煮海盐。"段注云:

　　玄应书三引《说文》"天生曰卤,人生曰盐",当在此处上冠以"卤也"二字,则浑言、析言者备矣。[40]

　　析言之,则有"天生""人生"之别,浑言之,则"卤,即盐也"。其他如"击,攴也"。段注云:"攴下曰:'小击也',二篆为转注。攴训小击,击则兼大小言之,而但云'攴也'者,于攴下见析言之理,于击下见浑言之理,互相足也。"[41] 又如:"蜥,蜥易也。从虫,析声。"段注云:"易下曰:'蜥易、蝘蜓、蜓蜓,守宫也。'浑言之,此分蜥易、蝘蜓、容蜙为三,析言之也。"[42] 又如:"蚰,虫之总名也。从二虫。"段注云:"'虫'下曰:'有足谓之虫,无足谓之豸。'析言之耳。浑言之则无足亦虫耳。"[43] 又如"车,舆轮之总名,夏后时奚仲所造。象形。"段注云:"车之事多矣。独言舆者,以毂、辐、牙,皆统于轮;轼、较、轸、轵、轛,皆统于舆;辀与轴则以行,此舆轮者也。故仓颉之制字,但象其一舆、两轮、一轴;许君之说字,谓之舆轮之总名,言轮而轴见矣。浑言之,则舆轮之总名;析言之,则惟舆偁车,以人所居也。故《考工记》曰:'舆人为车。'"[44] 据上可知,段注中"浑言""析言"此二训诂术语之含义与用法及其所涉之词义关系与表达方式,皆颇丰富而复杂。既反映汉语词义系统之丰富性与复杂性,亦显示段氏之睿智与敏感。
　　(二)部首中段注"统言"与"析言"并释例
　　统言,犹言"浑言",其例大致与上例同。如"行部",《说文》:"人之步趋也。从彳,从亍。"段注云:

步，行也；趋，走也。二者一徐一疾，皆谓之行，统言之也。《尔雅》："室中谓之时，堂上谓之行，堂下谓之步，门外谓之趋，中庭谓之走，大路谓之奔"，析言之也。[45]

步、趋二者，"一徐一疾，皆谓之行"，即是统言；《尔雅》所述，则为析言。又如"牙部"，《说文》："牡齿也。象上下相错之形。"段注云：

士部曰："壮，大也"，壮齿者，齿之大者也。统言之称齿称牙，析言之则前当唇者称齿，后在辅车者称牙，牙较大于齿。[46]

又如"皮部"，《说文》："皮剥取兽革者谓之皮。从又，为省声。"段注云：

剥裂也，谓使革与肉分裂也，云革者，析言则去毛曰革，统言则不别也。[47]

又如"耒部"，《说文》："耒，耕曲木也。从木推丰古者垂作耒相以振民也。"段注云：

耒以木，耜以金……谓犁为耗，统言之也。许分别金谓之犁，木谓之台，析言之也。[48]

又如"卧部"，《说文》："卧，休也。从人臣，取其伏也。"段注云：

卧与寝异。寝于床，《论语》"寝不尸"是也；卧于几，《孟子》"隐几而卧"是也。卧于几，故曰伏，尸篆下曰："象卧之形。"是也。此析言之耳。统言之则不别，故宀部曰："寝者，卧也。"[49]

由上举诸例可知"统言/析言"与"浑言/析言"，在具体训释上，在对应层次上，并无太大区别。

（三）部首中段注"散文"与"对文"并释例

词义之"通"和"别"，唐人贾公彦、孔颖达等已论及，谓之"对""对文"；"散""散文""散言"等。[50] "散文"乃指在某一特定语言环境中，只单独、零散地使用一对同义词中之一个词；"对文"则指在某一特定语言环境中，同时使用一对同义词，使各个词分别处于可以互相比较之相应或相对之位置。"散文"着重于同义词间之"同"；"对文"则着重于同义词间之"异"[51]。钟明立云："'对文'的主要含义是：一组意义相同相近的词语在经注中相对举、相对比、相对待地成文。孔氏据以分析它们词义上的同中之异。'散文'的主要含义是：一组同义词的一个在经文中单独成文，上下文中没有与之相对举、相对比、相对待的词语。孔氏据以确定该词与它的同义词之间的共同意义，而这往往是它们的类义。……一组同义词如果用作对文，其意义往往有差异；如果用作散文，其意义往往相同或相通。这就是所谓的'对文则别''散文则通'。"[52] "散""对"之说，在古代注疏中早已有之。如"稼/穑"：《诗·魏风·伐檀》："不稼不穑，胡取禾三百廛兮？不狩不猎，胡瞻尔庭有县貆兮？"毛传："种之曰稼，敛之曰穑。"郑笺："冬猎曰狩，宵田曰猎。"孔疏曰：

> 以稼穑相对，皆先稼后穑，故知种之曰稼，敛之曰穑。若散则相通。……《释天》云："冬猎为狩，宵田为猎。"李巡曰："冬围守而取禽。"故郭璞曰："獠，犹燎也，今之夜猎载炉照者也。江东亦呼猎为獠。"《管子》曰："獠猎毕弋。"是獠为猎之别名。经云："不狩不猎。"则狩与猎别，故以猎为宵田。此对文耳，散即猎通于昼夜，狩兼于四时。

又如"声/音"：《诗·大序》："声成文谓之音。"孔疏曰：

> 此言声成文谓之音，则声与音别。《乐记》注：杂比曰音，单出曰声……对文则别，散文则可以通。

孔颖达以"散文""对文"这两个术语，对"稼"和"穑"；"猎"和"狩"及"声"和"音"进行分析，如"稼""穑"对举，是对文，毛传分别训释，强调其不同；孔氏则以"相对""散"等词分析其异同。"声""音"为对文，孔氏以《乐记》注文证其有别，并以"对文则别""散文则可以通"总结。段《注》中之"散文""对文"，亦是古代训诂术语之沿用。如"卤部"，《说文》："西方鹹地也。从西省，象盐形。安定有卤县。东方谓之㡿，西方谓之卤。"段注云：

　　大史公曰："山东食海盐，山西食盐卤。"然对文则分，散文则不拘。[53]

　　"海鹹"与"盐卤"，对文则分，散文则不拘。又"黍部"，《说文》："黍，禾属而黏者也。以大暑而穜，故谓之黍。"段注云：

　　　　《九穀考》曰："以禾况黍。"谓黍为禾属而黏者，非谓禾为黍属而不黏者也。禾属而黏者黍，禾属而不黏者穄。对文异，散文则通偁黍，谓之禾属。要之，皆非禾也。[54]

　　注中具体说明"黍""穄"二者，"对文异""散文则通"。又如"穄"字，《说文》："糜也。从禾，祭声。"（非部首字）段注云：《九穀考》曰："据《说文》'禾属而黏者黍'，则禾属而不黏者糜。对文异，散文则通称黍。"[55] 又如"秔字"，《说文》："稻属。从禾，亢声。"段注云："凡言属者，以广见别也；言别者，以别见属也。重其同，则言属，秔为稻属是也；重其异，则言别，稗为禾别是也。……稻有至黏者，糯是也；有次黏者，秔是也；有不黏者，穤是也。……散文秔亦称稻，对文则别。"[56] 又如："革部"，《说文》："革，兽皮治去其毛，革更之。象古文革之形。"段注云：

　　　　皮与革二字，对文则分别，如秋敛皮、冬敛革是也；散文则通用，如《司裘》之皮车即革路、《诗·羔羊》传"革犹皮也"是也。[57]

　　可见皮、革二字，"对文则分别""散文则通用"。"散文""对文"部首字较少。非部首字可见者，如："目部"，《说文》："瞍，无目也。"段注云："无目与无眸子别。无眸子者，黑白不分；无目者，其中空洞无物。……此又瞽与瞍之别。凡若此等，皆对文则别，散文则通。如《诗》笺云：'瞽，蒙也。'《史记》云：'瞽叟，盲。'皆是散文则通也。人称为瞽叟，其实则盲者也。……此对文则别也。"又如"竹部"，《说文》："簚，车笭也。从竹，冥声。"段注云："《释器》曰：'舆，革前谓之鞎，后谓之第；竹前谓之御，后谓之蔽。'按此对文则别之，散文则不别。"

　　基本上，"散文"犹言"浑言"；"对文"犹言"析言"。然而透过部首及部内字之注语，可以段氏对"散""对"之观念及运用。基本上，"散文""对文"乃从词义"使用"角度考察同义词;而"浑言""析言"则从词义之"训释"角度考察同义词。

（四）部首中段注"统名""泛言""分别言"训释例

1. 统名

统名用以泛称共同名称之若干事物,其实即浑言也。"易部",《说文》:"易,蜥易,蝘蜓,守宫也。象形。"段注云:

> 然则蜥易者,统名。倒言易蜥及单言蜥者,别其在泽中者言也。[58]

易,指蜥易,蝘蜓,守宫等类属动物之名称,一般称"蜥易",即"统名"也。若倒言、单言,则有别。

2. 泛言

以"泛言"训解,在《段注》中较为少见,仅三例。其中一例为部首字;一例与"专言"并用;一例为部属字。部首例见于"香部",《说文》:"香,芳也。从黍,从甘。"段注云:

> 艸部曰:"芳,艸香也。"芳谓艸香,则泛言之。[59]

芳之本义为花草之香气,香谓"艸香",泛言也。又"禾部"部属字"稙",《说文》:"稙早穜也。从禾,直声。"段注云:

> 凡泛言诸穀而字从禾者,依嘉穀为言也。[60]

依上例可知,"泛言"亦犹"浑言"也。

3. 分别言

分别言即析言,用于部首者仅"豕部"一例,《说文》:"豕,彘也。竭其尾,故谓之豕。象毛足而后有尾。"段注云:

> 互部:"彘,豕也。"是二为转注。《小雅》传曰:"豕,猪也。"毛浑言之,许分别言名豕,名彘,名猪之故。[61]

由上例，知分别言即析言也。又"缶部"部属字"罋"，《说文》："汲缾也。从缶，雝声。"段注云："按缾、瓮之本义为汲器。经传所载，不独汲水者偁缾、瓮也。许云汲缾，分别言之。许固谓缾不专用汲矣。罋，俗作瓮。"故分别言之，实即析言之。

三、《说文段注》对部首字之校改

《说文》成书之后，展转传钞，屡遭窜乱，至段氏时已是鱼鲁舛讹，不可胜计[62]，故段氏对《说文》进行校改。郭在贻云："段氏对《说文》的增删改补，颇为时人所诟病。在这方面，他确有可议之处。但谁也不能否认他对校勘之学是有真知灼见的，惟其有真知灼见，故敢于独断。"[63] 又云："段氏以'定其是非'为己任，对这部书进行了大规模的校订，他改篆九十字，增篆廿四字，删篆廿一字，至于说解语的改动就更多了。其中虽难免专辄之弊，但精审之处亦所在多有。"[64] 蒋冀骋亦谓："其规模之大，考订之精，实前所未有，虽其中不免专辄武断之处，然终瑕不掩瑜，其成就仍是主要的。" [65] 段氏认为校书有二难，一是"非照本改字不讹不漏"之难；二是"定其是非"之难。[66] 故其校订原则乃依郑康成"不主于墨守，而主于兼综，不主于兼综，而主于独断。其于经字之当定者，必相其文意之离合，审其音韵之远近，以定众说之是非，而以己说为之补正"之校经法。[67] 段氏之校改，关涉部首者亦不少，以下就"改篆"及"改说解"部分分述之。

（一）《说文段注》对部首篆文之校改

段注改部首篆文仅有二例，一为"上"字，一为"豚"字。

1. "上"字

《大徐本》作："⫶，高也。此古文上。指事也。凡⫶之属皆从⫶。上，篆文⫶。"《段注本》改作："二，高也。此古文⫶。指事也。凡二之属皆从二。⫶，篆文上。"其中篆文"⫶"，段氏改作"二"。段注云：

古文上作二。故帝下、旁下、示下皆云从古文上。可以证古文本作二，篆作⫶。各本误以上为古文，则不得不改篆文之上为⫶，而用上为部首，使下文从二之字皆无所统。示次于二之恉亦晦矣。今正上为二，⫶为上。[68]

案"上"字，甲骨文作二（甲 1164，合 30388）、⚏（乙 39，合 21327）、⚏（乙 2243 反，合 7440 反）、⚏（前 7.32.4，合 102）诸形，以一条较长的横画为界，

以一横置于一界之，表示上下之意。金文作 （天亡簋）、 （臣辰盉）、 （启卣）、 （不椆方鼎）、 （癫钟）、 （士父钟）、 （猷钟）、 （吊向簋）、 （虢吊钟）、 （孟上父壶）、 （洹子孟姜壶）、 （吊上匜）、 （秦公镈）诸形，与甲骨文同。上列资料与段氏所改古文，颇为契合，应为段氏改篆所本。林义光《文源》曰："按古作二，从一，上下之界也，一识其上。"徐锴曰："古文上两画，上短下长；一二之二两画齐等。"所见与段氏同。又桂馥《说文解字义证》云："故以丄为部首本作二，书家取势以其上画，非古文本体也。"

此外，金文中"上"作"上"形者，有 （蔡侯盘）、 （上官鼎）、 （廿年距悍）、 （上乐鼎）、 （中山王𦒎壶）、 （𨥏鎣壶）等形，应为篆文所本。盖" "与"二"形似易混，故段氏篆文取上列诸形省作"丄"。徐灏《说文解字注笺》云："上下无形可象，故于一画作识，加于上为上，缀于下为下，是谓指事。"王筠《说文释例》云："《周礼》疏：人在一上为上，人在一下为下。知唐本《说文》作上下。段氏改之非也。"案"下"字，甲骨文作 （甲636，合27340）、 （甲942，合8493）、 （甲3342，合4268）、 （乙6664，合11497）、 （乙6672，合11498）、 （铁212.2，合6522）、 （前4.6.8，合6521）、 （粹79，合34103）、 （辰44）、 （燕84，合6511）、 （佚979，合6487）诸形；金文作 （长囟盉）、 （虢吊钟）、 （番生簋）诸形，造字取意与"上"字同。以甲金文材料看，段氏所改相当可信，王氏所云反而有误。

2. "豚"字

《大徐本》作："𧱆（𧰨），小豕也。从彖省。象形。从又持肉，以给祠祀。凡豚之属皆从豚。豚（𢑓），篆文。从肉豕。"《段注本》改作："𧱆（𧰨），小豕也。从古文豕。从又持肉。以给祠祀也。凡𧱆之属皆从𧱆。豚（𢑓），篆文从肉豕。"相校之下，可知段氏一改正篆"豚"为"𧱆"；二删改说解"从彖省。象形"五字。段注云：

> 各本作"从彖省。象形"五字。非也。今正。[69]

据二本"𧱆"为"小豕"，段注曰："《方言》：猪，其子或谓之豚，或谓之豯。"《广韵》亦云："豚，豕子。"《小尔雅·广兽》曰："豵，猪也。其子曰豚。"可知"豚"即"豕子"，即小猪也。段氏主张"从古文豕"，而非"从彖省"，确有所本。案"豕"，甲骨文作㞢（佚 43，合 20723）、㐅（乙 6674，合 22438）、㐌（乙 8281，合 11216）、㣇（铁 62.1，合 20630）、㐌（铁 125.1，合 20180）、㣇（前 4.27.4，合 5588）、㐌（后 1.25.1，合 10239）、㐌（后 2.40.13，合 11223）、㣇（林 1.7.16）、㐌（粹 947，合 10237）、㐌（续 1.42.3，合 20706）、㐌（师友 2.67）、㐌（燕 279，合 19662）、㐌（乙 1234）、㐌（粹 949，合 28310）、㐌（燕 610，合 2829）、㐌（拾 1.10，合 34082）、㐌（后 1.22.3，合 33272）、㐌（佚 383 背，19957）、㐌（佚 414，合 35261）、㐌（佚 414，合 35261）、㐌（佚 829，合 20692）、㐌（存 1842，合 34387）、㐌（乙 733，合 5300）、㐌（乙 2902，合 3521）、㐌（京津 776，合 20008）、㐌（后 2.39.8，合 33615）、㐌（后 2.41.9，合 21631）、㐌（掇 2.34，合 32674）、㐌（粹 120，合 32393），象竖起之猪形；金文作㐌（豭簋）㐌（函皇父鼎）㐌（函皇父簋）㐌（函皇父簋）㐌（函皇父盘）㐌（颂鼎），亦象猪形，惟形体稍讹；小篆作"豕"，已整齐化。《说文》："豕，彘也。竭其尾，故谓之豕，象头四足而后有尾。"本义为猪。《玉篇》："豕，猪豨之摠名。"《诗·小雅·渐渐之石》："有豕白蹢，烝涉波矣。"《毛传》云："豕，猪也。""豚"既为"小豕"，实不烦又言"从象省。象形"证诸卜辞，《段注本》作"从古文豕"，而删"从象省。象形"实有见地。又段注云：

各本豚作豚。误，今正。[70]

又于"豚，篆文从肉豕"下注云：

上古文，此小篆也。[71]

此二注乃段氏改"篆"之依据。案"祭"字，《说文》云："从又持肉。以给祠祀也。"甲骨文作㐌（乙 8698，合 22268）㐌（甲 1834，合 29541）㐌、（甲 1945，合 31192）㐌、（前 3.23.6，合 29537）㐌、（前 3.31.1，合 24391）㐌、（前 4.42.6，合 30393）㐌、（前 5.2.2，合 15857）㐌、（后 1.25.2，合 34462）㐌、（粹 27，合 30411）㐌、（粹 1540，合 30393）㐌、（师友 2.20.7）㐌、（坊间 4.429）㐌、（京津 4201，合 29549）㐌、（掇 1.385，合 28180）㐌、（宁沪 1.112，合 29548），从豕，从肉，以示可用为祭祀用牲之乳猪，正与篆文作"豚（豚）"相同；金文增"又"（加手），作㐌（臣辰卣）㐌（臣辰盉）㐌（豚鼎）㐌（豚卣）㐌（彧簋）诸形，以突出供给祭祀之意，则与段注本《说文》正篆（段氏以为"古文"之𦞪）相合。依上举材料，"豚"字甲骨文从豕从肉，金文从豕从又从肉，篆文从豕从肉。《说文》为豚部，《段注》改为𦞪部。可知段氏以古文"𦞪"为领头字，乃本诸金文；其篆文"豚"，则反与甲骨文合。

（二）《说文段注》对部首字说解之校改

段玉裁在《说文》部首之说解有所校改者，于注中通常以"今正"或"今依某正为"等语，订讹正误。这些校改，有些针对本义，如：牙、爨、ナ（左手也）、畫、臣、殳、睊、華、刃、左（手相左也）、食、倉、㠯、帀、冥、㱿、林、瓜、卧、旡、須、广、厂、而、狀、火、炙、壹、立、思、非、鹽、丿、匸、系、田、几、戌等字；有些针对引申义，如玉、仓、禾、长、勿、灥、乙、子、午等字。以下分述之：

1. 段氏校改部首本义之说解者：

段氏校改部首本义之说解者，分见于下：

（1）牙

《大徐本》："牡齿也。象上下相错之形。"《段注本》："壯齿也。象上下相错之形。"段注云：

　　壯，各本讹作牡。今本篇、韵皆讹。惟石刻《九经字样》不误。士部曰：壯，大也。壯齿者，齿之大者也。统言之，皆称齿、称牙；细言之，则前当唇者称齿，后在辅车者称牙。非有牝、牡也。[72]

（2）爨

《大徐本》："齐谓之炊，爨臼，象持甑，冂为竈口，廾推林内火。"《段注本》："齐谓炊爨，𦥑象持甑，宀为灶口，廾推林内火。"段注云：

　　各本谓下衍之字，今正。……今本𦥑讹臼。[73]

（3）ナ

《大徐本》："ナ手也。象形。"《段注本》："左手也。象形。"段注云：

　　铉本作ナ手也。非。左今之佐字。左部曰：左，ナ手相左也。是也。

又手得十手则不孤。故曰左助之手。又注曰：左又各本作左右。非也。今正。
又注曰：又十各本作右左。今正。[74]

（4）画

《大徐本》："界也，象田四界，聿所以画之。"《段注本》："介也，象田四介，
聿所以画之。"段注云：

　　介各本作界。此不识字义者所改。今正。八部曰：介，畫也。从八从人。
人各有介。[75]

又在"冂"下注曰：

　　介各本作界。误，今正。八部曰：介，畫也。八象远所联互。一象各
分介畫也。[76]

（5）臣

《大徐本》："牵也。事君也。象屈服之形。"《段注本》："牵也。事君者。象屈服之形。"
段注云：

　　者，各本作也，今正。[77]

（6）殳

《大徐本》："以殳殊人也。《礼》：'殳以积竹八觚，长丈二尺，建于兵车旅贲以
先驱。'从又，几声。"《段注本》："以杖殊人也。《礼》：'殳以积竹八觚，长丈二尺，
建于兵车旅贲以先驱。'从又，几声。"段注云：

　　杖各本作殳。依《太平御览》正。云杖者，殳用积竹而无刃。毛传："殳
长丈二而无刃"，是也。殊，断也。以杖殊人者，谓以杖隔远之。《释名》：
"殳，殊也。"有所撞挃于车上是殊离也。[78]

（7）朙

《大徐本》："左右视也。从二目。"《段注本》："丆右视也。从二目。"段注云：

> 丆又，各本作左右，非也，今正。[79]

（8）苹

《大徐本》："箕属，所以推弃之器也。"《段注本》："箕属，所以推粪之器也。"
段注云：

> 粪，各本作弃，今依《篇韵》正，推粪者推而除之也。[80]

（9）刃

《大徐本》："刀坚也。象刀有刃之形。"《段注本》："刀鉴也。象刀有刃之形。"
段注云：

> 鉴各本作坚。今正。[81]

（10）左

《大徐本》："手相左助也。从丆工。"《段注本》："丆手相左也。从丆工。"段注云：

> 各本俱误，今正。[82]

（11）食

《大徐本》："一米也。从皂，亼声。或说：亼，皂也。"《段注本》："亼米也。从皂，
亼声。或说：亼，皂也。"段注云：

> 各本作"一米也"，《玉篇》同。盖孙强时已误矣，韵会本作米也，亦未是，
> 今定为"亼米也"。[83]

（12）卣

《大徐本》:"谷所振入。宗庙粢盛,仓黄亩而取之,故谓之亩。从入,回象屋形,中有户牖。"《段注本》:"谷所振入也。宗庙粢盛,苍黄亩而取之,故谓之亩。从入,从回,象屋形,中有户牖。"段注云:

> 粢,各本作粢,今正。[84]

（13）帀

《大徐本》:"周也。从反之而帀也。"《段注本》:"匊也。从反之而帀也。"段注云:

> 匊,各本作周,误,今正。[85]

（14）冥

《大徐本》:"幽也。从日,从六,冖声。"《段注本》:"窈也。从日,从六,冖声。"段注云:

> 窈各本作幽。唐玄应同,而李善《思玄赋》《叹逝赋》,陶渊明《赴假还江陵诗》三注皆作窈。许书多宗《尔雅》《毛传》。《释言》曰:"冥,窈也。"孙炎云:"深闇之窈也。"郭本作幼。释云:"幼稺者多冥昧。"颇纤洄。《小雅·斯干》传曰:"正,长也。明,窈也。"正谓宫室之宽长深窈处。王肃本作幼。其说与长幼对文,与下君子攸宁不相处,然则三者互相证。知皆当作窈。穴部曰:窈,深远也。窈与杳音义同,故杳之训曰冥也。莫之训曰日且冥也。昏之训曰日冥也。郑笺《斯干》曰:"正,昼也。冥,夜也。"引申为闇昧之称。[86]

（15）毇

《大徐本》:"粝米一斛,舂为八斗也。从臬,从殳。"《段注本》:"粝米一斛,舂为九斗也。从臼米,从殳。"段注云:

> 九斗各本讹为八斗,糳下八斗各本讹为九斗,今皆正。[87]

（16）林

《大徐本》："葩之总名也。林之为言微也，微纤为功。象形。"《段注本》："葩之总名也。林之为言微也，微纤为功。象形。" 段注云：

> 各本葩作葩。字之误也。与《吕览季冬纪注》误同。今正。艸部曰：葩，枲实也。黂，或葩字也。葩本谓麻实。因以为苴麻之名。此句疑尚有夺字。当云治葩枲之总名。下文云林，人所治也。可证。葩枲则合有实无实言之也。赵岐、刘熙注孟子"妻辟纑"皆云"绩绩其麻曰辟"。[88]

（17）瓜

《大徐本》："胍也。象形。"《段注本》："蓏也。象形。" 段注云：

> 蓏大徐作胍。误。艸部曰：在木曰果，在地曰蓏。瓜者，縢生布于地者也。[89]

（18）卧

《大徐本》："休也。从人臣，取其伏也。"《段注本》："伏也。从人臣，取其伏也。" 段注云：

> 伏，大徐作休。误。卧与寝异。寝于床，《论语》："寝不尸"是也。卧于几，孟子"隐几而卧"是也。卧于几，故曰伏。尸，篆下曰：象卧之形。是也。[90]

（19）旡

《大徐本》："歓食气屰不得息曰旡。从反欠。"《段注本》："歓食屰气不得息曰旡。从反欠。" 段注云：

> 屰气，各本作气屰，今依《篇韵》正。[91]

（20）须

《大徐本》："面毛也。从页，从彡。"《段注本》："颐下毛也。从页彡。" 段注云：

各本讹为"面毛也"三字，今正。[92]

（21）广

《大徐本》："因广为屋，象对刺高屋之形。"《段注本》："因厂为屋也，从厂。象对刺高屋之形。"段注云：

　　厂，各本作广，误，今正。厂者，山石之厓巖，因之为屋，是曰广。《广韵》"琰俨"二韵及《昌黎集注》皆作因巖，可证。因巖即因厂也。[93]

（22）厂

《大徐本》："山石之厓巖，人可居。象形。"《段注本》："山石之厓巖，人可凥。象形。"段注云：

　　凥旧作居，今正。[94]

（23）而

《大徐本》："颊毛也。象毛之形。"《段注本》："须也。象形。"段注云：

　　各本作颊毛也，象毛之形，今正。[95]

（24）狱

《大徐本》："两犬相啮也。从二犬。"《段注本》："㕚犬相啮也。从二犬。"段注云：

　　㕚，各本作两，今正。[96]

（25）火

《大徐本》："燬也。南方之行，炎而上。象形。"《段注本》："焜也。南方之行，炎而上。象形。"段注云：

　　焜各本作燬。今正。下文曰焜，火也。为转注。[97]

（26）炙

《大徐本》："炮肉也。从肉在火上。"《段注本》："炙肉也。从肉在火上。" 段注云：

炙肉，各本作炮肉。今依《楚茨传》正。《小雅·楚茨》传曰："炙，炙肉也。"[98]

（27）壹

《大徐本》："專壹也。从壺，吉声。"《段注本》："嫥壹也。从壺吉，吉亦声。" 段注云：

嫥各本作專。今正。嫥下云：壹也。与此为转注。[99]

（28）立

《大徐本》："住也。从大立一之上。"《段注本》："侸也。从大在一之上。" 段注云：

侸各本作住。今正。人部曰：侸者，立也。与此为互训。浅人易为住字。亦许书之所无。…在各本作立，今正。铉曰：大，人也。一，地也。会意。[100]

（29）思

《大徐本》："容也。从心，囟声。"《段注本》："睿也。从心，囟声。" 段注云：

睿也，各本作容也。或以伏生《尚书》思心曰容说之。今正。[101]

（30）非

《大徐本》："违也。从飞下翅，取其相背。"《段注本》："韦也。从飞下翅，取其相背也。" 段注云：

韦各本作违，今正。[102]

（31）盐

《大徐本》："鹹也。从卤，监声。古者宿沙初作煮海鹽。"《段注本》："卤也。天生曰卤，人生曰鹽。从卤，监声。古者宿沙初作鬻海鹽。"段注云：

十字各本作"鹹也"二字，今正。[103]

（32）丿

《大徐本》："右戾也。象左引之形。"《段注本》："又戾也。象左引之形。"段注云：

ナ又各本作右左，今正。[104]

（33）匸

《大徐本》："衺徯，有所侠藏也。从乚，上有一覆之。……读与傒同。"《段注本》："衺徯，有所夹藏也。从乚，上有一覆之。……读若傒同。"段注云：

夹各本作侠，今正。……徯各本讹傒。[105]

（34）系

《大徐本》："繫也。从糸，丿声。"《段注本》："縣也。从糸，丿声。"段注云：

縣各本作繫，非其义。今正。縣部曰：縣者，系也。引申为总持之称。故系与县一篆为转注。系者，垂统于上而承于下也。系与係可通用。然经传係多谓束缚。故係下曰絜束也。其义不同。系之义引申为世系。《周礼·瞽矇》："世帝繫"，《小史》奠系世皆谓帝系世本之属。其字借系为之，当作系。《大传》："繫之以姓而弗别。"亦系之假借。[106]

（35）田

《大徐本》："陳也。树穀曰田，象四口十，仟陌之制也。"《段注本》："敶也。树穀曰田，象形。口十，千百之制也。"段注云：

　　各本作陈，今正。[107]

（36）几

《大徐本》："踞几也，象形。"《段注本》："尻几也，象形。"段注云：

　　尻，各本作踞。今正。尻几者，谓人所尻之几也。尻，处也。处，止也。古之尻今悉改为居。乃改云居几。既又改为蹲踞俗字。古人坐而凭几，蹲则未有依几者也。几俗作机。[108]

（37）戌

《大徐本》："灭也。九月，阳气微，万物毕成，阳下入地也。五行，土生于戊，盛于戌。从戊含一。"《段注本》："威也。九月，易气微，万物毕成，易下入地也。五行，土生于戊，盛于戌。从戊一，一亦声。"段注云：

　　大徐作灭，非。火部曰：威，灭也。本《毛诗传》。火死于戌。阳气至戌而尽，故威从火而戌。此以威释戌之恉也。《律书》曰：戌者，万物尽威。《淮南·天文训》：戌者，灭也。[109]

　　上举 37 例，段氏皆于说解本义处加以校改，如：正"ナ"为"左"；正"界"为"介"；正"杸"为"杖"；正"棄"为"糞"；正"堅"为"鑋"；正"籨"为"桼"；正"周"为"匊"；正"幽"为"窈"；正"葩"为"葩"；正"瓡"为"蓏"；正"休"为"伏"；正"居"为"尻"；正"兩"为"网"；正"熮"为"焌"；正"專"为"嫥"；正"住"为"偃"；正"容"为"睿"；正"违"为"韦"；正"咸"为"卤"；正"右"为"又"；正"陳"为"敶"；正"滅"为"威"；正"牡齿也"为"壮齿也"；正"一米也"为"亼米也"；正"气屵"为"屵气"；正"面毛也"为"颐下毛也"；正"颊毛也"为"须也"；正"炮肉也"为"炙肉也"；正"褒俣"为"褒俣"；正"繫也"为"縣也"；正"踞几也"为"尻几也"等，段氏皆以私意校改。其精湛独到之处，固然不少，但谬误与缺失亦诚乎难免。就部首之本义说解而言，段氏校改精到而可信者，兹就上举"畫"、"秫"二字，评述之：

　　①畫

　　畫字，《大徐本》作："界也，象田四界，聿所以畫之。凡畫之属皆从畫。畵，古文畫省。劃，亦古文畫。"《段注本》作："介也，象田四介，聿所以画之。凡畫之属皆从畫。畵，古文畫省。劃，亦古文畫。"段注云：

　　　　介各本作界。此不识字义者所改。今正。八部曰："介，畫也。从八从人。人各有介。"[110]

又"冂"[111]下段注曰：

　　　　介各本作界。误，今正。八部曰："介，畫也。"八象远所联互。一象各分介畫也。[112]

　　案"畫"字，甲骨文作🖌（甲2134）、🖌（甲3639）、🖌（乙636）、🖌（乙6752朱书）、🖌（铁24.1）、🖌（前2.28.7）、🖌（前7.40.2）、🖌（后2.4.11）、🖌（后2.37.2）、🖌（佚592）、🖌（粹1498）、🖌（粹1509）、🖌（续5.13.1）、🖌（燕786）、🖌（京津2朱书），上从聿，象手持笔形，下象所画之图形。孙海波旧释为"畫"，修订本释作"妻"，以为《说文》所无[113]；金文作🖌（子妻簋）🖌（子妻簋）🖌（子妻簋）🖌（父癸爵）🖌（再簋）🖌（师望鼎），容庚亦释作"妻"，亦以为《说文》所无[114]；金文另又作🖌（宅簋）🖌（伯晨鼎）🖌（吴方彝）🖌（师克盨）🖌（番生簋）🖌（上官登）🖌（泉伯簋）🖌（五年师簋）🖌（王臣簋）🖌（师兑簋）🖌（毛公鼎）🖌（十三年瘨壶）诸形，上从聿，下从周，象手持笔形，下象于四周畫界[115]。故"画"之本义指畫界，引申有"界"义。颜师古《急就篇》注："田边谓之界。"孟子云："夫仁政必自经界始，经界不正，井田不均，穀禄不平。"所谓"经界"乃指井田制所整齐畫分之经界。[116]义即畫界。

　　又案"介"字，甲骨文作🖌（铁）、80.2🖌（铁177.1）、🖌（拾2.15）、🖌（前1.45.6）、🖌（前1.46.3）、🖌（存1008）、🖌（甲111）、🖌（乙937）、🖌（乙3468）、🖌（后1.7.13）、🖌（佚575）、🖌（佚797）、🖌（佚951）、🖌（掇2.278）、🖌（河581）、🖌（粹257）；石鼓文作🖌；信阳楚简作🖌，皆从人，两侧增加点画，象人披甲衣之形。罗振玉以为象人着介之形，本义当是甲衣。《甲骨文字典》："介，象人衣甲之形。"许进雄谓："一人穿着小片缀甲之甲盔。"[117]据上列诸说，"介"之本义当为披甲衣。《说文》云："介，画也。从八，从人，人各有介。"所释应为引申义。又因人着甲衣，以与外界隔开，借以保护自己，故"介"引申义为间隔。[118]《文选·长笛赋》："间介无蹊。"李善注："言出间隔，无蹊径也。"凡物间隔必有界限，介又引申有界画义，遂孳乳为界。杨树达谓"介"："字从人在八之间，当以介在介间为义矣。由此孳乳田境介在田间，故谓之界。"[119] 又"界"字，《大徐本》曰："境也。从田，介声。"《段注本》曰："竟也。从田，介声。"段注云：

> 竟，俗本作境，今正。乐曲尽为竟，引申为凡边竟之偁。界之言介也。介者，畫也。畫者，介也。象田四界，聿以畫之。介、界古今字。《尔雅》曰："疆界，垂也。"按垂，远边也。[120]

可知"界"乃"介"所孳乳之字，本义为地界、边界，如《孟子·公孙丑下》曰："域民不一封疆之界，固国不以山溪之险。"后泛指界限，如《后汉书·马融传》云："奢俭之中，以礼为界。"由披甲衣，引申而有间隔义，再孳乳田境介在田间之"界"，段氏云："介、界古今字"，实指二者前后孳乳关系，《诗·周颂·思文》云："无此疆尔界。"唐陆德明释"界"作"介"，邵瑛《群经正字》云："今经典作界。"徐灏《说文解字注笺》云："古疆界字大抵作介。"就本义之说解言，段氏改"界"为"介"，较符合文字发展之实貌。

②枲

枲字，《大徐本》作："萉之总名也。枲之为言微也，微纤为功。象形。凡枲之属皆从枲。"《段注本》作："萉之总名也。枲之为言微也，微纤为功。象形。凡枲之属皆从枲。"段注云：

> 各本萉作萉，字之误也。与《吕览季冬纪注》误同。今正。艸部曰："萉，枲实也。"黂，或萉字也。萉本谓麻实。因以为苴麻之名。[121]

段注改"萉"为"萉"，桂馥《说文解字·义证》云："萉当为萉。"王筠《说文句读》曰："《吕氏春秋》'治萉履'案即麻枲也，此亦萉讹为萉者。"案"葩"字，《说文》："华也。从艸，皅声。"本义为"华"（花）。又"皅"字，《说文》："艸华之白也。从白，巴声。"本义为"艸华之白"，引申泛指花。"葩"乃"皅"增"艸"符所孳乳之字。《玉篇》云："葩，草木华也。"可见"葩"之本义乃指草木之"华"，即花也，与枲无涉。又"萉"字，《说文》："枲实也。从艸，肥声。"泛指麻之果实。"枲"字，《说文》："麻也。从朮，台声。𥾝，籀文枲。从林，从辝。"段注云："枲，麻也。枲实，麻子也。"朱骏声《说文通训定声》曰："麻无实者，夏至开花，容而不实，亦曰夏麻。为凡麻之大名。"《礼记·内则》曰："执麻枲，治丝茧，织任组训。"可见，枲泛指麻。

又案"𣎳"字，战国文字作𣏟（陶汇 3.828）、𣏟（郭店·缁衣 26），从二朮，会麻多之意。季旭昇以为："象众麻形，与麻同。"[122]本义当指割取后捆扎或剥好之麻束形，亦指剥取后之众多细麻丝。"𣎳"字，甲、金文未见。甲骨文有"㪔"字，作𣏟（合 8183）、𣏟（合 29092）、𣏟（合 29289）、𣏟（合 31786）；金文亦有"㪔"字，作𣏟（㪔车父簋）、𣏟（㪔车父鼎）、𣏟（㪔车父壶）。"㪔"字，或"从攴，从𣎳"，会以手剥麻之形[123]；或"从攴，从林"，会敲击某种植物使散之意[124]。所从之字，与"𣎳"之𣏟、𣏟二形相近。《说文》："㪔，分离也。从攴，从𣎳。𣎳，分㪔之意也。"可知"𣎳"与华无涉。又案"麻"字，或"从厂，从𣎳"，如𣏟（师麻匡）、侯马盟书作𣏟（侯马盟书 1.21）、𣏟（侯马盟书 1.30）、𣏟（温县盟书）；或"从广，从𣎳"，如𣏟（侯马盟书 200.36）、𣏟（睡虎地秦简·秦律 38）；或增饰作𣏟（玺汇 2876）；或省"𣎳"为"朮"作𣏟（廿三年襄令矛）。基本上，"从厂"或"从广"，乃表于"崖下"或"屋下"之义，意指在崖下或屋下治麻。《说文》篆文"从广"作"𣏟"，应即"𣎳"偏旁孳乳而生之字，二者实即一字。王筠《说文释例》曰："𣎳为麻之古文矣。"《广韵》曰："𣎳，麻紵。"《急就篇》颜师古注："麻谓大麻及胡麻。"故𣎳字本义应以"萉之总名"为是，故王筠《说文释例》曰："段氏所改也，最为精审。"

惟段注改解说亦有误改者，如冥字：《大徐本》："幽也。从日，从六，冖声。"《段注本》："窈也。从日，从六，冖声。日数十。"段注云：

　　窈各本作幽。唐玄应同，而李善《思玄赋》《叹逝赋》，陶渊明《赴假还江陵诗》三注皆作窈。许书多宗《尔雅》《毛传》。《释言》曰："冥，窈也。"孙炎云："深闇之窈也。"郭本作幼。释云："幼稚者多冥昧。"颇纡洄。《小雅·斯干》传曰："正，长也。明，窈也。"正谓宫室之宽长深窈处。王肃本作幼。其说与长幼对文，与下君子攸宁不相处，然则三者互相证。知皆当作窈。穴部曰：窈，深远也。窈与杳音义同，故杳之训曰冥也。莫之训曰日且冥也。昏之训曰日冥也。[125]

　　案"冥"字，篆文作🜩。《大徐本》谓"幽也"。《广雅·释训》："冥，暗也。"案战国楚简作🜩（《包山楚简》256），赵平安以为当即"冥"字[126]；诅楚文作🜩（湫渊），季旭昇谓冥字"从冂（坰）、从日"，可能会日在下，暮色昏冥之意，下从大。[127] 黄德宽以为"从昊、从冂"，会日落幽暗之意。[128] 李学勤等以为："从日、从冖、从大，表示人头顶太阳被覆盖之意……后来'大'讹变为'六'。"[129] 又，甲骨文有🜩（铁67.1；合13984）、🜩（乙297；合13955）、🜩（粹1235；合13951）、🜩（续1.53.1；合14314）、🜩（明藏244）、🜩（燕183；合14030）、🜩（掇2.478；合14037）、🜩（铁9.1；合14031）、🜩（前4.27.1；合13957）、🜩（前7.14.4；合14020）、🜩（拾9.3；合13961）、🜩（后2.34.4；合6905）、🜩前6.28.3；合13963）、🜩（乙743；合14003）、🜩（存下496；合13982）等形，唐兰谓即"余谓🜩即冥字，冥之本义当如幎，象两手以物巾覆物之形"。[130] 屈万里以为唐兰释冥："其说甚是。本🜩，象双施幔之状，幔之古文。"[131] 杨潜斋以为"象以巾覆物之形"[132]。以上诸人释作"冥"，而为巾幔覆物之说。又，郭沫若亦释作"冥"，谓"盖挽之古文"[133]；孙海波谓："郭沫若释冥，读若挽"[134]；金祥恒谓"字当释'冥'，读作'挽'，今则作'娩'"；[135] 许进雄亦以为"冥"字，并谓"双手掰开子宫以助生产顺利，古时于黑房中生产，故有幽暗的意思"[136]。以上诸说，释冥为分娩义，并引申有幽暗义，可参。又《段注本》作"窈也"，案"窈"字，古文字未见，《说文》篆文作"🜩"，本义为"深远也"。指幽深之貌。《老子》第21章："窈兮冥兮，其中有精。"王弼注："窈冥，深远之叹，深远不可得而见。"可见"窈""冥"二字，其义有别。"窈"为深远，"冥"则暗不得见。又案"幽"字，甲骨文作🜩（后2.9.5）、🜩（乙7122）、🜩（粹549）、🜩（粹550）等形；金文作🜩（螯司土尊）、🜩（牆盘）、🜩（召伯簋）、🜩（伯訿簋）、🜩（伊簋）、🜩（蠡方彝）、🜩（寓卣）、🜩（康鼎）、🜩（柳鼎）、🜩（伯晨鼎）、🜩（禹鼎）、🜩（师奂钟）、🜩（吊向簋）等形，皆从二幺（丝），从火，非从山形。以细丝会火焰微弱、幽暗不明之意。容庚《金文编》："幽，从火，不从山。"罗振玉《增订殷墟书契考释》："古金文幽字，皆从火不从山。隐不可见者，得火而显。"卜辞借为黝，训为黑。郭沫若曰："幽通黝。黑也。"[137]《玉篇》："幽，不明也。"《小尔雅·广诂》："幽，冥也。"凡幽微处必借助光亮，故增火以表意。可见"幽""冥"义近。各本与《段注本》，皆因循许慎对"冥"析形之误，然细审"冥""幽""窈"三者，释文仍以释作"幽"为是，段氏校改不可取。

　　2. 段氏校改部首引申义之说解者：

段氏校改部首引申义之说解者，分见于下：

（1）玉

《大徐本》："石之美。有五德……其声舒扬，尃以远闻，智之方也……象三玉之连。丨，其贯也。"《段注本》："石之美。有五德……其声舒扬，专以远闻，智之方也……象三玉之连。丨，其贯也。"段注云：

> 专锴作尃，音敷，布也。玉裁按：《汲古阁毛氏刊铉本》初作专，后改作尃，非也。《管子》曰："叩之其音清抟澈远，纯而不杀。"抟古专壹字，今本作搏。盖非。此专谓专壹字也，上云舒扬矣，则不必更云尃。[138]

（2）仓

《大徐本》："穀藏也。仓黄取而藏之，故谓之仓。"《段注本》："穀藏也。苍黄取而藏之，故谓之仓。"段注云：

> 苍，旧作仓，今正。[139]

（3）禾

《大徐本》："嘉穀也。二月始生，八月而孰，得时之中，故谓之禾。禾，木也。木王而生，金王而死，从木，从巫省。巫象其穗。"《段注本》："嘉穀也。以二月始生，八月而孰，得之中和，故谓之禾。禾，木也。木王而生，金王而死，从木，象其穗。"段注云：

> 各本作"从木，从巫省。巫象其穗"九字，浅人增四字，不通。今正。[140]

（4）长

《大徐本》："久远也。从兀，从匕。兀者，高远意也。久则变化。亡声，𠤎者，倒亡也。"《段注本》："久远也。从兀，从匕，亡声。兀者，高远意也。久则变匕。𠤎者，到亡也。"段注云：

> 匕，各本作化，今正。……到，各本作倒，今正。[141]

（5）勿

《大徐本》："州里所建旗……所以趣民，故遽称勿勿。"《段注本》："州里所建旗……所以趣民，故遽偁勿勿。"段注云：

　　遽，《韵会》作"宂遽"二字，偁，旧作称，今正。[142]

（6）瀕

《大徐本》："水厓。人所宾附，频蹙不前而止。"《段注本》："水厓。人所宾附也，颦戚不歬而止。"段注云：

　　颦戚，各本作频蹙，今正。此以颦戚释从页之意也。将涉者，或因水深，颦眉蹙頞而止，故字从涉页。[143]

（7）乙

《大徐本》："元鸟也。齐鲁谓之乙。取其鸣自呼。象形。"《段注本》："燕燕，乙鸟也。齐鲁谓之乙。取其鸣自謼。象形也。"段注云：

　　旧作呼，今依《韵会》正也。[144]

（8）子

《大徐本》："十一月，阳气动，万物滋，入以为偁。象形。"《段注本》："十一月，昜气动，万物滋，人以为偁。象形。"段注云：

　　《律书》："子者，滋也。"言万物滋于下也。《律历志》曰："孳萌于子。"……人，各本讹入，今正。……象物滋生之形，亦象人首与首足之形也。[145]

（9）午

《大徐本》："牾也。五月，阴气午逆阳，冒地而出。"《段注本》："牾也。五月，侌气牾屰昜，冒地而出也。象形。"段注云：

锘芦，各本作午递，今正。[146]

以上所举九例，乃针对部首引申义加以校改，如云玉之"其声舒扬，専以远闻"，段氏改"専"为"専"，盖専字，《说文》："六寸簿也。从寸，叀声。一曰：専，纺専。"甲骨文作𡘋（前 6.5.4）、𡘋（林 1.28.7）、𡘋（燕 748）、𡘋（续 5.24.4）、𡘋（粹 458）、𡘋（粹 1121）、𡘋（京津 2510）、𡘋（珠 1156）、𡘋（甲 2863）、𡘋（乙 2206）、𡘋（乙 4057）、𡘋（存下 127）、𡘋（宁沪 1.602）、𡘋（明 1538）、𡘋（甲 2341）、𡘋（甲 3103）、𡘋（乙 3809）、𡘋（铁 133.4）、𡘋（佚 421）、𡘋（佚 800）、𡘋（京津 1667）、𡘋（邺初下 .47.2）、𡘋（库 509）；或作𡘋（铁 268.4）、𡘋（拾 2.18）、𡘋（粹 149），从叀，从又或从収，会以手操作纺磚之意。纺织乃専门之职，必须専心，否则易织错花纹。[147] 又引申指"言一意也"[148]。専字从叀，实即叀之繁文。叀，指纺磚形。《管子·霸言》："夫令不高不行，不搏不听。"《史记·秦始皇本纪》："普天之下，搏心缉志。"司马贞《索引》："搏，古専字。"《左传》云："如琴瑟之专壹。"王筠《说文句读》"専"下注云："専即専壹之意。谓异于金声之有鸿。"亦即"専"指音色清亮专一而通远，纯而无杂音。专孳乳为轉、傳等。[149] 又案"専"字，金文作𡘋（叔専父盨）、𡘋（叔専父盨）、𡘋（𡘋方鼎）、𡘋（毛公鼎）、𡘋（毛公鼎）、𡘋（师酉鼎）、𡘋（克鼎）、𡘋（番生簋），皆从甫，从又。甫，甲骨文作𡘋（甲 1051，合 8103）、𡘋（甲 1143，合 30619）、𡘋（甲 1223，合 29355）、𡘋（乙 72，合 15650）、𡘋（粹 34，合 8843）、𡘋（粹 299，合 22860）、𡘋（铁 141.3，合 20716）、𡘋（铁 173.1，合 1865）、𡘋（拾 14.12，合 20215）、𡘋（前 4.55.7，合 7896）、𡘋（后 1.31.1，合 7897）、𡘋（林 1.30.9，合 5857）、𡘋（燕 621 背）、𡘋（粹 1269，合 13762）、𡘋（邺 3 下 .38.4，合 30173）、𡘋（甲 1048，合 13543）、𡘋（京都 620，合 20217），乃圃之初文。[150]《毛公鼎》："専命専政。"[151]《广韵》曰同"敷"，即敷布、散布。《说文》："専，布也。"秦《绎山刻石》："既献泰成，乃降専专。"《史记·司马相如列传》："旁魄四塞，云専雾散。"故"専"字本义为"散开"，引申为"传播"。若从音色清亮专一而通远，纯而无杂音之视角论，段改可从。但若就"散开""传播"言，作"専"似亦无妨。

此外，在部首引申义之解说上，段氏亦将部分"某行某废"之字，改为较原始或较古之字，如"长"字，《大徐本》作"久则变化"，《段注本》改为"久则变匕"。

案"匕""化"二字，皆见于《说文》。"匕"，《说文》："变也。"段注云："变者，更也。凡变匕当作匕，教化当作化。许氏之字，指也。今变匕字尽作化。化行而匕废矣。《大宗伯》：'以礼乐合天地之化，百物之产。'注曰：'能生非类曰化，生其曰产。'按虞荀注《易》分别天变地化，阳变阴化。析言之也。许以匕释变者，浑言之也。"又"化"下段注云："今以化为变匕字矣。"可见"变化"当以"变匕"为是。

又段氏亦有于注释方面模棱两可，不得确诂者。如"子"字，《大徐本》作："十一月，阳气动，万物滋，入以为偶。象形。"《段注本》作："十一月，易气动，万物滋，人以为偶。象形。"段注云：

> 《律书》："子者，滋也。"言万物滋于下也。《律历志》曰："孳萌于子。"人，各本讹入，今正。此与以朋为朋挡，以韦为皮韦，以乌为乌呼，以来为行来，以西为东西一例。凡言以为者，皆许君发明六书假借之法。子，本阳气动，万物滋之偶，万物莫灵于人，故因假借以为人之偶。象物滋生之形，亦象人首与首足之形也。[152]

段氏虽将各本所讹为之"入"字校正为"人"字，然云："象物滋生之形""亦象人首与首足之形也"。一形而两象，颇值商榷[153]。案"子"字，像小儿头形，有发及二胫之形，本义是小孩。甲骨文或作 ⽚（菁 6.1，合 137）、⽚（铁 108.1，合 911）、⽚（前 4.13.1，合 3753）、⽚（后 2.19.3，合 6960）、⽚（甲 144，合 15536）、⽚（邺初下 38.9，合 25678）、⽚（邺三下 35.10，合 33898）、⽚（前 3.7.5，合 38034）、⽚（前 1.38.4，合 1249）、⽚（后 2.10.10，合 30771）；或作 ⽚（邺三下 36.6，合 32077）、⽚（戩 17.2，合 33886）、⽚（后 2.24.5，合 2758）、⽚（邺初下 33.4，合 22765）；或作 ⽚（戩 2.7，合 19820）、⽚（前 8.1.5，合 21577）、⽚（后 2.5.14，合 19847）、⽚（佚 300，合 20794）、⽚（甲 2908，合 19946）、⽚（乙 9084，合 20463）；或作 ⽚（甲 622，合 33208）、⽚（甲 2418，合 22507）、⽚（甲 2907，合 19946）、⽚（乙 222，合 20831）、⽚（铁 256.1，合 38765）、⽚（前 1.5.4，合 35546）、⽚（林 1.15.6，合 38025）、⽚（佚 59，合 35261）、⽚（燕 261，合 35977）、⽚（甲 1864，合 28580）、⽚（存 2711，合 32994）、⽚（存 2740，合

33722）；或简作 ㄩ（后 1.7.5）、屮（乙 413，合 20351）。皆像小儿头上有发及二胫之形。金文或作▨（利簋）、▨（传卣）、▨（忻觚）、▨（召伯簋）；或作▨（戍甫鼎）、▨（爵文）、▨（子辛卣）、▨（小子射鼎）；或作▨（辛巳簋）、▨（奋簋）、▨（蒲簋）、▨（小子射鼎）、▨（貉子卣）、▨（吊单鼎）、▨（杞伯簋）、▨（栾书缶）、▨（国差𬭚）；或作▨（者姤罍）、▨（者女觥）、▨（小臣邑斝）、▨（封簋）、▨（子仲匜）、▨（邾公华钟）、▨（邵钟）、▨（曾伯陭壶）、▨（曾子遨簋）、▨（酂侯簋）、▨（庚儿鼎）、▨（吴季子之子剑）、▨（子禾子釜）、▨（大子鼎）、▨（中山王𧊒鼎）、▨（中山王𧊒兆域图）、▨（中山侯钺）、▨（上官登）、▨（陈丽子戈）、▨（己侯貉子簋）、▨（北子鼎）、▨（楚公钟）、▨（楚公钟）、▨（白者君盘）、▨（王子启彊尊），或作▨（白者君鼎）、▨（番君鬲），或作▨（▨子觯）、▨（辅师嫠簋），或作▨（蔡公子果戈）、▨（蔡公子加戈）、▨（王子午鼎）、▨（王子午鼎）。其字上像头形，中像其身及双臂，下像二足并合之状。《说文》篆文作"子"，基本上，与金文之▨形同；籀文作"▨"，则与金文之▨、▨形近。《说文》云："……李阳冰曰：'子在襁褓中，足并也。'""▨，古文子。从巛，象发也。""▨，籀文子，囟有发，臂胫在几上也。"所释反较说解本义清晰明确。段氏不取李阳冰之说，而以"十一月，易气动，万物滋，人以为偁"为本义，实不得确诂。

四、结论

许慎将《说文解字》万余字按字形结构分为五百四十部，以统摄诸字，不致纷乱浑杂。段玉裁谓其"合所有之字，分别其部为五百四十，每部各建一首。五百四十字可以统摄天下古今文字，此前古未有之书，许君之所独创，若网在纲，如裘挈领，讨原以纳流，执要以说详"。可见《说文》说解精到、义例精严，其系统性，皆与五百四十部首之建立息息相关。

段玉裁以毕生功力注《说文》，其考证之赅博，条例之精审，莫不突过前人。而段氏著书之例及作书之旨，要皆"详于注中"。本文透过《说文段注》，可知《说文》对部首次第的安排有两个原则：一是以形相次；一是以义相次。由《段注》亦可知凡云"凡某之属皆从某"者，即部首字，亦即凡由此一部首统摄之字，皆由此一部首之字根所构成。

至于《说文》分部原则，文中指出江举谦、高明等人所揭示者，颇得许书分部要旨。而证诸段氏注语，亦多能隐见其义，如由"蓐部""珏部""鬻部"下注所见之立部原则，自能明揭许氏立部之心。所谓："此不与《艸部》五十三文为类而别立蓐部者，以有薅字从蓐故也。"所谓："因有班、瑞字，故珏专列一部。不则缀于《玉部》末矣，凡《说文》通例如此。"大抵因有他字形义相从而立部者，不烦逐字注出，而于上列诸字（部）下注，檃栝其义。

段玉裁认为《说文》对部首次第之编排，原则有二：一是以形相近为次；一是以义相引为次。主要原则在于"以形相近"为次，后者仅占十之一而已，故其注《说文·叙》中五百四十部，多就其形构关联，阐释部首相互蒙次之理，发明部次编排之意。唯有些寓"循环无端"之义者，其次第则未必尽在形义关联之中。此外，段氏尚透过"注语"点出对部次之看法，如"齿"之形体为"上止下口"，"足"之构形为"上口下止"，二者形近，且构件相同而位置不同，故足次于"齿"。"疋"下从止，"足"下亦从止，二者形义皆近，故次于"足"后。

《说文》部内从属字编序原则为"物以类聚、事以群分"。段氏以为"《说文》之例，先人后物，何以先言肉也。曰以为部首，不得不首言之也"。他如《玉部》《肉部》《刀部》《邑部》等部末，段氏皆曾分别说明其列次之规则，明乎段氏所析之列字次第之法，自可掌握《说文》各部中从属字序次之由。

段氏在注释中对训诂术语之运用，亦颇得其法。注中大量以"浑言""析言""统言""统名""统辞""泛言""分析言之""别言""专言"等术语，或单用，或连用以诠释之字。使用最频繁者为"浑言"与"析言"连用，"散文"与"对文"并释，此类训诂术语约二百六十余条，其中与部首相关者，如（一）[浑言／析言]连用：走（步／趋／走）、谷（臄／圅／谷）、鸟（隹／鸟）、华（华／荣／秀／英）、匕（变／化）、见（见／视；听／闻）、后（后／君）、尼（尼／魿）、奔（奔／走／趋）、盐（盐／卤）；女（女／妇人）、民（民／萌）、蚰（虫／豸）、虫（虫／豸）、车（舆轮／舆）；（二）[统言／析言]并释：行（时／行／步／趋／走／奔）、牙（齿／牙）、皮（皮／革）、耒（犁／柏／耒）、卧（卧／寝）；（三）[对文／散文]连用：革（皮／革）、黍（黍／縻）、卤（盐／卤）；（四）单用[泛言]者：香（芳／香）；（五）单用[统名]：易（蜥易／易蜥／蜥）；（六）[浑言／分别言]者：豕（豕／豲／猪）。部首中用这类术语者，仅占百分之十二上下，并不足以全面讨论段氏之训诂原则与方法。若对照部首外所运用之训诂材料者，则于同义词、近义词之训解与辨析，及本义与引申之分化轨迹，皆有帮助焉。

《说文》成书之后，辗转传抄，屡遭窜乱，故段氏对《说文》原本进行校改。

段氏之校改，功过皆有。诚如郭在贻所云段氏对《说文》之增删改补："颇为时人所诟病"，亦不能否认他对校勘之学是"有真知灼见"，"其中虽难免专辄之弊，但精审之处亦所在多有"。本文针对段氏对"部首字"之校改加以评述，基本上，段氏认为书有两难，一是"非照本改字不讹不漏"之难；二是"定其是非"之难。故其校订原则，乃依郑康成之校经法原则。段氏对部首之校改主要在于"改篆"与"改说解"二者。段注改部首篆文者，仅二例："上"篆之校改，以甲、金文材料等观之，颇为精审而可信；"豚"字，段氏一则改其正篆"豚"为"豲"；二为删改说解"从象省。象形"五字。以可见的材料观之，段氏以古文"豲"为正篆（领头字），乃本诸金文；其所谓篆文"豚"，则反与甲骨文合。

段玉裁在部首说解方面之校改，于校改字之注中，通常以"今正"或"今依某正为"等语来订讹正误。此类校改，有些针对本义；有些则针对引申义。二者并于注中说明校改之由。前者之校改，如：正"𠂇"为"左"；正"畍"为"介"；正"堅"为"鉴"；正"幽"为"窈"；正"葩"为"葩"；正"瓜"为"蓏"；正"居"为"尻"；正"专"为"嫥"；正"鹹"为"卤"；正"右"为"又"；正"牡齿也"为"壮齿也"；正"气屰"为"屰气"；正"面毛也"为"颐下毛也"；正"繫也"为"縣也"等，精湛独到固然不少，谬误缺失亦诚乎难免。后者之校改，如玉、仓、禾、长、勿、瀕、乙、子、午等字。其中玉之"其声舒扬，尃以远闻"，段氏改"尃"为"專"，若从音色清亮专一而通远，纯而无杂音之视角论，段改可从。但若就"散开""传播"言，作"尃"似亦无妨。在部首引申义之解说上，段氏亦将部分"某行某废"之字，改为较原始或较古之字，如"长"字，《大徐本》作"久则变化"，《段注本》改为"久则变匕"，段氏具论，颇有可取。惟段氏有时在注释方面模棱两可，不得确诂者，如"子"字，段氏虽将各本所讹为之"㐅"字正为"人"字，然云："象物滋生之形"，"亦象人首与首足之形也"。岂可一形两象？据甲、金文材料，李阳冰之说，反较可信，段氏之说，反不得其诂。

整体而言，段玉裁《说文解字注》对部首之看法，虽散见于诸字注释之中，然段氏"通其条贯，考其文理，悉心校其伪字"而为之注。江沅谓："许氏著书之例以及所以作书之旨，皆详于先生所为注中。"王筠亦云："段氏书体大思精，所谓通例，由前人所未知。"可见段氏于《说文》之注释发明，突过前人盖多矣。王念孙赞云："千七百年来无此作矣！"[154] 洵不过誉。

注释 :

[1] 汉代字书，如《仓颉篇》《训纂篇》《滂喜篇》《凡将篇》《急就篇》《元尚篇》《发龙篇》《圣皇篇》《博学篇》《爰历篇》等书，大多杂取诸字，编成四言、六言或七言之韵语，便于学者籀讽，而多"不言字形原委"。

[2]《说文·叙》中所谓"分别部居，不相杂厕"，语见于《急就篇》，云："急就奇觚与众异，罗列诸物名姓字。分别部居不杂厕，用日约少诚快意……青绮罗縠靡润鲜，绨绤缣练素帛蝉，絜币囊橐不值钱。"可见有些字书以韵语呈现的同时，可能亦曾尝试将汉字按形体进行归纳。

[3] 段玉裁：《说文解字注》，台北洪叶文化事业有限公司 2001 年版，第 771 页。

[4] 按《说文解字·叙》云："此十四篇，五百四十部，九千三百五十三文，重一千一百六十三，解说凡十三万三千四百四十一字。"《说文解字注》第 789 页。

[5]《说文解字注》第 772 页。

[6]《说文解字注》第 789 页。

[7]《说文解字注》第 1 页，"一部"末"文五、重一"注语。

[8]《说文解字注》第 796 页，江沅《说文解字注·后序》。

[9] 王筠：《说文释例》，中华书局 1987 年版，第 1 页。

[10]《说文解字注》第 789 页，"据形系联"下注语。

[11]《说文解字注》第 1 页，"一"下注语。

[12] 江举谦：《说文解字综合研究》，东海大学出版社 1982 年版，第 152—159 页。

[13] 高明：《高明小学论丛》，黎明文化出版业公司出版，第 95—97 页。

[14]《说文解字注》第 48 页。

[15] 同 [13]。

[16]《说文解字注》第 19 页。

[17]《说文解字注》第 587 页。

[18] 余行达：《说文段注研究》第一章，巴蜀书社 1998 年版，第 1 页。

[19] 江举谦：《说文解字综合研究》，第 160—161 页。

[20] 王筠：《列文次第》，《说文释例》卷九，中华书局 1987 年版，第 203 页。

[21] 黄侃：《说文略说》，收录陈新雄、于大成主编《文字学论文集》，木铎出版社 1976 年版，第 18 页。

[22] 高明：《高明小学论丛》，第 113—117 页。又江举谦对《说文》部首次第，归纳条例亦有三：1. 据形系联者—许君自云立"一"为"端"，以一字为至简之行至浅之义。举此形义可以孳乳多字，亦可以系联他部。2. 以义为次者——说文部次先后虽以形之系联为主，然间亦有以义为次者。3. 独立

特出者——许书五百四十部之次第先后，大都有形可以系联，或有义可以相次，然亦有独立特出无形义可以推求者。参见江举谦：《说文解字综合研究》，东海大学出版1982年版，第169—171页。

〔23〕《说文解字注》第81页。

〔24〕案"足"，《说文》曰："人之足也。在下。从止口。凡足之属皆从足。"（第81页）又"疋"，《说文》曰："足也。上象腓肠，下从止。《弟子职》曰：'问疋何止。'古文以为《诗·大疋》字。亦以为足字。或曰：胥字。一曰：疋，记也。凡疋之属皆从疋。"（第85页）于鬯《说文职墨》曰："止者即足字也，而足者实即疋字也。"（清光绪十四年江阴南菁书院刊本）可证二者形义相近。

〔25〕《说文解字注》第115页。

〔26〕案："又"，《说文》曰："持也。象手有所又据也。凡又之属皆从又。读若其。"（第114页）；"屮"《说文》曰："亦持也。从反又。阙。"（第115页）

〔27〕《说文解字注》第169页。

〔28〕《说文解字注》第184页。

〔29〕《说文解字注》第303页。

〔30〕郭在贻：《〈说文段注〉与汉语词汇研究》，《训诂丛稿》，上海古籍出版社1985年版，第335页。

〔31〕同注〔30〕第140页。

〔32〕《说文解字注》第64页。

〔33〕《说文解字注》第499页。

〔34〕《尔雅·释宫》邢昺疏云："此皆人行步趋走之处，因以名。云'室中名时'，时然后动；'堂上曰行'，谓平行也；'堂下曰步'，《白虎通》云：'人践三尺，法天地。人再举足曰步，备阴阳也。''门外曰趋'，郑玄云：'行而张拱曰趋。''中庭曰走'，走，疾趋也；'大路曰奔'，奔，大走也，《书》曰：'骏奔走。'案此经所释，谓祭祀之礼。"

〔35〕《说文解字注》第388页。

〔36〕《说文解字注》第412页。

〔37〕《说文解字注》第434页。

〔38〕《说文解字注》第434页。

〔39〕《说文解字注》第618页。

〔40〕《说文解字注》第592页。

〔41〕《说文解字注》第615页。

〔42〕《说文解字注》第670页。

〔43〕《说文解字注》第681页。

〔44〕《说文解字注》第727页。

〔45〕《说文解字注》第78页。

［46］《说文解字注》第 81 页。

［47］《说文解字注》第 123 页。

［48］《说文解字注》第 185 页。

［49］《说文解字注》第 392 页。

［50］叶斌：《试论"浑言""析言"的几个问题》,《杭州师范学院学报（社会科学版）》2003 年第 3 期, 第 59 页。

［51］马景仑:《〈说文〉段注"散文"、"对文"与"浑言"、"析言"的异同》,《文教资料》1997 年 6 期, 第 95—96 页。

［52］钟明立：《〈五经正义〉的"对文"和"散文"》,《江西师范大学学报（哲学社会科学版）》第 32 卷第 4 期（1999 年 11 月）, 第 57—61 页, 及第 67 页。

［53］《说文解字注》第 592 页。

［54］《说文解字注》第 332 页。

［55］《说文解字注》第 325 页。

［56］《说文解字注》第 326 页。

［57］《说文解字注》第 108 页。

［58］《说文解字注》第 463 页。

［59］《说文解字注》第 333 页。

［60］《说文解字注》第 324 页。

［61］《说文解字注》第 459 页。

［62］马叙伦：《说文解字研究法》"说文解字古本"一节。

［63］郭在贻：《训诂丛稿》, 上海古籍出版社 1985 年版, 第 400 页。

［64］同注［63］。

［65］蒋冀骋：《说文段注改篆评议》, 湖南教育出版社 1993 年版, 第 48 页。

［66］段玉裁云："校书之难, 非照本改字不讹不漏之难也, 定其是非之难。"参见〈与诸同志论校书之难〉,《经韵楼集》卷 12。

［67］段玉裁：〈经义杂记序〉,《经韵楼集》卷 12。

［68］《说文解字注》第 1 页。

［69］《说文解字注》第 461 页。

［70］《说文解字注》第 461 页。

［71］《段注》续云："亦以上附二之例, 不入豚于豕部, 附以古文豩者, 以有从豩之燹, 则不得不立此部首也。《尔雅音义》曰:'籀文作豚',《玉篇》亦曰:'豚者籀文', 皆误。恐学者惑焉, 教箸于此。"见《说文解字注》第 461 页。

［72］《说文解字注》第 81 页。

［73］《说文解字注》第 106 页。

［74］《说文解字注》第 117 页。

［75］《说文解字注》第 118 页。

［76］《说文解字注》第 230 页。

［77］《说文解字注》第 119 页。

［78］《说文解字注》第 119 页。

［79］《说文解字注》第 137 页。

［80］《说文解字注》第 160 页。

［81］《说文解字注》第 185 页。

［82］《说文解字注》第 202 页。

［83］《说文解字注》第 220 页。

［84］《说文解字注》第 232 页。

［85］《说文解字注》第 275 页。

［86］《说文解字注》第 315 页。

［87］《说文解字注》第 337 页。

［88］《说文解字注》第 339 页。

［89］《说文解字注》第 340 页。

［90］《说文解字注》第 392 页。

［91］《说文解字注》第 419 页。

［92］《说文解字注》第 428 页。

［93］《说文解字注》第 447 页。

［94］《说文解字注》第 450 页。

［95］《说文解字注》第 458 页。

［96］《说文解字注》第 482 页。

［97］《说文解字注》第 484 页。

［98］《说文解字注》第 495 页。

［99］《说文解字注》第 500 页。

［100］《说文解字注》第 504 页。

［101］《说文解字注》第 506 页。

［102］《说文解字注》第 588 页。

［103］《说文解字注》第 592 页。

［104］《说文解字注》第 633 页。

［105］《说文解字注》第 641 页。

［106］《说文解字注》第 648 页。

［107］《说文解字注》第 701 页。

［108］《说文解字注》第 722 页。

［109］《说文解字注》第 759 页。

［110］同注 75，《说文解字注》第 118 页。

［111］同注 76。案"冂"，《大徐本》作："邑外谓之郊，郊外谓之野，野外谓之林，林外谓之冂，象远界也。凡冂之属皆从冂。同，古文冂。从口象国邑。坰，冋或从土。"《段注本》作："邑外谓之郊，郊外谓之野，野外谓之林，林外谓之冂，象远介也。凡冂之属皆从冂。同，古文冂。从口象国邑。坰，冋或从土。"见《说文解字注》第 230 页。

［112］《说文解字注》第 230 页。

［113］中国社会科学院考古研究所编（原孙海波编纂）：《甲骨文编》，中华书局 2004 年版，第 128 页至 129 页。案该书云："从聿从乂，《说文》所无。旧释画，金文亦有此字，其义与乂同。卜辞同为人名、名。"

［114］容庚：《金文编》，中华书局 1992 年版，第 202 页。

［115］相关讨论参见向夏《说文解字部首讲疏》，中书局香港分社 1986 年版，第 90 页；李孝定《读说文记》第三卷，"中央"研究院历史语言研究所专刊之九十二，1992 年版，第 87 页；王初庆：《中国文字结构——六书释例》，洪叶文化事业有限公司 2003 年版，第 386-388 页。

［116］杨宽：《西周史》，上海人民出版社 1999 年版，第 192 页。

［117］许进雄：《古文谐声字根》，台北商务印书馆 1995 年版，第 490 页。

［118］尹黎云：《汉字字源系统研究》，中国人民大学出版社 1998 年版，第 15 页。

［119］杨树达：《积微居小学述林》，中华书局 1983 年版，35 页。

［120］《说文解字注》第 103 页。

［121］《说文解字注》第 339 页。

［122］季旭昇：《说文新证》上册，台北艺文印书馆 2002 年版，第 585 页。

［123］谷衍奎编：《汉字源流字典》，华夏出版社 2003 年版，第 681 页。

［124］季旭昇：《说文新证》上册，第 586 页。

［125］《说文解字注》第 315 页。

［126］赵平安：《从楚简娩的释读谈到甲骨文的娩妫——附释右文字中的冥》一文，参见季旭昇《说文新证》上册，第 545 页。

［127］《说文新证》第 544—545 页。

［128］黄德宽主编：《古文字谱系疏证》，商务印书馆 1995 年版，第 2127 页。

［129］李学勤主编：《字源》，天津古籍出版社 2013 年版，第 616 页。

［130］唐兰：《天壤文释》，参见于省吾《甲骨文字诂林》，中华书局 1999 年重印本，第 2068 页。

［131］屈万里：《甲编考释》，参见于省吾《甲骨文字诂林》第 2068 页。

［132］杨潜斋：《释冥力》，《华中师院学报》1981 年第 3 期，第 109—110 页。又参见于省吾《甲骨文字诂林》，第 2070 页。

［133］郭沫若：《释古代铭刻汇考续编骨血刻辞之一考察》，第 5—7 页。又参见于省吾《甲骨文字诂林》第 2067 页。

［134］中国社会科学院考古研究所编（孙海波）:《甲骨文编》,中华书局 1999 年重印本,第 693 页。

［135］金祥恒之说，参见于省吾《甲骨文字诂林》，第 2071 页。

［136］许进雄：《古文谐声字根》第 214 页。

［137］于省吾：《甲骨文字诂林》，中华书局 1990 年版，第 3197 页。

［138］《说文解字注》第 10 页。

［139］《说文解字注》第 226 页。

［140］《说文解字注》第 323 页。

［141］《说文解字注》第 457 页。

［142］《说文解字注》第 458 页。

［143］《说文解字注》第 573 页。

［144］《说文解字注》第 590 页。

［145］《说文解字注》第 749 页。

［146］《说文解字注》第 753 页。

［147］许进雄：《古文谐声字根》第 527 页。

［148］杨树达：《词诠》，中华书局 1978 年版，第 205 页。

［149］于省吾：《甲骨文字诂林》第四册，第 3003 页。

［150］徐中舒：《甲骨文字典》，四川辞书出版社 1990 年版，第 355 页。

［151］于省吾：《甲骨文字诂林》第四册，第 3001 页。

［152］《说文解字注》第 749 页。

［153］郭在贻云："同一形象不能同时象两种各不相干的东西，二者必居其一。且'物滋生之形'其实是无法子象的。"参见《训诂丛稿》，第 414 页。

［154］王念孙：〈说文解字注序〉，《说文解字注》第 1 页。

《说文解字》部首排列面向之思维探析

郑卜五

台湾高雄师范大学经学研究所

【摘要】《说文解字》，简称《说文》，是东汉的经学家、文字学家许慎所作。《说文解字》成书于汉和帝永元十二年到安帝建光元年（100年至121年）之间。是中国第一部以"六书"的理论系统，分析汉字字形、解释字义、标示字音的一部巨作，也是"文字学史"和"语言学史"上的经典著作。

许慎根据文字的形体内容，归纳出汉字构造的条例，依照汉文字形、音、义的构造关系，运用"象形、指事、会意、形声、转注、假借"的"六书"造字方法，以分析小篆文字。许慎在《说文解字》中系统地阐述了汉字的造字规律，并将所收的 9353 个文字，依照形符归纳区分，创立为540个部首。《说文解字》共15卷，其中包括"序目"1卷，将9353字分别归入540部。540部又据形系联归并为14大类。《说文解字》的正文编排，就按这14大类分为14篇,卷末"叙目"别为一篇,全书共有15篇。

《说文解字》建立了"始一终亥"的540部首特色，以部首统摄同一字形范畴的文字，并且按照"据形系联""分别部居""不相杂厕"的原则排列 540 部首。透过此一排列方式，使用者不但可以掌握诸多文字的意义范畴，而且还可以了解每个文字的特定形构、本音和本义，并且可以触类旁通其形系之关系。

清儒段玉裁的《说文解字注》提出《说文解字》是"以义之相引为次""避讳字置于各部之首""人前物后""以类相从"。而清儒王筠的《说文释例》则认为《说文解字》是"先实后虚""先近后远""义美者列前，反之列后"之说法。因此本文将考察《说文解字》各部首中诸字排列次序的面向法则。

【关键词】许慎 《说文解字》 540部首 始一终亥 段玉裁 王筠

一、前　言

许慎《说文解字》一书是对汉文字认识的根底之学。许慎，字叔重，东汉汝南召陵人，曾任太尉南阁祭酒等职。师事贾逵，专攻古文经学。秦汉以来书体错乱，许慎积累二十年之努力，撰写了《说文解字》一书，为我国古文字学的开山之作。

《说文解字》在文字学、声韵学、训诂学、书法学、辞典学及文化史上都占有显著的地位。《说文解字》使汉字具备了统摄的条例，是对已成体系的汉代文字做了系统的整理，不但易于查考，而且运用据形系联的方法，将每个汉字的"形、音、义"三个蕴含的元素都有了精确的扼要的解释。《说文解字》将字形、词义的关系紧密相扣，是历来研究汉字起源、发展和流变等因素极为重要的典籍。[1]

许慎《说文解字》一书具备了汉文字建立部首、界定六书、剖析形构、记录古音、汇集义训、据形系联、追溯字源、穷究事理、保存古籍、传承文化等，丰富的"文字学"发展要旨之内涵与文字沿革变迁的轨迹。

在释解古书上的疑难字词时，皆离开不了《说文解字》一书，因为《说文解字》训释的是字的本义，而"字本义"是词义引申的起点。根据词的本义特点，就可以进一步了解其"引申义"，及与其"字本义"关系较远的"假借义"。因此掌握一个字的"本字、本义"，就可以系联出其"通假字"，并且可以洞察文字运用法则的古今流变。

《说文解字》从刊行到现在（公元 100 年至 2018 年），经历了一千九百一十九年的时间。它经过历史悠久的检视，被公认为阅读中国经典载籍和历来研究汉学文字学者，所必备的工具书，也是从事中国文化研究者在蓄积学识时，所应当通晓的一部文字学文献的重要经典。

清儒王念孙认为："《说文解字》之为书，以文字而兼声音、训诂者也。凡许氏形声，读若，皆与古音相准，或为古之正音，或为古之合音，方以类聚，物以群分，循而考之，各有条理。"又说："《说文解字》之训，首列制字之本意，而亦不废假借，凡言一曰及所引经，类多有之。"（《说文解字·叙》）[2]

清儒段玉裁认为："许君以为音生于义，义着于形，圣人之造字，有义以有音，有音以有形。学者之识字，必审形以知音，审音以知义。"段玉裁点出汉字的特色，在于形中有音，音中有义，表明汉字兼具着"形、音、义"为一体。段玉裁又说："圣人造字，实自象形始，故合所有之字，分别其部为五百四十，每部各建一首，而同首者曰凡某之属皆从某，于是形立而音义易明。"（《说文解字注》）指出许慎《说文解字》一书的编撰方式，亦凸显《说文解字》一书在解释汉字结构，及研读经典载籍上的重大功用。

本文将探析《说文解字》部首排列的面向思维，旨在厘清几个查阅《说文解字》时的疑惑 [3]，以利阅读者对于《说文解字》一书的体例之理解。

二、部首是什么？

东汉时代，许慎将当时搜集到的文字分门别类，归纳为 540 部首，部首和部件都是汉字的组成部分 [4]。部首是字典辞书根据字形结构编排字词所分的门类。简言之，部首即"字根"。字根即"字母"。《说文解字》共有多少个部首？许慎《说文解字》有 540 个部首，第一个部首是"一"，最后一个部首是"亥"。

后世的字典根据字形结构的不同，将文字分门别类，把在同一类字中笔形最简单的字，作为这一类的起头，即被称为"部首"。例如"口""木""日"均属"部首"字；"吃""唱""吹"等则归于"口"部；"林""树""果"等则归于"木"部；"昨""晚""明"等则归于"日"部。运用字典者只要掌握"部首"，就能查检字典辞书，而且对理解字义词义及字音能有所启发，例如"木"部的字多与树木有关，"水"部的字多与流水有关。辨清相似"部首"，对正确使用汉字很有好处。

一般人对汉字的理解，常常会将"偏旁"与"部首"关联在一起，于是有一些人认为"偏旁"和"部首"是同一件事，其实这是一种误解。"偏旁"和"部首"，虽然有某些联系，却是两个不同的概念。一般说来，"部首"也是"偏旁"，是表义的"偏旁"。但"偏旁"不一定是"部首"，"偏旁"与"部首"是整体与部分的关系。

"偏旁"是"部首"作为左旁或右旁时的称呼。例如"心部"作为左偏旁时，如"情""性""憎"，会变形为三画的"忄"。又称为"竖心旁"。放在文字下方时，有"志""慕"两种外形。但这些变化都不妨碍其归入"心部"。

在"偏旁"中，"部首"的数量很少，常用的不过一百多个，汉字绝大部分是形声字，把表义的"偏旁"叫作"部首"，起源于以《说文解字》为代表的古代字典。古代字典给汉字分类采取"据形系联"的方法，把具有共同形旁的字全归为一部，以共同的形旁作为分类的标目，将这类型中最简单的字，放置于这类字的首位，因为处在一部之首，所以称为"部首"。例如"女""妈""妹""妙""姑"等字，都具有共同的形旁"女"字，而"女"就是这类字的"部首" [5]。

三、《说文解字》部首是怎样产生的？

据《说文解字·叙》的说法，"部首"的产生以："其建首也，立一为端。方以类聚，物以群分；同条牵属，共理相贯，杂而不越，据形系联，引而申之，以究万原，毕终于亥，知化穷冥。"[6] 即先将搜集之字聚在一起，然后逐一辨析它们的形体，分别找出它们的"字根"，予以标列，立为各部之首。这标列的"字根"对部内之字来说，就是它的"部首"。《说文解字》从"一"部到"亥"部，共五百四十个"部首"，就是根据这个方法所得出来的。

中文字典辞书多用"部首"编排，以便查检，清代《康熙字典》的编排，将《说文解字》540"部首"减为214个"部首"。其实《康熙字典》的214个"部首"，仍然可以增添，也可以合并。[7] 现行之214个"部首"，是明朝万历43年（1615年）时由梅膺祚所编纂之《字汇》创始的。《字汇》是第一本"部首"本身的排列与"部首"内的文字排列，都采用笔画数顺序的划时代字书。并大胆整并以往字书中经常可见之过少文字的部首，这本字典的诞生使"部首"检字容易了许多。《说文解字》的"部首"是将汉字以意味加以分类的体系，而《字汇》的"部首"则更接近是为了检索汉字的分类工具。但整体而言仍然带有以意义分类汉字的精神；之后《康熙字典》承袭《字汇》的214个"部首"，《康熙字典》亦成为近代字典之标准，称为"康熙部首"。

一般在检字"部首"，都是采用直觉的"偏旁"，例如"臻"字和"恭"字，在检字目录里都属"一部"，离开检字目录这个环境，谁也不会说它们的"部首"是"横部"。另外，两种"部首"涉及的范围也不同。识字"部首"范围小，只有合体字才有识字"部首"；检字"部首"范围大，合体字的部件、独体字的笔画、合体字的笔画，都能作为检字"部首"之用。例如"和"字，本义是"以声音相呼应"，"口"是形旁，"禾"是声旁，检字"部首"既归入"口部"，又归入"禾部"。不明确"识字部首"和"检字部首"的区别，容易造成混乱。例如"严"字的"部首"，标准答案是"一"（横），或许有些人会认为是"厂部"。

四、《说文解字》部首的先后次第是怎样排列的？

《说文解字》的"部首"，一般常说是"始一终亥"，据《说文解字·叙》的说法，它是"据形系联，引而申之"。即《说文解字》"部首"的先后次第，是根据它们形体相近而系联。该书从"一"部到"亥"部，就是根据这个原则而依次排列的。《说文解字》"部首"字例，具有"分别部居"之功能，由"始一终亥"中建构出循环不绝之部首系联条例。部首的排列次序，除始一终亥外，主要是据形系联，其编排次序，体现汉代天人合一的思想。

《说文解字》是一本研究汉字字形结构和字义关系的书籍，因此，全书在体例上就特别强调这两者的统一性，而透过字形结构的分析，直接显现出文字本身所代表的意义，是许慎写作时的规律。

但是《说文解字》材料的分析以后，却发现《说文解字》在解释"部首"字义与字形时，往往产生矛盾的现象，过去的研究者对于这种矛盾现象的看法，比较偏向于是现在流传的本子有脱漏的现象，或者认为是许慎在解释字义上不够精确的缘故，但是都不能总结出一个结果来。

台湾出版的字典所采用的"部首"多符合《康熙字典》的214部首。香港的一些字典在康熙"部首"的基础上有所删减，如商务印书馆的《商务新词典》没有"二"部等"康熙部首"。

中国大陆由于推行简化字，"康熙部首"不能适应实际需求，中国文字改革委员会和中国国家出版局于1983年发布了《汉字统一部首表（草案）》。2009年中华人民共和国教育部和国家语言文字工作委员会发布《GF 0011-2009汉字部首表》重新整理汉字"部首"，共分"成主部首"和"附形部首"，之后于正式文件中定为99个附形"部首"。[8]

五、《说文解字》部首的功能？

据《说文·叙》的说法，它的功能是"分别部居，不相杂厕"。即有了"部首"，可使原本各不相关的文或字分别归属到各部中去，得到它应有的位置，不致纷乱浑杂，而便于查阅，可收以简驭繁之功。因此，近人胡朴安认为"以字形为书，俾学者因形以考音与义，实始于许，功莫大焉"[9]。

因此《说文解字》中常有"凡某之属皆从某"之提示。所谓"凡某之属皆从某"，即凡某一类的文或字都是根据某文或一某字来构形的。如《说文解字》"牛，事也、理也，像角头三封尾之形也"下出现"凡牛之属皆从牛"。即凡"牛"这一类的字都是根据"牛"来构形的。换言之，"牛"是这些字的字根，也就是这些字的"部首"。《说文解字》共有五百四十个"部首"，则"凡某之属皆从某"这样的句子，就要出现五百四十次。

若以《康熙字典》使用文字的原则，则以意符作为分类，"部首"原则上是表示一组文字的共通意义，"部首"所在位置不固定。汉字百分之九十是形声字，形声字是由表示意义的"形符"与表示发音的"声符"组成的。形声字多使用意符为"部首"，有助于判断"部首"的部分。然而，会意字则是完全由"形符"所组成，所以难以判断何者为"部首"。

《康熙字典》的"部首"限制在 214 个，为求搜寻的方便，有些"部首"的归类与字义无关。例如按照原则，所有象形字都应该自成"部首"，但这样会造成很多象形文字的"部首"仅有这个字。所以像是"甲""申""由"这些象形字，全部归类到"田部"。另外，甚至有"宀部"这种原先没有的文字，专做字形分类用而制造的"部首"。

"部首"分类的实际方式并没有定案，同一个汉字在不同字典里可能分类到不同"部首"。一般来说，通常正统还是以康熙字典为主，但部分字典编辑者，会依造自己的理念加以调整。例如为了调整《康熙字典》的不合理，将"章"从"立部"改归"音部"者。

六、《说文解字》分部未臻完善者

若以许慎《说文解字》九千三百五十三个字逐字辨析，来探究它们的分部，就会发现不少缺失，蔡信发先生《说文部首正补释例》，对其分部的考察，主要提出三点讨论：一是说解《说文》五百四十部首之形、音、义，明其正讹。二是区分五百四十部首为象形、指事、会意、形声四类，别其异同。三是增删五百四十部首，定其然否。蔡信发先生给予《说文解字》作考释，其文章之论断翔实，今简要地归纳如下：

（一）误立部首而须省并者：

1.以声符分部，不合体例，以致误立部首。

2.不知利用重文做前缀，予以精简，以致误立部首。

3.不能善用"先篆后古"的正例，任出变例，以致误立部首。

4.囿于释形用语的次第，不知改易，以致误立部首。

5.拘于"据形系联"之说，不明当否，以致误立部首。

6.牵就干支成部，使成系列，以致误立部首。

7. 昧于文字演进,立某初文为"部首",以其后起形声字系之,而不知互易省并,改隶他部,以致误立部首。

8. 蔽于文字的构形,无从归属,而为求强合,以致误立部首。

9. 据讹变的篆形,望文生训,而据之归属,以致误立部首。

10. 审音不够精确,误形声为会意,而据之归属,以致误立部首。

11. 闇于某字是方名复体的遗留,而不知径列于该不复体的某字之下为重文,以致误立部首。

12. 不详文字省形之例,而被其繁简变化所惑,以致误立部首。

13. 忽于形、音、义都缺之字,只据其部分形符跟某字相合,而不参较,予以归属,以致误立部首。

(二)归部阙漏而须增补者:

1. 据形声字的声符分部,原本有悖体例,而其形符正为《说文》所缺的"部首",所以须增其部。

2. 误将独体象形之字归入各部,而应独立出来,所以须增部首。

3. 误将独体象形之字为会意字,而应将它独立出来,所以须增其部。

4. 误形声为会意,以致归属不当,而经改正之后,其形符并无部首可归,所以须增其部。

5. 据讹变的文字(小篆),误释形声字的形符,以致其归属非是,而经改正之后,其形符并无部首可归,所以须增其部。

6. 审音不够精细,误将声符当形符,而经改正之后,其形符并无部首可归,所以须增其部。

7. 昧于某字的形构,妄加归颇,而经改正之后,其形符并无部首可归,所以须增其部。

8. 据"形符不成文的形声字"的声符分部,不合《说文》体例,而应独立出来.,所以须增其部。

9. 将"形符不成文的形声字"误释为其他类例,以致归属不妥,而应独立出来,所以须增其部。

蔡信发《说文部首正补释例》对《说文解字》部首的分部提出完整清楚的纠谬建议,让研究者节省研究时环绕的误区,《说文部首正补释例》深具学术价值。

从部首中归字通例的探究,自段玉裁《说文解字注》中已详言其体例,然而在校释《说文解字》部首字之释义一事，前人则少有言及者。王筠与李孝定虽偶有创发，但缺乏通篇检讨，未能创发《说文解字》一书的通例。

若以"凡某之属皆从某"用语出发，从部中偏旁义之亲疏远近，检视部首字释义与释形相矛盾之现象，而归纳出部首释义时的通则有三：一是牵连部首系联之关系，而以"部首系联用语"释之。二是以部中归字所从义释之。三是兼采部中属字所从义释之。

可见许慎《说文解字》的释义虽有其通则，然因部首字据有部序枢纽之作用，某些字例确实存在特殊释义之现象，若仅依"形义相合"之标准审视全书，而摒除部中属字偏旁义对部首释义之影响，恐将昧于事实。

七、结语

《说文解字》一书历经元、明二朝之沉寂，于清代伴随着汉学再兴而日渐兴盛。清代学者王鸣盛生于康熙，卒于嘉庆，正是目睹文字学复苏的代表人物。王鸣盛于治学上以小学为门径，经义主郑玄，文字则主许慎，尝于《说文解字正义·序》中云："《说文》为天下第一种书，读遍天下书，不读《说文》，犹不读也。"王氏虽给予《说文解字》极高之评价，然其于文字学之研究，则长期为经史盛名所掩，极受忽视。近人论及王氏《蛾术编·说字》之内容，也多以"迷信《说文》"作结，贬抑其价值，这种论说仍有商量的空间。若以《说文解字》为基石，辅以王鸣盛著作中引《说文解字》训释字义及谈论文字学概念的部分，对这位乾嘉学术巨擘王鸣盛于文字领域之成就，及《说文解字》价值，都深具学术性的贡献。

台湾地区对许慎《说文解字》研究发展极其迅速，有关《说文解字》范畴的博士论文有十四篇,硕士论文有一百一十六篇。期刊文献（含论文集刊）近四百篇,《说文解字》相关论述的"说文学"专著有一百余篇。这些文章的内容涉及《说文解字》研究的各个领域。

《说文解字》各部首中诸字排列的次第，从清儒段玉裁、王筠归纳的看法，二人对《说文解字》部首内诸字排列之准则，认为："以义之相引为次"此条最为重要。其次"上讳之字，必置于各部之首"。再者部首内诸字排列以"先人后物"。又者"以类相从"。与及"难晓之篆，先于易知之篆"。经由段玉裁、王筠的归纳，更能了解《说文解字》部首内分部诸字排列之准则。

注释：

[1]"比较法"的运用，是宋人在释读金文时最常用的方式，唐兰认为："因为周代的铜器文字和小篆相近，所以宋人所释的文字，普通一些的，大致不差，这种最简易的对照，就是古文字学的起点。一直到现在，我们遇见一个新发现的古文字，第一步就得查《说文》，差不多是一定的手续。"(《古文字学导论》增订本，齐鲁书社1981年版，第165—166页)。利用《说文》记载来考释甲骨文、金文是最基本的方法，将"已识字"和"未识字"的字形做比对，来考释古文字，是"比较法"的运用。姜亮夫认为："汉文字的一切规律，全部表现在小篆形体之中，这是自绘画文字进而为甲文金文以后的最后阶段，它总结了汉字发展的全部趋向，全部规律，也体现了汉字结构的全部精神。"(《古文字学》，浙江人民出版社1984年版，第59页)。姜先生也认为有了许慎《说文解字》之后，人们才得以认识秦汉时的小篆，并进而辨认商代的甲骨文和商周的金文以及战国时期的古文，许慎《说文解字》对文字学的贡献不言而喻。

[2]许慎撰、段玉裁注《说文解字注》的版本很多，常见之《说文解字注》有《说文解字注》附索引，台北南岳出版社印行，后改为书铭出版社代理。《说文解字注》附索引，台北天工书局，1987年版。《说文解字注》附鲁实说文正补、曾运干古音三十摄表、古韵分部对照表、广韵切韵上字表、古音正声变声表、简字索引，台北黎明文化事业股份有限公司，1986年，增订二版。本文引用之《说文解字注》以黎明本为据。(《说文解字·叙曰》第十五卷，761页)。

[3]有关《说文解字》部首及部首内列字次第问题，历来探究之文章不少，蔡信发教授、许师锬辉教授及马舒怡《〈说文解字〉列字次第之探究》，台湾"中央"大学中国文学研究所中国语文学类，蔡信发教授指导的1995年度硕士论文。诸前辈皆有论述。

[4]部件是组合成字的结构单位。掌握有关部首和部件的知识，有助识字、写字和翻查字典辞书。

[5]部首也分两种，一种叫"识字部首"，是为识字教学用的，以帮助学生了解字义；"识字部首"是汉字中很有特色的构字部件：它构字能力强、利用率高，一个"三点水"(氵)与其他部件组合，可以构成500多个字。识字部首一般都有名称，便于帮助人们了解字义、记忆字形。利用识字部首纠正错别字也会收到很好的效果，例如有些学生常把"爬"字的左边写成"瓜"，把"恭"的下边写成"水"字的样子，如果他们明白了"爬"要用"爪"，"恭"是内心的一种感情，就不会把"爪"写成"瓜"把"恭"字下面写成"水"了。另一种为"检字部首"，是教给学生用部首查字法查字典用的，如《新华字典》和《现代汉语词典》都有"部首检字表"。这二者在作用上有所不同。识字部首有利于字形字义的识记，检字部首有利于字的检索。例如"雉"，是一种鸟，按识字来说，只能归入"隹字旁"，但在字典的检字目录里可以归入"矢部"，另如"席""堂""耀""功""恙"等字，按识字来说，只能分别归入"巾字底""土字底""光字旁""力字旁""心字底"，但在字典的检字目录里却可以归入"广

部""羽部""工部""羊部"。其次是固定程度不同。识字部首是固定的,例如"语"字,不管在哪都可以说它的部首是"言字旁"(讠)。

[6]《说文解字注》附鲁实说文正补、曾运干古音三十摄表、古韵分部对照表、广韵切韵上字表、古音正声变声表、简字索引,台北黎明文化事业股份有限公司,1986 年增订二版。本文引用之《说文解字注》以黎明本为据。(以下引用本书仅于文末加注页码,见 789 页)

[7]中国大陆在 1983 年由中国文字改革委员会、国家出版局公布《汉字统一部首表(草案)》,列出部首 201 个。

[8]此后为了方便检字《现代汉语词典》等字词典(汉语拼音序)会采取"多开门"的方式,将一个字分立在多个部首下,每个部首下都可以直接找到该字所在的页码。

[9]《中国文字学史》篇三之"文字学后期时代·清",第 275 页。

《说文》“阙”的汉字部首归部探究

陈　燕

天津师范大学文学院

《说文》“阙”见于“叙”，其说：“其于所不知，盖阙如也。”是说对于经典没有出现的古文和古义，不知道的就空缺不论。这种情况经常出现在《说文》训释中。如吅部：“单，大也，从吅單，吅亦声，阙”。本例的“阙”，似与單有关，指该字的意义不明，故阙如。

一、王筠关于《说文》“阙”的研究

王筠《说文释例》将“阙”看作《说文》条例之一，设立题目“阙”而专门讨论此问题，最有影响。他概括“阙”有三种情况：一则字形失传也；二则无著故曰阙，或字形较著而不可解者也；三则叠文与本文无异者也。我们同意王筠的意见，以为“阙”的前两种情况可能影响到汉字归部；第三种情况叠文与本文无异者，例如：

（一）豕部：豩，二豕也。豳从此。阙。

（二）卩部：𠨍，二卪也。巽从此。阙。

（三）㴇部：㴇，二水也。阙。

（四）灥部：灥，三泉也。阙。

以上各例为相同偏旁重叠。前两例因为相同偏旁重叠，所以部首归部没有悬念；后两例㴇、灥，本身就是部首。这几例皆与部首法无涉。我们搜集到类似的叠文9例，如㹜、𠓜、棘等，还有声旁的“阙”，如前例“单”等，因为皆与部首法无关，所以不在我们研究的范围。

王筠归纳的所谓字形失传，指由于字形变化，后来字形面目全非，如小篆字形旁“（旁）”的中间部分“冂”，已经失去原有的面貌，难以根据字形进行分析，很多汉字皆如此；有的已经完全不可解，如后面“阙”的14个例字。王筠所说的字形无著，一般指非字部件，如兩的中间“丨”、履的上头“尸”等。王筠所说的字形较著，一般指字的偏旁，可以独立使用。如呰的"此、吅"皆是偏旁，特点比较显著。以下 18 例"阙"与上述解释有关，例如：

（五）丄部：旁，溥也。从二，阙，方声。

（六）此部：呰，窳也。阙。

（七）辵部：遱，高平之野人所登。从辵、备、录。阙。

（八）又部：叚，借也。阙。

（九）网部：网，再也。从冂，阙。

（十）舟部：朕，我也。阙。

（十一）耳部：聏，《国语》曰：回禄信于聏遂。阙。

（十二）氐部：**氏**，阙。

（十三）亚部：**暜**，阙。

（十四）酉部：**醤**，阙。

（十五）酉部：**醔**，阙。

以上材料共通之处是字形无解。其无解的程度不同：或是整字，或是字的一部分，即字形半解半不可解。整字不可解的共 14 例：有呰、叚、**嵩**、市、**弓**、**獻**、朕、**自**、**㜯**、聏、**氏**、**暜**、**醤**、**醔**。字形半解半不可解的有 4 例：有旁、遱、**屦**、**网**。我们将字形半解或半不可解和整字不可解统称为"无解字"，字形半解指那些对字义产生影响的字，如上例"旁，溥也。从二，阙，方声"。许慎不知道"从二"的意义，故用"阙"。既然字形不可解，那么《说文》如何根据字义归部呢？

二、"无解字"的部首归部

《说文》绝大部分字都可以拆分出偏旁，然后按照偏旁的组合解说其中蕴含的意义，至于解释得是否反映汉字的实情自当别论，不是本文要探讨的问题。许慎按照字形所表示的意义分类聚集排序汉字，使每个汉字各得一个位置，因此对汉字形义的分析和解释是类聚排序汉字的重要基础。很多字可以根据字形揭示意义，如：

（十六）马部：**駜**，马八岁也，从马从八。

（十七）茻部：莫，日且冥也。从日在茻中。

这两个字通过分析字形便可以知道字义。

字形分析的方法适应于表示意义的字形，《说文》绝大部分字可以通过字形分析法获得字义。《说文》根据已知字义类聚汉字并建立部类，设立部首，这就是《说文》立部的过程。如上例"莫"，通过字形"从日在茻中"会意出"日且冥也"的字义。根据这个字义，"莫"可以在日类和茻类选择其一。《说文》归入"茻"类，"茻"是这个部类的代表字，即部首。除了"莫"，茻还有莽、葬共 3 个属字。

若某个汉字字形分析出现了"阙"，使形不可解，字的意义势必也不得而知。如"𣎆、𣏌、𣪊、𪓣、𪕛、𩰖、聑"等字，没有字形分析和字义解释。有的字半字字形分析阙如，意义仍在，如邅、旁、𡰪、网等字。

还有少数字的整字字形分析阙如，意义却在，不知该字的意义从何而来，如朕、𠯑、𡴎、𩠐、呰、叚等字。上例可证《说文》之中，已经有某些汉字不能通过字形分析出字义，这些"无解字"已经不表意，或基本不表意了。

如此问题就出来了，《说文》既然通过字形表示的意义类聚排序汉字，那么"无解字"依据什么排序？即《说文》凭什么将"𪕛、𩰖"归到酉部，"𪓣"归到亚部，"𣏌"归到凡部，"朕"归在舟部，"呰"归在此部等等。

仔细观察《说文》采用下面两种方法解决这些问题：

（一）根据字形类聚。取上或左偏旁等明显位置的偏旁为部首，如："呰"取上头的"此"，"𩠐"取上头的"自"，"帘"取上头的"𡴎"，"𪓣"取上头的"亚"，"𣪊"取上头的"軎"为部首，"朕"取左旁"月（舟）"，"聑"取左旁"耳"为部首。或者根据字形，取下底和外包围等比较明显位置的偏旁为部首，如："𪕛、𩰖"取下底的"酉"，"𣎆"取下底的"氏"，"邅"𣏌取外包围"辵"为部首，𣏌取外包围"凡"，"叚"取右下角"又"为部首等。

（二）根据已知的半解字形排序，如："旁"入丄部，"𡰪"入夂部。变体字形取已知正体字形为部首，如"弓"为反"邑"，取"邑"为部首，𠯑为反卩，取"卩"为部首，两字字形相近。

《说文》遇到特例采用变通办法。当出现"无解字"时候，根据字形类聚和确定部首，即汉字不表示意义时，就分析字形，根据字形确定部首排序，这是唯一可行的办法。

据此可知，根据字形确定部首的方法，从《说文》就开始了，只不过不若楷书通行之后那样普遍罢了。

参考文献：

许慎：《说文解字》，中华书局 1977 年版。

王筠：《说文释例》，武汉市古籍书店 1983 年版。

《说文·木部》农具义字杷梳识补

梁光华

黔南民族师范学院

本文所要研究的《说文·木部》农事农具义字,主要有以下几个字:槈—鎒、相—杷—桯、枱—鈶—鐴、檰、杷、朳、柫、枷。

《说文·木部》所释这些表示农事农具义的字,在汉字发展史上,产生了许多重文异体字,或曰后起今字。古今字典辞书或亡佚失收,或训释有异有误,或杷梳古今字、异体字源流混淆不清,故而本文拟诠释爬梳识补。

一、槈—鎒

《说文·木部》:"槈,薅器也。从木,辱声。鎒,或从金。"槈之为"薅器",即是耕除田地杂草的农耕器具。《国语·齐语》有例为证:"及耕,深耕而耰心,以待时雨。时雨既至,挟其枪、刈、槈、镈,以旦暮从事于田野。"《广韵·候韵》释曰:"槈,《说文》曰:薅器也。《纂文》曰:槈如铲,柄长三尺,刃广二寸,以刺地除草。奴豆切。鎒,上同,亦出《说文》。耨,上同。《五经文字》云:经典相承从耒久,故不可改。"《集韵·候韵》"乃豆切"之下收释"槈、鎒、耨"三字,最得文字发展先后之本旨:"《说文》:槈,薅器也。或从金、从耒。"根据我国古代社会历史发展的先后顺序,据《说文》《广韵·候韵》《集韵·候韵》可知,我国青铜器出现之前,农事耕作之农具,多以木材加工制作。此时记录农具义的汉字,均以"木"为字之表义偏旁。青铜器出现之后,生产工具随之改革,出现了用青铜器来加工制作的农具,农事耕作效率提高,大大促进了生产力的发展,所以记录农事农具义的汉字,在以"木"为表义偏旁本字的基础上,又出现了表义偏旁从金之后起今字。故而《说文·木部》把从木之"槈"字释为"薅器"之本字;"鎒,或从金",许氏释槈字"或从金",字写作"鎒",说明从金之"鎒"字是在青铜器出现之后产生的今字。许氏《说文·木部》这些训释是正确的。

　　许氏《说文》所释"耒"字本义，是指上古手耕时代耕翻田土农具的曲木柄把。《说文·耒部》释曰："耒，手耕曲木也。从木，推丯。古者垂作耒耜，以振民也。凡耒之属皆从耒。"在汉语中，"耒"由上古手耕时代农具义之曲木柄把本义引申为耕犁田土的农具，所以后世表示农事农具义的字，多用"耒"字为表义偏旁，《广韵·候韵》引《五经文字》释云："经典相承从耒久，故不可改。""薅器"从木之"槈"，后来写作从耒之"耨"，故而导致从木从金之"槈""鎒"二字在古代经典典籍中废而少用，从耒之"耨"字则通行于古代经典典籍之中。许氏《说文》四篇下设有《耒部》，没有收释从耒之"耨"字，说明许慎之时还没有出现从耒之后起今字"耨"。后世人传抄上古典籍，遇到从木之"槈"字，便改写为从耒之"耨"字。例如：《左传·僖公三十二年》："臼季使过冀，见冀缺耨，其妻馌之。"晋杜预《春秋左传集解》注曰："耨，锄也。"《吕氏春秋·任地》："其耨六寸，所以间稼也。"汉高诱注曰："耨，所以耘苗也。"《汉语大字典·木部》释曰："槈，同耨。"《辞源》（修订本）释曰："锄草农具。同耨。"这两部大型字典辞书如此所释，没有诠释清楚"槈""耨"二字的古今字关系。

二、相—杞—㮡

　　《说文·木部》："相，盆也。从木，吕声。一曰徙土輂，齐人语也。㮡，或从里。"此为二徐本之释语。许氏《说文》流传于后世最早的残写本是中唐穆宗时期的写本，晚清莫友芝同治元年在安庆考鉴发现，世所公认。唐写本《说文·木部》残卷释作："杞，盆也。从木，巳声。一曰从士（当依二徐本为'徙土'）輂，齐语读若骇。㮡，杞或从里。"[1]唐写本《说文·木部》残卷此释语，后世语文字典辞书均没有收释注解。作为古代挖土的锹盆农具，杞、相当为重文异体字。清代同治二年刊刻于世的莫友芝《唐写本说文解字笺异》考释曰："《集韵·止韵》象齿切：相㮡杞耜耛耜同字，引《说文》同小徐，疑其所见本有杞、相重文，《唐本》与《二徐本》各失其一。耜，则杞之俗；耛耜，相之俗也。自唐人经典承用耜，五经文字遂无相字，仅存二徐《说文》。《广韵》又收耜失杞，而杞、相并正字，无有能识之者矣。得《唐本》钩鼗，乃拾出于亡逸之馀，为之快然。"莫友芝考释极为正确，遗憾的是，现当代语文字典辞书均未征引采纳，以致现当代读者鲜有人知晓。古代挖土农具杞、相二字为重文异体字，确实仅见宋代丁度等所编《集韵·止韵》："象齿切：相㮡杞耜耛耜，曰器。《说文》盆也。一曰徙土輂，齐人语。或作㮡耜耛杞耜。"但是《集韵·止韵》显然是依据二徐本《说文》，将"相"字视为正字，误将"杷"字视为或体字，所以才作出这样的训释："或作桍耜耛杷耛。"莫友芝考释"耜，则杷之俗；耜耛，相之俗也"；莫氏又在其《唐写本说文解字笺异·识后》中总结说："杷相，截然两体，声义各足，直是互漏。"[2] 由此，我们可以清晰地杷梳厘清这组重文异体字及其古今字的源流发展关系：古代表示锹臿农具义的"杷、相"二字是许氏《说文》所收重文异体字，"《唐本》与二徐本各失其一"；"桍"为《说文》所列或体字；后世从耒之"耜"字则为"杷"之后出今字；后世从耒之"耜耛"字亦为"相"之后出今字。《汉语大字典·木部》释曰："杷，同相（耜）。《集韵·止韵》：相，田器。《说文》：臿也。一曰徙土輂，齐人语。或作杷。"但是没有杷梳诠释"杷、相"两个异体字与后出今字"耜耜耛"的古今字关系。现当代语文字典辞书收释这组字，有失有误。倘能作以上源流杷梳诠释，则无误矣。

三、枱—鈶—䎱

《说文·木部》："枱，耒端也。从木，台声。鈶，或从金。䎱，籀文从辝。"此为二徐本之释语。反切均为"弋之切"。唐写本《说文·木部》残卷释作："枱，耒端木也。从枱（当为木），台声。䎱，籀文枱从辝。弋之切。"此释"枱，耒端木也"，深得许氏《说文》释义本旨，明显优于二徐本之释，此可以《玉篇》《齐民要术》所释为证："枱，弋之切，耒端木也。亦作鈶。䎱，籀文。"唐代日本释空海所编《篆隶万象名义·木部》亦可为证："枱，在以反，鈶字，耒端木。"[3] 据此，《辞源·木部》（修订本）释曰："枱，古代翻土农具上的木柄。"这是"枱"字本义之准确训释。然而段玉裁《说文解字注·木部》于"枱"篆说解之下注曰："枱，今经典之耜。"朱骏声《说文通训定声》亦云："相、枱同字。"《汉语大词典·木部》误从段、王二氏之说："枱，《集韵》象齿切，即耜。《说文》：枱广五寸，二枱为耦。又《木部》枱，耒嵩也。段玉裁注：枱，今经典之耜。"枱与相（耜）、杷之本义是有区别的。许氏《说文·木部》："相（耜）杷，臿也。"即指相（耜）杷之本义是古代翻土、起土之农具臿。《玉篇》《齐民要术》《篆隶万象名义》三本早于二徐本的古书，与唐写本《说文·木部》残卷均释"枱"为"耒端木"，即可证明"枱"字本义是古代翻土、起土之农具臿上的木柄。王筠《说文句读·木部》在"枱、鈶"说解之下批评说："段氏曰：以其土也，故从木；以其属于金也，故从金。筠案：金乃耜也，即段氏此言亦可知耜之是相而非枱也，兼知鈶为后作之字，与戴侗说古耜以木，后世以金相应。"

《汉语大词典》成书于当代，不当误承前人之说诠释"枱"为"耜"，而当据《玉篇》《齐民要术》《篆隶万象名义》、唐写本《说文·木部》残卷之正确训释而加以修订。

"枱"，后世又写作"秮"。许氏《说文》四篇下之《耒部》没有收释"秮"字。最早见于《集韵·之部》："盈之切。枱鉊檕秮，《说文》：耒端也，或作鉊檕秮。"从耒之"秮"字，当为从木之"枱"字的后起今字。

四、櫌

《说文·木部》："櫌，摩田器。从木，忧声。《论语》曰：櫌而不辍。"《辞源》（修订本）《汉语大词典》《汉语大字典》均释为"同耰"。这三本大型字典辞书所作训释不够准确。"櫌"是古字，从耒之"耰"字是其后起今字，故当训释为：櫌，后来写作"耰"，是古代摩碎泥块平田的农具。《说文》四篇下之《耒部》没有收释从耒之后起今字"耰"。

五、杷

《说文·木部》："杷，收麦器。从木，巴声。"许氏《说文》此释"杷"为"收麦器"，释义过于单一狭窄。杷是有齿之长柄农具，多用竹木弯曲制成，后世亦用铁器加工制成，加上木柄或竹柄，用来杷梳秧田，平田碎土，聚拢草禾；或在夏秋用来翻晒、聚拢麦穗谷场。杷是农户常用之农具。班固《汉书·贡禹传》："捽草杷土。"唐颜师古注曰："杷，手掊之也。音蒲巴反。"汉刘熙《释名·释用器》："杷，播也，所以播除物也。"汉王褒《僮约》曰："屈竹作杷。"

以木加工制成之农具"杷"，后世写作从耒之"耙"，广泛使用于典籍之中。《辞源》（修订本）《汉语大词典》《汉语大字典》三部大型语文工具书《木部》和《耒部》均收释"杷""耙"二字，但是没有诠释清楚"杷""耙"二字古今字的关系；《辞源》（修订本）在《耒部》则释云："2.pá 耙聚拢谷物和平土的农具。通杷。"此释"耙"通"杷"，训释"耙""杷"为通假关系，更是有误。当释"杷"为古字，"耙"为后出今字方是。

六、枂

《说文·木部》："枂，两刃臿也。从木，象形。宋魏曰枂也。鈂或从金从于。"枂，音为"互瓜切"(huǎ)，是古代耕犁田土的两齿铧。许氏此释"宋魏曰枂"，当本《方言》。段玉裁《说文解字注》对此注曰："《方言》云：臿，燕之东北，朝鲜洌水之间谓之，宋魏之间谓之铧……按：茉、铧古今字也。《方言》浑言之，许析言之耳。"段氏此注有据。除《方言》外，刘熙《释名·释用器》亦有言："铧，刳也。刳地为坎也。"《玉篇·木部》释曰："茉，两刃舌也。今为铧。"《玉篇·金部》又收释"铧"字，并以"鈒"字为异体字。《集韵·麻韵》"胡瓜切"下"茉鈒鋘铧"四字同，释曰："《说文》两刃舌也。从木，象形。宋魏曰茉。或作鈒、鋘、铧。"由此可见，最早以木制作的两齿铧——"茉"是本字，从金从于的"鈒"，以及《释名》《玉篇》《集韵》所收释的"铧鋘"共三字，均当为青铜器出现之后所产生的后起今字。在汉语典籍中，茉、鈒、鋘三字较少使用，唯独从金华声的后起今字"铧"大行于世。今称耕犁田土的农具为犁铧，或称为铧口。

七、枹

《说文·木部》："枹，击禾连枷也。从木，弗声。""枷，枹也。从木，加声。淮南谓之柫。"枹、枷同义，又叫连枷，是夏秋时农人于晒场上用来击打禾谷、豆荚等物，使之脱粒出壳的常用农具。这种农具简易省力而功效高，所以从古沿用至今。许氏此引释曰："淮南谓之柫"，引自《方言》卷五："佥，宋魏之间谓之橶殳，或谓之度，自关而西谓之棓，或谓之柫，齐楚江淮之间谓之柫，"郭璞在"佥"下注释曰："今连枷所以打谷者。"《国语·齐语》："权节其用，耒耜枷芟。"汉韦昭注云："枷，枹也，所以击草。"汉刘熙《释名·释用器》："枷，加也。加杖于柄头以挝穗而出其谷也。"宋应星《天工开物·粹精》："凡豆菽刈获，少者用枷，多而省力者仍铺场。……凡打豆枷，竹木竿为柄，其端锥圆眼，拴木一条，长三尺许。铺豆于场，执柄而击之。"

八、枷

古代最早以木加工制作农具，其农具义之字以"木"为造字表义偏旁；青铜器出现之后，其新造之字表义偏旁换成"金"，许氏《说文》已有记载；其后新造之字表义偏旁又换成直接是耕犁农具"耒"，《说文》四篇下设有"耒部"，但是没有收释本文所释之字。农具义字由"木"到"金"到"耒"这一造字表义偏旁的演变，既反映了我国古代生产工具、生产力进步发展的历史进程，又反映了后世人在古字的基础之上，随着社会进步发展而精确改换表义偏旁创制今字以记录农具进步变化的造字演变事实，例如本文所释之"櫒—鎒—耨"、"柏—鉑—耙"、"茉—鈒—鋘—

铧";"相—杷—耜—耛—耙""櫌—櫌""杷—耙"。以上所释连枷之"枷"字，后世亦写作从耒之"耞"。《集韵·麻韵》:"居牙切"下"枷耞"同字，释曰:"《说文》'柫也。淮南谓之柍。'或作耞。"《国语·齐语》:"权节其用，耒耜耞芟。"韦昭注云:"耞，柫也，所以击草也。"(此引自商务印书馆民国十六年版《国语韦解补正》。耞，《国语》公序本用古字作"枷")宋吴锡畴《穷山之趣》曰:"鼓响移秧日，耞鸣获稻秋。"这是"枷"之后起今字"耞"之用例。

　　值得注意的是，"枷"字在汉代以前，其本义为农具义，与"柫"同义，即连枷，所以许慎《说文·木部》在"櫌、相(杷)、櫌、茉、枷、柫、枷"等农具义字组中释"枷"。扬雄《方言》、刘熙《释名》以及郑玄、韦昭等汉代注释家释"枷"，亦只释"枷"字"连枷"义，目前尚未看到汉以前释"枷"为刑具义的例证。而汉代以后，"枷"除了保持有"连枷"农具义之外，又产生了"枷锁、木枷"刑具义，而且"枷锁"刑具义的使用频率更高，所以南朝顾野王《玉篇·木部》在农具义"耜、茉……杷、柫"字组中不释"枷"字，而在部末"牀"与"杖"之间释"枷"，而且把刑具义放在第一个义项上:"枷，音加。枷锁;又连枷打谷具。"研究"枷"字词义发展线索者，研究《说文》和《玉篇》者，对此应当有清醒的认识。

注释:

[1]此"唐写本《说文·木部》残卷"为晚清莫友芝于同治元年在安庆考鉴发现。其真迹原件今藏于日本大阪杏雨书屋;亦可见其真迹影印件，载于上海古籍出版社2016年版《唐写本说文解字木部笺异注评》书首。

[2]《唐写本说文解字木部笺异注评》，第358页。

[3]见唐代日本释空海所编《篆隶万象名义》，中华书局1995年影印本，第121页。

《说文》服饰字释义浅析

古敬恒

江苏师范大学文学院

【摘要】《说文》中糸、衣、巾、丝、革、金、玉等多个部首涉及传统服饰的相关内容。本文共选取18个汉字,从一冠冕,二衣衫,三常裳,四屦履,五簪钗等五个方面对许慎说解加以释读。同时对于学界的某些解读略陈己见,以就教于方家。

【关键词】《说文》 服饰 释义 商榷

服饰,是衣服和装饰品的总称,它是人类物质和精神生活的一种表现,具有遮体保暖和美化生活的功能。在等级社会中,又反映了人们不同的身份地位、社会观念和心态。其基本形制,主要包括衣着(上衣、下衣、鞋、帽),附属装饰品(簪、钗等),人体自身装饰(发式、画眉等),带有装饰性的工具、武器、日用品(佩刀、提包)。《说文》中涉及服饰的部首主要有糸、衣、巾、丝、革、金、玉等。

一、冠、冕、弁、巾

此类属于头衣,又称首服。其中冠最具代表性。

(一)冠

冠,《说文》:"冠,絭也。所以絭发,弁冕之总名也。从冂,从元,元亦声。冠有法制,从寸。"冠是用来卷束头发的物品,是古代首服的总称。冕、弁、冠都是帽子的专名,这里许慎用"弁冕"释冠,是以同义词释义,而"总名"的定位,则肯定了冠的代表性。林义光《文源》:"从寸之字,古多从又,象手持冂加元之上;元,首也。"这只是对"冠"字构形的文字层面的分析,尚未揭示"寸"在"冠"中的深层文化含义。许慎明确指出:"冠有法制,从寸。"段玉裁在"冠有法制"下注曰:"谓尊卑异服。"尊卑异服体现了古人掌控冠服的尺寸或分寸,因而"古凡法度之字多从寸者"。古代不同等级的官员所戴的冠体现了品类质料等的不同层次。桂馥《说文义证》引《尉缭子》："天子玄冠玄缨，诸侯素冠素缨，大夫以下练冠练缨。"这里侧重从色彩的不同体现等级的差别。其中玄冠是黑色的朝服冠名，古代属于吉服。丧事是凶事，性质截然相反，因而不能穿戴着去吊丧。玄冠本身其实也有等级的不同和时代的差异。《论语·乡党》："羔裘、玄冠不以吊。"这里记述孔子对于服饰礼仪的做法，似乎表明他在未行吊唁之礼时是佩戴玄冠的。唐皮日休《晚秋吟》："东皋烟雨归耕日，免去玄冠手刈禾。"诗人似乎也有戴玄冠的习惯。《汉语大词典》："玄冠：古代朝服冠名，黑色。"钱玄《三礼辞典》："玄冠：黑缯冠。为士、大夫常服之礼冠。亦称委貌。"[1] 可见春秋时代佩戴玄冠已不限于帝王。但帝王之冠也有其显著特点，就是要有朱组缨相搭配。《礼记·玉藻》："玄冠朱组缨，天子之冠也。"这与《尉缭子》的记载也有不同。此外，"冠有法制"还表现在，冠作为服饰，具有礼仪、职业、审美等多方面功能，有皇冠、王冠、通天冠（皇帝所戴）、进贤冠（文官参朝时所戴）、獬豸冠（法官所戴）、远游冠（诸王所戴）等许多种，名目和形制十分复杂，并且历代都有所变化。

（二）冕

冕，《说文》："大夫以上冠也，邃延垂瑬紞纩。从冃，免声。古者黄帝初作冕。絻，冕或从糸。"这里许慎提供了不少文化信息。冕是古代帝王、诸侯及卿大夫所戴的礼帽。由冠和延组成。延的前后沿各用五彩缫绳穿玉，垂于延之前后，此即旒（《说文》作瑬）。据《字汇》，君、臣之冕区别在于旒的多寡。天子之冕有十二旒，诸侯九，上大夫七，下大夫五。紞是冕的两旁用来悬挂瑱玉的带子，即"冕冠塞耳者"。黄帝初作冕的传说，又见于《太平御览》所引《世本》。《说文》所附絻字，属于今文，而"许意从古文也"（段注），故列为异体。冠服制度历代有所调整。许慎所处的东汉时代冕可供帝王和臣下共同使用，但中古之后臣下就不得戴冕，故"冕旒"成了帝王的代称。唐王维《和贾舍人早朝大明宫之作》："九天阊阖开宫殿，万国衣冠拜冕旒。"

（三）弁

弁，《说文》作"覍"，"冕也。周曰覍，殷曰吁，夏曰收。从皃，象形。"许慎列出了弁在上古的异称，其说有据，见《仪礼·士冠礼》与《礼记·王制》。不过"三礼"中"吁"字上另加"冃"旁。弁，甲骨文作𢍅，《说文》异体作𠔏。古文字像双手捧冠形。弁是一种比较尊贵的冠，其尊贵仅次于冕，而高于冠。杨金鼎《中国文化史词典》分为皮弁、爵弁两类。皮弁用白鹿皮制成，武官所服，尖顶，类似后代的瓜皮帽。爵弁又作"雀弁",为文官所服。形如雀头,色赤而微黑。[2] 其实两者之外,还有"韦弁"一类。《释名·释首饰》:"弁,如两手相抃时也。以爵韦为之谓之爵弁,以鹿皮为之谓之皮弁,以靺韦为之谓之韦弁。"《释名》侧重从制作质料的不同加以区分。《周礼·春官·司服》郑玄注对"韦弁"有解释。其形制与皮弁相近,但质较坚韧,常用作军事用品。《汉语大词典》也收有"韦弁"一词。此外,古代男子年满二十加冠称弁,以示成年。《诗·齐风·甫田》:"婉兮娈兮,总角丱兮,未几见兮,突而弁兮。"孔颖达疏:"指言童子成人加冠。"

（四）巾

巾,《说文》:"佩巾也。从冂,丨象糸也。"林义光《文源》:"象佩巾下垂形。"实际上,巾作为佩饰用品并非其初期的用法,段玉裁注引《玉篇》说:"巾本以拭物,后人着之于头。"可知巾原本是指擦抹用的织物,如毛巾之类。《仪礼·士丧礼》:"沐,巾一;浴,巾二。"郑玄注:"巾,所以拭污垢。"这种用法后代仍旧沿用。如唐杜甫《忆昔行》:"巾拂香馀捣药尘,阶除灰死烧丹火。"巾和梳篦合称"巾栉",后来泛指盥洗用具。《礼记·曲礼上》:"男女不杂坐,不同椸枷,不同巾栉。"《庄子·杂篇·寓言》:"至舍,进盥漱巾栉,脱履户外。"又"公执席,妻执巾栉"。

到了西周之后,巾逐渐产生出"佩巾"义。据宋人高承《事物纪原》:"王莽篡汉,汉王闳伏地而泣,元后亲以手巾拭其泪。巾虽始于三代,而手巾之名,实始于汉,今称曰帨是也。"帨即佩巾,古代女子常系挂于腰左。[3] 女儿外嫁,母亲送别时,常解下佩巾系在女儿衣襟上,称为"结帨"。高承说佩巾"实始于汉""今称曰帨",其实并不正确。因为《诗经》中"帨"用作佩巾已经出现。《诗·召南·野有死麕》:"舒而脱脱兮,无感我帨兮。"毛传:"感,动也。帨,佩巾也。"《仪礼·士昏礼》:"母施衿结帨。"郑玄注:"帨,佩巾。"笔者认为,许慎将"佩巾"列为词的本义,一是佩巾具有形象性,因而以此释巾更具有代表性。二是顺应了时代的变化,因为从汉代开始,佩巾之俗更为盛行。后来,巾也可用来裹头,这也称为"佩巾"。段玉裁注指出:"巾本以拭物,后人着之于头。""佩巾之风,三国时较盛,不仅文人常戴,主持军事之将帅,如袁绍、崔豹等,也均以佩巾为儒雅。"[4] 有的辞书在"佩巾"下只提其一,这就显得不够全面。

二、衣、衫、袤

（一）衣

衣是服饰类的代表性词语。上古时期，"未有麻丝，衣其羽皮"（《礼记·礼运》），人们只能依靠树叶和兽皮来御寒。进入新石器晚期之后，人们"治其麻丝以为布帛"，衣服开始出现。《说文》"衣，依也"的解说，给人提供了丰富的想象。作为人的依靠对象，衣服不仅具有御寒作用，而且能够遮羞，还具备美化人体的功能，它是先民物质文明和精神文明发展到一定阶段的必然产物，因此，许慎"依也"的说解是对衣服功能的高度概括和总结。衣，甲骨文作 ，金文作 ，小篆作 。从古文字看，上面是曲领，左右像衣袖，中间像衣襟。《说文》："衽，衣裣也。"夏商周时期，华夏人的上衣多为交领右衽的形状，衽都设在人身的右侧，这可能是为了方便右手操作的缘故。晁福林认为："人活着的时候要用右手解衣带；人死之后则衣襟改为左衽，表示不再解带。华夏族人右衽的习俗是为当时的社会观念所支配的。"[5]

（二）衫

衫是一种重要服饰。《方言》《释名》都予收录，因此《说文》未收，应当说是一个缺憾。《说文新附》："衣也。从衣，乡声。"古代的衣是个综合性概念，既是服装的通称，如《论语·里仁》："士志于道，而耻恶衣恶食者，未足与议也。"也指下裳。《尔雅·释水》："以衣涉水为厉。"郝懿行义疏："以衣涉，故知衣谓裈也。"当然，衣指上衣是更为普遍的。《说文》："衣，依也。上曰衣，下曰裳。"那么，《说文新附》所说的"衫"是指上衣还是服装的通称？《汉语大字典》引用《说文新附》的上述说解，提出衫是"衣服的通称"，其他辞书则从历史发展的角度指出衫是上衣。如《王力古汉语字典》："古指无袖头的上衣"；《辞源》："古指短袖的单衣。"《汉语大词典》："古代指无袖头的开衩上衣。"可作证明的材料很多，如《释名·释衣服》："衫，芟也，芟末无袖端也。"《方言》卷四："衫，或谓之襌襦。"杨金鼎主编《中国文化史词典》指出："衫，短衣。上古时称长衣为深衣，短衣为中单。其称衫者乃始于秦时。"[6]《王力古汉语字典》还明确指出："后亦通称衣服"，所引用的是唐岑参的诗句。《说文新附》尽管是宋初徐铉所撰，但从《说文》论说字词本义的性质看，他所说的"衣"似应指上衣，而非"衣服的通称"。由此看来，《汉语大字典》的说法是值得商榷的。此外，后代衫的形制也发生了变化，开始时是无袖头的，如郝氏《续后汉书·袁闳传》（卷六十九上）："但着禅衫疏布单衣幅巾，亲尸于版床之上。"后来加上了袖头。

如《旧唐书》卷一百〇五《韦坚传》："驾船人皆大笠子宽袖衫，芒屦。"

（三）衺

衺，《说文》："襺也。从衣，牙声。"段玉裁《说文解字注》、朱骏声《说文通训定声》、桂馥《说文义证》、王筠《说文句读》释义同，其襺字为内外结构。段注："衺，今字作邪。毛诗传曰'回邪也。'"今辞书也释义为"邪恶；不正当"（如《汉语大词典》）。该字既然从衣，自然应与服饰有关，然而上述解释都没有同"从衣"联系起来。襺，《说文》："重衣皃。"重衣，指衣上加衣。《礼记·内则》："寒不敢袭。"郑玄注："袭，谓重衣。"重衣与邪恶二者之间也很难建立联系。因此笔者认为应当参照前人其他解释。徐锴《说文系传》："衺，纰也……臣锴曰：纰谓帛文疏纰邪戾也。"他的说法并非孤证。清纽树玉《说文校录》："《系传》《韵会》作纰也。《六书故》引蜀本亦作纰也。"清姚文田、严可均《说文校议》认为："按糸部纰'氏人罽也'，此盖罽文之衺者。"这种推测与徐锴释义相近，具有一定的道理，既回答了衺字"从衣"的问题，又解释了它具有罽（加糸）文的特点，因而衺后来被借用为"邪"，并在文献中得到广泛应用。

三、常、裳、裙

（一）常

常，《说文》："下帬也。从巾，尚声。裳，常或从衣。"常指下身穿的裙子。裳是常的异体字。常表示裙子，文献用例并不多，如《逸周书·度邑》："叔旦泣涕于常，悲不能对。"《玉篇·巾部》："常，帬也。今作裳。"这说明南北朝时，表示裙子义已由"常"改用"裳"。今人所理解的裙子，都是穿在下身的，那为什么许慎要以"下帬"释"常"呢，岂非多此一举？据王筠《说文句读》："汉谓裳为帬，而冠之以下者，帬亦为在上者之名，故言下以别之。"帬的样式历代也有不同，据长沙马王堆一号汉墓发掘出的实物来看，上古的裙类似今天的"连衫裙"。这种裙子是否有可能就是所谓的"上裙"？此外，古代还有"中裙"之说。《汉书·万石君传》："窃问侍者，取亲中帬厕牏身自瀚洒。"唐颜师古注："亲谓父也；中帬若今中衣也。"

（二）裳

裳，《说文》收为"常"的异体字。指的是"下身衣裙，古时男女皆服。"古书中用例很多。如《诗·邶风·绿衣》："绿兮衣兮，绿衣黄裳。"毛传："上曰衣，下曰裳。"《诗·齐风·东方未明》："东方未明，颠倒衣裳。"汉扬雄《法言·修身》："惜乎衣未成而转为裳也。"晋陆机《门有车马客行》:"投袂赴门涂,揽衣不及裳。"这些都是许慎释义的有力佐证。从本义出发,裳也引申指"衣服",时间多在南北朝之后。如南朝宋谢惠连《捣衣》诗:"美人戒裳服,端饰相招携。"吕向注:"谓美人之徒相备整衣裳服装,饰以相招携也。"北魏郦道元《水经注·江水》:"巴东三峡巫峡长,猿啼三声泪沾裳。"

关于裳的读音,明显存在着 chang 与 shang 的古今差异。《说文》既然列"裳"为"常"的异体字,则二字古代同音是不言而喻的。上古音同为禅母阳部韵。《王力古汉语字典》还将二字列为同源字,指出:"当下衣讲,实为一词的不同写法。"因此,不少字书辞书都在 chang 的读音下收录"裳"字,如《汉语大字典》《汉语大词典》《辞源》《辞海》《王力古汉语字典》等。由于"常"转而表示"经常"义,所以后代裳新生出 shang 音以示区别。《现代汉语词典》《新华字典》均在 chang 和 shang 下两处收录"裳"字。

(三)裙

裙,《说文》作"帬":"下裳也。从巾,君声。裠,帬或从衣。"裠被列为或体即异体字。据宋人高承《事物纪原·卷三》:"古所贵衣裳连下有裙,随衣色而有缘;尧、舜已降有六破及直缝,皆去缘;商、周以其太质,加花绣,上缀五色。盖自垂衣裳则有之,后世加文饰耳。"高承追溯了裳的上古期发展演变历程,对"下裳"的释义加以充实。杨金鼎《中国文化史词典》则着重对隋唐后的变化给予说明:"上古男女通着,隋唐以后,男子以袍为常服,只有女子才着裙,故'裙钗'成了妇女的代称。'裙'在不同的时代,样式也不尽相同,据长沙马王堆一号汉墓发掘出的实物来看,上古的裙类似今天的'连衣裙'。"[7]男子着裙南北朝时期还很流行,当时贵游子弟常穿下裳,着木底鞋,称为"裙屐"或"裙屐少年"。《北史·邢峦传》:"萧深藻是裙屐少年,未恰政务。"

四、屦、履、鞮、袜

这一类称为足衣。

(一)屦

屦,《说文》:"履也。从履省,娄声。一曰:鞮也。"屦在上古是普通单底鞋类的总称。汉代时普通鞋类的总称已由"履"取代,因此许慎以"履"释义,自然适应了时代的变化。《周礼·天官·屦人》:"掌王及后之服屦。"汉郑玄注:"复下曰舄,禅下曰屦。"清朱骏声《说文通训定声》也说："汉以前复底曰舄，禅底曰屦；以后曰履，今曰鞵（鞋）。"禅底即单底，即普通的鞋子。禅，《说文》："衣不重"，即单衣。通作"单"。文献表明，屦在上古时指用麻、葛制成的单底鞋。如《诗·魏风·葛屦》："纠纠葛屦，可以履霜。"用麻绳编结的屦更为普遍，编结时要一边编一边砸紧，类似于今天编草鞋。也就是《孟子·滕文公上》所说"捆屦织席"中的"捆屦"。有时屦也可以用皮或草制成，《说文》"一曰"所指，就是皮鞋。

（二）履

履，《说文》："足所依也。从尸，从彳，从夊，舟象履形。一曰：尸声。""足所依"，许意应指"脚所依托的用具"亦即鞋子。清徐灏《段注笺》："从彳，从夊，皆行步取义；𦩍象履形，与舟字相似；从尸，亦横人相配，兼取其声。"

现行字书辞书或王力《古代汉语》等教材多将"踩踏"列为"履"的本义，而"鞋子"义为引申义，从而对《说文》释义加以否定。笔者根据对上古文献的分析，也基本赞同这个意见。上古文献中"踩踏"义用例很多，如：《易·坤》："履霜坚冰，阴始凝也。"《诗·小雅·小旻》："战战兢兢，如临深渊，如履薄冰。"《左传·文公十三年》："履士会之足于朝。"《论语·乡党》："立不中门，行不履阈。"笔者又根据《诗经索引》[8]所提供的 12 条"履"的用例加以分析，其中有 8 条所指是"踩踏"，如：《诗·齐风·东方之日》"履我即兮""履我发兮"；《诗·魏风·葛屦》《诗·小雅·大东》"可以履霜"；《诗·小雅·小旻》《诗·小雅·小宛》"如履薄冰"；《诗·小雅·大东》"君子所履"；《诗·小雅·白华》"履之卑兮"；《诗·大雅·生民》"履帝武敏"；《诗·大雅·行苇》"牛羊勿践履"。另有 4 例属于通假用法。如《诗·周南·樛木》的"福履绥之""福履将之""福履成之"，履借用为"禄"。《诗·商颂·长发》"率履不越"，履，借用为"礼"。12 条中并没有发现作为"鞋子"的用例。

稍晚，"鞋子"义在战国时代开始产生。如《庄子·山木》："庄子衣大布而补之，正絜（加广）系履而过魏王。"《庄子·让王》："原宪华冠縰履，杖藜而应门。"也指"穿鞋"。《韩非子·外储说左下》："故昭卯五乘而履属。"《庄子·田子方》："儒者冠圜冠者知天时，履句履者知地形。"由此看来，学界关于"踩踏"义是"履"的本义、"鞋子"义为引申义是有根据的。清段玉裁《说文解字注》："古曰屦，今曰履；古曰履，今曰鞵（鞋），名之随时不同者也。"这一说法是符合语言演变实际的。但他又说："引申之训践"，他认为"鞋子"是履的本义，践即"踩踏"为引申义，这与我们所看到的语料恰恰相反，因此对于段氏的见解我们不敢苟同。

（三）鞮

鞮，鞋的古字。《说文》："鞮，革生鞮也。从革，奚声。"意即生皮革制成的鞋子。"革生"，姚文田、严可均《说文校议》："'革生'当作'生革'。"段玉裁《说文解字注》持相同看法。笔者认为，"生革"的表述较为合理，"鞈"下也说"生革（可以为缕束也）"。上古时期鞋类的总称是"屦"，后来被"履"所取代，而"鞮"只是鞮的一种，即用皮制作的鞋子中的一种。关于鞋的来历也有其他的推测。据宋人高承《事物纪原·卷三》："《实录》曰：鞮，夏、商皆以草为之，周以麻；晋永嘉中以丝。"《说郛》卷十引唐留存《事始·鞋》："古人以草为屦，皮为履，后唐马周始以麻为之，即鞋也。"其实早期的鞋类总称为"屦"，因为屦就是用麻、葛编织的单底鞋。随后"履"又成为各类质料的鞋的总称。《实录》将上古不同质料者皆冠以"鞮"，本身就不合情理，《事始·鞋》的说法有的更与史实乖离。鞮既然从"革"，就点明它的来源应与皮革相关，故《说文》的解释应当是有根据的。

中古以后，鞋就成了鞋类的总称，如草鞋、芒鞋、靸鞋（一种用草制作的拖鞋）、丝鞋等。《淮南子·齐俗训》："带足以结纽收衽，束牢连固，不亟于为文句疏短之鞋。"北齐颜之推《颜氏家训·治家》："麻鞋一屋，弊衣数库，其余财宝，不可胜言。"

（四）袜

袜，《说文》作"韈"，释曰："足衣也。从韦，蔑声。"足衣即指脚上穿的袜子。许慎的释义可谓简明扼要。"足衣"一词较早的文献如《诗经》《左传》及"三礼"均未见。《汉语大词典》引《左传·哀公二十五年》"褚师声子韈而登席。"晋杜预注："韈，足衣也。"《辞源》则引用唐陆德明《释文》："韈，亡伐反，足衣也。"二者出现的时代都偏晚。《中文大辞典》："足衣，韈也，靴下。《说文》：'韈，足衣也。'"由此看来，"足衣"一词，极可能是许慎所创，这是难能可贵的。

韈的异体字有靺、韤、帓、袜等。从韦，从革，从巾，表现了鞋子质料的差别；从衣，点明了袜在服饰中类属即足衣。清王筠《说文句读》引顾亭林曰："古人之韈，大抵以皮为之。"即用生革或熟皮（韦）制成。如：（革末），《宋书·沈庆之传》："上开门召庆之，庆之戎服履（革末）缚绔入。"韤，《文选·曹植·洛神赋》："陵波微步，罗韤生尘。"靺，《南史·徐孝嗣传》："泰始中，以登殿不着靺，为书侍御史蔡準所奏，罚金二两。"古代穿袜要系带子于足胫上；登堂入室时，以脱袜为礼敬，见《礼记·曲礼》。到了后代，袜多用绫、罗为原料。如袜，汉张衡《南都赋》："修袖缭绕而满庭，罗袜蹑蹀而容与。"宋苏轼《洞庭春色赋》："惊罗袜之尘飞，失舞袖之功弯。"

五、簪、钗、珥、瑱

这一类属于附属装饰品。其中簪、钗称为"首饰"。

（一）簪、钗

簪，本作"先"。《说文》："先，首笄也。从儿，匕（xi）象形。簪，俗先，从竹，从赞。"簪、笄，都是古人用来挽住绾起的头发、或固定冠冕在头发上的用品。固定发髻的簪、笄，男女皆可用；固定冠冕的簪、笄，为男子所专用。上古时笄大抵以竹为之，后来逐渐用骨、象牙、金、玉制作。许慎以"笄"释"先"，表明二者古今同物，段玉裁注也指出二字为"转注"字。儿，古"人"字。匕像先形。段注进一步指出："先必有岐（歧），故又曰叉，俗作钗。《释名》曰：'叉，枝也。因形名之也。'篆右象其叉，左象其所抵以固弁者。"对字形结构作出分析，充实了《说文》的内容。同时他也提出："先必有岐，故又曰叉，俗作钗。"认为簪、钗是异名而同物。此说似不够严谨。因为二者在功用上虽然相同，但在形制上却有所差别：发簪通常做成一股，而发钗做成双股，二者的造型也有所区别。《王力古汉语字典》释"簪"："古时用来插定发髻或固定冠的长针形首饰。"释"钗"："首饰，以金属或玉制作，其形似叉。"《辞源》释"钗"："插定发髻或冠的长针。"释"钗"："两股笄。"区分都很明确。古代妇女首饰中还有"步摇"，因上有垂珠，行步则摇，故名。步摇也仿簪、钗的形制，分为一股、两股两种。

（二）珥、瑱

珥，《说文》："瑱也。从王耳，耳亦声。"瑱，《说文》："以玉充耳也。从王，真声。《诗》曰：'玉之瑱兮。'"珥、瑱都是古代女子的耳饰，类似今天的耳环、耳坠子。清段玉裁注提供了一些相关的文化信息。如《战国策》："孟尝君进五珥，以请立后。"《史记》："李斯上书曰，宛珠之簪，傅玑之珥。"都说明了珥的贵重及特殊价值。但孟尝君进五珥事不见于《史记》本传，《战国策·齐策三》则有"七珥"的记载。至于珥字中"耳亦声"，徐锴作了分析："瑱之状首直而末锐，以塞耳，故曰亦声。"瑱虽从玉，但只是一个代表性的类属符号，段玉裁指出："天子玉瑱，诸侯以石"，说明珥瑱还有质料和等级的区别。

古代与珥、瑱相类似的女子耳饰还有"珰"，指耳坠子。《古诗为焦仲卿妻作》："腰若流纨素，耳着明月珰。"《新唐书·西域传上》："为小鬟髻，耳垂珰。"关于其来源，《释名·释首饰》曾作过推测："穿耳施珠曰珰。此本出于蛮夷所为也。蛮夷妇女轻浮好走，故以此珰锤之也。"

注释：

［1］钱玄：《三礼词典》，江苏古籍出版社 1998 年版，第 303 页。

［2］杨金鼎：《中国文化史词典》，浙江古籍出版社 1987 年版，第 167 页。

［3］徐复、宋文民：《说文五百四十部部首正解》，江苏古籍出版社 2003 年版，第 227 页。

［4］杨金鼎：《中国文化史词典》，第 166 页。

［5］晁福林：《先秦民俗史》，上海人民出版社 2001 年版，第 27 页。

［6］杨金鼎：《中国文化史词典》，第 162 页。

［7］(宋)高承《事物纪原》，中华书局 1989 年版，第 150 页。

《说文段注》类同引申研究

王 虎

辽宁师范大学文学院

"类同引申"是指两个或两个以上的同义（包括近义）词或反义（包括意义相对）词互相影响，在各自原有意义的基础上进行类同方向的引申，产生出相同或相反的引申义。

段玉裁在注解《说文解字》时，认为某个词义演变特殊，会从词义相同、相反或相关的其他词的意义演变中推寻线索。利用一组词共有的发展演变规律来求证词义，探求词义演变规律。

一、对词义演变规律的阐释

（一）《说文·手部》："拑，胁持也。"段注："谓胁制而持之也。凡胁之为制、犹膺之为当也。"

按：《说文·肉部》："胁，两膀也。"胁本义是指腋下到肋骨处，为什么有动词"胁制"义？段注把"胁"解释为"胁制"，用了类同引申的方法，解释了义源。《说文·勹部》："匈，膺也。"《说文·肉部》："膺，匈也。"膺、匈，互训。《书·武成》："诞膺天命，以抚方夏。"孔传："大当天命，以抚绥四方中夏。"《字汇补·肉部》："膺，当也。""当"有受义，承受、接受等。"大当天命"即大受天命。《书·毕命》："予小子永膺多福。"孔传："我小子亦长受其多福。"《文选·班固〈东都赋〉》："天子受四海之图籍，膺万国之贡珍。"李善注："膺，犹受也。"

段玉裁的意思是，"膺"从身体名词"胸"引申出动词"当"义，类同于"胁"从身体名词引申出动词"制"义。

（二）《说文·水部》："湅，㶌也。"段注："湅之以去其瑕，如㶌米之去康粊。其用一也。故许以㶌释湅。"

按：《说文·水部》："㶌，淅也。"淅，淘米。㶌米指淘去米中糠粊。段玉裁指出：像淘米去除米壳一样，去掉物体中的瑕疵部分，这一过程叫作"湅"，《周礼·考工记·慌氏》:"慌氏湅丝。"孙诒让正义:"凡治丝治帛,通谓之湅。"《玉篇·水部》:"湅,煮丝绢熟也。""湅",热丝也。《广韵·皱韵》:"湅"换做"金"部,即"炼",指"冶炼;用加热等方法使物质纯净或坚韧"义。汉陈琳《武军赋》:"铠则东胡阙巩,百炼精刚。"

(三)《说文·示部》:"祖,始庙也。"段注:"始兼两义。新庙为始,远庙亦为始。故祔祪皆曰祖也。"《释诂》曰:"祖,始也。"《诗》毛传曰:"祖,为也。"皆引申之义。如初为衣始,引伸为凡始也。"

按:"祖"本指"最开始供祀先祖神位的屋舍",引申为"最初、开始"之意。如《庄子·山木》:"浮游乎万物之祖。"《汉书·食货志上》:"舜命后稷以黎民祖饥。"颜师古注引孟康曰:"祖,始也。黎民始饥,命弃为稷官也。"

"初",《说文·刀部》:"初,始也。从刀,从衣。裁衣之始也。"本指开始裁剪衣服,后引申为"起始、开端"之意。如《书·伊训》:"今王嗣厥德,罔不在初。"孔传:"言善恶之由无不在初,欲其慎始。"段玉裁指出二字都是由特指的最开始做某事,引申为泛指的"开始"之意。

(四)《说文·犬部》:"类,穜类相似。唯犬为甚。"段注:"类本谓犬相似。引伸叚借为凡相似之偁。"《释诂》《诗》毛传皆曰:"类,善也。"释类为善,犹释不肖为不善也。

按:"类"有"类似"义,《广雅·释诂四》:"类,象也。"《集韵·术韵》:"类,似也。"也有"善"义。《书·太甲中》:"予小子不明于德,自底不类。"孔传:"类,善也。"

"肖"有"像"的意思。《说文·肉部》:"肖,骨肉相似也。""肖"有"善"义。《礼记·射义》:"发而不失正鹄者,其唯贤者乎?若夫不肖之人,则彼将安能以中。"孔颖达疏:"不肖,谓小人也。"

段玉裁指出二者引申路径的类同,都是由相似引申出善义。

(五)《说文·犬部》:"状,犬形也,从犬。爿声。逝亮切。"段注:"状,犬形也。引伸为形状。如类之引伸为同类也。"

按:"状"有"形状"义。《吕氏春秋·明理》:"其云状有若犬、若马、若白鹄、若众车。"高诱注:"云气形状如物之形也。""类",本谓犬相似,引申假借为凡相似之称。《易·干》:"本乎天者亲上,本乎地者亲下,则各从其类也。"段玉裁的意思是:"状"和"类"二字,本义都是"犬的形状",都可通过引申,表示一个较大的指称范围。

二、对同源字的探求

凡音义皆近，音近义同，或义近音同的字，叫作同源字。在书写形式上，同源词往往具有相同的声符或结构部件。段玉裁在阐释词义的过程中，往往以类同引申说明词的同源现象。

（一）《说文·犬部》："狗，孔子曰：狗，叩也，叩气吠以守。"段注："按《释兽》云："未成豪、狗。"与马二岁曰驹、熊虎之子曰豿同义。皆谓稚也。"

按：段玉裁指出"狗""驹""豿"都有共同词义，动物之小者。三字古音均为见母、侯部，读音相同。文字构形都以"句"为声符，可见这三字是同源字。郝懿行《尔雅义疏》曰："今东齐、辽东人通呼熊虎之子为豢，豢即狗声之转。"从古音看是侯幽旁转。

（二）《说文·禾部》："穰，黍稞已治者。"段注："已治，谓已治去其箬皮也。谓之穰者，茎在皮中，如瓜瓢在瓜皮中也。"

按：《说文·禾部》："稞，黍穰也。"《广雅·释草》："黍穰谓之稞。""黍穰"即黍秆，指黍茎去皮后的部分。段玉裁认为，"黍穰"类似"瓜瓢"，皆指物体皮壳内的部分。

《说文·金部》："鑲，作型中肠也。"段注："型者、铸器之法也。其中肠谓之鑲。犹瓜中肠谓之瓢也。"

按："型"指铸造金属的模具。"型中肠"指铸造金属模具的内部构造部分。段注进一步用隐喻指出，"型中肠"谓之"鑲"，犹如"瓜中肠"谓之"瓢"，两者具有相似性，都是指密闭事物的内部。

综之，"穰""鑲""瓢"三字词义相近，均指物体皮壳内的部分。三字古音均为日母、阳部，读音相同；书写形式都以"襄"为声符。可见这三字是同源字。

（三）《说文·系部》："緊，戟衣也。"段注："所以韬戟者，犹盛弓弩矢器曰医也。"

《说文·匚部》："医，盛弓弩矢器也。从匚从矢。"古代盛弓弩矢的器具。后作"翳"。

按："緊"指戟的外面包裹的"外套"，类同于盛放弓弩等兵器的"外套"，古称为"医"。如《国语》曰："兵不解医。""緊""医"二字意义相近，都指外套；古音均为影母、脂部，读音相同；"緊"文字构形以"殹"为声符，可见这二字是同源字。

（四）《说文·子部》：“孽，庶子也。”段注：“凡木萌旁出皆曰糵。人之支子曰孽。”

按：“孽”指庶子或旁支。如《晏子春秋·谏上十一》：“长少无等，宗孽无别，是设贼树奸之本也。”《公羊传·襄公二十七年》：“臣仆庶孽之事。”何休注：“庶孽、众贱子，犹树之有糵生。”段玉裁指出“孽”之庶子犹如树之旁枝，即“糵”字，孽又写作枿，《说文·木部》：“枿，伐木余也。”指树木被砍后新生的枝条。如《诗·商颂·长发》：“苞有三糵，莫遂莫达。”朱熹注：“糵，旁生萌糵也。”《孟子·告子上》：“是其日夜之所息，雨露之所润，非无萌糵之生焉。”《国语·鲁语上》：“山不槎糵，泽不伐夭。”韦昭注：“以株生曰糵。”

综之，“孽”“糵”二字意义相近，都指旁出；古音均为疑母、月部，读音相同；文字构形以“薛”为声符，可见这二字是同源字。

三、对兼类词的解释

兼类词是指一个词同时具备两类或几类词的语法功能。有兼名动、兼动形等。从文字构形看，有动词发展为兼表名词的，有形容词发展为兼表动词的。

（一）捶：《说文·手部》：“以杖击也，从手，垂声。”段注：捶，目杖击也。内则注曰。捶、捣之也。引申之、杖得名捶。犹小击之曰扑、因而击之之物得曰扑也。击马者曰棰。

按：“捶”即“用棍棒或拳头等敲打”。如：汉王充《论衡·变动》：“张仪游于楚，楚相掠之，被捶流血。”《晋书·祖逖传》：“持我钝槌，捶君利锥，皆当摧矣。”引申为名词，用于敲打的棍棒，如《庄子·天下》：“一尺之捶，日取其半，万世不竭。”晋袁宏《后汉纪·光武帝纪四》：“以饱待饥，以逸击劳，折捶而笞之耳。”

段玉裁进一步指出：轻轻地击打称为“扑”。《战国策·楚策一》：“吾将深入吴军，若扑一人，若捽一人。”《史记·刺客列传》：“〔高渐离〕举筑扑秦皇帝，不中。”用于击打的物体可称为“扑”（名词）。如《书·舜典》：“鞭作官刑，扑作教刑。”孔传：“扑，榎楚也。”《左传·文公十八年》：“二人浴于池，歜以扑抶职。”杜预注：“扑，棰也。”《汉书·刑法志》：“薄刑用鞭扑。”颜师古注：“扑，杖也。”二者的引申过程类似。

（二）《说文·水部》：“测，深所至也，从水，则声。”段注：“测，深所至也。深所至谓之测。度其深所至亦谓之测。犹不浅曰深。度深亦曰深也。”

按：“测”有形容词义，深也。《尔雅·释言》：“深，测也。”郭璞注：“测，亦水深之别名。"《周礼·考工记·弓人》："漆欲测，丝欲沈。"孙诒让正义："测当训深。"《淮南子·说林篇》："以篙测水，篙终而以水为测。"高诱训测为尽。郝懿行训为深，甚是。

"测"由深义可引申出测量义。《周礼·地官·大司徒》："以土圭之法，测土深。"郑玄注："测，犹度也。"《荀子·劝学》："不道礼宪，以《诗》《书》为之，譬之犹以指测河也，以戈春黍也，以锥飡壶也，不可以得之矣。"

从形容词"深"（距离大），可以引申出测量距离这一动作，即"量度；测量"，就如同从上到下或从外到内的距离称为"深"，引申出度量深度也称为"深"。《经义述闻·尔雅中·潜深测也》："《商子·禁使篇》曰：深渊者，知千仞之深，悬绳之数也。深渊，测渊也。《列子·黄帝篇》曰彼将处乎不测之度，而藏乎无端之纪。不深，不测也。是深亦为测也。"

四、对意义相关的词进行解释

所谓意义相关词是指两者具有相似性和相关性，或类似的功能。

（一）《说文·金部》："键，铉也，一曰车辖。"段注："键，铉也。谓鼎扃也。以木横贯鼎耳而举之。非是则既炊之鼎不可举也。故谓之关键。引申之为门户之键闭。门部曰：关，以木横持门户也。门之关犹鼎之铉也。"

按：关，《广韵·删韵》引《声类》："关，所以闭也。"《墨子·备城门》："门植关必环锢。"《汉书·杨恽传》："闻前有犇车抵殿门，门关折。""关"指横在两扇门后的木棒，以固定门不被打开。可见"关"是"门"的重要部件。

铉，横贯鼎两耳以举鼎的木棍。《说文·金部》："铉，举鼎也。"《易·鼎》："鼎黄耳金铉。"孔颖达疏："铉，所以贯鼎而举之也。"就如同"关"是"门"的重要部件，"铉"也是"鼎"的重要部件。

（二）《说文·耳部》："际，壁会也，从𨸏，祭声。"段注："两墙相合之缝也。引申之、凡两合皆曰际。际取壁之两合、犹闲取门之两合也。"

按："际"指两墙相接处。《墨子·备穴》："柱善涂亓窦际，勿令泄。"孙诒让间诂引毕沅曰："缝也。"

"闲"《墨子·经上》："有闲，中也。"毕沅 校注："闲隙，是二者之中。"一本作"间"。《庄子·养生主》："彼节者有闲，而刀刃者无厚；以无厚者入有闲，恢恢乎其于游刃，必有余地矣。"

"际"，即相邻的两面墙中间的缝隙，就如同"闲"是两扇门中间的缝隙。二者具有相似性。

五、对古今异词的分析

古今异词是指同一个概念、问候，在不同时代用不同的词汇表示。

（一）《说文》："它，虫也。……上古艸居患它。故相问无它乎。"段注："上古者，谓神农以前也。相问无它，犹后人之不恙无恙也。语言转移，则以无别故当之。"

按："它"是"蛇"的本字，后假借为其它的"它"，另加虫旁作"蛇"。上古时期人们见面都互相问候："没蛇吧？"类同于后人见面时互相问候："无恙吧？"

（二）《说文·穴部》："寮，穿也。从穴。尞声。"段注："《仓颉》篇云：寮，小窗。……按大雅：及尔同寮。左传曰：同官为寮。毛传曰：寮，官也。笺云：与汝同官，俱为卿士。盖同官者同居一域，如俗云同学一处为同窗也。"

按："寮"有窗户义，《文选·张衡〈西京赋〉》："何工巧之瑰玮，交绮豁以疏寮。"李善注："交结绮文，豁然穿以为寮也。""同寮"即同窗，古代指同官。后代"同窗"指同学。

六、对正反同辞的解释

所谓"正反同辞"，是指一个词同时具有正、反两种截然相反的含义。例如，"仇"既有"怨匹"义，又有"佳偶"之义，即为正反同辞。《说文·人部》："仇，雠也。"段注："雠犹应也。左传曰：嘉偶曰妃，怨偶曰仇。按仇与逑古通用。辵部怨匹曰逑。即怨偶曰仇也。仇为怨匹。亦为嘉偶。如乱之为治。苦之为快也。周南君子好逑与公侯好仇义同。"

（一）《说文·非部》："靠，相韦也。"段注："相韦者、相背也。故从非。今俗谓相依曰靠。古人谓相背曰靠。其义一也。犹分之合之皆曰离。"

按："离"有"分开"之意，如《墨子·辞过》："男子离其耕稼而修刻镂，故民饥。""离"也有"聚合"之意，《国语·郑语》："故先王以土奥金木水火离。"韦昭注："离，合也。"

"靠"有"依赖、凭借"之意，也有"相背、背向"之意，唐曹松《宿溪僧院》诗："煎茶留静者，靠月坐苍山。"

段玉裁指出：“离”有两个相反义，类同于“靠”既有“依赖”之意，又有“相背”之意。

（二）《说文·广部》：“废，屋顿也。”段注：“顿之言钝，谓屋钝置无居之者也。引伸之，凡钝置皆曰废。《淮南·览冥训》：‘四极废。’高注：‘废，顿也。’古谓存之为置，弃之为废，亦谓存之为废，弃之为置。《公羊传》曰：‘去其有声者，废其无声者。’郑曰：‘废，置也。’于去声者为废，谓废留不去也。《左传》：‘废六关。’王肃《家语》作‘置六关’。《淮南子》：‘舜葬苍梧。不变其肆。’高注：‘不烦市井之所废。’庄子曰：‘废一于堂，废一于室。’《仲尼弟子列传》：‘子贡好废居，与时转货。’《货殖列传》作‘废箸鬻财’。徐广曰：‘箸犹居也，读如贮。’废之为置，如徂之为存，苦之为快，乱之为治，去之为藏。

参考文献

［1］段玉裁：《说文解字注》，上海古籍出版社 1981 年版。

［2］江蓝生：《相关语词的类同引申》，收录江蓝生《近代汉语探源》，商务印书馆 2000 年版。

［3］陆宗达、王宁：《训诂方法论》，中国社会科学出版社 1983 年版。

［4］周祖谟：《广韵校本》，中华书局 2004 年版。

《说文》"疋"字考

张世超

东北师范大学人文学院

【摘要】根据西周金文材料,当年"疋""足"本是一个字,学界或将殷墟甲骨文某字形释为"疋"不确。"疋""足"二字战国时期开始分化,二字分化始自楚文字,其他系文字不同程度受其影响。今本《说文》中的篆文"疋"出自宋代人之手笔。先秦两汉文字"疋"字之字形发展可直接与唐、宋之楷书衔接。

【关键词】疋 足 子 逆笔

《说文》:"疋,足也。上象腓肠,下从止。《弟子职》曰:'问疋何止',古文以为《诗》'大疋'字,亦以为足字。或曰'胥'字,一曰:疋,记也。"

殷墟甲骨文有字作ᛗ(合 576)ᛦ(合 6974)ᛒ(合 17146)等形,李孝定主张释为与"足"不同之"疋"字,[1]并未有什么确切的证据,至今学界多从之。[2]《说文》揭示了"疋"和"足"意义完全相同这一事实。实际上,将西周时期金文中从"疋"的字和从"足"的字排列起来加以分析就可以知道,"疋"和"足"本是同一个字。如果"疋"和"足"在商代就是各自独立的字,那么西周金文中的现象就无法解释了。刘钊据古文字材料指出"足""疋"本为一字,这是正确的,但认为"足""疋"的分化"最早超不过汉代,所以'疋'字是汉代以后才产生的一个字"[3]。讲分化未免失之过晚。

从古文字的字形材料看,"疋""足"二字的分化是从战国时期开始的。战国时期,各系文字二字都出现了分化的倾向:秦文字"足"多从"口"作ᛋ(睡虎地秦简《法律答问》113),少量的从"〇"作ᛒ(睡虎地秦简《日书》甲 159 背),作偏旁用者则二形通用现象多见。楚文字分化较为明显,"足"亦多从"口",作▦(包山楚简 112),"疋"则从"〇"作▦(包山楚简 36),或简化,将"〇"分解为竖画与"ᒉ"组合,其竖画与"止"一笔连下作▦(包山楚简 28)。郭店简《老子》甲本有"足"字作<img>，李守奎将其视为笔误，注曰："讹书，近疋。"[4] 不如视作二字分化未尽之迹。燕文字"足"作<img>，"疋"作<img>[5] 亦有区别。

前文提到的楚文字中"疋"的简化体或作<img>（天星观楚简《遣策》）。张振谦据陶文字形指出，见于燕、齐文字中旧释为"乏"的<img>及类似字形当释为"疋"，[6]可从。由此乃悟，后世的"疋"字字形当是源自这两种字形。

将上述字形材料综合起来，可得战国时"疋"之分化字形演变过程如下：

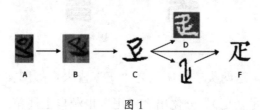

图 1

上图中没有篆文，下面来说一下篆文的问题。旧时的文字学家笃信，《说文》的篆文是所有秦汉隶书的源头，随着出土文字材料的丰富，人们发现，一些秦汉时期隶书的结构，比《说文》的小篆更具古意。这不仅是因为《说文》的小篆出自东汉人许慎之手，还有历代传抄，将后代篆文形体羼入的因素在内。裘锡圭先生曾指出："《说文》成书于东汉中期，当时人所写的小篆的字形，有些已有讹误。此外，包括许慎在内的文字学家，对小篆的字形结构免不了有些错误的理解。这种错误的理解有时也导致对篆形的篡改。《说文》成书之后，曾经传抄刊刻，书手、刻工以及不高明的校勘者，又造成了一些错误。因此《说文》中有一部分字形是靠不住的，需要用秦汉金石等实物资料上的小篆来加以校正。"[7] 实际上，正确的篆文字形结构，是不应离开汉字字形发展的主流太远的。詹鄞鑫据此认为："《说文》篆文中有一些形体，上不承周代至战国的秦系文字，中不同于出土的秦代或秦统一之前的文字，下不启秦汉魏晋古隶和八分书（成熟的隶书），这类文字的写法大抵是错误的。"[8] "疋"字就是一个典型的例子。在《说文》的篆文字形系统中，有两个字形从运笔方式看是反常的：一个是"<img>（疋）"，另一个是"<img>（子）"。二字上部皆自右下方起笔，按逆时针方向运笔，一路逆笔，行至正下方——这是不符合汉字的运笔规律的。观察古代字形材料可知，这一局部构形皆来自汉代篆文中的"○"形。是将"○"形写作了"♀"形。

下面仅就"疋"字进行讨论。

古代文字材料中，"疋"字比较少见，我们对从"疋"的"胥"进行观察。

在汉代文字中,"胥"字因所从之"疋"不同可分为二类:一类上部从"廿",如:

纵横家书 188　　　　胥于毋智印

图 2

另一类上部从"○",如:

杨胥私印　　　杜胥私印

图 3

从前文所述可知,这两类字形所从之"疋"皆来自战国文字。承战国文字分化之余绪,汉以后自"足(疋)"分化出之"疋"也源自上述第二类字形。

笔势的研究表明,即使是隶变以前的古文字,人们在书写时也是要尽量减少逆笔的。[9] 例如写"○"形,最常见的写法是:在左上方下笔,按顺时针方向旋转运笔至右下方,再逆笔向左向上完成一个封闭的圆形。后来,将逆笔向上的部分分解成一个向下的斜笔,整个"○"形就变成由"⊃""╲"两个笔画构成的了。上文所揭战国文字中之 B、C 二形,就是这样的。这种情况在汉代文字中也可找到例证,下面所举的"孟"所从之"子","疏"所从之"疋"皆可证明:

孙膑 113　　　江陵 167 号汉墓简

图 4

值得注意的是,上述字形中的"子"和"疋"与楷书中的"子"和"疋"过渡得十分自然紧密。那么,今本《说文》中的" "和" "形,就显得有些奇怪了。它们不是汉字形体发展的结果,而是人为的制作。

由于材料缺乏,我们看不到唐人书写的"疋"字,但是可以从一些相关的材料作出推论。"胥"字《篆隶万象名义·肉部》作 ,《干禄字书·平声》一体作 ,上部所从为"疋"之讹变[10]。可以推知,唐人所书篆文"疋"上部是从"○"的。与"疋"上部结构相同的"子"字,碧落碑中"李"字所从作 ,上部从"○"。《篆隶万象名义·口部》收有篆文"哮",所从之"子"作 ,上部所从作" ",这是由左上方起笔,逆时针运笔书写的"○"的变形。总之,唐代人写篆文"疋""子",上部从"○",而不是" "。那么,这种逆笔的" "字形始见于何时呢?我们认为要晚至宋朝。可以找到的证据是《汗简》"疋"字及诸字所从之"疋"作 ，《古文四声韵》《集篆古文韵海》也是如此。[11]因此可以结论，今本《说文》篆文"疋""子"诸字形，乃出自宋人之手笔。

回头再看上文图一，可得如下几点认识：

一、战国时期"疋"自"足（疋）"分化而出，各系文字间有着相互的交流和影响。

二、"疋""足"之分化，现有秦文字材料表现不甚明晰，从汉初文字"疋""足"混用之现象可以推知，秦系文字二字尚未有明显的分化。

三、楚文字中有由"足（疋）"至"疋"字形渐变之材料，燕、齐文字承用其渐变的结果。据此可以知道，"疋"自"足（疋）"分化而出是从楚文字中开始的。

"疋""足"西周时期为同一字。据古音学家的研究，"疋"属山母，鱼部；"足"属精母，屋部。声同为齿音，韵则有鱼部、屋部之别。这是根据《诗经》等韵文的韵脚总结出来的，说明其字的读音春秋时期即已分化了。朱骏声《说文通训定声》中，"疋"及其谐声字共收有十八字，而"足"及其谐声字仅有四字。看来上溯此二字的读音，其原始音读应在鱼部。至晚春秋时，其一部分字的读音自鱼部转入屋部。"足"与鱼部字相通，典籍中亦有迹象，如《黄帝内经素问·示从容论篇》："夫浮而弦者，是肾不足也；沉而石者，是肾气内着也。"以"足"与鱼部之"着"为韵。[12]率先实行"足""疋"二字分化的楚文字，以从西周传承来的从"〇"的字形仍表"足（疋）"旧有的鱼部音读，而以从"廿"的异体字形表示晚出的屋部音读。字形的分别与字音的分化是一致的。

注释：

［1］李孝定：《甲骨文字集释》，史语所1970年版，第640页。

［2］如徐中舒主编之《甲骨文字典》，四川辞书出版社2005年版，第195、196页。刘钊等编《新甲骨文编》，福建人民出版社2009年版，第117、118页。

［3］刘钊：《古文字构形学》，福建人民出版社2006年版，第135、136页。

［4］李守奎：《楚文字编》，华东师大出版社2010年版，第129页。

［5］王爱民：《燕文字编》，吉林大学硕士学位论文，2010年4月，第37、38页，指导教师：冯胜君教授。

［6］张振谦：《说"疋"解"路"》，《中国文字学报》第七辑，商务印书馆2017年版。

［7］裘锡圭：《文字学概要》，商务印书馆1996年版，第62页。

[8]詹鄞鑫:《说文篆文校正刍议》,《古汉语研究》1996年第3期。

[9]关于"逆笔",参看王凤阳《汉字学》,中华书局2018年版,第219—226页。

[10]"骨"汉礼器碑作,所从之"足"尚可看出从"止"之形,淮源庙碑作,所从之"止"已高度简化,是上述唐代"骨"字的来源。

[11]《汗简·古文四声韵》中华书局1983年影印版,《汗简》第5页;《古文四声韵》第12页;《集篆古文韵海·九鱼》,商务印书馆影印宛委别藏本。

[12]《黄帝内经素问》,人民卫生出版社1979年版,第551页。

说 "库"

季旭昇

聊城大学文学院

"库"字旧说多以为藏车之所。恐未必。《说文·卷九·广部》：

> 库，兵库藏也。从车在广下。[1]

"兵库藏"谓藏兵器之库，此义本不误。但他本"兵库"作"兵车"，段玉裁注本改作"兵车藏"，以为"车"亦声：

> 兵车藏也。（此库之本义也。引伸之，凡贮物舍皆曰库。）从车在广下。（会意。车亦声。）苦故切。（五部。）[2]

"兵车藏"是"藏兵器、车辆的场所"呢？还是"藏'兵车'的场所"，段注没明说。桂馥《说文解字义证》对"库"是"兵车藏"做了很详细的引证：

> 《六书故》："古有库门，门旁盖藏车，故谓之库门。古称廄库，车马并言也。""兵车藏也"者，《初学记》："《说文》曰：'库，兵车所藏也。''帑，金布所藏也。'故藏之为名也，谓之库藏焉。凡安国治民、从近制远者，必先实之。故天有天库藏府之星，《春秋文曜钩》曰：'轸南衆星曰天库。'又韩杨《天文要集》曰：'天积者，天子藏府也。'"

> 馥案：《荆州星占》："五车一名库。"《文曜钩》"玄池曰天潢，五帝车舍也"，宋均注云："舍，库也。"《急就篇》"墼垒廧廄库东箱"，颜注："库，兵车所藏也。"〈月令〉"审五库之量"，蔡氏章句："一曰车库，二曰兵库，

三日祭器库，四日乐器库，五日宴器库。"《曲礼》"在库言库"，注云："库，谓车马兵甲之处也。"《乐记》"车甲衅而藏之府库"、《檀弓》"军有忧则素服哭于库门之外"，又"所举于晋国管库之士"，注云："库，物所藏。"《商君书》："汤武破桀纣，海内无患，遂筑五库，藏五色兵，偃武也。"曹毗〈魏都赋〉"白藏之库，戎储攸归"，注云："白藏之库在西城，有屋一百七十四闲。《尔雅》'秋为白藏'，因以为名。"《汉书》："萧何立东阙前殿武库。"《三辅黄图》："武库，萧何造，以藏兵器。武后改库曰灵金藏。"《拾遗录》："太上皇以宝剑赐高祖，及吕后藏于瑶库，守者见白气从户中出，如龙蛇，吕氏更瑶库名曰灵舍藏。及诸吕擅权，白气亦灭。惠帝即位，以此贮禁兵，名曰灵舍府。"馥案：当作灵金。[3]

《初学记》所述或说"库藏"，但桂馥都理解成"车藏"。清陈诗庭《读说文证疑》也赞成"兵车藏"，但也主张"库"从"车"声：

> 库，兵车藏也。从车在广下。《唐韵》音苦故切，不知其得声之由。案《后汉书·窦融传》有金城太守库钧，注引前书音义云："库姓，即仓库吏后也。今羌中有姓库者，音舍，云承钧之后。"《释名》："古音车声如居，言行所以居人也；今日车声近舍，舍，行者所以居若舍也。"然则车舍音相近，库宜即从车得声。库字音苦故切，此车之古音也。汉时已读如居，故刘熙有居舍二音，许君于库字不言从车声，亦读车如居也。[4]

后世学者几乎都接受段玉裁的改释，认为"库"为藏"兵车"之所，会意兼形声。如《战国古文字典》：

> 库，从广（或厂、宀），从车，会车在建筑物内之意。车亦声。[5]

《金文形义通解》：

> 金文"库"字从广，从车，与小篆同构。或从宀，与从广同意。案"库"之为词当源自"车"，故"库"字当从广从车，车亦声。[6]

《字源》则以为"藏兵、车之所"：

会意兼形声字。从"车"在"广"下，表示屋内有车；车兼作声符。本义为收藏兵车及其他武器的处所。《墨子·七患》："库无备兵，虽有义不能征无义。"《礼记·曲礼下》"在库言库"，郑玄注："库，谓车马兵甲之处也。"泛指收藏各种物品的处所。《管子·治国》："关市之租，府库之征，粟什一。"又指监狱。《韩诗外传》："夫奚不若子产之治郑，一年而负罚之过省，二年而刑杀之罪无，三年而库无拘人。"[7]

段玉裁释"库"为"兵车藏"，恐怕是有问题的。从目前的考古发掘来看，先秦似乎还没有看到专门为兵车盖的车库，从战国文字出现"库"字的材料来看，"库"几乎都是制造、收藏兵器的机构：

库啬夫（集成 268　十一年库啬夫鼎　赵，战晚）

上库（集成 11039　邯郸上库戈　赵，战晚）

下库（集成 1130　六年庰令戈　赵，战晚）

右库（夏商周青铜器 365 页王立事鈹赵，战晚）

上库（集成 11669　王立事鈹　赵，战晚）

左库（集成 11702　十五年守相杢波鈹　赵，战晚）

右库（遗珠 178　十六年守相鈹　赵，战晚）

上库（集成 11366　十七年邢令戟　赵，战晚）

右库（集成 11635　相邦鈹　赵，战晚）

左库（集成 11680　八年相邦鈹　赵，战晚）

左库（集成 11681　八年相邦鈹　赵，战晚）

下库（保利藏金 273 页二年邦司寇肖□鈹　赵，战晚）

右库（集成 11712　七年相邦鈹　赵，战晚）

右库（考古与文物 1989.3　四年代相乐宾鈹　赵，战晚）

左库（文博 1987.2　六年代相鈹　赵，战晚）

左库（集成 11707　四年春平侯鈹　赵，战晚）

下库（集成 1506　武都矛　赵，战晚）

左库（集成 11671　六年安平守鈹　赵，战）

上库（集成 11335　四年邢令戈　赵，战晚）

库工币（文物 1988.3　二年邢令戈　赵，战晚）

左库（集成 11135　阴晋左库戈　魏，春晚）

右库（集成 11182　朝歌右库戈　魏，战早）

右库（集成 1163　十二年宁右库铍　魏，战中）

下库（江汉考古 1989.3　十四年邺下库戈　魏，战中）

左库（集成 11330　三十三年大梁戈　魏，战中）

左库（集成 11312　三十三年业令戈　魏，战晚）

上库（集成 11545　七年邦司寇矛　魏，战晚）

右库（集成 11343　亡令司马伐戈　魏，战晚）

上库（集成 11549　十二年邦司寇矛　魏，战晚）

左库（集成 11348　五年皋令思戈　魏，战）

大库（珍秦金·吴越三晋 169 页　王二年戟　魏，战）

右库（集成 1355　十二年少曲令戈　韩，战早）

右库（集成 11356　二十四年申阴令戈　韩，战中）

右库（集成 11357　王三年郑令戈　韩，战晚）

武库（集成 11551　九年郑令矛　韩，战晚）

上库（古研 27　二十年冢子戈　赵，战晚）

右库（古研 27　七年宅阳令陽登戟　赵，战晚）二件

右库（集成 11546　七年宅阳令矛　韩，战）

坒库（集成 11693　三十三年郑令铍　韩，战晚）

左库（珍秦金·吴越三晋 260 页　四年春成左库戈　韩，战）

左库（珍秦金·吴越三晋 250 页　宅阳令戟刺　韩，战）

右库（金石癖·青铜　二朱戈　中山，战晚）

右库（集成 11266　四年右库戈　战晚）

毛库（集成 11459　毛库矛　战）

下库（集成 11354　三年汪匋令戈　战）

右库（玺汇 0350　右库视事　魏）

左库（文物 1979.1　漆盒盖　中山，战晚）

库（玺汇 5212~5215，2716）

左库（集成 11022　鄘左库戈　齐，春晚）

左库（集成 11581　高阳左库剑　齐，战）

左库（集成 11609　阴平左库剑　齐，战）

平库（陶汇 3.800　平库　齐，战）

下库（集成 10385　司马成公权　齐，战）

□库（中山四八　□库啬夫　中山，战）

武库（集成 11532　少府矛　秦，战）

库（集成 11379B1　十七年丞相启状戈　秦，战）

库（集成 11331B　二十二年临汾守戈　秦，战）

这么大量的兵器资料，应该足以说明"库"本来就是制造兵器的单位（只有司马成公权、漆盒盖两件不是兵器，可能是"兵库"所用之物），其中没有一件是车子。近年所见楚简，也很能说明这个现象，如：

农夫劝于耕，以实官仓；百工劝于事，以实府库；庶民劝于四肢之艺，以备军旅（《上博四·相邦之道》3）

强门大夫曰："如出内库之囚……"（《上博五·苦成家父》9）

"相邦之道"的"府库"应该就是"百工"所生产的器物收藏之地，当然不会是车库。"苦成家父"的"库"比较麻烦，主要有三说：一是关犯人的监狱，二是收藏兵器的"库"，三是库门。这三说中似以第一说较占优势，因为简 9 前面已说了"长鱼矫带自公所，拘人于百豫以入囚之"，学者大都同意这是说厉公派长鱼矫先去百豫处拘捕人，带回来后囚禁于厉公之所。从下文看，这些人就因于内库之中。当时或囚禁人犯于库中，《韩诗外传》卷三"三年而库无拘人"可证。[8] 为什么"库"会有监狱的意义，不好理解。推测"库"是藏兵器之所，便于威慑犯人，因之可以作为临时性拘囚人犯的处所。

出土文献中"库"主要为藏兵器之所，这个用法与传世文献其实是一致的。如：

《春秋左传·襄公十年》：子产闻盗，为门者，庀群司，闭府库，慎闭藏，完守备，成列而后出。

《墨子·七患》：库无备兵，虽有义不能征无义。

《商君书·赏刑》：汤武既破桀纣，海内无害，天下大定，筑五库，藏五兵，偃武事，行文教。

《孟子·告子下》："今之事君者曰：'我能为君辟土地，充府库。'"

《荀子·富国》：等赋府库者，货之流也。

《韩非子·初见秦》：今天下之府库不盈，囷仓空虚，悉其士民，张军数十百万。

《管子·七臣七主》：夫男不田，女不绩，工技力于无用，而欲土地之毛，仓库满实，不可得也。

《列子·杨朱》：行年六十，气干将衰，弃其家事，都散其库藏、珍宝、车服、妾媵，一年之中尽焉，不为子孙留财。

《吕氏春秋·不广》：越闻之，古善战者，莎随贲服，却舍延尸，车甲尽于战，府库尽于葬。

《战国策》：今天下之府库不盈，囷仓空虚，悉其士民，张军数千百万，白刃在前，斧质在后，而皆去走，不能死，罪其百姓不能死也，其上不能杀也。

《礼记·曲礼下》：君子将营宫室：宗庙为先，厩库为次，居室为后。

《说苑·政理》：晏子对曰："前臣之治东阿也，属托行，货赂至，并会赋敛，仓库少内，便事左右，陂池之鱼，入于权家。"

《春秋繁露》：亲入南亩之中，观民垦草发淄，耕种五谷，积蓄有余，家给人足，仓库充实。

《韩诗外传·卷三》：无使府库充实，则满不作。

《大戴礼记·主言》：毕弋田猎之得，不以盈宫室也：征敛于百姓，非以充府库也。

《新序·善谋下》：今陛下能散府库以赐贫嬴乎？

《墨子·七患》的"库"，非常明确的是贮存兵器之所。《商君书·赏刑》"筑五库，藏五兵"，也明白地说"五库"是藏"五兵"之用的。《孟子》以下的"库"应该已扩大为收藏财物之所，但仍然没有任何"车库"的功能。而《列子·杨朱》"散其库藏、珍宝、车服、妾媵"，把"库藏"、"珍宝"和"车服"并列；《吕氏春秋·不广》"车甲尽于战"与"府库尽于葬"并列，都有力地说明了"库"不包括"车"。至于《礼记·曲礼下》"厩库为次"，把"厩"和"库"放在一起，二者必然有关联，这时候的"库"应该就有"车库"的意义了，不过，我以为这应该是汉代的现象，《礼记》编成于汉代，其中保留不少先秦的内容，但也杂进了不少汉代的事物。

汉代的"库"已经有"车库"的意义，西汉贾谊《新书·匈奴》"善厨处，大困京，厩有编马，库有阵车"，应该就是最好的证明。明白这一点之后，前引桂馥《说文解字义证》所谈到"库"有"车库"义就很容易解释了：

> 《说文》曰："库，兵车所藏也。"……《春秋文曜钩》曰："轸南众星曰天库。"又韩杨《天文要集》曰："天积者，天子藏府也。"馥案：《荆州星占》："五车一名库。"《文曜钩》"玄池曰天潢，五帝车舍也"，宋均注云："舍，库也。"《急就篇》"墼垒廥廄库东箱"，颜注："库，兵车所藏也。"〈月令〉"审五库之量"，蔡氏章句："一曰车库，二曰兵库，三曰祭器库，四曰乐器库，五曰宴器库。"

以上这些记载，都是汉代的现象，确实与"车"有关，但不能拿来解释先秦的"库"。《说文解字·义证》引到的《乐记》"车甲衅而藏之府库"，应该是汉代的现象，不太可能是周武王时候的制度。至于《说文解字·义证》引《曲礼》"在库言库"，注云："库，谓车马兵甲之处也。"则是郑玄以汉制说《曲礼》，应不可信。《曲礼》原文是："在官言官，在府言府，在库言库，在朝言朝。朝言不及犬马。""府"与"库"相对，应与车马无关。

汉代有"车库"，或许海昏侯墓可以提供一点参考。据王亚蓉《考古之幸——记南昌西汉海昏侯墓》，海昏侯的墓室配置有"车库"：

> 墓葬椁室设计严密、布局清晰，由主椁室、回廊形藏椁、车库和甬道构成。中间为主椁室，周围环绕以回廊形藏椁，在主椁室与藏椁之间辟有过道，将主椁室与藏椁分隔开。甬道位于椁室南部中央，其南、北两端用门与主椁室和墓道相通。藏椁分东南西北四个功能区，各功能区由隔板分隔。北藏椁分为钱库、粮库、乐器库、酒具库。西藏椁从北往南分为衣笥库、武库、文书档案库、娱乐用器库。东藏椁主要为厨具库（"食官"库）。甬道主要为乐车库。甬道东、西两侧的南藏椁为车马库。……

在南藏合的东西两侧车库内，发现了多部偶车。甬道内主要出土与出行有关的车马、随伺俑等，这里发现了十分珍贵的三马双辕彩车和模型乐车，乐车上有实用的青铜錞于和建鼓，以及四件青铜铙，完全印证了文献关于先秦乐车上錞于与青铜铙和建鼓搭配组合的记载，是我国汉代乐车的首次发现。整个甬道相对封闭，可能还有漆画作为装饰，这些都是我国汉代考古的首次发现。[9]

当然，墓葬与实际起居还是有一定的差距，真正汉代的车库，可能还要等实际的居住遗址发现后，我们才能更明白。

此外，《银雀山汉墓竹简（壹）·守法守令等十三篇》中有"库法"一节云："车可用者，大县七十乘，小县五十乘。"[10]这似乎可以证明"库"有车。不过，通观"库法"全节，库中收藏的东西很多，车只是其中一种，此外还有檠、弩、铁銛、长斧、连梃、长椎、长繆等甲戟矢弩、兵檠韦鞮之类的守御之具，同时也制造收藏其他田刈之器[11]。上述的车子属于"库"这个机构所有，应该是没有问题的。但它们是否有"车库"，或只是露天放置，其实还看不出来。

清儒很早就指出"车"字古有"居"音。"居"与"库"声近韵同，因此"车"可以作"库"的声符。但是"车"字的古音究竟如何，声纽是属于喉牙音？还是齿音？因为在9359个汉字中，"车"字没有被当作声符用，因此无从证明车字的上古声母，因此认同《说文》，把"库"当成会意字的学者还是很多。所幸，近世出土材料日渐丰富，从古文字就可以证明"车"有喉牙声的声母。

《史记·吴世家》寿梦有子四人，排行第三的叫余祭、《马王堆帛书·春秋事语》称"余蔡"、《左传·襄公三十一年》称"戴吴"、《左传·襄公二十八年》称"句余"，此人所造剑还有以下的自名："叡戉此郐""虘戺此郐""虘戺此鄩""叡矣工鬴""叡矣工鬴""叡矣工吴"。董珊《吴越题名研究》指出这些人名都是可以对应的，他把吴越王名分成前缀、主要部分、后缀，这些成分有些可以省略，他把这些异称做了如下的对应：[12]

表三　餘祭異名

分類	出處	全稱	前級		主要成分			後級
戴吳	左襄三十一	戴吳	戴（端母職部。哉，精母之部）				吳（疑母魚部）	
	保利藏劍	攺矣工盧	攺（精母魚部）	矣（匣母之部）	工（見母東部）		盧（疑母魚部）	
	餘杭南湖劍	攺矣工吳	攺（精母魚部）	矣（匣母之部）	工（見母東部）		吳（疑母魚部）	
句餘	魯迅路劍	攺玴鄐	攺（精母魚部）		玴（見母侯部）		鄐（邪母魚部）	
	毂城劍	攺玴此邻	攺（精母魚部）		玴（見母侯部）	此（清母支部）	邻（邪母魚部）	
	左襄二十八	句餘			句（見母侯部）		餘（喻母魚部）	
餘祭	春秋襄二十九	餘祭					餘（喻母魚部）	祭（精母月部）
	春秋事語	餘蔡					余（喻母魚部）	蔡（清母月部）

由上表可以看出，"余祭"的"余"字可以通"吳""盧""鄐""邻""余"。[13]"吳"字"五乎切"，上古音屬疑母魚部；"盧"應該是從"虍"與"魚"皆聲的兩聲字，"虍"字荒烏切，曉母魚部，"魚"字語居切，疑母魚部，聲母都屬喉牙聲；"余"、"邻"都從"余"聲，"余"字上古聲屬喻四，喻四是一個來源比較複雜的聲母，在《漢字通用聲素》中，"喻"母和"定"母通假的頻率是21、和"審（書）"母通假的頻率是18、和"影"母通假的頻率是151，可見得"喻四"大多數是來源自喉牙音的。"鄐"字應該是從"邻"聲，但是又加上了一個"車"聲，可見得"車"字與"余""吳""虍""魚"的聲母應該都是屬於喉牙的，也就是說，"車"字讀如"居"是完全可信的。因此，"庫"字從"車"聲也完全可信。

綜上所述，"庫"字應釋為"兵庫藏"，本為藏兵器之所，從广、車聲。後來擴大為藏財物、車輛之所。

注释：

[1]大徐本《说文解字》，卷九下叶二下《续古逸丛书》静嘉堂本。

[2]段玉裁：《说文解字注》，上海古籍出版社1981年影印嘉庆二十年经韵楼板，第443页。

[3]桂馥：《说文解字义证》，卷二十八叶二十九至三十《连筠簃丛书》。

［4］清陈诗庭:《读说文证疑》,引自《说文解字诂林》卷九下,中华书局 1988 年版,第 9237 页。

［5］何琳仪:《战国古文字典》,中华书局 1998 年版,第 532 页。

［6］张世超、孙如安、金国泰、马如森撰著:《金文形义通解》,中文出版社 1996 年版,第 2312 页。

［7］李学勤主编:《字源》,天津古籍出版社、辽宁人民出版社 2012 年版,第 823 页。

［8］陈剑:《上博(五)零札两则》,武汉大学简帛网(2006 年 02 月 21 日),网址:http://www.bsm.org.cn/show_article.php?id=216。

［9］王亚蓉:《考古之幸——记南昌西汉海昏侯墓》,《国学新视野》2016 春季号。此据网路报导转引,网址:http://www.cefc-culture.co/en/2016/06/【国学新视野 2016 春季号】考古之幸 - 记南昌西汉 /。

［10］《银雀山汉墓竹简(贰)》,文物出版社 1985 年版,第 134 页。

［11］简 840 说:"……田刈诸器,非甲戟矢弩及兵韦鞮之事,及它物唯(虽)非守御之具也,然而库之所为也,必……",既说是"库之所为",表示这些防御及田刈诸器都是由库制造并保管的。

［12］董珊:《吴越题铭研究》,中国出版社 2014 年版,第 11—15 页。

［13］张儒、刘毓庆:《汉字通用声素》,山西古籍出版社 2002 年版,第 1064 页。

说"夨"字

龐壮城

福建师范大学文学院

【摘要】《说文》认为："夨，屈也。从大，象形。"因"夨""矢""走"三字的形、义互有相涉，故历来说解不一、莫衷一是。本文择取前人论点，辅以甲骨文、金文、战国文字、秦汉文字进行讨论，认为《说文》收录的夨、夨二字，在甲骨文、金文中是同一字形，是"矢"字的不同写法；"夨"字则见于较晚的金文、战国文字，大多写作夨，从大，中间一笔，是"腰部"的指示字，而由"从大"一点，更可作为与"走"字初文夨的判别方式。此外，《说文》收录的"夨"字篆体受到"矢"字影响，而与秦汉文字差异较大，但其以夨字"从大"之说解仍是可信的。

【关键词】《说文解字》 夨 矢 走

一、绪言

"夨"字，《说文解字·夨部》云："屈也。从大。象形。"[1]徐锴认为："夨，矫其头颈也。"[2]王筠认为："屈谓前后，字无前后，故向右屈之。然非反矢为夨。"[3]朱骏声认为："从大而屈其首，指事。申者腰之直，夨者头之屈。"[4]段玉裁认为："象首夨屈之形。"[5]桂馥认为："本书走从夨止。夨止者，屈也。"[6]知诸家皆以许慎说法为尊，以"屈"解"夨"，将夨字解释首歪曲之意。其中王筠稍微接触到"反矢为夨"的字形问题，提示了夨、矢字形相近的特点，而此亦成为今人解开夨字解释的关键。

除了《说文》收录夨、夨二种篆体字形，造成夨、矢二字混淆外，许慎将"走"拆解为"从夨止"，将"奔"字拆解为"从夨，卉声"，也模糊了"夨""走"二字间的界定。此后，学者便多撰文分析夨、矢、走三字之关系，如林义光、高田忠周或认为夭、矢二字虽然有形近之问题，但仍具有不同的造字意涵；或如马叙伦、高鸿缙认为夭、矢是一字受"音韵"或"时代"的因素分化而来；或如罗振玉、商承祚、李孝定认为"夭""矢"为同一字形，应隶为矢字，"夭"字则是走字所从之$\dagger$；或如沈长云认为"夭""矢"为同一字形，应隶为天字，"矢"字则是走字所从$\dagger$的讹变。[7] 诸说揭示了夭、矢、走三字错综复杂的关系，却也都有无法圆满解释的地方，本文在前贤学者的理解上，认为许慎《说文解字》虽然没有掌握到"夭"字的正确构形，但其对"夭"字的解释："夭，屈也。从大，象形"基本上仍是正确的，应当从"从大"一点，去理解夭、矢、走三字之关系。

二、甲骨文、金文中的"夭"字

如果同意古文字具有"左右不别"的特性，则《说文》所载夭、矢二字实可视为同一字形，为"矢"字之异体字。[8] 然"夭"字究竟是不是"走"字的初文$\dagger$，这一问题必须从该字在古文字中之功能中说起。是字见于甲骨文：

（一）《合集》17230 正：贞王往$\dagger$戋至于宁(此)。

（二）《合集》17993：☐$\dagger$☐

（三）《合集》17994：☐$\dagger$☐

（四）《合集》27939：庚申贞：其令亚$\dagger$马☐

上揭四例为甲骨卜辞中的$\dagger$字，其中（二）（三）例辞残，故无法判别其原意，而针对（一）（四）二例中的$\dagger$字，严一萍认为：

> 天字在一期卜辞中为地名……至三期卜辞中为服务王朝之官名。[9]

严氏所言一期卜辞即《合集》17230 正，三期卜辞即《合集》27939，认为"$\dagger$戋"用为地名，"亚$\dagger$（天）马"则用为官名。

学者对"$\dagger$戋"为地名一点大多无疑虑，但于"亚$\dagger$马"一词的认识则较多分歧，有隶为天字者，除上举严一萍外，还有李孝定，其认为"亚马"为职官，$\dagger$（天）为人名。有隶为走字者，如龙宇纯先生认为：

> $\dagger$马二字相连，或释为走马，似乎更是走省作$\dagger$的明证，即使退一

步说，走并不能作 ⬥，然由奔走二字可知 ⬥ 代表奔走的意思。走字金文作 ⬥，奔字金文作 ⬥。代表奔走之意的主要是 ⬥。[10]

龙宇纯先生是直接将 ⬥ 释为走的初文，也就是《说文》走、奔二字所从之 ⬥。赵诚亦将 "亚 ⬥ 马" 隶为 "亚走马"，认为是 "命令亚策马快走"。[11] 季旭昇先生虽是将 "亚 ⬥ 马" 隶为 "亚夭马"，却认为 "夭马" 即后世之 "走马"，因为商代语音与周代语音有别，亦有可能是商代一字多音之现象。[12]

诚然，就现存可见的甲骨卜辞而言，并无太多例证可证明 ⬥ 字必然读为夭或走，但在 "⬥ 马" 一词可与 "走马" 相对应之情形下，加上走、奔二字皆从 ⬥，将 ⬥ 释为走之初文是较无争议的。于省吾认为：

契文 ⬥ 即走之初形，商代玉觷铭亦作 ⬥。金文 "走" 及从 "走" 之字作 ⬥、⬥，增 "止" 或 "彳" 为文字演化中所习见。篆文作 ⬥，讹变为从 "夭" 从 "止"。[13]

于氏认为 ⬥ 就是走字之初文，其小篆 ⬥ 字受到 "夭" 字影响，致使徐锴、清儒以 "从夭走会意" "犬善走貌" 解释 "走" 字。[14] 将 ⬥ 理解为 "走" 字初文，实是注意到该字为 "奔跑时侧身" 之形象这一特点，对后文区别 "夭" "走" 二字多有帮助。

在甲骨文、金文时期，表示侧头的 "矢" 字，可写作如下字形：

⬥	⬥	⬥	⬥
《合集》1051 正	《合集》1051 正	《合集》1051 正	《合集》1825
⬥	⬥	⬥	⬥
《合集》16846	《合集》21110	《合集》31241	《合集》39461

由于古文字具备 "左右无别" 的特点，故无论字形的头部向左、向右倾斜，都可隶为 "矢" 字；或者说这个时期的这类字形只能说是 "矢" 字，尚未出现 "夭" 字，如于省吾说："就甲、金文而言，⬥、⬥ 均为 '矢' 字，小篆分化为 '矢' '夭' 二字。'夭' 字晚出，就小篆而言，其形体来源于矢，而分化作 '夭'。" 此说可从。在金文中所

见的"矢"旁其象征头部的部件，便有向左或向右的写法，董莲池认为：

> 把左倾头的形体释为"矢"，根据都是《说文》……由《说文》小篆上溯战国，可以发现不见单独使用的"矢"字，但表示"日在西方时侧也"的"昃"字（即昃），从矢，从这样的形体上面可以看到这时的矢被写作"⫯"作左倾头形，或又写成"⫯"，作右倾头形。[14]

董氏以金文从"矢"之字为证，认为这类倾头的字形无论向左或向右，都只能隶为"矢"。类似的现象也可见于金文中的"吴"字，其下所从矢旁，亦是向左或向右，如下表：

《师酉毁》	《班毁》	《静毁》	《师虎毁》
《缺叔簋》	《吴盘》	《吴王姬鼎》	《作吴姬匜》

由是可知，与甲骨文相同，金文中此类字形仍只能说是"矢"字，而非"夭"字。

金文并非没有夭字，[15] 有一类字形写作鈇（《叔尸钟》）、鈇（《叔尸镈》），此类字形以往都被释作"鈇"或"鈇"，谢明文改隶为"鋈"，认为二字所从⫯旁，与秦简文字所见的"夭"字相同，皆是从"大"而在中间加上横笔，从陈剑的意见，以此为"腰"的指示字。[16] 将⫯字隶为"夭"，则以往认为"夭"是由"矢"字分化而来的说法，恐怕有待商榷，但此说对于理解战国文字、秦汉文字中"夭"字之起源有很大帮助。

三、战国文字中的"夭"字

战国文字可见的"夭"字、从"夭"之字如下：

郭店简《唐虞之道》简 11：安命而弗⫯（夭）。[17]
上博简《子羔》简 12：冬见⫯蓟而荐之。[18]
上博简《容成氏》简 16：⫯（袄）祥不行。

上博简《東大王泊旱》简 2：似愈㳄（迓）。[19]

望山简 61：灵光之㫃（祆）。[20]

上举诸例，其所从 "天" 旁皆作 ![img]，此即战国文字中的 "天" 字，扣除其上之 ![img] 旁，剩余笔画作 ![img]，确实近似前述所引走之初文 ![img]，可见吴九龙等人将 ![img] 释作 "天" 之本字，而将 ![img] 释作繁化的 "天" 字，亦在情理之中。[21] 只是如果天字从侧身的奔跑形象，转写成正面的 "大" 形，那么一人就有了 "四手"，原先象征上下摆动的手臂，又该如何解释？可见从 "繁化" 的角度，并无法完整说明从 ![img] 到 ![img] 的演变过程。![img]、![img] 虽然形近，差别在后者因为从 "大"，故在字形上多了 ![img] 旁，故是否从 "大"，实可作为 "天" 与 "走" 字之区别方式。

"奔" 字，《说文》云："走也。从天，卉声。"将奔字拆解为形符 "天" 与声符 "卉"，然由古文字各阶段的 "奔" 字可看出其与 "天" 字并无关系，而是在金文 ![img] 字的基础上，叠加形符 "止"，强调奔走快速之义。清华简《系年》同时收有天、奔二字，前者作 ![img]（简 93）、![img]（简 94）；后者作 ![img]（简 20）、![img]（简 32）、![img]（简 100）。奔字所从走旁 ![img] 确实与天字相近，但 "天" 字从大，故在此部件上必然有一 ![img] 旁，可见单就二字之构形看，奔字并不能理解为从天，而大旁之 ![img] 也能作为走、天二字之别嫌符号。

或如秦简中的 "奔" 字，如 ![img]（睡虎地秦简《日书甲》简 152 正参）、![img]（《答》简 132）、![img]（《杂》简 9）与 ![img]（《为吏之道》285）等，所从 "走" 旁皆无一从 "大"，若以《说文》"从天、止" 的说法理解这些 "走" 字，便很难厘清 ![img]、![img] 之间的差异。[22]

又如上博简《竞公疟》简 3 "或可 ![img] 焉"，整理者认为：

> "忝" 同 "懊"。《集韵》："懊，恨也，或从天。"读为 "祰""祷"。《说文》："祰，告祭也。从示，告声。"《说文》："祷，告示求福也。从示，寿声。"同韵。[23]

学者对于 ![img] 字曾有过热烈讨论，如陈伟隶为 "忝"，董珊从之；苏建洲认为从天，读为 "烧"；刘信芳读为 "妖"，莫衷一是。[24] 而在上博简《吴命》出版后，刘云、禤健聪则将此字与害、骇字相联系，认为忝、害二字因读音相近，故形体趋向混同，至此才确定了⿰字该隶定为"恧"。其实⿰字与战国文字常见的"夭"字并不相同，最大的差异便是此字并不从大，故缺少了⿰旁，与其认为⿰字与"夭"字形近，毋宁说是与"走"字形近。

又如上博简《周易》简54"涣⿰（走）其尻"，整理者认为：

> "走"，义同"奔"。《庄子·渔父》："疾走不休。""尻"，《说文·几部》："尻，处也。从尸得几而止。"一作"机"，案机以承物。《象》曰："'涣奔其机'，得愿也。"[25]

若以⿰为夭，则此字也可隶为从夭从止，即《说文》所云之"走"字，但上博简所见之"夭"字，皆从"大"，且是句马王堆帛书《周易》作"涣赍其阶"，今本《周易》作："涣奔其机。"由是可知⿰就是金文之⿰字，当隶为与"奔"字义近的"走"，而不能说是从夭从止之字。

"夭"字于战国文字中，除了可以写作⿰之外，还有另外一种异体字形⿰，即马王堆帛书、银雀山汉简所从"夭"字。吴九龙联系战国文字⿰与汉隶文字⿰，是正确的，但二者变化之过程仍可稍作补充。

上博五《竞建内之》简7"天不见⿰"，此字整理者释为"禹"，季旭昇先生、林志鹏、杨泽生、高佑仁等学者都作过相关考释，但多认为是"害"的一种特殊（或是错误）写法，仍当读为"害"字。[26]陈剑从文意与字形上考虑，认为此字是"夭"字的一种特殊写法：

> 单独的"夭"字和作偏旁的"夭"三晋古玺文字和楚系简帛文字里皆多见，作⿰（《古玺汇编》5621）、⿰（子弹库楚帛书乙五）、⿰（郭店《唐虞之道》简11）、⿰（《上博（二）·子羔》简12"芙"字所从）等形，其写法变化不大。⿰字跟"夭"比较，其上端的"⿰"形、中间的"⿰"跟竖笔相交之形，和下端的向右弯曲的笔画，都是相合的。尤其是字中间的"⿰"跟竖笔相交之形，可以说是"夭"字的显著特征。[27]

陈剑认为⿰、⿰二部件是"夭"字的显著特征，前文论证"夭"字必然从"大"也是受此启发，只是此类"夭"之异体字所从"大"旁已发生讹变。陈剑认为此种

异体字其 "大" 字中部的分岔，与战国文字 "束" 字中间竖笔改为上端分岔，如 （郭店简《老子》甲本简 14）、 （包山简 260）、 （郭店《忠信之道》简 1）相同；而下部由两撇改为一撇的现象，则与 （郭店简《语丛一》简 50）、 （郭店简《缁衣》简 12）、 （上博简《孔子诗论》简 8）等产生向右撇笔的现象相似。此说确实解释了 "夭" 字由 至 的演变过程，不过陈剑亦认为此种 "夭" 字的字例较少，在没有更多材料前，上博五此形，也不妨就简单地看作书写中偶然出现的由书手个人因素造成的讹体。不过，此字亦有可能影响秦、汉简中的 "夭" 字构形。

四、秦汉文字中的 "夭" 字

在上博五《竞建内之》的异体 "夭" 字外，"夭" 字在战国文字至秦汉文字的变化，大抵如吴九龙所言，而透过新初的北大汉简，则可以建立更清楚的演变脉络。秦简 "夭" 字及从 "夭" 之字作：

睡虎地《日书甲》简 59 背壹	睡虎地《日书甲》简 32 背叁	放马滩《志》简 7	睡虎地《日书甲》简 32 背叁	睡虎地《日书甲》简 59 背贰	关沮简 348

秦简 "夭" 字直接由 来，书手将 拉直，便产生 的形体。部分字形中，其上 部件，甚至也受到隶化现象，改曲为直，大字中原先象征双脚的两撇笔，也逐渐形成一竖笔与一撇笔的现象，这些现象都影响了汉简 "夭" 字的产生。汉简 "夭" 字及从 "夭" 之字作：

马王堆帛书《五行》345	马王堆帛书《十问》54	马王堆帛书《五星占》9	银雀山汉简《三十时》简 1769	北大汉简《妄稽》简 3

马王堆帛书之 "夭" 字，其写法与秦简基本相同，只是改曲为直的现象更明显。银雀山汉简《三十时》之 "芺" 字，其所从 "夭" 旁，已可看出以竖笔为中心分配左右撇笔的对称现象；此种情况在北大汉简《妄稽》之 "抚" 字更为明显，已看不出 "夭" 字从 "大" 之构形。

即此，可将前引金文、战国文字、秦汉文字之 "夭" 字构形演变绘如下表：

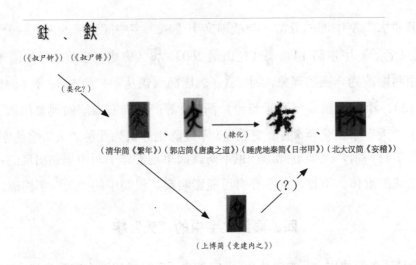

谢明文认为《叔尸钟》《叔尸镈》"鈇"字所从之"夭"受到"走"字初文 <img> 的关系，故产生类化现象，将原先象征"腰部"的指示符号，改作弯曲的笔画。不过此二器属春秋晚期，时代较晚，且整体铭文较为规整，故所见字形可能已经过整理、简化，是将 <img> 改为一短横后产生的"夭"字，以此作为战国文字"夭"字之本字，恐有未妥。至于战国、秦汉文字之"夭"，虽然可以用隶化现象完整解释，也有可能是受上博五《竞建内之》<img>字而来。汉简"夭"字中段分岔的现象，实与该字相近，差别在是字仍保留了<img>部件，但只要将<img>改曲为直，并平均分配于竖笔两侧，便有可能产生与<img>相近之字形。故上博五《竞建内之》<img>字虽为异体字，也可能对秦汉"夭"字造成影响。

五、结论

透过对甲骨文、金文、战国文字、秦汉文字的梳理，结合前贤学者的论述，本文认为"夭"字无论是否受到走字初文的类化影响，其在战国文字、秦简文字中维持"大"字构形，保留象征两手的<img>及<img>一点，是十分明显的现象，故确实可从陈剑、谢明文两先生之看法，将"夭"理解为"腰"的指示字，"夭""腰"二字都是影纽宵部，双声叠韵，故以"腰"为"夭"的后起本字也是很合适的。

夭字从"大"旁而有的象征两手之<img>部件，亦可作为"夭"字的重要别嫌，用以区别"夭""矢""走"三字。即此，亦可重新理解许慎对"夭"字的解释，《说文》云："夭，屈也。从大，象形。"从古文字看，"夭"字从大不误，惟许慎根据错误的篆体，以象形为夭字的造字方式，有误，故董莲池认为："《说文》收录的'夭

'形天篆没有来源，只是根据'奔''乔''幸'的小篆讹体离析出来的。"可知《说文》"屈也"之解释是奠基于错误的字形认识上，与此而有的各种解释如"头之屈""手之屈"等皆有待修正。

注释：

［1］（清）段玉裁：《说文解字注》，台北艺文出版社 2006 年版，第 494 页。

［2］（南唐）徐锴：《说文解字系传》，中华书局 2017 年版，第 205 页。

［3］（清）桂馥：《说文解字义证》，中华书局 2017 年版，第 394 页。

［4］（清）朱骏声：《说文通训定声》，中华书局 2016 年版，第 306 页。

［5］（清）段玉裁：《说文解字注》，第 494 页。

［6］（清）王筠：《说文解字句读》，中华书局 2016 年版，第 844 页。

［7］上引诸说可参李圃主编：《古文字诂林》，上海教育出版社 2004 年版，第 820—824 页。

［8］刘钊先生《新甲骨文编》一书在 2009 年版收有"天"字；2014 年修订再版后，将"天"字条改为"矢"字条。所收字形不变，但将"天"字改为"矢"字，恐怕也是基于"古文字左右不别"一点作出的修正。参刘钊先生《新甲骨文编》福建人民出版社 2009 年版，第 577 页。刘钊先生：《新甲骨文编》福建人民出版社 2009 年版，第 604 页。

［9］严一萍说参于省吾主编《甲骨文字诂林》，中华书局 1999 年版，第 317 页。

［10］龙宇纯先生：《甲骨文金文字及其相关问题》，《"中央"研究院历史语言所集刊》，第 422—423 页。

［11］赵诚编：《甲骨文简明词典》，中华书局 2009 年版，第 345 页。

［12］季旭昇先生：《甲骨文字根研究》，文史哲出版社 2003 年版，第 74 页。

［13］参于省吾主编：《甲骨文字诂林》，第 378 页。

［14］马叙伦《〈说文解字〉六书疏证》亦认为："谓 大 大 异字，大 为天折字，芺字从之得声。大 走之初文。"马氏对 大 字的理解未必正确，但以 大 为走之初文，则是可信的。参李圃主编《古文字诂林》第 8 册，第 820—821 页。

［15］董莲池：《古文字无倾头形"天"字说》，见《古文字研究》第 26 辑，中华书局 2006 年版，第 492 页。

［16］金文中亦有不少字形被隶定为"天"或是从"天"之字，如 （《天作彝舩》）、（《龢甗》）、（《亚天爵》）、（《甗觥》）等，这些"天"及从"天"之字于铭文中皆用作人名，若依照本文以 大 为走之初文的观点看，这些字形或许都该改隶为走，或者从走之字。

［17］谢明文：《释金文中的"鉴"字》，见《商周文字论集》，上海古籍出版社 2017 年版，第

209—216 页。

　　[18] 整理者："宎，读作'夭'。《释名·释丧制》：'少壮而死曰夭。'"参荆门市博物馆《郭店楚墓竹简》，文物出版社 1998 年版，第 159 页。

　　[19] 整理者："《尔雅·释草》：'芺蓟，其实荂。'"郭璞注："芺与蓟茎头皆有蒻台，名荂，即其实。"又"钩芺"注："大如拇指，中空，茎头有台似蓟，初生可食。"疑"芺"即"芺蓟"或"钩芺"。"参马承源主编《上海博物馆藏战国楚竹书（二）》，上海古籍出版社 2002 年版，第 198 页。

　　[20] 整理者："达，读为宎。《类篇》：'宎，深也。'句意'病容益深'。"参马承源主编：《上海博物馆藏战国楚竹书（四）》（上海古籍出版社，2004 年版），第 197 页。

　　[21] 刘信芳认为："疑读如'袄'，《玉篇》：'袄，乌老切，袍袄也。'"参刘信芳：《楚简器物释名（下）》，《中国文字》新 23 期，台北艺文印书馆 1997 年版，第 103 页。

　　[22] 参吴九龙《简牍帛书中的"天"字》，见《出土文献研究》，文物出版社 1985 年版，第 250—252 页。季旭昇先生：《说文新证》台北艺文印书馆 2014 年版，第 767—768 页。

　　[23] 遍检出土文献中"走"及从"走"诸字（如趋、趣、赵、趣、越等），可知走字不论单独使用或用作偏旁，皆无一从大，可见将🐕、🦮二字之间并非前后相承，而是完全不同的两个字形，从"大"与否，更能作为两字的明确判别方式。参李守奎、曲冰、孙伟龙编著《上海博物馆藏战国楚竹书（一—五）文字编》，作家出版社 2007 年版，第 67—68 页；李学勤主编，沈建华、贾连翔编《清华大学藏战国竹简（壹—叁）文字编》（中西书局，2014 年版），第 37—38 页；王辉编著《秦文字编》，中华书局 2015 年版，第 233—239 页；方勇编著《秦简牍文字汇编》，第 24—25 页。

　　[24] 马承源主编：《上海博物馆藏战国楚竹书（六）》，上海古籍出版社 2007 年版，第 170 页。

　　[25]《竞公疟》此字的相关讨论可参高荣鸿《上博楚简齐国史料研究》，台湾中兴大学中国文学系硕士论文，2008 年 8 月，第 163—167 页。倪薇淳《〈上海博物馆藏战国楚竹书（六）·竞公疟〉研究》，台湾师范大学国文学系硕士论文，2008 年，第 103—113 页。

　　[26] 马承源主编：《上海博物馆藏战国楚竹书（三）》，上海古籍出版社 2003 年版，第 210 页。

　　[27] 相关论可参季旭昇先生：《上博五刍议（上）》，简帛网，2006 年 2 月 18 日。林志鹏：《上博楚竹书〈竞建内之〉重编新解》，简帛网，2006 年 2 月 25 日。杨泽生：《〈上博五〉札记两则》，简帛网，2006 年 2 月 28 日。高佑仁：《谈〈竞建内之〉两处与"害"有关的字》，简帛网，2006 年 6 月 13 日。

　　[28] 陈剑：《也谈〈竞建内之〉简 7 所谓的"害"字》，见《战国竹书论集》，上海古籍出版社 2013 年版，第 196—199 页。

"辎" 与 "軿"

闫 艳

内蒙古师范大学文学院

李嘉祐《润州杨别驾宅送蒋九侍御收兵归扬州》："人对辎軿醉，花垂睥睨残。"《吕氏宅妖誓师词》："辎车直入无回翔，六甲次第不乖行。""辎"在《全唐诗》中共出现 8 次。

《汉语大词典》对二者释义浑简，并未予以明确区分，其释"辎车"曰："古代有帷盖的车子，既可载物，又可作卧车。"[1] 释"軿车"为两个义项：①有帷盖的车子；②车上的帷盖。[2]

很多古代字书均将辎车与軿车等同，如《说文·车部》："軿，辎车也。"《集韵·之韵》："辎，軿车。"《玉篇·车部》："辎，辎軿。"实际上，二者在形制和功能方面均有差别，文化内涵也有不小的差异。下文拟对二者作出辨析。

一、辎、軿词源义不同

《释名·释车》："辎车，载辎重，卧息其中之车。辎，厕也，所以载衣物杂厕其中也。""辎"，从车甾声，甾声有积塞义，其初文像川流壅塞为灾，"菑"是不耕田，即未耕而草丛壅之田。"辎"也指车上物丛聚，故"辎"的本义当指载重之车。

《释名·释车》："軿车，軿，屏也，四面屏蔽，妇人所乘牛车也。""軿"从车并声，并从屏省声，有屏蔽意。《玉篇·车部》："軿，以自隐蔽之车也。"《集韵·先韵》："軿，妇人车，四面屏蔽者。"故"軿"的本义是有屏蔽功能之车。

二、辎、軿二车结构不同

其一，二者车厢的障蔽范围不同。《说文·车部》："辎，軿车前，衣车后也。"此注释点明，辎车的形制是结合了軿车之前与衣车之后的构造，因此，我们有必要厘清軿车之前与衣车之后的具体特点。

段玉裁《说文解字注·车部》:"辎軿,衣车也。軿,车前衣也,车后为辎。"《说文·车部》"軿"字朱骏声通训定声:"辎、軿皆衣车。前后皆蔽曰辎,前有蔽曰軿。"今按,段氏、朱氏皆为正诂,《礼记·曲礼》正义引何撤《礼记隐义》云:"衣车如鳖而长。"[3] 说明二车的顶部均似鳖盖,呈椭圆形隆起,但軿车车厢前面有障蔽。

《释名·释车》:"衣车,前户,所以载衣服之车也。"孙诒让《札迻》卷二:"衣车则后有衣蔽,而前开户,可以启闭。"[4] 孙氏认为,衣车的车厢前面开门,后面则用帷幕遮蔽。

今按,軿车的车厢之前与衣车车厢之后皆有障蔽,二者结合起来表明辎车的车厢前后均有障蔽。《急就篇》卷三:"辎軺辕轴舆轮辏",颜师古注:"辎,衣车四面皆蔽也。"黄庭坚《丙辰仍宿清泉寺》:"且复下囊辎。"史容注引《左传·襄十二年》正义曰:"辎,一名軿,前后蔽以载物。"《集韵·之韵》引《字林》:"辎,载衣物车,前后皆蔽,若今库车。"按,库车即存放在武器库中的战车,为了防护,车体往往被蒙覆起来,将辎比喻为库车,是用比喻的方式说明辎车的车厢是整体障蔽的。

其二,二者结构不同。辎车有后辕,軿车则无。《释名·释车》:"軿车……辎、軿之形同,有邸曰辎,无邸曰軿。"[5] 按,"邸"通"軧",本指大车后栏板,引申指后辕。《宋书·礼志》引《字林》曰:"軿车有衣蔽无后辕,有后辕者谓之辎。"[6] 依照此说,辎、軿车外形相近,辎车有后辕,便于延伸堆物,軿车则无后辕。

三、辎车与軿车载重量及功能不同

《说文句读·车部》:"軿,辎车也。重曰辎,轻曰軿。"按,軿是古代的轻车,軿车作为辎车,其载重量小于辎车。

軿车载重量较小,主要以载人为主,是汉代以来宫内后妃们乘坐较多的车型。《后汉书·舆服志上》:"太皇太后,皇太后法驾。……非法驾,则乘紫罽軿车。"[7]《文选·谢庄〈孝武宣贵妃诔〉》:"帷轩夕改,軿辂晨迁。"[8] 为了使宫内的軿车看起来更加豪华气派,工匠们还对軿车的车体以涂漆或绘制彩画等方式予以装饰,如《后汉书·舆服志上》:"大贵人、贵人、公主、王妃、封君、油画軿车。"[9]《晋书·舆服志》:"三夫人油軿车,驾两马,左騑。"[10] 这种风气一直达于盛唐,如张说《郧国长公主神道碑》:"玉筓辉首,油軿在驭。"

辎车载重量较大,既可运物,亦可载人,载物时用于转移军事物资较多。《管子·问》:"乡师车辎造修文具。"[11] 尹知章注:"辎,谓车之有防蔽可以重载者。""辎重"连言，主要有三个义项：

其一是指外出时运载物资的有屏蔽的车。《老子》："是以圣人终日行，不离辒重。"《文选·张衡〈东京赋〉》："终日不离其辒重。"李善注引张揖曰："辒重，有衣车也。"

其二是指随军运载的军用器械装备及粮草，如《孙子·军争》卷中："是故军无辒重则亡。"杜牧注："辒重者，器械及军士衣装。"

其三是指运载军用物资的重型车辆。《左传·旋宫十二年》："楚重至于邲。"杜预注："重，辒重也。"孔颖达疏："辒重，载物之车也。"后来，"辒重"由运载外出物资的车，引申为外出携带的物资。《汉书·韩安国传》："王恢、李息别从代主击辒重。"颜师古注："辒，衣车也。重谓载重物车也。故行者之资，总曰辒重。"[12]

因辒重既指运载的物资，又指运输物资的车辆，故后世将以车辆运载的装备物资等统称为辒重。

图一 运货物的辒车

辒车四面障蔽，封闭性强，车舆宽大，可供卧息，舒适度也更高，因此深受上层社会女性的青睐，一般男子乘坐此车的不多。但在特殊情况下，也有位高权重的男子乘坐辒车，如《史记·孙子吴起列传》："于是乃以田忌为将，而孙子为师，居辒车中，坐为计谋。"[13]孙膑因受过髌刑，在辒车内便于卧休，也可避人耳目。《汉书·张良传》记张良对刘邦说："上虽疾，强载辒车，卧而护之。"[14]《后汉书·桓荣传》："以荣为少傅，赐以辒车。"[15]

图二 汉画像中的载人辒车

辒、辌二车因车型相近，又都常为妇人乘坐，故人们常将有屏蔽之车通称辒辌。

汉制,三公、列侯、中二千石、二千石的夫人出行时可乘辎軿车。刘向《列女传·贞顺·齐孝孟姬传》:"妾闻妃后踰阈,必乘安车、辎軿。"王照图补注:"辎軿,车四面屏蔽也。"[16]汉桓宽《盐铁论·散不足》卷六:"今富者连车列骑,骖贰辎軿。"[17]《汉书·张敞传》:"礼,君母出门则乘辎軿。"颜师古注:"辎軿,衣车也。"[18]《续汉书·舆服志》:"公、列侯、中二千石、二千石夫人会朝若蚕,各乘其夫之安车,右骓,加交路帷裳,皆皁。非公会,不得乘朝车,得乘漆布辎軿车。"[19]《梁书·元帝纪》:"舳舻汛水,以掎其南,辎軿委输,以冲其北。"[20]《三国志·吴志·士燮传》记交趾太守士燮的出行盛况:"雄长一州,偏在万里,威尊无上。出入鸣钟磬,备具威仪,笳箫鼓吹,车骑满道……妻妾乘辎軿,子弟从兵骑。"[21]唐诗中的韩愈《华山女》:"扫除众寺人迹绝,骅骝塞路连辎軿。"白居易《梦仙》:"空山三十载,日望辎軿迎。"即表达了身虽隐逸,但仍希望有贵人援引之意。

　　秦汉时君王所乘的辎车因为车厢狭小,君臣同处一个空间,非常逼仄,开始设置重舆,即车厢分为前后两部分。如山东福山东留公村出土的汉画像石中之辎车,主人坐于后舆,御者在前舆中执策御马,这种设置后来为辂所采用。如《北史·何稠传》载:"旧制,五辂于辕上起箱,天子与参乘同在箱内。稠曰:'君臣同所,过为相逼。'乃广为盘舆,别构栏楯,侍臣立于其中,于内复起须弥平坐,天子独居其上。"[22]《旧唐书·舆服志》:"玉辂,青质,以玉饰诸末,重舆。"[23]秦始皇陵车马坑出土的2号铜车车舆分为前后两室,前室很小,仅容驭手就座。青铜马车中,头戴双卷尾冠,身穿长襦,腰佩短剑的御官俑,跽坐于车前室,手中握着辔索。后室是供主人乘坐的主舆。[24]

图三　汉画像中的重舆辎车 [25]

载人辎车需要透气,因而多设侧窗,《说文·车部》王筠句读引严氏曰:"辎与軿皆衣车属,衣车前户,辎旁户。"[26]《说文·户部》:"戾,辎车旁推户也。"文献中的旁户、旁推户不是一般意义上的窗子。《说文·穴部》:"窗,通孔也。"窗字亦作"囱",王力先生认为:"囱指天窗,即在帐篷上留个洞,以透光线。"[27]但是唐代以前窗子为固定的窗,没有窗扇不能开启。然而户却有可开合的"户扇",即扉。因此,辎车的侧面推窗称为"旁户"或"旁推户"。出土的秦始皇陵 2 号铜车主舆前部和左右两侧开窗,前窗装有能够向上掀起的菱格形镂空窗扇,左右窗则以夹心的方式安装着可推拉的菱格形镂空窗板,与战国时代的镂孔窗扇是一致的,也更验证了辎车的旁户之称是非常准确的。

图四　秦陵二号铜马车

有的辎车车厢还有后门,《周礼·巾车》:"良车、散车。"郑注:"谓若今辎车后户之属。"[28]孙诒让《札迻》卷二:"辎车,则前有衣蔽而后开户。"出土的秦陵 2 号车主舆四周屏蔽,后边留门,门上装有可开闭的门板,与此说相合。

注释:

[1]《汉语大词典》第九卷,汉语大词典出版社 1989 年版,第 1296 页。

[2]《汉语大词典》第九卷,汉语大词典出版社 1989 年版,第 1252 页。

[3](汉)郑玄:《礼记疏》卷三附《释音礼记注疏》,清嘉庆二十年南昌府学重刊宋本十三经注疏本,第 88 页。

[4](清)孙诒让撰:《札迻》卷二,齐鲁书社 1989 年版,第 56 页。

[5]刘熙撰:《释名·释车》卷七,中华书局 1985 年版,第 118 页。

[6](梁)沈约撰:《宋书》卷十八"礼志",中华书局 1974 年版,第 497 页。

[7](宋)范晔撰、唐李贤等注:《后汉书》卷二十九"舆服志上",中华书局 1965 年版,第 3647 页。

[8](梁)萧统撰、唐李善注:《文选》卷五十七,上海古籍出版社 1986 年版,第 2480 页。

[9](宋)范晔撰、唐李贤等注:《后汉书》卷二十九"舆服志上",中华书局 1965 年版,第 3647 页。

[10](唐)房玄龄等撰:《晋书》卷二十五"舆服志",中华书局 1974 年版,第 763 页。

[11](唐)房玄龄注、明刘绩补注、刘晓艺校点:《管子》卷第九"问"第二十四,上海古籍出版社 2015 年版,第 176 页。

[12](汉)班固撰、唐颜师古注:《汉书》卷五十二"韩安国传",中华书局 1962 年版,第 2404 页。

[13](汉)司马迁撰:《史记》卷六十五"孙子吴起列传"卷六十五,中华书局 1962 年版,第 2163 页。

[14](汉)班固撰、唐颜师古注:《汉书》卷四十"张良传",中华书局 1962 年版第 2034 页。

[15](宋)范晔撰、唐李贤等注:《后汉书》卷三十七"桓荣传",中华书局 1965 年版,第 1251 页。

[16](梁)萧统编:《文选》下册,岳麓书社 1995 年版,第 2028 页。

[17](汉)桓宽:《盐铁论》卷六,上海人民出版社 1974 年版,第 66 页。

[18](汉)班固撰、唐颜师古注:《汉书·张敞传》卷七十六,中华书局 1962 年版,第 3220—3221 页。

[19](宋)范晔撰、唐李贤等注:《后汉书》志第二十九"舆服志",中华书局 1965 年版,第 3648 页。

[20](唐)姚思廉撰:《梁书》卷五"元帝纪",中华书局 1973 年版,第 124 页。

[21]陈寿撰、裴松之注:《三国志》卷四十九"吴志·士燮传",中华书局 1959 年版,第 1192 页。

[22](唐)李延寿撰:《北史》卷九十"何稠传",中华书局 1974 年版,第 2987 页。

[23](后晋)刘昫等撰:《旧唐书》卷四十五"舆服志",中华书局 1975 年,第 1932 页。

[24]王德温,王煌彦撰文:《丝绸之路漫记》(陕西分册),新华出版社 1987 年版,第 108 页。

[25]孙机著:《中国古舆服论丛》(增订本)图 1-5,上海古籍出版社 2013 年版,第 6 页。

[26]王筠:《说文解字句读》卷十四上,清道光三十年刻本,第 1004 页。

[27]《同源字典》,商务印书馆 1982 年版,第 385 页。

[28]李学勤编:《周礼》卷二十七"巾车",北京大学出版社 1999 年版,第 726 页。

古文字形体讹变与《说文》的构形理据重组刍论

禤健聪

广州大学人文学院

【摘要】《说文解字》是中国传统文献文字学研究的重要典籍，一度被奉为圭臬。20 世纪初以来，随着古文字研究的迅速发展，研究者得以更好地从汉字发展史的角度重新认识《说文》。本文拟就《说文》在古文字形体讹变及其构形理据重组研究中的价值略作讨论。

一

出土文献材料的不断发现与研究，使学术界对古文字历时演变脉络的认识越来越清晰。其中，形体讹变就是汉字古文字阶段发展演变的重要规律之一。

对古文字形体讹变现象，前人已作过较深入的探讨，主要从字形的角度分析形体讹变产生的原因（张桂光 1986），也较多地关注形体讹变与声化之间的关系（裘锡圭 1988—2013、刘钊 2006）。总体而言，前人的研究主要从形近和声化两方面入手。古文字形体讹变是在汉字简化、形声化这一发展总趋势的影响下发生的。当汉字不断向线条化、符号化方向发展，从图形式表意为主演变为以符号化为主的构形体系的时候，原有的表意功能被大大削弱，很多表意字特别是图形式会意字需要寻求新的表意方式挽救其表意性。作为记录语言的文字体系，其符号系统必然要在便于书写和容易识认中取得平衡，汉字的简化、符号化正是朝着便于书写的方向发展，但这同时意味着容易识认的表意原则遭到相应的破坏，作为矫正和补偿，汉字形声化这一发展主线清晰可见。在原字基础上加注声旁、加注形旁或重新另造形声字是形声化的最主要实现途径。此外，过去论者已经较多地关注到通过讹变（变形声化）来实现形声化的路径。

如我们所熟知的 {饮} 的用字，甲骨文作 （《合集》10405 反），像人以舌探酉（酒坛）会饮酒之意，图画意味很重；金文以降，字改作 （善夫山鼎，《集成》

2825)，像人之形变作义符"欠"，探酉之倒舌形变作"今"旁，遂成"歓"。《说文》："歓，歓也。从欠、畣声。""畣"从"今"得声，所以"歓"分析为从"欠"、从"酉"，"今"声或更贴切。

在形声化的同时，还有为数众多的汉字通过自身形体部件的改造来实现表意偏旁的重构和构形理据的重组，使变化了的字形重新获得构形理据。过往研究者虽然已关注到"以文字形体附会变化了的字义造成的讹变"即字义的因素，但仍只将形体讹变确定在"由于使用文字的人误解了字形与原义的关系，而将它的某些部件误写成与它意义不同的其他部件"（张桂光 1986）的框架之内。对因字义变化造成的字形讹变即字形讹变中的形义关系调整的讨论，各类古文字考释文章亦偶有涉及，但甲光片羽有待梳理，专门的论述尚付阙如。

讹变古文字表意功能的重建，可从两个角度审视：通过字形演变适应变化了的字义；字形演变寻求构形理据的重组。因字义变化造成的字形演变和字形演变的构形理据重组是两个互相关联有时候甚至是互为因果的过程。前者是因义变而造成形变，后者因形变而寻求重新表意的理据，两者所体现的都是汉字字体演变过程中的形义关系的调整。这种讹变性调整，往往始于使用者的无意甚至是误解，但讹变的进程，则或多或少受使用者的认知影响，有时候可能是使用者有意识地使讹变的结果达至形义关系的重构。

典型的例子可举｛丧｝的用字。甲骨文作桑（《合集》10927 正），以"桑"为声符，以众口哀号表意。金文作桑（毛公鼎，《集成》2841），桑形下半"木"旁变写作"亡"，"亡"与"丧"音近而又于丧亡义相通，故为后来的形体沿用。下半变成"亡"后，原本的桑形的上半不复本来形貌，在战国文字中简省变化甚大，以至于完全丧失了原有的功能。[1]小篆作丧，《说文》："丧，亡也。从哭，从亡，会意，亡亦声。"则以桑形之余与两"口"整合为"哭"以就丧义。"丧"字金文变增"亡"，可视为"通过字形演变适应变化了的字义"，《说文》分析篆形从"哭"，则是"字形演变寻求构形理据的重组"。

二

过往利用出土古文字材料研究《说文》，较多体现为利用古文字材料（尤其是甲骨文、金文等早期的古文字材料）纠正《说文》说解。学者多从字形讹变的角度，指出《说文》以讹误字形为据的析形失误，取得了很大的成就。实际上，研究可以从相反的角度切入，审视《说文》说解在对已经变化了的字形进行构形理据分析以重构其表意性上的作用及其所折射的汉代人视角下的汉字形义关系。后者无疑也十分重要。

比如，我们知道｛奔｝与｛走｝的用字的构形原理本一致，早期金文分别作🏃、🏃（大盂鼎，《集成》2837），"走"下从一"止"，"奔"下从三"止"。由是可知，《说文》分析"奔"为"从夭、贲省声"（徐锴《系传》作"从夭、卉声"）并不合于古。但是，同样早到西周早期开始，金文中的"奔"所从的"止"旁就已普遍讹混同"屮"，作🏃（燮作周公簋，《集成》4241）。因此，无论是"贲省声"还是"卉声"，都是对讹变字形的构形理据的合理重组。清华简坟墓之｛坟｝或记写作🏃（清华二《系年》16），可隶定作"奎"，从"土""奔"声。《说文》："坟，墓也。从土、贲声。""奔""贲"古音相近，"饙"《说文》或体作"餴"及"饎"。《说文》以"奔"为"贲省声"，虽不合于造字初谊，然似亦一定程度上反映了后期古文字"奔""贲"的字用关系；与其说是许慎的误释，不若看作是当时普遍认知的真实反映。

《说文》小篆并非一个断代共时的文字资料库，而是许慎根据其建构的《说文》构形体系从东汉以前汉字形体中择选字样并通过篆体呈现的汉字字形系统。也就是说，《说文》的字形体系是跨时代综合的，《说文》小篆的构形来源于不同的时代层次，古今字体兼有。正因为如此，《说文》小篆不可能与甲骨金文完全对应。

近二十年来出土战国简帛文献材料大量刊布，极大丰富了战国阶段的汉字材料，更重要的是，以战国简帛文字为代表的战国六国文字填补了殷周与秦汉间过去不了解的文字演变链环，不少文字更保留着从造字初形到最终省讹之形的完整演变序列，从而使古文字形体演变的研究条件大大改善，有可能借助省讹纷繁、异体杂呈的战国文字新材料推动对古文字演变规律的新认识。

研究者发现，《说文》小篆与战国文字相合者所在多见。新出战国简帛提供了十分清晰的战国阶段的汉字样本，可以之为参照系，拣选出来源于战国文字的《说文》小篆。在此基础上，可厘清《说文》小篆构形的不同时代来源，进而揭示《说文》形体选择的内在逻辑和形体分析上的得失。

因字义演变导致的古文字形体讹变现象可以从《说文》对讹变字形的形体分析中得到观照。《说文》对讹变字形的说解虽然不尽符合造字本义，但却体现了汉代人对形义关系的理解，符合汉代人的文化视野和认知 [2]。通过考察《说文》对讹变字形的分析，可以更好地把握古文字形体讹变过程中的字义因素，从而将早期古文字与《说文》沟通起来。

试举一例。{葬}的用字,《说文》小篆作葬,《说文》:"葬,藏也。从死在茻中,一,其中所以荐之。《易》曰:古之葬者,厚衣之以薪。"按,古文字"葬"本不从"茻",目前所见的代表性字形有以下几种:

1	柈	(中山王兆域图,《集成》10478)
2	藝	(三体石经古文)
3	藻	(邾国故城砖铭[3])
4	葬	(曾公子去疾簠[4])
5	葬	(睡虎地秦简《日书》乙种简17)
6	葬	(睡虎地秦简《法律答问》简68)
7	藥、葖	(《汗简》《古文四声韵》古文)

例1可隶定为"牀",从"爿""廾"声,或可追溯到甲骨文的"牀"(《合集》20578);若是,则以"牀"来源最早。例2由"竹""廾""死"及二横笔组合表意,"廾"声,"爿""死"义近。例3省形符"廾"。例4、5省声旁"廾"。例6"竹"旁讹近于"艸"旁。例7二形亦从"艸",声旁或省或不省。诸形的基本演变过程,或可略示如下:

| 柈 | —(增形符)→ | 藝 | —(省声符)→ | 葬 | —(易义符、省笔画)→ | 葬 |

从以上出土文献和传抄古文"葬"字异体看来,《说文》小篆"葬"字所从之所谓"茻",很可能是"竹"旁义近形旁置换为"艸""廾"旁讹误为"艸"所致;讹变的原因,无非是为了字形表意的需要,以合于所谓"厚衣之以薪"[5]。"葬"何以从"廾",似不易说,例(3)省作,亦可见其于全字表意功能不彰,《说文》小篆改为"艸",通过构形理据重组,从而强化了字形的表意功能。

基于以上认识,利用新材料(新出战国简帛文字材料)、通过新视角(探索字形演变和构形理据重组实现形义关系重构)来研究《说文》小篆构形,揭示古汉字演变发展的形义源流,应是必然的趋势。具体而言,就是以战国简帛文献为出发点,拣选可与《说文》小篆字形对比的简帛文字字形,上引下连甲骨金文、秦汉文字,横向比较战国其他各系文字及其他各品类材料,分析《说文》小篆构形的来源和时代层次,透过静态的小篆字形体系探索动态的古汉字演变过程。

三

将古文字形体讹变与《说文》的构形理据重组结合起来考察，实质上主要应体现两个研究目标，一是古文字与《说文》小篆的对比分析及汉字形体演变典型个案考察，二是从形义关系变化和重构的角度探讨古文字形体演变的原因及其影响。

第一个目标，通过择取典型个案作分析，穷尽性普查已经刊布的战国简帛文献，结合殷周文字及战国金文等其他出土文献资料，通过纵向和横向的比较，从形义关系变化和重构的角度探讨古文字形体演变的原因及其影响，通过对古文字形体演变过程的考察，探讨汉字形义关系认知的时代变迁。此可为评价《说文》形体选择的原因和形义分析的得失，提供坚实的语料证据。

第二个目标，在具体个案的考察分析中，探讨汉字从甲骨文、金文到战国文字以及小篆等古文字形体演变产生的原因和条例，探讨演变字形的构形理据重组特点，并将对古文字字形演变现象及其规律的总结，具体在古文字考释和文献释读上应用。

要实现上述研究目标，需要对古文字材料作综合考察，主要应有如下思路。

（一）重视字形排比。充分利用目前丰富的战国文字材料所呈现的众多的文字形体简省讹变线索，选取典型个案，详尽梳理其形体讹变的轨迹。将出土战国文献所见字形同甲骨文、西周金文和春秋金文作比较，追溯文字形体的本始面目，同时联系出土秦汉文献，探索字形发展演变的轨迹。

（二）从表意功能的破坏和重建的角度审视形体讹变的原因。不把古文字形体讹变看作是单纯的讹误，重点考察在汉字简化、符号化过程造成汉字表意功能削弱的背景下，讹变在重构表意理据中所发挥的作用。

（三）以《说文》对讹变字形的形体分析作为重要的参照系。《说文》对讹变的字形的形体分析，体现的是两汉学者对这些汉字形义关系的认识，也就是汉代人对讹变字形的构形理据重组的客观认识。以此为参照系，可以观照先秦时期的汉字形体讹变的诱因。

（四）多角度的比较互证。导致古文字的形体讹变的原因，既有文字书写的因素，也有语言学的因素，还有语言学以外的社会文化和思想意识因素。将文字学、语言学、文化学、民俗学、心理学等知识进行多学科的综合分析，从更广泛深刻的人文视角，揭示先秦两汉社会文化背景尤其是两汉学术思想等与语言文字研究的关系。

古文字新材料仍在不断刊布，新材料带来新学问，必然会促进学术界对古文字形体讹变的新认识,《说文》在古代学术史上的重要价值亦将被重新发现。

参考文献：

[1] 刘　钊:《古文字构形学》,福建人民出版社 2006 年版。

[2] 裘锡圭:《文字学概要》,商务印书馆 1988 年版, 2013 年修订版。

[3] 王　宁:《〈说文新证〉序》、季旭昇《说文新证》,福建人民出版社 2010 年版。

[4] 张桂光:《古文字中的形体讹变》,《古文字研究》第 15 辑,中华书局 1986 年版。

[5] 赵平安:《〈说文〉小篆研究》,广西教育出版社 1999 年版。

注释：

［1］禤健聪:《楚简"丧"字补释》,《中国文字学报》第 3 辑,商务印书馆 2010 年版。

［2］《说文》所见的构形理据重组现象,不限于讹变字形,如"止戈为武""人言为信"即是典型例子。

［3］汤余惠:《释𦥑》,《于省吾教授百年诞辰纪念文集》,吉林大学出版社 1996 年版。

［4］湖北省文物考古研究所、随州市博物馆:《湖北随州义地岗曾公子去疾墓发掘简报》,《江汉考古》2012 年第 3 期。

［5］禤健聪:《曾公子弃疾铜器铭文辨读二则》,《中原文物》,2016 年第 4 期。

《敦煌经部文献合集·俗务要名林》汇校补正五则

——《说文解字》对文献字词解读的意义

李艳红

中国社会科学院大学人文学院中文系

【摘要】《俗务要名林》属于敦煌字书,"俗务"指世俗事务,"名"即是"字","要名"指当时日常生活中的常用字词。本书多记录当时的俗语俗字,其所载录的,有些是字书所没有的,有的与字书所载亦有出入。我们对这些字进行细致的梳理研究并较之于《说文》,发现《俗务要名林》有些内容与《说文》记载的完全不同,如《田农部》:"種,下子也。章用反,又章旧反。稉,稻晚熟,直容反。"《说文》:"種,先種后孰也。从禾重声,直容切。稑,孰也。从禾童声,之用切。"可是敦煌文献的校记后面没有说明。又如《杂畜部》收录"㜱"字:"㜱,羊息羔。(芳)万反。""㜱"收在杂畜类,表示羊生育羊羔,一般羊一胎会生几只,所以用"㜱",而人生子用"娩(《说文》:"娩,生子免身也。")《说文》:"㜱,生子齐均也。"段注:"谓生子多而如一也。"意思是生了好多个样貌很相同的幼子。字从女兔生,大徐作从女从生兔声,即㜱。段玉裁认为都不正确,㜱音幡,即是芳万切。那么《说文》收字为"㜱"与《俗务要名林》收字为"㜱"不同,这两个字哪一个正确? 它们之间什么关系呢? 本文以《说文》保留的古音古义为依据,同时参验其他小学著作,补正了《俗务要名林》在汇校中存在的疏漏和不足,从另一方面充分肯定了《说文解字》在训诂实践中的重要作用。

【关键词】汇校 娩 㜱 萝柫 簸箕 弗

《说文解字》是文字学的奠基之作,许慎对字形的分析、字义的说解,音读的标注,都是了不起的贡献!《说文》所保留的古音古义,对后世文献的解读、训诂的发展都有重要的意义。《俗务要名林》与《字宝碎金》同属敦煌字书,"俗务"指世俗事务,"名"即是"字","要名"指当时日常生活中的常用字词。我们在研究中发现《俗务要名林》录入的词条和校记都存在一些错误。本文以《说文解字》保留的古音古义为依据,同时参验其他小学著作,拟整理补正《俗务要名林》汇校中的五条,求证于方家。

一、《女服部》最后收入的"挽"字条

《女服部》最后收字为"挽":

> 挽,生子上免难。亡辨反。(《敦煌经部文献合集·俗务要名林·女服部》第七册 3619 页)

本书体例是对于所录字需要解释意义的先释义,再注音;不需要释义的,直接注音。注音方法有两种,或直音或反切。这里的"挽",前面应是释义,后面"亡辨反"即是用反切法注音。问题在释义的 5 个字不太讲得通。本书后面对此有注释:

> 注文"生子上免难"的"上"字疑误;《汇考》疑"上"为"音"字之误,则以"免难"为"挽"字的切音,似未确(反切前通常不用"音"字,且"免难"与"挽"字的读音并不完全切合)。《说文·子部》:"挽,生子免身也。亡辨切。"(这里我们补充许慎的注音)《广韵·阮韵》无远切:"挽,子母相解。又音免。"可参。(见《敦煌经部文献合集·俗务要名林·女服部》第七册 3644 页。)

我们赞成注家的部分说法:注文"生子上免难"的"上"字疑误,但是注家认为"上"为"音",是不准确的。本书用反切注音时,前面通常不用"音"字。我们疑"上"字为"二"字之误,"二"字应是"="即为重文符号,"挽,生子上免难"实为"挽,生子子免难",这样句意可贯通。理由主要有三个:

（一）"上"的字形与"二"字、"="重文符号形近，易造成误释

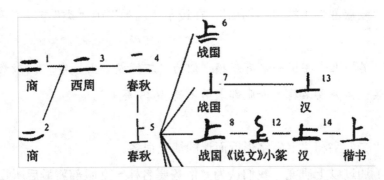

这里把"上"字字形古今文字的变化梳理出来，我们看到"上"字的"丨"如果残泐，就会被释作"二"。而重文符号与"二"的字形接近。由于敦煌手抄本在释义时是双行小字，行的排列有时不是那么严整，就很容易出错。

其实表示重文的符号源于"二"字还是"上"字，学界尚有争论。张涌泉在《敦煌写本重文号研究》一文中指出："敦煌写本重文号的各种形状，我们已大致可以确定应以'＝'形为典正，而其他形状应该都是由之派生演变出来的。"清赵翼《陔余丛考》卷二二"重字二点"条："凡重字，下者可作二画，始于《石鼓文》，重字皆二画也。后人袭之，因作二点，今并有作一点者。"由二短横变作二点，再变作一点，敦煌写本中的具体用例印证了赵翼的说法。

重文号的有些写法与汉字相似，易造成传录讹误。张涌泉在《敦煌写本重文号研究》一文中归纳了重文号讹混误作二字、之字、了字、人字、夕字、其他等种种情况，我们疑《俗务要名林·女服部》最后所收字"挽"的释义"生子上免难"的"上"字有误，"上"字为"二"字之误，"二"字疑是"＝"即为重文符号，"挽，生子上免难"实为"挽，生子子免难"。

（二）重文符号在古文字材料中存在，并且一直沿用，敦煌文献中亦有用例

重文符号早在甲骨文金文中就已经使用了，战国文字中也一直在使用。裘锡圭先生指出："在周代金文里，重文通常用重文号'＝'代替，而且不但单字的重复用重文号，就是两个字以上的词语以至句子的重复也用重文号。秦汉时代仍然如此（就抄书而言，其实直到唐代都还常常如此）。例如武威简本《仪礼·甲本服传》'妇＝人＝不＝贰＝斩＝也＝者何也'（21 至 22 号简），应读为'妇人不贰斩也。妇人不贰斩也者，何也'。"敦煌写本中重文号使用广泛，见张涌泉《敦煌写本重文号研究》。

（三）本书注文中有"上"字与"二"字误释的例子

本书"女服部"下接"器物部"，在校录"□类"中"类"前一字残，注文说：

> "'类'上一字甲一略有残损，似为'二'或'上'字。"（《敦煌经部文献合集·俗务要名林·女服部》第七册 3645 页）

可见"二"字和"上"字形近而误的情况很多。

结论：通过以上研究，我们认为《俗务要名林·女服部》最后所收字"㛁"的释义"生子上免难"的"上"字有误，疑"上"字为"二"字之误，"二"字应是"〓"即为重文符号，"㛁，生子上免难"实为"㛁，生子子免难"。

二、《杂畜部》收入的"㜷"字条

《杂畜部》收入"㜷"字：

> 㜷，羊息羔。（芳）万反。

"㜷"收在杂畜类，表示羊生育羊羔，一般羊一胎会生几只，所以用"㜷"，而人生子用"㛁"。

《说文解字》："㜷，生子齐均也。"段注："谓生子多而如一也。"意思是生好几个样貌相同的幼子。《说文》所收"㜷"字从女免生，大徐作从女从生兔声，即㜷。段玉裁认为许慎《说文》和大徐本讲的都不正确，应是"㜷"字，㜷音幡，即是芳万切。

《说文》收字为"㜷"与《俗务要名林》收字为"㜷"不同，这两个字哪一个正确，它们之间什么关系呢？

《广韵·原韵》："㜷，㜷息也。一曰鸟伏乍出。《说文》曰：'生子齐均也。'或作㜷。"从《广韵》可以看出，"㜷"与"㜷"为异体字。

我们认为，"㜷"与"㛁"音同意义亦同，表示牲畜类生子应该读芳万切，应写作"媙"。

《俗务要名林》校记第 525 条：注文"芳万反"的"芳"字甲三脱,兹据乙卷拟补；《汇考》校同。

我们认为校记中补充的与《说文》同,是正确的,但可以据《说文》补充一句：此义"媙"本作"媙"。

三、《田农部》收入的"萝枷"字条

《田农部》收入的"萝枷"字条：

> 萝枷,打麦杖。上音罗,下音歌。

《俗务要名林》校记第 180 条：萝枷,《汇考》读作"箩枷",是"枷"字《广韵》音古牙切,在麻韵；底卷音"歌",《广韵》音古俄切,在歌韵,唐五代歌、麻二韵音近可以互切。

校记主要说明底卷中"枷"的音为"歌"的理由,但是没有更多的关于这个词的注释。

"萝枷",打麦杖。

"打"字,在校记 P3650(161)条"礛䃴(liù zhóu),打田木"有注："打"同"打","打"字后起。

我们查看《说文》："打,橦也。从木,丁声。"段注改"橦"为"撞",认为各本误从木、从禾,今正。

《说文新附》："打,击也。从手,丁声。"

《广雅·释诂三》："打,击也。"王念孙《疏证》："打与打亦声近义同。"

以上说明,"打"与"打"是两个字,只是"打"字出现得晚。这里写作"打麦杖",并不是"木"部与"手"字的形近而误。

另外,作为打麦杖的"萝枷"还有别的名称没有？我们看看《说文解字》的说法。

《说文》："柫,击禾连枷也。从木,弗声。"

《说文》："枷,柫也。从木,加声。淮南谓之柍。"

"萝枷"与《说文》"柫""枷"指的连枷相同吗？

《方言·卷五》："金(qiǎn),宋魏之间谓之櫑殳,或谓之度。自关而西谓之棓(bàng),或谓之柫。齐楚江淮之间谓之柍(yàng),或谓之梓。"

郭璞注：“佥，今连枷，所以打谷者。”

刘熙《释名》：“枷，加也。加杖于柄头，以挝（zhuā）穗而出其谷也。或曰罗枷，三杖而用之也。或曰了了，以杖转于头，故以名之也。”

清王先谦《释名疏证补》：“苏舆曰：‘《汉书·王莽传》颜注柫所以击治禾者也，今谓之连枷。’连、罗一声之转。”

《说文》段注曰：“戴先生曰：‘罗连，语之转。’”（连，《广韵》，力延切，平仙来，元部；罗，《广韵》，鲁何切，平歌来，歌部。）

王先谦《释名疏证补》“或曰了了”，文献也有作“丫丫”的。“了了”“丫丫”孰对？古“丫叉”字本作“枒杈”。

枷加罗丫皆取叠均，枒与罗皆像枷中枝格之形而取名也。三杖必为互杖之伪。

从《释名》我们知道，连枷又叫罗枷。罗与萝、箩音同，依照戴震等的说法“罗”“连”两字语音相临，可以通。“或曰了了”，“了了”是从的外形上取字表示的。

校记注释应该补充一条，说明“萝枷”就是“连枷”，这样就更完整。

四、《田农部》收入的“簸櫯”字条

《田农部》收入的“簸櫯”条：

> 簸櫯，去糠粃。上博我反，下资典反。

《俗务要名林》校记第 212 条：簸櫯，“櫯”同“撇（揃）”，《龙龛·手部》：“撇揃：即浅反，一灭也。”

我们考察敦煌文献，发现“木”部与“手”部字形相近而误造成了大量的异体字，如同属《田农部》表示擔负义的四个字，“皆应从手旁，但俗写手旁木旁不分，故皆写从木旁”：“檐”即“擔”“梗”即“捷”，“枂”即“捆”（扛）、“楬”即“揭”等。当然，本书《手部》所收字手旁与木旁误写的例子也有，可见敦煌文献中这种情况的普遍性。这里的“櫯”与“撇”，本字应该是“揃”，表示一种动作，是选择的意思。《说文·手部》：“揃，搣也。”词义引申，有选择义。《集韵》：“揃，择也。”我认为校记用《龙龛》所收录的这一意义在“簸櫯”中不太准确，“簸櫯”中“簸”是动词，扇簸的意思；“櫯”是动词，选择的意思，“簸櫯”是通过扇簸、选择而达到去掉谷物中糠粃的部分的。

五、《器物部》收入的"弗"字条

《器物部》收入的"弗"字条：

> 弗，策之别名，物座反。

《俗务要名林》校记第 111 条：注文"物座反"庆谷校作"初乢反"，《汇考》及陈校作"初产反"。考玄应《音义》卷一八《立世阿昆云论》第八卷音义："利弗，《字苑》初眼反，谓以籤贯肉炙之者也。""弗"与上下文的"枯"与"扫帚"等均为日用器物名，"初产反"与"初眼反"同音，据此，当以《汇考》说为长。然"弗"古无用作"策"别名的，故庆谷校"弗"作"策"，陈校又以"弗"为"册"之别体，"策"《广韵·麦韵》皆有楚革切一读（与"初乢反"同音），二字古通用；但"册""策"指简册，与上下文不类，且"弗""册"形亦不近，似不得牵合为一。

《说文解字》曰："毌，所以穿而持之也。古贯穿用此字，今贯行而毌废矣……贯之用专，后有串字，有弗字皆毌之变也，毌不见于经传。"

《说文解字》曰："贯，钱贝之毌也。"

段注曰："毌，各本作贯。今正。钱贝之毌，故其字从毌貝，会意也。《汉书》'都内之钱贯朽而不可校'，其本义也……串即毌之隶变。"

我们据此认为，"弗"作为器物名，指穿串的籤子，既指动作行为也指动作的结果，还指动作行为使用的工具，校记应该补充完整。

参考文献：

1. 张涌泉：《敦煌写本重文号研究》，《文史》第 1 辑，中华书局 2010 年版。

2. 邓文宽：《敦煌吐鲁番文献重文符号释读举隅》，《文献》，1994 年第 1 期。

3. 杨锡全：《出土文献重文号用法新探》，西南大学文献所 08 硕士论文。

4. 李正宇：《敦煌遗书中的标点符号》，《文史知识》，1988 年第 8 期。

5. 贾鸿源、邓宁：《宋代兵器铁连枷浅析》《搏击武术科学》，2014 年第 1 期。

论《说文》声母与声子关系研究

何 添

南开大学中文系

一、前言

论《说文》声母与声子关系,始见于清人朱骏声(1788—1858)之《说文通训定声》,其自序云:"六书形声之字,十居其九。是编就许书五百四十部,舍形取声,贯穿连缀,离之为一千一百三十七母,比之为十八部,以箸文字声音之原,以正六朝四声之失。前哲江戴段孔,分部递益,各有专书,今复参互加核,不妄立异,亦不敢苟同。"[1] 是以一千一百三十七母为纲,以统《说文》九千三百五十三字。子母关系,于焉厘定矣。

陈立[2]《谐声孳生述》一书,以声母为纲,参照顾、江、戴、王、段、刘诸家之说,别为二十一部,而以所从得声之声子附焉。

至黄侃(1886—1935)著《文字声韵训诂笔记》,有"求语根"之法,其言曰:"名物须求训诂,训诂须求其根,字之本义既明,又探其声义之由来,于是求语根之义尚焉。按初文五百,秦篆三千,许氏所载,乃竟盈万。是文字古简而今繁也。声音、训诂亦然,故形声义三者,莫不由简趋繁,此势之必至也。然繁由简出,则简可统繁;简既滋繁,则繁必归简。于至繁之字义,求至简之语根,文字语言训诂之语根,胥在是矣。不可分析之形体谓之文,可分析者谓之字。字必统于文,故语根必为象形指事。"[3] 则是以无声字为声母,而以所从得声之字为声字,孳乳变易,皆附丽焉。

自古文字出土,宋人以凿空之功,至清人多有引述以证《说文》者,如王筠(1784—1854)《说文释例》,间有援金文以说字。周法高(1915—1994)据《金文编》,成《金文诂林》正、续篇。至晚清末季,甲骨文出土,百年以来,前贤多有论述,甲骨四堂,其著者也。徐中舒(1898—1991)复编为《甲骨文字典》,姚孝遂(1926—1996)主编《甲骨文字诂林》,则古文字之考定,略具于是矣。由是得以据古文字以补《说文》，堂庑既广，创获实多，则朱骏声子母相生之目，未为确诂也。

《说文》声首之数，诸家结论少有相同。段玉裁（1735—1815）以为有1521，江有诰（？—1851）计得1139，朱骏声则列出1137，高本汉（1889—1978）以为当有1135，王力（1900—1986）统计得以为有1386。余离合许书，一以无声字为纲，而得1195文，其间固有跨越两韵至三韵者。然复考之古文字，则许氏误合者实多，如一系字可分为四组，六系、刀系可得三组，父系、囟系亦得二组，则是声首之数，固当逾1193文。故知《说文》声首可以重订，以求其真象也。段玉裁、江有诰、朱骏声、高本汉、王力诸家《说文》声首之数所以歧异者，盖就《说文》《诗》韵等以求其源，而未有求证于古文字也。今既先闳通甲文、金文、小篆之血脉，以观其会通，则其字根相衍之迹，亦可以得而重述，而正前人之讹谬。治《说文》形义之学者，亦当可以另辟坦途矣。

余有志为《说文学论丛》六辑，今已成书者，有《王筠说文六书相兼说研究》《说文解字形声字探原疑义例释》《论说文四级声子》及《论说文三级声子》四辑，现正努力撰写《论说文二级声子》，他日《论说文直接声子》书成，亦可为一专辑矣。

近三十年研究《说文》子母关系，可得若干启示，不辞野人献暴之讥，故敢陈列，以就正于高明。

二、研究《说文》子母关系，必先参考古文字

甲骨、金文，允为文字之初文，可以校正许书，大雅君子，用之多矣；然多片言只字，未有为系统之论述。今据古文字而证形声系统，每有创获，足以厘正《说文》形声字子母关系。例如《说文》从刀得声之字，若据许书系联，以为可衍至五级：

刀古音端纽豪部，《说文》中从之得声者三十二文，其衍声之迹当如下表：

声母——刀			古声	声类	古韵
刀——兵也象形都牢切			端	端	豪
直接声子	刀声				
	芀	苇华也从艸刀声徒聊切	定	定	豪
	召	呼也从口刀声直少切	定	澄	豪
	忉	怒也从心刀声读若髓鱼既切	疑	疑	豪
	到	至也从至刀声都悼切	端	端	豪

续表

	召声				
	苕	艸也从艸召声徒聊切	定	定	豪
	超	跳也从走召声敕宵切	透	彻	豪
	韶	虞舜乐也书曰箫韶九成凤皇来仪从音召声市招切	定	禅	豪
	鼗	鼗辽也从革召声徒刀切鞉鼗或从兆鼙鼗或从鼓从兆磬籀文鼗从殸召	定	豪	豪
	卲	卜问也从卜召声市沼切	定	禅	豪
	桾	树摇皃从木召声止摇切	端	照	豪
	邵	晋邑也从邑召声寔照切	定	禅	豪
	昭	日明也从日召声止遥切	端	照	豪
二级声子	佋	庙佋穆父为佋南面子为穆北面从人召声市招切	定	禅	豪
	袑	绔上也从衣召声市沼切	定	禅	豪
	卲	高也从卩召声寔照切	定	禅	豪
	貂	鼠属大而黄黑出胡丁零国从豸召声都僚切	端	端	豪
	沼	池水从水召声之少切	端	照	豪
	招	手呼也从手召声止摇切	端	照	豪
	弨	弓反也从弓召声诗曰彤弓弨兮尺招切	透	穿	豪
	绍	继也从糸召声一曰绍紧纠也市沼切綤古文绍琨邵	定	禅	豪
	蛁	虫也从虫召声都僚切	端	端	豪
	劭	勉也从力召声读若舜乐韶寔照切	定	禅	豪
	鉊	大鎌也从金召声鎌谓之鉊张彻说止摇切	端	照	豪
	軺	小车也从车召声以招切	定	喻	豪
	垗	耕以畚浚出下垆土也一曰耕休田也从从土召声之少切	端	照	豪
	到声				
	菿	艸木倒从艸到声都盗切	端	端	豪
三级声子	昭声				
	照	明也从火昭声之少切	端	照	豪
	沼声				
	荶	艸也从艸沼声昨焦切	从	从	豪

续表

四级声子	照省声				
	羔	羊子也从羊照省声古牢切	见	见	豪
五级声子	羔声				
	[illegible]	禾皮也从禾羔声之若切	端	照	豪
	窯	烧瓦灶也从穴羔声余招切	定	喻	豪
	[illegible]	大头也从页羔声口幺切	溪	溪	豪

然考之古文字，召为会意，不从刀声；羔为象形，非从照省声，则刀可分为刀、召、羔三系，而刀系字非衍至五级矣。据古文字以证《说文》子母关系，每多创获，刀系字实千百中之一例耳。[4]

三、《说文》声母字可以求其分者

如六系字，《说文》以为可有六级声子，系联之如下：

六古音来纽屋部，《说文》中从之得声者二十九字，其衍声之迹当如下表：

声母——六			古声	声类	古韵
六——易之数阴变于六正于八从入从八力竹切			来	来	屋
直接声子	六声				
	圥	菌圥地蕈丛生田中从屮六声力竹切[illegible]籀文从三圥碑	来	来	屋
二级声子	圥声				
	弆	两手盛也从廾圥声余六切	定	喻	屋
	坴	土块坴坴也从土圥声读若逐一曰坴梁力竹切	来	来	屋
	圥亦声				
	鼀	圥鼀詹诸也其鸣詹诸其皮鼀鼀其行圥圥黾圥圥亦声七宿切[illegible]鼀或从酉	清	清	屋
三级声子	坴声				
	鵱	蒌鹅也从鸟坴声力竹切	来	来	屋
	睦	目顺也从坴声一曰敬和也莫卜切[illegible]古文睦	明	明	屋
	稑	疾孰也从禾坴声诗曰黍稷种稑力竹切穋稑或从翏	来	来	屋
	坴亦声				
	陆	高平地从𨸏从坴坴亦声力竹切[illegible]籀文陆	来	来	屋
	鼀声				
	[illegible]	歍[illegible]也从欠鼀声才六切又子六切噈俗[illegible]从口从就	从	来	屋
	鼀省声				
	竈	炊竈也从穴鼀省声则到切竈竈或不省	精	精	屋

续表

四级声子	崮声		古声	声类	古韵
	寶	衒也从贝崮声崮古文睦读若育余六切	定	喻	屋
五级声子	寶声				
	薥	水舄也从艹寶声诗曰言采其薥似足切	定	邪	屋
	遺	媟遺也从辵寶声徒谷切	定	定	屋
	读	籀书也从言寶声徒谷切	定	定	屋
	讟	痛怨也从誩寶声春秋傳曰民无怨讟徒谷切	定	定	屋
	韇	弓矢韇也从革寶声徒谷切	定	定	屋
	殰	胎败也从卢寶声徒谷切	定	定	屋
	椟	匮也从木寶声一曰木名又曰大梡也徒谷切	定	定	屋
	赎	贸也从贝寶声殊六切	定	禅	屋
	牍	书版也从片寶声徒谷切	定	定	屋
	儥	卖也从人寶声余六切	定	喻	屋
	黩	握持垢也从黑寶声易曰再三黩徒谷切	定	定	屋
	渎	沟也从水寶声一曰邑中沟徒谷切	定	定	屋
	嬻	媟嬻也从女寶声徒谷切	定	定	屋
	匵	匮也从匚卖声徒谷切	定	定	屋
	续	连也从糸 卖声似足切 赓古文续从庚贝	定	邪	屋
	隫	通沟也从𨸏寶声读若渎徒谷切 𤲪古文隫从谷	定	定	屋
六级声子	渎省声				
	犊	牛子也从牛渎省声徒谷切	定	定	屋
	窦	空也从穴渎省声徒奏切	定	定	屋

然考之古文字，则六系字可分而为两系：

甲、先系

先古音来纽屋部，《说文》中从之得声者九字，衍声二级，其衍声之迹当如下表：

声母——先			古声	声类	古韵
先——菌地蕈丛生田中从屮六声力竹切 㯦籀文从三先			来	来	屋
直接声子	先声				
	奀	两手盛也从廾先声余六切	定	喻	屋
	坴	土块坴坴也从土先声读若逐一曰坴梁力竹切	来	来	屋
	先亦声				
	蝱	先蝱詹诸也其鸣詹诸其皮蝱蝱其行先先黾先先亦声七宿切 鼃蝱或从酉	清	清	屋

续表

二级声子	坴声				
	鵱	蔞鵝也从鸟坴声力竹切	来	来	屋
	睦	目顺也从坴声一曰敬和也莫卜切䀎古文睦	明	明	屋
	稑	疾孰也从禾坴声诗曰黍稷种稑力竹切穋稑或从翏	来	来	屋
	坴亦声				
	陆	高平地从𨸏从坴坴亦声力竹切𨹥籀文陆	来	来	屋
	鼀声				
	歠	歆歠也从欠鼀声才六切又子六切噈俗歠从口从就	从	来	屋
	鼀省声				
	爵	炊爵也从穴鼀省声则到切竈竈或不省	精	精	屋

乙、䀎系

䀎古音来纽屋部,《说文》中从之得声者十九字,衍声二级,其衍声之迹当如下表:

直接声子	䀎声				
	𧵗	衔也从贝䀎声䀎古文睦读若育余六切	定	喻	屋
二级声子	𧵗声				
	鸍	水鸟也从𠦝声诗曰言采其鸍似足切	定	邪	屋
	遡	媟也从辵𧵗声徒谷切	定	定	屋
	读	籀书也从言𧵗声徒谷切	定	定	屋
	讟	痛怨也从誩𧵗声春秋傳曰民无怨讟徒谷切	定	定	屋
	韇	弓矢韇也从革𧵗声徒谷切	定	定	屋
	殰	胎败也从声卢𧵗徒谷切	定	定	屋
	椟	匮也从𧵗木声一曰木名又曰大梡也徒谷切	定	定	屋
	賣	贸也从贝𧵗声殊六切	定	禅	屋
	牍	书版也从片𧵗声徒谷切	定	定	屋
	儥	卖也从人𧵗声余六切	定	喻	屋
	黩	握持垢也从黑𧵗声易曰再三黩徒谷切	定	定	屋
	渎	沟也从水𧵗声一曰邑中沟徒谷切	定	定	屋
	嬻	媟嬻也从女𧵗声徒谷切	定	定	屋
	匵	匮也从匚卖声徒谷切	定	定	屋
	续	连也从糸卖声似足切赓古文续从庚贝	定	邪	屋
	𧽯	通沟也从𧵗声读若渎徒谷切𧷝古文𧽯从谷	定	定	屋
六级声子	渎省声				
	犊	牛子也从牛渎省声徒谷切	定	定	屋
	窦	空也从穴渎省声徒奏切	定	定	屋

是《说文》当无六级声子[5]。而声首之数,必当增润也。

四、说文声母字可以合并者

许君据形系联，故九千文皆得其统属，诚不世之创举，后学之津梁也。然据声系联，则或有可合并者在焉。如㒸系字，当衍十九文；《诂林》诸家皆云叠从㒸声，则叠、㒸可合为一系。共得三十八文。其衍声之迹当如下表：

声母——㒸			古声	声类	古韵
㒸——艸木华叶㒸象形是为切			定	禅	歌戈
直接声子	㒸声				
	叠	贰也差不相值也从左从㒸初牙切	清	初	歌戈
	罨	小口罂也从缶㒸声池伪切	定	澄	歌戈
	埀	远边也从土㒸声洛猥切	来	来	歌戈
	陲	磊也从自㒸声是为切	定	禅	歌戈
二级声子	叠声				
	瑳	玉色鲜白从玉差声七何切	清	清	歌戈
	齹	齿参差从齿差声楚宜切	清	初	歌戈
	譐	咨也一曰痛惜也从言差声子邪切	精	精	歌戈
	麨	礦麦也从麦叠声一曰捣也昨何切	从	从	歌戈
	槎	衺斫也从木差声春秋传曰山不槎侧下切	精	精	歌戈
	瘥	愈也从疒差声楚懈切 / 才他切	从 / 清	从 / 清	歌戈 / 齐
	傞	醉舞皃从人差声诗曰屡舞傞傞素何切	心	心	歌戈
	鬙	发好也从髟差千可切〔注一〕	清	清	歌戈
	嵯	山皃从山叠声昨何切	从	从	歌戈
	溠	水在汉南从水差声荆州浸也春秋传曰修涂梁溠侧驾切	精	精	歌戈
	縒	参縒也从糸差声楚宜切	清	初	歌戈
	暛	残田也诗曰天方荐暛从田差声昨何切	从	从	歌戈
	叠省声				
	羛	束炭也从火差省声读若蘙楚宜切	清	初	歌戈
	鮺	藏鱼也南方谓之䰼北方谓之鮺从鱼差省声侧下切	精	精	歌戈
	鹾	咸也从卤差省声河内谓之䴥沛人言若虘昨河切	从	从	歌戈
	輂	连车也一曰却车抵堂为輂从车差省声读若迟士皆切	从	从	歌戈
	埀声				
	唾	口液也从口埀声汤卧切	透	透	歌戈
	諈	諈诿累也从言埀声竹寐切	端	知	歌戈
	睡	坐寐也从目埀是伪切〔注二〕	定	禅	歌戈
	雎	鸥也从隹埀声是伪切	定	禅	歌戈

续表

	腄	跟胝也从肉𡍮声竹垂切	端	知	歌戈
	箠	所以击马也从竹𡍮声之垒切	端	照	歌戈
	厜	厜㕒山颠也从厂𡍮声姊宜切	精	精	歌戈
	䮔	马小皃从马𡍮声读若箠之垒切	端	照	歌戈
	涶	河津也在西河西从水𡍮声土禾切	透	透	歌戈
	捶	以杖击也从手𡍮声之垒切	端	照	歌戈
	娷	诿也从女𡍮声竹恚切	端	知	歌戈
	埵	坚土也读若朵从土𡍮声丁果切	端	端	歌戈
	锤	八铢也从金𡍮声直𡍮切	定	澄	歌戈
	陲	危也从𨸏𡍮声是为切	定	禅	歌戈
三级声子	䮔声				
	⿺辶䮔	不行也从辵䮔声读若住中句切	端	知	歌戈
	鮺省声				
	鲁	钝词也从白鮺省声论语曰参也鲁郎古切	来	来	模
四级声子	鲁声				
	⿱艹鲁	艸也可以束从艸鲁声郎古切蓾⿱艹鲁或从卤	来	来	模
	橹	大盾也从木鲁声郎古切樐或从卤	来	来	模

注一：大徐本无声字，严可均曰：宋本脱声字。

注二：大徐无声字，《一切经音义》及小徐云𡍮声。段氏释为会意，包形声。今从之系于𠂹下。是𠂹、𡍮二系，可并而一之，而《说文》声首之数，可以减省矣。[6]

五、《说文》子母系统当补字然可完足者

如《说文》爻系字，本有七字，或有从爻而衍为𡥈、教、学、斅诸文者，姚孝遂言：

据甲骨文，不仅𡥈、教、学、斅同字，而且其最初之形体为爻、为⿱爻冂，其演化当如下：

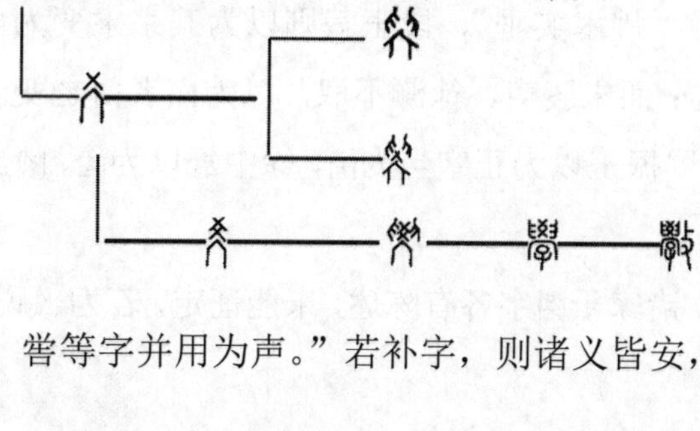

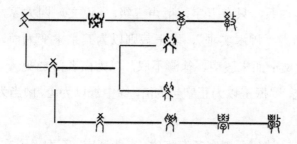

而徐灏言："学、嚳等字并用为声。"若补字，则诸义皆安，无庸喋喋，而得其

衍义之迹如下矣。其衍声之迹当如下表：

声母——爻			古声	声类	古韵
爻——交也象易六爻头交也胡茅切			匣	匣	豪
直接声子	爻声				
	肴	啖也从肉爻声胡茅切	匣	匣	豪
	驳	马色不纯从马爻声北角切	帮	帮	豪
	較	车輢上曲钩也从车爻声古岳切	见	见	豪
	㜽	放也从子爻声古肴切	见	见	豪
	囷	[补佚]			
二级声子	肴声				
	殽	相错也从殳肴声胡茅切	匣	匣	豪
	侑	剌也从人肴声一曰痛声胡茅切	匣	匣	豪
	㜽声				
	鷂	解鹰属也从鹰㜽声阙古孝切	见	见	豪
	学省声（实为从囷声）				
	斅	觉悟也从教从冂冂尚蒙也臼声胡觉切学篆文省	匣	匣	觉
	嚳	急告之甚也从告学省声苦沃切	溪	溪	觉
	鸴	鷽鸴山鹊知来事鸟也从鸟学省声胡角切	匣	匣	觉
	觉	寤也从见学省声一曰发也古岳切	见	见	觉
	峃	山多大石也从山学省声胡角切	匣	匣	觉
	礐	石声从石学省声胡角切	匣	匣	觉
	駋	马行徐而疾也从马学省声于角切	影	影	觉
	泶	夏有水冬无水曰泶从水学省声读若学胡角切	匣	匣	觉
三级声子	觉声				
	搅	乱也从手觉声诗曰祇搅我心古巧切	见	见	觉

爻古音匣纽豪部，《说文》中从之得声而衍者七字，衍声二级。今据甲文，为补囷字，以为爻之直接声子，则《说文》学字及以从学省声而实为囷声者共九字，复系于爻下，是《说文》从爻得声而衍者实十六字，衍声三级。[7]

又如《说文》卤系，只有五字，衍声三级。《说文》四大家，段、桂、朱、王皆以为卤之本义当为"艸木实垂"，段玉裁则以为其字隶变为卤，乃假借字；王筠以为卤似即卤之变文；而朱骏声、徐灏不取，以为卤者西之变。

由古文字言之，罗振玉以为正字当为卤，徐中舒以为卤、卤当为一字，诸说纷纭，莫衷一是矣。

《说文》无卤字，诸家于卤字各有陈述，未能证定，若为《说文》补卤字，加"盛器"一训，则诸义皆安，可以熄争矣。[8]

是《说文》诸字，于系联之际，或有断裂，必待补苴，始可见其血脉之真象也。

六、《说文》形声子母系统当俟古音方可证定者：

如《说文》从弋得声之字，系联之可得以下结果：

弋古音定纽德部，《说文》中从弋得声者四十三字，衍声四级。其衍声之迹当如下表：

声母——弋			古声	声类	古韵
弋——檠也象折木衺锐着形从厂象物挂之也与职切			定	喻	德
直接声子	弋				
	隿	缴射飞鸟也从隹弋声与职切	定	喻	德
	式	法也人从工弋声赏职切	透	审	德
	杙	刘刘杙从木弋声与职切	定	喻	德
	貣	从人求物也从贝弋声他得切	透	透	德
	代	更也从人弋声徒耐切	定	定	德
	忒	更也从心弋声他得切	透	透	德
	妓	妇官也从女弋声与职切	定	喻	德
	酏	酒色也从酉弋声与职切	定	喻	德
	弋亦声				
	必	分极也从八弋弋亦声卑吉切	帮	帮	屑
二级声子	式声				
	试	用也从言式声虞书曰明试以功式束切	透	透	德
	弑	臣杀君也易曰臣弑其君从杀省式声式吏切	透	透	德
	恜	惕也从人式声春秋国语曰于其心恜然是也耻力切	透	彻	德
	轼	车前也从车式声赏职切	透	审	德
	代声				
	贷	施也从贝代声他代切	透	透	德
	岱	太山也从山代声徒耐切	定	定	德
	态	失常也从心代声他得切	透	透	德
	必声				
	祕	神也从示必声兵媚切	帮	帮	屑
	珌	佩刀下饰天子以玉从玉必声卑吉切	帮	帮	屑
	苾	馨香也从艸必声毗必切	并	并	屑
	鞑	车束也从革必声毗必切	并	并	屑
	眇	直视也从目必声读若诗云泌彼泉水兵媚切	帮	帮	屑
	胇	肥肉也从肉必声蒲结切	并	并	屑

续表

	虙	虎皃从虍必声房六切	并	并	屑
	盕	械器也从皿必声弥毕切	明	明	屑
	飶	食之香也从食必声诗曰有飶其香毗必切	并	并	屑
	柲	攒也从木必声兵媚切	帮	帮	屑
	邲	晋邑也从邑必声春秋传曰晋楚战于邲毗必切	并	并	屑
	宓	安也从宀必声美毕切	明	明	屑
	瑟	庖牺所作弦乐也从珡必声所栉切桬古文瑟	心	疏	屑
	佖	威仪也从人必声诗曰威仪佖佖毗必切	并	并	屑
	毖	慎也从比必声周书曰无毖于恤兵媚切	帮	帮	屑
	覕	蔽不相见也从见必声莫结切	明	明	屑
	邲	宰之也从冂必声兵媚切	帮	帮	屑
	泌	侠流也从水必声兵媚切	帮	帮	屑
	魾	鱼名从鱼必声毗必切	并	并	屑
	閟	闭门也从门必声春秋传曰閟门而与之言兵媚切	帮	帮	屑
三级声子	賁声				
	蟦	虫食苗叶者吏乞贷则生蟦从虫从贷贷亦声诗曰去其螟蟦徒得切	定	定	德
	盆声				
	謐	静语也从言盆声一曰无声也弥必切	明	明	屑
	醽	歓酒俱尽也从酉盆声迷必切	明	明	屑
	宓声				
	密	山如堂者从山宓声美毕切	明	明	屑
	瑟声				
	璱	玉英华相带如瑟弦从玉瑟声诗曰璱彼玉瓒所栉切	心	疏	屑
四级声子	密声				
	蔤	扶渠本从艹密声美必切	明	明	屑

弋声派入德、屑二韵，不能尽谐，是必有讹误也。

弋之本义为木桩，《说文》中从之得声者四十三字，衍声四级。然许云从弋得声之必字，证诸声义，俱不与弋字合，是必不得言从弋得声也，则许书言从必得声之二十六文，俱不得为弋之声子矣。

今上考古文，证以小篆，又知必字本为两源：一为由甲文而来，于六书为指事，本义为祭神之室，故引申而有静义，有闭义，有紧义，有敬慎义。一为八之直接声字，由分极义而引申，得有充盛义。二者音虽相近，而义衍两途。或以形近而相混，故许君网罗旧文,合而一之,而未知其得义有殊也。

今上考古文,下辨小篆,董而理之,复返其源,则《说文》从弋得声者,只十六字,衍声三级。从甲文必而来者十三字,从八得声之必字而来者,有十三字,门分户别,条秩井然,迥乎其不可乱矣。是《说文》从弋得声之字,固无四级声子也。

甲、弋系

以弋为声首,《说文》从弋得声者十六字,衍声三级:

声母——弋			古声	声类	古韵
弋——橜也象折木衺锐着形从厂象物挂之也与职切			定	喻	德
直接声子	弋				
	䧏	缴射飞鸟也从隹弋声与职切	定	喻	德
	式	法也人从工弋声赏职切	透	审	德
	杙	刘刘杙从木弋声与职切	定	喻	德
	貣	从人求物也从贝弋声他得切	透	透	德
	代	更也从人弋声徒耐切	定	定	德
	忒	更也从心弋声他得切	透	透	德
	妣	妇官也从女弋声与职切	定	喻	德
	酨	酒色也从酉弋声与职切	定	喻	德
二级声子	式声				
	试	用也从言式声虞书曰明试以功式束切	透	透	德
	弑	臣杀君也易曰臣弑其君从杀省式声式吏切	透	透	德
	侙	惕也从人式声春秋国语曰于其心侙然是也耻力切	透	彻	德
	轼	车前也从车式声赏职切	透	审	德
	代声				
	贷	施也从贝代声他代切	透	透	德
	岱	太山也从山代声徒耐切	定	定	德
	忕	失常也从心代声他得切	透	透	德
三级声子	貣声				
	蟘	虫食苗叶者吏乞贷则生蟘从虫从贷贷亦声诗曰去其螟蟘徒得切	定	定	德

乙、必系

以甲文必为声首,《说文》从甲文必得声者十三字,衍声三级:

声母——必	古声	声类	古韵
必——祭神之室〔用于省吾说〕卑吉切	帮	帮	屑

续表

直接声子	必声			帮	帮	屑
	秘	神也从示必声兵媚切		帮	帮	屑
	鞑	车束也从革必声毗必切		并	并	屑
二级声子	盗	械器也从皿必声弥毕切		明	明	屑
	宓	安也从宀必声美毕切		明	明	屑
	瑟	庖牺所作弦乐也从珡必声所栉切㻎古文瑟		心	疏	屑
	毖	慎也从比必声周书曰无毖于恤兵媚切		帮	帮	屑
	覕	蔽不相见也从见必声莫结切		明	明	屑
	閟	闭门也从门必声春秋传曰閟门而与之言兵媚切		帮	帮	屑
	盗声					
	谧	静语也从言盗声一曰无声也弥必切		明	明	屑
	醢	歡酒俱尽也从酉盗声迷必切		明	明	屑
	宓声					
	密	山如堂者从山宓声美毕切		明	明	屑
	瑟声					
	璱	玉英华相带如瑟弦从玉瑟声诗曰璱彼玉瓒所栉切		心	疏	屑
三级声子	密声					
	蓉	扶渠本从艸密声美必切		明	明	屑

丙、八系

以从八弋声之必为直接声子，当系于八系之下，今为申明弋系字之流变，故列于此。《说文》从八弋声之必衍生者十三字，衍为二级：

声母——八				古声	声类	古韵
直接声子	必——分极也从弋八声〔依段改〕卑吉切			帮	帮	屑
二级声子	必声					
	珌	佩刀下饰天子以玉从玉必声卑吉切		帮	帮	屑
	苾	馨香也从艸必声毗必切		并	并	屑
	眫	直视也从目必声读若诗云泌彼泉水兵媚切		帮	帮	屑
	胇	肥肉也从肉必声蒲结切		并	并	屑
	虙	虎皃从虍必声房六切		并	并	屑
	飶	食之香也从食必声诗曰有飶其香毗必切		并	并	屑
	柲	欑也从木必声兵媚切		帮	帮	
	邲	晋邑也从邑必声春秋传曰晋楚战于邲毗必切		并	并	
	佖	威仪也从人必声诗曰威仪佖佖毗必切		并	并	
		宰之也从卩必声兵媚切		帮	帮	

续表

二级声子	䭵	马饱也从马必声诗曰有䭵有䭵毗必切	并	并	
	泌	侠流也从水必声兵媚切	帮	帮	
	鮅	鱼名从鱼必声毗必切	并	并	

此从声音方面考之，而知必有二源，若斯类者，必小心求证，经之以古音，纬之以古义，始可辨其本源，分其枝叶，诚考文之快事也。[9]

七、《说文》不言声之单字，当求其归属

《说文》中字，经系联而得其统属者，固得其九九矣，而尚有若干单字，不云从某声，散落于诸韵之间，无所归属，今当于其声义求之，始归其源。

若斯类者，或大徐脱声字，而小徐有之者，当从小徐，朱骏声已有归纳之功，如《说文》云："睡，从目垂。"小徐有声字，而朱氏已归于垂系，为"从目垂声"[10]。是遗落之字，可得归类也。

或有无所归类者，如四上目部："瞤、目深皃也。从目窅。读若《易》曰勿恤之恤。"古音影纽屑部。朱骏声亦只谓："瞤一名。与瞎义略同。"[11] 当依徐灏说，为窅之后出字。朱骏声曰："窅一名。"[12] 则瞤、窅分为二类矣。按窅古音影纽沃部，与瞤双声。则瞤、窅可合为一类，而声首之数，或可减省也。

八、后记

上列七项，皆近三十年研究《说文》子母系统所得之管见，列之如上，以俟高明。

注释：

[1]《诂林》第一册，第 46 页。

[2]《诂林》载："陈立，字卓人，清江苏句容人，道光进士，著《谐声孳生述》《句溪杂著》。"

[3]《文字声韵训诂笔记》第 197—198 页。《文字声韵训诂笔记》全一册，黄侃著，上海古籍出版社版 1983 年版。

[4] 见拙著《论说文四级声子》第 368 页。

[5] 其论证之法，见拙著《论说文四级声子》第 384 页。

[6] 见拙著《论说文三级声子》第 339 页。

[7] 见拙著《论说文三级声子》第 174 页。

［8］见拙著《论说文三级声子》第 571 页。

［9］见拙著《论说文四级声子》第 255 页。

［10］《说文通训定声》第 500 页。

［11］《说文通训定声》第 628 页。

［12］《说文通训定声》第 306 页。

论《说文》"读若"的语音层次

叶玉英

厦门大学中文系

【摘要】由于《说文》的编撰目的是为了通经，所以《说文》"读若"有的是许慎标注的东汉时音，有的则是吸收前代学者流传下来的"读若"，还有东汉各地方音读音。因此《说文》"读若"所记录的语音是有历史层次的。古文字资料表明，有的音变发生在春秋、战国的楚方言或秦方言里，有的音变发生在战国至汉初的雅言里，有的音变则晚至东汉。

【关键词】《说文》 读若 语音层次 谐声 音变

要谈《说文》"读若"的语音历史层次，就得先从《说文》"读若"的性质谈起。关于《说文》"读若"的性质，前贤已多有讨论。杨宏（2004:33-35）作了很好的总结，指出从清代到现当代，主要有"明音"派、"通字"派和"明音、通字兼有"派三大分歧。杨宏（2004:93-98）推测《说文》"读若"是许慎采用了先贤通人的成说，有说则取，无说则止。我们认为《说文》"读若"有的是许慎标注的时音，有的则是吸收前代学者流传下来的"读若"，这与《说文》通经的编撰目的是分不开的。因此，《说文》"读若"所记录的语音是有历史层次的，而且比较复杂。其复杂性表现在既有同源层次，又有异源层次。同源层次是指内部音变造成的历史层次。《说文》"读若"有的是记录被注字的先秦古读，有的是记录被注字的西汉时期的读音，有的则是许慎时代的读音。许慎时代的读音包括雅言和各地方音，这当中也包含一些古读。这些古读在《广韵》《集韵》中还可以找到对应的反切，因此这两本书常常在一个字下收两个或两个以上不同的反切；异源层次则是指《说文》一个被注字下收两个或两个以上读若，这几个读若分别与被注字形成不同的语音对应，而这些语音对应之间无法用音理来解释。造成这种情况的原因主要有语言或方言接触以及字形等方面的原因。[1]

一、《说文》"读若"所揭示的语音的同源层次

判断语音的同源层次可从三方面入手：一是从"读若"看被注字的语音层次，二是从被注字看"读若"字的语音层次，三是从谐声的角度来看被注字或"读若"字的语音层次。《广韵》《集韵》所收异读是非常重要的佐证材料。古文字资料则可以帮助我们了解音变发生的时代。

（一）从"读若"字看被注字的语音层次

1. 读若字揭示了被注字的先秦古读，古文字资料表明音变发生在战国中晚期。如：𩑒，《说文》："昧前也。从页、𢃌声。读若昧。"

今按：西周金文"𩑒"字作""（燹公盨）""（鲁伯愈父盘），为"沬"之初文。西周金文"𩑒"多用作"沬"，表"洗面"义。（张世超 1996:2208-2210）《集韵》收"𩑒"字的反切有"乎内切"和"莫佩切"两种。两个反切读音不同，但意义相同，都是"昧前也"。《说文》："𩑒，读若昧"表明"𩑒"的上古声母最初当为 *m-，其晓母读音是后起的。

《说文》："沬，洒面也。从水、未声。𩠖，古文沬从页。"《说文》将"𩑒"和"沬"视为两个不同的字，其实不然。段玉裁《说文解字注》（以下简称"段注"）"沬"字下收古文""，并注云："《文选》'𩠖血饮泣'，李注曰：'𩠖，古沬字。'《说文》作'頮'，从两手匊水而洒其面，会意也。《内则》作'靧'。从'面''贵'声。盖汉人多用'靧'字。'沬''頮'本皆古文。小篆用'沬'，而'頮'专为古文。或夺其'𠬞'，因作'㳹'矣。"《集韵》将"沬""㳹""靧""頮"都视为异体，置于"乎内切"下。"沬"表"洗面"义时才读"乎内切"。"沬"字见于楚简，作""（郭店楚简·尊德义 35）。简文："均不足以平政，不足以安民，勇不足以沬（溃）众，博不足以知善，决不足以知伦，杀不足以胜民（34-36）"，"沬"当读为"溃"。据此可知"沬"在战国楚方言中已发生 *m->*h- 音变，成为晓母字。"𩑒""頮""沬"的上古声母最初为 *m-，韵母主元音是 ɯ。（郑张尚芳 2003:358、488）ɯ 是个后、高元音，*m->*h- 音变就是受这一后、高韵母的影响而产生的。[2]"靧"字最早见于《玉篇·面部》："靧，音悔。洗面也。与頮同。""靧"是"沬"变成晓母字后再造的新字。

2. 读若字记录的是被注字音变后的语音，古文字资料表明音变发生在战国晚期的雅言或秦方言里。如：勢，《说文》："健也。从力、敖声。读若豪。"

今按：段注曰："此豪杰真字。自叚豪为之而勢废矣"，意即"勢"乃"豪杰"之"豪"

的本字。蔡梦麒（2007:821-822）认为此说未必正确。他指出:"《玉篇》'勢,吾高切,健也。'今长沙方言言身体健壮（多指老人）曰'勢实',读音正是五牢切音,则《说文》'勢'字未必就是'豪'字,《广韵》胡刀切也不一定不是因'读若豪'而来。"这是颇具启发意义的见解。"勢"字见于秦简,作"" （睡虎地秦简·为吏之道5叁）,简文:"勢悍暴","勢"即读作"豪";秦文字"敖"字作""（睡虎地秦简·杂律32）,简文"匿敖童",黄留珠（1997:176-179）认为"敖"当读为"豪"。"敖童"即"豪童",是一种具有特殊身份的豪奴。"勢"从"敖"声,本来是疑母字。到了战国晚期的雅言或秦方言里变成晓母,而此时"豪"也已经发生 *g-> ɦ- 音变,变成匣母,h- 与 ɦ- 音近,故可通假。后因"勢"废而"豪"行,故后世文献如《广韵》就将"勢"字放在"豪,胡刀切"下,与"豪"字同属一个小韵。这也是音随字转的一个例子。

（二）从被注字看"读若"字的语音层次

1. 从被注字的读音来看读若字的先秦古读,古文字资料表明,音变发生在春秋晚期的楚方言中。如:"辛"与"愆"。《说文》:"辛,辠也。从干、二。二,古文上字。读若愆。张林说。"《说文》:"趬,寒行趬趬也。从走、虔声。读若愆。"

今按:《说文》:"言,直言曰言,论难曰语。从口、辛声。"虽然这是许慎根据"言"讹变后的形体所作的分析,但也为我们提供了语音信息,即"辛"的上古声母应该是不送气清鼻音 *ŋ̊-。《说文》"辛,读若愆"表明"愆"的上古声母亦为 *ŋ̊-。古文字资料也有相关证据：新蔡葛陵楚简零 232 号简"愆"假借"言"为之,简文曰:"□□,是以谓之有言（愆）,其兆无咎。"睡虎地秦简《日书》甲种亦假借"言"为"愆",简文曰："辰,树也。其后必有警,有言（愆）见,其咎在五室马牛（87背壹）。"可见《说文》"愆"字下所收的籀文""是一个双声符字,即字所从之"侃""言"皆声。由此可知在战国雅言或秦方言中"愆"的声母仍为不送气清鼻音 *ŋ̊-。不过在楚方言里,"愆"已经变成溪母字。这从楚系文字中可以找到证据。楚系文字"愆"字有三种异体,有从"侃"声的,作""（蔡侯镈）""（包山楚简85）;也有从"涧"声的,作""（客豐鼎）;还有从"延"声的,作""（新蔡葛陵楚简·甲三233）。潘悟云拟"延"的上古音声母为 *kʰl-[3]。

《说文》:"趬,读若愆",被注字"趬"为溪母字,这表明读若字"愆"在许慎时代的雅言里也应该是溪母字。《说文》"愆"字异体""从"寒"声,乃为音变发生后的新造字。《说文》用"愆"给"趬""辛"注音,说明"愆"读溪母是许慎时代大家熟知的时音。

我们需要在此补充说明的是，"愆"是在东汉时期才进入"衍"声系。除了见于《说文》以外，还见于淮源庙碑，作"<img>"。"衍"声系字都出现得很晚。《说文》"鬻"字异体作"餰"，从"衍"声；《说文》"衕，从车、从行。一曰'衍省声'"；"蝘"互为异体，其中"衕""蝘"最早见于《玉篇》，"蝘"最早见于《广韵》。"衍"字虽然见于西周金文，但都用作人名。战国秦文字"衍"字作"<img>"（里耶秦简 J1 ⑰ 14 正三），用作地名。曾侯乙墓编钟有字作"<img>"（一号钟），可隶作"洽"；又有字作"<img>"（二十三号钟），可隶作"歆"。二字在铭文中皆用作"衍"。裘锡圭、李家浩（1989：553-554）认为字从"辛""曹"皆声。潘悟云拟"衍"的上古音为 *Gen，"辛"为 *khan，"遣"为 *khen ʔ。其中"辛"字的构拟尚需商榷。上文我们已经指出，"辛"的上古声母最初当为 *ŋ̊-，再考虑"辛"与"衍""愆""遣"的关系，我们认为"辛"最初的上古音为 *ŋ̊an，在战国楚方言中发生音变，变成 *ŋ̊an > *khen。

2. 从被注字来看，读若字曾经发生过音变。古文字资料表明，音变发生在战国晚期至汉初。如："畜"与"珛""亍""齅"。《说文》："珛，朽玉也。从玉、有声。读若畜牧之畜。"《说文》："亍，步止也。从反彳。读若畜。"《说文》："齅，以鼻就臭也。从鼻、从臭，臭亦声。读若畜牲之畜。"

今按：上引三条材料中，"畜"都用作读若字，分别为"珛""亍""齅"字注音。这说明"畜"在许慎时代的时音中有晓母和透母两读。《广韵·宥韵》"六畜"之"畜"有"丑救切""许宥""许六""丑六"四读。可见"畜"的上古声母最初当为复辅音 *hl-，后来分化出不送气清流音 *l̥- 和送气清流音 *l̥ʰ- 两个读音。*l̥- 后来变透母，*l̥ʰ- 变晓母。古文字资料可资佐证。

甲骨文"畜"作"<img>"（合集 29415）"<img>"（合集 29416）"<img>"（小屯南地甲骨 3121），字在卜辞中皆读为"蓄养"之"蓄"。"畜""蓄"既是同源词，也是同源字。这表明"畜"的声母在商代为 *hl-。后来为了区分名词"六畜"之"畜"和动词"蓄养"之"蓄"，分化出 *l̥- 和 *l̥ʰ- 两种读音。今本《周易·别卦》"大畜"之"畜"，上博三《周易》则作"筐"。"筐"字从"土""竺"声，即"管"字；江陵王家台 15 号秦墓中的秦简《归藏》，"小畜"的"畜"作"督"。由此看来，"畜"在战国雅言中已经塞化，变成透母字。马王堆帛书《周易》"少蕲"即"小畜"。"蕲"从"孰"声；马王堆帛书《老子》甲本《道经》："案有畜（孝）慈（126）"，"畜"假借为"孝"，

"孝"为晓母字。这表明在汉初"畜"已经分化出晓母和透母两种读音。

（三）从谐声的角度来看"读若"字或被注字的语音层次

1. 每个谐声系字的读音都有一个共同的来源，后来演变成不同的读音，也是语音的历史层次的反映。

从现代汉语语音来看，同一谐声系里的字读音往往不同，有的是声母不同；有的是韵母不同；有的是声调不同；有的则声母、韵母皆不同，甚至声调也不同。往回追溯中古音，我们在《广韵》里也可以看到，同一声系的字读音常常大不相同，同一个字在同一义项或意义有引申关系的义项下却有多个语音迥异的异读的情况也非常多。我们再去看今存的梁朝顾野王编的原本《玉篇》残卷，也发现里面的字很多都有异读，但不像《广韵》这么多。这是为什么呢？因为语言是在不断发展演变中形成的，语言的形成过程是一个不断更新、叠加、累积的过程。每个时代都有文白异读，每一代都有新的文读层和新的白读层出现，前一代的文读到下一次可能变成白读，就这样一代一代地沉积，形成复杂的层次。《玉篇》时代的语音层次肯定比宋本《广韵》时代的要简单，所以异读比较少。这种语音的不同历史层次反映到谐声字中，就会造成同一谐声系列的字读音往往不同。以下我们以"出"声系为例：

现代汉语方言中，"出"在北京、济南读 tʂʰu，太原读 tsʰuəʔ，武汉读 tɕʰy，双峰读 tʰy，广州读 tʃʰøt；（北京大学中国语言文学系语言学教研室编、王福堂 2013：119）"屈"在北京、济南读 tɕʰy，双峰读 tʰy，厦门读 kʰu，广州读 wɐt。（北京大学中国语言文学系语言学教研室编、王福堂 2013：135）尽管各地方音读音有所不同，但大家还是承认它们有共同的语音来源，只是各地方言的发展变化速度不同，所以有的不变，有的变化不大，有的变化很大。从历史语言学的角度来看，这就是语音发展演变的不同层次。同理，在《说文》"出"声系字里，中古音"屈"的声母有见、溪两读，韵母属物韵；"趉"为见母物韵字；"诎""蚰"为溪母物韵字，"疦"为疑母没韵字；"聑"为疑母黠韵字，"拙""炪""頒"为章母薛韵字，"出"为昌母术韵字，"咄"为端母没韵字，"泏""窋"为知母术韵字，"黜""欪""绌"为彻母术韵字，"柮""貀"为娘母黠韵字，"茁"为庄母黠韵字，"齜"为崇母质韵字。尽管中古音里"出"声系字的声母有见组、端组、章组、庄组等不同读音，韵母也有物、质、术、薛、黠等差别，但在传世典籍和出土文献中我们可以看到，同一谐声偏旁的字是可以通用的。高亨（1989:521-523）《古字通假会典》"出"声系下所收通假字中，"出"声系内部通用的有："出与诎""出与黜""咄与黜""诎与屈""诎与绌""诎与倔""诎与黜""拙与屈""拙与掘""趏与屈""窟与堀""窟与淈""绌与黜"。与其他声系字通假的有:"诎与辍""诎与讷""骺与竁""绌与辍""貀与豹""屈与厥""屈与阙""屈与曲""屈与讷""屈与胥""屈与骨";白于蓝(2017:863-865)《简帛古书通假字大系》"出"声系下所收通假字例中,"出"声系内相通的有:"出与屈""出与绌""出与頧""倔与拙""屈与诎""窟与屈""窟与窟""诎与出""诎与屈""诎与黜""屈与掘""淈与屈"。与其他声系相通的有:"出与突""蚰与滑"。我们清楚地看到,无论是传世典籍,还是出土文献,同一声系字的通假占大多数。如何解释这一现象?段玉裁的"同谐声必同部"说的是同一谐声系列的字的上古韵部是相同的。今人朱声琦(1996:67-68)指出:"谐声必同声,谐声偏旁相同的一组谐声字,其声母也必然相同或相近。"这是就单声母而言,而对于复声母来说,则当如郑伟(2017:36)所言"上古音中具有谐声关系的字之间应具有相同的词根音段"。我们认为这个相同的词根就是每一个谐声系列的共同来源。

"出"声系的上古共同来源是 $*q^hl-$。中古"出"声系字的声母变成见、溪、疑、端、知、透、彻、娘、章、昌、庄、从等,是一千多年语音演变的结果。《广韵》《集韵》所收的反切,实际上反映了不同的历史语音层次。同一谐声系里的字,在语音上都有一个共同的来源。尽管同一谐声系列的字不是同一时代造出来的,但它们的语音的根源却具有同一性。

2. 从同一谐声系列字所用的读若字来看被注字的语音层次。

同一谐声系列字所用的读若字,有的是同声符的字,有的则与这个谐声系列的字无关。这些读若字,有的揭示了被注字的先秦古音,有的则是东汉时音。有的读若字与被注字的中古音差别很大,有的则同音。从《广韵》《集韵》所收反切来看,这些同音字只是部分同音,被注字还有其他的异读。从这些异读可知读若字所反映的语音层次属于哪一层。如"出"声系。

"出"字见于甲骨文,作"𢍢"(甲骨文合集5098),从"凵"、从"止"会意。从"出"所在的谐声系列字来看,"出"的上古声母最初当为 $*q^hl-$。古文字资料亦可证之,如马王堆帛书《五十二病方·口烂者方》:"一,热者,由曰:'肸肸诎诎,从灶出毋延,黄神且与言(318/308)。'"裘锡圭(1992:532)指出"肸肸诎诎"即《左传·襄公三十年》之"謞謞出出"。《集韵·术韵》"勑律切"下:"黜,《说文》'贬下也'。或从言。亦作'出',通作'绌'",意谓"出"与"诎""黜""绌"通用。马王堆帛书《周易·离卦》:"九四:出(突)如来如,焚如,死如,弃如(69下)。""突"

假借"出"为之。《释名·释言语》："出，推也，推而前也。"可见在汉代"出"已经变成透母，中古颚化为昌母。《说文》"出"声系字下所收"读若"有以下几种：

> 《说文》："頢，头颉頢也。从页、出声。读又若骨。"
> 《说文》："欪，咄欪，无惭。一曰：'无肠意。'从欠、出声。读若卉。"
> 《说文》："沰，水皃。从水、出声。读若窋。"
> 《说文》："耻，无知意也。从耳、出声。读若孽。"
> 《说文》："柮，断也。从木、出声。读若《尔雅》貀无前足之貀。"
> 《说文》："趉，走也。从走、出声。读若无尾之屈。"
> 《说文》："焀，火光也。从火、出声。读若巧拙之拙。"

頢，《说文》"头颉頢也。读又若骨"表明"頢"的上古声母与喉牙音有关。《集韵·没韵》"古忽切"下："頢，面颧。"薛韵"朱劣切"下："頢，面骨。《博雅》：'颧、頒，頢也。'"《集韵》同一义项所收的两种反切可与《说文》"读若"合证，揭示"頢"的语音演变的历史层次。潘悟云拟"頢"的上古音为 $*k^{lj}d$。我们认为"頢"的上古音最初为 $*ql-$，后来发生 $*ql->*k^{l-[4]}>k-$ 或 $*ql->*kl->*kj->t\ \varphi-$ 音变。

欪，《说文》"咄欪，无惭。一曰：'无肠意。'读若卉。"段注改"读若卉"为"读若中"。《说文》："卉，艸之总名也""犇，疾也。从芔、卉声""撞，首至地也。从手、犇。犇音忽。"《集韵》"无惭""无惭皃"这个义项下有"许忽切""敕律切""闃吉切"三读，由此可见"欪，读若卉"是可信的。"欪"的上古声母最初当为 $*qhl-$，后 $*qhl-$ 变成 $*hl-$，再由 $*hl-$ 分化为 $*l̥-$ 和 $*l̥^h-$ 两读，中古 $*l̥-$ 变成彻母，$*l̥^h-$ 变成晓母。

沰，《说文》："水皃。读若窋"，徐铉注音有"竹律切"和"口兀切"两读。徐锴《说文解字系传》在"读若窋"下注音"夸讷反"。"窋"当为"窟"的初文。睡虎地秦简《日书》甲种 25 背壹号简文曰："彼窋（屈）卧箕坐"，"窋"假借为"屈"，可见"窋"的上古音也和"屈"一样是 $*q^hl-$，后"屈"发生 $*q^hl->*k^hl->*k^h-$ 音变，"窋"则经历 $*q^hl->*k^hl->t̠-$ 的音变过程。

耻，《说文》："无知意也。读若孽。"徐铉注音"五滑切"。《广韵·贿韵》"吐猥切"下："耻，耻頯，痴癫皃。《说文》'五滑切，无知意也'。"质韵"鱼乙切，又女涉切"："耻，无知意也"；《集韵·怪韵》："墆怪切，耻頯，无志皃。"黠韵"张滑切"下："耻，无知意。"可见"䖟"的上古声母最初当为 * ŋ qʰl-，后发生 * ŋ qʰl->* ŋ gʳ-> ŋ - 或 * ŋ qʰl- >* ŋ gʳ-> ŋ - 或 * ŋ qʰl->*gr-> dɣ - 或 * ŋ qʰl-> *kr->* ʨ - 或 * ŋ qʰ->* kʰl->tʰ-等音变。

䖴，《说文》："断也。读若《尔雅》'貀无前足'之貀。"徐铉注音"女滑切"。段注曰："旧作'断也'二字，今更正之。今人谓'木头'为'榾柮'。于古义未远也。"《集韵·没韵》"当没切"下："柮，榾柮，短木""五忽切"下："杌，树无枝。一曰：'梼杌，顽凶无畴匹皃'，或作柮。"《说文》："梼，断木也。《春秋传》曰：'梼杌'。"段注："梼杌，二字今补……《左传》无"梼柮"。惟文十六年有"梼杌"，凶顽无畴匹之皃。赵注《孟子》曰："梼杌，嚚凶之类。"按：盖取断木之可憎，为恶人名也。出声、兀声同部，许所据与今异。"段玉裁也是将"柮"视为"杌"的异体。可见"柮"的上古声母最初当为 * ŋ qʰl-，后发生 * ŋ qʰl->* ŋ gl->* ŋ - 或 * ŋ qʰl->* ŋ gl->*r ŋ -> ȵ - 或 * ŋ qʰl- >*kl->t- 音变，故中古有疑母、娘母和端母三读。《集韵·黠韵》："貀，女滑切，兽名。《说文》："无前足"。或作豽。"没韵"当没切"下："貀，貁貀，兽名""女骨切"下："兽名，无前足，如猴。"虽然"貀"与"貁貀"可能指的不是同一种兽，但"貁貀"之"貀"也是形声字，从"豸""出"声。故"貀"的上古音当和"柮"一样，也是 * ŋ qʰl-，后发生 * ŋ qʰl->* ŋ gl->*r ŋ -> ȵ - 和 * ŋ qʰl->*kl->t- 音变，故有娘母和端母两读。

趉，《说文》："走也。从走、出声。读若无尾之屈。"徐铉注音"瞿勿切"。《广韵·物部》"九勿切"下："趉，走皃。"《集韵》"走皃"这一义项收有三种反切：质韵"其律切"，作为"趬"的异体；术韵"直律切"；勿韵"九勿切"，作为"趉"的异体。"趉"的上古声母最初当为 *ql-，后发生 *ql->kl->k-t 和 *ql->*kˡ->*kj-> ɖ - 音变。

焌，《说文》："火光也。读若巧拙之拙。"《类篇》"焌"字下引《说文》："火不光也。"《广韵》"火光"义下有两读：薛韵"职悦切"和术韵"丑律切"。《集韵·薛韵》"朱劣切"下："焌，《说文》'火光也'"，术韵"竹律切"下："焌，火声"，"勅律切"下："火声。一曰：'焌，爨烟皃。'"段注"焌"字下引《集韵》此说，又云："九迄曰：'焌，爨烟出也。'烟盛则光微。此盖与上火猛作反对语。""拙"在《集韵》亦为"朱劣切"。可见"焌，读若拙"只是其中的一个语音层次。"焌"的上古音最初当为 *qʰl-，后发生 *qʰl->*kl->*kj->*t ɕ - 或 *qʰl->*kʰl->* ʨ ʰ-。

3.同谐声系列的字，《说文》中有的是被注字，有的用作读若字，往往显示出不同的语音层次。通常有两种情况：第一种情况是《说文》"读若"揭示先秦古音，古文字资料表明音变发生在战国晚期至汉初；第二种情况则是《说文》"读若"揭示先秦古音，古文字资料表明音变发生在东汉。第一种情况，如"寿"声系。

《说文》："犨，牛羊无子也。从牛、雺声。读若糗粮之糗。"

《说文》："雔，双鸟也。从二隹。读若醻。"

今按：《集韵·有韵》"犨，牛无子，去久切"，与和"糗"在同一个小韵。可见"犨"的上古声母当为舌根音，后来进一步演变而有端章组读音，《集韵·哈韵》"当来切、昌来切"下："犨，牛羊无子"；宵韵"蚩招切"下："犨，牛羊不生子也"；豪韵"他刀切"下："犨，牛羊无子"，"徒刀切"下："犨，《说文》'牛羊无子也'"；尤韵"蚩周切"下："畜无子谓之犨。"

古文字资料也表明"寿"声系字的上古声母来自舌根音。如郭店楚简《尊德义》有字作"𢧵"（简26），从"戈""畐"声，可隶作"戠"。"畐"为"𤰔"之繁文，"𤰔"乃"田畴"之"畴"的初文。简文："弗爱，则戠（雔）也"，"戠"读作"雔"，表"仇敌"之义。郭店楚简《语丛四》有字作"𧴪"（简1），从"贝""畐"声，可隶作"赗"简文曰："非言不赗（雔），非德无复"，"雔"表"雔答"义。郾王职壶有字作"𢧵"，董珊和陈剑（2002:37-38）释为"戠"，认为铭文"东戠𠦬国"之"戠"当读为"讨"。陈斯鹏（2012:366）支持此说，并进一步指出：若"戠"后面的残字是"敌"字，则"戠"亦可读为"雔"，当"报复"讲。"讨"从"肘"省声。《甲骨文合集》11018正、13676正、13677正卜辞中"九"假用作"肘"，可知"肘"的上古音是个舌根音，同理，"讨"的上古声母也应该是舌根音。"雔"与"仇"同源，故"雔"的上古声母也是舌根音。因此"戠"的上古声母是舌根音无疑。董珊和陈剑（2002:37-38）还认为"戠"是《说文》"𣪠""𣀖"的异体。段注在"𣀖"字下说："郑乃读为丑"，可见至迟在东汉"𣀖"的声母已经变成舌音。

"铸"字甲骨文作"𨮯"（合集29687），黄天树（2014:125）认为字所从之"𠂎"乃"九"字，用作声符。三晋文字"铸"字作"𨥏"（上官鼎），从"肘"省声。平安君鼎"斫客"即"铸客"，"斫"假借为"铸"，"斫"为群母字。"铸客"之"铸"在楚系文字中作"𨰔"（铸客鼎）"𨮯"（铸客匜），从"皿""臾"声。所从之"臾"应该是由"𦥑"（鄂君启舟节）所从之"𦥑"变形音化而来的；或作"䥈"（仰天湖楚简10），从"者"声。而"者"的上古声母最初为*kl-，在战国楚方言或雅言里已经变成*t-了[5]；燕玺有字作"𨮯"（古玺汇编0158），赵超（2001:293-298）释为"铸"，认为字的下部从"火"，上部是"数"和"娄"的声符，在字中亦作声符，"娄"为来母字。凡此

皆表明"铸"的上古声母与以母、来母以及牙音都有关系。《说文》："寿,久也。""寿"
与"久"当为一对同源词。因此我们拟"寿"的上古声母为 *gl-。上博五《弟子问》："荳
(寿)年不恒至(5)","荳"假借为"寿"。楚简"厚"字有从"豆"声的异体,作
""(清华五·厚父1),可知"豆"的声母在战国晚期的雅言里还是 *gl-。那么"寿"
的声母也当为 *gl-。

　　《说文》："雔,读若醻。""雔"乃"雠"之初文,上古声母最初当为 *gl-。《说文》
这条读若材料表明"醻"的上古声母最初也是舌根音。《说文》"醻"字下收或体"酬"。
上博六《用曰》："唯君之贾臣,非货以瞻(酬)(13)","瞻"假借为"酬"。可见
"醻""瞻"的声母在战国晚期的楚方言里已经变成舌音。《说文》"读若"为我们探
索"寿"声在汉代雅言中变成舌音提供了宝贵的信息,如:

　　　　《说文》："璹,玉器也。从玉、鬺声。读若淑。"
　　　　《说文》："壔,保也。高土也。从土、鬺声。读若毒。"
　　　　《说文》："薄,水篇筑。从艸、从水,毒声。读若督。"
　　　　《说文》："倏,走也。从犬、攸声。读若叔。"

　　"叔"字甲骨文作""(合集29185)""(小屯南地甲骨2986)[6],西周金文
作""(克鼎)""(师嫠簋)。刘钊(2006:83)认为"叔"所从之"弋"也是声
符。我们认为"淑"的上古音最初当为 *gl-,"督"为 *kl-。郭店楚简《老子》甲:"至
虚,恒也;守中,箇也(24)","箇"乃"笃"的异体,见于秦简,作""(睡虎
地秦简·秦律杂抄29);马王堆帛书《老子》乙本《道经》："致虚,极也;守静督
(笃)也(57/231下)";北大汉简《老子》下经:"至虚,极;积正,(督)笃(163)。"
可知"督"在汉初已变成端母字。《说文》"薄,读若督"亦可证。"淑"字在汉初
应该也已经发生同样的音变。《说文》"璹,读若淑"表明"璹"在汉代已经变成定
母字,但可能还没有变成禅母字。

　　"毒"字见于战国秦文字,作""(睡虎地秦简·秦律十八种5),简文"毒鱼鳖"
指"毒杀鱼鳖"。"毒"为定母字。可见《说文》"壔,读若毒"记录的是东汉时音。

　　第二种情况如"占"声系:

　　　　《说文》："耆,老人面如点也。从老省、占声。读若耿介之耿。"

　　　　徐铉注音："丁念切。"

　　　　《说文》："睒，暂视也。从目、炎声。读若白盖谓之苫相似。"

　　　　徐铉注音："失冄切。"

　　今按：《说文》"耆，读若耿介之耿"，段注在"耿"字下曰："耿之言黏也，黏于颊也。"徐灏《说文解字注笺》云："'读若耿'者，古音'耿'读若'简'。《蜀志·简雍传》裴注：'雍本姓耿，幽州人语谓耿为简，遂随音变之'是也。'耆'音近'简'，故亦读若耿。今嘉应州人读耿若简。"孟蓬生（2017:205-223）认为"耆，读若耿"可信。孟文只对"耆"和"耿"的韵母作了音理上的解释，没有对二字的声母作解释。我们认为"耆"的上古音为舌根音，后来发生音变，才读"丁念切"。"占"声系中，"黏"的语音也有平行的变化。《说文》："黏，火行也。"徐铉注音："舒瞻切"，但《广韵》还收有"胡甘切"一读，亦表"火行皃"。《说文》："睒，读若白盖为之苫相似"，中古"炎"为云母字，可知"睒"的上古音有喉牙音来源，"苫"字亦然。

　　古文字资料也表明，"占"声系与喉牙音有关，如上博七《凡物流形》甲本有字作"𦥑"（简10），字可隶作"㞢"，简文曰："日之始出，何故大而不㞢（炎）？""㞢"假借为"炎"。白一平和沙加尔拟"炎"的上古音为$*[G]^W(r)am$。郭店楚简《老子》甲本4号简文："天下乐进而弗詀（厌）"，马王堆帛书《老子》甲"詀"字作"猒"（63）。马王堆帛书《杂疗方》"蝎斯"（68）即《尔雅·释虫》之"蛄蝎"。"蝎"从"𤵜"声，"𤵜"又从"猒"声。"厌""猒"皆为影母字。可见"㞢"在战国中晚期的雅言或楚方言里声母也是喉牙音。"詀""蛄"的声母在汉初仍为喉牙音。后来"占"声系字变成舌音是受到韵母$*-em$的影响而舌位前移。这种音变至迟发生在东汉时期。《说文》"读若"也为我们提供了相关例证，如：

　　　　《说文》："丙，舌皃。从谷省，象形。一曰：'竹上皮。'读若沾。"

　　　　《说文》："箈，蔽絮簀也。从竹、沾声。读若钱。"

　　"丙"的读音从上古到中古一直都是为透母，可知其读若字"沾"在许慎时代亦为透母字。《说文》："箈，读若钱"，表明"箈"已经变成浊塞擦音。

二、《说文》"读若"所揭示的异源层次

由于材料受限,我们还难还原《说文》"读若"中因方言接触而造成的异源层次,所以我们只论及因字形的原因造成的异源层次。同形字、文字形体讹变等原因都有可能造成这种现象。如:

> 《说文》:"𨒅,前颉也。从辵、市声。贾侍中说。一读若枱。又若郅。"

今按:徐铉注音"北末切"。徐锴《说文解字系传》改"颉"为"顿","枱"为"拾"。段玉裁从徐锴说,并改篆头"𨒅"字为"𢔧",指出各本作"𨒐""𨒅"非是。又在"𨒅","行兒"下注曰:"各本篆文作𨒅,非也。从即礼切之市,则不得云米声。云蒲拨切矣。米,普活切。隶变作市……自下文𨒦讹为迮。因改此迮为迮,而以蒲拨、北末分隶之。其误久矣。"段说极是。"𨒅,前颉也"之"𨒅"就当为"𨒦"之误。字下收的"读若枱"之"枱"就是给"𨒦"注音。"又若郅"则是为"迮"注音。《玉篇》:"𨒦,口黠切,又竹季切,前顿也。""竹季切"其实是"迮"的读音。《集韵·至韵》:"迮,足不前也。亦作𨒦。追萃切。"

> 《说文》:"皀,谷之馨香也。象嘉谷在裹中之形,匕,所以扱之。或说:'皀,一粒也。'又读若香。"
> 《说文》:"炮,望火皃。从火、皀声。读若驹颗之驹。"

甲骨文"皀"字作"𠁥"(合 34388)"𠁥"(合 34602)"𠁥"(合 30499)"𠁥"(合集 03823)。戴家祥认为此即"簋"之象形字,象盛满食物之簋[7]。甲骨文"簋"字作"𠁥"(合集 24956)。陈剑(2007:423)指出:"𠁥"本是食器"簋"的象形初文(并连带画出其中所盛之食),加上手持匙、勺一类器物从簋中取食的"𠁥"形构成"𠁥"字,仍然表示食器"簋"这个词。以下我们用"皀₁"表示"簋"的初文。

"皀₁"在西周金文中沿袭甲骨文之形,作"𠁥"(窠叔簋)"𠁥"(作𢆨商簋)"𠁥"(叔姬簋)。天亡簋、作𢆨商簋、叔姬簋中"皀"就当读为"簋"。"皀"窠叔簋中的"皀"则当读为"餀"。《说文》:"餀,饱也。从勹、皀声。民祭祝曰'厌餀'。"上古音"簋""餀"皆为见母、幽韵。可见甲骨文、金文"皀"是用一个字形记录两个不同的读音。同

样的情况还有"王"与"士"、"获"与"只"、"月"与"夕"等。《集韵·缉韵》："皀，榖香。讫立切。"《集韵·德韵》："齃，束也。讫得切。"可见"讫立切"的"皀"来自"皀₁"。

《甲骨文合集》第 03823 号卜辞曰："未卜，古贞：……今……赐皀吕"，第 14854 号卜辞曰："丁卯卜，争贞：翌辛巳皀……自上甲至于多"；《小屯南地甲骨》第 2626 号卜辞曰："贞：乙亥陷，擒七百麋，用皀。"诸例中"皀"皆当读作"飨"。战国时期秦国铜器中敀鼎铭曰："中敀皀鼎。"何琳仪（1998:619）认为"皀鼎"字当读为"腳鼎"。《古文字谱系疏证》"皀"声系下收"卿""鄉""莨（芗）"等字（黄德宽 2007：1713-1717）。以下我们用"皀₂"表示"卿""鄉""莨（芗）"等字的声符字。

"鄉""卿"乃一字分化，甲骨文作""（合集 27894）""（合集 5236）""（合集 38231）。其声符即《说文》读若"香"的"皀₂"。不过"皀₂"的上古声母最初并非晓母，而是 *n-。"鄉""卿"的上古声母最初也是 *n-。武威汉简《仪礼·士相见礼》："鄉（曩）者，吾子辱，使某见。""鄉"，今本作"曏"。今本《礼记》郑玄注："曏，曩也。"《尔雅·释言》："曩，曏也。"白一平和沙加尔拟"曏"的上古声母为清鼻音 *n̥-。段注在"卿"字下云："皀下曰：'又读若香'。卿字正从此读为声也。读如羌。今音去京切。"这表明"卿"原有晓母和溪母两读。读晓母的"卿"与"鄉""飨"同源，而读溪母的"卿"与"鄉""飨"则本来就不同音。"皀""鄉""卿"这一系列字经历了 *n̥->*h- 的音变。睡虎地秦简《日书》甲种："令其鼻能嗅鄉（香），令耳聪目明（158 背）。"可知在战国晚期的雅言或秦方言里，"鄉"的声母已经变成 *h-。

《说文》"炮，读若駒"，"炮"的声符亦为"皀₂"。"炮"的上古声母当为清鼻音 *n̥-，至迟在许慎时代变成 *th-。韵母也经历了音变，由 *-aŋ 变成 *-ewg。

徐铉在《说文》"皀"字下的注音是"皮及切"，可知还有"皀₃"。"鴄"字徐铉注音为"彼及切"，可知其声符为"皀₃"。"皀₃"的帮母读音是因为"皀"字下部讹变成"匕"后，人们误以为"匕"为声符。古音"匕"在帮纽脂部，与"皀"之帮纽脂部之音极近。战国文字"皀"字有的下部已讹变得近似"匕"，作""（信阳 1·41）""（陶汇 3·83）""（三晋货币 44）。《说文》小篆作""，已变从"匕"。叶玉英（2009:250-252）因误认声旁而改变读音的例子，即音随字转。

《说文》："㗊，众口也。从四口。读若戢，又读若呶。"

今按：《说文》"㗊"下所收的两个"读若"其实来源不同。《正字通》在"㗊"字下引周伯琦说："'㗊'即《诗》'咠咠幡幡'之'咠'。"《字汇》在"咠"字下云："古文作'㗊'。"《正字通》不同意《字汇》的说法，认为"'咠'无古文……旧注因声同合为一，非。"

甲骨文"㗊"字作"[字形]"（小屯南地甲骨2118），其辞曰："惟庚㗊[字形]。""㗊"的用法不明。

《说文》："咠，聂语也。从口、从耳。《诗》：'咠咠幡幡。'""咠"字见于战国楚简，作"[字形]"（清华三·周公之琴舞11）。在简文中假借为"揖"或"辑"。如郭店楚简《鲁穆公问子思》："公不悦，咠（揖）而退之。""咠"当读为"揖"。清华简三《周公之琴舞》第11号简文曰："式克其有辟，用容咠（辑）余。""咠"假借为"辑"。

我们认为《正字通》所言有理。"㗊"和"咠"只是同音假借，"㗊"不是"咠"的古文。与"咠"的"㗊"字表"众口"义，而《说文》"读若呶"的"㗊"其实是"闹"的初文。"闹"字见于《说文》新附。

《说文》："囟，舌皃。从谷省，象形。𠕒，古文囟。读若'三年导服'之'导'。一曰：'竹上皮'，读若沾。一曰：'读若誓'，弼字从此。"
《说文》："茵，以艸补缺。从艸、囟声。读若陆。或以为缀。一曰：'约空也。'"

今按：《说文》的三个读若，中古音"导"为定母号韵，"沾"有端母添韵、知母盐韵和透母添韵三种异读，"誓"为禅母祭韵。"道"为"导"的初文，西周晚期散氏盘铭文"道"字作"[字形]"，从"行"、从"止"、从"首"，"首"亦声；或作"[字形]"，从"行"、从"止"（"止"讹成"又"），"舀"声。可知"道"最初的声母是 *l-，后塞化变成 *d-；上文我们已经论及，"沾"的上古声母最初为喉牙音，最迟在许慎时代变成端组字；上博一《孔子诗论》："吾以《折（杕）杜》得爵（20）。""《折（杕）杜》则情喜其至也（18）。"上博五《三德》："居毋惎（忲），作毋康（11）。"可见"折"在战国时期的雅言或楚方言里是定母字。"誓"从"折"声，上古音最初当为 *geds，后来受韵母 e 的影响发生颚化，变成禅母。因此《说文》的三个读若其实来自三个同形字。"丙₁"与"导"同音,"丙₂"与"沾"同音,"丙₃"与"誓"同音。《集韵·栝韵》:"丙,《说文》'舌皃'。亦作甜、醁、舓。"可见还有"丙₄",乃"甜"字初文,虽然读音与"丙₂"音近,但字形来源不同。"丙₂"乃"簟"字初文,甲骨文作"𗾌"(合集23715),象席子之形。甲骨文"宿"字从"丙₂",作"𗾌"(小屯南地甲骨2152),可证。

《说文》"茵,读若陆",小徐本作"读若侠"。段注亦作"读若侠",因为段玉裁认为"陆"为误字。《说文》"茵"字下又云:"或以为缀",段注曰:"读如缀。""侠""缀"都不能与徐铉注音"茵,直例切"对应,可见"茵"应该分"茵₁""茵₂"和"茵₃"。"茵₁"对应"侠","茵₂"对应"缀","茵₃"对应《集韵》的"于例切"和"直例切"。"茵₁"的声符为"丙₂",可见"丙₂"的上古声母最初当为*gem,至迟在许慎时代变成匣母,故可读若"侠";"茵₂"的声母为"丙1",故可读如"缀";"茵₃"的声符为"丙₃"。从《集韵》的注音来看,"茵"的上古声母最初当为*gr-,至迟在许慎时代已经变成澄母字。

《说文》:"囧,窗牖丽廔闿明。象形。读若犷。贾侍中说:读与明同。"

今按:"囧"字见于甲骨文,作"𗾌"(合集20041),象窗牖透光之形。《玉篇》:"俱永切。大明也。彰也。"由此可见表"彰""明"义的"囧₁"的上古声母为见母字。甲骨文"明"字有从"囧"作"𗾌"(合集21037),当为会意字。许慎引贾侍中说"读与明同"指"囧₂"乃"盟"字的声符。甲骨文"盟"字作"𗾌"(合集32391)"𗾌"(合集21248),西周早期金文作"𗾌"(井侯簋)"𗾌"(荥作周公簋),西周中期金文作"𗾌"(师望鼎)。"盟"字所从之"囧"乃表血滴之形的"○"形变来的。

三、结语

限于篇幅,我们未能对《说文》"读若"所揭示的语音层次作全面的整理和研究,只是希望能在方法论上起着抛砖引玉的作用。面对语言材料,我们如何找到切入点?首先,我们要有动态的、历史的语言发展观;其次,我们应该利用上古音研究和现代语音学研究的新成果来解释我们看到的语言现象;第三,古文字资料在时代上和地域上都是明确的,可以为音变的时代和地域提供宝贵的信息。利用古文字材料对上古音作动态的历史考察将成为我们今后努力的方向。

注释：

［1］本文所论语音的历史层次是借用现代汉语方言研究中提出来的一些概念。如将语音层次分为同源层次和异源层次，但在内涵上有同有异。我们对同源层次的界定与现代汉语方言研究相同，都是指内部音变造成的历史层次，因此可以用音理来解释。不同之处在于对异源层次的界定。现代汉语方言研究中所谓的异源层次是指接触造成的方言借用而形成的语音层次，而我们所谓的异源层次除了语言或方言接触所造成的语音层次外，还包括与语音无关，因字形的原因造成的异读。

［2］张光宇先生指出闽方言中鼻音变成清擦音的音变过程：第一步是鼻音与高元音（多数是前高元音）组合；第二步是鼻化。声母鼻化了后面的元音，使口部元音变成鼻化元音。音节结构变成"鼻音声母＋鼻化元音"。这种变化，就气流外出而言，是部分气流由口腔外出，部分气流由鼻腔外出。例见"年₅nĩ，耳nĩ²，砚ngĩ²"；第三步是口音化。经由口腔外出的气流加强，经由鼻腔外出的气流减弱，最终导致鼻化韵前的鼻音声母变成口音声母，原初也许是nĩ变成çĩ，而ngĩ变成xĩ，后来混同于h-。参看张光宇《闽方言古次浊声母的白读h-和s-》，《中国语文》1989年第4期。

［3］本文所引潘悟云拟音皆采自潘先生未刊稿《汉语古音手册》。中古音皆来自复旦大学东亚语言数据中心网站中古音查询中的郑张尚芳先生的拟音。

我们采纳潘悟云先生的复杂辅音说。潘先生认为汉语音节中的基本辅音都是单辅音，包括简单辅音C-与复杂辅音。复杂辅音由基本调音成分与次要调音成分组成，与复辅音并不一样。复杂辅音有4套 Cʲ-、Cʷ-、Cˡ-、Cʳ-。其中的 Cʲ- 变为章组，Cʷ- 变为合口音节。★Cˡ-、★Cʳ- 中的 C- 只限于钝音。因为它们只是带有次要调音特征的 C-，所以到中古的时候都变成了 C-。参看潘悟云《上古汉语的复杂辅音与复辅音声母》

［4］楚简"暑"可从"尻"声（上博一·缁衣6）；睡虎地秦简"楮"读为"仁"（《日书》甲种130正）。《说文》"楮"字异体作"柠"。张家山汉简"纻"作"緒"（《二年律令·□市律》258）；"宁"字见于商代金文，作"⊞"（矢宁父乙方鼎）。"宁"乃"贮"之"初文"，亦为"贾"之初文。金文"贮"多用作"贾"，如颂鼎铭文"成周贮廿家"，"贮"字作"⊞"即用作"贾"字。因此"宁"的上古音当和"贾"一样是舌根音。根据楚简、秦简、汉简中"者"与"尻""宁"的关系，可知"者"的声母最初为舌根音。楚简"图"字作"⊞"（上博二·鲁邦大旱1），或作"⊞"，皆从"者"声。上博三《彭祖》第2号简"大箸"即"大图"，"箸"假借为"图"。由此看来，"者"在战国楚方言或雅言中已经变成舌音。秦汉方言或秦汉时期的雅言中"楮""仁""纻"等字也可能已经变成舌音。

［5］此从谢文释。参看谢明文《释甲骨文中的"叔"字》，谢明文著《商周文字论集》，上海：上海古籍出版社，2017年，第6-15页。

［6］转引自张世超《金文形义通解》，京都：中文出版社，1996年版，第917条。

参考文献

白于蓝：《简帛古书通假字大系》，福建人民出版社 2017 年版。

北京大学中国语言文学系语言学教研室编、王福堂修订：《汉语方音字汇》，语文出版社 2013 年版。

陈剑：《甲骨金文考释论集》，线装书局 2007 年版。

陈斯鹏、石小力：《新见金文字编》，福建人民出版社 2012 年版。

蔡梦麒：《〈说文解字〉字音注释研究》，齐鲁书社 2007 年版。

董珊、陈剑：《郾王职壶铭文研究》，《北京大学中国古文献研究中心集刊》第 3 辑，北京大学出版社 2002 年版。

高亨：《古字通假会典》，齐鲁书社 1989 年版。

何琳仪：《战国古文字典》，中华书局 1998 年版。

黄德宽：《古文字谱系疏证》，中华书局 2007 年版。

黄留珠：《秦简"敖童"解》，《历史研究》第 5 期。

黄天树：《殷墟甲骨文形声字所占比重的再统计》，《黄天树甲骨金文论集》，学苑出版社 2014 年版。

刘钊：《古文字构形学》，福建人民出版社 2006 年版。

孟蓬生：《〈说文〉"者"读若"耿"疏证》，朴慧莉、程少轩编《古文字与汉语历史比较音韵学》，复旦大学出版社 2017 年版。

裘锡圭、李家浩：《曾侯乙墓钟、磬铭文释文与考释》，湖北博物馆编《曾侯乙墓》，文物出版社 1989 年版。

裘锡圭：《马王堆医书释读琐议》，裘锡圭著《古文字论集》，中华书局 1992 年版。

杨宏：《〈说文〉"读若"性质研究综述》，《华北水利水电学院学报》，2004 第 1 期。

杨宏：《谈谈〈说文〉"读若"性质——兼与钟如雄先生商榷》，《河南教育学院学报》，2004 第 1 期。

张世超：《金文形义通解》，中文出版社 1996 年版。

郑张尚芳：《上古音系》，上海教育出版社 2003 年版。

朱声琦：《段氏注〈说文〉重韵不重声》，《山东师大学报》第 1 期。

郑伟：《上古音研究中的分等依据、谐声及通假问题》，朴慧莉、程少轩编《古文字与汉语历史比较音韵学》，复旦大学出版社 2017 年版。

赵超：《"铸师"考》，《古文字研究》第 21 辑，中华书局 2001 年版。

《六书通》所涉《说文》字际关系资料辑考

陈英杰

首都师范大学文学院

　　《六书通》是明末清初闵齐伋编纂的一本书，但其生前未能刊刻，稿本流落民间，为毕弘述所得，毕氏为之增篆考订梓刻行世，所以刻本《六书通》都是经过毕弘述篆订过的，我们可以把它看作闵、毕合著本。该书收列古文字字形，一方面是按形类聚 [1]，但更主要的是按词类聚 [2]，基本上可以认为它是以词统字。所以，每一字目的楷书字头可能没有相对应的古文字字形，多个楷书字头的，也经常不能涵盖其下所收列的古文字字形。《六书通》收字按韵编排，每一字目下面首引《说文》字形 [3]、释义 [4] 和大徐本反切（非首引字形或采用直音法）。有的字目下有"附通"内容，据"东"下闵齐伋"诠次"所云，这部分都是《说文》中的字（偶有例外），均为小篆而无别体，每字下面均引《说文》释义，并加注音（反切或直音，反切袭自大徐本）。"附通"中的字大多是由字目字充当声旁的形声字，或者是与字目字有相同声符的字，也有少量是会意字；大多是以字目字为一级构件的字，少数是以字目字为二级构件的字。所以，该书实际是以《说文》为纲，按文字的记词功能收列《说文》字形、古文、籀文、商周秦汉金文和汉印文字。判断记词职能的依据，除了本义而外，还有在实际使用中的替代、通用情况。实际使用中的用法的判断依据则来自于其所引用的传世文献和出土文献语料及其所引及的有关文字学著作中的意见。除《说文》外，其他字形只注出处。字形下面时加按语（一般有○符标志），内容也非常丰富，若要深入探讨该书的学术价值，这部分内容值得注意。[5] 金文一般都注明器物名称，玺印大多注明印文全文（有私印、官印、吉语印），少数仅标明原出处（如"修能印书""禺阳印志""名印"）。这两部分内容容易辨别。还有采自古文字抄写的典籍（如《古尔雅》《古孝经》《古尚书》《古史记》等）、古文字碑刻（如《碧落碑》《峄山碑》《王庶子碑》等）以及一些其他来源的古文字资料（如《张廷珪剑铭》《杨氏阡铭》等），有些字形注明来自其他文字学著作，如《汗简》《六书统》《古文奇字》、《存乂切韵》等。还有一部分是只标注"古文""籀文"的字形，但并非《说文》中的古文、籀文，其字形来源需要进一步研究。这些资料大多应该都是承袭自前代的字书，其中哪些内容反映了闵齐伋（或毕弘述）的个人意见，需要作进一步的细致的考察研究。《说文》是按部首编排的，其字际关系的内容，大多见于重文，少量见于旁见说解中。关于《说文》中的字际关系，前人曾总结过《说文》中的异部重文。《六书通》其实扩大了考察的范围，它不但收录储存在字书中的字形资料，还收录使用领域的汉字资料，注意文字的实际用法，所以，它所作的字际关系的沟通，包括了异体字、通用字、本借字、古今字、同源字等。该书收字繁富，本文仅梳理其中跟《说文》有关的字际关系资料（《说文》本身已沟通者不录）。

《六书通》最早的刻本是清康熙五十九年刻本（题曰：五湖闵寓五先生稿本，基闻堂篆订），其后有乾隆六十年刻本。从清光绪至今，该书不断重刊，流行颇广，版本众多。乾隆六十年和光绪四年绣谷留耕堂刻本保留了原貌，可以称之为基闻堂本。光绪十九年上海校经山房石印本增附百体福寿全图，改变原书版式，题名《重订六书通》，光绪二十一年及民国三年上海鸿宝斋书局石印本、民国七年上海鸿文书局石印本、民国三年及民国十八年上海锦章图书局石印本都属于这个系列。民国二十六年广益书局本，林直清重订，名曰《订正六书通（一名篆字汇）》是另一个系列，附有毕星海《六书通撷遗》。该版本民国三十一年再版，版权页名为《重订〈订正六书通〉》，民国三十五年出新二版，民国三十六年出新三版，民国三十八年出至新六版。本文所据为中州古籍出版社 1997 年 1 月影印出版的《篆字汇》（正文各卷标题均名《六书通》），属于基闻堂版本系列。但该书未说明其所依据的底本，内文"弘"字避讳缺最后一笔，作者"毕弘述"写作"毕宏述"。内文笔画脱落处及脱页则据同系列版本补足。

据凡例，《六书通》字目的次序是依照《洪武正韵》（四库全书本，下简称《正韵》）编排的，[6] 但楷书字头（一到四个不等）字的选择及排序，作者在凡例中没有说明，涉及楷书字头的凡例仅见于第三条："凡俗书如'忽雍'等字，《说文》所无，而闲以冠于楷书之前，便查阅也。"是说个别通行的俗字的选择及其在字目中的排序。"忽"（一之四上）字目为"忽恖"，两个楷书字头；"雍"（一之十四下）字目为"邕雍雝廱"，四个楷书字头，"雍"居第二，则与凡例不合。《正韵》中，"忽"是在"恩"注语中出现的（云"俗作忩忽"），但字头设有"忩"而无"忽"。"邕雍雝廱"与《正韵》字序先后相同。《六书通》楷书字头字的选择并不完全根据《正韵》，如"从"[7]"忽"

在《正韵》中都未设为字头。但《六书通》在字目排序、字头字的选择、字际关系的沟通等方面，《正韵》应该都是重要的依据和参考，但也有不少编者自己的意见。就我们的初步观察而言，该书楷书字头的选择及排序缺乏严格一贯的规范，但不管怎样，诸字之间存在同字异体、同源通用、同音假借等关系，是它们类聚在一起的首要原因，也是该书"以通为义"的内涵所在。该书楷书字头有单字字头和多字字头，无论哪种情况，字头往往并不能涵盖其下所收所有古文字字形，也就是说，书中很多古文字字形并没有相应的楷定字。字头首字的选择和古文字字形首形（来自《说文》）的标列，作者应该是有考虑的：

（一）在多个字头中，如果它们是异体字，首字一般是通行字，如"丛藂"（一之五上），"翁䫞""凤飌"（一之七下），"丰豐"（一之八上）、"蜂䖤蠭"（一之八下）、"嵩崧"（一之九上）、"躬躳"（一之十三上）、"肢胑"（一之十五下）等。单字字头也是如此，如"彤"（一之二下，所收字形还有𩰙），"蓬"（所收字形还有𦸚𧂐）、"芃"（一之三下，所收字形还有𦿉），又如"农"（一之十四上）、"匜"（一之二八上）、"祈"（一之三一上）、"稀"（一之三二上）等。这些单字字头下面所收列的古文字字形往往包含多种形体（不只是异体字），因此，字头不但是通行字，其音义也是字形类聚的主导因素。其字头所取音义不一定是本义，也可能是文献常用义，如"移"（一之二八上）[8]、"治"（一之二三下）[9]、"胐"（一之十八下）[10]等。多字字头也有这种情况，如"容颂"（一之十二上）。

（二）一组字头有时包含多个形义关系，这种情况下，字头首字往往是各形义通用的字形，如"童僮㡴"（一之二上）、"夷徺跠痍偒"（一之二六下）[11]、"黎㟪黧"（一之三八上）等。

（三）一组通用字（同源或假借）中，首字音义是字形类聚的主导因素。如"冢蒙"（一之四上）[12]、"贻诒"（一之二八下）、"祇示"（一之二九下）、"姿婎"（一之二十上）等。[13]

（四）有的完全是着眼于数字间的通用关系，如"锺钟"（一之十一上），[14]二字历史上通用，但后世乐器义用"钟"，酒器、量器义用"锺"。首字不具备通行或音义主导方面的作用。"冲种"（一之十上）包括了冲虚、冲幼等意义，目内"蛊"云："《碧落碑》冲。"沟通了冲与蛊的关系；"种"引《李阳冰侍郎碑》"诸季种薉"，"种薉"同义连用，幼小、幼稚义，此辞例沟通了"种"与冲幼之"冲"的关系。[15]"浓醲秾襛"（一之十四上）是一组同源字，把这组字列为一条字目，大概是由于"浓醲"、

"禮秾"的通用关系。《正韵》:"醲,厚酒。又与浓同。""禮",《说文》引《诗》"何彼禮矣",《六书通》注曰:"今《诗》作秾。"

(五)纯粹依据《正韵》楷书字形和字序,无其他道理可言。"邕雍雖廱",《正韵》字序同。"雍"是雖的俗写,在"和"义上,邕亦作噰、嗈,或作雕(雍)。廱(《尔雅》:"廱廱,和也。")及"辟(亦作㽷)廱"字,通作雕(雍)。"西栖栖"[16]、"㵺㴪"情况相同。

"嗁嗁"(一之三七上)下并无"嗁"字,字头"嗁"是以词统字;"嘶"(一之三六上)下字形只有《书学正韵》的[字]是"嘶"字,对于《说文》之[字]、[字]而言,亦是以词统字。"箕其"(一之三十上)[17]情况比较特殊,闵氏诠次曰:"《说文》无"其"字,此皆"箕"字也。朱郁仪云:"以其簸扬未定,故借为其然之词。""箕"当在齐韵,借义胜,故从"其"置此。渠宜切。唯"箕"字不借,仍归齐韵再见。"把"箕"列为字头首字,有标注本义的作用。另外,楷书字头与古文前缀形不一定相合,如"蜂䗬蠭"(一之八下)。但古文前缀形(有多个异体时,则指异体字组)可能有字形类聚的音义主导作用[18],这在理解《六书通》所论字际关系时是需要注意的。而且,在沟通字际关系时,每条下面所收各种字形,包括所附的辞例或按语,都有限定表词范围的作用。字际关系实质是字词关系,是汉字学的重要研究内容,也是古文字资料释读的一个基础性课题,所以,该书从历史汉字的角度,打破《说文》部首排比文字的局限,突破形体的障碍,沟通各种字际关系,有其独特的学术价值。但汉字字际关系非常复杂,该书对于字际关系沟通的条件大多缺乏明晰的说明,不能不说是一个较大的缺陷。尤其是一组字头涉及多个形义组的情况,对一般读者来说就会产生较大的困扰。该书应与《正韵》相配合阅读使用,二书可以互补短长。《正韵》属于楷书字典,释义详细,而《六书通》收古文字字形较富,在字目中简明地体现相关字际关系,是其优点,但缺少注释。

一、上平一东

(一)童僮犝:[字],《说文》:男有辠曰奴,奴曰童,女曰妾。徒红切。僮,《说文》:未冠也。徒红切。犝,《说文》:无角牛也。古通用僮。徒红切。[字],《说文》:籀文童,从廿。廿,古文疾字,敏速之义。(一之二上)[19]

按:"犝"见于新附字。籀文童注语中"敏速之义",不见今传大徐本《说文》。[20]《正韵·平声·一东》"童"字下列有"奴也""目瞳子""十五以下谓之童子""独也,言未有室家也""无草木曰童""宛童，寄生草""又音钟，夫童，地名"等七个义项；"僮，未冠者。通作童。"下又列顽痴、僮仆、竦恭貌三个义项；"犝，牛无角。亦作童。""童"字段注："今人童仆字作僮，以此为僮子字。盖经典皆汉以后所改。""僮"字注曰："《说文》僮童之训与后人所用正相反。……今经传僮子字皆作童子，非古也。"这一组字目其实包含两个意义组，"童僮"意义组和"童犝"意义组，"犝"是无角牛意义的后起分化字，徐铉注云："古通用僮。"这三个字闵氏之所以列为一组字目，书前凡例第五条云："凡楷书只一字，而篆书两文两义，如卦变之䪽、变乱之䜌，糜粥之䵼、糜烂之𪏕，理当各为一行，但以楷无异文，姑因音同而合为一，注中不得不存其义，然古人混用久矣。如楷虽无异文而音不同，如燕雀之燕与燕赵之燕，参差之差与差误之差，音既不同，篆文各别，故有一楷而两见者，非犯重也。"

（二）彤：彤，《说文》：丹饰也。徒冬切。𧹞，《说文》：赤色也。徒冬切。（一之二下）

凡例第一条云："是书以'通'为义，凡《说文》之一字而重文如'葱风'者，及他书之变乎《说文》如'冬龝'（徒冬切）者，与夫楷书止一字而《说文》二三见如'彤𧹞'（徒冬切）、'祇祇'（并都礼切）者，皆所编录。如止单文无变者，附于得变者之尾曰'附通'。建首之字，虽单文必录。"《正韵》东韵"同"小韵无𧹞。

（三）冡蒙：冡，《说文》：覆也。莫红切。蒙，王女也。从艹、冡声。莫红切。（一之四上）

《正韵》："冡，覆也，冒也。通作蒙。""冡"段注："凡蒙覆、僮蒙之字，今字皆作蒙，依古当作冡，蒙行而冡废矣。""蒙"字注："今人冡冒皆用蒙字为之。"

（四）葱：葱，《说文》：菜也。仓红切。縬，《说文》：帛青白色。[21]音葱。（一之四下）

"縬"段注："《尔雅》：'青谓之葱。'葱即縬也，谓其色葱葱，浅青也。深青则为蓝矣。"縬义源于葱。《正韵》东韵"匆"小韵无縬。[22]

（五）漎淙：漎，《说文》：小水入大水曰漎。《诗》曰：凫鹥在漎。徂红切。淙，《说文》：水声也。音漎。[23]（一之五上）

《正韵》、段玉裁均未沟通二字关系。在"水声"义上二者是异体字。字头排序当是依据《正韵》。

（六）从：从，建首，相听也。疾容切。从，《说文》：随行也。慈用切。〇此本去声字，但经史印章俱借为平声用，弗能正矣，姑两存之。[24]（一之五上）

《正韵》东韵"从"小韵无"从"，只有"从"一字："墙容切。就也，顺也，言顺曰从。亦作从。""从"段注："按从者今之从字，从行而从废矣。""从"注："引伸为主从，为从横，为操从，亦假纵为之。"从、从为古今字。

（七）冯：𤊮，《说文》：姬姓〈之〉国。[25] 房戎切。�，《说文》：马行疾也，从马、仌声。臣铉等曰：本音皮冰切，经典通用〈为〉依冯之冯，今别作凭，非是。房戎切。（一之九上）

《正韵》东韵"冯"小韵无𩧋。二字沟通乃据"𩧋"之音义。"冯"段注云："凡经传云冯依，其字皆当作凭……俗作凭，非是。"

（八）冲种：沖，《说文》：涌摇也。直弓切。盅，《说文》：器虚也，《老子》曰：道盅而用之。直弓切。（一之十上）

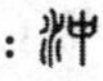

"冲"段注："凡用冲虚字者，皆盅之假借，《老子》"道盅而用之"，今本作冲是也。《尚书》："冲人，亦空虚无所知之义。""盅"注："盅虚字，今作冲。水部曰：'冲，涌繇也。'[26] 则作冲非也。冲行而盅废矣。"《正韵》东韵"充"小韵无"盅"，收"种"（"稚也。又姓。亦通作冲。持中切。"）。[27] 此条所收字形有两个形义组，"冲盅"通用，乃虚义；"冲种"通，乃幼义。但"盅"未立字头，可能是受《正韵》影响。

（九）锺钟：鐘鎬，《说文》：乐钟也，秋分之音，物種成。职茸切。鐘，《说文》：酒器也。职容切。○经史印章锺钟通用。（一之十一上）

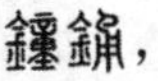

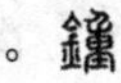

字头排序同于《正韵》。"钟"段注："经传多作锺，假借酒器字。"按之金文乐钟自名，"钟""锺"在西周时期就已经出现，作𨮯𨮯，或东、童二声糅合在一起，作𨮯𨮯，锺与钟一字，一直到战国早期还是如此。[28] 酒器之"锺"的分化，应该是战国以后的事。该条字头字及所收字形均据其通用而言，没有音义主导字。

（十）容颂：容𡆆，《说文》：盛也，从宀、谷。臣铉等曰：屋与谷，皆所以盛受也。余封切。頌𩕳，《说文》：皃也。似用切，又余封切。○平去两存。（一之十二上）

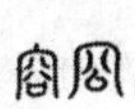

字头排序同于《正韵》。"容"段注："今字叚借为颂皃之颂。"《诗经》六义之"颂"，汉人或释以德能包容，或释以形容其德；《汉书》中"颂"或借为宽容字。（参"颂"字段注）该条主导义应是"容仪"。《正韵》："容，容仪。又盛也，受也，包函也。亦作颂。"

（十一）庸：庸，《说文》：用也，从用、从庚。庚，更事也。《易》曰：先庚三日。余封切。𣊟，《说文》：用也，从亯、从自。自，知臭香所食也。[29] 读若庸。余封切。（一之十二下）

"㙟"段注："此与用部'庸'音义皆同。《玉篇》曰：㙟，今作庸。《广韵》曰：㙟者，庸之古文。"《正韵》融小韵无㙟。按之古文字，"㙟"与"墉"之古文**畗**一字，**䎫**（郭）从之。古墉、郭同字。

（十二）龚龏：**龏**，《说文》：给也。俱容切。**龏**，《说文》：悫也。纪庸切。（一之十三下）

"龏"段注："此与心部'恭'音义同。""龚"段注："此与人部'供'音义同，今'供'行而'龚'废矣。《尚书》'甘誓''牧誓''龚行天之罚'，谓奉行也，汉魏晋唐引此无不作'龚'，与供给义相近。卫包作'恭'，非也。秦和钟铭'龚膺天命'，言奉敬天命也。"所谓秦和钟，即秦公镈，宋代即已著录，字作**䍐**（**圝**），从兄。两周金文有"龏"无"龚"，用为"供""恭"等义及人名、族氏名，也用为西周共王字。带兄旁的都是春秋以来的资料。"龚"是秦汉以后出现的。《正韵》以"恭共供龚"为序（《六书通》则是"恭龚龏供"），无"龏"，云："恭，祗也。《说文》本作恭。亦作共、龚。又姓，晋申生之后。""共，同上（按：指恭）。……又与供同。""供，设也，给也。通作共，亦作龚。""龚，给也。《说文》：设也。与恭同。又姓。"后世"龏"废，其所承载的意义入于"恭""供"等字，"龚"则保留在姓氏中。该条着眼于二字通用关系，没有音义主导者。

（十三）穷：**窮**，《说文》：极也。渠弓切。**竆**，《说文》：夏后氏诸侯夷羿国。渠弓切。（一之十四上）

《正韵》无"竆"，"穷，渠弓切。极也，竟也，究也，塞也，有穷国名。《说文》作竆。"此条只有此二字，其字际关系形成条件中，"竆"为音义主导字。

（十四）浓醲秾襛：**襛**，《说文》：露多也。《诗》曰：零露浓浓。女容切。**醲**，《说文》：厚酒也。女容切，又奴同切。[30] **襛**，《说文》：衣厚皃。《诗》曰：何彼襛矣。汝容切。〇今《诗》作秾。（一之十四上）

该条下没有"秾"的字形，字最早见于《玉篇》，"花木盛也"。"襛"段注："《诗》俗本作秾，误。"秾为襛的俗讹字。《正韵》字序同，云："醲，厚酒。又与浓同。"（《篇海类编·食货类·酉部》："醲，同浓。"）"秾襛"下没有沟通相关字际关系。文献中，醲秾都有用同"浓"的例证，使用范围较广，比如云"肥醲""雾醲""色醲""醲郁"（亦作"秾郁"），"草木秾""花秾""兴秾""秾春""秾姿""秾歌艳舞""秾丽"，这些意义都可以以"浓"代替。但在实际应用中，这些字也产生了自己的意义引申系列，如"熏醲""醲酿"便只能用"醲"，"秾纤"（亦作"襛纤"，为正）似不可写为"浓"

或"醲"。相对而言，"襛"使用范围较窄，由衣厚引申指花之盛多，或写作襱、莀，"襛纤"见于曹植《洛神赋》（或引作"秾纤"）。"襛"讹为"秾"，并解释为"花木盛"，可能是望文生义（也可以说是理据重构）。这组同源字，有两组通用关系："浓醲秾""襛秾"，后者属于俗书相讹。

（十五）邕雍雝廱：邕，《说文》：四方有水，自邕城池者。于容切。雝，《说文》：雝鶏也。于容切。廱，《说文》：天子飨饮辟廱。于容切。（一之十四下）

《正韵》字序同，"雍，亦作邕。篆作雝。""廱，通作雝。""邕"段注认为，"辟雝"与"雍奴"（地名，四方有水为雍，不流曰奴），皆邕字之假借。"雝"段注："经典多用为雝和、辟雝，隶作雍。"

二、上平二支

（一）施：施，《说文》：旗皃。齐栾施字子旗，知施者旗也。式支切。㫃，《说文》：敷也。式支切。（一之十七上）

齐即齐。《正韵》二支施小韵无㫃。《说文》："㫃，敷也。从攴、也声。读与施同。"敷，俗作敷。"㫃"段注："今字作施，施行而㫃废矣。施，旗旖施也，经传多假借。""施"段注："按经传叚此为敷㫃字，㫃之形、施之本义俱废矣。"

（二）縒：縒，《说文》：参縒也。楚宜切。齹，《说文》：齿参差。楚宜切。（一之十八上）

据该书凡例第五条及《正韵》，其字头应为"差"，其下出"差縒齹"的小篆和其他古文字字形，之所以没这么做，是因为《说文》之"差"是差误之差，初牙切又是楚佳切，所以，最终作者拘泥于《说文》而没有根据汉字的实际使用情况设立字头。《正韵》支韵差小韵无"齹"，云："差，又兹切，次也，不齐等也。又参差，《说文》作縒。""縒，参縒，《诗》作参差。参相参为参，两相参为差。"此与《说文》木部"槮差"（《诗》曰："槮嵯荇菜"）竹部"篸差"、"参管乐"（箫）等所言是同一个词，皆长短不齐貌。（参"縒"段注）齹（大徐本）又作齹（小徐本《说文》）。

（三）胹：胹，《说文》：烂也。如之切。胹，《说文》：洝也。一曰煮孰也。如之切。〇洝，汤也。（一之十八下）

该书收"腝"（胹次字），《正韵》不收。《正韵》字序为"洏胹"，且未沟通二字关系，云："洏，涟洏涕流。""胹，烂也，又煮也。《左传·宣四年》：宰夫胹熊蹯不熟。《内则》皆作濡。"《说文》："澳，汤也。"（文献中"澳"或讹作"濡"）、"洝，澳水"与"洏"

相次。"洏"一曰义段注："肉部曰：'胹，烂也。'然则洏与胹同也。《内则》作濡，盖字之误，注曰：凡濡谓烹之以汁和也。"

（四）咨：訧，《说文》：谋事曰咨。即夷切。嗞，《说文》：嗟也。子之切。（一之二十下）

《正韵》支韵赀小韵无"嗞"，云："咨，嗟也，谋也。亦作谘。""嗞，嗟也"，朱骏声《说文通训定声》："嗞，经传皆以咨为之。"段注："嗟，言部作𧦷，云'𧦷，嗞也'，与此为互训，今本言部作'咨也'，浅人妄改耳。谋事曰咨，音义皆殊。……古言'𧦷嗞'，今人作'嗟咨'非也。《广韵》：嗞嗟，忧声也。"大徐《说文》："𧦷，咨也。一曰痛惜也。""𧦷"段注："口部曰'嗞，𧦷也'，此云'𧦷，嗞也'，是为异部互训，各本改作'咨'者，浅人为之耳。谋事曰咨，义不相涉。"

（五）姿姕：訧，《说文》：态也。即夷切。𡚼，《说文》：妇人小物也。《诗》曰：屡舞姕姕。即夷切。（一之二一上）

《正韵》字序同，云："姿，态也。亦作姕。"段注未沟通二字关系，《汉语大字典》亦未沟通。《六书通》作者当依据《正韵》而言。

（六）疵：㾅，《说文》：病也。疾咨切。㾺，《说文》：瑕也。侧史切。○此《说文》上声字，《正韵》无痄字，正作疵。疵有平上两音也，宜并于此。（一之二一下）

《广雅·释诂一》："痄，病也。""痄"段注："痄之言疵也。"

（七）驰趍：騁，《说文》：大驱也。直离切。𧾷，《说文》：趍赵，久〈夂〉也。直离切。（一之二三上）

段注未沟通二字关系。《正韵》："趍，《佩觿集》曰：'奔趍之趍为集〈进〉趋，其顺非有如此者。'又鱼韵。"所谓《佩觿集》语见《佩觿》卷上（二二页），^[31]它的意思是说，奔趍的趍俗用为进趋的趋。《六书通》对于二字关系的沟通，应当是依据《正韵》而来。

（八）跱跱：峙，《说文》：踞也。直离切。儲，《说文》：待也。直里切。（一之二三下）

《正韵》支韵驰小韵："跱，《诗》：搔首踟蹰。"无"峙、偫"。"峙"段注：峙踞、嶷𥩾、踟蹰、跱蹰、踟躇、跠跦，皆双声叠韵而义同，并云："假借以峙为偫，以踞为储。《粊誓》'峙乃糗粮'，峙即峙，变止为山；如岐作歧，变山为止，非真有从山之峙、从止之歧也。""偫"注："偫，经典或作峙，或作庤。……若《崧高》'以峙其粮'、《粊誓》'峙乃糗粮'，某氏传云：'储峙'，则假借峙踞不前字为之。俗乃改从止为从山，作峙，训云山立以附合之矣。《释诂》云：'供峙，共具也。'峙在《说文》为偫。”[32]

该条大概是有问题的，从词的角度论，字头字与小篆“峙”相应，二者可以看作异体字。而“偫”先是假借作“峙”，才能与“踟”发生关系，但也只是在“峙躇”意义上发生关联，与“储峙”义无关。“偫”与字头“踟”发生关系要经过两个环节：偫—峙（储峙）—峙（峙躇）—踟（踟蹰）。“偫，待也”，段玉裁云：“以叠韵为训，谓储物以待用也。”但若说《六书通》作者把“待”理解成了等待，这种错误好像有点低级。

（九）迟：，《说文》：徐行也。《诗》曰：行道迟迟。直尼切。，《说文》：久也。读若迟。杜兮切。（一之二三下）

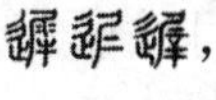

《正韵》：“迟，徐行也，久也，缓也；栖迟，息也。亦作遲。《诗》：行道遲遲。《说文》亦作迡。”支韵驰小韵无“徲”。“迟”段注：“《五经文字》曰：今从籀文。谓唐人经典用‘遲’不用“迟”也。”《正韵》、段注均未沟通迟、徲关系。徲，金文作徲，金文中徲、遲异体。

（十）披旇：，《说文》：从旁持曰披。敷羁切。，《说文》：旌旗披靡也。敷羁切。（一之二四下）

《正韵》、段注未沟通二字关系，云：“披，开也，分也，散也。又荷衣曰披，亦作被。”“旇，旗靡。”徐锴《系传》：“披靡，四散皃也。”桂馥《义证》：“旇、披声相近。”《说文》“旌旗披靡也”，《集韵》《类篇》《康熙字典》并引作“旇靡”。《六书通》当是从“披靡”或作“旇靡”的角度进行沟通的。

（十一）裨：，《说文》：接益也。府移切。《说文》：益也。符支切。（一之二五下）

《正韵》支韵悲小韵云：“裨，补也。《说文》：接也，益也。”皮小韵“裨”：“偏将。又裨冕。”无朇字。“裨”段注：“会部曰‘朇，益也’、土部曰‘埤，增也’，皆字异而音义同。”“朇”注：“朇裨，古今字，今字作裨益，古字作朇益。裨行而朇废矣。”

（十二）陴埤：，《说文》：城上女墙俾倪也。符支切。，《说文》：增也。符支切。（一之二五下）

埤见《正韵》悲小韵和皮小韵，前注曰：“与卑同，污下也。”后注曰：“增也，厚也，附也。”陴见皮小韵，次在“埤”上，云：“城上女墙俾倪也，裨益助城之高也。”《左传·宣公十二年》：“守陴者皆哭”，杜预注：“陴，城上俾倪。”孔颖达疏：“陴，城上小墙。俾儿者，看视之名……陴堞、俾倪、短墙、短垣、女墙，皆一物也。”

附录

眗:𣊫,《说文》:瞳眗也。卢红切。𦦨,《说文》:月朦胧也。卢红切。(一之三上)

二字原书是两条字目,但上下排列于一栏,不合全书体例(全书每一字目组单独设栏)。所以后来有的本子分立两栏(如《订正六书通》),也不合原书体例(全书除建首之字外,无变体者不单独设为字目)。这两个字都是《说文》新附字,在《洪武正韵》中也是分立两个字头。据《洪武正韵》,"眗"、"胧"单字意义分别指日出貌和月出貌,"瞳眗""朦胧"则分别指"日欲明貌"和"月欲明貌"。二者意义相同,是同源字。原书本意可能是这样排列:"眗胧,𣊫,《说文》:'瞳眗也。'卢红切。𦦨,《说文》:'月朦胧也。'卢红切。"这样就与全书体例相合了。

注释:

[1] 印章文字多是专名,基本都属于按形类聚,即古文字字形跟字头字形相合。

[2] 字目下的古文字字形按照其所记录的词来类聚。

[3] 包括正篆和重文,二者一般是排列在一起,容易区分,但也有个别分排的,跟其他标注古文、籀文的字形从行文上就无法区别。

[4] 包括徐铉注,但许慎对于字形分析的内容一般不录。

[5] 其或说明全书体例,如一之一上"𩊱"(该字有两条按语,由于此字《说文》音义缺释,第一条按语引《六书统》补充释义和音读;第二条按语是说明书中"附通"体例的。此字又见三之三一上·下平十三爻,按语云:"此《说文》东部无注无音字。")、一之一下"雪"(按语云:"以后免'印薮'二字。")或辨音读,如"松"(祥容切,下面引文一般省略反切内容)字下注曰:《正韵》与嵩同音,乡人亦有读作者,不知其本于《说文》也。"(一之五下)或出又音,如"台"(与之切)注曰:《正韵》又音胎,俗用之。"(二之四上)"蟜"(居夭切)注曰:《正韵》又音乔。"(三之二四下)"茄"(古牙切)注曰:《正韵》菜名,具牙切。"(三之四一上)或对文字构形进行分析,如"藏"条(四之十六上):"𧅋,籀文。○诠次曰:或从上或从土,未有定论。愚意,臧为上善,从上可也;藏为盖藏,从土可也。古文固不可以意度,唯所用之而已。""呵"条(三之三三下):"乁,《说文》:反丂也。○建首丂:气欲舒出,〈勹〉上碍于一也。是谓丂(按:此字疑衍)反丂者,是呵而出之,不为碍也。"或点明字际关系,如"褸"字注曰:《正韵》亦通作萋。"(一之三六上。按:《正韵·齐韵》:"萋,草盛。又与褸同,《诗》:萋兮斐兮。")"麢麋"(一之四二下):"𤜳,《说文》:狻麋兽也。○《正韵》麢同。"

（其下"孔子素衣麑裘，则非狻麑矣，朱注亦云鹿子"之语，则是考辨字的用法。）"㲋，物数纷㲋乱也。○《正韵》作纭。"（二之二一上）或说明字际关系沟通的依据，如"𡩡"下："蕅，《说文》：艹也。○《同文集》云：宽大艹庵可居者，所谓"硕人之蕅"是也。"（三之三七上）"将"下（四之四下）："㈱，《说文》：扶也。○杨桓《书学》以为将命、将奉之将。"或说明相关字形的用法，如"仙"条（三之一上）："㠝，……○《碧落碑》用为山字。"（此形又收于删韵"山"字下，见二之四一上）此条下"附通"："㠭，人在山上。○《华岳碑》用为偻字。""娟"条（三之八下）："㛟，《说文》：好也。○《修能印书》亦作娟字。""梁梁"条（四之十下）："梁，《说文》：米名也。○古印通作梁。"或说明典籍异文，如"氤"字目下"壹"字《说文》引《易》"天地壹壹"，注曰："今《易》作絪缊。"（二之二十下）同页"垔陻湮堙"字目下"圛㪍"字《说文》引《尚书》"鲧垔洪水"，注曰："今《书》作陻。"或对《说文》释义中难字进行注释，如胹（一之十八下）下："沺，《说文》：溲也，一曰煮孰也。○溲，汤也。""瞑：儿初生瞥者。○瞥，目翳。"（二之四二上）"覞，覞覞也。○覞，暂见也。"或注明字目互见信息，如"缊，绋也。○又见氤字下。"（二之三一上）"澜涟……○涟，又见先韵。"（二之四四上）"悭挈"下："㹟，……○又见先韵、庚韵。"（二之四四下）"雅鸦，……○又见上声马韵。"（三之四一下）或说明字形两出原因，如"从"（一之五上）："从，……○此本去声字，但经史印章俱借为平声用，弗能正矣，姑两存之。""焉"（三之七上）商钟三形注曰："此已见安字。古安、焉通用，今两存。"或说明文字分化情况，如"箪"（二之四六上）注云："杨桓《书学》云：箪，食器。本作单，借为单薄单复之用；又借为姓，上演切。借反为主，故加竹以别之。"或点明文字变异情况，如小篆"雗"（雗）注曰："楷书作鹣。""肜"（一之十二上）注曰："《正韵》音融。本从舟，今作月。又音郴。"（《正韵》在融小韵，"本从舟，今作月"乃引《正韵》语。）或说明文字次序排列的原因，如"𡿦"（三之六下）注曰："《正韵》无此字，音次当在"川"字之下，以𡿦延多混故，置此易辨也。"（按：排在"延"字前）"孪"（二之四十上，寒韵）："㣈，……○《正韵》"孪"在先韵，音与诸戀微异，此以类聚便通故，借附此。"或说明文字次序的依据，如"欢欢"下（二之三六下）："欢……古玩切。○依《正韵》并"欢"下。""稀"（一之三二上）下闵齐伋诠次曰："《说文》无"希"字，而有诸偏旁。非无其字，失录也。今凡诸书"希"字及诸偏旁无变者，皆附于此。""附于此"，指附于"稀"字及其下"附通"。"纸"（一之二四上）注曰："《正韵》平上二音，从俗附此。"或对《说文》之字进行考辨，如"难"条注语（二之四七上，辨重）、"昭侶"条注语（三之二一下，对"侶"辨音），"簎"（三之二七下）条收二形：簎、籍，注曰："明是一字，误分两音。""花"（三之四二上）注曰："以上十字（按：指㞢类字形）昔人混集于"华"字内，今以有艹无艹分定之。"这是辨字形。芲、芔之释"花"，采纳徐锴《说文韵谱》的意见。"廛"条（三之十下）："廗，古文廛。○《奇字》以为府字。"则是保留考字异说。

　　［6］凡例第八条："字之次序依《正韵》。一字或二三音至五七音者，止见于一韵，以《说文》为主。"

但也有不符的,如《正韵》中"孳滋鬴镃越"的顺序,《六书通》则为"滋越孳鬴镃"。有的字头不见于《正韵》,如"丰豐"(一之八上),"豐"是《说文》"丰"之古文豐的楷定字,见于《集韵》,《正韵》未收。

〔7〕"从"小韵只有一个"从"字,注语云"亦作从"。"从"又见"悤"小韵,曰:"从容……又阳董送三韵。"

〔8〕字头涵盖"𥞚"字,其下所引《六书统》之𣐈(《四库全书》本卷十九页十九"形声·木之属·谐近声",从木沱省声),可能是𥞚之误(见卷十九页六十六"形声·禾之属·谐声",云:"从禾也声,与移同。"

〔9〕其下所收字形𩮃、𩭤等为治理义。

〔10〕其下所收字形还有𥤿、𣏌。

〔11〕《正韵》没有沟通"痍"的字际关系,与"夷"沟通当是著者意见。但《正韵》云:"恞,悦也。亦作夷。"《六书通》却没有把"恞"字列入字头。

〔12〕《正韵》"蒙"次序在"冢"前。

〔13〕后三组当也吸纳了《正韵》的字序和沟通字际关系的意见。

〔14〕《正韵》字序同。

〔15〕《正韵》"冲种"在"充"小韵,"盅"在"虫"小韵(未沟通相关字际关系)。

〔16〕《正韵》:"栖,亦作棲。""棲,同上(按:即栖),古作西。"

〔17〕"其"一在平声支韵(字头"箕其"),一在平声齐韵(字头"箕")。

〔18〕如"冯"(一之九上)首形"𩖃""驰趋"首形"驰"(一之二三上)等。

〔19〕引文体例:原书楷书字头,《说文》相关字形及注语(为篇幅简洁考虑,此部分引用与否,视具体情况),原书页码("之"前的数字是卷数,"之"后的数字是页数,上下指一页之上下半页)。楷书字头原书外括以○(有的版本变成圆角方框),今省略。

〔20〕本文所据为中华书局 2013 年 7 月版,附音序、笔画检字。

〔21〕今本作"帛青色",仓红切。

〔22〕"丛蔽"、"藂"情况与此类同,"藂"(《说文》:"艸丛生貌。")段注:"丛,聚也,㮚言之,藂则专谓艸,今人但知用丛字而已。"《正韵》未沟通两组字间的关系。该书分立两条,盖泥于《说文》和《正韵》所致。

〔23〕大徐本:藏宗切。

〔24〕○后文字为原书注语。"从"又收于去声一送韵(七之四上)。

〔25〕〈 〉表示据今本《说文》补充的原书脱文。下同。

〔26〕"冲"段注:鯀摇,古今字。

［27］冲，俗冲字，《正韵》云从冰，非是。

［28］参容庚编著，张振林、马国权摹补《金文编》，中华书局1985年版，第912页"锺"、第915—917页"钟"。

［29］段注作"自知臭，香〈喜〉所食也"，分别解释从自、从喜之意。

［30］"奴同切"不见今传大徐本，可能来自《正韵》"浓"下注语。

［31］参《新加九经字样·佩觿》，王云五主编《丛书集成初编》，商务印书馆1936年版。

［32］所谓"储峙"，是用复音词限定单音词的表词范围，"储峙"或作"储偫"。"偫"字注语没有问题，"假借峙躇不前字为之"，是从本义的角度，针对"储峙"之"峙"而言。"以躇为储"说可能由"某氏传"而生，似误，似应表述为"以储为躇"。但即使表述为"以储为躇"，也是错误的。

同引材料对古籍研究的价值
——以《说文解字》为例

杜丽荣　邵文利

山东大学威海汉字研究所

【摘要】"同引材料"是同一典籍、同一内容被不同文献征引的相应材料的汇集。上古典籍受诸多因素影响，在流传过程中产生的错讹会使其传世版本与原书相去甚远，而利用"同引材料"则有助于推溯该书原貌和流变过程。本文以《说文解字》为例，讨论了"同引材料"对古籍研究的价值、利用"同引材料"的具体方法和可能存在的问题。

【关键词】同引材料　古籍研究　方法和价值　存在的问题

引言

校订古籍底本之是非最难。清段玉裁曰："校书之难，非照本改字，不讹不漏之难也；定其是非之难。是非有二：曰底本之是非，曰立说之是非。必先定其底本之是非，而后可断其立说之是非。二者不分，辘辘如治丝而棼，如算之淆其法，实而瞀乱，乃至不可理。何谓底本？著书者之稿本是也。何谓立说？著书者所言之义理是也。……不先正注疏释文之底本，则多诬古人；不断其立说之是非，则多误今人。"[1]

还古籍之原貌，一直都是一项十分艰辛的工程。立说之是非，尚可进行推理论证；底本之是非，却难以断定。底本之是系与著书者稿本一致，而古代典籍的流传方式，注定底本之非会积微成痼，难以愈瘥。校订底本之是非，一些较为明显的问题，尚可通过理校进行，如清王念孙主要根据史料校订《战国策·赵策》"触詟"当为"触龙""言"；而底本一些行文表述方面的是非，却无法通过理校解决。如大、小徐本

《说文》中"祷，告事求福也""园，所以树果也""圃，种菜曰圃"，这几条单看其立说是无任何问题的，但辨别其是否符合底本之是却比较困难。确定底本之是非，最好的方法当然是依据著书者稿本。然较早的传世典籍多已寻不到著书者稿本；没有原著，退而求其次是寻求较早的本子，有出土文献当然最好。但实际上，较早的本子亦得之不易。那如何判断校订底本之是非呢？我们觉得还有一条较为可行的方法，即利用"同引材料"。

一、"同引材料"的概念及利用"同引材料"的具体方法

"同引材料"是指同一部典籍同一内容被不同文献征引的相应材料的汇集。上古典籍受诸多因素影响，在流传过程中产生的错衍脱讹，会导致典籍的部分内容偏离原文，使典籍的传世版本与原书相去甚远。如何推溯该书原貌，除了出土文献，该书被其他文献征引的异文材料也相当重要。这一问题前人多有论述，然利用"同引材料"追溯典籍原文的方法尚未得到学界的应有重视。我们认为，利用"同引材料"追溯某部典籍原貌，推演其流变过程大体应遵循如下步骤：

（一）要尽可能从较早的文献中搜集该书的征引材料

以东汉许慎的《说文解字》为例，其流传至唐已逾时五百余年，其间学者传抄，坊间誊录，时非一代，代非一人，"凡传写《说文》者皆非其人，故错乱遗脱，不可尽究"[2]。今传世的大徐本《说文》又刊行于更晚的宋代，其"篆文多于本始，说解少于厥初"[3]，距许书原貌则更远。这种偏离著者稿本的现象亦是传世典籍的通病。由于迄今未见许慎《说文》原本，许书原貌究竟如何？又如何寻绎许书之旧？异文在流传过程中是如何产生的？大、小徐本之前《说文》钞本情况又是如何？欲解决上述问题，我们当充分利用较早的"同引材料"。

第一步，须尽力搜求宋及宋以前各种文献中的引《说文》材料。自《说文》问世至大、小徐本之前征引《说文》的文献众多，我们要尽可能将其中的征引内容逐条辑录出来。汉代保存引《说文》材料的文献有《周礼》郑玄注等。南北朝保存引《说文》材料的文献有郦道元《水经注》、贾思勰《齐民要术》、顾野王《玉篇》、裴骃《史记集解》等。隋代保存引《说文》材料的文献有萧吉《五行大义》、杜台卿《玉烛宝典》、虞世南《北堂书钞》、杜公瞻《编珠》残卷等。唐代保存引《说文》材料的文献有孔颖达《五经正义》、颜师古《汉书注》和《匡谬正俗》、欧阳询《艺文类聚》、玄应《一切经音义》、徐坚《初学记》、道世《法苑珠林》、李善《文选注》、李贤《后

汉书注》、唐写本《切韵》、瞿昙悉达《唐开元占经》、慧苑《华严经音义》、司马贞《史记索隐》、张守节《史记正义》、湛然《止观辅行》、张参《五经文字》、白居易《白氏六帖事类集》、玄度《九经字样》、慧琳《一切经音义》、杨倞《荀子注》等。此外还有与大、小徐本同时或稍后的宋代引《说文》材料,北宋如李昉《太平御览》、邢昺《论语疏》《尔雅疏》《孝经疏》、吴淑《事类赋》、陈彭年《广韵》、王洙《分门集注杜工部诗》、丁度《集韵》、司马光《类篇》,南宋如郑樵《通志》、毛居正《增修互注礼部韵略》、罗泌《路史》、章樵《古文苑》、祝穆《事文类聚》、谢维新《事类备要》、蔡梦弼《杜工部草堂诗笺》,等等。另外,敦煌文献中亦有一些保存《说文》材料的卷帙。以上提及的还只是征引《说文》的部分文献,宋及宋以前存有引《说文》材料的文献还很多,我们要力争将这些不同文献中的引《说文》材料搜罗完备,这是整理"同引材料"的基础。

(二)将辑录出的"同引材料"按时代先后梳理、排序

将不同文献征引的同一典籍、同一内容的相应材料汇集到一起,再按照所出文献的时代先后进行排序。以《说文》"祷"条为例:

大徐本:祷,告事求福也。从示寿声。[4]

小徐本:祷,告事求福也。从示寿声。[5]

大、小徐本此条内容一致,单看是没有问题的。但我们将该条的"同引材料"按时代先后汇集到一起,就会发现另有端倪。在早于大、小徐本的隋代《北堂书钞》、唐代《艺文类聚》《一切经音义》等文献中征引《说文》"祷"条的情况如下:

隋代:

《北堂书钞》卷九十:"《说文》云:'告祀祈福为祷。从示寿声。'"[6]

唐代:

《艺文类聚》卷三十八:"《说文》曰:'告事示福曰祷。'"[7]

玄应《一切经音义》卷十二:"《说文》:'告事求请为祷。'"[8]

玄应《一切经音义》卷二十二:"《说文》:'告事求神曰祷。'"[9]

玄应《一切经音义》卷二十五:"《说文》:'告事求请曰祷。'"[10]

《初学记》卷十三:"《说文》曰:'告事求福曰祷。'"[11]

《后汉书》李贤注:"《说文》云:'告事求福曰祷'。"[12]

慧琳《一切经音义》卷二:"《说文》:'告事求福曰祷,从示寿声。'"[13]

慧琳《一切经音义》卷四十三:"《说文》:'告事求福曰祷。'"[14]

慧琳《一切经音义》卷五十九："《说文》云：'告事求福为祷也。'"[15]

慧琳《一切经音义》卷九十五："《说文》：'告事求福为祷，从示寿声也。'"[16]

（三）分析考辨并综合利用"同引材料"，或逆推追溯原文，校补该书；或梳理变迁脉络，推演流变过程

仍以《说文》"祷"条为例。通过分析《说文》"祷"条"同引材料"的异同情况，我们发现目前所见最早引《说文》"祷"条的是隋末的《北堂书钞》："告祀祈福为祷。"内容与其后所引《说文》"祷"条有一定差异。《北堂书钞》所引之"祀"，《艺文类聚》、玄应《一切经音义》《初学记》《后汉书》、李贤注、慧琳《一切经音义》和大、小徐本均作"事"；所引之"祈"，玄应《一切经音义》《初学记》《后汉书》李贤注、慧琳《一切经音义》和大、小徐本皆作"求"（《艺文类聚》作"示"，详下）。虽用字有异，然实可两通。

《尔雅·释诂》："祀，祭也。"[17]《说文·示部》："祀，祭无已也。"[18]朱骏声《说文通训定声·颐部》："事……〔假借〕……又为祀。"[19]《周礼·春官·大宗伯》："以吉礼事邦国之鬼神示，以禋祀祀昊天上帝。"郑玄注："事，谓祀之祭之享之。"[20]《周礼》"事""祀"（后一祀字）变文，其义一也。《说文·示部》："祈，求福也。"[21]《广雅·释诂三》："祈，求也。"[22]《诗·小雅·宾之初筵》："发彼有的，以祈尔爵。"毛亨传："祈，求也。"[23]是"祈""求"其义亦一。如是，"告祀祈福"即"告事求福"，谓祝告祭祀以向鬼神求福。

《北堂书钞》"告祀祈福"桂馥《说文解字义证》引作"告祀求福"："《北堂书钞》：'告祀求福为祷。'"[24]桂氏所引或为《北堂书钞》另一版本。此亦可见"告祀祈福为祷"和"告事求福为祷"很有可能出于一源。由于《北堂书钞》所引为目前所见引《说文》"祷"条的最早资料，且与大、小徐本前其他文献引《说文》"祷"条材料的训释方式和训释内容基本一致，故值得重点关注，其极有可能近乎《说文》古本，或为《说文》古本之一。

再看唐初《艺文类聚》引《说文》"祷"条的"告事示福"。清沈涛《说文古本考》："《艺文类聚》三十八、《初学记》十三礼部、《后汉书·明帝纪》注、《御览》五百廿九礼仪部皆引作'告事求福'，与今本同。《一切经音义》卷十四亦然。又《音义》卷十二、卷二十五两引作'告事求请为祷'，卷二十五'为'字作'曰'。卷二十二又引作'告事求神曰祷'。作'请'、作'神'皆传写讹误，非所据本有不同也。"[25]如是，盖《艺文类聚》原本亦"告事求福"，我们所据本"求"讹为"示"。

通过分析早于大、小徐本的"同引材料",可以看出《说文》"祷"条的原初训释很可能为"告祀(事)祈(求)福为(曰)祷",而非"祷,告事求福也"。"祷"条的这种训释方式在与大徐本同时的宋代引《说文》材料中仍有留存,如:

宋李昉《太平御览·礼仪部八·祷祈》:"《说文》曰:'告事求福为祷。'"[26]

至大、小徐本通行后,引《说文》"祷"条才出现了与大、小徐本一致的训释方式。如:

宋丁度《集韵·晧韵》:"祷……《说文》:'告事求福也'。"[27]

宋司马光《类篇·示部》:"祷……《说文》:'告事求福也'。"[28]

明冯复京《六家诗名物疏》卷三十五:"《说文》云:'祷,告事求福也。'"[29]

综上,根据历代同引《说文》"祷"条材料可以推断,"告祀(事)祈(求)福为(曰)祷"或许更近许书原貌。徐铉校订《说文》后,"祷,告事求福也"才广泛流传,被《集韵》《类篇》等引用。虽训释内容基本未变,然训释方式却偏离了原文。此种于文义无妨的情况,一般的训诂方法无法帮助我们进行准确的判断,而梳理并利用同引材料往往会为我们的研究工作另辟蹊径。

二、"同引材料"对校勘古籍的价值

(一)同引条目相互参证,有助于确定底本之是非

以上文提及的大、小徐本《说文》"园""圃"两条为例,我们搜集其同引材料如下:

唐《艺文类聚》:"《说文》曰:树果曰园;树菜曰圃。"[30]

唐《初学记》:"《说文》曰:园,树果也;圃,树菜也。"[31]

唐《白氏六帖事类集》:"《说文》:园,树果;圃,树菜。"[32]

均与大、小徐本"园,所以树果也"[33]。大徐本"圃,穜菜曰圃"[34]。小徐本"圃,種(种)菜曰圃"[35]。不同。《艺文类聚》《初学记》和《白氏六帖》所引《说文》"园"均无"所以"二字,所引《说文》"圃"均为"树菜"。其后典籍引《说文》"园""圃"略同于《初学记》。如:

宋李昉《太平御览·居处部二十五·园圃》:"《说文》曰:'园,树果;圃,树菜也。'"[36]

明陈耀文《天中记》卷十五:"园,树果也;圃,树菜也。《说文》。"[37]

明郑若庸《类隽·宫室类》:"《说文》云:'园,树果也;圃,树菜也。'"[38]

清吴昌宗《四书经注集证·论语》:"《说文》:'园,树果也;圃,树菜也。'"[39]

严可均、姚文田《说文校议》卷六下："圃,《初学记》卷廿四、宋刊《白贴》卷三、《御览》卷百九十七引作'树菜'。按:'园'下云'树果',明此亦'树'。"[40]

沈涛《说文古本考》:"《类聚》六十五产业部引'树果曰园,树菜曰圃。'《初学记》居处部引'园,树果也;圃,树菜也。'《御览》百九十七居处部同。是古本无'所以'二字,'穜菜'作'树菜'。《白帖》十一口部亦引'园,树果;圃,树菜',知今本'穜'字之误。古本当如《初学记》、《御览》所引。《类聚》云云盖古本亦有如是作者。今本'圃'字注从之,而'园'字注又不如是,殊为谬舛也。又案:《御览》八百二十四资产部引同今本,惟'以'上缺'所'字,盖后人据今本改。"[41]

沈涛所言甚是。《说文》古本"园"字无"所以"二字,"圃"或为"树菜"。且从此条看,唐时《说文》至少分出两个抄本,一如《初学记》《白氏六帖事类集》所引"园,树果(也);圃,树菜(也)";一如《艺文类聚》所引"树果曰园;树菜曰圃"。大、小徐本"园"、"圃"训释体例不一:"园,所以树果也",明显衍"所以"二字,似承传于《初学记》、《白氏六帖事类集》;"圃,穜菜曰圃",则承传了《艺文类聚》所据版本,然训释用字"树"讹为"穜"、"種(种)"。"穜""種"异体字。

由此可见,同引《说文》条目为探求《说文》原貌提供了一条较为客观可靠的途径,对《说文》研究意义重大。同引其他典籍材料亦然。

(二)同引材料研究有助于窥探典籍的流传与版本情况

我们还以《说文》为例。《说文》在历代传抄过程中,受传抄者、时代学术特点、语言文字发展规律等诸多因素影响,会发生一些改变,甚至讹误,从而偏离原文原貌。《说文》原貌是什么样?流变过程又是什么样?要想了解、研究这些问题,最好的途径就是沿着同引《说文》材料的阶梯逆溯寻绎,这样才有可能摸清其流变过程,逆溯原文原貌。

同引《说文》条目的数量积累到一定程度,或可推断历史上存在的《说文》版本情况。明赵宧光《说文长笺·说文叙例笺引》云:"《说文解字》,叔重而下,有唐、蜀、李、徐,合一十三家:一曰汉简说文;二曰演说文,并失其名氏;三曰吴淑说文五义;四曰李阳冰说文刊定;五曰李腾说文字原;六曰徐锴说文系传;七曰徐铉说文韵谱;八曰说文刊定;九曰僧昙域补说文;十曰说文音隐;十一曰唐本说文;十二曰蜀本说文;十三曰包希鲁说文补义。独徐氏五音韵谱便于捡寻,遂夺诸家,流传于世,世竟目作许氏说文,误矣。即始一终亥本,亦徐氏书也。其他世无全录,或见之别集,而唐、蜀、李异同,但于戴侗书故、徐锴系传中,稍辨其得失,未为全书。自此而往,传写失真、字画不和,不胜校理。"[42] 而赵所提及的十三家《说文》,有按己意重新编排《说文》者,如元包希鲁《说文补义》,打破《说文》原序,按平上去入重新编排,并在每条后作补义。有《说文》延展,如《说文音隐》,是为《说文》注音。疑汉简说文、唐本说文、蜀本说文一类,盖为《说文》传承过程中的不同版本,亦是今所未见者。赵说是否全面客观,还需进一步研究。但大徐本之前的《说文》版本研究所见甚少,除了唐写本《说文》木部和口部残卷,我们今天尚未发现大、小徐本之前较全的《说文》版本。若同引《说文》材料积累得足够多,即可进行大、小徐本之前的《说文》版本研究。

《说文》在历代传抄过程中产生的偏离和分歧,形成了不同的《说文》版本,并流传下来,为后代研究者所用。如宋末元初戴侗著《六书故》时,特别注意搜求其他版本的《说文》材料,其引《说文》异本有六种,即蜀本 [43]、唐本、徐本、李阳冰本、监本、一本。[44] 这些本子今已很难看到。但我们通过统计隋唐时代的《北堂书钞》《艺文类聚》《初学记》《白氏六帖事类集》四大类书中的同引《说文》材料,则可窥探唐代及以前《说文》抄本之一斑。这四大类书计有 72 组同引《说文》材料,其中与大、小徐本俱完全相同者只有 8 组,余 64 组均存在差异。这说明《说文》在流传过程中发生了很大变化,而且其变化多有规律可循。梳理这 72 组同引材料及宋以前其他文献典籍中的同引《说文》材料,我们发现:

《说文》"漏"条在唐代分化为"以铜盛水""以铜盆受水"和"以铜器盛水"三种异文,且后代引《说文》材料都分别延续保留下来。

《说文》"雲"条在唐代已被分化为"山川之气也"、"山川气也"和"山川之气"三种异文,亦被后代引《说文》材料分别承继。

《说文》"园""圃"条在唐代分化为"园,树果也;圃,树菜也""园,树果;圃,树菜"和"树果曰园;树菜曰圃"三种异文,亦被后代引《说文》材料分别承继。

《说文》"脂"条在唐代分化为"戴角者曰脂,无角者曰膏""戴角曰脂,无角曰膏"和"戴角者脂,无角者膏"三种异文,且后代典籍均有所保留。

《说文》"狐"条在唐代分化为"死则丘首"和"死则首邱",亦被后代引《说文》材料分别承继。

《说文》"箭"条在唐代分化为"矢竹"和"矢"两种异文,亦被后代引《说文》材料分别承继。

《说文》"秔"条在唐代分化为"稻属也""稻属"两种异文,在五代时期文献中又看到"稻也"异文。

　　《说文》"泣"条在唐代分化为"无声出涕也""无声出涕曰泣"两种异文，在五代时期文献中又看到"无声出涕者"异文。

　　通过对《说文》"同引材料"的梳理，可以推测至唐代可能至少已有三种以上的《说文》抄本了。

（三）"同引材料"可为典籍其他研究提供线索

　　"同引材料"可以为其他研究提供参考。以《说文》为例，《说文》编写体例具有一定的特点，不少学者对其进行过分析总结。如沈涛认为"许书凡作'曰某者'，皆他书檃括节引，后人以之串入本书。许君训解之例不如是也"。[45] 我们通过上文对同引《说文》"祷"条的梳理分析，认为《说文》"祷"条训释方式可能原即"告祀（事）祈（求）福为（曰）祷"，而非"祷，告事求福也"。许书训解之例并非只"某，某（某）也"一种情况，而是继承原有的训诂成果，保留前人成说，故而训解形式多样，沈说未必可信。

　　许慎《说文解字》虽以字典形式出现，但其目的是解经。其子许冲《上说文解字表》云："臣父，故太尉南阁祭酒慎，本从逵受古学。盖圣人不空作，皆有依据。……慎博问通人，考之于逵，作《说文解字》。六艺群书之诂，皆训其意。而天地、鬼神、山川、艸木、鸟兽、蚰虫、杂物、奇怪、王制、礼仪，世间人事，莫不毕载。" [46] 许慎著《说文》时，引用了大量经典和通人之说，因此我们认为，以解经为宗旨，恐不会如今之编纂字典辞书，为追求体例上的一致而对成说加以变通或改造。从许慎秉承的"其于所不知，盖阙如也"的科学精神看，其原封不动地保留采纳成说的可能性极大。因此，就《说文》全文及引《说文》材料，尤其是"同引材料"看，沈氏关于"曰某者"非《说文》训解之例的说法恐不可信从。这一点从清王筠注中亦可见一斑。王筠《说文句读》："祷，告事求福曰祷。依元应引改。" [47] 可见王筠亦以《初学记》《一切经音义》所引之训释方式近是。另从《说文》本身看，其训释方式本即非"某，某也"一种，如老部之"年八十曰耋" [48]、土部之"东楚谓桥为圯" [49] 等皆然。

三、"同引材料"可能存在的问题

　　首先，不同性质的文献典籍征引他书，有时目的性很强，会有所取舍。另外，著者的学术习惯也会对征引内容产生影响。因此，单纯利用这些材料进行研究具有一定的局限性，尚需多方分析考辨。

其次，要注意避讳传统的影响。个别涉及避讳问题的字词，若同时代避讳方法一致，则会遮掩所发生的变化，让人难以发现。以《说文》"龙"条为例，唐以前释文中多为"入渊"，至唐避李渊讳，而改为"入川"或"入地"。若巧合皆讳为"入川"，且恰逢缺少唐以前的文献材料，则会对研究工作造成干扰。

其三，历代汉字的使用和规范皆有不同，典籍的传抄刊刻亦受其影响。汉代使用隶书，魏晋则通行楷书，加之历代用字选字习惯不同，这些都会在传抄征引他书过程中产生影响。如气和氣，氷、冰和仌，穜和種，目和以，橐和橐，濕和湮，菓和果，丘和邱，乘和椉，祅和妖，緫、總和揔，夠和列，桺和柳等字在不同时期的使用习惯，均对文献的传抄产生了影响。

总之，充分利用征引材料，尤其是同引材料，比勘考辨，披沙拣金，进行由外及内、由近及远的综合研究，是逆溯典籍之旧、梳理典籍流变的一个较为客观有效的方法，应引起我们的重视。

参考文献：

1. 段玉裁：《段玉裁全书》，江苏人民出版社 2015 年版。

2. 王念孙：《读书杂志》，江苏古籍出版社 1985 年版。

3. 许慎撰、徐铉校订：《说文解字》，中华书局 1963 年版。

4. 段玉裁：《说文解字注》，上海古籍出版社 1981 年版。

5. 徐锴：《说文解字系传》，中华书局 1987 年版。

6. 虞世南：《北堂书钞》，学苑出版社 1998 年版。

7. 欧阳询：《艺文类聚》，上海古籍出版社 1982 年版。

8. 玄应：《一切经音义》，清《海山仙馆丛书》本。

9. 徐坚等：《初学记》，中华书局 1962 年版。

10. 范晔撰、李贤注：《后汉书》，中华书局 1965 年版。

11. 慧琳：《一切经音义》，日本元文三年至延亨三年狮谷莲社刻本。

12. 李昉：《太平御览》，《四部丛刊》三编景宋本。

13. 丁度：《集韵》，北京市中国书店 1983 年版。

14. 司马光等：《类篇》，中华书局 1984 年版。

15. 冯复京：《六家诗名物疏》，清文渊阁《四库全书》本。

16. 朱骏声：《说文通训定声》，武汉市古籍书店 1983 年版。

17. 古文字诂林编纂委员会：《古文字诂林》，上海教育出版社 2004 年版。

18. 桂馥：《说文解字义证》，齐鲁书社 1987 年版。

19. 沈涛：《说文古本考》，影印古籍。

20. 白居易：《白氏六帖事类集》，董治安主编《唐代四大类书》本，清华大学出版社 2003 年版。

21. 陈耀文：《天中记》，清文渊阁《四库全书》本。

22. 郑若庸：《类隽》，明万历六年汪珙刻本。

23. 吴昌宗：《四书经注集证》，清嘉庆三年刻本。

24. 姚文田、严可均：《说文校议》，影印古籍。

25. 戴侗：《六书故》，清文渊阁《四库全书》本。

26. 党怀兴：《宋元明六书学研究》，中国社会科学出版社 2003 年版。

27. 张其昀：《"说文学"源流考略》，贵州人民出版社 1998 年版。

28. 王筠：《说文句读》，上海古籍书店 1983 年版。

29. 王念孙：《广雅疏证》，江苏古籍出版社 2000 年版。

30. 杜丽荣：《隋唐四大类书引〈说文〉研究》，山东大学博士学位论文，2015 年。

注释：

[1] 段玉裁：《经韵楼集·与诸同志书论校书之难》，见《段玉裁全书》第四册第 270—272 页。

[2] 徐铉：《校定说文叙录》，见许慎撰、徐铉校订《说文解字》，第 321 页。

[3] 段玉裁：《说文解字注》，第 781 页。

[4] 许慎撰、徐铉校订：《说文解字》，第 8 页。

[5] 徐锴：《说文解字系传》，第 4 页。

[6] 《北堂书钞》下册，第 66 页。

[7] 《艺文类聚》上册，第 676 页。

[8] 玄应：《一切经音义》，第 195 页。

[9] 玄应：《一切经音义》，第 369 页。

[10] 玄应：《一切经音义》，第 415 页。

[11] 《初学记》第二册，第 317 页。

[12] 范晔撰、李贤注：《后汉书》，第 107—108 页。

[13] 慧琳：《一切经音义》，第 26 页。

[14] 慧琳:《一切经音义》，第 720 页。

[15] 慧琳:《一切经音义》，第 992 页。

[16] 慧琳:《一切经音义》，第 1488 页。

[17] 见阮元刊刻:《十三经注疏》，第 2574 页。

[18] 许慎撰、徐铉校订:《说文解字》，第 8 页。

[19] 朱骏声:《说文通训定声》，第 159 页。

[20] 见阮元刊刻:《十三经注疏》，第 757 页。

[21] 许慎撰、徐铉校订:《说文解字》，第 8 页。

[22] 见王念孙:《广雅疏证》，第 97 页。

[23] 见阮元刊刻:《十三经注疏》，第 484 页。

[24] 桂馥:《说文解字义证》，第 16 页。

[25] 沈涛:《说文古本考》卷一上，第 5 页。

[26] 李昉:《太平御览》，第 3199 页。

[27] 丁度:《集韵》，第 833 页。

[28] 司马光:《类篇》，第 5 页。

[29] 冯复京:《六家诗名物疏》，第 286 页。

[30]《艺文类聚》下册，第 1159 页。

[31]《初学记》第三册，第 587 页。

[32]《白氏六帖事类集》，见董治安主编《唐代四大类书》，第 1973 页。

[33] 许慎撰、徐铉校订:《说文解字》，第 129 页；徐锴《说文解字系传》，第 125 页。

[34] 许慎撰、徐铉校订:《说文解字》，第 129 页。

[35] 徐锴:《说文解字系传》，第 125 页。

[36] 李昉:《太平御览》，第 1259 页。

[37] 陈耀文:《天中记》，第 596 页。

[38] 郑若庸:《类隽》，第 283 页。

[39] 吴昌宗:《四书经注集证》，第 423 页。

[40] 严可均、姚文田:《说文校议》卷六下，第 3 页。

[41] 沈涛:《说文古本考》卷六下，第 38—39 页。案:原书"《白贴》十一"后有阙文。

[42] 转引自党怀兴:《宋元明六书学研究》，第 302 页。

[43] 当为南朝梁释云域的蜀本。宋释赞:"余戒学精微，篆文雄健。重集许氏《说文解字》，行

见于蜀。"见张其昀《"说文学"源流考略》，第121页。

　　[44]参党怀兴：《宋元明六书学研究》，第301页。

　　[45]沈涛：《说文古本考》卷十一上，第17页。

　　[46]许慎撰、徐铉校订：《说文解字》，第320页。

　　[47]王筠：《说文句读》，第16页。

　　[48]许慎撰、徐铉校订：《说文解字》，第173页。

　　[49]许慎撰、徐铉校订：《说文解字》，第289页。

《汉语大字典》与《异体字字典》禾部字的比较和探讨

——以秖、秎、秎、稜、稢、秏等十字为例

施顺生

台湾中国文化大学中国文学系

【摘要】本文针对《汉语大字典》（包括第一版、第二版）与《异体字字典》（包括正式五版、正式六版）禾部中的秖、秎、秎、稜、稢、秏、庛、稖、秏、秏等五组十字进行比较和探讨，从典籍及出土文献中搜集字形、字音、字义、异体字等资料，并与两部字典进行比较、分析与探讨，可得两书在各方面的差异、正确与讹误、增补与缺漏，最后则为该字提出修订的意见，期盼为字典的完善提供一己之浅见。

【关键词】汉语大字典　异体字字典　禾部　正字　异体字　武周新字　字形

一、前　言

《汉语大字典》是一部古今兼收、源流并重的大型汉语工具书，是大陆地区形音义收录最完备、规模最大的一部汉语字典。第一版于 1986 年至 1990 年出版，收录 54678 字；第二版九卷本于 2010 年出版，共收录 60370 字。《异体字字典》则是整理古今异体写法的一部大型中文字形汇典，是台湾地区收字最多的中文字典，内含正字与异体字共 106230 字，网络一版于 2000 年 6 月发行，经不断修订后，2004 年 1 月网络发行正式五版，最新的正式六版于 2017 年 11 月发行，不仅部分内容有增修，查询系统也作了大幅度更新，从网络发行至今已超过 3329 万人次上网查阅。这两部书（电子书）虽然编辑重点不同，却是海峡两岸最负盛名的大型中文字典。

2017 年 9 月笔者在三峡大学主办的世界汉字学会第五届年会"汉字文化圈各表意文字类型调查整理研究报告"国际学术研讨会发表了《〈异体字字典〉与〈汉语大字典〉石部字形的比较和探讨》，初探两书在形音义及异体字的差异与得失，

更觉得应该深入探究。所以，本文即针对这两部字典禾部字中的秎、耕、秖、稄、

穚、耗、庛、秕、秅、秅等五组十字进行比较和探讨。

二、字　例

一、秎：

《汉语大字典》收三音：1.cháo（ㄔㄠˊ）：再生稻；2.tiāo（ㄊㄧㄠ）：稻；3.táo

（ㄊㄠˊ）：秎黍，方言，高粱。

《异体字字典》收三音：1.cháo（ㄔㄠˊ）：禾稻生；2.tiāo（ㄊㄧㄠ）：禾稻曰

秎；3.tāo（ㄊㄠ）：稻。两书音、义皆有差别。

按：

（一）《汉语大字典》cháo（ㄔㄠˊ）音释"再生稻"之义错误，应是"禾稻生"，

即"野生稻"：

《汉语大字典》cháo（ㄔㄠˊ）音：

再生稻。《广韵·肴韵》："秎，禾稻生。"《集韵·肴韵》："秎，禾稻曰秎。"

1.cháo（ㄔㄠˊ）音之义：《异体字字典》亦引《广韵》："秎，禾稌（lǚ；ㄌㄩˇ）

生。"但只释作"禾稻生"而未作详细说明。今查《汉语大字典》"稌"字释义："（1）

野生稻；（2）泛指野生的。"再查《异体字字典》释"稌"字："自生的稻禾或泛

指野生的。"所以，《异体字字典》、《汉语大字典》的"禾稻生"，应是"野生稻"，

而非"再生稻"。

2. 秅（zhuō；ㄓㄨㄛ）：再生稻。《汉语大字典》另有"秅"字，释义为"再生

稻"，出自《字汇补·禾部》："秅，《字林》：今年稻死，来年自生也。"并引明杨慎

《丹铅续录·稻秅》："野稻不种而生曰稌，刈稻明年复生曰秅。"《异体字字典》则

释"秅"字："稻死后又自生也。"由此可知："野生"的"稌"与"复生""再生"

的"秅"是不同的。

3.《汉语大字典》将"禾稻生"误释作"再生稻"，"禾稻生"应是：不种而自

生的野稻，即"野生稻"。此外，《中华字海·禾部》秎字也误作"再生稻"。

（二）《异体字字典》tiāo（ㄊㄧㄠ）音误收"禾稻曰秎"之义，应是"稻"也：

《异体字字典》正式五版 tiāo（ㄊㄧㄠ）音：

禾稻曰秱。见《集韵·平声·萧韵》。

《异体字字典》引《集韵·平声·萧韵》"他雕切"，音 tiāo（ㄊㄧㄠ），义为"禾稻曰秱"。但是：

1. tiāo（ㄊㄧㄠ）音之义：查《玉篇·禾部》："秱，拖劳、听聊二切，稻也。"其中的"拖劳切"读 tāo（ㄊㄠ），"听聊切"读 tiāo（ㄊㄧㄠ）。又《集韵·平声·萧韵》"他雕切"，亦读 tiāo（ㄊㄧㄠ），义为"稻也"。以上二书 tiāo（ㄊㄧㄠ）音之义皆是"稻也"，不是"禾稻曰秱"。

2."禾稻曰秱"之音读：《广韵·平声·肴韵》："秱，禾稻生，直交切。"《集韵·平声·爻韵》："秱，除交切。禾稻曰秱。"《类篇·禾部》："秱……又除交切，稻曰秱。"《字汇·禾部》："秱……又直交切，音潮，禾稻生。"《康熙字典·禾部》："《广韵》直交切、《集韵》除交切，禾稻生。"诸书反切皆是"直交切"或"除交切"，今皆读 cháo（ㄔㄠˊ）。义为"禾稻生"者，皆音 cháo（ㄔㄠˊ），未见音 tiāo（ㄊㄧㄠ）者。

3.tiāo（ㄊㄧㄠ）音之义，应依《汉语大字典》释为"稻"。《异体字字典》释作"禾稻曰秱"，错误。

（三）《异体字字典》正式六版 tiāo（ㄊㄧㄠ）音，参考文献出处错误。

《异体字字典》正式五版 tiāo（ㄊㄧㄠ）音参考文献出处："见《集韵·平声·萧韵》"，查"萧韵"处反切是"他雕切"，可读出 tiāo（ㄊㄧㄠ）音。正式六版改成："见《集韵·平声·爻韵》"，但"爻韵"处反切是"除交切"，读 cháo（ㄔㄠˊ）。所以，正式五版的参考文献出处是正确的，正式六版反而是错误的。但两版 tiāo（ㄊㄧㄠ）音同样释作"禾稻曰秱"，则都是错误的，这在前面第 2 点时已讨论。

（四）《异体字字典》收 tāo（ㄊㄠ）音及其义"稻"，《汉语大字典》未收。查《玉篇·禾部》："秱，拖劳、听聊二切，稻也。"其中的"拖劳切"读 tāo（ㄊㄠ）。又《集韵·平声·豪韵》："秱，稻也。"音"他刀切"，读 tāo（ㄊㄠ）。此外，《字汇》《康熙字典》《中文大辞典》《异体字字典》皆收此音、义，但《汉语大字典》未收此音、义。

（五）《汉语大字典》收 táo（ㄊㄠˊ）音及其义"高粱"，《异体字字典》未收。

《汉语大字典》收 táo（ㄊㄠˊ）及其义："秱黍，方言，高粱。"秱黍，乃是陕北方言，陕北称高粱为秱黍。

（六）修订秱字音、义：

1.cháo（彳幺ˊ）：禾稻生，即"野生稻"，不种而自生的野稻。《广韵·肴韵》："秛，禾稻生。"《集韵·肴韵》："秛，禾稻曰秛。"明杨慎《丹铅续录·稻秅》："野稻不种而生曰秅，刈稻明年复生曰秏。"

2.tiāo（ㄊㄧㄠ）：稻。《玉篇》："秛，拖劳、听聊二切，稻也。"

3.tāo（ㄊㄠ）：稻。《玉篇》："秛，拖劳、听聊二切，稻也。"

4.táo（ㄊㄠˊ）：秛黍，陕北方言，即高粱。

二、秪、秝：

本段主要分析秪、秝两字形、音、义皆不同，应分作两字，不应合成一字。

《汉语大字典》第一版禾部六画收"秪"，音 bēng（ㄅㄥ）：

bēng《龙龛手鉴·禾部》："秪，北萌反。"

第一版禾部八画又收"秝"，音 hé（ㄏㄜˊ）：

hé《字汇补》何戈切。

同"秛"。棺头。《字汇补·禾部》："秝，棺头也。……《广韵》作'秛'。"

《汉语大字典》第二版未收"秪"，只收"秝"，音 hé（ㄏㄜˊ）：

hé《字汇补》何戈切。

同"秛"。棺头。《字汇补·禾部》："秝，棺头也。……《广韵》作'秛'。"

《异体字字典》收"秪"，音 bēng（ㄅㄥ）、gēng（ㄍㄥ）：

1．ㄅㄥ

义未详。见《龙龛手鉴·禾部》。

2．ㄍㄥ

同"耕"。

→作"秪"形时，为"耕"之异体。

但《异体字字典》未收秝字。

《汉语大字典》第一版、第二版形音义不同，《异体字字典》第一音义与《汉语大字典》第一版"秪"字相同，第二音义则与《汉语大字典》两个版本都不同。三者差异极大，值得探讨。

按：（一）秪、秝二字形、音、义皆不同，应分作两字：

秪字，《龙龛手鉴·禾部》作"秪，北萌反"。北萌切，读 bēng（ㄅㄥ），而无释义。《重订直音篇·禾部》《四声篇海（明成化本）·禾部》亦同。

但《字汇补·午集拾遗·禾部补字》作軿形，读 hé（ㄏㄜˊ）或 hè（ㄏㄜˋ）：

軿，何戈切，音和。棺头也。又户卧切，音贺，义同。见《战国策》注。《广韵》作秡。

《康熙字典》禾部八画亦作耕形：

《字汇补》：何戈切。音和。棺头也。又户卧切，音贺，义同。见《战国策》注。

《中文大辞典》禾部八画引《字汇补》亦作"耕"形。

综合以上各书，可分作秤（禾部六画）、耕（禾部八画）两字：

1. 秤，北萌切，读 bēng（ㄅㄥ），义未详。见《龙龛手鉴》《重订直音篇》《四声篇海》《汉语大字典》第一版"秤"字、《异体字字典》。

2. 耕，何戈切，音 hé（ㄏㄜˊ）；又户卧切，音 hè（ㄏㄜˋ）。棺头也。见《字汇补》《康熙字典》《中文大辞典》《汉语大字典》第一版"耕"字。

（二）秡、耕、柕三字为一字异体，耕字应是秡字的错字：

秤字读 bēng（ㄅㄥ），应是从禾、并声的形声字。

耕字读 hé（ㄏㄜˊ）或 hè（ㄏㄜˋ），可能是从并、禾声的形声字。但以"并"为部首，则实在怪异。今查与"耕"字相关的字，还有秡、柕、秡三字，三字皆读 hé（ㄏㄜˊ）。分析如下：

1. 秡、柕两字为正字、异体字关系：《汉语大字典》以秡为正字、以柕为异体字，《异体字字典》则以柕为正字，以秡为异体字。《汉语大字典》释义作："棺当，即棺材两头的木板。"《异体字字典》释作："棺木首尾两端的木板。"见《广韵·平声·戈韵》："秡，棺头。"《集韵·平声·戈韵》："秡，柕，《博雅》：'棺当谓之秡。'或从木，通作和。"

2. 秡字同"秡"：《四声篇海·禾部》："秡，棺头也。"《字汇补·禾部》："秡，《篇韵》与秡同。"《汉语大字典》《异体字字典》皆立为正字，《汉语大字典》释字义为：（1）棺头。（2）同"秡"。《异体字字典》只释作"棺头也"。

3. 秡、耕、柕三字皆一字异体：由秡字从片、禾声，左右形体位置互换成耕，仍是从片、禾声，但字典为方便检索耕字，将耕字安置在"禾"部。柕字则是从木、禾声。三字皆一字异体。

4. 耕字应是秡字的错字：耕字若是从并、禾声，读 hé（ㄏㄜˊ）或 hè（ㄏㄜˋ），从"并"为部首则是难以理解，今观察与秡字的差异，应是"片"形因形体模糊，形近而讹误成"并"。

5.肽、秙、秙三字的演变过程：

肽→→秙（左右形体位置互换）→→秙（错字，片错成并）。

（三）《汉语大字典》不宜再将"秙"改作"秙"形：

秙字若是秙字的错字，右半"并"就不能再视为"并"的异体，而全字"秙"也不宜再改作"秙"。所以，《汉语大字典》第二版"秙"字字头，及引书证《字汇补·禾部》："秙，棺头也。"两个"秙"字皆应改回"秙"形。《汉语大字典》第一版"秙"字引书证《字汇补·禾部》："秙，棺头也。"其中的"秙"字同样要改回"秙"形。

（四）修订秙、秙二字音义如下：

秙：

1.bēng（ㄅㄥ）。义未详。《龙龛手鉴》："秙，北萌反。"

2.gēng（ㄍㄥ）。同"耕"。北魏张猛龙碑"耕"字作"秙"。

秙：

hé（ㄏㄜˊ），又音 hè（ㄏㄜˋ）。棺头也。秙的错字。《字汇补·午集拾遗》："𥞊，何戈切，音和。棺头也。又户卧切，音贺，义同。"

三、稄：

《汉语大字典》稄，收 xùn（ㄒㄩㄣˋ）、zè（ㄗㄜˋ）二音：

（一）xùn《玉篇》息俊切。

草。《玉篇·禾部》："稄，草。"《海篇·禾部》："稄，草也。"

（二）zè《广韵》阻力切。入职庄。

〔稫稄〕见"稫"。

《异体字字典》稄收异体稄，音 zè（ㄗㄜˋ）：

"稫稄"：禾密貌。见《类篇·禾部》。

按：

（一）《汉语大字典》读 xùn（ㄒㄩㄣˋ），《康熙字典》读 jùn（ㄐㄩㄣˋ）。可修订为正又音，正读 xùn（ㄒㄩㄣˋ），又音 jùn（ㄐㄩㄣˋ）。

《汉语大字典》收 xùn（ㄒㄩㄣˋ）、zè（ㄗㄜˋ）二音。《异体字字典》只收 zè（ㄗㄜˋ）音。两书 zè（ㄗㄜˋ）音音义相同，可不讨论。现则讨论 xùn（ㄒㄩㄣˋ）音。

1.《汉语大字典》依照语音正统的演变规律读 xùn（ㄒㄩㄣˋ）：

xùn（ㄒㄩㄣˋ）音出自《玉篇》《四声篇海》。《玉篇·禾部》："稄，息俊切、阻力切，草也。"《四声篇海（明成化本）·禾部》："稄，息俊、阻力二切，草也。"皆收二音：息俊切、阻力切，义则相同：草也。"阻力切"读 zè（ㄗㄜˋ）音，本段暂不讨论。而"息俊切"则读 xùn（ㄒㄩㄣˋ）音，《汉语大字典》《中华字海》皆音 xùn（ㄒㄩㄣˋ）。此乃依据中古音变化成现代音的演变规律，中古音心纽演变成现代音 s（ㄙ）、x（ㄒ）两音，现代音韵母是开、合两呼的字都读 s（ㄙ）音，韵母是齐、撮两呼的字都读 x（ㄒ）音 [1]，所以"从夋声"组成的"稄"字读 xùn（ㄒㄩㄣˋ）音。

2.《重订直音篇》《康熙字典》改读为 jùn（ㄐㄩㄣˋ）：

《重订直音篇·禾部》虽未引"息俊切"，但"稄"音"峻"；《康熙字典·禾部》亦"音㖦"，㖦是峻的异体字。所以，《重订直音篇》《康熙字典》皆读 jùn（ㄐㄩㄣˋ）。

3."息俊切"应读 xùn（ㄒㄩㄣˋ）？还是读 jùn（ㄐㄩㄣˋ）？

"息俊切"，《汉语大字典》《中华字海》依照语音正统的演变规律读 xùn（ㄒㄩㄣˋ），但《重订直音篇》《康熙字典》却皆读 jùn（ㄐㄩㄣˋ）。那"息俊切"应读 xùn（ㄒㄩㄣˋ）？还是读 jùn（ㄐㄩㄣˋ）呢？

除了"息俊切"外，《集韵·去声·稕韵》《类篇·禾部》则改作"须闰切"，但"息俊切"与"须闰切"两反切同为：心纽去声稕韵撮口呼，是同音。"息俊切""须闰切"既是同音，今则改以《集韵》"须闰切"收录的字例进行分析。

《集韵》"须闰切"所收录的字，主要有从夋声、从睿声、从卂声所组成的形声字。但（1）从夋声所组成的形声字，如：峻、陖、埈、浚、晙、骏、駿、俊、㕙，现都读 jùn（ㄐㄩㄣˋ）音；此外，㑺、賐、梭（木也）等字《汉语大字典》虽都读 xùn（ㄒㄩㄣˋ），《异体字字典》也读前两字为 xùn（ㄒㄩㄣˋ）音，但《康熙字典》将三字都读 jùn（ㄐㄩㄣˋ）。（2）从睿（深通川也）声所组成的形声字，有浚、濬两字，也都读 jùn（ㄐㄩㄣˋ）。（3）从卂声所组成的形声字，有迅、讯两字，读 xùn（ㄒㄩㄣˋ）。由此可知"须闰切"读 xùn（ㄒㄩㄣˋ）音的字，很多已经依照俗读变例改读 jùn（ㄐㄩㄣˋ）音。前面提及的中古音心纽演变成现代音的规律，即指出有此变例，其声母变异者如浚、峻、浚等字即改读 jùn（ㄐㄩㄣˋ）音 [2]。若依此变例，则中古音心纽"从夋声"组成的"稄"字本应读 xùn（ㄒㄩㄣˋ），但也因峻、陖、浚、骏、俊等都已读 jùn（ㄐㄩㄣˋ）而一起改读为 jùn（ㄐㄩㄣˋ），故《重订直音篇》、《康熙字典》"稄"字皆读 jùn（ㄐㄩㄣˋ）。（参见表一：《集韵》"须闰切"诸字音读）

表一　《集韵》"须闰切"诸字音读

	《集韵》须闰切			
	峻、陵、埈、浚、睃、 骏、鵔、俊、鸇	焌、睃	桜（木也）	稜
康熙字典	jùn（ㄐㄩㄣˋ）	jùn（ㄐㄩㄣˋ）	jùn（ㄐㄩㄣˋ）	jùn（ㄐㄩㄣˋ）
汉语大字典	jùn（ㄐㄩㄣˋ）	xùn（ㄒㄩㄣˋ）	xùn（ㄒㄩㄣˋ）	xùn（ㄒㄩㄣˋ）
异体字字典	jùn（ㄐㄩㄣˋ）	xùn（ㄒㄩㄣˋ）	✕	✕

4."稜"：正读：xùn（ㄒㄩㄣˋ），又音：jùn（ㄐㄩㄣˋ）。

"稜"字本应读 xùn（ㄒㄩㄣˋ），此为正读；又可改读为 jùn（ㄐㄩㄣˋ），此为又音。

（二）《汉语大字典》焌、睃、桜读 xùn（ㄒㄩㄣˋ）者,《康熙字典》皆读 jùn（ㄐㄩㄣˋ）。可修订为正又音，正读 xùn（ㄒㄩㄣˋ），又音 jùn（ㄐㄩㄣˋ）。

《汉语大字典》焌、睃、桜（木也）读 xùn（ㄒㄩㄣˋ）者，也可依"从夋声"诸字及《康熙字典》而改读 jùn（ㄐㄩㄣˋ）音。可修订为以 xùn（ㄒㄩㄣˋ）为正读，jùn（ㄐㄩㄣˋ）为又音。（参见表一：《集韵》"须闰切"诸字音读）

（三）《汉语大字典》《异体字字典》zè（ㄗㄜˋ）音应新增"草"义：

《四声篇海·禾部》："稜，息俊、阻力二切，草也。""阻力切"可读 zè（ㄗㄜˋ）音，亦有"草"义。故 zè（ㄗㄜˋ）音下应新增"草"义。也因此"息俊切"jùn（ㄐㄩㄣˋ）、"阻力切"zè（ㄗㄜˋ），两音皆有"草"义。

《汉语大字典》《异体字字典》zè（ㄗㄜˋ）音皆未收"草"义。

（四）《汉语大字典》《异体字字典》应新增释义"秉四谓之莒，莒十谓之稜"：

《集韵·去声·稕韵·须闰切》："稜，秉四谓之莒，莒十谓之稜。"《类篇·禾部》："稜，须闰切。秉四谓之莒，莒十谓之稜。"秉，《说文》："禾束也。"则四禾束为一莒，四十禾束为一稜。

《汉语大字典》《异体字字典》皆未收此义，所以，新修订的 xùn（ㄒㄩㄣˋ）、jùn（ㄐㄩㄣˋ）（又音）下应新增释义"秉四谓之莒，莒十谓之稜"，即四十禾束为一稜。

（五）修订稜字音义如下：

稜（异体字：稜）：

1.zè（ㄗㄜˋ）：（1）草也。《玉篇·禾部》："稜，息俊切、阻力切，草也。"（2）稻稜，禾密貌。《类篇．禾部》："稜，札色切，稻稜，禾密皃。"

2. xùn（ㄒㄩㄣˋ），jùn（ㄐㄩㄣˋ）（又音）：（1）草也。《玉篇·禾部》：“稄，息俊切、阻力切，草也。”（2）秉四谓之筥，筥十谓之稄，即四十禾束为一稄。《集韵·去声·稕韵》：“稄，秉四谓之筥，筥十谓之稄。”

四、穛：

穛（shòu；ㄕㄡˋ）字为“武周新字”之一，乃唐代武则天创建“武周”，改元“天授”时所创造的新字，代替原有的“授”字。所以，穛字为“授”字异体，但穛字历来异体极多，今则加以整理、探讨。

《汉语大字典》收穛、穛、稄、穛、穛、穛等字，除穛字释作“同穛（授）”外，其余皆释作“同授”。如此，则穛、穛、稄、穛、穛、穛等六形皆“授”字异体。

《异体字字典》立穛形为正字，收穛为穛字异体，穛字处释作：

付。同“授”，唐武后新字。见《集韵·去声·宥韵》。

→作“穛”形时，为“授”之异体。

如此，则穛、穛、穛皆“授”字异体。

又《异体字字典》“授”字处收穛、螯（形体错误，后文讨论）、稄、穛、稄、稄、穛、穛、穛、穛、穛、穛、穛等十四个异体字（授字尚有授、授等十个异体字，但非穛字异体者，本文暂不讨论）。

按：

（一）《异体字字典》立穛形为正字字头，但形体可修订为穛：

穛字处特别指出：作“穛”形时，为“授”之异体。但观察穛、穛二字的区别，主要在所从的“夊”形，“夊”形的第三笔为“长顿点”或“斜捺”的区别，但依《龙龛手鉴·禾部》所收从“夊”形的异体穛、穛、穛，《集韵·去声·宥韵》所收的异体穛、穛，《四声篇海（明成化本）·禾部》所收的异体穛、穛、穛，《字汇·禾部》所收的异体穛，《正字通·禾部》所收的异体穛，《康熙字典·禾部》所收的异体穛，皆作“斜捺”的夊形而不作“长顿点”的夊形，故《异体字字典》正字字头的穛形可改成穛形。

（二）《龙龛手鉴》收两个穛形，今修订为穛、穛：

《龙龛手鉴》禾部去声收穛、穛、穛、穛、穛、穛、穛等七形为异体，但第三形作穛，第五形作穛，两者同形。高丽本《龙龛手镜》字形皆同。但四库全书本《龙龛手鉴》则改作穮、穮、穮、穮、穮、穮、穮，共有四处变动，以下则一一讨论：

1.将原第三形穮改作穮，字形右侧改成从攵从用，但武周新字及诸异体的右下角从"風"，或从"甩"，或从"风"的形体，应是较早期的形体，后来才误从"用"，所以，原第三形穮不必改成从攵从用，保持原形穮即可。2.将原第五形穮改作穮且改置于第六形，字形右侧改成从攵从甩，从攵的意见可取，从甩则多此一举，今改订为从攵形的穮形即可，《重订直音篇》即收录此形（穮）。3.将原第六形穮改作穮且改置于第七形，但将从攵改成从攴，则多此一举，保持原形穮即可。4.将第七形穮改作穮且改置于第五形，但将从甩改成从用，亦多此一举，保持原形穮即可。

因此，《龙龛手鉴》所收七形，笔者仅将原第五形穮修订为穮，成为：穮、穮、穮、穮、穮、穮穮。除了新修订的穮形外，《汉语大字典》未收穮、穮二形；《异体字字典》则未失收。

（三）《龙龛手鉴》禾部上声收穮、穮二形，四库全书本将后一形误作穮：

《龙龛手鉴》禾部上声又收穮、穮二形，只释作"音受"，而未知其义。张涌泉认为皆是讹变字。[3]高丽本《龙龛手镜》字形相同。四库全书本《龙龛手鉴》则作穮、穮，将原第二形穮改成穮，但将从甩改成从用，则多此一举，维持原形穮即可。《汉语大字典》《异体字字典》皆未收此二形。

（四）其他典籍所收异体：

《集韵》授字收异体穮、穮，《类篇·手部》授字收异体穮，《通志·六书略》（《四库全书》本）收穮、穮。《四声篇海·禾部》收穮（音授，付也）。《重订直音篇·禾部》收穮、穮、穮（并与授同）等三形。《古俗字略》[4]收穮。《万姓统谱》（《四库全书》本卷一百十）[5]收穮。《金石文字辨异》[6]收穮。皆是不同的异体。

（五）《中华字海》所收穮、穮两字出处标示错误：

《中华字海》收穮、穮、穮、穮、穮、穮、穮、穮、穮、穮、穮等十一形。后二形穮、穮为新增。穮字出自《姓苑》。但穮形与穮形原是《龙龛》不同版本的不同写法：《龙龛手鉴》禾部上声作穮形，但高丽本《龙龛手镜》同一处却作穮形。1.《中华字海》收穮，但注明"字见朝鲜本《龙龛》"则是错误的，应是出自《龙龛手鉴》，应更改成"字见《龙龛》"。2.《中华字海》又收形，但注明"字见《龙龛》"则是错误的，应是出自朝鲜本《龙龛手镜》，则应更改成"字见朝鲜本《龙龛》"。

（六）《异体字字典》收穮形为异体，今修订为穮：

北宋《宣和书谱》《四库全书》本[7]收异体,《宣和书谱》《津逮秘书》本[8]作鰲,明代《俗书刊误》《四库全书》本[9]作（鰲）形,《异体字字典》引《俗书刊误》鰲而作鰲形(《异体字字典》正式第五版作鰲形)。分析以上四形：1. 字形的左上应从禾形：但《异体字字典》因所参考《俗书刊误》影印的字形模糊而误成"未"；2. 字形的右上应从久形：《四库》本《宣和书谱》右上作久,因所从的久形上方未连笔而成久,《津逮秘书》本《宣和书谱》作久、《四库》本《俗书刊误》作久,两者的捺笔又被误断成两笔。3. 因以上两处错误,所以《异体字字典》才会误成鰲形,今则修订为鰲。4. 依上述论证,鰲、鰲、鰲等形的原形应作形鰲,但文献上尚未找到此形,故暂列于此以待来日。

以上诸形逐渐错误的过程：(鰲)→鰲→鰲、鰲→鰲(《异体字字典》错误形体)。

（七）张涌泉论造字创意及增收异体字：

1. 造字创意：张涌泉《敦煌写卷武周新字疏证》以敦煌写卷及唐代碑刻考证授字新字本形及造字创意：

　　唐载初元年九月初九壬午,改国号为周,改元天授,"授"新字的使用大约就是配合这次改元颁布的。据我们调查,天授初期,"稤"所从的"几"多写作"九"形,以《北京图书馆藏中国历代石刻拓本汇编》和《千唐志斋藏志》为例,所见"授"新字最早的四个用例……《孙澄墓志》作"稤"……《柳偘妻杜氏墓志》作"稤"……右部"久"下均作"九"形；稍后出现了"几"形的写法,如天授二年二月七日《王智通墓志》作"稤",并有逐渐增多的趋势……一般来说,新字开始使用时,书写者往往会努力按标准的字形来摹写,所以我们认为上述新字右中部作"九"形的写法很可能是规范字形,后来"九"写作"几",则是字形整体规范协调的结果。如果这一推断可信,则"稤"字当是从禾、久、九、王会意,"九"当和九月初九改元天授、定国号为周有关("九"又谐"久"音,"久""九"即九九,亦即久久),寓指天赐嘉禾、新生的大周王朝天长地久。这正是从文字上为武周王朝的合法性作宣传。唐陈子昂天授二年上《大周受命颂》四章,其庆云章云："庆云应矣,周道昌矣。久九八千,天授皇年。"所谓"久九八千"正是就"授"新字右部的字形而言,可以参证。或谓"稤"所从的"几"是"天"的省写,不可信。[10]

据张涌泉考订武后于九月初九改国号为周，改元"天授"，"授"字新字本形应作🔲形，字形从禾、久、九、王会意，其造字创意为："久九"即"九九"，亦即"久久"，"寓指天赐嘉禾、新生的大周王朝天长地久"。不仅极具创意，更"从文字上为武周王朝的合法性作宣传"。

2. 异体字：文中除了探究两个早期字形：🔲（孙澄墓志）、🔲（杜氏墓志），又探讨了各种异体，包括分段标题的：穛（字例：🔲〔敦煌写卷：北敦6680）〕）、穛（字例：〔敦煌写卷：斯243〕）、穛（字例：🔲〔敦煌写卷：北敦2239〕）、穛（字例：🔲〔敦煌写卷：北敦2045〕），内文中又提及：🔲（敦煌写卷：斯3725）、🔲（敦煌写卷：北敦2045）、穛（字例：🔲唐慧琳《一切经音义》卷三十《宝雨经》第一卷音义）。其中穛、穛两形中"王"形的末笔作提笔，但观察写卷中以横笔者居多，提笔者少，仍应改成穛、穛为宜。

此外，张涌泉还认为《中华字海》所录🔲（《四声篇海·支部》："音受。"义未详）、🔲（《四声篇海·示部》："音受。"义未详）、🔲（高丽本《龙龛手镜》）、🔲（《四声篇海·示部》："市又切。"义未详）等四字当亦皆为的穛讹变字。但：（1）🔲形为穛形的变异，可列为穛字异体。（2）🔲、🔲同为示部，禾、礻形近而讹，亦可列为穛字异体。（3）🔲形，经还原高丽本《龙龛手镜》礻、示、文、攴、几等部，皆未见🔲字，则存以待考。

以上诸异体的演变过程可整理如下：

🔲→🔲→穛（🔲、🔲）→穛（🔲、🔲）、穛→🔲。

穛（🔲）→穛。

（八）穛字字形演变：

据张涌泉考释，🔲、🔲为早期字形，字形从禾、久、九、王会意，但异体极多，以下则分析其局部字形演变。

1. 久：久为初形，或省作𡿨，讹变为夂（或省作），夂讹变为夊，夊讹变为文。更讹变为火、公、🔲、夕、夕、父、𠫓等形。

2. 九：九讹变为几，几讹变为几。

3. 九加上王：🔲、🔲讹变为風，風讹变为甪，讹变为风，风讹变为𠘧。甪讹变为用、甪，更讹变为🔲。

（九）穛字异体共31字：

综合以上所述典籍及出土文献所见字异体，共 31 字：穊、穊。（参见表二：穊字异体字字表）

表二　穊字异体字字表

五、庌、秅、秅、秅、秅：

本段主要分析庌、秅、秅、秅、秅等五个字形相近，字音、字义相关的字。

（一）庌：

《说文》："庌：开张屋也。从广秅声。济阴有庌县。"义为：1.开张屋，《汉语大字典》释作"敞开的屋"；2.县名，汉代"济阴郡"有"庌县"。段玉裁《注》"宅加切"，读 chá（彳丫´）。《集韵》《康熙字典》收"直加切"、"陟加切"、"陟格切"三音。"直加切"读 chá（彳丫´），"陟加切"读 zhā（ㄓㄚ），"陟格切"读 zhé（ㄓㄜ´）。且《康熙字典》分析三音之义："庌，《唐韵》宅加切、《集韵》直加切，并音茶。《说文》：'开张屋也。'又县名。《说文》：'济阴有庌县'，按：《前汉·地理志》作秅，《广韵》一作秅。又《集韵》陟加切，音奓。又，陟格切，音磔。义并同。"由此可知：1.chá（彳丫´）、zhā（ㄓㄚ）、zhé（ㄓㄜ´）三音之义皆相同，都有"开张屋"及"县名"之义；2."庌县"县名"庌"读 chá（彳丫´）音时又可作秅、秅。又《康熙字典》"秅"字处："《说文》广部有庌字，注：开张屋也，济阴有县，是秅与庌通。""庌县"县名"庌"又可作秅。

1．修订庌庌字音义：

chá（彳丫´），又音 zhā（ㄓㄚ），又音 zhé（ㄓㄜ´）。

（1）开张屋也。《说文》："庌：开张屋也。"

（2）县名，汉代济阴郡有庌县。《说文》："庌：济阴有县。"庌读 chá（彳丫´）

音时又可作秅、秅、秅。

2．《汉语大字典》《异体字字典》所收音义情况：

《汉语大字典》只收 chá（ㄔㄚˊ）音，义为敞开的屋及古县名。《异体字字典》也只收 chá（ㄔㄚˊ）音，义为开张屋也。《汉语大字典》《异体字字典》皆只收 chá（ㄔㄚˊ）音，皆未收 zhā（ㄓㄚ）、zhé（ㄓㄜˊ）二音，且《异体字字典》chá（ㄔㄚˊ）音也缺收县名之义。（参见表三：字形字音字义分歧表）

（二）秅：

《说文》："秅：二秅为秅，从禾乇声。"段玉裁《注》"宅加切"，读 chá（ㄔㄚˊ），义为计算禾束（禾稼）的"量词"（《异体字字典》《汉语大字典》）。但《龙龛手鉴》音"丁故反"，读 dù（ㄉㄨˋ），并将"秅"作"秅"之异体字，除释作"禾束"外，又增收"县名"。而此"禾束"所指应是《说文》："秅：二秅为秅"之义。《广韵》"当故切"，读 dù（ㄉㄨˋ），更指出"秅"县在济阴，或作"秅"。《集韵》新增两义：1."陟加切"，读 zhā（ㄓㄚ），除了"数也"，指当量词外，又增加"麻属"之义，2.增"女加切"，读 ná（ㄋㄚˊ），义为"乌秅"，西域国名。

又前引《康熙字典》"秅"、"秅"两字，可知字读 chá（ㄔㄚˊ）音当"县名"时又可秅，及作、秅。

又《正字通》"秅"字处："秅，同秅，汉孝昭时所封国名，在济阴，金日磾封侯，本作秅。"此处的"秅"、"秅"为汉侯国名，应读 dù（ㄉㄨˋ）。又《字汇》"秅"字处："秅，都故切，音妒。汉孝昭时所封国名，在济阴。"所以，汉金日磾所封侯国名"秅"，读 dù（ㄉㄨˋ），又作秅、秅。

1．修订秅字音义：

（1）chá（ㄔㄚˊ）：①计算禾束或禾稼的"量词"。《说文》："秅：二秅为秅。"②汉代济阴郡"县名"。《康熙字典》："秅，音茶。县名，《说文》：'济阴有秅县'，按：《前汉·地理志》作秅，《广韵》一作秅。"又作秅、秅、秅。

（2）zhā（ㄓㄚ）：①计算禾束或禾稼的"量词"。《集韵》："秅：数也。二秅为秅。"②麻属。《集韵》："秅：麻属。"

（3）dù（ㄉㄨˋ）：①计算禾束或禾稼的"量词"。《龙龛手鉴》："秅，秅：禾束也。"②汉代济阴郡"县名"。《广韵》："秅：县名。在济阴。或作秅。"《龙龛手鉴》："秅，秅：县名。"又作秅。③汉金日磾所封侯国名。《正字通》："秅，同秅，汉孝昭时所封国名，在济阴，金日磾封侯，本作秅。"又作秅、秅。

(4) ná（ㄋㄚˊ）:“乌秅”，西域国名。《集韵》:“秅：乌秅，西域国名。”

2.《汉语大字典》《异体字字典》所收音义情况：

《汉语大字典》只标示 chá（ㄔㄚˊ）、ná（ㄋㄚˊ）二音:(1) chá（ㄔㄚˊ）音之下则收三义:①量词;②麻属植物;③古县名,在今山东省。(2) ná（ㄋㄚˊ）音，乌秅。但在 chá（ㄔㄚˊ）音之后只标示中古音反切“又当故切”而未标示汉语拼音，此中古音可视作又音，而又音之义可能与正读完全相同或局部相同,《汉语大字典》中并未清楚表示,所以,本论文表格内则以“△”表示又音“当故切”dù（ㄉㄨˋ）音“可能有”的义项。又《汉语大字典》未收 zhā（ㄓㄚ）音。

《异体字字典》只收 chá（ㄔㄚˊ）、ná（ㄋㄚˊ）二音,未收 zhā（ㄓㄚ）、dù（ㄉㄨˋ）二音;且 chá（ㄔㄚˊ）音收四义:(1) 麻属植物;(2) 禾束;(3) 量词;(4) 县名。但“禾束”的书证引自《集韵·去声·莫韵》“都故切”的书证:“秅，禾束。或作秺。”但“都故切”音 dù（ㄉㄨˋ），《异体字字典》未收 dù（ㄉㄨˋ）音而被归并到 chá（ㄔㄚˊ）。(参见表三：字形字音字义分歧表)

此外,“麻属”之音义据《集韵》《类篇》读“陟加切”,应读 zhā（ㄓㄚ）音,《汉语大字典》《异体字字典》皆未收 zhā（ㄓㄚ）音而被归并到 chá（ㄔㄚˊ）音。

（三）秺：

《玉篇》:“秺:直家切,张开屋也。”“直家切”读 chá（ㄔㄚˊ），义为“开张屋”，《龙龛手鉴》又增收“县名”。《广韵》增为三音：1.“宅加切”读 chá（ㄔㄚˊ）;2.“陟加切”读 zhā（ㄓㄚ）;3.“除驾切”读 zhà（ㄓㄚˋ）。chá（ㄔㄚˊ）、zhā（ㄓㄚ）皆兼有二义:1. 开张屋;2. 县名。但 zhà（ㄓㄚˋ）音则只有“开张屋”之义，未见“县名”之义，但以字处“开张屋”及“县名”二义皆同音的状况下，推断字的 zhà（ㄓㄚˋ）音可能也有“县名”之义。

1．修订字音义：

(1) chá（ㄔㄚˊ）,又 zhā（ㄓㄚ）:(1) 开张屋。《玉篇》:“秺:张开屋也。”(2) 县名，汉代济阴郡“县名”,《龙龛手鉴》:“秺：县名”，秺读 chá（ㄔㄚˊ）音时又可作庑、秅、秺。

(2) zhà（ㄓㄚˋ）：开张屋。《广韵》:“秺：开张屋也。”

2.《汉语大字典》《异体字字典》所收音义情况：

《汉语大字典》只标 chá（ㄔㄚˊ）音，义为：(1) 敞开的屋；(2)“秺”的讹字，且引《广韵》“秺”为“县名”，由此可知此义为“县名”。但《汉语大字典》

以䅏字作县名时为"秅"的讹字，则是错误的，这将在后文中探讨。《汉语大字典》又在 chá（ㄔㄚˊ）音之后标示"又音"中古音"又除驾切、陟加切"。"除驾切"读 zhà（ㄓㄚˋ）、"陟加切"读 zhā（ㄓㄚ）。而又音之义可能与正读完全相同或局部相同，《汉语大字典》中并未清楚表示，所以，本论文表格中则以"□"表示又音"除驾切"zhà（ㄓㄚˋ）音、"陟加切"zhā（ㄓㄚ）音"可能有"的义项。

《异体字字典》只收 chá（ㄔㄚˊ）音，未收 zhā（ㄓㄚ）、zhà（ㄓㄚˋ）二音，义为：（1）开张屋；（2）县名。此外，"开张屋"之义，正式五版误作"张开屋"，正式六版已更正。（参见表三：字形字音字义分歧表）

（四）秺：

《玉篇》："秺：得路切，秅束也。""得路切"读 dù（ㄉㄨˋ），义为"杷（bà；ㄅㄚˋ）束"，杷为穲的异体字，"穲（杷）穤"乃稻名（《广韵》《集韵》），则"杷束"亦即"禾束"。又《龙龛手鉴》将"秅"（dù；ㄉㄨˋ）作"秺"（dù；ㄉㄨˋ）的异体字，释作"禾束"外，又增收"县名"。《广韵》则反将"秺"（dù；ㄉㄨˋ）作"秅"（dù；ㄉㄨˋ）的异体字。《集韵》收三音，1.陟加切 zhā（ㄓㄚ）：县名，通作厏；2.除驾切 zhà（ㄓㄚˋ）：禾束；3.都故切 dù（ㄉㄨˋ）：禾束，秅或作秺。《字汇》又于 dù（ㄉㄨˋ）音下增"汉孝昭时所封国名，在济阴"。所指即汉金日磾所封侯国名。《正字通》秺字处以"秺同秅……《说文》有秅，宅加切，俗作䅏、秺。""宅加切"读 chá（ㄔㄚˊ），义为计算禾束或禾稼的"量词"，所以，秺字亦有 chá（ㄔㄚˊ）音"量词"之义。

又前引《康熙字典》"厏"、"秺"两字，可知厏字读 chá（ㄔㄚˊ）音当"县名"时又可作䅏、秅、秺。

又前引《正字通》"䅏"字、《字汇》"秺"字，可知汉金日磾所封侯国名"秅"，读 dù（ㄉㄨˋ），又作䅏、秺。

又《集韵·去声·莫韵》收秅字，都故切，音 dù（ㄉㄨˋ），释其义为"汉侯国名在成武，通作秺"。所以，汉侯国名秅又可作秺。

1.修订秺字音义：

（1）chá（ㄔㄚˊ）：同秅。①计算禾束或禾稼的"量词"。《正字通》："秺：同秅……《说文》有秅，宅加切，俗作䅏、秺。"②汉代济阴郡"县名"，《康熙字典》："秺：《说文》广部有厏字，注：开张屋也，济阴有厏县，是秺与厏通。"又作厏、䅏、秅。

（2）zhā（ㄓㄚ）：县名。《集韵》："秺：县名。在济阴。通作厏。"

（3）zhà（ㄓㄚˋ）：禾束。《集韵》："秅：禾束也。"

（4）dù（ㄉㄨˋ）：①禾束，《玉篇》："秅：秅束也。"《龙龛手鉴》："秅、秅：禾束也。"或作秅。②县名，《龙龛手鉴》："秅、秅：县名。"或作秅。③汉金日磾所封侯国名，《字汇》："秅：汉孝昭时所封国名，在济阴。"又作秅、秅。

2.《汉语大字典》《异体字字典》所收音义情况：

《汉语大字典》只标示 dù（ㄉㄨˋ）音，释义为：（1）同"秅"：①禾束；②古县名。（2）同"秅"：汉侯国名。但《汉语大字典》又在 dù（ㄉㄨˋ）音之后标示"又音"中古音"又《集韵》陟加切"，"陟加切"读 zhā（ㄓㄚ）。而又音之义可能与正读完全相同或局部相同，《汉语大字典》中并未清楚表示，所以，本论文表格内则以"▲"表示又音"陟加切"zhā（ㄓㄚ）音"可能有"的义项。但查"秅"字 zhā（ㄓㄚ）音，并无资料显示有"禾束"量词及"汉侯国名"之义，可见《汉语大字典》所标示的又音中古音反切，并不表示正读之下的所有义项皆有此又音。且《汉语大字典》未收 chá（ㄔㄚˊ）、zhà（ㄓㄚˋ）二音义。

《异体字字典》收 dù（ㄉㄨˋ）、chá（ㄔㄚˊ）二音：（1）dù（ㄉㄨˋ）音处将"禾束""古县名""汉侯国名"三释义全收；（2）chá（ㄔㄚˊ）音处作"'秅'之异体"，而"秅"字 chá（ㄔㄚˊ）音有"量词""古县名"之义，故"秅"字 chá（ㄔㄚˊ）音亦有"量词""古县名"之义。但《异体字字典》未收 zhā（ㄓㄚ）、zhà（ㄓㄚˋ）二音义。（参见表三：字形字音字义分歧表）

（五）秅：

《集韵》："秅：屋皃。"音除驾切，读 zhà（ㄓㄚˋ）。《类篇》："秅：都故切。汉侯国名在成武，通作秅。"都故切，音 dù（ㄉㄨˋ）。《四声篇海（明成化本）》则兼收此二音二义，只将"屋皃"改成"开张屋皃"。

又前引《正字通》"秅"字、《字汇》"秅"字，可知汉金日磾所封侯国名"秅"，读 dù（ㄉㄨˋ），又作秅、秅。

1．修订秅字音义：

（1）zhà（ㄓㄚˋ）：开张屋。《集韵》："秅：屋皃。"《四声篇海（明成化本）》："秅：除驾切，开张屋皃。"

（2）dù（ㄉㄨˋ）：汉侯国名，金日磾所封国。《类篇》："秅：都故切。汉侯国名在成武，通作秅。"秅又可作秅、秅。

2．《汉语大字典》《异体字字典》所收音义情况：

《汉语大字典》二音义全收。

《异体字字典》则只收 dù（ㄉㄨˋ）音：汉侯国名，缺收 zhà（ㄓㄚˋ）音及其义。（参见表三：字形字音字义分歧表）

（六）庯、稬、秅、秏、稐等五字字形、字义演变：

庯，《说文》释作"开张屋"及"县名"（济阴有庯县）。

稬，《玉篇》释作"开张屋"，至《龙龛手鉴》增收"县名"，于是与庯字混杂。

秅，《集韵》释作"屋貌"，亦即"开张屋"，于是与庯、稬两字混杂。

庯、稬、秅三字之间，庯为本字，从广、秅声，义为"开张屋"。之后讹作稬，从禾、庯声。再作秅，从禾、屔声。

秏，《说文》释作"二秭为秏"，义为计算禾束（禾稼）的"量词"，至《龙龛手鉴》增收"县名"，于是与庯、稬混杂。

稐，《玉篇》释作"秅束"，亦即"禾束"，至《龙龛手鉴》增收"县名"，于是与庯、稬、秏混杂。（参见表四：字形相关表、表五：字义相关表）

表三　字形字音字义分歧表

		1.开张屋			2.县名			3.国名			4.量词		
		汉语大字典	异体字字典	修订建议	汉语大字典	异体字字典	修订建议	汉语大字典	异体字字典	修订建议	汉语大字典	异体字字典	修订建议
庯	chá（ㄔㄚˊ）	○	○	○	○	✗	○						
	zhà（ㄓㄚˋ）	✗	✗	○	✗	✗	○						
	zhé（ㄓㄜˊ）	✗	✗	○	✗	✗	○						
稬	chá（ㄔㄚˊ）	○	○	○	○	○	○						
	zhǎ（ㄓㄚˇ）	□	✗	○	□	✗	○						
	zhà（ㄓㄚˋ）	□	✗	○	□								
秅	zhà（ㄓㄚˋ）	○	✗										
	dù（ㄉㄨˋ）							○	○	○			
秏	chá（ㄔㄚˊ）				○	○	○				○	○	○
	zhà（ㄓㄚˋ）										✗	✗	✗
	dù（ㄉㄨˋ）				△			✗	✗	✗	△	✗	✗
稐	chá（ㄔㄚˊ）				✗	✗	○				✗		
	zhǎ（ㄓㄚˇ）				▲	✗	○	▲			▲		
	zhà（ㄓㄚˋ）										✗	✗	✗
	dù（ㄉㄨˋ）				○	○	○	○	○	○	○	○	○

说明：1．为简化表格，本表未标示秅字 ná（ㄋㄚˊ）音音义、zhā（ㄓㄚ）音"麻属"之义。2．○：表示收此音义。✗及空白者：表示未收此音义。△：表示《汉语大字典》秏字又音"当故切"dù（ㄉㄨˋ）音"可能有"的义项。□：表示《汉语大字典》稬字又音"除驾切"zhà（ㄓㄚˋ）音、"陟加切"zhā（ㄓㄚ）音"可能有"的义项。▲：表示《汉

语大字典》秅字又音"陟加切"zhā（ㄓㄚ）音"可能有"的义项。

表四　字形相关表

说 文		玉 篇		龙 龛		集 韵
厖	→	秏	→	→	→	秅
（秏：禾来）			→	秏		
		（秅：禾来）	→	秅		

表五　字义相关表

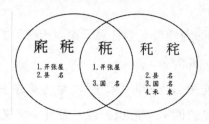

三、结　语

本文针对《汉语大字典》与《异体字字典》禾部字中的秚、秲、秼、稄、穚、秏、厖、秏、秅、秅等五组十字进行比较和探讨，得到以下成果：

一、秚：1.《汉语大字典》cháo（ㄔㄠˊ）音释"再生稻"之义错误，应是"禾稻生"，即"野生稻"。2.《异体字字典》tiāo（ㄊㄧㄠ）音误收"禾稻曰秚"之义，应是"稻"也。3.《异体字字典》正式六版tiāo（ㄊㄧㄠ）音，参考文献出处错误。4.《异体字字典》收tāo（ㄊㄠ）音及其义"稻"，《汉语大字典》未收。5.《汉语大字典》收táo（ㄊㄠˊ）音及其义"高粱"，《异体字字典》未收。6.修订秚字音义。

二、秲、秼：1.秲、秼二字形、音、义皆不同，应分作两字。2.秼、秲、杯三字为一字异体，秼字应是秲字的错字。3.《汉语大字典》不宜再将"秲"改作"秼"形。4.修订秲、秼二字音义。

三、稄：1.《汉语大字典》读xùn（ㄒㄩㄣˋ），《康熙字典》读jùn（ㄐㄩㄣˋ），可修订为正又音，正读：xùn（ㄒㄩㄣˋ），又音：jùn（ㄐㄩㄣˋ）。2.《汉语大字典》稄、賐、梭读xùn（ㄒㄩㄣˋ）者，《康熙字典》皆读jùn（ㄐㄩㄣˋ），可修订为正又音，正读：xùn（ㄒㄩㄣˋ），又音：jùn（ㄐㄩㄣˋ）。3.《汉语大字典》《异体字字典》zè（ㄗㄜˋ）音应新增"草"义。4.《汉语大字典》《异体字字典》

应新增释义"秉四谓之莒，莒十谓之稯"。5．修订稯字音义。

四、穤：1．《异体字字典》立穤形为正字字头，但形体可修订为穤。2．《龙龛手鉴》收两个穤形，今修订为穤、穤。3．《龙龛手鉴》禾部上声收稬、穤二形，四库全书本将后一形误作稬。4．其他典籍所收异体稬。5．《中华字海》所收稬、穤两字出处标示错误。6．《异体字字典》收蝥形为异体，今修订为蝥。7．张涌泉论造字创意及增收异体字。8．穤字字形演变。9．穤字异体共31字。

五、秏：主要分析庣、秏、秏、秏、秏等五个字形相近，字音、字义相关的字，修订五字的字音、字义，再与《汉语大字典》及《异体字字典》进行比较和探讨。并整理五字的字形字音字义分歧表、字形相关表、字义相关表，让此五字在字形、字音、字义间的关系一目了然。

对于以上十字在比较及探讨的过程，因细碎繁杂，疏漏及错误之处，还请专家学者不吝指正。

本文在撰写的过程中，柯师淑龄教授、林文庆教授、吕瑞生教授，以及何昆益教授提供了宝贵的建议，附记于此以志感谢。

注释：

［1］［2］杨荣祥：《中古音和现代音对应中的变例现象》，《语言学论丛》第19辑，商务印书馆1997年版。

［3］张涌泉：《敦煌写卷武周新字疏证》，《中国文字学报》第七辑，第223页。

［4］（明）陈士元《古俗字略》卷四，北京大学图书馆藏本，第62页。

［5］（明）凌迪知《万姓统谱》（《四库全书》本），收入《四库全书》第957册，台湾商务印书馆1983年版，第549页。

［6］（清）邢澍《金石文字辨异》，收入《石刻史料新编》第29册，台北市新文丰1977年版，第21787页。

［7］（宋）《宣和书谱》（《四库全书》本），台湾商务印书馆1983年版，卷一页十"赐钱镠衣襟书"条。

［8］（宋）《宣和书谱》（《津逮秘书》本），收入《丛书集成新编》第1632册，中华书局1985年版，页47"赐钱镠衣襟书"条。

［9］（明）焦竑《俗书刊误》（《四库全书》本），收入《四库全书》第101册，台湾商务印书馆1983年版，卷七页四"唐武则天制十二字"条。

［10］张涌泉：《敦煌写卷武周新字疏证》，《中国文字学报》第七辑，第222页。

两岸标准正字与《说文解字》

林文庆

台湾中国文化大学中文系

【摘要】汉字形体或因书写或版刻等因素而有所出入，面对字形纷乱带来的用字困扰，历代都有学者投入整理工作，特别是在唐时掀起一股"字样"风潮，尝试在讹变丛生，异体纷呈的字群里，确立标准正字写法以避免纷扰。然而在正字选用上，或从字源角度予以取舍，《说文解字》于是成为重要的参考依据，只是篆书经过隶变，形构已见省简且为后世文献所常用。鉴于习用已久，则正字选用不必全然从古。海峡两岸正字各有所本，彼此虽不尽相同，然从所定字形来看，相当程度受到《说文解字》影响，则自不待言。

一、前言

海峡两岸分治到今已将近七十载，在语言文字的发展道路上，彼此相同之处虽多，但不可讳言地，两岸字形与词汇已微见分歧。然这些差异是基于何种缘由而产生，着实值得语文研究学者进行观察分析。就以汉字而言，一字多形的情况屡见不鲜，中国台湾地区《异体字字典》[1] 所收"寿"字异形便高达 81 个。《说文解字》[2]："曇，久也。从老省，畴声。"篆形隶定 [3] 当作"耆"，后隶变为"壽"（《隶辨·上声·有韵》引《汉韩勅碑》）、"壽"（《隶辨·上声·有韵》引《尹宙碑》），南朝梁顾野王《玉篇》则楷定字形为"寿"。《五经文字·老部》云："耆寿，上《说文》……下经典相承，隶省。"可知篆文"曇"经过隶变阶段，才逐渐定形为"壽"，台湾地区取以为标准正字；内地规范字形则作"寿"[4]，《字学三正·体制上·时俗杜撰字》言："壽，俗作寿。"台湾标准正字写法基本来自《说文解字》形构，内地规范字则是在"壽"字异形上省变而成。汉字文化圈的国家，韩国所用"壽"字与中国台湾地区同，至于日本汉字则用"壽"。

汉字在长期使用过程中，形体难免因书写或版刻等因素而有所出入，面对形体纷乱带来的用字困扰，历来都有学者投入整理，特别是在唐代时掀起一股"字样"风潮，尝试在讹变丛生、异体纷呈的字群里，确立标准正字写法以避免纷扰。在正字选用上，或从字源角度取舍，于是《说文解字》成为重要的参考依据；然经隶变而成形构省简且文献常用的字形，自然也可以被列为正字。尽管两岸正字各有所本，彼此并不尽相同，然从所定字形来看，相当程度受《说文解字》影响却是不争的事实。下文即取台湾地区《常用国字标准字体表》[5] 所收正字，比对大陆地区规范字形 [6]，说明两地汉字形体异同，并论述其与《说文解字》之关系。

二、两岸正字研讨之发展过程

（一）台湾地区标准正字研讨

台湾地区对正字标准形体的研讨，大致是从 1969 年台湾地区教育事务主管部门运用科学方法整理正字开始。1973 年台湾地区教育事务主管部门正式委托台湾师范大学国文研究所成立项目小组，负责研订国民常用字及标准字体。整理结果陆续发表，分别为：

1. 常用字表

历经两年整理，1975 年台湾地区教育事务主管部门印行《国民常用字表初稿》，分赠各界参考，计收 4709 字。1978 年台湾地区教育事务主管部门改定上述字表为"常用国字标准字体表"，字数增为 4808 字。1982 年九月一日，《常用国字标准字体表》试用三年期满，自公告之日起启用，该表凡收 4808 字。

2. 次常用字表

1981 年印行《次常用国字标准字体表稿》。1982 年九月二十日，台湾地区教育事务主管部门公告《次常用国字标准字体表》试用三年。十月，印行《次常用国字标准字体表》，收 6332 字。1986 年台湾地区教育事务主管部门再委托台湾师范大学国文研究所进行《次常用字表》修订。

3. 罕用字表

1983 年十月，台湾地区教育事务主管部门印行《罕用国字标准字体表》，收 18388 字。

上述三表，当时皆委由专人硬笔书写，或因印刷勾点不清，或涉个人书写习惯，难免参差，因有运用计算机技术制作标准字体母稿之举。1991 年，台湾地区教育事务主管部门委托华康科技公司制作《常用字表》及《次常用字表》楷、宋、黑、隶等体的计算机母稿。1993 年六月，楷书及宋体字母稿完成，并公布《国字标准字体楷书母稿》11151 字（包括常用字 4808 字，次常用字 6343 字），及《国字标准字体宋体母稿》17266 字（包括常用字 4808 字，次常用字 6343 字，罕用字 3405 字，异体字 2455 字，附录字 255 字）。1994 年七月，台湾地区教育事务主管部门公布修订版《国字标准字体楷书母稿》13067 字（包括常用字 4808 字，次常用字 6343 字，罕用字、异体字及附录字 1916 字）、《国字标准字体宋体母稿》17266 字。

（二）内地规范字形制定

内地对汉字的系统整理，首先是反映在字形简化上。1952 年 2 月，中国文字改革研究委员会（1954 年改名为中国文字改革委员会，1985 年再改名为国家语言文字工作委员会，均直属国务院）成立，持续进行汉字简化与相关整理工作。1956 年 1 月 28 日，《汉字简化方案》经国务院汉字简化方案审订委员会审订，国务院全体会议第 23 次会议通过，同月 31 日在《人民日报》正式公布，并于全国推行。日后又在此文件基础上进行修订并加偏旁类推，因此而有《简化字总表》：

1.《简化字总表》制定

1964 年 5 月，中国文字改革委员会出版《简化字总表》，共分三表：第一表是 352 个不作偏旁用的简化字，第二表是 132 个可作偏旁用的简化字和 14 个简化偏旁，第三表是经过偏旁类推而成的 1754 个简化字。1986 年 10 月，国家语言文字工作委员会重新发表《简化字总表》，且对个别字进行调整：

第一表为不可用作简化偏旁的字，共 350 个。

第二表为可作简化偏旁用的字，共 132 个。另含简化偏旁 14 个。

第三表为应用第二表作偏旁而类推产生的简化字，共 1753 个。

1986 年公告的《简化字总表》，系现阶段内地简化字的规范标准，举凡教育文化与新闻媒体使用，都当依此标准使用。

2.《现代汉语通用字表》颁布

相对于简化字已见规范，其他不在简化之列的汉字不仅有手写与印刷字形的差别，即便是版刻字体亦见笔形或笔画不同。为了取得印刷字形统一，1965 年 1 月，中华人民共和国文化部与中国文字改革委员会联合发布《印刷通用汉字字形表》，收 6196 字。又 1988 年 3 月，因适应出版印刷、辞书编纂以及信息处理等方面的需要，国家语言文字工作委员会汉字处在新闻出版署等有关部门的协助下，制订出《现代汉语通用字表》。该表本表共收汉字 7000 个，包括《现代汉语常用字表》收入的

3500 字（按：常用 2500 字、次常用 1000 字）。

3.《通用规范汉字表》颁布

2001 年开始研制，原定名《规范汉字表》，2009 年 8 月 12 日发表征求意见稿，收 8300 字。该字表整合过去之《第一批异体字整理表》（1955 年）、《简化字总表》（1986 年）以及《现代汉语通用字表》（1988 年），并根据用字现状加以修正、完善。2013 年 6 月 5 日正式颁布，并改名为《通用规范汉字表》[7]，成为社会一般应用领域的汉字规范，原有相关字表停止使用。

三、两岸正字与《说文解字》

《说文解字》收录 9353 个篆形字头，凡音义相同而写法有异的重文形体也罗列于其下。《说文解字·网部》："罔，庖牺所结绳以渔。从冂，下象网交文。凡网之属皆从网。𦉭，网或从亡。𦉷，网或从糸。𠔿，古文网；𦉝，籀文网。"《说文解字》立"罔"为正篆，同时收录 4 个异体。据许叔重所言："依类象形故谓之文，其后形声相益即谓之字。"[8] 正篆为初文，像张开的网，籀文"𦉝"与此相同；"𦉭""𠔿"[9] 是在初文上添益"亡"声，而"𦉷"则又补入形符以表义，自然也是形声字。台湾地区正字取重文"𦉷"，从糸，罔声。后楷定成左形右声之"網"；内地规范字从《说文解字》正篆，形作"网"。

（一）两岸正字形构俱依从《说文解字》者

两岸正字取形或依《说文解字》正篆，或古文、籀文等，文字既经隶定，则笔画、笔势难免有所出入，只是字构仍然依从《说文解字》，今述之于下：

1. 字构完全相同

两岸楷体正字形体相同，或来自正篆字头，但也有取诸重文形体者，情况不一而足，前者如：

它，《说文解字》："它，虫也。从虫而长，像冤曲垂尾形。上古草居患它，故相问无它乎。"台湾地区正字"它"保留像蛇形篆构，竖曲钩上作撇，内地规范字形亦作撇笔。

秉，《说文解字》："秉，禾束也。从又持禾。"篆构"又"，隶变作"⼿"，中横笔出头，两岸字形相同。

叱，《说文解字》："叱，诃也。从口，七声。"字构从"七"声，故右半作一竖曲钩、一撇，撇笔下须出头，不作"匕"或"乚"。

至于正字来自重文之古文、籀文形体者有以下几例：

驭，《说文解字》："御，使马也。从彳，从卸。馭，古文御，从又，从马。"又为手，"从又，从马"指以手驱使马。内地规范字形构与台湾地区正字俱从古文，只是偏旁"馬"简化作"马"。

勛，《说文解字》："勳，能成王功也。从力，熏声。勛，古文勳，从员。"篆形隶变作"勲"（《北海相景君铭》），今作"勛"；《隶辨·平声·文韵》引《尹宙碑》，字形作"勛"。按：熏、员古音皆为"谆"部，小篆声符"熏"后改从"員"，字形遂分二途。内地规范字与台湾地区正字俱从古文形构，唯偏旁"員"简化作"员"。

貌，段注本《说文解字》："皃，颂仪也。从儿，白象人面。……貌，皃或从页，豹省声。貌，籀文皃，从豸。"两岸正字均取籀文形体。□□又另外可见篆文的不同写法以及当时俗体者，如：

穗，《说文解字》："采，禾成秀也，人所以收。从爪、禾。穗，采或从禾，惠声。"《说文解字》正篆以会意构形，重文则以形声构字。两岸同取形声"穗"为正字。

裸，《说文解字》："臝，袒也。从衣，羸声。裸，或从果。"两岸正字俱从《说文解字》或体，改易正篆声符"羸"为"果"，盖其易于识别音读。

隘，《说文解字》："𨺅，陋也。从𨺅，𦳬声。……隘，篆文𨺅，从𨸏、益。"两岸正字俱取重文篆形。

羹，《说文解字》正篆作"鬻"，从䰜，从羔；隶定当作"鬻"。"鬻"下收录三重文"羹"、"鬻"、"羹"，两岸正字皆取从羔、从美之"羹"。

躬，《说文解字》："躳，身也。从身，从吕。躬，躳或从弓。"清段玉裁注："从吕者，身以吕为柱也。……弓身者，曲之会意也。"按：《隶辨·平声·东韵》引汉隶"躳"（《张寿碑》）、"躬"（《桐柏庙碑》），又《干禄字书·平声》言："躬、躳，并正。"可知躳、躬二字并世通行，两岸正字俱取《说文解字》或体。

釜，《说文解字》："鬴，鍑属也。从鬲，甫声。釜，鬴或从金，父声。"按：甫、父古音同为帮纽、鱼部，两岸正字俱从《说文解字》或体。

豉，段注本《说文解字》："敊，配盐幽尗也。从尗，支声。豉，俗从豆。"按：《说文解字》释"尗"为"豆"，故俗体以形符"豆"替换"尗"，两岸正字俱从《说文解字》俗体。

蚊，《说文解字》："蟁，啮人飞虫。从䖵，民声。蚊，蟁或从昏，以昏时出也。

蚊，俗蟁，从虫，从文。"按：正篆"民"替换为"文"，乃在于二字古声皆为明纽，又古韵为真、谆旁转，两岸正字俱从《说文解字》俗体。

2. 笔画笔势微异

两岸楷体正字笔画数相同，然因笔画长短、横撇笔差异与点撇位置不同，而造成形体上的些微出入，如：

寺，《说文解字》："𡴻，廷也，有法度者也。从寸，之声。"按：段注本改"之"为"屮"。"寺"之篆形上部件"屮"，可隶定为楷书"土"或"士"，历代字书所收形体绝大多数作"寺"，大陆规范字亦作此；台湾地区正字则取"士"，形体作"寺"。

害，《说文解字》形作"𡧱"，从宀、口，丯声。台湾地区正字"宀"下之"丯"，形作一撇、二横，下横较长，中竖笔下不出头；内地规范字则作三横，中竖笔直下与口相接，形作"害"。又"丯"，《说文解字》形作"丯"，从木推丯。大陆规范字作"耒"，《字鉴·上声·旨韵》言："耒……俗作耒，误。"上述"害"字，两岸除竖笔长短不同外，另外还有横撇笔画的差异，与此相同者有以下几例：

壬，《说文解字》篆形作"𡈼"，台湾地区正字依篆书形构，上作一横；大陆规范字改横为撇，《玉篇》《集韵》《类篇》等字书皆作"壬"。《字鉴·平声·侵韵》云："壬……凡任衽妊纴恁荏谐声者，从壬。监本从千百之千作壬，误。"

舀，《说文解字》："舀，舂去麦皮也。从臼，干所以舀之。"字构从"干"，故隶定作"舀"，后代字书或从"千"形，《玉篇》《广韵》《集韵》即是。《字鉴·入声·洽韵》："舀……俗从千百字作舀、舀，皆误。"台湾地区正字作"舀"，内地规范字则作"舀"。

氐，《说文解字》："氐，至也。从氏下箸一。一，地也。"依篆构，氏下为"一"，大陆规范字改下横为点，形作"氐"，凡从"氐"之字皆同。又"勺"字，《说文解字》形作"勺"，内作一短横，历代字书多作此形，然俗写则作一点，《字鉴·入声·药韵》："中从一，象形……俗皆从点，误。"台湾地区正字与内地规范字均取俗体"勺"，不作"勺"。

丸，《说文解字》："𠁓，圆倾侧而转者。从反仄。凡丸之属皆从丸。"楷定之形，台湾地区正字为点在撇下，轻触而不相交；内地规范字则点与撇相交，形作"丸"。按：篆文"𡔲"，独用字形作"𠁓"，用为偏旁则形作"丸"，台湾地区正字"执""孰""艺"等所从"丸"，实为"𡔲"之隶变字。

刃，《说文解字》："刃，刀坚也。象刀有刃之形。"台湾地区正字之点在撇上，与撇轻触；内地规范字之点则左顿与撇笔并行作"刃"。□□另有"八"形作为偏旁的笔势差异，如：

兑，《说文解字》："兊，说也。从儿，𠔼声。"臣铉等曰："𠔼，古文充字，非声。当从口从八，象气之分散。"独体使用时，"八"形不变；然用为偏旁则"八"或作"丷"，如"兑"作"兑"，又从"兑"之字亦多属此。

（二）两岸正字形构变异自《说文解字》者

两岸正字取形虽依《说文解字》，然构字当时所用部件，后世往往加以省简，甚至是变换形符或声符偏旁，今述之于下：

1. 省简部件

虐，《说文解字》："𧇠，残也。从虍，虎足反爪人也。"隶定当作"虐"，《类篇·虍部》以"虐"为"虐"之"隶省"，字书多作"虐"形，然两岸正字皆省"人"，又从"⺕"（爪）之中横笔出头，遂作"虐"。

蜂，《说文解字》："蠭，飞虫螫人者。从䖵，逢声。"隶定当作"蠭"，后世字形多变，或作"蜂"（《玉篇·虫部》）、"蠭"（《集韵·平声·钟韵》）、"蠭"（《字汇·虫部》）、"蠭"（《重订直音篇·虫部》）。按：逢，从夆声；䖵，从二虫，上下部件减省后遂作"夆"，再移易"虫"于左乃成"蜂"，即今两岸正字形。

香，《说文解字》："𪏽，芳也。从黍，从甘。"隶定，字形当作"香"，隶变省作"香"（见《隶辨·卷六·偏旁》），上半"黍"保留"禾"，下半"甘"则变易作"曰"，两岸正字俱从隶变之形。

豪，《说文解字》："𧱮，𧱵豕，鬣如笔管者。出南郡。从希，高声。𧱵，篆文从豕。"重篆"𧱵"改"希"为"豕"，两岸正字均从之，又省声符"高"，形体作"豪"。

隆，《说文解字》："𨼶，丰大也。从生，降声。"篆形隶定当作"隆"，《字鉴·平声·东韵》云："隶省作隆。"古代字书自《玉篇》以下皆作隶省之形，两岸正字亦从之。

2. 替换偏旁

蛙，《说文解字》："鼃，虾蟆也。从黾，圭声。"隶定当作"鼃"，而后变形符"黾"为"虫"[10]，《正字通·虫部》："𪓰，𪓰、蛙同，本作鼃。"两岸正字皆取"蛙"。

蟀，《说文解字》："𧑓，悉𧒒也。从虫，帅声。"臣铉等曰："今俗作蟀，非是。"按：帅、率古音同为心纽、微部，声符"帅"被取代成"率"。两岸正字皆取"蟀"。

麂,《说文解字》:"麠,大麖也。狗足。从鹿,旨声。麂,或从几。"声符"旨"改换为"几",较能直接读出ㄐㄧˇ音,两岸正字俱从"麂"。

裙,《说文解字》:"帬,下裳也。从巾,君声。裠,帬或从衣。"巾、衣形符义近通用[11],两岸正字均移篆文或体"衣"于左,并改作"衤"形。

鲸,《说文解字》:"鱷,海大鱼也。从鱼,畺声。《春秋传》曰:'取其鱷鲵。'鯨,鱷或从京。"按:畺、京古音同为见纽、阳部,声符"畺"被取代成"京"。《字汇·鱼部》:"鱷,俗作鲸。"两岸正字俱从俗体"鲸"。

（三）台湾地区正字形构合于《说文解字》者

汉字在发展过程里,不仅异构有之,异写情形更是普遍可见,后世字书所取正字时而从古,则以《说文解字》为正;又或遵时,则取通行之便捷俗写。相对于大陆规范字形,台湾地区正字形构多与《说文解字》相合,如:

致,《说文解字》:"致,送诣也。从夊,从至。"台湾地区正字右部件形构同《说文解字》作"夊"(音ㄙㄨㄟ),而大陆规范字作"夂"(音ㄊㄨ)。

鬼,段注本《说文解字》:"鬼,人所归为鬼。从儿,甶象鬼头,从厶。鬼阴气贼害故从厶。"台湾地区正字作10画;大陆规范字将形似"田"之竖笔与下方"儿"之左笔连成一长撇,于是变为9画。

及,《说文解字》:"及,逮也。从又、人。"台湾地区正字从之,先"刀"再接"又",笔画数为4;大陆规范字笔画数3,次笔作横折横折,形作"及"。

差,《说文解字》:"差,贰也。差不相值也。从左,从㐫。"隶变作"差"(见《隶辨·平声·麻韵》引"复民租碑"),字书多作此形,笔画数为10,台湾地区正字从之;内地规范字则变上竖为撇,与下撇笔相连而为9画,形作"差"。

温,《说文解字》:"㿜,仁也。从皿,以食囚也。官溥说。"清段玉裁注云:"凡云温和、温柔、温暖者,皆当作此字,温行而㿜废矣。"隶定当作"㿜",然或变作"昷",《字鉴·平声·魂韵》:"昷……俗作温。"《字汇》《正字通》《康熙字典》字形均作"昷",台湾地区正字从之;内地规范字则依从俗体,形作"温"。

隽,段注本《说文解字》:"隽,鸟肥也。从弓、隹,弓所以射隹。"按:台湾地区正字即大徐本篆文"隽"之隶定,而大陆规范字下部件作"乃",实为"弓"直立之形变,《秦汉魏晋篆隶字形表》收"隽"(《汉印征》)、"隽"(《熹平石经·春秋经》僖廿六年)即是。

育，《说文解字》："𠫓，养子使作善也。从𠫓，肉声。……《虞书》曰：'教育子。'𤎅，育或从每。"按：上部件作"𠫓"（音ㄊㄨ），《说文解字》："𠫓，不顺忽出也。从到子……𠫓，或从到古文子。"小篆像婴儿自母体娩出，呈头下脚上之形；古文字形"𠫓"则头上有毛。又"𠭆"，隶变作"棄"，上部件亦作倒子形之"𠫓"。大陆规范字形作"弃"，上部件已失象形面貌。

巨，《说文解字》："𢀒，规巨（矩）也。从工，象手持之。"台湾地区正字保留篆形"工"字笔意，上下横笔接竖笔处皆出头，内地规范字则上下横笔与竖笔相接，作"巨"。《字鉴·上声·语韵》明言："𢀒……俗作巨。"

亮，段注本《说文解字》："亮，明也。从儿，高省。"按：《说文解字》篆形"𠑴"作"亮"，下部件亦从"儿"，为古文"人"字。隶定本当作"儿"，台湾地区正字"亮"、"秃"即作此；内地规范字作"几"，遂成"亮""秃"。

吕，《说文解字》："吕，脊骨也。象形。"清段玉裁注："吕象颗颗相承，中象其系联也。"《新加九经字样·口部》："吕、呂。象脊吕形，上《说文》，下隶省。"《玉篇》《广韵》《集韵》《类篇》《四声篇海》均作"呂"，内地规范字从之；《字汇》《正字通》《康熙字典》依篆形作"吕"，台湾地区正字取此。

（四）大陆规范字合于《说文解字》者

台湾地区正字形构固多同《说文解字》，然亦可见因隶变、遵时与追求齐一等因素，致使部分字形有所出入；反观内地规范字则合于《说文解字》，如：

勖，《说文解字》篆形作"𪗪"，篆文隶定作"勖"，又或变作"勗"，《正字通·力部》："勗，俗勖字。"台湾地区分立二正字：A01837"勗"、B00256"勖"，且以"勖"、"勗"互为异体。内地规范字作"勖"，形从《说文解字》。

缰，《说文解字》："韁，马继也。从系，畺声。"《玉篇·糸部》收录"繮"，另《革部》亦收"韁"，释云："居羊切。马继，亦作繮。"足见南北朝时已有"繮"字，台湾地区正字取此形；内地规范字则从《说文解字》篆构，唯"糸"简化为"纟"。革、纟俱可系物，二字作为部首，习见互用。

迹，《说文解字》："𨒀，步处也。从辵，亦声。𨂛，或从足、责。𨑭，籀文迹，从朿。"《干禄字书·入声》："跡迹，并正。"显见二字并行于世，台湾地区取"跡"为正字，大陆规范字则从《说文解字》正篆字形。

羞，《说文解字》："羞，进献也。从羊；羊，所进也。从丑，丑亦声。"按：台湾地区楷书正字"差""羞"，二篆字构之上部件不同，一从"𠂹"，一从"羊"，然标准楷书写法皆研订作"羊"，竖笔下不出头，且左下一撇不与"羊"之竖笔相连。"差"字笔形不相连，意在保留篆构"左"；至于"羞"字笔形不相连，则无法显现篆构"羊"，内地规范字顺笔势而合上竖与下撇为一笔，"羊"形明显可见，当较为合理。

凭，《说文解字》："憑，依几也。从几，从任。"臣铉等曰："人之依冯，几所胜载，故从任。"段玉裁注云："凭几亦作冯几，叚借字。"又《说文解字》"馮"字下，臣铉等曰："本音皮冰切。经典通用为依冯之冯，今别作憑，非是。"台湾地区正字取"憑"，内地规范字则从《说文解字》形构。

老，《说文解字》："耂，考也。七十曰老。从人、毛、匕。言须发变白也。"按：《说文解字》："匕，变也。从到人。"篆形"匕"隶变作"匕"（音ㄏㄨㄚˋ），契合语义，台湾地区正字从匕（音ㄅㄧˇ），或为避免与上长撇同笔势。相较之下，内地规范字较为合理。

四、余论

两岸正字形体或来自《说文解字》正篆，或出于字头下所收重文，甚或省简部件与变换偏旁而成。就汉字而言，依类象形的"文"是形声相益的"字"的必要成分。基于构字系统合理性，这个必要成分的形体当与所组构字部件相同，然两岸正字或见参差，篆文偏旁"彐"，隶变后作"ヨ"、"彐"，台湾地区正字从"ヨ"者，如：尹、争、彗、雪、事、帚、秉等字。内地规范上述诸字形体亦从"ヨ"，如：尹、争、事、秉；然亦见从"彐"者，如：彗、雪、寻、帚。又篆文"臣"隶定也分作二途，或隶变作"卮"（见《玉篇·卮部》），《字汇》《正字通》入"己"部；或隶变作"卮"，《字汇》《正字通》入"卩"部。《正字通·卩部》："卮，俗卮字。"台湾地区正字虽取"卮"，然所组构之字却取俗体"卮"者，如栀、觛、薝、狚、鮥等，显见彼此存在矛盾。

又篆形隶变过程里，混同原本不同的篆字，以致造成异字同形，《说文解字》："胄，兜鍪也。从冃，由声。"《说文解字》："胄，胤也。从肉，由声。"二字篆构本异，隶变后，字形多趋同作"月"，而《广韵·去声·宥韵》之"介胄"、"胄裔"尚加以区分。肉部偏旁，台湾地区正字作"月"而非"月"，台湾地区正字"胄""胄"下部件有异，然内地规范字则无别，同作"月"。又"舌"本为"𧮫"（音ㄍㄨㄚ）之异体。段玉裁"𧮫"下注曰："凡'𧮫'声字，隶变皆为'舌'，如'括'、'刮'

之类。"按：舌，《说文解字》释形从干口，台湾地区正字取此形，首笔为横，凡与舌头相关的字都作此形，如：甜、恬、舔等。至于内地规范字"舌"，首笔为撇，音ㄕㄜˊ，指舌头，语义相关之字形如：甜、恬、舔；同时又用作塞口义，音ㄍㄨㄚ，字形如：刮、适、聒等。楷体字形虽同，然音义实有别。

注释：

[1]网址为 http://dict.variants.moe.edu.tw。

[2]本篇论文引录之《说文解字》主要依徐铉校定本，世称大徐本，中华书局 1995 年影印本，然行文之际，若因用字出入而改从段玉裁《说文解字注》，世称段注本（台北洪叶文化事业有限公司 2009 年版）者，则出注说明二者异同。

[3]蒋善国云："'隶定'是用隶书来定型古文形体，是照着小篆、籀文或是古文原来的结构改写成隶书，如果经过简化或改样，那就叫做'隶变'。"说见《汉字学》上海教育出版社 1987 年版，第 200 页。

[4]字形见《简化字总表》第二表。张书岩等以为："'寿'来源于草书，敦煌汉简中已有与现行简化字非常相近的形体。楷化后的'寿'最早出现在唐代变文写本中，宋代刊行的《古列女传》上也有'寿'字。"说见《简化字溯源》，语文出版社 2014 年版，第 77 页。

[5]中国台湾于 1978 年五月二十日印行《常用国字标准字体表》，收录 4808 字。1982 年九月一日，台湾地区教育事务主管部门公告《常用国字标准字体表》试用期满，即日起正式启用。该字表因委由专人硬笔书写，或因印刷勾点不清，或涉个人习惯，难免参差。1991 年，委托华康科技公司制作《常用字表》及《次常用字表》楷、宋、黑、隶等体的计算机母稿。本文所用版本为《国字标准字体楷书母稿（字序）》(《国语文教育丛书》10)，台湾地区教育事务主管部门汉语推行委员会编订，1998 年二月修订二版。

[6]依国务院办公厅秘书局于 2013 年 6 月 18 日印发之《通用规范汉字表》。

[7]《通用规范汉字表·说明二》云："本表收字 8105 个，分为三级：一级字表为常用字集，收字 3500 个，主要满足基础教育和文化普及的基本用字需要。二级字表收字 3000 个，使用度仅次于一级字。一、二级字表合计 6500 字，主要满足出版印刷、辞书编纂和信息处理等方面的一般用字需要。三级字表收字 1605 个，是姓氏人名、地名、科学技术术语和中小学语文教材文言文用字中未进入一、二级字表的较通用的字，主要满足信息化时代与大众生活密切相关的专门领域的用字需要。"

[8]见《说文解字·叙》，中华书局 1995 年版，第 314 页。

许慎文化研究 （肆）

——第四届许慎文化国际研讨会论文集 中

王蕴智 晁伟 李艳华 主编

江西人民出版社
Jiangxi People's Publishing House
全国百佳出版社

目 录

中 卷

中卷

《说文解字》元语言与汉人元认知思维和心理特点

乔俊杰

河南工业大学新闻与传播学院

【摘要】《说文解字》是中国第一部系统分析汉字形、音、义的字典，对字义的解释保存了上古甚至原始含义，反映了早期汉民族的元认知，是研究汉语语义和汉人认知特征的本原性基础。《说文》释义基元的构形，能够反映汉人认知思维和心理特点：基元词单音节占优势，反映汉人擅长整体感知；形符占优势，反映了汉人擅长意象思维；整齐和谐的元句法显示出思维的一贯性和平衡性；释义和拟音，鲜明突出的类比色彩，映射了汉人的隐喻认知思想。

【关键词】《说文解字》 元语言 元认知 隐喻

释义元词的构形，是指《说文解字》释义元语言元词的音节多少、构形特征（构词造字方式）、词的组合语序等语言表现形式。这些特征能够反映汉人认知思维和心理特点。

季羡林先生指出：语言之所以不同，其根本原因在于思维模式的不同。要从思维模式东西方不同的高度来把握汉语的特点。季先生说的"思维模式"＝我们说的"认知模式"。人通过感觉器官（眼睛、耳朵等）和知觉器官（大脑），对"客观世界"的信息进行接收和加工，在大脑中形成了"认知世界"即有了"知识"。要使这些知识能"储存"和"传承"，需要对知识进行"编码"，即把知识编成一套符号系统。对"认知世界"的编码系统就形成了"语言世界"。

汉族人在认知模式上侧重于：整体感知、形象思维、类比推理。

西方人在认知模式上侧重于：细部感知、抽象思维、逻辑推理。

这里说的是"侧重"，并不是"全盘肯定"，也不是"全盘否定"。

一、元词单音节占优势与汉人整体感知的思维特点

《说文解字》(以下简称《说文》)释义元语言元词(以下简称"元词")共8014词。复音词，2604个，其中246个三音节、18个四音节，四音节以上的多音节词只有1个；其余5343个词都是单音节词，单音节词占优势，一个词基本就是一个汉字构成，囫囵一体，整体示义。

《说文》元词，音节多少与词频大小成反比：音节多，往往词频低，高频词往往是构词音节少的词。前100个甚高频词，复音词仅占8个，其余92个是单音节词。词频为1的甚低频词总共为3851个，其中单音节词1918个，由原来的92%下降到仅占49.8%。

单音节词，一个词就是一个语素一个音节一个汉字，是形音义三位一体的高度统一。它在空间面上展开，一个汉字就是一个平面方块。这个平面方块便于人们从视角上整体把握，也便于人们全方位的整体认知。"小学必形、音、义三者同时相依，不可分离，举其一必有其二"(黄侃《国学讲义》P85)，体现了汉人整体感知的思维特点。

整体感知的民族认知特点，在《说文》元语言的表达语序方面也体现得非常突出。汉族人习惯把"事先考虑"的内容，"先想到的先说，后想到的后说"。

许氏先想到的是从整体上对事物的判断，先从宏观上概括对象词语的特点，然后具体揭示其细微义。如：

玉部　玉　yù　石之美。有五德：润以温，仁之方也；鰓理自外，可以知中，义之方也；其声舒扬，専以远闻，智之方也；不桡而折，勇之方也；锐廉而不技，絜之方也。象三玉之连。丨，其贯也。凡玉之属皆从玉。

按：这里有三层整体意义：第一层是部首字，上来就总提下属所释词语即对象语言的意义归类；第二层是释义元语言，先概括玉的本质——石头类，美丽的石头；接着总提美之所在是有五种美好的品性，然后承五德分述其仁、义、智、勇、洁的品性；第三层整体意义是最后的归类即"凡某之属皆从某"回应开头(部首字的释义元语言一般有此套程序语言，非部首字的释义元语言没有这最后一层整体义，第一层体现一定整体意义的部首字，也不在释义元语言讨论之列)。

如果对象语言是部首字，释义元语言在该条最后都要用一句总括的话承上启下，这就是"凡某之属皆从某"，同理，"凡玉之属皆从玉"，既总结"玉"是一大类事

物的代表，并不是孤立地存在，同时，又总提下文，提示读者注意紧承其下的 139 字（标目字，乃被释字，对象语言），都是"玉"类的一些词语：

它们或为"玉"之品种：释义元语言于这类词每词开头都是先总地提出其大的类属"玉也"。然后，予以详释，如：璙瓘璇瑛瓔瑬、璦璠、瑾瑜、玒瓅琼珣瑚珣璐珂玘翾琡瑄珙；或为玉之器物"玉器也"：璧瑗环璜琮琥珑琬璋琰玠珥瓛珽瑁璬珩玦瑞珥瑱琫珌璹珊瑧；或为玉类饰品：瑧璪瑬珈璓琛璫；或为玉之色泽、声音"玉声也"、亮度：瑳玼瑮瓅莹璊瑕，玲玎玎琐瑝，璀璨；或为玉之加工方法：琢珊理；或为"石之似玉者"：玭璖瑎璠珷珉瑀珏玲璺瑮瓃璍璯瑿璁珛珺瑻琟瑉瑂璒玒玗玫瑎，玚珧，珠玭玑珅，琅玕珊瑚；或为"玉（石、珠）之美者"：碧瑶琨珉玫瑰瓒瑛珊瑪璇球琳璗瑶璩珇珍玩瑲琚璙玖玓瓅珋；或为专门用处的玉器：瑝璧瓒靈。

对这些字目，元语言基本上是宏观概括，整体认知，偶尔稍辨细微。如：

雉　zhì　有十四种：卢诸雉，乔雉，鳺雉，鷩雉，秩秩海雉，翟山雉，翰雉，卓雉，伊洛而南曰翬，江淮而南曰摇，南方曰㕙，东方曰钬，北方曰稀，西方曰蹲。从隹矢声。

雇　hù/gù　九雇。农桑候鸟，扈民不婬者也。从隹户声。春雇，鳻盾；夏雇，窃玄；秋雇，窃蓝；冬雇，窃黄；钊雇，窃丹；行雇，唶唶；宵雇，嘖嘖；桑雇，窃脂；老雇，鷃也。

按：上述两例，均为总说分承的表述法，与先名大类后释义的认知规律相同。

就是说，汉族人认知的综合模式表现为：把占有一定空间的"物体"看作是一个从总体到部分的整体系统，并且把表示"背衬性"的大空间置于首位，然后由大到小予以展示。不同于西方人认知的分析模式表现：把占有一定空间的"物体"分成若干个部分并把其中具有"目标性"的那一部分凸显出来置于首位，然后由小到大予以展示。

正如季羡林先生所言：

"语言文字是思想的外在表现形式，而思想的基础或出发点则是思维模式。西方的思维模式是分析。而东方的思维模式则是综合，其特色是整体概念和普遍联系的概念。西医看病，往往是头疼治头，脚疼治脚。而中医则是治头疼可能在脚上扎针。"中医的系统性正是中国人整体认知观念的典型体现。

二、释义元词中，形符占优势，反映了汉人擅长意象思维的特征

许慎《说文解字·叙》说：仰则观象于天，俯则观法于地。近取诸身，远取诸物。释义元词中"象"（icon）包括："形象""意象""理象"。体现为形符占优势，表现于三个方面：

第一，元词词频最高的词是表意的"从"字。

从，作动词出现 10608 次，大量的表现为训诂术语。"从 xx 声"或"从 x 从 x"或"从 x 省"，一般见于形声字或会意或指事字中。这里的"从"是形符的前置标志，紧承"从"后的"x"字，体现出该词的意义大类，展现出所反映的事物的大致形象。如：

形声字，一般由一个形符、一个声符构成，其实，声符本身最初也是表形有意的，如：

闷　mèn　懑也。从心门声。

韶　sháo　虞舜乐也。《书》曰："《箫韶》九成，凤皇来仪。"从音召声。

丧　sàng/sāng　亡也。从哭从亡。会意。亡亦声。

要　yào/yāo　身中也。象人要自臼之形。从臼，交省声。

按：闷、要，是一级形声字。韶，则是二级形声字，其形符、声符又分别是指示和形声：音，从言含一；召，从口刀声。丧，是会意兼形声，形符"亡"又表声。

会意字，一般连用两三个"从"字，如：

章　zhāng　乐竟为一章。从音从十。十，数之终也。

庆　qìng　行贺人也。从心从夊。吉礼以鹿皮为贽，故从鹿省。

为　wèi/wéi　母猴也。其为禽好爪。爪，母猴象也。下腹为母猴形。

按："章""庆""为"都是异体会意字。如果是同体会意字，析形用一"从"字即可，只是往往读音和意义不同于同一形符的简单叠加。如，虫：

虫　huǐ/chóng　一名蝮，博三寸，首大如擘指。象其卧形。物之微细，或行，或毛，或蠃，或介，或鳞，以虫为象。凡虫之属皆从虫。

蚰　kūn　虫之总名也。从二虫。凡蚰之属皆从蚰。读若昆。

蟲　chóng　有足谓之虫，无足谓之豸。从三虫。凡虫之属皆从虫。

又如"女"

女　nǚ　妇人也。象形。王育说。凡女之属皆从女。

奻　nuán　讼也。从二女。

奸　jiān　私也。从三女。

按：三字读音和意义皆不同。也有四个同一形符叠加成词的，如：

叕　zhuó　缀联也。象形。凡叕之属皆从叕。

"从"字频度最高，正是形符构词能力强，汉民族善于以形示意的形象思维能力的体现。

第二，形符独立成字，一般是象形字，少数为指事，这些形符字，一般是高频元词，如：

也	y	8679
曰	v	2127
之	u	1659
一	m	979
水	n	786
木	n	678
人	n	595
凡	d	555
不	d	359
言	n	328
手	n	325
女	n	322
马	n	305
心	n	301
口	n	297
出	V	290
大	a	283
兒	k	273
糸	n	262
而	c	254
象	v	252
目	n	244

金　n　244

车　n　242

鸟　n　232

肉　n　231

其　r　229

亦　d　226

玉　n　223

鱼　n　219

邑　n　216

土　n　209

竹　n　202

中　n　186

在　v　186

前 50 个高频词竟有 35 个独体形符字,只不过有的是被借用了,本义不大容易辨认出来,如:

而　ér　颊毛也。象毛之形。

"而"在汉代,已基本不用本义,而假借做连词;总的讲,这些字都是稳定性强的根词,要么构词能力强,要么使用范围广、频次高,都是汉民族的熟面孔。

指事字,《说文》释义元语言明言"指事"的只有"丄(上)""丅(下)"两处,余则意会,如:

刃　rèn　刀坚也。象刀有刃之形。凡刃之属皆从刃。

寸　cùn　十分也。人手却一寸,动脉,谓之寸口。从又从一。凡寸之属皆从寸。

第三,训诂术语"象形",降序排序第 64 位。另有诸多"象××之形"、"象××"、"××貌",都是描绘事物的形象特征或轮廓,展示其义。古人造字善于法天象地,通过形象类比、隐喻认知对象事物。如:

依也。上曰衣,下曰裳。象覆二人之形。凡衣之属皆从衣。(衣 yī)

窻牖丽廔闓明。象形。凡囧之属皆从囧。读若犷。贾侍中说:读与明同。(囧 jiǒng)

狗之有县蹏者也。象形。孔子曰:"视犬之字如画狗也。"(犬 quǎn)

辨别也。象兽指爪分别也。凡采之属皆从采。读若辨。(采 biàn)

祝也。女能事无形，以舞降神者也。象人两褎舞形。与工同意。古者巫咸初作巫。凡巫之属皆从巫。（巫 wū）

舌皃。从谷省。象形。（㖞 tiàn）

穿物持之也。从一横贯，象宝货之形。凡毌之属皆从毌。读若冠。（毌 guàn）

囘，古文回，象亘回形。

口齗骨也。象口齿之形，止声。凡齿之属皆从齿。（齿 chǐ）

按：元语言因声求义指出"依附、覆盖在二人身上的东西"就是"衣"。窗牖格格交错而敞亮，即窗户明亮是囧的本义。丽廔句，高亨《文字形义学概论》："丽廔双声连语，窗棂交错格格相连之貌。"今天，网络语言的"囧"纯粹取其形似描摹神态表情，从 2008 年开始在中文地区的网络社群间成为一种流行的表情符号，成为网络聊天、论坛、博客中使用最频繁的字之一，它被赋予"郁闷、悲伤、无奈"之意。"囧"被形容为"21 世纪最风行的一个汉字"。"视犬之字如画狗也""象兽指爪分别"形象揭示了古人"见鸟兽蹄迒之迹，知分理之可相别异也"，经栩栩如生生动传神的描摹给人以形象而切实的印象。"象口齿之形，止声"，揭示所释义对象为形声字，只不过形符用了"象××形"而没有"从×"。

汉语的"语言编码机制"援物取象、谐声对偶、比类尽意。"援物"是以客观物质世界为临摹的依据，在约定性之中尽量体现汉语的"理据性"。"取象"是临摹客观的物体形象和事件序象，并加以符号化来体现汉语的"意象"。

小到状、貌、然、拟声词等释义元词，大到叙事、典故类比等句法释义形式，又有哪种能够脱离善于形象思维的民族特点呢，如：

1. 憀然也。从心翏声。（憀 liáo）

2. 高气多言也。从口，㕟省声。《春秋传》曰："嗐言。"（嗐 xiè）

3. 荟，草多貌。

4. 周燕也。从隹，屮象其冠也。冏声。一曰蜀王望帝，婬其相妻，慙亡去，为子巂鸟。故蜀人闻子巂鸣，皆起云"望帝"。（巂 guī/xié）

5. 虫也。从虫而长，象冤曲垂尾形。上古艸居患它，故相问无它乎。凡它之属皆从它。（它 tā/tuō）

6. 人无行也。从士从毋。贾侍中说：秦始皇母与嫪毐淫，坐诛，故世骂淫曰嫪毐。读若娭。（毐 ǎi）

7. 无发也。从人，上象禾粟之形，取其声。凡秃之属皆从秃。王育说：仓颉出

见秃人伏禾中，因以制字。未知其审。（秃 tū）

8. 厄也。从人娄声。周公籑偻，或言背偻。（偻 lóu/lǚ）

9. 神魖也。如龙，一足，从夂；象有角、手、人面之形。（夔 kuí）

10. 巧饰也。象人有规榘也。与巫同意。凡工之属皆从工。（工 gōng）

11. 如篪，六孔。十二月之音。物开地牙，故谓之管。从竹官声。（管 guǎn）

12. 参差管乐。象凤之翼。从竹肃声。（箫 xiāo）

按：括号内为该元语言所释字及其今读。下同。前三例状貌释义，4~7，通过生动的典故释义，8~12，通过类比设喻释义，无不映射出汉民族善于形象认知的思维特点。

三、整齐和谐的元句法显示出思维的一贯性和平衡性

首先，《说文》释义元句子善用整句，篇章上语段整饬，给人以连贯有气势之感。如"足"部，区分不同的足部动作，要言不烦，近义成串：

越也。从足俞声。（踰）

轻也。从足戉声。（跋）

举足行高也。从足乔声。《诗》曰："小子蹻蹻。"（蹻）

疾也。长也。从足攸声。（筱）

动也。从足仓声。（跄）

跳也。从足甬声。（踊）

登也。从足齐声。《商书》曰："予颠跻。"（跻）

迅也。从足翟声。（跃）

蹴也。一曰卑也，絭也。从足全声。（跧）

蹑也。从足就声。（蹴）

蹈也。从足聂声。（蹑）

渡也。从足夸声。（跨）

践也。从足昜声。（踢）

蹈也。从足步声。（踄）

践也。从足舀声。（蹈）

践也。从足厘声。（躔）

履也。从足戈声。（践）

追也。从足重声。一曰往来皃。（踵）

蹋也。从足卓声。（踔）

蹋也。从足带声。（蹛）

蹋也。从足敝声。一曰跛也。（蹩）

䟒也。从足是声。（踶）

衞也。从足衞声。（蹋）

同一部首比邻的几个元语言语段，结构大致都是由"释义——说形拟音——举例"三段式组成，构成形式整齐的篇章，俨然一个整体模块，便于读者系统的认知甚至体验区分足部动词。基于这种形式化的习惯认知，有时只要语义相近，哪怕只有两个句子，《说文》元语言也要比邻而同，如：

谷不孰为饥。从食几声。

蔬不孰为馑。

按：这两句分别释食部字"饥""馑"。又如：

黍稷方器也。从竹从皿从皀。

黍稷圜器也。从竹从皿，甫声。

按：这两句分别释竹部字"簠""簋"。

其次，《说文》释义元句子善用整句还体现在一个语句之内结构相似，如开篇释"一"：

惟初太始，道立于一，造分天地，化成万物。

按：句句为四字句，四字句是古代汉语诗文最基本的格式。简短精练，整齐划一，易诵易记，比较常见，又如：

章也。六卿：天官冢宰、地官司徒、春官宗伯、夏官司马、秋官司寇、冬官司空。从卯皀声。（卿 qīng）

此外，三字句、五字、六字句的也比较多。如：

方曰筐，圜曰簃。（簃 jǔ）

牡曰棠，牝曰杜。（棠 táng）

瑞信也。守国者用玉卩，守都鄙者用角卩，使山邦者用虎卩，士邦者用人卩，泽邦者用龙卩，门关者用符卩，货贿用玺卩，道路用旌卩。象相合之形。凡卩之属皆从卩。（卩 jié）

七、八、九、十字句的不是没有，只是非常少见，如：

以近穷远。象形。古者挥作弓。《周礼》六弓：王弓、弧弓以射甲革甚质；夹弓、庾弓以射干侯鸟兽；唐弓、大弓以授学射者。凡弓之属皆从弓。（弓 gōng）

一句之内的整句，尤其体现在偶句或排比的运用，如：

鸟在木上曰巢，在穴曰窠。从木，象形。（巢 cháo）

城池也。有水曰池，无水曰隍。从昌皇声。《易》曰："城复于隍。"（隍 huáng）

衣带以上。从衣矛声。一曰南北曰袤，东西曰广。（袤 mào）

繴谓之罿，罿谓之罬，罬谓之罦。捕鸟覆车也。（繴 bì/bò）

神鸟也。天老曰："凤之象也，鸿前麐后，蛇颈鱼尾，鹳颡鸳思，龙文虎背，燕颔鸡喙，五色备举。出于东方君子之国，翱翔四海之外，过崑崙，饮砥柱，濯羽弱水，莫宿风穴。见则天下大安宁。"从鸟凡声。（凤 fèng）

这类句子往往句子内部结构相似形成形式上的对偶或排比，而内容相反相对或相关相近，达意鲜明完整。

四、喻义和拟音，映射了汉人善于隐喻认知的思维特点

概念隐喻理论是认知语言学最重要的理论之一。该理论最初源自 Lakoff 与 Johnson 的合著《我们赖以生存的隐喻》，该理论认为隐喻是跨概念域的系统映射；隐喻是思维层面的问题，是思维方式和认知手段。

概念需借助词语来表现。基于两事物的相似性，从一个概念域向一个概念域的映射，离开语言的表达形式也就无从反映。

（一）基于释义及避讳的隐喻认知

首先，释义不是用严谨的定义或逻辑推理，而是"远取诸物近取诸身"，多用感性的比喻或举例，极富鲜明突出的类比、隐喻色彩，如：

大牲也。牛，件也；件，事理也。象角头三、封尾之形。（牛 niú）

熊属。足似鹿。从肉㠯声。能兽坚中，故称贤能；而彊壮，称能杰也。凡能之属皆从能。（能 néng）

犬相得而鬬也。从犬蜀声。羊为羣，犬为独也。一曰北嚻山有独狢兽，如虎，白身，豕鬣，尾如马。（独 dú）

好枝格人语也。一曰靳也。从女善声。（嫸 zhǎn）

天垂象，见吉凶，所以示人也。从二（古文上字）。三垂，日月星也。观乎天文，

以察时变。示，神事也。（示 shì）

按：前三例，都有表达形象的系词"象、如、似"等，第四例"好枝格人语"，是说"喜欢打断别人的话，谓不欲人语而言他，以枝格之插断"，"枝格"是比喻词，同最后一例，都反映了汉民族"天人合一"的隐喻思维。

表示类比、形象的训诂术语，一般词频都比较高，如：

形　　n　　138

象形　n　　152

象　　v　　252

相似　a　　9

宛如　v　　1

似　　v　　91

若　　v　　703

如此　r　　6

如　　v　　80

如　　k　　16

其次，《说文》释义的原则之一"为尊者讳"。

《说文》中对中国人的避讳偶有揭示，如：

益州鄙，言人盛，讳其肥谓之朖。从肉襄声。（朖 rǎng）

清也。从广则声。（厕 cè）。

按："言人盛，讳其肥谓之朖"，人们避讳感觉不雅的事物；厕所，恶浊之地，人们一般也不愿提及，故以反训避讳不洁，以"清"释"厕"。对特别要敬重的事物，也要避讳，这就是"为尊者讳"。《说文》通著 5 处用到"上讳"：

禾部　秀　xiù（汉光武帝名，公元 25 — 57 年）

艸部　庄　zhuāng（汉明帝名，公元 58 — 75 年）

火部　炟　dá（汉章帝名，公元 76 — 88 年）

戈部　肇　zhào（汉和帝名，公元 89 — 105 年）

示部　祜　hù（汉安帝名，公元 107 — 125 年）

上讳，旧时称先人，不直呼其名，每曰上讳某、下讳某。上讳即名之上一字，下讳即名之下一字。《说文》元语言的"上讳"与日常用法不同，它专指"皇上的避讳"（汉殇帝刘隆在位仅（公元 106 年）八个月，夭折于襁褓之中，《说文》不加避讳）。

《说文》因避"上讳"对"祜、莊（庄）、秀、炟、肇"五字未作解释，段玉裁作注时释义较为简单。在段氏对这五字的训释基础上，后人或补遗，或商榷，各呈一己之见；显然，这是《说文》类比认知作用下，礼制大于科学留下的后患！

再次，对造字理据的认知也能反映汉人的隐喻认知方式，如：

疊　dié　扬雄说：以为古理官决罪，三日得其宜乃行之。从晶从宜。亡新以爲疊从三日太盛，改为三田。

按："亡新"，指已经灭亡的新朝。新，指王莽的国号。"以为疊从三日太盛，改为三田"，这一改，透视出中国人"过犹不及"的中庸思想，但是，随意性也太大了。或以为"三田"为积累时日之"曡"省，毕竟辗转比附，甚为牵强。

如此，也就削弱了词典作为工具书的工具性、科学性，究其原因，有隐喻认知在作怪。

隐喻认知，并非始于汉代，甲骨文就有的十天干、十二地支这些假借字，由具体到抽象，无不是古人的隐喻认知思想的折射。

（二）基于语音的隐喻认知

声音构拟不是分析音节结构，而是借助联想，用同音词注音的譬况法、读若法（包括读如）、直音法，也是基于隐喻认知思想。

譬况法，是用打比方、作比较，以及描写发音情况的方法来替一个字注音。比如：

亏　yú　于也。象气之舒亏。从丂从一。一者，其气平之也。

乎　hū　语之余也。从兮，象声上越扬之形也。

按：例"亏"是拿"于"来替"亏"的读音打比方，意思是，把"于"这个字的音"象气之舒亏"读就会得出"亏"的读音来。例"乎"也是譬况注音法。怎么把握"气之舒亏""譬声上越扬"？这种方法当然谈不上精确，南北朝颜之推就给它一个"叫人迷惑"的评价。

读若法，是用打比方借用另一个字音来标注被注字的读音。《说文》里的注音常用这种读若法，读若出现89次。比如：

钩逆者谓之亅。象形。读若橜。（亅 jué）

未烧瓦器也。从缶殻声。读若筘莩。（殻 kòu）

周家搏埴之工也。从瓦方声。读若抦破之抦。（瓿 fǎng）

罂也。从甾虍声。读若卢同。（甗 lú）

衺徯，有所侠藏也。从乚，上有一覆之。凡匸之属皆从匸。读与傒同。（匸 xì）

　　这种注音，有的还准确，有的只是做到"差不多"。读若有时写作"读如"，仅一见（读如羊驺箠）。

　　直音法，是用同音字注音，它的格式为"×，音×"，或"×，×声"。如：

　　康也。从广良声。音良。（良 láng/liáng）

　　这种方法简单明了，一见而知。但是，如果一个字没有同音字，或者，同音字恰巧是个生僻字，或以它为偏旁构成的更复杂的字，这种直音法就不大好用（参见拙著，《长江学术》2004 年第 3 期）。注意《说文》中的"音声"基本有两种情形：一是短语，指声符为"音"字；一是"音声"为同义复合词，就是今天常说的"声音"。如：

　　宋齐谓儿泣不止曰喑。从口音声。（喑 yīn）

　　音声哯哯然。从口昱声。（哯 yù）

　　省声的字也当注意分辨，细寻其隐喻所在，如：

　　祷也。累功德以求福。《论语》云："讄曰：'祷尔于上下神祇。'"从言，纍省声。（讄 lěi）

　　声音的构拟，"声"字词频占第三，亦声的频次为 39。声符亦有意义，这就要靠人的联想能力，《说文》有时还会因声求义，从同音词、同源字的角度解释意义相同的字，如"专"字在金文里被写成"專"，为人用手在纺锤上专心纺线之会意。本义是纺线，引申为专心干某事。

　　六寸簿也。从寸叀声。一曰专，纺专。（专 zhuān）

　　由纺线引申为专心致志地生产制造的意思。由具体到抽象，因声衍义是一借喻。又如，

　　罪 zuì，本义为捕鱼竹网。从网、非。秦以罪为辠字。

　　尉，本义火部"尉（wèi）"。《说文》元语言："从上案下也。从尼；又持火，以尉申缯也。会意。""尉"是"熨"的古字。表示用火熨烫缯布使之平展。因声借作中国古代官名。掌管军事。军衔名。

　　他本作"佗"。形声。从人，"它"省声。本义为负担。古代、近代泛指男女及一切事物，现代则用于称代自己和对方以外的男性第三者。表示指称，相当于"别的""其他的"，与"此"相对。

　　王力说："凡音义皆近，音近义同或义近音同叫同源字。同源字常常是以某一概念为中心，而以语音的细微差别（或同音）来表示相近或相关的几个概念。"因

声也能衍义，汉民族的类比隐喻能力可谓无处不在。

结语

《说文解字》释义元语言，是汉人元认知思维、心理和元认知文化的镜像，映射了汉民族元认知规律：重整体感知、形象思维、平衡、隐喻思维。

注释：

[1]课题来源：本文的写作得到河南省哲学社会科学规划项目资助，项目编号：2018 BYY290。

参考文献：

1. 许慎撰，徐铉校注：《说文解字》，上海教育出版社2002版。

2. 许慎撰，段玉裁注：《说文解字注》，上海古籍出版社1981版。

3. 鲁川：《"预想"和"未预想"——汉语顺序的认知研究》，教育部语言文字应用研究所网站
http://www.china-language.gov.cn/doc/xinshijiao-luchuan.doc

4. 王玉新：《汉字部首认知研究》，山东大学出版社2009版。

5. 李福印：《认知语言学概论》，北京大学出版社2008版。

许慎《说文解字》的气论

王俊彦

台北中国文化大学中国文学系

一、前　言

　　许慎，字叔重，东汉汝南召陵人。有"五经无双许叔重"之称，于公元 100 年所著《说文解字》为中国首部字典。两汉承先秦以来，从气化流行诠释天、人之际及天"命"于人的存有，存在两界的阶段与内容。如《礼记》，董仲舒、扬雄等人由儒家系统；老子指归，《老子河上公章句》由道教系统；王充由自然理性；《春秋元命苞》等由谶纬角度来诠释气化。系统虽多，各有偏重，但目的皆在诠释天、命、人所构成的大宇宙及人身上生理、心理所构成的小宇宙。大、小宇宙的本质，架构相贯一致，故又可统合为一完整且流行不已的真实宇宙。本文尝试从气由无形而有形，由形上而形下，由外在而内在，由内在而外在等视角与层递过程与实然形气等层面，根据许慎《说文解字》文字，建构出许慎的气论。

二、元、气、天、地

　　一：惟初太始，道立于一，造分天地，化成万物。段注：汉书曰：元元本本，数始于一。（段注·一部）

　　元：始也。徐锴曰：元者，善之长也，故从一。段注：九家易曰：元者，气之始也。（段注·一部）

　　气：馈客刍米也。春秋传曰：齐人来气诸侯。段注：馈客之刍米也。生曰饩。饩有牛羊豕黍粱稻稷禾薪刍等。经典谓生物曰饩。论语：告朔之饩羊。（段注·米部）

许慎《说文解字》，处延续秦汉以降由阴阳五行之气相生克，以生成宇宙万有的气化宇宙论，已相当成熟的东汉，所以此书由一气分阴阳再分五行的流行化成做文字的思想根据。"道立于一"，道为万物之根本，有形之万物由无形之道来。无形之道之初始发用状态，即太始，由太始再下贯形下的形物，此一阶段即名之曰一。此一可做为道化开始的符号，也可作为道自身生生不已的作用，且此生生作用有升扬、降凝等流行，升扬为阳为始，降凝为阴为终。阴的完成能力，即一中有才质义，及化成有形之气时，便是具体之形物。

"元，始也"，一为道之作用或符号，道是无限的，所以生生作用亦是不已、不息的。若由时间有开始，或生化逻辑有先后次序来说则道之开始，辨明之曰"元"。生化有其先后次序之规则，此规则作为伦理上的秩序，便蕴有道德义，所谓"生生之谓大德"。"元者，气之始"，由道体位阶说气，气是无形、无限的。由形物位阶说气，气则为有形有限的物。唯如此截然二分法，不合于秦汉的气化论，秦汉以魂魄为无形之气流行的作用，然此无形之气仍在有形之形物中，发挥其作用。故有形之气内有无形之气为其生生之体。所以"气"非只指由"馈客刍米"而有生命说"气"。"气"尚有具本体义及宇宙生成、始终等作用的意义。《说文》本身是字书，对气之本体、宇宙论的探讨，非其重点。但所论之字的思想背景，则符合汉代气化的理论。

> 天：颠也。至高无上。段注：颠，人之顶也。以为凡高之称。始者，女之初也，以为凡起之称。然则天亦可为凡颠之称。臣于君、子于父、妻于夫、民于食皆曰天是也。（段注·一部）
>
> 地：元气初分，轻清阳为天，重浊阴为地。万物所陈也。段注：阴阳大论曰：岐伯曰，地为人之下，大虚之中者也。大气举之也。按地之重浊而包举乎轻清之气中，是以不坠。（段注·土部）

"天，颠也"，人体由无形之气，下降凝固为人体。颠为人之顶，对应于万物皆初始于气。"至高无上"由万物有始终说，则至高者为属无形状态之气，此气又透过食物之形态，养育同为气化的人民。若由气化流行中之伦理秩序说，则君为臣之天，父为子之天。统合气化能发展始终义、伦理义、养成义的最高领导的位阶为天。"元气初分"，元气为万物根源的道体，由形上、形下二层理论说，其初分后，即凝结为有形之万物，万物中清扬者为天，重浊者为地。地承载、完成万物，地之所以能有生成之用，在于地中有与其不同根源层次的天。汉代气论则以为元气初分后，先是气之清扬作用强，气之浊阴才质弱，合而为天，再后是气之浊阴凝结功能强，而气之清扬作用弱，而合为地。由此可见，气有贯通道体与形物的性质。亦即阴浊成形的地，上通由无形之气初阴浊而有形的天，再上通至清扬作用与阴浊功能同时并具的元气本体。此段注所谓"按地之重浊而包举乎轻清之气，是以不坠"之意。而元气一天一地实体宇宙观，即因地中有天，有元气的贯通而完成。

三、阴阳、五行

　　阴：闇也。水之南，山之北也。段注：闇者，闭门也。闭门则为幽暗，故以为高明之反。穀梁传曰：水北为阳，山南为阳。注云：日之所照曰阳。然则水之南，山之北为阴可知矣。《水经注》引伏虔曰：水南曰阴。公羊桓十六年传注曰：山北曰阴。夫造化阴阳之气本不可象，故阴与阳皆假云日山昌以见其意而已。（段注·昌部）

　　阳：高，明也。段注：闇之反也。不言山南曰阳者，阴之解可错见也。毛传曰：山东曰朝阳，山西曰夕阳。（段注·昌部）

"阴，闇也"，段注云闇为闭门，即有阳光则为阳，无阳光处为阴。"水之南，山之北"，以中原为主体，日由南向在北之中原照，则山之南，水之北皆有日照而为阳，水之南，山之北无日照则为阴。此由地理上说阴。由气化说阴，则日为阳气之盛，为日所照处，自然阳盛。其因在于被照之山水为地属气之阴，中仍有气之阳，只微弱不显。待阳盛之日照，则日之阳与地之微阳合，盛阳与微阳胜于地之阴，故山南为阳，山北为阴。可知气中阳有阴，又有与气之生万物有相对应，即互为胜负的各种关系。"阳：高，明也"，亦同元气之盛阳，下贯至万物中而为万物清扬之体性，万物亦秉持其盛阳之清扬作用，开始其生成化育的创生作用。而创生作用又由同为元气之凝阴作用来完成。所以一物的成始成终，皆由元气同具的阴阳，同时流行不已地，相互作用与共同完成。段注"夫造化阴阳之气本不可象，故阴与阳皆假云日山昌以见其意"，假借可象的山昌，指出不可象的造化阴阳之气。说明阴阳本不可象的创造与完成的作用，及至作用实体化后，阴阳仍为可象的实体物中，继续创造与完成的作用。可知阴阳贯通在可象与不可象两间，同时存在，同时生生不已。

金：五色金也。黄为之长。久薶不生衣，百炼不轻，从革不违。西方之行。段注：凡有五色，皆谓之金也。下文白金、青金、赤金、黑金、合黄金为五色。黄为之长，故独得金名。久薶不生衣，百炼不轻，此二句言黄金之德。从革，见鸿范，谓顺人之意以变更成器，虽屡改易而无伤也。以五行言之为西方之行。（段注·金部）

木：冒也。冒地而生，东方之行。从中，下象其根。徐锴曰：中者，木始甲拆，万物皆始于微。（段注·木部）

水：准也。北方之行。象众水并流，中有微阳之气也。段注：北方之行。月令曰：大史谒之天子曰：某日立冬，盛德在水。象众水并流，中有微阳之气也。火，外阳内阴。水，外阴内阳，中画象其阳。云微阳者，阳在内也，微犹隐也。（段注·水部）

火：毁也，南方之行，炎而上。段注：与木曰东方之行，金曰西方之行，水曰北方之行，相俪成文。象形，大其下，锐其上。（段注·火部）

土：地之吐生物者也。二象地之下、地之中，丨，物出形也。段注：土，吐也。吐万物也。（段注·土部）

元气肇分阴阳，以为造化之始。唯阴阳由上述知其互相生生之流行原则等不可象的作用义明显，但实体义则弱，亦即阴阳相生之气化流行，须有其具体真实的存在，阴阳才能是贯通有形、无形两间的普遍性的真实存有。使元气能具体成就形物的方式，即是将阴中的完成义，在阳的创生速度渐慢渐缓以至凝滞成为固定形物。不可象的气属无限，无法具体描绘。可象的形物属有限，可有条件有方向所在的被描述。将有条件限制的阴的作用完成，便是五行。五行由阴阳贯通至有条件可象的层次，其中生生不已之作用仍在。且无限之气之发用会有往条件或方向限制成某种形物的可能。如此便使阴的完成义转为形物的才质义，所以五行既有不可象的生生义，五行较阴阳有更明确的才质义。生生义使五行能彰显生生的无限可能，才质义使五行能具体成就气化的天地人物。阴阳相生不已的生化秩序，在伦理上显现为健顺之德。同样，五行相生不已的生化秩序，也有其伦理义上的各自方向、意义不同的五行之德。

"久薶不生衣，百炼不轻"，言金能保持本质的纯粹，不受干扰，亦即气化条件化为金，此金指气化的阴阳在生生的方向、速度及凝为才质后，仍不改变。所谓"屡改易而无伤"之意，由伦理义说，此即金之德。"冒地而生，东方之行"，阴阳相生义被规定在不可象的阳气，可突破阴滞之地而出的这种方向、速度的可能性，是为本。此中可能性与元气生化有其方位上殊异的东方相配，是为"东方之行"。可知木之可能性可与方位之各种可能性相通，因皆一气流行本质一致也。"象众水并流"水字象众水并流，指众水乃阴阳相反相生有各种殊异发展的方向与才质所产生的。各种水往同方向并流，指气化之各水又有其向下流的共同的趋向性。"中有微阳之气"指阴滞之气重浊成形为水，而水又流动不已，因其中有微阳之气为之鼓动。水虽有质，但却无固定形体，乃因"水，外阴内阳，中画象其阳"。阴滞已成水，但阳扬使水仍流动，无固定形态。"炎而上"指阳气之清扬极盛，与之并存互动之阴滞，在比例上缩至最小，但阴滞作用仍在，所以说"火，外阳内阴"。水火之阴与阳互胜且各异，表示阴阳各有极盛之可能，固定此可能便是水火。由伦理义来说，水德重视完成义，火德强调创造义，五形为阴阳之分化，此分化中作用义、才质义皆见。拓展到各行，各行中又同具作用义与才质义，又因气化有无限可能，所以各行之作用、才质义，又各有阴盛、阳盛之方向发生，就中阴盛、阳盛之代表，便是水、火。义是阳由阴出，金是阴盛于阳。"土，地之吐生物者也。"气化重浊为地，其才质义不但具体，更有固定形态、内容。但与才质义并存的阳扬作用义，比例上虽较阴少很多，仍不更改其作用，而有从阴多之地，呈现其"吐生物"的方向。

四、日、月、星、辰，风、云、雨、雪

日：实也。太阳之精不亏。段注：月令正义引春秋元命包云：日之为言实也。释名曰：日、实也，光明盛实也。大易之精不亏。（段注·日部）

月：阙也。大阴之精。段注：释名曰：月、缺也。满则缺也。（段注·月部）

星：万物之精，上为列星。段注：管子云：凡物之精，此则为生。下生五谷，上为列星，流于天地之闲谓之鬼神，藏于胸中谓之圣人。星之言散也，引申为碎散之称。（段注·晶部）

辰：震也。三月阳气动，雷电振，民农时也。物皆生。段注：释名曰：辰，伸也。物皆伸舒而出也。季春之月，生气方盛。阳气发泄。句者毕出，萌者尽达。二月雷发声，始电至。三月而大振动。（段注·辰部）

日为"实",指阳气极盛之日,非只符号的象征义,为阳之精而已。在生活实然上,确可由感官感受到高温。可知日固为实体,而实体所生的不可象的极盛阳气,亦有于作用的层次。"太阳之精不亏",相对于"月,阙也",阙指月虽亦为感官可感知的实体,其光之阳气中,阴气的收敛作用明显,故曰"大阴之精",日月为阴阳才质义具体化,为感官能感知由无形之气凝为有形之气的最首出者。"万物之精,上为列星",指阴阳气化由存有层,首先凝为日月后,再依生生中有主从先后的秩序,凝为不同时间与空间与位置的星宿,星宿即为感官的实体对象,其中仍有微阳之气在作用。"三月阳气动,物皆生",指阴阳之精作用极强而有雷电震动。辰的气化秩序在日、月、星之后。辰的气化才质义具体后,可引动同为才质义的万物之生成。

> 风:八风也。东方曰明庶风,东南曰清明风,南方曰景风,西南曰凉风,西方曰阊阖风,西北曰不周风,北方曰广莫风,东北曰融风。风动虫生。故虫八日而化。段注:易通卦验曰:立春,调风至。春分,明庶风至。立夏,清明风至。夏至,景风至。立秋,凉风至。秋分,阊阖风至。立冬,不周风至。冬至,广莫风至。白虎通调风作条风。条者,生也。明庶者,迎众也。清明者,芒也。景者,大也。言阳气长养也。凉,寒也,阴气行也。阊阖者,咸收藏也。不周者,不交也。言阴阳未合化矣。广莫者,大莫也,开阳气也。(段注·风部)
>
> 云:山川气也。天降时雨,山川出云。云象云回转形。段注:象自下回转而上也。云,旋也。此其引申之义也。(段注·云部)
>
> 雨:水从云下也。一象天,冂象云,水灵其间也。段注:水从云下也。引申之凡自上而下者称雨。(段注·雨部)
>
> 雪:凝雨,说物者。段注:释名曰:雪,绥也。水下遇寒气而凝,绥绥然下也。说今之悦字,物无不喜雪者。(段注·雨部)

阴阳之气才质义具体成形首出者,为日月星辰。然阴阳之气的作用义仍流行不已,不因日月成形而停止,气化仍本其由无形而微而著而有形而化而灭的秩序来进行,也就是有阳盛阴弱而阴阳并济而阳弱阴盛各种可能方向与阶段,此即为风。其气化既往阴阳相盛纵贯方向发展,同时亦往普遍性的横贯发展,故曰"八风也",风在时间有前后的规定下,也本着由无而微而著而显的秩序流行,所以有立春调风,春分明庶风,立夏清明风,夏至景风,立秋凉风,秋分阊阖风,立冬不周风,冬至广莫风等，表示气化流行在时间、空间上皆有其先后次序与主从位置。白虎通云，条者生也，景者阳气长养也，凉阴气行也，不周者言阴阳未合化也，广莫者开阳气也。可知风利用形未显而作用义强的状态可在时空的次第阶段，显现气化之流形。

　　风是气化形微作用强的状态。顺由无而微而显而形的次序，使风的形质义再进一步明确，便是云。云较风已有形质，有质使才质义渐多。云虽有形，但形亦变多变，表示气之作用义仍盛畅，若由有形指点出无形，气在实体山川的流动，便是云所谓"山川气也，山川出云"，段注"象自下回转而上也"，表示云是自无形而有质，此由上而下说，"回转而上"则是强调云之阳扬作用强，故又可由下而上的运动。合言之，气化是由无而有，由下而上二路并进且一体的。雨又较云的才质义及形态更明确，即因滞的比例又高于云，所以云"水从云下也"，雨的才质义虽较云显，阳扬之作用则较云弱，虽弱仍有活动，所以说"水灵其间"。此灵者乃气化借雨落土中，传递气之生生于土中，确定气、日、风、雨至土微一气下贯的模式。较雨的才质形态更为阴滞而固定者为雪，故曰"凝雨"，"物无不喜雪者"，表示物由元气而有，所以物以气为其体性，物对于同一体性的气，借由雪来开创及完成物，是本质上的由上而下。物之终始的完成，则是由下而上的完成气化。如此上下相应的过程，是借由气而日而雪等空间上的实然来完成。《说文》亦对时间上的实然，依"阳气萌动"为甲，"阴气尚强"为乙，"阴气初起，阳气将亏"为丙，"夏时万物皆丁实"，"戊也茂也"，"万物辟藏诎形"为己，"秋时万物庚庚有实"，"秋时万物成而熟"为辛，"阴极阳生"为壬，"冬时水土平，可揆度"为癸。所以气化生物，从开始创造到终结完成的中间尚有时间上的阴阳互胜，如甲、乙、丙、丁，及空间上的阴阳互胜，如日、风、雪等的过程。由无形之气转化到有形之气的过程，须借由阴阳互胜在时间、空间上的实现来完成。

五、春夏秋冬与东南西北

　　春：推也。草春时生也。段注：乡饮酒义曰：东方者春，春之为言蠢也。尚书大传曰：春，出也，万物之出也。（段注·艸部）
　　夏：中国之人也。段注：中国之人也。以别于北方狄、东北貉、南方蛮闽、西方羌、西南焦僥、东方夷也。夏，引申之义为大也。（段注·夊部）
　　秋：禾谷熟也。段注：其时万物皆老。而莫贵于禾谷。礼记曰：西方者秋（段

注·禾部）

　　冬：四时尽也。段注：冬之为言终也。考工记曰：水有时而凝。有时而释。
（段注·仌部）

　　《说文》"草春时生"为春，指草为气化之地，其中阳气始盛，使种子初冒出地，表示地中阳气的比例开始多于阴滞的比例发展。在时间上便是春。段注"夏，引申之义为大"，前引白虎通"景者，大也。言阳气长养也"。阳气开始盛于阴气为春，阳气顺气化作用义极盛的表现便为夏，为万物所以能长养之功用，万物有形质即阴滞凝结之形。所以夏时是阳气畅达作用强过阴形。"禾谷熟"指阳气长养作用到极盛，同时是在促进阴气才质义的完成。"其时万物皆老"指阳气促进阴气完成禾谷熟后，阴气的才质义渐显，而阳气之作用义渐隐。"四时尽"指阳气由盛而衰，阴气至于极凝停滞，其时为冬。所以春是阳开始多于阴，夏是阳极盛阴极衰，秋是阴开始多于阳，冬是阴极盛阳极弱。因气化前行不已，所以冬至过后阳气又开始往盛畅的春发展，如此的年复一年。

　　东：动也。段注：见汉律历志。官溥说，从日在木中。日在木中曰东。（段注·东部）

　　南：草木至南方，有枝任也。段注：当云南任也，与东动也一例。汉律历志曰：大阳者南方。南任也。阳气任养物，于时为夏。有枝任者，谓夏时草木畅茂丁壮。（段注·米部）

　　西：鸟在巢上。日在西方而鸟栖，故因以为东西之西。段注：汉书曰：西，迁也。（段注·西部）

　　北：菲也。段注：乖者，戾也。韦昭注国语曰：北者，古之背字。又引申之为北方。尚书大传、白虎通、汉律历志皆言北方、伏方也。阳气在下，万物伏藏，亦乖之义也。（段注·北部）

　　中：内也。丨，上下通。段注：内者，入也。入者，内也。然则中者，别于外之辞也，别于偏之辞也，亦合宜之辞也。（段注·丨部）

　　气化流行不已，其中作用义强的流行为阳，其中才质义强的凝结为阴。阴阳相生相胜，在时间、空间中皆行健不息。时间的流行有少阳、太阳、少阴、太阴的递进阶段，如春、夏、秋、冬。空间的凝化亦有少阳、太阳、少阴、太阴的体质差异，如东、南、西、北。气化也有少阳、太阳、少阴、太阴的秩序，同时存有于时间、空间中而为一体。所以少阳既是时间上的少阳，也同时是空间上的少阳。气化统有无为一体，故时、空亦为同一体。气化流行不已，故时间、空间互为主客的关系，亦一直在互换中。能成就其才质义以凝结为实然形体的地。而地呈现气化初动状态，在方位上为东，亦即在空间上，阳气生发作用高于阴气凝结能力的地方，谓之为东。"草木至南方，有枝任"指阳气至夏时更盛，阳气生引发阴气之凝结随之完成，而使枝叶茂盛的地方便是南。在西方而"鸟栖"指盛阳之精的日，由盛阳之东前行至西边阴极之地而隐，鸟亦由阳盛之白日飞行至日落阴盛之处栖息，故以阴盛之气为西。段注"阳气在下，万物伏藏"为北，指在空间上，有阳气隐而阴凝显为万物伏藏的所在，是为北。东、南、西、北之分，指无限的气化，在方位有各种可能，初分有四，可再分为八等，无限地发展出去，便是阴之才质义成就实然宇宙的整体状态。

六、神、魂、精、魄

　　神：天神，引出万物者也。（段注·示部）

　　祇：地祇，提出万物者也。（段注·示部）

　　魂：阳气也。段注：白虎通曰：魂者，沄也。犹沄沄运行不休也。《淮南子》曰：天气为魂。《左传·子产》曰：人生始化曰魄，既生魄，阳曰魂，用物精多。则魂魄强。（段注·鬼部）

　　精：择也。段注：择米也。引申为凡最好之称。拨云雾而见青天亦曰精。韩诗于定之方中云。星，精也。（段注·米部）

　　魄：阴神也。段注：阴神也。阳言气，阴言神者，阴中有阳也。白虎通曰：魄者，迫也。犹迫迫然箸于人也。淮南子曰：地气为魄。祭义曰：气也者，神之盛也。魄也者，鬼之盛也。郑云：气谓嘘吸出入者也。耳目之聪明为魄。郊特牲曰：魂气归于天。形魄归于地。祭义曰：死必归土，此之谓鬼。其气发扬于上，神之箸也。是以圣人尊名之曰鬼神。按魂魄皆生而有之，而字皆从鬼者，魂魄不离形质而非形质也。形质亡而魂魄存，是人所归也。（段注·鬼部）

气化流行，由无形之气凝结为有形之气，此为存有下贯为存在的图式，其中无形之气如何凝为有形之气的过程？及如何维持无形与有形彼此的贯通性？秦汉的气论对此过程与贯通性有清楚描述。无形之气于存在层面，先凝为天之日、月、星、辰，再化为风、云、雨、雪，由天下贯至地，然后地再分为方位上的东、南、西、北及气候上的春、夏、秋、冬。此由无而有而殊中的贯通性，以阴阳相生的生生不已性及阴阳相盛的分化殊异性为诠释原则。于存有层面，秦汉气论以为无形之气，透过阴阳与五行不可象的原则性，说明气化有无而一而二而三而生万有的层递逻辑。若由人的精神价值层说存有的层递，则元气造分，先下降为神魂，神魂为阴阳生生不测之妙，神魂仍有无限性，但以可被指涉称谓，故较元气位阶低一级，可被称谓亦表示其中已蕴含有才质义。阳为神魂的作用义，阴为神魂的才质义。神魂乃元气流行所生的作用。神魂再降一级为精魄。精魄顺神魂阳之作用义及阴之才质义为体，其作用义透过人身显现为感官之能力，其才质义凝为人身之感官。所以神魂与元气仍属存有层。神魂与精魄同质相贯、位阶有别，所以神魂属存有层，精魄虽亦无形，可为存有层，但阴气才质义已有感官，脏腑之分别功能，故精魄亦可数存在层。精魄属不可象的存有？抑或属可象的存在？视各家的定义而定。然其中意义，则在显示阳之作用转化为阴之形质，必有二者交叠以求上下贯通，及求无形能转化为有形的要求。

"天神，引出万物"指神藉阴阳相生的殊异性，主导引发殊异万物的生成与变化。从"引出"可视为存有原则引出存在实然的作用，此即为神。"魂，阳气"，此可由可象的实然层，指出实然形物能生化的根本是阳气。亦可由不可象的存在层说阳气为元气的生生原则。孔颖达注："春秋左传正义：人禀五常以生，感阴阳以灵。有身体之质，名之曰形。有嘘吸之动，谓之为气。"形由阴气才质义而有，气由阳气之作用义而动。"精，择也"，存有层无法选择，存在可象之形物则可选择，可知精为形物中之最好者，"拨云雾而见青天亦曰精"，知形物之精。内在亦有其上升为天的意义。"气谓嘘吸出入者也。耳目之聪明为魄"能嘘吸出入者为阳气，此阳气为存有之生生原则，阴气之才质义凝结为耳目感官，感官中之阳气发用，表现为耳能聪、目能明的功能，此即为魄。知由人身感官显现阳气发用之魄，较近形物层，若魄之阳气强盛，则魄可升为魂。

七、心肝脾肺肾与耳目口鼻

心：人心，土藏，在身之中。博士说以为火藏。段注：土藏者、古文尚书说。火藏者、今文家说。（段注·心部）

肝：木藏也。从肉干声。段注：少牢古文干为肝。（段注·肉部）

脾：土藏也。（段注·肉部）

肺：金藏也。段注：今尚书欧阳说：肝，木也。心，火也。脾，土也。肺，金也。肾，水也。古尚书说：脾，木也。肺，火也。心，土也。肝，金也。肾，水也。（段注·肉部）

肾：水藏也。段注：今尚书、古尚书说同。（段注·肉部）

元气流行在存有层是由元气本体，分为阳升阴凝原则，再层递为神魂的阳显阴隐，再降为作用义中才质义渐显精魄，最后再凝结为形质殊异万物，可说是本体元气"命"于人的过程与内容。在存在层为元气本体，始分阴阳，再分五行，又强调阴之才质义，遂有阴阳五行显隐比例殊异，开始实体化的日、月。但孤阳不生，孤阴不成。有实体之日月，仍需有作用义强的风、云，再层递为完全实体的东南西北及春夏秋冬。此为存在层的天"命"于人的过程与内容。统合存有及存在两路的"天命"，乃所谓"天地大宇宙"。此大宇宙的模式套在人身上，便是"人的小宇宙"，大宇宙中的存有与存在两种天命，自然分别赋予为人的形质与形质所具之功能。所以存有的金、木、水、火、土，即为人的仁、义、礼、智、信等不同的金神方向与意涵。金、木、水、火、土凝为有在的实然，在人身上便是心、肝、脾、肺、肾等功能殊异，又可相生相成的器官。天有阴阳两面，命于人身，也有内在实然如五脏，外在实然如耳、目、口、鼻的分别。气化有贯通性，故内在五脏与外在耳目五官，在人身上固可相互贯通，亦指人身与天地皆可互相贯通，使天地大宇宙与人身小宇宙在元气流行中，融为一体。气化阴阳互胜，所以有天地、方位、季节、耳目、心肝等殊异。气化不已，内外有无之殊异，亦在时间、空间自有无限的各种可能，此乃本体透过天地宇宙的殊异，展示其无尽无限的本体自身。故气化外显之宇宙论，自有其内蕴的本体为根本。

"人心，土藏，在身之中"，心为土藏乃古文尚书说，以心为火藏则为今文家之说。土在四方之中，而心在人身之中，故以心为土藏。"肝，木藏也"，肝为生息器官，木亦为阳气初盛之义，故肝合木。"胃，谷府"，谷为元气凝形，气化为食物，进入胃中，谷之实然，滋养人之精魄，谷之生生，护卫人之神魂也。"肾，水藏"，水为北，有阴闭藏阳之意，肾在人身有调节功能，故以肾配北方之水。"肺，金藏"，五行之金属西方之行，西方为收敛，肺亦有由外而内的嘘吸功能。上述以器官之五藏，配合方位之五行。"耳，主听"（段注·耳部），耳为吸收声音由外而内的器官，才质义显于作用义。听为感官之功能，是作用义显于才质义。"目，人眼"（段注·目部）目为人由内向外看的器官，形质义显于作用义，能视则为目之功能，是作用义显于才质义。"口，人所以言食也"（段注·口部）；"鼻，引气自畀也"（段注·鼻部），口与鼻皆形质义强之器官，能言食引气则为作用义所显之功能。可知耳、目、口、鼻为阴之形质，听、视、言、引气则阳之作用，此其与元气相通的一致性。而耳、目、视、听各个不同，亦气化殊异性在实然层的实现。

八、结 语

本文先讨论天以阴阳五行相生相胜为内容。在存在面，天降为日、月，再降为风、雪，再凝结为实然空间的东、南、西、北，及时间的春、夏、秋、冬，同时由存有面讨论天命于人过程中先有神魂，再次为精魄的过程。存在与存有两路最后汇聚为人身，所以人有不可象的阳气生生作用，此作用即是由可象的感官所发出。阳气发用于神魂层，乃仁、义、礼、智、信等价值意向，发用于精魄层面，乃能视、能听的感官知觉。阴气凝滞于神魂，及再次的精魄层。是说明由无形凝为有形过程中，有微而著而形的才质义的逐渐能凝结为实然的具体条件。实然的形物，因阴阳相胜而又有内在脏腑，外在耳、目感官的分别。统言之，宇宙人身的可象者与不可象皆元气流行而为实有者。

《说文》中阴阳五行说的文化渊源

康国章

安阳师范学院文学院

【摘要】阴阳五行学说的文化根源是中国人根深蒂固的"天人合一"观念，它的形成与上古官制及巫风密切相关。许慎之学术背景深受阴阳五行学说的影响，他所注《淮南子》与《说文》中的阴阳五行说更是关系深厚。

【关键词】许慎 《说文解字》 阴阳五行

许慎《说文》中多有阴阳五行之说，如《说文》水部："水，准也。北方之行。象众水并流，中有微阳之气也。""水"本为象形字，但许慎并未遵循他解释字形的一般原则，而是在"水"字说解中孱入了汉代流行甚广的阴阳五行学说。《说文》中阴阳五行说最为集中的地方主要有：释"金""木""水""火""土"，是谓五行；释"阴""阳"两字，是谓阴阳；释"青""赤""黑""白""黄"，是谓五色；释"心""肝""脾""肾""肺"，是谓五藏；释"卤""鹹"，关乎五味；释"玉""鹬"，关乎五方；释基数汉字从一至十，关乎术数；释十天干和十二地支，主要推衍万物生长和寒暑变化规律。[1]

一、"天人合一"观念是阴阳五行说的文化根源

关于中国思想文化中"天人合一"观念的来由，可以从原始宗教那里找到一些影子来。万物有灵和图腾崇拜是原始宗教文化的起源，这在世界范围内不同民族里情形大体一致，"1885 年，罗伯逊·史密斯在其研究阿拉伯人和闪族人的宗教著作中率先提出了图腾崇拜是一切宗教的起点。"[2] 但在中国上古文明中，原始的图腾崇拜很早就与祖先崇拜融为一体了。《左传·昭公十七》："昔者黄帝氏以云纪，故为云师而云名；炎帝氏以火纪，故为火师而火名；共工氏以水纪，故为水师而水名；大皞氏以龙纪，故为龙师而龙名。我高祖少皞挚之立也，凤鸟适至，故纪于鸟，为

鸟师而鸟名。凤鸟氏，历正也。玄鸟氏，司分者也；伯赵氏，司至者也；青鸟氏，司启者也；丹鸟氏，司闭者也。祝鸠氏，司徒也；鴡鸠氏，司马也；鳲鸠氏，司空也；爽鸠氏，司寇也；鹘鸠氏，司事也。五鸠，鸠民者也。五雉，为五工正，利器用、正度量，夷民者也。九扈为九农正，扈民无淫者也。自颛顼以来，不能纪远，乃纪于近，为民师而命以民事，则不能故也。"《国语·楚语下》："古者民神不杂……及少皞之衰也，九黎乱德，民神杂糅，不可方物。夫人作享，家为巫史，无有要质……颛顼受之，乃命南正重司天以属神，命火正黎司地以属民，使复旧常，无相侵渎，是谓绝天地通。"颛顼帝之所以有绝天地通的做法，正好说明他处在民神相杂、天人合一的远古宗教时代。《尚书·尧典》："帝曰：'弃，黎民阻饥，汝后稷，播时百谷。'""稷"本系谷神，源自万物有灵的自然崇拜；姜嫄所生的弃在尧帝时主管农业生产，并主祭五谷之神，遂成为周部族的祖先神。

在由自然崇拜向祖先崇拜的过渡进程中，"天神"也就具有了人类审视自身时所带有的道德属性。"殷人尊社，率民以事神"（《礼记·表记》），他们盲目尊崇虚无缥缈的鬼神；周人相信"皇天无亲，惟德是辅"（《左传·僖公五年》），"明显地赋予神（即周人的'天'）以'敬德保民'的属性"[3]，此乃"天人合一"思维方式的具体表现。"天人合一"是整个中华传统文化思想的指归，所以尽管道家所讲的"天"侧重于自然属性，儒家所讲的"天"突出道德含义，谶纬神学所讲的"天"带有强烈人格神意味，但他们在"天人合一"观念方面是一致的。

"天人合一"观念的形成与中国人的思维特征关系密切。就思维方式而言，东方文化以综合性的思维模式为显性特征，西方文化则以分析性的思维模式为显性特征。基于思维的根本特征，在东方文化中普遍相信"物我一体"，如古代印度的奥义书哲学的根本理念、根本方法就是"梵我一如"，"就是讲我与梵，自我的本体与宇宙的原理是相同之物。"[4]而中国人习惯于把天与人两者合和起来进行观照，认为天命就表现在人生上，"离开'人生'，也就无从来讲'天命'。离开'天命'，也就无从来讲'人生'。所以中国古人认为'人生'与'天命'最高贵最伟大处，便在能把它们两者和合为一。"[5]关于"天人合一"的思维本质，张岱年先生指出："中国古代哲学家所谓'天人合一'，其最基本的涵义就是肯定'自然界与精神的统一'，在这个意义上，天人合一的命题是基本正确的。"[6]

从"天人合一"观念出发，我们的先民在生产实践、社会架构和分析宇宙体系的时候，提出了"阴阳"和"五行"的概念，力图用阴阳五行之说来沟通天、地、人这"三才"之间的关系。正因如此，孙开泰教授在评价由战国中后期的齐国稷下学人邹衍创立的阴阳五行学派时说："邹衍的主要思想——包括天地人的阴阳学说，反映了阴阳家试图对自然界和人类社会作为一个统一体而做出解释。"[7]

二、阴阳五行学说的形成与上古官制及巫风密切相关

根据班固《汉书·艺文志》的说法，阴阳家"出于羲和之官，敬顺昊天，历象日月星辰，敬授民时"。"敬授民时"具体表现为上古时代的朔政制度，而朔政制度可以追溯到传说中的尧舜时代，据《论语·尧曰》："尧曰：咨！尔舜！天之历数在尔躬，允执其中。四海困穷，天禄永终。舜亦以命禹。"尧传位于舜，把告朔的责任与权力一并交由舜帝执掌。关于告朔的内容，《周礼·春官·太史》记载说："正岁年以序事，颁之于官府及都鄙，颁告朔于邦国。"朔政制度的重要性，在于"当时的生产主要是农业和畜牧业。而农业的耕获和畜牧业的蕃殖，都不能违背自然规律行事。"[8] 所以，阴阳家的产生与人类观察日月星辰变化、分析四方民众及鸟兽对于寒暑的反映、厘定四时以成周岁息息相关。可以说，上古时代阴阳家的先驱们，是出于现实生活的需要，基于"天人合一"的观念，把天地人三者进行综合性的思维判断，从而抽象出世间万物变化的一般规律。

与阴阳家出于"敬授民时"的羲和之官相类似，五行家的衍变也可以从上古巫风及官制那里找到源头。《礼记·曲礼下》："天子之六府，曰司土、司木、司水、司草、司器、司货，典司六职。"顾颉刚先生解释说："六府，掌资源之官也。"[9]《尚书·大禹谟》："禹曰：'于！帝念哉！德惟善政，政在养民。水、火、金、木、土、谷，惟修；正德、利用、厚生，惟和。九功惟叙，九叙惟歌。戒之用休，董之用威，劝之以九歌俾勿坏。帝曰；俞！地平大成，六府三事允治，万世永赖，时乃功。'"《左传·文公七年》："夏书曰：……水、火、金、木、土、谷，谓之六府。"远古社会相信万物有灵，早期的国家结构具有"政教一体的特征"[10]，从这个层面推测，《夏书》所记的"六府"不仅主藏六物，还负责主祭六物神灵。这类似于周代执掌五行之制的"五祀"官长，也就是《左传·昭公二十九年》所说的"五官"："故有五行之官，是谓五官，实列受氏姓，封为上公。祀为贵神，社稷五祀，是尊是奉。木正曰句芒，火正曰祝融，金正曰蓐收，水正曰玄冥，土正曰后土。"有学者说，"五行之官制度的形成，是五行起源过程中最重要的一个事件。"[11] 夏代的"六府"到周代衍变为"五官"，主祀谷神的官长消失了，"这是因为其中的谷神——后稷是周人

的祖先。周人既然成为'天子',他们的祖先也就不能与其余五官平列。于是夏代的'六府'之官成了周代的'五祀',由五个氏族'世守其职',负责祭祀五类物质,称为'五正'。"[12]

阴阳五行概念进入哲理性思维范畴,大概是从西周开始的。甲骨文中"阴""阳"系指自然方位,即山北水南曰阴,反之曰阳。《尚书·周官》:"立太师、太傅、太保,兹惟三公,论道经邦,燮理阴阳。"这段话采自周成王时期,说明西周初年"阴阳"一词即已进入哲学范畴,它"既指自然界和人的矛盾关系,也指人与人之间的矛盾关系"[13]。后来,《周易》理论的发展更是在很大程度上催生了阴阳五行观念的盛行。要而言之,阴阳五行家的基本特点有三:(一)观阴阳之术,序四时之顺;(二)五行相次转用事,五德相胜以始终;(三)验之于小而推之于大。其积极的方面在于"序四时之大顺",消极的方面在于"使人拘而多所畏"。[14]

三、许慎之学术背景深受阴阳五行学说的影响

顾颉刚先生说:"汉代人的思想骨干,是阴阳五行。无论在宗教上,在政治上,在学术上,没有不用这套方式的。"[15]所以,无论是今文经学还是古文经学,都是讲阴阳五行的,"今文经学的根据是阴阳五行说,而古文经学亦然。"[16]东汉今文经学家奢谈谶纬神学,招致古文经师的强烈反对。但是,由于今文经学长期受到统治者的重视,影响甚巨,地位至隆,导致一些古文大家有时也不得不讲神学谶纬,汉章帝时贾逵争《左氏传》立博士,其重要理由即是《左氏》与图谶相符合,胜过《公羊传》。[17]

考索许慎的学术经历,我们只有从他毕生的著述情况入手。许慎"在上《说文解字》书稿时,又上《孝经孔氏古文说》,还撰写了《五经异义》"。[18]此外,许慎尚著有《淮南鸿烈间诂》和《汉书注》。

《五经异义》见录于《后汉书·儒林传》:"初,慎以五经传说臧否不同,于是撰为《五经异义》。"[19]许慎之后,郑玄著有《驳许慎五经异义》一书,《旧唐书·经籍志》与《新唐书·艺文志》皆著录为十卷,惜宋代时与许慎《五经异义》一并亡佚。清人陈寿祺著有《五经异义疏证》,收录《皇清经解》中,堪称《五经异义》辑本之集大成者。

《孝经古文》源自"孔壁书",《汉书·艺文志·尚书类序》:"武帝末,鲁共王坏孔子宅,欲以广其宫,而得古文《尚书》及《礼记》《论语》《孝经》凡数十篇,

皆古字也。"且云："孔安国者,孔子后也,悉得其书。"据王肃《孔子家语解·后序》记载,孔安国"考论古今文字,撰众师之义,为古文《论语训》二十篇,《孝经传》二篇、《尚书传》五十八篇"。[20]只是《汉书·艺文志》著录《孝经古孔氏》一篇凡二十二章,并未见孔安国的《古文孝经传》。《隋书·经籍志》:"《古文孝经》一卷,注曰:孔安国传,梁末亡佚。"也许孔安国只是一般意义上的训解《古文孝经》,并未正式成书,当然也不能得到官方认可。许慎对于《古文孝经》的传承有着相当大的贡献,《说文·序》云:"慎又学《孝经孔氏古文说》。古文《孝经》者,孝昭帝时鲁国三老所献,建武时给事中议郎卫宏所校,皆口传,官无其说,谨撰具一篇并上。"在王肃之前,"经过孔家内部学者的加工,'《孝经》孔氏古文说'已经转变成'《孝经》孔传'。"[21]李学勤先生充分肯定了孔氏家学对于《古文孝经》孔传成书的贡献,"《古文尚书》《孔丛子》《孔子家语》等书,都可能与这一学派有关,《古文孝经》孔传也是如此。"[22]可见许慎所撰《孝经孔氏古文说》对于《古文孝经传》的成书起着承前启后的作用,蒋善国先生说:"许慎所撰当是孔氏《古文孝经说》。魏晋所传孔安国《古文孝经传》,可能就是许慎作的那篇。"[23]

《淮南鸿烈》由西汉淮南王刘安主持编撰,本名《鸿烈》,刘向校定后改称《淮南》,《隋书·经籍志》题作《淮南子》。许慎曾为《淮南鸿烈》作注,与东汉末年高诱《淮南鸿烈解》相杂而传。"《史记》集解两次引徐广曰'许氏说《淮南》'云云,这是传世文献对许慎注解《淮南子》的最早记录";"《淮南子》现存最早完本是清人刘泖生所影写的北宋本。此本每卷卷首落款'太尉祭酒臣许慎记上'"。[24]晁公武《郡斋读书志》卷三说:"(许)慎标其首,皆曰'间诂',次曰'淮南鸿烈',自名注曰'记上'。"[25]现今的影宋抄本《淮南子》中残存的许注篇首皆题作"淮南鸿烈某某间诂第几"。清人陶方琦认为《淮南子注》中的46条"一曰"多为许慎注[26](209);当今学者刘文典认为《淮南鸿烈集解》中的《缪称训》等8篇皆为许慎所撰,他在《淮南鸿烈集解·缪称训》所加按语说:"此篇序目,无'因以题篇'字,又宋本此篇与'要略'并题作《淮南鸿烈间诂》,其为许慎注本无疑。"[26](318)其他如《齐俗》《道应》《诠言》《并略》《人间》《泰族》《要略》等7篇的序目亦无"因以题篇"这4个字,也大致可以确定为许慎所撰。笔者蒐集到一个两卷本的《淮南鸿烈间诂》,扉页题作"光绪乙未春二月 长沙叶氏郎园刊"("光绪乙未"即公元1895年),末页题作"[汉]许慎撰 叶德辉辑";顿嵩元教授的文章《许慎生平事迹考辨(三)》说该书出自"观古堂所著书(光绪本,民国重编本)第二集"[27]。蒋礼鸿先生著有《〈文选〉注引许慎〈淮南子〉注辑录》一文,亦可管窥许慎注《淮南鸿烈》之大致情貌。[28]

许慎为《汉书》作注之事,见诸《汉书》颜注所引:"许慎尝注《汉书》,今不传,引见颜《注》中者尚多。"(王鸣盛《十七史商榷》)[29]清人王仁俊辑有《汉书许义》,编录《玉函山房辑佚书续编·史编正史类》。[27]《后汉书·马融传》云:"时《汉书》始出,多未能通者,同郡马融伏于阁下,从昭受读许慎。"许慎博通《汉书》,为马融所崇,其注《汉书》之事理固不违。

除上述《说文解字》《五经异义》《淮南鸿烈间诂》《孝经孔氏古文说》《汉书注》等 5 部著作外,刘汝霖于 20 世纪 30 年代所著的《汉晋学术编年》说"许慎还有《史记注》"[27],顿嵩元教授说许慎还著有《五经通义》[27]。

四、许慎所注《淮南子》与《说文解字》中的阴阳五行说关系深厚

《淮南鸿烈》为汉代道家学说的代表之作,但它兼综黄老之学和儒家学说,故被人称"醇儒"的许慎所接受。《淮南子·原道训》:"夫道者……横四维而含阴阳,紘宇宙而章三光。"《文选·西征赋》注:"《淮南子》曰:'大道含吐阴阳,而章三光。'许慎曰:'三光,日月星也。'"[28]《说文》示部:"示,天垂象,见吉凶,所以示人也。从二。三垂,日月星也。观乎天文,以察时变,示神事也。"段玉裁《说文解字注》:"言天县象箸明以示人,圣人因以神道设教。"桂馥《说文解字义证》:"'三垂,日月星也'者……馥按:即三辰。《纂要》:'日月星谓之三辰。'桓二年《左传》:'三辰旂旗,昭其明也。'服虔云:'三辰,谓日月星。'《鲁语》:'及天之三辰,民所以瞻仰也。'《潜夫论·五德志》:'高辛顺天之则,能叙三辰以周民。'""三光"之说,较早见于《左传·桓公二年》中记载的画有日月星"三辰"的旌旗。同时,《左传》中已经拿天之三星配地之五行,《左传·昭公三十二年》:"天有三辰,地有五行。"《国语·鲁语上》记载春秋时期展禽的话,更是把三辰与五行相配的功能进行了发挥:"及天之三辰,民所以瞻仰也;及地之五行,所以生殖也。"展禽把天道归之三辰,把地道归之五行,以三辰为人类取象之本,以五行为万物生殖之源,最早把体现天道的三辰与体现地道的五行放在一起来论说。

参考文献:

[1] 庞子朝:《许慎〈说文解字〉与阴阳五行说》,《华中师范大学学报(哲社版)》,1988 年第 5 期。

[2] 廖杨:《图腾崇拜与原始宗教的起源》,《广西民族研究》,1998 年第 1 期。

［3］张世英：《中国古代的"天人合一"思想》，《求是》，2007年第7期。

［4］季美林：《关于"天人合一"思想的再思考》，《中国文化》，1994年第9期。

［5］钱穆：《中国文化对人类未来可有的贡献》，《中国文化》，1991年第4期。

［6］张岱年：《中国哲学中"天人合一"思想的剖析》，《北京大学学报（哲学社会科学版）》，1985年第1期。

［7］孙开泰：《阴阳家邹衍的"天人合一"思想——"阴阳"是开启"五行"的钥匙》，《管子研究》，2006年第2期。

［8］金景芳：《中国古代思想的渊源》，《社会科学战线》，1981年第4期。

［9］顾颉刚：《〈曲礼〉中的古代官制及卜、祝之由尊而贱》，《中国社会科学院研究生院学报》，1986年第2期。

［10］葛壮：《关于中国上古时代政教关系的阐释》，见上海社会科学院《传统中国研究集刊》编辑委员会编《社会、历史、文献——传统中国研究国际学术讨论会论文集》，上海人民出版社2006年版。

［11］王小盾：《从"五官"看五行的起源》，《中华文史论丛》，2008年第1期。

［12］臧振：《略论五行思想的起源、演变与影响》，《陕西师范大学成人教育学院学报》，1999年第3期。

［13］赵士孝：《〈易传〉阴阳思想的来源》，《哲学研究》，1996年第8期。

［14］孙照国：《〈易经〉的宇宙观与阴阳五行家思想之渊源》，《周易研究》，2006年第1期。

［15］顾颉刚：《汉代学术史略》，东方出版社1996年版，第1页。

［16］周远富：《许慎的语文学说及其思想基础》，《南通师范学院学报（哲学社会科学版）》，1999年第2期。

［17］陈其泰：《两汉之际阴阳五行说和撼纬说的演变》，《孔子研究》1993年第4期。

［18］周又利、李元惠：《〈说文〉学（许学）》，见中华孔子学会编辑委员会组编《国学通览》，群众出版社1996年版，第761页。

［19］范晔：《后汉书》，中华书局1965年版，第1239页。

［20］王肃：《孔子家语》，《四库全书》（第695册），上海古籍出版社1987年版，第109页。

［21］陈以凤：《今本〈古文孝经〉孔传成书问题考辨》，《孝感学院学报》，2009年第5期。

［22］李学勤：《日本胆泽城遗址出土〈古文孝经〉论介》，《孔子研究》，1988年第4期。

［23］蒋善国：《尚书综述》，上海古籍出版社1988年版，第128页。

［24］李秀华：《许慎〈淮南子注〉成书时间考》，《黄河科技大学学报》，2011年第3期。

［25］晁公武：《郡斋读书志》，《四库全书》（674卷），上海古籍出版社1987年版，第224—225页。

［26］刘文典：《淮南鸿烈集解》，中华书局 1989 年版。

［27］顿嵩元：《许慎生平事迹考辨（三）》，《漯河职业技术学院学报》，2004 年第 3 期。

［28］蒋礼鸿：《〈文选〉注引许慎〈淮南子〉注辑录》，《温州师范学院学报（哲学社会科学版）》，1992 年第 4 期。

［29］王鸣盛：《十七史商榷》，凤凰出版社 2008 年版。

段玉裁《汲古阁说文订》"初印本"考辨[1]

张宪荣

山西大学文学院

【摘要】段玉裁《汲古阁说文订》中所说的"初印本"并非真正的汲古阁本的初印本，而是相对后世"剜改本"的一个带有主观性的概念，即特指有毛扆亲笔题署"顺治癸巳汲古阁校改第五次本"的那个本子，其本质上属于后世汲古阁本刊刻之前的一个校样本。而其中"盖校改在四次以前者"又是相对"初印本"推测出的一个操作性的概念,本身并无实际所指。在整个汲古阁本《说文》学史上,"初印本"的底本是较接近毛氏原刻的一个本子,要比传世的所有汲古阁本要早得多,所以对于我们认识汲古阁本的刊印流传具有非常大的指导意义。

【关键词】《汲古阁说文订》 初印本 四次以前 刊印时间 价值

明末清初,常熟毛晋得宋本《说文解字》,因嫌其字小,拟以大字翻刻。刻未竣而卒,其子毛扆继其事,终于在晚年校勘完毕,并刊刻印行,世称汲古阁本《说文》,具见该本末所附毛扆之跋。但此本在康乾之时流行甚少,故朱筠在乾隆三十八年时又据之翻刻行世,此书方大显于世,但研究者亦不甚多。[2]直到嘉庆初,段玉裁据两部宋本、两部影抄宋本及一本所谓毛扆校改的"初印本"等校通行的汲古阁本,撰《汲古阁说文订》后,世人方知汲古阁本之谬,而世上另有较之更早的本子存世,于是校勘、研究《说文》的风气方才大盛。可以说,段氏此书对清代《说文》学的推动是非常大的。在这部著作里,段氏提出的"初印本""第五次剜改本""四次以前"等概念,不仅由时人及后人竞相转引,而且成为世人对汲古阁本评判的专门词汇而深入人心,一直影响至今。但是可惜的是,由于在此书中段氏无意间的表述不清,却留给了后人很多困惑和谜团。其中,争议最大的就是所谓"初印本"和"四次以前"这两个词汇了。对此,清代以来尚争议不大,但到20世纪八九十年代时,潘天祯先生连撰数文进行探讨,而孔毅、杨成凯等先生亦先后撰文加以回应,这些问题才又重新回到人们视野。这几位先生的论述应该是比较深入的，但是由于种种原因，尚有值得商榷之处。笔者拟根据相关资料较为全面地重新加以探讨。

一"初印本"与"盖校改在四次以前者"辨

汲古阁"初印本"这个词汇的最早出现在段玉裁《汲古阁说文订》（以下简称《订》）一书。在其序言中，他在交代了自己参校的几个本子后说：

明经又出汲古阁初印本一，斧季亲署云"顺治癸巳汲古阁校改第五次本"。卷中旁书朱字，复以蓝笔圈之，凡其所圈，一一剜改。考毛氏所得小字本与今所见三小字本略同，又参用赵氏大字本。四次以前微有校改，至五次校改特多，往往取诸小徐《系传》，亦间用他书。

据此，我们至少可以知道以下几点：（一）段氏是将一本有毛扆亲署"顺治癸巳汲古阁校改第五次本"的本子称为"初印本"的。需要注意的是，这是一种特指或专称，并不是版本学上所说的"初印本"。一般而言，所谓"初印本"是相对后印本而言的，"专指雕版后第一次印刷的书"[3]，"是一书正式发行后最早的印本"[4]。而此本则有毛扆朱蓝笔指导刻工改版，显然尚在修订，并不属于这一类。由此可见，段氏所云的"初印本"带有明显的主观性，并不一定符合实际。（二）此本的正文有朱蓝两色笔进行批注：旁书朱字，蓝笔圈之。这一方面暗示出此本并非最后的定本，另一方面结合"凡其所圈，一一剜改"这句话，似乎暗示了段氏在作《订》时一定参考过此本上面毛扆的批校痕迹的，否则他怎么知道"一一剜改"了呢？（三）此本经段氏校订后，发现其进行过大量校改。其校改时多据徐锴《说文解字系传》之说，亦参用其他书籍。关于这一点，我们不知道是否此本上真的有毛扆的提示，还是出于段氏自己的推断。但无论哪个，都可以确定毛扆在校订时是有理可据的，虽有失误，但并非如段氏所说的"妄改"。

但是，由此也带来一些疑问：

（一）据段氏云，"顺治癸巳汲古阁校改第五次本"是"毛扆亲署"的，他是如何得知的呢？又是如何知道是"顺治癸巳"年校改的呢？（二）"五次校改特多"尚可通过毛扆朱蓝笔迹看得明白，但是所谓"四次以前"又是什么意思，段氏又是如何知道"微有校改"的呢？

正是这两点，学者们才对此本的真伪展开激烈的争论的。潘天祯先生最先发问，在其《毛扆第五次校改〈说文〉说的考察》一文中，他根据南京图书馆所藏的一部"毛扆手校样稿"中的题识和批校,断定"周锡瓒所藏初印本上的顺治癸巳'斧季亲署'和朱蓝笔校改,乃好事者的伪造,不是毛扆手笔。段玉裁的毛扆第五次校改《说文》说,乃是根据假证据提出的论断,理当否定"。[5]同时,又在《毛扆四次以前校改〈说文〉说的质疑》一文中进一步认为"有'斧季亲署'的初印本,乃是根据剜改后印本改过的字在书上'旁加朱字,复以蓝笔圈之',以充毛扆校改第五次的伪本。不过作伪者不仔细,漏掉了一些字,段氏发现后,强作解释,提出"此盖校改在四次以前者"一类推论,反为证明作伪提供了佐证,这是段氏所未料到的"。[6]这样,既否认了段氏所据"五次校改"本的存在,又否认了"四次以前"的说法,批判得很是彻底。而之后的一些学者则并不认为如此,如杨成凯先生针对潘文认为段氏序文中所说的"斧季亲署"云云是伪迹一说,认为这段文字属于间接引语,无法据此确定段氏所见原书"到底写的是哪几个字。段氏没有说毛扆写得就是这十三个字,而毛扆也不对这几个字负责"。同时认为"段氏所见的毛斧季校改第五次本是第四次修版后的印本"。[7]林宏佳则具体探讨了有关段氏"初印本""四次以前"等说法,认为"段氏所谓'初印'是相对于剜改本而言的,凡在剜改本以前即视为初印本",而"四次以前"校改本则有两种情形,一为"初印本"与剜改本不同,但《订》未明云"初印本如此"者,一为段氏所据"初印本"没有朱蓝色笔校改,但却被剜改了[8]。这些观点都对进一步研究段《订》提供了很有意义的思路。

　　由上可见,关于以上两个疑问,潘先生基本上是持否定态度的。对于第一个疑问,杨先生虽然提出了一个较为合理的理由,但是也是停留在推测。而林先生则抛开真伪问题,而从《订》的内容出发,着重解决第二个疑问,这是值得肯定的。

　　笔者以为,既然段氏所据"初印本"我们无从看到,那么,所谓"斧季亲署"是否是毛扆笔迹的问题再怎么论证也终究是在推测,而且由此来断定内容的真伪也失之于武断。所以应该暂且搁置。而段氏所谓"初印本""四次以前""第五次剜改本"等词汇由于影响深远,以至于《订》刊刻以来,学人几乎深信不疑,甚至有进而寻找毛氏"三次""二次"校改本的情况。所以必须加以探讨。

　　从《订》的整体上看,笔者认为,在段氏眼中,其所谓的"初印本"应该是一个特定的词汇,即特指有毛扆亲笔题署"顺治癸巳汲古阁校改第五次本"的那个本子,并非别有他本,所以与我们后世版本学上的"初印本"并不是一个概念。这个概念是相对剜改本出现的,而"盖剜(校)改在四次以前者"则是相对"初印本"出现的,二者不能混淆。

那么，这两个概念是如何被提出来的呢？

今观其序文，盖段氏以为，此"初印本"既然题作"校改第五次本"，那么其底本应该是毛氏第四次刷印的本子，而据此本上朱笔蓝圈批改意见剜改的本子就是当时流传的"第五次剜改本"。同时，既然此为第五次校改，那么之前应该是校改过四次。但是其又未见过四次校改之本，故在其《订》里就相应出现了两个概念即"初印本"和"盖剜（挍）改在四次以前者"。后者用"盖"者，乃谨慎之辞；未明确指明到底是哪次修改，而笼统称之为"四次以前"者，亦是谨慎之辞。

那么，段氏是如何处理这两个概念呢？或者说他是所根据什么来判断某字是第几次剜改的呢？为论述方便，今将该书有关四次以前剜改的条目列于下：

1. 卷一下"芇"字，段订：初印本如此。宋本、叶本、赵本、《韵谱》《集韵》《类篇》皆作"云"，独汲古阁依小徐作"生"，此盖校改在四次以前者。

2. 卷一下"荒"字，段订：初印本如此。今作掩，此盖剜改在四次以前者。

3. 卷三上"諴"字，段订：按，宋本、叶本、赵本、《五音韵谱》《集韵》皆作不能。……今毛本《说文》"不"字作"丕"，盖初刻时已误，抑或剜改在四次以前者。

4. 卷四下"殂"字，段订：按，宋本、叶本同。……今毛板有"放落"二字，盖四次以前依明刊《韵谱》校补。

5. 卷六上"桼"字，段订：两宋本、叶本、赵本皆同。今剜改文字作"交"字，盖在四次以前。

6. 卷六上"栩"字，段订：按，宋本不误，他本及毛本并误作"柔"，非也。"其皁"，宋本、叶本、赵本、《五音韵谱》《集韵》《类篇》皆同。今毛本依小徐作"其实皁"，此"实"字乃四次以前增也。

7. 卷八上"侉"字，段订：按，宋本、叶本、赵本、《五音韵谱》《集韵》皆同。惟小徐、《类篇》讹作"备"。今毛本同小徐、《类篇》，盖四次以前妄改。

8. 卷八下"覓"字，段订：按，宋本、叶本、赵本、《五音韵谱》《集韵》并同，惟《类篇》及小徐"吁"作"㖾"误。今毛本同小徐本，此盖剜改在四次以前者。

9. 卷十二上"掖"字，段订：初印本"掖"后无"掔"，宋本、叶本、赵本皆同。今剜补"掔"篆。解云："摩也，从手研声，御坚切"。盖依小徐校补者，在四次以前。

以上九条中，1、2皆明确云"初印本"、宋本等同，而与剜改本有异，故云"初印本如此"。3至5、7至9等虽然未明确说"初印本"的情况，但是从词句上推测，应该也同宋本，这是一种情况。第6条亦未提及"初印本"，但从其"宋本不误，他本及毛本并误"一句推知，"初印本"应该与宋本有异，而同于剜改本，此为第二种情况。第一种情况下，初印本与宋本等诸本一致，但与剜改本有异。如果翻阅全书，可以发现这种情况比比皆是，如卷一上"帝""䨄""玉"等，格式皆同之。如此看来，应该也是"初印本如此"才对。但是，段氏却偏偏在这几条下认定是"盖校改在四次以前"，为什么呢？我们推测，最大的可能就是虽然这几个字在剜改本中被改动过了，但是在段氏所据的"初印本"中，并没有朱蓝色笔的涂改意见。既然剜改本是据此"初印本"印刷的，按理来说，应该二本一致才是。但是情况恰好相反，剜改不在"初印本"，那么自然而然就是在四次以前了。第二种情况，"初印本"与剜改本一致时，段氏亦认为四次以前剜改的，这是如何理解的呢？我们认为，在这种情况下，"初印本"中也一定是没有朱蓝笔涂改意见的。正因为没有，所以当与宋本等诸本有异时，既然剜改没有发生在"初印本"上，那么也就自然在四次以前了。据此类推，我们认为，其应该还有属于"盖剜（校）改在四次以前者"的条目，即在没有朱蓝笔涂改意见的情况下（这是个大前提），"初印本"或与宋本等同但异于剜改本，或与剜改本同但异于宋本等。如：

卷十上"狐"字下，段订云：宋本、叶本大作犬误。

按，考剜改本作"大"。此条段氏未云初印本如何，盖与剜改本同也。所以其应该属于"盖剜（校）改在四次以前者"。

又，卷十一上"瀸"字，段订云：宋本、叶本小作水误。

按，剜改本正作"小"，而此条亦未云初印本如何，故初印本亦与之同，所以应属于"盖剜（校）改在四次以前者"。

此外，笔者又发现一种情况，即"初印本"既异于宋本等，又异于剜改本，这应该也是属于"盖剜（校）改在四次以前者"。

如卷十三上"蛰"字，段订云：

按，宋本如是，初印"虫"下空一字，后又依赵本补"虫"字。

今按，宋本作"虫行毒也"，无空白。此条所谓"后"云云，盖指剜改本。所以，这一条之"初印本"既不同于宋本，又不同于剜改本，属于"盖剜（校）改在四次以前者"。

总之，段氏在判断哪些是"初印本"，哪些是"盖剜（校）改在四次以前者"时，应该是参考过"初印本"上的朱蓝色笔涂改意见的。可以说此《订》是以初印本为底本，参考《说文》诸善本及相关典籍而编纂而成的。所以，此本中"初印本如此"的条目占据了绝对优势。但"初印本"有与宋本等本子一致而于剜改本有异的时候,有与宋本等本不一致反与剜改本相同的时候,也有与诸本皆不一致的时候,段氏在处理这些情况时,应该是反复斟酌过"初印本"上的修改意见的,否则无法判断哪些属于"盖剜(挍)改在四次以前者"。正因为如此,他才能够得出"四次以前微校改,至五次则校改特多"的结论。

但是,事实上,如果剜改本真的是据此"初印本"的意见修改而成的,那么就不应该出现二本不一致的情况。现在出现了,反而让人怀疑此"初印本"是否即真正的"初印本"了。这便是潘天祯先生最大的一个疑惑。但是他并没有继续探讨下去,而是一口咬定此是一个伪本,并且还指出作伪的方法[9]。但是岂不知他的解释反而暴露了其论述的缺陷。我们认为,潘先生的怀疑是值得肯定的,但是正如林宏佳指出的那样,这未必符合段氏的心理。在段氏心理,显然并未真正考虑过二者的关系。所以为了弥补这些不相一致的情况,"盖剜(挍)改在四次以前者"这个词语也就出现了。这样我们就可以明白了,世上根本就没有所谓的"四次以前"校改的本子,而不过是段氏方便描述一些不容易解释的情况而使用的一个词语而已,所以我们也无须找什么"三次""二次"的本子了。而所谓的"第五次校改本",从目前来看,其本质上属于后世通行本刊刻之前的一个校样本。所以后世的"第五次剜改本"这个词语是名不副实的,应该予以抛弃(因为通行本并不是据"第五次校改本"刊刻的),而统一著录为毛氏汲古阁刻本。

最后,还得需要指出一点,从整体上看,段《订》主要在于判断是非,并非校订异同。所以,我们可以看到,其对于某字的正误特别在意,有时不惜数百字反复证明某字当作某字。而在版本方面相对有些随意,如卷四上鸟部焉字"朋者羽虫之长"条,《订》云:"周氏宋本长作属,误",其实查核一下王氏宋本,也是写作"属"字的。而段氏对后者只字不提,正说明其校勘上的不严谨。关于这一点,其实当时顾广圻便已举出数例来说明了,并进而云"可订而未经载入者又往往有"[10]。所以,我们在使用此书时,千万不能将之奉为圭臬。

二、段氏"初印本"的刊印时间考

段氏所谓"初印本"既然不是如段氏所云的"第五次剜改本"的底本,那么,它到底是一个什么样的本子呢?今其原本既不可见,但南京图书馆却藏有一部毛扆亲笔校样本(以下简称"南图本"),即前文提及的潘天祯先生所云的"原刻校样稿"。

据笔者调查，此本除前无里封，后无毛扆识及 11 则有关《说文》的论述外，其版式一如今存世之汲古阁本。其天头和文内有颇多批校，有时甚至涂了重批，显然已经不止一次批校了。但不可否认的是，其应该是目前所知最早也最接近毛氏原刻的汲古阁本了。今据此本来比勘段氏所据"初印本"，看看它到底是怎样一个本子。

关于二本的关系，潘先生曾经也在其文章中略微探讨过。他发现南图本中毛扆题识中朱笔所正的七字中，段《订》仅有两字订正过（卷八上人部佻字下和侉字下），且均不提初印本如何。而文内天头上 7 处引徐锴《系传》校正者，"段氏竟一无所订"[11]。为什么会这样呢？潘先生给出的理由是"传世扆校后的毛版诸印本，均照扆改。当是除周锡瓒所藏初印本外，扆改诸字均无'旁书朱字，复以蓝笔圈之'，故段氏无订"。意思似乎是说，因为段氏所据"初印本"有朱蓝笔批校，所以其不订。那么，言外之意难道说段氏订的都是初印本上没有批校的字吗？但是按照我们上面的推测，无论初印本上有无批校提示，段氏都或多或少有订的。实际上，从《订》所收三百多个条目上看，段氏其实并非仅仅针对初印本或剜改本而编撰此书的，其中尚有一些无关的条目，如卷十五上"三曰形声者"条，所订者乃万历刊《五音韵谱》，更与《说文》无关。所以，从校勘学的角度看，此书并不是一部体例严谨、校勘精审的著作，而更像是一部急就章式的作品。而从其编撰到刊行，仅仅花费一个月的时间[12]。在这么短的时间内，即便有袁廷梼等人的协助，也无法做到字字比勘。所以，其所据诸本之间的差异肯定不止这么多，段氏等不过采辑其中可作解释的部分条目编成一书的。所以，在进行比勘的时候，我们认为不能根据南图本有而段《订》无之字来评价段《订》的学术价值，而应该以《订》有之字来比对南图本才比较合乎情理。

段《订》凡 318 条，其中有 126 条明确提到了"初印本"（作"初印本如此"或"初印本作"），余则或题宋本误，或"剜改本"误，体例不一。今据相关条目与原刻本比勘，可以分为以下几种情况：

第一，凡言"初印本如此"者，二本基本相同[13]。试举三例：

1. 卷一上丄部帝字：辛示辰龙童章皆从古文上。

段《订》云："初印本如此，王氏、周氏两宋本，叶石君抄本，赵灵均抄本，《五音韵谱》皆同。"按，原刻本亦如此。

2. 卷一下艸部荒字：一曰艸淹地也。

段《订》云："初印本如此，宋本、叶本、赵本、《五音韵谱》皆同。……今作掩，此盖剜改在四次以前者。"按，原刻本同初印本，作"淹"而不作"掩"。

3. 卷二下小部小字：物之微也。从八丨，见而分之。

段《订》云："初印本如此，宋本、叶本、赵本皆同。今依小徐于'分之'上剜补'八'字。"按，原刻本同初印本，没有补"八"字。

以上三例中，剜改本有增字、改字、旁增小字情况的时候，原刻本与初印本皆无。

第二，言"初印本作某"者，二本亦相同。

1. 卷三下支部𣀷，段《订》云："初印本𣀷后无𪓐。宋本、叶本、赵本皆同。"按，原刻本与之同，无增此篆。

2. 卷十一上水部潕字：水出南阳舞阳，东入颍。

段《订》云："初印本作阳。按，宋本同误也。"按，原刻本与之同，作"南阳舞阳"。

3. 卷十一上水部澹字：云气起山。

段《订》云："按，初印本依赵本如此。今剜改'山'字作'也'字，宋本如此。"按，原刻本与之同，作"云气起山"。

以上三例中，段氏以为初印本误者，原刻本则同误；而初印本与宋本或同或异者，原刻本亦如此；初印本未增篆者，原刻本亦同之。

第三，段《订》虽未明言初印本，但所云毛版、毛本、初刻等有时暗指初印本。此种情况下，原刻本亦与之同。

1. 卷三上"諴"字：《周书》曰：不能諴于小民。

段《订》云："按，宋本、叶本、赵本、《五音韵谱》《集韵》皆作'不能'。……今毛本《说文》'不'字作'丕'，盖初刻时已误，抑或剜板在四次以前者。"

2. 卷四下"殂"字：《虞书》曰：勋乃殂。

段《订》云："按，宋本、叶本同。……今毛板有'放落'二字，盖四次以前依明刊《韵谱》校补。"

3. 卷五下食部饟字：周人谓饷曰饟。

段《订》云："两宋本、叶本、赵本及《集韵》《类篇》皆同，毛本'曰饟'讹作'日酿'，盖初刻时已误。"

4. 卷六上"栩"字：柔也。从木羽声。其皁一曰样。

段《订》云："按，宋本不误，他本及毛本并误作'柔'，非也。'其皁'，宋本、叶本、赵本、《五音韵谱》《集韵》《类篇》皆同。今毛本依小徐作'其实皁'，此'实'字乃四次以前增也。"

以上有三条提到了"四次以前",而四条均使用了"盖"字,说明诸条目的内容皆是段氏主观推测出来的,而并未真正见过除所据初印本以外更早的本子。据前文所论,所谓"四次以前"乃是段玉裁所据"初印本"无朱墨笔批改,但是却与剜改本之字相同时所作出的推断。今将之与原刻本相校,可知原刻本中,第 1 条中作"丕能",第 2 条中作"放勋乃殂落",第 3 条中作"曰饟",第 4 条中作"柔也""其实皁",均同后世剜改本,这说明其所据"初印本"也是如此做的。那么,所谓"毛本""毛板"在这里至少指包括"初印本"在内的所有毛氏汲古阁刻本[14]。值得一提的是,以上四条皆是段氏所批判的,这至少暗示了段氏并不是一味维护其所据初印本的。

综上所述,段氏所据初印本在与剜改本有异时,往往与原刻本相同;与诸宋本等相异时,也与原刻本相同。段氏以为其所用之字有误时,原刻本也往往与之相同。这说明,无论此本的文字并不随剜改本、诸宋本等用字的差异而改变,而是与原刻本用字基本一致的。所以,二本在刊刻时间上毫无疑问是最为接近的,同样属于毛氏汲古阁早期的刊本。

在这里,我们用"最为接近"一词,而不说是同一版本。主要是因为段氏作《订》时并没有依同一体例严格进行校勘,而且还时有校勘错误,所以无法进行更为准确的判断。同时,在将二本进行比对时,我们也发现了若干相异的条目,如下:

1. 卷十一上水部浪字下:南入江。

段《订》云:"初印本作'入海',误。"按,今检原刻本作"入江",与剜改本及诸宋本皆同。

2. 卷十一上水部滹字下:《诗》曰:滹沱北流。

段《订》云:"初印本如此,宋本及王伯厚《诗地理考》皆同,今剜改'沱'字为'池'字。"按,今原刻本作"滹池",与剜改本同。

3. 卷十二下丿部丿字下:房密切又匹蔑切。

段《订》云:"初印本如此,宋本、叶本但云'房密切',赵抄及《五音韵谱》作'房密切又匹蔑切',多四字。"按,今原刻本作"於小切",与剜改本同。

4. 卷十四下阜部隄字下:唐也。

段《订》云:"初印本作唐,各本及《集韵》《类篇》同。"按,今原刻本作"塘也",与剜改本同。

以上四条中,第 1 条只有初印本作"入海",余诸本皆作"入江"。2、3、4 条中,初印本与段氏所据诸本同而与剜改本异，原刻本却与剜改本同。如果段氏所录无误的话，那么其所据初印本之底本在原刻本的基础上肯定进行过修版重印。

从整体上看，段氏所据初印本与原刻本基本接近，但也有若干不同。正因为二本差异较小，所以笔者以为前者应该是一个较原刻本略晚的本子。其价值自然要较今传世的毛氏诸本大得多。

三、小结

综上所述，段《订》所据初印本是一个价值颇高的版本。其所谓"初印本"并非一般意义上的初印本，而是具有特殊指称，即特指有毛扆亲署"顺治癸巳汲古阁校改第五次本"的那个本子。与之相对的"四次以前"是指在无朱蓝笔批校的情况下，初印本与剜改本文字相同的情况。从刊印时间上看，此本与南京图书馆所藏毛扆校样本所据底本最为接近，属于毛氏汲古阁早期的本子，所以极具学术价值。惜今散佚不存，我们只能从段《订》中看到有限的文字。

注释：

[1] 本文为国家社科基金项目（16CTQ012）"小学文献学研究"的阶段性成果之一。

[2]（清）冯桂芬《显志堂稿》卷一（清光绪二年冯氏校邠庐刻本）《重刻段氏说文解字注序》云："国朝元和惠氏栋始表章是学，成《读说文记》。厥后大兴朱氏筠视学吾皖，梓旧本《说文》于节署，其书乃大显。于是段先生暨嘉定钱氏、休宁戴氏、曲阜桂氏、归安严氏、阳湖孙氏、高邮王氏，无虑数十家，先后迭兴，各辟户牖。盖《说文》之学，至乾嘉间而极盛。"按，冯氏将《说文》学兴盛定在了乾嘉时期，但还不够具体。笔者以为应该在乾隆中后期特别是《四库》编纂之后才渐有发展，至嘉庆之后方走向兴盛的。《说文》的兴盛是跟当时的学术背景有关的，笔者另有专文探讨，兹不赘述。

[3] 赵国璋、潘树广：《文献学辞典》，江西教育出版社1991年版，第473页。

[4] 郭立暄：《中国古籍原刻翻刻与初印后印研究》，2008年复旦大学博士论文，第37页。

[5] 潘天祯：《毛扆第五次校改〈说文〉说的考察》，《图书馆学通讯》，1985年第2期。

[6] 潘天祯：《毛扆四次以前校改〈说文〉说的质疑》，《图书馆学通讯》，1986年第3期。

[7] 杨成凯：《汲古阁刻〈说文解字〉版本之疑平议》，《北京高校图书馆学刊》，1998年第4期。

[8] 林宏佳：《〈汲古阁说文订〉写作模式试探：兼谈汲古阁〈说文〉的评价》，《传统中国研究集刊》第十一辑，2013年。

[9] 潘天祯：《毛扆四次以前校改〈说文〉说的质疑》（《图书馆学通讯》，1986年第3期）云："有

'斧季亲署'的初印本，乃是根据剜改后印本改过的字在书上'旁加朱字，复以蓝笔圈之'，以充毛扆校改第五次的伪本。"照这么说，此"伪本"应该出现在剜改本之后（据潘先生云在康熙五十二年之后），嘉庆二年段玉裁撰《订》之前了。但是从文化背景看，《说文》在当时并不怎么流行，所以才有了朱筠重刊本。既然这样，好事者又何必作伪呢？再说，潘先生的这个解释虽然说明了《订》中"初印本"与剜改本同而异于宋本等的情况，但是却忽略了大量的情况是"初印本"同于宋本而异于剜改本，对于此不知潘先生又如何解释呢？笔者以为，如果出现伪本，也应该是在《订》刊行之后的事了，此时对《说文》的研究才渐渐兴盛。而在此之前则不大可能。

［10］见《说文解字》，清光绪七年淮南书局刻本所附顾广圻识语。

［11］潘天祯：《汲古阁本〈说文解字〉的刊印源流》，《北京图书馆馆刊》，1997年第2期。

［12］按，刘盼遂《段玉裁先生年谱》（《清华学报（自然科学版）》，1932年第2期）云"嘉庆二年七月，与袁廷梼用诸宋本合编《汲古阁说文订》。"此说盖采自《订》所附段玉裁之序（七月十五日）和袁廷梼之跋（相月）。而今存淮南书局本《说文》有嘉庆二年六月廿四日跋和顾广圻跋，段氏云："嘉庆丁巳周君漪塘以借阅"，顾氏云："段先生跋此后一月即成汲古阁说文订刊行"，则可知编撰至刊刻时间很短。

［13］按，此处用"基本相同"，说明尚有不相同之时，详见下文。

［14］按，段《订》中提到的"毛板""毛本"等概念并不是一个严格的术语，一般指剜改本，但有时却又包括了其所据初印本。

《说文》古文来源初探

张振谦

河北大学文学院

许慎在《说文·叙》中道："时有六书：一曰古文，孔子壁中书也；二曰奇字，即古文而异者也。……壁中书者，鲁恭王坏孔子宅而得《礼记》《尚书》《春秋》《论语》《孝经》。又北平侯张苍献《春秋左氏传》。郡国亦往往于山川得鼎彝，其铭即前代之古文，皆自相似。虽叵复见远流，其详可得略说也。"

王国维先生指出："魏石经及《说文解字》所出之壁中书亦当为当时齐鲁间书。"[1]何琳仪先生也认为："《说文》古文十之八九皆出于壁中书……以现代文字学的眼光看：壁中书属齐鲁系竹简。"[2]

郭店楚墓竹简出土后，李学勤先生认为《说文》古文与郭店简的部分字形相似，并指出："孔家壁藏的竹简书籍，很可能是用楚文字书写的。"[3]

我们曾讨论过，在齐系文字地域内，齐莒文字与鲁邾文字在形体上有很大的区别，可分为齐莒与鲁邾两个小系。[4]这样，摆在我们面前的问题就有两个：1.《说文》古文到底是齐系文字还是楚系文字？ 2.《说文》古文是齐系文字，还是齐系文字中的鲁邾文字？

对于第一个问题，冯胜君先生已经通过对《说文》古文、三体石经古文与战国文字典型样本的统计，得出"《说文》古文、三体石经古文具有较明显的齐系文字特征这一结论"[5]，与上述王国维、何琳仪二位先生的观点基本是一致的，当属可信。

对于第二个问题，可将《说文》古文分别与齐莒文字和鲁邾文字作字形对比研究，得出统计结论。字形对照表如下。

《说文》古文与齐系文字形体对照表

古文	未定地域的齐系文字	齐莒文字	鲁邾文字
		集成 9733 庚壶	

续表

祉	玺汇 3547		
暘	玺汇 3142		
羼			山东 104 司马楸编镈
正		集成 4649 陈侯因咨敦	正 集成 245 鼄公华钟
䏠			集成 11124 淳于公戈
麋		集成 4649 陈侯因咨敦	
遟			陶录 3.460.3
遟			陶录 3.458.6
慁		集成 10374 子禾子釜	
慐	商周 16535 後生戈		陶录 3.338.1
曇		陶录 2.15.2	
巟	玺汇 0238	玺汇 0234	
舍			陶录 3.521.5
料			陶录 3.273.6
卜		齐币 252	
爾			陶录 3.295.5
能		集成 271 黜镈	
卓			集成 152 鼄公牼钟
設		集成 4596 齐陈曼簠	
宣			集成 149 鼄公牼钟
奔			陶录 3.154.1
甘		集成 175 仲子平钟	遗珍 069 倪庆匜鼎
箕		集成 275 叔夷钟	
正		玺考 70	陶录 3.19.1

续表

𣄰		集成 11609 阴平剑	𢦏	集成 11041 平阿左戈		
𤴨			𠃊	集成 10361 国差𬭁		
𠅘			𦥑	陶录 2.438.1		
𫐄			𢆶	集成 4649 陈㑸因咨敦	𠂤	集成 11078 滕㑸耆戈
目					𠄔	陶录 3.526.1
𦣻					𩑋	陶录 3.576.5
日			𪑺	齐币 198	一	陶录 3.619.1
冋		玺汇 0250			𥝌	陶录 3.206.3
𥃩				齐币 387		
外			外	陶录 2.13.1		
𦱳			𤕟	玺汇 0233		
周			𪱿	商周 14916 诸匜		
永			𩇓	集成 271 𪓷铸	𣲘	集成 50 黿君钟
𠧟			𠧟	集成 9733 庚壶	𠧟	陶录 3.42.1
𩑣			𩑣	集成 4190 陈眆簋盖		
尺		玺汇 0175				
亯					亯	陶录 3.22.6
𢒈			𣏟	集成 9733 庚壶	𣏟	集成 4556 薛仲赤簠
𥝌			𥝌	集成 11082 陈丽子戈		
𥁕					𥁕	陶录 3.339.2
𣫭		玺汇 1185				
𠕉			𠕉	集成 273 叔夷钟	𠕉	集成 245 黿公华钟
𧾷					𧾷	陶录 3.648.3
𠔿			𠔿	集成 11105 子渊𪊨戟	𠔿	陶录 3.24.6

续表

			陶录 3.552.5
		集成 285 叔夷镈	
	玺汇 2207	集成 9703.2B 陈璋方壶	
		集成 285 叔夷镈	集成 149 鼄公牼钟
		陶录 2.544.4	
	录遗 6.132 铜柱	集成 11127 陈胎戈 后李 6.1	
		集成 9730 洹子孟姜壶	
			集成 102 邾公钟
			陶录 3.333.6
			集成 102 邾公鈠钟
		新收 1043 郑子姜首盘	
			新收 1080 少司马耳杯
			陶录 3.614.1
			陶录 3.478.6
		集成 10361 国差蟾	
		集成 4596 齐陈曼簠	
	玺汇 3992		
			陶录 3.194.6
		陶录 2.269.2	
		陶录 2.576.3	
	纪 玺汇 2611	山东 103 莒公孙潮子镈	陶录 3.485.5
		集成 11128 陈卿聖孟戈	集成 10144 曹公盘

续表

非		集成 11034 陈卯造戈	
脂	玺汇 0307		陶录 3.547.5
而		集成 271 鞴镈	

　　对于第二个问题，我们认为，《说文》古文应该进一步确定为齐系文字中的鲁邾文字。将《说文》古文分别与齐莒文字和鲁邾文字对比，结果发现，有 39 例《说文》古文形体与鲁邾文字相合，有 42 例《说文》古文形体与齐莒文字相合。

　　考虑到目前所见到的、并且形体结构已经被确认的鲁邾文字，其单字字量要比齐莒文字少得多，所以上述 38 例鲁邾文字要比 42 例齐莒文字与《说文》古文相合所代表的契合度高得多。

　　有些《说文》古文字形，独见于鲁邾文字。如我们曾经专门考察"造"与其《说文》古文"艁"的地域使用状况，发现"造"字形体流行于齐国地域，而"艁"字形体流行于鲁、邾、滕、羊子、淳于等鲁邾地域。[6] 再如《说文》古文"良"字，其字形写法仅见于邾国陶文。这些字形是证明《说文》古文源自鲁邾文字的坚实证据。

　　上述相合的字例，很多是只代表该字的个体字形，在当时的文字构形中，这些字未必有很大的代表性。因此，要深入研究《说文》古文的形体归属，还要看一些具有典型意义的、在文字构形中占有重要地位的偏旁部首。

　　除了《说文》古文存有古文字形外，三体石经也存有古文字形，二者的古文字形有密切的渊源，故后者可作为重要的字形来证据佐证前者。下用《说文》古文、三体石经古文的字形，与齐莒文字和鲁邾文字形体特点差别明显的"心""宀"两个部首，作形体比较研究。

　　从"心"的《说文》古文有以下几字：

悉	信	肅	惠	餁	仁	狂	德
悉	信	肅	惠	餁	仁	狂	德

懼	悟	愛	怨	患	恐	閔
懼	悟	愛	怨	患	恐	閔

从"心"旁的三体石经古文有以下几字：

德	敃	惠	念	恕

齐莒文字的"心"旁一般写作**ᵕ**、**ᵕ**形，鲁邾文字的"心"旁一般写作**ᵕ**，从上述《说文》古文和三体石经古文字体来看，所有的古文形体都与鲁邾文字相近，而与齐莒文字不同。此外楚文字的"心"旁与齐莒文字写法相近，作：**ᵛ**、**ᵛ**，与古文形体不同，所以，孔子壁中书不是用楚文字写成的。

从"宀"的《说文》古文有以下几字：

家	宅	容	寶	宜	宜

三体石经古文有以下几字：

向	家	朕	容	安	宰	宋	宗	空	宝

齐莒文字的"宀"旁一般写作**⌂**形，鲁邾文字的"宀"旁有的写作**⌂**形，从上述《说文》古文和三体石经古文字体来看，除了"家""宅""寶"三个字的《说文》古文形体外，其余都与鲁邾文字相近，而与齐莒文字不同，特别是"安"字的写法，齐国文字全部写作从"厂"，字形如：

集成 10371

陈纯釜

与此形体绝不相同。

对于"家""宅""寶"三个字的《说文》古文形体，《汗简》所载形体与之不同，作：

家	宅	寶
汗简 3.39 说	汗简 3.32 说	汗简 3.39 尚

明显与鲁邾文字相同。此外楚文字的"宀"旁一般写作：人，与古文形体不同，从这一点看，孔子壁中书不是用楚文字写成的。

还有一些古文字形也很具有典型特点，如所有从"火"的《说文》古文、三体石经古文，字形如：

災	赤	氣
烖	坴	氣

在"火"的上部没有饰笔，都与鲁邾文字相同，与齐莒文字"火"作 氺 写法不同。

通过上面的一系列的文字形体比较，可以得出以下结论：《说文》古文多与鲁邾文字字形相近，而少与齐莒文字形体相近。因此，如果把齐系文字再细分作齐莒文字和鲁、邾、滕文字两个小系的话，《说文》古文可以归到鲁、邾、滕文字中去。所以，尽管在齐系文字中，鲁国出土文字很是罕见，但是如果考虑到《说文》古文的重要影响，称这一小系文字为鲁邾文字是较为合理的。

注释：

［1］王国维：《桐乡徐氏印谱序》，《观堂集林》第一册，中华书局1959年版，第299页。

［2］何琳仪：《战国文字通论（订补）》，中华书局1989年版，第43—45页。

［3］李学勤：《郭店楚简与儒家经籍》，《郭店楚简研究》（《战国哲学》第二十辑），辽宁教育出版社1999年版，第20页。

［4］参《齐系文字研究》，安徽大学博士学位论文，2008年5月，第113页。

［5］冯胜君：《论郭店简〈唐虞之道〉、〈忠信之道〉、〈语丛〉一至三以及上博简〈缁衣〉为具有齐系文字特点的抄本》，北京大学博士后研究出站报告，2004年8月。

［6］参《〈说文〉古文"舩"字考》，《中国文字学报》（第五辑），商务印书馆2014年版，第169—174页。

《说文》古文新证（五则）[1]

张学城

南通大学文学院

【摘要】《说文》作为中国文字学的奠基之作，一经问世，备受推崇。《说文》体例，兼录小篆、古文和籀文。古文作为一个重要组成部分，保留了大量战国文字资料。但是由于古文形体奇特怪异，后人大多不能正确识认，甚至怀疑其真伪，所以没能引起前人学者的足够重视。近年来大批战国文字资料的不断发现，越发凸显了《说文》古文的重要价值，引起学界前所未有的重视。同时，随着古文字学研究的不断深入，也为全面研究《说文》古文提供了条件。本文利用出土古文字资料对"网""仁""伊""视""開""闢"等字的古文进行了重新释证，或补证前人的卓识，或纠正前人的谬误，或对某些古文的形体提出了一些新的看法。

【关键词】《说文》 古文 释证

从文字发展史的角度来看，汉代是古文字向今文字过渡刚刚完成的时期。由于许慎所处的时代和地位，他无可争议地掌握了大量的古文字实物材料，而且他所掌握材料的真实性越来越被当代考古发现的古文字资料所证实。他在《说文》中对搜集的古文字形体进行了分类，分为古文、籀文、篆文。

何谓"古文"？还是要到《说文·叙》中去寻找答案。《说文·叙》开篇即是讲述文字的发展：

> 仓颉之初作书，盖依类象形谓之文，其后形声相益谓之字。……以迄五帝三王之世，改易殊体。……及宣王太史籀，著大篆十五篇，与古文或异。至孔子书《六经》，左丘明述《春秋传》，皆以古文。……其后，诸侯力政，不统于王……分为七国……言语异声，文字异形。……至秦始皇帝，罢其不与秦文合者……或颇省改，是谓小篆是也。

　　许慎以时代为序阐述文字之发展流变，思路清晰，脉络分明。在许慎的文字发展观里，古文是一种早于籀文的字体，也就是仓颉以来以至于周宣王所使用的文字，是广义上的古文字。"许慎认为，虽然古文经书的书写时代晚于《史籀篇》，它们所用的字体却早于籀文，因为孔子等有意用比较古的字体来写经书。"[2]

　　张富海指出："其后近两千年，学者对古文的认识基本不出许慎的范围，甚至更偏狭一些，如段玉裁说：'凡言古文，皆仓颉所作古文。'古文是五帝三王时代的文字，这是许慎对古文的定义，应该也是汉代学者的普遍观点。"[3]

　　迄于清末，吴大澂、孙诒让等学者的古文字研究，为古文字学的分立奠定了基石。[4]科学古文字学的分立和出土古文字材料的不断丰富，使得正确认识《说文》古文成为可能。

一、吴大澂的卓识

　　首先提出《说文》古文并不是五帝三王以来之古文，而是战国文字的是吴大澂。他通过把金石和其他古文字材料与《说文》古文相对比，不仅发现《说文》古文乃周末之文字，而且还和六国文字相类。不仅在时间上还在地域上给以限定，实属难能可贵。陈介祺在光绪四年二月二十七致吴大澂的信札中说："尊论许氏所引皆六国时古文，心中之光实能上炬千古。若非多见能识，真积贯通，焉能及此。"(《簠斋尺牍》)吴大澂在《说文古籀补·自序》中写道："窃谓许氏以壁中书为古文，疑皆周末七国时所作，言语异声，文字异形，非复孔子六经之旧简。虽存篆籀之迹，实为讹伪之形。"其语石破天惊，凿破鸿蒙，两千年之疑案终得揭橥。

　　其后孙诒让也说："今《说文》九千文，则以秦篆为正。其所录古文，盖捃拾漆书经典及鼎彝款识为之，籀文则出于《史篇》，要皆周以后文字也。"(《名原·序》)

二、王国维的贡献

　　民国初年，王国维继承了这种观点，并在《〈史籀篇证〉序》《战国时秦用籀文六国用古文说》《〈说文〉所谓古文说》《〈说文〉今叙篆文合以古籀说》《桐乡徐氏印谱序》等文中进行了详细阐释。

　　王氏通过将六国文字和《说文》古文和石经古文相比较，发现二者相类，六国文字和古文乃是一家之眷属。"至许书所出古文，即孔子壁中书，其体与籀文、篆文颇不相近，六国遗器亦然。壁中古文者，周秦间东土之文字也。"并进一步作出推测：“魏石经及《说文解字》所出之壁中古文，亦为当时齐鲁间书。”[5] 王氏不仅指出《说文》古文为战国文字，而且指出其为战国时候齐鲁间之文字，这是大大超越前人的地方。

不仅如此，王氏在《说文》古文的研究方法上更是大超前人。他说：“余谓欲治壁中古文，不当绳以殷周古文，而当于同时之兵器、陶器、玺印、货币求之。惜此数种文字，世尚未有专攻之者，以余之不敏，已足知此四种文字自为一系，又与昔人所传之壁中书为一系。”[6] 至此则为后世研习《说文》古文指明正途。

三、胡小石、商承祚、舒连景的研究

王氏之后，研究《说文》古文者有胡小石、商承祚、舒连景等。胡小石 1927 年作《说文古文考》，其后舒连景 1935 年作《说文古文疏证》，商承祚于 1934 年至 1940 年间于《金陵学报》上发表《说文中之古文考》。

胡小石、商承祚皆以出土殷周古文字释证《说文》古文。因为战国文字乃殷周文字之流变，两者多有相因、共通之处，所以《说文》古文中理所当然地保留着殷周古文的痕迹。正是因为他们在研究材料和方法上突破了传统文字学的藩篱，所以他们的研究多有创获，达到了前所未有的成就。

相比之下，窃以舒连景成就最大。这也是研究方法所决定的。舒氏在《说文古文疏证·序》中说：“古文出于壁中经，其见于《说文》重文中者，约五百余字。然自汉以来，论者或误以为殷周古文，或诋之以为汉人伪造，謷言臆说，无从征信。至王国维作《史籀篇疏证序》，始谓战国时秦用籀文，六国用古文。其后作《桐乡徐氏印谱序》，更征以传世六国兵器若陶器若玺印若货币魏石经，字之形体，大都与《说文》古文合；而《说文》古文之为六国东土文字说，遂大信于世。去岁承丁山先生命以六国文字，证《说文》古文之源，校许书传写之讹。”[7] 舒连景有意识地运用六国文字资料释证《说文》古文，自然是融通恰切，多有发明。

四、当代的《说文》古文研究

五十年代以来，战国文字资料不断发现，战国文字研究亦有长足发展，则带动了《说文》古文研究。这个时期的《说文》古文研究分成两个方面。一是有意识地利用《说文》古文、石经古文等传抄古文资料来考释未识之战国文字。此方法已经成为大家考释古文字习用之方法，成果俯拾皆是，不胜枚举。另一方面就是利用已

有的古文字资料和研究成果重新释证《说文》古文，全面探讨二者之间的关系。邱德修《〈说文解字〉古文释形考述》（1974）、李天虹《〈说文〉古文校补疏证》（1990年硕士论文）等就是这样的著作。黄锡全《汗简注释》（1990）、徐在国《隶定古文疏证》（2002）、张富海《汉人所谓古文研究》（2005年博士论文）等也涉及《说文》古文。另外曾宪通、何琳仪、林素清、黄锡全、李天虹、刘乐贤、赵平安、李守奎、刘洪涛、苏建洲等先生也有单篇论文论及《说文》古文。

上揭著作在《说文》古文研究的各个方面取得了长足的进步，深层次地对古文性质和来源进行探讨，对个别疑难古文进行验证、阐释，大大丰富了《说文》古文研究。

虽然前贤已经对《说文》古文进行了梳理、疏证，但是伴随着战国文字新材料的不断发现和战国文字研究的不断深入，又提供了新的线索，《说文》古文还有进一步探讨的空间，很多悬而未决的问题有待解决，尚有诸多漫漶之处有待廓清。

（一）网

网：庖牺所结绳以渔。从冂，下象网交文。凡网之属皆从网。今经典变隶作冈。网古文网。网网或从亡。网网或从糸。网籀文网。

三体石经古文写作网（石4上），《汗简》引《尚书》古文作网（3·39），碧落碑古文写作网。

按：网，甲骨文写作网、网、网（《甲骨文编》0969）等形，象形。至战国文字则添加声符"亡"，写作网（云梦·为吏35），与碧落碑古文同。张富海先生则以为"《说文》'网'或体网，加注亡声，古文从'网'省"[8]。可备一说。正如大家所熟知的，《说文》古文大宗来源于"壁中书"，即六国文字。笔者以为此古文亦可能是六国文字之流变。下文详述之：

楚文字"罔"则写作网（上博六用曰11），所从之"网"写作网，写作这种写法的还见于下列六国文字：

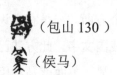

网（包山130）

网（侯马）

（包山149）

字上部所从两撇进一步下移，则写成，如下揭字形：

（《玉印》27）

（《玺汇》1768）

（包山255）

（三年付余令戈）

三体石经古文和《汗简》古文所从之当是之讹变。而《说文》古文所从之则可能是进一步讹变所致。

（二）仁

：亲也。从人从二。古文仁从千、心。古文仁或从尸。

按：战国文字仁写作：

（郭店唐虞之道3）　（郭店唐虞之道7）　（郭店唐虞之道14）

从心人声。仁乃是一种品质，故从心。人、仁皆古音日纽真部。

战国文字往往在竖笔上增加点形饰笔，故字又作：

（郭店唐虞之道2）、　（郭店唐虞之道2）　（郭店唐虞之道28）

点形饰笔拉长，遂成短横，字故又作：

（郭店性自命出41）　（上博性情论33）　（上博性情论33）

为《说文》古文第一体所本。

信，本从言人声，演变作（郭店缁衣18）、（郭店忠信之道2），亦其证。

古文第二体写作，石经古文用为"夷"，《玉篇》以为"夷"字古文，《汗简》引《尚书》同。朱德熙先生、张富海先生等从之。[9] 窃以为可商。

许祭酒以为"古文仁或从尸"。非尸也，乃人形。"仁"当是"人"字之分化。战国文字往往在人形上加两个小点（或短横）为饰，后遂分化成"仁"字，如：玺文"忠仁"之"仁"写作（《玺汇》4507）。再如：信字又作（珍秦190）（十钟），从仁声。所从之"仁"写作、。故即是战国文字"仁"之讹变。

上博容成氏39号简"三十仁而能之"，"仁"写作[10]，与《说文》古文同。

〓（包山 180）〓（中山王鼎）亦同。

（三）伊

伊〓：殷聖人阿衡，尹治天下者。从人从尹。〓古文伊从古文死。

按：楚简死字有作〓（上博五姑成家父 7 ）〓（上博五姑成家父 10 ）者，从人死声，颇疑乃"死"字繁文。《说文》古文〓殆来源于此。伊，古音影纽脂部；死，古音心纽脂部。声近可通。上博竹书《容成氏》二六："禹乃通〓、洛，并里、干，东注之河。"〓水即是文献之伊水。

（四）视

视〓：瞻也。从见、示。〓古文视。〓亦古文视。

按：许云："从见、示。"其实当为"从见，示声"。古文字中，见、目作为偏旁可通。如，亲字陶文作〓（《陶录》3·73·6）；再如，《说文》观字古文从目，睹字古文从见。可证。故视字又可写作：

〓（杕氏壶）

〓（《秦汉魏晋篆隶字形表》617 页）

从目示声，与《说文》古文第一体相同。

古文字中视字又可从氏或氐得声。如：

〓（何尊）

〓、〓（侯马）

上博缁衣 1"以视民厚""视"作〓，从目氏声，与《说文》古文〓同。

（五）闢

闢〓：开也。从门辟声。〓《虞书》曰："闢四门。"从门从〓。

开〓：张也。从门从开。〓古文。

《段注》："一者象门闭，从〓者象手开门。"

《说文释例》在"会意"条下云："闢之古文〓，开之古文〓皆是也。[11]惟〓兼形耳。非从引也之〓、竦手之〓，直是两手而已。且〓之〓仍是左手，〓仍是右手。〓之〓反是左手，〓反是右手，何也？开乃初开，故以一象扃，两手奉扃以开之，必顺其手之常也。闢则大开，扃在门后，故字不作扃形。两手推之以附着于墙，则两掌向外，反其手之常也。变为，断其一为两，直其为廾。绎山碑即如此。是李斯之卤莽也。"

舒连景："从门从収从一，一关也，象两手启关之形。小篆所从开盖之变。"[12]

张富海先生："于出土古文字无征。"[13]

按：1960 年 5 月，湖北荆门东桥大坝地区战国墓出土铜戈，共有四个铭文：

俞伟超、李家浩先生释为"兵闢太歲"，并指出："'開'与'闢'（闢）形义俱近，故'開'字在古代或读为'闢'。《书·费誓序》：'东郊不開'陆德明《释文》：開，旧读皆作'開'，马本作'闢'。山东临沂银雀山汉墓竹简 730 号简：'罰令者，抶盗贼，開詷詐，僞人而杀之……''抶盗贼'即笞击盗贼。《汉书·扬雄传》：'梢夔魖而抶獝狂。'颜师古注：'抶，笞也。''開詷詐'與'抶盗贼'对言，'開'字无论就其本义还是引申义来理解，在这里都讲不通。其实简文'開'应当读为'闢'。《荀子·解蔽》：'是以闢耳目之欲。'杨倞注：'闢，屏除也。'《周礼·地官·司市》：'以贾民禁伪而除诈。'简文'闢詷詐'正與此'除诈'同义。于此当可证明古代'開'字确有'闢'音，故节墨刀币背文'闢封'或作'開封'。据铜戈铭文文义，'開'字也应当读为'闢'。"[14]

窃以为、古本一字。闢西周金文写作（孟鼎），从门声。"，并纽；，旁纽。均属唇音。为之准声首。，闢之初文。或作（彔伯簋），讹作収形。战国文字承袭金文，亦作収形。"[15]

門字战国文字多写作（上博孔子诗论 4）、（包山文书 48）等形，从二户。或作（《玺汇》0170）、（裏门鼎），添加短横为饰。故闢字可作（郭店语丛三 42），亦可作（中山方壶）。如是，阳华岩铭开字作也是同种写法，从収从。另外开字传抄古文（《古文四声韵》1·29）、（《集篆古文韵海》1·12）、（《集篆古文韵海》1·12），皆是来源于此类形体。而（上海八·四）则是的简省，《说文》古文即是来源于此。

至小篆古文所从之〔字形〕讹变作"开"，故许慎误析为二字，实一字之滋乳也。

正因为〔字形〕、〔字形〕古本一字，所以古书中每每混用。传抄古文中，开、闢每混作，例如开字古文又作〔字形〕（《古文四声韵》1·29）、〔字形〕（《集篆古文韵海》1·12）皆是闢之讹变。又张揖《古今字诂》云"〔字形〕、闢古今字，旧读〔字形〕为开。"

注释：

[1] 本文是江苏省社科基金项目阶段成果，项目编号：15ZWB003。

[2] 裘锡圭：《文字学概要》，商务印书馆 2002 年版，第 54 页。

[3] 张富海：《汉人所谓古文研究》，线装书局 2007 年版，第 3 页。

[4] 黄德宽、陈秉新：《汉语文字学史》，安徽教育出版社 2006 年版，第 133 页。

[7] 王国维：《〈史籀篇证〉序》，《观堂集林》，中华书局 1959 年版，第 299 页。

[8] 王国维：《〈史籀篇证〉序》，《观堂集林》，第 301 页。

[9] 舒连景：《说文古文疏证》，商务印书馆 1937 年版，第 1 页。

[10] 张富海：《汉人所谓古文研究》，线装书局，2007 年，第 114 页。

[11] 参见朱德熙：《朱德熙文集（5）》，商务印书馆 1999 年版，第 102—103 页；张富海：《汉人所谓古文研究》，第 117 页。

[12] 李守奎、曲冰、孙伟龙：《上海博物馆藏战国楚竹书（一至五文字编）》："《说文》以为'仁'之古文。楚文字'仁'字作''或'忎'。此形疑是'尸'之繁体。"按：恐非。应是"仁"字。

[13] 王筠此处指"皆是于字之部位得其意"之会意字。

[14] 舒连景：《说文古文疏证》，商务印书馆 1937 年版，第 69 页。

[15] 张富海：《汉人所谓古文研究》，第 153 页。

[16] 俞伟超、李家浩：《论"兵辟太岁"戈》，《出土文献研究》，文物出版社 1985 年版，第 138 页。

[17] 何琳仪：《战国古文字典》，中华书局 1998 年版，第 775 页。

《说文》古文合于战国文字形体例说[1]

孙合肥

烟台大学人文学院

许慎《说文》收录了相当数量的古文形体。《说文》叙曰："一曰古文，孔子壁中书也。……鲁恭王坏孔子宅，而得《礼记》《尚书》《春秋》《论语》《孝经》。又北平侯张仓献《春秋左氏传》。郡国亦往往于山川得鼎彝，其铭即前代之古文。"据此可知《说文》古文来源是孔子壁中书、张仓所献《春秋左氏传》及许慎所见铜器铭文。何琳仪指出："这些幸存的古文字形体，虽然几经辗转抄写、摹刻，笔划容有讹变舛错，但是仍不失为研究六国文字的重要参考数据，有很高的文字学价值。"[2]李天虹指出："它们在释读战国文字时具有重要的参考价值。另外，《说文》古文还保留了一些地下出土的古文字数据中尚未见到的古文字形体，在我们对战国文字进行总体研究时，亦有不容忽视的作用。"[3]

《说文》古文多与战国文字相合，学者多有论述。何琳仪将六国古文与《说文》古文（包括文字偏旁）相互比较，得出相合者一百余例。[4]我们通过系统考察战国文字，将《说文》古文与之形体相合者，逐一析出，以考《说文》古文与战国文字之联系。

《说文》古文与楚系文字相合者较多。楚系文字的这一特征，学者们早有发现。曾宪通指出："一般认为，汉代《说文》中的古文，以及北宋郭忠恕《汗简》和夏竦《古文四声韵》所收的古文，都是从战国时期东方六国的文字辗转传抄下来的。从《汗简》的书名还可以看出，郭氏认为这些古文主要来源于古代的竹简文字。现在，我们将楚地的简帛文字与《说文》古文一系的材料相比较，便可发现二者相同相通之处甚多，证明它们的确有着非常密切的关系。"[5]曾宪通同时列举了"正""共""䣝""退""西""恒""言""州""侯""长""其""衡""气""色""绝""道""达""目""淫""昆""手""戚"等字例。李守奎举证"色""旅""贵"三字《说文》古文与楚文字相合。[6]王贵元指出《说文》古文与楚简文字是可以互证的。[7]张学城亦指出《说文》古文有些仅见于楚系文字的字形尤其值得注意。[8]

例字	《说文》古文	楚系文字
一	弌	清华肆·筮法 19
旁	㫄	上博八·有 6
示	㲋	上博八·颜 14
社	袿	新蔡甲三 372
三	弎	清华肆·算表 1
番	𤲒	清华壹·尹至 5
严	𡿭	清华壹·楚居 6
迟	遟	曾侯乙钟
近	𣥺	望山 2·45
得	㝵	上博五·姑 3
仆	𦣝	郭店·老甲 2
与	𦥅	郭店·唐虞之道 22
革	𠦶	曾乙 26
友	�明	信阳 2·19
画	𢆶	曾乙 58
昼	𦘠	上博五·三 19
杀	𣏌	郭店·语丛三 40
教	斅	郭店·唐虞之道 5
商	𧶜	上博四·采 2
卜	𠜫	郭店·缁衣 46
用	𤰶	上博六·用 17
鶞	𪂏	郭店·语丛三 45
乌	𪁪	上博一·缁 2
	𪁪	郭店·成之闻之 4

续表

字	古文	战国文字
肰		郭店·语丛一 30
利		上博三·周 11
典		清华壹·尹至 3
甚		郭店·唐虞之道 24
旨		郭店·尊德义 26
阱		上博三·周 44
饱		上博七·凡甲 7
侯		清华贰·系年 103
良		信阳 2·04
啬		郭店·老子乙 1
弟		郭店·唐虞之道 5
某		包山 255
盘		信阳 2·8
夙		上博三·周 37
稷		新蔡零 338
家		上博一·缁 11
宝		清华壹·皇门 2
宜		郭店·语丛三 35
		新蔡甲三 247
宿		清华壹·保训 11
保		望山 1·197
仁		上博一·性 33
		清华壹·祭公 2
观		上博一·性 9
色		郭店·语丛一 50

续表

旬		九店 56·83
鬼		上博五·鬼 4
狂		包山 22
栽		上博三·周 21
炽		包山 139
恕		郭店·语丛二 2
渊		上博八·颜 1
		上博二·子 8
云		郭店·缁衣 35
手		郭店·五行 45
我		郭店·老子甲 32
琴		清华叁·琴舞 1
直		上博一·缁 2
曲		上博五·弟 13
茧		包山 277
续		上博二·从甲 16
绍		熊悍盤
绝		上博五·三 16
终		玺汇 1332
坏		郭店·唐虞之道 28
圭		新蔡零 207
尧		郭店·六德 7
动		上博二·鲁 3
钮		包山 214
钟		曾乙 54

续表

断	𦣻	包山 123
陆	𡐧	施 160
卨	𡕥	上博二·子 10
成	𢦏	玺汇 0178
睿	𡕥	上博六·竞 10
卯	非	包山 265

　　从战国文字实际情况来看,《说文》古文形体确与楚文字相合较多,但与其他系文字亦相合,尤其与晋系、齐系文字相合,这也反映了战国文字之间的相互联系。从一个侧面反映了楚系、晋系、齐系文字之间的互相影响和有较多的共通性。

　　《说文》古文同合于楚系、晋系文字 30 例:

例字	《说文》古文	楚系	晋系
折	𣂰	上博六·天甲 12	玺汇 4299
嗌	𧄸	上博六·竞 8	侯马一九四:二
登	𤼢	包山 175	侯马三:二五
是	𣆍	上博七·凡乙 11	温县 t1K1:3211
谋	𢜽	郭店·尊德义 16	铭文选 2.880
共	𠔏	上博七·吴 9	施 135
箕	𠀠	郭店·缁衣 39	集成 980
巽	𢁅	上博六·慎 1	陶汇 6·145
豆	𠃥	望山 2·45	陶录 2·13·1
同	𤴥	清华贰·系年 070	货系 406
乘	𣦬	上博七·君乙 2	温县 WT1 K14:867
南	𤯝	清华叁·良臣 3	玺汇 2563
时	𣅱	清华壹·程寤 8	铭文选 2.881
明	𥁑	清华壹·程寤 1	铭文选 2.880

续表

例字	《说文》古文	楚系	齐系
盟		上博五·竞 7	侯马一：二八
期		上博七·吴 9	陶录 5·77·2
量		清华壹·程寤 7	集成 2609
履		清华肆·别卦 1	新郑图 403
庙		上博六·寿 1	铭文选 2.882
磺		上博四·逸 3	钱典 1226
马		上博九·陈公 5	铭文选 2.882
慎		郭店·语丛一 46	雪斋二集 116 页·十一年令少曲慎录戈
恐		新蔡甲三 15	铭文选 2.880
坙		郭店·性自命出 65	陶录 3·655·5
黔		郭店·太一生水 8	玺汇 0068
至		郭店·语丛三 26	铭文选 2.880
闻		清华肆·筮法 13	铭文选 2.880
奴		包山 122	陶录 5·83·3
地		郭店·忠信之道 4	玺汇 3549
堂		清华叁·祝辞 1	集成 10478

《说文》古文同合于楚系、齐系 12 例：

例字	《说文》古文	楚系	齐系
退		上博六·用 19	集成 10374
牙		上博三·周 23	陶汇 6·103
商		清华壹·程寤 7	玺汇 3723
农		上博五·三 15	陶汇 3.1234
巨		清华贰·系年 011	施 70
疾		上博六·寿 4	玺汇 1433

续表

衰		上博一・孔 8	陶录 3・29・1
冬		新蔡甲三 107	玺汇 2207
户		上博三・周 52	集成 11127
闲		上博六・用 9	新泰陶文
墉		曾侯乙钟	集成 10361
堇		清华壹・皇门 3	集成 4595
甥		郭店・五行 41	澄秋 28

《说文》古文同合于楚系、晋系、齐系文字 10 例：

例字	《说文》古文	楚系	晋系	齐系
正		上博八・志 3	玺汇 5128	集成 3939
往		上博五・弟 19	侯马六七：二九	陶录 3・458・2
后		清华贰・系年 132	侯马三：二〇	玺汇 0296
宅		清华壹・祭公 5	集成 11546	黄锡全文集 222 页箩府宅戈
丘		集成 12112	玺汇 0324	陶录 3・37・1
长		郭店・老子甲 8	玺汇 4628	玺汇 0224
吴		上博七・吴 9	玺汇 1165	陶录 3・549・1
牆		清华肆・筮法 20	铭文选 2.881	玺汇 0307
恒		新蔡甲一 22	集成 11327	陶录 3・614・1
己		清华肆・筮法 48	货系 111	玺汇 1475

同见于楚系、晋系、燕系文字 3 例：

例字	《说文》古文	楚系	晋系	燕系
事		上博一・缁 4	集成 2782	西清 29.42

续表

弃		上博六·用4	玺汇1428	玺汇1485
日		上博四·柬20	集成9720	聚珍075.2

《说文》古文同合于楚系、齐系、燕系文字1例：

例字	《说文》古文	楚系	齐系	燕系
二		清华肆·筮法20	新收1080	玺汇1238

《说文》古文同合于楚系、齐系、秦系文字1例：

例字	《说文》古文	楚系	齐系	秦系
中		包山139	集成10374	傅165

《说文》古文同合于楚系、燕系文字2例：

例字	《说文》古文	楚系	燕系
四		玺汇0316	集成11902A
申		郭店·忠信之道6	玺汇3646

《说文》古文同合于楚系、秦系文字4例：

例字	《说文》古文	楚系	秦系
喜		郭店·唐虞之道22	珍秦325
虐		上博五·姑1	诅楚文·湫渊
裘		清华壹·皇门8	石鼓文·吾车
勇		郭店·性自命出63	云梦日乙246

《说文》古文同合于楚系、晋系、齐系、燕系文字2例：

例字	《说文》古文	楚系	晋系	齐系	燕系
西		清华肆·筮法44	侯马八五：三	陶录2·544·4	玺汇3966
五		清华贰·系年005背	货系897	陶录2·498·1	先秦编563

　　通过以上战国文字与"古文"相合的情况的诸多字例，我们不难发现楚系文字

与《说文》古文形体之间的较高相合度。同时说明楚系、晋系、齐系文字之间也是有着密切联系的，不同区系之间的文字形体并不是互不相同的，它们有不少形体与《说文》古文同时相合。

此外战国楚系文字与《说文》籀文形体相合者有"败""城""封""四"4 例：

例字	《说文》籀文	楚系文字	晋系文字	齐系文字
败	敗	郭店·老子甲 10		
封	坴	新蔡乙四 136	玺汇 0839	
城	諴	新蔡乙一 32	（鍼）赵卿墓 98 页·比城戟	集成 11024
四	三	上博六·天甲 8	集成 2482	陶录 3·522·6

其中"封"字形体晋系文字亦与《说文》籀文合，"城""四"二字形体晋系、齐系文字亦与《说文》籀文合。

以上楚系文字有四例与《说文》籀文形体相合者，而这四例中就有三例也见于晋系，其中两例也见于齐系文字，这也说明了三系形体之间的密切联系。

近年出土的楚简文字材料，其字形多有与晋系、齐系文字相合者，也很好地说明了三者形体之间的密切联系。此外，燕系文字、秦系文字亦有少量字形与楚系文字同时与《说文》古文相同。

有的《说文》古文形体不见于楚系文字，而见于他系文字，但是这种情形相对来说比较少见。

晋系文字有"堵""勋""君""御""仓""侮""屋""视""怨"等字。具体如下：

例字	《说文》古文	晋系文字
堵	䚋	集成 233
勋	勛	铭文选 2.881
君	君	侯马一六：三
御	馭	珍秦展 22
仓	仝	货系 262

续表

侮	〖古文〗	〖字形〗铭文选 2.880
屋	〖古文〗	〖字形〗玺汇 3143
视	〖古文〗	〖字形〗温县 WT1　K1：3105
怨	〖古文〗	〖字形〗侯马一〇五：三

齐系文字有"钧""陟""造""述""奭""良""丽""赤""沫"等字。具体如下：

例字	《说文》古文	齐系文字
钧	〖古文〗	〖字形〗集成 10374
陟	〖古文〗	〖字形〗陶录 3·196·1
造	〖古文〗	〖字形〗集成 11609
述	〖古文〗	〖字形〗集成 4649
奭	〖古文〗	〖字形〗陶录 3·295·5
良	〖古文〗	〖字形〗陶录 3·526·5
丽	〖古文〗	〖字形〗集成 11082
赤	〖古文〗	〖字形〗陶录 3·339·2
沫	〖古文〗	〖字形〗集成 4096

同时合于齐系文字和燕系文字 1 例：

例字	《说文》古文	齐系文字	燕系文字
封	〖古文〗	〖字形〗陶录 3·478·6	〖字形〗陶录 4·188·4

燕系文字仅见"兆"字 1 例：

例字	《说文》古文	燕系文字
㸪	〖古文〗	〖字形〗先秦编 559

秦系文字与《说文》古文相合的形体，皆同时与楚系文字形体相合，而且数量也不是太多，秦系文字没有单独与《说文》古文形体相合者。这一点，恰验证了王国维"战国时秦用籀文，六国用古文"之说。[9]

根据学者统计，《说文》重文中的古文数共计 429 字。[10] 从以上所列字例统计来看，《说文》古文与楚系文字相合者 143 形（其中单独相合者 78 形），约占

33%；其中同合于晋系文字 45 形，加之独合晋系文字 9 形，与晋系文字相合者共 54 形，约占 13%；与齐系文字相合者 27 形，加之独合齐系文字 9 形，与齐系文字相合者共 36 形，约占 8%；与燕系文字相合者 10 形，加之独合燕系文字 1 形，与燕系文字相合者共 11 形，约占 3%；与秦系文字相合者 5 形，约占 1%。从以上统计材料来看，去除重复，《说文》古文与战国各系文字相合者 163 例，约占 38%，这也再次说明了《说文》古文是渊源有自的，同时也进一步说明了战国时期各系文字有着不同程度的相通性。

注释：

［1］本文为国家社科基金后期资助项目"战国文字形体研究"（17FYY003）阶段性成果。

［2］何琳仪：《战国文字通论（订补）》，江苏教育出版社 2003 年版，第 57 页。

［3］李天虹：《说文古文新证》，《江汉考古》，1995 年第 2 期，第 73—74 页。

［4］何琳仪：《战国文字通论（订补）》，江苏教育出版社 2003 年版，第 45—56 页。

［5］曾宪通：《战国楚地简帛文字书法浅析》，《古文字与出土文献丛考》，中山大学出版社 2005 年版，第 61 页。

［6］李守奎：《〈说文〉古文与楚文字合证三则》，《古文字研究》第 24 辑，中华书局 2002 年版，第 468—471 页。

［7］王贵元：《〈说文〉古文与楚简文字合证》，《中国文字研究》第 2 辑，广西教育出版社 2008 年版，第 182 页。

［8］张学城：《〈说文〉古文研究》，《安徽大学学报》（哲学社会科学版），2010 年第 5 期，第 95 页。

［9］王国维：《战国时秦用籀文六国用古文说》，《观堂集林》卷七，中华书局 1959 年版，第 305-307 页。

［10］曾宪通：《三体石经古文与〈说文〉古文合证》，《古文字研究》第 7 辑，中华书局 1982 年版，第 276 页；《古文字与出土文献丛考》，中山大学出版社 2005 年版，第 68 页。

《说文解字》与中古复音词研究三则
——兼谈心理范畴的表达方式

王 诚

浙江大学古籍研究所

　　王力先生曾说："《说文解字》是上古汉语词汇的宝库。"[1] 蒋绍愚先生也认为："《说文》虽成书于东汉，但其反映的词汇面貌基本是上古的。"[2] 中古复音词的语素大部分来自上古的单音词，因此，中古复音词的研究离不开《说文》。先举个简单的例子，《晋书·嵇康传》："母兄鞠育，有慈无威，恃爱肆姐，不训不师。"如不熟悉《说文》，则不能确知"姐"字何解。其实，《说文·女部》："㜫，骄也。"段注："《文选·琴赋》：'或怨㜫而踌躇。'《幽愤诗》：'恃爱肆姐。'姐即㜫之省。……按《心部》：'怚，骄也。'音义皆同。""肆"是恣纵、放肆，"姐"是骄义，本字为"㜫"，且与"怚"相通。陆宗达先生指出："许慎在训诂方面是依据六艺群书中成段的文章，联系不同的上下文，经过细密的分析，然后规定每个字义的准确解释的。"[3] 因此，考察一个词或语素的意义，《说文》的训释是重要的参考。下面具体讨论三个与心理状态有关的词语，说明如何利用《说文》分析中古复音词，同时，这三个词都涉及心理范畴的表达，其表达方式也值得探讨。

一、翘勤

　　"翘勤"一词多见于宗教文献，下例应该是较早的用例：

　　　　（一）若箓吏中有忠良质朴，小心畏慎，好道翘勤，温故知新，堪任宣化，可署散气道士。（南北朝陆修静《陆先生道门科略》）

　　此例出自道教文献，"翘勤"大意是指修道的勤奋。其后，"翘勤"更多地出现于佛教文献，如《高僧传》中共见 5 例：

（二）先是，庐山慧远法师翘勤妙典，广集经藏，虚心侧席，延望远宾。（《僧伽提婆》）

（三）后憩荆州上明寺，单蔬自节，礼忏翘勤，誓生兜率，仰瞻慈氏。（《释僧先》）

（四）后平昌孟顗于余杭立方显寺请诠居之，率众翘勤，禅礼无辍。（《释僧诠》）

（五）少而神情聪敏，加又志学翘勤，遂大明数论，兼善众经。（《释僧盛》）

（六）诵法华，习禅定。常于山中诵经，有虎来蹲其前，诵竟乃去。后每至讽咏，辄见左右四人为侍卫。年虽衰老，而翘勤弥厉。（《释僧生》）

又如唐义净《南海寄归内法传》中有 4 例：

（七）尝试论之曰：然无上世尊大慈悲父，愍生沦滞，历三大而翘勤；冀使依行，现七纪而扬化。（卷一《九受斋轨则》）

（八）夫礼敬之仪，教有明则。自可六时策念，四体翘勤，端居一房，乞食为业。（卷四《三十三尊敬乖式》）

（九）斯等诸书，并须暗诵。此据上人为准，中下之流，以意可测。翘勤昼夜，不遑宁寝。同孔父之三绝，等岁释之百遍。（卷四《三十四西方学法》）

（十）转一切经时，屡讫终始。修净方业，日夜翘勤。（卷四《四十古德不为》）

已有研究者指出，从上下文意来看，其义应为"勤奋，勤勉，专心于……"并且认为"翘"是"特出，特别"之意，修饰"勤"，"翘勤"在佛典中常用，指僧人修行精勤不懈怠。[4]我们认为"翘勤"的释义是可从的，但对语素"翘"的理解不够准确。[5]

《汉语大词典》收有"翘懃"一词，又作"翘勤"，释义为殷切盼望，书证为：

（十一）徘徊酆鄗，如渴如饥，心翘懃以仰止，不加敬而自祗。（晋潘岳《西征赋》）[6]

（十二）今上哲御临，元勋振服，英衮赞翘勤之旨，幽人荷旌贲之恩。（唐司空图《寿星述》）

显然，此"翘勤"非彼"翘勤"。不过，这对于我们理解语素"翘"颇有启发。追根溯源，还是要从《说文》入手。

《说文·羽部》："翘，尾长毛也。"段注："班固《白雉诗》：发皓羽兮奋翘英。《射雉赋》：斑尾扬翘。按尾长毛必高举，故凡高举曰翘。诗曰：翘翘错薪。高则危。诗曰：予室翘翘。"[7]《说文》的训释以形义统一为总原则，"翘"从羽，故以名词义解释之。"翘"作动词是高举的意思，作形容词则指危貌。《后汉书·袁谭传》"翘企延颈，待望雠敌"，"翘"是翘首，"企"是企足。"翘首"即抬头而望，多以喻盼望或思念之殷切。与之相关的有以下一些复音词。南朝陈徐陵《劝进梁元帝表》："率土翘瞻，苍生何望。""翘瞻"可理解为翘首瞻望。《南齐书·王融传》："北地残氓，东都遗老，莫不茹泣吞悲，倾耳戴目，翘心仁政，延首王风。""翘心"义为仰慕、企盼。《文选·曹植〈杂诗〉之一》："过庭长哀吟，翘思慕远人。"南朝陈徐陵《与李那书》："脱惠笺缯，慰其翘想。""翘思""翘想"皆指悬想，也就是挂念。从"翘首"到"翘心""翘思""翘想"，是由动作到心理的引申。

例（一）至例（十）中"翘勤"的"翘"不能说是企盼的意思，但应该也是由高举的动作引申指某种心理状态。《说文》中有个字的训释可以给我们提供很好的启示，《立部》："竦，敬也。从立，从束。束，自申束也。"段注："敬者，肃也。……奴下曰：竦手。谓手容之恭上其手也。《周南》毛传曰：乔，上竦也。""竦"和"翘"一样，也是方向向上的身体（或肢体）动作。《广雅·释诂一》："竦，上也。"《汉书·韩信传》："士卒皆山东人，竦而望归。"颜师古注："竦，谓引领举足也。"可知这里"竦"包括了翘首和企足。但是许慎没有按动作义来解释"竦"，而是指出动作所代表的心理状态，即恭敬、肃敬。《韩非子·说疑》："此十五人者为其臣也，皆夙兴夜寐，卑身贱体，竦心白意。""竦身"[8]和"竦心"与"翘首"和"翘心"，二者恰好可以类比。汉张衡《思玄赋》："竦余身而顺止兮，遵绳墨而不跌。"《后汉书》李贤注："竦，企立也。"王念孙《读书杂志·余编》："竦，敬也。言敬余身而循礼也。"[9]正好说明"竦"既可表示身体动作，又可表示心理状态。此外，《汉书·东方朔传》："吴王曰：'可以谈矣，寡人将竦意而览焉。'"颜师古注："竦，企待也。"《文选》张铣注："竦，正也。"企盼、期待必然集中注意力。《汉书·郊祀志下》："夫周、秦之末，三五之隆，已尝专意散财，厚爵禄，竦精神，举天下以求之矣。""竦精神"

可以理解振作精神。因此,"竦"除了表示恭敬,还可表示企盼和振作的心理状态。同时,三者都和专注、系念有关。[10]

与"竦"相类比,我们认为"翘"也可以表示上述三种心理状态。例(十一)(十二)"翘懃(勤)"的"翘"含有企盼义[11],而例(一)至例(十)"翘勤"的"翘"则含有恭敬或振作之义。[12]又如以下诸例:

> (十三)如是之人自体羸瘦,不能翘勤,心不调伏而常懈怠,不知坐禅、读诵经律,怖畏、无智,自体无明之所覆蔽。(元魏瞿昙般若流支译《正法念处经》卷第四十八)
>
> (十四)若于正法,请问听受,翘勤无堕。(《瑜伽师地论》卷二十二)
>
> (十五)为欲修习诸善法故,应正翘勤,离诸懒堕,起发具足。(《瑜伽师地论》卷二十四)

"翘"是向上,"堕"是向下,勤与懒相对,振作与懈怠亦相对。《一百五十赞佛颂》:"导师能善诱,堕慢使翘勤。""堕慢"与"翘勤"相对。据此,这里"翘勤"可以理解为振作精神、勤奋向上。

《高僧传》中还有"翘励"一词,《释慧达》:"达以刹像灵异,倍加翘励。""翘励"首见于此,此外在佛经中偶有几例,其他文献中未见。《字汇·力部》:"励,勉力也。有修饰振起义。"[13]也就是说"励"有振奋的意思,如《陈书·傅绛传》:"呼吸顾望之客,唇吻纵横之士,奋锋颖,励羽翼。"如此,则"翘""励"义相近,为同义并列。都有向上的含义。"翘励"的用例很少,除《高僧传》外,只有以下几例:

> (十六)豁尔夷荡而无懈,炽然翘励而不精,恼裾与慈济分华,剑林将玉毫比色,皆其所也。(《大般若波罗蜜多经第七会曼殊室利分序》)
>
> (十七)又频祈请,咸有显证。怀此专至,益增翘励。(《续高僧传》卷四)
>
> (十八)后专习道观,不务有缘,妄心卒起,不可禁者,即刺股流血,或抱石巡塔,须臾不逸其虑也。……其翘励之操,同伍诚不共矣。(《续高僧传》卷十七)

例(十六)"夷荡"就是懈怠,与之相对,"翘励"相当于不懈。"翘励"均可以理解为振作、奋发而不懈怠。此外，唐武则天《唐明堂乐章·商音》："爰申礼奠，庶展翘诚。"《大词典》谓"翘诚"犹虔诚。其实，这里"翘"即含有恭敬之义。

二、靳固

《晋书·嵇康传》："昔袁孝尼尝从吾学《广陵散》，吾每靳固之，《广陵散》于今绝矣！"《大词典》释"靳固"为吝惜。又，唐张彦远《历代名画记·叙画之兴废》："彦远时未龀岁，恨不见家内所宝。其进奉之外，失坠之余，存者才二三轴而已。虽有豪势，莫能求旃，嗟尔后来，尤须靳固。"《大词典》释为宝爱。董志翘先生已指出，"靳固"乃同义复词。[14]但"靳固"为何有吝惜义、宝爱义，还可作进一步分析。

先看"靳"字。《说文·革部》："靳，当膺也。"段注："《左传》曰：'吾从子如骖之有靳。'杜曰：'靳，车中马也。言己从书，如骖马之随靳也。'正义曰：'骖马之首当服马之胸，胸上有靳，故云我从子如骖当服之靳。'按《左传》：'晋车七百乘，韅靷鞅靽。'杜曰：'在胸曰靷。'此正在匈曰靳之误。以《秦风》传'靳环或作靷环'证之，其误正同矣。游环在服马背上，骖马外辔贯之，以止骖之出，故谓之靳环。靳者，骖马止而不过之处，故引申之义为靳固。《左传》：'宋公靳之。'吝其宠也。"[15]据此，"靳"本指服马当胸的皮革，因其功用而含"止而不过"之义。

下面联系《说文》从"斤"声之字作进一步说明。《说文·土部》："垠，地垠[16]也。一曰岸也。圻，垠或从斤。"段注："斤声也。古斤声与几声合韵冣近。故《周礼》故书畿为近。《田部》曰：'以远近言之则言畿也。'郑曰：'畿犹限也。'是王畿可作王圻，王圻亦可作王垠也。""垠（圻）"就是土地的边界，故亦含"止而不过"之义。又《齿部》："龂，齿本肉也。"[17]段注："龂为肉，故上文齿为龂骨，此骨出肉外，故肉为骨本。……'洙泗之间龂龂如也'，按彼此争辞，露其齿本，故曰龂龂。""龂"指牙根肉，故为齿之本，可以说"龂"是"齿"的边界，也可以说是"止而不过"。又，《走部》："赾，行难也。读若堇。"段注："按今人靳固字当作此赾字。"钱坫《斠诠》："《广雅》：'赾，难也。'曹宪读为谨，即谨于行字。"《玉篇》："赾，行谨皃。""谨于行"和"止而不过"亦相关。

再看"固"字。《说文·口部》："固，四塞也。"段注："四塞者，无罅漏之谓。《周礼·夏官·掌固》注云：'固，国所依阻者也。国曰固。野曰险。'按凡坚牢曰固。""固"本指城郭四面严实、没有罅漏，引申指坚牢、坚固。城郭四面严实，则外敌难以入侵，所以有"固守"，如《国语·周语上》："陵其民而卑其上，将何以固守。"[18]另一方面，四塞无罅漏，则在内者也受限制无法出去，所以"固"又有禁锢、闭塞义，如《素问·至真要大论》："诸厥固泄，皆属于下。"王冰注："固，谓禁固也。"《汉书·扬雄传下》："是以欲谈者宛舌而固声，欲行者拟足而投迹。"颜师古注："固，闭也。""禁锢，闭塞"即相当于"止而不过"。因此可以说，在"止而不过"之义上，"靳""固"同义并列。故徐锴《说文系传》曰："靳，固也，靳制其行也。"

由动作状态引申到心理范畴。徐锴云："靳，一曰吝也。"心里牵持着舍不得放开，就是吝惜。如《世说新语·雅量》："袁孝尼请此散，吾靳固不与，《广陵散》于今绝矣！"《太平广记》卷二〇八《购兰亭序》："又敕追辨才入内，重问兰亭，如此者三度，竟靳固不出。"皆谓吝惜己物，舍不得与人。南朝梁萧衍《悔赋》："周君饮后，裴子酣狂，靳固纪瞻之妾，眠卧季伦之房，亦足以魂惊神爽，悔结嫌彰。"此例"靳固"似乎是眷恋、恋惜的意思[19]，不过，也是心中牵挂着放不下。《太平广记》卷三八六《再生十二》："女又曰：'后三日必生，使为开棺，夜中以面乘霜露，饮以薄粥，当遂活也。'高许诺。……乃使诣刘长史，具陈其事，夫人甚怒曰：'吾女今已消烂，宁有玷辱亡灵乃至此耶。'深拒之，高求之转苦。至夜，刘及夫人俱梦女曰：'某命当更生，天使配合，必谓喜而见许，今乃靳固如此，是不欲某再生耶。'"这里的"靳固"似谓固执不许。综上，"靳固"其实就是心理上的"止而不过"。

三、创艾

中古复音词"创艾"或作"创乂"，又作"创刈"。"创艾"一词最早见于《汉书》，共三例，如：

> （一）羌虏破散创艾，亡逃出塞，其罢吏士，颇留屯田，备要害处。（《冯奉世传》）
>
> （二）今平定未久，人民创艾战斗，且莫车年少，百姓未附，恐复危国。（《匈奴传》）
>
> （三）今既发兵，宜纵先至者，令臣尤等深入霆击，且以创艾胡虏。（《匈奴传》）

例（一）颜师古注："创艾谓惩惧也。……艾读曰乂。"此例用作不及物。例（二）

"创艾"的宾语是戒惧的事物。例（三）师古曰："请率见到之兵且以击虏。"这里"创艾"可以看作使动，也可以说是惩治之义。《汉书注》常用"创艾"训释"惩"，如《翟方进传》："于是乎有京观，以惩淫慝。"师古曰："惩，创艾也；慝，恶也。"《外戚传》："莽欲颛国权，惩丁、傅行事。"师古曰："惩，创艾也。"《匈奴传》："来则惩而御之，去则备而守之。"师古曰："惩谓使其创义。"《淮南衡山济北王传》："赞曰：《诗》云'戎狄是膺，荆舒是惩'，信哉是言也！"师古曰："惩，创刈也。"

《说文·心部》："惩，忿也。""忿，惩也。"[20]"惩""忿"互训，二者组合成词，"忿"多作"艾"[21]。"惩艾"和"创艾"意义和用法相同，不过，"惩艾"一词出现较早，如：

（四）成王作颂，推己惩艾，悲彼家难，可不谓战战恐惧，善守善终哉？（《史记·乐书》）

（五）久之，惩艾霍氏欲害皇太子，乃更选后宫无子而谨慎者。（《汉书·宣元六王传》）

（六）陛下至明，惩艾酷吏，视人如赤子。（《东观汉记·明帝纪》）

此三例的用法分别对应于上引三例"创艾"。《汉书·霍光金日磾传》"太皇太后惩艾悼惧"，师古注："艾读曰义。义，创也。"

复音词"惩艾""创艾"的用法和"惩"单用基本一致。徐中舒先生认为金文中的"**朕**"为"惩"之本字，"创刈正与**朕**伐之意相应"。[22]西周时期"惩"就有不及物和及物两种用法。前者如《诗·周颂·小毖》"予其惩而毖后患"，郑笺："惩，艾也。……我其创艾于往时矣。"孔疏："成王即政，求助于群臣，告之云：我其惩创于往时而。谓管蔡误己，以为创艾，故慎彼在后，恐更有患难。"朱熹《集传》："惩，有所伤而知戒也。"义为鉴戒，即因"有所伤"而"息其既往""改革前失"。用作及物，如《尚书·吕刑》："其今尔何惩？惟时苗民匪察于狱之丽……"孔传："其今汝何惩戒乎？所惩戒惟是苗民非察于狱之施刑，以取灭亡。"宾语"何"指代惩戒之事。这里是说从"苗民匪察于狱之丽"中吸取教训、引以为戒。春秋以后直到西汉，"惩"多用作使动，如《诗·鲁颂·閟宫》："戎狄是膺，荆舒是惩。"孔颖达疏："荆楚群舒叛逆者，于是以此惩创之。"又如《小雅·节南山》"不惩其心"，《左传·成公十四年》"惩恶而劝善"，指戒止或惩罚。[23]由此可见，作为两汉时期汉语词汇复音化的产物，"惩艾"相比于"惩"只是在结构上多了一个音节，而在表义上并无多少差别。

《说文·刃部》："刅，伤也。创，刅或从仓。"段注："凡杀伤必以刃。""创"本义指刀刃所伤，引申指伤害，如《韩非子·大体》："万民不失命于寇戎，雄骏不创寿于旗幢。"陈奇猷《集释》引太田方曰："骏，同俊。此谓搴旗之勇士不贼害其命于战阵也。""创"本身没有"知戒"或"戒止"之义，但是，《尚书·益稷》："朋淫于家，用殄厥世，予创若时。"孔传："创，惩也。……惩丹朱之恶。"孔疏："我本创丹朱之恶若是也。……'创'与'惩'皆是见恶自止之意。"[24] 这里的"创"的用法与《吕刑》"其今尔何惩"的"惩"相似，可能是由类比而来。[25]"创"的这种用法并不多见，《汉书》中见一例，《五行志》"惧齐之威，创邾之祸"，师古注："创，惩艾也。"而"惩"在《汉书》中类似的用例则多见，如《刑法志》"惩恶亡秦之政"、《楚元王传》"惩山东之寇"、《夏侯胜传》"无惩前事"、《王莽传》"惩此长、宏手劾之事"。这或许可以说明"创"的惩戒或戒惧义是与"惩"类比而产生的，由此也可以解释复音词"创艾"比"惩艾"晚出。"惩""创"的相关用法简单列表如下：

	不及物	及物	
"惩"	鉴戒（自止）	惩戒（因……而止）	戒止或惩罚（使……止）
"创"		伤害	惩戒（因……而止）	惩治[26]

最后，分析一下"惩艾""创艾"的构词。《说文·丿部》："乂，芟艸也。刈，乂或从刀。"段注："《艸部》曰：'芟，乂艸也。'二篆为转注。《周南》曰：'是刈是濩。'《周颂》曰：'奄观铚艾。'艾者，乂之叚借字。铚者，所以乂也。《禾部》曰：'获，乂谷也。'是则芟艸谷总谓之乂。郑笺《诗》云：'芟末曰艾。'……引申之，乂训治也。见诸经传。许《辟部》云：'嬖，治也。'引《唐书》'有能俾嬖'，则嬖为正字。"可见，"乂（刈）"和"刅（创）"语义相关，前者是用农具去割草，后者是用刀加以伤害。前已提及"惩"在金文中可能是伐字，同时"惩"可能和"箴"同源，因此，也带有伤害的含义。这也是"惩艾""创艾"构词的语义基础。但是，从许慎的训释中很容易知道，"创"和"乂"本指物理上的创伤，而"惩""忩"从心，是指心理上的创伤。"创"的惩戒、戒惧义出现较晚，而且用例很少，所以我们推测是由类推产生的，通过和"惩"类比，"创"由物理上的创伤引申可指心理上的创伤。而"乂（刈／艾）"和"忩"也是类似的关系。

　　总之，中古复音词的构词理据和语素义的分析，常常需要利用《说文》的训释。不仅需要通过《说文》了解复音词构词语素的本义，而且有必要系统、综合地运用《说文》来把握语素义和词义。比如，我们从《说文》对"竦"的训释中得到启示，推断出"翘"不但有企盼义，而且有恭敬和振作之义，由此可以分析"翘勤"一词的构词理据。又如，我们综合《说文》从"斤"声之字如"垠""斳""𣃔"的训释，进一步说明"靳"含有"止而不过"之义，故与"固"同义并列。再如，我们基于《说文》对"惩""忎""㓞（创）""乂"的训释分析"惩艾""创艾"的构词理据，提出由物理性的创伤向心理性的创伤的引申途径。

　　本文所讨论的三个复音词都涉及心理范畴的表达，但表达的方式有所区别。"翘"和"竦"一样，是用身体动作表达心理状态，由于身体动作与心理状态并不是一对一的关系，更多的是一对多，因而"翘"的动作可以包含多种心理状态，当然这些不同的心理状态之间存在一定的关联。"靳"本为名物词，由器物的功用而引申为表心理状态的词，这是由它的语源义决定的。"创艾"是由物理范畴映射到心理范畴，这是较为常见的一种认知隐喻。

注释：

[1] 王力：《中国语言学史》，山西人民出版社1981年版，第36页。

[2] 蒋绍愚：《打击义动词的词义分析》，《中国语文》，2007年第5期。

[3] 陆宗达：《说文解字通论》，北京出版社1981年版，第33页。

[4] 栗学英：《〈南海寄归内法传〉词语札记》，《钦州师范高等专科学校学报》，2002年第4期。

[5]《佛说十地经》卷六："譬如有人梦见自身堕在大河，为欲渡故发大勇猛、起大翘勤，以大勇猛起翘勤故，即便寤寐。"此例中"大"修饰"翘勤"，"大"本身就含特别、突出之义，如果"翘"也是"特出、特别"，似乎有重复之嫌。

[6]《文选》李善注引《孔丛子》："子思曰：君若饥渴，待贤企伫也。"

[7]《一切经音义》："翘勤。上祇遥反，《尔雅》：翘，危也。《考声》：举也。《说文》：尾长毛也，从羽尧声也。下近银反，毛苌诗传云：勤，劳也。《考声》：不倦。《说文》：劳也，从力堇声也。音谨。"

[8]"竦身"最早见于《淮南子》，从历时角度看，晚于"竦心"。

[9] 王念孙：《读书杂志》，江苏古籍出版社2000年版，第1052页。

[10]"竦"表惊惧，则是"愯"的假借，《说文·心部》："愯，惧也。"段注："与竦音义略相近。"

[11] 又如"翘注"，唐司空图《王纵追述碑》："宣宗皇帝以河陇陷戎，祖宗遗愤，将谋恢复，

翘注忠贤。"再如"翘惶",《陈书·高祖纪下》:"朕东西退让,拜手陈辞……而公卿敦逼,率土翘惶,天命难稽,遂享嘉祚。""翘"亦皆企盼之义。

[12]《高僧传·释法显》:"显独留山中,烧香礼拜,翘感旧迹,如睹圣仪。""翘"似含恭敬、虔诚之义。

[13]《荀子·富国》:"诛而不赏,则勤厉之民不劝。"王念孙曰:"厉,勉也。《群书治要》作勤励,励即厉之俗书。"

[14]见董志翘《〈世说新语〉疑难词语考索(二)》,《四川大学学报(哲学社会科学版)》,2008年第1期。

[15]清·顾景星:《白茅堂集》卷三十引《左传》"宋公靳之"认为"(靳)借为禁止",亦可通。

[16]段玉裁据玄应《一切经音义》卷八及《文选·枚乘〈七发〉》"圻"字注引《说文》改作"地垠咢也"。

[17]大徐本作"齿本也",今据段玉裁改。

[18]"固"后来可作安守、坚守解,如《宋书·沈庆之传》:"萧斌以前驱败绩,欲死固碻磝。"

[19]从"固"之"婟"有恋惜之义。《说文·女部》:"嫪,婟也。"段注:"《声类》云:'婟嫪,恋惜也。'""婟,嫪也。"段注:"《尔雅》:'鷿,泽虞。'郭注:'今婟泽鸟。常在泽中,见人辄鸣唤不去。'"

[20]段注:"古多用乂、艾为之而芟废矣。"

[21]《楚辞·九叹·远游》:"悲余性之不可改兮,屡惩艾而不迻。"王逸注:"艾一作芯。"

[22]《古文字诂林》第8册,上海教育出版社2004年版,第1067页。

[23]"惩"可能和"箴"同源,"箴"有规劝、告诫义。

[24]裴学海谓:"若犹于也。创,惩也。时,是也。"见《古书虚字集释》,上海书店1996年版,第565页。《史记·夏本纪》作"用绝其世,予不能顺是",孙星衍云:"言予以顺是为伤,故不顺之。"见《尚书今古文注疏》,中华书局1986年版,第112页。江声《集注音疏》:"创兼有痛意。"

[25]《吕刑》是西周穆王时文献。而《益稷》由《皋陶谟》分出,可能是战国时期编写的古史资料。

[26]《汉语大字典》引明徐光启《农政全书·荒政·备荒考中》"不于此辈创一警百,而惩噎废食"为例。而同时期更为多见的是"惩一警(儆、戒)百"。

《说文》方言词的用字研究[1]

焦树芳

天津财经大学珠江学院

许慎是东汉著名的语言文字学家，《说文解字》是我国第一部真正的字典，也是中国文字学发展史上的里程碑。《说文》中记录了190多条方言词，其中见于《方言》的词语仅60多条，这些词汇保留了当时的方音情况，对汉代方音研究有重要意义。

文字是记录语言的书写符号，文字的属性和功能会随着时间和地域等因素发生变化。我们依据文献的使用情况细致地梳理统计了《说文》中记录方言词的汉字，将汉字形、音、义三个方面结合起来作了分析，如探讨选用这些字记录方言词的缘由和文字类型，分析了方言词和用字间的关系，说明方言词和通语及各方言区域间的语音差异，总结了许慎使用汉字表示方言词语的特点和规律等。

一、《说文》方言词用字概述

方言用字是记录方言词语使用的文字，《说文》主要有两类，一是方言用字和所记录的方言词在意义上相关联，即表义字；二是读音上与方言词相近，记录方言读音，即借音字。

（一）表义字。许慎采用六书理论解析汉字形体、说明字义，因此在记录方言词时选用了大量形音义统一的表义字，在说明词义的同时，也标示了词语的通行地域和方言因素等。这类字和方言词在意义上有联系，包括词的本义、引申义等；表义字与方言词在形、音、义三方面基本统一，可分为古字、通用字、异体字和方言字等。

1. 古字，方言中一般沿用古文字形体，有些字只在特定方言区使用，无用例，较为生僻；另有一些还活跃在文献中。但方言古字往往出现了音义相同的新形体，在文献中广泛运用。

2. 通用字，传世文献流传到许慎所处时代仍然较为活跃的字，或当时产生就大量使用的字。就文献而言，工具书以及经史文献一般看成通用字，一些典籍的作者难于确定所属地域，如《吕氏春秋》，也记为通用字；如文献中引用的方言字、俗字或异体字，仍承认它的原本属性。

3.异体字，音义相同，而形体不同，《说文》异体字类别较多，如古文、籀文、奇字、或体、俗体等。异体字字形上与通用字存在差异，包括五类，如省去部分偏旁，增加偏旁，偏旁换位，表音语素变换，表义语素变换等。

4.方言字，关于方言字的概念学术界有不同的看法，文中的方言字是只在特定方言区通行，专门记录方言词，表示方言意义的字。如游汝杰指出："方言文字就是记录方言的文字。"[2] 林寒生认为："所谓汉语方言字，是指特定的方言区内通行、专门用于汉语方言口语的文字。"[3]

方言字是发展变化的，受时间和地域因素影响，这一问题我们之前已做了详细说明，见《〈说文〉楚方言词的发展》[4]。文中的方言字仅指在先秦两汉特定方言区流行使用的字，这类字往往文献用例较少，只出现在特定地区的作家作品中或文献中无用例，字书往往指明其通行的方言区域。这与方言用字不同，后者范围较大，包括方言字。

（二）借音字，即借用音同音近的字表示本字，借音字只是单纯记音，其形义与所表示的方言词没有联系。通过对借音字考察，我们进一步分为记音字和联绵字两大类，记音字又有音近、读若关系，还包括假借字、同音字、拟音字等，记录了方言词的语音差异。

《说文》中有部分方言词在几个方言区读音相近，共享一个字表示；同时又存在同一字在各地区读音的不同情况，许慎详细地记录了通语和方言即方言之间的读音差异。

二、方言用字考释

（一）表义字

1.沿用古字

一个词的书写形式在不同时期有所改变，旧有形式仍保留在方言语词中，有些新形体已出现；古今字的读音和意义基本相同，只在形体上有所变化。如饟（古饷字）、釨（古铧字）、进（古迊字）、𦶋（后作昆）。

进《说文·辵部》："迊也。晋赵曰进。从辵世声。读若真。"

按："进"在通语中有用例，《汉书·天马》："进万里。"师古注："晋灼：'古迊字。'"

《鲍宣传》:“部落鼓鸣，男女遮迣。”师古 :“晋灼 :‘古迾字。’言闻桴鼓之声，以为有盗贼，皆当遮列而追捕。”《广韵》:“迣，古迾字。”

又《辵部》:“迾，遮也。”“遮，遏也。”迣、迾、遮、遏四字递训，意义相同；又迣、迾来母月部，毛际盛在《述谊》中指出 :“案迣迾音义同，故古多通用。”而马叙伦进一步说明:“迣遮音同照三转注字，迣遏声同脂类转注字。”可见“迣”“迾”并行，许慎时期两字可能通用。

2. 借用通用字

《说文》借用较多形音义相关或相近的通用字记录方言词。

一是通用字记录形音义相同的方言词。如燕朝方言:咺、縛、瘍;赵魏方言:惏、涾、秸、鑿;海岱方言:葼、呬、适、詑、桷、爨、迟、黸、惧、霄、绫、虮、鍱、餬;周洛方言:欀、饘、泔、忼、鮪;楚方言:蓠、蘸、茝、蒀、逞、梠、叔、鬻、餥、腰、睇、悼、蚊、娃、嫋、閈、阊阖、錡;秦晋方言:萆、逆、迎、笔、眄、橼、杇、槾、屋櫋联、槌、榯、螨、牡厉、阺、娙娥、酸；蜀汉方言:巂、臁；北方方言:腒、私、漠、鲞、控、地蝼；南方方言:魿。

芰《说文·艸部》:“蔆，芰也。从艸淩声。楚谓之芰。”

按 :《艸部》:“芰，蔆也。”两字转注，同指一物。如段注 :“《周礼》:加笾之实有菱。《子虚赋》应劭注同。《楚语》:‘屈到嗜芰。’韦曰 :‘芰，菱也。’”,《说文解字义证》:“王安贫《武陵记》:‘两角曰蔆，三角四角曰芰，通谓之木栗。’”《说文释例》:“以义转注声不同也。”“芰”意义较为通俗，能够为人理解，为菱作注，如《吕氏春秋·恃君》:“夏日则食菱芡”，高注:“菱，芰也。”而“芰”字常用在楚地，以蔆释义，如《楚辞·招魂》:“杂芰荷些。”《离骚》:“制芰荷以为衣兮”，王注 :“芰，蔆也。秦人曰薢茩。”《国语·楚语上》:“子夕嗜芰，子木有羊馈而无芰荐。”《礼记·祭义》:“楚人名蔆为芰。”《淮南子·本经训》:“芙蓉芰荷”，高注云 :“芰，荷也。”以芰释菱，可能芰名较常见，易为人理解，作为通用字使用。

梠《说文·木部》:“楣，秦名屋櫋联也，齐谓之产，楚谓之梠。从木眉声。”

按:《方言》卷十三:“屋梠谓之棂。”郭注:“雀梠，即屋檐也。”《方言笺疏》:“《众经音义》卷六引《说文》:‘梠，楣’通语也。又卷十六引《说文》云檐槐也，亦名屋梠，亦名连绵。櫋屋，櫋联也；又厂部云产屋，梠也。秦谓之楣，齐谓之产。是梠也，楣也，檐也，槐也，屋櫋联也，是一物而五名也。按，梠谓之槐，亦谓之檐。”

且《木部》橑："屋橑联也。"檐："槾也。"槾："桓也。"桓："楣也。"四字递训，又桓、楣互训，意义相同。桂馥《说文解字义证》："本书桓，楣也。槾，桓也。檐，槾也。"《文选·西京赋》："《声类》曰：槾，屋连绵也。"刘熙进一步指出其来源，《释名·释宫室》："桓，旅也。连旅之也，或谓之橑。"

可见，楣、桓、檐、槾、橑联指称同一生活常见物，这一类字在生活中广泛使用。

餬《说文·食部》："饘，糜也。从食亶声。周谓之饘，宋谓之餬。"

按：段注："糜，糁也。糁，以米和羹也。按以米和羹者、鼎实也。故《正考父鼎铭》曰：'饘于是，粥于是，以餬余口。'"餬释稠粥为常用字，如《尔雅·释言》："餬，饘也。"郭注："餬，糜也。"邢昺疏："餬、饘、鬻、糜，相类之物，稠者曰糜，淖者曰鬻，餬、饘是其别名。"

又《食部》："餬，寄食也。从食胡声。"段注："引申之义。"且徐笺也认同："古人相谒食麦饘，餬谓之饘，因谓餬谓寄食也。"用例如《左传·隐公十一年》："而使餬其口于四方。"《庄子·人世间》："足以餬口。"

二是通用字进入方言表义时意义改变，通用字的意义与所记录的方言词义不完全吻合。

（1）通用字记录方言词的意义缩小，如海岱方言：阡（边境—田间小路）；楚方言：蚲（盛—蚕盛）；社（土地的神主—母亲）、軞（兵车—车盖）；秦晋方言：蛋（兽—蝉蜕）、猒（獡属—犬子）。

阡《说文·田部》："竟也。一曰百也，赵魏谓陌为阡。从田亢声。"

按：段注："竟，俗本作境。今正。一曰百也。百今之陌字。"《田部》："畛，井田间百也。""陌"义为田间小道，用以分割田地，文献用例多，如《史记·商君列传》："为田开阡陌封疆。"而"阡"本义为疆界、边界等，与"陌"义相近，可表示边界，释义范围大小不同。

王筠在《说文句读》中指出："《淮南子·地形训》高注：'常山人谓伯为亢。'案伯即陌，亢即阡。"又陌，明母铎部，阡，见母阳部，铎阳对转。

（2）通用字记录方言词的意义扩大。如楚方言词"绪"。

绪《说文·系部》："帛青经缥纬。一曰育阳染也。从系育声。"

按：对"育阳染"的理解不同则释义有别。如朱骏声《说文通训定声》认为："一说谓淯水所染。"由此释义青经白纬的布是由淯水染成，绪为方言词。而段注指出："育阳、汉南郡属县，县在育水北，故曰育阳。育与绪叠韵。育水，《水部》作淯水。"

桂馥和王筠皆认为：育当为淯，属南阳淯阳县。又《汉书·地理志》："南阳郡，育阳。"师古注："应劭曰：'育水出弘农卢氏南入于沔。'"《晋书·地理志·南阳国》："南阳国，秦置郡，统淯阳。"可见淯阳为地理名词，由此可释为淯阳地方染织的帛。因而"綃"由表示青色经线和白色纬线织成的布帛扩大为所有染织的帛。

（3）通用字记录方言词意义时发生了转移，如燕朝方言：盰（张目—黑瞳子）；海岱方言：喑（无言—儿泣不止）、睎（望—斜视）、倩（男子美称—女婿）、霤（雷雨—雷）；周洛方言：帔（披肩—下裙）；弴（角弓—弩弓）、翚（飞—五彩雉类）；楚方言：莽（草—犬善在草中追兔）、湑（雨不绝—饮酒成习惯而不醉）、笘（折竹做的简易鞭子—儿童书写用的竹片）、猣（犬猣猣不附人—相惊）；秦晋方言：卤（咸味—盐地）、嫚（貌美—细腰）；蜀汉方言：曘（眼光灌注—怒目瞪视）。俗语：聿（笔饰—书写较好）；大㼝（弃—死）。

喑《说文·口部》："宋谓小儿泣不止曰喑，从口音声。"

按：段注："按喑之言瘖也，谓啼极无声。"又《淮南子·地形训》："瘖气多喑。"高注："音殷，啼极无声。"可能段氏引高诱注释义。又《疒部》："瘖，不能言也。"是一种病，即哑。《释名·释疾病》："瘖，唵然无声也。"《礼记·王制》："瘖、聋、跛躃、断者、侏儒、百工，各以其器食之。"郑注："瘖，谓口不能言。"《国语·晋语》："嚣瘖不可使言。"韦昭注："瘖，不能言者。"《汉书·吕太后传》："饮瘖药。"颜注："瘖，不能言也，俗作喑。""喑"释哑、不能言时，与"瘖"通。

《说文》"喑"只有方言义，无文献用例。而释为不言语、缄默时，用例较早，如《墨子·亲士》："臣下重其爵位而不言，近臣则喑，远臣则唫。"《说苑·正谏》："无言则谓之喑。"可能此为本义，或是常用义。

倩《说文·人部》："人美字。从人青声。东齐壻谓之倩。"

按：徐锴《系传》："倩，盖美言也。"段注："《朱邑传》：'陈平虽贤，须魏倩而后进。'师古曰：'倩，士之美称也。'盖本《说文》，而改人为士，改字为称，其实可无改也。倩犹甫也。《穀梁传》曰：'父犹傅也。'男子之美称也。"因而古代男子字多称倩，如东方朔，字曼倩；江充，字次倩；萧望之，字长倩等。可见"倩"字多用为男子美称，也可表示美好，如《诗·卫风·硕人》："巧笑倩兮。"释为女婿用例少，如《史记·仓公传》："黄氏诸倩。"裴骃集解："徐广曰：'倩者，女婿也。'"

壻《士部》："夫也。从士胥声。《诗》曰：'女也不爽，士贰其行。'士者，夫也。读与细同。婿，壻或从女。"壻与婿形符不同，而音义同，正如段注所言："夫者丈夫也，然则壻为男子之美称，因以为女夫之称。"《仪礼》："止是夫壻。"《尔雅·释亲》："女子之夫为壻。"

可见"倩""壻"都为美称，后者可释为女子丈夫，齐语以"倩"表"壻"义。

卤《说文·卤部》："西方咸地也。从西省，象盐形。安定有卤县。东方谓之㡿，西方谓之卤。"

按："卤"古鲁字，表示地方，晚清学者已进行了详细的论证说明，如薛尚功："卤字即鲁字也，古之文字形声假借。"阮元："卤，古文鲁，东方滨海地多㡿卤，故以为名。字与鲁通。《路史·国名纪》'鲁，卤也。'"方浚益直接指出："此古文▦像田中生盐形，从田不从西省。鲁之建国正以地㡿卤得名。卤鲁以同音得相通段，是不必在西方始曰卤矣。"马叙伦："鲁国之名盖作卤，而伦且疑姬旦所封本是卤国或作▦国，▦盖鲁之转注字。"

卤古文作▦，金文写作▦，王襄认为："▦古卤字，像田中盐结之形。"训咸地义，如《左传·昭公元年》："晋荀吴帅师败狄于大卤。"杜注："大卤、大原，晋阳县。"张洽《春秋集注》："《公羊》《穀梁》作大原，《公羊疏》云：'案古文及彼处，人皆谓之大卤，而今经及师，读皆谓之大原。'《说文》：'西方谓之卤。'《易》曰：'兑为刚卤'，西方之泽也。《春秋》大原为大卤，亦西方也。"《襄公二十五年》："表淳卤，数疆潦。"杜注："淳卤，地薄收获少。"孔疏："是咸薄之地名为斥卤。"而林义光指出："东为斥，西为卤，此后世异名。制字之始，不能为西方咸地独制一字，西者言其地之方，非即地。"指出其造字之初卤当训咸味，后引申为咸地。郭沫若也赞同西不表地域："许以假借之义为卤本义，又以字似从西，故以西方咸地说之。"《说文》西方和东方并举，为的是指出不同地域咸地的名称。

3. 异体字

《说文》为更好地表达方言词的流行区域和词义，还运用与通用字形体上有差异的异体字记录。包括以下几类：

（1）省简偏旁。省去一部分构字部件，如秦晋方言：甹（俜），省义符。

甹《说文·丂部》："亟词也。从丂从由。或曰甹，侠也。三辅谓轻财者为甹。"

按：以"或曰"释义是正解外的其他说法，与"亟词"义无关，如段注："此谓甹与俜音义同。'三辅谓轻财者为甹。'所谓侠也。今人谓轻生曰甹命。即此甹字。"甹与《人部》俜音义合，"俜，侠也。"又"侠，俜也"。俜、侠互训。《汉书·季布传》：

'为人任侠。'《集解》曰:"或曰任,气力也。侠、俜也。"马宗霍指出:"此正用借字,与三辅方言合。"又俜、傓读滂母耕部,两字语音同。朱骏声《说文通训定声》:"俜假借为傓,又双声连语。"傅云龙《古语考补正》:"俜是傓之省。"俜释侠义,与傓读音、意义相同,省人部。

马宗霍认为:"俜为侠,侠又通于轻,高诱注《淮南子·说山篇》:'侠,轻也。'《汉书·赵广汉传》:'闾里轻侠。'轻侠犹俜侠。"可见俜、侠、轻三者通,又侠者崇尚气力,重仁义,如《史记·游侠列传》:"今游侠,其行虽不轨于正义,然其言必信,其行必果,已诺必诚,不爱其躯,赴士之厄困,既已存亡死生矣,而不矜其能。羞伐其德。盖亦有足多者焉。"因而侠者轻财重义,三辅称轻财者为俜可能与侠的本质相关。

(2)增加偏旁。方言区人们在基础字形上加注音符和义符,可以增强文字的表音性和表意性。如楚方言:褋(袡)、攘(塞、寒);媭(须)、嬌(婧);北方方言:霝(雨);西胡:纚(羂)。

媭《说文·女部》:"女字也。《楚辞》曰:'女媭之婵媛'。贾侍中说:'楚人谓姊为媭'。从女须声。"

按:"媭""须"通用,都可以表示女子的名字,楚语中释为"姊",可能是从屈原姊的名字"媭"引申而来。段注:"樊哙以吕后女弟吕须为妇,须即媭字也。《周易》:'归妹以须。'郑云:'须,有才智之称。《天文》有须女。'按郑意须与谞、胥同音通用。谞者,有才智者。贾语盖释楚辞之女媭。王逸、袁山松、郦道元皆言:'女媭,屈原之姊。'惟郑注《周易》:'屈原之妹名女须。'《诗》正义所引如此。妹字恐姊字之讹。"桂馥《说文解字义证》:"《楚辞》王注:'女媭,屈原姊也。'通作须。《郑志》答令刚曰:'须,才智之称。故屈原之姊以为名。'《郡国志》:'秭归县屈原乡里,屈原暂归,其姊女须闻原还,亦来喻之,因曰姊归也。'《荆州图》:'屈原放归,有姊闻原还,亦来归乡,因名其南岸曰归乡岸,北岸曰姊归岸。'楚人谓姊为媭者,《集韵》、洪兴祖《楚辞补注》并引作'楚人谓女为媭'。案《天文》有须女星。"

"须"为常用字,释义较多,表示女子名字时常加女,以"媭"表示。

(3)偏旁换位。为美观和书写便利,汉字结构不断演变,但方言用字形体多变,如海岱方言:猓(伙);楚方言:𥾣(纷)。

猓《说文·多部》:"齐谓多为猓。从多果声。"

按:"猓"通作"伙",释为多义,《死部》:"𣨛,尣恶惊詈也。从歺咼声,读若楚人名多夥。"《史记·陈涉世家》。"'楚人谓多为伙'故天下传之。"又《方言》

卷一："齐宋之间，凡物盛多谓之寇，齐宋之郊、楚魏之际曰伙。"盖"䫨"只出现在《说文》中，文献中多用"伙"字，如司马相如《上林赋》："万物众伙"，李善注："《小雅》曰：'伙，多也'。"张衡《西京赋》："炙炰伙。"《后汉书·张衡传》："不耻禄之不伙。"

构字部件多、果同为歌部，声符"果"和义符"多"互换，构成䫨与伙。

（4）音符变换。方言用字的表音语素复杂，可能更接近方言古音。海岱方言：摭（拓），章铎（章铎）；潣（洝），余谈（影谈）。吴越方言：緢（緢），明真（明真）。楚方言：攘（攗），见元（匣元）；柿（肺、柿），滂月（滂月）；跙（跙），章铎（章铎）。秦晋方言：箱（箱），山宵（山宵）；揜（掩），影侵（影谈）；儋（傜），余宵（余宵）；方言：捌（拔），并月（并月）。

潣《说文·水部》："海岱之闲谓相污曰潣。从水阎声。"

按：潣义为污秽。段注："《方言》：'泛、浣、潣、洼，洿也。自关而东或曰洼，或曰泛。东济海岱之闲或曰浣，或曰潣。'按洿污古通用。子云义取污藏，许说及《广雅》皆从之。"又《水部》："污，薉也。一曰小池为污。一曰涂也。从水于声。""洿，浊水不流也。一曰窳下也。从水夸声。"段注："按污即洿之假借字。《孟子·梁惠王》作洿，《滕文公》作污。"桂馥同此。《释名·释诂三》："污，洿也。"可见洿、污都表示不洁，污秽、污浊义；文献用例多，为通用字。潣《说文》方语称污，《方言》以洿释义，因而潣与污、洿意义基本相同。

《水部》："洝，泥水洝洝也。一曰缲丝汤也。从水臽声。"洝释义与泥水相关，有污秽义，与潣意义相近；又潣，余母谈部；洝，影母谈部。朱骏声《说文通训定声》指出："此字实即洝之别体。洿污声固通转，义亦引申，即知潣洝同字矣。"《说文》另有两组含阎和臽声符的异体字，如燗焰：火燗。薔苔：菑薔。

箱《说文·竹部》："饭筥也。受五升。从竹稍声。秦谓筥曰箱。"

按：箱与筥互训，《竹部》："筥，箱也。从竹吕声。"段注："箱当作箱。《方言》曰，篝箱，陈楚宋魏之间谓之筥，或谓之籔，自关而西谓之桶檧，按筥即箱字。"又《竹部》："陈留谓饭帚曰箱。从竹捎声。一曰饭器，容五升。一曰宋魏谓箸筩为箱。"段注："此说谓箱与箱同字也。"

王筠《说文解字句读》："《字林》筥，箱也，饭器受五升，秦谓筥。案少曰二字，据此知箱箱一字，《说文》作箱，《字林》作箱也，故《广韵》十虞不收，而五肴收箱，《玉篇》箱字亦在后收字中，今当删并为一。"《说文释例》："盖稍捎二字，虽《说文》皆收，而即《玉篇》《广韵》揣之，知其当从捎。饭筥、饭器，说本相似，而以‘筲下筩也’推之，小徐作籍也，亦足征其为一字。知其当作筲，至秦谓筲以下三句，则别异名也，知其当相属，若夫所交切，则以稍，所教切，捎，所交切，定之。凡从肖声者，不得入虞模部也。”

可见籍与筩声韵相近，字形和意义有别。秦方言以籍表示盛饭的器具，而陈留和宋魏地区分别指称饭帚和箸筩。

（5）义符变换。义符换用一般选用意义相近或相同的义符，燕朝方言：訦（忱、谌）；海岱方言：荡（簜）；吴越方言：[illegible]（禨）；楚方言：幨（襤、繿、蓝）、摇（鹞）、婞（悻）。

幨《说文 · 巾部》：“幨，楚谓无缘衣也，从巾监声。”

按：幨、襤，义符分别为巾、衣，与衣服有关。《衣部》：“襤，裯谓之襤褛。襤，无缘衣也。从衣监声。”《说文句读》：“《方言》文幨，与《衣部》襤同。”《说文通训定声》：“幨，此义与襤同。”又《方言》卷四：“无缘之衣谓之襤。”“楚谓无缘之衣曰襤。”《方言疏证》：“幨即襤。”《方言笺疏》：“《说文》襤，无缘衣也。又云楚谓无缘衣也。”可见“幨”与“襤”释义相同。

又《方言》卷三：“南楚凡人贫衣被丑弊或谓之襤褛，故《左传》曰：‘筚路襤褛，以启山林。’”《方言疏证》：“襤褛，今《左传》作蓝缕。”朱骏声在《说文通训定声》也指出：“蓝，假借为襤。蓝蒌、襤褛实皆双声连语。”可见“襤、蓝”音义皆同。

“繿”《说文》无，可能为后起字，《类篇》：“襤或从系，作繿。衣名。”从系，与衤同义。如钱绎在《方言笺疏》中指明：“襤、幨、繿、蓝，字异义同。”“襤、幨、繿、蓝”四字的书写形式不同，古读来母谈部，且意义相同，可通用。

4. 选用方言字

方言字是记录方言的词，表示方言义时只在具体的方言区通行。如燕朝方言：毅、絓、鉠；海岱方言：萏、鎡錤；吴越方言：餽；楚方言：些、咦、箬、𣪊、瞯、眮、墙居、稷、柍、瘻、瘌、幏、圣、鬐、飵、慭、娟、娘、䰐、甾、圯、锴；秦晋方言：咲、蹲、殳、[illegible]、紕、黔首；蜀汉方言：茆、姐、睟、缮、谬欺；北方方言：瓮；南方方言：袯、秏；方言：氍毹；俗语：夾等。

餽《说文 · 食部》：“吴人谓祭曰餽。从食从鬼，鬼亦声。又音馈。”

按：段注：“《战国策三十三》：‘饮食餔餽。’高注：‘吴谓祭鬼为餽，古文通用，读与馈同。’按祭鬼者，餽之本义，不同馈也。以餽为馈者，古文假借也。高说与杨、许同。今本高注浅人增窜。"《汉书·贾谊传》:"春秋入学,坐国老,执酱而亲馈之。"师古注:"馈与馈同。"馈同馈时,文献用例较多,但释义为赠送,不为祭鬼。《食部》:"馈,饷也。从食贵声。"段注:"馈之言归也,故馈多假归为之。《论语》:'咏而馈、馈孔子豚、齐人馈女乐。'古文皆作馈,鲁皆作归。郑皆从古文。《聘礼》:'归饔饩五牢。'郑云:'今文归或为馈。'今本《集解·阳货》《微子篇》作归,依集解引孔安国语,则当作馈也。按今字以馈为馈,此乃假借,其义本不相通也。《孟子》:'馈孔子豚。'《汉礼乐志》:'齐人馈鲁而孔子行。'已作此字。"

可见,馈假借为馈,表馈赠,文献用字常互换;但馈无表祭义,馈释为祭鬼时可能不是假借字。马叙伦探讨了"馈"的造字缘由,认为其可能为方言俗字:"吴善述曰'馈馈同字,吴人谓祭曰馈,特一处之方言,制字者必非专为吴语而制。'伦按玄应《一切经音义》引古文官书,馈,古文馈同,则馈馈为转注字,声同脂类,转注之字。正为方言而作,特馈之为祭。经传无征,经传馈字皆用为馈饷之义。则吴说可从。馈祭声同脂类,盖借馈为祭,若以食鬼而造馈字以为祭名,则俗字。馈形声字不得会意。"

敠《说文·又部》:"楚人卜问吉凶曰敠,从又持祟,祟亦声,读若贅。"

按:徐锴《说文解字系传》:"臣锴曰祟神祸也,此会意。"段注:"与祝双声。"马宗霍先生推测段注指两字同义。《示部》:"祝,祭主赞词者。从示从人口。"段注:"此以三字会意,谓以人口交神也。"朱骏声《说文通训定声》:"按从又者,握粟出卜之意。"文献中没有用例,字书和韵书大都指出敠是楚人占卜用词,可能为楚地方言字。

但钱坫在《说文斠诠》指出:"敠即筮字,《特性馈食礼》注:'筮问也',《士冠礼》注:'筮所以问吉凶';《楚辞》注,'筮卜问也。'凡著曰筮,筮之为敠。"钱坫认为敠与筮字同,而筮在通语中常用。《竹部》:"筮,《易》卦用蓍也。从竹从𤮺。𤮺,古文巫字。"《巫部》:"巫,祝也。女能事无形,以舞降神者也。象人两褎舞形,与工同意。古者巫咸初作巫。"可见敠与祝、巫、筮意义相近,都与占卜有关;但后者没有方言区域,可能是当时的通用字,前者只记录楚人用词。

黔首《说文·黑部》:"黔,黎也,从黑今声,秦谓民为黔首,谓黑色也。周谓之黎民。《易》曰'谓黔喙。'"段注:"许言此者,证秦以前无黔首之偁耳。非谓黎黔同义。"

按:百姓一般被称为民或黎民。黔首出现较晚,战国时期的秦地才开始使用。《吕氏春秋》出现20余次,如"《春大乐》:"说黔首,合宗亲。"《古乐》:"注之东海,以利黔首。""功名大成，黔首安宁。"李斯《谏逐客书》："今乃弃黔首，以资敌国。"秦统一后以黔首代称民，成为官方用语，多用在秦地，后可能使用范围扩大。如《史记·秦始皇本纪》："始皇二十六年；'更名曰黔首。'"诏曰："廿六年黄帝尽并兼天下诸侯，黔首大安。"王辉在《秦器铭文丛考》中指出更名的原因可能是："秦人崇尚水德，'衣服旄旌节旗皆上黑'，正式更名曰黔首，可能同这种理论有关。与'更名河曰德水'，用意相近。"

聧《说文·耳部》："益梁之州谓聋为聧，秦晋听而不聪闻而不达谓之聧，从耳宰声。"

按：《方言》卷六："半聋，梁益之间谓之聧，秦晋之间听而不聪、闻而不达谓之聧。"且徐锴《说文解字系传》："臣锴曰不全聋也。""聧"在蜀汉方言区与秦汉方言区释义不同。"聋"义另有两字，如《耳部》："聳，生而聋曰聳，从耳从省声。""聩，聋也。从耳贵声。""聳""聩"本义为耳聋，用例较多，出现较早。如《国语》："视无还，听无聳。""聋聩不可使听。"马融《广成颂》："子野听聳。"而"聧"只出现在字书中，记方音。

《说文》从"耳"释义的字都与耳朵相关，"聧"不单是记音字，释义也有关联，但文献无用例，可能为方言字。

（二）记音字

1. 借音字

借音字指在方言中汉字只作为记音符号使用，原本的意义与方言义无关，只运用音近音同关系记录方言词，即借音不借义。《说文》以音近音同字表示本字，可以区分各地方音的区别。

（1）音近字。方言用字和本字的声母或韵部相近，有部分字意义相同。如楚谓之聿，吴谓之不律，燕谓之弗。齐人谓朦脒也（朦脒双声）。椎，齐谓之终葵（终葵合音）。凉州谓鷽为鸄（鸄鷚双声）。秦谓阮为堨（阮堨叠韵）。

聿《说文·聿部》："聿，所以书也。楚谓之聿，吴谓之不律，燕谓之弗。从聿一声。"

按："笔"在不同地区的称呼有异，楚地叫作"聿"，吴地称"不律"，燕地称"弗"，而秦地直接称作"笔"。段注："以，用也。聿者，所用书之物也。一语而声字各异也。"王筠《说文释例》卷一"六书总说"中指出："至于转注，则同一物也，而命之者不同，则字不同；同一事也，而谓之者不同，则字不同；古人用字，贵时不贵古（《尚书》

用'兹',《论语》用'斯',《孟子》用'此',时不同也。聿、笔、弗、不律,地不同也,皆取其入耳,即通也。推之周人言山必南山,卫人言水必淇水,岂以远称博引为豪哉?今人好用古字,乃不足之证,非有余之证,文之雅俗,在乎意义,不在字体也)。取其地之方言而制以为字,取足达其意而已,而圣人所生之地不同也。唐虞三代,递处于山西、陕西之境,孔子又生于山东,各用其地之方言,不得少转注一门矣。"

笔,帮母物部;聿,余母物部;与笔同部。朱骏声在《说文通训定声》中认为"聿"表示"笔"是假借用法,并说明"秦以后皆作笔字"。"聿"的甲骨文字形为𦘒,《增订殷墟书契考释》:"此象手持笔形,乃象形,非形声也。"楚方言借聿表示笔。而弗,帮母物部;笔弗声韵皆同。不,帮母,律,物部;"不律"两字合为一音,吴蜀地区将"不律"作为记音符号使用。如《尔雅·释器》:"不律谓之笔。"郭注:"蜀人呼笔为不律也,语之变转。"

王筠《说文释例》:"聿、律、弗、笔,一声之转,而不律独加不字,盖发声也。""聿、笔、弗、不律,地不同也。皆取其入耳即通也。"《说文句读》:"案变转者笔与律也,不则发声。"可见,聿、不律、弗、笔,读音相近,记录了同一事物在不同地方的方言词语,标明了不同地域间方言用字的差异。

脒《说文·肉部》:"齐人谓瞳脒也。从肉求声,读若休止。"

按:瞿,群母虞部;脒,群母尤部;段注:"瞿,齐人曰脒。双声之转也。"王筠《说文句读》:"瞿脒双声。"朱骏声《说文通训定声》:"按脒瞿一声之转。"

《肉部》:"瞿,少肉也。从肉瞿声。"两字意义相关,均可释为瘦、少肉。又《尔雅·释言》:"瞿、脒,瘠也。"郭注:"齐人谓瘠瘦为脒。"邢疏:"皆瘦瘠也。"《周礼》:"其民皙而瘠。"郑注:"瘠、瞿也。"可见瞿与脒音近义同,齐方言以脒称瞿。

(2)假借字。如齐谓之庴,南阳谓霖霂,关西谓榜曰篇。

庴《说文·木部》:"仰也,从人在厂上。一曰屋栌也。秦谓之楣,齐谓之庴。"段注:"李善注《文选》引《说文》曰:'榱栌,秦名屋檐联。'失其义矣。齐谓之庴,各本庴作檐,今依厂部庴下正。""今改桷为楣,今以木部订。"桂馥《说文解字义证》:"馥案屋栌谓檐榱,与桷异物。"严可均《说文校议》也认为桷当为楣。

按:"庴"有三种基本解释,一是庴为古危字。代表学者有庄有可、王筠、桂馥、戴侗、徐灏等。于省吾指出许慎按已讹的小篆字形分为两说,均误;𠂹为庴字初文,后孳乳为危,后其雏形和本义失传。二是庴释为仰;《六书故·地理二》:"庴,即危也从人在厂或在山上，其义一也。"钱坫《斠诠》认为是瞻仰字。毛际盛《述谊》："言所处高可瞻仰。高，本谊，仰，转谊也。"后马叙伦又指出从厂，印省声，是严之转注字；此初文仰字作𠀐者之转注，从𠀐，厂声，故训仰，以今释古。三是屋檐上的横木，檐之假借字。《木部》："楣，齐谓之檐。"释屋㮰义，厃与檐同。且段注："厃与檐同字同音。""盖齐人或云檐，或云厃也。"朱骏声《说文通训定声》："厃当读如檐。"钱坫认为屋㮰则檐字。毛际盛述谊："厃即《礼记·丧大记》'中屋覆危'之危，康成曰：'危，屋上栋。'"马叙伦指出厃亦檐之假借字。

可见，危义和仰、檐义等三种不同的解释分别是从汉字字形和声训的角度探讨厃字的意义。结合秦方言用语"楣"，齐方言厃释为屋㮰义时，应看作檐的假借字。

霃《说文·雨部》霖雨也。南阳谓霖霃。从雨仍声。

按：《水部》："淫浸随理也。从水𡌢声。一曰久雨为淫。"淫本义为随纹理浸淫，一曰为其别义。"霃"无用例，只见于工具书，常借"淫"在文献中使用，表示久雨义。如《释名·释天》："久雨谓之淫，淫谓之霖。"《礼记·月令》："淫雨蚤降。"郑注："淫，霖也，雨三日以上为霖。"《左传·庄公十一年》："天作淫雨。"《史记·龟策列传》："淫雨不霁，水不可治。"

段注："俗本作谓霖雨曰霃。乑者，众立也。故雨多取之，是可以证霃雨之为霖，而非小雨矣。淫雨即霃雨之假借。"《说文句读》："经典皆借淫字为之。"《说文解字义证》："霃通作淫。"又霃、淫，余母侵部，表霖雨义时，可能"淫"行而"霃"逐渐消亡，只在楚方言保留。

篇《说文·竹部》："书也，一曰关西谓榜曰篇，从竹扁声。"

按：《木部》："榜，所以辅弓弩。从木旁声。"榜本义可能为正弓弩器具，后引申为标榜，如段注："今之榜额，标榜是也。关西谓之篇、则同扁。"桂馥《说文解字义证》："榜谓标榜，篇通作扁，本书扁署也。"王筠《说文释例》："此当是标榜，非榜棰也。"

《册部》："扁，署也。从户册。户册者，署门户之文也。"篇为书写，扁为题署，两者意义相近。且篇，滂母真部；扁，帮母真部；两字同属真部。如王筠《说文句读》："篇与扁同义。"朱骏声《说文通训定声》："篇假借为扁。"又榜，帮母阳部；与篇、扁声同，故关西可称榜为篇。

（3）同音字，语音相同，而意义不同，《说文》记录方言词义的同音字，形体亦相同，属于同音同形字。如楚方言：訏（诡讹—大）、媞（审谛—母）；秦晋方言：雅（雅正一鸟）；蜀汉方言：氏（姓氏—山崖边将要崩落的山岩）；北方方言：稀（稀疏—鸟名）；南方方言：鸬，（畮的省形，已耕田地—鸟名）。

雅《说文·隹部》："楚鸟也。一名鸒，一名卑居。秦谓之雅。从隹牙声。"

按："雅"常用义为雅正之雅，用来表示规范、正统义。如《论语·述而》："子所雅言：《诗》、《书》、执礼。皆雅言也。"《〈诗〉·序》："雅者，正也。"

雅可指鸟类，与其常用义没有联系，段注："楚乌、乌属。其名楚乌。非荆楚之楚也。"名称较多，如《诗·小雅·小弁》："弁彼鸒斯。"《毛传》指出："鸒，卑居。卑居，雅乌。"没指明所属方语，且文献有用例，如《庄子·齐物论》："鸱雅耆鼠。"又乌，影母鱼部；鸦，疑母鱼部。正如马宗霍所言："《一切经音义》'白颈鸦鹍也，关中名阿雅。'阿雅即乌雅，雅者状其鸣声哑哑；鸟者状其鸣声乌乌。乌与雅同为喉声，古音又同在鱼部。单言之曰乌，或曰雅。合言之则曰雅乌，或曰乌雅。"

又《乌部》："乌，孝鸟也。"朱骏声《说文通训定声》："大而纯黑反哺者乌，小而不纯黑不反哺者雅。雅即乌之转声，字亦作鸦。"秦地以通用字"雅"称鸟，语音亦相近。

（4）读若。被注字的读音不能用确切的汉字表示，为更确切地记录，《说文》以"读若"的方式说明其语音，读若字通常是当时通行的字或人们较熟悉的方言音。如齹，沛人言若虘；鸥，读若楚人名多伙；卸，读若汝南人书写之写；酻，读若江南谓酢母；馀，读若楚人言恚人。嬳，读若蜀郡布名。

馀《说文·食部》："馀，饥也。从食匃声。读若楚人言恚人。"

按："馀"字"饥饿"义与"对人忿恚"的意义没有联系，只以楚方言词音拟音。如《说文系传》："此谓其言恚人曰馀也，留其声于言外更可征，俗语之无字矣。"王筠《说文句读》："馀，以俗语正读，谓楚人言恚人，其词似馀也，非谓读若恚。"《说文释例》："此谓其言恚人曰馀也，留其声于言外更可征俗语之无字矣。"朱骏声在《说文通训定声》中指出："按恚人之词，有声无字，许时则常语，人共知也。今苏俗如亥，短言之。"

可见，表示"恚人"意义的楚方言词没有本字，这个词读音上与"馀"音相近，这是以方言音拟音。

（5）拟音字，以发声的拟音表示方言读音。如瘖，河内相評也（呼声）。齐谓芌为莒（芌、莒音近）；燕，齐鲁谓之乞（燕鸣声）。

2. 联绵字

联绵字是汉字里用双音节构成一个语素表达意义的单纯词。文中的联绵字有记音和表义的作用，如僿僷、噭咷、薢茩、饐饖、挢挶、嬽嫷、鲉鮂。

噭咷　《说文·口部》："噭，吼也。从口敫声。一曰噭，呼也。""咷，楚谓儿泣不止曰'噭咷'，从口兆声。"

按：噭，见母宵部；咷，定母宵部。如朱骏声《说文通训定声》："按叠韵连语。"又"咷"不单独表义，与"噭"构成联绵字表示"儿泣不止"义，文献无用例，为楚地用语。而表示"歌唱"义时，用例较多。

薢茩　《说文·艸部》："芰也。从艸凌声。秦谓之薢茩。"

按：《艸部》："薢，薢茩也。从艸解声。""茩，薢茩也。从艸后声。"《说文》分别收录两字，皆释为"薢茩"，意义相同。又段注："薢茩双声。"朱骏声在《说文通训定声》中指出"薢茩双声连语。"可见秦语以音近义同的两字组合起来表义，文献中没有用例，只出现在工具书中，如《广雅》："淩，芰，薢茩也。"王念孙在《广雅疏证》也指出："薢名薢茩相承自古，薢茩正一声之转矣。"

《尔雅·释草》："薢茩，芵光。"郭注："芵明也，或曰淩也，关西谓之薢茩。"段玉裁指出："按景纯两解，后解与《说文》《字林》合。按蕨攗、芵光皆双声。《尔雅》：'薢茩，芵光'。或可以决明子释之，不嫌异物同名也。而《说文》之芰、薢茩，即今菱角，本无疑义，不知徐锴何以淆惑。"王筠《说文句读》："淩与草决明，皆有薢茩之名，实则判然两物。"朱骏声也指出"薢茩"称芵光为别义，与淩不同。可见"薢茩"有表两种植物，秦语称淩，是方言不同。

三、结语

《说文》所录方言词，各家统计有所不同。如何格恩在《〈说文〉里所见的方言》[4]搜集168条，马宗霍《〈说文解字〉引方言考》共有169条[6]。就我们搜罗整理得到了200个方言词。其中5个方言词《说文》中未明确指出，而徐铉收录，如《说文新附·此部》："些，语辞也。见《楚辞》，从此从二。其义未详。"《虎部》："𪊽，楚人谓虎为乌𪊽。从虎兔声。"《毛部》："氉，氉毪、毦毯，皆毡毲之属，盖方言也。从毛瞿声。"《手部》："捌，《方言》云：'无齿杷。'从手别声。"《土部》："塔，西域浮屠也。从土荅声。"对于"塔"字的时代后世学者提出了疑义。如钮树玉先生《说文新附考》认为古无塔字。王玉树《说文拈字》:"塔字诸书无所无,惟见于葛洪《字苑》,是晋以前尚无此字。"因而我们在记录方言词时舍弃塔字,共统计了 199 个方言词,如表 1。

(一)《说文》方言词汇特点

各方言区方言词的数量相差较大,但词性和结构基本一致,为更好地观察方言词语的特点,我们将从词语属性和特征来探讨;也从方言区的角度,整体说明方言用字与所记词之间的关系。

表 1　各方言区方言词表

方言区 ＼ 词性	实词			虚词			总计
	名词	动词	形容词	副词	语气词	表音词	
燕朝	咺、盰、瘆、㲚、縛、弒、銇					弗	8
赵魏	迣、薆、茶、鞋、鎣			潜、惏		寙	8
海岱	呬、爨、䲗、簜、广、櫅、桷、倩、霄、賈、绫、肮、鍱、鎰、锒	适、迌、喑、詑、摅、睎、澗	脉、鼺、悀、霣、僷僷			莒、乞、终葵	29
周洛	䑋、饐、霈、罿、帔、槟、泔、弭、鮪	忼					10
吴越	㦌	餽、緡				不律	4
楚	蓠、芰、蘠、苣、蓸、聿、笘、箬、筲、簫、摇、柑、柍、楰、柿、稬、幰、㑊、㠹、癎、襭、瞷、蚊、㮾、甾、社、媦、頢、媞、圮、閒、緒、錡、锴、轒、麂、闉闍、墙居	莽、咦、逞、跁、叔、饡、詐、脥、劍、訏、眮、瞷、睞、鷖、悼、擛、獡、蓑、敠、媥、嗷咷	㥄、溑、娃、嬌、甡、圣	婞	些	嶙、飌、卸、鬐、馈	73

续表

秦晋	草、笔、篇、箫、蹲、鼥、橡、楣、槌、梓、雅、甹、猷、嫛、卤、蛮、螖、埂、酸、阺、紪、薜苢、黔首、牡厉、屋榛聯	逆、迎、咲、𪒠、眄、杤、椠、捬、隐鎧、挢捎	及、膝、僖、婭娥				38
蜀汉	芇、崂、姐、氏、獿狯、鲐鲕	曈、谬欺	睟			嬄	10
北方	胭、私、漠、稀、盆、霣、地蝼	控、羹					9
南方	罞、袚(蛮夷)、耗(南海)	鉿					4
西胡	繝						1
俗语		夾	聿、大殇				3
方言	捌、氍氇						2
合计	118	47	20	1	1	12	199
比例	59.3%	23.6%	10.1%	0.5%	0.5%	6.1%	100%

从词性和结构看,《说文》单音节词179个,双音节词18个,三音节词1个;实词184个,虚词14个。方言词汇的词性种类分布不均衡,(1)实词多,虚词少;两者内部的数量相差较大。(2)实词种类单一,名词占比例较大,无数量值等。(3)单音节词多,双音节少,18个双音节中,有8个是声近或韵同的联绵字,属单纯词;另有叠音词"僰僰"。其余9个复合词只有两种结构:联合式:阊阖、谬欺、婭娥、氍氇;偏正式:黔首、地蝼、牡厉、墙居、大殇。

从方言区角度看,《说文》方言用字的情况:一是同一个字释义后,因方言区不同而方言用字改变,即异字表示同一方言词义。首先这些方言用字间存在音转关系,如"笔、聿、不律、弗";或音义相关,如"曚、脉"。其次是同物异名,不同方言中同一物的名称不同,《说文》这类用字较多,如"眄—睎—睇""眄,目偏合也,一曰衺视也,秦语。""海岱之闲谓眄曰睎。""南楚谓眄曰睇。"最后同一方言名称也不同,如"酢、酨"。二是同字表示不同的方言词。异体字在不同方言记录方言词,如"箫、箾"。

（二）《说文》方言用字特点

我们在分析《说文》方言用字时去除了重复字,如"籍"在秦地表示盛饭器皿,"箳"在陈留和宋魏分别指饭帚和箸筩，故制作各方言区词表时分属不同方言区，但分析方言用字时只记作一字，表 2 为 198 字。

表 2　《说文》方言用字统计表

表义字合计	古字	通用字		异体字	方言字
		形音义同	意义不同		
165 个	4	68	24	25	44

记音字合计	借音字					联绵字
	音转	假借字	读若	拟音字	同音字	
33 个	8	3	6	3	6	7

通过对《说文》方言用字的考察，我们发现其中有一定规律可循。方言用字可分为两类：一是选用形音义相关的表意字，共 165 个；二是借音字共 33 个，单纯借音而意义无关的记音符号，只有 18 个；其余记音字的意义与方言词义相近。《说文》是以"六书"分析造字原理，解释形音义的工具书，讲解的文字形体大都是小篆，为当时人们读经、习字服务，因而许慎主要选用形音义统一的汉字记录方言词，这些字与方言词语呼应，这既可以表示方言意义，又标明了方言读音。

汉字的形音义相互作用，形成了多义字、异体字、同音字等。《说文》中单纯记录方言词语音的汉字较少，多选用与方言词义有关的表意字，占总数的 83.8%。首先运用大量通用字记录方言词，两者形音义基本相同；另一部分方言用字与记录方言词义发生变化，如缩小、扩大，甚至转移。其次选用记录方言词义和语音的方言字，这些字内部的具体分类文中没有做详细论述。另外为更准确记录方言词，还选用了部分异体字，表示方言义的字形体较复杂。最后还收录少量古文字表示方言词义。

各方言区的分歧主要表现在语音上，当时还未产生反切等标音方式，许慎借用汉字说明方音，这部分是借音字，比例为 16.2%。首先采用意义相关联的字表示方言词义及其读音，大部分音转字与方言词义相关，且借"己有本字"的假借字和音义相同的联绵字记方言词。其次采用形体和读音相同，意义无关的同音字。最后运用读若、拟音、音转等方式记录方音，这些方言词大都有音无字，在记音时尽量选择与方言词读音相近的字。

注释：

［1］基金项目：国家社科基金 2014 年规划项目"魏晋南北朝方言研究"（编号：14BYY112）的部分成果。

［2］游汝杰：《汉语方言学导论》，上海教育出版社 2000 年版，第 167 页。

［3］林寒生：《汉语方言字的性质、来源、类型和规范》，《语言文字应用》，2003 年第 1 期，第 56—62 页。

［4］汪启明，焦树芳：《说文》楚方言词的发展，第三届许慎国际学术研讨会论文，2015 年 11 月。

［5］何格恩：《〈说文〉里所见的方言》，《岭南学报》，1934 年第 2 期，第 110–136 页。

［6］马宗霍：《〈说文解字〉引方言考》，科学出版社 1959 年版。

参考文献：

［1］陈源源：《清末吴方言字研究——以〈何典〉〈海上花列传〉为中心》，浙江大学博士论文，2009 年。

［2］段玉裁注、许惟贤整理：《说文解字注》，凤凰出版社 2015 年版。

［3］丁启阵：《秦汉方言》，东方出版社 1991 年版。

［4］丁福保：《说文解字诂林》，中华书局 1988 年版。

［5］董绍克：《方言字初探》，《语言研究》，2005 第 2 期，第 83—86 页。

［6］桂馥：《说文解字义证第 2 版》，中华书局 1998 年版。

［7］何格恩：《〈说文〉里所见的方言》，《岭南学报》，1934 年第 2 期，第 110—136 页。

［8］郭锡良：《汉字古音手册（增订本）》，商务印书馆 2010 年版。

［9］蒋绍愚：《古汉语词汇纲要》，北京大学出版社 1992 年版。

［10］李道中：《许氏〈说文〉所称别国殊语与扬子〈方言〉异同条证》，《文澜学报》，1936 年第 2 期，第 158—246 页。

［11］林寒生：《汉语方言字的性质、来源、类型和规范》，《语言文字应用》，2003 年第 1 期，第 56—62 页。

［12］马宗霍：《〈说文解字〉引方言考》，科学出版社 1959 年版。

［13］钱绎：《方言笺疏》，上海古籍出版社 1984 年版。

［14］裘锡圭：《文字学概要》，商务印书馆 1988 年年版。

［15］王念孙：《方言疏证补》，《四库全书》影印本。

［16］王　筠:《说文句读》, 中华书局 1988 年版。

［17］王　筠:《说文释例影印本》, 武汉市古籍书店 1983 年版。

［18］王　力:《同源字典》, 商务印书馆 1982 年版。

［19］王彩琴:《扬雄〈方言〉用字研究》, 华东师范大学博士论文, 2006 年。

［20］许　慎:《说文解字 (第 31 版)》, 中华书局 2011 年版。

［21］徐　锴:《说文解字系传》, 中华书局 1987 年版。

［22］游汝杰:《汉语方言学导论》, 上海教育出版社 2000 年版。

［23］朱骏声:《说文通训定声》, 古籍书店 1983 年版。

《说文》秦方言词的历时考察

于潇怡

西南交通大学人文学院

【摘要】许慎《说文解字》在解释字义、分析字形和注释读音，每每运用方言词来补充说解。《说文》中出现了178条方言词，其中包括33条秦方言词。论文对《说文》中的部分秦方言词做了考证，按照时代先后的文献记载，勾勒其演变轨迹。

【关键词】《说文》 秦方言词 发展

秦方言是秦汉时期地位较高的汉语方言。近年来一些学者对《说文》记载的秦方言词做了研究。代表性成果如程羽黑《〈说文解字〉所记秦方言影响举例》（2009）以《说文》部分秦方言词为例证，指出秦方言对汉语形成有强势影响。江燕《〈说文解字〉所收方言词与现代汉语方言词的比较》（2005）对《说文》中187条方言词进行古今对比，概述方言词的地理流动趋势和古今词义变化；陈鸿《传世秦汉文献秦方言名词辑录》（2007）、《传世秦汉文献秦方言动词辑录》（2011）以词性为切入点，对秦方言词分类进行数据统计。本文基于语言演变的角度，以魏晋南北朝为节点，对《说文》秦方言词进行历史层次的研究。

一、《说文》秦方言词

《说文》载33个秦方言词，其中19个为"秦"单称，7个方言词为"关西""自关以西"单称，5个方言词"秦晋"并称。详见下表：

编号	方言词	《说文》词义	区域	出处
01	蘮苢	菠	秦	《说文·艸部》
02	䰍	土釜	秦	《说文·鬲部》
03	笔	笔	秦	《说文·聿部》
04	盰	目偏合；衺视	秦	《说文·目部》

续表

编号	方言词	《说文》词义	区域	出处
05	雅	楚乌	秦	《说文·隹部》
06	籍	饭筥	秦	《说文·竹部》
07	饎饆	相谒而食麦	秦	《说文·食部》
08	蕣	舜，艸也	秦	《说文·舜部》
09	夃	市买多得	秦	《说文·夂部》
10	屋椽	榱	秦	《说文·木部》
11	屋联	楣	秦	《说文·木部》
12	杇	所以涂也	秦	《说文·木部》
13	革	雨衣	秦	《说文·衣部》
14	桷	屋栢	秦	《说文·厂部》
15	黔首	民	秦	《说文·黑部》
16	牡厉	蜃属	秦	《说文·虫部》
17	蜕	蝉蜕	秦	《说文·虫部》
18	埂	阬	秦	《说文·土部》
19	阺	陵阪	秦	《说文·自部》
20	唴	儿泣不止	秦晋	《说文·口部》
21	聉	听而不闻，闻而不达	秦晋	《说文·耳部》
22	姽娥	好	秦晋	《说文·女部》
23	嫛	细	秦晋	《说文·女部》
24	蛾	蛾	秦晋	《说文·虫部》
25	迎	逆	关西	《说文·辵部》
26	谲	权诈	关东西	《说文·言部》
27	篇	榜	关西	《说文·竹部》
28	柠	槌	关西	《说文·木部》
39	樸	槌之横者	关西	《说文·木部》
30	傗	物大小不同	自关以西	《说文·人部》
31	犹	犬子	陇西	《说文·犬部》
32	卤	西方咸地	西方	《说文·卤部》
33	挢捎	取物之上者	自关以西	《说文·手部》

二、《说文》秦方言词历代演变

参照汪启明、焦树芳《〈说文〉〈方言〉并见楚方言词的历时层次》(2016),总结《说文》秦方言词历时演变的几种情况:

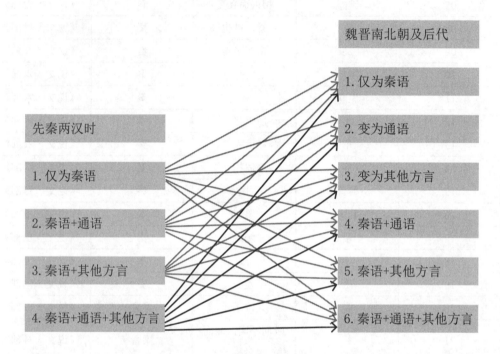

应该说明:(1)《说文》秦方言词的实际演变过程,并不是所有的形式都会出现。(2)正史看成通语文献。字典辞书、韵书等工具书引用了前代的方言词,若未标明它的方言属性,即认为它成书时已变为通语。一些典籍的作者难于确定所属地域,如《吕氏春秋》,也计为通语的作品。(3)使用"通语"一词,既包括前人所说的"雅言",也包括在几个方言区通行的词语。(4)方言分区众说纷纭,标准不一,不太好选择。用宜粗不宜细的原则。先秦两汉时期采用丁启阵《秦汉方言》的八区,即燕朝方言、赵魏方言、海岱方言、周洛方言、吴越方言、楚方言、秦晋方言、蜀(汉)方言。魏晋南北朝时期则采用李恕豪的方言九区,即江东、关西、中州、河北、齐、荆楚、淮南、南越、梁益。魏晋以后没有分具体的方言区,直接标明作者的所属地域,名称是当时的区域名。

(一)先秦两汉仅为秦语,魏晋南北朝后仍为秦语

【犹】

《说文·犬部》:"犹,玃属。从犬酋声。一曰陇西谓犬子为猷。"

按：陇西，郡名，今在甘肃东南一带。猷同犹，罗振玉《增订殷虚书契考释》卷中："《说文解字》有犹无猷，当为一字。"马叙伦认为古本作"猷"非"犹"，古本亦无"一曰陇西谓犬子为猷"，为后人加之，《说文解字六书疏证》："《韵会》十一尤引作猷，云本作猷，又引徐曰，今作犹。据此则犹体大徐校改，而说解中犬子为猷，则改之未尽也。沈涛曰，《广韵》十八尤引此于猷字注下，又出犹字，云，上同，是古本作猷不作犹。""玃属涉下文狙字说解而误演。一曰陇西谓犬子为犹者，校者据《篆文》加之，犬子即狗，狗犹声同幽类，故陇西谓之犹耳。"

《尸子》："犹，五尺大犬也。"《续方言疏证》："义与此别。"《尔雅·释兽》："犹如麂，善登木。"段注："许所说谓此也。"《尔雅义疏》："犹之为兽。既是猴属，又类麂形，麂形似麔，而足如狗，故犹从犬矣。"段玉裁认为"陇西谓犬子为猷"一句为"此别一义，益证从犬之意"。郭沫若认为犹是"鼺犬之一种而有斑文者"。王逸、颜师古、朱熹等认为联绵词"犹豫"是由"犬"这一义项引申而来，王逸注《楚辞》："吾以为人将大犬行，犬好豫在人前，待人不得又来迎候，此乃豫之所以为未定也，故谓不决曰犹豫。"班固《汉书》卷三："禄然其计，使人报产及诸吕老人。或以为不便，计犹豫未有所决。"师古曰："陇西俗谓犬子为犹，犬随人行，每豫在前，待人不得，又来迎候，故云犹豫也。"《楚辞》："心犹豫而狐疑兮。"朱熹集注："犹，犬子也。"王念孙指出犹豫由犬引申为误说，《读书杂志》："犹豫，双声字，犹《楚辞》之言夷犹耳，非谓兽畏人而豫上树，亦非谓犬子豫在人前，师古之说皆袭颜氏家训而误说。"

魏晋南北朝时，仍为秦方言词，《初学记》卷二十九引何承天《篆文》曰："陇西以犬为犹。"猷作犹。前蜀杜光庭《道德真经广圣义》卷十四："壠右之人谓犬为犹。"陇作壠。

（二）先秦两汉为秦语，魏晋南北朝后成为"秦语＋其他方言＋通语"

1.【鬴】

《说文·鬲部》："鬴，秦名土釜曰鬴。从鬲甫声。读若过。"

按：《方言》："自关而西或谓之釜或谓之鍑。"《方言笺疏》："《说文》秦名土釜曰鬴，从鬲甫声，读若过，古禾切，疑本《说文》之文误以为方言也，今莫可明矣，姑附着于此。"土釜为瓦锅，段注："今俗作锅。"李守奎指出："锅字见于西汉时期的《方言》，文献中很早就与鬴字并行。今锅行而鬴废。"王国维《毛公鼎铭考释》："而鬲从簋鬲攸从鼎散氏盘皆关中器。是秦语亦本其地古语。盖惟关中有是语有是字矣。"

魏晋南北朝时，通语文献有《广雅·释器》："□，釜也。"魏晋南北朝后，仍为秦方言词，《玉篇·鬲部》、宋张有《复古编》编上："秦名土釜曰□。"明方以智《通雅》卷三十三："颜师古曰：'鍪，小釜，今所谓锅。'亦谓之镞镢，秦名曰□，即锅字。"这个用法后扩展到其他方言区，清郝懿行《尔雅义疏》卷上之二："今登莱人谓竈为□，音锅，烓其音正作口颖切，此古音矣。"清姚鼐（1731—1815，安庆府人）《惜抱轩诗文集》诗集卷四："闾井岁苦饥，并日尘生□。"清桂馥（1736—1805，曲阜人）《札朴·乡里旧闻》："补□匠曰锢漏□。"清邹汉勋（1805—1854，宝庆府人）《敩艺斋文存》卷八："煎以沙□，盛以竹槃。"清郑珍（1806—1864，遵义府人）《（道光）遵义府志》卷十六："楚独竈置缲，□中盛葆灰水。"晚清民国张德彝（1847—1918，奉天府人）《航海述奇》八述奇卷十五："或用二升柠檬、二枚鸡子，四个□注水，安竈上。"通语文献有元戴侗《六书故》卷二十八："□，釜属亦作锅，今俗谓釜曰□。"清郝懿行《证俗文》卷三："考《说文》'秦名土釜曰□，从鬲，牛声，读若过'。今世通名釜曰□，不独秦矣。"民国章炳麟《新方言》卷六："《说文》：'鬴鍑属或作釜，秦名土釜曰□。'今多谓釜为□，相承以锅为之，惠潮嘉应之客籍谓之釜。"

2.【蛩】

《说文·虫部》："蛩蛩，兽也。一曰，秦谓蝉蜕曰蛩。从虫，巩声。"

按：段注："方俗殊语也，蛩之言空也。"文献用例较少，傅云龙《古语考正补》："蝉脱今俗谓之蝉衣。"《续方言疏证》："此盖方俗殊语。《说文》注云蛩之言空也。《玉篇》云巨虚也，又蝉蜕也。义本《说文》，考之诸书，无有谓蝉蜕为蛩者。《说文》云蜕蛇蝉所解皮也，是《正义》秦谓蝉蜕曰蛩，当是别一义。"魏晋南北朝后仍为秦方言词，《广韵·锺韵》《集韵·锺韵》《增修校正押韵释疑》卷一："蛩，《说文》云：'一曰秦谓蝉蜕曰蛩。'"《增修互注礼部韵略》卷一、《洪武正韵》卷一："蛩，渠容切，蛩蛩，巨虚兽名。一曰秦谓蝉蜕曰蛩。"郭瀗《虹暎堂诗集》卷十一："秦俗呼蝉蜕为蛩。"其他方言区用例有清蒋毓英《（康熙）台湾府志》卷五："蛩，蝉脱曰蛩。"《玉篇·虫部》："蛩，蝉蜕。"《啸余谱·中州音韵》："蛩，蝉蜕曰蛩。"《声律发蒙》卷一："蛩，穷，蝉蜕。"卓明卿《卓氏藻林》卷六："飞蛩，蝉类也。"未标明方言属性。

（三）先秦两汉仅为"秦语＋通语"，魏晋南北朝后成为"秦语＋通语"

【褏】

《说文衣部》："衰，草雨衣，秦谓之褏。从衣象形。"

按：《说文解字六书疏证》："衰音心纽，萆音奉纽，然从卑得声，卑从匕得声，卜音对纽，读唇齿音入非纽，非心同为摩擦次清音，故秦谓衰为萆。"《说文·艸部》："萆，雨衣。一曰衰衣。"韦昭注《齐语》曰："襏襫、蓑薜衣也。薜或作襞。皆即萆字。"魏晋南北朝时，通语文献有《广雅》："萆谓之衰。"王念孙疏证："《说文》：'衰，艸雨衣。秦谓之萆。'《越语》曰：'譬如衰笠，时雨既至必求之。'经传或从艸作蓑。"魏晋南北朝后，《附释文互注礼部韵略》："蓑，苏禾切，《诗》：'何蓑何笠。'草雨衣释，秦谓之萆。"《集韵·戈韵》、《类篇》卷二："衰，苏禾切，《说文》：'艸雨衣，秦谓之萆。'"仍为秦方言词。《集韵·锡韵》卷十："萆，《说文》：'雨衣。'"《广韵·昔韵》、《玉篇·草部》、《龙龛手鉴》卷二、《五音集韵》卷十五、《类音》卷九："萆，雨衣。"未标明方言属性。

（四）先秦两汉为"秦语＋通语"，魏晋南北朝后成为"秦语＋其他方言＋通语"

1.【埂】

《说文·土部》："埂，秦谓阬为埂。从土，更声。"

按：《说文解字六书疏证》："埂为阬之声同阳类转注字。"段注："秦谓阬堑曰埂。二字音略同。此与《释诂》'阬、壑、隍、溓，虚也'同义。"先秦两汉时，通语文献如《仓颉篇》："埂，小坑也。"魏晋南北朝时，通语文献有《广雅·释水》："埂，坑也。"魏晋南北朝后，仍为秦方言词，《广韵·庚韵》、《五音集韵》卷五："埂，秦人谓坑也。"《集韵·庚韵》、《类篇》卷三十九："埂，秦晋谓坑为埂。"使用范围扩大。其他方言区有文献用例，唐元稹（779—831，河南府东都洛阳人）《元氏长庆集》卷九："土厚圹亦深，埋魂在深埂。"

《广韵》记载吴人将"堤封"称为"埂"，与秦方言词的"埂"同字异词，《广韵·梗韵》："埂，堤封，吴人云也。"现代汉语中"埂"继承的即是吴方言，《现代汉语词典》："埂，地势高起的长条地方。"段注："埂注解：'秦谓阬堑曰埂。'此与《释诂》：'阬壑隍溓，虚也。'同义。若《广韵》曰：'吴人谓堤封为埂。'今江东语谓畦埒为埂。此又别一方语，非许所谓。"清李世禄《修防琐志》："又须已挑完一百丈，与未经挑一百丈之交界处，仍留土埂一条，约宽四五丈俟。"此处"土埂"即是现代汉语"地势高起的长条地方"。

2.【雅】

《说文·隹部》："雅，楚乌也。一名鸒，一名卑居，秦谓之雅。从隹，牙声。"

按：先秦两汉，多以"雅乌"出现，段注："雅乌，乌属，其名楚乌，非荆楚之楚也。"孔鲋《孔丛子》卷三:"纯黑而反哺者谓之乌。小而腹下白反哺者谓之雅乌。白项而群飞者谓之燕乌。白脰,乌也。雅乌,鸒也。"毛传:"鸒,卑居。卑居,雅乌也。"《尔雅》卷下:"鸒斯鹎鵊。"郭璞《尔雅注》:"雅乌也,小而多群腹下白。江东亦呼为鸦。""雅乌""鸒"互释,可见"雅乌"从先秦两汉到魏晋南北朝一直是通语。魏晋南北朝时,这个用法扩展到其他方言区,如河北方言区用例,郦道元《水经注》卷十三:"而其山出雏乌,形类雅乌。"魏晋南北朝后,《集韵·麻韵》:"雅,鸟名。《说文》:'楚乌也。一名鸒,一名卑居。秦谓之雅。'"其他方言区仍在使用,如宋黄庭坚(1045—1105,洪州分宁人)《山谷别集》卷五:"家家养乌鬼,峡中养雅雏。"元白贲(约1270—1330,陕州人)《百字折桂令》:"千点万点老树昏雅。"元朱德润(1294—1365,归德府人)《乌雅白雁同集于野啄木鸣于树》:"雅雁不同啄,飞鸣霜树间。"明董应翰《易鞋记·登程》:"就是飞雅也念故园归。"清曹寅(1658—1712,顺天府人)《滁州清流关道中》:"空梁咽寒溜,遶岸饥雅啼。"元熊忠认为"雅""鸦"为古今字,《古今韵会举要》卷七:"雅,从隹牙声,一名鸒,一名卑居,秦谓之雅,今文作鸦。"朱骏声认为"雅"是"鸟"的转声字。《说文通训定声》:"大而纯黑反哺者乌,小而不纯黑不反哺者雅。雅即乌之转声。字亦作鸦,作鵶。"

3.【刕】

《说文·夊部》"刕,秦以市买多得为刕。从乃。从夊。益至也。"

按:段注:"为当作谓之二字。此秦人语也。《方言》不载。"《义证》:"买当为卖。"《说文解字六书疏证》:"秦以市买多得为刕,必非本义,亦非本训……借刕为赢耳。"《说文·贝部》:"赢,有余,贾利也。"先秦两汉通语文献有《论语》:"求善价而刕诸。"魏晋南北朝后,仍为秦方言词,《集韵·姥韵》:"刕,秦以市买多得为刕。"郑樵《通志》卷三十五六:"秦人以市买多得为刕。"清代,西北方有"一刕脑儿"的说法,胡文英《诗疑义释》卷上:"《说文》:'秦人以市买多得为刕。'多得谓都得也。今西北方尽买其物曰'一刕脑儿',南方谓孤注曰'一得刕'。"其他方言区也有用,如吴方言区有"一得刕"的用法,《吴下方言考》卷三:"吴中谓木石总计而尽买之为刕,刕犹估也、籀也,估计其物而尽籀买不遗也。"《广韵·姥韵》:"刕,多债利也。"《增修校正押韵释疑》卷三:"刕,市多得曰刕,释多债利也。"没有方言属性的表述。

"刕"为"沽""贾"的本字,《尔雅义疏》卷上之二:"《论语》云:'求善贾而贾诸'汉《石经》,贾作沽,沽依正文当为刕,《说文》云:'秦以市买多得为刕。'即沽矣。"《续方言疏证》卷上:"《玉篇》引《论语》'求善价而刕诸',刕亦作沽,据此则'沽酒市脯'之沽亦当作及，方合邢昺疏云：'沽，买也。'沽本水名，训买，则及为本字，沽为假借字。"清潘奕隽《说文解字通正》："及，正字；贾，通字；沽，借字。"

（五）先秦两汉为"秦语+其他方言"，魏晋南北朝后成为"秦语+其他方言+通语"

1.【聤】

《说文·耳部》："聤，益梁之州谓聋为聤，秦晋听而不闻，闻而不达谓之聤。从耳宰声。"

按："听而不闻"，徐锴及段桂朱钱均作"聪"。《说文解字六书疏证》："聤与聋为转注字。"先秦两汉时不单为秦方言词，《方言》卷六："聤，聋也。梁益之间谓之聤。秦晋之间听而不聪，闻而不达谓之聤。"钮树玉："《玉篇》引《方言》云：'半聋也。梁益之间谓之聤。秦晋之间听而不聪，闻而不达谓之聤。'此亦当作梁益之间。"徐锴《说文解字系传》卷二十三："聤，不全聋也。"魏晋南北朝时，工具书如《广雅·释诂三》："聤，聋也。"记蜀汉方言义。魏晋南北朝后，仍为秦方言词，《广韵·海韵》："聤，半聋。《字林》云：'秦晋听而不聪、闻而不达曰聤。'"文献用例有清张澍《养素堂文集》（1776—1847，凉州府人）卷五："夫蚕丛之辞、龙归之曲、断楼之谣、穆护之歌，恐亦非聤者之所乐听。"这个用法后来扩展到其他方言区，如明祝允明（1461—1527，长洲人）《怀星堂集·序》："非聤瞪于竭泽兮，哀株守以循圄。"明汤显祖（1550—1616，临川人）《汤海若问棘邮草》："若视虮丘黑一群兮，遗音悲之下民聤兮。"清胡聘之（1840—1912，天门人）《山右石刻丛编》记山西碑刻："晶听莹者，耳聤而弗谛。"《增修校正押韵释疑》卷三、《附释文互注礼部韵略》："聤，听不闻，释半聋。"《龙龛手鉴》卷二、《古今通韵》卷七记"半聋"，记秦晋方言义，未标明方言属性。

2.【饐馧】

《说文·食部》："饐，秦人谓相谒而食麦曰饐馧。从食，壹声。"

按：《说文通训定声》："饐馧，双声连语。"《说文解字六书疏证》："饐馧为连绵词。"徐锴《说文解字系传》："人相谒见后，设麦饭以为常礼，如今人之相见饮茶也。"《汉语大字典》："饐馧，古人用麦饭招待来客。"两汉时通行于秦晋方言区，《方言》卷一："凡陈、楚之郊，南楚之外，相谒而飧，或曰饳，秦晋之际，河阴之间曰饐馧。此秦语也。"

魏晋南北朝时，仍为秦语，词义发生了转移，郭璞《方言注》："今关西人呼食欲饱为饐馧。"通语文献有《广雅·释诂二》："饐馧，食也。"魏晋南北朝后，《集韵·圂韵》"馧穟，《说文》：'饐馧也。'谓相谒食麦。秦人语。"秦方言词文献用例如张澍（1776—1847，凉州府人）《养素堂文集》卷二："谁致饷兮饐饐，欲挑匕而佽尝。"其他方言区也有使用，如清沈钦韩（1775—1831，吴县人）《幼学堂诗文稿》诗稿卷四："脱半臂餧飣，致樱笋饐饐。出饼饵相对，送斜阳相怜。"《广韵·恨韵》："饐，饐饐，饱也。"没有方言属性的表述。

3.【媧】

《说文·女部》："媧，媞也。从女，规声。读若癸。秦晋谓细为媧。"

按：小徐本作"秦晋谓细要曰媧"。桂馥、朱骏声皆从小徐本，桂作"细腰"，朱作"细要"。两汉时通行于秦晋方言区，《方言》卷二："媧、筵、擎、掺皆细也。自关而西秦晋之闲，凡细而有容谓之媧。"《方言笺疏》："媧，旧本作魏，卢氏据《广雅》改正。"魏晋南北朝时，通语文献如《广雅·释诂一》："媧，好也。"《广雅·释诂二》："媧，小也。"郭璞《方言注》："媧媧，小成貌。"魏晋南北朝后，仍为秦方言词，《集韵·支韵》："盈姿，一曰秦晋谓细腰为媧。"《集韵·旨韵》《类篇》卷三十五："好也，小也，秦人谓细而有容曰媧。"文献用例如清张澍（1776—1847，凉州府人）《养素堂文集》卷二："思予傑兮媧细，中溎溎以愁伤。"其他方言区如明杜应芳（忻州人）《补续全蜀艺文志》："齿目腰支媧。"《广韵·脂韵》："媧，细也。"未标明方言属性。

4.【嘵】

《说文·口部》："嘵，秦晋谓儿泣不止曰嘵。从口，羌声。"

按：《说文解字六书疏证》："钮树玉曰《系传》泣下有下字。非。沈涛曰《玉篇》引儿上有小字。盖古本如此。"《说文》"嘵"义为哭泣不止。《方言》"嘵"义为因悲哭过度而失声。《方言》卷三："自关而西秦晋之间，凡大人少儿泣而不止谓之嘵，哭极音绝亦谓之嘵。平原谓啼极无声谓之嘵哴。"两汉时通行于秦晋方言区。魏晋南北朝时，《方言》"嘵"义仍在使用，郭璞《方言注》曰："今关西语亦然。"通语文献有《广雅·释诂三》："嘵，悲也。"魏晋南北朝后，《集韵·漾韵》《类篇》卷四十四："嘵，《说文》云：'秦晋谓儿泣不止曰嘵。'"其他方言区也有使用，如清戴钧衡（1814—1855，安庆府人）《味经山馆诗钞》卷一："方姚伉下视庸巨子，呱呱小儿嘵，诗律何精严。"《广韵·漾韵》《五音集韵》卷十二："嘵，嘵哴，小儿啼也。"记《说文》义，没有方言属性的表述。

5.【薢茩】

《说文·艸部》："薩，楚谓之芰，秦谓之薢茩。"

按：《楚辞》："杂芰荷些。"东汉·王逸注："芰，菱也。秦人谓之薢茩，言池水之中有芙蓉始发，其华芰菱杂错罗列而生，俱盛茂也。"《尔雅·释草》："薢茩，芵光。"芵光义为决明子，又"蔆，蕨攈"。段玉裁、王筠认为《尔雅》《说文》"薢茩"同名异物，段注："按蕨攈、芵光皆双声。《尔雅》：'薢茩，芵光。'或可以决明子释之，不嫌异物同名也。而《说文》之芰、薢茩，即今蔆角。"《说文解字句读》："蔆与草决明皆有薢茩之名，实则判然两物。"《尔雅义疏》从方言音转、合声的角度认为："文芵光即薢茩之音转蕨攈，又即芵光之音转芰，又蕨攈之合声也。"

魏晋南北朝时，仍为秦方言词，郭璞《尔雅注》："芵明也。或曰蔆也，关西谓之薢茩。"通语文献有《广雅》："蔆，芰，薢茩。"魏晋南北朝后，《经典释文》卷三十："茩，古口反，秦人名曰薢茩。"郑樵《通志》卷七十五："决明曰芵茪，曰蔆，关西曰薢茩，故《尔雅》云：'薢茩，芵茪。'"秦方言词文献用例有清沈德潜（1673—1769，长洲人）《归愚诗钞·采菱曲》："移船出浦迟，纤手弄涟漪，心心期薢茩。"，注："秦人以菱为薢茩，与邂逅同。"清张澍（1776—1847，凉州府人）《养素堂诗集·泾水龙女曲》："不良牧羊苦，何意薢茩河东郎。"其他方言区也有使用，如宋陈起（临安府人）《江湖小集》卷二十四："游薢茩，二羽衣，一能参上道，一能知大丹。"清郝懿行（1757—1825，登州府人）《尔雅义疏》："今栖霞人犹谓蔆为蔆薢，此古之遗言矣。"《广韵·皆韵》《五音集韵》卷二："薢，薢茩，药名，决明子是也，又音懈。"记《尔雅》"薢茩"义。《集韵》释两义，《集韵·蟹韵》："薢，菜名，《说文》：'薢茩也。'"《集韵·卦韵》："薢，薢茩，草名，芵茪也。"未标明方言属性。

6.【挢捎】

《说文·手部》："捎，自关已西，凡取物之上者为挢捎，从手，肖声。"

按：钮树玉："《韵会》已作以。"《说文解字六书疏证》："挢捎连文。"《方言笺疏》卷二："挢捎，叠韵字。"两汉时通行于秦晋方言区，《方言》卷二："挢捎，选也。自关而西，秦晋之间，凡取物之上谓之挢捎。"郭璞《方言注》："此妙择积聚者也。"徐灏《段注笺》："《方言》挢捎训为选，自是取其上等之意。梢为木末，故取其上者谓之捎耳。"其他方言区也有用，如楚方言区，《淮南要略训》："览取挢掇。"高诱注："挢，取也，捎犹挢也。"

魏晋南北朝时，通语文献有《广雅·释诂一》："挢捎，择也。"魏晋南北朝后，《集韵·爻韵》："捎，《说文》：'自關而西凡取物之上者为挢捎。'"清代，江浙地区也有使用，章炳麟《新方言·释言》："今江浙皆谓物之上选者为捎货。"《集韵·笑韵》："捎，挢捎，略取上物也。"未标明方言属性。清代，"捎"为俗语，段注："按今俗语云捎带是也。"《说文解字六书疏证》:"然今南北通言持物而举于肩以行谓之捎,亦谓之掮。"

（六）先秦两汉为"秦语 + 其他方言 + 通语",魏晋南北朝后成为"秦语 + 其他方言 + 通语"

1.【阺】

《说文·昌部》:"阺,秦谓陵阪曰阺。从昌,氐声。"

按:《汉语大字典》:"阺,土山坡。"段注:"大阜曰陵,坡曰阪,秦人方言皆曰阺也。"先秦两汉,其他方言区也有使用,如楚方言区,宋玉《高唐赋》:"登巉巖而下望兮,临大阺之稽水。"通语文献如《左传·昭十二年》:"有酒如淮,有肉如坻。"桂馥案:"坻当作陵阪之阺矣。"段注:"阺,字或作坻。"朱骏声:"坻,假借为阺。"

魏晋南北朝时,通语文献有《后汉书·隗嚣传》:"使王元据陇坻。"李贤注:"坻,坂也。"魏晋南北朝后,《集韵·脂韵》:"秦谓陵阪曰阺。"《广韵·脂韵》、《五音集韵》卷一:"阺,《字统》云:'秦谓陵阪为阺也。'"其他方言区也有使用,如唐陆龟蒙（?—881,长洲人）《袭美先辈以龟蒙所献五百言既蒙见和再抒鄙怀》:"南勒会稽颂,北恢胡亥阺。"明徐光启（1562—1633,上海县人）《漕河议》:"或若全河未垫,颓岸倾阺,乘流急下,偶成溜浅。"清朱筠（1729—1781,顺天府人）《笥河诗集》卷十一:"我何求师礼阪阺,目知见师心知愧。"《玉篇·阜部》:"阺,陵也,阪也。"《龙龛手鉴》卷二:"阺,陵阪也。"未标明方言属性。

2.【虇】

《说文·舜部》:"舜,艸也。楚谓之葍,秦谓之虇。蔓地连华。象形。从舛,舛亦声。"

按:《续方言疏证》:"葍、虇、茅三者异名同物。"马叙伦:"是虇、葍、茅三物,其音同一语原。"《现代汉语词典》:"虇,虇茅,古书上说的一种草。"先秦两汉,其他方言区也有使用,如楚方言区《楚辞》:"索虇茅以筳篿,命灵氛为余占之。"王逸注:"虇茅,灵草也。"通语文献如《尔雅·释草》:"葍,虇茅,一名舜。"郭璞《尔雅注》:"葍,虇茅。葍华有赤者为虇。虇、葍一种耳,亦犹菱苔华黄白异名。"

魏晋南北朝后,《经典释文》卷三十、《广韵》卷四、《玉篇》卷十四、《集韵》卷七引《说文》作释。其他方言区仍有使用,如宋释居简（1164—1246,潼川人）《北磵诗集》卷一:"索得虇苑不足占,趁晴矞矞插疏檐。"明孙蕡（1337—1393,南海平步人）《西菴集》卷之七:"垦田先种秋,结屋便诛虇。"《广韵·清韵》:"虇,茅草也。"《集韵·清韵》:"虇,草名。"未标明方言属性。

3.【蚋】

《说文·虫部》："蚋，秦晋谓之蚋，楚谓之蚊。从虫芮声。"

按：严可均曰："《后汉书·崔骃传》注、《文选·枚叔重上书》注、《一切经音义》三、《御览》九百四十五引皆无晋字。""蚋"在先秦两汉时期就已经出现在人们的生活中，通行地域很广。其他方言区也有使用，如秦晋方言区，《国语·晋语·智伯国谏智襄子》："蚋蚊蜂虿，皆能害人，况君相乎！"周洛方言区，《大戴礼》："白鸟者，谓蚊蚋也。"《列子·仲尼》："目将眇者先睹秋毫，耳将聋者先闻蚋飞，口将爽者先辨淄渑。"楚方言区，《淮南子·诠言训》："夫函牛之鼎沸，而蝇蚋弗敢入。"吴越方言区，《文选·枚乘〈上书重谏吴王〉》："夫举吴兵以訾于汉，譬犹蝇蚋之附群牛，腐肉之齿利剑，锋接必无事矣。"通语文献有《吕氏春秋》卷二："缶醯黄，蚋聚之，有酸。"

魏晋南北朝时，《经典释文》引《字林》："秦人谓蚊为蚋。"其他方言区用例有江东方言区，释僧祐《出三藏记集》卷十："蚊蚋奋翼以助随岚。"《搜神记》卷二："民为立祠于永康，至今蚊蚋不能入。"河北方言区，郦道元《水经注》卷三十五："江之右岸有李姥浦，浦中偏无蚊蚋之患矣。"正史用例有范晔《后汉书·崔骃传》："故英人乘斯时也，犹逸禽之赴深林，蝱蚋之趣大沛。"沈约《宋书》卷四十三："习习飞蚋，飘飘纤蝇，缘幌求隙，望燔思陵。"《魏书·崔浩传》："漠北高凉，不生蚊蚋，水草美善，夏则北迁。"萧子显《南齐书》卷五十九："但以剪伐萌菌，弗劳洪斧，扑彼蚊蚋，无假多力。"

魏晋南北朝后，唐卢重元《列子注》卷四："秦呼蚊为蚋。"其他方言区仍在使用，如唐骆宾王（638—684，婺州义乌人）《兵部奏姚州道破逆贼露布》："纵蚊蚋之群，弥山满谷。"宋夏竦（985—1051，江州德安人）《文庄集》卷十三："犹张疏罗以隔蚊蚋。"明叶盛（1420—1474，苏州府人）《水东日记·虞雍公诛蚊赋》："举所为蚋者，而族烹于秦镬。"

4.【眄】

《说文·目部》："眄，目偏合也。一曰衺视也。秦语。从目丏声。"

按：《汉语大字典》："眄，斜视，不正面看。"《方言》："睇、睨、睎、略、眄也。自关而西秦晋之闲曰眄。"先秦两汉，其他方言区用例有周洛方言区，《列子》卷二："三年之后，心不敢念是非，口不敢言利害，始得夫子一眄而已。"燕朝方言区，《战国策·燕策一》："冯几据杖，眄视指使，则厮役之人至矣。"通语文献有《仓颉篇》：

"旁视曰眄。"

魏晋南北朝时，其他方言区用例有淮南方言区，陶潜《归去来辞》："引壶觞以自酌，始得夫子一眄而已。"江东方言区，陆机《陆士衡文集》卷四："伫眄留心，慨尔遗叹。"谢灵运《谢康乐集》卷二："薄四望而尤眄，叹王路之中鲠。"荆楚方言区，释智顗《摩诃止观》："若身业是梵行，四仪顾眄举足下足。"嵇康《嵇中散集》"飞凌厉中原，顾眄生姿。"中州方言区，江淹《江文通集》卷二："视眄眩而或近，听嘹嘈而远震。"河北方言区，崔琰《述初赋》："倚高舻以周眄兮，观秦门之将将。"正史用例有：袁宏《后汉纪》："植侍坐，数年，目未尝一眄。"沈约《宋书》："长民知我蒙公垂眄，今轻身单下，必当以为无虞，乃可以少安其意。"魏晋南北朝后，《玉篇·目部》卷四："眄，莫见切，《说文》云：'目偏合也。'一曰衺视也，秦语俗作盰。"《广韵·霰韵》、《龙龛手鉴》卷四、《五音集韵》卷八、《洪武正韵》卷八释："眄，邪视。"未标明方言属性，可视为通语用例。

5.【杇】

《说文·木部》"杇，所以涂也。秦谓之杇，关东谓之槾。从木亏声。"

按：《汉语大字典》："杇，泥镘，俗称瓦刀，泥工涂墙壁的工具。"先秦两汉，其他方言区用例有赵魏方言区，《战国策·赵策》："豫让刃其杇。"宋鲍注："杇，涂具也，或作圬。"通语文献有《尔雅·释宫》："镘谓之杇。"李巡曰："镘，一名杇，涂工作具也。"《左传·襄公三十一年》："圬人以时塓馆宫室。"杜注："圬人，涂者。""圬"同"杇"《尔雅正义》："圬与杇通用。"

魏晋南北朝时，其他方言区用例有吴越方言区，刘勰《文心雕龙·程器》："是以朴斫成而丹腹施，垣墉立而雕杇附。"魏晋南北朝后，《增修校正押韵释疑》卷一："杇，涂墁也，释以泥饰墙，秦曰杇，阙东曰墁。"其他方言区用例有唐·顾况（海盐人）《华阳集》卷上："于是偃师偶人，郢匠杇墁之辈，工发藻绘，情生眄睐。"唐·陆羽（733—804，复州竟陵人）《茶经》卷中："风炉以铜铁铸之，如古鼎形，厚三分，缘阔九分，令六分虚中，致其杇墁，凡三足。"唐司空图（837—908，河中虞乡人）《司空表圣文集》卷十："杇壁难杇。"《广韵·模韵》："泥镘。"《集韵·模韵》、《五音集韵》卷二："杇，泥镘也，涂工之具。"未标明方言属性。

6.【榱】

《说文·木部》："榱，秦名为屋椽，周谓之榱，齐鲁谓之桷。从木衰声。"

按：本条释义有误，应为"屋椽，秦曰榱，周谓之椽"，"榱"才是秦方言词，汉·刘熙《释名疏证》卷五：“《说文》云：‘榱，秦名为屋椽，周谓之榱，齐鲁谓之桷。’案《易渐》释文引作：‘秦曰榱，周谓之椽。’”段注：“榱，注解：‘椽也。’二字依《韵会》补。秦名屋椽也，周谓之榱，齐鲁谓之桷。上二句各本作‘秦名为屋椽，周谓之榱’，大误。今依《左传·桓公十四年》音义、《周易·渐卦》音义正，谓：‘屋椽，秦名之曰榱，周曰椽，齐鲁曰桷也。’各本妄改，乃或疑释文有误矣。《释宫》音义云：‘榱，秦名屋椽也，周谓之椽，齐鲁谓之桷。’此浅人改周椽为周榱耳。其引《字林》云：‘周人名椽曰榱，齐鲁名榱曰桷。’则《字林》始与《说文》乖异矣。榱之言差次也，自高而下，层次排列如有等衰也。从木衰声。所追切。古音在十七部。”榱即椽，放在檩上支持屋面和瓦片的木条。宋·李诫《营造法式·大木作制度二·椽》：“椽，其名有四……三曰榱。”

先秦时，文献用例有庚桑楚《亢仓子》：“亢仓子仰榱而嘘。”《荀子》卷二十：“孔子曰：‘君入庙门而右，登自阼阶，仰视榱栋，俯见几筵，其器存，其人亡。’”《孟子》卷十四：“堂高数仞，榱题数尺，我得志，弗为也。”两汉时，其他方言区用例有：楚方言区《淮南子·本经训》：“橑檐榱题，雕琢刻镂。”赵魏方言区，韩婴《韩诗外传》卷七：“既没之后，吾尝南游于楚，得尊官焉，榱题三围，堂高九仞，转毂百乘，犹北乡而泣涕者，非为贱也，悲不逮吾亲也。”正史文献有《汉书·司马相如传上》：“华榱璧珰，辇道纚属。”《东观汉记》卷五志：“仰见榱桷，俯视几筵，眇眇小子，哀惧战栗，无所奉承。”

魏晋南北朝时，其他方言区用例有江东方言区，谢灵运《谢康乐集》卷三：“列坐荫华榱，金罍盈清醑。”齐方言区，徐陵《玉台新咏》卷九：“华榱与璧珰。以兹雕丽色。”正史文献用例有陈寿《三国志》卷四十二：“和鸾未调而身在辕侧，庭宁未践而栋折榱覆。”沈约《宋书》卷八十二：“民以此，树不敢种，土畏妄垦，栋焚榱露，不敢加泥。”魏收《魏书》卷一百一十四：“皇兴中，又构三级石佛图。榱栋楣楹，上下重结，大小皆石，高十丈。”

7.【娥】

《说文·女部》：“娥，帝尧之女，舜妻娥皇字也。秦晋谓好曰婳娥。从女我声。”

按：《汉语方言大词典》：“娥，美好美貌，古北方言区。”先秦两汉时，通行于秦晋方言区，《方言》卷一：“秦晋之间凡好而轻者谓之娥。”《方言》卷二：“秦晋之间美貌谓之娥。”《方言疏证》：“婳，长好也。《广雅》：‘娃、嫱、窈窕，好也。’娥，豔美也。”文献“婳娥”多为女官名，汉代设“婳娥”，“汉制倢伃下有婳娥”。段注：

"官十四等有婕娥，武帝邢夫人号婕娥。""娥"文献用例较多，其他方言区用例有周洛方言区，《列子·杨朱》："乡有处子之娥姣者，必贿而招之，媒而挑之，弗获而后已。"楚方言区，郭宪《洞冥记·卷第三》："帝于望鹄台西起俯月台，台下穿池，广千尺，登台以眺月，影入池中，使仙人乘舟弄月影，因名影娥池，亦曰眺蟾台。"正史文献有《汉书》卷三十八："修成君有女娥，太后欲嫁之于诸侯。"魏晋南北朝时，萧统《六臣注文选》："《方言》曰：'秦俗，美貌谓之娥。'翰曰：'齐僮、秦娥，皆古善歌者。'"《集韵·歌韵》、《玉篇·女部》卷三引说文作释。其他方言区用例有中州方言区，庾信《庾子山集注》卷一："于是秦娥丽妾，赵艳佳人，窈窕名燕，逶迤姓秦。"《江淹·空青赋》："楚之夏姬，越之西施。赵妃燕后，秦娥吴娃。"齐语方言区，鲍照《鲍明远集》卷三："满堂皆美人目成对湘娥。"江东方言区，陆机《陆士衡文集》卷六："齐僮梁甫吟秦娥张女弹。哀音绕栋宇遗响入云汉。"通语文献有《广雅·释诂一》："娥，美也。"正史文献有袁宏《后汉纪·和帝纪下》："后姊燕早卒，有遗腹女娥在褓褓。"沈约《宋书》卷十九志第九："又有韩娥者，东之齐，至雍门，匮粮，乃鬻歌假食。"萧子显《南齐书》卷五十五："年二十，父死，临尸一叫，眼皆血出，小妹娥舐其血，左目即开，时人称为孝感。"

8.【籍】

《说文·竹部》："籍，饭筥也。受五升。从竹稍声。秦谓筥曰籍。"

按:《汉语方言大词典》："籍，盛饭用的圆形竹器，古北方方言。"籍与"筲"同，文献多用"筲"。《论语》子曰："噫！斗筲之人，何足算也？"戴注："筲，饭筥也。受五升。斗筲之人喻小人也。"《汉书·公孙贺刘屈牦等传赞》："斗筲之徒，何足选也。"注："萧该《音义》曰：'字林曰筲饭筥也，受五升。'"

先秦两汉时，其他方言区用例有周洛方言区，《盐铁论·通有》："田畴不修，男女矜饰，家无斗筲，鸣琴在室。"吴越方言区，王充《论衡》卷二十七："家贫无斗筲之储者，难责以交施矣。"通语文献有陈寿《三国志》卷六十一："今者外非其任，内非其人，陈声、曹辅，斗筲小吏，先帝之所弃，而陛下幸之，是不遵先帝八也。"

魏晋南北朝时，其他方言区用例有江东方言区，陆机《陆士衡文集》卷一："庸夫可以济圣贤之功，斗筲可以定烈士之业。"中州方言区，潘岳《闲居赋》："太夫人在堂，有羸老之疾，尚何能违膝下色养，而屑屑从斗筲之役乎。"正史文献用例有袁宏《后汉纪》卷十八："又托日月未光，以斗筲之材，乘君子之器。"《后汉书·循吏传·孟尝》："臣以斗筲之姿，趋走日月之侧。"沈约《宋书》卷七十四："况乎行陈凡才，斗筲小器，而怀问鼎之志，敢构无君之逆哉！"魏收《魏书》卷七十七："委斗筲以共治之重，托硕鼠以百里之命，皆货贿是求，肆心纵意。"魏晋南北朝后，《玉篇》卷十四、《集韵》卷二、《类篇》卷十三十四部引说文作释。其他方言区用例有唐骆宾王（638—684，婺州义乌人）《上兖州崔长史启》："某瓶筲小器，鷦蚊末材。"唐萧颖士（717—768，颍州汝阴人）《萧茂挺文集》："倏忽彼斗筲钟鬲之余，捷逐趋时之末。"唐白居易（772—846，河南新郑人）《白氏长庆集》卷二十一："鄙斗筲之奊算，哂挈瓶之固守。"上述文献用例中的"斗筲"义有"微小""低微，卑贱""才识短浅，气量狭窄""谦辞"四种，皆是由"量小的容器"这一意义引申得来。

9.【卤】

《说文·卤部》："卤，西方咸地也。从西省象盐形。安定有卤县。东方谓之庐，西方谓之卤。凡卤之属皆从卤。郎古切。"

按：《汉语大字典》："卤，盐碱地。"先秦两汉时，其他方言区文献用例有海岱方言区，吕望《六韬》卷五："吾居斥卤之地，四旁无邑，又无草木。"通语文献有《释名·释地》："地不生物曰卤。"《尔雅》："卤、矜、咸，苦也。"《尔雅义疏》："卤者，《说文》作卤。"《吕氏春秋·乐成》："邺有圣令，时为史公，决漳水，灌邺旁，终古斥卤，生之稻粱。"《左传·襄公二十五年》："辨京陵，表淳卤。"杜预注："淳卤，埆薄之地。"司马迁《史记》卷一百二十九："夫天下物所鲜所多，人民谣俗，山东食海盐，山西食盐卤，领南、沙北固往往出盐，大体如此矣。"张守节正义："谓西方咸地也。坚且咸，即出石盐及池盐。"

魏晋南北朝时，萧统《六臣注文选》引《说文》作释。其他方言区文献用例有梁益方言区，常璩《华阳国志》："土地刚卤，不宜五谷。"正史文献用例有《魏书·崔浩传》："又其地卤斥，略无水草。"通语文献用例有陆德明《经典释文·周易音义》："卤，咸土也。"

参考文献：

［1］戴震：《方言疏证》，《四库全书》影印本。

［2］段玉裁：《说文解字注》，上海古籍出版社1981年版。

［3］丁启阵：《秦汉方言》，东方出版社1991年版。

［4］顾野王：《玉篇》，中华书局1987年版。

［5］桂馥：《说文解字义证第2版》，中华书局1998年版。

［6］郝懿行：《尔雅义疏》，上海古籍出版社 1983 年版。

［7］华学诚：《周秦汉晋方言研究史》，上海人民出版社 2006 年版。

［8］王念孙：《广雅疏证》，江苏古籍出版社 1984 年版。

［9］徐锴：《说文解字系传》，中华书局 1987 年版。

［10］朱骏声：《说文通训定声》，武汉市古籍书店 1983 年版。

［11］李恕豪：《从郭璞注看晋代的方言区划》，天府新论 2000 年第 1 期，第 67—71 页。

［12］马宗霍：《〈说文解字〉引方言考》，科学出版社 1959 年版。

［13］田膂：《玉篇方言词研究》，西南交通大学硕士论文，2011 年。

［14］王筠：《说文释例影印本》，武汉市古籍书店 1983 年版。

［15］王念孙：《方言疏证补》，《四库全书》影印本。

［16］王筠：《说文解字句读》，中华书局 1988 年版。

［17］许慎：《说文解字第 31 版》，中华书局 2011 年版。

［18］许宝华等主编：《汉语方言大辞典》，中华书局 1999 年版。

［19］章炳麟：《新方言》，《续修四库全书》本，上海古籍出版社 2003 年版。

《说文》中的兵学词汇论略[1]

洪德荣

郑州大学汉字文明研究中心

一、问题的提出

《说文》为我国古代语言文字研究的基础,收录大量与先秦两汉语料有关的材料,其价值不仅在于语言研究方面，通过对词汇的整理分析，也是理解先秦思想文化的重要基础。翻检《说文》全书，其实亦收录许多与古代兵学、军事相关的词汇，可与兵学典籍、出土文献材料相互佐证，借此探讨《说文》中的兵学词汇所存在的语言文字现象、兵学意义与文化价值。

二、《说文》中关于兵学的词汇

关于"兵学词汇"涵盖的内容及范围，广义来说与军事作战，兵法谋略相关的词汇，都能纳入其中，但另一个值得注意的观念是"兵学文化"一词，该词虽然不直接与军事画上等号，但与中国兵学文化的内涵仍有非常密切的关系。正如陈伟武先生以材料来源的角度看兵学文献的内容，做过十分细致的分类，诸如一是干禄之策，二是军事文书，又可分为（一）兵法之类，（二）律令；（三）战例记录；（四）训练记录；（五）簿籍档案；（六）作战方案；（七）占卜记录。三是授徒记录，四是清议之文，五是军事文学。[2] 可见兵学所涵盖的范围甚广，包罗丰富，因此，若对《说文》中所收录的词汇，依其关于军事、兵学的字义与说解进行拣选与分类，则能探讨其与兵学及语言文字文化的关系。

三、兵学词汇考论

通过对《说文》全书收录字词的梳理,大致可将兵学字词分为"兵器""兵车""军乐""军制""文化"等大类，以下就收录字词作讨论。

（一）军事设备（兵器、兵车）

1. 兵器

在中国悠长的历史与文明发展历程中，军事设备的发明与应用在古代战争中扮演极为重要的地位，兵器发展的历史也是一部工程技术与文化史，《说文》中与"兵器"有关的字词有"兵""殳""刀""剑""矛""戟"等指称兵器的常用字词，此外还有几字也被《说文》收录认为是兵器，却少见于古书典籍中，如"戠"，《说文》："兵也。从戈，从甲。"对此段注曰："从戈甲。金部曰：'铠者，甲也。'甲亦兵之类。故从戈甲会意。如融切。九部。"《正字通·戈部》："戠，戎本字。兵也。"而孙诒让、罗振玉也都以甲金文中的 ▨（合 20218）、▨（合 6906）、▨（戎刀爵 13.8239）、▨（大盂鼎 05.2837）等字为"戠"，该字实即"戎"，"戎"所从的"十"即古文中的"甲"，孙、罗等人的意见很正确，[3]"戠"与"戎"之间应属于古今用字的异体关系。值得注意的是"戠"字在古文字中所象征的兵器，以篆文及楷体来看，构形是从戈从甲，像是以用于攻防的两物结合在一起成字，但从甲骨文来分析，"戠"更可能是一种攻守功能结合的兵器，在甲骨文中做下列等形：

字形	▨	▨	▨	▨
出处	《合集》20359	屯 3706	《合集》5237	《合集》18709
分类	师组		宾组	
字形	▨	▨	▨	▨
出处	《合集》32904	屯 1049	《合集》27997	《合集》28043
分类	历组		无名	

除小屯南地及无名组卜辞出现的几个字形将形似戈及盾的两物各自书写，多数字形为戈与盾合体书写，《说文》言"戠"为兵，则"戠"为武器应无问题，《礼记·月令》："天子乃教于田猎，以习五戎。"汉郑玄注："五戎谓五兵：弓矢、殳、矛、戈、戟也。"后引申泛指与军事相关的意义，如以戎表兵车之意，《左传·僖公三十三年》："梁弘御戎，莱驹为右。"以戎表战争，《书经·说命中》："惟口起羞，惟甲胄起戎。"

又如"戣"，《说文》："《周礼》：'侍臣执戣，立于东垂。'兵也。从戈，癸声。"依《说文》之说，"戣"也是一种兵器。"戣"从癸从戈，"癸"的本义历来已有一定的讨论，比较重要的是《周书·顾命》："一人冕，执戣，立于东垂。"郑玄认为：

"癸瞿盖今之三锋矛也。"后孙诒让、罗振玉等都赞同其说。叶玉森则引饶炯之说，谓"癸"为"葵"之古文，象四叶对生之形。马叙伦认为"癸"的古文字形与❖有关，❖即束字，所谓老虎刺木，而叶皆有刺者也，是以"癸"为支叶带刺的植物。高鸿缙则认为古文字"癸"原像桂花四蕊形，而篆文❈与✕本非一字。❈者为三锋矛。陆懋德以郑玄将癸释为三锋为是，但"癸"不为矛，而是刀刃为三角形的兵器，❖字本像数癸交插之形，而又变作✕，亦变作❈。[4]

综合上述，笔者认为"戣"为兵器固无疑义，而"戣""癸"二字应具有古今字的关系，重点在于"癸"的形义如何说解，诸家对其形义研讨说法不同，笔者认为"癸"之形义当与兵器相关，后假借为干支之名。在古文字中"癸"做以下等形：

字形	[字形]	[字形]	[字形]	[字形]
出处	《合集》20609	《合集》36499	《集成》04.1275	《集成》03.1300
分类	师组	黄组	父癸方鼎	正癸鼎
字形	[字形]	[字形]	[字形]	[字形]
出处	《包山》023	《包山》024	《睡虎地》乙一一一	《银雀山》1997

"癸"于古书中多作为干支之名殆无疑义，但根据学者历来的研究成果，干支及方向等抽象观念之名皆为假借而来，"癸"必然有其造字的本义，笔者倾向于认为"癸"本像兵器之形，可能是一种四端有刺针的兵器，其形亦与戈、矛等常见武器不同，这从甲骨金文中可以很明显地看到。战国文字中的"癸"，字形下部的形构明显从两道横短划讹变为两道长撇，至秦文字及汉隶则下部的笔画更讹近天字，为今楷书写法的来源。至于"癸"的《说文》籀文做❈，从屮从矢，有学者以为从矢即"癸"本义为兵器之明证，笔者认为此解尚有其理，但仍不能排除的是字形下部笔画讹变造成的。因此"戣"应该是个为表"癸"本义而创的后起字，表兵器之意。

2. 兵车

《说文》收录关于兵车一类的字亦不少，如"輣"："兵车也。从车，朋声。"《史记·卷一一八·淮南衡山传》："王乃使孝客江都人救赫、陈喜作輣车镞矢。"关于輣车的形制今不详，但可能是具有遮盖防御功能的战车。又"軘"："兵车也。从车屯声。"

《左传·宣公十二年》："晋人惧二子之怒楚师也，使軘车逆之。"軘车可能指较为轻便能迎敌的车。而"轈"："兵高车加巢以望敌也。从车，巢声。"《春秋传》曰："楚子登轈车。"轈车即类似今天的云梯车，在兵车上加装用以瞭望的高台，犹如鸟巢挂于树梢。

值得注意的是《说文》对"军"字的说解："军，圜围也。四千人为军。从车，从包省。军，兵车也。"许慎认为军字从车，其意义与兵车有关，但从古文字的角度考察其字形可知，相关字形如下：

字形				
出处	《集成》17.11220	中山王䉜壶	《集成》2.272	《玺汇》0126
器名	郾侯载戈		叔尸钟	
字形				
出处	《上博四·曹沫之阵》简22	《清华简·皇门》简6	《睡虎地·秦律杂抄》简八	

军从有从勹、匀、勹、冖几种构形，其字实从"匀"得声，并非从包得声为声符兼义并非为包围环绕之意，而是表均平之意，从车则是表先秦以车为作战的布阵基础。其本义可能与士兵跟随主帅之车，布阵有关。

"库"："兵车藏也。从车在广下。"许慎认为"库"本指藏兵车之处，季旭昇则认为"库"在先秦传世文献及出土文献中都指藏兵器之所，汉代以后才兼有藏车之意。[5]后引申指各类收纳事物的地方。足见古文字中与车有关的字，或与军事都有一定程度的关系。

（二）军制（军乐、军制、军法）

1. 军乐

军乐在先秦的作战中有重要的意义，《说文》中收录了数个与此相关的字词，如鼖："大鼓谓之鼖。鼖八尺而两面，以鼓军事。从鼓，贲省声。"

《说文》在释字的同时也引述了已亡佚的古《军法》来解说，如："镯"："钲也。从金，蜀声。《军法》：'司马执镯。'""铙"："小钲也。《军法》：'卒长执铙。'从金，尧声。""铎"："大铃也。《军法》：'五人为伍，五伍为两，两司马执铎。'从金，睪声。"《孙子兵法·军争》："《军政》曰：'言不相闻，故为金鼓；视不相见，故为旌旗。'夫金鼓旌旗者，所以一人之耳目也；人既专一，则勇者不得独进，怯者不得独退，此用众之法也。"《吴子·论将》："夫鼙鼓金铎，所以威耳。旌旗麾帜，所以威目。禁令刑罚，所以威心。耳威于声，不可不清。目威于色，不可不明。心威于刑，不可不严。"《尉缭子·勒卒令》："金、鼓、铃、旗四者各有法。鼓之则进，重鼓则击。金之则止，重金则退。铃，传令也。旗麾之左则左，麾之右则右，奇兵则反是。"乐器在军队中有引导指挥的功用，而不是单纯的音乐。

2. 军制

《说文》中关于军制则有"旅"："军之五百人为旅。从㫃，从从。从，俱也。"古文字中作以下等形：

字形				
出处	《集成》20505	《合集》36426	《集成》06.3514	《集成》10.5362
器名			作父戊簋	雠卣
字形				
出处	《集成》06.3248	《集成》18.11634	《玺汇》2335	《清华简·筮法简35
器名	作吕簋	郾王职剑		
字形				
出处	包山 004	《睡虎地·法律答问》200		

"旅"本义为以旗帜引导士兵，会军众行旅之意。罗振玉指出"古者有事以旗致民，故作执旗形，亦得知旅谊矣"。旅字又有从"车"表军队行进跟队伍的构成，先秦的战争以车战为主，自然是离不开车的，楚文字中则加上辵旁表行进之意，可能也代表着车战在古代战争中功能的弱化，而旅后引申指军队编制的人数与作战单位，《孙子兵法·谋攻》："凡用兵之法，全国为上，破国次之；全旅为上，破旅次之。"而又有"军旅"一词表军事之意。

又如"辈"，说文曰："若军发车百两为一辈。从车，非声。"段注："引申之为什伍同等之称。"马叙伦及张舜徽都指出唐写本《玉篇》残卷辈字下引《说文》作："军发车百乘为一辈。"张舜徽认为"百乘"与"百"两义同也。今世编军，称排称班，皆即辈之语转。[6]是以"辈"作为兵车的计算单位，后引申指同群同类的人事物，也引申做量词，如《六韬·犬韬·均兵》："三十骑为一屯，六十骑为一辈。"

3. 军法

军法在中国兵学的发展过程中有很悠久的历史，或者可以说现在所见的兵书及兵学典籍，都是在军法的基础上发展而来的，如典籍中载录许多佚文但今已失传的《军法》《军志》，以及今天所见，但仅存一小部分的《司马法》。[6]《说文》中对于相关字词的引述仍可见许多珍贵的军法佚文，如"耿"："军法以矢贯耳也。从耳，从矢。《司马法》曰：'小罪耿，中罪刖，大罪剄。'"

（三）军略

今天所见的兵书多以综合性的内容为主，并非只单独以兵法谋略或军事制度为主，也记载了政治理念及仁义之道，如《孙子兵法》《尉缭子》皆是其例，《说文》中有"谍"："军中反闲也。从言，枼声。"《左传·宣公八年》："夏，会晋伐秦，晋人获秦谍，杀诸绛市，六日而苏。"《吴子·论将》："善行间谍，轻兵往来，分散其众，使其君臣相怨，上下相咎，是谓事机。"《淮南子·兵略训》："善用间谍，审错规虑，设蔚施伏，隐匿其形，出于不意，敌人之兵无所适备，此谓知权。""间"本义指缝隙，后引申表示居于其中刺探情报的间谍之意，与谍互注互训，后结合为合成词"间谍"。在《孙子兵法》中以"间"表间谍之意，故有《用间》篇，讲述在军事上使用间谍获得情报与制造破坏的重要性："故三军之事，亲莫亲于间，赏莫厚于间，事莫密于间，非圣智不能用间，非仁义不能使间，非微妙不能得间之实。"

又"该"："军中约也。从言亥声。读若心中满该。""该"有具备、兼备之意，《小尔雅·广言》："充、该，备也。"《楚辞》："招具该备，永啸呼些。"汉蔡邕《司空袁逢碑》："信可谓兼三才而该刚柔。"因军事的约束及纪律严明，具有严格及完备的特质，是以《说文》将"该"释为军中的约束戒律之语，具有言出必行的意义。

（四）兵学文化

中国的语言文字不只是语言的记录，也是民族文化精神的载体与象征，中国的兵学文化自然也体现在文字的意义上，而文字的形构也展现了兵学的历史与精神，如"斗"："两士相对，兵杖在后，象斗之形。凡斗之属皆从斗。"甲骨文作 （合152 正）如两个披头散发的人以手相互搏斗之形，《说文》小篆因人手部的形体割裂，许慎遂解为人持兵杖相对。但此字表相互搏斗，犹存古代战争争斗之意。

与战争相关的则有"俘"："军所获也。从人，孚声。《春秋传》曰：'以为俘聝。'""俘"的本字为"孚",象以手抓头,捕获人之形,于甲骨金文中皆已表示军事上的获得与抓捕,如甲骨文中常见的"孚几人",金文中的"孚某某"。《说文》将"孚""俘"分立为二字,将"孚"释为"卵孚也。从爪,从子。一曰信也"。今则以"俘"表俘虏抓获之意,"孚"则假借指孵化,信赖等意义。又"捷":"猎也。军获得也。从手疌声。《春秋传》曰:'齐人来献戎捷。'"先秦典籍中表战利品之意,《左传·庄公三十一年》:"六月,齐侯来献戎捷。"又有战胜、胜利之意。《左传·僖公二十八年》:"子犯曰:'战也,战而捷,必得诸侯,若其不捷,表里山河,必无害也。'"都是表示军事胜利的字词。

与军事技能有关的词语还有"搯":"捾也。从手,舀声。《周书》曰:'师乃搯。'搯者,拔兵刃以习击刺。《诗》曰:'左旋右搯。'""搯"即"掏"之异体字,"掏"为伸手进入取物的动作,也指从某个空间中取出东西,但以拔出兵刃的动作来说,应该是个带有速度及积极性的动作,故《说文》所引诗为今本的《国风·郑风·清人》,今本作"左旋右抽"。可见军事操练上动作的特征。

"聝","军战断耳也。《春秋传》曰:'以为俘聝。'从耳,或声。""聝"即"馘"字异体,指古代战争时割取敌人左耳以献功的历史现象,《尔雅·释诂下》:"馘,获也。"郭璞注:"今以获贼耳为馘。"《左传·宣公二年》:"俘二百五十人,馘百人。"又指被割下的左耳。《诗经·鲁颂·泮水》:"矫矫虎臣,在泮献馘。"《左传·僖公二十八年》:"献俘授馘,饮至大赏。"以形义看,断耳之意其字当从"耳"为是,从"首"当是以头部代指耳朵,属于意义上的扩大。从"或"得声则形声兼义,"或"本义即以从戈从口,会以戈守城,守卫国土之意。"聝"即以戈守城,作战割取敌人左耳作为战功之成果。

四、结语

通过对《说文》中涉及兵学及军事有关字词的考察及讨论,可以归纳出几个值得延伸探讨的观点,一是可以知道文字在发明之初的创意与兵器之间的关系;二是从语言文字中认识中国兵学文化的特征与思想特色;三是通过兵学研究的角度来考察有关的语言文字问题,《说文》材料中蕴含的丰富材料至少能帮助学者对先秦至汉初对涉及军事相关词汇的理解,也提供了兵学文化研究的新视角。

注释 ：

［1］本文研究得到 2018 年河南省高等学校哲学社会科学创新团队"汉字理论与汉字史"（编号：2018-CXTD-03）支持计划的资助。本文是国家社科基金青年项目"简帛及传世文献中的兵家学派研究"（18CYY035）的阶段性成果。

［2］陈伟武 :《简帛兵学文献探论》, 中山大学出版社 1999 年版，第 10—14 页。

［3］李圃主编 :《古文字诂林》第九册, 上海教育出版社 2005 年版，第 943 页。

［4］李圃主编:《古文字诂林》第九册, 上海教育出版社 2005 年版, 第 945 页。《古文字诂林》第十册, 上海教育出版社 2005 年版，第 1056—1065 页。

［5］参季旭昇:《说库》, 第四届许慎文化国际研讨会，第 67—73 页。

［6］李学勤主编:《字源》, 天津古籍出版社, 2013 年，第 1252 页。李圃主编:《古文字诂林》第一册, 上海教育出版社 2005 年版，第 739 页。

［7］如李零提出"广义兵书"是古人说的"军法"或"军令","狭义兵书"是古人说的"兵法"或"谋略"。"兵法"出自"军法"又超越"军法"，成为相对独立的东西，这是一个很大的突破。古代的军法、军令，它们的内容主要是集中在军赋制度、军队编制、军事装备、指挥联络、阵法和垒法、军中的礼仪和爵赏诛罚。田旭东则认为兵学发展的初级阶段是以《司马法》中的"礼"为中心，司马之职自然与军礼有关系，参李零《古代兵学文化探论·先秦兵学简述》, 中国社会科学出版社 2010 年版，第 1—9 页。

《章太炎〈说文解字〉授课笔记》字际关系述议

陈正正

河南大学黄河文明与可持续发展研究中心

【摘要】章太炎先生秉持"转注假借"理论，寻求"变易孳乳"的线索，将《说文》内部的字形与后出的字形沟通系联，既能达到训诂释义的目的，又能追踪语言文字演变的轨迹。太炎先生的字际关系沟通了体现了它历史系统的观念，或由源及流，或寻流溯源，明确了以声音贯通训诂的方法；但是太炎先生有些假借字求之过深，并且有些字际关系沟通穿凿附会，这与他完全从《说文》这一封闭的体系出发，而不考虑文字来源的复杂性有关。

【关键词】章太炎《说文》 字际关系 考释

《章太炎〈说文解字〉授课笔记》（以下简称《笔记》），该书是太炎先生1908年4月在日本讲授《说文解字》的课堂笔记，记录者为朱希祖、钱玄同、周树人（鲁迅），其中朱希祖为现场记录，而钱玄同、鲁迅则是课后整理。2008年12月王宁先生主持整理出版。章太炎先生为弘扬国粹，传承文化，于1908年4月，开设国学讲习班，宣讲《说文》《尔雅》等国学经典。又于7月，太炎先生又专为朱希祖、钱玄同、鲁迅、周作人、龚宝铨、许寿裳、朱宗莱、钱家治等八人开设特别班，讲授《说文》《庄子》《楚辞》等经典。《笔记》为章太炎先生研究《说文解字》具体成果的系统反映。此书的出版，为《说文》学以及传统语言文字学提供了宝贵的第一手数据。王宁先生在《前言》中认为："这份《笔记》记录了太炎先生研究《说文》的具体成果，反映了太炎先生创造的以《说文》为核心的中国语言文字学的思路与方法，也记载了三位原记录者向太炎先生学习《说文》的经历，是一部中国近现代学术史上难得的原始资料。"[1] 今以《说文》《段注》以及《笔记》来进行比勘，阐述章太炎先生对《说文》学继承、发展、创新、质疑，同时对其中部分字际关系沟通材料加以考辨。

一、《笔记》与字际关系

字际关系指的是字与字之间的关系，它与字词关系、词际关系不同。我们一般借助"结构—功能"分析法讨论字际关系，字际关系是记录同一个词的不同书写形式之间的关系，而两个功能上毫无关系的两个字，不讨论其中的字际关系。李国英先生整理楷书字际关系时谈道："这样大量的'字'是长期积淀的结果，内部构成十分复杂，字际关系也不简单。其中既有不同时期、不同地域，用不同造字方法造成的异体字，也有不同时期、不同地域，由于不同的书写方式形成的异写字；既有为分化字的职能而形成的母字和分化字，也有由于造字和书写变异构成的形体偶然重合的同形字，还有由于各种复杂原因形成的通假字。"[2]针对具体的字际关系，太炎先生提出了"转注假借说"，他主张："转注者，繁而不杀，恣文字之孳乳者也。假借者，志而如晦，节文字之孳乳者也。二者消息相殊，正负相待，造字者以为繁省大例。"太炎先生一方面认为后起字形是适应记录语言需要，在原有字形基础上分化而成的，可以追溯到源头；有些字形一直没有分化，而用原有字形来记录新词。太炎先生注意到了文字发展的辩证规律。

笔记是章太炎先生逐字逐句讲授《说文》的课堂实录，透过笔记可以看出太炎先生明显的关系意识和系统观念。他很少就字讲字，而是就一个字讲与之相关的几个字，以及整个字组、字群，这都说明他有着明确字际关系的观念与意识。太炎先生讲字际关系的用语较为复杂，有"借某""俗某""古作某""今作某"。其中古今字的问题，蒋志远已经在《章太炎古今字观念正析》一文中有清晰的梳理，认定："章太炎所论古今字是训诂学概念，指一个词因各种缘故历时所用的不同汉字，而不是指论造字孳乳问题的文字学概念。"[3]太炎先生的"俗某""借某""当作某"来考察其字际关系沟通的意图、价值以及其中可值得商榷的部分。

二、《笔记》沟通字际关系的目标价值

（一）沟通字际关系来完成训诂释义

训诂释义的本质是在由熟知生，大量的生僻字其实都是常用字词的变体，后代的不少俗语词也可以在先秦文献追溯到痕迹。太炎先生以"求本字"为学术目标，不断地沟通正俗关系，来达到训诂释义的目标。一些文献疑难问题或者疑惑词语，经其解释，则涣然冰释。

词：朱一：歆（口相就也）。唐朝有"呜哕"二字亦训口相就，即今接吻也。

朱二：唐人译佛经有"呜哕"，正当作"歆接"。

钱一：歆歆，口相就也。唐人有"呜哕"二字，即今之接吻，其正字＝歆歆。

钱二：歆歆【鸟霣】，口与口相就也＝唐"呜哕"＝今西人之接吻。

按：中古文献"呜"有吻义，如南朝刘义庆《世说新语·惑溺》："乳母抱儿在中庭，儿见充喜踊，充就乳母手中呜之。"又吴月支优婆塞支谦译《梵摩渝经》："梵志欣然起立，五体投地头面着佛足，以口呜佛足，以手摩佛足，复自名曰：'吾是梵摩渝逝心者，归命佛、归命法、归命僧。'"（T01V01176p0885c09）"呜"与"摩"相对，表亲吻义。也有"呜哕"连文，如失译《别译杂阿含经》卷第一："又化作小儿，众宝璎珞，庄严其身，在阿阇世膝上。时，阿阇世抱取呜哕，唾其口中。"（T02V0100p0374b09）该意义，刘坚[4]、方一新[5]等先生已有论证。《说文》未收"呜"字，"呜"当为"歆"的换形异体字，后二字职能发生分化。《说文》："一曰歆歆，口相就也"，《段注》："谓口与口相就也。"《说文》中"一曰"不少为后起义。王筠《说文句读》此处不明"歆"的中古之后口语词义，认定不当为"口相就也"，而以后代《玉篇》"口相响也"改《说文》，无据。《大字典》（P2302b）"歆"字下认定王筠《说文句读》材料，判定"歆"字一曰为非，不妥。而在"呜"字亲吻义下又未能沟通"呜""歆"二字关系，亦不当。

（二）沟通字际关系来解说古代文化

叶斌在从文化故实、国医文化和史前文化三个角度论证了《笔记》当中的古文化内容[6]。有一些内容，叶文相对没有注意到，比如名物训诂。试举一例：

床：朱一：安身之几坐也。凡可坐者，榻、椅皆可曰床，非专指卧者（管宁藜床，亦坐者）。反片当作爿，今作"爿"或"疒"，即古之床字。

钱一：安身之几坐也。凡可坐者如榻、椅皆可曰床，非专指卧具。爿声非反片，反片当作爿，今作爿或疒字，即古之床字也。

按：如太炎先生所言，"床"在上古为坐具的统称，榻、椅均为床之下位概念，均在同一个概念场的词汇系统当中。《学林》卷四："古人称床，榻，非。特卧具也，多是坐物。"后来词义变化，床仅仅为卧具，这有一个概念场转移的过程。

三、《笔记》沟通字际关系的缺陷问题

（一）沟通字际关系原文可通，却用"破读"

乾嘉学者训释解读古书之时，滥用"破读"的地方不少。太炎先生师承俞越，也承袭了这方面的问题，常对一些无必要破假借之处，进行破假借。王力先生说："学者们往往注意追求新颖可喜的意见，大胆假设，然后以'双声迭韵''一声之转''声近义通'之类的'证据'来助成其说。"[7]王力先生的批评是中肯的。

　　莫：【朱一】：今作"暮"，最无理。既从茻中日，又加日字，岂有此理？漠、窦皆起于莫。

　　【朱二】："莫"假为"无"，又假为毋。《论语·述而》："文莫吾犹人也"，当为忞慔之假借字。

　　【钱一】：今俗作"暮"，最为无理。莫中既从日，而复加日字于下，纆复无理，不合六书。漠、窦皆莫之孳乳字。亦借为无。禁止之莫＝毋。文莫＝忞慔。

　　【周二】：日且冥也。今暮字不合六书，以从二日也。漠、窦皆莫之孳乳字。"文莫"即"忞慔"，勉励也。《论语》："文莫吾犹人也。"

　　按：太炎先生破读不当，"忞慔"为本字之说源于清代。清黄式三《论语后案》："何读文莫为句，言文与不文也。式三案：《说文》：'忞，强也''慔，勉也'，文莫即忞慔借字。"朱骏声《说文定声》"按：犹忞慔，亦双声连语。又托名幖识字……"。"忞慔"一词先秦从无文献连用用例，朱氏求之不确。清末俞越有仿古用法，如《春在堂杂文》："……迄今二十八年，区区之愚，与精舍诸生所忞慔者，务在不囿，时趋力追古，始已于五集序中详言之矣。"《论语》此处表达当与"听讼，吾犹人也"相似，不应破读。且太炎先生对后出字认识不当，"暮"字加日，正是因原有字形理据不清晰，后加义符强化表意，这种从形义脱节到形义统一的累增字现象，在汉字中屡见不鲜。

　　对一些常用字，太炎先生也常常破读，但是这种破读，并不符合事实。朱希祖在笔记的按语中，就有表达对其师的不同观点，如"盛"字下，"希按：丰盛从豆从皿，皆有中满之意，不必云由丁之借。"

（二）沟通字际关系常义可讲，求之过深

陈寅恪先生说：“夫解释古书，其谨严方法不在改原有之字，仍用习见之义。故解释之愈简易者亦愈近真谛。”[8]太炎先生早年受其师影响，在因声破假借问题上勇于创新，但是不少有求之过深之处，常字常义能够讲通，却另寻一字。

　　吻　【朱一】：吻合＝泯合

　　　　　【朱二】：吻合当为"苆"之假借字。

　　　　　【钱一】：吻合即泯合，言适合无缝也。《庄子》："滑稽""吻合"皆苆之借。

　　　　　【周二】：吻合，泯合也。

按：太炎先生判定"吻合"的本字为"苆"，"苆"确实有相当义。《说文》："苆：相当也。"《段注》："《广韵》曰：'今人赌物相折谓之苆。'按《广雅》：'苆，当也。'亡殄、亡安二切。俗本讹作兩。"但是"吻合"一词并不罕用，先秦即有用例，《庄子·齐物论》："旁日月，挟宇宙。为其脗合，置其骨滑，以隶相尊。"晋郭璞《葬书》："以肉乘生气，外假子孙思慕一念，与之脗合，则可以复其既徂之神，萃其已散之气。"《汉语大词典》收录书证为唐《郡斋卧疾赠昼上人》过晚，当补。从构词理据而言，"吻合"与"符合"类似，喻指二者原为破碎事物重新合并。"苆"文献暂无用例，段玉裁也未能为其找到书证，在没有文献用例的情况下，简单只根据意义相关就判定为假借，不妥。

（三）沟通字际关系后出俗字系联不当

　　琰，朱：古无"尖"字，"炎"或即"尖"字。

　　　朱：《周礼》注为本训，与"琬"相对。"璧上起美色"乃引申意。

　　　周：从剡得声，《说文》无尖字，"剡"即"尖"之正字。故"琰圭剡半以上"为琰之本谊。许训"璧上起美色"，殆为引申之谊。（卷一）

按：太炎先生此处试图将"尖"与"琰"字沟通关系，实则无据。"琰"有二义，一为美圭。《说文》："璧上起美色也"，二为郑玄、郑众注，为锋利之圭，《周礼·考工记·玉人》："琰圭九寸，判规，以除慝，以易行"，郑玄注："琰圭，琰半以上，又半为瑑饰。诸侯有为不义，使者征之，执以为瑞节也。"又《周礼·春官·典瑞》："琰圭以易行，以除慝"，郑玄注引郑司农云"琰圭，有锋芒、伤害、征伐、诛讨之象"。针对这两种不同训释，第一种观点是弥合争端，《段注》认为："璧当为圭，也当为者。《周礼》注云：'凡圭剡上寸半，琰圭剡半以上，又半为瑑饰。'许云起美色。盖与郑意同，或当作圭剡上起美饰者。"又唐兰先生《说文解字笺正》："'判规'者，疑作 ◐，半为剡上，半为规形，有似火之古文，故从炎也。"[9]第二种观点或用一说否定另一说，宋聂崇义否定郑玄注释，其《新定三礼图》绘图为长圆下方。又言："详先郑'锋芒'之言，有违'判规'之义，背经取法，唯得圭名。"又杨树达先生否定了《说文》的训释，认定郑玄的说法为确[10]。他的两条证据一为炎形光似火，许慎说解与声符无关；二为文献中"琬琰"多连文，一定词义相关。第三种观点是判定《说文》为脱文。如《慧琳音义》卷第九十三《续高僧传卷》音义："琬琰：上于远反。《玉篇》云：'琬，玉圭也。'下阎染反。《说文》云：玉圭长九寸，执以为信，以征不义也。"丁福保《说文诂林》按语认为："音义所引《说文》正与《周礼》合，大小徐夺此文，当补。"我们认为，《说文》训释当有所本，其意义并非穿凿，且郑玄训释亦有来源。二者一是色泽，二是形状，只是所指不同，并不矛盾。词源意义均为"炎"，徐锴《说文系传》"琰之言炎也，光炎起也"，正说明词源。从"炎"之字，还有"绲"，《说文》训释为："白鲜衣皃。从糸炎声。谓衣采色鲜也。""琰"为玉之色泽光亮，"绲"为衣之鲜明，二者为同源词。又表美玉常与"琬琰"连用，表示美玉。王念孙《广雅疏证·释器》："锬之言剡也。《尔雅》云：'剡，利也'。"朱骏声《说文定声》："锬，假借为剡"。刘俊杰将其与"剡""锬"系联为同源[11]，正是其"炎"之火光上部尖锐，为同状之引申。太炎先生以郑玄注释为本义，驳斥《说文》，不当。

"剡"有尖锐义，但并非"尖"之本字。"尖"在《说文》之中的本字当为"鑯"。《说文》："鑯：鐵器也，一曰鐫也。从金韱声。"至晚唐代"尖"已出现。唐写本郎知年《正名要录》："弘晋：从尖口。"该书批注是强调文献某字的构形与读音，从尖口是强调"晋"的字形上部为尖口，即"晋"为俗体。如《干禄字书》"晉晋、曡壨，并上俗下正"。说明唐代写本的训释用字"尖"已经广泛使用。《慧琳音义》卷第十四《大宝积经》音义："尖幖：上接阎反，会意也。下必遥反，《说文》：'帜也。'……"。慧琳说明了"尖"字的构形，从小大的会意字。大徐本注释有："臣铉等曰：今俗作尖，非是。"宋张有《复古编》："鑯：铁器也。从金韱，一曰鐫也。别作尖，非。子廉切。"

徐铉、张有不承认后出异体字，不确。

（四）对后出字形斥责不当

　　萄　朱一：古人只作蒲陶，或作蒲桃，亦译音字。后从艸，"葡"字无。

　　钱一：葡萄，古只作"蒲陶"，亦作"蒲桃"；汉时自西域来之果。萄，义别，俗误用之。更造为"葡"字，甚谬。

　　周二：艸也。葡萄，古人只作"蒲陶"，后从艸作萄。葡，《说文》无。

按：太炎先生此处拘泥《说文》，固守《说文》本身的形义关系。一方面承认"葡萄"为译音字，却又认定"萄"为误字。"葡"字是受"萄"的影响，在汉字形义统一规律影响下统一加的形符，符合汉字优化的原则，太炎先生一律斥责为非，属于拘泥字形，不妥。

四、结语

沟通字际关系，是为了扫除文献阅读障碍，解读文献服务的。太炎先生秉承"转注假借说"，既看到了文字随语言孳乳分化的事实，又看到为控制汉字字数而节制的现象，这是理性的，更是科学的。字际关系判定，包括认同与别异两个方面。有些需要认同的字际关系，太炎先生却认定为二字；有些需要别异的字际关系，太炎先生却加以认同。太炎先生失误的原因主要有两个方面：一方面，他一切以《说文》收字释义为源头根本，忽略了语言文字发展变化的事实。很多后出字在可能同《说文》收字存在形、音、义某方面的关系，但是绝不是都能找到一一对应的关系；另一方面，字际关系的判定需要考察形、音、义、用等多个层面，简单根据任何一两个要素判定得出的结论，多少会有些牵强，这是违背形式逻辑的，也是违背文字发展事实。

注释：

［1］王　宁：《章太炎〈说文解字〉授课笔记研究》，中华书局2008年版，第1页。

［2］李国英：《楷书字际关系考辨（一）》，《民俗典籍文字研究》（第三辑），商务印书馆2007年版，第163页。

［3］蒋志远：《章太炎古今字观念正析》，《民俗典籍文字研究》（第十五辑），商务印书馆2016年版，

第 233—234 页。

　　[4]刘　坚:《刘坚文存》,上海教育出版社 2008 年版,第 104 页。

　　[5]方一新:《中古近代汉语词汇学》,商务印书馆 2010 年版,第 286 页。

　　[6]叶　斌:《章太炎〈说文解字授课笔记〉的古文化氤氲》,《汉语史学报》,上海教育出版社 2012 年,第 155—162 页。

　　[7]王　力:《训诂学上的一些问题》,《龙虫并雕斋文集》,中华书局 1980 年版,第 315 页。

　　[8]陈寅恪:《"蓟丘之植植于汶篁"之最简易解释》,收《金明馆丛稿》,上海古籍出版社 1982 年版,第 262 页。

　　[9]唐　兰:《唐兰全集》(第九卷),上海古籍出版社 2015 年版,第 276 页。

　　[10]杨树达:《积微居小学述林全编》(上册),上海古籍出版社 2007 年版,第 38 页。

　　[11]刘均杰:《同源字典再补》,语文出版社 1999 年版,第 202 页。

参考文献:

　　[1]章太炎授,朱希祖、钱玄同、周树人等记,王宁主持整理:《章太炎说文解字授课笔记》,中华书局 2008 年版。

　　[2]万献初:《章太炎在汉字理论上的贡献》,《长江学术》,2006 年第 4 期。

　　[3]万献初:《章太炎的〈说文〉讲授笔记及其文化阐释》,《中国典籍与文化》,2001 年第 1 期。

　　[4]陆宗达、王宁:《训诂与训诂学》,山西教育出版社 1994 年版。

冯振《说文》研究述略

邓　盼
武汉大学文学院

【摘要】冯振先生在无锡国专和广西师范学院等校讲授文字学课程数十载，对许慎《说文解字》研究笃深，著有《说文解字讲记》《文字学提纲》《说文类似字》《说文省声、从省录》《〈说文〉异字而偏旁全同之比较》《本体与或体之比较》和《说文札记》《文字学札记》等。其中，除《说文解字讲记》外，其他著述极少为人所知。这些著述以《说文》五百四十部首和六书为核心，既有全面的综合论述，又有精深的专题探讨，互相配合，不断完善，均具有颇高的学术价值。

【关键词】冯振　《说文》　文字学

一、引　言

冯振（1897—1983），原名汝铎，字振心，自号自然室主人，广西北流山围镇人，师从国学大师唐文治先生（字颖侯，号蔚芝）和陈衍先生（字叔伊，号石遗），是我国著名古典文学研究专家、教育家和诗人，在训诂学和文字学方面也很有成就。

他出身书香世家，八岁入蒙馆读"四子书"，十四岁跟随叔父冯介先生（字介民）游学上海，先进南洋公学预科，继入中国公学，又进南洋公学（上海交通大学前身），后投考至交通部上海高等工业专门学校附中，因病而辍学。此后，冯振先生一直担任教职，辛勤耕耘杏坛近七十载，先受挚友陈柱先生（字柱尊，时任梧州中学校长）之邀任梧州中学教员，四年后改任北流县立中学教员，后出任校长。1927年，应无锡国学专修馆（后改称无锡国学专修学校）之聘，冯振先生赴无锡任教，不久出任教务主任，并先后在江苏省立教育学院、国立暨南大学（上海）、大夏大学、上海大学、交通大学（上海）等校兼课。1937年底，无锡国专避日寇之难内迁长沙，次年转迁桂林，冯振先生受唐文治先生之托出任代理校长，率领师生辗转于北流、桂林、蒙山等地，艰苦办校，1946 年方顺利迁回无锡。新中国成立以后，冯振先生先后出任国立南宁师范学院（后并入广西大学）、广西大学和广西师范学院（广西师范大学前身）中文系教授兼系主任，直至逝世。

冯振先生治学谨严，先博后约，义理、辞章、考据三者皆沉潜至深[1]，"义理好先秦诸子，兼治宋明理学；辞章好诗古文辞，不拘之于宗派，而浮词滥调，在所必摈；考据好许氏《说文》，而清儒形声故训之学，亦颇心醉"[2]，著述颇丰。

已有研究对冯振先生的诗学研究有较为深入的分析和讨论，对先秦诸子研究的探讨次之，对文字训诂研究却涉及不多，仅论及《说文解字讲记》一书，有待进一步深入研究。

二、冯振《说文》研究著述述要

冯振先生在无锡国专和广西师范学院等校讲授文字学课程数十年，对许慎《说文解字》研究笃深，有一系列《说文》研究著述，今考述如下。

（一）《说文解字讲记》

《说文解字讲记》是冯振先生代表性的文字学著作，体现了他主要的文字学观点，流传度也最广。

此书将《说文》叙文由编末擢居卷首，以揭示全书要旨，依次论述了文字起源、文字演变、六书分析和《说文》编纂体例等问题，颇见卓识。冯振先生创造性地提出"独体之文，即我国之字母"，"借'字母'之譬喻说明部首字的意义在其所辖字字义中的基础地位"[3]，带有鲜明的西学东渐的时代学术风尚。至于六书，冯振先生剖析得极为深入。他将六书分为三组：象形、指事为第一组，是独体之文；会意、形声为第二组，是合体之字；转注、假借为第三组，是因文或字而再生之字，随后逐一进行分析，认为六者皆为造字之本。而论及《说文》编纂体例，冯振先生指出两点：其一，《说文》五百四十部首并非全部为独体之文，例外的部首之所以被立为部首，"以许君之恉，在立母以统子。若子复有子，则子变为母"；其二，据形系联是许书最重要的体例，不仅指五百四十部的次第主要以形相连次，也指在一部之中，有的字只是以形似相系而不是以意涉相连。

《许叙讲记》后有正文内容十四篇，依据许书五百四十部首的次序，逐步摘出最重要的字进行讲授，先举许书原文，再加按语，其中不必别申新义的字则仅录许书原文，不再加按语。按语中博采段玉裁、桂馥、朱骏声、王筠诸家注解及近代钟鼎甲骨之说,"披览超乎丁氏《〈说文解字〉诂林》所及"[4],于前人成说多能申说发明,"凡有创获独到之见,于论述前加'窃谓''窃疑'等字,区别分明,不致淆乱,且有就正并世学人之意"[5]。

此外,冯振先生注重《说文》各字之间的联系,往往在讲授一个字时将意义相关的字一并举出分析,"由此及彼,触类旁通,并从递增意旁、改变声旁中去探求字义和字形发展变化的基本规律"[6]。如示部"礼"字条下又释部首"豊"字,指出二者本为一字,其后递增意旁以便于识别,又如珏部"班"字条下又释糞部"羹"和攴部"攽",认为此二字皆与"班"字音同义近,此外又与"辩"字和"般"字音同音转通用。如此安排,可以指示学生学习文字学的门径,引导学生进行独立深思,收到良好的教学效果。

总的来说,《说文解字讲记》涉猎内容宏富,又以简驭繁,切近实用,后出而转精,"既汇聚了许学的精华,也展示了先生循例而为的许多发明,还展示了先生新的学术思想及其实践的创获,是清代许学后面并不多见的、颇有近代新的学术气象的巨制"[7],受到学术界的重视。

据考证,该书大约创稿于二十年代末,每年以油印讲义的形式分发给学生,可能每年都有些增订,1933年至1934年陆续在上海《学艺》杂志上节录刊出,首次向学术界及普通大众公布,1937年6月收入无锡国学专修学校丛书印行,为第十六种,供学生参考之用,但因战争原因未能流布于世。冯振先生自存无锡国专本《说文解字讲记》一册,在其上"不断增添了许多新的旁征博引的内容",对无锡国专本作了进一步的增补完善,反映出冯振先生在文字学研究上的逐渐深入。2003年11月曾德珪教授据手校自存本将其选编入《冯振文选》中出版,进一步推广了冯振先生的《说文》研究成果。[8]

(二)《说文》研究手稿

冯振先生哲嗣冯郅仲先生收藏有冯振先生几册《说文》研究手稿,大都未见行世,十分珍贵。

《说文类似字》原分两册,皆无封面,每册均于各页右上角依次标有"类似一"至"类似九"字样,其中一册卷首署有"说文类似字"。二者体例相近,从《说文》五百四十部的内部联系来看前后接续,故可合而为一。此稿循许书顺序归纳出《说文》中类似之字,结集成册。这些字或字形相似,如祇与祇、苟与苟、喦与喦,或读音相同相近,如蓻与菊与蘜、熏与薰、蒸与烝与丞、竣与俟,或意义相近相关,如叹与叹、忿与愤、琐与赏、浓与醲与襛。通过《说文类似字》的对比归纳，有助于学生准确地理解和分辨这些字的字音、字形和字义，从而打下坚实的文字学基础。

《说文省声、从省录》一册，封面题有冯振先生手书"山围居士 说文省声从省录全"诸字。此稿依照《说文》部首的次序，摘录出许书中指为"某省声"和"从某省"的字 422 个，并抄录《说文》原文，以便后学。冯振先生对《说文》的省声、省形之说十分认同，《说文解字讲记·许叙讲记》中有如下论述：

"亦有因分配关系，而将所从之声旁减去一部分者，则谓之省声字。如斋，从示，齐省声；莹，从玉，茔省声；珊，从玉，删省声；兹，从艸，丝省声之类是也。省声之字，必所省者甚少，夫而后形虽不全，其音仍可望而知。乃因分配关系，亦有去其一半或一半以上者，如薅，从蓐，好省声；融，从鬲，虫省声；受，从𤓰，舟省声；秋，从禾，𤇆省声之类是也。此类字非读《说文》，亦不易知其从某声所省而来也。然此犹理仍相近，指示即明。若哭，从吅，狱省声；羔，从羊，照省声；家，从宀，豭省声之类，后人遂不能无所疑于许君也。形声之字，亦有不省声旁而省义旁者，如麳，从麰省，来声；考，从老省，丂声；橐，从𣝔省，石声；穜，从稽省，卓声之类是也。此等字则因所从之义旁太繁，声旁已简，故不省声旁而省义旁，亦所以利于配合而已。"

这段文字表明：因为字形的分配关系，有时会将字的声旁或意旁省去一部分，形成省声字和省形字。从《说文省声、从省录》可以看出，这类情况一般发生在形声字中，但不限于形声字，如"菡"字从艸、胃省，属于会意字的省文。

《说文札记》原本无题，无封面，内容包括段注正误、俗语用字、声转字、古今字、正借字、《说文》所无字、正俗字、音义同字等几个部分，是冯振先生研读《说文》的笔记汇编，体现了冯振先生对《说文》的深入思考。

《文字学提纲》分两册，无封面，是冯振先生讲授文字学课程的讲义。与《说文解字讲记》以《说文》部首为纲不同，《文字学提纲》围绕六书展开，分六书前论、六书总论和六书分论三部分。六书前论略述文字之起源及形成、文与字的分别两个问题，六书总论简要讨论了六书之名称及次第、六书之定义及举例和四体二用，六书分论则主要论述指事、象形、会意、形声四者，每书下分若干类，如指事分为纯指事、借象形为指事、会意兼指事、象形加指事、会意兼指事兼形声诸类，各类下再举《说文》中若干字。此稿承袭了《说文解字讲记》中绝大多数文字学观点，但对六书性质的看法不同，《说文解字讲记》认为六书皆为造字之本，此稿则指出转注、假借二者为用字之法。

《文字学札记》原本无题，亦无封面，内容庞杂，大体上是总结归纳了《说文》中文字的结构类型和或体的来源，如或体改声旁不改意旁者、本义不著者、或体一为象形一为象形加意旁者、会意兼指事、会意有省文者、会意兼象形（部位固定者）、纯指事等，为后学了解和掌握文字构造与变化之义理提供了方向。

上述五种《说文》研究著作中，前三种为"用毛笔写在宣纸上的手稿"[9]，后两种为"用钢笔写在练习本上的笔记"[10]，虽未经刊行，但都颇为重要。

（三）其他《说文》研究著述

冯振先生曾撰有《〈说文〉异字而偏旁全同之比较》一文，刊载于无锡国专自办刊物《国专月刊》1936年第三卷第二号。此文举例论述了《说文》中偏旁全同而意义不同的字，主要有三类：其一，两字俱为偏旁全同之会意字，因其部位不同而其义遂异，如古与叶、枣与棘、戍与伐、束与困等，这类字意义的不同在于其所会之意系于其部位；其二，两字俱为偏旁全同之形声字，因其部位不同而其义遂异，如句与叫、含与吟、召与叨、訾与諆等，这类字并非造于一时一地，它们的创造有先后之别，因而特意移动一个字的部位以避雷同；其三，两字偏旁全同，因其部位不同而一为会意一为形声，如牵与美、什与千、意与惌、集与椎等，这类字的偏旁虽然相同，但是用来组织这些偏旁成为一个字的理据却不一样。通过这样分类比较，有助于学生更好地认识和理解这些由相同偏旁构成而意义不同的字。

另外，《说文解字讲记》中多次提到，冯振先生尚有《本体与或体之比较》一书，并表明"或体之成为或体，其来源多途"，有或体改声旁不改意旁者，或体改意旁不改声旁者，或体声旁意旁俱改者等。可惜几经搜寻，目前仍未能见到此书，不知是否已经亡佚？幸而《文字学札记》中归纳总结或体来源十余种，可借以窥其梗概。

除《说文解字讲记》提到的三种情况外，《文字学札记》另载或体来源十二种：或体一省一不省者，如敆与学；或体一为独体一为复体者，如屵与巚；或体一为象形一为形声者，如黄与史；或体一为会意一为形声者，如哲与嚞；或体一为象形一为会意者，如君与晳；或体俱为会意者，如悉与恩；或体与本体俱为象形一繁一简者，如禸与囷；或体一为象形一为象形加意旁者，如册与箣；或体一为会意兼形声一为形声者，如嗣与孠；或体一为会意兼象形一为形声者，如合与啂、朡；或体一为形声一为形声加意旁者，如巩与挈；或体一为会意兼象形一再加意旁者，如彗与篲。这十五种或体来源皆总结自许书说解，反映出冯振先生对《说文》的高度推崇和细致研究。

三、冯振《说文》研究的特色和成就

这一系列《说文》研究著述是冯振先生毕生研究《说文》所得，体现了冯振先生《说文》研究的特色，主要表现为以下两个方面：

（一）点面结合，全面深入

这八种研究著述大致可以分为三类：第一类是综合性的研究著作，包括《说文解字讲记》和《文字学提纲》，二者分别以五百四十部首和六书为纲，把握住了许氏《说文解字》的精髓，互相补充，互相配合，"为《说文》的研习揭明了津梁枢纽所在"[11]。第二类是专题性的研究著述，包括《说文类似字》《说文省声、从省录》《〈说文〉异字而偏旁全同之比较》和《本体与或体之比较》，这些著述在两种综合性研究著作的基础上，分别选取一个角度深入，整理归类，对比分析，大大深化了冯振先生对《说文解字》的研究。第三类是笔记体的研究著作，包括《说文札记》和《文字学札记》，二者记录了冯振先生对《说文》的零碎思考，既对前两类著述有所补充和发展，又提供了很多新的《说文》研究思路，其价值不容忽视。

总三者而言，冯振先生的《说文》研究内容丰富，"除了根据段氏本外，还讲了许多段本没有的、实际的新知识"[12]，"举凡传统字学所涉及的各个方面，皆包含囊栝于其中"[13]，既有点又有面，点面相结合，全面系统而又十分深入。

（二）以研促教，教研合一

冯振先生一直担任教职，讲授文字学课程数十年，他的《说文》研究成果几乎都是从教学实践中来，并为教学实践服务的。据冯郅仲先生说，有的《说文》研究手稿"许多页面上尚留有粉笔的陈迹"[14]，说明冯振先生曾用它们来讲过课，其著述便是教材，教材也是著述。

在内容安排上，这些研究著述都带有鲜明的引领和启迪后学的设计。冯振先生不避成说，广泛吸收前人研究成果，"于许慎《说文解字》以后，大小徐下逮清代的段、桂、严、王，直至近世诸大家，靡不探寻奥赜，征引繁富"[15]，着意完整地呈现知识点的系统结构，厘清文字的孳乳递嬗规律，引导学生自己归纳，既开阔其视野，又启发其深思。如此，"一年读下来，许慎《说文解字》的重要部分，大多数同学已基本掌握，要进一步研究文字学，或上溯甲骨文、籀文、金文，也有了初步基础"。[16]可以说，冯振先生的这些《说文》研究著述对今天的高校文字学课程教学仍然很有启发意义。

同时，冯振先生以教带研，以研促教，不断在教学实践中完善自己的著述，并将新的内容向学生讲授，得到新的启发。经过数十年的积累，教学效果愈来愈好，著述的学术水平也愈来愈高，"学术价值经久不失，反而随着时间的推移而愈加坚凝"[17]。譬如《说文解字讲记》一书历经油印本、《学艺》杂志本、无锡国专本、手校自存本等的递嬗，内容多有增删修改，反映出冯振先生在文字学研究上的逐渐深入，堪称国学名著。

总而言之，这些《说文》研究著述真实而充分地反映了冯振先生在《说文》研究领域所做的工作与贡献。虽然冯振先生不以文字学著称，但他的《说文》研究成就仍然是十分突出的。或者从另一个角度说，冯振先生之所以没有以文字学著称，是由于他的绝大多数《说文》研究成果不为学者所知。如今，《文字学提纲》《说文类似字》《说文省声、从省录》《〈说文〉异字而偏旁全同之比较》《说文札记》和《文字学札记》等公之于世，学者似乎可以重新评价冯振先生在《说文》研究领域的成就和地位。

注释：

[1]王桐荪：《冯振心先生和迁桂无锡国学专修学校——纪念冯先生诞辰100周年》，党玉敏、王杰《冯振纪念文集》，广西师范大学出版社2000年版，第19—31页。

[2]冯振：《冯振小传》，党玉敏、冯采苹《自然室诗稿与诗词杂话》，广西师范大学出版社1989年版，第301—303页。

[3]孙建元：《读振心先生〈说文解字讲记〉》，广西师范大学文学院/新闻与传播学院、广西师范大学中华优秀文化传承发展中心（国学中心）《纪念冯振先生诞辰120周年暨国学传承高端论坛论文集》，纪念冯振先生诞辰120周年暨国学传承高端论坛，2017年，第64—66页。

[4]孙建元：《读振心先生〈说文解字讲记〉》。

[5]胡邦彦：《师范刍议——冯振心先生诞降百年纪念》，党玉敏、王杰《冯振纪念文集》，广西师范大学出版社2000年版，第38—48页。

[6]曾德珪：《〈冯振文选〉前言》，冯振、曾德珪《冯振文选》，广西师范大学出版社2003年版，第1—48页。

[7]孙建元：《读振心先生〈说文解字讲记〉》。

[8]邓盼：《冯振〈说文解字讲记〉版本述略》，《湖南科技学院学报》，2017第1期，第3—4页。

〔9〕冯郅仲先生 2017 年 12 月 6 日邮件。

〔10〕冯郅仲先生 2017 年 12 月 6 日邮件。

〔11〕孙建元:《读振心先生〈说文解字讲记〉》。

〔12〕李立德:《纪念冯振教授诞辰 100 周年》,党玉敏、王杰《冯振纪念文集》,广西师范大学出版社 2000 年版,第 54—80 页。

〔13〕孙建元:《读振心先生〈说文解字讲记〉》。

〔14〕冯郅仲先生 2018 年 5 月 29 日书信。

〔15〕胡邦彦:《师范刍议——冯振心先生诞降百年纪念》,党玉敏、王杰《冯振纪念文集》,广西师范大学出版社 2000 年版,第 38—48 页。

〔16〕郑学韬:《竖起脊梁坚定志,澄清大业看登车——纪念冯振心老师诞生百年》,党玉敏、王杰《冯振纪念文集》,广西师范大学出版社 2000 年版,第 32—37 页。

〔17〕张京华:《〈无锡国学专修学校丛书〉的学术贡献》,《湖南科技学院学报》2017 年第 12 期,第 9—12 页。

《说文解字》段注引《仓颉篇》考略

黄毓芸

西南交通大学人文学院

【摘要】《说文解字》段注引《仓颉篇》共 54 处，然《仓颉篇》一书早佚，段氏所引《仓颉篇》内容并非出于他人辑本，亦非混淆书目所致，而是据自身早年积累，摘录他书所引《仓颉篇》，形成未刊行的辑本，从而为注《说文》提供参照。从《说文》段注引《仓颉篇》梳理出的文献中亦可印证《仓颉篇》亡于宋的说法，同时也说明《仓颉篇》在明末清初开始又引起了学界注意，段玉裁则是先于同时代的任大椿、孙星衍等人更早地关注到《仓颉篇》的辑佚问题。

【关键词】《说文解字》 段玉裁 《仓颉篇》 辑佚

段玉裁《说文解字》注被誉为"盖千七百年来无此作矣"，问世以后，读者服膺，诵习不绝。他在阐发许书义例、疏证许书说解、校正《说文》传本伪误方面成就卓著。段注中有大量引《仓颉篇》内容。《仓颉篇》是秦汉重要字书，《汉书·艺文志》："《仓颉》一篇。上七章，秦丞相李斯作。《爰历》六章，车府令赵高作。《博学》七章，太史令胡毋敬作。"[1] 又 "汉兴，闾里书师合《仓颉》《爰历》《博学》三篇，段六十字以为一章，凡五十五章。并为《仓颉篇》"[2]。即汉时《仓颉篇》在秦时李斯《仓颉篇》上增《爰历》《博学》二篇以成。然《仓颉》一书亡于北宋，我们对段注引《仓颉篇》内容进行考证，试图揭示段氏引《仓颉篇》的线索。

一、《说文》段注引《仓颉篇》体例

（一）直接引用《仓颉篇》

《说文解字》段注直接引《仓颉篇》29 处，体例如下：

1. "某，某也" 19 则。如："韍，俗作绂。"段注："《仓颉篇》曰：绂，绶也。"

2. "某某曰某" 3 则。如："寠，无礼居也。"段注："《仓颉篇》云：无财曰贫，无财备礼曰嫠。"

3. "某,《仓颉篇》作某" 5 则。如:"胅,骨差也。"段注:"窅胅,《仓颉篇》作'容胅'。"

4. 其他体例 2 则。如:"诰,告也。"段注:"古用此字,今则用告字,以此诰为上告下之字。又秦造诏字,惟天子独称之。《文选》注卌五引《独断》曰:'诏犹告也。三代无其文,秦汉有也。'据此可证秦已前无诏字,至《仓颉篇》乃有'幼子承诏'之语。"又如:"嬖,《虞书》曰:'有能俾嬖。'"段注:"见《尧典》。今嬖作《义》,盖亦自孔安国以今字读之已然矣。计'舝''嬖'字秦汉不行,小篆不用,《仓颉》等篇不取,而许独存之者,尊古文也。"

（二）间接引用《仓颉篇》

《说文解字》段注间接引用《仓颉篇》共 25 处,所涉文献及数量见下表:

转引文献	时代	数量
《元尚》	西汉	1
《尔雅音义》	晋	1
《玉篇》	南朝	1
《左传正义》	唐	1
《一切经音义》(《众经音义》)	唐	6
《文选》六臣注	唐	11
《尔雅释文》	宋	1
《广韵》	宋	3

由上可知,《说文解字》段注引《仓颉篇》共 54 处,其中直接引用《仓颉篇》29 处,占总数的 54%;间接引用《仓颉篇》25 处,占总数的 46%。

二、《仓颉篇》亡佚时代

关于《仓颉篇》亡佚时代,清孙星衍《仓颉篇辑本》指出:"杜林《故》亡于隋,《仓颉》《三仓》及《故》亡于宋。"[3] 清王国维《重辑仓颉篇·叙录》认为:"《训纂》先亡,至隋而《仓颉篇》亦亡,张、郭之书至唐末而亦亡。"[4] 现代学者胡平生《阜阳汉简〈仓颉篇〉》持孙说,指出:"《旧唐书》修于后晋,《经籍志》所载有关《仓颉篇》的著作仍有《三仓》等五种。到北宋修《新唐书》时,《艺文志》因仍其旧。我们认为,编修'两唐书'的作者应当也曾见到它们。《仓颉篇》一系的字书直至《宋史·艺文志》

里才不见了踪影。可能北宋时，《仓颉篇》已不在民间流行，仅仅收藏于秘阁之内。宋室南迁，宝笈毁于兵燹，《仓颉篇》也就连同许多古籍一道亡佚了。"[5] 以上学者均从目录著录角度进行了推测，《仓颉篇》亡佚时代有"隋唐说""北宋说"二种。

这里我们从历代典籍的征引情况进行考察，将征引《仓颉篇》的典籍按成书年代逐一列出：

1. 成书于汉：《元尚》。

2. 成书于魏晋时期：《玉篇》《尔雅音义》。

3. 成书于唐：《左传正义》《一切经音义》(《众经音义》)《文选》六臣注、《后汉书》李贤注、《初学记》《尔雅释文》。

4. 成书于宋元：《广韵》《营造法式》《事文类聚》《古今韵会举要》《五百家注昌黎文集》。

5. 成书于明：《天中记》《山堂肆考》《类隽》《名义考》《汉魏六朝一百三家集》《正字通》。

以上文献引《仓颉篇》较多者有《文选》六臣注，共引用一百七十二处，除去重复的三十四条外，尚有一百三十八条；《一切经音义》共引一千四百七十余处，除去重复的尚有近六百条。自宋始，引《仓颉篇》内容较唐代文献骤减，至明代如《天中记》《山堂肆考》《类隽》《名义考》《汉魏六朝一百三家集》等书均只见零星几条。又上文考察段注间接引用《仓颉篇》均出北宋及以前典籍，亦证孙星衍、胡平生观点，《仓颉篇》亡佚时代当在北宋前后。

三、段注引《仓颉篇》与《仓颉篇》辑本

除据北宋以前典籍间接引用的 25 则外，段注又直接引用《仓颉篇》29 则，段氏何以得见《仓颉篇》，又其所见《仓颉篇》为何本，则需进一步探讨。

上文考察宋明典籍引《仓颉篇》数量骤减，然明末的《正字通》一书引用《仓颉篇》数量又开始回升，达 32 条。可以想见，《仓颉篇》亡于宋后，至明末清初又引起了一批学者注意，通过对前代文献引文进行辑录，试图恢复《仓颉篇》原貌。《仓颉篇》辑佚始于清代，任大椿《小学钩沉》辑《仓颉篇》二卷；孙星衍辑《仓颉篇》二卷（1781 年刊）、三卷（1785 年刊），主要据《一切经音义》《华严经音义》《昭明文选》《太平御览》等典籍辑录而成，并将所辑条目按《说文》部首排列。后陈其荣在孙氏辑本基础上又补辑三卷、梁章巨又作《仓颉篇校正》二卷。马国翰《玉函山房辑佚书》

辑录《仓颉篇》一卷；王国维又有《重辑仓颉篇》，其中还收录了敦煌汉简出土的《仓颉篇》残简五简。

据董莲池《段玉裁评传》考证，段玉裁《说文解字》的注释工作发轫于乾隆四十一年（公元 1776 年）[6]。考任大椿为乾隆三十四年（公元 1769 年）二甲第一名进士，授礼部主事。乾隆三十八年（公元 1773 年）充《四库全书》纂修官[7]，因而得见大量善本、珍本。其作《小学钩沉》从前代古书中钩稽已亡佚的字书、韵书和训诂书，包括《仓颉篇》《凡将篇》等。故任氏辑《仓颉篇》当晚于 1773 年，加之成书、付梓等过程耗时长，段氏注释《说文》时见此书的可能性极小。又孙星衍《仓颉篇》序："乾隆四十九年（公元 1784 年）太岁在甲辰十一月十日撰。"[8]则段氏注释《说文》亦不见此书，而马国翰、梁章巨、陶方琦、王国维、陈其荣所处时代均晚于段氏著书时间。

由是可知，段玉裁注《说文》，所引《仓颉篇》不出于以上辑本。观传世目录文献，亦未有更早之辑本，则段氏注《说文》时参照他人辑佚《仓颉篇》成果可能性极小。

四、段注引《仓颉篇》与《仓颉篇》注疏

段氏所引《仓颉篇》，间接引用的部分固爰取于他书引文，直接引用部分已排除参照辑本的可能。段注又引《仓颉篇》相关注疏 11 则，而段氏是否有将《仓颉篇》与其注疏混为一谈进行直接引用的可能呢？以下我们对段注引《仓颉训纂》《仓颉故》《仓颉解诂》《仓颉训诂》条目进行考证。

（一）引《仓颉训纂》《仓颉故》

1.【荄】杜林说："荄从多。"

段注：此盖《仓颉训纂》《仓颉故》二篇中语。

2.【藕】杜林曰："藕根。"

段注：《汉志》有杜林《仓颉训纂》一篇，杜林《仓颉故》一篇。此盖二篇中语。

3.【擥】扬雄曰："擥、握也。"

段注：此盖扬雄《仓颉训纂》一篇中语。握者，搤持也。

4.【𥳓】杜林曰为竹筥，扬雄曰为蒲器。

段注：杜有《仓颉训纂》一篇、《仓颉故》一篇。扬有《仓颉训纂》一篇，其说不同如此。

5.【斡】扬雄、杜林说皆吕为轺车轮斡也。

段注：《汉志》："扬雄《仓颉训纂》一篇，杜林《仓颉训纂》《仓颉故》各一篇。轺车者，小车也。小车之轮曰斡，亦取善转运之意。亦本义之引申也。"

6.【曹】从车，象形。杜林说。

段注：盖《仓颉训纂》一篇、《仓颉故》一篇说如此。

（二）引《仓颉解诂》

1.【芸】艸也。佀目宿。

段注：贾思勰引《仓颉解诂》曰："芸蒿，似斜蒿，可食。"

2.【鹥】凫属也。

段注：陆、孔皆引《仓颉解诂》曰："鹥、鸥也。一名水鸮。"

3.【鹝】鸥也。

段注：《毛诗正义》引《仓颉解诂》："鸢即鸥也。"然则《仓颉》有鸢字。

4.【圃】所目穜菜曰圃。

段注：玄应引《仓颉解诂》云："种树曰园，种菜曰圃。"

（三）引《仓颉训诂》

【垸】吕桼龢灰丸而髹也。

段注：《仓颉训诂》曰："垸以漆和之。今中国言垸，江南言䭔，䭔音瑞。垸，胡灌切。"

《汉书·艺文志》："扬雄《仓颉训纂》一篇""扬雄取其有用者，以作《训纂篇》，顺续《仓颉》，又易《仓颉》中重复之字，凡八十九章。"王先谦《汉书补注》："此合《仓颉》《训纂》为一。"[9]

又《汉书·艺文志》："杜林《仓颉训纂》一篇、《仓颉故》一篇。"王先谦《汉书补注》："（杜林《仓颉训纂》）盖于扬雄所作外，别有增益，故各自为书。""（杜林《仓颉故》）杜林为（《仓颉》）作训故也。"[10]

清姚振宗《〈隋书·经籍志〉考证》："《唐书·经籍志》：'《仓颉训诂》二卷，杜林撰'，《唐书·艺文志》：'杜林《仓颉训诂》二卷'""马国翰辑本序曰：'杜伯山《仓颉训诂》，今惟许氏《说文》引其说，他书亦兼有引者，合辑为帙。"按："《汉志》载扬雄、杜林各有《仓颉训纂》一篇，《训纂》者似取《仓颉》之字别为纂，次成文而附以旧时之训文字，同而章句，别为解故。《汉志》分别著录，《七录》合之，通谓之注，《唐志》亦合而为一曰《训诂》。[11] 由是可知扬雄有《仓颉训纂》，而杜林《仓颉训纂》《仓颉故》，唐志合称为《仓颉训诂》。

清丁振《补晋书艺文志》:"《〈三仓〉注》三卷，郭璞。谨按见《隋志》《两唐志》俱作郭璞解，《文选》注作《三仓解诂》。"[12] 故段注中各书所引《仓颉解诂》即指郭璞《三仓解诂》。

以上诸书均佚，考段氏所引《仓颉训纂》《仓颉故》《仓颉解诂》《仓颉训诂》11 条中，唯引《仓颉训诂》"垸以漆和之"一条为直引，其余均转引自其他典籍。且直引《仓颉训诂》一条实出《众经音义》十八引《仓颉训诂》:"垸以漆和之。"则段氏所引《仓颉训纂》《仓颉故》《仓颉解诂》《仓颉训诂》均爰取自他书。且直接引用《仓颉篇》29 条也并非出自以上四书，可排除段氏将《仓颉篇》与其注疏混为一谈的可能。

五、段注引《仓颉篇》与他书引《仓颉篇》

《说文》段注直接引用《仓颉篇》的 29 条既不源自他人辑本，亦非段氏混淆书目。这里再观段氏直接引用条目在宋前典籍中的征引情况（重复引用不列）:

（一）《仓颉篇》曰:"绂，绶也。"

按:《后汉书》李贤注、《文选》李善注引。

（二）《仓颉篇》曰:"苗者，禾之未秀者也。"

按:《一切经音义》引。

（三）《仓颉篇》曰:"啾，众声也。"

按:《文选》李善注、《一切经音义》引。

（四）《仓颉篇》曰:"咄，啐也。"

按:《文选》李善注引。

（五）《仓颉篇》:"啁，调也。"

按:《文选》李善注、《一切经音义》引。

（六）《仓颉篇》云:"腌、酢，淹肉也。"

按:《玉篇》引。

（七）《仓颉篇》曰:"窭，小空也。"

按:《文选》李善注、《一切经音义》引。

（八）《仓颉篇》曰："不啻，多也。"

按：《一切经音义》引。

（九）《仓颉篇》曰："皛，明也。"

按：《文选》李善注、《一切经音义》引。

（十）《仓颉篇》曰："倓、恬也。"

按：《文选》李善注《一切经音义》引。

（十一）《仓颉篇》曰："殿，大堂也。"

按：《初学记》《营造法式》《事文类聚》《天中记》《山堂肆考》《类隽》《名义考》引。

（十二）《仓颉篇》云："深泥也。"

按：《一切经音义》引。

（十三）《仓颉篇》曰："霆，霹雳也。"

按：《文选》李善注、《一切经音义》《汉魏六朝一百三家集》引。

（十四）《仓颉篇》云："窥窥，视皃。"

按：《重修广韵》《古今韵会举要》《正字通》引。

（十五）《仓颉篇》曰："軿，衣车也。"

按：《文选》李善注、《五百家注昌黎文集》引。

（十六）《仓颉篇》曰："恍、明也。"

按：《一切经音义》《重修广韵》引。

以上段注直接引用《仓颉篇》条目，均被前代文献引用。可以推测，段玉裁曾根据自己早年阅读积累，摘录他书所引《仓颉篇》，或形成未刊行的家藏辑本，仅供自己参照，则他直接引用《仓颉篇》条目便出于此。

六、结语

《说文解字》段注引《仓颉篇》共 54 处，其中直接引用《仓颉篇》29 处，间接引用《仓颉篇》25 处。通过梳理《说文》段注引《仓颉篇》与《仓颉篇》辑本、《仓颉篇》注疏及他书引《仓颉篇》的关系，发现段氏所引《仓颉篇》内容并非出于他人辑本，亦非混淆书目所致，而是据自身早年积累，摘录他书所引《仓颉篇》，形成未刊行的辑本，从而为注《说文》提供参照。从历代典籍征引《仓颉篇》及《说文》段注引《仓颉篇》情况可印证《仓颉篇》亡于宋的说法，同时也说明《仓颉篇》

在明末清初开始又引起了学界注意，段玉裁则是先于同时代的任大椿、孙星衍等人更早地关注到了《仓颉篇》的辑佚问题。

注释：

［1］陈国庆编：《〈汉书·艺文志〉注释汇编》，中华书局 2012 年版，第 88 页。

［2］陈国庆编：《〈汉书·艺文志〉注释汇编》，中华书局 2012 年版，第 94 页。

［3］孙星衍：《仓颉篇辑本序》，《仓颉篇辑本》，清光绪十六年江苏书局刻本。

［4］王国维：《仓颉篇叙录》，《王国维遗书》，上海古籍书店 1983 年版，第 1 页。

［5］胡平生：《阜阳汉简〈仓颉篇〉研究》，《文物》，1983 年第 2 期，第 35 页。

［6］董莲池：《中国思想家评传丛书·段玉裁评传》，南京大学出版社 2011 年版，第 176 页。

［7］洪湛侯：《徽派朴学》，安徽人民出版社 2005 年版，第 113 页。

［8］（清）孙星衍辑：《仓颉篇》，中华书局 1985 年版。

［9］陈国庆编：《〈汉书·艺文志〉注释汇编》，中华书局 2012 年版，第 90—94 页。

［10］陈国庆编：《〈汉书·艺文志〉注释汇编》，中华书局 2012 年版，第 90—94 页。

［11］（清）姚振宗：《〈隋书·经籍志〉考证》，《民国师石山房丛书》本，卷十。

［12］（清）丁振：《补晋书艺文志》，《清光绪刻常熟丁氏丛书》本，卷一。

段玉裁《炮炰异字说》析论

黄　湛

香港城市大学中文及历史学系

【摘要】段玉裁《说文解字注》认为炮、炰为异体字，其后撰《炮炰异字说》推翻前说，主张炮、炰形近而义异。清儒多不从段氏此说，讨论内容又扩大至炙、焦、烰、焷、燔、衮、煨等字释义及《诗经》《礼记》等经典训释问题。本文认为，炮、炰为异体字，本义为连毛烧或者裹烧。炮、炰表蒸煮义有两种可能，其一是本字为烰，由火气强盛之貌引申为蒸义，汉代以后通行字作"焦"，古籍多借作"炰"；其二则如段玉裁《说文注》所言，炮（炰）本兼蒸义，后人欲区分其义，专造焦字，烰为炮（炰）通假字。

【关键词】炮　烰　焦　《说文解字》　段玉裁

段玉裁《炮炰异字说》作于嘉庆十九年（1814），论炮、炰二字与《说文解字注》观点相左。段氏《说文注》历经三十余载方成书，其注"炮"字盖在嘉庆十至十一年（1805—1806）间[1]，《炮炰异字说》即为修正前注而作。[2] 其中不仅牵涉炰、炙、焦、烰、焷、燔、衮、煨等字释义，还关系到《诗经》《礼记》等经典训释问题。清儒对段氏炮炰异字之论多加反驳，不少问题仍待商榷。有鉴于此，本文尝试以段注为核心，稽考古今论说，冀能寻端竟委。

《说文解字·火部》："炮，毛炙肉也。从火，包声。"段玉裁《说文解字注》曰："炙肉者，贯之加于火。"毛炙肉，谓肉不去毛炙之也。《瓠叶》《传》曰："毛曰炮。加火曰燔。"《閟宫》《传》曰："毛炰豚也。"《周礼·封人》："毛炰之豚。"郑注："毛炰豚者，爁去其毛而炮之。"《内则》注曰："炮者，以涂烧之为名也。"《礼运》注曰："炮，裹烧之也。"按：裹烧之，即《内则》之"涂烧"。郑意《诗》《礼》言"毛炮"者，"毛"谓"燎毛"，"炮"谓"裹烧"。毛公则谓连毛烧之曰"炮"，为许所本。《六月》《韩奕》皆曰"炰鳖"。《笺》云："炰，以火孰之也。"鳖无毛而亦曰炰，则毛与炮二事，郑说为长矣。炰与缹皆炮之或体也。《韩奕》之"炰"徐仙民音甫九反，《大射篇》注："炮鳖，或作炰，或作炻，是知炰、缹为古今字。"《通俗文》曰："燥煮曰缹。"燥煮谓不过濡也。裹烧曰炮，燥煮亦曰炮，汉人燥煮多用缹字。缶声、包声，古音同在三部。[3]

段氏指出，许慎谓"炮"本义为"毛炙肉也"，与毛《传》"毛曰炮"均为连毛烧之名。郑玄与许说相左，谓以"毛炮"为"燂去其毛而炮之"，"毛"谓"燎毛"，"炮"谓"裹烧"；又注《礼运》《内则》"炮"字为"涂烧""裹烧"，则炮字无关乎有毛与否。段氏据《六月》《韩奕》"炰鳖"之文，谓鳖本无毛，故炰/炮与毛无涉，是段氏不从毛《传》及许说，而从郑说。段氏又指出，炰、缹是古今字，为炮之异体，均作裹烧之义。唯服虔《通俗文》有"燥煮曰缹"，是炮又有燥煮之义。

段玉裁《炮炰异字说》观点与前注迥异，其文先论炮、炰形近而实为二字，古籍传本多相混淆：

> 《诗》言"炮"者四，《瓠叶》《閟宫》是也，言"炰"者二，《六月》《韩奕》是也，多以为偏旁小异而不知本有二字。《瓠叶》"有兔斯首，炮之燔之"，《传》曰："毛曰炮。"（"毛"下当夺"烧"字。）《说文》曰："炮，毛炙肉也。"郑注《礼记》曰："裹烧曰炮。"《礼运》："以炮以燔，以烹以炙。"《内则》："炮，取豚若牂，刲之刳之，实枣于其腹中，编萑以苴之。（苴，即包也）涂之以堇涂，炮之，涂皆干，擘之。"盖炮必连毛，故《閟宫》曰"毛炮"，《传》曰"毛炮豚也"。今《诗·閟宫》作"炰"乃误字也。[4]

段氏以"炮"为连毛烧，所举书证包括郑注《礼运》"裹烧"之解，是段氏此时修正前注分辨郑说与毛、许之异，转以毛、许、郑三家说相同为论。段氏继而论"炰"字曰：

> 炰乃蒸煮之名，其异体作"缹"。服虔《通俗文》曰："燥煮曰缹。"《六月》《韩奕》皆言"炰鳖"。鳖无毛，非可炮者，于蒸煮宜。郑注《礼经·大射仪》言："炻鳖脍鲤。"宋严州本不误，宋本单行《仪礼疏》不误。《内则》言"濡鳖"，濡同胹。胹，烂也。鳖断不可言炮。毛《诗》作"炰"，与"炮"异体。盖古本相传如此，乃缹之古字也。炰之语如今言煨，俗语如乌。炮字

火在旁，故炰"火"在下以别之。《说文》有"炮"无"炰"，盖本兼有二字。如裦袍、蚕蛾、枣棘、东杲杳之例而删其一。炰或变为缹，又变为炢。……"炮"下云"毛炙"者，连毛烧之以为炙，非烧肉之炙也。"炙"下云"炮肉"者，炮肉非炮毛也。自《说文》失去"炰"篆，误认炮、炰一字，而其义晦久矣。[5]

"炰"义作蒸煮，与连毛烧之"炮"全然二字，鳖无毛不可曰"炮"。据此，段玉裁认为《说文》本有"炰"字，传世本失之。又遍校古籍中炮、炰混用之讹：《仪礼·大射仪》"炮鳖"当为"炰鳖"；《说文》"裦"字解"炮炙也。以微火温肉也"，"炮"当作"炰"，"炰炙"意为"以炰法为炙"，方与"以微火温肉"相符；《广韵》《集韵·五爻》炮、炰均音蒲交切，错以二字为一字，"炰"当音俯九切；《大雅·韩奕》"炰鳖鲜鱼"，《毛诗正义》将《说文》"炮，毛炙肉也"引作"炰，毛烧肉也"，以为炰与炰为二字。

清儒多不从段氏炮、炰异字之说，如钮树玉、徐灏、桂馥、王筠、朱骏声等人均以炮、炰为一字。[6]徐灏所论较详，其文曰：

> 段原注是，补注非也。[7]《诗·閟宫》言"毛炰"，《六月》《韩奕》言"炰鳖"，炰实炮之异文。《玉篇》《广韵》并云"炰与炮同"是也，不得以《閟宫》为误。缹乃后造之字，本音甫九反。甫九之重唇音，与保近，故亦假借作炰耳。《内则》云："取豚若将，刲之刳之，实枣于其腹中，编萑以苴之，涂之以菫涂，炮之，涂皆干，擘之。"即毛炮之法也。郑注《周礼·封人》云："燀去其毛而炮之。"如此则非毛炮矣。炮本连毛裹烧之名，故用包为声，引申之为凡炮炙之偁，故许云："炙，炮也。"《六月》《韩奕》并言"炰鳖"，则但裹烧之耳。[8]

徐氏解炮本义作"连毛裹烧"，引申为"凡炮炙之偁"，《诗》"毛炰""炰鳖"之"炰"即"炮"。缹乃后造字，假借作炰。古籍烹饪鳖类，盖用蒸煮之法，如《楚辞招魂》"胹鳖"，《说文·肉部》："胹，烂也。"《玉篇》："胹，煮熟也。"再如《墨子·辞过》："蒸炙鱼鳖。"《金匮要略》："着鳖甲于中，煮令泛烂如胶漆。"《盐铁论·散不足》"膈鳖脍鲤"，膈通胹[9]，故《六月》"炰鳖脍鲤"、《韩奕》"炰鳖鲜鱼"之"炰"亦当为蒸煮义，徐灏说"炰鳖"乃裹烧之法，非是。

且徐说于缹与炮、炰之关系未置一辨，固不足服段。段氏早先注《说文》以炮、炰为裹烧义时，已注意到炮、炰兼及缹义，曰"燥煮亦曰炮，汉人燥煮多用缹字"。甲戌之文则改称炰、缹为一字，盖因"燥煮"终不能牵合连毛烧之"炮"字，故又重新立论。

《通俗文》曰："燥煮曰缹。"段玉裁说"燥煮谓不过濡也"，"不过濡"之燥煮即蒸法。北魏贾思勰《齐民要术·蒸缹法》有缹猪肉、缹鹅、缹鱼，《素食》篇有缹茄子、缹瓜、缹菌，均为蒸法。[10]《蒸缹法》篇又记"胡炮肉"曰：

> 炮肉法：肥白羊肉——生始周年者，杀，则生缕切如细叶，脂亦切。着浑豉、盐、擘葱白、姜、椒、荜拨、胡椒，令调适。净洗羊肚，翻之。以切肉脂内于肚中，以向满为限，缝合。作浪中坑，火烧使赤，却灰火。内肚着坑中，还以灰火覆之，于上更燃火，炊一石米顷，便熟。香美异常，非煮、炙之例。[11]

此炮指裹烧，与蒸缹之法殊别。炮、炰盖为异体字，"灬"即火部，如炻炱、炲炭、炻炗、熺熹、熷熪、燽燾（焘）等均为一字，与段氏所举袠袍、蚩蛾、枣棘、东杲杳之例异类。《玉篇》《广韵》记"炰与炮同"是也。

马瑞辰《毛诗传笺通释》亦以炮、炰为一字，炰作蒸义时为缹之假借，缹之本字为烰：

> 炰者，缹字之假借。《韩奕》诗"炰鳖鲜鱼"，《笺》："炰鳖，以火熟之也。"《释文》："炰，徐：甫九反。"正为缹字作音，是知此诗《释文》"甫交反"亦"甫九"之讹。《韩奕》《正义》曰："按字书：'炰，毛烧肉也。''缹，烝也。'服虔《通俗文》曰：'燥煮曰缹。'然则炰与缹别。而此及《六月》'炰鳖'音皆作缹，然则炰与（'与'当作'为'）缹，以火熟之，谓烝煮之也。"今按《广雅》："焯谓之缹。"《盐铁论》："古者燔黍食稗而捭豚以相飨。"《玉篇》："缹，火熟也。"《一切经音义》卷十七引《字书》曰："少汁煮曰缹，火熟曰煮。"盖缹与煮对文则异，散文则通。《笺》训"炰，以火熟之"，正谓烝煮之也。《说文》："袠，炮炙也。以微火温肉。"段玉裁曰："微火温肉，所谓缹。"《说文》无缹字，缹当即烰字之变体。《说文》："烰，烝也。"与《正义》引《字书》"缹，烝也"正合。孚与缹古同声通用，故烰又借作炰，犹之匋或作窑，捊或作抱，

脬或作胞,《公羊传》包来,《左传》作浮来也。《大射篇》注："炮鳖，或作炰，或作燔。"按炰与炮古亦同声，故通用。炰或作胞，或作炮，皆假借字。段玉裁谓炮即炰异字，又谓《说文》本有炰字而今佚之，皆非也。[12]

马氏之说盖出于桂馥，桂氏《说文解字义证》论"烰"字言：

> 　　炰、胞截然二义，不得强同。胞字音皆作炰者,《释文》："胞，徐音甫九反。"此即炰字音也。《玉篇》："炰，火熟也。"郑《笺》："炰，以火熟之。"亦炰字义。是《诗》本作炰也。字书"胞，毛烧肉"与本书"炰，毛炙肉"同。陈启源曰："毛烧不可施于鳖，胞作炰为当。"馥按：鳖者，烝鳖也。炰即烰之异文，烰转为胞者，孚、包旧相近。匏瓝、抔抱、脬胞可证。隐八年《公羊》经"公及莒人盟于包来",《左氏》作"浮来"。《吕氏春秋》"烰人"即"庖人"。《汉书·楚元王传》"浮邱伯",《盐铁论》作"包邱子"是也。《内则》"鲂鱮蒸，雏烧",皇氏《疏》云："鲂鱮二鱼皆烝熟之，雏是小鸟火中烧之。"观此则鱼烝鸟烧原自判然。《广雅》："燂谓之炰。"《盐铁论》："古者燔黍食稗而烠豚以相飨。"烠豚，烝豚也。傅〔玄〕（元）《七谟》"胞珠崖之鳖"，刘劭《七华》"胞南海之蠵"，并当作烰。[13]

合桂、马之说以观之，烰为炰之本字，俗称"燂"，经书假借作"胞"。烰字在先秦两汉古籍中用例极少,《吕氏春秋》"其君令烰人养之"，陈奇猷注曰：

> 　　高注："烰犹庖也。"马叙伦曰："烰,《说文》'烝也'，此借为庖。《说文》'抔'之重文为'抱'，是孚声、包声相通之证。"沈祖緜曰："高注误。《毛诗·大雅·生民》'蒸之浮浮',《传》云'浮浮，气也'，鲁《诗》作'烰烰'，谓火气上行之貌。此句当作'其君令人烰养之'，是恐婴儿寒，倚人身取暖尔。"奇猷案：马说是。古无轻唇音（详钱大昕《十驾斋养新录》[14]），故"烰""庖"双声通假。[15]

文中烰字为庖之假借。烰借作炮之例，见睡虎地秦简《日书》甲种《诘咎》篇"烰（𦠄）而食之""取牡棘烰室中"：

犬恒夜入人室，执丈夫，戏女子，不可得也，是神狗伪为鬼。以桑皮为口口之，烰（炮）而食之，则止矣。

夏大暑，室毋（无）故而寒，幼蠪（龙）处之。取牡棘烰（炮）室中，蠪（龙）去矣。[16]

引文讲述应对鬼怪之法，桑木、牡棘一类"神木"可以驱鬼。[17]"以桑皮为口口之"阙字，盖与前文"以桑心为丈（杖），鬼来而毃（击）之，畏死矣"[18]意近，谓以桑皮制作武器击犬，烰其肉而食之。[19]烰字整理小组释为"炮"，即连毛烧或裹烧之义，若用蒸义不改字亦通。"取牡棘烰（炮）室中"，此处烰为炮之假借，古时只有以木为容器蒸物，无蒸木材之法。

《说文·火部》"烰，烝也"，《尔雅·释训》："烰烰，烝也。"《说文·火部》谓烝字本义为"火气上行也"[20]，引《大雅·生民》"烝之烰烰"，"烰烰"毛《诗》作"浮浮"。"浮浮"又见《小雅·角弓》"雨雪浮浮"，《大雅·江汉》"江汉浮浮"，"浮浮"谓雨雪、江水强盛之貌，《生民》"烰烰"盖谓火气强盛之貌。段玉裁注"烰"字曰：

《诗·生民》："烝之浮浮。"《释训》："烰烰，烝也。"毛《传》曰："浮浮，气也。"按《尔雅》不偶《诗》全句，故曰"烝也"而已。毛释《诗》全句，故曰"浮浮，气也"。许于此当合二古训为解，曰："烰烰，烝皃，谓火气上行之皃也。"或转写者删之耳。[21]

段氏径改原文虽显武断，释"烰烰"为烝之貌则是。依《说文》，烰字本义是火气上行之貌。李玉认为烰与浮、烰、泡、阜为同源字，义根是"盛"：

bjəw 阜：mwəw 茂（并明旁纽，幽部叠韵）阜：phrəw 泡（并滂旁纽，幽部叠韵）阜：bjəw 浮烰烰（并母双声，幽部叠韵）上组同源字的"义根"是"盛"。

阜：《广雅·释诂二》："阜，盛也。"《玉篇》："阜，盛也。"《诗·大叔于田》："火烈具阜"毛亨传："阜，盛也。"《楚辞·大招》"人阜昌只"，王逸注："阜，盛也。"《周礼·大司徒》"以阜人民"，郑玄注："阜，犹盛也。"茂：《说文》："茂，草丰盛。"《玉篇》："茂，草木盛。"《广雅·释诂二》："茂，盛也。"《诗·南山有台》"德音是茂"郑玄笺："茂，盛也。"泡：《广雅·释诂二》："泡，盛也。"《方言》二："泡，盛也。江淮之间曰泡。"《集韵》："泡，盛也。"《文选·王褒〈洞箫赋〉》："泡溲泛泛"李善注："泡，盛也。"浮：《正字通》："浮，盛貌。"《康熙字典·水部》："浮，雨雪盛貌。"《诗·角弓》"雨雪浮浮",毛亨传:"浮浮,犹瀌瀌也。"郑玄笺:"瀌瀌,雨雪之盛瀌瀌然。"《集韵》:"瀌,瀌瀌,雨雪盛貌。"烰,《玉篇》:"烰,烰烰,火气盛也。"《说文》"烰,烝也"段玉裁注:"烰烰,烝貌。谓火气上行之貌。今诗作'浮浮'。"按,"浮"有"盛"义,见上文。桂馥义证:"烝也者,《释训》:'烰烰,烝也。'郭云:'气出盛。'"垺:《集韵·尤韵》:"垺,盛也。"《侯韵》:"垺,盛也。"《庄子·秋水》"垺,大之殷也"陆德明释文:"垺,谓盛也。"[22]

案李说当是,"烝之烰烰"即"烝之浮浮",烰烰、浮浮为火气强盛之貌。烰作制作饮食义时,多为炮字假借,作蒸义于古无征。其字盖由火气强盛之貌引申为蒸义,而为焣之本字,古籍多借作"焣";抑或如段玉裁《说文解字注》所言,炮(焣)本兼蒸义,后人欲区分其义,专造焣字。

又《广雅》:"煏谓之焣。"王念孙《广雅疏证》云:

> 《玉篇》:"焣音缶,火熟也。"《小雅·六月篇》:"焣鳖脍鲤。"《大雅·韩奕篇》:"焣鳖鲜鱼"徐邈并音甫九反。《韩奕》《笺》云:"焣鳖,以火熟之也。"焣与焣同。《正义》引《通俗文》云:"燥煮曰焣。"《礼运》"燔黍捭豚",郑读"捭"为擘,云:"《释米》:擘,肉加于烧石之上而食之。"案:捭者,煏之俗字。煏与燔一声之转,皆谓加于火上也。《盐铁论·散不足篇》云:"古者燔黍食稗,而煏豚以相飨。"即用《礼运》之文。[23]

《瓠叶》毛《传》云:"加火曰燔。"《生民》毛《传》曰:"傅火曰燔。"《礼运》郑注曰:"燔,加于火上也。"王氏谓煏、燔、擘义为加于火上,焣义为燥煮。《广雅》"煏谓之焣",然燥煮义与加于火上相隔。《礼运》"燔黍捭豚"《疏》云:"捭析豚肉,加于烧石之上而熟之。"《说文·手部》:"捭,两手击也。"段注"捭"字谓:"谓左右两手横开旁击也。"捭若为"捭析"之义,不应另有"加于烧石之上而熟之"义。当如马瑞辰所言,煏为焣之俗称,作蒸煮之义。[24]

又,《说文·火部》:"裒,炮炙也。以微火温肉也。"段注曰:

> 炮、炙异义皆得曰裒也。"以微火温肉。"依《广韵》所引本,《玉篇》同。

既云"炮炙",又云"以微火温肉"者,嫌炮炙为毛烧,故又足之,言不必毛烧也。"微火温肉",所谓焦也。今俗语或曰乌,或曰煨,或曰焖,皆此字之双声叠韵耳。[25]

以为"炮炙"即火烧义,"微火温肉"之"炮炙"为蒸煮。其后《炮焦异字说》以焦、焦同字,故改称:"《说文》下云:'衺,炮炙也。以微火温肉。'此炮必焦之误。焦炙者,以焦法为炙,非炮也。"说虽异于前,但仍以衺为焦,后世俗称乌、煨、焖。徐灏谓衺字本读如"煨",声转如"温"。[26]王筠引金人韩道昭《五音集韵》"衺,薶物灰中令其热也",以衺即今之"煨",又谓《说文》"爊"与"衺"重文。[27]钱坫以为衺乃俗炖字。[28]马叙伦曰:

> 今杭县以微火孰肉谓之炖,上海谓之篝。本部有爐无炖。爐训明也。《五篇》"爐,孰也",即炖也,此其转注字。辜之初为宫,音在晓钮,古读归影。衺音影组,衺声脂类,辜声真类,脂、真对转也。辜以微火,炮以烈火,今皆迥然不同。《五音集韵》"衺,薶物灰中令其热",则与今杭县所谓煨者相同。煨、衺音同影组,盖或借衺为煨。今亦有以煨为炖者,亦借煨为衺也。肉为大戴,因未闻以戴埋入灰中孰之也。[29]

案:衺字,今谓之煨。《说文·火部》:"煨,盆中火。"段注曰:

> 《玉篇》作"盆中火,爐。"《广韵》曰:"爐者,埋物灰中令熟也。"《通俗文》曰:"爇灰谓之糖煨。"许无糖字、今俗谓以火温出冬闲花曰唐花,即糖字也。[30]

衺,影纽文部;煨,影纽微部,二字双声对转。"埋物灰中令熟"与"微火温肉"相通,其义近于裹烧之"炮",故曰"炮炙",而以微火为之,非蒸焦法。

注释:

[1] 按嘉庆十年春,段玉裁致信友人刘台拱称《说文注》尚有五卷未成,十一年冬致信王念孙时则称尚有二卷未成。《说文》共十五卷,"炮"字在卷十,段氏注此字当在嘉庆十至十一年间。有关《说文注》成书始末之考证,详见陈鸿森:《段玉裁〈说文注〉成书的另一侧面——段氏学术的光与影》,

《中国文化》2015 年第 1 期，第 175—192 页。

　　［2］段玉裁《毛诗故训传定本》亦有两处论及此问题，分别见于《六月》"炰鳖脍鲤"，段氏曰："炰，《礼》注作'缹'，《通俗文》'燥煮曰缹'与《瓠叶》《閟宫》之'炮'迥别。"《閟宫》"毛炰胾羹"，毛《传》："毛炰，豚也"，段氏曰："炰当作炮，炮卽缹字。"观点与《炮焦异字说》相同。（清）段玉裁：《毛诗故训传定本》卷十七、二十九，收入《续修四库全书》第 64 册，上海古籍出版社 1995 年影印清嘉庆二十一年（1816）段氏七叶衍祥堂刻本，第 119、175 页。

　　［3］丁福保编纂：《说文解字诂林》第四册，云南人民出版社 2006 年版，第 2482 页。

　　［4］［清］段玉裁撰，钟敬华校点：《经韵楼集》，上海古籍出版社 2007 年版，第 13 页。

　　［5］《经韵楼集》，第 13—14 页。

　　［6］清人支持段玉裁《炮焦异字说》说者，有《段注钞案》，曰："此语极明划，可知炮字注（湛案：指《说文解字注》）尚未了然也。今径删彼存此。见《说文解字诂林》第四册，第 2482 页。《段注钞案》作者，据叶德辉所说为桂馥。张舜徽、马显慈则反对叶说。见张舜徽：《说文解字导读》，巴蜀书社 1990 年版，第 75 页。马显慈：《说文解字义证析论》，台北万卷楼图书股份有限公司 2013 年版，第 35 页。

　　［7］案"原注"指《说文注》，"补注"指《炮焦异字说》。

　　［8］《说文解字诂林》第四册，第 2482 页。

　　［9］见钱大昕《十驾斋养新录》"需有奥音"条。（清）钱大昕：《十驾斋养新录》，江苏古籍出版社 2000 年版，第 73—74 页。

　　［10］（北魏）贾思勰：《齐民要术》，中华书局 1956 年版，第 136—139 页、158—159 页。

　　［11］《齐民要术》，第 137 页。

　　［12］（清）马瑞辰撰，李金生点校：《毛诗传笺通释》，中华书局 1989 年版，第 544—545 页。马氏于《韩奕》论"炰鳖鲜鱼"与上文近似，多出者惟"焯"字之解："《广韵》：'焯谓之缹。'《礼运》'燔黍捭豚'，捭即焯字之假借，故《盐铁论·散不足》卽云'焯豚以相飨'。今火熟而少炙（李校：'炙'疑当作'汁'，音近而误。下文引《一切经音义》'少汁煮曰缹'，可证。）者，俗犹称焯，卽古之缹也。"见《毛诗传笺通释》，第 1010 页。

　　［13］《说文解字诂林》第四册，第 2474 页。

　　［14］钱大昕《十驾斋养新录》"古无轻唇音"条论及桴、枹："《一切经音义》引《诏定古文官书》'枹'、'桴'二字同体，扶鸠反，是'桴'与'枹'同音。"是桴枹与桂、马所列之罦罳、捊抱、脬胞皆同部相通，孚、包古为一声，烰、炮（炰）可通假。《十驾斋养新录》，第 107 页。

　　［15］陈奇猷：《吕氏春秋新校释》，上海古籍出版社 2002 年版，第 748 页。

［16］睡虎地秦墓竹简整理小组：《睡虎地秦墓竹简》，文物出版社1990年版，第212页。

［17］同篇近似之例还有："以桃为弓，牡棘为矢，羽之鸡羽，见而射之，则已矣。""以棘椎桃秉（柄）以（敲）其心，则不来。""以莎芾、牡棘枋（柄），热（蓺）以寺（待）之，则不来矣。"睡虎地秦墓竹简整理小组：《睡虎地秦墓竹简》，文物出版社，1990年版，第212—213页。除睡虎地秦简外，古籍例证极多，相关研究见王子今：《秦汉民间信仰体系中的"树神"与"木妖"》，《秦汉时期生态环境研究》，北京大学出版社2007年版，第358—373页。及王子今：《睡虎地秦简〈日书〉甲种疏证》，湖北教育出版社2003年版，第372—373页。

［18］《睡虎地秦墓竹简》，第212页。

［19］敦煌卷子佚名医书有载："三月上卯日，取桑皮向东者，煮取汁着户上，避百鬼。"桑皮即桑根白皮，有避鬼之效。参见马继兴主编《敦煌古医籍考释》，江西科学技术出版社1988年版，第233页。

［20］案，火气上行非烝字本义。罗振玉考殷墟甲骨文，认为：《说文解字》：'烝，火气上行也。'段先生曰：'此烝之本谊。'今卜辞从禾从米在豆中，廾以进之。盂鼎与此同而省禾。《春秋繁露·四祭》'冬日烝'，烝者，以十月进初稻也。与卜辞从禾之旨正符。此为烝之初谊。许君训火气上行，亦引申之谊。段君以为本谊殆失之矣。"关于烝之早期字形构造，高田忠周、陈邦怀、吴其昌等学者观点与罗氏略有出入，然均认为烝之初义与祭祀相关，"火气上行"非烝字本义。诸家之说收于《古文字诂林》第八册，上海教育出版社1999年版，第64—665页。

［21］《说文解字诂林》第四册，第2474页。

［22］李玉：《上古汉语同源字考释（二）》，《学术论坛》2017年4期，第37—38页。

［23］王念孙：《广雅疏证》，江苏古籍出版社2000年版，第246页。

［24］《毛诗传笺通释》，第1009—1010页。

［25］《说文解字诂林》第四册，第2482—2483页。

［26］徐灏：《说文解字注笺》，收入《说文解字诂林》第四册，第2483页。

［27］王筠：《说文句读》及《句读补正》，收入《说文解字诂林》第四册，第2483页。

［28］钱坫：《说文解字斠诠》，收入《说文解字诂林》第四册，第2483页。

［29］马叙伦：《说文解字六书疏证》，收入《古文字诂林》第八册，第681页。

［30］《说文解字诂林》第四册，第2480页。

《埤雅》引《说文》考

林协成

台北中国文化大学中国文学研究所

【摘要】《埤雅》为宋代仿雅之作，广引文献以训释名物为其特色之一，而征引书籍古今、雅俗无所不兼，因陆佃曾参与编修《说文》，故《说文》亦为援引取材来源之一，本文即从《埤雅》中爬梳所引《说文》相关的一百〇八个条目，将其与大徐本《说文》进行校对，借以分析二者差异之处，并加以辩证，或正《埤雅》引用之失，或补《说文》所缺之处，并盼借由探论陆佃说释方法，以资重现并了解陆佃之字学观念。

【关键词】《说文解字》 陆佃 埤雅

前　言

《埤雅》为宋儒陆佃穷毕生精力，历时四十年而成的仿《尔雅》作品，该书于内容上增益《尔雅》不备之处，然又异于一般雅学之作，仅释名物，计释二百八十七个，皆详究诸物之名义，务求得名之所以，且旁推其理以述经义。

陆氏编撰时博览群书，并咨询农父牧夫至于百工之徒以核实，因而盛行于当时，并成为宋代雅学的重要代表作品之一，对早期名物的了解有一定贡献。此外，引证广博为其另一特色、贡献，该书征引古今书籍多达二百余部，关于字书类便有《说文解字》《广雅》《字说》《龙龛手镜》等，其中《说文解字》更是被广泛引用的作品之一，书中共引用一百〇八条，其作用或引以释形，或引以释得名之由来。故本文以《埤雅》所引《说文》与大徐本《说文》[1]所收之字作一对比，探析二者的关系，且借以了解陆佃使用《说文》以说解名物的方法及其价值。

《埤雅》引《说文》之用语

语文中援引他人话语，以印证自家本意借以加强说服力者，谓之引用。而引用又有分明引及暗引之不同，指出出处者，是为明引；不言明出处者，则为暗引。陆佃于《埤雅》中征引《说文》，或有直言引《说文》释义者，此属明引；亦有不注出所引之出处者，然所释内容与《说文》释义相同或部分相同，此属暗引，兹举证说明如下：

一、明引

综观陆佃于《埤雅》中称引《说文》者，有直书书名者，如："《说文》""《说文》曰""《说文》云""《说文》以为""《说文》所谓""《说文》作""《说文》解""《说文》称"等；有以作者名者，如："许慎曰""许慎云""许慎解字"等及作者名及书名同引者，如"许慎《说文》以为"三种方式。

（一）直书书名

"直书书名"者，即陆氏于《埤雅》中直书引文出处为《说文》，其中又有仅有书名及书名后增"曰""云""以为""所谓"诸语等差异，略举几例以说明。

1.《说文》

（1）《埤雅·卷十一·释虫·易》曰："按《说文》：'蠏，大龟也，以胃鸣者。'则马本作以胃鸣当谓蠏属"案：此见于《说文·卷十三·虫部》。

（2）《埤雅·十五卷·释草·蒿》曰："《说文》：'薹，从蒿省。'"案：此见于《说文·卷八·老部》。

2.《说文》曰

（1）《埤雅·卷六·释鸟·乌》曰："《说文》曰：'乌，孝鸟也，象形。'"案：此见《说文·卷四·乌部》。

（2）《埤雅·卷十一·释虫·蚊》曰："《说文》曰：'秦晋谓之蜹，楚谓之蚊。'"案：此见于《说文·卷十三·蚰部》"蟁"字。

3.《说文》云

（1）《埤雅·卷十二·释马·马》曰："《说文》云：'马，怒也，武也，象马头、髦、尾、四足之形。'"案：此见于《说文·卷十·马部》。

（2）《埤雅·卷十五·释草·竹》曰："《说文》云：'竹，冬生艸也，象形。下垂者，箁箬也。'"案：此见于《说文·卷五·竹部》。

4.《说文》以为

（1）《埤雅·卷五·释兽·豕》曰：“腥，《说文》音姓，以为：'星见食豕，令肉生息肉也。'”案：“腥”字见于《说文·卷四·肉部》。

（2）《埤雅·卷八·释鸟·鷮雉》曰：“《说文》以为雉有十四种，字或从弟以此故也。”案：此说见于《说文·卷四·隹部》“雉”字。

5.《说文》所谓

《埤雅》中以“《说文》所谓”者，仅见于《埤雅·卷九·释鸟·杜鹃》，曰：“杜鹃，一名子规……《说文》所谓'蜀王望帝化为子嶲'，今谓之子规是也。”案：此见于《说文·卷四·隹部》“嶲”字。

6.《说文》作

《埤雅》中以“《说文》作”者，仅见于《埤雅·卷六·释鸟·鹊》曰：“《说文》作舄，象形，通为舄履之舄。”案：此见《说文·卷四·乌部》“舄”字。

7.《说文》解

（1）《埤雅·卷六·释鸟·鹝雉》曰：“《说文》解祎亦曰：'画袍'，其释褕翟又以谓'翟，羽饰衣'，则祎衣画翟，褕翟、阙翟皆翟羽饰之矣。”案：此说分见《说文·卷八·衣部》“祎”及“褕”字。

（2）《埤雅·卷二十·释天·虹》曰：“《说文》解霓以为'屈虹，青赤，亦或白色，阴气也'。”案：“霓”字见于《说文·卷十一·雨部》。

8.《说文》称

《埤雅》以“《说文》称”者，仅见于《埤雅·卷七·释鸟·鸳鸯》一处，曰：“《说文》称鳳言'鹳颡鸳思'是已。”案：“凤”字见于《说文·卷四·鸟部》。

（二）以作者名、字者

《埤雅》中除以书名注明出处外，亦有标《说文》作者名或字者，但属少数。兹举例如下：

1.许慎曰

《埤雅》以“许慎曰”者，共引有三条：

（1）《埤雅·卷三·释兽·熊》曰：“许慎曰：'熊旗五斿以象伐。'”案：此说见于《说文·卷七·㫃部》“旗”字。

（2）《埤雅·卷四·释兽·猬》曰：“许慎曰：'虫，似豪猪者。'”案：此说见于《说文·卷九·希部》“彙”字。

（3）《埤雅·卷十四·释木·樱桃》曰："许慎曰：'莺之所含食，故曰含桃也。'"案：此条为陆氏误植，详见后文。

2. 许慎云

以"许慎云"者，仅见于《埤雅·卷七·释鸟·鹏鸠》条一处，曰："许慎云：'鸣鸠奋迅其羽，直刺上飞数千丈，入云中。'"案：此条为陆氏误植，详见后文。

3. 许慎以为

（1）《埤雅·卷五·释兽·狗》曰："孔子曰：'狗，叩也。叩气吠以守也。'许慎以为'从犬句声，盖狗从苟。'"案：此见于《说文·卷十·犬部》"犬"字。

（2）《埤雅·卷十七·释草·荷》曰："许慎以为其华曰芙蓉；其秀曰菡萏；其实曰莲；莲之茂者曰华。"案：此说见于《说文·卷一·艸部》"菡""莲"字及《说文·卷六·华部》"华"字。

4. 许慎解字

以"许慎解字"者，仅见于《埤雅·卷二·释鱼·龟》一处，曰："许慎解字说罍亦曰'龟目酒尊是也'"。案：此说见于《说文·卷六·木部》"楇"字。

5. 许叔重曰

以"许叔重"者，仅见于《埤雅·卷三·释兽·牛》一处，曰："许叔重曰：'庮，久屋朽木。'《周礼》曰：'牛夜鸣，则庮臭如朽木。'"案：此见于《说文·卷九·广部》"庮"字。

（三）作者名及书名同引

《埤雅》以作者名及书名同引，只出现于两处，一为《埤雅·卷十一·释虫·螟》曰："许慎《说文》以为'吏冥冥犯法即生螟，乞贷则生螣，抵冒取民财则生蟊'。"案：此分见《说文·卷十三·虫部》"螟"、"螣"及"蟊"三处。一为《埤雅·卷九·释鸟·鵙》，曰："许慎《说文》以为'鵙，敛足也。'"

二、不注出处

《埤雅》除以明引方式引用《说文》说法外，亦有部分内容未注明引自《说文》，但其说解却与《说文》中的释义相同，或绝大部分内容一致。兹举数例罗列如下：

（一）《埤雅·卷二·释鱼·龟》曰："龟，旧也。外骨内肉。"

案：此引自《说文解字·卷十三·龟部》"龟"，曰："旧也。外骨内肉者也。"

（二）《埤雅·卷十·释虫·虺》曰："虺，一名蝮，博三寸，首大如擘。"

案：此引自《说文解字·卷十三·虫部》"虫"，曰："一名蝮，博三寸，首大如擘指。

象其卧形。"

（三）《埤雅·卷十一释虫·蜮》曰："蜮，短狐也。似鳖，三足，含水射人。"

案：此引自《说文解字·卷十三·虫部》"蜮"，曰："蜮，短狐也。似鳖，三足，以气射害人。从虫或声。"

由此可见《埤雅》所引与《说文》，二者之训释内容相同，然《埤雅》却未注明出处。

《埤雅》引《说文》说解之方法

《埤雅》引《说文》说解以释义之方法，有全取自《说文》无异于《说文》者，有改迻《说文》语句者，亦有取部分《说文》并结合己意或其他典籍之说以做训解者等，或误以他书为《说文》者，兹说明如下：

一、释义同于《说文》

此指《埤雅》引《说文》之说解中，释义内容与《说文》说法大致相同者。虽释义内容同《说文》，但细查其诠释方式则或有与《说文》略有差异处，如《埤雅》常于句首加上被释字，而大徐本《说文》则较少加上被释字；或删增《说文》引文字或语句；或改迻《说文》语序；或《埤雅》与《说文》所作之字头有古今、俗字、或体字之别；或以己意加以改写等，举例如下：

（一）完全相同

此处所谓完全相同，指《埤雅》引《说文》说解与大徐本被释字训释内容完全相同，如：

1.《埤雅·卷五·释兽·犬》曰：

《说文》曰："狗之有县蹄者也。象形。孔子曰：'视犬之字如画狗也。'"

案：此见于《说文·卷十·犬部》"犬"，曰："狗之有县蹄者也。象形。孔子曰：'视犬之字如画狗也。'"

2.《埤雅·卷十一·释虫·蚊》曰：

《说文》曰："秦晋谓之蟁，楚谓之蚊。"

案：此见于《说文·卷十三·虫部》"蟁"，曰："秦晋谓之蟁，楚谓之蚊。"

（二）于句首增字头，释义完全相同

《埤雅》引《说文》时常于句首增被释字，《说文》则因于释义前已列字头，故于句中较少再列出被释字，如：

1.《埤雅·卷七·释鸟·鹭》曰：

鹭，凫属。

案：此见《说文·卷四·鸟部》"鹭"，曰："凫属。"

2.《埤雅·卷十一·释虫·鼠》曰：

《说文》曰："鼠，穴虫之緫名也，象形。"

案：此见于《说文·卷十·鼠部》"鼠"，曰："穴虫之緫名也。象形。"

3.《埤雅·卷十五·释草·竹》曰：

《说文》云："竹，冬生艸也，象形。下垂者，箁箬也。"

案：此见《说文·卷五·竹部》"竹"，曰："冬生艸也。象形。下垂者，箁箬也。"

（三）释义相同，删省构形"从某某声"

《埤雅》中陆氏或仅取释义部分以释名物，而不取释构形部分者，如：

1.《埤雅·卷九·释鸟·鹬》曰：

师旷《禽经》曰："雀交不一，雉交不再。"又曰："雀以猜瞿，今雀俛而啄，仰而四顾，所谓瞿也。"《说文》以为"鹰隼之视"，误矣。

案：此说见于《说文·卷四·瞿部》"瞿"，曰："鹰隼之视也。从隹从䀠，䀠亦声。"而此条中《说文》释其形构曰"从隹从䀠"，隹，《说文》虽释作"鸟之短尾緫名"，此则以隹表鹰隼；"䀠"，《说文》作"左右视"，故《说文》释义曰"鹰隼之视也"，后世多本《说文》之说，以为瞿即指鹰鸟顾视貌，后又因鸟禽受惊目易左右摇动，故引申有警惕、惊惧，徐锴《说文系传》即注曰"惊视也"。然此陆氏视"隹"为雀，将雀鸟啄食目左右张望之姿态以释"䀠"之义，并引《禽经》"雀以猜瞿，今雀俛而啄，仰而四顾，所谓瞿也"以证义，此乃以引申义释义，其说亦可从，然言"《说文》以为鹰隼之视，误矣"其说则太过，应可以"一曰"将二说并存，改作"鹰隼之视也。一曰雀以猜瞿，今雀俛而啄，仰而四顾"。

2.《埤雅·卷十一·释虫·易》释"蟰"曰：

《说文》："蟰，大龟也，以胃鸣者。"则马本作以胃鸣当谓蟰属。

案："蟰"见于《说文·卷十三·虫部》，曰："大龟也。以胃鸣者。从虫膈声。"条中《埤雅》引文同于《说文》。此外，因历来诸家于《周礼·考工记·梓人》："外骨、内骨，却行、仄行，连行、纡行，以脰鸣者，以注鸣者，以旁鸣者，以翼鸣者，以股鸣者，以胷鸣者，谓之小虫之属，以为雕琢"，注疏多有歧异，如郑玄《周官注》作"胷鸣，荣螈属"，马融《周官传》作以"胃鸣"，干宝《周官礼注》作以"骨鸣"。[2]陆氏则以为各家所本之师说不同，故有"胷鸣""胃鸣""骨鸣"之异；此外陆佃又引《说文》"蠽"字释义用以修正马融之说，以为胃鸣者为蠽属，故当作"胃鸣，蠽属"。

3.《埤雅·卷十九·释天·雪》曰：

《说文》曰："凝雨，说物者。"从彗，盖雪雨之可埽者也。

案：此见于《说文·卷十一·雨部》"霍"，曰："凝雨，说物者也。从雨彗声。"本条中释义将部分《埤雅》引文与《说文》同，释形部分《说文》作"从雨彗声"，"彗"为声符不表意，然陆氏于此解形构时，则将"彗"视为声符兼义，彗，《说文》作"扫竹也"。后引申有扫除之意，陆氏因持引申义而释曰"从彗，盖雪雨之可埽者也"。此说误将形声为会意。

（四）内容相同，仅部分引用，取释形（义）所需者

1.《埤雅·卷三·释兽·牛》曰：

牛，象角头三封尾之形。

案：此见《说文·卷二·牛部》"牛"，曰："大牲也。牛，件也；件，事理也。象角头三封之形。"本条中《埤雅》引文不录《说文》释义部分，仅取构形部分"牛，象角头三封尾之形"以释与牛形体特征的关系。

2.《埤雅·卷五·释兽·犬》释"告"，曰：

《说文》曰："牛触人，角箸横木，所以告人也。从口从牛。"

案：此见于《说文·卷二·告部》"告"，曰："牛触人，角箸横木，所以告人也。从口从牛。《易》曰：'僮牛之告。'"本条中陆氏保留释义及释形部分，用以强调"告"与"牛"之关系，而"僮牛之告"乃用以说明告、牿二字之关系，因属用字之关系，与"名物"无关，故删《说文》引《易经·大畜·爻辞》之语。

3.《埤雅·卷六·释鸟·雉》曰：

《说文》云："雷始动，雉鸣而雊其颈。"

案：此见于《说文·卷四·隹部》"雊"，曰："雄雌鸣也，雷始动，雉鸣而雊其颈，从隹从句，句亦声。"陆氏于此引"雷始动，雉鸣而雊其颈"以释雉鸟曲颈鸣叫之特性。

4.《埤雅·卷九·释鸟·鹬》曰：

或曰："爵状似斛，不为雀形。"按：《说文》解爵曰："礼器也，象爵之形，中有鬯酒，又持之也。"则爵为雀形明矣。

案：此见于《说文·卷五·鬯部》"爵"，曰："礼器也。象爵之形[3]，中有鬯酒，又持之也。所以饮器象爵者，取其鸣节节足足也。"本条中《埤雅》仅引《说文》部分释义及释形的部分，而未取其引申的部分，以释雀与爵器形体之相关联，并持《说

文》说解以证爵器之形状似雀而非斛。"爵"为古之酒器,故其字形构从又从鬯会意,而形构中􀀀则像爵器,因器形与雀形状相似,故《说文》曰"象爵之形"。就爵之甲、金文观之,甲骨文作􀀀、􀀀、􀀀等,金文作􀀀、􀀀、􀀀、􀀀、􀀀,而雀,甲文作􀀀、􀀀、􀀀,金文作􀀀等,其字体如许慎所言似雀形,再就字形与今出土之爵器对照,实体亦与雀相似,故知陆氏言"爵为雀形明矣"颇为正确。

5.《埤雅·卷九·释鸟·鸧》释"􀀀"曰:

《说文》曰:"􀀀,相次也,从匕从十。"盖鸧性羣居如鴈,自然而有行列,故从􀀀。

案:"􀀀"字见于《说文·卷八·匕部》,曰:"相次也。从匕从十。鸧从此。"鸧,构形为"从鸟􀀀声",陆氏引《说文》"􀀀"字释义"相次",以言鸧鸟飞行有排列成行之特性,然􀀀为声符不表意,故陆氏之说有误。

6.《埤雅·卷十四·释木·桂》曰:

《说文》以为百药之长也。

案:此见于《说文·卷六·木部》"桂",曰:"江南木,百药之长。"桂,自古典籍皆记有其功效,如《神农本草经》曰:"牡桂,气温,味辛,无毒。……补中益气。久服通神,轻身不老,生山谷",郭璞《山海经赞》云:"桂生南隅,拔萃岑岭。广熙葩陵,霜秀津颖。气王百药,森然云挺"《本草纲目·木部·桂》记"主治利肝肺气,心腹寒热冷疾……温中,坚筋骨,通血脉,理疏不足,倡导百药,无所畏。久服,神仙不老。"故此条中陆氏引《说文》之说以证"桂"之功效,其说正确。

(五)释义相同,集比为训

所谓集比为训者,即集中一类词各予界说,下定义,进而显示其差异。如:

1.《埤雅·卷十一·释虫·螟》曰:

许慎《说文》以为"吏冥冥犯法即生螟,乞贷则生代蟘,抵冒取民财则生蟊。

案:此条共引《说文》中螟、蟘、蟊三字同条为训,比较三者之差异。螟,见《说文·卷十三·虫部》,曰:"虫食谷叶者。吏冥冥犯法即生螟。从虫冥,冥亦声";蟘,亦见于《说文·卷十三·虫部》,曰:"虫食苗叶者。吏乞贷则生蟘。从虫从贷,贷亦声";蟊,见于《说文·卷十三·䖵部》曰:"虫食艸根者。从虫象其形。吏抵冒取民财则生。􀀀,蟊,或从敄。􀀀,古文蟊,从虫从牟。"此条《埤雅》引《说文》中螟、蟘、蟊三字引申义并列为训。《埤雅》引"蟘"字部分,"乞贷"前脱"吏"字,大徐本作"生蟘",《埤雅》则作"生蟘"。引"蟊"处则"抵冒"前脱"吏"字,"生"

字后衍"盇"字。

2.《埤雅·卷十二·释马·騂》曰：

今字騝从马，一绊其足；騝，从马，二绊其足；騽，从马，口其足。

案：此条共引《说文·卷十·马部》中騝、騝、騽三字形构部分而并列为训。騝，《说文》曰："马一岁也。从马；一绊其足。读若弦。一曰若环。"騝，《说文》曰："马后左足白也。从马，二其足，读若注。"騽，《说文》曰："绊马足也。从马，口其足。《春秋传》曰：'韩厥执騽前。'读若辄。"此条中《埤雅》引文同大徐本，《埤雅》引《说文》释义借以区分马的差别。

3.《埤雅·卷十二·释马·騝》曰：

《说文》曰："骈，驾二马也。"……骖，驾三马也；驷，驾四马。

案：此条中《埤雅》引《说文·卷十·马部》中骈、骖、驷三字部分释义集中于同条予以界说，以区分拉乘车辆马匹数量差异。骈，《说文》曰："驾二马也。从马并声。"骖，《说文》曰："驾三马也。"驷，《说文》曰："一乘也。从马四声"本条中所引用骈及骖二字释义部分与大徐本完全相同。而"驷"的部分，大徐本作"一乘也"，陆氏则改作"驾四马"。驷，《说文》曰"从马四声"《说文》释四义为"阴数也。象四分之形"，故四马曰驷。而《说文系传》曰"一乘也，从马四声，臣铠曰四马也"，郑玄注《周礼·校人》引郑司农云："四匹为乘。"《玉篇》则载"四马一乘"，由是观之，一乘与驾四马于义无别，故陆氏所言与大徐本无异。

4.《埤雅·卷十二·释马·骊》曰：

《说文》曰："马深黑色，骊；马赤黑色，騽。"

案：此条中将《说文·卷十·马部》中骊及騽二字集中于同条予以界说。骊，《说文》曰："马深黑色。从马丽声。"騽，《说文》曰："马赤黑色。从马戠声。"《诗》曰："四騽孔阜。"本条中《埤雅》将《说文》骊及騽二字之释义："马深黑色""马赤黑色"集中于同条予以界说，以区分骊与騽二者颜色之差异。

5.《埤雅·卷十·释马·驹》曰：

马二岁曰驹，三岁曰騑，八岁曰馹。马八岁一变，故从八也。……《说文》从句字音拘，则以驹血气未定，宜拘执之焉。

案：此条中《埤雅》将《说文·卷十·马部》驹及馹二字之释义："马二岁曰驹，三岁曰騑""马八岁也"。集中于同条予以界说，以区分驹、騑、馹三者年纪之差异。驹，《说文》曰："马二岁曰驹，三岁曰騑。从马句声。"馹，《说文》曰："马八岁也。

从马从八。"其中大徐本"马八岁也",陆氏改作"八岁曰駅",此二者于释义无别,应陆氏为求对仗工整而改写。此外,本条中陆氏进一步据《说文》以释驹构形之缘由。驹,《说文》言"从马句声",句,《说文》曰:"曲也,从口丩声",后引申有小之义,故许慎取"句"之引申义将二岁小马释"驹";而陆氏于此则从"句声"以释义,采因声求义方式来诠释驹,"句"字古音读如"钩",而"拘"亦"读如钩"[4],故陆氏言"《说文》从句字音拘"。拘,《说文》以"止"释义,故陆氏解"从马句声"为"以驹血气未定,宜拘执之焉"。是取"拘"字的引申义,有所不当。

（六）释义同（近）而增字

按此类多为增如"之""其"类之单字,于释义并无影响、改变。

1.《埤雅·卷三·释兽·麝》曰:

麝如小鹿,有香,故其文从鹿从射。

案：麝,见于《说文·卷十·鹿部》,曰:"如小麋,脐有香,从鹿躲声。"此条中《埤雅》引文增字头"麝",大徐本作"脐有香",《埤雅》引文于"鹿"字后脱"脐"字。而麝为形声字,大徐本作"从鹿躲声",陆氏于此将其视为会意,以为"虎豹之文来田,狸麝之香来射,则其皮与脐之为累"[5],故改作"故其文从鹿从射"。

2.《埤雅·卷十一·释虫·蚊》曰:

《说文》云:"啮人飞虫,从蚰民声。亦或从昏,以昏时出也。"

案:蚊为蟁之异体字,蟁见于《说文·卷十三·蚰部》,曰:"啮人飞虫。从蚰民声。蟁,蟁或从昏,以昏时出也。蚊,俗蟁,从虫,从文。"本条中大徐本释构形作"蟁或从昏",《埤雅》引文则脱"蟁"字而衍"亦"字,改作为"亦或从昏"。"亦",本为"臂亦"之义,后世多借为"又""也"之义[6],陆氏虽改写,然以"亦"字表示蟁之或体也从昏作"蟁"之说,则与大徐本之说相似。

3.《埤雅·卷十九·释天·云》曰:

古文云字作云,象云回转之形,其上从二。二者,天中之阴也。

案：见于《说文·卷十一·云部》,曰:"山川气也。从雨,云象云回转形。凡云之属皆从云。云,古文省雨。云亦古文云。"此条中,陆氏以"云"为被释字,云为云之初文,大徐本释"云"作"象云回转形",《埤雅》引文于"回转"后衍"之"字,各本《说文》除段注本外,其余皆无"之"字。古文云字"上像云气相迭,下像云气回转"为象形[7],故陆氏以"其上从二。二者,天中之阴也"解其形,应可改作"其上从二,二象天中之阴"较为恰当。

（七）释义同（近）而增语句

此指陆氏为详尽的解释语义，故于引文中或穿插其他经典、说法以加强说明，如：

1.《埤雅·卷四·释兽》"象"条

象，南越大兽，长鼻牙，望前如后，三年一乳，行孕，肉兼十牛，命在其鼻，其所食物皆以鼻取之。

案：此条中象之说法，见于《说文·卷九·象部》"象"字，曰："长鼻牙，南越大兽，三季一乳，象耳牙四足之形。"引经以证义为《埤雅》中的一大特点，故陆氏训释除引《说文》外，另如"望前如后""肉兼十牛，命在其鼻，其所食物皆以鼻取之。"诸说则引晋郭璞《山海经图象赞》及万震《南州异物志》等所载以描写形象[8]。引《说文》部分，有二处与大徐本不同者，一者为大徐本作"长鼻牙，南越大兽"，陆氏改迳为"南越大兽，长鼻牙"。查《初学记》及《广韵》引《说文》皆作"长鼻牙，南越大兽"，故陆氏疑误倒置，而改迳为"南越大兽，长鼻牙"。另一者为大徐本作"三季"，陆氏改"季"作"三年"。"季"，见于《说文·禾部》本义为"谷孰也"[9]，因稻禾一年一熟，故以之作岁名，为"年"字之本字，俗作年，季、年二者为异体字之关系，故陆氏以俗字取代本字。

2.《埤雅·卷八·释鸟·凤》曰：

凤，神鸟也。俗呼鸟王。羽虫三百六十，而凤为之长。鸿前麐后，蛇颈鱼尾，鹳颡鸳思，龙文龟背，燕颔鸡喙，五色备举。出于东方君子之国。翱翔四海之外，过昆仑，饮砥柱，濯羽弱水，莫宿风穴。见即天下大安宁。夫文凡鸟为凤，凤，总众鸟者也。古文作䳈，象形。盖四灵唯凤能鸠其类，故以为朋党之字。

案：此条中引《说文》以释凤之特色，"凤"字见于《说文·卷四·鸟部》，曰："神鸟也。天老曰：'凤之象也，鸿前麐后，蛇颈鱼尾，鹳颡鸳思，龙文虎背，燕颔鸡喙，五色备举。出于东方君子之国，翱翔四海之外，过昆崙，饮砥柱，濯羽弱水，莫宿风穴。见则天下大安宁。从鸟，凡声。'䳈，古文凤，象形。凤飞，羣鸟从以万数，故以为朋党字。"陆佃此条中除引《说文》外，亦引证旧典以说理，于《说文》引文中穿插《大戴礼记》"羽虫三百六十，而鳳为之长"之说解以增加释"凤"之特征。而《说文》引文中"龙文龟背"一句，大徐本作"龙文虎背"，然《尔雅·释鸟》邢昺疏、《初学记·卷三十·释鸟》《春秋左传注疏·卷九·庄公二十二年》孔颖达疏等引《说文》皆作"龙文龟背"，故《埤雅》所据之本异于大徐本，改作"龙文龟背"。

3.《埤雅·卷十八·释草·蒲》曰：

蒲，水草也。似莞而褊，有脊，生于水厓，柔滑而温，可以为席。

案：蒲，见于《说文·卷一·艸部》，曰："水艸也。可以作席。"此条中陆氏于《说文》引文中增"似莞而褊，有脊，生于水厓，柔滑而温"诸语，以说明蒲的形状及特色。而"水草也"及"可以为席"二句则引自《说文》，"水草"，大徐本作"水艸"。艸为草之本字，然传世多借"草"为艸木之艸，陆氏亦然，故改"艸"作"草"，二者为异体字的关系。"为席"，大徐本作"作席"。"为"常用以训"作"，如《尔雅·释言》："作、造，为也"[10]、《穀梁传·文公二年》亦载："作，为也。"[11]等，由是观之，"为席""作席"二者无本质上之差异。然历来典籍所载多为"作席"，故仍以大徐本所言为当。

（八）释义同（近）而减省字、词

1.《埤雅·卷五·释兽·豕》释"腥"字曰：

腥，《说文》音姓，以为"星见食豕，令肉生息肉也"。

案："腥"字见于《说文·卷四·肉部》，曰："星见食豕，令肉中生小息肉也，从肉，从星，星亦声。"此条中大徐本及各家《说文》皆作"令肉中生小息肉也"，《埤雅》引文"肉"字后脱"中小"字。另大徐本言星为"从肉，从星，星亦声"属形声字，然陆氏则直接将腥拟音为"姓"，作"腥，《说文》音姓"。腥，《广韵》作"苏佞切"[12]；星，《广韵》作"桑经切"[13]；姓，《广韵》作"息正切"[14]，腥、星、姓三者同音皆属心纽、梗摄，陆氏所注之音与《说文》之说无别。

2.《埤雅·卷六·释鸟·鸡》释"西"字曰：

《说文》云："日在西方而鸟栖，因以为东西之西。"

案：西字见于《说文卷十二·西部》，曰："鸟在巢上。象形。日在西方而鸟栖，故因以为东西之西。"本条中《埤雅》引文于"鸟栖"下少表示因果关系之"故"字，查历来字书，皆有"故"字，疑《埤雅》脱"故"字，然对字义而言并无明显影响，仅语气上略有所差异而已。

3.《埤雅·卷十·释虫·虺》曰：

虺，一名蝮，博三寸，首大如擘。

案：此说见于《说文·卷十三·虫部》"虫"字，曰："一名蝮，博三寸，首大如擘指。象其卧形。物之微细，或行，或毛，或蠃，或介，或鳞，以虫为象。"大徐本作"首大如擘指"，《埤雅》引文于"擘"后脱"指"字。然《尔雅·卷九·释鱼第十六·蝮虺》、《史记·田儋列传》注[15]、《汉书·魏豹田儋韩王信传》注[16]

引亦无"指"字，据此可推《埤雅》所引为古本[17]。

4.《埤雅·卷十·释虫·螇》曰：

螇，盖虫之知声者也，字从响省。……《说文》亦云："司马说螇，从向"。

案："螇"字，见于《说文·卷十三·虫部》，曰："知声虫也。从虫乡声。𧑙，司马相如，螇，从向。"大徐本作"司马相如，螇，从向"，《埤雅》引文于"司马"后脱"相如"二字，衍"说"字。《说文》中许慎持说立论的依据有征引古籍、博采通人等方式，其中司马相如即是所引"通人"之一，而《说文》中凡引司马相如说解者，多以"司马相如说""司马相如曰"行之[18]，故《埤雅》所引应脱"相如"二字，当补；而大徐本则当补"说"字。

5.《埤雅·卷二十·释天·雷》曰：

《说文》曰："雷之余声铃铃，所以挺出万物也。"

案：此说见于《说文·卷十一·雨部》"霆"字，曰："雷余声也铃铃，所以挺出万物，从雨廷声。"《埤雅》引文将《说文》"雷余声也"改作"雷之余声"，且脱语词"也"。《韵会》《初学记·卷一·天部》及《太平御览·卷十三·天部》等书所引皆无"也"字，而纽树玉《说文解字校录》、沈涛《说文古本考》、段玉裁《说文解字注》等，则以为"也"字为衍文。另外，《埤雅》于"万物"后衍"也"字，据《艺文类聚·卷二·天部》及孙衍星《周易集解·系辞上》于"鼓之以雷霆，润之以风雨"下所引京房注可知"物"下应有"也"字[19]，故《埤雅》所据应为古本[20]。

（九）释义同（近）而改迻语序

1.《埤雅·卷十一·虫释·果蠃》曰：

即今细腰土蠭，好禁蜘蛛。《说文》云："天地之性，细腰，纯雄，无子。"

案：此条所引见于《说文·卷十三·虫部》"蠮"字，曰："蠮蠃，蒲卢，细要土蠭也。天地之性，细要，纯雄，无子。《诗》曰：'螟蛉有子，蠮蠃负之。'从虫𧖅声。𧓻，蠮或从果。"此条"细要土蠭"四字，大徐本置于"天地之性"前，然陆氏引文将其改迻至《说文》释词之前。因物名有雅俗、有古今，《埤雅》面对物名古今不同，雅俗之分时，有使用古今、雅俗之语相互训释之例，故陆氏有意将"细要土蠭"迻前，借此以强调果蝇古今异称。而大徐本作"细要"，《埤雅》将"要"改作"腰"，腰为要之后起字。要，《说文》曰："身中也。"即人之腰部，后引申为主要之义，因是孳乳"腰"字，"要""腰"二字为异体，故于释义上无别。

2.《埤雅·卷十六·释草·葵》曰：

《说文》曰：“綟，帛也。”引此“毳衣如菼”又曰：“以毳为繿，色如虋，故谓之秅。虋，禾之赤苗也”引此“毳衣如璊”，明非毳冕矣。且毳冕作绘宗彝，非所以听讼，又其衣不得如菼青璊赤，如《说文》之义是或一服也，盖青者如菼，故谓之綟；其赤者如璊，故谓之秅。故綟从菼省，秅从璊省。

案：本条中《埤雅》引《说文》中綟、秅二字之训释。“綟”字，见于《说文·卷十三·糸部》，曰：“帛雉色也。从糸戾声。《诗》曰：‘毳衣如綟。’”“秅”字则见于《说文·卷八·毛部》，曰：“以毳为繿，色如虋。故谓之秅。虋，禾之赤苗也。从毛㒼声。《诗》曰：‘毳衣如秅。’”本条中綟字之释义，大徐本作“帛雉色也”。用以强调“丝帛为雉的颜色”；而《埤雅》引文则增字头，删“色”字，并改迻语序作“綟，雉帛也”，用以强调“雉色的帛”，大徐本与《埤雅》一者强调颜色，一者强调材质，二者于释义上相似，然历来《说文》各本皆未见作“綟，雉帛也”之说，应陆氏据己意所改。此外，许慎引《诗经》“毳衣如綟”以证“綟”字义，陆氏亦引改作“毳衣如菼”。“毳衣如菼”见于《诗经·王风·大车》，孔颖达疏云：“菼，雉也，芦之初生者也”[21]；雉，《说文》曰：“马苍黑杂毛。”《尔雅·释畜》及《诗经·鲁颂·駉》郑笺等曰“苍白杂毛”，段玉裁注因此以为“马苍黑杂毛，黑当作白”，并言雉的颜色与菼的颜色相似，所以雉可释菼[22]。而“菼”“綟”二字皆有“雉色”之特征，于义相似，音则同音，皆作“吐敢切”[23]，可相通假。然菼本作菿[24]，故《诗经》“毳衣如菼”之“菼”多作“菼”或“菿”，而未见作“綟”。故大徐本“綟”字当依《诗经》改作“菼”或“菿”。

3.《埤雅·卷十七·释草·茹藘》曰：

《尔雅》曰：“茹芦，茅搜。”盖茹藘一名茅搜，其叶似棘，可以染绛。《说文》曰：“人血所生。故搜从艸从鬼。”

案：此条中说法引自《说文·卷一·艸部》“搜”字，曰：“茅搜，茹藘。人血所生，可以染绛。从艸从鬼。”本条中大徐本中“茅搜，茹藘”四字，疑因文中已引《尔雅》之说解以正其异名，故陆氏将此四字省略。而“可以染绛”四字，大徐本置于“人血所生”后，然陆氏将其改迻至《说文》释词之前。因《埤雅》为名物训释之书，而茅藘可用以染色的用途、特色，于先秦典籍中早已有记录，如《周礼·地官·司徒》云“掌染草，掌以春秋敛染草之物”。注：“染草，茅搜、橐芦、豕首、紫茢之属。……；茅搜，蒨也。”贾公彦疏云：“郭注云：‘今之蒨也，可以染绛。’”[25]，因此，疑陆氏有意将“可以染绛”迻前，借此以强调茹藘此植物的形态及用途有关。

此外，大徐本作"从艸从鬼"，《埤雅》则作"故搜从艸从鬼"。因《埤雅》"其说诸物，大抵略于形状而详于名义。寻究偏旁，比附形声，务求其得名之所以然"[26]，所以"故某从某从某"为《埤雅》中"以因形求义"的方式训释名物时常见之语法。艸者，《说文》曰："百芔也"，即总草之称，而搜为植物，故从艸；鬼者，《说文》曰："人所归为鬼。从人，象鬼头。鬼阴气贼害，从厶。"茹藘可用以染绛色，绛者，大红色，而大红色与人血颜色相仿，而较易使人有恐惧之感，因而联想起"阴气贼害"的鬼，故段玉裁注"搜"时即曰："云人血所生者，释此字所以从鬼也。"此外，陆氏于文中增有表原因之义涵的"故"字，强调"搜"字"从艸从鬼"的缘由。

（十）释义相同而用字不同

所谓"用字不同"，是指《说文》中作甲，而《埤雅》引书则改作他字，而二者之释义相同者，如：

1.《埤雅·卷三·释兽·熊》曰：

许慎曰："熊旗五旒，以象伐。"按熊旗五旒，则〈考功〉所记六旒，误矣。

案：此说见于《说文·卷七·㫃部》"旗"字，曰："熊旗五游，以象罚星，士卒以为期。从㫃其声。《周礼》曰：'率都建旗。'"《说文》释"旗"义为"熊旗五游，以象罚星"，此引自《周礼·冬官·考工记·輈人》"熊旗六游。以象伐也"之说。然"五游"，〈考工记〉作"六游"。郑玄注《周礼·冬官·考工记·輈人》曰："熊虎为旗，师都之所建，伐属白虎宿，与参连体而六星，言六旒以象伐。"[27]而其他典籍亦有相似之说法，如《史记·天官书》载"参为白虎。三星直者，是为衡石。下有三星，锐曰罚，为斩艾事"。[28]《汉书·天文志》云："参，白虎宿。三星直。下有三星，旒曰伐"、《后汉书·志第二十九·舆服上》："熊旗六旒，五仞齐肩，以象参、伐"等，由是观之，许慎《说文》中"五"当改作"六"。然陆氏释旗引《说文》时，未正许慎之误，又引同《说文》说法作"熊旗五旒，以象伐"，并据《说文》言"〈考功〉所记六旒，误矣"，显然此说有误，当改。此外，本条中"游"字，大徐本作"游"，陆氏则作"旒"。因《说文》无收"旒"字，故应以"游"为正。再者，大徐本"以象罚星"，陆氏将"罚"改作"伐"。因"罚""伐"音相同[29]，可互通假，故二者无异，然若据〈考工记〉所载，则应以"伐"当是。再者，《埤雅》"罚"后则无"星"字，作"以象伐"，此与〈考工记〉同，故应《说文》衍"星"字。又《埤雅》文末"考功"则应作"考工"方为正确。

2.《埤雅·卷五·释兽·狗》曰：

孔子曰:"狗,叩也。叩气吠以守也。"许慎以为从犬句声,盖狗从苟,韩子曰:"蝇营狗苟。"狗苟,故从苟也。

案:此说见于《说文·卷十·犬部》"狗"字,曰:"孔子曰:'狗,叩也。叩气吠以守。'从犬句声。本条中大徐本作"叩气",而陆氏改作"叩气"。"气"者,《说文》云:"云气也";而"气"者,则云"馈客刍米也",由此可知,言气体之气,应以"气"为本字,"气"为"气"之假借字,而陆氏以通行字行之,故应以"气"为正。此外,本条中《说文》"狗"构形作"从犬句声",从"句"之引申义"小"解作"小犬"。因狗、苟音同,《广韵》皆作"古厚切",而句《广韵》作"古侯切",狗、句、苟三者音同,故陆氏借苟为句,言"狗从苟",并引唐·韩愈〈送穷文〉"蝇营狗苟"以证义,然苟,《说文》作"艸"解,后假借有"且",义与小犬之义相距甚远,故陆氏之见解有误。

3.《埤雅·卷五·释兽·豝》曰:

牝豕曰豝。《说文》云:"二歲曰豝,能相把挐也。"

案:此说见于《说文·卷九·豕部》"豝"字,曰:"牝豕也。从豕巴声。一曰一岁,能相把挐也。《诗》曰:'一发五豝。'"此条中陆氏将《说文》"牝豕也",改迻至《说文》引文前独立为句,并以下定义为释之写法,改作为"牝豕曰豝。"此虽语法与大徐本有别,然二者之释义无异。此外,陈昌治本《说文》作"一曰一岁",《埤雅》则改作"二岁曰豝"。他本《说文》亦作"一曰二岁",而《周官·大司马》"大兽公之,小禽私之,获者取左耳"下郑玄引郑众语亦云:"一岁为豵,二岁为豝,三岁为特,四岁为肩,五岁为慎。"[30] 由是观之,陈昌治本《说文》所作"一曰一岁"有误,当改作"二岁"。

4.《埤雅·卷八·释鸟·鸾》曰:

《说文》云:"赤神灵之精也,赤色,五采,鸡形,鸣中五音,颂声作则至。

案:此说见于《说文·卷四·鸟部》"鸾"字,曰:"亦神灵之精也。赤色,五采,鸡形,鸣中五音,颂声作则至。从鸟䜌声。周成王时氏羌献鸾鸟。"本条中大徐本作"亦神灵之精也",《埤雅》则改作"赤神灵之精也"。"亦神灵之精也"之说,除大徐本外,如小徐本、纽树玉《说文解字校录》、桂馥《说文解字义证》等亦持此说以释鸾。然如《艺文类聚》《集韵》《广韵》等书释鸾则作"赤神灵之精也",因此段玉裁《说文解字注》、沈涛《说文古本考》、王筠《说文句读》等据以改作"赤神灵之精也",故《说文》各本有作"赤"者或"亦"者,各家皆有所据,何者为正,似乎难以辨证。

清·严章福《说文校议议》曾针对此问题作出论断，言："鸾，亦字承上神鸟也而言。卂下云：'持也'，夃下云：'亦持也'。此其例段氏改赤，不知下有赤色，何劳迭见。"[31]笔者亦认同此说，其理由有二：一者为汉人注释古籍中有以"亦"字作为同义词或近义词相释之训诂用语，如《周礼·天官·大宰》"以怀宾客"郑注："怀，亦安也"，而鸾与凤皆被古人视为瑞禽，且《说文·鸟部》中"鸾"字前一个被释字即为"凤"。"凤"，《说文》释曰："神鸟也"，所以许慎释"鸾"时，利用代表同义词或近义词相释的"亦"字作为承先启后之用，用以说明凤是神鸟，鸾也是象征神灵的鸟类，因而作"亦神灵之精也"可说明鸾与凤二者之关系及属类。再者，典籍中关于鸾之色彩，除赤色外，亦有青色之说，如《太平御览·羽族部三·鸾》引《三辅决录》挚虞注曰："凡像凤者有五：多赤色者，凤；多黄色者，鹓雏；多青者，鸾；多紫者，鸑鷟；多白者，鹄。今此鸟多青者，乃鸾，非凤也。"此可知鸾色虽赤，然以青色为多，故后世有青鸾之称，因此不论从《说文》释义的角度，抑或从鸾的颜色而言，《埤雅》所引作"赤神灵之精也"似乎不若大徐本所作"亦神灵之精也"的恰当。

5.《埤雅·卷十一·释虫·蜮》曰：

蜮，短狐也。似鳖，三足，含水射人。

案："蜮"字见于《说文·卷十三·虫部》，曰："短狐也。似鳖，三足，以气䠶害人。从虫或声。𧐶，蜮，又从国。"此条中大徐本"以气䠶害人"，《埤雅》引文改作"含水射人"。古籍中多有记蜮伤人之事，如《左传·庄公十八年》"秋，有蜮"杜预注："蜮，短弧也。盖以含沙射人为灾。"孔颖达疏："正义曰：《穀梁传》曰：'蜮，射人者也。'……陆玑《毛诗义疏》云：'蜮，短狐也。一名射景，如鼋，三足。在江淮水中，人在岸上，景见水中，投人景，则杀之，故曰射景，或谓含沙。射人，入皮肌，其创如疥'"；又如《诗经·小雅·何人斯》："为鬼为蜮，则不可得。"〈笺〉云："状如鳖，三足，一名射工，俗呼之水弩，在水中含沙射人，一云射人影。"等，书中言蜮伤人多记"含沙射人"而非"含水射人"，故若从文献而言，《埤雅》中"含水"二字，疑为"含沙"之误。然就释义而言，《埤雅》所录之说法，亦符合蜮之特色，此或为陆氏于修订《说文》时，据己意而修订者之可能，故仍以大徐本为正。

6.《埤雅·卷十六·释草·蓍》曰：

蓍，蒿属也。从耆，草之寿者也。六十曰耆，卦之别六十有四，蓍数穷于此，且蓍所指非极数也。《博物志》曰："以老故知吉凶，生千岁，三百茎同本，其上常有黄云覆之。"《易》以为数，天子蓍长九尺，诸侯七尺，大夫五尺，士三尺。

案："蓍"字见于《说文·卷一·艸部》曰："蒿属。生十岁，百茎。《易》以为数，天子蓍九尺，诸侯七尺，大夫五尺，士三尺。从艸耆声。"大徐本作"蒿属"，《埤雅》引文于"蒿属"下则增"也"字。《尔雅·释草》注、《礼记正义·曲礼》等引《说文》皆有"也"字，故据此可知，"蒿属"下，当有"也"字。另陆佃所引《博物志》"生千岁，三百茎同本"之说法，与《易经·说卦》释文、《尔雅·释草》注、《礼记正义·曲礼》疏、《一切经音义》注所引"蒿属也，生千岁，三百茎"[32]见解相同，由此可知陆佃之说为正，而大徐本《说文》"十岁"当作"千岁"，"百茎"前脱"三"，当补正。

7.《埤雅·卷十八·释草·兰》曰：

兰，香草也。而文阑草为兰。兰，阑不祥，故古者为防刈之也。

案："兰"字见于《说文·卷一·艸部》曰："香艸也。从艸阑声。"大徐本释兰曰："香艸也。"而《埤雅》引文改"艸"作"草"。"艸"，《说文》："百芔也"，即总草之称，草则解作"草斗、栎实"。二者本不同，后草假借为艸，且假借字通行而本字却不显。故大徐本用本字"艸"，《埤雅》用假借字作"草"，用字虽不同，然释义上则无别。此外"兰"字，本为形声字，故《说文》作"从艸阑声"，然陆佃却作"文阑艸为兰"以析字形。因古有沐兰以祛病辟邪之习俗，如《韩非子·内储说下·说一》："季曰：'吾见鬼乎？'妇人曰：'然。''为之奈何？'曰：'取五牲之矢浴之。'……一曰浴以兰汤。"又如《大戴礼记·夏小正·五月》则记载："蓄兰，为沐浴也"及《神农本草经·上品·草·兰草》则载"杀蛊毒，辟不祥"。等，而《说文》以"门遮也"释"阑"，阑后引申有遮蔽义，故陆氏将声符视为形符，依阑的引申义以解字，故释兰曰可"不祥"，视"兰"为从艸从阑的会意字，然"兰"该字本义为香草，于义与阑并无直接关系，故陆氏"文阑艸为兰"之说似有待商榷。

8.《埤雅·卷十八·释草·郁》释"鬯"字曰：

《说文》云："鬯，以秬酿郁艸，芬芳攸服，以降神也。从 ※ △，盛匕以扱之，《易》曰'不丧匕鬯'"即此是也。

案："鬯"字见于《说文·卷五·鬯部》，曰："以秬酿郁艸，芬芳攸服，以降神也。从△，△，器也；中象米；匕所以扱之。《易》曰：'不丧匕鬯。'"本条中《埤雅》引《说文》郁字释义部分与大徐本相同，皆作"以秬酿郁艸，芬芳攸服，以降神也"。"鬯"，甲骨文作▽、▽，金文作▽、▽，小篆则作▽，上像容器，下像器足，中间则象"秬酿郁。"之内容物，故其本义释为"酒器"，后引申为祭神之香酒[33]，故《说文》与《埤雅》

释以引申义，作"以秬酿郁□，芬芳攸服，以降神也"。至于形构部分，大徐本作："从△，△，器也；中象米；匕所以扱之。"《埤雅》则改作为："从※△，盛匕以扱之。"许慎言"中象米"，即指形构中"※"，徐锴释曰"又□象中秬及郁形"，李孝定于《甲骨文字集释·第五》亦认同此说[34]，高鸿缙则有相似说法，以为"象器中郁筑香艸于酒中之形"，[35]故《说文》"中象米"之说，当可依徐锴等所言改作"中象秬郁之形"，而陆氏删"△，△，器也；中象"，并将"米"字加以斜书之，改作为"从※△"则将其视为会意以论之，有误。此外，许慎言"匕所以扱之"乃将鬯字构形下部视为"匕"，《说文》曰："匕，亦所以用比取饭，一名柶。"因此许慎言"匕所以扱之"并引《易·震·卦辞》"不丧匕鬯"，以"说鬯从匕之意"。[36]《埤雅》则承《说文》之说，其引文多同大徐本，仅"匕"前衍"盛"字，"以"前脱"所"字。然今就甲、金文字形观之，可知鬯形下部像酒器之足，后因字体演变而改作"匕"，但与匕之义，并没关系，故《说文》及《埤雅》中"匕所以扱之，《易》曰'不丧匕鬯'"二句有误，当可删。

（十一）以或体、异体字、古字释义

所谓"以或体、异体字、古字释义"者，指陆氏释义所用之字头为《说文》被释字的异体字、古字或或体字，使与大徐本所用字不同，然义不变。

1.《埤雅·卷四·释兽·猬》曰：

许慎曰："虫似豪猪者。"

案：此说见于《说文·卷九·希部》"彙"字，曰："虫似豪猪者。从希，胃省声。□或从虫。"本条中大徐本未收"猬"字，而以"彙"为被释字，而陆氏则以或体"猬"为被释字。

2.《埤雅·卷六·释鸟·鹊》曰：

《说文》作舄，象形，通为舄履之舄。古之人居欲如燕，行不欲如鹊，故其字借为舄履之舄，所以为行戒也。

案：此条出于《说文·卷四·乌部》"舄"字，曰："䧿也。象形。雒，篆文舄，从隹昔。"此处陆佃未引《说文》释义，仅引文中之重文。《说文》释字多以小篆为前缀，以古文、或体、今文等为重文，然舄字则是少数以古文为前缀，而以小篆为重文之例。舄，许慎言"䧿也"，段玉裁注曰："古文作舄，小篆作雒。"故本义为鸟名，然后世典籍多借为鞋之义，如《诗·豳风·狼跋》"赤舄几几"、《周礼·天官》"屦人掌王及王后之服屦，为赤舄黑舄"等，因舄的本义消失，故造雒字以代之。雒，从隹昔声，昔，《说文》云："干肉也"，于字义上并无所取，而昔与舄同音[37]，取其以示音读，故昔为舄声之假借。后又因隶变，故又有从鸟作"鹊"之后起字出现。本条中，陆氏以"古之人居欲如燕，行不欲如鹊"训释舄借为鞋履之义为"行戒"，此乃据"舄"之本义"鸟"加以引申，并以"其字舄履之舄，所以为行戒也"释义。然据《古今注》"以木置履下，干腊不畏泥湿，故曰舄也"。[38]及《释名·释衣服》"舄，腊也。复其下使干腊也"等记载，可知舄字后世借为鞋，乃取其复底可使干腊之义，故陆氏诠释有所不当。

3.《埤雅·卷六·释鸟·鸢》曰：

《说文》曰："鸢，从屰"干上为屰，鸢飞戾天，故从屰也。

案："鳶"字见于《说文·卷四·鸟部》，曰："鸷鸟也。从鸟屰声。"此条中大徐本《说文》以"鳶"为被释字，《埤雅》引《说文》时则依俗字[39]改作"鸢"。《说文》释其形构作"从鸟屰声"本属形声字，声符屰则不表意。然陆氏引文则改作"从屰"，将屰视为义符，以会意释。屰，《说文》释"不顺也，从干下中。屰之也"。陆氏则误释作"干上为屰"。而"逆""屰"古同，《周礼》曰："太仆……掌诸侯之复逆。"贾公彦疏："自下而上曰逆。"故陆氏从屰释鸟飞之状，且引《诗经·大雅·旱麓》"鸢飞戾天"以释形构之义。因王安石《字说》曾释曰"鳶，屰上"[40]，故此应受王安石说法影响所致。

4.《埤雅·卷六·释鸟·鹰》曰：

《说文》曰："雁，从瘖省。"盖雁从疾省，隹之疾捷者，故从疾省也；随人所指踪，故从人。

案："雁"字见于《说文·卷四·隹部》曰："鸟也。从隹，瘖省声。或从人，人亦声。鸇，籀文雁，从鸟。"《说文》以"鸟也"释义，而释形部分，则以"从隹，瘖省声。或从人，人亦声。鸇，籀文雁，从鸟"论雁之重文形构。此条中陆氏引《说文》仅取释形部分并加以诠释。其中陆氏先引"雁，从瘖省"一句，说明许慎对构形疒旁的看法，以为与瘖有关。然陆氏提出自己的看法，以为疒字源于"疾"。《说文》释疾义为"病"，因"病之来多无期无迹"，引申有急速义。而鹰飞行迅速，如唐白居易〈放鹰〉："鹰翅疾如风"，故陆氏改作"盖雁从疾省，隹之疾捷者，故从疾省也"。另《说文》中提及"雁，……或从人"一句，陆氏据以释曰："随人所指踪，故从人。"徐锴《说文系辞·卷四上·隹部·雁》注曰："臣锴曰：'雁随人所指踪，故从人。'"[41]由此可知，此说应引自徐锴之说，此为因形而附会之说解，有误。

5.《埤雅·卷八·释鸟·鹬雉》曰：

《说文》以为"雉有十四种"，字或从弟以此故也。

案：此说见于《说文·卷四·隹部》"雉"字，曰："有十四种：卢诸雉，鹬雉，卜雉，鷩雉，秩秩海雉，翟山雉，翰雉，卓雉，伊雒而南曰翚，江淮而南曰摇，南方曰，东方曰甾，北方曰稀，西方曰蹲。从隹矢声。𧀡古文雉，从弟。"雉，许慎于《说文》中无释义，仅列雉鸟十四种名称及其古文字形。本条中陆氏引《说文》，则仅录"雉有十四种"，并依《说文》所载："𧀡，古文雉，从弟"，对雉之古文"𧀡"字形结构从弟之缘由提出说解。"弟"，《说文》释为"韦束之次弟"，后引申有"次弟"之义，陆氏则依引申义以解释"𧀡"形构中，乃雉鸟"有十四种"之别，故从"弟"。然古雉弟同音[42]，故"弟"应祇是声符，于义无涉，陆氏说明显误将声符误以义符解。

（十二）改变语句

1.《埤雅·卷四·释兽·麋》曰：

鹿属。故麋之文从鹿从米，则以麋鹿性善迷路故。

案：此说见于《说文·卷十·鹿部》"麋"字曰："鹿属。从鹿米声。麋，冬至解其角。"此条中释义部分，《埤雅》引文同《说文》作"鹿属"，然构形解释部分则有异，《说文》作"从鹿米声"，埤雅则改作"故麋之文从鹿从米"，并以"麋鹿性善迷路故"。加以诠释从米之缘由。"米"，《说文》释义为"粟实"，则"麋"从米声，无所取义，以"米"为声，其作用乃以志其音，称其与鹿相似而异，故曰："鹿属，从鹿米声。"然陆佃却认为"麋鹿性善迷路"，而米与迷音相同[43]，故形构从米，此误以形声为会意。且麋字本非从米字，而应是由眉得声，此说早于唐代已有论述，颜师古于《急就篇·卷四》"狸兔飞鼯狼麋"条曾注曰："麋似鹿而大，冬至则解角，目上有眉，因以为名也。"颜师古认为麋乃从眉而得声。麋、眉二字，《广韵》皆作"武悲切"，故二者同音而通假，近代高鸿缙亦曾论曰："按（麋）甲文象形，而其二角亦有短歧前出如眉然。故字以其头声化作眉。石鼓变为从鹿，米声，后遂仍之"[44]，由是观之，陆氏"麋之文从鹿从米，则以麋鹿性善迷路"此说法有误。

2.《埤雅·卷五·释兽·豕》曰：

《说文》：巳象蛇之形，亥象豕之形。

案：本条中《埤雅》删《说文》巳、亥二字中阴阳五行之说，仅引构形之说法。"巳"字见于《说文·卷十四·巳部》，曰："巳也。四月，阳气巳出，阴气巳藏，万物见，成文章，故巳为蛇，象形。""亥"自则见于《说文·卷十四·亥部》，曰："荄也。十月，微阳起，接盛阴。从二，二，古文上字也。一人男，一人女也。从乙，象裹子咳咳之形。《春秋传》曰：'亥有二首六身。'万，古文亥，亥为豕，与豕同。亥而生子，复从一起。"本条中大徐本作"万，古文亥，亥为豕，与豕同"、"巳为蛇，象形"，陆氏于《埤雅》中则将二字合并同训，因它小篆做呬，豕小篆做万，二者与巳之小篆曷及亥之小篆帚或古文万之形相似，故陆氏据篆体以释形，而改作："巳象蛇之形，亥象豕之形。"就依古文字而言，巳，甲骨文做己、〇、己，金文做己、己；亥，甲骨文做下、彡、彡，金文做彡、彡、彡，其形皆略同，故陆氏所言"巳象蛇之形，亥象豕之形"诚属正确。

二、误书他书为《说文》者

1.《埤雅·卷七·释鸟·鹃鸠》曰：

许慎云："鸣鸠奋迅其羽，直刺上飞数千丈，入云中。"

案：鹃，《说文》释曰："鹃鸠"，而未见于陆氏所引"鸣鸠奋迅其羽，直刺上飞数千丈，入云中"诸语。而"鸣鸠奋迅其羽"一句，则可见于《淮南子·时则训》："鸣鸠奋其羽"，此应为陆氏误书而致。

2.《埤雅·卷十四·释木·樱桃》曰：

许慎曰："莺之所含食，故曰含桃也。"谓之莺桃，则亦以莺之所含食，故谓之莺桃。

案："樱"字为大徐本之新附字，见于大徐本《说文解字·卷六·木部·樱》曰："果也，从木婴声。""莺之所含食，故曰含桃也。"一句，互见于高诱所注《吕氏春秋》及《淮南子》二书。《淮南子·时则训》："羞以含桃。"高诱注："含桃，莺所含食，故言含桃。"[45]又《吕氏春秋·仲夏纪》曰："是月也，天子以雏尝黍，羞以含桃，先荐寝庙。"高诱注曰："含桃，樱桃。莺鸟所含食，故言含桃。"[46]故由此推断，此应为陆氏误植，当改作"高诱曰"。

三、出处不详

《埤雅》中共有二处出处不详者，一为《埤雅·卷四·释兽·狐》曰："《说文》曰：'狐从孤省。'狐性疑，疑则不可以合类，故从孤省。"一为《埤雅·卷九·释鸟·鸊》，曰："许慎《说文》以为'䴙，敛足也。'"

案：本条中虽注明"说文曰"，然"狐"于《说文》中之释义为："祅兽也。鬼所乘之。有三德：其色中和，小前大后，死则丘首，从犬瓜声。"[47]比对《说文》训释却未见陆氏所言"狐从孤省"。另《说文》中亦未见"䴙"字，不知陆氏所据为何，此待查明。

《埤雅》引《说文》之目的

陆佃所编之《埤雅》，属博物类仿雅之作[48]，该书不释词语，专释名物，其释名物的方法，《四库全书总目》所言甚详，曰：

其说诸物，大抵略于形状而详于名义。寻究偏旁，比附形声，务求其得名之所以然。又推而通贯诸经，曲证旁稽，假物理以明其义。……然其诠释诸经，颇据古义，其所援引，多今所未见之书，其推阐名理，亦往往精凿，谓之驳杂则可，要不能不谓之博奥也。[49]

今详究每条词条，则多分为词目、释义及征引文献等三部分，其中所征引文献，则涵盖经、史、子、集各类典籍，足见陆氏书无不读，多识广闻；又因陆氏曾参与编修《说文》，故当需引古籍以证其说时，则多据《说文》以说理，故《埤雅》每卷皆可见其引用之处。综观《埤雅》引《说文》作用有：一、说解字义，二、名物训诂，三、阐明别义，四、归属类别，五、辩证异议，六、分析构形等功能。

一、说解字义

如《埤雅·卷十九·释天》"云"条，陆氏引《说文》释乃字，曰："乃字，《说文》以为象气出之难，气自下而上，至上而不得达，所以为气出之难也。"

二、名物训诂

陆氏引用文献来诠释名物，皆有其目的性，或用以说明名物的形状、特征，或用以解释名物功用等。说明名物形状者，如：《埤雅·卷四·释兽》释"猬"时引《说文》云："许慎曰：'虫似豪猪者。'"以说明刺猬之外观；《埤雅·卷八·释鸟》释"鸾"，则引《说文》曰："《说文》云：'赤神灵之精也，赤色，五采，鸡形，鸣中五音，颂声作则至。'"借《说文》之说，可描绘出凤之形体轮廓及特征。《埤雅·卷十七·释草》"藕"条时，解释芋则云："《说文》曰：'大叶实根，骇人，故谓之芋。'"以凸显"大叶实根"的特色。用以解释功能者，如《埤雅·卷十八·释草》"蒲"条引《说文》"可以作席"之说，而释曰："蒲，水草也。似莞而褊，有脊，生于水厓，柔滑而温，可以为席。"借以说明蒲草因"柔滑而温"的特色，世人因而取之为编席的材料；又如《埤雅·卷六·释鸟》"鹬雉"条引《说文》中祎、褕之释义曰："《说文》解祎亦曰：'画袍'，其释褕翟又以谓'翟羽饰衣'，则祎衣、画翟、褕翟、阙翟皆翟羽饰之矣。"此乃以言翟羽之功能可用以饰衣。

三、阐明别义

因时有古今,地有南北,语有雅俗,故物有同实异名或同名异实之情形,是以《埤雅》释义常引《说文》以区分其差异处,如《埤雅·卷十一·释虫》"蚊"条引《说文》:"秦晋谓之蜹,楚谓之蚊。"以区别不同区域,则有蜹、蚊同实异名的情形;又如肥,今通用于形容体形硕大,然《埤雅·卷五·释兽》豚条引《说文》"牛羊曰肥,豕曰腯"。析言不同牲畜者,对其肥硕说法则有异。又如《埤雅·卷十七·释草》"荷"条引《说文》中蕳、莲、华等字释义以区分芙蓉、菡萏不同之处。又如骓马于《尔雅》及《说文》有白杂毛及黑杂毛二说,故《埤雅·卷十二·释马》"骃"条引《说文》骓字"马苍黑杂毛"之说,作"骓亦骃类,取雏之色。一曰苍白杂毛,骃;一曰苍黑杂毛,骓"。以别二书说法之异。

四、归属类别

远古时期,人们已有将性质相似的动、植物加以分门归类之习性,如商周时期甲骨文字中,便可见以偏旁以示其动植物之类别,如将植物以草、木为偏旁,动物则以鱼、鸟、马、牛等偏旁分之。《尔雅》以草、木、虫、鱼、鸟、兽、畜等七类汇集并注释各类动植物名称。而与《尔雅》性质相仿之《埤雅》,亦将生物分为鱼、兽、鸟、虫、马、木、草等七类,共收录二百八十四条生物类词条,其中动物类一百五十五条、昆虫类三十四条、植物类九十五条。《埤雅》为使分类更加严谨、合理,便以《说文》为依归,以言明动、植物之归属类别。如《埤雅·卷十六·释草》"蓍"条引《说文》指出蓍归属于蒿类。又如《埤雅·卷一·释鱼》"蛟"条引《说文》言"蛟,龙属也"以说明蛟为龙类之一。

五、辩证异议

如《埤雅·卷九·释鸟》"鹬"条中陆氏提及有人质疑"爵状似斛,不为雀形"。故陆氏引《说文》爵字之说解,从字之构形"象爵之形,中有鬯酒,又持之也"。进而提出"爵为雀形明矣"之见解。又如《埤雅·卷十一·释虫》"易"条因历来注疏《周礼·考工记·梓人》:"以脰鸣者,……以胷鸣者"处有"胷鸣""胃鸣""骨鸣"之异,故陆佃引《说文》"蠵,大龟也,以胃鸣者"。以正马融之说,言"马本作以'胃鸣'当谓蠵属。"

六、分析构形

《埤雅》常借《说文》引文以分析字体之形构,由文字偏旁加以释义,求名物得名之缘由,且受王圣美《字解》"凡字,其类在左,其义在右"[50]。及王安石《字说》

等影响，以为形符、声符皆有意义，故于《埤雅》引文中，陆氏多有从声符以说义者。如鸰，《说文》释曰："鸰，鸟也。肉出尺胾。从鸟令声。"陆氏则以为声符令兼义，故对鸰之构形之分析则认从令的原因为"鸰性羣居如鴈，自然而有行列"之故。又麝字，《说文》作"从鹿㔾声"，然《埤雅》将其视为会意，释"麝"曰："麝如小鹿，有香，故其文从鹿从射。"以为麝因其香气，易引来杀身之祸，故从鹿从射。上述诸例虽于字义之诠释或过于附会，然其运用"形声兼义""声中有义"的特性释义，推求得名之由来；就声音关联去推求字词意义关系的方法，诚属创新之举，后世因声求义训诂方法确有其贡献及启发意义。

结　论

一、《埤雅》引《说文》之价值

《埤雅》为仿雅之作，古人评论该书虽有穿凿附会之讥[51]，然其考证名物、引证诸书等亦有其独到之处，故《四库全书总目提要》以"精凿""博奥"论陆佃之学[52]，窦秀艳则云："北宋雅学研究，庆历以前独守邢《疏》，至陆佃撰《尔雅新义》及《埤雅》，一反前人盲从之风，其革新精神也是十分可嘉的。"[53] 而其援引《说文》以释名物亦解释字义的方式，使其不仅于雅学史中占有一席之地，对后世《说文》研究、文字学和文献学等，亦有若干影响及价值，今综合前述，归纳其所具之意义、价值如下：

（一）可供校正今日《说文》文本参考

因《埤雅》所引《说文》内容与现所存传本或有差异，而《埤雅》"诠释诸经，颇据古义。其所援引，多今所未见之书"。故其可供校正《说文》内容脱误，以恢复《说文》原貌之参考。如凤，陈昌治本《说文》作"龙文虎背"，而《埤雅》引文作"龙文龟背"，旧典如《尔雅·释鸟》邢昺疏、《初学记·卷三十·释鸟》、《春秋左传注疏·卷九·庄公二十二年》孔颖达疏等引《说文》亦作"龙文龟背"，故可供比对《说文》"凤"释义时之旁证。又《说文·卷一·艸部》释"蓍"字作"蒿属。生十岁，百茎。《易》以为数，天子蓍九尺，诸侯七尺，大夫五尺，士三尺。从艸耆声。"然《埤雅》则于"蒿属"下增"也"字。《尔雅·释草》注、《礼记正义·曲礼》等引《说文》亦有"也"字，故据此可知，"蒿属"下，陈昌治本《说文》当补"也"字。另大徐本作"生十岁，百茎"，然陆佃引《博物志》释曰"生千岁，三百茎同本"，与《易经·说卦》释文、《尔雅·释草》注、《礼记正义·曲礼》疏、《一切经音义》注所引"蒿属也，生千岁，三百茎"[54] 相同，由此可知陆佃之说为正，而陈昌治本《说文》脱误，当补正。

再如《埤雅·卷五·释兽》"豝"条引《说文》云："二歲曰豝，能相把挐也。"陈昌治本《说文》作："一曰一岁，能相把挐也。"他本《说文》亦有作"一曰二岁"者，而《周官·大司马》"大兽公之……获者取左耳"下郑玄引郑众语亦云："一岁为豵，二岁为豝。"由是观之，陈昌治本《说文》所作"一曰一岁"当作"二岁"。

（二）供后人阐释《说文》之依据

1. 后世阐释《说文》时有以引《埤雅》为据以为证者，如段玉裁于《说文》鸾字下之注解，便以《埤雅》引文为证，将"亦"改作"赤"，云："赤神灵之精也。赤各本作亦，误。今依《艺文类聚》《埤雅》《集韵》《类篇》《韵会》正。"[55]便是一例；再如严章福《说文校议议》据《埤雅》引文辩证《说文校议》之误，云："鴍，大徐本不误，鴍今作鸢，非，即鶃字。陆佃《埤雅》卷六引《说文》曰'鸢，从屮干为屵，鸢飞戾天，故从屵也。'《易》曰：'飞鸟遗之音，不宜上，宜下，大吉。上逆而下顺也。'据此知《校议》非。"

2. 补充《说文》学史料之参考：因世人对经学之重视，故《说文》自汉代问世后，便受到器重，遂有李阳冰、徐铉、徐锴、段玉裁、朱骏声、王筠、桂馥等多人校注《说文》，借由诸多注疏的出现，得以确立了《说文》学的架构，呈现《说文》学发展的脉络。而陆佃于宋代亦曾参与编修《说文》，《宋史·陆佃传》即载："同王子韶修定《说文》。"《续资治通鉴长编》元丰元年（戊午，1078）五月条则详载此事，云："庚寅，光禄寺丞陆佃修定《说文》。三月六日，差王子韶；五年六月九日，书成。"[56]又元丰五年（壬戌，1082）六月己未条载："给事中陆佃、礼部员外郎王子韶上重修《说文》，各赐银、绢百。"[57]由此可知，陆佃曾修定《说文》，然因该书今不传，故后人鲜少知道陆佃为治《说文》者。若依《埤雅》所引之《说文》资料，或可作为窥测陆佃编修《说文》想法、说解之参考，进而为陆佃确立其于《说文》学史上之定位。

二、《埤雅》引《说文》之缺失

历来学者对《埤雅》或褒或贬，如胡朴安《中国训诂学史》论《埤雅》云：

《埤雅》不释训诂，专释名物，或者为未成之书与其释名物也，大抵略于形状，而详于名义，寻究偏旁，比附形声，求其得名之所以然。……但陆氏用之不慎，未免多穿凿附会之说。盖陆氏之学，出于王安石，故其中多引王安石《字说》，间亦引《说文解字》之说，王安石《字说》已不可靠，陆氏自己之说，更是不求证据，说以私意。[58]

综观《埤雅》引《说文》之处，除胡朴安所言"说以私意"外，还可见"不注出处""体例不一"等缺失，兹说明如下：

（一）名物解释说以私意：陆氏因曾师承王安石，故受其声符兼义之说影响，故《埤雅》中或糅杂王安石《字说》之说，或说以私意，是以后人评其作品则多有附会穿凿之讥。察其引《说文》之训释中亦可见穿凿附会之处，例如：《埤雅·卷六·释鸟》"鹰"条言："《说文》曰：'雁，从瘖省。'盖雁从疾省。"并据己意而释曰："隹之疾捷者，故从疾省也；随人所指踪，故从人。"又如《埤雅·卷十九·释天》"雪"条引《说文》释雪曰："凝雨，说物者。"以为"从彗，盖雪雨之可埽者也"。此二条皆是陆氏据己之见，将形声字误以会意来释形义，故黄季刚于《尔雅略说》中便曰："惟其说经，存乎傅会，展卷以观，令人大噱。"[59]

（二）引文未注出处或体例不一：陆佃雅学作品为后人所赞许者，莫过于其旁征博引以释名物，然其引证群书之时，或仅引其说，而未注明其出处，使后人查考不易；或仅引人名未言书名，时而书名时而人名，致使书中出现体例不一之情事。兹举数例陆佃《埤雅》中所见未臻完备之处，以资说明。

1. 未详注出处：如：《埤雅·卷九·释鸟·鸠》："鸠，伯劳也。"案：此见于《说文·卷四·鸟部》；又如：《埤雅·卷三·释兽·熊》曰："熊似豕。山居，冬蛰。"案：此见于《说文·卷十·熊部·熊》，如上诸例，不注出处，则不利后人考证之用。又如《埤雅·卷十二·释马·騍》条曰："骊马白跨，骟；骟马白腹，騍。"此条中之说解可见于《说文·卷十·马部·骟》曰："骊马白胯也。"又可见于《尔雅·释畜》："骟马白腹，騍；骊马白跨，骟。"因不注出处，则不易判断其引书之来源为何。

2. 引《说文》体例不一：陆氏于《埤雅》中引《说文》时，多以"《说文》曰"、"说文云"标识，然亦有直言"许慎曰""许慎以为"者。"许慎曰"者，如《埤雅·卷三·释兽·熊》曰"许慎曰：'熊旗五斿以象伐'"；"许慎以为"者，如《埤雅·卷十七·释草》"荷"条："许慎以为其华曰芙蓉；其秀曰菡；其实曰莲；莲之茂者曰华"如此造成《埤雅》引文时体例不一的现象。

（三）文字之讹误、脱夺：书籍于撰写、传抄过程中，文字的舛讹、脱夺、衍文而造成解读典籍之误或不便，此为常见之例，《埤雅》中亦然，如：《埤雅·卷十·释虫·蜚》曰："蜚，盖虫之知声者也，字从响省。……《说文》亦云：'司马说蜚，从向'，此引自《说文·卷十三·虫部·蜚》：'知声虫也。从虫乡声。蜚，司马相如，蜚，从向。'《埤雅》引文脱'相如'二字；如《埤雅·卷二十·释天·虹》释'霓'

曰"《说文》解'霓'以为'屈虹，青赤，亦或白色，阴气也。'而此见《说文·卷十一·雨部·霓》，释曰：'屈虹，青赤。或白色，阴气也。从雨儿声。'此衍'亦'字。"

注释：

［1］凡例：本文中所言《说文》皆以大徐本为主，该本以陈昌治本为底本，北京中华书局2016年11月重印，以其近古之故。闲或参校以段注，段注本以经韵楼臧版为底本。声类之切语咸录自《广韵》，以（宋）陈彭年等修泽存堂本《宋本广韵》为底本，段注本及《广韵》二书皆台北黎明文化事业公司出版。

［2］《周礼·考工记·梓人》："外骨、内骨……以为雕琢"郑玄注："臝鸣，本亦作骨，又作，干本作骨，云敫屁属也。贾、马作胃，贾云：'灵，蠯也。'郑云：'荣原属也。'"见（汉）郑玄注、（唐）贾公彦疏，《周礼注疏》卷四十一，台北艺文印书馆1997年版，《十三经注疏》本，第637页。

［3］段注本作"象雀之形"，此取大徐本之说。

［4］句，《广韵》作"古侯切"；见纽侯韵流摄；拘，《广韵》作"举朱切"见纽虞韵遇摄。

［5］（宋）陆佃：《埤雅》卷三，台湾商务印书馆1986年影印《影印文渊阁四库全书》本，第二二二册，第77页。

［6］段玉裁言："人臂两垂，臂与身之闲则谓之臂亦。臂与身有重叠之意，故引申为重累之词。"见（汉）许慎撰，（清）段玉裁注《说文解字注》卷十，台北黎明文化事业股份有限公司1996年版，第498页。

［7］蔡信发：《说文部首类释》，台北万卷楼图书有限公司1997年版，第495页。

［8］《初学记·卷二十九·兽部》引晋郭璞《山海经图象赞》曰："象实魁梧，体巨貌诡，肉兼十牛，目不逾豕。望头如尾，动若邱徙。"及万震《南州异物志》曰："象身倍数牛，而目不如豕。鼻长六七尺，大如臂；其所食物，皆以取之。"

［9］（汉）许慎撰、（宋）徐铉校定：《说文解字》，中华书局2016年版，第142页。

［10］《尔雅·释言》："作、造，为也。"（晋）郭璞注、（宋）邢昺疏：《尔雅注疏》，台北艺文印书馆1997年版，《十三经注疏》本，第38页。

［11］《春秋穀梁传注疏》卷第十〈文公二年〉："作，为也。"（晋）范宁集解、（唐）杨士勋疏：《春秋穀梁传注疏》，台北艺文印书馆1997年版，《十三经注疏》本，第98页。

［12］（宋）陈彭年等重修：《新校正切宋本广韵》，黎明文化事业公司1995年版，第432页。

［13］（宋）陈彭年等重修：《新校正切宋本广韵》，第195页。

［14］（宋）陈彭年等重修：《新校正切宋本广韵》，第431页。

［15］《史记正义·卷九十四·田儋列传第三十四》："齐曰：'蝮螫手则斩手……为害于身也。'"注云：

"按：蝮，毒蛇……《说文》云：'虺博三寸，首大如擘。'擘，手大指也，音步历反。"

［16］（东汉）班固著、（唐）颜师古注、（清）王先谦补注：《汉书补注》卷三十三"魏豹田儋韩王信传第三"："齐王曰：'蝮蓋手则斩手……'"注云："师古曰：'《尔雅》及《说文》皆以为蝮即虺也，博三寸，首大如擘，而郭璞云各自一种蛇。'"台北艺文印书馆 1996 年版，《二十五史》影印清乾隆武英殿刊本，第 937 页。

［17］（清）沈涛《说文古本考》云："'释鱼'释文引擘下无指字，《史记·田儋列传》正义同。……其为古本之无指可知。"见《说文解字诂林》，第 5937 页。

［18］"司马相如说"者，如："营窟，香艸也。从艸。宫声。司马相如说：'营，从弓。'"、"噒，謞声。噒喻也。从口㕥声。司马相如说：'淮南宋蔡舞噒喻也。'"等；"司马相如曰"者，如："䄍，禾也。从禾道声。司马相如曰：'䄍，一茎六穗。'"

［19］《艺文类聚·卷二·天部》："《说文》曰：雷霆余声铃铃，所以挺出万物也。"孙衍星《周易集解·卷八·系辞上》："鼓之以雷霆，润之以风雨。"下注曰："京房曰：'霆者，雷之余气，挺生万物也。'"

［20］（清）沈涛《说文古本考》云："《类聚·二·天部》引也字在物字之下，盖古本如是。"见丁福保《说文解字诂林》，台湾商务印书馆 1970 年版，第 5180 页。

［21］见（汉）毛公传、郑玄笺、（唐）孔颖达等疏：《毛诗正义》，台北艺文印书馆 1997 年版，《十三经注疏》本，第 153 页。

［22］"骓"字，段玉裁注曰："苍白杂毛曰骓。苍者，青之近黑者也。白毛与苍毛相闲而生，是为青马。虽深于青白杂毛之骢，未黑也。若黑毛与苍毛相闲而生，则几深黑矣。'释言'曰：'茭、骓也。'〈王风〉传曰：'茭，蔽也，萑之初生者也。'艸部：'者，萑之初生，一曰骓，此以同色名之。'"见（汉）许慎撰、（清）段玉裁注：《说文解字注》，台北黎明文化事业股份有限公司 1996 年版，第 466 页。

［23］《新校正切宋本广韵》，第 332 页。

［24］《说文》曰："萑之初生。一曰蔽。一曰雔。从艹刿声。茭，薊或从炎。"见（汉）许慎撰（宋）徐铉校定：《说文解字》，中华书局 2016 年版，第 14 页。

［25］见（汉）郑玄注、（唐）贾公彦疏《周礼注疏》卷十六"地官"，台北艺文印书馆 1997 年版，《十三经注疏》本，第 250 页。

［26］（清）纪昀等编：《四库全书总目提要》卷四十"埤雅"条，台北艺文印书馆 1969 年版，第 837 页。

［27］见《周礼注疏》卷四十，第 614 页。

［28］（汉）司马迁撰、（刘宋）裴骃集解、（唐）司马贞索隐、张守节正义：《史记三家注》卷二十七"天官书"，台北七略出版社 1991 年版，第 514 页。

[29] 伐与罚，《广韵》皆作"房越切"，见《新校正切宋本广韵》，第477页。

[30] 见《周礼注疏》卷第二十九，第448页。

[31] 见丁福保：《说文解字诂林》卷四"鸟部·鸢"，第1591页。

[32] 见丁福保：《说文解字诂林》，第341、342页。

[33] 见蔡信发：《说文部首类释》，台北万卷楼图书有限公司1997年版，第66页。

[34] 见李孝定于《甲骨文字集释·第五》。

[35] 见高鸿缙：《中国字例》"第二篇·象形·㺜"，台北三民书局1992年版，第142页。

[36] 见《说文解字注》卷五，第219页。

[37] 舄、舄，《广韵》作"思积切"，见《新校正切宋本广韵》，第516页。

[38]《广韵·入声·昔·昔·舄》下注："履也，崔豹《古今注》云：'以木置履下，干腊不畏泥湿故曰舄也。'"见《新校正切宋本广韵》，第516页。

[39] 徐铉注曰："臣铉等曰：'芇，非声。一本从，疑从萑省。今俗别作鸢，非是。'"见《说文解字》，第76页。

[40]《埤雅》卷八·〈释鸟·隼〉引《字说》云："鸢，芇上"见（宋）陆佃：《埤雅》卷八"释鸟·隼"，第128页上。

[41] 见丁福保《说文解字诂林》卷四"隹部"，第1531页。

[42] 弟，《广韵》作"特技切"；雉，《广韵》作"直几切"。

[43] 米，《广韵》作"莫礼切"，迷，《广韵》作"莫兮切"，二者同为明纽，蟹摄。

[44] 见高鸿缙《中国字例》"第二篇象形·麋"，第117页。

[45]（汉）刘安等著、（汉）高诱注：《淮南子》卷五"时则训"，见杨家骆主编《新编诸子集成》第七册，第74页。

[46]（汉）高诱注、（清）毕沅校：《吕氏春秋新校正》，杨家骆主编《新编诸子集成》第七册，第45页。

[47]《说文解字》卷十上"犬部·狐"，第205页。

[48] 窦秀艳：《中国雅学史》，齐鲁书社2004年版，第158页。

[49]（清）纪昀等编：《四库全书总目提要》经部卷四〇小学类一："埤雅"条，台北艺文印书馆1968年版，第341页。

[50]（宋）沈括：《梦溪笔谈》卷十四，台北世界书局1989年版，第492—493页。

[51] 如黄季刚先生云："惟其说经，纯乎傅会，展卷以观，令人大噱。"

[52]《四库全书总目提要》卷四十"埤雅"条云："其说诸物，大抵略于形状而详于名义。寻究偏旁，比附形声，务求其得名之所以然。……然其诠释诸经，颇据古义。其所援引，多今所未见之书。其推

阐名理，亦往往精凿。谓之驳杂则可，要不能不谓之博奥也。"

［53］见窦秀艳《中国雅学史》，第182页。

［54］见丁福保《说文解字诂林》，第二册，第341342页。

［55］江远胜于《〈说文解字注〉引雅学文献研究》中提及段玉裁注《说文》共有九处：卷一"葑"、卷四"鸢""焉"、卷七"骶"、卷十"猴"、卷十三"蟛"、"蝓"、"蝛"、"疃"等援引陆佃《埤雅》之说法。见江远胜《〈说文解字注〉引雅学文献研究》，苏州大学博士论文，2013年5月，第39—40页。

［56］（宋）李焘撰：《续资治通鉴长编》卷二百八十九"元丰元年（戊午，1078）"，台北世界书局1974年版，收入杨家骆主编《中国学术名著第三辑·国史汇编》第一期书第十册，第3065上。

［57］见《续资治通鉴长编》卷三百二十七"元丰五年（壬戌，1082）"，第3382页。

［58］胡朴安著：《中国训诂学》，台湾商务印书馆1988年版，第109—112页。

［59］见窦秀艳《中国雅学史》，第181页。

《说文》邑名"更替邑旁"文献用例之研究

余　风

逢甲大学中文系

【摘要】《说文解字》邑部收有一百六十九例邑名专名,这些专名字均是"从邑、某声"的形声字,构形从邑,即鲁实先所提之"方名繁文例"。而在文献例中,除了直接使用从邑专名的地名外,亦有大量使用别字者,包括"有不从邑旁例""更替邑旁例""更替声符例""假借别字例""未见用例"等类。本文根据《说文》所收邑名,对比汉代以前之文献用例,佐以古文字之地下材料,详细分析每一类别下之文献用例,可发现部分《说文》所收从邑专名,于文献用例均是更替邑旁;有部分地名专名于文献用例则同时见有更替邑旁及从邑专名两者。

【关键词】《说文》　邑名　地名　更替邑旁

一、前言

《说文解字》邑部收有一百六十九例邑名专名,这些专名字均是"从邑某声"的形声字,构形从邑,即鲁实先所提之"方名繁文例"。而在文献例中,除了直接使用从邑专名的地名外,亦有大量使用别字者,包括"有不从邑旁例""更替邑旁例""更替声符例""假借别字例""未见用例"等类。[1]其中"更替邑旁例",即《说文》邑部所收之从邑专名,在文献用例中,见有从邑偏旁用为其他偏旁者,计有二十四例。如"郊、岐""鄐、涅""邙、芒""䣕、緜""邺、沈""鄐、黎""鄿、穰""邢、栩""邾、鼍""郴、沛""邻、桧""邹、驺""郐、徐""酀、谨""鄪、缯""郯、漆""郭、勃""鄲、谭""鄝、歙""邽、裘""邢、骈""鄝、蓼""郤、舒""郃、盖"。这些不从邑的邑名用例,大多有其根据,例如"郊"为从邑专名,得名于山名的"岐",因此文献用例字亦作"岐"。本文针对这二十四例"更替邑旁"的文献用例,一一进行分析,考究其"更替邑旁"之现象及原因。

二、"更替邑旁" 文献用例分析

（一）郂、岐

"郂"，《说文·邑部》：

郂 周文王所封。在右扶风美阳中水乡。从邑支声。

释义中，"郂" 地为右扶风美阳县中水乡之地，并说明其地名的历史缘由。文献用例多见从山支声的 "岐" 字，少见从邑之 "郂"，段玉裁注云：

> 经典有岐无郂。惟汉〈地理志〉曰："大王徙郂。文王作酆。"〈匈奴传〉曰："秦襄公伐戎至郂。" 师古曰："郂，古岐字。岐专行而郂废矣。" 许所见齫岐作郂，犹所见蓟作郪也。〈地理志〉志曰："右扶风美阳、禹贡岐山在西北。"[2]

经典文献皆作 "岐"，仅《汉书·地理志》见用为 "郂" 字，显见二字在汉代皆有用例。段玉裁认为 "郂" 为今字，"岐" 为古字。《说文·山部》未收 "岐" 字，但在 "郂" 字后则收有重文 "岐" "嵉" 字：

> 岐 郂或重山支声，因岐山以名之也。
>
> 嵉 古文郂。从枝从山。

周文王所封之地，名为 "郂"，乃得名于 "岐"，"岐" 为山名专名，钮树玉《说文校录》：

> 《文选·西京赋》薛综注引《说文》曰："岐山，在长安西美阳县界，山有两岐，因以名焉。"[3]

因山有两歧，因而名之曰 "岐"，以从 "山" 专名表示山名义；而岐山下之地名，则以从邑偏旁表其为地名义之 "郂" 字行之。因此，"岐" "郂" 二字应非古今字的历时关系，而是同一时代的共时关系，再依其地名类别、功能的不同，分别加上相关的偏旁，使其专名具有辨义作用。

（二）郖、洇

"郖"，《说文·邑部》：

㗊　弘农县庾地。从邑豆声。

释义所云"弘农县庾地"，段玉裁认为当"渡地"之误：

二《志》宏农郡首宏农县，郡县同名，故但言宏农县也。庾当作渡之误也。[4]

在释义中，并未说明"郖"地的详细地理概况，"郖"地亦不见于文献用例中。《水经注·河水》篇有"洇津"，各家均认为即"郖"，如王筠《说文句读》：

《水经注·河水》篇曰："宏农县故城东，河水于此有洇津。"洇即郖也。[5]

《水经注》原文：

门水侧城北流而注于河，河水于此有洇津，以河北有洇水，南入于河，故有洇津之名也。[6]

杨守敬校疏云：

守敬按：《大典》本、明抄本并作"洇"。《通鉴》汉献帝建安十年《注》引此作"郖"。宋元嘉二十九年《注》引作"洇"。考《说文》作"郖"，《魏志·杜畿传》作"郖津"。《穆天子传》作"洇津"。"郖""洇"通。[7]

从上引资料知，《水经》所见"洇津"之名，乃因黄河支流"洇水"而得名。"洇"字从水豆声，偏旁从水，表其为水名专名，然则《说文·水部》未收"洇"字。而用为水名的"洇"，文献用例亦见于《水经》之后，可推东汉《说文》成书时，尚未有"洇"字，但已有邑名之"郖"。

就方名繁文例而言，此地的原始地名乃假借"豆"字为之，但"豆"字无法明确表达该地名之属性，因此加上邑旁作"鄆"，表其为邑名；附近的河流，则从水旁作"湨"，表现为水名专名。而后文献用例之"湨津"又作"鄆津"，说明"湨""鄆"二字已混用。

（三）邙、芒

"邙"，《说文·邑部》：

河南洛阳北亡山上邑。从邑亡声。

其中释义"洛阳北亡山"，段注本改作"雒阳北芒山"，其云：

> "芒"，宋本或作"亡"，或作"土"。《玉篇》《集韵》《类篇》作土，今定作"芒"。……是则山本名"芒"，山上之邑则作"邙"。后人但云"北邙"，戠知芒山矣。"亡"者，讹字也；土者，浅人肊变之也。[8]

段氏将"芒"定为山名专名，而从邑之"邙"，则是邑名专字。就文献用例而言，"芒""邙"二字确实混用，如《后汉书》于"城阳恭黄祉列传"云"葬于洛阳北芒"[9]，而"桓帝邓皇后纪"则云"葬于北邙"[10]，《史记》《汉书》均有类似状况，说明此二字混用已久。

文献用例中，"芒""邙"混用，因此产生"邙"之邑名更替邑旁为"芒"之情况。就文字之源而言，"芒"当为山名专名，字不从山，假借现有文字用为山名，未另造山名专名；而"邙"则为城邑专名。

考之于地下材料，东周金文有"邙"，〈十年邙令差戈〉邙字作""，从邑令声，用为姓氏。

（四）郗、絺

郗，《说文·邑部》：

周邑也。在河内。从邑希声。

"郗"为汉代河内郡之邑名，亦为先秦之周天子之直辖邑。文献用例中，"郗"多用为姓氏，未见地名用例，而《后汉书·郡国志》于"河内郡"之"波"县下云

"波有絺城"，可联结"郖"与"絺"之关系。段玉裁曰：

> 按：郖者本字，絺者古文假借字也。前〈志〉河内郡波县，孟康云："有絺城"；
> 后〈志〉亦云河内波有絺城。按：许但云河内，不云某县者，有所未审也。[11]

段氏认为"郖"为本字，"絺"为假借，应依方名繁文例，将"郖"视为邑名专字，"絺"则是假借地名字。石刻汉印材料中，亦见有从邑"郖"，如《汉印文字征》之"🀄"[12]。

（五）邶、泚

"邶"，《说文·邑部》：

> 🀄　故商邑。自河内朝歌以北是也。从邑北声。

许书除了说明"邶"为商朝旧都外，并进行地理定位，以汉地名"河内郡朝歌县"以北之地定位之。文献用例亦常见"邶"，如《汉书·地理志》朝歌县下自注云："自纣城而北谓之邶。"

"邶"字在甲骨文地名作"🀄、🀄"，隶为"泚"，且因地域广大，尚见有"东泚、南泚、西泚、北泚"等加上方位词之例，属殷王朝的农业区及田猎区[13]。是从水的"泚"，最早为水名，再因水名而用为地名，而后有城邑，其邑名专名则改从邑旁作"邶"。

（六）黎、黎

"黎"，《说文·邑部》：

> 🀄　殷诸侯国。在上党东北。从邑称声。称，古文利。《商书》："西伯戡黎。"

"黎"字为殷商时期诸侯国"戡黎"之诸侯国名，字从"邑"。然而，在文献用例中，字均作"黎"，未见有"黎"。段玉裁〈注〉云：

> 今《商书》西伯戡黎，今文《尚书》作耆。《尚书·大传》："文王受命

五年伐耆"、"周本纪":"明年败耆国"是也。或作 ，或作饥，皆假借字也。许所据古文《尚书》作䣄，"戈部"作黎，盖俗改也。

"戡黎"之"黎"，文献用例多有假借"耆""饥"""。根据造字的观点，从邑之"䣄"为本字，再由城邑专名发展成为诸侯国名，因此段氏以为作"黎"者为俗改字。

本条材料未见其他证据，文献用例如《史记》《汉书》亦皆作黎，如《后汉书·郡国志》上党郡壹关县下之"黎亭""戡黎"，仅《说文》从邑作"䣄"，或保存了"戡黎"之"黎"的邑名专名本字。

（七）鄟、穰

鄟，《说文·邑部》：

今南阳穰县是。从邑襄声。

鄟字于《说文·邑部》之释义方式较为不同，直接以"今某地是"义界，王筠认为其中"疑有捝文"[14]，段注本则改作"今南阳穰县"。

《说文》所释"南阳穰县"，即东汉时期的南阳郡穰县，直接将从邑旁的邑名专用"鄟"与不从邑旁的假借地名字"穰"字联结。就文献用例而言，从邑旁的邑名专字"鄟县"，未见文献，仅在《汉书·地理志》的"左冯翊"下的"县"中记载"鄟祠三所"，颜注云："孟康曰：'鄟音穰。'"[15]

"穰"为秦国魏冉所封之邑，又称"穰侯"，《史记·秦本纪》："穰侯魏冉为相"，张守节《正义》："《括地志》云：'穰，邓州所理县，即古穰侯国。'"[16]而后"穰"设置为县，直至明朝废县，今河南省邓州市仍存有"穰东镇"。

然就地下材料而言，《包山简》"襄陵"之"襄"字作""（包 2.115），从邑襄声。"襄陵"两汉时期属河东郡，距离《说文》所载南阳郡甚远。而"襄陵"之"襄"为假借之地名，文献用例皆作"襄"，但于《包山简》则附加邑旁作"鄟"，用为邑名专名，是方名繁文例地下材料之证。不过"襄陵"为双音节地名，《说文·邑部》所载邑名专名之释义，皆以单音节地名为主，因此许书将"鄟"与南阳郡"穰"字联结，而未将"襄陵"纳入释义。

（八）䢞、栩

䢞，《说文·邑部》：

䢞　南阳舞阴亭。从邑羽声。

许书"䢞"之释义为南阳市舞阴县之"亭"，即"䢞亭"，是县级以下的地名。文献用例中，未见"䢞"用为地名之例。

徐锴《说文系传》于"䢞"下按语云：

臣锴按："《汉书·艺文志》有《别栩阳亭赋》，䢞假借。"[17]

关于"栩"即"䢞"之假借，朱文藻于《说文系传考异》认为：

班《志》作《别栩阳赋》五篇，无亭字。栩阳，地名；䢞，是南阳舞阴亭名。截然两地。《系传》云"䢞，假借"，未详其故，岂旧本《汉书》借䢞为栩耶？[18]

王筠《说文系传校录》则云：

朱氏云汉〈志〉无亭字。筠案：庾子山赋曰："栩阳亭有别离之赋。""䢞"假借。案，当作䢞之假借。[19]

地名"栩"，仅见于《汉书·艺文志》所列之赋篇名"别栩阳赋"，小徐本《说文》引作"别栩阳亭赋"，今本《汉书》则未见亭字，作"别栩阳赋"。王筠则引庾信所云"栩阳亭有别离之赋"证之，说明"栩阳"应即亭名。若然，则"栩"为假借之地名字，"䢞"则为加上邑旁之繁名专名字。但是，"栩阳亭"与"䢞亭"的关系，仍缺乏其他证据。段玉裁〈注〉云：

䢞者，汉时亭名。庾信赋曰"栩阳亭有离别之赋"，汉"艺文志"之"别栩阳赋"也。栩阳亭岂即䢞字耶？[20]

段玉裁校注《说文》地理材料，在方法上通常以文献上所见之地名，与《说文》互相校证。"郍"之材料过少，虽然〈艺文志〉、庾信赋有"郍阳亭"，但属双音节地名，是否即《说文》所云"南阳舞阴"之"亭"？尚待更多出土材料或其他文献证明之。

（九）邾、鼀

"邾"字，《说文·邑部》：

　　　邾　江夏县。从邑朱声。

意即江夏郡邾县，典籍均见用"邾"字，在金文国名用例字则见有作"𪔷"〈邾公华钟〉[21]，字从黾，隶为"鼀"，为"朱"字的繁形；另外尚见从邑朱声的"邾"〈邾公鈲钟〉[22]、"邾"〈邾大司马戈〉[23]，亦说明了在金文阶段，国名假借之"朱"，有增"黾"作"𪔷"的繁形，但是从邑旁以表专名的"邾"字，亦在同一时期被使用，且逐步成为国名邾字的标准字形。

（十）邤、沛

"邤"，《说文·邑部》：

　　　邤　沛郡。从邑巿声。

"沛郡"为汉代的郡制地名，西汉为郡制，东汉有封侯，因此改名为"沛国"。在邑部"邤"字下，许书用从水之"沛"字训释"邤"字，文献用例亦多作从水之"沛"。段玉裁注《说文》云：

　　　邤、沛古今字。如郔、息，酁、穰，邦、未之比。[24]

王筠《说文句读》：

　　　后汉之沛国，以鄜下说证之可知。……以沛说邤者，谓邤为专字，沛为通借字。[25]

邵瑛《说文解字群经正字》：

正字当作邶，今作沛者，假借字。[26]

段氏将"邶、沛"视为古今字的关系，王筠、邵瑛则认为"邶"为正字，"沛"为假借字。考之于《说文·水部》"沛"字：

水。出辽东番汗塞外，西南入海。从水市声。

水部所载"沛水"，位于幽州辽东郡，与豫州的沛郡相隔千里，但根据现有文献，并通查《水经注》，在豫州境内没有"沛水"，因此"水部"之"沛水"，与豫州"沛郡"之"沛"并非相同的地名，是一字多地的关系。

（十一）郐、桧

"郐"，《说文·邑部》：

　　🦴　祝融之后，妘姓所封。溱洧之间。郑灭之。从邑会声。

"郐"为先秦侯国名及地名，从邑专名的"郐"字亦常见于文献用例，如《左传·僖公三十三年》："文夫人敛而葬之郐城之下。"[27]除了"郐"字外，亦见从木之"桧"，或省邑作"会"。《汉书·地理志》：

子男之国，虢、会为大。

颜师古注云：

"会"读曰"郐"，字或作"桧"。桧国在豫州外方之北，荥播之南，溱、洧之间，妘姓之国。[28]

席世昌《席氏读说文记》：

《汉书》作会，省文；今《诗》作桧，讹字。[29]

在文献用例中，作"桧"者，用例极少；作"会"者，可考于西周晚期金文〈会妣鬲〉之"🔔"[30]；以及〈会妘鼎〉之"🔲"[31]。此二例之"会"字用为人名及姓氏，是地名"郐"之假借的本字，可知作"会"非属省文，而是"郐"之本字，而增从邑旁作"郐"，以与"会"字区别。从木作"桧"者，因用例不多，或为同音假借，抑或为传抄之讹。

（十二）邹、驺

"邹"，《说文·邑部》：

🔲 　鲁县，古郰国，帝颛顼之后所封。从邑刍声。

从邑的"邹"，与"郰""郰"及从马的"驺"字有密切关系，不但《说文》正文及释义时常互见，且在文献用例亦然。段玉裁考证"邹"字地名时，论之最详：

鲁国驺，二"志"同。二"志"作"驺"，许作"邹"者，盖许本作鲁驺县，如"今汝南新息""今南阳穰县"之比，浅者乃删去驺字耳。周时或云邹，或云朱娄者，语言缓急之殊也。周时作邹，汉时作驺者，古今字之异也。郰娄，各本无娄，今依《韵会》所据正。……郰娄之合声为邹，夷语也。

段氏的论证中，"邹""驺"为古今字，周作"邹"，汉作"驺"，同时也提出《说文》"邹"字释义之疑。其中"驺"为汉字，其论据乃根据《汉书·地理志》及《后汉书·郡国志》鲁国下均作"驺县"。但周作"邹"、汉作"驺"之说法可商。王筠《说文句读》于"郰"字下释云：

《檀弓》《左传》皆作"郰"，《论语》作"鄹"，《史记·孔子世家》作"陬"，移邑于左也。字又借"邹"，《水经注》鲁国邹山，即峄山，郰文公所迁。[32]

王筠认为"邹"为"郰""陬""鄹"等字的假借。

桂馥《说文义证》则提出了"邹""驺"二字之用例：

《邹山记》："驺山，古之峄山，郰文公之所卜，山下是驺县，本是郰国，鲁穆公改驺山，从邑变，故谓邹山。"《世本》："邾颜居邾肥，徒郰。"馥案：徒郰者，后封为小邾子。[33]

此段引文，从"驺山"地名之变迁，说明驺县的"峄山"，原属邾国，而后改名为"驺山"，再变为"邹山"。

原在山东半岛，鲁国的邻国"邾"，有山名曰"峄山"。鲁穆公时期，邾文公迁都于峄山下，改称之为"驺山"。是知从山睪声之"峄"，原为"峄山"之山名专名；从邑朱声的"邾"，则是邑名专名。而后邾国迁都峄山，新都称之为"驺"，因此"峄山"亦作"驺山"；而新建城邑之"驺"，亦有加上邑旁之专名"邹"行于世，即〈邹山记〉所谓"从邑变"者。

《史记·秦始皇本纪》："二十八年，始皇东行郡县，上邹峄山。"《汉书·地理志》鲁国下设"驺县"，并云"故邾国，曹姓，[34]二十九世为楚所灭。峄山在北。莽曰驺亭"。[35]到了秦汉时期，"驺山"则仍称为"峄山"，但是其地已划归"驺县"。"邹""驺"二字仍然并见。就文字发展的脉络而言，先有"驺"，而后有从邑之"邹"，而非如段玉裁所谓"周时作邹，汉时作驺者，古今字之异也"。其"邾娄合声为邹"，亦无直接证据。"邹"后起之邑名专名，本字为"驺"。

（十三）郐、徐

郐，《说文·邑部》：

邾下邑地。从邑，余声。鲁东有郐城。读若涂。

"郐"字《说文》释云邾国之下邑，但未见于文献用例。《周礼》："伯禽以出师征徐戎。"〈注〉文："《释文》'徐戎'，刘本作'郐'，音'徐'。按：今文《尚书》盖作'郐戎'。"[36]清代说文学家多依此说将"郐"与"徐"联结。

《史记·鲁周公世家》："（顷公）十九年，楚伐我，取徐州"。司马贞索隐曰：

按：《说文》："郐，邾之下邑，在鲁东"。又《郡国志》曰："鲁国薛县，六国时曰徐州。"又《纪年》云："梁惠王三十一年，下邳迁于薛，故名曰徐州。"则"徐"与"郐"并音舒也。[37]

现有文献中,未见"邻"字用为地名之用例,仅见于《说文解字》;而作"徐"者多。

考之于地下材料,金文见有大量"徐王""徐子"之铭文,字皆从邑作"邻",如〈邻王糧鼎〉"邻王"之"🖼"[38],〈冉钮铖〉"伐邻"之"🖼"[39],〈沇儿镈〉"邻王"之"🖼"[40]《金文编》"邻"字下云:"经典通作'徐'。"[41]《包山楚简》亦见"邻",字作"🖼",用为人名。

《说文·邑部》所列"邻"字,虽不见于文献材料,但从金文、楚简等材料中,则大量保存了从邑之"邻",并能印证"邻""徐"二字之关系,《说文》亦保存了地名"徐"从邑偏旁之专名"邻"。

（十四）鄟、讙

鄟,《说文·邑部》:

🖼 鲁下邑。从邑萑声。《春秋传》曰:"齐人来归鄟。"

《说文》所引《春秋传》"齐人来归鄟",今本《春秋传》皆作"讙",段玉裁谓:"三经三传皆同,许所作鄟,容许所据异也。"[42]邵瑛于《群经正字》则云:

正字当作"鄟"。今作"讙",假借字。汉〈地理志〉"泰山郡"刚、巨平二县下,应劭注两引《春秋传》俱作"鄟",师古曰:"鄟音讙。"

目前文献中,未见有"鄟"用为地名的用例,仅见于《说文》;而"讙"之用例则常见于文献中。除了"齐人来归讙"之例外,又如《左传·桓公三年》:"九月。齐侯送姜氏于讙。公会齐侯于讙。"[43]《史记·齐太公世家》:"悼公元年,齐取讙、阐。"[44]是知"讙"之用字年代甚早。若"讙"为"鄟"之假借字,则现存文献及校注中,应有相当数量之并见用例,如上文之"邹""驺"例。目前仅《说文》存有"鄟"字,笔者以为,此例"讙"当为地名本字,从邑之"鄟"则是转注造字,用为邑名专名,以与"讙"之"喧哗"本义相别。

至于从邑专名之"鄟",虽未见于文献,但仍可见于地下材料。《新蔡简》有鄟字,作"🖼"(甲3.32)、"🖼"(甲3.294),二例"鄟"皆用为姓氏。

（十五）鄫、缯

鄫,《说文·邑部》:

鄫　姒姓国。在东海。从邑曾声。

"鄫"字为文献常见之国名,字从邑,亦属邑名专名。部分文献有作"缯"者,如《国语·周语》:"杞、缯由大姒。"[45]《汉书·地理志》东海郡有"缯县"[46]。段玉裁整理鄫、缯用例云:

> 按:国名之字,《左传》作"鄫",《国语》作"缯",《公羊》作"鄫",《穀梁》作"缯"。《左释文》于"鄫"首见处云:"亦作缯。"据许,则国名从邑也;汉县名从纟。[47]

若如段氏所云"国名从邑,汉县名从纟",实仍无法解析《国语》《谷梁》等材料所见国名仍从纟作"缯"的问题。

依方名繁文例,以及《说文·邑部》所见诸例,从邑之地名乃为了强化邑名的辨识度,以及为了防止与假借字之本义混淆,进而以字造字、转而注之的邑名专名。因此从纟的"缯"仅属用为地名的假借字,时代可能较"鄫"字早;而从邑之"鄫"则是加上邑旁以别义的邑名专名,两字在先秦时期均有用例。

(十六)郲、漆

"郲",《说文·邑部》:

郲　郲,齐地也。从邑来声。

"郲"字释义仅云"齐地",定理定位较为模糊,亦未见于文献用例,因此关于"郲"地之属,有主张为"郲"者。如劭瑛《群经正字》:

> 按,郲于齐地无考,《春秋传》亦不见,疑或郲字之讹。《襄十四年左传》:"齐人以郲寄卫侯。"杜注:"郲,齐所灭郲国。"按,郲即莱,"襄六年":"齐侯灭莱,迁莱于郳。""二十八年":"齐庆封田于莱。"……则莱本国也,而竟为齐地矣。或郲旁漫灭而讹为来。二徐不加深考,加以来卜字之翻切,未可知也。《左襄二十一年》:"邾庶以漆闾邱来奔。"释文:"漆,本或作涞。"此亦其证。漆隶或作涞,见〈韩勅礼器碑〉。漆字偏旁或作来,见〈新莽侯钲〉及〈郑固碑〉。滕字偏旁莱,与来之俗体相近,来更相类,故易致讹。[48]

劭氏以"桼""来"构形相近、声音相近,推论"邿"即"郲",且《说文》未收"郲"字,此说可从。

另有将"邿"与"漆"联结者,如李振兴《说文地理图考》:

> 今案:《左传·襄公二十一年》:"邾庶其以漆闾丘来奔。"杜注:"漆,闾丘二邑,在高平南平阳县东北,有漆乡。"《汉书·地理志》:"山阳郡有南平阳县。"孟康曰:"邾庶期以漆来奔,又城漆,(今漆乡)是。"……案:漆本水名,疑以名地去水加邑。[49]

刘雨〈信阳楚简释文与考释〉亦云:

> 此字在"遗册"中几十见,有"邿缇履""邿青黄之缘""邿本扶""邿雕辟""邿案""邿缘"等。此"邿"即"漆"的假借。……《春秋·襄公二十一年》"邾庶其以漆闾邱来奔",此"漆"即齐地之"邿"的假借字。[50]

"漆"为从水之水名专名,《说文》"漆"字释云"水。出右扶风杜陵岐山,东入渭。一曰入洛。"其流域皆不在齐地。而《春秋》之"邾庶其以漆闾邱来奔"者,"邾"国位于鲁国旁,地近齐,但《说文》释义中的地理定位,"齐""鲁"分明。因此"邾若"漆"与"邿"相同,则从之"漆"当与源出岐山之漆水属多地一名。

地下材料,如"多友鼎"之"𤔲",及《睡虎地秦简》之"𡩋",此二字释为"邿",右半均从邑,是知"邿"字的源相当早。

(十七)郣、勃

郣,《说文·邑部》:

𥛱 郣海地。从邑孛声。一曰地之起者曰郣。

《说文》所载从邑专名之"郣",于文献无用例,《玉篇》"郣"字则释"郣海郡"。许书释云"郣海地",校释诸家皆与"渤海""勃海郡"联结之。桂馥《说文义证》:

> 《汉志》有"郣海郡",《武帝纪》作"敦"。《扬雄传》作"勃"。《淮南书》

亦作"勃"。高诱曰:"勃,大也。"《南山经》:"丹水南流,注于渤海。"郭注:"渤海,海岸曲崎头也。"本书"澥"下云:"勃澥,海之别名。""勃"亦当作"郣"。[51]

桂氏从文献中,联结了"敦""渤""勃"与"郣"字之关系,由此亦可证"郣"为"勃海郡"之邑名专名。

虽然"郣"字于今本文献中没有用例,但地下材料已有从邑孛声之"郣"。如战国时代〈廿二年左郣矛〉之"[字形][52],汉印亦有"郣"字之用例,如"[字形]""[字形]"[53],足可证明《说文》"郣"字有实际之用例。

就形构而言,"勃地"之"勃"为假借地名字,为了与"勃"区别,因此海域之水名专名另加水旁,转注造字为"渤";邑名专名,则将偏旁改从邑旁,另造"郣"字。至于作"敦"者,因属形近之讹。

(十八)郯、谭

郯。《说文·邑部》:

[字形]　国也。齐桓公之所灭。从邑覃声。

许书释义齐桓公所灭之国,文献作"谭"。段玉裁注云:

> 按:《诗》《春秋》《公》《谷》皆作"谭"。许书又无谭字,盖许所据从邑。〈齐世家〉讹作郯,可证司马所据正作"郯"。"郯"、"谭",古今字也。许书有谭长,不以古字废今字也。

段氏认为"谭"为今字,"郯"为古字,《说文》收古字"郯"。根据地名字的形成脉络而言,"谭""郯"二字应属共时文字,"谭"为假借之国名,"郯"则是用为邑名之新造专名字。

(十九)鄅、歈

鄅,《说文·邑部》:

鄒　地名。从邑翁声。

许书〈邑部〉所收邑名专名之后段专名字，多为不明确者，故释义多仅云"地名"，未有详细之地理定位。"鄒"字仅释云"地名"，即属此例。"鄒"字于文献中查无用例，徐锴《说文传系》云："今作歙县也。"[54] 此为"鄒"地唯一孤证。"歙"县即今安徽歙县，"鄒"则为其邑名专名。

（二十）郲、裘

郲。《说文·邑部》：

郲　地名。从邑求声。

《说文》于"郲"字释义未有明确的地理讯息，《玉篇》"郲"字下云："郲乡，在陈留。"[55] 王绍兰《说文段注订补》：

　　补曰：《玉篇》："郲乡，在陈留。"案：《水经·渠水注》云："沙水又东南，径陈留县裘氏乡、裘氏亭西。又径澹台子羽冢东。"《陈留风俗传》曰："陈留县裘氏乡，有澹台子羽冢，又有子羽祠，民祈祷焉。然则陈留县之裘氏乡，即《玉篇》所云郲乡，在陈留者。'郲'，正字，'裘'段借字。单呼曰郲，累呼曰裘氏也。"[56]

王氏补充之资料，为目前"郲"地考证论述最详者。《玉篇》所云陈留郲乡，文献用例亦作"裘氏乡"。"郲"为从邑之邑名专用；从衣之"求"则为地名假借字。

《包山楚简 2.167》有"　"字，隶为"郲"，用为姓名。《说文》所载从邑求声之"郲"虽不见于文献用例，地理定位亦无考，但由地下材料仍可证明"郲"字于先秦两汉仍有用例。

（二十一）郱、骈

郱，《说文·邑部》：

郱　地名。从邑并声。

"郱"地于《说文》释义之地理定位不明确，考之于文献用例，"郱"地均在齐地。如《左传·庄公元年》："齐师迁纪，郱、鄑、郚。"[57]同样的用例亦见于《公羊传》及《穀梁传》。又，《后汉书·郡国志》于"齐国"下有县"临朐"，云："有三亭，古郱邑。"

《汉书·地理志》于"齐郡"之"临朐"县下，未注有"郱"，应劭云："临朐山有伯氏骈邑。"[58]字作"骈"。此为"郱"字于文献用例中，唯一从"马"不从"邑"之例。

（二十二）鄝、蓼

鄝，《说文·邑部》：

地名。从邑翏声。

许书未于"鄝"字释义交代其地理定位，仅云"地名"。而"鄝"字于文献用例亦少，仅《穀梁传·宣公八年》之"楚人灭舒、鄝"。陆德明释文云："鄝音了本，又作蓼，国名也。"[59]同样的材料，文献用例字又从艸作"蓼"，如《左传·宣公八年》之"楚人灭舒、蓼"[60]。

包山楚简亦有字作"鄝"，字作，从邑翏声，与《说文》同，多用为人名，亦有用为地名者，如〈包 2.153〉之"鄝昜"。因此地名之"鄝"在先秦时期已广为通用。

（二十三）䣇、舒

䣇，《说文·邑部》：

地名。从邑舍声。

"䣇"字于《说文》亦未见有地理定位，释义仅云其为也名。段玉裁认为：

> 按：《玉篇》引《春秋》："徐人取䣇。"杜预云："今庐江舒县。"按：〈僖〉三年、三《经》皆作"舒"。〈鲁颂〉亦作"舒"。二〈志〉庐江舒县，亦皆作"舒"，未审希冯所据。[61]

目前文献用例不见作"䣇"者，仅《玉篇》引《春秋》见有"徐人取䣇"，因此段玉裁对《玉篇》所引《春秋》之材料来源提出质疑。而先秦之"舒"国，是否即《说文》所指之"郘"？虽然古今多数研究者均将"舒""郘"两字联结，但亦仅供参考。

（二十四）盫、盖

盫，《说文·邑部》：

　　盫　地名。从邑盍声。

许书于"盫"字释义仅云"地名"，"盫"字于文献亦无用例。段玉裁从古籍寻找与"盫"形构相关的地名"盖"，试着与"盫"地联结：

　　二《志》泰山郡皆有盖县，《孟子》有"盖大夫"。《广韵》"盖"姓，字书作盫。[62]

段玉裁为清代精通地理及文字学之学者，因此《说文》未加地理定位之邑名专名，段氏根据文献邑名用例常见更替邑旁之通则，将《汉书·地理志》《后汉书·郡国志》所以"盖县"与"盫"地联结。若然，则"盖"为从艸之假借地名用；"盫"则为邑名专用，可备一说。

三、结语

徐灏《说文解字注笺》于"郭"字下云："凡地名相承，增改邑旁者，不可枚举。此实勃海郡字，后出从邑耳。"《说文》所收从邑旁之地名，均见于〈邑部〉，井然有序，然而地名在实际的使用过程里，却不一定从邑部，其中"更替邑旁"者如本文统计之二十四例。

地名字在历史发展的过程中，因为数量过多，原本单一文字假借为地名的情况，已无法从地名单字判断其地名之属性，因此部皆专名加上了"通名"，以通名别义；而部分专名则更改其文字结构，加上特定偏旁以别义。其中数量最多的是从"邑"旁之邑名专名，及从"水"旁之水名专名。但是实际的文献用例里，却有本该从"邑"旁者，却有见于不同偏旁者。

若就地名用字之源流观察，大抵凡从邑专名多为后起字，这些从邑旁之专名，在文献用例中却被更替邑旁。其中有多数文献用例皆是更替邑旁，广泛见于文献用例，代表其广泛被使用；有些则部分见用更替邑旁，部分则仍从邑旁者，说明文献用例之混用情况。若考之于古文字，则亦见有古文字从其他偏旁，到了《说文》收录时则从邑旁，说明了《说文》收录邑名也考虑了"分别部居，不相杂厕"之原则，因此部分从其他偏旁之邑名，到了《说文》则皆从邑旁，也影响了文献用例。

注释：

［1］余凤《说文邑名构形用例论析》，《第二十八届中国文字学国际学术研讨会论文集》，台湾大学中文系，2017年。

［2］段玉裁《说文解字注》，台北万卷楼2002年版，第287页。

［3］（清）丁福保编：《说文解字诂林正补合编》，台北鼎文书局1994年版，第5-1262页。下引均简作《说文诂林》。

［4］《说文解字注》，第289页。

［5］《说文诂林》，第5—1288页。

［6］（北魏）郦道元注，杨守敬、熊会贞疏：《水经注疏》，江苏古籍出版社1989年版，第335页。

［7］《水经注疏》，第335页。

［8］《说文解字注》，第290页。

［9］（刘宋）范晔撰、（唐）李贤等注、（晋）司马彪补志、杨家骆主编《后汉书·宗室四王三侯列传》第四"城阳恭王祉"，台北鼎文书局1981年影宋绍兴本，第562页。本文以下凡引自《后汉书》，皆简作《后汉书》卷某《篇某》。

［10］《后汉书》皇后纪第十下"桓帝邓皇后"，第445页。

［11］《说文解字注》，第290页。

［12］汉语大字典字形组编《秦汉魏晋篆隶字形表》，四川辞书出版社1985年版，第430页。

［13］详见拙著《殷墟甲骨刻辞地名字研究》，逢甲大学中国文学系博士论文，2013年，第97页。

［14］《说文诂林》，第5—1337页。

［15］（汉）班固撰、（唐）颜师古注《汉书》卷二十八"地理志"第八上，台北鼎文书局1986年版，第1545页。

［16］（汉）司马迁撰、（刘宋）裴骃集解、（唐）张守节正义《史记》卷五《秦本纪》，台北鼎文书局1981年版，第210页。

［17］《说文诂林》，第5—1339页。

［18］《说文诂林》，第5—1339页。

[19]《说文诂林》,第5—1339页。

[20]《说文解字注》,第295页。

[21]《殷周金文集成》,第245页。

[22]《殷周金文集成》,第102页。

[23]《殷周金文集成》,第11206页。

[24]《说文解字注》,第297页。

[25]《说文诂林》,第5—1357页。

[26]《说文解字诂林》,第5—1357页。

[27]《重刊宋本左传注疏》卷十七"僖公·三十三年",清嘉庆二十年南昌府学刊本,第291—2页。

[28]《汉书》卷二十八下"地理志"第八下,第1652页。

[29]《说文解字诂林》,第5-1367页。

[30]中国社会科学院考古所:《殷周金文集成》,中华书局1984年版,图版编号536。下引简作《集成》。

[31]《集成》,第2516页。

[32]《说文解字诂林》,第5—1377页。

[33]《说文解字诂林》,第5—1377页。

[34]《史记》卷六"秦始皇本纪",第242页。

[35]《汉书》卷二十八下"地理志"第八下,第1637页。

[36]《周礼注疏·秋官司寇下》卷三十六校勘记,清嘉庆二十年南昌府学刊本,第554—2页。

[37]《史记》卷三十三"鲁周公世家第三",第1547页。

[38]《殷周金文集成》2675号。

[39]《殷周金文集成》428号。

[40]《殷周金文集成》203号。

[41]容庚:《金文编》,台北中华书局1985年版,第112页。

[42]《说文解字注》,第299页。

[43]《左传注疏》卷六"桓公三年"。第103—1页。

[44]《史记》卷三十二"齐太公世家第二",第1507页。

[45]《国语》卷第二"周语中",上海古籍出版社1978年版,第45页。

[46]《汉书》卷二十八上"地理志"第八上,第1588页。

[47]《说文解字注》,第300页。

[48]《说文诂林》, 第 5—1395 页。

[49] 李振兴:《说文地理图考》, 台湾政治大学中国文学研究所硕士论文, 1972 年, 第 143 页。

[50] 刘雨:《信阳楚简释文与考释》, 见《信阳楚墓》, 文物出版社 1986 年版, 第 128 页。

[51]《说文解字诂林》, 第 5—1339 页。

[52]《集成》11508 号。

[53] 汉语大字典字形组编:《秦汉魏晋篆隶字形表》, 四川辞书出版社 1985 年版, 第 437 页。

[54]《说文解字诂林》, 第 5—1408 页。

[55]（梁）顾野王著、（宋）陈彭年重修《大广益会玉篇》, 中华书局 2004 年版, 第 11 页。

[56]《说文解字诂林》, 第 5—1408 页。

[57]《左传注疏》卷八 "庄公元年", 第 137—1 页。

[58]《汉书》卷二十八上 "地理志" 第八上, 第 1583 页。

[59]《重刊宋本谷梁注疏》卷第十二 "宣公八年", 第 119—1 页。

[60]《重刊宋本左传注疏》卷十二十二《宣公八年》, 第 379—1 页。

[61]《说文解字注》, 第 302 页。

[62]《说文解字注》, 第 302 页。

《说文》以古籀作为字头的字条整理及原因分析

李 娜

河北大学历史学院

【摘要】《说文》多是以篆文作为字头，但也有古籀作为字头的字例。许慎这样安排并不是随意的，大概有八个方面的考虑，分别为：为了以其为部件的字有所属、为了能够有所属而归于某部之下、为了使其所在的部更丰富、为了使构形理据更容易说解、篆文字形中的某一部分在《说文》中不单独成字、保留古文经的原貌、部件间的关系考虑、追求字形的简省。

【关键词】《说文解字》篆文 古籀 字头

王力主编的《古代汉语》介绍《说文解字》（以下简称《说文》）时指出："每个字都是先列小篆形体,然后进行说解。"[1] 许慎在《说文·叙》中指出:"今叙篆文,合以古籀，博采通人，至于小大"，说明许慎在《说文》中是以篆文为主，但是会利用古籀形体。翻检《说文》,的确多以篆文作为字头，但也有以古籀作为字头的情况。许慎这样安排，并不是他的失误，也不是随笔所致，而是经过了周密考虑。具体原因可以分为七类，文章就以字例说明。

一、以古籀作为字头是为了以其为部件的字有所属

1. 上（丄）：高也。此古文上。指事也。凡丄之属皆从丄。𠄞，篆文丄。

案：把上的字头写成"丄"，标明是"古文"，而没有把篆文"𠄞"列为字头，目的是使帝和旁有所属。在"帝"下云："篆文皆从二。二，古文上字。辛示辰龙童音章皆从古文丄。"这样来看，古文当标为"二"，而不该是"丄"。

2. 亯（宫）：献也。从高省，曰象进孰物形。《孝经》曰：祭则鬼亯之。凡亯之属皆从亯。𣎴（亭），篆文亯。

案：以亯为部首的字共有三个，如果以篆文作为字头，就会使其中的两个即

𩫖（yōng）和䈞（dǔ）无法安置，所以以古籀作为字头许慎是有其考虑的。

3. 𧰼(𧰽)：小豕也。从彖省，象形，从又持肉以给祠祀。凡豚之属皆从豚。豚（豚），篆文从肉豕。

案：篆文从肉豕于字形容易说解，但却以较为复杂的古籀作为字头，目的大概是为了让以之作为部首的𧰿（wèi）字有所归属。

4. 𦣝（𦣝）：顄也。象形。凡𦣝之属皆从𦣝。頤（颐），篆文𦣝。𩠐（𩠐），籀文从首。

案：不以篆文作为字头，大概有两方面的考虑：其一，若以颐作为字头，那么就没有𦣝部，以之为部首的巸（yí）字无法安置，因为巳是声符。其二，归入页部后它的意义不明显。

5. 内（𠃭）：兽足蹂地也。象形。九声。《尔疋》曰：狐狸貛貉丑，其足蹞，其迹厹。凡厹之属皆从厹。蹂（蹂），篆文从足柔声。

案：不以篆文为字头大概有这样的两点考虑：其一，如果以篆文为字头，从足柔声，就要置于足部，那么内就要作为异体置于蹂字条中，就不会有内部，那么以内作为部首的禽、离、万、禹、𪓐（fèi）、离（xiè）等字就无所属；其二，古籀为象形字，更容易表达意义，让人一目了然。

二、以古籀作为字头是为了能够有所属，归于某部之下

6. 下（丅）：底也。指事。𠄟，篆文丅。

案：把字头写成“丅”，而没有写成“𠄟”，是因为这样做可以使“下”有所属。实际上，“上”和“下”字形有关联，是短笔在上还是在下的区别，但却谈不上“下”以“上”作为部件。

7. 宷（宷）：悉也，知宷谛也。从宀，从釆。審（审），篆文宷从番。

案：篆文“审”从番，番不是部首，是釆部下的一个字，而以古籀作为字头，宷从釆，便有所属。

8. 𦎧（𦎧）：孰也。从亯从羊。读若纯。一曰鬻也。𦏧（𦏧），篆文𦏧。

案：它的篆文是以亯为部首的，但是亯为了使𩫖（yōng）和䈞（dǔ）有所属，所以选择古籀作为字头，𦎧只有以古籀作为字头才能置于亯部之下。

9. 丽（䴡）：旅行也。鹿之性，见食急则必旅行。从鹿，丽声。《礼》：丽皮纳聘。

盖鹿皮也。𠂳（丽），古文。丽（丽），篆文丽字。

案：由籀文作为字头，就可以归于鹿部下。如果以篆文作为字头，则无所属。即便按照《说文》的观点将其归入上部，也没有理据可以讲。

三、以古籀作为字头是为了使其所在的部更丰富一些

10.譱（𧭛）：吉也。从誩，从羊，此与义美同意。善，篆文善从言。

案："善"篆文从言，但却要以古籀作为字头，从并不常见的"誩"（jiàng），大概这些既从×又从重×的字多归入重×部；再者，"善"篆文从言，古籀从重言（誩），言部字已经很多，而誩部字却非常少（部下统有三个字），有丰富誩部的可能。

11.舃（舄）：雗也。象形。鵲（鹊），篆文舃从隹昔。

案：篆文是形声字，如果以它作为字头仍然可以说明问题，但却选择象形字的古籀，可能象形的字形更容易理解，但篆文已经很大程度上失去了象形性，这样安排的目的也是为了让乌部不至于太单薄，如果以篆文作为字头，它就会放于隹部，那么乌部下就还有一个焉字。

12.𨞜（𨞜）：里中道。从𨛜，从共，皆在邑中所共也。䢽（巷），篆文从𨛜省。

案：篆文更为常见，字形简单容易识别，如果以篆文为字头，那么就要归入邑部，这样𨛜部下就只剩一个𨛜（xiāng）字了，就会显得特别薄弱。同时，从𨛜比从邑的理据性也要更强。

13.㳄（𣴉）：水行也。从沝㐬，㐬，突忽也。㳊（流），篆文从水。

案：篆文的构字理据很清晰，如果以篆文作为字头则应该归入水部。水部是一个大部，统属的字很多，而沝（zhuǐ）部则较为单薄，若和涉同归于水部，则沝只有部首字了。

14.𣥯（𣥯）：徒行厉水也。从沝，从步。𣥵（涉），篆文从水。

案：此字情况同于㳄字。篆文的构字理据也很清晰，如果以篆文作为字头则应该归入水部。沝（zhuǐ）部较为单薄，若和流同归于水部，则沝只有部首字了。

15.厵（𤊅）：水泉夲也。从蟲出厂下。原（原），篆文从泉。

案：不以篆文作为字头，而以厵作为字头，是使蟲（xún）部不成为孤立的一部。不放于厂部，是从意义的角度考虑的，与泉水意义更近。

16. 灥（圖）：捕鱼也。从鱻从水。䰼（渔），篆文灥从鱼。

案：不以常见的篆文作为字头，而是以古籀作为字头，为的是使鱻部不致过于孤立。若以渔为字头，或可归入水部，其意义容易被湮没不显，也会导致鱻部没有所属的字形。在书中有些部首没有以之为部首的字，也就是说在可以变通有以之为部首的字时，许慎便不会使之孤立。如"从"便归入人部，只因"从"并无所属之字。但凡重部字有所统属的字时，便会另立一部，如并、炎、惢、麤、所、狀、屾、卅、舜、珏、弜、孨（zhuǎn）等均是。

17. 翼（圖）：翄也。从飞，异声。圖（翼），篆文翼从羽。

案：徐锴本：翼，籀文，《玉篇》同。《说文》不以篆文作为字头，而以籀文为字头，是不使飞部孤立无属。由此类字观之，当某一个部过于孤立时，只要有从它之字，即便是籀文，也要以籀文作为字头，将篆文作为异体。

四、为了使构形理据更容易说解

构形理据容易说解又可以分为两类：

（一）字头的古籀形体比篆文更富有理据性

18. 折（𣂞）：断也。从斤断艸，谭长说。𣂞，籀文折从艸在仌中，仌寒故折。𢾭，篆文折从手。

案：折，从艸从斤，表示以斤断艸，字形解释得清楚明白，籀文解析虽然误解了两"屮"中间的两短横，但却也是和"𣂞"直接相关，所以仍然放在了篆文的前面。而篆文则是将两"屮"讹变成了"手"，缺乏理据。

19. 鬻（圖）：五味盉羹也。从鬲、从羔。《诗》曰：亦有和鬻。鬻（鬻），鬻或省。𩱥（䰞），或从美鬻省。羹（羹），小篆从羔从美。

案：以古籀作为字头，将羹汁的美味表现得淋漓尽致。鬲中有羊羔肉，热气腾腾，令人垂涎欲滴。篆文从羔从美，是"𩱥"的简体，理据性较古籀减弱。

20. 隶（隸）：附箸也。从隶，柰声。隸（隶）：篆文隶从古文之体。

案：籀文的构形理据非常清晰，形声字。篆文左边是"祟"，不好解析其在构形中的作用。

21. 教（斆）：觉悟也。从教；从冂，冂，尚蒙也；臼声。斈（学），篆文教省。

案：它的古籀字形和所属的部"斆"字形结构关系非常直接，也许在许慎看来构形理据是非常强，解析起来是容易说明白的。而篆文则是古籀的简省字形，先说古籀再解析学更好解释清楚。再者，把篆文作为字头，那么"学"就无法归于教部，也会使教部没有统辖的字，过于孤单。

22. 爽（爽）：明也。从㸚，从大。徐锴曰大其中隙缝光也。爽（爽），篆文爽。

案：古籀和篆文均从㸚，无论以哪个作为字头都可以放在㸚部下。但是古籀于理据更容易解析。而篆文从大从夰（gǎo），不易解析夰在构形中的作用。

23. 虡（虡）：钟鼓之柎也，饰为猛兽。从虍，异声，象其下足。鐻（鐻），虡或从金豦声。虡（虡），篆文虡省。

案：篆文是古籀之省文，如果不以古籀作为字头且先前在前面出现，篆文则不易说明白。

24. 甛（甛）：长味也。从旨，咸省声。《诗》曰：实覃实吁。覃（覃），古文覃。甛（甛），篆文甛省。

案：篆文是籀文的简省字形。解释了籀文，才能说清楚篆文字形的结构。

25. 鼂（鼂）:匽鼂也，读若朝。扬雄说:匽鼂，虫名。杜林以为朝旦，非是。从黾，从旦。鼂（鼂），篆文从皀。

案：古籀和篆文均从黾，但若以篆文作为字头，从皀之字均与饮食有关，构形理据不容易说解。

26. 爟（爟）：塞上亭守熢火者。从𩰊、从火，遂声。熢（熢），篆文省。

案：以古籀作为字头，是完整的字形，理据清晰，篆文的简省是以之为基础的，这样篆文也容易说解。

27. 躬（躬）：弓弩发于身而中于远也。从矢，从身。射（射），篆文躬从寸。寸，法度也，亦手也。

案:"射"与"矢"有关系，理据性强，容易说解。篆文从身，从寸，因为"身"是讹变的部件，所以篆文反倒不容易说清楚了。而篆文"射"又是常用字形，但从理据的角度考虑，还是要以古籀作为字头，而不是常见的篆文字形。

28. 仝（仝）:完也。从入，从工。全（全），篆文仝从玉。纯玉曰全。㒰（㒰），古文仝。

案：篆文全从玉，它的意义更狭窄，不如籀文仝意义涵盖更广，从这一意义的角度来说仝更容易说解。

29. 隓（隓 huī）：败城阜曰隓。从𨸏，差声。墮（墮），篆文。

案：《说文》中并无垈，完全可以以墥作为字头。但从意义来讲，可能从𨸏比从土更贴合。比如𨸏部下阯，还有异体址，却把从𨸏的阯作为字头。

（二）为了使以之作为部件（声符或义符）字的理据性容易说解，这类字都是部首字

30. 吕（吕）：脊骨也。象形。昔太岳为禹心吕之臣，故封吕侯。凡吕之属皆从吕。膂（膂），篆文吕从肉，从旅。

案：篆文从肉从旅，如果以它作为字头，应该置于肉部，那么吕也要作为异体放于膂字条中，吕部也就不存在了，那么躳所从的吕就不易说解了。而躳没有放于身部下，大概是为了照顾吕部，使吕部不至于只有一个"吕"字，不然置于身部完全可以。

31. 市（巿）：韠也。上古衣蔽前而已，市以象之。天子朱市，诸侯赤市，大夫葱衡。从巾，象连带之形。凡市之属皆从市。韨（韨）：篆文市从韦，从发。

案：若以篆文为字头，则应该归入韦部。而市部下只有一个袷字，而它又有异体作韨，如果没有市部，袷也完全可以归入韦部，以袷作为异体列于袷字条内，可是以市作为部件的一批字，如以之作为义符的袷和以之作为声符的肺、狒、怖、沛、鲈、抺、酨、牪、迏等字就不能很好说解，不如以之作为字头更突出这个市字。

五、篆文字形中的某一部分在《说文》中不单独成字

32. 肄（肆）：肄，习也。从聿，希（yì）声。肄，籀文肄。肄（肄），篆文肆。

案：篆文的声符在《说文》中并不单独成字，是"疑"的一部分。而古文肄的声符"希"在《说文》中是作为一个部首存在的。

33. 𢍺（𢍺）：具也。从廾，阞声。𢍺（𢍺），古文𢍺。𢍺（𢍺），篆文𢍺。

案：以籀文作为字头可以说得清楚明白，形声字。若以篆文为字头，上面的部分在《说文》中不单独成字，无法说得如籀文一样明白。

六、保留古文经的原貌

34. 栞（栞）：槎识也。从木、㚒㚒，阙。《夏书》曰：随山栞木。读若刊。栞（栞），篆文从开。

案：㚒㚒在《说文》中并未单独成字，但却以古籀作为字头，和上面第五条情况相悖。篆文从木，开（jiān）声，字形结构清晰，开（jiān）在《说文》中充当部首。

但却不以篆文作为字头，可能就是因为古文《尚书》中使用的就是栞，即古籀字形。

35. 盥（盟）：《周礼》曰：国有疑则盟诸侯，再相与会，十二岁一盟。北面诏天之司慎、司命，盟，杀牲歃血，朱盘玉敦，以立牛耳。从囧，从血。盟（盟），篆文从朙。盟（盟），古文从明。

案：篆文从朙，朙在《说文》中也是一个部，从朙和从囧在构字理据上都容易讲通，但是却以籀文作为字头，可能主要还是因为《周礼》中用到的是盟字。同时，如果以篆文作为字头，则要归入朙部，那么囧部下就没有可以领属的字了，过于单薄。

七、部件间的关系考虑

许慎在《说文解字·叙》指出："分别部居，不相杂厕。其万物咸覩，靡不兼载。"徐锴解释曰："分部相从，自许始也。"许慎不仅把同属于一部的字归于一类，同时把意义相因的部排列在一起，形成一个有意义关联的网。

36. 〈（〈）：水小流也。《周礼》：匠人为沟洫，耜广五寸，二耜为耦。一耦之伐，广尺深尺谓之〈，倍〈谓之遂，倍遂曰沟，倍沟曰洫，倍洫曰巜。凡〈之属皆从〈（quǎn）。〈（畎），古文〈从田从川。〈（畎），篆文〈从田犬声六畎为一亩。

案：〈部下没有其他字，因此不会考虑从〈之字无所属。其以籀文作为字头，考虑大概有两点：其一：〈像水流之形，与巜、〈〈等意义相因；其二，〈下有巜（kuài）、〈〈（川）两部，三者字形相近，意义相因，如此安排合理。若以畎作为字头，则应该归入田部，其〈形则会湮没，同时〈—巜—〈〈之间的关系亦不明显。因此许慎应该是经过慎重考虑之后才做出这样的安排的。

八、追求字形的简省

37. 盧（盧）：靁也。从甾，虍声。读若卢同。盧（鑪），篆文盧。盧（垆），籀文盧。

案：篆文和古文部件相同，都从甾，但却以古文作为字头，大概是由于古文字形较为简单，毕竟古文早于小篆，不能说成古文是篆文的简省字形。

以上八个方面是笔者对许慎列古籀作为字头的原因揣测，也许有些并不符合许慎原意。从这八个方面来看，其中第四点"为了使构形理据更容易说解"中的字例是最多的（13 条），占到了 35%。这八个原因并不是彼此绝缘，互无关系，有的一个字条兼顾两个方面的考虑，如敦字的安排，便是既考虑到构形理据的问题，也考虑了此部是否单薄的问题。而有些却也是互相排斥的。如第五点"篆文字形中的某一部分在《说文》中不单独成字",篆文中的某一部件不成字便选取古籀作为字头,但却有古籀有不成字的部件但却依然列于字头的情况,比如陸,《说文》中并无坴,如此安排便是从意义的角度出发的。如此看来,许慎在两者权衡的时候,则将意义考虑放在前面。而这八个方面的原因,也再次展示了许慎在置《说文》五百四十部时,是经过慎重考虑的,最终使其成为一个意义相因的部首网,意义是其中的关键联系。

注释:

[1] 王力主编:《古代汉语》,中华书局 1999 年版,第 77 页。

也说"乱"
——兼谈"乱"的反训问题

陈　菡

南开大学文学院

【摘要】本文以《说文解字》所录"乱"系字的音义面貌为基本参照，结合相关古文字形及文献资料，对上古之时"乱"的形音义演变情况再作考察和梳理。在此基础上，本文辅以"泪""董""撩""等"等相关反训词例对"乱"何以兼表治义与乱义的反训问题进行阐释。

【关键词】"乱"　反训　引申

自东晋郭璞注《尔雅》《方言》云"以乱为治"始，古今学者对"乱"[1]的研究与质疑就不曾衰绝。整理之，可归为以下七方观点：

1. 反训说。郭璞以降，古代学者多持此说。在关注到这种语言现象的同时，直接将之视为训诂方法的一种，无论是宋洪迈"五经用之或相反"[2]之言，抑或元李冶的"极致之辞"说[3]，明杨慎[4]、焦竑[5]所谓"反其义以用之"的"倒语"，清邓廷桢"古人用字往往以相反为义"[6]……以至清刘淇《助字辨略》明确列为训释之例并命名"反训"，因此"乱"训治在此派看来就是"反训"这种训诂手段的运用。

2. 初文说。承认此类语言现象与事实的前提下追溯其因，有清一代，段玉裁之"相反相成"、王念孙之"义有相反实相因"等说深入人心，近现代学者再探之，从语言学、心理学、哲学等角度深入探索其成因，关于"乱"字，以初文说为普遍观点，即认为造字之初，"乱"就含有治、乱两义，可参看杨树达[7]《释䜌》之论。

3. 引申说。王宁[8]认为"'乱'本义是'治丝'，丝由紊乱而整治出条理，所以'乱'兼有'紊'与'治'二义"。是"反正的引申"。而究其源，"治与乱：这是由因果而相因。"

4.形讹说。据查，宋贾昌朝[9] 最先申明此说，言"乿"为古文《尚书》治字，《说文》有"繺""𤔔""乱"而无"乿"，是"乿"与"乱"字别而体近，讹合为一，而作治、乱二训。林义光《文源》则认为"治"的本字是"𤔔]"，其与表｛乱｝的"繺"讹变同形，使"乱"兼有二义[10]。

5.音借说。清桂馥、朱骏声皆持此说，是表紊乱的"𢿙"与表治理的"乱"同音假借；齐佩瑢[11] 亦认为"乱"训治"本系音借，无关反训"，但却是借"辞"之故。

6.异词说。金小平[12] 从"词"这一语言学概念的共时同一性角度来考虑，指出"｛治｝｛乱｝两个义位有不同的来源，语音形式也不相同"，因此即使后来用同一字形却代表了不同的词，"'乱'不是｛治｝｛乱｝同词，不是反训词。"

7.综合说。李国正《说"乱"》一文从字形渊源、原始音义、"乱""繺"分野三大角度，对"乱"字形音义的上古渊源进行全面考察，指出"乱"是甲骨文🔣的孳乳字，直接由西周金文🔣简化后隶变而来，上古有"𤔔"定之[13]"司"心之两读，具"治理""主管"两义，但因"司"形极度简化，声义陵夷，实际用为"治"义时只读"𤔔"声；战国时期"乱"因左偏旁"𤔔"之故产生了"不治"义，因与"繺"古文同形之故获取了"繺"来元音；汉代"司"声消亡，读"𤔔"声则与专表水名的"治"定之同音，因"治"字形简单，便于运用，故自汉以降，"治"义由河流专名"治"表示，"乱"就仅限于表示"不治"义，久借"繺"音而不还，本音遂至湮没，古籍中表"治"义的痕迹渐为磨灭殆尽。是李国正综合了两声、初文、同形、音借等说，揭示了"乱"字形音义的上古渊源。

综上，观点1、2、3肯定"乱"为反训词，1只见其然，将之定性为训诂方法，2、3探其所以然，2着重于字形对字义的反映，3推求正反二义的延伸关系；观点4、5、6持反对意见，分别从形、音、词的角度对反训说展开辩驳；观点7是目前为止对"乱"字研究最为细致深入的，角度全面、材料丰富，但细究之，这个复杂的考察过程中有部分问题仍待商榷，且称"乱"之"不治"义的获得源于左偏旁"𤔔"，"𤔔"字形兼具"治丝"与"不治"义，这从本质上并未脱离观点2。因此，关于"乱"的反训问题仍有讨论空间。

本文拟在前人基础上对反训词"乱"再作考察，并欲探讨与之相类的其他反训词例，为进一步揭示"乱"等系列反训词的成因提供一点想法。

一、"乱"的形音义演变

统观前人讨论,"乱"所涉字甚多,与之相关形音义材料十分繁杂。若要彻底解决"乱"的问题,则必须对这部分材料进行细致的整理与分析。

为便于统筹,今以《说文》所录"乱"系字为基本参照,将相关字(主要是异体字和古文隶定字)相应地囊括其中,列明古文字形及《说文》的释义、注音,这是我们讨论"乱"的基本材料和对象。而为了更好地相互比照,故以表格呈现。见下:

字例	金		战国文字	小篆说文	《说文》	徐铉音(上古)
	西周	春秋				
𤔦(𤔦)	晚期: 番生簋盖 毛公鼎 珊生簋(孚乳为乱)		睡.日甲78背(秦) 说古 海4.29	𤔦部	治也。幺子相乱,𠬪治之也。读若乱同。一曰理也。𤔦,古文𤔦。	郎段切(来元)
乱	晚期: 珊生簋(𤔦字重见)		包2.192(楚) 睡.日甲5(秦) 睡.为27(秦) 汗1.13尚 四4.21孝	乙部	治也。从乙,乙,治之也;从𤔦。	郎段切(来元)
𢿱(𢿱)			海4.29	攴部	烦也。从攴从𤔦,𤔦亦声。	郎段切(来元)
䜌(𢇍)	晚期: 兮甲盘		信2.027(楚) 说古 汗1.13 四2.6石	言部	乱也。一曰治也。一曰不绝也。从言丝。𢇍,古文䜌。	吕员切(来元)

续表

治 (＊绐、乿)			睡.杂6（秦） 汗5.61 汗5.70 乂 汗5.71 乂 四4.6 孝 四4.6 孝	水部	水。出东莱曲城阳丘山，南入海。从水台声。	直之切 （定之）
辞 (嗣、䚢、譄)	早期：嗣工丁爵　嗣土 令鼎 遰 中期：师虎簋 晚期：兮甲盘 僖匜	早期：大嗣马䣄 晚期：洹子孟姜壶 春秋：嗣料盆盖	说籀 汗4.49 尚 四1.20 汗　四1.20 道 海1.8　海1.8 海1.8	辛部	讼也。从屬，屬犹理辜也。屬，理也。嗣，籀文辞从司。	似兹切
辝 (辤、辞)	早期：伯六辤方鼎	中期：齡鎛	睡二九·三五（秦） 说籀 汗1.12 尚 海1.8　海1.8	辛部	不受也。从辛从受。受辛宜辝之。辤，籀文辝从台。	似兹切

注："乱"系字在甲骨文中仅一见：四期 南南一·一八二，所在卜辞为"……申卜扩……"。徐中舒："[解字]从辛从，所会意不明。[释义]义不明。"（《甲骨文字典》页232）故上表未将之录入。

据表可知，"乱"系字所涉古音整体呈二分之势：郎段、吕员，直之、似兹。先看前者，其古音地位为来母元部当无疑，"郎段切"注的是"屬""乱""㪁"，此三字皆读"屬"声，"吕员切"注的是"孌"音，是"屬""孌"同读来母元部，且此音非"屬"之本音，是借"孌"而得。论证如下：

第一，"屬"之本音应读"治"音，即定母之部。

这是基于本表治义的"乱"后被专表水名的"治"字所取代的语言事实而得出的结论。如若"乱"本音为来母元部，则其与读定母之部的"治"古音相去甚远，如何完成这一替代过程？因此，必当是"乱"本音与"治"同（或近）才为后面用水名"治"表"治"义提供可能。

第二，"𤔌"之来母元部音是"乱"与"䜌"同形之故而获得的。

此结论对照上表即可了解，具体论辩则可参看李国正《说"乱"》一文，不再赘述。

再看后者，其中"直之切"注的是"治"字，"治"从台声，古音地位为定母之部无疑。这里需要讨论的是"似兹切"所注的"辞（辤、𤛿、𧮫）""辟（辝、辭）"的古音地位，我们认为仍是定母之部。理由如下：

上表所引《说文》对各字的释义并非全然可取，这从古文字形和文献用例即可得知。是"辞（辤、𤛿、𧮫）""辟（辝、辭）"与"𤔌""乱""𤔔"在形义上有着密切关联，因其有着共同的根词"𤔌"，其具体释义也是由"𤔌"之造字本义生发而来，即"治丝"，所涉关键词形构件就是手和丝，一对应"治"一对应"丝"，而造字之初，象形性很强，故而手是双手的"𠬪"，丝具象以"互"形的纺织工具。在"𤔌"的字形基础上，又加"司""辛（辛）""攴"等义符以加强或丰富"治"义。则"辞（辤、𤛿、𧮫）"与"乱""𤔔"当皆从"𤔌"声训"治"（及相关）义；"辟"之左旁"𠬪"应是"𤔌"之简化，是"辟"亦从"𤔌"声训"治"（及相关）义，又"辝、辭"是"辟"之异体，音义皆与之同，查"辝、辭"应是替换了左旁声符而得，也就意味着左旁的"台_{定之}"、"𠫔"（厶_{心脂}、司_{心之}）与"𤔌"应是同声的，这正与前文所论证的"'𤔌'之本音应读'治'音，即定母之部"相合。因此，"似兹切"所注的"辞（辤、𤛿、𧮫）""辟（辝、辭）"古音应读定母之部，它们保留并呈现了"𤔌"的本音。

综上，"𤔌"是"乱"系字的根词，本音定母之部，本义是"治丝"，"辞（辤、𤛿、𧮫）""乱""𤔔"皆是在"𤔌"上增加义符所得，音皆从"𤔌"声，义则就"𤔌"之"治"义有所加强和丰富；"辟"是"辞"之简，"辝、辭"是其替换了音符的异体，故亦从"𤔌"得声取义。战国时"乱"因与"䜌"同形之故而获得来母元部音，而更早的时候"𤔌""乱"已有了"不治"义，如此即有一字含有两音两义[14]，为便于使用以免造成混乱，兼又考虑到"乱"之字形繁复，故以专表水名的同音"治"字来表"治"义，如此也加快了"不治"义与来母元部音的结合。

关于"乱"之乱义的获得，开篇所列观点2"初文说"不足取信：造字之初，"𤔌"之字形并不能反映出其有乱义，特别是"𠬪"与"互"形这两个构件的存在，而唯一可能蕴含乱义的"糸"，构形简明，且在"互"形上，因此是无法直接从字形上分析出乱义的，且初文虽然图画性极强，但其本义也只能有一个，内含信息的丰富并不能径直与后世独立运用的义项画上等号。"乱"的初文反映出来的含义即是治理（乱）丝，乱义的获得问题仍需讨论。

二、"乱"的反训问题

现存出土文献中有明确释义的"乱"当始见于西周金文[15]。其中，隶作"𤔔"者多训不治义，隶作"嗣"者训治义。

《说文·乙部》："乱，治也。从乙，乙，治之也；从𤔔。"《爪部》："𤔔，治也。幺子相乱，受治之也。读若乱同。一曰理也。𤔔，古文𤔔。"此二字，徐铉皆注音"郎段切"。是"乱"从"𤔔"得义亦得声，"𤔔"即"乱"之初文。《辛部》："辝，讼也。从𤔔，𤔔犹理辜也。𤔔，理也。嗣，籀文辝从司。"是"辝""嗣"为音义皆同的异体关系。

（一）（西周懿王）牧簋铭："昔先王既令女（汝）乍嗣士。今余唯或𢿃𢼸（改），令女（汝）辟百（寮）。有𫍙吏𠃌。乃多𤔔（乱），不用先王乍井（型），亦多虐庶民。"（马承源主编《商周青铜器铭文选三》二六○：187[16]）

（二）（西周孝王）五年琱生簋铭："余既讯𢆶我考我母令，余弗敢𤔔（乱）。"（《三》二八九：208）

（三）（西周懿王）牧簋铭："昔先王既令女（汝）乍嗣士。今余唯或𢿃𢼸（改），令女（汝）辟百（寮）。有𫍙吏𠃌。乃多𤔔（乱），不用先王乍井（型），亦多虐庶民。"（《三》二六○：187）

（四）（西周孝王）六年琱生簋铭："余（与）邑讯有嗣，余典勿敢封。"（《三》二九○：210）

（五）（西周懿王）牧簋铭："朱虢𢆱𣂤。"（《三》二六○：188）

（六）（西周孝王）番生簋盖铭："朱𤔔𢆱𣂤。"（《三》三一○：225）

（七）（西周宣王）毛公鼎铭："朱𤔔𢆱𣂤。"（《三》四四七：317）

器铭（一）（二）中的"𤔔"训不治义，不同在于（一）中用作名词，义为"祸害""乱子"，（二）中用作动词，义为"违背""造反""作乱"。（三）（四）中的"嗣"训治义，（三）之"嗣士"即司士，"就是理狱之官"，（四）之"有嗣"即有司，亦是官职名，两处"嗣"均表"主管"义。统观此四例，（一）（三）属同一器铭，（二）（四）同为琱生器且年份相邻，故可相为比照，"𤔔"既已训不治义，加"司"旁所得"嗣"则承继原本的治义。至于（六）"矞"与（七）"龘"训为何义仍有争议，有径训不治义者[17]；又相同铭文中他器（诸如吴方彝、师兑簋、师克盨等）皆作同（五）之"虢"，故有据之训治义者[18]，有认为待商榷者[19]；还有据《诗·齐风·载驱》之"朱鞹"以"虢"为古文"鞹"者[20]……查（五）与（一）（三）同见于牧簋铭，一铭中"矞""嗣""虢"并行，他器又皆作"虢"，可知（六）（七）实本作"朱虢"。则当其时，"矞""嗣""虢"各有所训。

传世文献中，"乱"训治义者最早见于《尚书》：

（八）《尚书·虞书·皋陶谟》："乱而敬"，汉孔安国传："乱，治也。有治而能谨敬。"汉司马迁《史记·夏本纪》引此处则径作"治而敬"。

（九）《尚书·商书·盘庚中》："兹予有乱政同位，具乃贝玉。"孔传："乱，治也。此我有治政之臣，同位于父祖，不念尽忠，但念贝玉而已，言其贪。"

（十）《尚书·周书·梓材》："王启监，厥乱为民。"孔传："言王者开置监官，其治为民，不可不勉。"

（十一）《尚书·周书·洛诰》："四方迪乱，未定于宗礼。"孔传："言四方虽道治，犹未定于尊礼。"

此四例皆属今文尚书篇目。《尚书》为商周时代的作品，其下又分虞、夏、商、周四书，具体的成书年代与经历各有不同。学界的基本看法是[21]，虞夏二书可以肯定不是当时所写，商书有说是东周史官据所得商代史料加工而成，周书则被认定为绝大部分是当时史官所记。则上四例中，（十）（十一）的成书时间可以确定。《梓材》是周公告诫康叔治理殷民的训诰，与《康诰》《酒诰》同为一序，"成王既伐管叔、蔡叔，以殷余民封康叔，作《康诰》《酒诰》《梓材》。"《洛诰》记载的是周成王与周公有关洛邑的几段对话，政治背景有二：周公已还政于成王；东都洛邑已兴建完成。则知训治义的例（十）（十一）皆作于西周成王之时。至于（八）（九）两例，成书时间最晚也在东周，而战国时期"乱"已多用为不治义，且常与"治"并现，无论是传世文献还是出土文献皆如此，但仍有"乱"训治义的用法。

（十二）《国语·晋三》："失刑乱政，不威。"

（十三）《管子·治国》："故治国常富，而乱国常贫。"

（十四）《荀子·荣辱》："人之生固小人，又以遇乱世，得乱俗。"

（十五）《韩非子·难三》："法败而政乱，以乱政治败民，未见其可也。"

（十六）[22]《郭店楚简·唐虞之道》（28）："乿（治）之，至救（养）不枭（肖）；乱之，至灭臤（贤）。"

（十七）《郭店楚简·成之闻之》（32）："是古（故）小人乱天棠（常）以逆大道，君子乿（治）人仑（伦）以川（顺）。"

（十八）《睡虎地秦简·日书》（甲5正贰）："以祭，最众必者乱者。"译文[23]："进行祭祀时，许多人聚集在一起会发生混乱。"

（十九）《睡虎地秦简·为吏之道》（27肆）："民之既教，上亦毋骄，孰道毋治，发正乱昭。"注释[24]："乱，《说文》：'治也。'这一句的意思可能是施政要正当光明。"

综合对照此十九例，训治义的（十）（十一）时代最早，为西周早期的成王之时，（一）（二）隶作"矞"训不治义，时为西周中期的懿孝二王，又同一时期训治义的；（三）（四）是在"矞"上加"司"旁所得，隶作"嗣"，是西周时"乱"有治与不治两义，且为了进一步明确治义，由初文"矞"分化出"嗣"；训治义的（八）（九）所记为夏商史料，但成书时代却不好断于夏商，最晚应在东周，而战国之时"乱"已多用为不治义，且多与"治"并现，无论是传世文献如（十二）（十三）（十四）（十五）还是出土文献如（十六）（十七）（十八）皆如此，但仍有训治义的"乱"，如出土文献（十九），是东周时"乱"之治义已假借"治"来表达，"乱"则多用作不治义，而在早期史料记录及出土文献中还可以看到训为治义的用例存留，我们认为这样的文献存留面貌恰恰反映了"乱"之历史使用情况，因为"治"字形简单，更便于使用，故以"治"表治义大行其道，而古籍中不仅不再以"乱"训治义，以往的使用痕迹亦渐为磨灭殆尽，譬如司马迁作《史记》时径改"乱而敬"为"治而敬"，以至今天文献中以"乱"训治的用例很是少见。

以上，"乱"之初文为"矞"，本义为治也，此训义今仍见存于西周成王之时的《梓材》《洛诰》之中，而西周金文中所训不治义应是词义引申所致："'乱'由治理纷乱事物这种表示动作行为的意义发展，可以用来表示动作行为的对象，即应当被治理的、纷乱的事物。由此再引申，又可以表示纷乱、紊乱、扰乱、叛乱等意义。"[25]我们之所以将"乱"之不治义的获得归结为由治义引申而来，原因有二：一是就"乱"之古文字形与文献用例来看，字形合乎《说文》所释本义，文献中用为治义的时代要早于不治义，这是引申说的前提条件；二是由治乱引申为乱，即由动作行为义引申为动作行为对象义的引申路径是可能的、可行的，也确乎是存在的。动作行为与动作行为对象密切关联着，反映到词义上亦是如此，因此，这就为引申提供了可能，而至于这二者是否会构成意义上的相反相对，甚至最终形成诸如"乱"一般的反训词例，那就是另一回事了。

需要补充解释的是，我们为何未取王宁先生所持的引申说，王宁先生将"乱"兼有"紊""治"二义的情况归为引申规律下"理性的引申"类型，细言之，是"异向"引申中的"反正的引申"，我们认为这样的归类太过宽泛，并没有实际触碰到"乱"的反训实质；《论"反训"》中，王宁先生又称"是由因果而相因"，这固然是对"乱"的治、乱二义作出了解释，但何为因、何为果呢？王宁先生亦认同"乱"本义是治丝，但其引申思路是"丝由紊乱而整治出条理"，即言是因乱而后治的，如此岂非颠倒了呢？对比《论"反训"》中所举"芈"之例，或更清楚这其间的不同："芈"由"道多草不可行"即"草乱"进而引申出"治草"义。

三、相关反训词例

"乱"之外，更有一部分相关的反训词例可为之参证。

"汩"，治也，又乱也。《说文·水部》："汩，治水也。从水，曰声。"段注："引申之凡治皆谓汩。"《楚辞·天问》："不任汩鸿，师何以尚之？"王逸注："汩，治也。鸿，大水也。"《尚书·虞书·舜典》附《汩作序》"作汩作"孔传："汩，治也。"《小尔雅·广言》："汩，乱也。"《尚书·周书·洪范》："鲧陻洪水，汩陈其五行。"孔传："汩，乱也。又，《玉篇·水部》：'汩，汩没。'"《庄子·徐无鬼》"游于天地"陆德明释文："司马本地作汩，云：乱也。""汩"训治，又训乱者，亦如"乱"之兼治、乱二义也。另有"淈""滑"与"汩"通。"淈"，《尔雅·释诂》："淈，治也"。《文选·郭璞〈江赋〉》"潜演之所汩淈"李善注引《仓颉篇》："淈，水通貌。"《说文·水部》："淈，浊也。从水屈声。"段注："今人汩乱字当作此。"《楚辞·渔父》"世人皆浊，何不淈其泥而扬起波。"洪兴祖补注："淈，浊也。"《后汉书·张衡传》"涉冬则淈泥而潜蟠。"李贤注引贾逵注《国语》："淈，浊也。""滑"，《国语·周语下》"而滑夫二川之神"韦昭注："滑，乱也。"《庄子·缮性》"滑欲于俗思以求致其明"陆德明释文："滑音骨，乱也。崔云：治也。"《尔雅·释诂》"淈，治也"条，郝懿行义疏："是淈、汩、滑三字俱音义同"，文献中相通作。

"董"亦有理、乱的引申。《尔雅·释诂下》："董、督，正也。"《楚辞·九章·涉江》："余将董道而不豫兮，固将重昏而终身。"王逸注："董，正也……言己虽见先贤执忠被害，犹正身直行，不犹豫而狐疑也。"《左传·文公六年》"正法罪，辟刑狱，董逋逃"，杜预注:"辟,犹理也。董,督也。"是"正""辟""董"同义对文也。《后汉书·岑熙传》"慨然有董正天下之志",是"董正"同义连文也。"董"有董督、董正、董理义,亦有董乱、杂乱义。福建南平《重纂邵武府志》(清光绪二十六年刊本)卷九:"事纷错曰董乱。"又杨琳师《"骨董"考源》[26]一文,即考证得"骨董"为同义连文,皆训杂乱。并举方言例证"李荣:'撞,成都 to,将棍棒之类的工具放入较浓的液态物体中搅动:把芝麻酱撞一下。'又:'懂乱子,闯祸。'也写作'董烂子'。撞的搅动义及董(懂)的制造乱子义都是杂乱义之'董'的动词用法。"

"撩",《说文·手部》释为"理也",张璇《"撩"与"撩理"的意义考辨》[27]一文对"撩"进行了细致探讨,文章在确定"撩"之本义为"理"亦即"撩抒整理"义的基础上,指出"撩"还兼有"乱"之义。此义从何而来?"撩乱"又作"缭乱",作者认为"从事理逻辑可推断'缭'由'缠'义可以引申出'乱'义。……我们目前无法断定'撩'与'缭'哪个字为'缭乱'义的本字,但这从一个侧面可以反映'撩'与'缭'的关系密切,'纷乱'与'理乱'的词义之间是有引申关系的。"按,我们同意张璇所说"纷乱"与"理乱"的词义引申关联,但对解释"撩"之乱义由来时借"缭"之缠义引申出乱义的说法表示怀疑。参照"乱"之词义引申路径,是"撩"之乱义完全可由自身之理义引申而来,表撩抒整理的动作行为义,引申出表动作行为对象的特征义,亦即纷乱、缭乱义。而由缠义引申出乱义的"缭",盖其字形结构(从糸)更易与缭乱义相关联,故而"缭乱"义最终被"缭"固定下来。

"等",齐同也,又差异也。《说文·竹部》:"等,齐简也。从竹,从寺。寺,官曹之等平也。"是本义为齐整竹简。段注:"齐简者,迭简册齐之,如今人整齐书籍也。引申为凡齐之称。"见《广雅·释诂四》:"等,齐也。"《国语》卷四《鲁语上》:"夫宗庙之有昭穆也,以次世之长幼,而等胄之亲疏也。"韦昭注:"等,齐也。""等"又有差义。《左传·宣公十二年》:"君子小人,物有服章,贵有常尊,贱有等威。"杜预注:"等威,威仪有差等。"《荀子》卷六《富国篇第十》:"礼者,贵贱有等,长幼有差,贫富轻重皆有称者也。""等""差"对文。《大戴礼记》卷第八《盛德第六十六》"所以等贵贱明尊卑"王聘珍解诂:"等,差也。"《礼记·祭统》"明尊卑之差也"陆德明释文:"本又作之等。"无论是取名动形哪种训义,所涉皆是差等、差异之意。梳理之,《说文》释"等"之本义为齐整竹简,即有整理使变齐义,意味着整理的是参差不齐的事物,由表示动作行为义,进而表示动作行为的对象义,即应当被整理的、有差等的事物,这就有了等级、差异义。

以上，“乱”本义是“治（乱）丝”，由治义引申出乱义是因为动作行为与动作行为对象有着紧密的关联，“乱”的文献使用情况与存留面貌确证了“乱”为反训词的事实，“汩”“董”“撩”“等”等相关反训词例又进一步说明了“乱”等作为反训词的客观存在性与合理性。

注释：

（1）本文“亂”“乱”使用分明，“乱”是本文要探讨的对象，“亂”在本文只用于表乱义。

（2）（宋）洪迈：《容斋三笔》卷第十一“五经字义相反”条例，见《容斋随笔》（全二册），上海古籍出版社1978年版，第547页。

（3）（元）李冶《敬斋古今黈》卷二有专条论反训，见影印《文渊阁四库全书·子部十·杂家类三·杂说之属》第866—340页至866—341页。

（4）（明）杨慎《丹铅杂录及其他二种》卷九“古文倒语”条（页七八至七九），收于王云五主编《丛书集成初编》（据函海本排印），中华民国二十五年（1936年）上海商务印书馆版。

（5）（明）焦竑撰、李剑雄点校：《焦氏笔乘》卷六“古文多倒语”（页一八八至一八九），收于《明清笔记丛书》，上海古籍出版社1986年版。

（6）（清）邓廷桢：《双砚斋笔记》卷四“古人用字往往以相反为义”条，见《学术笔记丛刊》，中华书局，第255—256页。

（7）杨树达：《积微居小学述林》卷三《释亂》，中华书局1983年版，第88—89页。

（8）王宁：《训诂学原理》，中国国际广播出版社1996年版，第57、125页。

（9）（宋）贾昌朝：《群经音辨》卷七《辨字训得失》“亂”字条，见摛藻堂景印《四库全书荟要》经部第七七册经解类第78—109页上，世界书局。

（10）按，林义光此说待核查原文，此处是转引自金小平《“乱”是｛治｝｛乱｝同词吗》，浙江师范大学学报（社会科学版），2009年第5期，第57—60页。

（11）齐佩瑢：《训诂学概论》，商务印书馆2015年版，第176页。

（12）金小平：《“乱”是｛治｝｛乱｝同词吗》，浙江师范大学学报（社会科学版），2009年第5期，第57—60页。

（13）按，这里所标注的“亂”“司”“繺”“治”上古音韵地位皆出自李国正《说“乱”》一文的观点。

（14）按，两义之间实乃引申关系，同属一词；两音是此时的情况，而更早则有同一音形对应两义的阶段。故金小平的“异词说”不可取。

（15）甲骨文中仅见一四期 南南一·一八二字，所在卜辞为“……申卜扩……”《甲骨文字典》（徐中舒主编,1989:232):"(解字)从辛从,所会意不明。(释义)义不明。"夏渌将之训为"治","甲申卜:病治(如图〈2〉已加辛作区别符号)？"见《古文字的一字对偶义》,《武汉大学学报(社会科学版)》1988年第3期,第85页。

(16)马承源主编:《商周青铜器铭文选三》,文物出版社1988年版。下文再引时,直接简写为《三》。另外,"二六〇"为青铜器之编号,"187"为铭文所在页码。

(17)马承源主编《三》(三一〇:225)注(八)"朱閟画鞼":"错杂花纹的朱色皮革蒙包的车轼。"

(18)李国正:"'虩'本指虎爪划的纹路,用为动词则由'攫画明文'引申出'装饰加工'之义,以'治'义近。"

(19)金小平:"我们认为{装饰加工}的意义到底接近{治}还是接近{乱},还不好说……"

(20)阮元、林义光、郭沫若等人皆持此说。

(21)辽宁大学历史系编:《史书概览·先秦两汉三国魏晋南北朝部分》之"尚书",辽宁大学历史系,1982年2月,第1—5页。

(22)按,例—简文内容及编号皆见于"先秦甲骨金文简牍词汇数据库",网址:http://inscription.asdc.sinica.edu.tw/c_index.php。

(23)见吴小强撰《秦简日书集释》,岳麓书社2000年版,第26页。

(24)见睡虎地秦墓竹简整理小组编《睡虎地秦墓竹简》,文物出版社1978年版,第290页。

(25)见徐朝华《郭璞反训例证试析》,收于吕叔湘等著《语言文字学论文集》,知识出版社1989年版,第534页。

(26)杨琳:《"骨董"考源》,《长江学术》,2014年第1期。

(27)见《语言研究》2017年7月第3期,第91—95页。

《说文解字》与汉字教学

单周尧
香港大学中文系

　　许慎（约 30—约 124）《说文解字》是我国的第一部字书，从字形出发，阐述字形、字音、字义三方面的关系，是汉字教学的宝典。本文列举一些例子，以说明《说文解字》如何有助汉字教学，如何帮助我们深入认识汉字，了解汉字。

一

　　幼儿园学生都认识"又"字，但大多数人却都不知道"又"字跟手有关。"又"小篆作 ，象手形 ，《说文解字》："，手也。象形。三指者，手之列多，略不过三也。"[1]

　　明白了"又"为手，即可知道"友"字造字之依据。"友"字小篆作 ，《说文》："，同志为友。从二又，相交友也。"[2] 意谓志趣相同为友，由两个"又"（手）字会意，表示相交为友的意思。

　　此外，又可以认识"及"字之造字依据。"及"字小篆作 ，本义是追及，《说文》："，逮也。从又，从人。"[3] 徐锴（920—974）《说文解字系传》于"从又，从人"下云："及前人也。"[4] 即追及前面的人。

　　《说文·又部》又有"秉"字，说解云："（秉），禾束也。从又持禾。"[5] 此字由"又"（手）持握着"禾"表意。[6] 与"秉"字取意相近有"兼"字，"兼"字小篆作 ，《说文》曰："（兼），并也。从又持秝。兼持二禾，秉持一禾。"[7]

　　手之于人帮助很大，故由"又"衍生出"右"字，本义正为"助"。按："右"字《说文解字》凡两见：（一）口部："（右），助也。从口，从又。"[8]（二）又部："（右），手口相助也。从又，从口。"[9] 徐锴解释 字从口从又之意曰："言（谓出于口之言语，释从口之意）不足以左（佐），复手助之（释从又之意）。"[10] 古籍中有用"右"之本义"助"者，如《左传·襄公十年》："王叔陈生与伯舆争政。王右伯舆，王叔陈生怒而出奔。"杜预注："右，助。"[11] 盖《左传》谓周之卿士王叔陈生与伯舆争夺政权，周灵王支持、帮助伯舆，故王叔陈生怒而出奔。由此可见，读《说文解字》，不但有助识字，对研读古籍，亦有很大帮助。

ㅋ象右手之形，ㄷ象左手之形。㼈则象左右两手聚拢持物之形，《说文》："㼈，竦手也。"[12] 㼈部中之"弄"字，小篆作弄，《说文》："弄，玩也。从廾持玉。"[13] 又"戒"字小篆作戒，《说文》："戒，警也。从廾持戈，以戒不虞。""从廾持戈，以戒不虞"[14]，谓双手握持着戈，以警戒不能预料之事。此外，"兵"字小篆作兵，《说文》："兵，械也。从廾持斤。"[15] "兵"本义是兵械、兵器，兵小篆由㼈（双手）握持着"斤"（斧子）会意。

另一与"又"字相关的是"攴"字，"攴"字或写作"攵"，"攵"之首两笔为"卜"之变形，末两笔为"又"之变形。其字写作"攵"，则一般人多不知道与"又"字相关。"攴"字小篆作攴，《说文》："攴，小击也。从又，卜声。"[16] 从攴的字有些跟击义有关，如攻、敲；有些则与击义相去较远，只表示某种动作或行为，如数、改、赦、敘。徐灝（1809—1879）《说文解字注笺》说："从攴之字，多非击义；攴训小击，理有难通……疑本象手有所执持之形，故凡举手作事之义皆从之，因用为扑击字耳。"[17] 徐灝所说很有道理，"攴"字从又，故凡举手作事之义皆可从之。

"寸"字亦与"又"字相关。《说文解字》："寸（寸），十分也。人手却一寸，动脉，谓之寸口。从又从一。"[18] 意思是说：一寸等于十分。人手后退一寸，即动脉之处，叫作寸口。寸（寸）从又从一，一所指之处，为手腕下一寸。由此可见，"寸"与手密切相关。由于"寸""又"均与手密切相关，所以金文"寺"字从"又"作寺、寺。林义光（？—1932）《文源》释"寺"字曰："从又，从之。本义为持。又，象手形，手之所之为持也；之亦声。《邾公牼钟》'分器是持'，石鼓'秀弓持射'，持皆作寺。"[19] 按：《邾公牼钟》："至于万年，分器是寺。"郭沫若（1892—1978）考释："寺，持也，守也。"[20] 是"分器是寺"之"寺"意为守持。至于石鼓文"秀弓寺射"之"寺"，则意为握持。《金文编》"寺"下曰："孳乳为持。"[21] 由此可见"寺"与"持"关系密切。梁东汉（1920—2006）《新编说文解字》曰："《邾公牼钟》'分器是寺'，石鼓'秀弓寺射'，寺之义并为承持。引申之，承持即有侍奉、伺候之义，故《说文》：'侍，承也。'承持曰侍（寺），握持曰持。寺、侍、持，语并同源。后以意义繁衍，语音分化，故别造'侍''持'二字以别义。其始本与'寺'同字。"[22] 梁氏所言甚辨。

正如梁氏所说，"寺"之本义为承持，引申之，即有侍奉、伺候之义，故古籍中宫廷侍臣往往称"寺",如《诗经·大雅·瞻卬》:"匪教匪诲,时维妇寺。"毛传:"寺,近也。"陆德明(约550—630)《经典释文》:"寺,徐音侍,亦如字。"孔颖达(574—648)《正义》:"寺即侍也。侍御者必近其傍,故以寺为近。"[23]

除称"寺"外,古代宫中近侍小臣又称"寺人",如《诗经·秦风·车邻》:"未见君子,寺人之令。"郑玄(127—200)注:"寺人,内小臣也。"[24]顾炎武(1613—1682)《日知录》曰:"三代以上,凡言寺者,皆奄竖之名。"[25]"奄竖"为宦官之鄙称,可见古代宫中近侍小臣皆为已被阉割的人。《周礼·天官·序官》:"寺人,王之正内五人。"郑玄注:"寺之言侍也。"贾公彦(唐永徽时期人,生卒年不详)疏:"云'寺之言侍'者,欲取亲近侍御之义,此奄人也。"[26]奄人即阉人。又《左传·僖公二年》:"齐寺人貂始漏师于多鱼。"杜预(222—285)注:"寺人,内奄官竖貂也。"[27]上引《周礼》及《左传》中之"寺人",均为阉人。

顾炎武《日知录》又云:"自秦以宦官任外廷之职,而官舍通谓之寺。"[28]外廷,即国君听政的地方,此乃相对于内廷、禁中而言。《汉书·元帝纪》:"坏败豲道县城郭官寺及民室屋,压杀人众。"颜师古(581—645)注:"凡府庭所在,皆谓之寺。"[29]是衙署、官舍称寺。又《后汉书·马援传》:"晓狄道长归守寺舍,良怖急者,可床下伏。"李贤(654—684)注亦云:"寺舍,官舍也。"[30]汉称太常、光禄勋、卫尉、太仆、廷尉、大鸿胪、宗正、大司农、少府的长官为九寺大卿,九寺即为汉代中央九卿治事的机构。

《日知录》复云:"又变而浮屠之居,亦谓之寺矣。"[31]浮屠之居,即佛教庙宇。相传汉明帝时,天竺僧摄摩腾、竺法兰自西域以白马驮经至洛,舍于鸿胪寺。后建白马寺,遂以寺为佛教庙宇之名。

二

另一例子为"采"。"采"与"采"楷书字形相近,字义却完全不同。先说"采"字,《说文解字》:"𤓰(采),捋取也。从木从爪。"[32]捋取就是摘取,"爪"就是手,木指树木。"采"之本义为用手摘取树上的水果。楷书通行之后,一般人不知道"采"之上半为"爪",于是另加手旁作"採"。简体字则省掉手旁,还原作"采"。

由于"採"字后起,先秦典籍多作"采",《诗经》中即有多个用"采"字的例子,如《周南·关雎》:"参差荇菜,左右采之";《周南·芣苢》:"采采芣苢,薄言掇之";《王风·采葛》:"彼采艾兮,一日不见,如三岁兮";《小雅·采菽》:"采菽采菽,筐之筥之",等。

"採"字在先秦古籍中比较少见，偶或见之。也有版本问题，例如《左传·昭公六年》："禁刍牧採樵。"[33] 阮元（1764—1849）校勘记指出：宋本"採"作"采"。[34]

"采"之本义为摘取，引申而有采择、选取义，如《史记·秦始皇本纪》："采上古'帝'位号，号曰'皇帝'。"[35] 又引申而有采集、搜集义，如南朝梁任昉（460—508）《为萧扬州荐士表》："非取制于一狐，谅求味于兼采。"[36] 又引申而有采纳、采用义，如《三国志·魏志·陈登传》："君求田问舍，言无可采。"[37] 又引申而有开采义，如汉桓宽《盐铁论·复古》："往者豪强大家得管山海之利，采铁石鼓铸，煮海为盐。"[38]

此外，"采"有彩色义，如《尚书·益稷》："以五采彰施于五色，作服。"蔡沈（1167—1230）集传："采者，青、黄、赤、白、黑也。"[39] "采"何以有彩色义？徐灏《说文解字注笺》说："木成华实，人所采取。故从木从爪。指事。华实众色咸备，因有采色之称。"[40] 古籍中彩色义多用"采"，"彩""綵"二字，《说文解字》本无，皆后起字。

"采"字由彩色义引申为彩色的丝织品，如《汉书·货殖传》："文采千匹。"[41] 颜师古注："帛之有色者曰采。"[42] 又引申为文采，如《楚辞·九章·怀沙》："文质疏内兮，众不知余之异采。"王逸（89—158）注："采，文采也。"[43] 又引申为光彩，如三国魏嵇康（223—263）《琴赋》："华容灼爥，发采扬明，何其丽也。"[44] 又引申为彩饰、花纹，如左思（约205—305）《蜀都赋》："其间则有琥珀丹青，江珠瑕英，金沙银砾，符采彪炳，晖丽灼烁。"刘逵（晋惠帝时期人，生卒年不详）注："符采，玉之横文也。"[45]

正如上文所说，"釆"与"采"楷书字形相近，字义却完全不同。《说文解字》："釆（釆），辨别也。象兽指爪分别也……读若辨。"[46] "釆"字甲骨文作，金文作、。王筠（1784—1854）《说文释例》指出："釆字当以兽爪为正义，辨别为引申义，以其象形知之。"[47] 甲骨文、金文、小篆"釆"字皆像兽爪之形。

除"釆"字外，"番"字本义亦与兽足相关。《说文解字》："番（番），兽足谓之番。从釆；田，象其掌。"[48] "番"字与"釆"字之别，是"釆"字像兽爪，而"番"字则为兽的指爪及足掌的整体象形。因此，朱骏声（1788—1858）《说文通训定声》认为"番"实"釆"之异文。[49] "番"其后加足旁作"蹯"，表示它跟兽足相关。《左传·宣公二年》："宰夫胹熊蹯不熟。"[50] "熊蹯"就是熊掌。《左传》这句话就是说厨师煮熊掌没有熟透，结果被残暴的晋灵公杀了。"蹯"字《广韵》"附袁切"[51]，"番"字大徐本《说文》亦"附袁切"。[52]

"番""采"既实为异文，"宷"之篆文作▣，也就不难理解了。《说文解字》："▣（宷），悉也；知宷谛也。从宀从采。▣，篆文宷从番。"[53]"宷"字从宀从采，"審"字从宀从番，"宀"字甲骨文作个，像屋形。古人居于山野，常有虎狼出没。因此，回到家里，见到有野兽足迹，也就需要详尽周密地加以审察。到了今日，法庭审案，也需要详尽周密。

接下来让我们谈谈"悉"字。小徐本和段注本《说文》解释"悉"字说："悉，详尽也。从心采。"[54]对某一事物长期详尽地、用心地加以辨明，也就自然熟悉了。

最后让我们谈谈"释"字。小徐本《说文》（即《说文系传》）解释"释"字（小篆作釋）说："釋（释），解也。从采；采，取其分别物也。从睪，睪声。"[55]苗夔（1783—1857）《说文系传校勘记》："睪声当作亦声。卒部：'睪，目视也。'目视，所以分别物也。"[56]由此可见，"释"字从"采"，是取其分辨区别事物的意思；从睪，表示通过眼睛的观察来区别事物；而睪同时也是声符。

杨天宇（1943—2011）先生为当代礼学大家，他的大作《郑玄三礼注研究》不慎将"采""采"二字相混了，该书第596页先引述郑玄《周礼注》"采读为菜"语，然后分析说："《说文》：'采，辨别也，象兽爪分别也。'又曰：'菜，艸之可食者。'采、菜古音双声叠韵，皆属清母之部，古可通：菜是本字，采是通假字。"[57]按《说文》"采"字之说解为"捋取"；杨书所引，乃"采"字之说解。"采""采"形近而实异字，我们必须辨析清楚。

三

"苟"与"苟"二字楷书形体相近，可是小篆之构形却完全不同。先说"苟"字，小篆作▣，《说文解字》："▣，艸也。从艸，句声。（古厚切）。"[58]由此可见，苟是草名。至于"苟"字，小篆作▣，《说文解字》："▣，自急敕也。从羊省，从包（省）、（从）口。（包）口犹慎言也。从羊，羊与义、善、美同意。……▣，古文羊不省。（己力切）。"[59]"自急敕也"，意谓自己赶紧警诫自己。此字由羊省、由包口会意，包口谓包封其口，意即谨慎说话。此字读音"己力切"，普通话音jì。

"苟"字甲骨文作▣、▣，金文作▣。徐中舒（1898—1991）《甲骨文字典》："象狗两耳上耸、蹲踞警惕之形，为儆（警）之初文。狗为人守夜，又随猎人追捕野兽，常作儆惧戒惕之状，故甲骨文象其形以表儆意。后引申为敬。《说文》：'敬，肃也。'

金文作 ⚬ (大保簋)、⚬ (孟鼎)，后增偏旁作 ⚬ (班簋)、⚬ (师厘簋)，已用为敬肃之义。《说文》'苟'字篆文直承⚬之形，其说义尚略存初义。"[60]

徐中舒谓《说文》苟字说义尚略存初义，是说《说文解字》"苟"字训"自急敕"，即自己赶紧警诫自己，与甲骨文"苟"字像狗两耳上耸、蹲踞警惕之形大略同义。

正如徐氏所说，"苟"引申为敬，"苟""敬"在金文中往往通用，"敬"字乃由"苟"字孳乳而出。《说文解字》："⚬，肃也。从攴苟。"[61]徐灏《说文解字注笺》："攴，治也。治事肃恭之意。"[62]"治事肃恭"，故有诚敬义。《广雅·释诂》："诚，敬也。"[63]《广雅》"诚"训"敬"，"敬"字乃由"苟"字孳乳而出，则"苟"亦当有诚义。

古籍中的"苟"字，差不多全都刻作"苟"，但由于它本来是"苟"，所以注疏往往将它释作"诚"，例如《论语·里仁》："子曰：'苟志于仁矣，无恶也。'"何晏集解引孔安国曰："苟，诚也。此章言诚能志于仁，则其余终无恶。"[64]《孟子·公孙丑上》："苟能充之，足以保四海；苟不充之，不足以事父母。"赵岐注云："诚能充大之，可保安四海之民；诚不充大之，内不足以事父母。"[65]《礼记·仲尼燕居》："苟知此矣，虽在畎亩之中，事之。"孔颖达疏云："苟，诚也。谓诚能知此四事，其身虽在畎亩之中，众人奉而事之。"[66]

上述例子中，"苟"似可释作"假如、假若"。其实，"苟"本身无假设义，假设义乃来自句式，当"苟"字用于复句前一分句之首时，句式常带有假设义。以上所举《论语》一例，皇侃（488—545）疏释之云："苟，诚也。言人若诚能志在于仁，则是为行之胜者，故其余所行皆善，无恶行也。"[67]皇疏于"诚能志在于仁"之上加假设词"若"，其实只反映句式带有之假设义。

由于古籍中"苟"都刻作"苟"，一般人也把它读作"苟"，许多人都不知道"苟"字的存在，连《汉语大词典》竟然也没有"苟"这个字头，在该书中，"苟"的义项，全都置于"苟"字之下，至于读音，则只有"苟"字的读音 gǒu（《广韵》"古厚切"），而没有"苟"字的读音 jì（《广韵》"纪力切"）。《汉语大字典》虽然设有"苟"这字头，却把它置于艸部"苟"字之下。[68]至于《中文大辞典》，则把"苟"字置于羊部[69]，此字之下，只有注音、释义和解字，而完全没有词条，许多相关的义项和词条，都置于"苟"字之下。[70]

清代文字学家深于《说文》之学，已指出"苟"为"苟敬"字，与"苟"为"苟且"字不同。现代编纂大型词典的专家，反而不知二者有别，而把二字相混。

清道光年间学者陈立（1809—1869），撰有〈释苟〉一文，认为不但训"诚"

者为"茍"，即使作"苟且"义者亦为诚义之反训，本当为"居力切"之"茍"，而非从艸之"苟"字。[71]

陈氏所言，可备一说。但"苟"字《说文》训"艸"，由草率义引申而有苟且义，也不是没有可能。

四

"享"本来是一个错字。《说文解字》中"享"之正篆作宫，另有篆文作宫。兹录《说文解字》"享"字说解如下："宫，献也。从高省，曰象进孰物形。……宫，篆文宫。"[72] 献指献祭。"献也"之下，解释宫之字形，许慎认为宫之形构，乃高字而省去下半之冋，至于宫篆下半之⊖，则为象进献的熟食之形。徐灏《说文解字注笺》有不同见解，他说："宫象亯饪（即烹饪）之器。钟鼎文作亯，其上为盖；小篆作宫，下有物承之。"[73]

"享"字甲骨文作宫、宫、宫，金文作宫、宫、宫。吴大澂（1835—1902）《说文古籀补》说："象宗庙之形。"[74] 由于宗庙为祭享之所，故用为祭享字。

由甲骨文、金文下推小篆，则宫可能是承宫、宫等字形而来。

此外，甲骨文有宫字，象四屋相对，中函一庭之形。又有宫字，当即宫字之省。宫字古金文作宫、宫。王国维（1877—1927）认为宫、宫等字，实像两屋相对之形，又认为古者祭祀必于屋下，甲骨文中宫字义略同于享。[75] 由此观之，则《说文》小篆作宫者，亦可能是承宫、宫等字形而来。

楷书"享"字，即源自篆文宫。宫变为宫，再转作楷书即为"享"。"享"本与"子"无涉，只因笔画讹变而成，因此是一个错字。

由正篆宫转成的楷书"亯"，除字书、韵书外，在古籍中甚少出现。元蒋正子（宋末元初时期人，生卒年不详）《山房随笔》："中斋作相，身亯富贵三十年。"是古籍中罕见的"亯"字用例。

古籍中多作"享"。《尚书·盘庚上》："兹予大享于先王。"孔颖达疏："《周礼·大宗伯》：'祭祀之名：天神曰祀，地祇曰祭，人鬼曰享。'此大享于先王，谓天子祭宗庙也。"[76]

由供祭品奉祀祖先，引申而为神鬼享用祭品，如《左传·僖公五年》："如是则非德，民不和，神不享矣。"[77] 又如《孟子·万章上》："使之主祭而百神享之，是天受之。"[78]

神鬼享用祭品之后,赐福祭者,使之亨通。《说文》无"亨"字,省"享"为"亨","亨"字盖源于"享"。《易经·大有》:"公用亨于天子,小人弗克。"陆德明《释文》:"众家并香两反。京云:献也。干云:享宴也。姚云:享祀也。"[79]朱熹(1130—1200)〈答杨元范〉曰:"〈大有〉卦'亨''享'二字,据《说文》本是一字,故《易》中多互用。如'王用亨于岐山',亦当为'享',如'王用享于帝'之云也。"[80]又汉刘熊碑:"子孙亨之。"亨即享。张公神碑:"元亨利贞。"享即亨。故娄机(1133—1212)《汉隶字原》云:"汉碑元亨字皆作享;至'子孙享之'之类,又皆作亨。"[81]二字互用,足见享、亨原为一字。

如上文所言,"享"之本义为"献",即以祭品奉祀祖先。在此之前,先要把祭品煮熟,故"享"既变为"亨",又加火,成为烹饪之"烹"。因此,"享""亨""烹"原为一字,在古籍中经常互用。《诗经·桧风·匪风》:"谁能亨鱼?""亨鱼"即"烹鱼"。《豳风·七月》:"七月亨葵及菽。""亨葵及菽",即"烹葵及菽"。《周礼·天官·亨人》:"亨人掌共鼎镬,以给水火之齐。职外内饔之爨亨煮,辨膳羞之物。"贾公彦疏:"亨人主外内饔爨灶亨煮之事。"[82]"亨人"即"烹人",即古代司炊之官。《礼记·礼运》:"以亨以炙",郑玄注"亨"下云:"煮之镬也。"[83]"以亨以炙",即"以烹以炙"。《汉书·高帝纪上》:"羽亨周苛,并杀枞公。"颜师古注:"亨谓煮而杀之。"[84]"羽亨周苛",即"羽烹周苛"。凡此皆"亨""烹"互通之例。又《易经·鼎》:"以木巽火,亨饪也。圣人亨以享上帝,而大亨以养圣贤。"[85]《释文》:"亨,本又作亯,同普庚反,煮也。"[86]"亨饪"即"烹饪",有些版本又作"亯饪",此则为"亯""亨""烹"互通之例。

《汉语大词典》"享"字列载普通话读音 xiǎng,其下列有七个义项,第六个义项云:"'烹'的古字",并举《墨子》书证,《墨子·非儒下》:"孔丘穷于蔡陈之闲(间),藜羹不糁,十日,子路为享豚。"[87]孙诒让(1848—1908)《墨子间诂》引王念孙(1744—1832)曰:"享即今之烹字也。"[88]此一义项既为烹饪义,则当音 pēng。

<h1 style="text-align:center">五</h1>

《说文》无"著"字,北宋徐铉谓"著"本作"箸"。《说文》:"箸,饭攲也。从竹,者声。"[89]饭攲即吃饭时所用的筷子,与著作拉不上关系。因此,古籍中以"箸"为著作字者,如《史记·刘敬叔孙通列传》:"及稍定汉诸仪法,皆叔孙生为太常所论箸也"[90],用的是"箸"之假借义。

《玉篇》"蓛"字注云："味，茎蓛"[91]，《尔雅·释草》作"蓛，茎蕏"。[92]"蓛"即五味子，又名茎蕏（音迟除），其果实皮肉甘酸，核中苦辣，又有咸味，因而称为五味子，可供药用。清代学者钮树玉（1760—1827）因《玉篇》之"味，茎着"，《尔雅·释草》作"蓛，茎蕏"，遂谓着即蕏之省文。不过，可供药用之茎蕏，跟著作同样拉不上关系。

清末张行孚（1875—1908）谓著作之"著"，本字当作"署"。《说文》："署（小篆作圈），部署，有所网属。从网，者声。"[93]"署"字从网，盖取若网在纲之意，谓按部居处，各有系联、分属也。《说文》"扁"（小篆作扁）下云："署也。从户册。户册者，署门户之文也。"盖谓"扁"字之本义为题署，其字之构成，由户、册会意，户册会意，乃表示题署门户之文字。《汉书·郑当时传》："翟公大署其门曰：'一死一生，乃知交情；一贫一富，乃知交态；一贵一贱，交情乃见。'"[94]此即题署门户之例。

此外，《说文》"检"下云："书署也。从木，金声。"[95]以木为函，木函称检，题写木函也称检。《说文》"检"训"书署"，《玉篇》"署"训"书检"[96]，因此，"署"字引申有书写义。《说文解字·叙》云："著于竹帛谓之书。"[97]著于竹帛谓之书，犹署于门户谓之册也。

署门户之文，是表明其门户，即凡书检，皆是表明情事。因此，"署"字引申有表明义，这与《易经·系辞上》"县象著明莫大于日月"义合，由是知著明之"著"，本得义于"署"。

《说文》"署"字说解云："部署，有所网属"，因此，"署"字引申有系属附丽义，这与《左传》庄公二十二年"风行而著于土"之"著"义合，由是知"著"之附丽、着落义，乃本于"署"。

由附丽、着落义而生出接触、触及义。《左传》宣公四年："伯棼射王，汰辀，及鼓跗，著于丁宁。"[98]谓伯棼射楚庄王，一箭飞过车辕，穿过鼓架，射在钲上。由是知"著"之接触、触及义，亦本于"署"。

由接触、触及义而生出穿戴义。《后汉书·东夷传·高句骊》："大加、主簿皆著帻，如冠帻而无后；其小加著折风，形如弁。"[99]《晋书·宣帝纪》："帝使军士二千人着软材平底木屐前行。"[100]是"著"之穿戴义，亦本于"署"。

《说文》中著作、著明、附著、穿著诸"著"字多作"箸"。如"书"下云："箸也。"[101]"书"之本义为书写、写作，"书"训"箸"，盖借"箸"为著作之"著"。又"倬"

下云：“箸大也。”段玉裁（1735—1815）《说文解字注》曰：“箸大者，箸明之大也。”[102] 此则借“箸”为著明之“著”。又“隶”下云：“附箸也。”[103] 此则借“箸”为附着之“着”。又“微”下云：“帜也，以绛微帛，箸于背。”[104] 朱骏声《说文通训定声》：“将帅以下，衣皆有题识。平时则城门仆射及亭长所着。又凡救火人，衣用绛帛箸于背。皆微属也。”[105] 此则借“箸”为穿着之“著”。由此可见，许慎已用“箸”为著作、著明、附著、穿著之“着”。张行孚认为其本字当作“署”。不过，著作、著明、附著、穿著之“着”，已再没有人念“署”音。

著作、著明、附著、穿著之“著”，现已很少人写作“箸”。变“箸”为“著”，盖始于汉人隶法竹艸不分。篆书竹作𥫗，艸作屮屮；隶书为求快捷，笔势变篆之曲形为直，故变𥫗篆作⺮，又变屮屮篆作艹，而竹艸由是不分矣。

艹之行书往往写作⺌，于是附著、穿著之“著”，又辗转变为“着”。

六

我们都听过“败北”一词，那就是打败仗的意思。不过，我们只说“败北”，却从不说“败南”、“败东”、“败西”。有时会单用一个“北”字来表示打败仗，例如《韩非子·五蠹》：“鲁人从君战，三战三北。”[106] 为什么以“北”表示战败呢？且让我们看看《说文解字》“北”字的解释：“𣥂，乖也。从二人相背。”[107] “乖”谓乖戾相背，“北”字甲骨文作𣥂，跟小篆一样，都像二人相背之形。徐灏《说文解字注笺》认为“北”、“背”是古今字。[108] 打败仗往往转向而逃，背向敌人，因此“北”引申为打败仗，战败称“败北”。《国语·吴语》：“吴师大北。”韦昭（204—273）注云：“军败奔走曰北。北，古之背字。”[109]

严格来说，“败北”之“北”，应念作“背”。《左传·桓公九年》：“斗廉衡陈其师于巴师之中，以战，而北。”杜预注指出，“北”是败走之意。陆德明《经典释文》则指出，《左传》之“北”，嵇康音“胸背”之“背”。[110] 不过，《汉语大词典》和《现代汉语词典》，都已把“败北”之“北”，读作“南北”之“北”。[111]

“败北”之“北”，由战败义，引申而有科举考试失利落第之意，如清蒲松龄（1640—1715）《聊斋志异·雷曹》：“乐文思日进，由是名并著。而潦倒场屋，战辄北。”[112] 此外，又由战败引申为败逃者，如《庄子·则阳》：“时相与争地而战，伏尸数万，逐北旬有五日而后反。”[113] 又如《后汉书·臧宫传》：“自是乘胜追北，降者以十万数。”[114]

上文说，"败北"之"北"，《汉语大词典》已不读"背"，而读作"南北"之"北"；不过，"反北"和"分北"之"北"，《汉语大词典》仍读作"背"，并且说这两个词中的"北"，是"背"的古字。

《汉语大词典》"反北"一词下云："见'反背'"[115]；而"反背"一词下则云："亦作'反北'。"并指出其义为"背叛"。书证如下：《战国策·齐策六》："食人炊骨，士无反北之心，是孙膑、吴起之兵也。"《三国志·魏志·杜袭传》："袭帅伤痍吏民决围得出，死丧略尽，而无反背者。"[116]《战国策》作"反北"，《三国志》作"反背"。

至于"分北"，《汉语大词典》释之曰："分离。北，通'背'。"并举书证如下：《尚书·舜典》："分北三苗。"孔传："分北。流之不令相从。"孔颖达疏："北，背也，善留恶去，使分背也。"[117]

《汉语大词典》有关"分北"的解释和书证，其实都有问题。《三国志·吴志·虞翻传·注》言虞翻（164—233）奏郑玄解《尚书》违失事目云："'分北三苗'，'北'，古'别'字，又训北，言北犹别也。若此之类，诚可怪也。"[118]虞翻说："'北'，古'别'字"；又说："北犹别也。"其实，古"别"字不是"北"，而是"川（"。《说文解字》："川（，分也。从重八。八，别也，亦声。《孝经说》曰：'故上下有别。'"[119]"川（"音"兵列切"，即今分别字，古籍中多借用"别"字而"川（"字遂废。"别"与"川（"义近而非全同。"别"小篆作 ，《说文解字》：" ，分解也。从冎，从刀。"[120]"冎，剔人肉置其骨也。象形。头隆骨也。"[121]"别"像用刀切割分解，与"川（"像分别相背之形有所不同。而且，"别"音"凭列切"，与"川（"音"兵列切"在读音上也不完全相同。不过，现已不用"川（"字，而以"别"字取代。《说文解字》"川（"字下引《孝经说》，也作"故上下有别"。

今《尚书》之"分北三苗"，"北"实为"川（"之误。"分川（三苗"者，江声（1721—1799）《尚书集注音疏》云："三苗为西裔诸侯，其君虽止一人，而其族类当复不少，其在西裔，犹相聚为恶，故复分析流之。"[122]"分川（三苗"，就是将三苗分别流放到边远的地方。

由上文可见，《说文解字》是一个研究汉字的宝库，无论老师适时地以之教导学生，或学者以之自学，均有莫大之益处。

注释：

[1] 丁福保：《说文解字诂林》，中华书局 1988 年版，第 3430 页。

［2］丁福保：《说文解字诂林》，第3486页。

［3］丁福保：《说文解字诂林》，第3464页。

［4］丁福保：《说文解字诂林》，第3464页。

［5］丁福保：《说文解字诂林》，第3467页。

［6］汤可敬：《说文解字今释》，岳麓书社1997年版，第415页。

［7］丁福保：《说文解字诂林》，第7257页。

［8］丁福保：《说文解字诂林》，第2180页。

［9］丁福保：《说文解字诂林》，第3435页。

［10］丁福保：《说文解字诂林》，第2180页。

［11］杜预注、孔颖达疏：《十三经注疏·春秋左传正义》，中华书局1979年版，第1949页。

［12］丁福保：《说文解字诂林》，第3220页。

［13］丁福保：《说文解字诂林》，第3235页。

［14］丁福保：《说文解字诂林》，第3239页。

［15］丁福保：《说文解字诂林》，第3240页。

［16］丁福保：《说文解字诂林》，第3616页。

［17］丁福保：《说文解字诂林》，第3616页。

［18］丁福保：《说文解字诂林》，第3589页。

［19］林义光：《文源》，中西书局2012年版，第330页。

［20］郭沫若：《两周金文辞大系》，台北大通书局1971年版，释文第191b页。

［21］容庚编：《金文编》，中华书局1985年版，第208页。

［22］梁东汉：《新编说文解字》，山西教育出版社2006年版，第152页。

［23］毛公传、郑玄笺、孔颖达疏：《十三经注疏·毛诗正义》，中华书局1979年版，第577—578页。

［24］毛公传、郑玄笺、孔颖达疏：《十三经注疏·毛诗正义》，第358页。

［25］国学整理社：《日知录集释》，世界书局1936年版，第661页。

［26］郑玄注、贾公彦疏：《十三经注疏·周礼注疏》，中华书局1979年版，第642页。

［27］杜预注、孔颖达疏：《十三经注疏·春秋左传正义》，第1791页。

［28］国学整理社：《日知录集释》，第661—662页。

［29］班固撰、颜师古注：《汉书》，中华书局1962年版，第281页。

［30］范晔撰、李贤等注、司马彪补志：《后汉书》，中华书局1965年版，第837页。

［31］国学整理社：《日知录集释》，第662页。

［32］丁福保：《说文解字诂林》，第6198页。

［33］杜预注、孔颖达疏：《十三经注疏·春秋左传正义》，第2045页。

［34］杜预注、孔颖达疏：《十三经注疏·春秋左传正义》，第2047页。

［35］司马迁撰、裴骃集解、司马贞索隐、张守节正义：《史记》，中华书局1959年版，第236页。

［36］萧统编、李善注：《文选》，上海古籍出版社1986年版，第1743页。

［37］陈寿撰、裴松之注：《三国志》，中华书局1959年版，第229页。

［38］王利器：《盐铁论校注》，中华书局1992年版，第78页。

［39］蔡沈：《书经集传》，台北世界书局2009年版，第18—19页。

［40］丁福保：《说文解字诂林》，第2613页。

［41］班固撰、颜师古注：《汉书》，第3687页。

［42］班固撰、颜师古注：《汉书》，第3688页。

［43］洪兴祖撰、白化文等点校：《楚辞补注》，中华书局1983年版，第144页。

［44］萧统编、李善注：《文选》，第840页。

［45］萧统编、李善注：《文选》，第177页。

［46］丁福保：《说文解字诂林》，第1987页。

［47］丁福保：《说文解字诂林》，第1989页。

［48］丁福保：《说文解字诂林》，第1993页。

［49］丁福保：《说文解字诂林》，第1994页。

［50］杜预注、孔颖达疏：《十三经注疏·春秋左传正义》，第1867页。

［51］陈彭年等编：《校正宋本广韵》，台北艺文印书馆1967年版，第111页。

［52］丁福保：《说文解字诂林》，第1992页。

［53］丁福保：《说文解字诂林》，第1995页。

［54］丁福保：《说文解字诂林》，第1997页。

［55］丁福保：《说文解字诂林》，第1998页。

［56］苗夔：《说文系传校勘记》，中华书局1985年版，第12页。

［57］杨天宇：《郑玄三礼注研究》，人民出版社2007年版，第596页。

［58］丁福保：《说文解字诂林》，第1877页。

［59］丁福保：《说文解字诂林》，第9079页。

［60］徐中舒主编：《甲骨文字典》，四川辞书出版社1989年版，第1012页。

［61］丁福保：《说文解字诂林》，第9086页。

［62］丁福保：《说文解字诂林》，第 9087 页。

［63］张揖：《广雅》，中华书局 1985 年版，第 4 页。

［64］何晏等注、邢昺疏：《十三经注疏·论语注疏》，中华书局 1979 年版，第 2471 页。

［65］赵岐注、孙奭疏：《十三经注疏·孟子注疏》，中华书局 1979 年版，第 2691 页。

［66］郑玄注、孔颖达疏：《十三经注疏·礼记正义》，中华书局 1979 年版，第 1614 页。

［67］黄怀信：《论语汇校集释》，上海古籍出版社 2008 年版，第 309 页。

［68］详参汉语大词典编辑委员会、汉语大词典编纂处编：《汉语大词典》第 9 卷，上海汉语大词典出版社 1994 年版，第 350 页。

［69］参《中文大辞典》，中国文化大学出版部 1990 年版，第 726—727 页。

［70］《中文大辞典》，第 1465—1467 页。

［71］丁福保：《说文解字诂林》，第 9083—9084 页。

［72］丁福保：《说文解字诂林》，第 5535 页。

［73］丁福保：《说文解字诂林》，第 5536 页。

［74］吴大澂：《说文古籀补》，中华书局 1988 年版，第 21 页下。

［75］转引自朱芳圃《甲骨学文字编》，台湾商务印书馆 2011 年版，第 142—143 页。

［76］孔安国传、孔颖达疏：《十三经注疏·尚书正义》，中华书局 1979 年版，第 169—170 页。

［77］杜预注、孔颖达疏：《十三经注疏·春秋左传正义》，第 1795 页。

［78］赵岐注、孙奭疏：《十三经注疏·孟子注疏》，第 2737 页。

［79］王弼、韩康伯注、孔颖达疏：《十三经注疏·周易正义》，中华书局 1979 年版，第 30 页。

［80］郭齐、尹波点校：《朱熹集》卷五，四川教育出版社 1996 年版，第 2406 页。

［81］《汉隶字原》，转引自吴玉搢《别雅》，《四库全书》第 222 册，上海古籍出版社 1987 年影印文渊阁《四库全书》本，第 662 页。

［82］郑玄注、贾公彦疏：《十三经注疏·周礼注疏》，中华书局 1979 年版，第 662 页。

［83］郑玄注、孔颖达疏：《十三经注疏·礼记正义》，第 1416 页。

［84］班固撰、颜师古注：《汉书》，第 42 页。

［85］王弼、韩康伯注，孔颖达疏：《十三经注疏·周易正义》，第 61 页。

［86］陆德明：《经典释文》，中华书局 1983 年版，第 28 页。

［87］《汉语大词典 第 2 卷》，第 354 页。

［88］孙诒让撰，孙启治点校：《墨子闲诂》，中华书局 2011 年版，第 303 页。

［89］丁福保：《说文解字诂林》，第 4851 页。

［90］司马迁撰、裴骃集解、司马贞索隐、张守节正义：《史记》，第2725页。

［91］王平、刘元春、李建廷编：《〈宋本玉篇〉标点整理本：附分类检索》，上海书店出版社2017年版，第222页。

［92］郝懿行：《尔雅义疏》，台北艺文印书馆1973年版，第1029页。

［93］丁福保：《说文解字诂林》，第7757页。

［94］班固撰，颜师古注：《汉书》，第2325页。

［95］丁福保：《说文解字诂林》，第6164页。

［96］王平、刘元春、李建廷编：《〈宋本玉篇〉标点整理本：附分类检索》，第254页。

［97］许慎：《说文解字》，香港中华书局2011年版，第314页下。

［98］杜预注、孔颖达疏：《十三经注疏·春秋左传正义》，第1870页。

［99］范晔撰、李贤等注，司马彪补志：《后汉书》，第2813页。

［100］房玄龄等撰：《晋书》，中华书局1974年版，第9页。

［101］丁福保：《说文解字诂林》，第3522页。

［102］丁福保：《说文解字诂林》，第8001页。

［103］丁福保：《说文解字诂林》，第3533页。

［104］丁福保：《说文解字诂林》，第7814页。

［105］丁福保：《说文解字诂林》，第7816页。

［106］韩非著、陈奇猷：《韩非子新校注》，上海古籍出版社2000年版，第1104页。

［107］丁福保：《说文解字诂林》，第8279页。

［108］丁福保：《说文解字诂林》，第8280页。

［109］徐元诰：《国语集解》，中华书局2000年版，第1104页。

［110］杜预注、孔颖达疏：《十三经注疏·春秋左传正义》，第1754页。

［111］详参《汉语大词典》第2卷，第191页及《现代汉语词典》（第5版），商务印书馆2011年版，第57页。

［112］蒲松龄着、李伯齐点校：《聊斋志异》，浙江文艺出版社2004年版，第128页。

［113］郭庆藩：《庄子集释》，中华书局2016年版，第784页。

［114］范晔撰、李贤等注、司马彪补志：《后汉书》，第693页。

［115］《汉语大词典》第2卷，第857页。

［116］《汉语大词典》第2卷，第861页。

［117］《汉语大词典》第2卷，第568页。

［118］陈寿撰、裴松之注：《三国志》，第 1323 页。

［119］丁福保：《说文解字诂林》，第 1970 页。

［120］丁福保：《说文解字诂林》，第 4423 页。

［121］丁福保：《说文解字诂林》，第 4421 页。

［122］江声：《尚书集注音疏》，顾廷龙主编：《续修四库全书》，上海古籍出版社 1996 年版，第 381 页。

简论对外汉语教学运用"六书"的问题

曹方向
安阳师范学院文学院

对外汉字教学的字源理据教学是前辈时贤在对外汉字教学的实践中总结的一种方法，而字源研究和六书理论密切相关。在这种汉字教学法的实践过程中，引入传统的六书理论是值得尝试的。但我们在具体的留学生课堂教学中感到，传统六书理论在对外汉字教学过程中并没有太高的实践价值，我们使用的《HSK 标准教程》在这方面的编写也有一些问题，在教学中实用性不强。

一

作为对外汉语教学的基本内容之一，如何教会二语者习得汉字，无疑是一个要点。如果单纯地培养听和说的能力，文字暂时可以退居其次；一旦教学活动推进，读、写能力势必提上日程。何况，国家汉办的汉语水平等级标准中明确规定，汉语的言语能力包括了汉字、语音、词汇、语法方面的能力。文字是衡量学习者的汉语能力时一项不可或缺的指标。

为了帮助学习者较大规模地识读汉字，怎样系统地向学习者教授汉字，是必须考虑的问题。由于"六书"理论是自古相传的经典理论，前人也在这一理论指导下划分过汉字的基本类型（例如《说文解字》《六书略》）。这种古典理论成为对外汉字教学活动中帮助二语者较为全面、系统地认识、研究汉字的一把钥匙，是顺理成章的。[1]

据介绍，1980 年代以前的对外汉语教育，没有独立的汉字教学，教材中甚至也没有专门的汉字教学内容。与之相应，探索对外汉字教学的文章，也是 1980 年代才出现。[2] 但我们不难想象，只要在课堂上出现了汉字，教师在讲解时仍然有可能会使用"形声"这样的术语。毕竟，现代汉字多半都是形声字（不同学者根据不同选字范围，统计的占比结论不同，但形声字占多数，应该说是现代汉字的事实）。

只要不是纯粹的拼音教学，为了方便指称，引入六书理论也是值得尝试的。例如，20 世纪 80 年代，李培元、任远先生在探索对外汉字教学方法时，就引入了"象形字""会意字"。两位先生认为，"常用的独体字都是象形字。汉字形体虽然几经演变，表面看去，有些字虽然已不十分象形，但是稍加解释，仍可看出象形的痕迹。例如日（原文列有古文字形，此略去）、月、人、山等。对这类独体字的教学，利用象形的痕迹，适当地作些解释，不但可以收到因形见义的效果，而且可以提高学生的学习兴趣，帮助他们记得牢固。"在此即运用了六书理论，具体是用象形理论来教独体字。他们在合体字的教学中引入了"会意字"："合体字中有一些是由会意字演化来的。在教学中利用某些字保留的会意的痕迹适当加以分析，对学生记认汉字还是有用的。如二人为从，表示一个跟着一个，前后相从。双木为林，表示树木众多，并列成林。还有人倚树立为休，月在日边为明，等等。这样分析讲解，可以帮助学生把字形和字义联系起来，有助于学习。"[3]个中疑义姑置勿论。既然引入"象形字""会意字"，等于是引入了传统的六书理论。

1990 年代，世纪之交的中国兴起了一种现在统称为"国学热"的现象。各种"国学经典"的讲习班、私塾和高等学府开办的"国学班""国学院"，共同揭橥弘扬传统文化的目标。与之相伴的有"汉字热"，弘扬"汉字文化"。汉字热的具体情形我们不打算回顾，不得不提到的是，这种热潮无疑深深地影响了对外汉字教育事业。一方面是在海外产生了负面反应。例如 1998 年第五届国际汉语教学讨论会上，科彼德先生从对外汉语教学的角度指出，"汉字热"明显的"汉字优越论"会招致西方社会的反感，进而给对外汉字教学带来不利影响（这个问题不在本稿论题范围之内）。[4]另一方面，是在国内产生了一种现在称为"新说文解字"的现象。

起初，为了应对"汉字难学"的问题，在实际的汉字教学过程中引入了趣味性比较强的文字解说。这种方法在母语者的汉字教学活动中也广泛使用。触类旁通，对外汉字教学过程中使用了相似方法，并且得到对外汉语教育界一线学者、教师的肯定。例如，周健先生认为这种"别出心裁的说文解字，风趣幽默荒诞，或许不合文字学，但实用有效，学生学得快、记得牢"[5]。在这种情形之下，作为趣味教学的一个具体手段，趣味解字被引入对外汉字教学。而汉字热背景下对汉字作出的诠释，则成为趣味解字的重要参考资料。在具体的教程编写、课堂教学设计中，出现了"图解汉字"的现象。

由此，尽管对外汉字教学过程中有人主张用六书理论教汉字，都属于所谓的理据教学，但在实际上，对文字资料的解析，并非总是"理据"。形式上，对外汉字教学的实践活动和教学设计也使用"象形、形声、会意"等传统的"六书"术语，在课堂实践或教程编写中，除了"转注"的概念很少会出现，其他五种概念都是常见的。有的看起来是理据教学，实际还是趣味教学。不能否认，趣味教学是非常重要的，对此，拙稿暂时不展开讨论。但是众所周知，"看图说字"是文字学家研究的一个忌讳，这和趣味教学是有矛盾的。

就分析对象来说，传统六书理论侧重的是字源分析，例如分析某个字在古文字阶段是象形的、指事的或者会意的，某个字是假借产生的，诸如此类。但对外汉字教学讲的是现代规范汉字。由于这种差异，六书理论在教程编写时面临了两难的问题，我们想结合教学实践谈谈这方面的问题。

二

对外汉字教学的内容，按照《国家语言文字法》，是我们当前使用的"现代规范汉字"。不严谨地说，除开传承字，主要就是指我国大陆地区现在用的简化字。在实际教学过程中，六书理论面临的第一个难题是，现代规范汉字大部分都是单纯的形声、假借字，很少有象形、会意、指事类的字（转注概念复杂，也很少在教学设计中出现，本文不予讨论）。我在实际教学过程中，拿到的教材是孔子学院总部和国家汉办主编的《HSK标准教程》。这套教程第一、二两册（《HSK标准教程1》和《HSK标准教程2》，北京语言大学出版社。以下简称教程1、教程2）合计22课，每一课都讲汉字笔画和笔顺、结构、偏旁，以及"认识独体字"。在"独体字"这部分，教程为每个例字举证三个楷书以前的字形，从其配套的解释来看，是字源教学的实际运用，就其具体表述而言，也可以说是六书理论的一种活用。就教程举的字例来说，这个尝试应该说是有价值的，但不幸并不成功。

在一些对外汉语教材、论文，学生和我们自己的教学设计中，都会想到通过图片展示法，展示古文字形体和现代汉字的联系，可以实际的效果很难调查，但就我们自己的教学实践来说，初衷是帮助二语者习得汉字笔画和结构，但在课堂实践中不难发现，这是一种错觉。以"象形"概念为例，现代汉字几乎没有一个是"象形"。在理想状态下，象形的古文字可以帮助学习者记住相应的楷书笔画和结构，因此，在实际的教学设计过程中，我们感到，引入六书理论，往往是在描述一个文字形体的来源时才有"用武之地"。

　　讲课使用的教程，编写时也存在同样的问题。教程既想要运用六书理论，展示字源及汉字演变的大致过程，但展示的古文字形体和现代规范字的脱节，反而为课堂教学带来了新的问题。拙稿限于篇幅，在这里只谈其中一个问题。

　　相信有留学生课堂实践的人多少会有这种困惑：一个字形，从古文字到楷书，出现了结构转变，从古代的楷书到现行的楷书，又出现了结构转变。前一个转变有很多都发生在隶变阶段，后一个转变有很多都是受俗字、简化字的影响。由于我们把对外汉字教学的目标定位为现行"规范汉字"，不得不认真考虑这个问题。请看下面的例子（以下例子都取自教程 1 和教程 2）：

　　见（教程 1 第二课）　𦣻 → 𦣻 → 貝 → 见

　　车（教程 1 第十四课）　𩗺 → 𨊥 → 車 → 车

　　开（教程 1 第十四课）　開 → 開 → 开

　　为（教程 2 第一课）　𤓐 → 𤓤 → 爲 → 为

　　乐（教程 2 第四课）　𣍲 → 樂 → 樂 → 乐

　　长（教程 2 第四课）　𠨲 → 𠂤 → 镸 → 长

　　为节约纸幅，两册各选了三个字例。其他如东、西（教程 1 第六课）、儿（教程 1 第四课）、书（教程 1 第七课）、习（教程 1 第十三课）等，都属于这一类：教程的这个内容意在展示现代规范汉字的早期写法，编写初衷不难理解，即借助古文字形体来理解楷书的笔画和结构。然而上述字例是否能达到这一效果？我们对此有疑虑。认为象形、会意字可以通过图片展示来演示笔画演变的想法，很大程度上源于这样一个误解：楷书的基本笔画和古文字的笔画之间的关系是自明的。如果是这样，那么所谓的"理据"，只不过是"存在即合理"的"理"，这种处理是不可行的。

　　其实，就我们在教学过程中的感受来说，古文字阶段，汉字的笔画、结构表达一定的意义，但是，楷书阶段的文字笔画尽管源于古文字的笔画，直观上却存在差异。用文字学家的话说，楷书阶段的很多文字笔画、偏旁，都已经记号化了。所谓"记号"，就是字符和语音、词义的联系都比较隐晦甚至完全没有关系。对于二语者来说（特别是对于所谓"汉字文化圈"以外的学习者），几乎是两种"符号"。这些符号很难在形体上提示词义。在当前的文字学著作中，通常把这两种符号区分为"形符"和"义符"。前者在楷书阶段基本上不存在。

这里的根本问题,是繁、简体的关系问题。简单来说,通过这种形体演变的展示,无益于学习者掌握这些现代规范汉字的笔画和结构。学生不提问则已,一旦提问,等于这些字形都白费了。因为这些字形和现代规范字在直观上的联系非常微妙,这势必会削弱老师讲解的说服力,甚至会让学习者产生汉字字形变化没有规律、难以掌握的困惑。

从古文字到现代规范汉字之间,不仅有隶变,还有繁简转变等问题,文字笔画的演变不是自明的,特别是在古文字和楷书笔画数量也明显不同的情况下,二语学习者很难理解这种变化。其实对国内的本科生来说,这种笔画的变化也需要老师进行解释。对于这种经历了隶变或者繁简体转换的字,我们尝试抛开教程,补充了可以和现行规范字建立较为直观的联系的一部分字形,例如在"为"、"乐"等字的楷书之前加入一个草书体的字形。这样,既可以建立笔画上的联系,也试图说明,现代规范汉字的来源并不是单一的(教程把所有的楷书都列在小篆形体之后,容易造成这种单一来源的印象)。

三

以上是"教现代规范汉字"的定位,促使我们反思了课堂教学中的问题。现在我们想简单谈谈另外一个问题。在对外汉语教学领域,字本位和词本位是两种尝试。那么,引入六书理论到底是教字还是教词?

在教学设计过程中,我们很容易举出"日、月"是象形,"山、川"是象形,等等。但这在本质上是词义教学:给学习者看一个文字相关的图片或古文字形体,主要展示的是一个汉语词语和客观对象的对应,例如"太阳"和"日"、"月亮"和"月",诸如此类。学习者学汉字是这样学,我们学英语时,讲"sun"这个字的时候同样可以展示太阳的图片。当然,能够让学习者加深对日、月、山、川等字的记忆,就是有实践价值的。只不过我们认为,通过象形文字形体,让学习者强化的是字的词义记忆,而不是对字形的记忆。这种教学能在多大程度上帮助二语学习者掌握文字的结构,是值得思考的问题。

"月"的弧形笔画演变成楷书笔画(横、横折、撇、横折钩),一望而知,"撇"是笔画断裂的结果。而"川"字左边的撇,跟"月"字左边的"丿"在书写上没有任何区别。"牛、羊"这样的文字会更复杂一些。当我们描述"牛"字上部和"牛角"的对应关系时，很难说清楚楷书字形左上角这一短撇的来源。因为就古文字而言，"牛"的左右两个角一直是对称书写的，这一短撇是隶变的结果。和"牛"字楷书上部写法相同的字，例如"朱"。"朱"的古文字从"木"不从"牛"。进一步，当我们讲解生活的"生"（教程 2 第二课有这个字的解说：字形像地面上长出了一株嫩苗）、失去的"失"（教程 1、2 没有这个字的解说）等字时，"牛"这样的笔画对于学习者来说仍然只能分别加以记忆：就字源而言，这几个字的"牛"形笔画确实来自表意性质的符号，但不能追溯到同一个表意字。所谓"象形"或者"指事"的理论，在文字笔画和结构的记忆方面，并没有特殊作用。

在这里还有一个和六书理论相关的小问题：作为证据举出的古文字资料，在不同的教材、论文中，解释存在分歧。这对于学习者来说，不仅学不到字，也未必能学到词义。

教程 1 第九课展示"在"的字形演变如下：

$$\dagger \rightarrow \dagger \rightarrow \dagger \rightarrow 在$$

这里展示的字形粗看没有错误，其实不但没有太大用处，反而让"在"字的讲解变得更复杂了：试问"才"变成"在"，字形演变的过程究竟如何说明？第二个字形比第一个字形多出来的部分是什么？这两个部分是怎样变成了现代规范汉字？这两个问题，后者相对容易一些，可以板书展现笔画的位移和变形。而且恰好"在"字笔画和结构的这种位移、变形是比较容易说明的——教程 1 出现的"西"、"年"等字，就不那么好说了。但前面那个问题更复杂。和拙稿第二节讲的繁简字转变一样，学习者不问则已，一旦提问，老师在课堂上很难说清楚这里面的道理。巧的是，这个问题却正好需要六书理论来说明。

我曾经在本校的留学生课堂让实习讲课的二年级硕士生讲解这个问题，他们无法给出答案。这不能怪研究生能力差。传统上，从《说文解字》以来都说"在"是从土、才声的形声字；可是现在根据古文字资料看，"在"其实是从才、从士的双声符字（由于"在"的词义和才、士都没有多少联系，于六书分类可以归为假借字）。这样两难的问题，让老师判断已经是勉为其难，[6] 让学习者理解和接受，是不现实的。在这里，字形演示成了鸡肋，六书理论也感觉无从施展，因为讲解起来太复杂了。最终我们在讲课时，舍弃了"才—壮"这个过程，只演示了从"壮"到"在"的笔画变化。

教程 1 第十五课还出现了如下的例子：

"非"的字形直接演变出"飞"。这种错误的演示是我们无法接受的。为什么会有这种错误？就算把"非"和"飞"当成单纯的记号来看，也能看出两者形体完全不同。但是，在此我们似乎看到教程编者的一种思路，即"字形演变"并非总是针对"字形"，有时其实是"词"的用法示意。《说文解字》说"非"的字源是"从飞下翅，取其相背"，教程编写者如果不是误解了《说文解字》的意思（"非"取象于翅膀向下煽动的状态，而不是说"非"后来演变成"飞"字），那就是认为"非"和"飞"存在假借关系。这种暧昧不明的解释，我们在课堂教学中当然也未敢采纳。

拙稿无意分析一套对外汉语初级教程在字源分析方面的合理性，但通过第二节和本节例字的讨论，我们感到：部分形体演变展示，不仅无益于学习者掌握现代规范字，实际上还给学习者增加了一个教学内容：汉字形体演变。

要讲清楚形体演变，面临的困难倒不是在文字学家的争议中选择一种说法作为教学参考，[7] 难的是古文字形体本身的复杂。以教程 1 的一组文字为例。从第一课到最后一课，都有一个"认识独体字"的部分，我们看到如下三个字：

第三课"人"，解释为"表示直立的人"；

第五课"大"，解释为"本义是张开双手双腿顶天立地的人，现在意思与小相对"；

第十二课"天"，解释为"本义表示头顶，后借指天空，与地相对"。

就文字的取象而言，人、大、天的古文字形中都包含了人的身体这样一个部分，但是写法有两种。"人"是"直立的人"，那么"大"跟"直立"到底有什么差别？教程的解释显然忽视了这一点（"人"的特点不是"直立"而是"侧立"）。在实际授课过程中，照着教程这样讲不能解答留学生的困惑。"大"怎么体现"顶天立地"？显然的反例是，"天"和"夭"有关，顶上有一横，而"大"并没有这一横。这样一来，教程的解释就显得比较随意了。这不全是为了配合词义作出的新说：因为"直立的人"语意并不明确，而"张开双手双腿顶天立地"这种说法在初级教程中出现显然太复杂。

拙稿主要以《HSK 标准教程》第一、二两册的文字通论为实例，结合我们在留学生课堂的教学实践，谈了一点关于在对外汉字教学过程中引入六书理论的感受。

通过上述实例分析，我们主要的感受是，所谓"六书"理论在实际的对外汉字教学中，显然有避重就轻、取舍随意的问题。通常情况下，教程和课堂教学设计中，只有古文字阶段属于典型的象形、指事或会意的字，才会运用六书理论，作字源解析或形体演变展示。但实际的教学实践活动中，主要是图片展示一条途径。就一般的图片展示而言，无论学汉字还是学外文，都可以使用，因为图片展示是学词的好方法，并不是学字的好方法。

就古文字形体教学所用的图片展示法而言，我们容易产生一种误解，认为古文字形体展示有利于学习者掌握楷书的笔画和结构，其实也未必。这不仅是因为汉字经历了隶变、繁简转变等阶段之后，有些古文字的笔画数量、结构都和现代规范汉字不同，古文字和现行规范汉字直接的笔画、结构关系不是自明的，而是需要讲解、证明的。在说明、解释时会有各种问题。

我个人的留学生课堂实践在一定程度上表明，六书理论在对外汉字教学中的效果，是一种理想化的设计，实际使用率和效率都不乐观。当然，由于我从事对外汉字教学的时间很短，教学效果的不理想，不能归咎于六书理论。即便如此，通过对 ḥšK 初级教程的使用和分析，我们仍然不难看到，六书理论在教程的汉字知识介绍时也存在种种欠缺，希望在以后编写教程时能够再斟酌相关的问题。

注释：

本论文写作得到安阳师范学院 2017 年教学研究项目 ASJY-YB-061（"HSK 标准教程"古文字教学问题与对策研究）、汉语海外传播河南省协同创新中心资助。

［1］王学作：《汉字图表教学法浅谈》，《语言教学与研究》1980 年第 1 期；同作者《析字教学法》，《语言教学与研究》1980 年第 4 期。

［2］施正宇：《60 年对外汉字教学研究之研究（上）》，《云南师范大学学报（对外汉语教学与研究版）》2015 年第 1 期，第 14 页。

［3］李培元、任远：《汉字教学简述——对外汉语教学发展史之一章》，《第一届国际汉语教学讨论会论文选》，北京语言学院出版社 1986 年版；又收入孙德金主编：《对外汉字教学研究》第四章，商务印书馆 2006 年版。

［4］科彼德：《汉字文化和汉语教学》，《第五届国际汉语教学讨论会论文集》，北京大学出版社 1997 年版。

［5］周健：《"汉字难学"的分析与对策》，《汉字文化》1998 年第 2 期。

［6］即使在文字学界，《字源》（第 1185 页）仍然沿袭《说文解字》的说法（林志强先生撰写了"在"

字的说明），而季旭昇先生撰写的《说文新证》（第 232 页），显然赞成根据古文字资料得出的新解释。

　　[7] 教程 1 有一个例字是甲级字"不"。教程解释说"不"是象形，像一种工具。如果我们查看文字学家的研究，会发现关于"不"的字形来源说法众多，但认为"不"是"工具"的学者应该是极少数（我们没有找到这个说法的出处）。《说文》把"不"当成"象形"，但解释为"飞鸟上翔不下来"，后世学者各有说解，主流约有两说：一是郭沫若先生详细论证过的"花萼"说，一是姚孝遂先生等论证过的"草根"说。教程忽然提出一个"工具"说，恐怕不妥。但教程对字源的分析是否准确，拙稿暂时不予讨论。

《说文》在深化古代汉语文选课词义教学中的作用

刘兴均

三亚学院人文与传播学院

【摘要】《说文解字》是中国第一部成理论系统、有内在条理、有独到创见的文字学著作，也是探讨汉语字词本义、分析汉字字形结构的不朽名著。利用《说文》进行古代汉语文选课词义教学，可以提高课堂教学效果。论文结合作者本人二十余年的教学实践，论述了《说文解字》在深化古代汉语文选课词义教学中四个方面的作用。

【关键词】《说文》　古代汉语　文选　本义　通假

东汉许慎积二十年之工写成的《说文解字》是中国第一部成理论系统、有内在条理、有独到创见的文字学著作，也是探讨汉语字词本义，分析汉字字形结构的不朽名著。时至今日都还在熠熠生辉。笔者在二十余年的古代汉语教学实践中，摸索出利用《说文》进行古代汉语文选课的词义教学，以提高课堂教学效果的一条途径。教学一开始就要求学生人手一册《说文》，个个懂得查检《说文》。学生一开始觉得难度太大，初次面对毫无标点而字头又是以小篆为体的《说文》，可说是一筹莫展。经过启发和指导，一年下来，学生不但能自己查检《说文》，解决阅读中的词义障碍，还能以《说文》为据撰写课程论文，辨证《古代汉语》教材和中学文言文选文中的释义错误。因此，笔者认为，在深化古代汉语文选课词义教学，提高教学效果方面，《说文》有着他书无可替代的作用，主要表现在以下几个方面：

一、《说文》能使学生从源头上了解古代文献词义

古代汉语是一门工具性很强的课，又是学生进一步学习中国古典文学、了解中国古代文化的一门基础课。古代汉语文选课的教学目的就是要让学生学会利用工具书来辨析词义，自己分析古文的语言特点。因此，在讲文选词义时，应注意从源头

上把握文献词义。因为，只要把源头义弄清楚了，文献中的使用义才有了落脚点。而要从源头上把握词义，《说文》就是一部必不可少的参考书。《说文》所释之义绝大多数就是该字所记录的词的本义，也就是文献词义的源头。我们以王力主编的《古代汉语》（校订重排本）（中华书局，1999 年版，以下简称"王本"）为教材，参以《说文》，在教学中实行探本求源式的教学，取得了很好的教学效果。

王本第一单元文选《郑伯克段于鄢》："初，郑武公娶于申，曰武姜。"其中的"初"，教材注释为："从前，是追溯往事的惯用语。"这样讲只接触到流。《说文·刀部》："衸，裁衣之始，从刀、从衣会意。"（大徐本，页 91）[1]"初"字的源头义是裁衣，而裁衣是做衣的第一道工序，因此，由这个意义出发就可引申出一切事件的开始，这样，"初"作为追溯往事的惯用语就有了落脚点。

同篇："及庄公即位，为之请制"和"公曰：'无庸，将自及"中"及"，前者可以释为"等到"，后者可以释为"赶上"。这两个意义之间的联系，也需要从源头上去梳理。《说文·又部》："𠬝，逮也。从又从人。"（大徐本，页 64）从构字来看，"及"从又从人会意，"又"是右手的侧面形，一个人的右手抓住另一个人的后衣襟，这就是"及"的原初构意，表示一个人追上并抓住了另一个人。所以，它可以引申为"等到"和"赶上"两个意义。结合《说文》训释，可把两个意义之间的联系梳理得十分清楚。

同篇："君将不堪。"其中的"堪"可以讲为"忍受"，这也与它的源头义有关。《说文·土部》："堪，地突也。"（见大徐本，页 287）。学生对这一训释难以理解，我在广西师范大学文学院任教时就结合本校的一道风景——独秀峰来讲解这个词义，"地突"指的像独秀峰一样的地貌，突然耸立一座高山，突然耸立的高山就像"木秀于林"一样，必然会受到风雨的摧折，它就比一般的小土堆要忍受更多的风雨的洗刷。这样讲，学生就明白了。

有的古今字关系也要追索到某字的源头义上去。例如：《郑伯克段于鄢》："姜氏欲之，焉辟害？"教材注释："辟，躲避，这个意义后来写作避。"这是对的。但学生就不明白为什么"辟"与"避"会构成古今字的关系。就需要我们了解"辟"的源头义。《说文·卩部》："辟，法也，从卩、从辛，节制其罪也。从口，用法者也。"（大徐本，页 187）原来"辟"与刑法有关，一从卩，卩有符节义，可直接引申出法典义。辛与刑具有关，辛从一辛，"辛"甲文作 ，就像一头是锥，另一头是铲的一种刑具。有法典，有刑具，又有打官司的口，"辟"就会意为法。后来从这一意义引申出躲避之义，因为一个正常人是不愿意惹上官司的。为了区别"法"和"躲避"这两个意义，就造了一个从辵辟声的后起字"避"。所以，"辟"和"避"就构成古今字的关系。

对古今词义有差异的词也要追索它的源头义。例如，《郑伯克段于鄢》："多行不义必自毙，子姑待之。"其中的"毙"按今意就是死。"自毙"就似乎可以理解为"自己找死"。而此处"毙"的文献用义是"摔跟头"。要了解词义差别形成的由来，也需要从"毙"的源头义找依据。《说文·死部》无"毙（毙）"字，"毙（毙）"作为或体附于《犬部》"獘"字下："獘，顿仆也，从犬敝声。《春秋传》曰：'与犬，犬獘。' 獘，獘或从死。"（大徐本，页205）由此可见，"獘"最初是指狗受到打击一下倒下去，但不一定就是死。后来才引申出死的意思，故改其形符为"死"。这种古今词义的差异引起字形更换形符的现象是值得语言学者关注的。

同篇："爱其母，施及庄公。""施"的今意是施行、措施，文献中的使用义是延伸和影响。要弄清古今词义的差异，也只有从"施"的源头义来找答案。《说文·㫃部》："施，旗皃，从㫃，也声。"（大徐本，140）《说文》只讲了是旗帜的一种状态，到底是一种什么状态，我们就要结合清人段玉裁的《说文解字注》（以下简称"段注"）才能知其所以然。按：段注本与大徐本的正文有字序和文字说解的不同，大徐本"旇"在"施"后，而段注本"旇"在"施"前，这是字头排序的不同；大徐本"施"字下说解曰："旗皃"，而段注本"施"下说解是："旗旇施也。"与上旇字："旇施，旗皃"说解同。据段注，"旇施"为叠韵连绵词，古音同在歌部。段注改大徐本字序正是按连绵字通例上字在前、下字在后而改的[2]，"旇施"的本义就是旗帜随风飘动的样子，它与《木部》之"橎施"、《禾部》之"倚移"，皆读如"阿那"，也就是后来的"婀娜"，"施"参与到"旇施"构词，其本义就是指的旌旗随风飘动的样子，故有婀娜之柔顺义，柔顺飘逸，就像是在向外延伸，故此字可引申出延伸、影响之义。再进一步引申，就可引申出施行和措施之义。

利用《说文》，就会让学生明白，古今词义的差异多由于词义的辗转引申所致。也会让学生知道如何寻求汉语字词的本义并梳理本义与引申义之间的联系。

二、查检《说文》可帮助学生明辨通假字，指正教材的误判和漏判

通假字的判定是一个极其复杂的工作，需要具备深厚的语言文字功底才能做到万无一失。笔者近十年来一直在探索此问题，也发表过相关的学术论文[3]。在判

定通假字的时候不仅要注意古音是否相同，更为重要的是看这两个字的意义有无联系。意义有联系的就不会是通假字。而要判定意义有无联系，就要以《说文》为据依。《说文》对某字的释义，往往能让学生明白该字与某字的真正关系。

王本是由全国顶尖学者所编，影响巨大。然在通假字的判定上亦有诸多失误。主要是误判和漏判。

误判的有：《墨子·非攻》："以亏人愈多。其不仁兹甚，罪益厚。"教材说"兹"通"滋"，这属于误判。《说文·艸部》："兹，艸木多益。"（大徐本，页22）草木多益，就有增加、加重之意，兹、滋应是古今字的关系。孙氏《间诂》亦曰"兹、滋为古今字"。

同篇："今有人于此，少见黑曰黑，多见黑曰白，则以此人不知白黑之辩矣。"王本注讲"辩"通"辨"，不确。辩与辨都从辡得声，亦皆有辨别义。《说文·辡部》："䜪，辠人相与讼也，从二辛。""辯，治也，从言在辡之间。"（大徐本，页309）辡为罪人相与讼，即两个犯罪嫌疑人在相互撕咬，指责对方，作为司法者就要辨明谁在撒谎，谁说的是真的，因此辡本身就具有辨别之义。辨从辡得声，亦当有辡义，都有识别、判定之义，像这类形体上相关而又有意义联系的字应看成是同源通用字，而不能看成是同音替代的通假。

《冯谖客孟尝君》："孟尝君为相数十年，无纤介之祸者，冯谖之计也。"王本注说"介"通"芥"，也不妥。据《说文·八部》："介，画也。从八从人，人各有介。"（大徐本，页28）《说文》以"介"为界画之本字，这在先秦文献中有其用例。《诗·周颂·思文》："无此疆尔界。"陆德明《经典释文》"界"作"介"，黄焯《汇校》于"介"字下云："注疏本作'界'。严云：《释文》不载别本，则陆所见本都作介。'"[4]可见"介"具疆界、界画之义，界画是将大片土地按等级名分划分成许多小块，让每人都分得到一小块土地。故作为界画之义的"介"本身就有小义。其实，"介画"还不是介最早的本义，从介的甲文字形来看，它所记录的词义应是铠甲：像一人身穿铠甲形。在先秦文献中也常用作铠甲义，并与胄连文属词。例如：《管子·小匡》："介胄执枹，立于军门。""介胄"即甲胄，这里是指的穿着铠甲戴着兜鍪的将士。"介"由铠甲义还动静引申为动词义，例如：《左传·昭公二十五年》："季氏介其鸡。"介，是给鸡戴上护甲。由于"介"最初记录的是铠甲义，我们知道铠甲是将犀牛皮或金属分割成小片，再用绳索穿连在一起的，这和田地划分成若干小块有同状关系，故又引申出介画、疆界之义。后人为了区别这两义，在表示疆界、界画时又造出一从田、介声的后起字——界。故介、界亦当为古今字。介是由小片犀牛皮和铁片穿连起来的,因此有小义。《周礼·地官·司市》:"胥师贾师,涖于介次,而听小治小讼。"郑玄注:"介次,市亭之属。"这里的介次就是指的位于市井的小亭子,相比朝廷而言显得小,故加介于次(舍)之前,则介就有小义。介既具小义,用来记录草之小者的芥,就顺理成章了。介有小义还有旁证,就是介在上古文献中常用作个,例如,《左传·襄公八年》"亦不使一介行李"。一介即一个。《说文》无单列"个"的字形,但从竹和支可得其意,是半竹之义[5],也就是半枝竹叶,其小义可知。因此,《战国策》此处用介表"纤芥"之"芥",并不完全是同音替代的通假,有可能当时的读书人就是以介来记录芥草的,后来为了表意清楚,才另造了一从艸、介声的"芥"。或有人指出介亦有大的用例,例如:《尔雅·释诂》:"介,大也。"《易》"受兹介福",王弼注:"受兹大福。"《书·顾命》:"太保承介圭。"孔传:"大圭尺二寸,天子守之。""介圭"即"大圭"。这当是词义的反向引申,不在本文讨论之列。

《国觞》:"操吴戈兮被犀甲。"王本注:"被"通"披",其说也不可从。《说文·衣部》:"𧝑,寝衣也。长一身有半,从衣、皮声。"(大徐本,页172)从这个意义就可以引申出覆盖、横被之义。"披"的本义与此义相通。《说文·手部》:"𢫷,旁持曰披。从手皮声。"(大徐本,页254)通过"三礼"记载,我们知道旁持是指的帝王或国君死后,出殡时送葬之人持棺之绳索,旁被于棺木之上,两边各由一人拽着绳头,这样来避免棺材的倾斜,其覆被之义显然。被、披都从皮得声,当有皮意。"皮"本为动词,是指剥离兽皮这一动作,后来指所剥离之物——皮。"皮"是横被于人(或动物)身上的,故与横被、横披义通。被、披为同源通用字无疑。

王本误判通假字还有一种情况是本字找错了。例如:《郑伯克段于鄢》:"命子封帅车二百乘以伐京。"王本注云:"帅,通率。""帅"是一个通假字没错,但作为率领义,本字可不是"率"。《说文·率部》:"𤫩,捕鸟兽毕也。像丝网上下其竿柄也。"(大徐本,页278)捕鸟兽的罗网怎么也引申不出率领义,率领义的真正本字应是"𧗟"。《说文·辵部》:"𧗟,先道也。从辵率声。"(大徐本,页39)先道就是先导,此才是率领的本字。作为佩巾的"帅"和作为捕鸟兽的工具的"率"都不是率领的本字。

王本像这类误判通假字的还不少,本人已有多篇论文涉及,不在此赘述。

同样,王本也有漏注通假的。例如:

《晋灵公不君》:"《诗》曰:'靡不有初,鲜克有终。'"这里"鲜"就是一个通假字,王本无注。《说文·鱼部》:"鱻,鱼名,出貉国,从鱼羴省声。"(大徐本,页244)

作为鱼名与"少"义无关。表示少的当另有其字，这个字就是"尟"，《说文·是部》："尟，是少也。"（大徐本，页39）可见，"鲜"通"尟"，王本漏判。

《冯谖客孟尝君》："先生不羞，乃有意欲为收责于薛乎？""羞"通"醜"，王本无注。《说文·丑部》："羞，进献也。从羊，羊所进也，从丑，丑亦声。"（大徐本，页310）可见"羞"的本义是以手持羊以进献给天地神灵及祖宗，是与宗庙祭祀有关的一个事名词。"羞"当"耻辱"讲，通"醜"。按：羞为心纽、幽部字，"醜"为昌纽、幽部字，韵为叠韵，声为准旁纽。羞、醜声近，也合乎通假字的语音标准。

三、《说文》可以帮助我们纠正前人和今人释义中的误解

古代汉语文选词义教学应当多参照前人的古注来校正今人的误注。如果我们站得高一点，用《说文》的训释来对照，就会发现，不管前人的注也好，还是今人大家的注，有时也会出现千虑一失。

《晋灵公不君》："不忘恭敬，民之主也。"这里的"主"指的不是君王，而是指的晋国正卿赵盾。对此，晋杜预注云："大夫称主。"杜注不妥。《说文·丶部》："主，灯中火主也。"（大徐本，页105）灯中火苗为主，可引申为主心骨之意。民之主，就是老百姓的主心骨。直言敢谏昏君的赵盾早已被晋国老百姓及其臣僚们看成是主心骨，这样理解方与文意吻合。

《礼记·礼运》："丘未之逮也，而有志焉。"志，王本注讲为"有志于此"，不确。志，《说文·心部》："志，意也。从心之声。""识，志也。从心，察言而知意也。从心从音。"（大徐本，页217）意、志互训，"志"似乎可以讲为志向。但是清人段玉裁注指出，大徐本非《说文》之原本，"志"字为徐铉等妄增。"志"应该是"识"的古文，见《周礼·保章氏》郑注，今《说文》"识"字下不载此古文"志"，有脱文[6]。段注可从。志是记取之义。《周礼》曰"掌四方之志"，就是用的记识之义，今"县志"、"方志"还保留古义。孔子原意是我没赶上那个时代，却有这方面的文献记载，比如"三坟五典"，"八索九丘"之类。讲为"有志于此"，显然是以今律古。

《许行》同篇："禽兽偪人。"偪，王本注讲，后来写作"逼"。这是以为"偪"与"逼"为古今字，误。偪，最早出现在西汉扬雄作的《方言》中，解释为"满也"。"逼"出现在《晏子春秋》中，这两个字在《说文》中都不载，《说文》新附字收入"逼"，解释为"近也"，是"迫近"之义。"偪"的本字当作"畐"，《说文·畐部》："畐，满也。从高省，象高厚之形。"（大徐本，页111），禽兽偪人，猛兽迫近于人，

也就是说禽兽与人类争夺生存的空间。"逼"与"偪"都从畐得声，应该是属于同源通用之字。

同篇："北方之学者，未能或之先也。"教材注云："先，超过。名词用如动词。"这个说法也是错的。《说文·先部》："𫗝，前进也。从儿从之。"（大徐本，页 177）可见，"先"本身就是一个动词，脚趾在人前，表示走在别人的前头。没有必要讲为名词活用作动词。

《静女》："爱而不见，搔首踟蹰。"王本没有注"爱"字，可能是按郑《笺》和孔《疏》的讲法，认为是"爱之而不往（得）见"，误。"爱"的本义与行走有关，《说文·夊部》："𢜤，行貌。从夊，㤅声。"（大徐本，页 112）大徐本只讲爱是一种行走的样子，至于是什么样子，我们就要从爱所从之部首字"夊"来考证了。《说文·夊部》："夊，行迟曳夊夊，象人两胫有所躧也。"段注于此注曰："行迟者，如有所拕曳然，故象之。"[7]段氏注意是讲"夊"之字形，就像人的两脚被人用脚镣或绳子绊住一样，想走快都不行。可见，爱作为记录行走的动词义，自然也就具有行动迟缓义。戴震《毛郑诗考证》："爱而，犹隐然。"则"而"是一个近似于词尾的东西。"爱而"就是行动迟缓，扭扭捏捏的样子。这样讲才与《诗经》文本贴近。喜爱义的爱当是爱的声符㤅，《说文·心部》："㤅，惠也。"（大徐本，页 219）这说明我们的老祖宗都知道，爱一个人，是要全身心地付出的。

四、从本字本义切入讲解选文中的词义能收到引人入胜之效

笔者始终觉得从本字本义切入讲解选文词义，才能收到意想不到的效果。这也是始终坚持以《说文》来统帅文献词义教学的一个动力。

《齐晋鞌之战》："韩厥执絷马前，再拜稽首。"其中的"絷"就是套马索的意思。如果只讲到这一步，学生会觉得索然无味。其实"絷"非本字，"套马索"也非本义。《说文·马部》："𫘝，绊马也。从马口其足。《春秋传》曰：'韩厥执𫘝前。'读若辄。絷，𫘝或从糸执声。"（大徐本，页 201）由《说文》可知，"絷"的本字应是"𫘝"，"𫘝"是一个形象性很强的字，像马的腿脚被绳子束缚起来的样子。用绳子套马，是古代征服野马的一种手段。絷的本义是绊住奔跑的马。韩厥即将拘捕口出狂言的齐顷公，犹如驯服一匹狂奔的野马。这样一讲，学生的兴趣就提起来了。

《冯谖客孟尝君》："孟尝君使人给其食用，无使乏。"教材注释："乏，匮乏。"如果一个老师照本宣科地这样讲，学生会无精打采。我们就可以问：乏为什么可以

讲为物资匮乏？《说文》给我们提供了初步答案。《说文·正部》："乏，《春秋传》曰'反正为乏'。"（大徐本，页 39）"正"与"乏"在古文字中有正写与反写的区别，而在汉语词汇中又有反义的用法。例如：正，在先秦文献中，特别是"三礼"中是指射箭的靶子中心部分，二尺见方处。"正"是从正面受矢的，而"乏"在《周礼》书中又称为"容"，是报靶的人举着挡在身前的牌子。从其上着箭的数量来看，"正"肯定比"乏"受箭数要多，而"乏"是挡箭牌，若其上有箭，是射箭练习的意外事故。所以，"乏"上中箭数显然会比"正"要少，所以，它可引申出匮乏之义。这样来讲文选中的词义，才能真正收到引人入胜的功效。

注释：

[1]《说文》的版本我们采用中华书局 1963 年影印同治十二年（1873）番禺陈昌治本，此本以北宋徐铉校订本为底本，故俗称"大徐本"。

[2]段玉裁：《说文解字注》，上海古籍出版社 1981 年版，第 311 页。

[3]刘兴均：《古代汉语教材中的"三字"问题（上）》（钦州师范专科学校学报 2006 年第 2 期）、《古代汉语教材中的"三字"问题（下）》（钦州学院学报 2007 年第 1 期）、《高中〈语文〉第一册（试验修订本）文言文注释指瑕》（中国训诂学研究会论文集（2002），中国文史出版社 2002 年版）。

[4]黄焯：《经典释文汇校》，中华书局 1980 年版，第 85 页。

[5]段玉裁：《说文解字注》，上海古籍出版社 1981 年版，第 189、117 页。

[6]参见刘兴均：《王力主编〈古代汉语〉第 1—5 单元文选注释商兑》，广西师范大学学报 2009 年第 1 期。

[7]段玉裁：《说文解字注》，上海古籍出版社 1981 年版，第 232 页。

关于撰写《说文解字》权威通用注本的建议

周宝宏

天津师范大学文学院

【摘要】本文提出撰写《说文解字》权威通行注本的建议，并提出达到权威注本的八项要求：1.国家级的权威部门组织和权威人士参与，2.现代注音和检索方便，3.必须是全面的注本，4.吸收乾嘉学派以来的说文学成果，5.吸收古文字及秦汉文字的成果，6.吸收自然科学方面的成果，7.成果必须是公认的、前沿的，8.它既适合教学又是必备的工具书。

【关键词】《说文》 权威 通用 注本

凡是文史哲专业的本科生、硕士研究生、博士研究生都有《说文解字》的选修课或必修课，这样的课程除了讲授《说文解字》通论之外，更重要的是要讲授《说文解字》篆文字形的来源和演变及字的本义，也包括许慎对每个字形结构的解释语句。许慎的解释，特别简明，很多不容易正确理解，有些根本读不懂，这就需要有一个详尽而权威的注本。或者说，需要有一个权威性的国家层面上的《说文解字》的注本作为统编教材。到目前为止，现代学者的《说文解字》的注本很多，但都存在着各种各样的问题。比如以古文字来注释《说文解字》的注本，主要讲的是部首字形的演变，特别是注重对许慎关于字形结构和本义解释的补正，对篆文讹误的纠正，见于古文字的有注释，不见于古文字的没有注释，显然不是一个完整的注本。现在最通行的完整的注本是汤可敬的《说文解字今释》，但是这个注本运用古文字的成果远远不够，并没有吸收今天学术界的前沿成果，更没有吸收自然科学方面的成果，作为权威的通用的教材显然是不合格的。到目前为止，我们还没有一部很好的权威性的《说文解字》全注本，这非常不能适应学子学习《说文解字》的要求。其实，有这样一个很好的注本，也便于从事文史哲学者对《说文解字》的使用。因此，我们首先呼吁，由国家层面组织古文字学界、《说文》学界、文字学界、训诂学界、自然科学有关专业等的学者联合起来，撰写一部高质量的适合学术界使用的《说文解字》全注本。

关键问题是，达到什么标准才是合格的权威的通用的注本呢？

一、必须有国家权威部门组织、国家级的学术机构具体组织、学术权威人士参加的注本。国家权威部门指的是教育部有关部门、国家社科规划、国家级出版机构等部门。国家级的学术机构指的是文字学会、古文字学会、训诂学会、语言学会等部门。学术权威人士指的是对古文字学、汉字学、说文学有很深的修养，有很高的学术造诣，有一系列很高的学术质量的论著。这些权威人士必须是亲自参与，也就是亲自筹划、亲自撰写。他们不但有学术修养，更重要的是必须把《说文解字》权威的注本当作一项非常重要的工作，一定要认真，一定要有奉献的精神，一定要肯于投入大量的时间和精力。这样才能够保证注本的权威性和它的高质量学术水平。那种把它当作一般的项目和一般的教材，分给一般的学者，甚至交给自己的研究生去写，这是绝对不允许的，因为这样只能写出一般的甚至质量很差的注本。

二、必须是汉语拼音注音、检索方便、现代排版、印刷精良的注本。现代汉语拼音注音指的是字头和索引，检索方便指的是一定要有拼音索引、笔画索引和分卷索引。文中疑难字要有注音、简要注释。现代排版指的是由专业的现代化大型的公司排版。但是因为书中有大量的古文字剪贴的形体和根据古文字形体新造的字形，因此必须有古文字专业出身的人参与或指导。印刷精良指的是纸张必须是好的，因为有很多的古文字字形，如果纸张不好，肯定造成字形模糊不清，既没有美感，又影响阅读。

三、必须是全注本。所谓全注本，它是对《说文解字》所有的篆文（包括古文籀文）和许慎说解的注释，绝不是挑选部首或所谓重要的字的注释。

四、吸收清代以来至今，特别是乾嘉学派关于《说文解字》注释的成果。乾嘉学派的有关成果，其成就不在字形的分析而在于训诂，而在于字的使用，包括读音和通假。这是我们今天的注本必须继承的，必须吸收的。张舜徽《说文解字约注》、蒋人杰《说文解字集注》（上海古籍出版社）等，都是现代人注本中吸收清代人注释成果非常好的著作。但是，作为教材，他们的注本还是太繁杂，而且没有吸收古文字方面的成果。权威通用性的注本应该在张舜徽《说文解字约注》、蒋人杰《说文解字集注》的基础上吸收清代注本中文字训诂方面的成果的精华，一定要简明扼要，一定要通畅易懂。

五、必须吸收古文字学的成果，对每一个字的来源、结构及其本义都必须研究清楚。学界中运用甲骨文、金文和战国文字补正《说文解字》的字形和说解确实取得了很大的成就。但是，《说文解字》的字形见于甲骨文、金文只是一部分。《说文》的篆文有很多在秦汉时代新产生的，现代的学者对这一部分字形研究得很不够。《说文解字》很多产生于秦汉时代的篆文，过去在出土文献资料中找不到，现在有大量的秦汉时代竹简上的文字和其他器物上的文字，这些文字很多见于《说文》篆文，但字形明显比《说文》篆文要早，对《说文》篆文的讹误和《说文》篆文的来源及结构的研究都是非常有用的。因此，通用的注本必须把这方面的资料和研究成果吸收过来。这是一项非常重要的工作，它关系到权威性注本的成败。

六、对《说文解字》里面有关天文星象、地名、水名、国名、器物名、植物名、野生动物名、家畜名、粮食作物名、各类鸟名、祭祀的名称、官名、人名等等专有名词，这些专有名词现代一般注本都不加注释。但是作为权威性的全注本对这些专有名词必须注释，而且必须由有关方面的专家参与，如地名由历史地理专家撰写，动物鸟名由动物鸟类专家撰写，天文星象由天文专家来撰写，器物名由考古专家撰写等等。这些专有名词不是古文字学家、说文学家、训诂学家所能够做得好的，这些专有名词的研究不是他们的所长。因此，所谓由权威人士参与的这种学术活动，不但包括了语言文字方面的专家，也必须包括历史地理和自然科学方面的专家。《说文解字》是一部包括社会科学和自然科学在内的百科全书式的字典，因此必须由多种学科的专家参与，才能够取得完满的成就。

七、必须吸收《说文解字》研究界公认的研究成果。权威通用的《说文解字》注本，绝不是一家之言，绝不是主编和撰写者的一家之言，必须吸收学术界公认的高质量的研究成果，而且必须是前沿的学术成果，绝不是陈旧的大家都知道的所谓公认的成果。撰写的过程就是研究的过程，也是提高的过程。因此，注释的撰写者一定要在撰写过程当中提出自己的真知灼见，重要的见解，一定在撰写组中反复讨论，并向学术界有关人员请教，得到学术界承认以后才能作为成果写入注释中。

八、《说文解字》的注本不但适合于教学，也必须成为研究古文字，研究汉字学，研究说文学案头必备的工具书。它是普及的注本，但它是高质量的普及注本，它适应本专业的研究生学习和利用。它又是高质量的注本，因为它包含了古今注本的精华，古今文字的成果，古今训诂的成果，特别是包含了天文地理等自然的成果，因此，它是一部资料性丰富，学术水平很高的文史哲方面的工具书。

　　以上八个方面，只是对一个权威的通用的《说文解字》注本的初步和基本的要求，能够做到这八点，这样的注本才能初步具备权威性。当然，最终写成，还要有更为严密的、更高的标准才行。最后，衷心希望有权威人士和权威机构组织有关学者完成这一项重要的工作，上对得起《说文解字》的作者许慎，下对得起《说文解字》的学习者和研究者。

许慎《说文解字·叙》对后代书法理论带来的影响

曹玟焕

韩国成均馆大学

【摘要】中国书论史上重视《说文解字》的理由是在《说文解字·叙》广泛讨论的文字的起源、汉字的造字法和用字法、"六书"的解说、文字的变迁等对后代书法理论和书法美学的形成带来了重大影响。本文从四个观点出发对此进行了分析。第一，对以"观物取象"结果的形式出现的"法象的书法"认识进行了分析。这些认识包含了与阴阳论相关的《周易》的道理，并强调如果想正确理解圣人"造书"中的意图，必须正确学习天文地理，认识天地自然的"至理"。第二，分析了"书者，如也"的含义和这种思维在后代书法理论中是如何展开的。许慎所说的"书者,如也"不是指按本来后代心画理解的书法。但是，后代书法理论家将许慎的思维按照"书，心画"的观点进行了扩大，从而形成了中国艺术特有的文人书法文化。这些思维具体归结为"书如其人"。第三，讨论了"著于竹帛谓之书"的心画展开和文字的政教功效性。作为文字具有的效用性，强调了知识传达或意思表现角度之外的、通过文字的政教效用性。为此，许慎将文字规定为"经艺之本，王政之始"，这种思维展开为项穆等被儒家思想熏陶的书法家通过文字强调书法的政教效用性。即，虽然书法的纯粹艺术性非常重要，但它的儒家"载道论"也很重要。第四，讨论了先后本末论的"君子务本"思维所具有的书法意义。许慎将很好地体现儒家的先后本末论思维的"君子务本"思维表现为"本立道生"，这种思维后来与书法创作相联系，提出了什么是真正的书法家的疑问。同时，在技巧运用的艺术创作之前，作为首先强调"正心"的"传心"，也表现为对书法的认识。结论是作为与许慎《说文解字·叙》中所说的"造书"相关的法象，书法认识、文字所具有的政教效用性、"本立道生"思维使书法家将书法升华为"心画"次元，使中国书法文化盛开了华丽的鲜花。在这个书法变迁史中心中，有心画方面的"文字香"和强调"书卷气"的文人，从而诞生了中国特有的文人书法。许慎站在了这些文人书法的起点。

【关键词】《许慎》《说文解字》 心画　法象　"书字如也""本立道生"

一、序言

许慎《说文解字·叙》中含有文字的起源、役割、流变、文和字的关系、"六书'的定义和书体特征等内容。汉代之后，这些内容成为多种书法理论的一个指南，因此具有书法史上的意义。

潘之淙将文字学分类为体制、训诂和音韵三种部类，而许慎的《说文解字》论述了体制。[1] 同时通过许慎《说文解字》可以了解偏旁（部首字）。[2] 人们认为许慎的偏旁发现是文字学的革命。论述体制的《说文解字》详细说明了'六书'，在讨论中国书论史的书法源流时，常常与"六书"相联系。[3] 宋曹指出有'六书'并形成了书法。[4]

王绂指出"六书"的名称可在《周礼》和《汉书》中看到，而《汉书》中只有"六书"的名称，却没有训诂，而许慎通过《说文解字》对"六书"建立了自己的理论体系，从而确立了许慎的文字地位。[5] 王绂通过孙过庭《书谱》、张怀瓘《书断》等多种书法理论书说明了"书学"，这也说明了许慎的《说文解字》由来已久。从王绂的言语中可以确认许慎《说文解字》所具有的书法史地位。[6]

通过以上内容，我们可以了解许慎《说文解字》与书法具有紧密的关联。研究汉代书论时不能没有许慎的《说文解字·叙》。许慎写《说文解字·叙》时并没有考虑后代书法，但是后代的书法家理解书法时，却常常与许慎《说文解字·叙》的内容相联系。尤其是，由于文人将书法理解为"心画"，因此其意义变得更加丰富。从历史变迁的观点上看，许慎的《说文解字》相当于书法理论史上的始条理，因此具有重要意义。

本文希望从以下四个观点分析《说文解字·叙》与书法相关的内容。第一，对作为"观物取象"的结果出现的"法象书法"的认识。第二,是关于后代书法对"书者，如也"思维的展开。第三，是关于"著于竹帛谓之书"的心画展开和文字的政教功效性。第四，是关于先后本末论的"君子务本"思维和书法家的正确划定和书法创作条件。

虽然许慎在《说文解字·叙》并不是有意地说了那些话，但《说文解字》成为后来书法理论家弄清"书法是什么"的"始条理"和"指南",本文通过以上四种分析,我们想对此进行确认。

二、观物取象：法象书法

如果将《说文解字·叙》的内容与后代书法理论相联系，可以从以下几点赋予书法意义。

（1）古者，庖羲氏之王天下也，仰则观象于天，俯则观法于地，视鸟兽之文与地之宜，近取诸身，远取诸物。于是始作易八卦，以垂宪象。及神农氏，结绳为治，而统其事。庶业其繁，饰伪萌生。黄帝史官仓颉，见鸟兽蹄迒之迹，知分理之可相别异也，初造书契。百工以乂，万品以察，盖取诸夬。夬，扬于王庭。言文者，宣教明化于王者朝庭，君子所以施禄及下，居德则忌也。

（2）仓颉之初作书也，盖依类象形，故谓之文。其后形声相益，即谓之字。文者，物象之本。字者，言孳乳而寖多也。著于竹帛谓之书。书者，如也。

（3）盖文字者，经艺之本，王政之始。前人所以垂后，后人所以识古。

（4）故曰，本立而道生。知天下之至赜而不可乱也。

以上《说文解字·叙》内容中划线的部分对后代书法理论带来了很大的影响。（1）说的是与书法发生相关的形而上学依据和文字起源说，作为所谓要求天文地理和自然理法体验的"法象"，成为书法论的依据。随着按"心画"这一观点理解以后书法，（2）的"书者如也"思维书法摆脱了实用角度，提示了升华为"文人书法"艺术的依据。（3）主要与儒家角度出发、与书法具有的社会功效性相关，展示了所谓"载道论"的艺术观。（4）说的是从先后本末论角度出发，艺术家在进行艺术创作之前所应具备的前提条件，成为"要求在伦理的角度出发，理解心性修养和天地自然的理法之后进行创作"的思维根基。这些观点展开为强调体验自然理法的作家应进行包含书卷气和文字香学问的书法创作。

以上讨论的内容中，首先将从"观物取象"出发的"法象书法"，通过卦和文字关系进行分析。

如果想探究书法的本质，必须讨论文字含有的阴阳论和易理的思维。这是因为书法吸收了《周易》中的"易简"原理、阴阳"相摩相荡"的原理、"仰观俯察"的原理、"变通"的原理等内容，而在形体构造方面，也效法了易象和易卦符号的组合。刘熙载在《艺概·书概》中指出"圣人造出了易，树立了象，从而表现了意。意是先天，是书的本体；象是后天，是书的作用"[7]，将意和象分别说明为书法的本体和作用。[8]卢世南通过联系阴阳讨论了书法的玄妙理致。[9]

以上言论说明书法和易理具有非常密切的关系。这种思维的根基就是利用许慎《说文解字·叙》中所说的"仰观俯察"原理，讨论文字的形而上学的发生。

许慎在《说文解字·叙》中通过《周易》〈系辞传〉内容[10]说明了文字的产生，这一点成为所谓法象的书法根基。许慎关于文字创造是从天文地理的"观象观法"出发的这一思维，被以后的很多书法理论书所引用。孙过庭曾在《书谱》中将书法规定为"观天文"和"观人文"的复合体。[11]认为仓颉创案了古文的张怀瓘[12]，从更多的层面记述了这些内容。张怀瓘对书法的基本认识是"包含了符合自然之道的内容，没有比书法更接近的东西"。同时，说明书法的诞生中包含与易理相关的形而上学的宇宙论。[13]

尤其是，张怀瓘在叙述书体起源和历史的《书断》中指出了卦象和文字的关系性。卦象是指"文字之祖""万物之根"。这些发言是指文字包含着阴阳的理致，通过文字进行创作的书法终究是将阴阳理致通过点划和文字表现的艺术。[14]郑杓指出文字的根本在于圣人"法天"天地作用的结果物"六书"，通过这些"六书"，制作了包含圣人之道的六经。[15]总而言之，圣人的造书是体验天地作用的结果，因此理解造书的美妙并不是件容易的事。[16]

作为郑杓著述《衍极》的理由，刘有定指出书法是为了告诉人们"至理"之所在而存在。[17]强调"造书"所含"至理"的体会的思维表明书法是一门非常玄妙的技艺。考虑到这一点，王羲之曾指出书法是"玄妙的伎艺"，因此如果不是"通人达士"，那么即使学习书法也很难掌握其中的真谛。[18]

书法认识作为许慎在《说文解字·叙》中说的、与文字相关的"观物取象"的法象，为以后书法家指明宇宙论观点的文字发生论和书法形而上学的依据，起着指南作用。从这一点上，许慎《说文解字·叙》具有书法史上地位。

三、"书者，如也"思维的后代书法的展开

《说文解字·叙》中"六书"以"象形"为基础的认识发展为"书者如也"的理论。清代段玉裁在《说文解字注》中将"书者如也"的"如"字说明为"谓如其事物之状"。如果参考这种解释，那么许慎认识为文字和书法的本质是这个字所象征的形态。

后代的书法理论家在书法审美的角度查明了这些理论。许慎在《说文解字·叙》所说的"书者如也"的理论是代表书法客观性审美特征的理论。这一点和以后表现主观审美特征的"书,心画"的理论,一起成为书法理论的两个中心。这两种思维作为中国书法史上各个形态和"内在精神",打开了探明书法的书法批评的道路。刘熙载将这两种思维总结为"书,如其人"的书法美学思想。

张怀瓘首先指出"书者,如也,舒也,着也,记也",从更多的层面上分析了许慎所说的"书者如也"的思维。[19] 项穆指出书法是"散也,舒也,意也",最终指"如也"。项穆这种发言是在通过"如"字理解书法中,属于强调了作为"心画"的书法。[20] 刘熙载将以上论述的"书者如也"总结为"书如其人"思维,并强调了书法学问。[21]

刘熙载在书法中强调"学",这与当书法显现为一个字迹时,它对社会具有什么样的积极结果有关系。即作为"心画",如果书法是表现自身的心的艺术,那么当心表现出怎样一个状态时,才对社会具有积极的一面。从这个观点来看,刘熙载的书法是指"陶冶性情",[22] 项穆则强调表现儒家的"思无邪""毋不敬""慎独"等伦理层面上的心。[23]

如果想通过书法陶冶性情,则需要后天的修养,后天的修养与通过"读万卷书",获得各种知识具有密切关系。如此通过"读万卷书"获得各种知识,同时有修养的心表现为字迹,意味着字迹中反映了人品。刘熙载强调"学与才",这与以前的书法理论家有区别,尤其是,通过书迹可以了解人品和心的状态,即所谓"观书知人"的思维符合刘熙载书法美学的特征。同时,这些思维符合文人书法的总结,在这些思维中,"书,心画"的思维形成了基本根基。

这一点与《大学》第6章的"诚中形外"思维具有紧密的关联。姚孟起从《大学》第6章的"诚中形外"思维出发,指出字也有精神,因此真正的书法家应做到清心寡欲。[24] 项穆通过"观相识心"表现,也说明了类似的思维。[25]

许慎所说的"书"指的是本来的文字,而不是书法。即许慎说的是对文字自然物象的模拟和效法结构规律的层面。与这些相比,除了与书法的心表现的叙情性相关的"心意""心志""性情"和"怀抱",项穆或刘熙载还谈到了"学与才",扩大了'书者如也'的思维。

如前所述,许慎《说文解字》的"书者如也"思维并不是许慎有意而为之,但对以后书法家的书法规定带来很多影响。尤其是,随着书法理解为"心画",出现了各种观点的理解。这种从"书者如也"的思维出发的书法，如今已摆脱实用的层面，成为文人向往的艺术，而许慎站在了这个出发点。尤其是，刘熙载将"书者如也"思维与学问相联系的见解，与理解《说文解字·叙》中强调的文字功效性有关联。以后将分析这些内容。

四、"著于竹帛谓之书"心画的展开和文字政教的功效性

通过文字强调文章政教效用性，这属于儒家文人向往的一种"书以载道"思维。这种思维的起源是许慎的《说文解字·叙》。许慎所说的"盖文字者，经艺之本，王政之始。前人所以垂后，后人所以识古"。强调了文字的政教效用性。这种思维强调做文章时不能随意表现心，这一点符合儒家的书法观。

汉代的赵壹曾指出书法所具有的儒家见解。赵壹写了批判当时流行的"背经趋俗"的草书书风的《非草书》。他认为即使通过文字表现艺术，也不能脱离儒家圣人创造文字的根本目的——"弘道兴世"。[26]总而言之，意思是即使写草书也要表明人伦，站在经纶世界的"治世"和"载道"的立场，不能从沉溺自身的层面出发。[27]

卢世南很早就原封不动地沿袭了许慎的论旨，即文字是"经艺的根本"，是"王道的始作"。[28]张怀瓘在《文字论》中，将书法的功效性具体分为"阐典坟之大猷，成国家之盛业者，莫近乎书"。[29]作为文字的功效性，陆深论述了"存教化，传礼乐"，并将书法规定为"心画"。陆深对"序"的认识（著于竹帛谓之书）与许慎（著于竹帛谓之书）相同。[30]陆深和许慎一样将"书"规定为"著于竹帛谓之书"，但也存在差异，这是因为将"书"规定为"心画"。陆深的这种言论，提示了将与许慎所说的文字论相关的书法，从"心画"层面进行理解的根据，因此具有一定的意义。[31]

参考这些内容，我们来了解一下人们是如何多方面理解之后许慎所说的书法的政教效用性。张怀瓘的书法功效性，到项穆这儿表现得更为具体。项穆比任何人都强调了文字文章的伦理性、心的修养以及儒家政教的效用性。

项穆联系"道德""经纶""勋猷""节操"和"文章"来理解心灵的表现，而这些以字迹形式表现出来的东西就是书法。这是在儒家向往的"载道论"层面上，说明了儒家强调的文字书法的政教效用性。[32]项穆认为随着书法的出现，"帝王的经纶""圣贤的学术"都是通过历史性的文字记录了下来。从这一点看，书法的功效性归结为"同流天地，翼卫教经"。[33]同时由于帝王的"典谟训诂"和圣贤的"性

道文章"都是通过书法传播,因此项穆认为书法具有"明毅伦"和"淑人心"等两个功效性。从这些内容看,项穆特别强调了书法的中庸伦理性。[34]项穆强调立足于中庸的伦理性,同时强调立足于政教效用性的书法,这一点有时表现为异端意识。[35]

总结起来就是在艺术创作之前,首先要完成心灵修炼和人格,之后才可进行艺术创作。项穆强调儒家圣贤所说的治世和"传道"艺术,即"载道"的艺术,这一点可以说与张彦远所说的绘画的"成教化,助人伦"的思维有类似的方面。[36]

朱熹曾说过书法的功效性可分为"大用的书法"和"小用的书法"。这种理解也符合载道论的书法观。朱熹说的"大用的书法"是指应内含"传经""载道""述史""记事""治百官""察万民"和"贯通三才"等内容。"小用的书法"是指随着追求简便和姿媚,逐渐失去了"(儒家追求的)真理 [失真]",将"悦目"当成美丽。[37]这里的"失真"是指脱离朱熹在《中庸章句》〈序〉中说的、儒家圣人追求的"允执厥中"而暴露人欲。"悦目"是指纯粹艺术论层面上的"艺术娱乐"。比起如实表现自我感情的纯粹艺术论,朱熹强调艺术应是"治世"和"传道"的艺术,即展开了所谓的"道学的书法观"。如果把朱熹的这种思维作为一个出发点,那么艺术创作之前修炼心性的"心正"的修养工夫显得尤为重要。[38]

如上所述,随着书法升华为"心画"层面,许慎在《说文解字·叙》中对"著于竹帛谓之书"的"书"所做的规定表现为非常各种机能和效用性,尤其是表现为强调与"传道"及"治世"相关的政教效用性,这里面含有儒家的"书以载道"的思维。

五、先后本末论的"君子务本"思维和可取的书法创作条件

儒家通过先后本末论说明自己的哲学,这一点会与"艺术创作的真正书法家是什么?"的疑问相连。同时与艺术创作的"先人品"和"后技巧运用"的先后问题相连。在东洋艺术文化中,孔子所说的"绘事后素"精神对形成有品德的艺术家形象带来了很多影响。《诗经》〈硕人〉中强调真正的美人外貌上应丰姿绰约、面容姣好,但更为根本的是内在的心灵美。心灵美意味着兼备学德和人品。〈硕人〉中所说的这种美人像与孔子所说的"有良好的质地,才能锦上添花(绘事后素)"具有密切的关联。

如果将很好地展现儒家的先后本末论思维的"绘事后素"精神适用于艺术论,则展开为首先在技巧运用之前同时要求艺术家的人品和学德。[39]孔子说:"人而不

仁，如礼何。人而不仁，如乐何。"（《论语》〈八佾〉），并在先后本末论立场上规定
了"仁（内容）"和"礼乐（形式）"的关系。这种"人而不仁章"与"（礼乐）如其人"
的人品论有关联。[40]"人而不仁章"的"（礼乐）如其人"思维提出了东洋艺术人
品决定论的基本框架，表现为要求书法家比起技巧更应具备人品和学识的思维。

　　就像这样，儒家要求在具体行为之前，首先通过先后本末论成为一个有伦理的
人，孔子的弟子有子（有子 = 有若）的下面一句话象征性地表现了这一点。

　　"君子务本，本立而道生，孝弟也者，其为仁之本与。"（《论语》〈学而〉）"

　　对有子的这句话，朱熹解释为"言君子凡事，专用力于根本，根本既立，则其
道自生"。没有必要强迫自己寻找正确的道路。考虑自己的人生根本之后，为这个
根本付之努力，并树立这一根本，则会自然出现自己该走的道路。

　　"孝悌"符合对有血缘关系的对象有义务实践的伦理的德目。如果将有子所说
的思维适用于艺术，则归结为一个问题——在自己的艺术创作过程中"最先探求的
根本"是什么。如果探索了这一根本，则自然会打开自己该走的真正的艺术道路。
同时在"是检验一个人是否有仁慈博爱之心的根本所在（其为仁之本与）"中，如
果将"仁"换为"真正的艺术"进行理解，也没有任何问题。

　　对于以上讨论的文字及"书"所具有的多种含义，许慎用"本立而道生"思维
得出了结论，这种思维正是在书法中应用了"论语"中的"君子务本"思维。许慎
强调"本立道生"不是指别的什么东西。如果想理解文字的真正的含义，则应理解
在使用文字之前所说的、立足于"观物取象"法象的文字含义、"书者如也"的含义、"经
艺之本，王政之始"的文字政教效用性、文字蕴含的"观物取象"结果的"至极理
致"[41]。

　　将这种"君子务本"思维适用于书法的人是孙过庭。孙过庭在《书谱》说过下
面的话。

　　"任笔为体，聚墨成形，心昏拟效之方，手迷挥运之理，求其妍妙，不亦谬哉。
然君子立身，务修其本。"（孙过庭《书谱》）

　　孙过庭将不遵守书法的法道，并且在不知道什么样的运笔蕴含书法理致的状态
下，随心所欲地下笔视为一个问题。这是指适用"君子务本"的思维，掌握书法的
根本原理和运笔的基本法道之后，运用笔进行创作。孙过庭"君子务本"的言论是
指实际运笔之前应探索的条件。

　　项穆将与先后本末论相关的"君子务本"思维丰富地应用到了书法。项穆要求"正

书"必须先"正笔","正笔"必须先"正心"。结论是必须先达到"正心",才可以达到神妙而奇异的境地。从这一点上,项穆认为"经卦"是"心画","书法"是"传心"。[42]

卢世南也曾要求在"欲书之时"先"心正"。[43]项穆同时要求在"未书之前"状态中"定志帅气"和在"将书之际"状态中"养气充志"。[44]项穆这种强调"传心"和"心画"书法的发言,就是在书法创作中实质性应用了前面的先后本末论和"君子务本"思维。

这种要求在艺术创作之前首先通过心灵修养成为"正心"伦理之人的先后本末论和"君子务本"思维与"意在笔先"思维有着密切的关联。[45]宋曹指出"意在笔先"是书法的"法言",并把它理解为书法创作的核心。[46]就"意在笔先",项穆将"未形之相"分为"书之心""既形之心"和"书之相"进行了说明。这是将"传心"的书法创作与"意在笔先"进行了联系。[47]

许慎的"本立道生"思维和要求"了解天下的深奥的理致(知天下之至赜)"的思维,说的是在文字的含义和运用文字层面上的应用。但是以后的书法家却将"本立道生"代表的先后本末论,分为书法创作之前和之后进行了应用。即理解为书法创作之前书法家应具备的条件是什么,但在修养论方面表现为要求"正心"以后"通过运笔运用技巧"。项穆特别强调了成为书法出发点的"经卦"是"心画","书法"是"传心"的艺术,其意义是作为《周易》"八卦"等"经卦"具有的法象,将书法规行为"心画"。

六、结论

中国书论史重视《说文解字》的理由是在《说文解字·叙》中广泛讨论了文字的起源、汉字的造字法和用字法、"六书"的解说、文字的变迁等,而这一点对后代书法理论和书法美学的形成带来了重大影响。对此,本文从以下四个观点进行了观察和分析。

第一,观察了对作为"观物取象"的结果出现的"法象之书法"的认识。这些认识包含了与阴阳论相关的《周易》的理致。因此,强调了如果想正确理解圣人的"造书"蕴含的意图,应正确掌握天文地理,同时领悟天地自然的"至理"。

第二,观察了"书者,如也"的含义和其思维是如何在后代书法理论中展开的。许慎所说的"书者,如也"本来不是指理解为后代心画的书法。但是后代书法理论家把许慎的思维扩大为"书，心画"的层次，从而形成了中国艺术特有的文人书法文化。这种思维具体归结为"书如其人"。

第三，论述了"著于竹帛谓之书"的心画展开和文字的政教功效性。强调了文字的效用性，即知识传达或意思表达之外的文字的政教效用性。就这个问题，许慎将文字规定为"经艺之本，王政之始"，之后项穆等被儒家思想熏陶的书法家，将这种思维展开为强调文字书法的政教效用性。即书法的纯粹艺术性固然很重要，但它所具有的儒家"载道论"也很重要。

第四，论述了先后本末论的"君子务本"思维具有的书法意义。许慎用"本立道生"表现了将很好地说明儒家先后本末论思维的"君子务本"思维，这种思维与之后的书法创作发生联系，提出了什么是真正的书法家的疑问。同时也表现了对书法的认识，即在运用技巧进行艺术创作之前首先强调"正心"的"传心"。

作为结论，作为与许慎在《说文解字·叙》所说的"造书"相关的法象，随着书法认识、文字的政教效用性和"本立道生"思维使以后书法家将书法升华为"心画"层面，中国书法文化开满了华丽的鲜花。在书法变迁史中心，有强调心画层面的"文字香"和"书卷气"的文人，因此诞生了中国特有的文人书法。许慎站在了这个文人书法的起点。

注释：

［1］潘之淙：《书法离钩》卷一"原流·四学"："晁氏云，文字之学有三。其一体制，曰点画纵横也。其二训诂，曰称谓古今雅俗也。其三音韵，曰清浊高下也。殆后篆隶变而行楷兴，复有论格势诸书，是谓四学。论体制者，许慎说文，吕忱字林，李阳冰刊定徐铉集注、徐锴系传，王安石字说，梦英公字源，张有复古编，郑樵六书略，戴侗六书考，杨桓六书统，倪镗类释，许谦假借论，周伯琦正讹，赵古则本义皆是也。"

［2］潘之淙：《书法离钩》卷一"原流"："故曰三仓制字而后知义类，有周尔雅而后知训诂，秦汉定体而后知书文，许慎说文而后知偏旁，孙炎作音而后知声韵。"

［3］潘之淙指出了"六书"和书法的关联性。潘之淙，《书法离钩》卷一"原流"，"伏羲观象于天，取法于地，作八卦而字画萌。仓颉仰观奎星圆曲，俯察鸟迹龟文，穷天地之变，泄造化之机，而文字立。至周设官分职，乃立保氏，掌养国子，教之六艺。六艺之五，有曰六书，而书法乃大备。六书者，一象形，二指事，三会意，四谐声，五假借，六转注也。肇于象形，滋于指事，广于会意，备于谐声。四书不足，然后假借以通其声。声有不合，则又转注以演其声。象形加义于指事，会意生声于谐声，假借叶

声于转注。此六书之本末也。"

[4] 宋曹:《书法约言》"论作字之始":"伏羲一画开天,发造化之机,而文字始立。自是有龙书穗书云书鸟书虫书龟书螺书蝌蚪书钟鼎书以至虎爪蚊脚虾蟆子,皆取形而作书。古帝启萌,仓颉肇体,嗣有六书,而书法乃备。"

[5] 王绂:《书画传习录》卷一"论书":"圣人之道,惟籍六经。六经之道,惟藉文字。六书之名,始见于周礼,嗣见于汉书。但存其名而无所训诂。至叔重许氏作说文,其立说乃详,其次第已与班氏异。"

[6] 王绂:《书画传习录》"序":"盈天地,遍古今,以书名以画名者,难更仆数也。若夫言书学者,则许氏慎之说文尚矣。后此若张怀瓘书断,羊欣笔阵图,梁武帝书评,卫恒四体书,王僧虔书赋,类能接微抉奥,震古烁今,而孙过庭书谱,尤集其大成者也。"

[7] 刘熙载:《艺概·书概》:"圣人作易,立象以尽意。意,先天,书之本也。象,后天,书之用也。"

[8] 联系这种思维,张怀瓘在《书断上》"草书"中指出"春秋则寒暑之滥觞 爻划乃文字之兆朕"。

[9] 参考卢世南《笔髓论》:"字虽有质,迹本无为,禀阴阳而动静,体万物以成形,达性通变,其常不住,故知书道玄妙,必资神遇,不可以力求也。机巧必须心悟,不可以目取也……学者心悟于至道,则书契于无为。"之外还参考龚贤《乙辉编》:"古人之书画,与造化同根,阴阳同候……心穷万物之源,目尽山川之势,取证于晋唐宋人,则得之矣。"何绍基《东洲草当文集》:"书虽一艺,与性道通。"

[10]《周易》"系辞传下":"古者包牺氏之王天下也,仰则观象于天,俯则观法于地。观鸟兽之文与地之宜,近取诸身,远取诸物,于是始作八卦,以通神明之德,以类万物之情。"

[11] 孙过庭:《书谱》:"《易》曰,观乎天文,以察时变,观乎人文,以化成天下,况书之为妙,近取诸身。"

[12]《书断》卷上"古文":"案古文者,黄帝史苍颉所造也,颉首四目,通于神明。仰观奎星圆曲之势,俯察龟文鸟迹之象,博采众美,合而为字,是曰,古文,孝经援神契云,奎主文章,苍颉仿象,是也。"

[13] 张怀瓘:《书断·序》:"昔庖牺氏画卦以立象,轩辕氏造字以设教,至于尧舜之世,则焕乎有文章。其后盛于商周,备夫秦汉,固夫所由远矣。文章之为用,必假乎书,书之为征,期合乎道。故能发挥文者,莫近乎书。"

[14] 张怀瓘:《书断》卷上"古文":"论曰,夫卦象所以阴骘其理,文字所以宣载其能。卦则浑天地之窈冥,秘鬼神之变化。文能以发挥其道,幽赞其功。是知卦象者,文字之祖,万物之根。"

[15] 郑杓:《衍极》卷下"造书篇":"天地之理,其妙在图书。圣人法天,其用在八卦六书。八卦之变也,卦以六位而成,书以六文而显。卦有阴阳,书有文字。卦有子母,书亦有子母。义文周孔,易更叁圣而理辞象数始大备。颉禹孔籀,书亦更叁圣而典章文物集大成。是故六书者天地之大用也……圣人之道,惟藉六经。六经之作,惟藉文字。文字之本,在于六书,六书不分,何以见义。"

［16］郑杓：《衍极》卷下"造书篇"："至哉，圣人之造书也。其得天地之用乎？盈虚消长之理，奇雄雅异之观，静而思之，漠然无朕，直引反。散而观之，万物分错，书之时义大矣哉。自秦以来知书者不少，知造书之妙者为独少，无他，由师法之不传也。"

［17］郑杓对《衍极》卷下"造书篇"的刘有定 注释："右衍极五篇，莆田郑杓所作也。极者理之至也。凡天下之小数末艺，莫不有至理在焉，况其大者乎？孔安国曰，伏羲氏始画八卦，造书契，是八卦与六书同出，皆圣人所以效法天地而昭人文也。世之言书者蔑焉不知至理之所在，此衍极所繇作也。是书自古文籀隶以极书法之变，靡不论著。辞严义密，读者难之，于是详疏下方，使人考辞以得义，而知书之为用大矣。"

［18］王羲之《书论》："夫书者，玄妙之伎也，若非通人志士，学无及之。"

［19］张怀瓘《书断》卷上"古文"："夫文字者，总而为言，包意以名事也。分而为义，则文者祖父，字者子孙，得之自然，备其文理。象形之属，则谓之文。因而滋蔓，母子相生，形声、会意之属，则谓之字。字者，言孳乳寖多也。题之竹帛谓之书。书者，如也，舒也，著也，记也。着明万事，记往知来。名言诸无，宰制群有。何幽不贯，何往不经。实可谓事简而应博，岂人力哉。"

［20］项穆《书法雅言·神化》："书之为言，散也，舒也，意也，如也。欲书必舒散怀抱，至于如意所愿，斯可称神。"鲁一贞、张廷相，在《玉燕楼书法·六则》也能看到与以上讨论内容相似的思维。鲁一贞、张廷相：《玉燕楼书法·六则》："书之为言舒也，如也。言欲书者，必先舒畅其神气，而后书如吾意也。语曰，字虽有象，妙出无形。又曰，由象识心，狗象表意，象不可着，心不可离。而右军之言亦曰，心不忘手，手不忘书，心机活泼，笔机自流。柳公权曰，心正则笔正，旨哉，言乎书技也，进乎道矣。"

［21］刘熙载《艺概·书概》："书者，如也。如其志，如其学，如其才，总之曰如其人而已。"

［22］刘熙载《艺概·书概》："笔性墨情，皆经其人之性情为本，是则理性情者，书之首务也。"

［23］项穆《书法雅言·心相》："所谓有诸中必形诸外，观其相可识其心。柳公权曰，心正则笔正。余今曰，人正则书正。心为人之帅，心正则人正矣。笔为书之，充笔正则书正矣。人由心正，书由笔正。即诗云，思无邪。礼云，无不敬。书法大旨一语括之矣。"

［24］姚孟起《论著汇编》："清心寡欲，字亦精神，是诚中形外之一证。"

［25］项穆《书法雅言·心相》："所谓有诸中，必形于外，观其相，可识其心。"参照。

［26］赵壹《非草书》："余郡士有梁孔达、姜孟颖者，皆当世之彦哲也，然慕张生之草书过于希孔颜焉。孔达写书以示孟颖，皆口诵其文，手楷其篇，无怠倦焉。于是后学之徒竞慕二贤，守令作篇，人撰一卷，以为秘玩。余惧其背经而趋俗，此非所以弘道兴世也。"

［27］赵壹《非草书》："第以此篇研思锐精，岂若用之于彼圣经，稽历协律，推步期程，探赜钩深，幽赞神明，览天地之心，推圣人之情。析疑论之中，理俗儒之诤，依正道于邪说，侪雅乐于郑声，兴

至德之和睦，宏大伦之玄清。穷可以守身遗名，达可以尊主致平，以兹命世，永鉴后生，不亦渊乎。"

[28]卢世南《笔髓论·叙体》："文字经艺之本，王政之始也。仓颉象山川江海之状，龙蛇鸟兽之迹，而立六书。战国政异俗殊，书文各别，秦患多门，约为八体，后复讹谬，凡五易焉，然并不述用笔之妙。及乎蔡邕张索之辈，锺繇卫王之流，皆造意精微，自悟其旨也。"

[29]张怀瓘《文字论》："因文为用，相须而成。名言诸无，宰制群有。何幽不贯，何远不经，可谓事简而应博。范围宇宙，分别川原高下之可居，土壤沃瘠之可殖，是以八荒籍矣。纪纲人伦，显明政体。君父尊严，而爱敬尽礼。长幼班列，而上下有序，是以大道行焉。阐典坟之大猷，成国家之盛业者，莫近乎书。其后能者加之以玄妙，故有翰墨之道生焉。"

[30]许慎《说文解字·序》："盖依类象形，故谓之文。其后形声相益，即谓之字。文者，物象之本。字者，言孳乳而寖多也。著于竹帛谓之书。"

[31]陆深《俨山外集》卷三十二"书辑上·述通"："夫存教化，传礼乐，所以行远及微，功与造化侔者，文字是也。依类象形之谓文，形声相益之谓字，着于竹帛之谓书，书心画也，心画形君子小人见矣。"

[32]项穆《书法雅言·辨体》："夫人灵于万物，心主于百骸。故心之所发，蕴之为道德，显之为经纶，树之为勋猷，立之为节操，宣之为文章，运之为字迹。爰作书契，政代结绳，删述侔功，神仙等妙，苟非达人上智，孰能玄鉴入神。"

[33]项穆《书法雅言·书统》："河马负图，洛龟呈书，此天地开文字也。义画八卦，文列六爻，此圣王启文字也。若乃龙凤龟麟之名，穗云科斗之号，篆籀嗣作，古隶爰兴，时易代新，不可殚述。信后传今，篆隶焉尔。历周及秦，自汉逮晋，真行迭起，章草浸孳，文字菁华，敷宣尽矣。然书之作也，帝王之经纶，圣贤之学术，至于玄文内典，百氏九流，诗歌之劝惩，碑铭之训戒，不由斯字，何以纪辞？故书之为功，同流天地，翼卫教经者也。"

[34]项穆《书法雅言·规矩》："天圆地方，群类象形，圣人作则，制为规矩。故曰规矩方圆之至，范围不过、曲成不遗者也。大学之旨，先务修齐正平，皇极之畴，首戒偏侧反陂。且帝王之典谟训诰，圣贤之性道文章，皆托书传，垂教万载，所以明彝伦而淑人心也，岂有放辟邪侈，而可以昭荡平正直之道者乎。"

[35]项穆《书法雅言》："六经非心学乎。传经非六书乎。正书法，所以正人心也。正人心，所以闲圣道也。子舆距杨墨于昔，予则放苏米于今。垂之千秋，识者复起，必有知正书之功，不愧为圣人之徒矣。"

[36]张彦远《历代名画记》卷1"叙画之源流"："夫画者，成教化，助人伦，穷神变，测幽微，与六籍同功，四时并运，发于天然，非由述作。"

[37]《性理大全》卷55"字学"："夫字者，所以传经，载道，述史，记事，治百官，察万民，

贯通叁才，其为用大矣。缩之以简便，华之以姿媚，偏旁点画，浸浸失真，弗省弗顾，惟以悦目为妹，何其小用之哉。"

［38］很好地说明了王昱"东庄论画"中的"画中理气二字，人所共知，亦人所共忽。其要在修养心性，则理正气清，胸中自发浩荡之思，腕底乃生奇逸之趣，然后可称名作。"

［39］《论语·八佾》："子夏问曰，巧笑倩兮，美目盼兮，素以为绚兮，何谓也。子曰，绘事后素。曰，礼后乎。子曰，起予者商也，始可与言诗已矣。"朱熹注释："绘事，绘画之事也。后素，后于素也。考工记曰，绘画之事后素功。谓先以粉地为质，而后施五采，犹人有美质，然后可加文饰。礼必以忠信为质，犹绘事必以粉素。"

［40］对《论语·八佾》的"人而不仁章"的"李氏曰，礼乐待人而后行，苟非其人，则虽玉帛交错，钟鼓铿锵，亦将如之何哉。然记者序此于八佾雍彻之后，疑其为僭礼乐者发也。"

［41］《周易·系辞传上》6章："圣人有以见天下之赜，而拟诸其形容，象其物宜，是故谓之象。圣人有以见天下之动，而观其会通，以行其典礼，系辞焉以断其吉凶，是故谓之爻。言天下之至赜而不可恶也，言天下之至动而不可乱也。"

［42］项穆《书法雅言·心相》："故欲正其书者，先正其笔。欲正其笔者，先正其心。若所谓诚意者，即以此心端己澄神，勿虚勿贰也。致知者，即以此心审其得失，明乎取舍也。格物者，即以此心博习精察，不自专用也。正心之外，岂更有说哉！由此笃行，至于深造，自然秉笔思生，临池志逸，新中更新，妙之益妙，非惟不奇而自奇，抑亦己正而物正矣。夫经卦皆心画也，书法乃传心也，如罪斯言为迂，予固甘焉勿避矣。"

［43］卢世南《笔髓论·契妙》："欲书之时，当收视反听，绝虑凝神，心正气和，则契于妙。心神不正，书则敧斜，志气不和，字则颠覆。"

［44］项穆《书法雅言·神化》："未书之前，定志以帅其气，将书之际，养气以充其志。勿忘勿助，由勉入安，斯于书也无间然矣。"

［45］王羲之《题卫夫人〈笔阵图〉后》："凡书贵乎沉静，令意在笔前，字居心后，未作之始，结思成矣。"

［46］宋曹《书法约言·总论》："学书之法，在乎一心，心能转腕，手能转笔。大要执笔欲紧，运笔欲活，手不主运而以腕运，腕虽主运而以心运。右军曰，意在笔先，此法言也。"

［47］项穆《书法雅言·心相》："盖闻，德性根心。睟盎生色，得心应手，书亦云。然人品既殊，性情各异。笔势所运，邪正自形。书之心，主张布算，想象化裁。意在笔端，未形之相也。书之相，旋折进退，威仪神彩。笔随意发，既形之心也。"

许慎文化在西南地区的传播和影响
——探索许慎文化传播路线图

邱　洪

贵州省遵义市地方志办公室

【摘要】许慎文化即汉字文化。许慎作《说文解字》，系统完整地保留了汉字以前的小篆字形和通行于春秋战国时期的古文、籀文、统一了汉字的形、音、义，形成了一门独特的学术思想体系和文化科学。尹珍不辞万里，求学许慎门下，学成，回到家乡办学，传播中原文化，成为汉代许慎文化传播路线图，产生了深远的历史影响。

【关键词】许慎文化　中原文化　尹珍文化　传播路线图　历史影响

在中国文人眼里，师承传统是很神圣的，历史亦比较悠久。我们提到尹珍，就不能不提到他的老师——汝南郡召陵县人许慎。许慎幼读经书及《仓颉篇》，能准确无误地缮写九千多汉字。入选郡吏、郡功曹、举孝廉为南阁祭酒，并从贾逵受古文今学。在谙熟古文、籀文的基础上，为纠正今文经的缪说，撰写出《说文解字》，又在东观阅读了大量的古籍，采纳了今古经的正确说解，使《说文解字》趋于完善。待他隐居教书时，已成为《五经》兼小学的通人。许慎的学生中有中官近臣，知其名者有孟生、李喜、尹珍，而唯其尹珍则是许慎的传薪耳！《后汉书·西南夷列传》载："桓帝时，郡人尹珍，自以生于荒裔，不知礼仪，乃从汝南许慎、应奉受经书、图纬，学成，还乡里教授，于是南域始有学焉。珍官至荆州刺史。"《后汉书·许慎传》为其列传，使两位历史文化名人流传后世。

儒家经典是中国传统文化的主流。是用图画性很强的小篆写成的，但秦始皇"焚书坑儒"后这些典籍大都散佚，是谓"秦火"。此外，秦汉时汉字形体经历了一个"隶变"过程。古文字"隶变"后，图画性锐减，抽象性方块字增加，这使当时的汉代人不易读懂先秦用古文字写成的历史文化典籍。"秦火"和"隶变"所导致的与儒家原典的断裂、现代与传统的隔绝，自然威胁着大一统汉朝乃至华夏文明的存在。于是汉代"古文经"派的许慎编纂了一部烁古耀今的《说文解字》，对先秦的古文字（主要是小篆）与当时的今文字之间的历史联系进行了正本清源的梳理。许慎强调为接续历史传统、读懂儒家典籍，就必须对汉字的形音义关系进行正本清源，字义明乃经义明，小学明乃经学明，强调汉字是"经艺之本"：盖文字者，经艺之本，王政之始，前人所以垂后，后人所以识古。故曰"本立而道生"[1]……（许慎《说文解字·叙》）许慎的"本立而道生"实际上借助字学（小学）建立了经学与识古（史学）之间的同构关系，消解了典籍散佚所带来的历史认同危机。使记载中华文明的历史得以传承。

"汉字取代巫术符号成为记载和阐释中国历史、文化的主要方式，这一变革完成于先秦两汉时期，其中发挥作用的两个代表性人物，一个是孔子，另一个则是许慎。先看孔子与汉字的关系。"三代无文人，六经无文法。无文人者，动作威仪，人皆成文；无文法者，物理即文，而非法之可拘也。"[2]（明宋濂《宋学士文集》卷六十六）这实际上揭示了在夏商周三代，历史记忆和传统保留主要借助于巫术符号形态，这些符号形态主要包括与祭祀活动密切相关的如祖庙、牌位、礼器、占卜、歌舞、服装、威仪等等视觉的、听觉的、行为的各种符号系统。所以"三代无文人"是说"三代"知识分子主要是操持巫术符号的"巫史"，而不是后来掌握汉字符号以记事、记言为业的"文人"。[3]（孟华、薛海燕《"汉文化的复兴"为什么绕不开汉字问题》、《光明日报》2004 年 11 月 30 日）

孔子的经学和许慎的小学相结合，使汉字在历史文化记载上具有了上可溯源、下可固本的超文字性功能，支持了中国历史文化的超稳定形态。与其他民族的文字符号相比，汉字不仅是历史文化的记载方式，还被赋予着生成历史的使命。中国历史文化是汉字化的历史文化。所以说，许慎的《说文解字》是世界第一部汉字字典。在中国文字起源、形成和成熟的过程中，全部具有浓厚的巫术色彩。这与古埃及、古印度和玛雅文化一样，都深深打上了原始宗教的烙印。只是到了西周初年周公"制礼作乐""事鬼敬神而远之"后，中国的文字才真正走向人们的日常生活。这亦是我们今天看到的传世文献，如《易经》《尚书》《诗经》等成书于周公之后的重要原因。

汉世以后，历代都曾利用《说文》作为规范、统一文字的经典和工具，积极为正字而努力。如魏江式作《古今文字》"大体以许氏《说文》为蓝本，上篆下隶，竟专能成"；北朝李铉删正六艺经注中谬字，名曰"字辩"；唐代以后，开科取士，《说文》被列为必试课目，选举中设"明字"科，国子监又设书学博士。这些行政措施进一步加强了《说文》在实现文字统一中的作用。由唐迄今，千余年来，中国的文字形体一直比较稳定。不容忽视许慎的《说文解字》在汉字规范和统一方面所发挥的历史作用。

尹珍北上中原求学，许慎被尹珍千里求学的精神所感动，对他精心传授，尹珍刻苦研习五经文字，接受系统的儒家道德思想，即格物、致知、诚意、正心、修身、齐家、治国、平天下。又体现为"孝悌""忠信"与"恭敬"等方面。尹珍不仅精熟"五经"，也得到《说文解字》的真传。学习期间，正值许慎编纂《说文解字》，尹珍在老师指导下，研习篆书、功习隶体。许慎撰著《说文解字》搜集了古今各种书籍、简牍、碑刻和钟鼎款识，尹珍刻意摩习，书法技艺大为提高，成为全国著名的书法家。南北朝刘宋时期，王愔著有《文字志》中评述秦、汉、魏、晋间120位书法家，就列有许慎、尹珍之名。唐代张彦远著《法书要录》引录《文字志》的篇目，使尹珍作为贵州书法第一人留传于世。

尹珍洛阳还乡教学，是为尹珍讲学。尹珍讲学内容有三大方面：一是经学，二是小学，三是图纬，外加书艺。讲学的积累与勤奋的探究，使尹珍成了通贯"天、地、人"的学识渊博的通才和饱学之士，而名声大震。汉代设立五经博士，录用官吏，试八体，只要精通五经之一就可为官。汉代学人文字水平和书法造诣都较高，篆书和隶书优异者可为尚书史。尹珍因经术选用，被朝廷选作尚书丞郎，后官至荆州刺史。

尹珍文化形成于东汉，盛形于唐代。唐代播州创建尹珍讲堂，曾经是尹珍文化的一个辉煌。于清乾嘉之际，汉学振兴，莫与俦引入黔北，再度接上尹珍文化的薪火。尹珍是东汉时期著名儒学者、教育家、著名书法家。对西南地区的文化影响，沾溉深远。"凡属牂柯旧县，无地不称先师"。(道光《遵义府志》)历代学人对尹珍身世的考证、求学成儒的研究、办学授业的影响，对尹珍传播许、应之学的研究以及对尹珍遗迹文物、轶事传闻的发掘，对尹珍精神的继承和弘扬等，渐而构成了尹珍文化的主要内容。尹珍文化的基本内涵可概为：

一、传播中原文化，秉承汉学教学主张。许慎所著《说文解字》集古人经学、训诂学之大成，是我国第一部系统分析字形并考究字源的专著，其目的是在于溯本探源，弘扬汉学。《说文解字》成为后人研究汉文字学的范本。尹珍秉承老师的主张，深谙汉学的妙言要义，成为汉文化的忠实传播者。

　　二、继承儒家修身务本的思想理念。尹珍之学源于中原，内容有三大方面：一是小学，二是经学，三是图纬，外加书艺，通贯"天、地、人"三才，是位学识渊博的通才。尹珍设馆教学，将学堂命名为"务本堂"，意为"君子务本，本立而道生，孝悌也者，其为人之本欤？！"（孔子《论语》）是儒家道德观念的直接体现。尹珍既是儒家"修身、齐家、治国、平天下"的典范，也是他传播儒家思想和书法艺术的楷模。

　　三、"尊前贤、励后学"。是中央王朝和地方政府主政官员，需要加强汉文化的传播，树立儒家思想的主导地位。因此尹珍被奉为一个有启迪示范作用的人物加以表彰和宣扬。千百年来，贵州各地书院争相修建专祠供奉。使"尊前贤、励后学"，蔚然成风。特别是在明清两代543年间，贵州产生了六千举人，七百进士的盛况。以西南硕儒郑珍、莫友芝为代表，继承、光大尹珍文化，把尹珍精神："不甘落后，千里求学的精神；热爱乡土，献身教育的精神"，推向空前的高度，将尹珍的学术定名为"毋敛学"（黄万机《客籍文人与贵州文化》贵州人民出版社1992年第1版），其研究成果，影响深远。

　　唐宋以降，遵义汉学已由私学发展为官学。正安古儒学，办学遗址在唐都坝，为贵州最早有文献记载的官学。南宋淳熙年间（1174—1189），播洲土司杨轼，招纳蜀中文士来播州讲学，由"蛮荒弟子多读书攻文，土俗为之大变"。轼之子杨粲"建学养士"。粲之子杨价以取播州时，"首建孔庙，标志儒学在播州的兴起"。

　　宋嘉熙二年（公元1238年）珍州人冉从周，首中进士，为贵州历史首位进士，世称"破荒冉家"。冉琎、冉璞兄弟，文才武略，受宋军四川统帅余玠之请，为他设计并督修合江钓鱼山联防城堡，抗击"横扫欧亚无敌"的蒙元铁骑达36年之久，创造军事史上的奇迹，是著名的军事战略家和贵州历史上的城建大师。

　　清光绪二十年（公元1895年）遵义杨兆麟，曾到正安鸣凤书院任山长。他白天教书，夜间苦苦功读，于光绪二十九年（公元1903年）中第一甲第三名，探花。（与贵阳状元赵以炯、麻江状元夏同和一并成为贵州仅有三位举人在科举考试中取得文科进士前三名的贵州学人。）这些名震海内外的文人武将，在贵州历史上谱写了光彩夺目的华章。之后正安州相继涌现翰林郑文遇、王作孚、刘福田等16个进士，涌现举人24人，贡生56人。州人韩之显，乾隆十八年（公元1753年）乡试名列榜首（解元），回乡设馆授徒，里教以终。其门生韩永亨中举后，亦教授乡里。培育出秀才7人，时有"韩半榜"之称。

　　清代，莫与俦在遵义传播汉学，莫友芝把尹珍之学称之为"毋敛学"，把自己视作"毋敛学"的传薪人。莫与俦的门生郑珍,一度去长沙拜程恩泽为师,在程恩泽的指导下,郑珍撰写出《说文新附考》专著。郑珍"东学长沙"与尹珍"北学中原"后先辉映。程恩泽为激励郑珍学习尹道真先生精神,把毕生精力奉献给乡邦教育事业,特地以尹珍之姓为字,赐字为"子尹",勉其以尹珍为楷模。毕生精研经学与文字学,著有《仪礼私笺》《经说》《说文逸字》等代表作,被尊称为经学大师。

程恩泽另一门生莫友芝,是汉学家。撰写的唐写本《说文木部笺异》《声韵考域》4卷,其中《韵学源流》等专著,当代仍作为高校教材,流传中外,在国际上产生了影响。黎兆熙、黎庶焘、黎庶昌昆仲及莫庭芝等拜郑珍为师,攻习《说文》,莫庭芝曾任思南、安顺府学教授,晚年长期担任学古书院山长;黎庶焘掌教遵义湘山书院,著名学者宦懋庸、赵怡均出其门下。郑珍另一高徒胡长新,历任贵阳、铜仁府学教授及黎平黎阳书院山长。其声教所至,均尊奉先贤尹珍。

郑珍之子郑知同(字伯更)精研《说文》,著《说文本经答问》和《六书浅说》,被四川学政张之洞聘为幕宾,成为开蜀中许学第一人。黎庶昌晚年任川东道员,创办书院,接纳门生。当代著名语言学家殷孟伦、赵振铎,正是黎氏三传、四传弟子。四川綦江、南川等地将尹珍列入《乡贤志》声名早播巴山蜀水之间。莫友芝晚年寓居金陵,两江总督曾国藩待以宾师之礼,命其儿子曾纪泽及部分青年幕客拜友芝为师习汉学。其中桐城人姚浚昌师事莫先生获益最丰,后来成为著述等身的学者。"尹氏承传的'许学'——'毋敛学'经郑珍、莫友芝二人传承,不仅在贵州地域得以广泛传播,而且远及巴蜀与江淮地区。"[4](黄万机《尹珍与"毋敛学"》)

现当代,遵义宿学赵恺曾拜郑知同为师,又师事从兄赵怡研治汉学,著有《读说文解字》等学术著作,主纂《续遵义府志》,终生以教育为职,培育大批人才。王燕玉青年时代拜黎氏家塾的最后一位私塾黎梓,坚持以《说文》为基础教材,后来成为著名的学者、贵州师范大学教授;其门生黔南民族师范学院教授梁光华撰著的《唐写本说文木部笺异注评》将"毋敛学"薪火传至今日。尹珍文化,以郑珍、莫友芝为代表的遵义沙滩文人群体,把"不甘落后、千里求学的精神;热爱乡土,献身教育的精神"发扬光大,继承尹珍"毋敛学"结出累累硕果。

尹珍设馆授徒、传播文明的火种,影响遍及川、渝、云、贵等西南省市,沾溉深远。尹珍"北学游中原,南天破大荒"的壮举,在贵州,千百年来,受到历代官员的重视,被标榜为典范人物加以宣扬,各地书院争相建祠供奉,受到人民的敬仰和膜拜;且远远超过他的老师,实耐人寻味、思索。

2003 年，正安县人民政府成立"尹珍文化研究会"筹建办公室，组织专人从事尹珍文化研究，编辑出版了《尹珍文化》论文集。大树历史文化品牌。2006 年 1 月 18 日，正安县人民政府决定：将每年的重阳节定为尹珍的诞辰纪念日，每年举办尹珍文化艺术节暨尹珍文化学术研讨会等系列活动。正安县人民政府与遵义市作协联合举办"尹珍杯"遵义文学奖，两年举办一次。2006 年 10 月 29 日，"首届尹珍杯"遵义文学奖终评暨现场颁奖会上，王华的长篇小说《桥溪庄》获金奖。2007 年 11 月 8 日，在全国劳务品牌展示交流大会（河南郑州）会上，正安"尹姑娘·珍汉子"荣获全国优秀劳务品牌。正安输出的务工人员女性为"尹姑娘"，男性为"珍汉子"，意为尹珍先贤的后代。成为贵州劳务品牌商标。

尹珍的老师许慎的故乡河南省漯河市，大树"许慎文化"品牌。在许慎的家乡通过多种形式的许学文化的宣传活动，通过定期举办许慎文化节，创建"字圣苑"和"汉字馆"，逐步把漯河建成河南乃至全国性的许慎文化研究中心、许慎文献资料中心和汉字文化圣地旅游中心。打造一座与食品文化并举的中原名城。从尹珍北学中原，南域传播许学，形成历史上北有"许慎"，南有"尹珍"的历史文化路线图。北有"许慎文化"，南有"尹珍文化"，成为北南两地地方政府树立的历史文化品牌。

尹珍的老师许慎的故乡河南省漯河市，打造"许慎文化园"，举办了四届许慎文化国际研讨会，在国际上产生了巨大的影响。我们探讨，从尹珍北学中原，南域传播许学，形成历史上北有"许慎"，南有"尹珍"的历史文化路线图。对认识中国文化的传承和发展具有深远的历史意义。2015 年 10 月 29 日至 11 月 4 日，我有幸应邀参加第三届许慎文化国际学术研讨会，盛会空前，感慨颇深，赋古风一首作本文结尾：

四海学人奔漯河，群贤集会登杏坛。

说文研究遍中外，美加日韩和台湾。

许慎文化成显学，三届学术百花妍。

经学大师许叔重，天下文字第一典。

六书训诂形音义，千载传承真隶篆。

著书立说九千字，说文解字二千年。

中华文化发祥地，汉字文明星河灿。

追步尹珍先贤路，登堂许慎文化园。

跪拜许慎宗师墓，虔诚朝圣溯渊源。

注释：

[1]许慎《说文解字·叙》,(《说文解字注》上下册，凤凰出版社 2007 年版。

[2](明）宋濂：《宋学士文集》卷六十六。

[3]孟华、薛海燕:《"汉文化的复兴"为什么绕不开汉字问题》,《光明日报》,2004 年 11 月 30 日。

[4]黄万机：《尹珍与"毋敛学"》,《贵州文史丛刊》,2003 年第 2 期。

参考文献

邱 洪主编:《尹珍文化》，中国文史出版社 2004 年版。

邱 洪著:《历史文化名城遵义》，中国文史出版社 2015 年版。

论"许慎文化学"学术体系的构建

黎千驹

湖北师范大学国学研究中心

【摘要】许慎文化是以《说文解字》为中心，以许慎生平事迹、许慎学术、许慎精神和许慎对后世的影响等为羽翼而形成的一种文化现象，它是中华传统优秀文化中的一个重要组成部分。许慎文化学则是以"许慎文化"为研究对象而形成的一门学科。

【关键词】许慎文化　研究　学术体系　构建

"许慎文化"与"许慎文化学"是两个相互联系而又相对独立的概念。

许慎文化是以《说文解字》为中心，以许慎生平事迹、许慎学术、许慎精神和许慎对后世的影响等为羽翼而形成的一种文化现象，它是中华传统优秀文化中的一个重要组成部分。许慎文化的重要意义主要在于：如果说，先秦时期形成了以儒家、道家、墨家、法家、名家、阴阳家等为代表的哲学文化，那么也可以说，自东汉许慎《说文解字》问世之后，就形成了以许慎为代表的汉字研究文化。因此，"许慎文化"的核心是由许慎所创立的"汉字研究文化"。许慎文化学则是以"许慎文化"为研究对象而形成的一门学科。下面分别阐述"许慎文化学"所蕴含的内容，并简介某些具有代表性的研究成果。

一、许慎生平事迹研究

最早记载许慎生平事迹的史料，是《后汉书·儒林传·许慎》。然而该传对许慎生平事迹的介绍不足百字，语焉不详。后世不少学者广泛收集史料，钩稽其事迹，已有不少新发现。例如：向光忠《许慎生平考述》（向光忠主编《说文学研究》第五辑，线装书局，2010 年）和王蕴智《许慎身世生平探讨》（王蕴智、史凤民主编《许慎文化研究》（叁），江西人民出版社，2017 年）等。

二、许慎学术研究

"许慎学术"主要体现在《五经异义》和《说文解字》这两部著作之中,对这两部著作中所蕴含的许慎学术思想及其成就进行研究,就构成了"许慎学术研究"。许慎学术研究主要包括《说文解字》研究、许慎经学思想研究、许慎文字学思想研究、许慎词源学思想研究、许慎汉字阐释学思想研究、许慎汉字文化学思想研究、许慎语言哲学思想研究、许慎训诂学思想研究、许慎音韵学思想研究、许慎辞书学思想研究等诸多方面。值得注意的是,这些方面并非能够截然划界,其中某些方面存在着交叉现象,只不过各自的侧重点不同而已。下面简要阐释许慎学术研究的主要内容。

(一)《说文解字》研究

所谓《说文解字》研究,是指对《说文解字》所做的各个方面的研究。例如:1.《说文》注释,如段玉裁《说文解字注》;2.《说文》校勘,如王贵元《说文解字校笺》(学林出版社,2002年);3.《说文》体例研究,如詹鄞鑫《〈说文〉的连篆读研究》(《辞书研究》1986年第1期);4.《说文》六书研究,如陈振寰《六书说申许》(《语言文字学》1992年第2期);5.《说文》字体研究,如赵平安《〈说文〉小篆研究》(广西教育出版社,1999年);6.《说文》释义研究,如马叙伦《说文解字六书疏证》(上海商务印书馆,1928年);7.《说文》形音义关系研究,如赵诚《〈说文解字〉的形和义》(《语言研究》1981年第1期);8.《说文》词义研究,如宋永培《〈说文〉与上古汉语词义研究》(巴蜀书社,2001年);9.《说文》词汇研究,如冯蒸《说文同义词研究》(首都师范大学出版社,1995年);10.《说文》声韵研究,如管燮初《从〈说文〉中的谐声字看上古汉语声类》(《中国语文》1982年第1期);11.《说文》部首及字原研究,如邹晓丽《基础汉字形义释源》(北京出版社,1990年);12.《说文》书证研究,如陈良明《〈说文〉引〈左传〉说略》(《汉字文化》1990年第3期);13.《说文》训释方式研究,如许嘉璐《〈说文解字〉的释义方式研究》(《词典和词典编纂的学问》,上海辞书出版社,1985年);14.《说文》训释方法研究,如余国庆《〈说文〉"以形说义"析》(《辞书研究》1988年第5期);15.《说文》价值研究,如王宁《对〈说文解字〉学术价值的再认识》(《语言文字学》1992年第4期);16.《说文》综合研究,如陆宗达《说文解字通论》(北京出版社,1981年)等。

（二）许慎经学思想研究

许慎经学思想主要体现在《说文解字》和《五经异义》等著作中。

《五经异义》直接体现了许慎的经学思想，这无须赘述，然该书在宋时已佚，到清后期才有陈寿祺的辑佚本《五经异义疏证》，计有 113 条；而《说文解字》则间接体现了许慎的经学思想，这个问题过去往往被学者们所忽略，因此有必要对《说文解字》中所体现的许慎经学思想稍作阐释。

《说文解字》虽然是一部通释语义的文字学专著，但是许慎撰写《说文解字》的一个重要目的是为学习经艺服务的。许慎认为："盖文字者经艺之本，王政之始，前人所以垂后，后人所以识古。"有感于此，于是许慎"今叙篆文，合以古籀，博采通人，至于小大，信而有证，稽撰其说，将以理群类，解谬误，晓学者，达神旨"。[1]为达此目的，《说文解字》在说解文字时具有两个重要特征：一是大量引用先秦文献来解释文字，据统计，《说文》引经达 1000 多条。这些引用，不仅有效地解释了字形、字义或字音，同时反过来又解释了文献中的词义。二是不少释义直接与文献典籍中的词义相吻合。许慎希望以某一意义为核心，通过对一系列相关字的说解来建构（或者贮存）先秦"六艺群书"的词义系统，因此许慎对许多字的说解，都可以在六艺群书中找到可资佐证的语言材料，即词义说解与"六艺群书"相吻合。也只有如此，许慎才能实现其编撰本书的目的——为学习六艺群书服务；于是人们根据《说文》中对这些字义的说解去理解六艺群书中相关的词语，便可迎刃而解了。

许慎经学思想方面的研究成果如：黄永武《许慎之经学》（台湾中华书局，1972 年）、陆宗达《〈说文解字〉及其在文献阅读中的应用》（《文史知识》1981 年第 5 期）、张启焕《〈五经异义〉的内容及其影响》（董希谦、张启焕主编《许慎与〈说文解字〉研究》，河南大学出版社 1988 年）、钱剑夫《试论〈说文〉和经书的关系》（《古汉语研究》1989 年第 2 期）、李传书《汉代经学发展的历史产物：〈说文解字〉及其作用略评》（《宁德师专学报》1996 年第 3 期），黎千驹《论〈说文〉中词义的系统性》（《殷都学刊》1998 年第 2 期）、何乐士《从〈左传〉看〈说文解字〉》（向光忠主编《说文学研究》第一辑，崇文书局 2004 年）、康国章《许慎对今文经学的批判与吸纳》（《河南大学学报》2006 年第 3 期）、杨天宇《略论许慎在汉代今古文经学融合中的作用》（《郑州大学学报》2007 年第 6 期）、彭林《论许慎的学术定位》、史应勇《许慎的经义取舍——残存〈五经异义〉不从古文说 27 条考》、程尔奇《许学研究拓展献议——许慎的经学研究与〈许慎集〉之编纂》（皆见王蕴智吴玉培主编《许慎文化研究》二,中国社会科学出版社,2015年)、美·韩大伟《"许慎应先列为经学家,后为词典学家"刍议》、韩剑英《许慎〈五经异义〉经学思想及其教育意义》(皆见王蕴智　史凤民主编《许慎文化研究》叁,江西人民出版社,2017年)等。

（三）许慎文字学思想研究

《说文解字》作为我国第一部杰出的文字学著作,是有理论指导的,否则不可能取得如此巨大的成就。例如"六书理论"就是许慎用来分析汉字形体结构的理论依据。《说文》第一次对"六书"作了界说,并自觉地系统地运用六书理论来解释汉字,确立了六书的体系,为古文字学的建立和发展奠定了理论基石;自《说文》问世之后,六书理论就成为传统文字学中的一个基础理论,也是核心理论,甚至还逐渐形成了一门专门的学问——六书学[2]。六书几乎成为任何一个研究文字学的人都不可回避的课题,并且六书在任何一部文字学著作中都占有重要的地位。例如:梁东汉《汉字的结构及其流变》(上海教育出版社,1959年)、唐兰《中国文字学》(上海古籍出版社,1979年)、杨五铭《文字学》(湖南人民出版社,1986年)、裘锡圭《文字学概要》(商务印书馆,1988年)、高明《中国古文字学通论》(北京大学出版社,1996年)、杨树达《中国文字学概要》(湖南人民出版社,2010年)等文字学著作中六书皆占有大量的篇幅。许慎文字学思想方面的研究成果如:王宁《说文解字与汉字学》(河南人民出版社,1994年)、宋永培《〈说文〉汉字体系研究法》(广西教育出版社,1999年)、孙中运《六书新论》(吉林文史出版社,2012年)、陆蓉秀《从〈说文解字·叙〉看许慎的文字观》(《江汉大学学报》1983年第1期)、李奇瑞《从〈说文解字·叙〉看许慎的语言观》(《语言文字学》1986年第7期)、康建常《许慎的语言文字观及其对〈说文解字〉的影响》(《殷都学刊》1989年第2期)、李万福《〈说文解字〉的形义学考察》(《青海民族学院学报》1990年第2期)、孙雍长《从〈说文叙〉看许慎的文字学思想》、林素清《许慎〈说文解字〉古文对释读战国文字的贡献》、张玉梅《许慎〈说文〉六书体系对汉字学理论的奠基意义》(皆载王蕴智吴玉培主编《许慎文化研究》二,中国社会科学出版社,2015年)。

（四）许慎词源学思想研究

《说文解字》中的许多词义训释并非训释其本义,而是揭示解释词与被释词之间的同源关系。因此学者们常常根据《说文解字》来探求同源词。例如:章太炎先生的《文始》以声音为经,以《说文》中的初文为纬;在理论上,以转注为造字法,用"变易"和"孳乳"作为语言和文字演变的两大规律,从历时的角度来对《说文》所收之字音义之间的关系成组成串地进行研究,系联同源词族,从而奠定了汉语字源学的基础。黄侃先生继承并发展了章太炎的学说,从理论与实践两方面对"孳乳"与"变易"作了系统的探讨,进一步完善了章太炎先生的理论,并以此来系联《说文》中的同源词。这就是由黄焯先生整理出的《说文同文》。刘赜先生《初文述谊》继承了章太炎先生关于"初文"和"准初文"的研究成果,他从《说文》中寻出 423 个初文和准初文,按照独体象形文、独体指事文、合体象形文、合体指事文、变体象形文、变体指事文、省体象形文、省体指事文等分类辑录,并逐字分析形体及其音义关系,以声音贯通字义,可以说是《说文》语源研究的专著。这方面的研究成果还有:陆宗达、王宁《浅论传统字源学》(《中国语文》1984 年第 5 期)、冯燕《〈说文〉声训型同源词研究》(《北京师院学报》1989 年第 1 期)、张志毅、张庆云《〈说文〉的词源学观念——〈说文〉所释"词的理据"》(《辞书研究》1991 年第 4 期)、宋永培《〈说文〉对反义同义同源关系的表述与探讨》(《河北大学学报》1992 年第 3 期)等。

（五）许慎汉字阐释学思想研究

《说文解字》在对文字的说解当中,蕴含着许慎的文字阐释思想。例如:黄德宽先生认为:"《说文》对建立汉字阐释学提供的借鉴,至少有以下几个方面:其一,《说文》对汉字功能和属性的认识,奠定了建立汉字阐释学的认识论基础。其二,《说文》确立了汉字阐释学必须坚持是历史性原则。其三,《说文》发展了汉字阐释的理论和方法,使对汉字的系统阐释成为可能。其四,《说文》的汉字阐释实践,为汉字阐释学的建立提供了丰富的素材。""借鉴许慎的汉字阐释成果,发掘《说文》蕴藏的文字学理论遗产,建立科学汉字阐释学是汉字研究适应时代要求的新拓展"[3]。

（六）许慎汉字文化学思想研究

汉语是汉文化信息的载体,而汉字又是汉语的书写符号系统,并且具有"以义构形"的特征,因此汉字的构形中也就必然蕴含着丰富的汉文化信息而成为汉文化的载体。《说文》中所保存的小篆系统,蕴含着丰富的汉文化信息。《说文》所训释的词义,是"六艺群书"中的意义,它所反映的是古代社会生活中的各种文化现象。王宁先生指出:"《说文解字》为汉字文化学提供了丰富的材料与大量的研究途径,使汉字学与文化学都得到了新的发展。"[4] 由此可见,《说文解字》是研究中国古代文化的基本依据。这方面的研究成果如:王宁《说文解字与中国古代文化》(辽宁人民出版社，1999 年)、宋永培《〈说文〉汉字体系与中国上古史》(广西教育出版社，1996 年)、王平《说文与中国古代科技》(广西教育出版社，2001 年)、谢栋元《简析〈说文解字〉与中国古代文化》(《辽宁教育学院学报》1991 年第 4 期)、范进军《试论〈说文〉"玉"部字所表现的中国文化》(《湘潭师范学院学报》1993 年第 5 期)、赵小刚《〈说文〉所反映的古代葬俗》(《古汉语研究》1994 年第 4 期)、庞子朝《论〈说文解字〉的文化意义》(《华中师大学报》1995 年第 5 期)、竺家宁《许慎〈说文〉中反映的文化意蕴》(王蕴智　史凤民主编《许慎文化研究》叁，江西人民出版社 2017 年)等。

（七）许慎语言哲学思想研究

就《说文解字》而言，许慎的语言哲学思想主要体现在两个方面：一是运用哲学思想来编纂《说文解字》，二是在对词义的训释当中蕴含着哲学思想，甚至对某些字的解释并非纯粹的字义说解，而是作的哲学阐释。例如《说文解字》部首排列顺序为"始一终亥"。许慎为何要这样排列部首？这与其哲学思想是密切相关的。请看许慎对"一"和"亥"的解说：

《说文》：一，惟初太始，道立于一，造分天地，化成万物。

按，"太始"又称"太极""太初""太一"。何谓"太始"？《列子·天瑞》："太初者，气之始也。"这是说"太初"（即太始、太极）是物质意义上的气体，是天地未分之前的一种云气。何谓"道"？"道"是先天地而生的一种"混成物"，《老子》："有物混成，先天地生，寂兮寥兮，独立而不改，周行而不殆，可以为天下母，吾不知其名，字之曰道。"为什么《说文》说"道立于一"？这是说"道"从"一"开始分化，这个"一"是一个混沌的整体，分化成天地，再由天地化成万物。这便是《周易·系辞上》所说："易有太极，是生两仪，两仪生四象，四象生八卦。"《老子》亦说："道生一，一生二，二生三，三生万物，万物抱阴而负阳，冲气以为和。"[5]

《说文》：亥，荄也。十月，微阳起，接盛阴。从二，二，古文上字。一人男，一人女也。从乙，象裹子咳咳之形。《春秋传》曰："亥有二首六身。"……亥而生子，复从一起。

按，高亨先生解释说："古（指夏历）称十月为亥月。许氏以为亥即亥月之亥，亥得音于荄，十月草木根荄育于地下也。许氏又以为十月微阳与盛阴相接，正如人之阴（女）与阳（男）相交，人之阴阳相交则生子，故亥字从二，象阴阳也。又从二人，后者为男，前者为女，加一曲画，象女怀着抱子咳咳之形。咳咳，小儿貌也。"[6]

徐锴《说文解字系传》云:"亥而生子:天道终则复始,故亥生子,子生丑,复始于一也。"

综上所述,许慎《说文解字》是以阴阳五行家"万物生于一,毕终于亥"的哲学思想为指导来确定"始一终亥"这一部首排列顺序的,并且许慎对"一"和"亥"字的说解并非纯粹的字义说解,而是哲学阐释,并且是与"六艺群书之诂"相吻合。正因为如此,我们才能够通过《说文解字》来解读先秦文献。这方面的研究成果如:许国璋《从〈说文解字〉的前序看许慎的语言哲学》(《许国璋论语言》,外语教学与研究出版社,1991年)、陈五云《说文解字和许慎语言哲学》(《上海师大学报》2000年第4期)、黎千驹《用系统论来重新审视〈说文〉中的阴阳五行学说》(向光忠主编《说文学研究》第2辑,崇文书局,2006年)、汪启明《浇长字圣辉万代——许慎文字哲学论纲》(王蕴智、吴玉培主编《许慎文化研究》二,中国社会科学出版社,2015年)等。

(八)许慎训诂学思想研究

《说文解字》既是我国第一部杰出的文字学著作,也是一部杰出的训诂学著作。《说文》抓住字的本义来进行说解,这就从根本上解决了词义训诂的问题,也就为人们辨别假借提供了依据,也为探求词的引申义系统提供了依据。《说文解字》对其中所收的9353个字的意义进行了训释。这些训释绝大多数是正确的,后世学者往往根据《说文》来探求词语的本义,来考证古代文献典籍中某些疑难词语的意义。这方面的研究成果如:周国良《谈谈〈说文解字〉说解文字的格式和术语》(《语文教学研究》1983年第3期)、陆宗达 王宁《〈说文解字〉与本字本义的探求》、张涤华《略论〈说文解字〉的说解》(皆载《词典和词典编纂的学问》,上海辞书出版社,1985年)、陆宗达《〈说文解字〉与训诂学》(王问渔主编《训诂学的研究与应用》,内蒙古人民出版社,1986年)、古敬恒《〈说文〉中词的引申义初探》(《徐州师院学报》1992年第2期)、李传书《说文声训的作用及其对后世的影响》(《语言文字学》1988年第7期)、罗会同《说文》的释义方式浅析(《呼兰师专学报》2000年第2期)、叶斌《〈说文解字〉的形训理论》(《古汉语研究》2000年第3期)、黎千驹《论汉代声训的功用与性质》(《南阳师范学院学报》2009年第2期)、李春晓《"独立之训诂"——浅议〈说文解字〉与训诂学研究》、张其昀《论训诂别类为训之认知价值——以〈说文解字〉为例(皆载王蕴智 吴玉培主编《许慎文化研究》二,中国社会科学出版社2015年)等。

（九）许慎音韵学思想研究

《说文解字》除了说解字义和分析字形之外，还标明字的音读。它以形声字的声符表示该字的读音，有时用"读若""读如""读若某同""读与某同"等术语来给某个字注音（读若法所拟的是汉代人的读音），这就保存了先秦和汉代的语音资料，为古音学提供了重要的参考资料。例如：清代学者段玉裁《六书音均表》、江沅《说文音韵表》、张惠言《说文谐声谱》、江有诰《谐声表》、严可均《说文声类》、苗夔《说文声读表》等皆是运用《说文解字》来探讨古音的著作。

（十）许慎辞书学思想研究

《说文解字》作为我国第一部杰出的文字学著作，它是以辞书的形式出现的，是我国语言学史上第一部真正的字典，是中国辞书的奠基之作。《说文解字》所首创的部首编排法，对后世辞书的编排法产生了深远的影响，成为两千多年来我国字典编排的主要体例。《说文解字》的释义特点、释义方式及其释义成果对后世辞书编纂皆具有重要的参考价值。这方面的研究成果如：陆宗达《从段玉裁的〈说文解字注〉谈辞书编纂》（《辞书研究》1981年第3期）、洪笃仁《〈说文〉对词书编纂法的贡献》（《辞书研究》1982年第1期）、许嘉璐《〈说文解字〉在词典史上的地位和价值》（《词书与语言》，湖北人民出版社，1985年）、李国英《〈说文〉的造意：兼论辞书对〈说文〉训释材料的采用》（《辞书研究》1987年第1期）、谢栋元《〈说文解字〉——中国辞书的奠基之作》（《辽宁师大学报》2000年第5期）、王敏《〈说文解字〉的释义特点对现代汉语辞书释义的启发》（王蕴智 吴玉培主编《许慎文化研究》二，中国社会科学出版社，2015年）。

三、许慎精神研究

许慎精神主要包含三个方面的内容：弘扬经学的勇于担当精神，实事求是的治学精神和开拓创新的治学精神。

（一）弘扬经学的勇于担当精神

我们知道，自秦始皇统一天下之后，中国文化史上发生了两件大事。

第一，实施"书同文"的政策。许慎《说文解字·叙》曰："秦始皇帝初兼天下，丞相李斯乃奏同之，罢其不与秦文合者。斯作《仓颉篇》，中车府令赵高作《爰历篇》，太史令胡毋敬作《博学篇》，皆取史籀大篆，或颇省改，所谓小篆者也。"许慎认为小篆产生于"秦始皇帝初兼天下"之时。对于这种说法，不少人表示怀疑。现代学者一般认为小篆是由春秋战国时代的秦国文字逐渐演变而成的，而不是秦代时对籀文"省改"而成的。例如：杨五铭先生指出："小篆在战国末年已形成……李斯他们只不过是在秦国原有小篆的基础上，参考了大篆和古文，进行了进一步的整理而已。"[7]裘锡圭先生也指出："小篆是由春秋战国时代的秦国文字逐渐演变而成的，不是由籀文省改而成的。《说文·叙》的说法是不妥当的。"[8]小篆为战国时代秦国文字的观点目前已获得普遍的认同。而《说文》中的小篆则是取自李斯、赵高、胡毋敬等所作《仓颉篇》《爰历篇》和《博学篇》，是经过了整理的标准字体。

第二，"焚书坑儒"。先秦时期的书籍，经过长期的战乱，特别是秦始皇的禁止和焚烧而大量散失了。汉惠帝四年（公元前191年），下诏废除了秦朝的挟书之律，特别是经过汉武帝的大力提倡学习儒家经典，先秦时期的书籍又大量出现。其出现的方式主要有两种：一是一些秦朝遗老依靠背诵记忆了儒家经典，人们就用当时通行的隶书把它们记录下来并加以整理。这就是"今文经"。例如《尚书》就是由当时九十多岁的儒生伏生口述，晁错记录的。二是远在秦始皇焚书的时候，一些人把书藏了起来，此时陆续被发现。这些书都是用秦朝以前的六国文字或小篆写成的。这就是"古文经"。据《汉书·艺文志》记载："武帝末，鲁共王坏孔子宅，欲以广其宫，而得《古文尚书》及《礼记》《论语》《孝经》凡数十篇，皆古文字也。"又据《汉书·景十三王传》记载：河间献王刘德从民间得到了许多先秦古书，"献王所得书皆古文先秦旧书：《周官》《尚书》《礼》《礼记》《孟子》《老子》"。献王所得古文先秦旧书还有《毛氏诗》《左氏春秋》。又据《汉书·刘歆传》记载：刘歆在皇家图书馆校书时，发现了孔安国所献的"古文旧书"《春秋左氏传》《逸礼》《书》等。

无论是儒家的今文经还是古文经，随着时代的变迁和语言的演变，汉代人都难以读懂了。对于阅读古文经，汉代人还存在着文字识读方面的问题，即这些文献都是用秦朝以前的六国文字或小篆写成的，而随着秦朝的建立，六国文字就被小篆所取代；随着秦朝的灭亡，小篆也很快被汉代的隶书所取代，汉代人已经基本上不认识六国古文和小篆了。这无疑给先秦文献的传播造成了极大的障碍。于是当时有不少儒生，他们一方面对汉时所发现的古文大加非议，另一方面则是妄解经义："诸生竞逐说字解经谊，称秦之隶书为仓颉时书……俗儒鄙夫，玩其所习，蔽所希闻，不见通学，未尝睹字例之条，怪旧艺而善野言，以其所知为秘妙，究洞圣人之微旨。又见《仓颉篇》中'幼子承诏'，因曰：'古帝之所作也，其辞有神仙之术焉。'其迷误不谕，岂不悖哉！"许慎认为："盖文字者经艺之本，王政之始，前人所以垂后，后人所以识古。"有感于此,于是许慎"今叙篆文,合以古籀,博采通人,至于小大,信而有证,稽撰其说,将以理群类,解谬误,晓学者,达神旨"[9]。由此可见,许慎作《说文解字》,就是要探求文字的构造意图,以便纠正"俗儒鄙夫"对文字的荒谬说解,从而帮助人们正确地理解六艺群书的意义。宋代张载云:"为天地立心,为生民立命,为往圣继绝学,为万世开太平",许慎撰写《说文解字》,无疑表明他是以传承和弘扬经学为己任,具有"为往圣继绝学"的勇于担当精神。

(二)实事求是的治学精神

《说文解字》是许慎实事求是治学精神的结晶,许慎实事求是的治学精神主要体现在严谨治学和重证据两个方面。1.许慎严谨治学的实事求是精神主要体现在《说文》撰写的目的、所花费的时间、对字头的字体处理、各部列字的次第、对文字的说解等方面。2.许慎重证据的实事求是精神主要体现在以古文字为证据、引通人说为证据和引文献语言为证据等方面。

(三)开拓创新的治学精神

许慎开拓创新的治学精神主要体现在字典编排体例的创新、字典说解体例的创新、开创了字典说解本义的先河、创建了中国文字学的理论体系和中国文献语言学等方面。

上述关于"许慎实事求是的治学精神和开拓创新的治学精神",我们已在《许慎"实事求是,开拓创新"的治学精神探析》[10]一文中详加讨论,请参看,故不再赘述。

四、许慎对后世的影响研究

无论是许慎生平事迹,还是许慎学术和许慎精神,皆对后世产生了巨大的影响。限于篇幅,我们仅以《说文解字》的编排体例为例,它在我国辞书学史上具有奠基和开创性意义,并对后世的字典编撰产生了巨大的影响。例如:

晋吕忱著有《字林》。该书共收 12824 字,其中保留了《说文》所收之字,另外增补了《说文》未收之字以及异体字。所收之字按照《说文》540 部编次。南朝梁顾野王著有《玉篇》。该书是奉梁武帝之令编撰,其目的是考证古今文字训诂异同,以释读者疑惑。该书共收 16917 字。宋真宗时陈彭年等人奉旨重修,定名为《大广益会玉篇》,即今本《玉篇》,共收 22516 字。《玉篇》所收之字按照 542 部编次,其中 13 部与《说文》不同,排列顺序亦不同。该书释义,不以《说文》所释本义为限,又广采《方言》《广雅》以及群书训诂加以补充该字义项。《玉篇》保存了当时大量的新词新义和读音，开创了先注音后释义的说解体例，为我国第一部楷书字典。

宋司马光等著有《类篇》。该书为王洙、胡宿、张次立、范镇等人相继修纂而成，最后由司马光整理并献给英宗。该书共收 31319 字，重文 21846 字，按照《说文》540 部及次第编排。该书既继承《说文》《玉篇》的系统，注重古音古训，说明古今文字形体的演变，又广收新字。

明梅膺祚著有《字汇》。该书共收 33179 字，把《说文》540 部首简化为 214 部，部首次第和每部中的字皆按笔画排列。此种编排体例为后代字典所效仿，并成为字典编排的主要方法。张自烈著有《正字通》。该书主要是为补正《字汇》的缺漏和错误而作。

清张玉书、陈廷敬等三十人于康熙四十九年（1710 年）奉旨编撰《康熙字典》，康熙五十五年（1716 年）成书。这是我国现存的第一部官修的字典。该书共收 47035 字，仿照《字汇》《正字通》的编排体例，并以子丑寅卯等十二辰标分十二集，每集分上中下三卷。其释字的体例为：每字之下先列古文（无古文者除外），接着注音，然后解释本义，再分别列出该字的异音和别义，并且皆用"又"字标明，释义皆引书证加以证明；若有重文、别体、俗书、讹字，则在释义之后举书证加以说明。《康熙字典》可看做是《字汇》和《正字通》二书的增订本，但在内容和形式上都比它们更为丰富和严谨。该书具有三大优点：一是收字丰富，比《字汇》新增一万多字；二是收集了每个字不同的音读和义项，注音和释义的准确性皆超过以往的字书；三是例证丰富，并注重穷流溯源[11]。

注释：

［1］《说文解字·叙》。

［2］黎千驹：《现代训诂学导论》，华中师范大学出版社 2008 年版，第 144 页。

［3］黄德宽：《〈说文解字〉与汉字阐释学》，王蕴智、吴玉培主编《许慎文化研究》（二），中国社会科学出版社 2015 年版。

［4］王宁等：《说文解字与汉字文化》，辽宁人民出版社 1999 年版，第 20 页。

［5］黎千驹：《论〈说文〉中词义的系统性》，《中国语文通讯》，1998 年第 3 期。

［6］高亨：《文字形义学概论》，山东人民出版社 1963 年版。

［7］杨五铭：《文字学》，湖南人民出版社 1986 年版，第 196 页。

［8］裘锡圭:《文字学概要》,商务印书馆 1988 年版,第 64 页。

［9］《说文解字·叙》。

［10］黎千驹:《许慎"实事求是,开拓创新"的治学精神探析》,王蕴智、史凤民主编《许慎文化研究》(叁),江西人民出版社 2017 年版。

［11］黎千驹:《现代训诂学导论》,华中师范大学出版社 2008 年版,第 134—135 页。

由许慎文化想到汉字学学科的科学体系

张典友

广东外语外贸大学中国语言文化学院

一、许慎文化发凡

（一）"许慎文化"概念提出及其实践性

汉字是华夏先民的一个伟大发明，是我国传统文化的基本载体，是中华民族悠久历史文明的传承纽带，是宝贵的世界文化遗产。漯河古老而弥新，与文字有着密切的关系。漯河舞阳贾湖遗址始发现于 20 世纪 60 年代初。在 1987 年于其地发现的裴李岗文化刻画符号距今已有 8000 年之遥，引起世人对中华文字起源命题的新思维。漯河又是字学宗师、经学家许慎的故乡。许慎《说文解字》，既是我国第一部系统解释古代汉字的重要字典，又是一部总结自春秋战国以来有关经学、小学的研究成果，进而探究汉字字源，并根据汉字的构形特征从理论上加以阐发的经典性文字学著作。《说文解字》主要包含汉字解说、经学阐释、文化集成三个方面的内容，是许慎穷尽毕生精力弘扬和发展我国传统文化的结晶。许嘉璐先生认为许慎已经超越个体的存在，成为一个符号，代表了中国文字的统一与定型，属于中华民族，也越来越得到世界承认。

现代许慎文化发轫于 20 世纪 80 年代，于安澜等老前辈倡导建成许慎纪念馆，成立许慎研究会，召开全国纪念许慎学术会议、许慎与"说文学"国际学术研讨会。现代许慎文化正式提出于 21 世纪初。王蕴智先生经过长期的思考，于 2005 年将"许慎学术"升华，首次提出"许慎文化"的概念，并建议召开许慎文化国际研讨会，设立许慎文化研究会。王先生指出"许慎文化"的内涵包括了许慎精神和《说文》学两方面，广义一点来理解，即是指华夏同胞热爱汉字、学习研治汉字的传统人文精神以及由许慎所发凡、创立的汉字学。[1]"许慎文化"的概念提出后，文化界对此展开讨论，普遍认为许慎文化就是许慎精神、经学思想、汉字文化，许慎文化资源就是许慎精神、汉字学、经学思想相关的资源,尤其许慎精神。[2]近年又经河南省与漯河市等有关方面的努力,许慎文化园、许慎文化学院等已经建成,中国字书博物馆、中国篆书名城等正在建设,形式多样的许学研究和纪念许慎活动更借大力发展文化产业之机迅速发展。"许慎文化"已经成为一种广泛的文化现象。我们认为许慎文化不是封闭的、排异的、僵化的,是开放的、包容的,与时俱化的。

王蕴智先生说:"我们对许慎文化资源的开发,一是要组织多种形式的普及宣传活动,让广大人民群众了解许慎和《说文》,充分认识开发许慎文化资源的重要意义,积极培育适合许慎文化资源开发的大环境。二是应充分认识到汉字文化的博大精深和汉字本身的价值,认识到古今汉字演化的复杂性和汉字学本身的专业性。故这方面一开始尤需注重选拔培养有关专业人才和管理人才,并向学术界聘请许慎与汉字文化、园林建筑诸方面的著名专家做顾问,组织一支高素质的管理班子和专业团队。三是经过反复论证,切实制订出总体开发议项和科学的近、远期规划,保证开发项目实施的质量和今后工作的规范有序,尽可能使许慎文化资源开发有条不紊、循序渐进、周密规划,不赶风潮,力戒浮躁虚套,少走弯路。"[3]

王蕴智先生特别强调,古汉字教学是我们母语教育的基础,也是爱国主义素质教育的重要环节。我们应该继承发展从我国战国秦汉时期就形成的说解文字的这一传统的学习方式,今后很有必要在办学上开发这方面的高等特色教育,这样许学研究和汉字文化可以更好地发扬光大,推动中华传统优秀文化的复兴和繁荣发展。

(二)实现在许慎家乡建设三个中心的基本构想,树立大国汉字文化自信,培育中华汉字文化教育体系。

1.实现在许慎家乡建设三个中心的基本构想

在 2004 年筹办召开首届许慎文化国际学术研讨会时,王蕴智先生曾向漯河市委、市政府提出了《关于开发许慎文化资源的规划构想》。王先生提出了许慎家乡应该建设"三个中心"的构想:一是着手建设许慎文化学术研究中心,二是许学文献数据中心,三是汉字文化圣地旅游中心。[4]

其中我们规划的第一个中心的主要任务是:"组织许慎文化学术交流活动,编纂出版许学专辑和高水平的汉字知识读物,吸引有关高校对口到许慎故乡进行实地办学,并争取在这里创办以汉字文化为品牌课程的专业学校,为深化汉语汉字及传统文化的教育实践作出贡献。"[5]这里强调就是开展许慎文化的学术研究和汉字学专业办学。

另外两个中心的主要任务，一是"广泛征集古今中外有关学者许学专著、论文、文稿及许氏宗谱等文献资料，在许慎故乡建成规模较大的许学及汉字研究数据库"[6]；二是"积极开发许慎和汉字文化旅游资源，打造篆书文化名城，使在许慎文化资源的开发和安阳中国文字博物馆建设项目带动下，在中原大地上以京广铁路大动脉为轴心，南面漯河与北面安阳彼此呈回抱呼应之势，二者相辅相成，形成独特的汉字文明走廊，长年面向海内外接待嘉宾及旅游观光团体，定期举办汉字文化节，共同营造一种别具特色的中原汉字文明景观"[7]。

如今我们创办许慎文化学院，其办学的核心理念就是弘扬许慎文化，通过实地办学实践，来推动建设三个中心的基本构想。

2. 通过办学实践来光大许慎精神

我们实施以许慎文化为主题的办学，一是要在上级和地方党政领导的支持下，开展多种形式的普及教育活动，让广大中原人民了解许慎和《说文》，了解中原家乡汉字文化的魅力，充分认识开发许慎文化资源的重要意义，积极培育适合许慎文化资源开发的大环境。二是应充分认识到汉字文化的博大精深和汉字本身的价值，认识到许慎文化本身的专业性。认识到我们还需要像许慎那样花大力气，做出一部更为完整的汉字发展史和大数据下的古今汉字解说奉献给世人。这方面尤需注重选拔培养有关专业人才和管理人才，组织一支高素质的管理班子和专业团队。

我们弘扬许慎文化，说到底即是对许慎精神以及汉字文化价值的开发，这方面尤以通过教育来光大许慎精神。因为只有大张旗鼓地宣传许慎事迹，提倡光大许慎精神，我们才会营造起中原家乡所特有的汉字文化氛围，广大家乡父老才会像许慎那样热爱我们的汉字、热爱一直由几千年古今汉字所维系着的我们的精神文化家园。只有光大了许慎精神，才会有更多有识之士像许慎那样致力于弘扬汉字文化事业，并在如今这么好的历史条件下，把我们的汉字当成一种人类文化瑰宝来加以呵护、加以开发。

我们衷心希望能够抓住历史机遇，把中原建设成为汉字文化教育研究中心、面向世界的汉字文化交流中心、信息开发中心、汉字文化遗产圣地旅游的目的地，逐步把许慎文化学院打造成汉语国际教育和许慎文化人才培养基地，培育中华汉字文化教育体系，进而为今后建立国家级的以汉字文化为主题的大学奠定基础。

二、汉字学学科的科学体系构想

（一）现代学科意识与汉字学科地位提升的紧迫性

汉字学是周秦萌芽、许慎开创、历代学人继承光大的一门学问，是许慎文化的核心内容。资政树人、垂后识古，是我国汉字学的优良传统。汉字学具有旺盛的生命力。当今科学技术的发展对汉字学而言，不是挑战，不是危机，而是机遇，是促进。在全面复兴中华传统文化的新时代里，反省汉字学的历史，总结这门学科的发展规律，趁势提升文字学、汉字学应有的现代学科地位，完善文字学、汉字学的学科体系，应该说，是我们当前的紧迫任务。

汉字学的学科地位涉及汉字学的研究对象以及"汉字"的定义，汉字与汉语的关系等。汉字学的核心研究对象是汉字，但不能将其等同于书面汉语，也不能扩大为一般符号。与汉语相比，汉字是一种不完全独立系统，但与汉语是两种不同的符号系统，可以作为独立的研究对象。过去汉字研究被包含在汉语言文学研究中有传统和国外的双重影响，随着文字学的发展，成为独立的学科应属当然。

事实上，汉字学与人文社会科学领域的联系极为广泛。无论是思想理论还是实践运用，都应该从"解字"开始。字"解"得准确了，才有可能进而准确理解由字符串联起来的词句的意思。从汉字学与科技的联系而言，汉字与计算机联系密切，懂汉字学的不懂计算机，懂计算机的不懂汉字学。从国内现实需要的角度而言，具有汉字学能力的人才奇缺，鱼目混珠。

在当今中国再次面临全球格局变动、国内革故鼎新、社会问题丛芜繁杂的局面，汉字学在内的人文社会科学能够为国家发展带来哪些思想价值、文化力量以及决策参考，当今社会政治环境将如何影响人文社会科学领域内的学科建制？在这样的时代背景下，应该说，如何回答这些现实问题，是探索汉字学科发展的应有的问题意识和依凭。

按照《教育部关于印发〈普通高等学校本科专业目录（2012 年）〉〈普通高等学校本科专业设置管理规定〉等文件的通知》（教高〔2012〕9 号）的附件 3 规定："《专业目录》规定专业划分、名称及所属门类，是设置和调整专业、实施人才培养、安排招生、授予学位、指导就业，进行教育统计和人才需求预测等工作的重要依据。"附件 3 第五条规定："《专业目录》分为学科门类、专业类和专业三级，其代码分别用两位、四位和六位数字表示。"专业下面又可以设若干方向。我们一般把专业类称为一级学科，把专业称为二级学科，把方向称为三级学科。二级专业类有资格授予学士学位和培养本科生，三级学科则没有资格，只能设课程。对三级学科的设立，不同学校院系是根据自身的科研条件和师资力量来确定，可以说是"各自为政"。

汉字学很早就进入了我国近现代学科体系中。汉字学的学科地位及学科体系是关乎汉字学这门学问、这笔文化遗产存在和发展的基本体制问题。但在现有学科教育架构中，汉字学只是个三级学科，即方向，上属一般是文学门类的中国语言文学一级学科的汉语言文字学二级学科。中国语言文学一级学科有 8 个二级学科，汉语言文字学二级学科有汉字学方向。没有独立的汉字学本科专业，甚至在文学院各专业的本科教育中没有设立必修的汉字学、古文字学及其相关专业基础课程。汉字学在研究生招生目录中需要放置于二级学科下，置于汉语言文字学专业、中国古典文献学、历史文献学的，不一定都在文学门类。汉字学研究生招生入学考试、录取后培养计划都严重地受到现在上属学科的限制，致使汉字学自身的基础科目和体系得不到应有设置，使汉字学的体系和规模受到了不应有的萎缩。

附件 3 还规定：

第六条，《专业目录》包含基本专业和特设专业。基本专业一般是指学科基础比较成熟、社会需求相对稳定、布点数量相对较多、继承性较好的专业。特设专业是满足经济社会发展特殊需求所设置的专业，在专业代码后加"T"表示。

第七条，《专业目录》中涉及国家安全、特殊行业等专业由国家控制布点，称为国家控制布点专业，在专业代码后加"K"表示。

第八条，《专业目录》实行分类管理。《专业目录》十年修订一次；基本专业五年调整一次，特设专业每年动态调整。

《普通高等学校本科专业目录（2012）》修订工作自 2010 年 3 月启动，是在分科类调查研究、专题论证、总体优化配置、广泛征求意见的基础上，经专家审议、行政决策形成的。我国一级学科的调整为每 10 年进行一次，上次调整时间 2009 年距今将近 10 年，现在正是各学科酝酿应有调整的前夕。2017 年 3 月，国务院学位委员会审议通过并发布了《学位授权审核申请基本条件》。

汉字学具有相对独立的专业知识体系，已形成若干明确的研究方向；社会对汉字学学科人才有较大规模的需求。汉字学具有提升为二级学科或特色专业的学理性和政策依据。我们长期目标应该是将语言文字提升为学科门类，将汉字学提升为一级学科。汉字学界应该抓住这次机会，将有关提升汉字学学科的地位的声音上达到教育部。

　　汉字学是我国众多优秀传统文化的入门之学、根底之学，为建成社会主义现代化强国而提供汉字智慧和精神动力。十九大报告提出，到21世纪中叶实现我国社会主义现代化，建成富强民主文明和谐美丽的社会主义强国。实现这个新目标需要立足中华大地。我国5000多年悠久历史给我们留下了许多优秀传统文化。而汉字学为我们深入优秀传统文化殿堂提供了最好的抓手。我们应该及时紧紧抓住发展契机，构建汉字学具有自身特质的学科体系、学术体系、话语体系，振兴汉字学，为国家贡献更多的汉字学学科的智慧。

　　我们真切希望通过许慎文化国际研讨会来弘扬许慎文化，呼吁政府和社会各界高度从国家战略和现实需要的立场上高度重视汉字学，最终向全国政协、国务院、教育部提出提升汉字学学科地位的必要性和紧迫性，把汉字学建设成为我国高等教育系统架构中的一门特色学科，把曾经孕育了汉字学、甲骨学的河南省建设为名副其实的汉字文化圣地，把作为汉字的故乡的中国建设成为具有世界吸引力的汉字强国。

　　（二）把汉字学专业教育当作特色学科来建设，逐步培育中华汉字文化教育体系

　　把汉字学专业教育当作特色学科来建设，及时为汉字文化资源量体裁衣，全面制定对汉字文化遗产进行基础整理、研究、保护、开发的通盘规划。

　　设置汉字学科，弘扬许慎文化、推进三个中心的建设的目标，不能仅仅是为了满足漯河和河南所需要的，应该是为了树立大国文化自信，培植华夏汉字文明传承创新的需要，其长远目标应该是逐步确立起全方位的汉字专业教育体系。

　　汉字学作为一级学科或特设学科，可下设中国古汉字学、中国近现代汉字学、世界汉字学、汉字学理论及史学史、汉字书法学、汉字形体学、汉字文献学、汉字信息学、汉字地理学、汉字文化学、比较汉字学等方向。其中的个别方向也不一定就放在文学门类，如汉字信息学可以放入计算机科学与技术一级学科下，授工学、理学学位。《说文》学、甲骨学、铜器铭文学、碑刻学等是根据文字著作或材料划分的，不应成为汉字学的直接方向，可以是招收培养研究生的研究方向。王蕴智先生的思想更为广阔，将汉字解说学、汉字产业学、汉字传播学也纳到汉字学下面。

三、许慎文化与汉字学学科的中国意义与世界意义

　　文字学是整个中华文化的根基，在文化史上，许慎对整个中华文化的贡献主要

在汉字学。许慎最大的贡献是通过《说文解字》为中华经典学说的流传奠定了坚实的学术根基。许慎对于中国语言文字学的贡献意义重大，影响深远。

我国不同地区、不同民族之间说的语言千差万别，但使用的文字是一样的，因此汉字也是促进国家统一、民众沟通的重要工具，对中华民族的凝聚力起到了至关重要的作用。在许慎所在的年代，人们使用的文字和对经学的理解是不一样的，文字学研究方面也有很多穿凿附会的东西，许慎本着实事求是的精神，对每一个汉字进行了深入的研究和求证，并对其进行规范和统一，从而形成了指导后世研究文字的方法。从这一点来讲，许慎精神的重要内涵是实事求是，是整个学界应该学习的精神。

许慎文化的核心内涵是汉字学。汉字学不仅对中华民族有着深远影响，而且对国外文化也产生了深远的影响。中国作为一个古老文明的国家，在世界上有其独特的地位，很多人对中国文明充满了向往。随着我国经济的快速发展和综合国力的快速提升，全世界都在关注中国，越来越多的外国人学习汉字、汉语、中国文化。外国的一些大学也希望我们尽快拿出科学汉字学学科教育体系和教学研究模式，帮助他们推广汉字教学，帮助他们建立中文系等等。特别是在日本、韩国及东南亚许多国家，至今都保持着学习和使用汉字的传统。汉字本身比较难认，《说文解字》为国外学者打通了一个学习、认识、理解汉字的渠道，在对外汉语教学发挥着重要的作用。

汉字学是一门富有民族特色的学科。地下出土和传世的历代文字资料，异常丰富生动地展现出汉字不同时代的形态风貌，为汉字学的发展提供了优越的条件。汉字学基本理论、方法的形成，是历代语言文字学者长期摸索和积累的结果，是民族文化传统的精华。准确理解、发扬许慎文化，及时提升文字学、汉字学的学科地位，完善文字学、汉字学的学科体系，将对我国的语言文字的改革、规范、教育、应用等方面产生里程碑的意义，将以新姿态昂首跨入新时代。

注释：

［1］参见王蕴智《创建富有中原文化底蕴的华夏汉字文明传承创新基地及汉字文化强省发展战略研究》，《黄河文明与可持续发展》（第八辑），河南大学出版社2014年版。

［2］参见《"许慎与中华文化"名家访谈（摘要）》，《漯河日报》2010年10月27日第2版。

［3］王蕴智：《关于开发许慎文化资源的规划构想》，载王蕴智《首届许慎文化国际学术研讨会

论文集》，中国文艺出版社 2006 年版。

[4] 参见王蕴智《关于开发许慎文化资源的规划构想》，载王蕴智《首届许慎文化国际学术研讨会论文集》，中国文艺出版社 2006 年版。

[5] 同 [1]。

[6] 王蕴智《关于开发许慎文化资源的规划构想》，载王蕴智《首届许慎文化国际学术研讨会论文集》，中国文艺出版社 2006 年版。

[7] 同 [1]。

新时代许慎文化弘扬及《说文解字》教学初探

郭帅华

郑州市诚敬书院

【摘要】《说文解字》（以下简称《说文》）自问世，即受到时人重视，郑玄、应劭、晋灼等注经，皆曾援引《说文》以证字义。以《说文》的巨大价值及丰富内涵，历代多有学者研修，后世更是形成了"《说文》学"，至清代而达鼎盛。《说文》体现出的许慎文化更是滋养了历代学人，为我国文字传承、文化发展做出了卓越贡献。时至今日，总结新时代许慎文化、探究《说文》教学，对中华文化及民族的复兴有重要作用。许慎文化的核心是以《说文》为主，故许慎文化的弘扬也自当以《说文》的教学、弘扬为立足点。本文就许慎精神、《说文》教学作以探究，试图整理出基础性方向、可行性方法，以促进《说文》广泛普及，进而使许慎文化更好地发挥时代价值。

【关键词】许慎 《说文》 文字学 教学 时代精神

许慎是东汉最杰出的经学家、小学家之一，被世人誉为"五经无双""字学宗师"等。许慎在东汉与郑玄齐名，汉代的经学和小学，人称"许郑之学"。在中国经学史、小学史上，后世唯清代段玉裁、王念孙可与之媲美。以《说文》的巨大价值及丰富内涵，历代多有学者研修，后世更是形成了"《说文》学"，可见其影响之大。

许慎一生精力粹于《说文》，许慎以《说文》而名，《说文》因许慎而成，故许慎文化的弘扬，当以"《说文》学"的弘扬为主要工作；而弘扬"《说文》学"，当以《说文》的研究、教学为基础工作。《说文》自古为文字学的基础经典，古代文字学的研究、教学也是以《说文》为核心，因此，今天文字学教学也应当以《说文》为主体，笔者文中所指的文字学，即是指以《说文》为中心的传统文字学。张其昀先生讲："治文字学，必须以《说文解字》为津梁。如果抛开《说文》，也就无所谓文字学；如果不讲《说文》，也就无所谓文字学史。这应该成为文字学者们最基本的一个观念。"[1]

本文继承先贤对《说文》研究、教学之重要理论方法，结合平时文字学教学经验，从以下六个方面论述。

一、效法许慎，传承文字

《说文》为许慎所作，有其人方有其书，我们学习说文，全面、深刻了解许慎，方能探究《说文》产生的缘由及其所蕴含的深意。《孟子·万章下》云："颂其诗，读其书，不知其人，可乎？"[2]孟子认为，诗文、书籍和作者本人的生活思想以及时代背景有着极为密切的关系，因而只有知其人、论其世，即了解作者的生活思想和写作的时代背景，才能客观正确地理解和把握诗文、书籍的思想内容。

笔者曾作"从《说文解字》看许慎精神及其当代价值"一文，总结出许慎的七种精神，简述于下：

第一是存亡继绝的传道精神。北宋大儒张载讲："为天地立心，为生民立命，为往圣继绝学，为万世开太平。"[3]这四句话是古代读书人一生志向的写照，"存亡继绝"也为历代读书人的使命。文字作为文化之本，则是核心的绝学，章太炎先生在 1902 年《致吴君遂书》中讲："上世草昧，中古帝王之行事，存于传记者已寡，惟文字、语言间留其痕迹，此与地中僵石为无形之二种大史。"[4]文字本身就是最原始最真实的史料，文字的形音义直接反映了上古历史文化的基本信息，蕴含了先民在生产生活各方面的形态、样式、习俗、制度及经验智慧。由于文字所蕴含的巨大价值和《说文》对文字、文化全方面的承载，清朱骏声在《说文通训定声》中讲："尝谓《说文解字》一书，功不在禹下。"许慎在训释中广泛记载了当时农业生产、礼制、饮食、神话、方言、交通、动植物、地理、医药、矿物、手工业、宗教、货币、人类学等各方面的内容。这些记录大可补古史之未详，同时也为后人了解东汉以及东汉之前的社会生活和制度、风俗人情提供了宝贵数据，称得上是包罗万象。因为有许慎及历代先贤存亡继绝的传道精神，我们今天才能够认识中国汉字，学习古代经典，了解古代社会，传承先祖文化。

第二是兼容并包的和谐精神。中国文化自古以来都是多元而相容并包的。比如在春秋战国时期有百家争鸣，各种学说交相汇集，构成文化的多样性。在古代典籍中"中和""天人合一""协和万邦""礼之用和为贵""和而不同""和光同尘""和气致祥""政通人和"等词句都是和谐精神的体现。许慎作为东汉大儒，也自然体现了这种精神，许慎著作《说文》，立足古文而兼采今文、"今叙篆文，合以古籀""博采通人"出"一曰"之例等，都体现出许慎兼容并包的和谐精神。我们修身治学、处事待人，要有这种兼容并包的和谐精神，要允许有不同观点的存在，要能够接纳包容不同的观点，如此才能促进文字、文化进一步的发展。

第三是不知阙如的求是精神。实事求是是中华民族的核心精神之一，历代先贤有求真务实的精神，文化才能正确无误地流传下来。《论语·为政第二》讲："子曰：'由，诲女知之乎！知之为知之，不知为不知，是知也。'"[5]此乃夫子明告子路，求学当实事求是，要去除虚假浮华，内不自欺而外不欺人，如是才是为人、求学的正确态度。许慎就完全继承了求是精神，撰著《说文》皆言出有物，凡言必遵守师承、前贤、旧典，不穿凿附会，不用己私。《说文叙》谓："其于所不知，盖阙如也。"[6]《说文》中文字形音义有不明之处，则写上"阙"字，以示不知，这就是《说文》"不知则阙"的体例。《说文叙》又曰："言必遵修旧文而不穿凿。孔子曰：'吾犹及史之阙文，今亡矣夫！'盖非其不知而不问，人用己私，是非无正，巧说衺辞，使天下学者疑。"当时穿凿附会、不遵师承的情况已经很严重了，所以许慎才揭示"言必遵修旧文而不穿凿"。我们继承许慎不知阙如的求是精神，不但能够学好《说文》，更能使大众正确地认识文字，也能够使文字完整无误地传承下去。

第四是恪守师承的尊师精神。孝亲尊师是修身治学的基础，更是中华民族的传统美德。《礼记·学记》谓："师严然后道尊，道尊然后民知敬学。"[7]《荀子·劝学》亦云："学莫不便乎近其人，学之径莫速乎好其人，隆礼次之。"[8]一个人能够能亲师、尊师，才能够成就德学。许慎也是孝亲尊师的典范，他早年被举为孝廉，在家孝敬父母，为官廉洁奉公，以后从师则尊师重道、恪守师承。许慎的老师是贾逵，其子许冲《上〈说文〉表》曰："慎博问通人，考之于逵，作《说文解字》。"[9]贾逵是东汉著名的古文经学大师，《说文解字》六次引用贾逵之说，因许慎尊师故，不称师名，而称其官职曰"贾侍中"。同时，许慎对文字的说解也多主其师之说，《说文·有部》："有，不宜有也。《春秋传》曰：'日月有食之。'"许慎训"有"为"不宜有"，是《左传》"有"字之义。贾逵是《左传》大师，许慎从其学，故采《左传》之义。《左传》属于古文经学的经典，许慎学宗古文经学，称《左传》为《春秋传》，说明他也是尊师承以《左传》为《春秋》正传。许慎师从贾逵，立足于古文经学，一生如是，《说文叙》曰："若此者甚众。皆不合孔氏古文，谬于史籀。其称《易》孟氏、《书》孔氏、《诗》毛氏、《礼》周官、《春秋》左氏、《论语》、《孝经》，皆古文也。"

许慎引经，主要是引用以上所说的古文经典。汉人治学，最重师承家法，尊师重道，恪守师承，方能学有所成。当前我们要效法许慎的尊师精神，尊师重道，继承师志而传承师学，就能够将文字绝学发扬光大。

第五是正本清源的求真精神。许慎作《说文》的主要原因，就是为了拨乱反正，正本清源，纠正当时一些今文学家对文字及经典的曲解。这体现了许慎的求真精神。许慎所处的时代，文字学未得到重视，"今虽有尉律不课，小学不修，莫达其说久矣。"当时很多儒生，见今文经典皆以隶书记载，认为秦朝所传的隶书就是仓颉之时传下来的古文字，就争相以隶书解释文字，《说文叙》谓："乃猥曰：马头人为长，人持十为斗，虫者屈中也。廷尉说律，至以字断法，苛人受钱，苛之字止句也。若此者甚众。"这种曲解文字的情况很多，在许慎高度责任心和巨大使命感的推动下，许慎开始著作《说文解字》，以小篆字系为主，兼收籀文等古文字。广泛采取通人之说，说解皆有依据而真实可靠，所谓"今叙篆文，合以古籀；博采通人，至于小大；信而有证，稽譔其说"。目的是"理群类，解谬误，晓学者，达神恉"。由于许慎正本清源的求真精神，《说文》才能存文字本真，大家才能正确地学习传承文字。

第六是鞠躬尽瘁的献身精神。许慎从小接受儒家教育，为官勤政爱民，为学勤苦弘文，以此奉献终生。许慎在汝南郡做郡功曹的时候，"奉上以笃敬，率下以恭宽"，受到当地百姓的爱戴，因而被举为孝廉。许慎呕心沥血，前后经历三十余年，方才完成《说文》这部巨著。本来在公元一百年，《说文》草稿已经完成，但许慎严谨治学，为求完善，一直在补充修改，直到自己老病即将离开人世，才命其子到洛阳献书。许慎撰著《说文》异常辛苦，有时为了一个字的说解要查阅大量资料，不远千里、不辞辛劳地去拜访通人。为准确说解方言俗语，他除了查阅典籍、引证书说外，还经常与走访进京的官员、商贾交流，以了解方言用字和读音。许慎治学谨严，为了考察秦刻石文字，跋山涉水亲临其地，见秦《绎山刻石》"登于绎山，群臣从者，咸思攸长"中之"攸"字从水从攴作"汝"，回京后就将"汝"收入《说文》，列为重文并注云："汝，秦刻石绎山文攸字如此。"许慎为官、著书、教学直至终老，可谓是鞠躬尽瘁，死而后已！我们要效法许慎的这种精神，为文化传承、为中华民族伟大复兴而终生奋斗。

第七是构建体系的时代精神。许慎撰著《说文》，据形立说，首创五百四十部首，以其统领全书文字。"六书"在许慎之前则唯有其名，许慎首先对六书作界定，并在《说文》中以六书条例分析文字。许慎在《说文》中方方面面都有创获，体现了许慎构建体系的时代精神。因此，我们要继承这种精神，在继承传统的基础上，能够做到与时俱进，和时代发展相契合，才能使文字、文化体现时代价值、发挥时代作用。

以上七条是笔者对许慎精神的总结。许慎精神也是中华文化的精神，更是中国人的精神！是许慎精神促成《说文》这部伟大的著作，因此，继承许慎精神，才能真正了解许慎、学好《说文》。文字学教学、学习者能够将许慎精神落实在修身治学、处事待人上面，就能使《说文》、许慎文化广泛普及并发扬光大！

二、学习部首，明解字源

（一）部首功用

汉字数量巨大，今天能收集到的汉字字形在 10 万以上，据清人统计，"十三经"不重复的字有 6544 字，《现代汉语常用字表》收录有 3500 字。汉字数量虽多，而构成汉字的基本构件却是有限的，所有的汉字皆由这些有限的构件组成。因此，学习汉字，要先学习基础的构件，则能把握汉字的纲要，而起到提纲挈领的作用。《说文叙》云："分别部居，不相杂厕。"许慎著作《说文》，首创部首，从 9353 个字形中分析构型，按义类归纳出 540 部，各部以最初的字形来统领各部之字，称为"部首"。部首为部属字的义符，表示该部所统属字的意义范畴，如"水"部的字皆和水相关，"木"部的字皆和木相关，凡从口得义之字皆归入口部，凡从手得义之字皆归入手部。对纷繁复杂的汉字进行分部，使其归属系统区别于韵文识字课本，这种方式是科学、合理的，可谓是条理清晰，井然有序。正是由于许慎创立部首，而使《说文》有系统条例，高出前代字书，而为皇皇巨著，段玉裁《说文解字注》（以下简称《段注》）云："圣人造字实自象形始，故合所有之字，分别其部首为五百四十，每部各建一首，而同首者则曰'凡某之属皆从某'于是形立而音义易明。凡字必有所属之首，五百四十字可以统摄天下古今之字，此前古未有之书，许君之所独创，若网在纲，如裘挈领，讨源以纳流，执要以说详，与《史籀篇》《仓颉篇》《凡将篇》杂乱无章之体例，不可以道里计。"[10]

汉字造字的原则是"肇法自然"，其方法是"依类象形"，其取象为"近取诸身，远取诸物"，而 540 部首绝大多数为最初创造的独体的"文"，是先民对社会生活的全面观察、概括及反映。《说文·叙》谓："其建首也，立一为耑；方以类聚，物以群分；同条牵属，共理相贯；杂而不越，据形系联；引而申之，以究万原；毕终于亥，知化穷冥。"这是许慎部首编排的原则。"一"为万物之始，"亥"为地支之终，《说文》

部首、列字"始一终亥",蕴含囊括终始之意;《易》卦以六为阴数之极,九为阳数之终,十为全数,六九五十四,乘以十为五百四十,540 部应阴阳之数而乘以全数之十,蕴含包罗万象之意。这些编排皆是许慎精心设计,是其文化观的体现。据学者统计,540 部首大致可以分为六大类:人体类字 197 部、动物类字 61 部、植物类字 31 部、自然界类字 37 部、器用类字 180 部、数目干支类字 34 部。许慎创造的分部首列字、检字、析字的方法,规律性、系统性、实用性都很强,为历代辞书的通例,后世字典,也基本沿用这种部首分部法。因为 540 大多数是基础的文,故古人也称部首为"字原",即文字之源。因此,学习文字学,应先学习《说文》部首,王宁先生在《基础汉字形义释源》序文中讲:"《说文》部首是篆文的基础构型材料,是认识汉字形音义的纲,弄清这批字料的源流,不论对研究古汉语、古汉字,还是对研究现代汉语、现代汉字,都是最基础的工作。"[11]业师万献初先生在《说文学导论》第二章说:"《说文》部首就是生成数以万计的汉字的字根,要想读懂《说文》并学好汉字,首先必须熟悉、掌握、运用这 500 来个字根,会写,会读音,明了其构型意图,掌握其合成新字的取向与规则。'部首'是《说文》学的基础,需要逐一讲解清楚。"[12]

(二)部首编排

1. 分别部居

《说文·叙》云:"分别部居,不相杂厕。"说明《说文》分部是许慎自觉地作系统性安排的。分部词例为:凡某之属皆从某。如"凡一之属皆从一。凡玉之属皆从玉。凡艸之书皆从艸"。《段注》:"凡云'凡某之属皆从某'者,自序所谓'分别部居、不相杂厕'也。"意思是,凡是属于某部部属字,其文字构型中的义符皆从部首,以一部"元、天、丕、吏"四个部属字为例:元从一从兀;天从一大;丕从一不声;吏从一从史,史亦声;四个字皆从一。示部"礼、福、禄、祥"等字,构型皆从示;艸部"芝、苏、菁、苹"等字,其构型皆从艸。

2. 据形系联

部首次第安排,有两个原则。一是以形为次,《段注》:"凡部之先后,以形之相近为次。"部首次第以形近相联,即《说文叙》所谓"杂而不越,据形系联"之义。在《说文》之前字书编排体式中,是按照"据义系联"的方法,成书于战国晚期的《尔雅》及扬雄之《方言》皆是如此。《史籀篇》《仓颉篇》《急就篇》等童蒙识字课本,其编排体式,《段注》谓:"其体例皆杂取需用之字,以文理编成有韵之句,与后世《千字文》无疑,所谓杂厕也。……随字敷演,不得字形之本始,字音字义之所以然。"《说文》部首"据形系联"的编排与前代字书编排相去甚远,而效果也是差别甚大,故段玉裁言前代字书"不得字形之本始,字音字义之所以然",达不到专业、系统识字的效果。"据形系联"是部首次第安排的原则及方法,即根据部首字形笔画的关联性来安排次序,段玉裁于《说文叙》中部首部目下,略注部次相蒙之意,通畅简明,便于初学。以第一篇前十四个部首为例:(夹注小字,为段玉裁注语)一为部首之始;一上加一为二(上),古文上字本作二,蒙一而次之。短画在长画之上,有物在一之上也。二下加三垂为示;次示者,示从二,蒙二而次之也。二者古文上。三承一加二画,蒙示有三垂,而以三示之。王从一贯三,蒙三而次之,从一毌三也。王(玉)亦从一贯三而三画均等,亦蒙三而次之。珏从二王(玉);蒙王而次之。凡并之重之而又有属者,则别为部,如珏之属有班、瑞也。气承三之三画,文象形而次此者,为其列多不过三。士承一而与十相合;蒙上以一毌三,次之以十合一。丨承王、玉贯三之丨,王、玉中皆有丨以毌之,故次之以丨。屮蒙丨而加凵,蒙引而上行之丨也。艸从二屮,蒙屮而次之。蓐从艸加声符辱,蒙艸而次之。茻从二艸。蒙艸而次之。

二是以义为次。其形既远,则以义为次,即《说文叙》所谓"同条牵属,共理相贯",是将同义词、近义词、联绵词、同源词、反义词、对义词等依类相连排列,亦即"方以类聚,物以群分"之义。如:

豕、豨、彑、豚、豸、兕、易、象、马、廌、鹿、麤、怠、兔、萈、犬、狀、鼠、能、熊,都是兽类。

斤、斗、矛、车,都是器用类;

五、六、七、九,都是数字类;

甲、乙、丙、丁、戊、己、庚、辛、壬、癸、子、丑、寅、卯、辰、巳、午、未、申、酉、戌、亥,皆是干支类。

3.部属字归部

《说文》部属字之归部,大体由其所从的意义偏旁来决定。王筠谓:"许君之列文也,形声字必隶所从之形,以义为主也。会意字虽两从,而意必有主从,则必入主意一部,此通例也。"[13]部属字次第则以义相联属,《段注》:"凡每部中字之先后,以义之相近为次。"段玉裁对部属字次第条例做了大量发掘,他在一部、玉部、肉部、刀部、雨部等部末对部属字的次第都做了具体的分析,指出部中字之先后,或以类相从,或以义之相引为次,其次他还有一些补充说明,如"许书严人物之辨""《说文》

之例,先人后物""凡许全书之例,皆以难晓之篆先于易知之篆""邑部所载郡邑乡亭,水部所载水名,皆自西向东"等等。段玉裁于邑部鄨下注云:"中国山川、维首在陇蜀。纪地者必始于西,故起西域而雍州。"水部汧下注云:"言水必先汧。与邑部言地先鄨善,皆自西而东,如《禹贡》之先弱水、黑水也。"王筠又有所补充,如"凡上讳皆在首,以尊君也""部中字之先后则先实后虚,先近后远,诸大部无不然者,其或无虚实远近之可言,则以训义美者列于前,恶者列于后"等。部属字以义为次,以一部为例:万物始于一,故首言一;元为始,故元次之;始而有天,故以天次之;唯天为大,丕有大义,故次之以丕;吏为人之大者,故次之以吏。细分之,又有先吉后凶,如示部:礼、禧、禛、禄、祯、祥、福、祉等字皆在先,均有吉祥义。祲、祸、祟、祙等字皆在后,均有凶灾义。又有先实后虚,如水部,凡水之名称在前,形容水之状态字在后。《说文·几部》共四字,其次序,即由实到虚:

几,踞几也。象形。

凭,依几也。从几从任。

凥,处也。从尸得几而止。

处,止也。得几而止。

几为踞几,指古人席地而坐时供依靠的器具,为名词。凭、凥、处三字指依靠几或得几而处(止),为虚词。总之,部属字次第主要有:凡与部首形体重叠或相反者,皆列于该部之末;许慎之前,凡东汉皇帝名讳列于一部之首,以示尊君;共名在前,专名在后;通名在前,别名(方言)在后;类词在前,种属词在后;先名后事;先近后远等。

也有少数几部是"据声系联"的,《说文》第三篇上之"句"部收录"拘、笱、鉤"三文,音与"句"皆同;第三篇上之"丩"部收录"𤔒、纠"二文,音与"丩"皆同。许慎以"据声系联"收录部属字,大概是想表明声中有义、声义相依的同源关系。据声系联的方法为汉以后编韵书的人所继承,成为古代字书的另一体系。三国魏时李登作《声类》,为韵书之祖,便是据声系联的典型著作。据形系联的编排体例,已经成为后世编纂字典者共同遵循的形式。

《说文》部属字归部,分"据义系联"与"据声系联"两类。大体而言,部属字分类,虽有条例,但并不是很严密,如邑部"郑"字,相隔二十四字后出现"郔"字,再相隔十字以后出现"邢"字,又隔三十六字后出现"郹"字,"郔、邢、郹"皆属郑地却不以类相聚,故徐铉亦感言"偏旁奥秘,不可意知,寻求一字,往往终卷"。

如果认为所有部属字皆有条例，求之过严，则难免失当，比如徐锴在《系传》中作部叙，就试图具体说明某部一定要排在某部之后的原因，《段注》也多有类似分析，然而有些解释，终究是比较牵强，正如王筠所言："部首本无深意，只是有从之者，便为部首耳。""不得以始一终亥，大体有义，遂依小徐《部叙》，字字求义，如《序卦传》之不可移易者，以致周章不通也。"

（三）部首学习方法

学习《说文》部首，首先要读诵、背诵 540 部首，可以按照七字一句读背，如"一上示三王玉珏，气士丨屮艸蓐茻，小八采半牛犛告……"读诵部首，用笔者编订的《文字学练习册》中第一册《说文部首指读本》，则便于学习。其次，要书写部首篆书及楷书。书写篆书，是为了熟悉、掌握篆书，以便进一步分析、掌握字形。部首会背诵、书写之后，要读诵、背诵《说文》部首的说解，比如：

　　一，惟初太始，道立于一，造分天地，化成万物。凡一之属皆从一。弌，古文一。

　　丄，高也。此古文上，指事也。凡丄之属皆从丄。上，篆文上。

　　示，天垂象，见吉凶，所以示人也。从二。三垂，日月星也。观乎天文，以察时变。示，神事也。凡示之属皆从示。川，古文示。

　　三，天地人之道也。从三数。凡三之属皆从三。弎，古文三从弋。

　　王，天下所归往也。董仲舒曰："古之造文者，三画而连其中谓之王。三者，天、地、人也，而参通之者王也。"孔子曰："一贯三为王。"凡王之属皆从王。玉，古文王。

读诵、背诵《说文》部首说解，可以使用笔者编注之《说文常见字教程》，第一卷内容即是 540 部首说解，里面有难字注音、简释，便于学习。部首背诵之后，要书写、默写部首说解，可以使用《文字学练习册》中《说文部首抄写本》书写，较为方便。

在读背抄默部首及说解的同时，需要学习部首之义，可以通过观看视频讲解的方式，网络视频中，可以学习万献初先生《说文解字》系列讲座，笔者也录制有《说文部首简介》的视频课程，也可以参考。其次，可以阅读《说文》部首相关注解、讲解的书籍，由笔者编订，明年出版的《说文部首集注》，汇集古今近二十部注解，便于学习。

《说文》部首全面掌握之后,就奠定了文字学的基础,进而可以学习各部常用字,即《说文常见字教程》中各部之字。《说文常见字教程》学完之后,通过文字读书治经基本就够用了。如果希望继续深入,以文字学为专业,则可以学习《说文》全书。

三、学习"六书",深明字理

(一)"六书"功用

汉字形体复杂而数量众多,学习若不得其理,往往是劳而少功,则很难扎实、深刻掌握。通过字理学习汉字,非但能全面、系统、深刻掌握汉字,而且能达到事半功倍的效果。

"六书"为文字之理,是古人从汉字的形体结构及使用方法中归纳出来的六种条例或规则。许慎最早对"六书"作出界定并在《说文》中运用六书规则来分析小篆字系的字形结构,影响极为深远。因此,"六书"是学习汉字的纲领性课程,对于"六书"的重要性,前人多有论述:

清戴震于《六书论·自序》讲:

六书也者,文字之纲领,而治经之津涉也。载籍极博,统之不外文字;文字虽广,统之不越六书。[14]

宋郑樵在《通志·六书略·六书序》说:

经术之不明,由小学之不振。小学之不振,由六书之无传。圣人之道,惟籍六经。六经之作,惟籍文言。文言之本,在于六书。六书不分,何以见义?[15]

清王筠在《文字蒙求·自序》中讲:

人之不识字也,病于不能分,苟能分一字为数字,则点画必不可以增减,且易记而难忘矣。苟于童蒙时,先令知某为象形,某为指事,而会意字即合此二者以成之,形声字即合此三者以成之,岂非执简御繁之法乎?[16]

以上所言皆强调了"六书"对于识字通经的重要性。浩瀚的典籍由文字记录,众多的文字以"六书"统领。故而欲明经典,必须通文字;欲明文字,必须知"六书"。

(二)六书名目次序

"六书"一词首见于《周礼》,《周礼·地官·保氏》:"保氏掌谏王恶,而养国子以道,乃教之以六艺:一曰五礼、二曰六乐、三曰五射、四曰五驭、五曰六书、六曰九数。"[17]在保氏教国子的功课中,第五项就是"六书",在《周礼》中,是把"六书"

作为当时保氏教育贵族子弟的六艺之一来看待。然其仅是说了"六书"名称，并没有说明具体内容。

时至东汉，班固、郑众、许慎分别列出了"六书"的名目。班固《汉书·艺文志》："古者八岁入小学，故《周官》保氏掌养国子，教之以六书，谓象形、象事、象意、象声、转注、假借，为造字之本也。"[18]郑玄在《周礼·地官·保氏》注文中引郑众《周礼解诂》云："六书，象形、会意、转注、处事、假借、谐声也。"许慎在《说文叙》中列"六书"为"指事、象形、形声、会意、转注、假借"，而且对其作界定并举例字说明，同时在《说文》中运用"六书"条例分析、说解文字。

三家"六书"之说，名称、次第虽各有不同，然皆出于一源。班固《汉书·艺文志》本于刘歆《七略》；郑众之父郑兴乃刘歆弟子；许慎之师为贾逵，贾逵之父贾徽也是刘歆弟子。可以推知，"六书"之说可能首先由刘歆传出，刘歆与其父刘向皆为西汉著名学者，"六书"理论可能是战国末期至西汉的学者研究当时的汉字系统所抽绎出来的条例，刘歆取而传之弟子，然后辗转递传下来。

许慎在《说文》中为"六书"作了界定，谓：

《周礼》八岁入小学，保氏教国子，先以六书。一曰指事，指事者，视而可识，察而可见（见意），上下是也；二曰象形，象形者，画成其物，随体诘诎，日月是也；三曰形声，形声者，以事为名，取譬相成，江河是也；四曰会意，会意者，比类合谊，以见指㧑，武信是也；五曰转注，转注者，建类一首，同意相受，考老是也；六曰假借，假借者，本无其字，依声托事，令长是也。

"六书"名称与顺序的统一，见唐颜师古《汉书·艺文志》注：

象形，谓画成其物，随体诘屈，日、月是也；象事，即指事也。谓视而可识，察而见意，上下是也；象意，即会意也，谓比类合谊，以见指㧑，武信是也；象声，即形声，谓以事为名，取譬相成，江河是也；转注，谓建类一首，同意相受，考老是也。假借，谓本无其字，依声托事，令长是也；文字之义，总归六书，故曰立字之本也。[19]

其后唐张参在《五经文字·序》中据颜师古注取许慎之名称、班固之顺序，列为"象形、指事、会意、形声、转注、假借"，至此"六书"的名称、次序遂成定例。

（三）"六书"学习次第

"六书"学习次第也是按照班固之序，以其合于文字创造的历史发展规律。宋郑樵在《通志·六书略·六书序》中讲："六书也者，象形为本；形不可象，则属诸事；事不可指，则属诸意；意不可会，则属诸声；声则无不谐矣。五不足而后假借生焉。"[20]王筠《说文释例》亦谓："六书次第，自唐以来，易其先后者凡数十家，要以班书为是。象形、指事，皆独体也，而有物然后有事，故宜以象形居首。会意、形声，皆合体也，而会意两体皆义，形声则声中太半无义，且俗书多形声，其会意者，千百之一二耳。即此足知其先后矣。转注、假借在四者之中，而先后亦不可淆者，转注合数字为一义，假借分一字为数义也。"二者之言皆简要阐述了"六书"自然发展之序。王筠正是认识到按照六书次序学习，是正确有效的，所以《文字蒙求》以象形、指事、会意、形声为纲，并依其次序将 2050 字分属"四书"之中。

文字的取象是"近取诸身，远取诸物"，有物可见、有形可象者，为先民所熟悉，故最初刻画物形，如同图画，之后经过提炼简化使图画符号化，逐渐创造象形字。因为象形字最早产生，故学习"六书"，首先要学习象形字，王筠《说文释例》："六书之次第，似班书首象形为是。"文字由大篆（籀文）演变为小篆，形成了体势固定化、字形统一化、笔画符号化的小篆字系。小篆为求结构匀整、字势尚纵及笔画简约，从一定程度上削弱了象形字的象形特征，所象之物没有那么具体了，不是完全的"随体诘诎"。因此，在学习象形字时，尤其要以甲骨文、金文等古文字与小篆作参照、比对，通过甲金古文之形，就可以看到象形字确实是描摹物形、栩栩如生。王筠《文字蒙求》云："钟鼎象形字，皆画成其物，随体诘屈。李斯变为小篆，欲其大小齐同，不能无所伸缩，遂有不象者矣。兹兼采古文以便初学。"王筠能认识到这一点，并科学运用古文字作参照、说解，在当时是非常进步的。

遇不可象之事，象形不足以体现，则造指事字，王筠《文字蒙求》曰："有形者，物也；无形者，事也。物有形，故可象；事无形，则圣人创意以指之而已。"故象形之后，要学习指事字。象形、指事都是独体而不可拆分的"文"，即《说文叙》所谓"仓颉之初作书，盖依类象形，故谓之文"。其次学习会意字。会，合也。会意者，会合二字或多字以见义，故称会意。王筠《说文释例》谓："会者合也，合谊即会意之正解。说文用谊，今人用义。会意者，合二字三字之义以成一字之义，不作会悟解也。"王筠又讲："形声一门，兼象形、指事、会意以为声，于省声尤可见矣。肘从肉寸会意，故纣、酎等字，从肘省得声。苟不先有会意之肘，将何以为声乎？"由是可知会意在形声之前而必先学。其次学习形声字。形声也称谐声，是以表义类的偏旁为形符，以表读音的偏旁为声符，二者相合拼成形声字。《说文·叙》谓："形声者，以事为名，取譬相成，江河是也。"在"六书"当中，形声字是最能产的造字法，形声字是最多的。在已经识别的 2500 多甲骨文中，形声字占 27 %，在《说文》9353 字当中，形声字占 80 % 以上。前"四书"之后学习转注、假借，由于许慎在《说文》中没有具体指出转注、假借，前贤就认为二者为用字之法，《通雅》卷六引杨慎之言曰："班《志》六书，四象为经，假借转注为纬。"之后戴震本之而提出"四体二用"之说，其弟子段玉裁于《说文解字注》中云："戴先生曰：指事、象形、形声、会意四者，字之体也；转注、假借二者，字之用也。圣人复起，不易斯言矣。"王筠、朱骏声等学者皆从其说。

以上仅就"六书"次第作简单阐述，具体内容则限于篇幅而不展开讨论。总之，"六书"不能无次序、一把抓式地学习，一定要按照已成定例的"象形、指事、会意、形声、转注、假借"之次，由浅入深、循序渐进。同时，学习"六书"，不能仅停留在理论层面，仅是理解，则很难长久、深刻、熟练掌握并运用"六书"，继而也就不可能掌握文字。因此，每学一书，一定要根据"六书"条例、界定，根据《说文》之字，作大量的分析辨别功夫，才能够扎实掌握"六书"。

《说文·叙》谓："周礼，八岁入小学，保氏教国子，先以六书。"可见远在周代，孩子入学就开始学习文字了，而文中以"六书"称文字，可见其重要。《段注》云："六书者，文字声音义理之总汇也。"因此，学习"六书"，才是传统意义上的学习文字；掌握"六书"，才能学好文字。如果没有字理的学习，不了解"六书"规律，或掌握得不系统，面对纷然庞杂的汉字，则难以有效、深刻掌握，这也是今天汉字教学普遍遇到的问题。学生能够认识字理、掌握"六书"，进而运用"六书"规则分析理解汉字，则不但能够系统地掌握汉字，并且能够因形以知义，增进对文字的理解运用。

四、学习叙文，知晓源流

（一）叙文作用

古人著书，最后都会撰写序文，目的是综述著作的宗旨，也就是说为什么要写这部书，它的内容大要、次第是什么，都会在序文当中加以说明，如《史记·太史公自序》《汉书·叙传》《文心雕龙·序志》等皆是如此。序有目录的作用，是全篇的纲领，作者在序文当中，往往涉及自己的生平、学术观点、著书缘由及体例等。所以在读每本书的时候，先要认真学习序文，以便对全书有一个纲领性的把握。

《说文解字·叙》（以下简称《说文·叙》）是文字学的理论著作，包含了文字起源、六书、流变、历史、功用等内容,可以说,《说文·叙》就是文字学的导论。"六书"是文字构型之理,《说文·叙》是文字发展之理,因此,《说文·叙》是文字学基础课程之一,需要认真学习,扎实掌握。

（二）叙文概要

《说文叙》全文大概讲了六层意思,分述如下:从"古者庖牺氏之王天下也"至"靡有同焉",为第一层,阐述文字源流及其发展脉络。许慎认为文字的源头是"伏羲画卦",继之以"结绳记事",张舜徽《说文解字约注》(以下简称《约注》)云:"结绳、八卦,皆只得目为荒古记事记物之符号耳。昔人叙述文字源流,必追溯及此,而托之庖牺、神农,亦如《淮南子·修务篇》所谓'高远其所从来也。'"[21]在两者的基础上,至黄帝时,仓颉方据鸟兽足迹而创造文、字,继而有书。文、字、书的次第产生说明文字的创造是逐渐发展的,而文字字体随时代皆有改变而各不相同,所谓"改易殊体""靡有同焉"。

从"《周礼》:八岁入小学"至"八曰隶书"为第二层,叙述"六书"及周秦文字的演变。周代制度,公卿子弟八岁则入小学学六书,然东汉之前,仅有"六书"之名,许慎在叙文中用韵语依次给"六书"下定义并各举两个例字作以说明。其次,又讲述大篆、古文,以其形存古人造作之意,故言"厥意可得而说",可见许慎尊崇古文之意。其次言战国纷乱之时,七国文字相互有异,因文字异形,阻碍了彼此之文化交流。秦始皇统一天下,凡文字、律令、衣冠、量衡等皆由异而一,以便全国统一与管理,李斯等人取史籀大篆,省改而作小篆,文字至此统一,具有划时代意义。以秦法律严苛导致官狱事繁,小篆笔画圆曲复杂而不便书写,为求简约便宜,因造隶书,古文遂不通行,"初有隶书,以趣约易,而古文由此绝矣"。自此秦代书体有"大篆、小篆、刻符、虫书、摹印、署书、殳书、隶书"等八体,八体之中,大篆、小篆、隶书为字体之不同,其余五种为杂体文字,笔画繁复,是由大、小篆演变出具有装饰性的美术字,《段注》谓:"自刻符而下,其《汉志》所谓'六技'欤?刻符、摹印、幡信、殳书,皆不离大篆、小篆,而诡变各自为体,故与左书偶'六技'。"

从"汉兴有草书"至"所以书幡信也"为第三层,叙述西汉文字演变及研究。首先讲述草书源于汉代,其次说明汉代廷尉律令对于十七岁以上学童考试,要求"讽籀书九千字乃得为吏;又以八体试之。郡移太史并课,最者以为尚书史。书或不正,辄举劾之",《史记·万石张叔列传》记载,郎中令石建奏事,误书"马"字,则惶恐惧怕遭死,可见汉代正字之严。然许慎之时,尉律已不考试文字相关功课,故其感叹："小学不修，莫达其说久矣。"其次，许慎又历数孝宣帝、孝平帝时朝廷及通文字之臣传承文字、编纂字书之事，由是仓颉古文得以传承发展。其次讲述王莽时"六书"情况，张舜徽《约注》："新时六书，与秦之八体，大同小异，徒以王莽意在复古，应制作，不欲袭秦制，故别立名目也。"

　　从"壁中书者"至"岂不悖哉"为第四层，叙述东汉文字解说之谬误。首先阐述壁中书及张苍所献《春秋左氏传》皆为古文，当时山川所出器铭，与古文相似而可以助证，虽然不能再见远古文字源流，但是文字构型造意的大致情况，还是可以通过古文了解的，《段注》："虽不可再见古昔原流之详，而其详亦可得略说之。"然而当时之人不信壁中书及张苍所献之书为真古文，共同非毁，认为是好奇之人有意伪造这些书以欺惑世人。当时诸生误以为流行的隶书就是仓颉古文，而于真古文反而深加诋毁，正如《汉书·艺文志》所言："安其所习，毁所不见，终以自蔽，此学者之大患也。"诸生以失去笔意而变成笔势的隶书形体解字，导致大量诸如"马头人为长，人持十为斗"等穿凿附会的情况，牵强附会以解释经义，甚至当时廷尉断法，也据讹体俗书而造作曲说以掠夺民财。许慎深知这种俗儒谬说不加制止，将导致文字、文化沦丧，不得已而著《说文解字》，以传承古道，正本清源。

　　从"《书》曰"至"盖阙如也"为第五层，是许慎自述著述态度、文字功用及《说文》体例。于其著述态度，张舜徽《约注》云："以上引《尚书》及孔子语以明著书之本，约有二端：一曰，遵修旧文而不穿凿，谓立言必有据也；一曰，不知则阙而不自用，谓虚己以多受也。许君撰述《说文解字》，亦实以斯二者贯其全书焉。"其次言文字之用，所谓：

　　盖文字者，经艺之本，王政之始，前人所以垂后，后人所以识古。故曰："本立而道生。""知天下之至啧而不可乱也。"

　　张舜徽《约注》谓："以上言文字之用，至大至远。读书以识字为先，故为经艺之本；布化赖有文行远，故为王政之始；无文字记载，则往事莫由传后；不诵读遗文，则后世莫由知古。许君以数语概括文字之用，至为明白，故学者所当从事也。末又引《论语》及《易传》之言作结，以明己发奋编造字书之意。最后乃许慎自述作书之体例，张舜徽《约注》指出："'今叙篆文，合以古籀'二句，言录字以小篆为主，而附见古籀。所以必先小篆者，为其上承古籀而下开隶草，犹足据以阐明造字本意也。'博采通人'四句，言不专己守残，而必周咨广采，择取其可征者撰集之。'将以理群类'四句，言己编造是书，在于厘析事物之情状，辩正俗说之谬误，使学者明于文字之本义，而知先民创物微意也。'分别部居，不相杂厕'，言其书据形系联，分部相从，与往世字书以四言、七言成句，徒便学童诵习者，绝然不同。'万物咸覩，靡不兼载'，言保罗之广，'厥宜不昭，爰明以谕'，言证说之勤。其下复胪举所据古文经传之目，而以阙所不知终焉。寥寥九十余字，而全书大例，举例无遗，弘识精虑，卓尔不群，信乎其为悬诸日月不刊之书也。"

从"此十四篇"至"理而董之"为第六层。首先讲述《说文》篇、部、正文、重文及解说之数；其次说明建立部首及部叙之意；又盛赞朝廷圣德，因为朝廷弘扬学术，具足了昭明小学的条件，许慎生逢尊经重文之世，因成此书。最后，许慎从当时序书之体，自叙先世，高远家世从来。最后言己仰慕大道，用功勤苦，探索文字而得其条贯，而于是书之误，则待来者指明，以示谦逊。

由上而知，《说文叙》的内涵是丰富的，其中体现了许慎的文字观、文化观、学术观等，说明了文字的起源及其历代的流传、演变、发展，同时阐述了错解文字导致的严重后果及许慎著书之意，对于文字功用、《说文》体例、许慎身世等也作了简要的论述。只有读懂叙文，才能了解许慎，才能明白《说文》的性质而学好文字学，才能更好地担负起许慎文化的传承与弘扬！

五、编订教材，便宜初学

文字学是专业性、系统性较强的学问，而《说文》简古精炼、义理幽深，其中又存在大量难字，又有诸多同音不同字、同字不同音，同字不同形、同形不同字，同字不同义、同义不同字等现象，其中又大量存在异体字及废而不用之字。这些问题对于初学而言是很难逐一辨明、掌握的。因此，初学直接用《说文》原书学习，通读下来都很困难，更遑论理解、研究。字形、字音、字义的困难导致许多初学即使有《说文》，也不会打开读；即使展开读，也难以诵习；往往不是畏难而退，就是束之高阁，这种情况很普遍。如果《说文》仅作为少数专业学习研究，大众以客观的困难导致有心学而学不会，以此被挡在《说文》门外，则不利于文字学的普及及许慎文化的传承、弘扬。因此，整理、注解"《说文》学"书籍，使其成为适宜初学的文字学教材，是当前文字学最重要的普及工作之一。王筠为清代《说文》四大家之一，《清史稿·王筠传》云："筠治《说文》之学，垂三十年。其独辟门径，折衷一是，不依傍人，论者以为许氏之功臣，段、桂之劲敌。"重视《说文》的普及是王筠文字学思想的主要体现，王筠有感于《说文》"传写多非其人、群书所引有可补苴"，于是取段玉裁、严可均、桂馥三家之书，"或增或删或改，以便初学诵习"，著《说文句读》，是书取以三家而参以己意，浅易简明，是初学《说文》者较为便利的本子。其后，王筠承其友陈山嵋之请，为其两孙初学识字，而作《文字蒙求》。是书以象形、指事、会意、形声为纲，贯以两千余常用字，各从其类，皆有辩说。次第依六书之序而取前四，济用合宜；说解本许书而间下己意，精要简明。王筠为便于初学诵习，而作以上两书，推动了文字学的普及工作，是很难得的。虽然如此，而《说文》的普及工作需要进一步完善。近代以来，诸位专家学者，出版了多部适宜初学的文字学教材，笔者在先贤的基础上，为使《说文》进一步普及，使大众都能够学习《说文》，编注《说文常见字教程》（图一）及《文字学练习册》，分述于下。

（一）《说文常见字教程》

黄侃先生《文字声韵训诂笔记》"看《说文》三法"中第一条即言"专翻（翻）常用字。凡《毛诗》所有字"[22]。又于"治《说文》之方法"一栏中第二条言"以见经不见经分，或见群书不见群书"。《说文》原书 9353 字为汉代经典常用字，今天的初学者难以通识，故当今初学者直接用《说文》原书学习文字构形，多有不便，须有字数适当、次第分明、易读易学的《说文》整理简编本，方能便利掌握，容易入门，进而更好地学习、研究《说文》。可见，出版涵盖《说文》常用字的《说文》选本，是文字学普及工作之一，又是黄侃先生之意所在。

《说文常见字教程》（以下简称《教程》）从《说文》中选取常用、常见字五千七百余字，选字原则有二：一者，三千五百常用字见于《说文》者皆录之，以此作普及之用。二者，《说文》文引经典群书之字，皆录之，以备学者学经典用字，进而识字解经。许慎被誉为"五经无双"，昭炳"五经之道""籍文字以通经致用""为后学识字读经"为许慎著作《说文》的重要原因。故本书继承先贤之意，选取常用字，便于日用学习；选取经典用字，便于通经致用。

对于《教程》特色，业师万献初先生在本书序文中谓：

帅华随我学习有年，为人淳厚，尊师重道，治学勤苦踏实，于《说文》研习尤有所得。所编注《说文常见字教程》，为便于初学文字者应用的《说文》入门教材，其特点如下：

1. 注重实用性。所选文字为古今常用字，为学习者节省挑选的功夫。选择学习常用字，能够利用有限时间和精力，实现学习的最佳效果。学好常用字，进而读书解经，较为实用而有效。

2. 注重系统性。内容编排、先后顺序方面，从文字教学的整体系统出发，便于学习者由浅入深，打好文字学理论基础，逐渐掌握规律，落实到应用，成为系统的学问。

3. 注重次第性。学《说文》多以部首为纲，本书将散列的五百四十部首合为一卷，再依次罗列各部常用字，次第井然。学习者按次第学习，由浅入深，可收执简御繁之功。

4. 注重学术性。遍参《说文》古今版本及历代注疏，逐一校勘，对《说文》流传中产生的漏字、误字、倒字、衍字等一一校正，明晰体例，力求恢复原貌，体现最新校勘成果。

5. 注重普及性。《说文》原书言简意赅，异体字、难僻字众多，初学者难以读诵、学习。《说文》同字不同形、同形不同字，同音不同字、同字不同音，同字不同义、同义不同字者众多，给学习者带来较大障碍，若一一查字典，费时费力，效果微浅。本书对说解中的难僻字词或注音或简注，小学三年级以上识字水平者皆可读诵学习。这就使《说文》由晦涩难懂的专业书，成为大众可读的普及性用书。

6. 注重便利性。本书以陈昌治一篆一列本为底本，大字排版，清晰爽朗，便于读诵。附上拼音索引，利于检索。

7. 注重通俗性。本书对古今音不同文字，皆注明今音。对偏僻的古本字，皆注明后代通行为某字。使大家识其本字，知其演变，明其源流。

《说文常见字教程》是一本实用、便利的好书，相信此书出版，能够帮助初学者更好地认识、学习《说文》，能够广泛推进《说文》的普及。是为序。[23]

综上所述，本书旨在为文字学初学及学生提供一本易读、能读之《说文》选本，使学者能够借助此书，由浅入深，进入文字学的大门。

（二）《文字学练习册》

在文字学教学中，当理解与功夫并重，不仅要让学生学得会、能理解，更要让学生扎实掌握，切实提升文字学功夫。仅是让学生理解，而没有长时间读背、书写、实践分析等功夫性学习，则学生很难全面、深刻掌握、运用文字，因此，文字学教学的目标，当使学生理解与功夫并重，理解促进功夫，功夫加深理解，二者是相互促进、完善的。

《文字学练习册》（以下简称《练习册》）是笔者在文字学教学中为使初学夯实基础、提升功夫而编订。《练习册》一套九册，分别为《说文部首指读本》一册、《说文部首临摹本》一册、《说文部首抄写本》五册、《篆书练习本》一册及《国文抄写本》一册。

"练习册"包含了读诵、临摹、抄写、默写等文字学基础功课，于其学习次第，先用《说文部首指读本》（图二）记诵、识认部首篆文及楷书。幼儿学习文字，用《说文部首指读本》入门就可以。其次，用《说文部首临摹本》（图三）临摹篆书，掌握部首的篆书识认及书写。其次，用《说文部首抄写本》（图四）读诵、抄写部首说解。其次，用《篆书练习本》（图五）默写篆书。最后用《国文抄写本》（图六）抄写、书写、默写部首说解。如上所言，用《文字学练习册》，能够方便有效地学习《说文》部首。

六、建立正解，避免误区

目前有很多人在传播、讲解汉字，然而由于专业度不够，导致许多方向、方法、观念等方面的错误，如果这种错误不加改正，就会给文字学的教学和弘扬带来负面作用，学习者也难以通过文字受益。下面就三个普遍出现的误区作以论述。

（一）篆文与楷书

今天一些人说解文字，往往有很多穿凿附会、望文生义等错误解说，致误的主要原因，是这些人依据"笔势"系统的楷书字形分析、解说形义，而没有依据体现"笔意"的小篆及甲骨文、金文等古文字字形说解。所谓"笔意"，是指文字字形体现了古人造字意图，万献初先生讲："（汉字）字形笔画还保持着为词的本义构型时的造字意图，就称'笔意'。"《说文》中小篆及古籀字形是汉字"笔意"系统最完整的保留和体现，北齐颜之推《颜氏家训·书证》言《说文》："隐栝有条例，剖析穷根源，郑玄注书，往往引以为证；若不信其说，则冥冥不知一点一画，有何意焉。"人们常说汉字是智慧的符号，从字形符号所体现的意义而言，"智慧的符号"是特指"笔意"系统的小篆、古文字而言，隶书、楷书等只是作为文字书写、交流之用，已经不能见形知意了。

汉字为了便于书写和传播，由篆书演变成为隶书，又由隶书演变为楷书，形体固定而为世人所常用。由于字形的改变，原本篆书当中体现汉字造字意图的"笔意"

就变为仅仅保存笔画走势的"笔势"了。隶楷既属"笔势",则不能以形说解,不能作为分析汉字构形的参照了。因此,说解文字必须要以小篆和甲骨、金文等古文字字形作参照。如果以隶书、楷书来说解汉字,必然会导致错误解说。

这种以"笔势"系统字形为据而导致错谬说解文字的情况,不仅发生在今天,远在许慎所处的东汉,就普遍存在。许慎著作《说文》的主要原因,就是为了正本清源,拨乱反正,纠正当时一些今文学家对文字及儒家经典的曲解、穿凿附会,这是许慎作为读书人责任心和使命感的体现。《说文叙》云:

诸生竞说字解经,諠称秦之隶书,为仓颉时书,云:父子相传,何得改易。乃猥曰:马头人为长,人持十为斗,虫者屈中也。廷尉说律,至以字断法,苛人受钱,苛之字止句也。若此者甚众,皆不合孔氏古文,谬于史籀。俗儒啚夫翫其所习,蔽所希闻,不见通学,未尝睹字例之条。怪旧埶而善野言,以其所知为祕妙,究洞圣人之微恉。又见《仓颉》篇中"幼子承诏",因号"古帝之所作也,其辞有神仙之术焉"。其迷误不谕,岂不悖哉!

此段叙文述说东汉文字解说之错乱谬误。当时一些儒生误以为流行的隶书就是仓颉古文,而于真古文反而深加诋毁,正如《汉书·艺文志》所言:"安其所习,毁所不见,终以自蔽,此学者之大患也。"诸生以失去笔意而变成笔势的隶书形体解字,牵强附会以解释经义,导致大量诸如"马头人为长,人持十为斗"等错解,甚至当时廷尉断法,也据讹体俗书而造作曲说以掠夺民财。曲解文字的情况在当时非常普遍,文字错解将导致经典错解,进而也影响国家治理,许慎本于儒者的文化担当,对此深恶痛绝,严斥错解之人为"俗儒啚夫",批评其"蔽所希闻,不见通学,未尝睹字例之条",当时俗儒甚至附会《仓颉篇》为黄帝所作,谬说怪言层出不穷。许慎对此"人用己私,是非无正,巧说衺辞"的现象深深忧虑,发出"迷误不谕,岂不悖哉"的慨叹!同时,许慎深刻了解俗儒谬说不加制止,将导致文化沦丧,绝学断绝,"使天下学者疑",不得已而著《说文解字》,以传承古道,正本清源。

时至今日,大众以楷书说解文字的现象,比东汉当时更加普遍;望文生义、穿凿附会的情况更加严重。汉字理解、说解错误,将导致大众对于文字、经典以及整个文化的曲解。许慎能够以儒者的责任使命,为拨乱反正、正本清源而著《说文》,我们应当效法许慎,将《说文》发扬光大。同时,捍卫文字的正统传承、说解,反对以楷书字形解字、穿凿附会等失当之说,宣导以篆书、古文字解字,营造正确、良好的文字学观念与风气,是每一位《说文》学、文字学工作者的责任。人人能够正解文字，才能掌握、运用文字，才能正确地理解经典，学习、传承中国文化！

（二）《说文》与甲金古文

我国文字学主要有以《说文》为主的传统文字学及以甲骨文、金文为主的古文字学，二者都为宝贵的文化遗产，都是文字学史上的高峰与代表。能够客观、妥善看待《说文》和文字学与古文字学二者的关系，对我们学习、弘扬文字学有重要的意义与价值。

近代以来，受疑古学风的影响，一些古文字学者存在对《说文》的误解，产生许慎之说大部分是错误的、《说文》不可学等观点，这种误解产生的原因，正如王宁先生在《说文新证》序文中所言："出土文献显示了汉字历时的发展，使我们看到各个时代汉字字体发展的原始状况，也得到了在不同字体下更多的汉字形体。《说文》已经不是研究汉字的唯一资源；或者说，已经不是解读古代文献唯一的文字学依据。在这种情况下，对《说文》性质的误解和对《说文》价值的怀疑也就应运而生。我这里大胆地说一句——那种一味用古文字否定《说文》或者没有打下《说文》基本功就进入古文字考据的观点和做法是不足取的。"[24]偏执、错误地对待《说文》，认为许慎说法不对等观点也使很多社会大众受其影响，使诸多初学者对《说文》失去信心，也轻视、不学习《说文》，这个问题是很严重的。这种错误观点得到改正，这种负面影响得到清除，才能彰显《说文》应有的功用。

对于如何看待、学习《说文》及其与古文字的关系，万献初先生有精到的论述，《〈说文〉学导论》第四章讲：

当今的文字学者，释读出土文字，必不可少地以《说文》为依据，但又常常执其"科学主义"的说解去批评许慎博采通人的说解，讥贬许慎这里错了、那里乱说。我们说，文字是具有社会性的，文字的构形理据有些是科学的，有些是具有社会文化性的。今天来读《说文》原文，其字形与说解都成为"已然"的语言文字文献，成为真实而固定的历史文本了。许慎与上古历代造字、说字形的通人们，不可能都像我们当代人一样具有全面的科学意识，他们的汉字构形、说解会体现当时的社会意识和思维方式。因而，我们今天去读《说文》白文，主要任务是真正弄懂古人说的是什么、为什么要那样说，而不是要用今人的思维、技术去要求和衡量古人的对错，应该努力去推求古人做了什么及为什么那样做。因此，如果我们只依仗出土文献的便利和现代思维逻辑取批评许慎的说解，认为这也不对、那也错误，显然是不妥当的。我们应就许慎的时代意识来看待许慎的说解，真正弄懂他说解的本意，而不是用今天科学主义的认识标准去指责他的说解不对。

　　语言文字的创造和使用本来就具有社会约定性，不同时代人们的理解与解释必然打上不同时代的烙印，这些解释本身也就是历史文化资料，不可用所谓的科学主义准则去抹杀古今差异的丰富内容。读《说文》，主要是读懂许慎如何解说当时小篆字形的构型理据，而不是挑剔和指责为何不用今人的思维来说解字形。甲骨文、金文、战国文字的研究，属于"古文字学"范畴，各有其构型特点和体系，有其现代性研究视角和方法，其字形可以用来帮助我们理解、分析《说文》的说解，而不可作为简单否定许说的依据。更何况，任何时段、材料的汉字研究，无不以《说文》的说解为基本参照系，离《说文》则无以立说，故黄侃先生认为《说文》为小学"主中之主"，所言信矣。因此，既以许慎《说文》说解为解字依归，又横言许说一无是处，显然不是客观公允的态度。

　　由万献初先生论述可知，《说文》和古文字虽有渊源，而其构型、体系却各不相同，研究视角和方法也有区分。王宁先生也讲："汉字的发展没有间断，很多字形积淀在每个共时层面上，聚存在每一个时代的各种字体中，各个时代不同字体的字形本来就是相关而不相离，相通而不相同的。用古文字去理解《说文》是应该的，但把古文字的字形强加给《说文》就不是一种客观的态度了；何况我们今天看到的汉字字形不一定比许慎更多，用汉字发展历史的眼光考察其间的相关与相通，也就是采取在发展中贯通的方法来理解《说文》，证明或纠正《说文》，应当是更为妥当的办法。"[25] 因此，《说文》与古文字二者对于汉字形音义的不同之处，皆是先民、先贤在文字取象及构型意图方面不同的体现与理解，不能简单以对错来论。以"甲"字为例，"甲"之本义、字形无论是孚甲、鳞甲或铠甲，孚甲取法草木，鳞甲取法动物，咸为自然；而铠甲则取法人事。三者皆有理据而可通达，皆无碍于人们对文字本义、字形及用法的理解掌握。因此，几种说法都对，不可言甲骨文字形对而许慎错，或古文字观点是而《说文》说解非。又如"不、至"二字，甲骨文字形像弓箭上升、至地之形，取法于人事；《说文》小篆像飞鸟高飞、落地之形，此取法自然。二者皆可通达，不可强执对错。夫文字以形、音表义，苟能通畅表义，何妨取象、造意有异？江河之名有别，不碍其同为水也；日月之体有分，无伤其俱是明也。即如"明"字，小篆从月从囧作"朙"，以月光照窗而丽廔闿明会光明之义；古文从月从日作"明"，在天莫明于日月，故以日月会明亮之义。篆文、古文取象、造意不同，但会明亮之义也则一，故许慎收录古文，不以其异而舍之。今之学者当则效前贤，有兼容并包之心，篆古兼取。古文、篆文，于其同者，则可相互印证；于其异者，则可相互补充。《庄子·外宥》曰："世俗之人，皆喜人之同乎己，而恶人之异于己也。"清方苞《通弊》曰："同乎己，则以为是；异乎己，则以为非；此学术之公患也。"坚持自己的观点是对的，但也要承认别人的，当去其患，不能以其有别而轻之、弃之乃至非之。

同时，一个汉字在甲金古文与《说文》小篆字系中，从文字构型、文字取象、造字意图及六书归属等方面不同的情况有很多，这是中国文字在创造、演变过程中多元性的体现，是合于自然之理的。因此在合于字理、字例、自然及符合历史发展规律与文献使用例证的情况下，二者说法皆可通达，应该遵循兼容并包的思想，兼而取之，以丰富、完善对文字的理解，这是当前传承、弘扬文字学应有的态度。许慎在《说文》中"一曰"之体例说解、"今叙篆文、合以古籀"之体例及博采通人、今古文兼取等方面，就体现了这种思想。所以，不可持非对即错、我是人非的二元对立思想，这样会使自己的学术研究走入狭隘、偏执，并且不利于文字学的传承弘扬。

综上所述，要正确客观地对待《说文》与甲骨文，应当妥善安排两者的学习，对于初学而言，当以《说文》作为主体学习，以甲骨文作为辅助学习；待学有基础，则以二者配合学习，相互完善、补充。不可以执古文字观点而弃学、轻视乃至诋毁《说文》，也不能执《说文》而轻视甲骨文。要能够互相取法，王宁先生谓："熟悉《说文》和学习传世文献的人要关注和学习出土文字；而研究古文字的人不通《说文》也是不行的。"总之，《说文》与甲骨金文等古文字，源同而流别，合之则两美，离之则两伤。应当共同学习，相互印证，相互完善、补充、促进，如此，则能推动文字学的良性发展及进步。

（三）基础识字与专业识字

识字以程度而言分基础识字与专业识字。基础识字，古代主要以"杂取需用之字，以文理编成有韵之句"（段玉裁语）的童蒙识字课本及蒙学经典为教材。识字课本，周代有《史籀篇》；秦代有《仓颉篇》《爰历篇》《博学篇》，汉代有《训纂篇》《凡将篇》《急就篇》等；后世则主要有以"三百千"为主的蒙学经典；近现代识字教材，主要有澄衷蒙学堂首任校长刘树屏先生所著的《澄衷蒙学堂字课图说》、清潘子声先生所著的《养蒙针度》以及陈独秀先生所著的《小学识字教本》，还有在清代流传比较广泛的《不二字系列》，比如《四书五经不二字》，《十三经不二字》等。今天有不少人以《澄衷蒙学堂字课图说》《养蒙针度》《四书五经不二字》等作为识字教材。

以上诸书皆属于基础识字教材，用其识字，只能达到基础识字的效果。基础识字的目的是要让儿童达到见字知音、略知其义，能识常用字，通过识这些字能够简单地自主地读诵经典，为专业识字打好基础，如此而已。比如"人"字，楷书由一撇一捺组成，我们看到这个字形知道念"rén"，看到"天"字知道念"tiān"，此为见字知音。仅仅知道"人"是人类的"人"，好人的"人"；"天"是天地的"天"，天上的"天"，天空的"天"；此为略知其义。因为基础识字没有涉及"六书"、文字源流等字理的学习，所以学生不能通过文字分析字形，达到对文字整体形体结构的掌握，也难以知道文字之历史、流变、功用等；因为基础识字课本只有楷书字体，没有篆书、古文字形，故学生难以通过字形理解古人造字意图及字形意义；基础识字没有字音的系统学习，则学生难以通过古音、声训、形声系统了解汉字声义同原、声以载义等知识；因为基础识字课本是"以义为类"罗列常用字，而没有说解，因此学生难以掌握文字本义、引申义、假借义及文字所承载的文化等。简而言之，正如段玉裁所言，童蒙识字课本及蒙学经典，只是"识字者略识其字，而其形或讹，其音义皆有所未谛"，而用其作为教材识字，则是"不得字形之本始，字音、字义之所以然"。

基础识字是儿童初学识字必经的过程，本没有错，问题在于，当前很多人仅仅停留在基础识字阶段，以为单纯认字多，水平就能提升，这是一个误区。以基础识字的方法和效果，即使认识一万字，也只是识字数量的累积，不能达到程度的提升。这就如同，即使上十年小学，也仅是掌握小学课程，难以达到初中的程度。其次，很多人不了解专业识字，认为识字就只是基础识字这么简单，或者把基础识字当作专业识字，并期望达到专业识字的效果，这更是普遍的误区。基础识字不能替代专业识字，基础识字只能做到简单认识字，达到通顺读书的效用，是难以通过文字认识古今、解经通经的。当前，很多老师在汉字教学上下了不少功夫，学生也在认真学习，但整体而言效果不是特别好，系统性、深入度都不足，学生也不能通过识字更好地理解古诗文。这是因为目前大部分学校的识字课程，还是处于基础识字的程度。

专业识字，则必须学习《说文》，《说文》为文字学基础、核心经典，全面蕴含专业识字内容，《段注》云：

许君以为音生于义，义箸于形。圣人之造字，有义以有音，有音以有形，学者之识字，必审形以知音，审音以知义。圣人造字实自象形始，故合所有之字，分别其部首为五百四十，每部各建一首，而同首者则曰"凡某之属皆从某"，于是形立而音义易明。凡字必有所属之首，五百四十字可以统摄天下古今之字，此前古未有之书，许君之所独创，若网在纲，如裘挈领，讨源以纳流，执要以说详，与《史籀篇》《仓颉篇》《凡将篇》杂乱无章之体例，不可以道里计。颜黄门曰："其书櫽栝有条例，剖析穷根源，不信其说，则冥冥不知一点一画有何意焉。"此最为知许者矣。盖举一形以统众形，所谓櫽栝有条例也。就形以说音义，所谓剖析穷根源也。是以《史篇》《三仓》自汉及唐，递至放失，而《说文》遂嫥形于世。如左公、毛公之《诗传》《春秋传》皆后出，而率循独永久勿替也。

综上所述，基础识字不能替代专业识字，基础识字之后必须要专业识字，才能掌握、运用文字。而专业识字，则必须学习《说文》，掌握"六书"，文字形音义三者兼学，有系统、有次第、有传承，如此才能达到专业识字的效果。当今文字学教学、学习者，要调整仅有基础识字的情况，学习《说文》，专业识字，如此才能真正教好、学好汉字。

结语

综上而言，《说文》学的研究、教学及学习者，当重视对许慎精神的继承与发扬，具足许慎七种精神，就能够如许慎一样，成为文字学的坚守者、捍卫者，这对《说文》的普及、弘扬有深远的意义。其次，文字学教学应当理解与实践并重；弘扬应当研究与普及并重。同时，《说文》不能仅仅成为少数专家学者研究的"绝学"，应当使其成为人人学习的"显学"，因此，许慎文化及《说文》的弘扬，当重视文字学专业师资的培养，重视对大众文字学基础知识的普及。对于成人文字学教学，应当以理念导入实践；儿童学习，是实践导入理念；二者相辅相成。《说文》为文字学根本经典，因此，要大量培养《说文》师资人才，从事广泛的教学普及工作，把《说文》带入千家万户，重现"家有浃长之书，人习《说文》之学"的盛况。

总之，部首、六书及《说文叙》是《说文》基础教学、学习的三大纲领，以此入门学习，是执简御繁之法，张舜徽先生在《说文解字导读》中讲："阅读《说文解字》，首先要将它的叙篇和五百四十部首理解清楚。《叙篇》总论文字源流和著书体要，是全书纲领，必须精读。五百四十部首每个字的形体、音读、意义弄明白后，才有可能进一步研究全书。"[26] 教学、学习者有文化担当，能继承许慎精神，学生有合适的教材，能够避免误区，建立正确的学习方向、方法，重视基础，循序渐进，则必定能将《说文》教好、学好，也必定能促进许慎文化的传承、弘扬！

注释：

[1] 张其昀：《汉字学基础》，中国社会科学出版社 2005 年版，第 42—43 页。

[2]《孟子注疏》，北京大学出版社 2000 年版，第 342 页。

[3]《张载集》，中华书局 1978 年版，第 256 页。

[4] 章太炎：《致吴君遂书》，见汤志钧编《章太炎政论选集》，中华书局 1977 年版，第 167 页。

[5]《论语注疏》，北京大学出版社 2000 年版，第 22 页。

[6]《注音版说文解字》，中华书局 2015 年版，第 317 页。下引《说文》同此版本，不另出注。正文所引《说文叙》不另出注。

[7]《礼记注疏》，北京大学出版社 2000 年版，第 1242 页。

[8]《荀子集解》，中华书局 2013 年版，第 16 页。

[9]《注音版说文解字》，第 321 页。

[10] 段玉裁：《说文解字注》，中华书局 2011 年版，341 页。下引本书同此版本，不另出注。

[11] 邹晓丽：《基础汉字形义释源》，中华书局 2007 年版，第 5 页。

[12] 万献初：《〈说文〉学导论》，武汉大学出版社 2014 年版，第 48 页。下引本书同此版本，不另出注。

[13] 王筠：《说文解字释例》，中华书局 1987 年版，205 页。下引本书同此版本，不另出注。

[14] 戴震：《戴东原集》，商务印书馆 1929 年版，第 52 页。

[15] 郑樵：《通志二十略》，中华书局 1995 年版，第 233 页。

[16] 王筠：《文字蒙求》，中华书局 1962 年版，第 1 页。

[17]《周礼注疏》，北京大学出版社 2000 年版，第 415 页。

[18]《汉书补注》，上海古籍出版社 2012 年版，第 2946 页。

[19]《汉书补注》，第 2947—2948 页。

[20] 郑樵：《通志二十略》，中华书局 1995 年版，第 233 页。

[21] 张舜徽：《说文解字约注》，华中师范大学出版社 2009 年版，第 3643 页。下引本书同此版本，

不另出注。

　　[22]黄侃:《文字声韵训诂笔记》,上海古籍出版社1983年版,第90页。

　　[23]郭帅华:《说文常见字教程》,中华书局2018年版,第1页。

　　[24]季旭昇:《说文新证》,福建人民出版社2010年版,第4页。

　　[25]季旭昇:《说文新证》,福建人民出版社2010年版,第6页。

　　[26]张舜徽:《说文解字导读》,巴蜀书社1990年版,第33页。

参考文献:

　　[1](东汉)许慎:《说文解字》,中华书局2013年版。

　　[2](清)段玉裁:《说文解字注》,中华书局2013年版。

　　[3](清)王筠:《说文解字释例》,中华书局2011年版。

　　[4](清)王筠:《说文解字句读》,中华书局2011年版。

　　[5](清)王筠:《文字蒙求》,中华书局2011年版。

　　[6]黄侃:《文字声韵训诂笔记》,武汉大学出版社2013年版。

　　[7]张舜徽:《说文解字约注》,华中师范大学出版社2009年版。

　　[8]张舜徽:《说文解字导读》,中国国际广播出版社2008年版。

　　[9]万献初:《说文学导论》,武汉大学出版社2014年版。

　　[10]邹晓丽:《基础汉字形义释源》,中华书局2007年版。

　　[11]季旭昇:《说文新证》,福建人民出版社2010年版。

　　[12]张其昀:《汉字学基础》,中国社会科学出版社2005年版。

　　[13]郭帅华:《说文常见字教程》,中华书局2018年版。

附图：

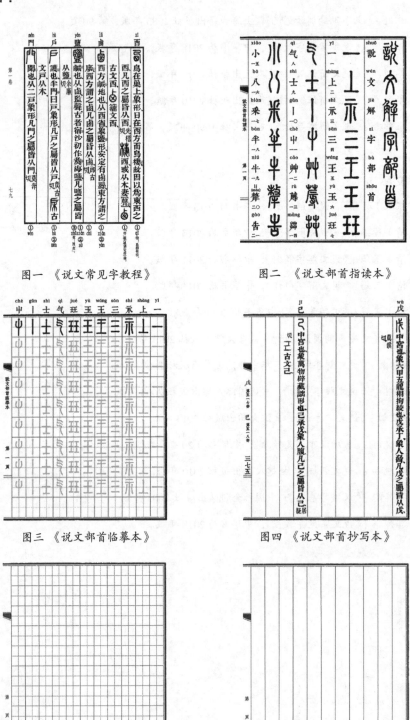

图一　《说文常见字教程》　　　　图二　《说文部首指读本》

图三　《说文部首临摹本》　　　　图四　《说文部首抄写本》

图五　《篆书练习本》　　　　　　图六　《国文抄写本》

许慎文化研究 （肆）

——第四届许慎文化国际研讨会论文集

王蕴智　晁伟　李艳华　主编

下

江西人民出版社
Jiangxi People's Publishing House
全国百佳出版社

目 录

下卷

商代甲金文中天字构形及用法小考

王蕴智　　赵伟

河南大学黄河文明与可持续发展研究中心

【摘要】殷墟甲骨卜辞中的天字具有不同的典型写法，大体可划分出四种特征字形。A形主要用作地名"天邑商"之天；B形主要用作"朕天"之天，指人首之颠；C形与商代金文族徽名用法相当，主要用作族氏名；D形主要用表祭祀对象"天某"之天。"天"或为"天某"之简称，这种用法特指祖先神，而不是天神。

【关键词】商代；天；特征字；用法

"天"在商代就已经是个常用字，具有不同的典型写法。本文拟通过语词关系来进一步梳理、考察天字的结体特征和用法。为了方便表述，我们先把殷墟甲骨文所见天字大体上划分出以下四种特征字形。

A：1.𠑹《合集》36535　2.𡗜《合集》36541　3.𡗜《合集》31273

B：1.𠑹《合集》17985　2.𡗜《合集》20975

C：1.𡗜《英藏》1176　2.𡗜《合集》4407　3.𡗜《合集》1090　4.𡗜《合集》1092

D：1.𡗞《合集》22453　2.𡗞《合集》22054　3.𡗞《屯南》2241　4.𡗞《屯南》643

这些天字的主体结构都包含有"大"字人形。所不同的是，A形特征字将人的首部勾勒为方形或扁方轮廓，主要见于何组和黄组卜辞。B形于人的首部下方添加一横笔，主要见于𠂤组和宾组卜辞。C形将人的首部勾勒为圆形或椭圆形，象征下肢的笔画或弯曲下垂，或向两侧斜出。这种写法主要见于宾组三类卜辞，偶见于历组。D形将人的首部线化为一二横笔，主要见于非王类的午组卜辞，亦见于𠂤组。下面我们再结合文例具体考察一下四种特征字形的用法。

一、A形主要用作地名"天邑商"之天，或用表族地名

上揭 A1、A2 字形见于《合集》36535、36541、36542、36544 和《英藏》2529 等卜辞，皆用作地名"天邑商"之天。其大字人形首部作方形或扁方形（详见表 1）。这种写法的"天"字只出现在殷墟晚期的无名黄间类和黄组卜辞中。黄组卜辞还有地名"大邑商"（如《合集》36482、36507、36511、36530 等辞），与"天邑商"所指相同，均是殷商王都的美称。"天邑""大邑"都是地名"商"的修饰语，与"新邑洛"（《尚书·多士》）之"新邑"相类。《广雅·释诂》:"天，大也。"王念孙疏证曰:《孟子·滕文公》篇引《书》云 : 惟臣附于大邑周。《多士》云 : 肆予敢求尔于天邑商。天邑，犹大邑也。"

表 1　A 形天字举例

著录号	构形	组类	相关语词	备注
《合集》36541		黄组	天邑商	《补编》11248 局部
《合集》36544		黄组	天邑商	
《英藏》2529		黄组	天邑商	
《合集》36542		黄组	天邑商	《补编》11249
《合集》36543		黄组	天邑商	
《合集》36535		无名黄间	天邑商	
《合集》31273		何组三	藪天田	辞残

图 1《合集》31273

A 形字除了用于地名"天邑商"之外,也可单独用作族地名。上揭 A3 字形见于《合集》31273（见图 1）,人首部作倾斜的梯形，这种写法反映出何组三类卜辞略微草率的书写风格。该版卜辞略残，辞例云：

（1）□□卜，狄 [贞]：□薮𤙔田□灾，弗每?

结合文例考察，该字在辞中应用作地名[1]。"天田"指"天"地之田。

二、B 形主要用作"朕天"之天，或用表族地名

上揭 B 类特征字系在 A 类字形的基础上羡加一短横。自组、宾组卜辞中见有"朕天"一语（详见表 2）,例如：

（2）贞：于□朕天□。　　　　《合集》17985
（3）庚辰 [卜]，王：弗广朕天?　《合集》20975

第（3）辞中的"朕"系商王自称，"广朕天"是使动用法，意为某神灵使我的"天"有疾。（2）辞残，其卜应与第（3）辞相类。《说文》卷一一部："天，颠也。"辞例中的"天"当表颠顶之义，特指人的首脑部位。

表 2　B 形天字举例

著录号	构形	组类	相关语词	备注
《合集》17985		宾组三	朕天	辞残
《合集》20975		𠂤组大字	广朕天	
《合集》18400		宾组三	**秄**天	辞残

《合集》18400 为一龟腹甲之残片(参见图 2),上面有一天的 B 类特征字,其辞云:

(4)☒弗**秄**天?

图 2《合集》18400

裘锡圭先生曾指出,"**秄**"的本义是刈禾,所谓"**秄**天"当是在"天"地刈获[2]。此天用作族地名。

三、C 形与商代金文族徽名用法相当,主要用作族氏名

C 形特征字主要见于商王武丁时期的𠂤宾间类、宾组和历组卜辞中,专用作族氏人名。作为一个重要的族氏名,天字又屡见于商代金文中。据我们初步统计,在商末周初青铜器铭文中,署有天族名的族徽字例共计 53 例。另有"天舟""戈天""天册""天曹""天工册""天禾""行天""子天"等复合族徽 39 例。[3]这些足以表明天族人在殷商时期是一个十分活跃的群体,天族与商王朝多有交集。随着新资料的不断刊布,相信天族的族徽字例还有不少。下面我们不妨先把商代天族的族氏铭文作一简单的梳理。

表3　商代部分天族铭文

著录号	器名	构形	铭文	出土地
《集成》6.2914	天簋		天	陕西长武县刘主河村
《集成》6.3233-1	天己丁簋		天己丁	
《集成》6.3233-2	天己丁簋		天己丁	
《集成》10.4769	天卣		天	河南罗山县蟒张墓葬
《集成》10.4908-1	天父乙卣		天父乙	
《集成》10.4908-2	天父乙卣		天父乙	
《集成》10.4909	天父乙卣		天父乙	
《集成》10.5173-1	册父癸卣		册[]天父癸	
《集成》10.5173-2	册父癸卣		册[]天父癸	
《集成》12.7240	天[4]册父己瓿		天册父己	安阳殷墟西区墓葬
《集成》13.7324	天爵		天	山西灵石县旌介村墓葬
《集成》17.10629	天戈		[]天	
《集成》3.1408	亚天鼎		亚天	

　　如上揭表 3 所示，作为族氏铭文的天字，在构形上也是从突出头部的大字人形。与甲骨文 C 形有所不同的是，族氏铭文具有更多的装饰意味，族徽字之间也存在着一些细微的风格差异。比如首部有的呈圆形，有的呈方形，其笔画填实与勾勒轮廓亦兼而有之，也有的径作一横笔。下面身体部分有的呈倒三角形，有的呈椭圆形，也有的呈上下平直形。这些构形上的差别均没有区分意义的作用。比如天父乙卣（《集成》10.4908）盖器同铭，天字象征人体的部分一作倒三角形、一作上下平直形。册父癸卣（《集成》10.5173）亦盖器同铭，天字一作圆首与身体皆填实，一作首部线化为横笔而身体仅勾其轮廓。又如 1976 年陕西扶风齐家村出土的觥、方彝、方尊三器[5]，其族氏名分别作 、 、 形，首部或圆或方，或填实或勾廓，但无疑同属于天族。

　　我们再回到殷墟甲骨卜辞中，请看下表 4 所示 C 形天字举例。

表 4　C 形天字举例

著录号	构形	组类	相关语词	备注
《合集》4406		宾组三	~不其至	族名
《合集》4407		宾组三	~来	族名
《合集》1090		自宾间	以~	《补编》将二版遥缀，收为 2413甲、乙。族名。
《合集》1091		自宾间	以~	
《合集》1092		自宾间	~不其以	族名
《合集》1093		自宾间	以~	族名

　　上揭 C 形特征字，可以说与商金文天字基本一致，以往学者多摹而不释[6]。其中《合》4406、4407 属 C1、C2 特征字，《合》1090—1093 属为 C3、C4 特征字。

子组卜辞中芇字习作 （《合》21626）、（《合》21627）等形[7]。这正是天的 C3、C4 特征字形上下互倒的写法，此亦表明 C 形字例在构形理据上仍是从突出首脑部位的大字人形。卜辞中的"文"字亦从大字人形，作 （《合》946 正 =《乙》8165 正）、（《合》4611 反）、（《合》18682）等[8]。此与 C3、C4 特征字确有相似之处，但也有着明显的区别，如"文"象征两臂的笔画均与肩成一条直线向两侧斜出，而"天"则于肩处下折斜出；"文"从不突出首部，而"天"将首部突出表现为轮廓状。

从字形上来看，C 形这种以刀代笔的写法使身首部位稍显瘦削单薄，缺少族氏铭文的美饰效果，但都应释为表族地名的天。根据前文对天族铭文的分析，这种特征字或把大字人形的胸部写作倒三角形，或作上下平直形（省作一竖笔），应该是不同的表现风格使然。我们可结合下面卜辞文例再加以考察。

（5）王貯以天？一月。　　　　　　　　《合集》1090

（6）王貯□以天？　　　　　　　　　　《合集》1091

（7）己巳卜：天不其以？　　　　　　　《合集》1092

（8）己酉卜：王勿 [以] 天于□。　　　《合集》1093

上揭辞例中，"天"作 C3、C4 形，与商代族氏铭文天最为相似。其中（7）、（8）二辞显为人名，（5）、（6）二辞所卜内容相类。"王貯以天"当是卜问商王是否贮收天族人的贡纳品。上举 C1、C2 特征字在卜辞中也用作人名，其辞曰：

（9）壬□卜□四月天不其至？　　　　　《合集》4406

（10）天来，弗□。　　　　　　　　　　《合集》4407

第（9）、（10）两辞属于宾组三类，是为"天"这个人的到来而占卜。该"天"极有可能是指天族的君长。由此分析，商金文中常见的天族，在殷墟卜辞中也是有所反映的。或许是因为天字多样的书写风格，使得一些用表族名或人名的天容易被人们所忽略。

四、D 形主要用表祭祀对象"天某"之天，偶或用表族名

如前文特征字例所示，天字 D1、D2、D3 特征字均习将人首部的方形或圆形的

轮廓线化为二横笔（详见表5），多见于午组卜辞。D4形仅写作一横笔，见于𠂤组，用为族氏名。D形字写作二横笔者较为多见，其上面一短横与大字人形的中竖笔或相连，或不相连，不具有区别意义的作用，甚至两种写法可见于同版（如《合集》22094、22453）。

表5　D形天字举例

著录号	构形	组类	相关语词	同版享祭者
《合集》22054		午组	天戊	
《合集》22055		午组	？	祖己、人己
《合集》22077		午组	天庚	妣乙
《合集》22093		午组	天	父丁
《合集》22094		午组	天、天癸	人乙、父戊、石戊、祖
《合集》22097		午组	天庚	
《合集》22103		午组	？	
《合集》22061+22431[9]		子组	？	人乙
《合集》22453		午组	天	
《合集》22454		午组	天	
《屯南》643		𠂤组	天	
《屯南》2241		午组	天	
《村中南》453		午组	天	父戊、父丁、祖戊

由表5可以看出，天字D1、D2、D3特征字主要出现于午组卜辞，偶见于子组卜辞，皆与祭祀对象有关。请看下揭辞例：

（14）天戊五牢。　　　　　　　　《合集》22054

（15）辛☒天☒牢。　　　　　　　《合集》22054

（16）☒天☒于囷。　　　　　　　　　　　《合集》22055

（17）己亥卜：屮岁于天庚，子[10]用盧豕？　《合集》22077

（18）天卻（禦）量？十一月。　　　　　　《合集》22093+《乙》4944[11]

（19）辛丑卜：乙巳岁于天庚？　　　　　　《合集》22094

（20）乙巳于天癸？　　　　　　　　　　　《合集》22094

（21）叀叔禦量于天庚？允𢆉。　　　　　《合集》22097

（22）癸巳卜：☒天☒目☒。　　　　　　　《合集》22103

（23）☒于☒天☒目☒必☒令☒。　　　　《合集》22103

（24）于天☒禦？　　　　　　　　　　　　《合集》22431

（25）辛酉卜：天？　　　　　　　　　　　《合集》22453

（26）戊☒天☒。　　　　　　　　　　　　《合集》22453

（27）叀凷豕于天？　　　　　　　　　　　《合集》22454

（28）叀禦羽[12]牛于天？　　　　　　　　《屯南》2241

（29）丁酉卜：羽禦于祖戊牛，禵□于天？《村中南》453

上揭卜辞中除（15）、（16）、（22）、（23）、（26）残缺较为严重外，其余基本都可确定是为祭祭祖神而占卜。其中（15）辞与（14）辞同版，所卜内容相似，其"天"应该是"天戊"之残。（18）辞"天"之前省略介词于。或释（18）辞中的天为"夫甲"[13]，非是。（19）、（20）两辞同版，"天庚"与"天癸"对举，构成选贞的关系。（18）、（21）两辞中的"量"系指人名，为禦祭时需要攘除灾祸的生人。《合集》22094（即《乙》6690，参见图3）还有为量这个人攘灾的卜辞：

（30）壬寅卜：量亡囚？

（31）壬寅卜：禦量于入乙？

（32）壬寅卜：禦量于父戊？

上揭三辞与（18）、（21）两辞占卜事类相关，"天庚"与"入乙""父戊"皆为举行禦祭时享祭的祖先名。关于午组卜辞中的"天戊""天庚""天癸"称谓，严一萍先生在《释天》一文中曾有论及：

　　案卜辞作〔甲骨文〕者有天戊（《前》四十六·四）天庚、天癸（《乙》
六六九〇），盖犹大乙称天乙之比，天戊即大戊，天庚即大庚，天癸或指示癸。
据此可知卜辞于天大并未凿分。[14]

图 3　《乙》6690（《合集》22094）

　　我们认为这一说法有一定的道理，但也有不妥。首先，午组卜辞具有一套独特
的称谓系统，比如其"八祖""七父""三人""二兄""二石""二子"等称谓[15]，
与同时期的王卜辞就完全不同。据蒋玉斌先生对午组先人称谓的研究，午组卜辞
的占卜主体是一位与商王武丁关系极远的"子"，两者之间并不存在很近的血缘关
系[16]。因此，我们不宜将午组卜辞与王卜辞中的享祭祖先作简单的类比。其次，
卜辞中"天"与"大"通作，仅见于晚期卜辞中的"天邑商""大邑商"，而商汤之
庙号"天乙"实为后世文献中的说法，卜辞只作"大乙"。第三，王卜辞中的"示
癸"后世文献中称"主癸"，以"天癸"比"示癸"更是无从谈起。综上分析，我
们认为午组卜辞中的天戊、天庚、天癸"均是本家族的祖先"，与王卜辞中的大戊、
大庚和示癸没有关系。[17]

　　上揭卜辞中，(18)、(25)、(27)、(28)、(29)五辞中的"天"皆单独用作祭祀对象，
其中(18)、(28)两辞的祭祀方式可以确定是禦祭。董莲池先生在《非王卜辞中的"天"
字研究——兼论商代民间尊"天"为至上神》一文认为这些"天"皆指"至上神"。[18]
我们认为，这里的"天"指的依然是该族的祖先神。禦祭是卜辞中极为常见的一种
祭礼，其祭祀对象可以是"土"（《屯南》1448，历二）、"河"（《合集》10097，宾一；
14524、14525，宾二）等自然神，但这时的祭祀内容往往与自然灾害或年成有关。
在需要为生人进行禳除灾祸时，禦祭的对象一般不用自然神，而用人神（包括祖先
神以及诸妇、诸兄、诸子之神等）。因此，单独用作祭祀对象的"天"应该是祖先神"天

某"之省称。

"天某"简称"天",这种类似的省称还曾见于王卜辞,如《屯南》1115 所见历组卜辞即将祖先神"大示"简作"大":

> （33）己亥贞：卯于大,其十牢、下示五牢、小示三牢?
> （34）庚子贞：伐卯于大示五牢、下示三牢☐。

上引两辞占卜日期仅一日之隔,所卜内容相类,（33）辞中的"大"显然是指"大示"。以"大"称"大示"者还见于出组一类卜辞《合集》14859 正。

据此我们可以类推,在午组卜辞为量而举行禦祭方案中,其施祭对象"天"和"天某"一样是祖先神,而不是至上神。

关于商周时期的至上神,李绍连先生曾作过详细的论述。他在《殷的"上帝"与周的"天"》一文指出:

> 殷墟卜辞表明,殷商时期上帝是至上神,天不是神,它与"上帝"没有关系。

又曰:

> 周人"天"的观念实际上就是殷之"上帝"观演变而来的。上面引文《召诰》中有"皇天上帝"[19]一辞,是把皇天和上帝合二为一。这两个词混用,上帝和皇天并存,和平共处,实际上是周人以"天"取代"上帝"的过渡阶段。西周以后的文献中,"天"逐步替代了"上帝"。[20]

李文认为,周在作为商的方国时,确实已经有了"天神"的概念（以周原甲骨H11:24、H11:82、H11:96 三版中的天字为证）,但同时也信仰着上帝。在灭商之后,又经过一段时间的过渡,周人才最终确立"天"为至上神的地位。我们同意这一说法,只是"天不是神"一句稍嫌绝对。在用作"天某"之简称时,天可以指祖先神,不过确实与"上帝"没有关系。

图 4 《屯南》643

最后再讨论一下 D 类特征字的 D4。D4 写法的天字见于《屯南》643（参见图 4），与商金文亚天鼎的天字写法相同（见表 3）。其所在卜辞位于该版的右上方，天与𤰈字共见，但行款较为紊乱。[21] 我们知道，𤰈在商代甲金文中多为族氏名用字。刘风华先生曾据卜辞认为，𤰈大概是商王武丁身边出入王命、具有较高地位的一名贵族[22]。从辞例来看，D4 也应该是用作族氏名，并且是指活着的人，而不是祭祀对象。这与 D 类特征字形中的前三种用法有所不同。

注释：

本文为国家社科基金重大委托项目子课题《甲骨文全文数据库及商代语言文字释读研究》（项目号：16@ZH017A2）成果。

[1] 曹锦炎、沈建华《甲骨文校释总集》卷十 3474 页亦释此字为天，上海辞书出版社 2006 年版。《甲骨文字诂林》第 337 页与《甲骨文字编》第 95 页分别立该字为 0289 号和 0335 号字头，别于天字。

[2] 裘锡圭:《甲骨文字考释（八篇）》,《裘锡圭学术文集·甲骨文卷》,复旦大学出版社 2012 年版，第 72—91 页。该文原释所谓天字为夫，文集编按指出，也有可能是"天"字。因龟板和卜辞残缺,目前学界对该版的释读尚有争议。如《甲骨文校释总集》释为"☐弗稃"、"☐天㞷"两辞,《殷墟甲骨刻辞摹释总集》释为"☐弗☐稃☐"、"☐天㞷☐"两辞。不论哪种释读，"天"都宜解作族地名。

[3] 王长丰:《殷周金文族徽研究》,上海古籍出版社 2015 年版，第 546—550 页。该书所收殷周金文资料截至 2011 年底。其中第 546 页天族族徽总数统计栏误作 50。

[4] 原著录释大，非是。商金文大字亦习见，皆不突出表现头部。

[5] 梁星彭、冯孝堂:《陕西长安、扶风出土西周铜器》,《考古》1963 年第 8 期。

[6] 于省吾:《甲骨文字诂林》,中华书局 1996 年版，第 214、219—220 页;李宗焜:《甲骨文字编》,

中华书局 2012 年版，第 63、65 页。

[7] 李宗焜：《甲骨文字编》，第 90 页。

[8] 李宗焜：《甲骨文字编》，第 1292 页。

[9] 黄天树：《甲骨拼合四集》，学苑出版社 2016 年版，第 437 页。

[10] 原拓作，为地支子，此表时间，指己亥之次日庚子。天庚之庚为一形两用。

[11] 黄天树：《甲骨拼合四集》，第 432 页。

[12] 该字与（29）辞字原拓分别为、，旧多释河，于辞义难通，于字形亦不类。参姚孝遂、肖丁《小屯南地甲骨考释》289 页，中国社会科学院考古研究所《殷墟小屯村中村南甲骨》727 页。《殷墟甲骨刻辞类纂》1017 页字下收有（28）辞。我们认为该字从弓、从斤，在两辞中皆指人名。作为人名，习见于宾组卜辞。

[13] 姚孝遂、肖丁：《小屯南地甲骨考释》，中华书局 1985 年版，第 289 页。

[14] 严一萍：《释天》，《中国文字》第五册，台湾大学文学院古文字学研究室编印，1961 年，第 473—480 页。卜辞天与大之别，《甲骨文字诂林》213 页姚按有论，可参。

[15] 王蕴智：《殷商甲骨文研究》，科学出版社 2010 年版，第 424—426 页。八祖：祖乙、祖丁、祖辛、祖戊、祖己、祖庚、祖壬、祖癸。七父：父乙、父丙、父丁、父戊、父己、父辛、父万。三入：入戊、入己、入乙。二兄：兄己、兄癸。二石：石甲、石戊。

[16] 蒋玉斌：《殷墟子卜辞的整理与研究》，吉林大学博士学位论文，2006 年，第 94—95 页。蒋文称午组卜辞为"乙种子卜辞"。

[17] 王蕴智：《殷商甲骨文研究》，第 425 页。

[18] 董莲池：《非王卜辞中的"天"字研究——兼论商代民间尊"天"为至上神》，《中国文字研究》，大象出版社 2007 年版，第 1—5 页。

[19] 全句为："呜呼，皇天上帝，改厥元子，兹大国殷之命。"

[20] 李绍连：《殷的"上帝"与周的"天"》，《史学月刊》1990 年第 4 期。

[21] 姚孝遂、肖丁《小屯南地甲骨考释》236 页对该版仅作整体摹写，对其行款与卜辞内容均未作释读。

[22] 刘风华：《殷墟村南系列甲骨卜辞整理与研究》，上海古籍出版社 2014 年版，第 16—17 页。

释"尣""尪"

陈年福

浙江师范大学人文学院

一、释"尣"

甲骨文有一像人腿跛形字，见于下列卜辞：

1.……𠆣五人不……（H1059）[1]

2.……其告河……于祖乙……舌止𠆣……（H1654）

3. 甲辰卜，炆嬽？ /

嬽子疒亡。（H19802）

"𠆣""𠆣""𠆣"3字，《殷墟甲骨刻辞摹释总集》均未能释出。例1"𠆣"字虽稍残，但仍可补足其形。例2之"𠆣"，《甲骨文合集释文》摹作𠆣，未释。《甲骨文校释总集》释为"兀"。例3《合集》19802片，本《京都大学人文科学研究所藏甲骨文字》3081片（见文后附图一），因《合集》著录不清晰，其"嬽子𠆣亡"一辞，以上三种摹释书均未能摹出。

上揭3字字形类同，应是同一字。"𠆣"字像人一腿作屈折形，一腿作弯曲短出状，"𠆣""𠆣"则像人一腿短缺，其构形是以腿弯曲或短缺一腿之人来会腿跛之意，故此字宜释为"尣"。《说文》："尣，𧿨曲胫也。从大，象偏曲之形。尪，篆文从㞷。"段注："尣者，古文象形字；尪者，小篆形声字。""尣"字后出异体甚众，如作仚、尣、尢、尫、尪、尫等。

由于例1、2辞残，"尣"之用义未详。例3于甲辰日占卜是否要炆（焚巫）以祈雨，所记"嬽子尣亡"一辞，当为记事刻辞，大意可能为：巫被焚后，其子"尣"也因故而"亡"（逃亡/死亡？）。"尣"字似用为人名。

二、释“尥”

甲骨文有一从尢之字，见于下列卜辞：

4. 癸亥卜，㱿，贞：旬亡？王占 [曰：“有求（咎）。”] 五日丁卯，王
獸（狩）敝，赫𰀁（車）[馬]……亦𤰝在𰀁（車），毕马亦……（H584
正甲 +H9498+H7143+D571+B5597，肖良琼、刘影、李爱辉缀）

5. 癸亥卜，争，贞：旬亡囚？王占曰：“有求（咎）婞。”五日丁卯，
王獸（狩）[敝]，赫𰀁（車）[馬]……亦𤰝在 [車]，……（B4923 正
+H11454+H40663，蔡哲茂、刘影缀）

6. ……□……[自] 𰁙。三日丁卯，……敝，允有羍。赫𰀁（車）[馬]……
亦𤰝在 [車]……（H8250 正 + H11448+ H17031，黄天树、李爱辉缀）

7. ……，率 [禽]……[𤰝] 在 [車]……[逐]……（H10728）

8. ……[羆]？王占曰：“有 [求（咎）。]”……[冒] 豕冒，率……[𤰝]……
（H10726）

9. ……𤰝匕……（H20957+ H11845，宋亚萍缀）

10. ……求𤰝？（Y597 正）

11. ……𤰝在……[斤]？（JY20）

上揭 8 例中，此字作“𤰝”“𤰝”“𤰝”“𤰝”4 形，其中“𤰝”字，旧仅据拓
图而多摹成从支作“𤰝”，其实是误摹。H8250 正即《北图》2181，从其彩色照片
可以明显看出，其中像左手所持之“丨”，实际上并非字画刻痕，而是一裂痕（见
文后附图二）。这一裂痕恰好处在手持之位，与甲骨文“支”字以手持丨之构形绝似，
若非看到实物照片，否则难以察觉这是一道裂痕。

既剔去伪画，则 4 字构形昭然可辨，皆为一从又 / 又作之字。4 字形又以“𤰝”
字使用次数最多，张亚初曾据此形而误摹作“𤰝”，认为是“𤰝”字之省形而释为“扶”。[2]
《甲骨文字诂林》亦误摹为从大作“𤰝”，姚先生按语则认为“字不可识，其义未详”。[3]

可以发现，“𤰝”“𤰝”二字所从之人形，并非“大”，而是一非正常形态的
站立人形，一腿绷直，一腿呈屈曲状。这一形态的似“大”之形，实际上是“尢”。
“𤰝”“𤰝”二字其人形虽似“大”，但腿长短有别，实际上仍是从尢作，或加双脚、
一脚之“止”，实际上是为了加形足意，说见下文。故上揭 4 字构形可分析为从又 /

ナ，可释为"尥"，亦作"㐄"。

《说文》："尥，尥尥，行不正。从尢勺声。""尥尥"，小徐本作"尥㐄"。《类篇》："㐄，足横貌。"《四声篇海》："尥㐄，足偏废也，行不正也。"所谓"行不正"，即行走不正常。甲骨文"尥"字构形，从尢，正腿跛而不能正常行走之人；从又／ナ，需旁人之手扶持者也。若"足横"，则不能正常行走，是甲骨文"𣥠"字增二横"止"之意。仅剩一脚，所谓"足偏废"者，同样不能正常行走，是甲骨文"𠂔"字增一"止"之意。"尥"本义为"行不正"，故引申为凡不便之称。然除"尥㐄"外，现存古文献罕见用"尥"字。《左传·昭公四年》："叔孙未乘路，葬焉用之？且冢卿无路，介卿以葬，不亦左乎？"杜预注："左，不便也。"诸《说文》家或引以为"尥"义之证。

上举8例卜辞，虽经多家缀合，然终非完辞，仅见前5例皆与田猎有关，似可稍探"尥"之用义。其中前3例为卜旬辞中附记商王狩于敝地的同一田猎之事，可视为同文辞例。三辞所记之事，由"赤车"之"车"字作车辕断折状，说明当时赤所驾乘马车发生了事故。"亦尥在车"一辞，大概是指当赤所驾乘马车车辕损坏后，在车上的人摇晃不稳，已不便再乘坐了。当然，这一理解是否正确，尚待后来有完辞时才能验证。

附记：本文为国家社科基金一般项目"殷墟甲骨文字汇释辨证"（15BYY104）的阶段性成果。

附图：

图一　京人3081部分拓片与摹写

图二　北图2181部分拓片与照片

注释：

［1］本文引用甲骨文，其著录书用字母代称：其中H代称《甲骨文合集》、B代称《甲骨文合集补编》、Y代称《英国所藏甲骨集》、JY代称《殷墟甲骨辑佚》。

［2］转引自《甲骨文字诂林》，中华书局1996年版，1954页。

［3］《甲骨文字诂林》，第241页。

传抄古文与中山王铜器铭文互证

姜允玉

韩国明知大学中文系　东亚细亚研究所

【摘要】1975年发现的中山王铜器铭文和传抄古文相关字有50个字左右，其数目并不少。因此传抄古文形体探索，对于研究战国文字十分重要。幸好许多以往不清楚的构形，目前战国时期出土文字材料多能找到证据。加上《说文》古文所表现出的传抄古文特点最为突出，能分清它的结构原貌，寻找战国文字演变规律大有促进作用。这些战国文字资料不只对于校读传世古籍具有十分重要的意义，对于传抄古文研究也能起到非常重要的作用。本文中山王铜器铭文和传抄古文互证的例子来进一步讨论中山王铜器铭文的用字情况和传抄古文之间的关系。

一、引言

王国维先生《战国时期秦用籀文六国用古文说》里提出"六国文字即古文"后[1]，传抄古文已逐渐成为古文字学研究者所运用的重要的佐证材料。[2]不过传抄古文有相当部分"诡异"的形体，连同字书所载的释文和它们相应的小篆形体也不相符合。因此传抄古文的重要性却是没得到足够重视的原因。不过李学勤先生也曾经指出过："简书本来是秦统一前东周时期的写本，所以《汗简》《古文四声韵》对于东周特别是战国文字的研究，有很重要的意义。……以往治《说文》的学者郑珍，把《汗简》贬斥为'伪拖古文'，只是一种偏见的意见。"这些观点给我们有了很大的启发。[3]

我们今天所见到的传抄古文主要有《说文》古文、《三体石经》古文、《汗简》和《古文四声韵》古文，其他还包括各种隶古定古文。[4]《说文》古文主要取于壁中书，传抄过程当中未免有错漏、讹误，况且唐朝又遭到李阳冰的擅自改动，《说文》古文已经不是许慎当时古文的原貌。其中部分文字可以追寻它的演变轨迹，但大部分古文与其小篆或古体之间的关系并非同一个形体的变化。因此《说文》古文形体探索，对于研究战国文字十分重要。幸好许多以往不清楚的构形，目前战国时期出土文字材料多，能找到证据，[5] 加上《说文》古文所表现出的传抄古文特点最为突出，能分清它的结构原貌，这对寻找战国文字演变规律大有促进作用。《三体石经》刊立于魏正始年间，它的刊立说明当时古文的保存依然相当完备，可惜后来经过西晋永嘉之乱及数次迁动搬走石碑尽遭毁灭。自清末以来，陆续有石经残石的发现。《三体石经》与《说文》虽然相差 140 多年而作 [6]，不过若干形体和战国文字相合我们能发现其文献可贵之处。[7]《汗简》一书是由郭忠恕写定，主要集录了郭氏当时所见到的传抄古文资料。其来源很广，征引的资料有七十一种，有 2961 字。[8]《汗简》完成以后，后世人大多不相信《汗简》所集录的古文材料，甚至把它们认为是郭忠恕伪造。因此以往治《说文》的学者郑珍，把《汗简》贬斥为伪作古文，只是一种偏见。[9] 当然里面也有些郭氏自己造成的。[10] 不过形体和释文不一致的古文，经过认真分析可以知道绝大部分是先秦古文字形体，尤其是六国古文的遗留。北宋夏竦所编的《古文四声韵》主要是在编排体例上与《汗简》不同，其古文资料也主要取于《汗简》[11]，再补录以夏竦自己所见的一些古文材料。引书竟达 98 种，收字也比《汗简》多，但绝大部分为隶古定文。

1975 年发现的中山王铜器铭文和传抄古文相关字有 50 个左右 [12]，其数目并不少。战国楚简文字资料也大量出土，为传抄古文研究提供了许多宝贵的对比材料。这些战国文字资料不只对于校读传世古籍具有十分重要的意义，[13] 对于传抄古文研究也能起到非常重要的作用。[14]

本文通过中山王铜器铭文和传抄古文互证的例子来进一步讨论中山王铜器铭文的用字情况和传抄古文之间的关系。

二、传抄古文与中山王铜器铭文互证

（一）字形相近

1. 𧮫（𧮫）

"𧮫（中山王大鼎）"，"𧮫（三体石经）"：𧮫字各学者隶定很不一致。李学勤先生说：《正始石经》娄字古文作𧮫，大鼎铭文数字则从言从娄字之古文省（按：谓省女）。[15] 于豪亮先生说：𧮫，从言娄声，甲骨文有𧮫字，金文有𧮫字，也都是从娄声。唐兰先生《殷虚文字记》云：𧮫象两手持角。以象意字声化例推之，当为从臼角声。

《尔雅·释诂》:"角谓之觷。"《说文》无觷字，徐铉新修十九文有之，云"治角也"，疑本当作□矣 。[16] 按于先生以□字从□得声，与李学勤先生从古文娄字省女之说相不同。《说文》支部："數，计也。从支娄声。"《三体石经》娄字作"□"，《郭店楚简 13.90》作"□"，其上部从□与中山王铜器□字相同，当从李学勤先生说读为娄字之省。此处"□"应是"数"之异体，今已不用。部分声符相同，作数字来使用，《大鼎》铭文"方□（数）百里"，十、百上字依文义当是一表示概数的不定数词，但字形难以分析，张政烺先生根据此字上部之□与《三体石经》古文□（娄）所从之□相同，因定此字为从言□声，读为数字，使文意豁然通达，琅琅可诵。如果没有《三体石经》娄字作为桥梁，□字形是不敢轻易论定的。

2. □

□（中山王方壶），□（汗简）：古玺有"□"字，《古玺文编》隶作□字。此字从门从戈，字书不见。"□"字究竟是何字，读什么音，《文编》没注明。《汗简》戈部盗作"□"，《古文四声韵》亦作"□"，从门从戈，字形与□玺文全同。但古文字中□字作□（《粹》1324），像二人争斗之形。从斗之作□《九年卫鼎》，辟作□《中山王方壶》，所从之斗与门形近易混。郑珍认为"夏韵盗下录籀韵有□字，与此皆斗之误"，郑珍《汗简笺正》是正确的。由此可知古玺"□"字应是□字讹误，如果没有《汗简》作为桥梁，是不敢轻易论定的。

3. □（眂）

"□，□（中山王兆域图）"，《说文》古文"眂"：《兆域图》读为视，有二例。《玺汇》作"□（3015）""□（2946）"有"□"字，《信安君鼎》作"□"，魏《三十年虎令鼎》亦作"□"。此字皆从目从氏，字书不见。按□、氏、□、氏四字本来是同源[17] ，不过析为四字。"□"字《金文编》收入 0572 眂字下，容庚先生注："读为视。"不过他也不以此字从氏。《金文编》202 氏字下仅收《虢金氏孙盘》一例。疑氏字最后起，本皆作氏。段氏据小篆立论。《说文》见部："视，瞻也。从见、示。□古文视。眂亦古文视。"《说文》目部："眂，视貌。从目，氏声。"段注："按□、一字也。与□别。眂，古文视。……宋元以来，尠有知氏氐之不可通用。"《一切经音义·二》："视，古文□、□二形，今作视，同时旨时至二反。"以眂为视，由《说文》古文可知此字形只不过上下结构变左右并列结构的字体。

4. □（□）

“□（中山王方壶）”，“□（三体石经）”：《大鼎》“氏（是）以游夕饮饲，□有遽惕”一文中有“□”字，各家隶作很不一致。李学勤先生说：□，从文义看是否定副词。恐非宁字，疑从皿声，读为靡或未。[18]张政烺先生说：从心皿声，按声韵求之，盖读为罔。[19]朱德熙、于豪亮、商承祚先生认为宁之省体。[20]按“□”，甲骨文作“□”《京津.5355》从宀从皿，会室内饮饮食安宁的意思。金文“宁”字《□盘》作“□”，从宀从心从皿。《国差□》作“□”。晋系文字或省宀作“□”“□”。但战国楚系文字皆以穴旁易宀旁。如《包山楚简.72》作“□”，《郭店楚简3.20》作“□”。战国文字其形“□”与《汗简》宁作“□”，《三体石经》作“□”字相近。宁作“□”是会意字传抄过程中的讹变，也是“□”的残存。总之，此字就宁愿词，非加丁声，今简体始从丁声。

5. □（□）

“□（中山王大鼎）”，“□（《说文》古文）”：《大鼎》有“□”字，从见从睿，字书不见。但《说文》□部云：“□，深明也，通也。从□从目从谷省。□，古文。”《段注》云：“马注《尚书》、郑注《尚书大传》皆曰：睿，通也。……《周书·谥法解》曰：睿，圣也。《邶风》毛传曰：圣，□也。《古文尚书》睿作圣，故《周书》、《毛传》□圣互训。”由此可知，睿、□、□三字同源，其义相同，今睿、□行而□不用。“□”，增加偏旁的古文字体。

6. □（□）

□（中山王方壶），□（三体石经）：甲骨文“□”字作“□”《菁5.1》，“□”《粹.262》，象手持贝以会有所获得之意。或增从“彳”作“□”《京都.213》，“□”《得鼎》，□《余义钟》，“□”《中得觚》“得”字皆是□之后起字。战国时期“得”字《古籀汇篇》里引古陶文时皆从目从寸，如“皇得”作“□”字，“得志”作“□”，古陶“豆里得”作“□”。但《说文》“得”字古文作“□”，从见从寸。《三体石经·僖公》“得”作“□”从贝从寸，《三体石经》古文作□，从□持贝，显示有所得，与甲骨文、金文正同。可见《说文》古文从见乃是从贝之讹。战国文字多出现“□”字，皆是战国时期讹贝为目，例如《方壶》作“□”“□”，《望山楚简1.24》作“□”，《郭店楚简6.14》作“□”“□”，战国文字和传抄古文相比得知文字讹变现象。

（二）字形相同

1. 𢛳（怒）

"𢛳（中山王大鼎）"，"（𢛳《说文》古文）"：《大鼎》"怒"作"𢛳"，从女从心，读为怒。《郭店楚简》"怒"字作"𢛳（13.46）"，《三体石经·无逸》："不啻不敢含怒"之"怒"，古文亦作"𢛳"。不过《说文》古文"恕"作"𢛳"。"奴""如"，皆从女得声，二字上古可通用，可以为"怒"，又可以为"恕"。例如《中山王大鼎》"寡人闻之事少𢛳长，事愚女智"句中的"𢛳"只能用作"如"。马王堆帛书《老子》甲本作"𢛳以兹垣之"，乙本"𢛳"作"如"。由此观之，"如""恕"用"𢛳"自属当然。黄锡全以为《汗简》"𢛳"是"怒"字，乃《汗简》写误。[21]《三体石经》"怒"与《说文》古文同。王国维云："《集韵》怒，古文作𢛳。"从音理和文献例证相通的情况来看，"𢛳"与"恕""怒"皆是相通的。[22]另外《中山王方壶》："其逪𢛳（如）林"与《诗·大明》"其会如林"句例相同，《说文》引《诗》作"其旝如林"。知"𢛳林"当读为"如林"。"𢛳""怒"，分别为日和泥母。章太炎利用钱大昕考证上古声母的方法，用形声、异文、古读、声训进行论证，得出了上古娘母、日母字读同泥母的结论。[23]"唐作藩认为章氏说有一定道理，娘母和泥母在《广韵》音系里不分，日母在上古和泥母的关系也确实较为密切，如"女"字在先秦古书里常用以表示第二人称代词"汝"。但王力《汉语语音史》里又认为古无日母之说是错误的，因为娘日都是三等字，如果上古"女""汝"同音，"日""暱"同音，后来就没有分化条件了。王力赞同高本汉把泥、娘二母的上古音拟测为〔n〕，日母的上古音拟测为〔ȵ〕的看法。此处中山王铜器铭文、马王堆帛书等都有"𢛳""如"相通之例。"𢛳"所具有两个意义后来才分别由"恕"和"怒"来分担。

2. 𦕻（闻）

"𦕻（中山王大鼎）"，"𦕻（《说文》古文）"：《说文》耳部："闻，知闻也。从耳门声。𦕻，古文从昏。"古文从昏，以"昏"代"门"为声。昏为晓母，文部。门为明母，文部。此两字属音近替代而产生的古文字。闻字西周金文无从门，例如甲骨文作"𦕻"（1 期.前.7.7.3），金文作"𦕻"《盂鼎》，甲骨文、金文皆像人跽附耳之形。不过闻字战国时期始用"𦕻"字，如《信阳楚简》作"𦕻（1.07）"，《包山楚简》作"（137）"，《郭店楚简》作"𦕻（16.24）"，《长沙铜量》作"𦕻"，皆是以昏为声，与《说文》古文形相同，是会意变成形声字。"𦕻"字极有可能是属于秦始皇统一文字之前的古字，日后才逐渐被"闻"字取代。

3. 䇂（䇂）

"䇂（中山王大鼎）"，"䇂（古文四声韵）"：战国时期"辜"字《中山王大鼎》作"䇂"，《天星官楚简》作"䇂（4705）"，《包山楚简》作"（137）"，不见于战国以前的文字。《说文》辛部："辜，辠也。从辛古声。䇂，古文辜从死。"䇂，从死古声。古文作"䇂"，疑"䇂"为䇂的繁文。《古文四声韵》引《古文尚书》"辜"字作"䇂"，又《玉篇·尸部》："䇂，古文辜字。"战国出土文献文字作"䇂"，传世文献多作"辜"，如：《尚书·大禹漠》："与其杀不辜，宁失不经。"《诗·小雅·巧言》："无罪无辜，乱如此憮"，《诗·雨无正》："舍彼有罪，既伏其辜，若此无罪，沦胥以铺。"《孟子·公孙丑上》："行一不以，杀一不辜，而得天下弗为也。"皆其例，今辜行而䇂废。以䇂为辜之古文体。

4. 䇂（智）

"䇂（中山王方壶）"，"䇂（《说文》古文）"：《说文》白部："䇂，识词也。从白从亏从知，䇂古文智。"周代早期之《宦鼎》"智"字作"䇂"，从于从口从矢。《毛公鼎》作"䇂"。加曰为饰。战国文字承袭西周金文。考《三体石经·君奭》古文作"䇂"。《说文》引古文作"䇂"，所从䇂，䇂皆是《毛公鼎》从甘之讹。《中山王大鼎》作"䇂"，《包山楚简》作"䇂"，《楚帛书甲七》作"䇂"。《说文·矢部》："知词也。从口从矢。"《段注》云："按此词也之上亦当有识字。知、智义同。"盖"知""智"二字本古今异体，但许慎析为二字。《大戴礼·易·本命》："食谷者智惠而巧"，《文·官人》："智作"知"。"《淮南子·墜形》引"智"作"知"，《国语·鲁语上》："智虽弗及"，宋庠本"智"作"知"。《逸周书·官人》："说文以谋，以观其智"，皆其例。以智为知之古文体。

5. 庿（庙）

"庿（中山王方壶）"，"庿（《说文》古文）"：《方壶》作"庿"，从广，苗声。《郭店楚简》"庙"字作"庿（16.27）"字，从厂苗声。古文字厂、广常通用。《说文·广部》："廟，尊先祖貌也。从广朝也。庿，古文。从广，苗声。""庿"和《说文》古文"庿"字全同。不过金文皆写作庙，如：《吴方彝》作"廟"，《庙屖鼎》作"廟"，《虢季子白盘》作"廟"。可见战国时期易"朝"旁为"苗"，开始用从广苗声。苗（宵部），朝（宵部），两字同部，属更易声符的异体，今二字仍并行于世。

6. 勛（勛）

“勛（中山王方壶）”,“勛（《说文》古文）”:《方壶》勋字作勛,从力员声,与《说文》勋字古文勋同形。《说文》力部:“勋，能成王功也。从力，熏声。勛，古文勋，从员。”段注 :“勋、员声也。《周礼》故书勋作勛，郑司农云 :‘勛读为勋。勋，功也。’”“勛”，从力员声。“勋”，改“员”为“熏”。勛，从员得声（文部），勋，从熏得声（文部），“勛”同音替代而产生的古文。

三、传抄古文释读战国文字中的作用

传抄古文有相当部分“诡异”的形体，不仅不见于出土文字材料，连同字书所载的释文和它们相应的小篆形体也不相符合。 这就是传抄古文的重要性却还没得到足够重视的原因。以下找到几项传抄古文在释读战国文字中的作用。

第一，中山王铜器铭文中有部分形体诡异字形，不知所从，既不合六书要求，又无法从同期或前期文字中得到印证。不过有些文字却可以从传抄古文中探索其讹变的理由。例如《方壶》铭文中“天不臭其有□”的“臭”字，张政烺先生读为斁。[24]《说文》臭字下“臭古文以为泽字”张先生以资考证。如果没有《说文》古文的集录，这段铭文也不容易通读。《中山王方壶》“载之□□”,“□”字从竹从外，字书不见。据《说文》闲字古文作閒，因此铭文□字可以为从竹从閒声省，□即简，□□指简策。再如“遂”字,《鱼颠匕》作“□”,《中山王方壶》亦作“□”字,《说文》遂古文作□，二者差异较大。但《三体石经》“述”古文作□，由此可知遂字当述字所讹变。如果没有传抄古文作桥梁,战国文字不敢轻易论定的。

第二，传抄古文形体中，和战国出土文字相合的例子很多，[25] 但我们不可以根据战国文字的释文断定那个字。我们还得从上下文的意思来推敲那古文字究竟是何字的借用。例如 :《中山王大鼎》“□邦□身死”中的“□”却明显是《说文》古文“□”字。不过中山王铜器铭文并不能作“□”解，“□”却明显是“亡”的借用字。这从另一个方面表现出战国文字用字情况。收入字典或字汇中的传抄古文多是经过收集人认真比较、选择、规范后才录用的。再说这些传抄古文如果例句可查，就字论字，说服力不一定很强。把传抄古文置入战国文字中进行比较，可以把它们用字的面貌推究得更清楚。比如，在《包山楚简》中，“□”字频繁出现，这个形体在字书中是没有的。但我们知道，“僕”字的古文形体作“□”，再有“□”

字的例句中。[26] 由此可知，"僅"是根据加表意偏旁的原则，成为和"僕""暯"相互替代的通用字，但后来在文字趋简的规律作用下被淘汰了。还有铜器铭文《中山王方壶》："佳惠佳民"和"复敓中则庶民佳"，句中的"佳"张政烺释为附。[27]其实此"佳"也是"暯（僕）"的通用字，"暯（僕）"也有"附着，附属"之僕义。如《诗·大雅·既醉》"景命有僕"之僕即是此义。在古籍中，从卜从菐从付之字是可互相通用。"付"古音属帮母侯部，"菐"就属并母屋部，两字音近通用字。

　　第三，传抄古文和战国文字是一家的眷属，所以其书势和战国文字也相类似，不过传抄古文经过历代的辗转传抄，必然会产生形体讹变的现象。要说出它们中间的通用关系，已经是不容易了。比如：《说文》"瓶"字的古文"瓵"，《楚帛书》"乱"字作"𤔲"，字形与此相近。据帛书，可知《说文》古文借以"乱"为"瓵"。还有对于战国文字形体已经产生讹变，隶定时不了解文字的来龙去脉及与之相关文字的字古文作"觠"。"觠"肯定是古文讹体的隶定字。"闻"字的古文字演变情况如下：𦣝《前7.31.2》→𦣝《利簋》→𦥑《毛公鼎》→鼿《录伯簋》→"觠"《三体石经》。石经古文乃是上例诸形省去左边偏旁而讹，"米"字自然是𠈃、𠄌之误，到《三体石经》中已经像"米"形，闻字的另一讹形为"𦥯"（《汗简》"问"的古文），这应该是上面所列"闻"字的古文形体的省作，"下面的变化是由𦣝-𦥑-𦥑-𦥑，"𦥑"形同古"斗"字，因此变作小篆"𦥑"。[28]"问"和"闻"古籍常通用，而"闻"字的古文字体就发生了严重的讹变现象，以致以讹传讹。要了解"闻"字的古文，如果不清楚"问"和"闻"之间的通用关系，也就更弄不清《汗简》"问"的古文形体。

　　第四，研究商代和西周文字只存在断代问题。然而研究春秋和战国文字则无形中多了一个层次，即以分域为经，断代为纬。这固然是由于特定历史环境中产生的战国文字地域差别比较突出的缘故。1950年以后，随着战国文字资料日益增多，学者对战国文字的断代和分域开始进行了研究。[29] 正好《说文》保存的有些古文还可以同战国文字相比较，揭示出地域性的特点。例如，"旨""终""外"等字古文与吴越文字相近。例如：吴越的"𦥒"《越王剑》、"𠈃"《攻敔臧孙种》、"𠈃"《攻敔臧孙种》等字各与《说文》古文"𥁋""𠈃""𠈃"等字相近。"恒""利""南""吴"等字古文与楚系文字相同或相近字不少。还有"目""巨""已""丌"等字古文，具有明显的齐系文字特征。[30]

　　可与已知的战国文字分域研究的成果相对应，这会令我们推想这些古文资料极有可能出自孔子壁中书。

综上所述，传抄古文虽然辗转传抄，发生了许多讹变的形体，不过我们把这些讹变的形体和不断出土的战国文字资料进行仔细的比较、分析，终于会了解它们的来龙去脉。而且把传抄古文置入战国文字中进行比较，可以把它们的面貌推究得更清楚。

四、结语

以上传抄古文与中山王铜器铭文资料互证的例子，从文字的形音义等几个角度进行对比分析。这样的例子在战国文字资料中很多，本文所列，只不过是举例而已。通过这些例子的分析，可以充分认识到战国文字在研究传抄古文的重要性之外，我们可以再确认王国维先生曾经所说的传抄古文和战国出土文字"一家之眷属"的说法是完全正确的。还有传抄古文对考释战国文字的作用有了大体的了解。许多形体怪异的战国文字字形就和传抄古文比较，可涣然冰释了。不过我们在运用传抄古文时，还要小心。因为它在辗转传抄中难免讹变，我们还应尽量运用出土的材料核对，否则会以讹传讹。

附录：

一、《郭店楚简》与《说文》古文字形对照表

（一）字形相同

楷	恒	利	南	廟	吴	壞	外	多	奭	教	宜	巨	己	棄	弟
说文															
郭店															

楷	得	恕	仁	我	勇	戶	養	於	旨	期	明	時	近	毁	淵
说文															
郭店															

楷	裘	與	牙	圭	申	异	聞	西	起	撫	退	後	闋	自
说文														
郭店														

（二）相近

楷	蚰	事	雲	黔	悳	厚	及	友	四	野	坙	鴼	終	豆	金	琴	難
说文																	
郭店																	

二、战国文字与《三体石经》古文字形对照表

例	敢	君	四	其	西
战国文字	（包山） （盟書）	（包山） （盟書）	三（包山） 三《望山》 三《大鼎》	兀（包山） 兀（郭店）	（包山）
三体石經古文	〈無逸〉	〈君奭〉	三〈僖公〉	兀〈君奭〉	〈無逸〉

例	中	得	敗	亂	少
战国文字	（包山） （盟書）	（包山） （方壺》	（包山） （鄂君啓节）	（包山） （楚帛書）	（信陽） 少（盟書）
三体石經古文	〈無逸〉	〈僖公〉	〈僖公〉	〈無逸〉	〈無逸〉

三、战国出土文字与《汉简》古文字形对照表

例	寅	未	衣	金
战国文字	（包山） （盟書）	（包山） （陳庶因𦎨敦）	（包山） （望山）	金（信陽） 金（鄂君啓節） 金（鐵雲藏印）
汗简		米		金

例	亂	顧	西	冬
戰國文字	（包山）（楚帛書）	（天星观）（包山）（齐叔夷鏄）	（望山）（包山）	（包山）（陳璋壺）
汗简				

四、齐国文字与传抄古文字形对照表

例	丌	外	己	敢	旨
齐国	（子禾子釜）	（子禾子釜）	（禾簋）	（齊陳曼匠）	（國差𬬱）
传抄	（說文古文）（三體石經）	（說文古文）（四聲韻）	（說文）（汗简）	（說文）（四聲韻）	（說文）（汗简）

例	西	金	目	巨
齐国	（國差𬬱）	（陳肪簋）	（陶彙3.730）	（璽彙3286）
传抄	（说文古文）（三体石经）	（说文古文）（汗简）	（说文古文）（汗简）	（说文古文）（汗简）

注释：

[1] 王国维：《观堂集林》，见姚淦铭《王国维文献学研究》，江苏古籍出版社 2001 年版。王国维先生曾经对"古文"从西汉到东汉末其内涵的变动进行了细致的整理，认为其原形均为战国文字。

[2] 舒连景《说文古文疏证》，商务印书馆 1937 年版；胡光辉《说文古文考》，中国社会科学院历史研究所 1979 年重印本；商承祚《说文中之古文考》，上海古籍出版社 1983 年版。

[3] 李学勤：《东周与秦代文明》，文物出版社 1991 年版，第 365 页。

[4] 汉代壁中书出现以后，孔安国进行整理，并作了"隶古定"的工作，随着古文学派的兴起，隶古定传抄本也就流行起来。晋《汲冢竹书》也作过隶古定整理。但自从唐朝天宝年间卫苞改字以后，隶古定传抄本就不再通行了。1907 年在敦煌发现了唐写本"隶古定"《尚书》残卷。本文不管隶古定古文。

[5] 例如："社""荆""造""牙""信""纞""鞭""目""智""平""巨""虐""乘""旅""保""吴""渊""电""奴""彝""堂""恒""仓""南""席""比""锐""断""已""申""屋""簋""徽""言"等字的古文都已得到明确的验证，进一步说明《说文》保存的这些古文资料的准确可靠。

[6] 我们认为王国维先生探索六国文字也是横向"陶文—兵器文—玺印文—货币文—《说文》《三

体石经》—《三体石经》古文”这一系统中对照比较来考释六国文字的。

［7］针对传抄古文价值的研究是从曾宪通先生开始的。曾宪通《三体石经古文与〈说文〉古文合证》《古文字研究》第7辑一文里分析：“石经之古文同于《说文》古文者约占总数百分之十六……石经古文中形体讹别、不知所从者六十五文，约占总数百分之十三。”

［8］曾宪通：《是对〈汗简〉作出正确评价的时候》,《古籍整理出版简报》第249期。“《汗简》古文与出土材料相合者，约占总数的17%。这可以说明那些不大见于经传的传抄古文，并非子虚乌有。因此充分挖掘这批材料，对于研究古文字无疑是很重要的。”

［9］李学勤：《东周与秦代文明》，文物出版社1991年版，第365页。

［10］曾宪通认为四分之三的古文应该还是当时遗留的古文的集录。

［11］黄锡全：《汗简注释》，武汉大学出版社1991年版，第5页。

［12］参考林宏明《战国中山国文字研究》，台湾古籍出版社2003年版。

［13］关于用古文字校读传世古籍，参见裘锡圭《考古发现秦汉文字资料对于校读古籍的重要性》《谈谈地下材料在秦汉古籍整理中的作用》《阅读古籍重视考古资料》等文。以上三文收在《古代文史研究新探》,江苏古籍出版社1992年版。另外李学勤《秦简的古文字学考察》《秦简与〈墨子〉城守各篇》，以上二文载于《云梦秦简研究》，中华书局1981年版。

［14］最近有关《说文》古文以及《汗简》《古文四声韵》一类传抄古文字书，甚至于魏《三体石经》古文资料的真实价值，利用战国文字和传抄文字资料的互证产生了丰富的成果。还有战国文字形体难以索释字和传抄古文相关字其数目并不少，如果研究两者的关系可以发现战国时期用字情况和传抄古文的特点。本文通过战国文字与传抄古文相比，探讨战国文字在研究传抄古文中的重要性。例如，曾宪通《三体石经古文与〈说文〉古文合证》，黄锡全《利用〈汗简〉考释古文字》《〈汗简〉、〈古文四声韵〉中之石经、《说文》古文的研究》和林素青《〈说文〉古籀文重谈》等。

［15］李学勤：《河北省平山县战国时期中山国墓葬发掘演示文稿》,《文物》，1979年1期。

［16］于豪亮：《中山三器铭文考释》,《考古学报》，1979年2期。

［17］王辉:《古文字通假释例》眡下云:“古氏、氏同字，軝原作軝，依此说则眡也就是《说文》视字古文眎。”王氏盖据古文字立论。王辉《古文字通假释例》，台湾艺文印书馆出版。

［18］同注［14］。

［19］张政烺：《中山王𰯼壶及鼎铭文考释》,《古文字研究》第1辑。

［20］朱德熙、裘锡圭:《平山中山王墓铜器铭文的初步研究》,《文物》,1979年第1期,第42—50页。

［21］同注［11］。

［22］王国维：《魏石经残石考》,《王国维学术研究论集》，华东师范大学出版社1983年版。

［23］章太炎：《国故论衡上》，见《章氏丛书》本，第31—33页。唐作藩《音韵学教程》里，唐先生认为章氏说有一定道理，娘母和泥母在《广韵》音系里不分，日母在上古和泥母的关系也确实较为密切，如"女"字在先秦古书里常用以表示第二人称代词"汝"。但王力《汉语语音史》里又是认为古无日母之说是错误的，因为娘日都是三等字，如果上古"女""汝"同音，"日""暱"同音，后来就没有分化条件了。王力赞同高本汉把泥、娘二母的上古音拟测为〔n〕，日母的上古音拟测为〔ȵ〕的看法。此处中山王铜器铭文、马王堆帛书等都有'🔣''如'相通之例。

［24］张政烺：《中山王🔣壶及鼎铭文考释》，《古文字研究》第1辑。

［25］参见附录一、二、三、四。

［26］"吟🔣之歔客为其剘，而倚🔣之🔣經，🔣之正国🔣之父遄。苛昌、趄卯并杀🔣之🔣朋（《包山楚简》135简）。"

［27］同注［23］。

［28］黄锡全：《汗简注释》，武汉大学出版社1991年版。

［29］李学勤《战国题铭概述》和黄盛璋《试论三晋兵器的国别和年代问题》是研究有关这方面研究的两篇 重要论文。

［30］参见附录"齐国文字与传抄古文字形对照表"。

参考文献：

徐中舒：《甲骨文字典》，四川辞书出版社1990年版。

陈初生篇：《金文常用字典》，陕西人民出版社1987年版。

郭沫若：《石鼓文研究·诅楚文考释》，科学出版社1982年版。

郭锡良：《汉字古音手册》，北京大学出版社1986年版。

山西省文物发掘委员会：《侯马盟书》，文物出版社1976年版。

舒连景：《说文古文疏证》，商务印书馆1937年版。

胡光辉：《说文古文考》，中国社会科学院历史研究所1979年重印本。

商承祚：《说文中之古文考》，上海古籍出版社1983年版。

裘锡圭：《考古发现秦汉文字资料对于校读古籍的重要性》，江苏古籍出版社1992年版。

黄锡全：《汗简注释》，武汉大学出版社1991年版。

饶宗颐、曾宪通：《楚地出土文献三种研究》，中华书局1993年版。

荆门市博物馆：《郭店楚墓竹简》，文物出版社1998年版。

张守中：《包山楚简文字编》，文物出版社 1991 年版。

陈伟：《包山楚简初探》，武汉大学出版社 1996 年版。

湖北省文物考古研究所、北京大学中文系：《九店楚简》，中华书局 2000 年版。

马承源主编：《上海博物馆藏战国楚竹书（一）》，上海古籍出版社 2001 年版。

张政烺：《中山王🔲壶及鼎铭文考释》，《古文字研究》，1979 年第 1 辑。

李学勤：《河北省平山县战国时期中山国墓葬发掘演示文稿》，《文物》，1979 年第 1 期。

于豪亮：《中山三器铭文考释》，《考古学报》，1979 年第 2 期。

朱德熙、裘锡圭：《平山中山王墓铜器铭文的初步研究》，《文物》，1979 年第 1 期。

何琳仪：《战国古文字典》，中华书局 1998 年版。

许锬辉：《说文重文形体考》，文津出版社 1973 年版。

陈初生编纂，曾宪通审校：《金文常用字典》，陕西人民出版社 1987 年版。

张光裕：《郭店楚简研究》，艺文印书馆 1990 年版。

徐中舒：《甲骨文字典》，四川辞书出版社 1995 年版。

陈初生：《金文常用字典》，陕西人民出版社 1987 年版。

裘锡圭：《古文字论集》，中华书局 1992 年版。

《郭店楚墓竹简》，文物出版社 1998 年版。

王慎行：《古文字与殷周文明》，陕西人民教育出版社 1992 年版。

释 "盗"
——兼释战国文字中的 "欧"

刘云

河南大学文学院

【摘要】 蒋玉斌先生将甲骨文、金文中的 ▨、▨、▨、▨ 等字释为 "铸"。类似形体学者多释为 "盗"。还有学者将这两种意见结合起来，认为 "盗" 字是从蒋先生所释的这类 "铸" 字分化而来。本文认为上揭诸字不从 "火" 旁的应释为 "盗"，从 "火" 旁的应释为从 "火" "盗" 声的 "铸"。本文还认为 "盗" 字像人对着器皿欧吐之形，象欧吐物之形的笔画多声化为 "潮" 字初文，是表示欧吐之意的 "欧" 字的初文。甲骨文中的 ▨，学者一般释为 "铸"，本文认为该字也应释为 "盗"。另外，甲骨文中的 ▨，张惟捷先生释为 "欧"，这一考释可以与本文对作为 "欧" 字初文的 "盗" 字的考释相印证。东周文字中的 ▨，与甲骨文中的 "欧" 字 ▨ 显为一字，本文将该字也释为 "欧"。本文还指出 "盗" 与 "铸" "注" 是同源词。

【关键词】 盗　欧　铸　注

蒋玉斌先生将甲骨、金文中的一系列字联系起来，统一释为 "铸"[1]，蒋先生讨论的这类字作：

▨ （《殷墟小屯村中村南甲骨》296）

▨ （盘觥，《集成》9299）

▨ （五祀猷钟，《集成》358）

▨ [2]（ ▨ [3]，逨盘，《铭图》14543）

（秦公镈，《集成》268.2）

这类字形体联系比较紧密，比如说都有一个张口的人形，口形旁边都有类似水形的笔画，下部都从器皿之形，而且将它们释为"铸"后，通过语音通假等方式，相关辞例大都能很好地解释，所以蒋先生的说法很有道理。

不过将这类字释为"铸"，构形理据不好索解。蒋先生认为、的左部，与古文字中常见的"铸"字去掉双手的部分相类，左上部是"授器与溶液的省写"，的左上部是"潮"字初文[4]，为声旁，该声旁是从、的左上部变形声化而来[5]。蒋先生说、的左上部是"授器与溶液的省写"，并没有多少根据，蒋先生自己也说"具体是否如此尚需考证"[6]。平心而论，所谓的"授器与溶液的省写"之形，与常见的"潮"字初文，并没有什么实质性的差别。我们认为所谓的"授器与溶液的省写"之形，就是"潮"字初文的一个异体。通过以上分析可以看出，蒋先生将这类字释为"铸"，有一定的合理性，但也不无疑问。

甲骨文中有如下之字：

（《花东》88）　　（《合》4284）

这类字与上揭诸字显然也是同一系列的，也都有一个张口的人形，口形旁边也都有类似水形的笔画，下部也都从器皿之形。而且前者口形旁边类似水形的笔画，明显是"潮"字初文。后者口形旁边类似水形的笔画，为两条平行的竖笔，与某些"潮"字初文也比较相似，应该也是"潮"字初文。可惜这类字在卜辞中皆用为人名，无意可说[7]。

将上揭诸字联系起来之后，我们下面看看它们到底是什么字。

上揭金文中的、，一般释为"盗"[8]，上揭甲骨文中的、，黄天树先生也释为"盗"[9]。释"盗"的意见主要是就字形立论，而且这种意见在字形上不可谓无据（详下文）。上揭诸字多以"潮"字初文为声，上古音"潮"属定母宵部，"盗"亦属定母宵部，两者语音全同。根据"盗"字与上揭诸字形体与语音上的联系，将两者认同有很大的合理性。魏宜辉先生有相关论证[10]，大家可以参看。

针对上文提到的蒋玉斌先生的意见，张世超、张富海先生都有专文进行补充论证[11]。两位张先生的意见基本相似，都认为蒋先生讨论的"铸"字，与"盗"字为一字分化。比起将蒋先生讨论的这类字单纯地释为"盗"或"铸"的意见，这一意见显然更为圆通。两位张先生的文章详略不同，下文我们更多地就较为详细的张富海先生的文章来讨论相关问题。

对于金文中蒋玉斌先生所释的"铸"字与"盗"字在字形上的关系，张富海先生有如下论证[12]：

《石鼓文·汧殴》有字形作■（郭沫若摹写），用法不明，其除去"竹"头剩下的部分即是毫无疑问的"盗"字，碧落碑古文"盗"字与之完全相同。■这种字形跟秦公钟、镈的■相比，区别在于省去了"火"（这一点同五祀猷钟中的■），而且把不太成字的偏旁（二水）稍加改变而成为二"水"，两者在字形上的前后演变关系是显而易见的，恐怕很难否认。因此，我们只能承认逨盘的■（引者按：该字本作■）和秦公钟镈的■这类字形既是"铸"字，同时又是"盗"字；也就是说，"盗"字其实正是由这类写法的表意的"铸"分化而来的，表示盗窃之盗跟读为"讨"一样是假借用法。……石鼓文的■形，进一步简化（省去一"水"），就成了小篆的■。

张先生的论述显然是比较公允的，我们无法割裂蒋先生所释的金文中的"铸"字与"盗"字在字形上的联系。不过，尽管这类所谓的"铸"字与"盗"字在形体上有比较密切的关系，甚至"铸"与"盗"语音也有比较密切的关系（张先生已论及[13]），但张先生认为这类所谓的"铸"字既是"铸"字，又是"盗"字，"盗"字是从这类所谓的"铸"字分化而来，恐怕还是有问题的。

我们认为蒋先生所释的这类"铸"字中，不从"火"旁的为"盗"，从"火"旁的应为从"火""盗"声的"铸"字异体。"盗"字本不从"火"，所以将从"火"的这类字释为"盗"是不合适的。本义为铸造的"铸"字，以"火"为形旁显然是很合适的，而且古文字中的"铸"字多以"火"为形旁[14]。"盗"与"铸"古音相近，"盗"可以作"铸"的声旁。"盗"与"铸"古音相近，上引张先生文中已经有所论证，我们下面再补充几句。

战国时代的鹰节铭文（《集成》12105）中用为"铸"的字作■，即"潮"字初文[15]，也就是说"铸"与"潮"上古音相近，而"潮"与"盗"上古音相同，都属定母宵部，可见"铸"与"盗"上古音当相近。

张世超先生指出，在现代东北方言里"铸"音[tɑu]，与"盗"同音，是古音的遗留[16]。我老家在山东西北部，那里的方言中也有类似现象，可证"铸"与"盗"

同音不是某处方言中的个别现象，的确应有其古老的来源。

大家之所以将蒋先生所释的这类"铸"字与"盗"字视为一字，很大的一个因素就是没有弄清楚"盗"字的造字本义。下面我们对"盗"字的造字本义试作分析。

上文所讨论的这一系列字中，大部分字的口形旁边都从"潮"字初文，且以之为声旁，但其中 的口形旁边不从"潮"字初文，而从点状笔画。根据古文字的演变规律，不以"潮"字初文为声的，应是比较原始的写法，而以"潮"字初文为声的，所从的"潮"字初文应是将点状笔画变形声化而形成的，也就是说， 应是"盗"字比较原始的写法。该字所在龟甲上的文字大都写得比较古拙 [17]，我们推断该字是比较原始的写法，这正符合该龟甲上文字的特点。

要推求"盗"字的造字本义，应以比较原始的字形为根据，也就是说应以 为根据。根据该字的字形特点，再联系其语音，我们推测该字可能是表示欧吐之意的"欧"字的初文，像人张口对着容器欧吐之形，口形下部的点状笔画，表示的是人嘴里欧吐出来的东西。该字所从张口的人形写得有点奇怪，口形下部双笔勾勒，与常见张口的人形不太一样。这种写法在 中也有体现。我们认为口形下部双笔勾勒的部分，表示的是人的喉咙。人在欧吐时最强烈的感觉，就是有大量欧吐物经由喉咙喷涌而出。表示欧吐之意的"盗"字突显人的喉咙，应该就是这种感觉的具象化 [18]。

"欧"字表示欧吐之意，在古书中比较常见。《说文》欠部："欧，吐也。"《史记·张丞相列传》："嘉谓长史曰：'吾悔不先斩错，乃先请之，为错所卖。'至舍，因欧血而死。"《汉纪·宣帝纪三》："驭吏嗜酒，醉，欧吐吉车茵。"《山海经·海外北经》："欧丝之野，在大踵东，一女子跪据树欧丝。"表示欧吐之意的"欧"字在古书中或作"呕"。《左传》哀公二年："简子曰：'吾伏弢呕血，鼓音不衰。'"

上古音"盗"属定母宵部，"欧"属影母侯部。宵部与侯部是旁转关系，古书中多有相通之例。《诗经·小雅·常棣》"饮酒之饫"之"饫"，《文选》卷第六左太冲（思）《魏都赋》李善注引《韩诗》作"醧"，"饫"属宵部，"醧"属侯部。定母与影母可通。从"臽"声的"啗"属定母，而同从"臽"声的"滔"属影母；楚简中的"忧"字或从"心""囟"声 [19]，"囟"即"簟"字初文 [20]，"簟"属定母，"忧"属影母；甲骨文中的某些"兆"字初文，裘锡圭先生读为"忧" [21]，"兆"属定母，"忧"属影母。

在这里再提一下我老家山东西北部的方言，那里至今读"欧"为 [tɑu]，与"盗"

字语音全同。将这一现象与上文提到的东北方言、山东西北部方言读"铸"为 [tɑu]
的现象合观，相得益彰，饶有趣味。

甲骨文中有如下之字：

（《合》29687）

学者一般将该字释为"铸"[22]。该字出现于"黄吕"之前，甲骨文中确定无疑
的"铸"字（《英》2567）也出现于"黄吕"之前，所以将该字释为"铸"在文
意上十分合适。裘锡圭先生认为该字中的是"注"字初文，还认为铸器时的主
要工作就是把熔化的金属注入器范，"铸"应该就是由"注"滋生的一个词[23]。裘
先生的意见显然是正确的。裘先生的意见为将该字释为"铸"提供了一些字形上的
根据。

结合该字的语境及其所从的"注"字初文，将其读为表示铸造之意的"铸"，
应该是没有问题的，但直接将其释为"铸"，恐有未妥。该字若释为"铸"，其构形
理据很难讲圆满，比如说该字从张口的人形，但这一形体与铸造之意显然没有什么
直接关系，而且该字不从"火""金"之类与铸造之意密切相关的形旁。现在可以
确定的，只是该字以"注"字初文为声，与"铸"音近通用。

将该字与上文所论的"盗"字对比，可以发现该字与上文所论"盗"字在形体
上是有着比较明显的联系的，该字也有一个张口的人形，口形旁边也有类似水形的
笔画，下部也从器皿之形，再考虑到两者语音上的密切关系，不难推测该字也有可
能是"盗"字。

该字下部不只从一个器皿之形，而从包含两个器皿之形的"注"字初文，与上
文所论"盗"字不太一样。不过这很好解释，这里的"注"字初文当是在器皿之形
的基础上变形声化而来。"铸"是由"注"滋生的一个词，"注"与"铸"语音关系
自然极为密切，所以"注"字初文可以在用为"铸"的该字中作声旁。

该字从"九"，也与上文所论"盗"字不同，不过该字中的这个"九"旁当是
赘加的声旁。"九"是"肘"字初文[24]，战国金文中频见的（十三年上官鼎，《集成》
2590），从"金""肘"声，多用为"铸"[25]，该字亦用为"铸"，所以"九"作该
字的声旁是很合适的。

该字所从的"八"字形笔画，与、所从的"潮"字初文去掉数小点之后
的形体十分相似，而"潮"字初文也有很多不从数小点的[26]，上揭逨盘铭文中的"盗"

字所从的"潮"字初文就不从数小点,而且这个"八"字形笔画与 、 所从的"潮"字初文,在各自所在的文字中所处位置也十分相似,两者都处于人形偏旁所从的口形旁边。从文字的系统性来说,该字所从的"八"字形笔画,最好的选择恐怕也是理解为"潮"字初文。

将该字释为"盗",可以在语音上加深我们对"盗"为"欧"字初文的认识。该字从"注"声,上古音"注"属章母侯部,"欧"属影母侯部,两者韵部相同,声母可通,如:从"勺"声的"酌"属章母,同从"勺"声的"约"属影母;从"敫"声的"缴"属章母,同从"敫"声的"邀"属影母。另外,古书中"主"声字与"区"声字可以通用。《列子·黄帝》:"以瓦抠者巧,以钩抠者惮,以黄金抠者惛。"类似语句亦见于《庄子·达生》《吕氏春秋·去尤》《淮南子·说林》。《列子·黄帝》中的"抠",在上揭古书中分别作"注""殳""鉒"。"抠"从"区"声,"注""殳""鉒"都从"主"声。

知道了该字是"盗"字,不难推测古文字中可能会有一种写法的"盗"字作 。该字应该就是在 的基础上变形声化形成的。而 显然是在 、 等写法的"盗"字基础上添加"九"声形成的。

甲骨文中有如下之字:

(《合》6057 正)

该字一般释为"饮"[27]。该字与"饮"字明显不类,释"饮"显然是有问题的。裘锡圭先生认为该字与 所从的 为一字[28]。张惟捷先生赞同裘先生的意见,并认为这两字所从的"九"是声旁,两字除去"九"旁之后,"表达的是人张口(或俯首),水液在嘴边流动的状况",并进而"推测此字所传达的,大概是一种从口中吐出水液的意象",又根据这两字的声旁"九"与"欧"语音相近,将这两字释为表示欧吐之意的"欧"[29]。

我们认为裘先生和张先生将 与 视为一字是正确的,张先生将它们释为"欧"也是正确的。不过,张先生并没有将 与 进行认同,而是赞同将 释为"铸"的意见,并认为该字从"注"字初文,以 ,即"欧"字初文为声[30]。孤立地来看,张先生将 分析为从"注"字初文,以"欧"字初文为声,是有道理的。但联系上文所论"盗"字的相关形体,还是将 释为"盗"更好一些。说到这里,不难看出 应是 或 的简省之形。

与![图]都从张口的人形，从"九"，两者的主要区别是，口形下方一个从数小点，一个从"八"字形构件。张惟捷先生认为，这里的数小点与"八"字形构件表示的都是水液[31]。不过这里的"八"字形构件写得很规整，与常见的表示水液的笔画并不相同，将其与数小点等同看待恐不太妥当。我们上文指出，这里的"八"字形构件其实是"潮"字初文。将![图]与![图]合观，不难发现![图]所从的"潮"字初文，当是由表示欧吐物的数小点变形声化而来。这里的变形声化，与上文提到的"盗"字所发生的变形声化是类似的，两者可以合观。

![图]与上文讨论的表示欧吐之意的"盗"字，在甲骨文中显然是异体关系，理论上也可以释为"盗"，但后世"欧"与"盗"用各有当，考虑到文字演变的系统性，不从"皿"旁的![图]径释为"欧"似更合适一些。

东周文字中屡见如下之字[32]：

![图]（包山简简 186）

学者一般将该字隶定为"欪"，认为该字从"欠""呇"声，为"呇"字异体[33]。

《说文》口部："呇，高气也。""呇"在战国文字中比较常见，但该字恐与《说文》中的"呇"字无关。战国文字中加在文字下面的"口"往往是羡符，没有什么区别意义。战国文字"呇"所从的"口"应该就是这类羡符，也就是说该字其实就是"九"字[34]。同理，"欪"所从之"呇"也应该是"九"。"欪"显然就是一个从"欠""九"声之字。"欪"不从羡符"口"的形体，也见于战国文字，只不过是以偏旁的形式出现的，如![图]（曾侯乙简简 128）、![图]（曾侯乙简简 171）。这样看来，"欪"与甲骨文中的![图]应为一字，只不过"欪"省略了口形旁边的数小点，增加了没有什么实质意义的"口"旁，也就是说"欪"也应释为"欧"。

最后谈一下"盗"与"铸""注"的关系。上文指出"盗"与"铸""注"语音关系密切，其实它们不仅语音关系密切，语义关系也很密切。"盗"表示的是欧吐之意，欧吐就是人或其他动物将胃里的东西吐到外面，欧吐物从一个地方被倾泻到了另一个地方，与"铸""注"所表示的将液体从一个容器灌注到另一个容器的意思相似。可见"盗"与"铸""注"当是同源词。这样看来，甲骨文中有时用"盗"来表示"铸"，恐怕不仅仅是因为两者语音相近，还当与两者本为同源词有莫大关系。

注释：

　[1] 蒋玉斌：《释西周春秋金文中的"讨"》，《古文字研究》第二十九辑，中华书局 2012 年版，

第 274—281 页。

〔2〕该铭文照片采自陕西省文物局、中华世纪坛艺术馆编《盛世吉金——陕西宝鸡眉县青铜器窖藏》，北京出版社 2003 年版，第 33 页。

〔3〕蒋先生将该字摹作 ，左上部偏旁中间有数小点，但从清晰的照片来看，该字左上部偏旁中间没有数小点，蒋先生可能将不属于笔画的锈斑误认为笔画了。不过这并不影响蒋先生将这个字的左上部理解为所谓"潮"字初文，因为所谓"潮"字初文既有加数小点的，也有不加数小点的。参董莲池《新金文编》"朝"字所从所谓"潮"字初文，作家出版社 2011 年版，第 860—862 页。

〔4〕蒋先生所说的"潮"字初文，到底是不是"潮"字初文，恐还须讨论，不过该字作"朝"字声旁，与"朝""潮"语音相近，应该是没有问题的（参陈斯鹏《读上博竹书（五）小记》，简帛网 2006 年 4 月 1 日；苏建洲：《利用上博竹书字形考释金文二则》，简帛网 http://www.bsm.org.cn/show_article.php?id=743，2007-11-3）。所以蒋先生以所谓"潮"字初文为 的声旁的论断，不会因此而受到影响。下文为行文方便，暂从众将这类字称为"潮"字初文。

〔5〕蒋玉斌：《释西周春秋金文中的"讨"》，第 276、278—279 页。

〔6〕蒋玉斌：《释西周春秋金文中的"讨"》，第 276 页。

〔7〕甲骨文中还有字作 （《合》10137 正）、（《合》10137 正）、（《合》775 正）等，学者多将这类字释为"饮"。这类字似也有可能属于上文所论这一系列字。

〔8〕董莲池：《新金文编》，第 1247 页。

〔9〕姚萱：《殷墟花园庄东地甲骨卜辞的初步研究》，线装书局 2006 年版，第 256 页注 2。

〔10〕魏宜辉：《说"盗"》，《语言研究》2014 年第 1 期，第 37—40 页。

〔11〕张世超：《金文"铸""盗"诸字补说》，《吉林大学古籍研究所建所三十周年纪念论文集》，上海古籍出版社 2014 年版，第 23—25 页；张富海《试说"盗"字的来源》，《中国文字学报》第六辑，商务印书馆 2015 年版，第 101—104 页。

〔12〕张富海：《试说"盗"字的来源》，第 102—103 页。

〔13〕张富海：《试说"盗"字的来源》，第 103—104 页。

〔14〕黄德宽主编：《古文字谱系疏证》，商务印书馆 2007 年版，第 574—576 页。

〔15〕苏建洲：《利用上博竹书字形考释金文二则》。

〔16〕张世超：《金文"铸""盗"诸字补说》，第 23—25 页。

〔17〕中国社会科学院考古研究所：《殷墟小屯村中村南甲骨》，云南人民出版社 2012 年版，第 228—229、504 页。

〔18〕该字所从张口的人形突出人的喉咙，有可能是"喉"字初文。如果这一猜测成立的话，该"喉"字初文在"欧"字初文中还可能兼作声旁。上古音"喉"属匣母侯部，"欧"属影母侯部，两者声母

都属喉音,韵部相同,语音极为相近。谢明文先生认为金文中"齸""歔"等字所从的一类特殊的"欠"旁,可能是"喉"字初文(参谢明文《试谈獣器中两例"䇂"字的读法》,《"商周青铜器与金文研究"学术研讨会论文集》,河南省郑州市,2017 年 10 月 27—29 日)。我们认为谢先生的这一观点应该是正确的。谢先生所说的金文中的这类"喉"字初文,应该就是从 、 所从的"喉"字初文演变而来的。谢先生所说的"喉"字初文中,已有许多形体将像喉咙之形的笔画变形声化为"幺"。"幺"是"后(後)"的基本声符,上古音"后(後)"属匣母侯部,"喉"亦属匣母侯部,两者语音完全相同。可见"幺"是完全可以作"喉"字初文的声母的。

[19]裘锡圭:《从殷墟卜辞的"王占曰"说到上古汉语的宵谈对转》,《裘锡圭学术文集·甲骨文卷》,第 491 页。

[20]唐兰:《古文字学导论》,齐鲁书社 1981 年版,第 266 页。

[21]裘锡圭:《从殷墟卜辞的"王占曰"说到上古汉语的宵谈对转》,第 485—494 页。

[22]刘钊主编:《新甲骨文编(增订本)》,福建人民出版社 2014 年版,第 777 页。

[23]裘锡圭:《殷墟甲骨文字考释(七篇)》,《裘锡圭学术文集·甲骨文卷》,第 359—360 页。

[24]黄德宽主编:《古文字谱系疏证》,第 442—443 页;季旭昇:《说文新证》,福建人民出版社 2010 年版,第 991 页。

[25]黄德宽主编:《古文字谱系疏证》,第 523 页;李天虹:《释郭店楚简成之闻之篇中的"肘"》,《古文字研究》第二十二辑,中华书局 2000 年版,第 262—266 页。

[26]董莲池:《新金文编》,第 861 页,"朝"字所从"潮"字初文。

[27]于省吾主编:《甲骨文字诂林》,中华书局 1996 年版,第 2731 页;刘钊主编:《新甲骨文编(增订本)》,第 519 页。

[28]裘锡圭:《殷墟甲骨文字考释(七篇)》,第 359 页。

[29]张惟捷:《读契札记五则》,《甲骨文与殷商史》新四辑,上海古籍出版社 2014 年版,第 160—164 页。

[30]张惟捷:《读契札记五则》,第 162 页。

[31]张惟捷:《读契札记五则》,第 161 页。

[32]黄德宽主编:《古文字谱系疏证》,第 445 页。

[33]黄德宽主编:《古文字谱系疏证》,第 445 页。

[34]《说文》中的"峇"字训为"高气",但"高气"到底是什么意思,实在难以捉摸,令人生疑,而且该字在古书中用例极少,训为"高气"的更是一个都没有。我们怀疑《说文》中的"峇"字可能也是"九"字的异体。

《殷墟甲骨拾遗》138版释读拾遗

刘风华

郑州大学文学院

　　《殷墟甲骨拾遗》（下简为《拾遗》）是宋镇豪、焦智勤、孙亚冰先生2015年编著的一本甲骨新书，公布散藏于河南安阳民间的殷墟出土甲骨647片。这批甲骨材料丰富、内容颖异，该书编排精心、考释得当，是一本不可小视的重要甲骨著录书。

　　鉴于该书的主要目的是公布新材料，未及对其内容作进一步的挖掘，笔者在研读之余，对其中第138版略有所思，遂不揣鄙陋，草成小文，以为补遗，恭请师友教正。

图一　《拾遗》138照片、拓本、摹本

　　此版为龟腹甲残片，文字属于"宾组"（385页）。《拾遗》对此版的考释为：

　　……□乙……钔（御）箙□……[裸]……

　　笔者认为此版有几个问题值得注意：

　　第一，卜辞考释。包括刻辞走向、字形辨别两个小内容。

　　（一）刻辞走向

　　此版共三列文字，中部一列见三字，第一前缀部残，然基本可辨识，当为卜辞常见的"钔"字，表示禳灾，常用于"钔某人于某祖神"之类的句式，意思是为了某人的疾病而向某祖神致禳灾之祭。"钔"字下方的"箙旋"为宾组、历组多见的人名"箙旋"的第一个字，该字下方残余中竖笔，其上端有短短的弯笔，其为"旋"字之残当无疑问。此版左列左端有残字，仅余两个向右下侧刻画的短斜笔，其与下方"乙"字连读，当为"大乙"，即商开国之君商汤，甲骨卜辞中有时称"唐"。

　　此版正符合"钔某人于某祖神"之句式，鉴于此，本版之释读当改为从右向左。

（二）字形辨别

此版右下方有残字，整理者释为"裸"，我们认为其是两个字，左侧为"酉"、右侧为其他文字之残。依据是二者写法差别较大，请参考下方表格：

代考字							
拾遗 138							
酉、从酉之字	1220	6	30836	30814	27039	23572	23228
裸	905	905	10613 正	613 正	836	15837	30912

注：未加著录书的字形取自《合集》。

上表第二行为"酉"和从"酉"的"酨"和"鄟"字，所从"酉"皆为长颈、锥腹的酒器形，末字《合集》23228 版字形颈部另加横笔，与《拾遗》138 版字形更为接近。第三行"裸"字除示旁之外类似酒器的部分，顶部为上翘、略平的笔画，其下方或单或双笔，下方器腹内为 × 或土形，与第一行《拾遗》138 版字形有较大差距。

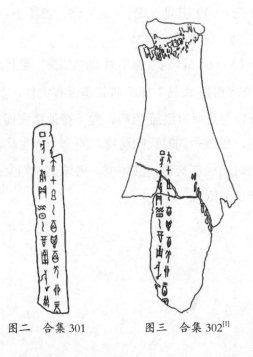

图二　合集 301　　　　图三　合集 302[1]

第二，内容系联。宾组、历组卜辞中，有系列围绕箙旋病患致祭的甲骨卜辞，事项、时间相同，可排为谱系。

其中，《合集》301、302两版为丁亥日之卜：替箙旋之病患向诸祖神致御祭，二者属于宾组卜辞，有共同的时间“丁亥”，共同的人名“箙旋”，相类的事由：一个卜箙旋是否患病，一个卜问是否替他致御祭。

《合集》301、302与此内容相关，请参考图二、三：

第一版：丁亥卜，㱿贞：昔乙酉箙旋钔……[大丁]、大甲、且乙百鬯、百羌，卯三百宰……(《合集》301)

第二版：……贞：昔乙酉箙旋钔……乙百鬯、百羌，卯三百[宰]。(《合集》302)

此二版中有“乙酉”“箙旋”，另有系列祖神“大丁、大甲、且乙”，与《拾遗》138之残字“酉”“箙旋”“大乙”相对应，据此，我们认为《拾遗》138与《合集》301、302所卜为同一件事：替箙旋向诸祖神致御祭。

《合集》34677版（图四）属历一类，其亦占卜相类之事，其主要卜辞内容如下：

第三版：(1)丁亥品其五十羉。(2)箙旋有疛，王。(《合集》34677)

无独有偶，《屯南》917亦卜相类之事，其主要占卜内容如下：

第四版：(1)辛巳卜：毛羊百、豖百、犬百。(三)(2)辛巳卜：于既前迺乇。(三)(3)于既品。(三)(4)其前又犫。(三)(5)乙酉卜：钔箙旋于帚好，卅犬。(6)乙酉口：箙旋亡凸。(《屯南》917)

请注意其中的第(5)(6)辞，包含占卜时间“乙酉”，同上文三版宾组甲骨，有“箙旋”，有“钔”，还有“箙旋亡凸”即卜问其是否有灾咎，意思同上文“又疛”。

综上，上述五版皆与乙酉日箙旋患病、为了替他禳灾而向祖神致御祭有关，它们的关系是很密切的，应该是同时代的遗物。同一个人生病、在同一天占卜、举行禳灾之祭的，还有同时出现在宾组、圆体类、劣体类、妇女类的人物子妥，见笔者小文《历组卜辞试排谱五则》。

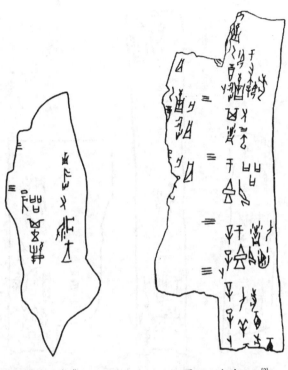

图四　合集 34677　　　　　图五　屯南 917[2]

除此之外，《合集》34674、34675、300 分别与《合集》34677，《合集》301、
302 有关，应当综合考察。

下面依照干支次序，将上述诸版之辞排列如下：

1.（1）辛巳卜：毛羊百、豕百、犬百。（三）（2）辛巳卜：于既前*酉毛。（三）
（3）于既品。（三）（4）其前又羍。（三）（5）乙酉卜：钔簌旋于帚好，卅犬。（6）
乙酉□：簌旋亡凸。（《屯南》917）

2.（1）丁亥卜：品其五十𦏲。（2）……□旋又疔，王□。（《合集》34677）

3.（1）丁亥卜，㲋贞：昔乙酉簌旋钔……大丁、大甲、且乙百䂂、百羌，卯
三百宰。（《合集》301、《合集》302＋1477、《拾遗》138）

4.（1）贞：钔自唐、大甲、大丁、且乙百羌、百宰。（三）二告（2）贞：宰，
叀牛三百。（三）（《合集》300）

5.（1）戊子贞：品其九十𦏲。（2）戊子贞：王其水。（3）弜水？（4）……其
百又五十𦏲。（《合集》34674）

6.（1）戊子□：品其九十𦏲。（2）弜水。（3）□丑卜：品其五十𦏲。（《合集》
34675）

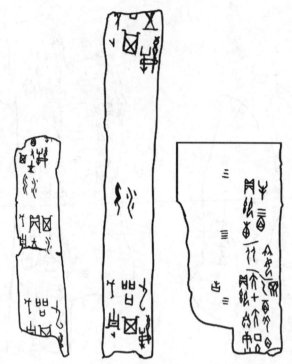

图六　合集 34674　　图七　合集 34675　　图八　合集 300 局部

　　上述诸版，除《拾遗》138 版之外，皆用骨；从字形上分析，分属宾组、历一、历二类；从内容上看，它们主要围绕患病的箙旋进行占卜，时间相同或接近，事类一致，祭品特征相类，应该是同时代的遗物。

　　综上，本文涉及两个问题，第一，重新考察《拾遗》138 版的释读；第二，考察该版与历组卜辞中相关占卜之间的联系。总之，我们认为《拾遗》138 版是考察历组卜辞时代问题的又一线索和证据。

　　本文是如下科研项目的阶段性成果：

　　教育部重点研究基地项目"河南历年出土甲骨文、金文研究大系"，国家社科基金重大委托项目"甲骨文全文数据库开发及商代语言文字释读研究"，国家社科基金重大项目"甲骨学大辞典"，国家社科基金重大委托项目子课题"清华大学藏甲骨的综合整理与研究"。

注释：

[1] 图版取字蔡哲茂先生编著的《甲骨缀合续集》，文津出版社 2004 年版，78 页。

[2] 此摹本取自《小屯南地甲骨》下册第二分册，中华书局 1983 年版，1347 页。

《英藏》2177、2083 校读

张新俊

河南大学文学院

【摘要】《英国所藏甲骨集》2177、2083 关系密切，但是过去学术界所做的释文多有分歧。本文对这两条出组卜辞的释文重新做了考订，并对宾组和出组的关系做了补充。

【关键词】《英藏》2177、2083　释文

《英国所藏甲骨集》（以下简称《英藏》）2177 是一版出组一类卜甲，摹本旧曾著录于《库方二氏所藏甲骨卜辞》第 221 号[1]、《方法敛摹甲骨卜辞三种》第 221 号[2]、《甲骨文合集》41112 号，原甲现藏英国苏格兰博物院。过去所能见到的该版卜甲的摹本，均出自库氏之手，《英藏》则是首次公布拓本（图一）。

图一　英藏 2177　　　　合集 41112

这一版卜甲虽然只存有 3 行 15 字，卜辞本身也并没有什么疑难字，但是由于种种原因，学界对这一版甲骨的释读，还存在一定的争议。过去的各种释文，对理解卜辞文义方面也往往捍格难通，所以有进一步加以解释的必要。

先列出已有的几种比较重要的释文，然后再加以讨论。

（甲 a）丁卯卜出贞其侑于惟室今日夕酌。[3]

（甲 b）丁卯卜出贞其侑于盟室……今日夕酌。[4]

（乙）丁卯卜，出，贞其屮于盟室，今日夕酌。一[5]

（丙）丁卯卜出，贞其屮于口盟室今日夕酌。一[6]

（丁）丁卯卜出贞其屮于更室今日夕酌。[7]

（戊）丁卯卜出贞其屮于口盍室今日夕酌。[8]

（己）丁卯卜，出鼎（贞）：其屮于盟盟室，今日夕酒[9]。

这版卜辞左边的一行 6 字，作"丁卯卜出贞其"，第二行的前连个字为"屮于"，这些释读都毫无疑义。有争议的释读，在第二、三两行。（丙）、（戊）两种释文都认为第二行有 5 个字，所以在"于"后加上无法辨识的"口"字，显然是不正确的。第二、三两行卜辞的中间，有兆序"一"字，为了避开兆序文字，这一处才留出了一部分空间，所以"于"下、"盍"上，显然是不容有多余文字的。（丙）、（戊）两种释文对此做出的处理，是不可取的。我们认为第二行只有 4 个字，"于"下应该是"盍"字，"盍"下的"室"字，所从的"矢"形倒书，这一点（乙）、（丁）两种释文都已经正确地指出。但是《合集》41112 把第三字"盍"误摹作"更"，这也是导致（甲 a）和（丁）出现误释的直接原因[10]。"盍室"是出组卜辞中举行祭祀活动时最重要的场所之一，见于《合集》13562、24942、24943、25950、《英藏》2119 等。

第三行释文，诸家均认为只有四个字，我们认为这一行实际上有五个字，即"今日"之上，应该有"更"字，库寿龄的摹本漏摹"更"字，诸家的释文，大概也都受此漏摹的影响。从拓片上看，"更"形还是可以看得出的。这一点从出组卜辞习见的文例也可以证明。

出组卜辞中，在祭祀用语的后面，往往加上祭祀的具体时间，一般用"更 + 时称"、"更 + 干支"或"更 + 干支 + 祭祀名称"等形式来表示。如下面的例子：

（1）癸酉卜，出贞：屮于唐，更乙酉【酌。六月】。　　　　《合集》22740

（2）癸酉卜，大贞：屮于唐，更翌乙酉酌。六月。　　　　《合集》22741

（3）癸酉卜，出贞：屮于唐，更翌乙酉酌。六月。　　　　《合集》22742

（4）丙寅卜，口贞：丁卯祖辛岁，更晨。　　　　　　　　《合集》22988

（5）口申卜，旅贞：毓祖乙岁，更今晨酌。　　　　　　　《合集》23150

（6）癸未卜，出贞：屮于保，更辛卯酌。　　　　　　　　《合集》25038

（7）癸巳卜，旅贞：告于妣，叀今【日】酻。　　　　　　《合集》25884

（8）[辛]巳卜，旅贞：**羸**不既作，其亦寻**茉**，叀丁亥酻。十月。　《合集》23694

（9）辛亥卜，**漢**贞：**羸**不既作，其亦**茉**，叀丁巳酻。　　　《合集》25892

（10）丙申卜，出贞：乍小辝（？）日，叀癸八月。　　　　《合集》23712
（《合集》23713、23714 同文）

（11）王其铸黄吕奠**盂**，叀今日乙未利。　　　　　　　　《英藏》2567

（12）甲子卜，大贞：告于父丁，叀今昏酻。　　　　　　　《合集》23259

（13）癸亥卜，疑贞：翌甲子其又于兄庚，叀必**宜**裸**饮**。　《合集》23481

（14）口酉卜，旅贞：妣庚岁，叀出**饮**。　　　　　　　　《合集》23220

上例（13）"叀"后"必**宜**裸"，是表示临近宾裸举行的时候[11]。例（14）中的"出"，大概也是表示时间段的，《合集》9990 有一条卜辞，"癸亥卜，殻贞：于出**酻**"，是其比。根据对出组卜辞这种文例的理解，还可以校订以往释文中所存在的错误。

例如有一条出组卜辞说：

（15a）丙寅卜，即贞：其**饮**羊**盂**子。

（15b）丙寅卜，即贞：岁，叀今中丁酻。　《合集》22857

由于"丁""日"形体接近，偶有混同，"中丁"与"中日"又多以合文形式出现，过去所有的释文，都把（13b）中"今"后"**酻**"前的文字释作"中丁"。现在看来，所谓的"中丁"，很有可能是"中日"之误。当然也有可能，这条卜辞似可以读作"丙寅卜，即贞：中丁岁，叀今中日酻。"也就是说"中日"起到借笔的作用，既可以表示中丁，同时也起到表示中日的作用[12]。

再回头来看《英藏》2177，"今日夕**酻**"前如果没有"叀"字，则不合乎出组卜辞的文例。所以，我们认为《英藏》2177 应该释读作：

（14）丁卯卜，出贞：其**出**于**盂**室，叀今日夕**酻**。一

与《英藏》2177 相关的一条卜辞，是《英藏》2083，摹本曾著录于《库》505、《合集》41091 等，原甲现藏英国苏格兰博物院（图二）。

图二　英藏 2083　　　合集 41091

这一版卜辞上现存残有两条刻辞,存在争议的,是靠上端的那条卜辞的释读。
我们仍然先把诸家的释文录写于下:

（甲）丁卯卜出贞今日夕有雨于盟室牛不用九月。[13]

（乙）【丁】卯卜,出,贞今日夕屮雨。【于】𥁃室牛不用。九月。一 [14]

（丙）丁卯卜,出,贞今日夕屮雨,于𥁃室牛不用。九月。一 [15]

（丁）丁卯卜出贞今日月屮雨甲𥁃室牛不用九月。[16]

（戊）丁卯卜出贞:今丁夕屮于血室牛?不用。九月 [17]。

（己a）鼎(贞):······雨。一

（己b）丁卯卜,出鼎(贞):今日夕屮于𥁃室牛。不用。九月 [18]。

除了汉达文库的释文之外,前四种都不能把这条卜辞读通顺。如果结合《英藏》
2077 来看,就会发现这两版卜辞是同一日为同一事所卜,即"丁卯卜,出贞:其
屮于𥁃室,叀今日夕",也正是《英藏》2083 的"丁卯卜,出贞:今日夕屮于𥁃
室"。这版卜辞上的"雨"字,如果不是衍文的话,显然不应该属上读的。(甲)、(乙)、
(丙)三种释文,衍入"雨"字之后,只好把"于"属下读,这样的话,"于𥁃室
牛不用"一句则缺少了谓语动词。(丁)释文把"夕屮雨"误作"月屮雨",又把
"𥁃"上的"于"误作"甲"。库寿龄的摹本,很有可能是漏摹了"夕"中间的一点,
《合集》41112 所摹"夕"形则正确无误。如果对照《英藏》2083"九月"的"月"形,
也可以知道库氏的摹本不够准确。"月""夕"的形体与用法在不同的甲骨组类中虽
然复杂,但如果出现在同一版卜辞中,二字同形的可能性是微乎其微。另外,参照
《英藏》2177 来看,在第三、四行中间的位置,即"𥁃""不"与"室""用"之间,
应该有兆序"一",也为库氏漏摹。汉达文库的释文,在这一点上是非常正确的。

我们认为，《英藏》2083 这一版卜辞应该分读作：

（15a）贞：……雨……。一

（15b）丁卯卜，出贞：今日夕㞢于盅室牛。不用。九月。一

相对而言，汉达文库的释文是最有道理的。

根据学者们对殷墟甲骨文分类断代的研究，宾组三类与出组一类卜辞关系十分密切[19]。有一条属于宾组的卜辞[20]，从占卜时间和内容来看，显然与上面讨论的两条出组卜辞密切相关（图三）。这条卜辞说：

（16）贞：翌辛未其㞢于盅室三大宰，九月。《合集》13562

从时间来看，都是在九月，而辛未日是在丁卯日之后第五天。占卜的事项，又都是在"盅室"举行㞢祭。所以，我们有理由说，《英藏》2083、《英藏》2177 与

《合集》13562 是为同一事所卜，不过是贞问的侧重点有所不同而已。三条卜辞互证，有助于我们对《英藏》2083、《英藏》2177 这两条出组卜辞有更多的理解。

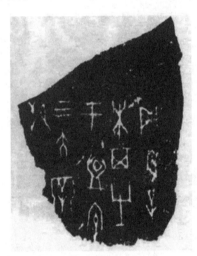

图三　合集 13562

注释：

本文为国家社科基金项目"基于族类差异的甲骨文字词关系研究"（项目号：17BYY129）成果之一。

［1］库寿龄（摹）、白瑞华（校）：《库方二氏所藏甲骨卜辞》，商务印书馆 1935 年版。收录于北京图书馆甲骨文研究数据编委会编《甲骨文研究资料汇编》第十八册，上海图书馆出版社 2008 年版，第 419 页。

［2］严一萍编：《方法敛摹甲骨卜辞三种》，台湾艺文印书馆 1966 年版。张惟捷、张宇卫先生代为查阅相关文献。谨致谢忱。

［3］姚孝遂、肖丁主编：《殷墟甲骨刻辞摹释总集》，中华书局 1988 年版，第 940 页。

［4］姚孝遂、肖丁主编：《殷墟甲骨刻辞摹释总集》，第 1091 页。

［5］李学勤、艾兰：《英国所藏甲骨集》下编，中华书局 1991 年版，第 121 页。

［6］曹锦炎、沈建华编著：《甲骨文校释全集》，上海辞书出版社 2006 年版，第 6804 页。

［7］刘钊：《谈甲骨文中的“倒书”》，《于省吾教授百年诞辰纪念文集》，吉林大学出版社 1996 年版，第 56 页。

［8］陈年福：《殷墟甲骨文摹释全编》，线装书局 2010 年版，第 5389 页。

［9］香港汉达文库。“室”前的两个“皿”字，其中一个当为衍文。

［10］库氏所摹的“叀”字，单从文字形体上看，也是有问题的。因为出组卜辞中“叀”字下部无“△”形，无一例外。参看李宗焜《甲骨文字编》，中华书局 2012 年版，第 1271—1272 页。

［11］裘锡圭：《释秘》，《裘锡圭学术文集·甲骨文卷》，复旦大学出版社 2012 年版，第 65—67 页。

［12］《合集》22859 有一条卜辞说：“贞：中丁岁，叀晨”，卜辞文例于此相近，可以参看。

［13］姚孝遂、肖丁主编：《殷墟甲骨刻辞摹释总集》，第 939 页、1090 页。

［14］李学勤、艾兰：《英国所藏甲骨集》下编，中华书局 1991 年版，第 116 页。

［15］曹锦炎、沈建华编著：《甲骨文校释全集》，第 6795 页。

［16］陈年福：《殷墟甲骨文摹释全编》，第 5382 页。

［17］黄天树：《殷墟王卜辞的分类与断代》，科学出版社 2007 年版，第 76 页。

［18］香港汉达文库。

［19］黄天树：《殷墟王卜辞的分类与断代》，第 80—90 页。

［20］崎川隆：《宾组甲骨文分类研究》，上海人民出版社 2011 年版，第 590 页。

中山王方壶“亡有□息”考

蔡哲茂

台湾“中研院”历史语言研究所

一、诸家说法

中山王方壶铭文云“赒竭志尽忠，以左右厥辟，不贰其心，受任佐邦，夙夜匪懈，‘进𥞹散能，亡有□息’，以明辟光”一段，其中的“进𥞹散能，亡有□息”，历来解释颇多，但未有确诂。其中“□”构字特殊，诸家各有说法。

（一）读为“辍”

1979年河北省文物馆管理处发表《河北省平山县战国时期中山国墓葬发掘简报》“亡有□息”隶定为“无有辍息”。[1] 由于“□”字左旁从“车”从“人”，把“□”当作《说文》车部的辍字，从《段注》说“凡言辍者，取小缺之意也”。《论语》：“耰而不辍”来看，有其合理处，但缺乏有效的论证。此字关键处在右边“牛”字上的“□”字，大部分的学者都把它当作此字的声符来作解释此字的关键。

（二）读为“止”

于豪亮认为：

> “亡（无）有□息”之□字，右偏旁作□，当为牵之异体字，牵又作掔，故□从掔声，《诗·狼跋》：“赤舄几几”，《说文·手部》引作“赤舄掔掔”，是知掔以真脂对转读为几，几通讫，《说文·岂部》：“□，□也。讫事之乐也。”故“亡（无）有止息”[2]。

（三）读为“衅”

徐中舒认为：

　　此字左上部与衅之上部同，其下部从牛，牛血可以衅钟，应释为衅字，今通作衅，隙也。"亡有衅息"即无片刻之休息。[3]

（四）读为"舍"

李学勤、李零认为：

　　同行第八字结构相当复杂，应从矞声。矞字见《补补》第三，原误释为兴，疑为商字变体。壶铭此字从商声，依古音对转规律可读为舍，《汉书·高帝纪》注："息也。""亡有舍息"意即无有止息。一说矞即阕字，铭文此字应读为穷，《礼记·儒行》注："穷，止也。"[4]

（五）读为"尚""常"

何琳仪《战国古文字典》亦释为"商"，而读为"尚"，其认为：

　　𫐉，从车、从牛、从人、从商，会商人发明牛车之意。疑"殷商"之商的繁文。商人先祖王亥始"服牛"，参《世本·作篇》"胲作服牛"《山海经·大荒东经》："王亥托于有易，河伯仆牛"《楚辞·天问》"该秉季德，焉得夫朴牛？"服、仆、朴一音之转，用牲驾车（《说文》服"一曰，车右騑。"）《说文》引作犕，驾牛之意尤显。𫐉，从商（参商字），商亦声。

　　中山王方壶𫐉，读尚。《淮南子·缪称》"商容"，《说苑·敬慎》作"常摐"。《战国设·韩策》"西有宜阳，常阪之塞"。《史记·苏秦传》引常作商。是其左证。西周金文以賣为赏，尤为习见。壶铭"亡（无）又（有）𫐉（尚）息"，与《诗·小雅·菀柳》"不尚息焉"辞例相若。[5]

其后，何琳仪于《战国文字通论（订补）》提出与前说略有不同的修正意见：据《古文四声韵》2.14"商"作：

禹 矞

可隶定"△"为"𫐉"，从"商"得声，与"尚""常"双声叠韵。《说苑·修文》："商者，常也。"《广雅·释诂》一："商，常也。" 王念孙云："常、商声相近。故《淮南子·缪称训》老子学商容,见舌而知守柔矣。《说苑·敬慎篇》载其事,商容作常摐。《韩策》西有宜阳常阪之塞,《史记·苏秦传》常作商。"【10】至于金文和典籍中以"賞"(賰)为"赏"之例更是不胜枚举。然则从"商"得声之"**韣**",自可读"尚"或"常"。

检《诗·小雅·菀柳》:"有菀者柳,不尚息焉。"其中"不"犹"无"【11】,而"尚"读"常"【12】。壶铭"亡(无)又(有)**韣**(常)息",与《诗》"不(无)尚(常)息焉"辞例相近,适可互证。[6]

(六)读为"遹"

张政烺则认为:

韣,字书不见,形谲不可识,当是一形声字。战国时期文字滋育正繁,出现许多新形声字,此字从车、从牛,皆属形符,而其基本声符则是阆,疑读为遹。《说文》:"遹,回避也。"[7]

(七)读为"妒"(亡有妒嫉)

季旭昇大致同意何说,认为此字右上之"商"字,并认为:

所以我们可以把这种部件的讹变序列做以下的排列:

至于"商"字上部中间的"辛"形讹为"干"形,也可以找到旁证。我们以"娄"字为证,战国楚系"娄"字有三种写法,第一种从臼从角从女,第二种从臼从妻,第三种从臼从妻(参《说文新证》卷十二下"娄"字条下),《上博二·容成氏》"娄"字系属第二种字形,从臼从妻,因此其上部也是从臼从辛,我们看到《上博二·容成氏》简37"娄"字作"妻"(见字表 C 形),其两"爪"形中间的"辛"形确实简化为"干"形,则中山王壶此字右上偏旁确实可以释为从辛、从丙,即"商"之初文,全字可隶作"**韣**",释为从车、从人、从牛、商声。[8]

然而季旭昇认为"亡有止(舍)息"不算是最高的赞美,只是不停地找人才,也未必能找到,难的是找到人才后,经过测试历练,确知是人才后,如何任用、相处,这才是难事。其云:

同样属于战国出土材料,中山国铜器中的"息"字,应该采用同时代的通行义,释为"疾(嫉)",而不应该释为"休止"。"进贤措能,亡有**韣**息"

句，无论第七个字怎么解，本句应该释为"进贤措能，亡有×嫉"。从文法结构上看，"×"字只有可能是修饰"嫉"字的词，或与"嫉"字意义相近的词。修饰"嫉"字的词，其实并不理想，嫉就是嫉，无论其程度深浅，都一样对人才不利，因此"嫉"前加程度词是不太有意义的。最理想的解释，"×"字应与"嫉"同义或义近。"鞾"字从"商"声，上古音属书纽阳部；妬，上古音属端纽鱼部，二字声同属舌头，韵为阴阳对转，当可通假。据此，"进擧（贤）措能，亡有鞾息"义为"进贤措能，无有妬嫉"……甚至于管仲病危，桓公问谁可以接任，管仲也不肯推荐鲍叔牙。但鲍叔牙仍是无怨无悔，这就是"推贤措能，无有妬嫉"！据此，释"鞾息"为"妬嫉"，应该是很合适的。[9]

李娜认为：

整个字可以解析为：驭夫双手持缰驱牛驾车，牛不时发出声气以舒缓其劳累。此字或即《说文》"赶"字初文。《说文·走部》："赶，举尾走也。从走，干声。"为什么要举尾走呢？驱牛驾车，在行进过程中牛自然会摇尾巴，牛马均如此。

《中山王䝿方壶》中字为会意字，此字从车，似乎为我们现代汉语"赶车"一词的来源提供了很好的解释。

"鞾"字在《中山王䝿方壶》中当是假借字。以声韵求之，壶铭此字可能是假借为"愆"。"赶"上古为群纽元部，"愆"为溪纽元部，韵同，声同为牙音，声音相近，通假是可能的。《说文·心部》："愆，过也。"有过失、罪过之意。如《尚书·冏命》："中夜以兴，思免厥愆。"在壶铭中由过失引申为怠慢之意。

由以上分析，"亡有～息"，可以理解为"不敢有怠慢和休止"，即在"进贤措能"方面，尽职尽责。[10]

薛培武认为读为"弛"，其以为此字从鬲作，据董珊考释单叔鬲"䰙"字为鬲字，配合孟蓬生读"䰙"为弛，将此字读为"弛"。[11]

以上李、何、季三家俱将"鞾"右上部件释为"商"字，但是训解又各有不同，然释"商"仍有可疑之处。张政烺认为是"逷"字的原因,很可能是因为金文的"逷"字如▆、▆(《寥生盨》)上部常有两个"手"形,与此字右上之"▆"类似。古文字中的"商"字变体虽多,然多在其上面的部件"辛"之左右加上两个或四个"日"旁,未见有加手旁者,故此部件释"商"不无可疑之处。其他诸家对其释读颇有分歧,兹不备举。

二、"▆"字字形试析

从上述来看,此字右上部件多认为是"商"字,只是对于此字该通读为何字,仍有歧见。然此字右上部件并非"商"字,而是"啻"字。季旭昇所引字形变化序列如下:

其中右起第二字,应出于《古玺文编》附录 1484 号字,此字未释,然似与右属四个"商"字不同,关键在于从两口之形,如何能讹变成从两手之形?而在《古玺文编》附录 3199 号字有"▆"形,与 1484 号"▆"字有演变关系。其上三角仍然保留,中间部分分裂成上下两半,上半部讹变成两个手形,下半部倒中之形讹变成大。《古玺文编》附录 3199 号字吴振武认为即"啻"字,从帝,从口。[12] 其序列应如下:

而在《上博·周易·讼卦》:"又(有)孚,愳(窒)蔥(惕),中吉。冬(终)凶。利用见大人,不利涉大川。"其中"蔥"作"▆",上半部与《上博·周易·解卦》之"▆(啻)"相同。是以《周易·讼》今本之"惕"字,在《上博·周易·讼》为从啻从心之字。《上博》考释认为:

> "蔥",《说文》所无,从心,啻声。古"商""啻"同形,凡今商声字,《说文》皆言啻声。如《说文·支部》:"敵","从攴,啻声";《水部》:"滴","从水,啻声"。读为惕,声符"啻"与"易"通,《集韵》:"禘,或作禓、褅",或以为"惕"之异体。[14]

此处传世文献《易·讼卦》为："有孚，窒惕，中吉。终凶。利见大人，不利涉大川。"

《马王堆帛书·周易·讼》："讼，有复（孚），洫（窒）宁（惕），哀〈充（中）〉吉，冬（终）凶（凶）。利用见大人，不利涉大川。"《长沙马王堆汉墓简帛集成》考释认为："洫与慣、窒、宁与惕，古音可以通假。"[15] "宁"泥母耕部，"惕"透母锡部，声元音近，耕锡阳入对转。

"𪊨"右上应为"帝""啻"而非"商"，商、帝在古文字中的讹混状况，《史记·周本纪》"将不利于帝。帝纣乃囚西伯于羑里。"《史记会注考证》曰：

> 梁玉绳曰：此处两帝字，及下文以告帝纣，帝纣闻武，以大卒驰帝纣师，三帝字，史诠谓当作商字之讹也。据徐广云帝一作商，则史诠是。愚按史公以夏殷为帝，二纪可证，此不必改。[16]

《楚辞·天问》有"启棘宾商"，朱骏声已指出"宾商"为"宾帝"之误，王闿运亦同，于省吾有详细的讨论。[17] 黄灵庚、徐广才也补充了银雀山汉墓竹简《孙子兵法·见威王》"帝奄反，故周公浅（践）之"的"帝奄"即"商奄"。[18]

然而中山器有"以飨上帝"之"帝"与"适遭燕君子哙"之"适"字均从"帝"，这两个"帝"字与"𪊨"右上不同，实为变体、正体之关系。

是故本铭"亡有𪊨息"之"𪊨"，应视为从"啻"声，从"车""人""牛"之字。既从"啻"声，又于传世与出土《周易》可知"啻"与"宁"有异文通假关系，是故不妨将"𪊨"字读为"宁"。

三、传世文献所见"宁息"

"宁息"一语于传世文献中屡见，如下所引：

> 《史记·秦始皇本纪》："天下共苦战斗不休，以有侯王。赖宗庙，天下初定，又复立国，是树兵也，而求其宁息，岂不难哉！"
> 《史记·孝文本纪》："朕既不明，不能远德，是以使方外之国或不宁息。"
> 《盐铁论》："周室衰，礼乐坏，不能统理，天下诸侯交争，相灭亡，并为六国，兵革不休，民不得宁息。"

《汉书·哀帝纪》："朕获保宗庙，不明不敏，宿夜忧劳，未皇宁息。"

《汉书·王莽传》："予受命遭阳九之厄，百六之会，府帑空虚，百姓
匮乏，宗庙未修，且袷祭于明堂太庙，夙夜永念，非敢宁息。"

上举《史记·秦始皇本纪》之"宁息"，意为安宁、平息，《汉书·哀帝纪》之
"宁息"意为安定休息。[19]

又，《国语·晋语》："闻子与和未宁，徧问于大夫，又无决，盍访之毗祐？"韦注：
"宁，息也"，是宁有休息、安宁之意。先秦有荒宁一语，如《书·无逸》："治民祗
惧，不敢荒宁。"注曰："不敢荒怠自安。"即不敢荒废、废弛政事以自安乐。置于
中山王器铭文中，"进贤措能，亡有宁息"，即赞美相邦赒为国举才，没有休息。

四、结语

"亡有██息"的"██"字，徐中舒、于豪亮与李学勤等人认为是止息之意，从
上下文来看应该是正确的，问题在于牛旁上之部件，该如何解读。于豪亮认为此部
件与"铸"之上半部是同样构形，只是此字正确的分析应为"帝"（**商**）字，若此
偏旁为声符，则读为"宁"文从字顺。《诗·小雅·四牡》："王事靡盬，不遑启处"，
壶亦有"欣战怒，不能宁处""不敢宁处，敬命新地"。《左传》《国语》则习见"宁
居""宁处"一语，至《史记》《汉书》多用"宁息"，皆表达休闲安乐之意。上引
诸书中"宁处""宁息"对执政者多指负面意，往往前接"不敢""不遑""非敢""莫
敢"，与中山王方壶中的"亡有"正合，意即举荐贤能，没有懈怠。两周臣道观念中，
不敢懈怠屡次出现，金文有"毋惰""毋敢惰""不敢惰""夙夜不惰""不暇荒宁"，
此处也应是袭用了古语，用以褒扬相邦赒为国举才，勤奋不懈。

本文写作期间与同仁颜世铉先生多所请教，获益甚多，特此致谢。

注释：

[1] 河北省文物管理处：《河北省平山县战国时期中山国墓葬发掘简报》，《文物》1979年第1期，
第7页。

[2] 于豪亮：《中山三器铭文考释》，《考古学报》1979年第2期，第178—179页。

[3] 徐中舒、伍仕谦：《中山三器释文及宫堂图说明》，《中国史研究》1979年第4期，第86页。

[4] 李学勤、李零：《平山三器与中山国史的若干问题》，《考古学报》1979年第2期，第152页。

［5］何琳仪：《战国古文字典》，中华书局 1998 年版，第 652—653 页。

［6］何琳仪：《战国文字通论（订补）》，江苏教育出版社 2003 年版，第 296—297 页。

［7］张政烺：《中山王𰯼壶及鼎铭考释》，《古文字研究》第一辑，中华书局 1979 年版，第 215 页。

［8］季旭昇：《中山王𰯼壶"亡有妭嫉"考》，收录于何志华、冯胜利主编《承继与拓新：汉语语言文字学研究（上卷）》，香港商务印书馆 2014 年版，第 238 页。

［9］同［8］，第 237—243 页。

［10］李娜：《〈中山王𰯼方壶〉补释两则》，发表于中国文字学会主办中国文字学会第九届学术年会，2017 年 8 月 18—22 日。

［11］薛培武：《中山王器读为"弛"之字悬想》，发表于"简帛网"网站，2017 年 10 月 14 日，http://www.bsm.org.cn/show_article.php?id=2921。

［12］吴振武：《〈古玺文编〉校订》，人民美术出版社 2010 年版，第 285 页。

［13］小林斗盦编、周培彦译：《中国玺印类编》，天津人民出版社 2004 年版，第 40 啬字下。

［14］马承源主编：《上海博物馆藏战国楚竹书·三》，上海古籍出版社 2003 年版，第 141 页。

［15］裘锡圭主编，湖南省博物馆、复旦大学出土文献与古文字研究中心编纂：《长沙马王堆汉墓简帛集成·叁》，中华书局 2014 年版，第 14 页。

［16］泷川龟太郎：《史记会注考证》，台北艺文印书馆 1972 年版，第 60 页。

［17］于省吾：《泽螺居楚辞新证》，中华书局 2003 年版，第 173 页。

［18］黄灵庚：《楚辞异文辩证》，中州古籍出版社 2000 年版，第 271 页。徐广才《考古发现与〈楚辞〉校读》，线装书局 2009 年版，第 195 页。

［19］汉语大词典编辑委员会：《汉语大词典（第三卷）》，汉语大词典出版社 1993 年版，第 1601 页。

温县盟书初步整理与研究

王建军　郝本性
郑州大学历史学院
河南省文物考古研究院

【摘要】温县盟誓遗址的发掘，不仅强化了我们对春秋盛行盟誓制度的认识，而且还使我们找到了过去散见于世所谓"沁阳载书"的准确出土地。这是一批研究东周历史的重要实物资料。经过三十多年的辛苦整理，现已知各种形制的盟书石圭达一万余片。盟辞文字多为毛笔墨书，因出自多人手笔，所以字体风格不同。目前，我们已梳理出参盟人名 1000 多个。关于主盟人的推定，据盟辞的纪年以及相关材料进行考察，认为盟誓举行之时，韩、赵、魏三家尚未分晋，春秋晚期的州城已属韩氏，因此，主盟人当为韩氏宗主韩简子。对于整理者来说，现在所面临的迫切任务，仍是对盟书做进一步科学的释读。

【关键词】温县盟书　文献　考古　古文字

温县盟誓遗址的发掘，不仅强化了我们对春秋盛行盟誓制度的认识，而且还使我们找到了过去散见于世所谓"沁阳载书"的准确出土地。这是一批研究东周历史的重要实物资料[1]。经过三十多年的辛苦整理，现已知各种形制的盟书石圭达一万余片[2]。该批盟书之所以备受学界关注，主要是基于它所承载历史内涵的丰富性以及手写书体的多样性[3]。盟辞文字多为毛笔墨书，因出自多人手笔，所以字体风格迥异。目前，我们已梳理出参盟人名 1000 多个。对于整理者来说，目前所面临的迫切任务，仍是对盟书作进一步科学的释读[4]。同时，我们也注意到，随着研究工作的不断深入，必然会产生诸多更为复杂的问题。

自 1982 年盟书发掘之后，郝本性、赵世纲等学者就已开始了对盟书的整理与研究工作。1983 年，他们发表了《河南温县盟誓遗址一号坎发掘报告》一文。该文公布了 T1K1 出土的盟书计 14 片，此后又通过不同形式公布或展出了一些盟书。

对此，学界反响强烈，也期待能早日看到更多的盟书内容。但是，由于一些主客观原因，大宗的盟书资料至今仍未与读者见面。

一、盟书的成像技术与识字问题

在盟书整理过程中，计算机专家对图像的拍摄与处理效果是至关重要的一环。温县盟书基本上都是墨书，且写于深灰色的石片上，反差较小，因而，多数石片上字迹不清；同时由于埋藏时间过长，石片上的黏附土钙较多，或石片相互粘连过紧，这使盟书字迹或脱落或被黏掉。总之，保存状况不佳。因此，自盟书发掘出土以来，一直未曾全部有效的处理。1993 年，美国哈佛大学罗凤鸣（Susan R. Weld）博士与河南省文物与考古研究所（现河南省文物考古研究院），对部分盟书曾进行过计算机处理的实验。1994 年罗博士申请到鲁斯（Luce）基金会的经费支持，再次对该批盟书进行技术处理。此次系从全部出土的盟书石圭中选出 4383 片，先用普通胶卷拍摄，再把底片扫描输入计算机，尔后在计算机里调整图像（主要是增加字迹与石片之间的对比度），这一成功实践，最终推动了《温县盟书摄影成像项目》于 2000 年底基本完成。这里，我们应特别说明的是，历经十余年，课题组先后拍摄盟书共计 8000 余片，为此后盟书的释读与研究带来了诸多便利。

以上谈到了书写在石片上的盟书字迹脱落、漫漶不清，加之石片残断、粘连过紧等因素，导致释读者对文字的结体把握不准或认识模糊，出现不少误读误释的现象。此外，由于盟书的手写书体，与当时流行文字的构形存在一些差异，因此，一字多形的现象比较普遍，脱字写错的辞例也偶有发生，这些问题也给盟书的释读带来了诸多困难。

二、近些年释字工作出现的新进展

自 2000 年以来，经过郝本性、赵世纲、魏克彬、罗凤鸣等学者的前期整理与研究，为此后盟书的释字工作取得较大进展奠定了坚实基础。

2010 年底，笔者有幸受到郝本性与赵世纲两位学术前辈的亲自指导，开始进行盟书的系统整理与研究工作，先后主要承担了《河南温县东周盟誓遗址·发掘报告》的基础材料整理、文字隶定以及盟辞释读等任务。随着研究工作的不断深入，加上近八年的反复琢磨，以及学界的倾力帮扶，基本完成了《温县盟书人名字表》以及

《温县盟书选释》等工作。同时，应该强调的是，《温县盟书人名字表》的整理与编撰，目前还只是理出了大部分参盟人与被打击对象的人名字形，在今后的研读中，尚需进一步的补充与完善。据初步统计，现能释读且与后世字书可对应的单字约有2600个，能够隶释的人名单字约有1266个（其中人名1086个左右）。另有一部分人名单字尽管残缺或模糊，但在整个盟书系统与实际文例中应有定位，其中有些亦可作部分解读[5]。这里，我们仅根据所整理的材料，略作以下说明。

（一）隶定字中使用"☒"（缺件符号）

前已说明，由于温县盟书距今久远，残碎较多，且系墨书手写，因此字迹脱落尤甚，极难辨认，严重影响了对辞意的理解。在充分吸收前贤研究成果的基础上，我们力求先对每个较为清晰的字形进行隶定，然后比对原辞，再查阅相关资料，以此获得较多的释读依据。在隶定一些疑难字形时，对部分模糊不清、残缺或无法辨认的部首、构件以及笔画，暂用"☒"（指未能辨识的部分构件，即缺件符号）来表示，尤其在人名单字的释读方面，以示今后仍可做进一步的辨认与探讨。参如下字例：

疧1-1-619　　𥅆1-1-2162　　𤲮1-1-2265　　𠳐1-1-3364

𠞰1-1-3384　　𦥑1-14-1970　　𥆧1-14-2015　　𨑃1-14-2149

上举人名字形中的缺件符号，实际上已被嵌入所隶定的单字构形中。此举也是考虑到对一些已辨认过的文字构形、部分已识构件保留阶段性释读成果的问题，因为每次查对原图像，都要放大数倍，再进行仔细观察，所以对此前辨认所获得的有价值线索保存信息，这对盟书释读是非常必要的[6]。此类方法，在人名结构的名氏字形中曾使用[7]。诸多字例，已收入《温县盟书人名字表》中，读者亦可留意这些字形。此不详述。

（二）释字的主要路径

要想读懂盟辞，首先要将未识的字辨认出来，这是最为关键的一步。此正如吴振武先生所言："古文字研究的主要任务，就是要把所有出土先秦文字资料中不认识的字辨认出来，进而把那些资料中读不懂的话，变成读懂的话。只有在此基础上，方能将这些珍贵的第一手资料运用到诸如社会历史、思想文化、典章制度等其他层面的研究中去。"[8]在温县盟书的释字过程中，我们所走过的路径（亦指释字的方法）主要有以下四条：

1. 辨析文字构形

温县盟书作为大批的手写书体盟誓资料，其文字构形具有显著的自身特征与变化规律。通过查阅原图像，对组成单字的偏旁或部首进行仔细观察后，我们发现，该批盟辞文字的基本构形，总体来说，是较为统一的。与此同时，我们也看到，盟书在书写时，存在着非常个性化、多样化的倾向，具体表现在：文字异形、形近易混、位置变化、讹变、饰笔以及使用合文等方面。不过，因同日或同坑的盟辞多是相同或近似的内容，加上诸多文字的构形与辞例又是反复出现的，所以，这为文字偏旁部首以及组成文字形体的构件辨析提供了客观而充分的依据。姚孝遂先生在谈及"如何对古文字形体进行分析"时，曾明确指出："文字形体分析是考释文字的基础。离开了文字形体分析，任何文字考释都会失去必要的依据，就会误入歧途。"[9]由此看来，文字形体的分析，应着重从构成文字的部首、基本构件以及笔画入手，这一点前文已述。这是一项艰苦而细致的工作，需要严肃认真地加以对待。下面，我们仅从文字构形的辨析角度，对所发现的一些问题略作简述：

（1）异形字

通过反复观察与系统整理原材料，我们清楚地看到，东周时期的温县盟书，其文字形体仍处在动态的发展变化之中，不同书写者的习惯写法造成了文字形体的多变现象。因此，在考察温县盟书的字体时，我们同样也关注到了文字构形的动态变化，以及因书写者不同而造成的文字异变现象，从中并认识到：一个字形多在一个或两个部件上发生变化，这说明此构件具有一定的变形能力，这种发生局部变化的构件就是"变构部件"。"变构部件"充分揭示了盟书字体主要因文字嬗变以及书写者不同而发生变化的显著特征[10]，其结果造成了大量异形字的泛滥。参下列字例：

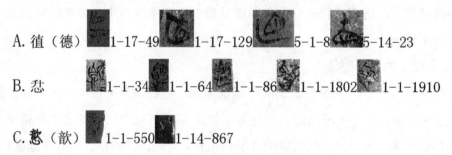

A. 徝（德）　1-17-49　　1-17-129　　5-1-8　　5-14-23

B. 惪　　1-1-34　　1-1-64　　1-1-86　　1-1-1802　　1-1-1910

C. 憨（歆）　1-1-550　　1-14-867

通过观察盟书的"徝"字可知，其基本构形应缘承于甲、金文。该字所从的"彳"与"直"为"变构部件"。德、惪、徝、直乃同源字。在温县盟书 T1K17 中，约有 24 片盟辞写有"各貰亓直"，有学者将其读作"恪慎其德"[11]。应该说，这一释读是比较合理的。

上揭 B 组字，异体较多。从构形上看，上从升，下从心的形体较为常见，该形可隶作"忎"。

C 组字，也有一些异体。从构形上看，此字左从音，右从欠，下从心。该形可隶作"憨"（即"歆"字）。从辞义上分析，"忎忎焉"与"歆歆焉"系同义词。古文"歆"与"钦"通，"歆歆焉"即"钦钦焉"，意即十分高兴、心悦诚服的样子。

（2）合文

古文字中，有不少将两个字（或三个字）合在一起书写，共同表达一个多音节的概念，此被称作合文。温县盟书中有一些合文字，多为人名，其构成虽不复杂，但亦有可能误读。如：

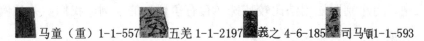

马童（重）1-1-557　五羌 1-1-2197　羲之 4-6-185　司马顉1-1-593

上举"马童（重）"原字形很可能采取了借笔的方法，把原来的两个字通过共同的斜笔联结成了一个字符；"五羌"与"羲之"则是通过挪让、填补的方式分别把两个字组合起来；"司马顉"中"司马"虽无借笔，但两字的笔画彼此已拈连过紧。

以上合文字，因其写法特殊，也极易误释。因此，我们在释读时，除了慎重之外，也要充分吸收前贤对甲、金文合文的认知与释读经验。

（3）难辨字

温县盟书中有诸多字形，尤其是人名字构形复杂，较难辨认。整理者曾将其中不少字列为疑难字。其实，这些并非真正意义上的疑难字，而是一些构形复杂又难辨的字。所谓疑难字，是指音义不详或音形义可疑的字。疑难字又可分为疑字与难字两大类。疑字是指音义虽全，但音形义可疑，也就是音形义之间或字形与字用之间存在矛盾的字；疑字是指音未详，义未详或音义未详的字 [12]。温县盟书中所见的一些难辨字，请参：

A. 偗1-1-173；B. 蓝1-1-1802；C. 秕1-1-1876；D. 䶗1-1-3624

上举字例，从构形上看，其实多由商周甲、金文发展演变而来。由于东周时期政权分裂，各诸侯国之间的文字因地域关系，而出现一些独特的现象。从观察晋系文字（侯马与温县盟书）来看，有些字的写法，明显具有浓郁的地域性特征。如上举 A 形字，上从若，下从二虫。甲骨文的若写作 ，像人跪坐双手理发状，训为顺、好。西周以后习增口形饰笔符号，篆隶讹为从艹、从右。古文字中常在一些原始字形的下部累加一个口符，其在构形上并没有特定的音义功能，而仅起均衡、衬托、装点字形的作用；甲骨文的虫（huī）写作 或作，虺之本字，像单钩的蛇形。从分析上下部的构形可知，此字当释作"蠡"。D 形字，右旁所从之"骨"，该形亦见于楚系文字（仰二五·三〇），不过其上部已写作重叠偏旁，此字当释作"髃"。很显然，三晋与楚在同一字形体的处理上似有所区别[13]。

与以上所述异形字一样，只要我们仔细辨析盟书单字的基本构形，切实掌握其变化规律以及认真分析不同书手的写字习惯等，多数难辨字都有可能得到比较合理的隶定与释读。因篇幅有限，对其他字例不再一一作解。

（4）特殊字

温县盟书中，有个别写法用法比较特殊（存有争议）的字例，我们归并几例进行探讨。参下列所示：

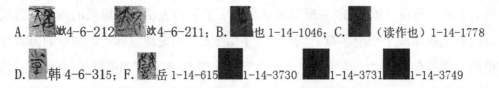

A. 歔4-6-212，歔4-6-211；B. 也1-14-1046；C. （读作也）1-14-1778

D. 韩4-6-315；F. 岳1-14-615 1-14-3730 1-14-3731 1-14-3749

上举 A 形第一个人名字，从基本构形看，左从 （立），象立于地面的大字人形；右象突出脚趾、张口出气的人形，该字可隶作"歔"。A 形第二个是第一个字的省化构形（省"止"），左边的构件，战国文字承袭了两周金文的构形特征。此可隶作"歔"。很显然，以上二字是同一字形的繁简两体。赵世纲先生结合史料，将其读为"竣"，并认为是温县盟书的主盟人韩竣，亦即韩氏宗主韩简子[14]。这是极有可能的。

上举 B 形字，在盟书中常作语气词，多出现在人名之后，是古文"也"字。另如 1-14-778（本片字形比较清晰），其辞曰（为印刷方便，盟辞释读一律用通行字，下同）：

盉命：自今以往，族也而敢不歔歔焉中（忠）心事其宝（主），而敢与则（贼）为徒者，不（丕）显晋公大冢，谪亟（殛）视女（汝），麻夷非（彼）氏。

上举 C 形字，在盟书中也常出现。另如 1-14-1047，辞曰：

盉命：自今以往，棘（殊）也敢（不）惢惢焉中（忠）心事其宝（主），而敢与则（贼）为徒者，不（丕）显晋公大冢，谪亟（殛）视女（汝），麻夷非（彼）氏。

很明显，C 形字与 B 形字的用法无任何区别，亦可读为"也"字，表语气。但此字却不好隶定。

　　上举 D 形字释"韩"不误。在 4-6-160 的盟辞中，书有"韩汋、韩省、韩佰、韩罙"等人名，这些都是被韩氏宗主打击的对象。

　　上举 F 形四个字，其上部皆写作左右对称的"犬"旁，"犬"甲骨文写作 ⚞ 或 ⚟，狗的纵向侧视形。甲骨文的"言"写作 ⚝，晚周以后于言字所从口中添加短横，遂别出音字。上举四个字下部即写作 ⚞，此可隶作"狱"；金文有"狱"字，如《六年召伯虎簋》作 ⚞、《蔡簋》作 ⚟、《塑盨》作 ⚞ 等。其构形与温县盟书所见之"狱"字非常接近。《说文·犾部》收有 ⚞（狱），古文以"狱"为谐声偏旁的字有山嶽之"嶽"。魏克彬（Crispin Williams）先生曾认为，"狱"字常被"岳"字替代。侯马与温县盟书中被召唤的"岳公"，其实是一位山川大神，即"岳神"。魏先生还认为，这位被召唤的"岳公"，很可能就是侯马晋都新田遗址北约 100 公里的霍山（或名太岳山）之神。侯马盟书多用"吾君"，相反温县盟书几乎都用"岳公"而不用"吾君"。因此，魏先生推测这也许与侯马盟书的盟誓地点在晋都新田，而温县盟书则在离国较远的地区有关[15]。魏先生的这一看法应值得重视，但亦有可商之处。

　　其实，早在殷商时期，殷人祭岳的卜辞就多达 560 余条，除 40 条作为人名用法外，其余皆用来指称殷人的祝祷对象山岳之神。甲骨文的"岳"字习作：⚞《合集》144559（宾二类）⚞《合集》9560（宾三类）⚞《合集》33296（历一类）⚞《合集》30298（无名类）等。据考察，在春秋战国时期的简牍中，一些从羊的部首，其犄角下拉的笔画多已消失。如大致在战国中期的葛陵楚简中，见有四例（从羊从牛）的字，所从羊之犄角下拉的笔画皆已消失。消失犄角下拉笔画的"羊"形符号，极有可能与温县盟书所见 ⚞（1-1-34）⚞（1-1-2496）等字形上部的构件相同或相似，故此字当释作"岳"。《说文》"岳"字的"古文"作 ⚞，其字形显然跟侯马的 ⚞（侯马 67:32）与 ⚞（侯马 67:4）以及温县盟书的 ⚞（1-1-34）相似，当即"岳"字，此与《汗简》所收《华岳碑》之"⚞"字亦非常接近。另从系联卜辞可知，商王在殷都所祭的"岳神"，为嵩岳之神；武王伐纣后，封禅的也是嵩岳之神；因此，我们认为，距温县盟誓遗址较近的嵩岳之神，极有可能就是温县盟书中被召唤的"岳公"[16]。

　　2. 对比文献资料

　　学界所称的"文献"，一般是指传世典籍与出土文献。"出土文献"包括甲金文、简牍帛书、石刻（或写）的资料等。还有一些字数较少的资料，如陶文、货币、玺印和封泥等。出土较多且常见的应为简帛类文献。《墨子》屡言"书于竹帛",所谓"竹帛"即相当于今人所说的纸张。已出土的简帛类文献有传抄经籍、公牍文书、盟誓文辞、个人著述、卜祷记录与葬品清单等。了解传世与出土文献能够更好地为解读温县盟书提供必要的条件。温县盟书中常见以下字例:

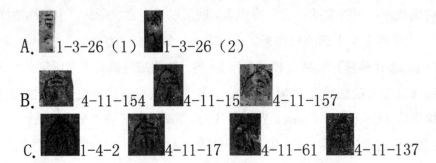

A. 1-3-26(1) 1-3-26(2)

B. 4-11-154 4-11-15 4-11-157

C. 1-4-2 4-11-17 4-11-61 4-11-137

上举 A 组,是见于同片(1-3-26)的盟誓语辞,可分别释作"(己)宔(主)"和"宗人"。该片尽管字迹脱落,但仍可做如下释读:

……畀尊啟章以为 𠂤(己)宔(主)。而尚(倘)或为戕(臧)则(贼)而或出入□新孫及譑及 愬 之子□□,尚(倘)宗人之为……

B 组,是见于其他诸片的"宔"字构形。

C 组,是见于其他诸片的"宗"字构形。

从原图像字体来看,"宔"与"宗",不仅两字的构形区别甚大,而且用法也不相同。从两字的基本构形来看,一是在中竖线条上写作实心的点状笔画;另一个则将两小点分布于中竖两侧。另从两字在温县盟辞中的用法来看,"宔",指盟主,亦即举行此次盟誓的倡导者或主持者;"宗",指宗人,亦即同宗或同族之人。

在 T1K3 中,发现数片载有"尊啟章以为 𠂤(己)宔(主)"的盟辞。据学界研究"啟章"即为韩武子。《史记·魏世家》引《世本》云韩武子名启章。韩武子之父韩康子为晋国卿。《韩非子·十过》曾记载:韩康子与魏宣子、赵襄子合谋诛杀智伯之事。当时,州城早已归韩康子,康子在位长达 30 年。韩武子于公元前 423 年即位(日本平势隆郎说),或于公元前 425 年即位(杨宽说)。韩武子在位 16 年,传位韩景侯,此时已是公元前 408 年。《水经·汾水注》引《竹书纪年》谓:"晋烈公元年,韩武子都平阳。"此为公元前 417 年。以此推断,埋于 T1K3 中的这批盟书,举行盟誓的时间,应在韩武子迁都平阳之前,约在公元前 425—公元前 417 年之间 [17]。因此,熟悉传世文献与出土古文字资料,对于正确诠释温县盟书具有不可替代的作用。

3．利用字书推勘

在释读盟书过程中，我们考虑到，因盟辞所要表达的文字义项有别，而在某一文字构形中追加区别性符号，或许是春秋晚段晋文字具有地域性特征的显著标志。但不管字体如何变化，晋文字的基本构形，仍是一脉相承，不断演进的。鉴于此，我们在释字时，常采用由后向前推的所谓"反推法"。凡《说文解字》已列的小篆和古文等字形，便是我们反推的起点。另外，宋人留下的那些专门收集传抄古文的书籍，如《汗简》《古文四声韵》之类，也是我们辨认盟书字体的利器。除此之外，我们还大量参阅了《侯马盟书》《三晋文字编》《秦文字集证》《睡虎地秦简文字编》《古文字通假释例》;《战国楚竹简汇编》《战国楚简文字编》《上海博物馆藏战国楚帛书》以及信阳、包山、郭店、新蔡等楚简文字资料[18]。此外，充分利用甲、金文等早期的古文字资料，探讨文字的演变规律，这对科学释读盟书也是一条比较有效的途径。前举释"岳"，即为利用字书进行推勘的典型字例。

4．努力读破假借

释读盟书，除了以上三种方法之外，还需第四种方法，即读破假借。假借与上文所述的三种方法有所不同。前者主要着眼于文字本身的释读与考证，而后者侧重于要读懂盟辞的文意。此正如吴振武先生所言，古人用读音与本字（不一定都有本字）相同或相近的假借字来记录语言，是很普遍的现象。又因时代与地域的不同，各时代各地区所呈现出来的假借习惯似乎也有些不同。假如不读破假借，即使认得那些字也还是不能读懂它的意思。盟书中有诸多假借字，如：

（1）1-17-129："自今以往，强梁事其宝（主），敢不恧恧焉闋（判读剖）其复（腹）心，各（恪）暂（哲或慎）其值（德），以袄（徼）[19]主偪（福）者，晋公大冢，谪殛视）之，麻夷非（彼）是（氏）。

（2）1-14-636："圭命：自今以往，臾事其宝（主）而敢不歆歆焉中心，而敢与则（贼）为徒者，不（丕）显晋公大冢，谪殛视女（汝），麻夷非（彼）氏"。

上举例（1）辞中"闋其复心"，文献中"复""腹"为通假字，此为推心置腹之义，就是表白真心诚意。"麻夷非是"句中的"麻"有作"亡"字者;"非"读作"彼";"是"在此假借为"氏"，表家族之意。此句可解读为"灭亡其家族"。上举例（2）辞中"而敢与则为徒者"之"则"与"贼"为通假字，意指"叛逆者"。

综上，读破假借，当然还需要上古音知识，因为古今读音，已有很大变化自不能据今音想当然。

三、盟书的文例特征

盟书是以盟誓为基础的文书记录。盟誓是"与盟者"向神灵祖先祷告、订约并发誓遵守，以此借其威力来增强部落或氏族之间的约束力。三代（夏商周）之前是以口语歃血宣读进行盟誓的，并未用文字记载下来。殷商和西周时代，主要以对自然神灵、祖先崇拜、宗法与各方信仰的观念与礼制来规范行为，以誓言来发挥神圣的近似法律的约束效力。到了春秋时代，盟誓盛行，会盟、寻盟与战争交替进行，宗法等级制有所动摇，鬼神观念较以前淡薄，但仍有很大的约束力。春秋时的信道德，可以说是一项适用于所有人际关系、国际关系、人神（祖先神灵）关系以及人与宗主、属国君主关系的公共盟约。为使人们守信而立约，并要求所有参盟者必须守信。由此看来，守信仍需一定的盟誓活动来支撑。

盟誓可以通过不同的方式举行，而盟书的构成则有一套大致固定的文例格式。其中包括：举行盟誓的时间，参盟人的名字；对参盟人未来行为的约束内容；对监督盟誓神灵的召唤；自诅之辞（即毁盟的后果）。因此，一篇完整的盟辞须由以下四个部分构成：

1. 序辞—记录举行盟誓的时间（盟誓的有效日期）以及参盟人的名字（或省略不记）。

2. 约辞—对参盟人未来行为做出的强制规定，即约信内容。

3. 请辞—召唤监督执行盟誓神灵的祈请之辞。

4. 诅辞—毁盟行为将要受到被召唤神灵惩罚的自诅之辞。

四、结语

前文已述，目前，我们已梳理出参盟人名有1000多个。关于主盟人的推定，我们根据上述的纪年以及相关材料进行考察，认为盟誓举行之时，韩、赵、魏三家尚未分晋，晋公形式上仍保持着权威，但这次盟誓是由晋国的某一卿大夫所主持。具体的盟主可据盟誓遗址的地望以及历史沿革来判断。就地望而言，盟誓遗址西南的州城属于东周时期的城址。春秋晚期的州城已属韩氏，主盟人宜为韩氏宗主。晋定公十五年之时，韩简子正是韩氏的宗主，当然一号坎盟书的主盟人极有可能就是韩简子了。因此，我们认为，温县盟书的内容反映了春秋末叶晋国韩、赵、魏三家与范氏、中行氏进行斗争的这一重大历史事件，具体事实是晋定公十五年十二月二十七日（即前 497 年 1 月 16 日），晋国六卿中的韩简子由晋都城绛返回他的采邑州城之后，为争取支持打击赵朝等敌对势力，举行了一次大规模的盟誓活动，该批盟书的发现为我们了解这场斗争增添了新的资料，同时也纠正了文献中的一些不足。其他相关问题亦有待做进一步研究。

　　以上浅见多有舛误，敬希专家学者指正。

　　附记：本文在写作过程中曾得到河南省文物与考古研究所温县盟书遗址发掘者郝本性、赵世纲先生以及原所长孙新民、贾连敏，现任所长刘海旺和几位副所长等多年来给予的诸多帮助；罗凤鸣与魏克彬先生组织的"温县盟书摄影成像及整理与研究技术援助"项目也给予了很大支持；复旦大学出土文献研究中心的刘钊教授、陈剑教授、郭永秉教授等对释字工作进行了具体指导，并提出了许多宝贵意见。在此一并表示衷心感谢！

注释：

本课题为 2018 年度河南省郑州大学"中原历史文化"特色学科资助项目："温县盟书的整理与研究"的阶段性成果。

[1] 关于盟书的发现与出土，参河南省文物考古研究所《河南温县东周盟誓遗址一号坎发掘简报》，《文物》，1983 年第 3 期。

[2] 赵世纲、赵莉：《温县盟书的历朔研究》，见艾兰、邢文主编《新出简帛研究》，文物出版社 2004 年版，第 397 页。

[3] 关于温县盟书所承载的历史内涵，从内容上看，盟书主要反映了春秋末叶晋国韩、赵、魏三家与范氏、中行氏进行斗争的这一重大历史事件（该遗址可能不是一次举行盟誓所遗留下的盟书，或许还有其他日期存留的遗物）。该批盟书的发现为我们了解这场斗争增添了新的资料，同时也纠正了文献中的一些不足。参郝本性《从温县盟书谈中国古代的盟誓制度》，《郝本性考古文集》，科学出版社 2012 年版，第 144—150 页。

[4] 有关温县盟书的释读，一直困扰着整理者，其因主要缘于盟书是书写在石片上的盟誓文书资料，其石质较差，薄而易碎，又经两千多年的堆积重压，使得不少石片，或残断破碎，或互相粘连，以致造成字迹脱落或被粘掉的情况相当普遍。另外，又因盟辞多系墨书所写，不易渗入石质内部，仅在石圭表面留下漫漶不清的字迹。因此，盟书的释读非常困难。

[5] 由于一些残碎圭片尚未缀合，也未拍完，因此温县盟书所出的全部圭片和字形，暂无法统计

出具体数字。

[6] 此类方法,在过去先贤所编撰的字书中,从未使用过。我们的尝试,主要缘于温县盟书的一些特殊性,使用缺件符号主要来助推文字的进一步隶定,并保留已有的认识成果,亦请学界理解。

[7] 曾志雄先生在谈到侯马盟书中的人名问题时,认为"盟书中参盟人人名,应该都是名而不是字"。对此,曾先生还作了较为详细的论述。我们认为,曾先生的看法是比较合理的。详参氏文《侯马盟书中的人名问题》,见广东炎黄文化研究会、纪念容庚先生百年诞辰暨中国古文字学学术研讨会合编《容庚先生百年诞辰文集·古文字研究专号》,广东人民出版社,第497—532页。

[8] 吴振武:《谈出土文献与古文字研究》,《光明日报》(理论·史学)版,2013年11月14日。

[9] 姚孝遂:《姚孝遂古文字论集》,中华书局2013年版,第77页。

[10] 王建军:《宾组卜辞"分级划类"研究》,北京大学《古代文明》(第11卷)2008年,第97—98页。

[11] 魏克彬:《说温县盟书的"恪慎其德"》,文物出版社2004年版,第208—217页。

[12] 杨宝忠:《疑难字考释与研究》,中华书局2005年版,第633页。

[13] 滕壬生:《楚系简帛文字编》(增订本),湖北教育出版社2008年版,第10页。

[14] 赵世纲、罗桃香:《论温县盟书与侯马盟书的年代及其相互关系》,《第四届国际中国古文字学术讨论会文集》,香港中文大学中国语言及文字信雅达印刷公司2003年版。

[15] 魏克彬先生认为,古文字中的"言"和"音"常互用,如侯马盟书的"詨"字写作𧪄又写作𧪄(见《侯马盟书》第41页),所以温县盟书▩(1—14—615)字的下边写作"音",而《说文解字》的"狱"字从"言",并不成为问题。魏克彬先生这一看法是对的。《侯马与温县盟书中的"岳公"》,《文物》第17期,中华书局2010年版。

[16] 彭裕商先生认为:卜辞中的"岳"似当指嵩山。并举"贞:勿辛未酚岳?"(《合集》8843宾二类)等为例加以说明。他指出:"嵩山在今河南省中部,距殷都安阳不远。在殷代当为内地,常为殷人所瞻视,故以为群山之首而名为岳……周因于殷礼,西周也以之为岳。"见氏撰《卜辞中的"土""河""岳"》,《四川大学学报丛刊》(第十辑),1982年。另据《逸周书·度邑》记周武王克商后曾至东土(洛邑,成周)度邑(相宅),文曰:"旦(周公旦),予克致天之明命,定天保,依天室","旦,图夷兹启,其惟依天室"。据林沄、李晓东先生研究,《天亡簋》的史实与此相关,簋作于武王时。铭中的天亡,器主,于省吾先生疑即太公望;天室(指嵩山)即祭天之室。参王辉《商周金文》,文物出版社2006年版,第35—36页。

[17] 河南省文物考古研究所:《河南温县东周盟誓遗址发掘报告》(文物出版社,待刊)。

[18] 在释读盟书过程中,笔者所参阅的字书及其他资料主要有:山西省文物工作委员会编《侯马盟书》,文物出版社1976年版;陈振裕、刘信芳《睡虎地秦简文字编》,湖北人民出版社1993年版;

张守中《睡虎地秦简文字编》，文物出版社 1994 年版；《张颔学术文集》，中华书局 1995 年版；陈伟《包山楚简初探》，武汉大学出版社 1996 年版；于省吾主编《甲骨文字诂林》，中华书局 1996 年版；何琳仪《战国古文字典》，中华书局 1998 年版；《裘锡圭学术文化随笔》，中国青年出版社，1999 年；湖北省文物考古研究所、北京大学中文系编《九店楚简》，中华书局 2000 年版；张守中等《郭店楚简文字编》，文物出版社 2000 年版。另外，还查阅了以下论著及资料：河南省文物研究所《河南温县东周盟誓遗址一号坎发掘简报》，《文物》1983 年第 3 期；曾志雄《侯马盟书研究》，香港中文大学研究院中文学部博博士论文，1993 年；《著名中年语言学家自选集·李家浩卷》，安徽教育出版社 2002 年版；《新出简帛研究·第二届新出简帛国际学术研讨会文集》，文物出版社 2004 年版；马保春《晋国历史地理研究》，文物出版社 2007 年版。郭沫若《侯马盟书试探》，《文物》1966 年第 2 期；张颔《侯马东周遗址发现晋国朱书文字》，《文物》1966 年第 2 期；陈梦家《东周盟誓与出土载书》，《考古》1966 年第 5 期；陶正刚、王克林《侯马盟书》，《文物》1972 年第 4 期；唐兰《侯马出土晋国赵嘉之盟载书新释》，《文物》1972 年第 8 期；李裕民《我对侯马盟书的看法》，《考古》1973 年第 3 期；高明《侯马载书盟主考》，《古文字研究》第 1 辑，中华书局 1979 年版；黄盛璋《关于侯马盟书的主要问题》，《中原文物》1981 年第 2 期；冯时《侯马盟书与温县盟书》，《考古与文物》1987 年第 2 期；谢尧亭《侯马盟书试析》，《山西省考古学会论文集（二）》，山西人民出版社 1994 年版；江村治树《侯马古城群和盟誓遗址的关系》，收入《汾河湾》，山西高校联合出版社 1996 年版；李学勤《侯马、温县盟书历朔的再考察》，收入《夏商周年代学札记》，辽宁大学出版社 1999 年版。

[19]"校"读"徼"是裘锡圭先生的建议。同时，裘锡圭先生又指出，"《周礼·秋官·大行人》有'……归脤以交诸侯之福，贺庆以赞诸侯之喜'等语，郑玄注：'交，或往或来也。'孙诒让《正义》：'谓王祭归脤于诸侯，诸侯亦归脤于王，交互往来也。'脤是祭肉，归脤是为了使接受脤的人也受祭祀之福。盟书'以校主福'也有可能应读为'以交主福'，意思就是使盟主和参盟人彼此都受福。"参魏克彬《说温县盟书的"恪慎其德"》注释 28，见《新出简帛研究——新出简帛国际学术研讨会文集》，文物出版社 2004 年版。

上博藏楚简九补释四则

俞绍宏

郑州大学汉字文明研究中心

【摘要】考辨《陈公治兵》中合文"寺▪""旹▪"之用法，以为合文"寺▪"读"持之"，合文"旹▪"读"得之"。考辨了《举治王天下》篇"载"训"安""成"均可通；比对《管子》有关篇章，疑简文"……则物生，渎则智成。金重不流，玉则不斀"有可能是在说物质产出及财政与货币流通问题。

【关键词】上博九　字词　补释

一

上博简九《陈公治兵》[1] 简 14：君王喜之，焉命陈公憻寺▪（持之）。

"焉"从 wqpch（网名）属下读[2]。

笔者所要探究的是合文"寺▪"字用法。

整理者以为"寺▪"读"待之"，"待"有重视、信任，并给以好的待遇之意。

wqpch（网名）"寺▪"读"止之"。

youren（网名）"寺▪"暂依林清源《〈上博九·陈公治兵〉通释》读"侍之"。

林清源以为"寺▪"读"侍之"。"之"指代上一句的"君王"[3]。

笔者按：这里及其前后简文大致的意思是君王观师徒时出现师徒乱的情况，因此派陈公去整饬。可能是整饬有效，君王很高兴，因此命令陈公辅助军执事人。"寺▪"读"待之""止之""侍之"似均不妥。这里"寺▪"或可读"持之"：

"持"，扶助，辅助，《荀子·解蔽》"鲍叔、宁戚、隰朋仁知且不蔽，故能持管仲，而名利福禄与管仲齐"，杨倞注"持，扶翼也"。《荀子·仲尼》"则堕之者众，而持之者寡矣"，王先谦集解"持，扶助也"。《论语·季氏》"危而不持，颠而不扶，则将焉用彼相矣"，"扶""持"对文。

简文"持"与简 6、7"命 惶相执事人整师徒"、简 10、11"命臣相执事人整师徒"之"相"义同,辅助、帮助义。"之"指简文中的"执事人"。"焉命陈公 惶持之",即命陈公帮助执事人。

二

《陈公治兵》简 3+ 简 2 :屈弅与郙令尹战于壏,战而畤 = 。

整理者指出"屈弅"为人名。

海天游踪(网名)、苏建洲以为简 3"郙"即"巴",巴国[4]。

据暮四郎(网名)、yxy032(网名):简 3"壏"隶作"壏"是陈剑的意见。yxy032(网名)指出简文中"壏"为地名,具体地望不详。

笔者所要探究的是"畤 = "。

整理者以为"畤 = "读"待之";"待",竢也,备也,御也。

youren(网名)以为"畤 = "读"止之"。

前引林清源文以为:"畤 = "读"持之"。"持""执"可互训,可以构成复合词"执持"。《说文》"执,当罪人",大概由此可以引申出"逮捕""捉拿"。"之"指巴令尹。简文意为楚巴交战,楚人胜出,并俘获巴令尹。

笔者按:此处及其前后简文是在列举楚之先公先王在战场上战胜对手。根据文例,简文中的"畤 = "当表战胜一类含义。"执"固然有"逮捕""捉拿"之类的用法,"执""持"固然可互训,但先秦文献中"执""持"互训时,似无"逮捕""捉拿"义,而是一般含有"握"这一基本义素。也就是说,先秦文献中"执"训"持"时似没有"逮捕""捉拿"这一类用法;同样"持"训"执"时也没有"逮捕""捉拿"这一类用法,它们只是一般的握持义。

《慎子曰恭俭》简 5"首耆茅蒲",刘建民读"戴"[5]。

沪简五《鬼神之明》简 2 背"而纣耆于只社",沈培以为原简"耆"释"得",抓获、捕获[6]。白于蓝以为"耆"从"首""之"声[7]。

沪简六《申公臣灵王》简 4"陈公子皇耆皇子","耆"原简作"耆"。前引沈培文以为"耆"从"之"得声,释"戴",读"得",抓获、捕获。陈剑以为"耆"为捷获之"捷"字省体,与"戴"字异体形混[8]。孟蓬生(说见前引陈剑文后评论)指出"疌""得"古音可相假借。

既然楚简中从"之"得声的"戴"异体"耆"可读"得",那么"畤"从"寺"声,"寺"

从"之"声,则此处合文"時˵"或可读"得之"。"屈旻与巴令尹战于壉,战而得之",简文是说屈旻与巴令尹在壉这个地方作战,战胜并俘获了巴令尹。

三

《举治王天下》简7+简5:尝退而思之,其唯贤民乎? 子为我【7】得尚父,载我天下;子失尚父,圥我周驵(祚)。【5】

邬可晶以为:简7与简5简连读。简7、5"子"与简4"子"为同一人,为文王对说话者的称呼。大概此人奉文王之命去访尚父,请尚父出山,尚父不见他,所以文王有"子失尚父"之说。"尚"读"尝","乎"后加问号,"天下"后加分号。[9]

苦行僧(网名)、mpsyx(网名)以为"圥"读"坠"[10]。

溜达溜达(网名)指出原简"𧖴"从"且"声,可参简9"祖"。

明珍(网名)、骆珍伊指出原简"𧖴"可能从"马"省、"且"声,释"驵";"马"旁省其毛髮又见于天策"乘马"合文(𩢧)[11]。

王瑜桢指出"载"和下文"坠"意思相反。"载",始、举、运行、成。"载我天下",开创天下、兴举天下、治理天下、统一天下。"圥"读"坠"[12]。

前引邬可晶文以为原简"𧖴"如确从"且"声,似可读"祚",意谓得不到尚父,则周祚将坠失。文王之语止于"祚"。

笔者按:简文"其唯贤民乎",字面意思是其只是一个贤民么? 实际上是说尚父不仅仅是一个贤民。

"圥"读"坠"文意可通。

"载",平安、安定。《老子》"或强或羸,或载或隳","载""隳"同现,河上公注"载,安也。隳,危也";陆德明释文"隳,毁也"。学者训"载"为"成","成"基本义为完成、成就,当其与治理国家联系起来时,含义即完成国家治理,也即治理好国家,在这个含义上与其训"安"含义是一致的,"安",平安,安定,也是指治理好国家。下文"坠"与"隳"义同,可训"毁"。

四

上博九《举治王天下》简23:则物生,淩则智成。金重不流,玉则不戴。

整理者以为:"智"读"知"。"戝"疑同"戴",《广韵》"胜也,克也"。

原简"𣡨"从苦行僧(网名)释"重"。

笔者按：“渎则智成”，疑“潭”这里或也有可能读“读”，诵读、阅读。简文意或为读书能成就智慧。“智”也可读“知”。

又：这里简文在内容上与《管子》有关篇章似有相似之处。

《管子·山国轨》：“币重而万物轻，敛万物，应之以币。”

《管子·国蓄》：

国有十年之蓄而民不足于食，皆以其技能望君之禄也。君有山海之金而民不足于用，是皆以其事业交接于君上也。故人君挟其食，守其用，据有余而制不足，故民无不累于上也。五谷食米，民之司命也。黄金刀币，民之通施也。故善者执其通施以御其司命，故民力可得而尽也。

《管子·山至数》：

管子对曰：“士受资以币，大夫受邑以币，人马受食以币，则一国之谷赀在上，币赀在下。国谷什倍，数也。万物财物去什二，筴也。皮革筋角羽毛竹箭器械财物，苟合于国器君用者，皆有矩券于上。君实乡州藏焉，曰：‘某月某日，苟从责者，乡决州决。’故曰‘就庸一日而决’。国筴出于谷，轨国之筴，货币乘马者也。今刀布藏于官府，巧币万物轻重皆在贾之。彼币重而万物轻，币轻而万物重。彼谷重而谷轻。人君操谷币金衡而天下可定也。此守天下之数也。”

黎翔凤《管子校注》：

张佩纶以为“彼谷重而谷轻”当作“彼币轻而谷重，币重而谷轻”，陶鸿庆疑其本为二句作“彼万物轻而谷重，万物重而谷轻”。案：“而”，如也。[13]

《管子·地数》：

管子对曰：“夫玉起于牛氏边山，金起于汝汉之右洿，珠起于赤野之末光。此皆距周七千八百里，其途远而至难，故先王各用于其重，珠玉为上币，黄金为中币，刀布为下币。令疾则黄金重，令徐则黄金轻。先王权度其号令之徐疾，高下其中币而制下上之用。则文武是也。”

《管子·轻重甲》：“故粟重黄金轻，黄金重而粟轻。”

《管子》多论及治国御民之术，上引诸文即是在阐述如何利用财政、货币、金融手段来治国御民。所谓“彼币重而万物轻，币轻而万物重”也即是说，通货紧缩时，钱就值钱了，物品就不值钱，价格就会下降；货币发行量大时，钱就不值钱，物品价格就会上升。《管子》中此类物、粟、谷、金、玉、币关系的论述尚有多处。疑这里的简文也有可能是在说物质财富的产出及财政金融与货币流通问题。《举治王天下》五篇是在讲古之圣君贤主治理天下问题，他们治理天下当然也离不开财政与货币金融手段。

上引《管子·国蓄》"黄金刀币，民之通施也"，"施"学者或读"移"，可参上引黎翔凤文（第1261页）。《庄子·秋水》"何少何多，是谓谢施"，陆德明释文引司马彪云"施，用也"。《国蓄》篇此处"施"即可训"用"，"通施"即通用。"黄金刀币，民之通施也"是说黄金刀币是民众通用的货币。

简文"则物生，渎则智成。金重不流，玉则戠"，"物"似指《山至数》之"万物""财物"，"则物生"似指物质财富的产生。"渎"或即"沟渎"，文献中的"沟渎"有货币流通含义，如《管子·揆度》"刀币者，沟渎也"。"智"读"知"。"成"，《诗·节南山》"谁秉国成"，毛传"成，平也"。"渎则智成"疑是说一旦货币流通顺畅了，就知道社会秩序安定了。"金重"即前引《管子》中的"黄金重"。"流"，流通。"戠"疑读"堪"，承受，担当。《地数》"珠玉为上币，黄金为中币，刀布为下币"，简文"金重不流，玉则不堪"疑是说黄金值钱了就难以流通，玉也难堪上币之任。

注释：

本文为国家社科基金2017年规划项目"战国古文与敦煌先秦写卷俗字对比研究"（项目编号：17BYY020）阶段性成果。

［1］马承源：《上海博物馆藏战国楚竹书（九）》，上海古籍出版社2012年版。

［2］wqpch（网名）说见youren：《〈陈公治兵〉初读》，简帛网"简帛论坛·简帛研读"栏2013年1月5日（http://www.bsm.org.cn/bbs/read.php?tid=3024）文后跟帖。本文第一、二两则凡征引自此文及其后跟帖者，以下均不再注明此出处。

［3］林清源：《〈上博九·陈公治兵〉通释》，"第四届古文字与古代史国际学术研讨论会——纪念董作宾逝世五十周年"论文集，台湾"中央研究院"历史语言研究所2013年11月22—24日。

［4］苏建洲：《初读〈上博九〉札记（二）》，简帛网2013年1月14日。

［5］刘建民说可参刘洪涛：《上博竹书〈慎子曰恭俭〉校读》，简帛网2007年7月6日。

［6］沈培：《试释战国时代从"之"从"首（或从'页'）"之字》，简帛网2007年7月17日。

［7］白于蓝：《〈简牍帛书通假字字典〉部分按语的补充说明》，载《新果集：庆祝林沄先生七十华诞论文集》，科学出版社2009年版。

［8］陈剑：《简谈〈系年〉的"戠"和楚简部分"𦯄"字当释读为"捷"》，复旦大学出土文献与古文字研究中心网站2013年1月16日。又载《安徽大学学报》（哲学社会科学版），2013年第6期。

［9］邬可晶:《〈上博（九）·举治王天下〉"文王访之于尚父举治"篇编连小议》，简帛网2013年1月11日。

［10］苦行僧（网名）、mpsyx（网名）说见youren:《〈举治王天下〉初读》，简帛网"简帛论坛·简帛研读"栏2013年1月5日（http://www.bsm.org.cn/bbs/read.php?tid=3026）文后跟帖。本文第三、四条凡征引自该文及其后跟帖者，以下均不再注明此出处。

［11］骆珍伊:《〈上博九·举治王天下〉札记》，简帛网2014年10月18日。

［12］王瑜桢:《〈举治王天下〉小记》，简帛网2013年1月6日。

［13］黎翔凤撰、梁运华整理:《管子校注》，第1345页，《新编诸子集成》，中华书局2004年版。

清华简《系年》词语辨释五则

岳晓峰
浙江大学文化遗产研究院

【摘要】清华简《系年》简9-10"晋人**女**（焉）**刽**（始）启于京（师）"中"启"训为开启、开辟义。简12"奠（郑）（以）**刽**（始）政（正）"中"政"读作"正"、训为"定"。简18"乃先建**壄**（卫）**吊**（叔）**坺**（封）于庚（康）丘"中"先"作本字读，应为"先后"之"先"。简48-49"**敦**（执）**衞**（乱）"意即"结雠"。简83"是教吴人反楚邦之者（诸）侯"中"反"为反叛义，使动用法。

【关键词】清华简 《系年》 词语

一、启

三年，乃东遷（徙），止于成周，晋人**女**（焉）**刽**（始）启于京**自**（师），奠（郑）武公亦政（正）东方之诸侯。（简9-10）

整理者云："始启，见《郑语》'楚蚡冒于是乎始启濮'，董增龄《国语正义》云：'启是拓土，《鲁颂》曰'大启尔宇'，僖二十五年传'晋于是始启南阳'是也。'"[1]整理者认为"启"是拓土之义。持相同观点者，如董珊先生云"'晋人焉始启于京师'是指此后晋人开始兼并周围的小国"[2]。吴雯雯先生云："我们认为'启'当理解为'拓展疆土'，'晋人焉始启于京师'或当如董珊所说，晋人在晋都附近兼并小国，拓展疆土。"[3]李零先生亦曰："'晋人焉始启于京师'，是说晋人立平王于京师，势力向西拓展，远及京师。"[4]

杨博先生进一步指出："传统上'启，大开土字也'，'启是拓土'的说法反而较符合文意，只是'启'未必仅指'开拓'、'拓土'。……'晋人焉始启于京师'则说的是在平王东迁后，晋人得以控制的一片新的区域。"[5]杨博先生认为"启"

不仅仅表开拓义，还有控制义。廖名春先生认为："'晋人焉始启于京师'，指晋人从此开始在京师起关键作用，也就是成为京师的领导。简十二'楚文王以启于汉阳'之'启'亦同，亦当训为关键，指楚文王成为汉阳诸国的领导。"[6] 廖先生将两处"启"均改释为"关键"。朱凤瀚先生则认为："（始启）在简文中是'始启于京师'，则自非言开拓京师之地，而是说晋人之兴盛开始于京师。"[7] 朱先生又将"启"训为兴盛义。

《说文》："启，开也。从户，从口。"由启户义又引申出开拓义，如《诗经·鲁颂·閟宫》云："大启尔宇，为周室辅。"郑玄笺曰"大开女居，以为我周家之辅"，即以"开"训"启"。《系年》简 12 简文曰"楚文王以启于汉阳"，李零云："是说楚文王在南方开疆拓土，势力达汉水之阳。"[8]《清华叁·芮良夫毖》简 14 云："以力及复（作），燮（变）栽（仇）攺（启）邲（国）。以武丞（及）惪（勇），戉（卫）想（相）社禝（稷）。"整理者云："《鲁颂·閟宫》'大启尔宇'，朱熹《集传》：'启，开。'启国犹言建国。"[9] 王坤鹏先生亦云："'启国'意为开辟疆土，相似说法如《左传·庄公二十八年》云：'晋之启土，不亦宜乎。'"[10] 因此，结合《系年》简 12 及《芮良夫毖》简 14 中"启"皆当训"开辟"为之例，我们认为，《系年》简 9 之"启"也应以训为开启、开辟之义更妥帖。

二、政

改立柬（厉）公，奠（郑）以訇（始）政（正）。（简 12）

整理者注："通'正'，《周礼·宰夫》注：'犹定也。'在此指郑公子争位之乱的结束。"[11] 整理者将"政"读为"正"，安定、平定义。罗运环先生则认为："'郑以始正'的'正'，既可按原整理者理解为'定'，也可以理解为：'正，谓承嫡。'郑厉公（名突）是郑国公认的皆可为国君的'三公子'（即太子忽，其弟突、次弟子亹）之一，昭公（名忽）的二弟。此前，大夫高之渠弥杀昭公；首止之会，齐襄公杀昭公三弟子亹，郑厉公就是唯一公认的'承嫡'者，故可曰'正'。"[12] 罗先生认为"政"有"定"和"承嫡"两种可能性。

又，《清华贰·系年》9-10 简文云："三年，乃东遷（徙），止于成周，晋人女（焉）訇（始）启于京自（师），奠（郑）武公亦政东方之诸侯。"其中"政"之训释，整理者云："'政'与'正'通，训为'长'，此云郑武公为东方诸侯之长。"[13] 李学勤先生进一步云："迎立原在母家西申的平王，晋文侯固然是首功，郑武公也有重要的劳绩,从而得'正(训为长)东方诸侯'。"[14]此处,李先生又将"政"训为"长"。而李零先生认为:"'郑武公亦政东方之诸侯','政'犹言节制,是率下事上之义,犹今语领导,不必读为'征'……'郑武公亦政东方之诸侯',是说郑武公作为王朝卿士,可以号令东方的诸侯。"[15]李零先生将"政"训为节制、号令之义。王红亮则认为此处"'正'当训为'定'"。[16]

我们认为,两处"政"意义相同,都应从读作"正"、训为"定"之说。先秦文献中,"政""正"互通之例,先秦文献习见,此不赘引。而"正"训为"定"之例,如《周礼·天官·宰夫》"岁终则令群吏正岁会",郑玄注云:"正犹定也。"郭店楚简《性自命出》简1"心亡(无)奠(定)志",上博简(一)《性情论》简1对应内容作"心亡(无)正志",整理者云"'奠志',与'正志'义近"。[17]实则"正"与"定"为同义词互换。故《系年》简12"郑以始正",即郑国因此而安定。另,清华简(陆)《郑武夫人规孺子》简11云:"虔(吾)先君北(必)酒(将)相𤔲=(孺子),以定奠(郑)邦之社稷。""以定郑邦之社稷"与"郑以始正"虽简文内容有别,而语义表述相近,《郑武夫人规孺子》中用"定"来表示,正可说明"郑以始正"即"郑以始定"。《系年》简10"郑武公亦政东方之诸侯",则是说郑武公安抚平定了东方各诸侯。

三、先

周成王、周公既𨓱(迁)殷民于洛邑,乃𥄂(追)念頹(夏)商之以亡由,方(旁)埶(设)出宗子,以乍(作)周厚啚(屏),乃先建衛(卫)吊(叔)坣(封)于庚(康)丘,以侯殷之佘(余)民。(简17-18)

"先"之训释,整理者作本字读,应为"先后"之"先"。[18]而李天虹先生则另辟新说,指出:"颇疑简文'先建'之'先',应该读为'选'。古音'先'是心母文部字,'选'是心母元部字。'选'的声旁'巽'也是心母文部,与'先'音同。《说文》毨:'从毛先声,读若选。'可见'先''选'二字古音非常接近。文献中尽管没有二字通用的直接例证,但是可以找到一些旁证。如'戋'是从母元部字,以之为声符的字,与'先'声、'巽'声字均通。……这样,《系年》所谓'先建',当可读为'选建',与《左传》定公四年叙周分封事用词相同。'选建',与简文'旁设',也可对应。跟读'先'为本字相比,文义似更为顺畅。"[19]吴雯雯先生认同李先生的观点,云:"'乃先建卫叔封于康丘',此句文义为于是选立卫叔封于康丘。"[20]"先"

读为"选"之说尚有可商之处。

李天虹先生所云《左传》定公四年叙周公分封事用词，原文为："昔武王克商，成王定之，选建明德，以蕃屏周。"杨伯峻注曰："选明德之人，建立国家，为周室藩屏。"[21] 李先生将"先建"与"选建"联系起来，确有新意。不过，仔细比较简文与《左传》之文意，二者似略有不同。简文"旁设出宗子，以作周厚屏，乃先建卫叔封于康丘"是先总述出宗子以屏周室这一措施，然后特意强调先封卫叔于康丘，是在表述上是总分关系，所以可以说"先建"。而《左传》"选建明德"，只是说选择明德之人建封疆"以蕃屏周"，所以没必要突出封建的先后顺序。因此，《系年》中的"先建"与《左传》"选建"所处语境实不相同，不好模拟。故简文"先"仍当以作本字读，训为"先后"之"先"为妥。

四、敇（执）衞（乱）

秦女（焉）旨（始）与晋敇（执）衞（乱）与（与）楚为好。（简48-49）

整理者云："衞，从行，䖔声，读为'乱'。'执乱'与'为好'相对，义当近于'执雠'。《国语·越语上》'寡人不知其力之不足也，而又与大国执雠'，韦注：'执，犹结也。'《鲁语上》'乱在前矣'，注：'乱，恶也。'是执乱犹云结恶。"[22] 整理者将"乱"训为"恶"，则"执乱"犹如"结恶"。而清华大学读书会则读"衞"为"怨"，[23] 马楠先生云："疑当读为怨。"[24] 孟蓬生先生则指出："'执衞'犹言'执雠'，亦犹言'结怨''结雠'。"[25] 苏建洲先生认为："（'执乱'）解为两国关系动荡、不安定亦无不可，《吕氏春秋·察今》：'故治国无法则乱。'简文提到'秦焉始与晋执乱，与楚为好'，下启第十九章简104-105'吴人伐楚，秦毕公命子甫（蒲）、子虎衔（率）𠂤（师）栽（救）楚。'"[26]

实则"乱"本有动乱、纷乱义，引申则有仇雠义，故可不必破读为"怨"。"执乱"意即"结雠"。"为好"犹云"合好"，《左传》定公十年云："两君合好，而裔夷之俘以兵乱之，非齐君所以命诸侯也。"因此，"秦焉始与晋执乱与楚为好"即秦乃始与晋国结雠，而与楚国合好。

五、反

五（伍）员为吴大（太）宰（宰），是教吴人反楚邦之者（诸）侯，以败楚𠂤

（师）于白（柏）**㠝**（举），述（遂）内（入）郢。（简83）

"反"，整理者从本字读，未注。[27]而孙飞燕先生指出："笔者通假读为'叛'。简103'诸侯同盟于咸泉以反晋'与简105'陈、蔡、胡反楚'之'反'，皆改读为'叛'。《左传》中'叛晋'、'叛楚'等词常见。"孙氏将简83及后面简文中的"反"均读为"叛"。[28]吴雯雯先生则认为："此处'反楚邦之诸侯'，或可理解为策反楚邦的诸侯。"[29]吴先生将"反"训为"策反"。

以上诸说中，"策反楚邦的诸侯"文意虽通，然"反"先秦文献中并无"策反"之义项。吴氏以"策反"训之，实则使用的是"反"之语境临时义。我们认为，《系年》简83之"反"可理解为使动用法，"是教吴人反楚邦之诸侯"，即教吴人让楚邦之诸侯反叛（楚国）。孙飞燕先生所引诸简文之"反"也不必破读为"叛"，"反"本来就有反叛义，如《墨子·号令》："诸吏卒民，有谋杀伤其将长者，与谋反同罪。"

注释：

＊本文为教育部人文社会科学研究一般项目青年基金项目"清华简词语汇释与研究（批准号：18YJC740135）"阶段性成果。

［1］李学勤主编：《清华大学藏战国竹简（贰）》，中西书局2011年版，第140页。

［2］董珊：《读清华简〈系年〉》，复旦大学出土文献与古文字研究中心网 http://www.gwz.fudan.edu.cn/Web/Show/1752，2011-12-26。

［3］苏建洲、吴雯雯、赖怡璇：《清华二〈系年〉集解》，万卷楼图书股份有限公司2013年版，第122页。

［4］李零：《读简笔记：清华楚简〈系年〉第一至四章》，李守奎主编《清华简〈系年〉与古史新探》，中西书局2016年版，第43—47页。

［5］杨博：《清华简〈系年〉简文"京师"解》，《简帛》第十二辑，上海古籍出版社2016年版，第54页。

［6］廖名春：《清华简〈系年〉管窥》，《深圳大学学报》（人文社会科学版）2012年第3期。

［7］朱凤瀚：《〈系年〉"周亡王九年"再议》，李守奎主编《清华简〈系年〉与古史新探》，中西书局2016年版，第29页。

［8］李零：《读简笔记：清华楚简〈系年〉第一至四章》，第47页。

［9］李学勤主编：《清华大学藏战国竹简（叁）》，中西书局2012年版，第152页。

［10］王坤鹏：《清华简〈芮良夫毖〉篇笺释》，简帛网 http://www.bsm.org.cn/show_article.

php?id=1832，2013-2-26。

　　[11]李学勤主编：《清华大学藏战国竹简（贰）》，第140页。

　　[12]罗运环：《清华简〈系年〉楚文王史事考论》，教育部人文社会科学重点研究基地、清华大学出土文献与中国古代文明研究中心、清华大学出土文献研究与保护中心编《出土文献与中国古代文明——李学勤先生八十寿诞纪念论文集》，中西书局2016年版，第222页。

　　[13]李学勤主编：《清华大学藏战国竹简（贰）》，第140页。

　　[14]李学勤：《由〈系年〉第二章论郑国初年史事》，《湖南大学学报》（社会科学版）2014年第4期。

　　[15]李零：《读简笔记：清华楚简〈系年〉第一至四章》，第43-47页。

　　[16]王红亮：《清华简〈系年〉中周平王东迁的相关年代考》，《史学史研究》2012年第4期。

　　[17]马承源主编：《上海博物馆藏战国楚竹书（一）》，上海古籍出版社2009年版，第221页。

　　[18]李学勤主编：《清华大学藏战国竹简（贰）》，第144页。

　　[19]李天虹《小议〈系年〉"先建"》，教育部人文社会科学重点研究基地、清华大学出土文献与中国古代文明研究中心、清华大学出土文献研究与保护中心编《出土文献与中国古代文明——李学勤先生八十寿诞纪念论文集》，中西书局2016年版，第265—266页。

　　[20]苏建洲、吴雯雯、赖怡璇：《清华二〈系年〉集解》，第209页。

　　[21]杨伯峻：《春秋左传注》（修订本），中华书局2009年版，第1536页。

　　[22]李学勤主编：《清华大学藏战国竹简（贰）》，第156页。

　　[23]清华大学出土文献读书会：《〈清华大学藏战国竹简〉（贰）研读札记（一）》，复旦大学出土文献与古文字研究中心网 http://www.gwz.fudan.edu.cn/Web/Show/1743，2011-12-22。

　　[24]马楠：《清华简〈系年〉辑证》，中西书局2015年版，第156页。

　　[25]孟蓬生：《说"令"》，中国古文字研究会、复旦大学出土文献与古文字研究中心编《古文字研究》第二十九辑，中华书局2012年版，第706页。

　　[26]苏建洲、吴雯雯、赖怡璇：《清华二〈系年〉集解》，第408页。

　　[27]李学勤主编：《清华大学藏战国竹简（贰）》，第168页。

　　[28]孙飞燕：《清华简〈系年〉初探》，中西书局2015年版，第28页。

　　[29]苏建洲、吴雯雯、赖怡璇：《清华二〈系年〉集解》，第615页。

读清华简《皇门》札记两则

翟春龙　清华大学历史系
张金霞　山东师范大学文学院

【摘要】本文对清华简《皇门》简三"句（苟）克又（有）璷"之"璷"字，及简九"乔用从胁（禽）"之"乔"字提出新解。前者依《说文》，直接理解作"事有不善之言"之义；后者读为"矫"，解作"非其事居之"之义。

【关键词】清华简　皇门　璷　乔

清华简《皇门》刊布已久。其刊布之初，曾引起学者的广泛关注，对其中疑难字句的讨论甚多。然而《书》类文献多成文较早，往往难以获其达诂，要准确把握其中某些字句的含义，本就是一项长期而艰苦的任务，非短期讨论可以实现。近来重读《皇门》，发现除一些释读上不易有定论而异说纷呈的疑难字句外，尚另有几处或许也值得推敲，而学者讨论较少。今择其中自觉己见或不无裨益者，草成小文两则，以就教于方家。

一、䌓字 [1]

字形作：

出简三："句（苟）克又（有）～"。

～字整理者隶定作䜍，云："䜍，即璷字，读为谅，皆从京得声，诚信，《说文》：'谅，信也。'今本'苟克有常'。" [2] 又："《集注》引孔晁曰：'常，谓常德，言皆信通于义，以益王也。'" [3] 学者多认可整理者的释读，唯萧旭将此字读为"良"，理解为良善。 [4]

按，"有～"下接"**䌓**达，献言才（在）王所"。就其所在的"苟克……，罔不……"这个句式来看，所谓"有～"当为"献言"的某种必要性条件。把"～"读为"谅"，理解为"诚信"，或者读为"良"，理解为"良善"，均不能与下文"献言"形成此处所需要的这种逻辑关系。据此，我们怀疑现有的两种释读可能皆不合于原意。

在前引《清华大学藏战国竹简（壹）》释文注释中，整理者提出此字"即㷯字"。但在后来发表的《周书〈皇门〉校读记》中，整理者删掉了"即㷯字"三字，似乎已放弃这一意见。我们认为整理者原说不误[5]。

就字形看，楚文字中既、㤅（愛之古文）所从的"旡"往往写作"次"[6]，因此整理者据楚文字偏旁"欠"多写作"次"，而将～隶定为㪁固然有道理[7]，但隶定为"就"可能也是行得通的。楚文字中，愛等所从的"旡"未见有写成"次"的，而"旡"写成"次"多见于"既"字及从"既"声的字，"既"字特点在于其所从的旡均位于字的右部，这与楚文字"欠"在作义符时分布的位置相同。"旡""欠"本来形近，在相同的位置上产生相同的变化（均变作"次"），是容易理解的。假定《皇门》篇"～"字右部由"旡"作"次"，属合规律的演变；再联系此处用例（分析详下文），将其隶定为"就"可能较原隶定还更好一些。"就"字见《广韵》《龙龛手鉴》引《字统》，释义为"事有不善曰就薄"[8]"事有不善，就也"，此与《说文·旡部》"㷯"字下云"事有不善言，㷯也"相合，可知"就"与"㷯"为一字异体关系。"就"字西周初已见，金文皆左"旡"右"京"[9]，此与《说文》相合；而楚文字左"京"右"旡"，则与《字统》所据相合。

"㷯"字金文用为人名，传世文献中似乎仅见于《说文》以降辞书[10]，而未见一般文献有用之者。我们认为，"事有不善言，㷯也"，其义可联系"谏"字来理解。《周礼·地官·司徒》："保氏，掌谏王恶。"郑注："谏者，以礼义正之。"[11]《荀子·臣道》："大臣父兄，有能进言于君，用则可，不用则去，谓之谏。""㷯"所指的应当就是谏止不善之事的言辞。对不善之事有意见，然后乃能达于王所而献言。把"～"读为"㷯"，文意畅然。

古书中此义或假"凉（谅）[12]"字表示。《诗经·桑柔》："凉曰不可，覆背善詈。"郑笺："善犹大也。我谏止之以信，言女所行者不可，反背我而大詈。言距己谏之甚。"[13]郑笺以"凉"字兼包"谏""信"两义，乃系误将一个字所能承担的不同且无关的假借义相牵合。段玉裁云："《周礼》六饮之'凉'，当作薄酒也。'㷯'则为事有不善之言。若'亮'则为朙也。'谅'则为信也。四字在《说文》义别，而古经传多相假。"[14]《桑柔》"凉"字既已借表"㷯"的本义"事有不善之言"（即谏言），就不应同时兼表本应由'谅'字表示的"信"义。

今本《逸周书·皇门》"就"作"常"，学者或据以为训。楚文字中"常"作

（包山简 203）

　　与《皇门》"就"字所从"京"形似；二字同在阳部，读音也有一定联系，存在形近或音近致讹的可能性。

二、乔

　　字见简九"卑（譬）女（如）戎夫，乔用从胗（禽），亓由克又（有）䏶（获）"一句。

　　训释此字，我们需先来梳理一下此句中相关的几个词的词义。

　　"从禽"，古书多见，复旦大学出土文献与古文字研究中心研究生读书会（以下简称"读书会"）解作"从事田猎活动"[15]，其说有据，不过后世古书仍见"从禽兽"一类说法[16]；"从禽"的有些用例似乎也应照字面理解为"追逐禽兽"[17]。由于追逐禽兽本即田猎的主要内容，此处不必过于计较。

　　"戎夫"一词则古书有之。今本《竹书纪年》："（穆王）二十四年，王命左史戎夫作《记》。"《逸周书·史记解》：维正月王在成周，昧爽召三公、左史戎夫。曰："今夕朕寤，遂事惊予，乃取遂事之要戒，俾戎夫言之……"《唐六典》李林甫注云："《周书》穆王有左史戎夫，掌前代存亡之戒。"[18]不过读书会读为"农夫"，也不无根据，本文不讨论。问题在于，无论"农夫"还是"左史戎夫"[19]，均非从事田猎、追逐禽兽之事的本职人选。有的学者认为此处有问题，故而提出其他说法，如林文华先生谓"戎夫"为"古代王侯从事田猎时身边之护卫近臣"[20]，黄怀信先生则谓：

　　　　戎夫，人也，非用从禽者，疑本当如今本作"譬若畋，犬骄"。"戎"当是"畋"字之误，"夫"当是"犬"字之误。[21]

　　申超先生更是从黄怀信先生说，提出"犬"指"犬官"。[22]

　　按，林、黄二先生之所以认为"戎夫"读为"戎夫""农夫"有问题而必将之改释或改读，实受诸学者对"乔"字的训释影响所致。

　　"乔"字，今本《逸周书·皇门》作"骄"。孔晁云："骄谓不习也。"[23]整理者或据今本读之为"骄"，解云："骄，骄矜无纪，《国语·周语中》：'师轻而骄，轻则寡谋，骄则无礼。'韦昭注：'骄，谓士卒不肃。'"[24] 读书会亦读"乔"为"骄"，云：

> "骄"有放纵、纵恣义，如《尚书·毕命》："骄淫矜侉，将由恶终。"
> 孔传："言殷众士，骄恣过制，矜其所能，以自侉大。"《史记·乐毅传》："诸
> 侯害齐愍王之骄暴，皆争合从与燕伐齐。"

孔晁将《逸周书·皇门》"骄"字训释为"不习"，于故训及古书用例无征，故而后人多不取其说。[25] 学者或据以立论，本身就是有问题的。

而如将乔字作"骄矜无纪"或"放纵、纵恣"解，暗含的意思则是，如戎夫（或农夫）有纪律、不放纵地从事田猎，就可行。这在逻辑上确并不成立。这些人从事田猎、追逐禽兽难有斩获，主要不在于纪律或态度，而在于非其职分，本即不能（也不必）胜任其事。接受对"乔"字的这种训释，自会发现此不合逻辑之处，有些通过改释"戎夫"以达成此矛盾的解决，或许就是沿着这种思路的一种尝试。但结合上下文来看，周公的这个比喻，其喻体实为君主任用人品[26] 不合于治理国家之要求者——而非态度不谨慎、不谦虚[27] 者——治理国家将不能成功。如依林、黄两位先生之改释，这处比喻将割裂于全篇之外，而难以理顺其与上下文的关系。

分析至此，不难发现，用戎夫（或农夫）这种本质上不胜任田猎或追逐禽兽活动者，来比喻谗贼之人、督夫[28] 这类本质上不胜任理政大事者，其实恰好是最合乎逻辑要求的。句子之所以难于通读，问题实际出在对"乔"字意义的训释上。

我们认为此处"乔"字当读为"矫"，意思就是"做本职以外的事"。《管子·君臣上》："治官化民，其要在上，是故君子不求于民。是以上及下之事，谓之矫。下及上之事，谓之胜。为上而矫，悖也。为下而胜，逆也。"《大戴礼记·曾子立事》："非其事而居之，矫也。"古书习见矫诏、矫命、矫令等语，此类行为多有诈伪性质，故而故训多以伪托、诈伪等义释"矫"。但究其本质，这些行为之所以被称为"矫"，是由于其"非其事而居之"这一点，而非诈伪这一点，"矫"这个词所适用的原也不限于臣子诈托君命这类情境。身为君主而做臣子职分内的事，身为农夫（或戎夫）而做武夫（或猎犬）职分内的事，与身为臣子而做君王职分内的事一样，都是"矫"。只是身为臣子而做君王职分内的事一类行为在古代（尤其乱世）往往有之，且易受非议，故而古书中更为多见罢了，这才使一般训释此字时往往牵涉"诈伪"等一类意思。

解决了"乔"的释读问题，则这一句可译为："比如农夫，让他做追逐禽兽这种非其职分的事，这能有收获吗？"这与下文批评的君王任非其人，而致"正（政）用迷阕（乱），狱用亡（无）成"恰好可以比照。

注释：

[1] 下文以"～"指代。

[2] 清华大学出土文献研究与保护中心编，李学勤主编：《清华大学藏战国竹简（壹）》，中西书局 2010 年版，第 167 页。

[3] 李均明：《周书〈皇门〉校读记》，《出土文献研究》第十辑，中西书局 2011 年版。

[4] 萧旭：《清华竹简〈皇门〉校补》，复旦大学出土文献与古文字研究中心网站，http://www.gwz.fudan.edu.cn/SrcShow.asp?Src_ID=1372，2011–01–10。

[5] 清华简《厚父》亦有此字，文曰"启之民其亡～"，整理者赵平安师云"即㷍"。见清华大学出土文献研究与保护中心编，李学勤主编《清华大学藏战国竹简（伍）》，第 115 页。

[6] 清华简（《皇门》亦不例外）"既"字即多从"次"，此外包山、上博、郭店、望山诸简均如此，其情况可参相关字编。

[7] 关于"欠"可作"次"，李家浩先生早已指出，此不赘述。参李家浩《楚国官印考释》（四篇），《江汉考古》1984 年第 2 期。又见《著名中年语言学家自选集·李家浩卷》，安徽教育出版社 2002 年版，第 126 页。

[8]《说文》"㷍"下引《尔雅》："㷍，薄也。"《广韵》引《字统》作此，当与引用《说文》时有脱误有关。

[9] 字形参董莲池《新金文编》，作家出版社 2011 年版，第 1247 页，及陈斯鹏、石小力、苏清芳《新见金文字编》，福建人民出版社 2012 年版，第 271 页。

[10]《说文》"㷍"下引《尔雅》："㷍，薄也。"然今本《尔雅》未见此字。段注："按《尔雅》无此文。'尔雅'二字浅人所增耳。㷍、薄也。许以足上文意有未尽之语。《桑柔》毛传、杜注《左传》《小尔雅》皆云：'凉、薄也。'凉即㷍字。《广雅·释诂》曰：'㷍、禣也'。禣即薄字。"段氏认为㷍有薄义，然《说文》每以经传用字比况字音，而于字义无取，故段氏这一出理解可能有误。

[11]《周礼正义》，北京大学出版社 2000 年版，第 415 页。

[12] 唐石经本等"凉"作"谅"。参《毛诗正义》，北京大学出版社 2000 年版，第 1401 页。

[13]《毛诗正义》，北京大学出版社 2000 年版，第 1401 页。

[14]（清）段玉裁：《说文解字注》，上海古籍出版社 1981 年版，第 415 页。

[15] 复旦大学出土文献与古文字研究中心研究生读书会：清华简《皇门》研读札记，复旦大学

出土文献与古文字研究中心网站，http://www.gwz.fudan.edu.cn/SrcShow.asp?Src_ID=1345，2011-01-05。本文所引读书会观点均出此文，以下不再一一注明。

［16］《汉书·扬雄传下》："以罔为周阹，从禽兽其中，令胡人手搏之，自取其获，上亲临观焉。"

［17］《后汉书·张法滕冯度杨列传》："申令军中，恣听射猎。兵士喜悦，大小皆相与从禽。"

［18］以上皆引自黄怀信等《逸周书汇校集注》，上海古籍出版社 2007 年版，第 944 页。

［19］此处或当点断为"左史、戎夫"，暂不讨论。

［20］复旦大学出土文献与古文字研究中心研究生读书会《清华简〈皇门〉研读札记》（复旦大学出土文献与古文字研究中心网站，http://www.gwz.fudan.edu.cn/SrcShow.asp?Src_ID=1345，2011 年 1 月 5 日）一文下评论，2011 年 1 月 6 日。

［21］黄怀信：《清华简〈皇门〉校读》，武汉大学简帛研究中心网站，http://www.bsm.org.cn/show_article.php?id=1414，2011-03-14。

［22］申超：《清华简〈皇门〉小识》，清华大学出土文献研究与保护中心网站，http://www.ctwx.tsinghua.edu.cn/publish/cetrp/6831/2012/20120606095601351565670/20120606095601351565670_.html，2012-06-06。

［23］黄怀信等：《逸周书汇校集注》，上海古籍出版社 2007 年版，第 554 页。

［24］李均明：《周书〈皇门〉校读记》，《出土文献研究》第十辑，中西书局 2011 年版。

［25］黄怀信等：《逸周书汇校集注》，上海古籍出版社 2007 年版，第 554 页。

［26］如下文所云"谗贼"，这个词一般与贤人、忠臣对举，如《管子·七臣七主》："昔者桀纣是也，诛贤忠，近谗贼之士。"

［27］如"骄矜无纪"或"放纵、纵恣"等。

［28］"嬖"一说当读为妒媢之媢，一说当读为昏嬖之嬖。二说皆有据。我们暂不加讨论。

以狩猎类动词论甲骨文中字义与字用之关系

钱唯真

逢甲大学国语文教学中心

【摘要】甲骨文为目前汉字系统所见最早之出土材料，结合文献，足以证明、补充晚商时代的文化与历史。内容可分祭祀、狩猎、军事等不同内容，狩猎类活动数量虽不及祭祀活动，以刻辞内容所析，人物、狩猎方法、地点等记载，已具有一定规模。历来已有多篇论文讨论甲骨文狩猎刻辞，本文欲针对各狩猎类动词的字之本形本义与字用情形进行论析，论究后的结果表示使用引申义较多，而本义和引申义具有系统性的关联。

【关键词】甲骨文、狩猎类动词、字义、字用、引申义

壹 前言

　　甲骨文为目前所见中国汉字系统最早一批地下材料，刻辞内容提供了晚商时代语言文字和历史文化难得的数据，信史可征。其中尤以祭祀活动最多见，狩猎类活动数量虽不及祭祀活动，以刻辞内容所见，从事人物、狩猎方法、地点和猎物等记载，显示已具有一定规模。张惟捷硕士论文《商代甲骨田猎刻辞研究》已将狩猎动词分三类析论，笔者亦于《论花东甲骨字义与字用的关系——以狩猎类动词为例》文中分层讨论花东甲骨之十二个狩猎动词，并论析字义与字用的关系。今在两文的基础上，总瞰甲骨文狩猎动词分组、分期的用法，再论字义与字用间的关系。

　　本文写作方式，于第贰部分总论狩猎类动词的词意与字用，先列出各字辞例，后讨论内容。若刻辞为两句以上可独立分列之复句，各分句依顺序以英文字母 A、B、C 等代称之。本文所讨论之字词以出现于花东甲骨和《甲骨文合集》者为范围，字辞采宽式隶定，取自《殷墟花园庄东地甲骨校释》和《甲骨文合集》为主，并参考学界新说予以增删修改。

贰　甲骨狩猎类动词字义探讨

　　笔者将甲骨文中所见狩猎类动词之卜辞，逐一列出，其后论析句型、词意。待各字释义之后，于"叁"方做归纳性的总论整理。

一、通称概念类

（一）狩

甲骨文含有"狩"字之辞有：

《花》11	狩，叀新止？用。二
《花》28	辛卜：丁涉，从东淠狩？一
《花》36	丁卜，在￥：其东狩？一
《花》36	不其狩，入商？在￥。一
《花》36	其涿河，狩，至于粪[1]？一
《花》113	酉四十牛妣庚，乃 [奉]，其狩于，若？
《花》154	辛酉卜：丁先狩，乃又伐？一
《花》154	辛酉卜：丁其先又伐，乃出狩？一
《花》289	丁卯卜：子其往田，从阞西舝（涉）[2]，菁，狩？子占曰：不三 [其] 一。孚。二三
《花》337	十月丁出狩？一
《集》905 正	贞：王往狩？（典宾）
《集》10610 正	甲申卜，㱿贞：王勿征南狩？（典宾组）
《集》10612	己巳卜：狩，逐？（宾一）
《集》28333	王先狩，乃飨，擒又鹿，亡戈？（无名组）
《集》33381	庚戌卜：辛亥王出狩？（历组）

　　狩，字形作￥、狩等形，从单犬，单为捕兽器或盾之象形[3]，花东甲骨字形作犰等三形，其中"单"字形稍有增减笔画，与王卜辞同，然不见犬字那肚子上的竖笔，单一"犬"字亦是，是为花东"犬"字形特色。作为"田猎"类动词，"狩"基本且由来已久，"狩"之字义，《说文·犬部》："狩，犬田也。"[4] 意为带猎犬参与田猎之意，"狩"字至小篆演变成从犬守声之形声字，本形已失。各句中"狩"字用法，如《花》11、《花》28 与《集》10610 卜辞重点在于地点，《花》11"叀新止"，新地以"叀"字提放在动词"止"前，有强调的功能；《花》36 整版亦是关乎是否狩猎和狩猎地点，且勾勒出商都附近的地理环境和相对位置；《花》337 与《集》

33381 占卜出狩的时间。《花》36、《花》113 及《花》289 各是两分句以上的复句，《花》289 到某地、遇及野兽，是否狩猎的连串询问；《花》113 有举农作物以祭之"<img>"与祭祀活动有关，举行完祭祀仪式后方去狩猎，代表了或有排定的进行顺序；《集》28333 对于先狩猎再祭祀的吉凶占卜。以上大部分卜辞主语可能因是"子"不言自明，《花》28、《花》337 等辞主语是"丁"，而由花东子占卜，"丁"为时王武丁之省称，可见武丁出外田猎，花东子作为陪同的角色，韩江苏以此说明了"子"侍奉在武丁周围而随时占卜以问的史实 [5]。

　　古文献中多见"狩"，例如《诗·郑风》："叔于狩，巷无饮酒"《左传·哀公十四年》："十有四年春，西狩获麟"；韦昭注《国语·周语》："冬田为狩，围狩而取之。"《孟子·梁惠王下》："天子适诸侯曰巡狩。巡狩者，巡所守也。"《尔雅·释天》："火田为狩。"等，可见狩猎是历朝王室固定举行的活动，韩江苏依据文献，认为"狩"是围守以猎的方式，故为具体的狩猎手段 [6]。然笔者对花东卜辞上列含"狩"的观察，辅以文献，"狩"难以明显确认为具体的狩猎手法，例如《花》36 整版各辞系对于是否狩猎，或在何处狩猎的卜问；《花》113、《集》28333 两辞分句各对祭祀或狩猎活动先后顺序的贞卜，此处的"狩"即应为狩猎活动之统称。故"狩"似乎应属于此狩猎活动的起始概念更为恰当，因此笔者认为"狩"于甲骨各时期，应为泛称。

（二）田

甲骨文含有"田"字之辞例有：

《花》35	壬申卜：子往于田，从昔斳？用。擒四鹿。一
《花》35	壬申卜：既乎食，子其往田？用。一二
《花》50	乙未卜：子其田，从坒，求豕，冓？用。不豕。一二三
《花》124	戊卜：二弓以子田，若？一
《花》244	丁卯卜：既雨，子其往于田，若？孚。一
《花》474	子叀狀田，言妣庚罕一，酻于狀？用。一
《集》110	贞：田，冕？（典宾）
《集》13578 反	贞：王其往田，不雨？（宾一）
《集》20742	♤母田于田？（小字）
《集》22043	丁未卜：田于西？（午组）
《集》28773	贞：王其田狩，亡弋？（何二）

田，花东甲骨字形作田，王卜辞字形作田、畕等形，象农地方整、阡陌纵横之形，为一独体、象该物之形，故造字初始应属名词用法。由以上卜辞归纳出的句

型为"某人·（其）·（往）（于）田"[7]"往""于"后常接地名，"田"作为动词用法亦不在少数，故"田"应兼具到达某地之田野、进行田猎事务的双重义项，尤以《集》20742之"田于田"至为明显，"田"一字具有名词和动词双重词性的性质。

统观"狩"和"田"所见辞句，《花》244卜问下过雨后，子前往田猎宜否？《花》124占卜子带着两把弓箭前去田猎，宜否？这两辞尚未有具体的田猎内容，都是田猎前的关于天气询问和工具的准备工作。若是复句者，"田"与"狩"或与祭祀活动同出一辞，通常位于A分句，其后分句再接他类的狩猎动词，两字都属于狩猎动词范围较广的通称用语，如《集》110；狩猎活动与其他活动或有先后进行的次序，如《花》35子完成呼令食祭[8]之后，才前往田猎否？《花》474子去狀地，既有田猎，也会举行酓祭，"田"与祭祀活动对称，"田"确属泛称的狩猎动词；其中《花》289"田"及"狩"同出一辞，"田"仍居于A分句，"狩"位列C分句，其辞意为：子前往田猎，从阤地西方涉入，会遭遇某物，是否要狩猎？"田"与"狩"分属不同分句，经由内容的释义，"狩"是在遭遇某物之后的动作，故"田"是较"狩"作为更广泛的田猎动词用语，证明"田"代表狩猎活动类最大的泛称。《花》474本辞三分句，A分句以"叀"标示"狀"地之挪前，C分句则为正常语序，或是为了强调先行来到"狀"地，田猎结束后才举行祭祀。

《说文·田部》："田，陈也。树谷曰田，象四口。十，阡陌之制也。""四口""阡陌"释出了农地之形；段注："陈者，列也。田与陈古皆音陈，故以迭韵为训，取其陈列之整齐谓之田。"自东汉许慎至清代段注对"田"皆以"陈"训之。陈，陈列之义，由古籍中所见，如郑玄注《周礼·春官·大宗伯》："古者因田习兵，阅其车徒之数。"《左传·隐公五年》："春搜，夏苗，秋狝，冬狩，皆于农隙以讲事也。"杨宽论述西周"大搜礼"的具体礼节："田猎和战争用着同样的装备，同样要排列阵势，进攻时同样要驾车追逐射击……古时田猎和战争方式基本相同，因此，很自然地会形成借用田猎来作为进行军事训练和演习的手段，形成了'大搜礼'。"[9]《周礼》《左传》载狩猎活动于农闲时分进行，兼有军事和游乐性质，故取"田"表畋猎义，其用来陈列队伍。王卜辞之甲文中，属于田猎之行之字词除了以"田"字表示，尚有"迍"及"逖"表相同概念，三字分属不同时代，张惟捷认为"田"原先兼有他意，由第一期可见"王田"、第三期有"王迍"、晚期王卜辞有"王逖"等辞，以"迍"和"逖"替代"田"，中晚期各造另一字专用为军事性田猎活动，字用渐分化，也代表了三阶段的文化变迁[10]。花东甲骨无"迍"和"逖"字，但见为数不少的"子·田"，王卜辞常见相同内容和句型，花东子与王皆可参与田猎之举，子也可呼他人参与祭祀、贡献或宴飨活动，却无"呼／令·人·田"之词，花东子反而多是被"丁""令"的对象、又花东甲骨无"省田"等词，故某些活动是花东子无法参与或无主动权的，代表花东子拥有之地位与权力不及王。"省"，字形作 ，从目上有屮之形，辞例如：

《集》9611　　　丙辰卜，永贞：呼省我田？（典宾）

《集》1434　　　☑王省比西，告于大甲？（典宾）

《集》28985　　叀盂田省，亡 ？（无名）

《集》29176　　王其省田，不雨？（无名）

上列各例可见"省"后常接某地或某方向，"省"表示出巡、视察之意；"省"字句后分句，贞问是否祭告先祖、是否遇雨或有灾害，可见"省"是一重要的仪式，又从以上各辞，主语多为"王"，意谓"省"乃具有"王"之身份地位者方能进行的活动。根据以上卜辞，"田"与"狩"虽同为展开狩猎活动的动词，前段笔者已言"田"较"狩"更为广泛，两字尚应做更细部的区辨。例如，子"田"有"从某人"，如昔旂、里、剌等人，有臣属跟随，保护主人，"狩"无；又上页举出《花》50一版三条田猎之辞，同版又见（1）"丁亥卜：子立于右？"和（2）"丁亥卜：子立于左？"此处或指子站立于军队的左方或右方，可见军队的演练与田猎确为并行；韩江苏认为花东子所进行的田猎，有两目的：为田除害，习武尚功[11]。就以上所言，"田"比"狩"范围更大、更宽泛，兼有军事性质，"狩"则单独作狩猎之义与用法，无军武训练的用途，例如"狩"字句有《花》85（3）"子呼狩"、"逐"字句《花》295（1）"子又呼逐鹿"等辞，证明花东子可主持单纯无军事行动的狩猎活动，花东子虽有"子·田"之句，然无巡视义的"省田"，"狩"与"田"确定使用范围不同，且因"省田"等表示身份区别之词，两字确需区辨。

二、专称—行动类

（一）逐

见于甲骨文的"逐"字辞有：

《花》108　　　辛丑卜：叀今逐狐？一二

《花》108　　　辛丑卜：其逐狐，获？一

《花》295　　　戊午卜：子又呼逐鹿，不游[12]马？用。一二三

《集》390反　　逐豕，获？（典宾）

《集》28790　　　其北逐，擒？（无名）

《集》37532　　　戊午卜，在呈贞：王田衣逐，亡𢀖？（黄组）

逐，甲骨字形作𧽼、𢓜，从某动物从止，以"止"形借代指人，表对于动物的追捕。花东甲骨所见的"逐"，其后都接有明确的动物，如《花》108、《集》390 等，《花》295 则为花东子呼令某人去逐鹿，是否不去追赶马？从用辞得知此辞被采用。由上列各辞可知"逐"是一具体、及物的狩猎动词，是追赶的狩猎方式，至第五期，仍为狩猎类动词，但猎物宾语已趋于少见。对比王卜辞，也屡见"逐·动物·获（擒）"的句型与内容，唯《集》20862 有"☑卫逐人？"，"逐"后所接的竟是"人"而非动物，本辞属非王卜辞，也仅一见，杨树达谓："追逐二字用法划然不紊，盖追必用于人，逐必用于兽也。"[13] 甲文时追逐后所接的宾语截然可分，《集》20862 该辞为唯一之"逐人"，应属偶一的混用情况。花东甲骨未见逐动物类以外物种之辞。

姚孝遂谓："'逐'在卜辞乃指某种具体的狩猎手段而言，根据大量有关辞例的观察，应该是围猎之一种形式…围猎一般的情况都是三面包围，将野兽从其隐藏的森林中逐出，然后加以捕获。"[14] 众人从三面围捕包抄、追逐其后、伺机捉捕，是连续性追捕的过程，以"止"借代指人，及强调人参与的工具部分。王卜辞之"逐"字多形，有𧽼、𢓜 等形，虽以从豕居多，仍有从兔、从鹿等形，第三期后"豕"字形稍有变；花东甲骨仅一从豕从止之形，笔者分析，"逐"为从止从某种动物配合成的会意字，因人的脚趾形是一通用、取部分的借代形体，故与其配合的动物需有多种，表示了该字形的造字本意，原皆为具体的专用字，然因概念和手段相同，渐渐转变为一共享、常用的形体，其他字形遂废而不用，故逐字的使用范围从专用变为泛用。也因此，"逐"后需有明确的宾语，"田""狩"表行动之起始，无须接宾语。

（二）敠

花东卜辞含有"敠"字之辞见下：

《花》14　　　乙酉卜：既乎皀，往敠，靠豕？一二

《花》14　　　弜敠？一二

《花》381　　　戊戌夕卜：翌己，子其[田]，从里，[北]飨，敠，靠？

　　　　　　　子占曰：不三其一，其二，其又游马[15]。一

敠，花东甲骨字形作𢾇，表示持棍棒打虎，本形本义应来自于此种狩猎方式。花东甲骨有三见，《花》14 为正反对贞，前一辞 C 分句卜问是否遇到野猪？后一辞为针对 B 分句的否定问句，意为是否不用此手法？《花》381 命辞不知何动物，占

辞之"游",与野马有关。然而,"敇"字形所见攻击用的工具与动物偏旁如此明显,观察两辞,《花》14 希冀得到的猎物非虎而是野猪,《花》381 命辞未提及,占辞为"野马",皆非原形所见的虎,可见此字的用法已非本义,作为引申义,工具为字用重点,所从动物偏旁并非绝对相等。对比王卜辞,从攴之"敇"(字形作𫗴)仅见于《集》30998"□□卜:王其敇鼎☑?"一辞,此辞用为祭名。同样有工具捕捉动物之字有"虣",从戈从虎,而"虣"辞例有《集》5516"壬辰卜,争贞:其虣,弗其获?"《集》11450"☑曰:王往虣虎,允亡𢦏?",确为狩猎动词,《集》11450 猎物也正是"虎"。古籍中可见《诗·小雅·小旻》:"不敢暴虎,不敢冯河。"《诗·郑风·大叔于田》:"禋裼暴虎。"等语词,《诂林》引裘锡圭的说法,"虣"字古体为"𤞤"(虣),今字假"暴"为之[16],搏虎为"暴",成一固定用语。裘氏考古地下材料字形为从戈从虎之"虣",文献则假"暴"为之。花东之"敇"与王卜辞之"虣"两字本皆用于猎虎,字形中的工具从戈、从棍棒各异,字用不限于虎,可见已是引申概念的用法,则同。

　　(三)射

　　甲骨卜辞所见"射"之辞例如:

《花》37　　　戊申卜:叀疾弓用射萑?用。一

《花》149　　　癸亥卜:子𪊨用𠂤吉弓射,若?一

《花》467　　　己亥卜,在吕:子其射,若?不用。二

《花》467　　　弜射于之,若?一

《集》10276　　呼射鹿,获?(宾一)

《集》20731　　庚戌卜,徛:叀翌步射兕于𠙽?(小字)

《集》24391　　癸未卜,王曰贞:又兕在行,其又射,获?(出二)

《集》37439　　戊戌卜,贞:在□□告麋鹿,王其从射,往来亡𢦏,王

　　　　　　　　☑𤳚?(黄组)

　　射,字形作𫝆,从弓矢,花东甲骨字形或增为双手形,作𫝋,表使用工具为弓箭。甲骨文中"射"字实有两用,一为官名,一为动词。笔者仅取动词用法者,如《花》467 占卜子在吕等地射猎,顺利否?另花东甲骨对弓箭有"吉""疾"之形容词,或地名"𠂤",《花》149 甚有"𠂤吉弓",可见对于弓箭质量的要求。花东卜辞的内容不是对于获得猎物的询问,仅有《花》37"射萑"一辞表鸟禽[17]类之猎物,其余句末之分句大多为"若",即问过程顺利否?命辞未如狩猎类卜辞常见的询问是否获取猎物,上见王卜辞内容以是否射得猎物为问句重点,或举行射礼;花东卜辞与王卜辞贞问重心不同,因此花东甲骨之"射"或可能已从单纯的狩猎活

动朝向某固定仪式发展；又自王卜辞第一至第五期之例则可见射猎鹿、兕等大型野兽，可见王室与花东子狩猎区域之兽类有所差异。宋镇豪《从新出甲骨金文考述晚商射礼》结合甲骨文、金文及文献，谓从以上数辞中可观察出晚商射礼的记录，历经二十余天，有参与人员、所在地区、竞技规则等多项记录，为周代射礼的滥觞[18]；章秀霞等人著《花东子卜辞与殷礼研究》亦有专章介绍花东之射礼[19]，可供参考。笔者认为"射礼"目的当为祭祀神灵，且有一定之祭祀程序，花东甲骨之"射"字辞仍见田猎活动，或趋向某固定仪式，但无举行射礼之确切证据。

（四）罞

"罞"之甲文辞句有：

《花》14　　　　乙酉卜：子又之阤南小丘，其罞，获？一二三四五

《集》4761　　　壬申卜：令▨罞奴▨▨？（宾三）

罞，花东甲骨字形作🐗，从双手持网网猪之形，花东甲骨仅一见；《花》14辞中卜问子前往南小山丘，将用网捕捉，是否捉获？由于"罞"后不见动物，故"罞"可能以一个形体表达了一个"动词·宾语"的概念，由《花》14同版（3）辞"子于翌日丙求阤南丘豕，菁？"、（5）辞"乙酉卜：既乎𡥉，往敔，菁豕？"和《花》352"子夕乎多尹□阤南，豕弗菁？"等辞，皆属至阤地南方是否菁豕的询问句，资为证明。至于《集》4761，残辞甚多，宾语"奴"为人牲，若是"罞奴"成句，又参考《花》14之辞义，则"罞"属引申用法。字形作🐗，无双手形，两偏旁呈上下之型。王卜辞仅此一辞，其义无法确定。

（五）罬

"罬"见于甲文的辞，例如：

《花》286　　　壬卜：子又🐇？曰：往罬。一

《花》401　　　丙卜：子其往罬？［曰］：又［🐇］，非楼？

《集》110正　　　贞：田，罬？（典宾）

《集》10750　　辛丑卜，王：翌▨寅我罬▨获？允获。（宾间B）

罬，花东甲骨字形作🐇，从双手持网网兔之形。两辞卜问前往狩猎，用网捕捉兔，子是否获灾祸？两版两辞虽不同天占卜，命辞前后顺序也有变换，然皆云子前往捕兽，是否遭遇灾异？据《花东·前言》归纳花东占辞有"子占曰""子曰""曰"等三种写法，而"子曰"和"曰"是"子占曰"省略形式[20]，若根据《花东·前言》此说，则本版的四辞，"曰"后理当视为占辞，姚萱认为《花》286（5）至（8）辞

的命辞同、占辞各异，于情理恐不大可能；孙亚冰同意姚萱视为命辞的看法，但对字词的解释另有看法。《花》286（8）为本文"罻"欲讨论之例，兹再列出《花》286（5）至（7）辞：

《花》286（5）壬卜：子又希？曰：口贮。一

《花》286（6）壬卜：子又希？曰：取絎叟。一二

《花》286（7）壬卜：子又希？曰：见剌官。一

《花》286（5）至（8）辞为一系列子是否有咎的占卜，同一条命辞后有四种不同的占辞，造成理解的困惑，孙氏认为"曰"为金文和典籍中的语首助词，"曰"后仍应视为命辞，释为"子有咎于做此事"或"子因做此事而遭咎"之意[21]，笔者认为该说合理，也因此，本类之辞例《花》401与《花》286之内容，两版的"曰"都当视作命辞，而非占辞，故《花东·前言》的归纳和理解仍须谨慎判断。而关于"罻"字两辞的内容与其他狩猎卜辞有明显不同，常态狩猎卜辞多是就狩猎结果询问，以上我们却见到对于子是否遭遇灾祸的卜问，故子此次出外狩猎行动着实令人担心，又或希望取消此行。如此问法，或同于"射"字句的末分句，多以"若"占问顺利与否的情况较为类似，"罻"又或为某种仪式。王卜辞中有将"罻"为族名或人名之用，乃假借用法，应独立看待。

（六）鱻

"鱻"字之辞例如下：

《花》113　　　　其乍官，鱻东？三

鱻，花东甲骨字形作 𓁹，从双手持网捕鱼之貌。《易·系辞》："古者庖牺氏之王天下也，作结绳而为网罟，以田以鱼。"《说文·叙》："庖牺氏所结绳以田以渔也，下象网交文也。"故以网罟捕鱼猎兽，由来已久，确是常见的狩猎手法之一。综合以上罻、罻、鱻三字和古文献，用网覆盖、捕捉猎物，为具体的捕猎手段，本以某一物种为代表性，根据花东甲骨卜辞内容，"罻"宾语明确，其余两字三辞宾语不明，不限某一动物类。本辞意为：是否能在行馆东边捕鱼？第一期王卜辞之捕鱼方式"𓆛"，隶作"渔"，从多条鱼在水中之形；另有同于花东之形"𓆟"，第一期出现两辞，第三期和屯南甲骨较多见，可见此字非花东特有，但直至第三期较常使用。

三、专称—结果类

（一）擒

见于甲骨文的"擒"字辞例有：

《花》9	辛未卜：擒？用。一
《花》234	辛未卜：擒？子占曰：其擒。用。三麚。一二
《花》378	弗其擒？一二三四
《花》378	擒豕？子占曰：其擒。用。一二
《花》395	癸酉卜：子其往于田，从剌，擒？用。一
《花》395	癸酉卜：子其擒？子占曰：其擒。用。四麚，六。
《集》10655	己卯卜，𣪊贞：我其陷，擒？（宾一）
《集》24445	乙巳卜，出贞：逐六兕，擒？（出一）
《集》29084	丁丑卜，狄贞：王田，擒？（何二）
《集》33385	己亥卜：王狩，擒？（历二）

"擒"，原字形作🐦，象捕兽器形，下为手持之柄形，为一独体象形。又有"罿"，字形作🐦，"罙"上增一"隹"形，花东甲骨唯《花》9一版两见，一辞仅该字、一辞残，数据不足以确立其意义，依第一期卜辞推测，两字用法有部分重迭，即动词"擒"，两字应为一字异形。姚孝遂则认为两字都有擒获之意，但用法有异有同，如"擒"对象只限于禽兽，不是具体的狩猎方法与手段；"罿"则是具体之禽兽方法与手段，可以包含敌人，两字不能断定为同字[22]。依姚孝遂之说，两字使用的对象范围有大小之别，王卜辞有名词与动词两用法，"擒"皆位于最后一分句，前有"田""狩""逐"等前述较宽泛或具体行为用字，花东甲骨"擒"仅限于动物类的狩猎行为，"擒"字或用于单句，径用否定副词"弗"反问，亦或增"其"字；上列有数辞属于复句，"擒"字见于最后一分句，又或是占辞，也是针对命辞中是否擒获之问题所伴随记录的占辞。花东甲骨"擒"字的验辞，其擒获的猎物多是鹿属，应为所在地区域性的动物。与有相关字形和意义的"罿"综合考虑，原为捕鸟概念的"罿"，以上辞例希望捕猎之物皆为非禽类的走兽，可见此字本义使用甚少，已成熟地用为引申义。

（二）获

甲骨刻辞所含"获"字之句有：

《花》14　　　　乙酉卜：子又之阤南小丘，其罤，获？一二三四五

《花》108　　　辛丑卜：子妹其获狐？孚。一

《花》113　　　子敓获，嘼？一

《花》113　　　子敓获，弗嘼？一

《花》259　　　辛巳卜：子叀宁见？用；逐？用。获一鹿。一

《花》288　　　乙未卜：子其往于阤，获？子占曰：其获。用。获三鹿。二

《集》10236 正　贞：呼逐豕，获？（典宾）

《集》10410 正　辛巳卜：王获鹿？允获鹿五。（自宾间）

《集》37417　　辛巳王卜，贞：田曺，往来亡巛？王固曰：吉。获狐三、鹿二。
　　　　　　　　（黄组）

　　"获"字形作🖐，从手捉住鸟只之形，可单独使用，见于单句之例如《花》108问是否未抓获狐；而以上所见多为复句，针对到某地、某动物是否获得，例如《花》14、《集》10236之"豕"、《花》108"狐"、《花》288、《集》10410"鹿"等，《花》259、《花》288、《集》37417等则见于验辞。其中《花》113全辞未见动物类字词，"敓"和"嘼"为花东甲骨专见字，"敓"，字形作𢼒，从攴有敲击意，动词[23]，结合《花》130"己卯卜：子用我妾，若永？弜屯敓？用。"与"屯敓妾？不用。"之对贞卜辞，进一步释作杀人牲之手段，"敓"一字兼有动词和宾语。嘼，字形作𤴙，从中、二臣，上半部的臣形上有一中形，花东甲骨中只见于《花》113一版四辞，遍查甲骨字书，目前也仅见于此。就句中位置而言，是询问结果或吉凶的用语，但究竟何意？"臣"在甲骨文有奴隶之意，若结合"敓"，当是对使用人牲顺利否的用语。《花》113的对贞卜辞之意为：子持棒追击杀伐、捕获犯人（猎物），是否会有灾祸？"擒"及"获"都是针对结果所用的动词，两字是否可区别？区别点为何？笔者观察，两字同为及物动词，花东甲骨之"获"后接有明确猎物的情况更多见；又以王卜辞为主观察，所收获之物有兽、外族及奴隶，"擒"字以兽类为多，外族或奴隶甚少，仅见《屯》994"擒土方"之语，以上两法可作为两字的区辨。

　　（三）冓

　　见于甲骨卜辞的"冓"字句例如下：

《花》14　　　　乙酉卜：子于翌日丙求阤南丘豕，冓？一二三四

《花》14　　　　乙酉卜：既乎㝸，往戠，冓豕？一二

《花》14　　　　冓阤鹿？子占曰：其冓。一二

《花》50　　　　乙未卜：子其往田，叀鹿求，冓？用。一

《集》10345　　 丙申卜，争贞：王其逐麋，冓？（宾一）

《集》28337　　　☑辛乃田☑遘又鹿？（无名）

"遘"，字形作 ，象两物相对之形，该物为何物？郭沫若以为"簋"之形 [24]，李孝定以为"鱼"之形 [25]，都无法有确切之证明。《说文·遘部》："交积材也。象对交之形"，许慎据小篆之形所言，非溯及先秦古文字，字形之释仅供参考，然"象对交之形"可取无疑。于甲文中作为遭遇之意，较少见于单句，多见于复句，绝大部分位在最后一分句，问是否碰到某动物？可以现代汉语之"及物动词"称之。唯《花》484"壬卜：其遘雨？一"，亦属"遭遇""碰到"的意义，然仅见单句"遘雨"，全版其余各辞多为祭祀活动，"遘雨"应用广泛，举凡做任何活动皆可询问，与狩猎活动不一定相关。若以"工具""手段"等田猎方法审度之，且参考全句句义，上列各辞占卜是否碰到某动物后，才会有具体的狩猎方法，则"遘"属于狩猎活动的过程（或结果），而非狩猎方式。就本形本义和花东甲骨辞例考较，"遘"有遭遇动物、遭遇雨之词，宾语广泛，"遘"之本形本义应为抽象概念，初始用法应即为引申义。而王卜辞"遘"字辞远比花东甲骨为多，所遘遇之物多见。

参　词义分类与用法

词义之理解与使用可分四种，为本义、引申义、假借义与通假义。汉字特性为表意文字，故单一字可能已具备完整语义。甲骨文为目前所知汉字最早的系统，字形尚偏重图像性或多种异构，代表尚未趋向定性；但文字、语言的发展，非一朝一夕立然成型，需经历长久岁月的累积，就甲骨文所见，已是成熟使用的系统。论究甲文字形，可得出本义者，所谓"缘形知义"，因字之本形，或即本义的发生，取象于具体的或某代表性的偏旁描摹、组合所成；至于较难表达的抽象概念，或取某个代表性字形以显示，例如"大"借人正面站立之形、"初"从衣从刀表"裁衣之始"等例，则抽象观念之本义并不限于字形表示的唯一意义。随着社会和时间的发展与变化，语言和意义所需愈多或有必需的显著差异，故词汇和意义不断增减、细分、深化，便由本义衍生出一个或多个意义，本义的延伸与发展，便是引申义 [26]，故本义加上引申义，成为一个以本义为中心发展出的系统，彼此之间必有关系。假借义，取许慎《说文·叙》"本无其字，依声托事"之说，当语言中发出某种声音的某种意义，却无代表这声音和意义的字，可能不易用象形、指事、会意或形声等方式来造新字，或来不及造出新字，遂取一声音相同、已有的文字来代替，将原欲表示的事物和意义寄托于替代的字形中，故假借义实与声音有关、与意义无关，例如"其"本是畚箕之"箕"，而借为语词之"其"；"隹"本是短尾禽之总名，借为语词之"唯"等例。通假义，欲使用的该字"本有其字"，然仓促之间取某同音或近音字来代替，其实为不按常态使用的别字，常见于各文献，而通假义通常被归类为训诂学范畴，甲骨文中目前无法有效确定是否使用通假义。本文的十一字字形虽有具象、确定的表示，即大部分的狩猎方式用字，由辞例所见亦有引申、宽泛的用法，例如"狩""逐""获""擒"等字，故用法已不局限于本形本义，而引申义用例远多于本义。本文以狩猎行为探讨范围，但若考虑某字完整用法，"射"不仅为狩猎动词，又可作职官名和祭礼；"田"亦作职官名，职官名可理解是由行为引申而成；"罿""擒"也作族地名，则为假借用法。

　　殷商时期的甲骨文，上述前三种词义都已是发挥成熟的系统，本文就各组各期甲骨之狩猎类动词探讨其字义与字用之关系。前文以动词为主，讨论了各字的意义、在句中位置及彼此关联等，使用情形已有颇明显的类别划分，如下表：

类别	狩猎类动词	类别意义
通称	狩、田	概念、行动
专称	逐、射、敝、鰻、罿、罜	行动、方法
专称	获、擒、菁	结果

　　张惟捷硕士论文《商代甲骨田猎刻辞研究》中第四章所论《商代田猎方法考》，列举王卜辞所见各广义、特指和其他相关专有的狩猎动词三大类十九种，分类逐个考释[27]，笔者也于博论专论花东甲骨的狩猎类动词。本文讨论了十一字，分为三类，第一类为通称，为狩猎行动之始与名称；第二、三类为专称，乃专指的狩猎方法及对结果的询问。对比王卜辞，部分狩猎动词未出现于花东甲骨，已见的部分大多数使用方式和句型同，其中以狩猎方法较具区别性。例如花东甲骨之"逐"只见一种字形、从网的三字字形多了双手形等，是该批材料的特色字形和用法。其余常见的狩猎方式者例如需挖坎穴制造陷阱的"陷"（𢼸、𢽥、𡇈、𡇏、𡆥）、需要多数人合捕的"围"（𠱕、𠱵、𠱻）、以火烧林的"焚"[28]、固定猎罘用的"量"、中期之"迺"和后期的"㳄"等，完全不见于花东甲骨；又如"网"，王卜辞可见"𦌫、𦌴、𦊹"等字，但亦有分书者，如《集》10976正"网鹿"、《集》10514"网雉"等，花东甲骨的三字鰻、罿、罜为合文之形，无分书者。与王卜辞相较，有七字不见于花东甲骨，笔者探究不用某些狩猎动词的缘由，原因之一为时代所区分，部分狩猎动词仅见于晚期，例如张惟捷认为"迺"和"㳄"分别为"田"中期和晚期的替代方式；

原因之二，就所出现的地名考察，狩猎地区和范围与王卜辞不同，子的田猎范围受限、或因采邑地理环境之故，有些狩猎动词便不可能发生，如花东甲骨常见的地名"阞"，附近有小山丘，或难以挖地穴；原因之三，因花东甲骨属非王卜辞，有些方式、工具非王不能使用，如代表王权力之"省"。上述第一原因指某些字辞尚未出现或体现早期风格，笔者便举花东含"网"的三字以作说明。三字必有双手形，从双手张网或覆盖的方式猎捕动物，整体字形而言便是一幅狩猎般的图画，而王卜辞含网之字多已无双手形，网字形已有变化，且常固定呈现上下组合之姿，相较于花东三字的左右之形，王卜辞为官方用法，已从"图画"朝向"文字"发展，故可见针对某种动物张网捕猎方式的单字已过渡至下一阶段，并走向"网 + 某动物"的分书模式呈现，唯数量不多。花东甲骨"网"仅作偏旁，未独立出现。殷商当时的狩猎活动及所对应的猎物，本有专用字的需求，故一字多形，而随着语言和时代的需求与发展，各组也均发现不定专用某动物的专字，专用字渐趋向死字，而以某一种狩猎方式结合某常见猎物，遂成某狩猎动词今字，例如上段论及"逐"渐成唯一字形、"网 + 某动物"分书的广泛化。

各字组成的偏旁，多含有工具的偏旁，有手持的用具（含戈）、网罟、人徒步追赶（从止）、猎犬等，尤以具体狩猎方法的字词所占比例较高。论析汉字构形时，多以"六书"为造字法审视，虽"六书"是以小篆为主体分析归纳出的造字之法，然小篆仍有承袭甲金文演变而来，上列各字的本形，皆为象形与会意两种有具体事物之法所造，有单一器具之形"擒"、有工具与猎物偏旁的结合会意，而无抽象指示符号之指事和具有声符之形声两法。

由"逐"、"网 + 某动物"、陷阱类动词等三类字，可发现所搭配动物字形较多见，一方面强调专字专用，另一方面笔者认为"止""凵""网"等形，单一形体出现时较难理解与狩猎活动相关，故须两偏旁的结合才为完整意义。姚孝遂举"冤"字为例，认为"冤"作地名解时，可视作一字；然做狩猎动词时，当读作"网兔"二字，"网"与所猎得的猎物需分读[29]，姚氏文中依从不同动物偏旁有不同隶定，以语言的概念释读，笔者认为可从。从本文分析所见，以花东甲骨为目前最早时期的甲骨文代表，狩猎类动词字形、字义和字用完全相合的情况便已不多见，多属引申用法，各组亦是此现象。字义和字用并非一定对等，乃因社会发展、语言需要，意义逐渐有所增减、分别与转化，此种情况亦是汉语有必要发展至双音节的标志之一。

肆　结语

笔者取花东甲骨与王卜辞皆有所见的狩猎类动词论析，并分层别类讨论各动词意义和字用。狩猎行动之通称中，唯"田"有较常见的句型："人·（其）往·（于）田"，"田"一字兼具名词和动词，居后的分句中再见具体的狩猎手段；属于专称的狩猎方法和结果大部分其后须立刻接宾语，但少数未接宾语，其一缘故是不言自明，由同辞中的分句可推知；另一缘故则为合文的表现方式，一字即表现了一行为，换言之，宾语便是字形中所用的动物，彼动词后无须再接动物类宾语。从《花东·前言》和迄今多位学者的讨论意见，花东甲骨所属时代较为早期，有几字如图画般的构形，亦具初期发展的代表性特征。本文所论各字中，每一字字形，必有某一偏旁是与狩猎相关的事物，或动物或用具，又根据辞例内容判断，和射两字兼用本义与引申义，其余他字使用都应视作引申义，这类动词使用本义与引申义，乃是因此类字词专用于狩猎活动所致，是为可独立使用的实词；然"田"与"射"又引申作为官职名、"罷"和"擒"字另假借为人、族地名，而非假借用为虚词。

狩猎行为是人类至今赖以维生的手段之一，而随着文明的发展，渐有农业、畜牧业等生产方式，趋于稳定后，加上国家社会制度发展成熟、对外扩张等多方考虑及需求，使得狩猎活动不再仅限原有的性质，也逐渐转向兼具军事和畋猎两方面的活动。据本文讨论各字本形代表的词义及其使用的情况，是以本义为出发点，和引申义成一有关联性的系统，字之构形以象形为基础，因意义需要增加至少一偏旁成为会意，字形与字义之间的发展有系统性、根据性；使用情况以引申义较多，仍是以本形本义为根据而发展，虽有假借为名词的用法，或应与本义和引申义分别视之。本文探讨之狩猎动词，各字之形、义、用，整体发展与变化具有系统性且理据性。

注释：

［1］章秀霞从胡厚宣、徐中舒等人说法释为'粪'，笔者认为可从。章秀霞、齐航福、曹建墩《花东子卜辞与殷礼研究》，中华书局，2017年，页104。

［2］朱师歧祥认为"𣴎"是"涉"的异体字，从夸声。朱师歧祥《殷墟花园庄东地甲骨校释》，东海大学中文系语言文字研究室，2006年，页1016。

［3］李孝定认为"单干古为一字，并盾之象形。"见李孝定《甲骨文字集释》，台湾"中央研究院"历史语言研究所，2004年，页4201。又如白玉峥、朱师歧祥作"捕兽器形"，见朱师歧祥编撰、余风、

赖秋桂、钱唯真、左家纶合编《甲骨文词谱》（五），里仁书局，2013年，页188。其余诸家说法详参于省吾主编、姚孝遂按语《甲骨文字诂林》，中华书局，1999年，页3082-3086。

[4] [东汉]许慎撰、[宋]徐铉校定《说文解字》，中华书局，2004年，页205。段玉裁、王筠等认为是"火田"之讹，系根据《尔雅·释天》"火田为狩。"之故，然就甲骨文至小篆的字形发展、参考古代畋猎文化中以猎犬追逐猎物的常态性及"犬官"的命名和参与，"犬"是不可欠缺的重要角色，大徐本之说较为符合"狩"之原形本义，故取大徐本说法而不取段注。

[5] 韩江苏《殷墟花东H3卜辞主人"子"研究》，线装书局，2007年，页468。

[6] 韩江苏《殷墟花东H3卜辞主人"子"研究》，线装书局，2007年，页470。

[7] 本句型呈现方式参考《甲骨文词谱》，"·"表示前后字词可相连、亦可分写。

[8] 本字形，[原释文]释做"糇"一字，参考《花3》（15）辞，朱师歧祥认为"应为""呼食"之合文。朱师歧祥《殷墟花园庄东地甲骨校释》，东海大学中文系语言文字研究室，2006年，页960。

[9] 杨宽《西周史》，上海人民出版社，2004年，页699-700。

[10] 张惟捷《商代甲骨田猎刻辞研究》，辅仁大学中国文学系硕士论文，2003年，页95。

[11] 韩江苏《殷墟花东H3卜辞主人"子"研究》，线装书局，2007年，页469。

[12] 朱师歧祥《亦古亦今之学——古文字与近代学术论稿》，万卷楼，2017年，页138。

[13] 杨树达《积微居甲文说》，中国科学院，1954年，页15。

[14] 姚孝遂《甲骨刻辞狩猎考》，《古文字研究》第六辑，中华书局，1981年。

[15] 参"逐"字《花》295条脚注。

[16] 裘锡圭《说"玄衣朱襮"—兼释甲骨文"虣"字》，原载《文物》1976年12期，见《甲骨文字诂林》（第二册）所引。于省吾主编、姚孝遂按语：《甲骨文字诂林》（第二册），中华书局，1999年，页1624-1626。裘文收入裘氏《裘锡圭学术文集·金文及其他古文字卷》，复旦大学出版社，2012年，页3-5。

[17] "萑"从刘一曼、曹定云之释"形似头上有冠的鸟"。见中国社会科学院考古研究所《殷墟花园庄东地甲骨》（第六分册），云南人民出版社，2003年，页1575。

[18] 宋镇豪《从新出甲骨金文考述晚商射礼》，《中国历史文物》2006年第1期。

[19] 章秀霞、齐航福、曹建墩《花东子卜辞与殷礼研究》，中华书局，2017年，页266-298。

[20] 中国社会科学院考古研究所《殷墟花园庄东地甲骨·前言》（第一分册），云南人民出版社，2003年，页21-22。

[21] 见姚萱《殷墟花园庄东地甲骨的初步研究》，线装书局，2006年，页68-69。孙亚冰《殷墟花园庄东地甲骨文例研究》，上海古籍出版社，2014年，页131-133。

［22］姚孝遂《甲骨刻辞狩猎考》，《古文字研究》第六辑，中华书局，1981年。

［23］朱师歧祥《殷墟花园庄东地甲骨校释》，东海大学中文系语言文字研究室，2006年，页978。

［24］引自李孝定《甲骨文字集释》（第四卷），台湾"中央研究院"历史语言研究所，2004年，页1404。

［25］李孝定《甲骨文字集释》（第四卷），台湾"中央研究院"历史语言研究所，2004年，页1401-1402。

［26］胡楚生《训诂学大纲》，华正书局，2002年，页18-19。

［27］张惟捷《商代甲骨田猎刻辞研究》，辅仁大学中国文学系硕士论文，2003年，页74-128。

［28］《花》384（7）"壬卜：子又]，曰往烄？一"，拓本可见"壬""卜""子"等字，然摹本未摹、[原释文]漏释，姚萱补了前半段"壬卜：子☒。"，孙亚冰补出后半段。孙亚冰释"烄"字为"焚"字，然字型隐约可见"🔥"，上半部从"交"不从"林"，故笔者释作"烄"。花东甲骨仅此一版一辞，辞中看不出与狩猎相关，且同版的其余六辞也非关狩猎活动，故笔者不将此辞列入花东之狩猎类动词考虑。见姚萱《殷墟花园庄东地甲骨的初步研究》，线装书局，2006年，页343。孙亚冰《殷墟花园庄东地甲骨文例研究》，上海古籍出版社，2014年，页131。

［29］姚孝遂《甲骨刻辞狩猎考》，《古文字研究》第六辑，中华书局，1981年。

谈甲骨文"亚"字的一种用法
——兼论殷商"四土"观念

张军涛

河南大学黄河文明与可持续发展研究中心

【摘要】长期以来,学者就甲骨金文中"亚"字的本义及其用法进行过诸多探讨,发明颇丰,然而,殷商甲骨文中"亚"字的一种用法为学界所忽视。通过对武丁时期甲午日卜"四土"受年成套卜甲的分析可知,当时存在一种以"亚"为中心的表达"四土"观念的方式,该时期的"四土"观念通常表达为以"商"为中心的"四土"。因此,当时"四土"观念中的"亚"与"商"含义相当,"四土"观念中的"亚"作为地名,属政治地理范畴,盖指殷商王畿区域。

【关键词】亚字 "四土"观念 甲骨文 语词用法

殷商甲骨文中"亚"字主要有以下两种写法:

一、 《甲骨文合集》(以下简称《合集》)35 《合集》13426 《合集》27929

二、 《合集》1663 《小屯南地甲骨》(以下简称《屯南》)502 《花园庄东地甲骨》61

自古以来,学者曾根据"亚"字字形,对亚字的本义进行过诸多探讨,迄今,莫衷一是。许慎谓像人局背之形,林义光、白玉峥等谓象宫中道路,高田忠周、何金松、柯昌济等谓像房屋之形,徐中舒谓象墓穴四面有台阶之形,朱芳甫谓象室内亚形火塘,丁山谓象区田而不方正者,于省吾谓象隅角之形[1]。因亚字构形不明,故本义难定。关于"亚"的含义,亦是众说纷纭,有宗庙说、职官说、爵位说、低级服役者说、异姓方国标志说、宗族或婚姻关系说、界画符号说等,其中以宗庙说、职官说影响最为广泛。对此,《商周青铜器族氏铭文研究》和《商代青铜器铭文研究》均有较为全面的总结,可参看。[2]此外,我们注意到殷商甲骨文中"亚"字另有一种含义，长期以来为学界所忽视。

一、甲午日"四土"受年成套卜甲

《合集》9735、9738、9742、9743、9745、9788 六版同为龟腹甲，每版各司一土，于甲午日共卜"四土"受年。此六甲卜辞如下：

甲午卜，征贞：东土受年？

甲午卜，征贞：东土不其受年？（《合集》9735）

甲午卜，韦贞：西土受年？

甲午卜，韦贞：〔西〕土不其受年？（《合集》9743 正）

殻。（《合集》9743 反）

甲午卜，□贞：北土受年？

甲午卜，□贞：北土不其受〔年〕？（《合集》9745）

甲午卜，亘贞：南土受年？

甲午〔卜，亘贞：南土不其受年？〕（《合集》9738）

甲午卜，𦥑贞：亚受年？

甲午卜，𦥑贞：不其受年？（《合集》9788 正）

殻。（《合集》9788 反）

甲午卜，宾贞：西土受年？

贞：西土不其受年？（《合集》9742 正）

争。（《合集》9742 反）

《合集》9745 版贞人写作"□"形，"□"作为贞人又见于《合集》11750，学界多存其原篆，未作隶定[3]，《殷墟甲骨刻辞摹释总集》则释其为"宁"[4]。商代文字"宁"作"□"、"□"、"□"、"□"等形，与"□"有异。《甲骨文编》《新甲骨文编》皆将"□"和"□"另立为一个字头，而有别于"宁"字[5]，是谨慎的做法。学界一般把《合集》9788 中的地名释为"亚"[6]，但也有不同意见，魏慈德认为其释"亚"或不确，实应作"□"[7]。仔细观察拓片，我们遵从见过实物的张秉权、蔡哲茂、张惟捷等先生的意见，还是释其为"亚"较为稳妥。《合集》9742 版反面右甲桥中下部有一署名，各家对此释读不一。《殷墟甲骨刻辞摹释总集》漏释之[8]，《甲骨文合集释文》释其为"□氏□"[9]，《甲骨文校释总集》[10]和《殷墟甲骨文摹释全编》[11] 释其为"□以□"，皆不确。《合集》9742 反源于《殷墟文字乙编》（以下简称《乙编》）3410，细审较为清晰的《乙编》3410 拓片，不难发现此为宾组常见贞人"争"的署名，《殷墟 YH127 坑宾组甲骨新研》对其所释不误[12]。

《合集》9735、9742、9743、9745、9788 与《合集》9738 同为甲午日卜"四土"受年，乃一时一事之卜，理应一处出土。然其原始著录不同，现藏地亦不同，前者为科学发掘出土，后者来源不明。《合集》9735、9742、9743、9745、9788 五甲同出土于 1936 年 6 月第十三次科学发掘的 YH127 坑，现藏于台湾"中央研究院"历史语言研究所。《合集》9738 卜甲原著拓号为《考文》21+，现藏中国国家图书馆。YH127 坑本为原中央研究院历史语言研究所科学发掘且未遭盗掘的生坑，出土有字甲骨一万七千余版[13]。这些甲骨应该没有流落在外的，然而事实并非如此。张惟捷曾对 YH127 坑甲骨出土前后所遭遇的损害情况进行过阐述，指出此坑甲骨从出土之前、挖掘当时、战时辗转搬运，到运台后遭遇两次水灾，皆有不同程度的损伤，造成无可挽回的遗失[14]。魏慈德对 YH127 坑甲骨与其他著录甲骨缀合情况进行过论述，举二十余例揭示这一特殊情形，指出《合集》9738 可与出土于 YH127 坑的《乙编》7970 缀合，疑《合集》9738 亦出土于 YH127 坑[15]，认为包括《合集》9738 在内的"这些可和《乙编》缀合的甲骨，其来源仍然是一二七坑，只不过是在发掘和著录的过程中遗失了"[16]。宋镇豪对出自 YH127 坑而流散在外的甲骨做过较为详细的阐述，指出中国国家图书馆有多版卜甲源于 YH127 坑，但未明言现藏于中国国家图书馆的《合集》9738 与 YH127 坑有关[17]。基于上述情形，现藏于中国国家图书馆的《合集》9738 卜甲源于 YH127 坑的可能性较大。

"四土"受年六甲形制大小相近。其中，《合集》9735（《乙编》3287）长 16.2 厘米、宽 7.5 厘米[18]，《合集》9742（《乙编》3409）长 17.6 厘米、宽 10.4 厘米[19]，《合集》9743 即《殷墟文字丙编》（以下简称《丙编》）278，长 17.4 厘米、宽 8.1 厘米[20]，《合集》9788（《丙编》10）长 16.5 厘米、宽 7.5 厘米[21]。经过对 YH127 坑出土的龟腹甲尺寸测量统计分析后，张惟捷指出 YH127 坑出土的龟腹甲的长度多在 10～40 厘米之间[22]。由此可见，这六版形制相似的龟腹甲，就其尺寸而言，在 YH127 坑出土的龟腹甲中，属于较小者。

甲午日卜"四土"受年六甲的卜法大体相当。一个钻凿对应一个卜兆，每个卜兆皆有兆序，右、左甲卜兆皆单列、下行分布。六甲刻辞文例大致相同，每版正面有两辞，傍千里路下行刻写，以千里路为界，右左正反对贞。从字形、贞人来看，六甲刻辞皆属宾组，但书风有别。《合集》9735、9738、9743、9745 和 9788 书风近似，而《合集》9742 与其有所不同。其中，"土""受"和"年"三字的字形区别较大，展示如下：

表 1　甲午卜"四土"受年六甲"土""受"和"年"字形对照表

著录号	土字	受字	年字	方位	贞人
《合集》9735（《乙编》3287）				东土	征
《合集》9738				南土	鎷
《合集》9743 正（《丙编》278）				西土	韦
《合集》9745（《乙编》3925）				北土	（贞人字形）
《合集》9788（《丙编》10）				亚	隺
《合集》9742 正（《乙编》3409）				西土	宾

《合集》9735、9738、9743、9745、9788 与《合集》9742 相比，前者"土"字表土堆之形与其下部表地面的横笔之间接触面积较后者大，后者"土"字表土堆之形近似菱形。前者"受"字表形兼音的舟形两外框多折笔，不等距，后者舟形两外框呈流线状，较为流畅，几近等距。前者"年"字上部禾形表禾秆的竖笔与下部人形表头颈及胳膊的笔画连写为竖直的一笔，后者"年"字上部禾形表穗秆的笔画倾斜，

其表禾秆的竖笔与下部人形表头颈的笔画连写为一竖笔，下部人形表胳膊的笔画斜出。《合集》9743与《合集》9742同为甲午日卜"西土受年"，除上举"土""受""年"三字字形有别外，其"西"字写法迥异，《合集》9743用"西"之本字，而《合集》9742借"甾"为"西"。《合集》9735、9738、9743、9745、9788与《合集》9742相比，除书风有别外，其卜辞刻写笔画之粗细亦有不同，后者较前者为粗，这可能是使用不同型号的刻刀刻写所致。

由以上分析可知，六甲刻辞同属宾组，同在武丁时期某年甲午日卜东西南北土及"亚""受年"，前辞中贞人各不相同。《合集》9735、9742、9743、9745、9788同出于YH127坑，《合集》9738疑亦源于YH127坑。六甲形制大小相当，皆属YH127中规格较小的龟腹甲。六甲卜法大体相当，一个钻凿对应一个卜兆，每个卜兆皆有兆序，右、左甲卜兆皆单列、下行分布。文例亦大致相同，每版正面两辞皆下行单列、傍千里路刻写，以千里路为界，右左正反对贞。因此，六甲应为一套甲午日卜"四土"受年为核心内容的龟腹甲。从其书风和文例等方面的差别，又可将《合集》9735、9738、9742、9743、9745、9788六版细分为两组。《合集》9735、9738、9743、9745、9788五版为一组，分别从东、南、西、北、亚卜"受年"；《合集》9742为另外一组，再卜"西土受年"。

饶宗颐指出，《合集》9735、9743、9745、9788版分别卜东土、西土、北土、亚受年，实为成套之甲版[23]。饶先生早在20世纪50年代就认识到此四甲之间的内在联系，实属先见之明。魏慈德进一步指出，《合集》9735、9738、9743、9745、9788五版分别从东、南、西、北、亚卜"受年"，这五版可视为不同贞人的一套卜辞[24]。《合集》9742出土于YH127坑，早有《乙编》3409、3410著录刊布，饶宗颐和魏慈德两先生皆能见之，惜两先生均未论及《合集》9742与《合集》9735、9738、9743、9745、9788之间的诸多关联。虽然两先生均认为甲午日卜"四土""亚"受年为一套卜辞，但未就此作进一步的讨论，没有触及卜"亚"受年与卜"四土"受年为成套卜辞的深层次原因。因此，有必要从殷商"四土"观念入手，探讨"亚"在"四土"观念中的含义。

二、殷商"四土"观念

《合集》9735、9738、9743、9745、9788为一套卜甲，分别从东、南、西、北、亚卜"受年"，此处，"亚"作为地名，与"四土"之一对举，透露出武丁时期存在一种以"亚"为中心的"四土"观念的表达方式。学界熟知,殷商时期有以"商"为中心的"四土"观念。《合集》36975黄组卜辞云:

己巳王卜,贞:□岁商受□?王占曰:吉。

东土受年?

南土受年?吉。

西土受年?吉。

北土受年?吉。

《合集》36975版为左牛肩胛骨骨条的一部分,自下而上排列五条卜辞。此五条卜辞为一组,其中"己巳"条辞例基本完整,为这一组卜辞的领辞,其他四条卜辞为其属辞。四条属辞皆承接其领辞而省略前辞,仅书核心内容。《合集》36975版主题为占卜"受年",从其字形特征看,属黄组。此一组五条卜辞分别卜"商"与"东土""南土""西土""北土""受年",以"商"为中心,顺时针序列卜"四土""受年"。此明确传达出殷人以"商"为中心的"四土"观念。

又如《甲骨缀合汇编》591[25]宾组卜辞:

辛丑卜,大贞:今岁受年?二月。

癸卯卜,大贞:南土受年?

贞:不其受〔年〕?

贞:东土受年?

贞:不其受〔年〕?□月。

贞:北受年?

贞:不其受〔年〕?

《甲骨缀合汇编》591版为左肩胛骨之骨首、骨颈和部分骨条的残存,其上有卜辞7条,皆围绕受年主题卜问。依据卜辞刻写位置、时间先后、领辞与属辞关系及"四土"序列可知,这7条卜辞的排列顺序应如上揭所示。其中,"贞:北受年"为"贞:北土受年"之省。《甲骨缀合汇编》591下部骨条残缺,从现存卜辞可推知,残去的骨条上应还有类似"贞:西土受年"和"贞:不其受年"两条卜辞。因此,《甲骨缀合汇编》591版所卜"四土"应分别为南土、东土、北土和西土。如此逆时针依次卜"四土"受年,其暗含一个中心,此中心即《合集》36975中的"商"。

殷墟村北系的自组、宾组、出组、何组和黄组卜辞,习用"四土"一语,而村南系的历组和无名组卜辞,则习用"四方"来表达"四土"观念,如《屯南》1126

历组卜辞：

　　▢［皋］弜▢于

　　米？

　　弜米？　三

　　米？　三

　　王弜米？　二

　　丙戌贞：父丁其岁？　三

　　丁丑贞：以伐……三

　　商？　一

　　东方？　一

　　北方？　一

　　西方？　一

　　南方？　一

《屯南》1126 版残缺，残存左肩胛骨骨首、骨颈及部分骨条。其上有卜辞 12 条，其中后五条卜辞集中刻写于骨颈处，各统领卜兆一个，其兆序皆为"一"，知其属一组卜辞。此"四土"在骨颈自下而上排列，以"商"为中心，逆时针依次卜"四方"。从此一组五条刻辞内容看，其与《合集》36975、《甲骨缀合汇编》591 类似，皆明确传达出殷人以"商"为中心的"四土"观念。

　　陈梦家认为，殷商卜年之"四土"与"四方"之所以称谓不同，盖因时代不同所致，武丁卜辞称"四土受年"，武文卜辞称"四方受禾"，乙辛卜辞称"四土受年"。并认为"与四方或四方相对待的大邑或商，可以设想为处于四方或四土之中的商之都邑。大邑或商实指一个范围的土地，即都邑所在的土地，故与之相对的四方或四土亦实指一个范围更为广大的土地区域"[26]。殷墟卜年有用"四土"与"四方"的不同，实因村南系和村北系用词习惯不同所致，陈梦家"因时代而异"的说法，在今天看来不够确切。李学勤认为，"在商人观念中，商是居于四方四土之中的一个区域，即商人所居处的国土。对于这一中心区域，商人称之为'商''亚'或'大邑'"[27]。朱凤瀚认为："商晚期以商为四土之中心，见《合集》36975。"[28]彭邦炯则认为，《合集》36975 之"商"泛指商王国的大范围[29]。上举《合集》36975 和《屯南》1126 版中与"四土"并列的"商"作为"四土"的中心区域，若表商王国的大范围，似乎不妥；若仅表商都殷墟，其范围内农田面积极为有限，在农田总面积非常小，且在当时生产力低下的情况下，其所产与"四土"任何一土相比，可谓寥寥无几，占卜不以农业生产为主要功能的商都殷墟的年成意义不大，且其无法与东土、南土、西土、北土在同一个政治地理的逻辑层面。因此，《合集》36975 和《屯南》1126 中的"商"应指殷商王畿区域。在殷人的"四土"观念中，以"商"，即以殷商王畿区域为"四土"的中心。

三、结语

《合集》9788、9735、9738、9743、9745 五版为一套卜甲，分别卜亚、东土、南土、西土、北土受年。此五版一套与《合集》36975 一版卜"四土"受年内涵相当。《合集》9788 版中的"亚"作为地名，其内涵与《合集》36975 和《屯南》1126 两版卜辞中的"商"相当。《合集》36975 和《屯南》1126 两版之"商"指殷商王畿范围，《合集》9788 版中的"亚"作为地名，亦指殷商王畿区域。此亦说明，殷商时期以殷商王畿区域为中心的"四土"观念，通常表达为以"商"为中心的"四土"，也可以表达为以"亚"为中心的"四土"。总之，通过对甲午日卜"四土"受年六甲卜辞的解读及殷商时期"四土"观念的探讨表明，《合集》9788 版中"亚"字作为地名，属政治地理范畴，盖指殷商王畿区域。

注释：

本文系国家社科基金重大委托项目子课题"甲骨文全文数据库及商代语言文字释读研究"（项目编号：16@ZH017A2）及中国博士后科学基金面上资助第 61 批项目"殷商农业刻辞排谱研究"（项目编号：2017M612385）的阶段性成果。

[1]参见李圃主编《古文字诂林（十）》，上海教育出版社 2004 年版，第 864—874 页，各家诸说。

[2]何景成：《商周青铜器族氏铭文研究》，齐鲁书社 2009 年版，第 47—61 页；严志斌：《商代青铜铭文研究》，上海古籍出版社 2013 年版，第 167—175 页。

[3]胡厚宣主编：《甲骨文合集释文》，中国社会科学出版社 1999 年版，第 522 页；曹锦炎、沈建华编著：《甲骨文校释总集》卷四，上海辞书出版社 2006 年版，第 1180 页；陈年福：《殷墟甲骨文摹释全编》，线装书局 2010 年版，第 937 页。

[4]姚孝遂主编：《殷墟甲骨刻辞摹释总集》上册，中华书局 1988 年版，第 232 页。

[5]李宗焜：《甲骨文编》，中华书局 2012 年版，第 817 页；刘钊等主编：《新甲骨文编》，福建人民出版社 2014 年版，第 1015 页。

［6］姚孝遂主编：《殷墟甲骨刻辞摹释总集》上册，中华书局 1988 年版，第 233 页；胡厚宣主编：《甲骨文合集释文》，第 524 页；陈年福：《殷墟甲骨文摹释全编》，线装书局 2010 年版，第 941 页；曹锦炎、沈建华编著：《甲骨文校释总集》卷四，第 1186 页；张秉权：《殷墟文字丙编·考释》上辑（一），"中央"研究院历史语言研究所出版社 1957 年版，第 25 页；张惟捷、蔡哲茂：《殷墟文字丙编摹释新编》，2017 年版，第 467 页。

［7］魏慈德：《YH127 坑甲骨卜辞研究》，花木兰出版社 2011 年版，第 76、77 页。

［8］姚孝遂主编：《殷墟甲骨刻辞摹释总集》上册，第 232 页。

［9］胡厚宣主编：《甲骨文合集释文》，第 522 页。

［10］曹锦炎、沈建华编著：《甲骨文校释总集》卷四，第 1180 页。

［11］陈年福：《殷墟甲骨文摹释全编》，第 937 页。

［12］张惟捷：《殷墟 YH127 坑宾组甲骨新研》，万卷楼 2013 年版，第 232 页。

［13］董作宾：《殷墟文字乙编·序》，台湾"中央研究院"历史语言研究所 1994 年版，第 4 页。YH127 坑出土有字甲骨经缀合整理，就目前来看，其数量应不足一万七千版。

［14］张惟捷：《殷墟 YH127 坑宾组甲骨新研》，第 3—12 页。

［15］魏慈德：《YH127 坑甲骨卜辞研究》，第 76 页。

［16］魏慈德：《YH127 坑甲骨卜辞研究》，第 81、82 页。

［17］宋镇豪：《记国博所藏甲骨及其与 YH127 坑有关的大龟六版》，见《中国国家博物馆馆藏文物研究丛书·甲骨卷》，第 282—291 页。

［18］张惟捷：《殷墟 YH127 坑宾组甲骨新研》，第 487 页。

［19］信息源自史语所"考古数据数字典藏数据库"。

［20］张惟捷：《殷墟 YH127 坑宾组甲骨新研》，第 485 页。《合集》9743 版尾甲不存，张惟捷依据腹甲下半甲长度、上半甲长度、尾甲长度、单侧中舌缝长度至甲桥齿缝、尾甲宽带相对于整甲的尺寸比例较为稳定的规律（此参看张惟捷《YH127 坑龟腹甲尺寸分析与比例还原》，《殷墟 YH127 坑宾组甲骨新研》第 477—498 页），对其长度进行了推定。下举 YH127 坑不全腹甲的复原尺寸皆源于张惟捷的推定。

［21］张惟捷：《殷墟 YH127 坑宾组甲骨新研》，第 506 页。

［22］张惟捷：《殷墟 YH127 坑宾组甲骨新研》，第 488 页。

［23］饶宗颐：《殷代贞卜人物通考》，《饶宗颐二十一世纪学术文集》卷二《甲骨》（上），中国人民大学出版社 2009 年版，第 340 页。

［24］魏慈德：《YH127 坑甲骨卜辞研究》，第 76 页。

［25］蔡哲茂：《甲骨缀合汇编》，花木兰文化出版社 2011 年版，第 591 例。

［26］陈梦家：《殷墟卜辞综述》，中华书局 1988 年版，第 319 页。

［27］李学勤：《殷代地理简论》，科学出版社 1959 年版，第 13 页。

［28］朱凤瀚：《武丁时期商王国北部与西北部之边患与政治地理——再读有关边患的武丁大版牛肩胛骨卜辞》，《中国国家博物馆馆藏文物研究丛书·甲骨卷》，上海古籍出版社 2007 年版，第 281 页。

［29］彭邦炯：《甲骨文农业资料考辨与研究》，吉林文史出版社 1997 年版，第 578、579 页。

殷墟甲骨文中"示"的动词用法分析

赵 伟

河南大学黄河文明与可持续发展研究中心

【摘要】殷墟甲骨文中,双宾语动词"示"有 500 余例,大多出现在记事刻辞中,也见于少量的命辞。有关此类"示"的解释可谓是众说纷纭,现在一般都把它界定为"交付""给予"义。通过比较甲骨辞例和后世文献中"示"的双宾语用法可知,"示"所指向的对象,经历了一个从具体到抽象的转变,相应的,意义也发生了一定的变化,但都属于"与义"的范畴。将甲骨文中的双宾语动词"示"直接释为"交付""给予"义,完全是有章可循,不需要改读其字。

【关键词】甲骨文 示 双宾语 用法

殷墟甲骨文中,"示"是一个常见字,凡有千余例,可写作ㄓ《合》22062 正、T《合》19813 正、T(《合》17375)、示(《合》36182)等形。其中ㄓ为双笔勾勒,象神主牌位形,无疑是较为原始的写法。自组、午组及宾二类卜辞中兼有双笔勾勒与线条化两种写法。黄组卜辞多写作示,于字形两侧各加一点笔为饰。无名组卜辞或作ㄓ(《合》28268)。

"示"大体有名词和动词两类用法。在用作名词时,多写作ㄓ、T、示等形,有以下几种意义:1. 神主牌位;2. 祖先神;3. 族地名。这都是比较容易理解的。在用作动词时,一般写作T形,大多出现在记事刻辞中,也见于少量的命辞。动词"示"应该如何解释,历来众说纷纭。方稚松先生在其著《殷墟甲骨文五种记事刻辞研究》第一章《五种记事刻辞相关字词汇释》中曾将前人的解释归纳为以下 7 种:1. 叶玉森释为祭祀义;2. 董作宾、孙海波读为置;3. 唐兰释为神祇义;4. 丁山读为氏;5. 释示为视(或眡、眠),其中郭沫若、陈邦怀读为眂,陈梦家、严一萍读为《周礼·大卜》"眠高"之眠,尚秀妍释为指导监督义;6. 于省吾读为予;7. 赵诚释为交纳、进贡、奉献义。[1] 在综合分析上述各家之说和大量辞例的基础上,方著肯定了此类"示"表交纳、给予义，但又在董珊先生的基础上提出释"主"读为"属"的说法。我们认为，动词"示"确应释为交纳、给予义，只是不用改读其字，并且这一用法与传世文献中的双宾语动词"示"存在一定的联系。

据统计，包括残辞在内，甲骨文中可以确定为动词的"示"有 500 余例。根据其所在辞例句法结构的不同，其用法大体可以归纳为以下 5 类。

一、（S）+V（示）+ O_i + O_d

主语（S）可以省略，谓语（V）、间接宾语（O_i）和直接宾语（O_d）均不省。具体辞例如下：

（1）□巳，王示殳二屯。敔。　　　　　《合》8797 臼（宾二）

（2）丙子，𢀳[2] 示宁一屯。　　　　　《合》12764 臼（宾二）

（3）贞：弓（勿）示𥝢四人？　　　　　《合》1061（宾二）

吕叔湘先生认为："一件事情也许牵涉到三方面的人或物件，这个时候就会有两个宾语出现。"[3] 这里说的"三方面"是指授予方（第一方面）、接受方（第三方面）和事物（第二方面）。黎锦熙先生曾把汉语中的双宾语动词概括为"交接物品"的外动词，并指出："有一种外动词表示人与人之间（或人格化的事物之间）交接一种事物的，如'送''寄''赠''给''赏''教授''吩咐'等，常带两个名词作宾语，叫作'双宾语'。"[4] 由此看来，（1）—（3）辞均属于典型的双宾语结构，"殳""宁""𥝢"属于间接宾语，表示接受事物的一方，"二屯""一屯""四人"属于直接宾语，表示动词"示"所指向的对象。其中（1）辞中的主语"王"说明，此类"示"释贡纳义不可通。这种结构在甲骨文中虽然为数不多，但对我们理解"示"的用法和意义至关重要。下文提到的几种结构，都可以看作是"（S）+V+O_i+O_d"的变体。

二、（S）+V（示）+ O_d

此种结构省略间接宾语，在殷墟甲骨文中最为常见，约有 480 例。兹拣辞例完整者节录如下：

（4）帚井示卅。争。　　　　　　　　《合》116 反（宾二）

（5）帚井［示］三。宁。　　　　　　　《合》438 反（宾二）

（6）帚井示十。㱿。　　　　　　　　　　《合》1248 反（宾二）

（7）帚井示册。宁。　　　　　　　　　　《合》828 反（宾二）

（8）帚井示五。　　　　　　　　　　　　《合》926 反（宾二）

（9）帚示十。㱿。　　　　　　　　　　　《合》656 反（宾二）

（10）戊子，庞示十。　　　　　　　　　 《合》1582 反（宾二）

（11）帚喜示廿。　　　　　　　　　　　 《合》2106 反（宾一）

（12）帚井示百。㱿。　　　　　　　　　 《合》2530 反（宾二）

（13）丁巳，帚𣂆示四。　　　　　　　　 《合》5460 反（宾二）

（14）帚娘示三。㱿。　　　　　　　　　 《合》11423 反（宾二）

（15）喜示廿。　　　　　　　　　　　　 《补》308 反（宾二）

（16）邑［示］卅。　　　　　　　　　　 《甲》3907（宾二）

（17）大示五。　　　　　　　　　　　　 《花》184（花东子）

（18）癸巳，帚井示一屯。亘。　　　　　 《合》130 臼（宾二）

（19）壬午，帚井示三屯。亘。　　　　　 《合》177 臼（宾二）

（20）戊戌，帚喜示十屯。岳。　　　　　 《合》390 臼（宾二）

（21）癸酉，㪔示十屯。㪔。　　　　　　 《合》493 臼（宾二）

（22）庚申，𣂆示三屯。宁。　　　　　　 《合》1581 臼（宾二）

（23）丙寅，邑示七屯。㪔。　　　　　　 《合》2225 臼（宾二）

（24）戊申，帚息示二屯。永。　　　　　 《合》2354 臼（宾二）

（25）疋示三屯。宁。　　　　　　　　　 《合》2362 臼（宾二）

（26）癸卯，邑示二屯。小㪔。　　　　　 《合》2387 臼（宾二）

（27）帚羊示十屯。古。　　　　　　　　 《合》6479 臼（宾一）

（28）丁卯，帚龏示一屯一（。永。　　　 6855 臼（宾二）

（29）癸巳，羌宫示二屯。㪔。　　　　　 《合》7380 臼（宾二）

（30）丁丑，史示三屯。岳。　　　　　　 《合》7381 臼（宾二）

（31）己卯，𣂆示二屯。自古乞。小㪔。　《合》8991 臼（宾二）

（32）壬戌，子央示二屯。小㪔。　　　　 《合》11170 臼（宾二）

（33）己亥，帚庞示一屯。宁。　　　　　 《合》17393 臼（宾二）

（34）壬午，邑示八屯。䚫。　　　　　　 《合》17424 臼（宾二）

（35）壬寅，帚宝示三屯。岳。　　　　　 《合》17511 臼（宾二）

（36）戊戌，帚妸示二屯。韦。 《合》17532 臼（宾二）

（37）古示十屯㞢（又）一（ 。方。 《合》17581（宾二）

（38）画示四屯。殻。 《合》17584（宾二）

（39）利示三屯㞢（又）一（ 。方。 《合》17612（宾二）

（40）戊戌，帚宝示二屯。箙。 《合》18348 臼（宾二）

（41）利示十屯。争。 《补》399 臼（宾二）

（42）丁巳，帚宝示一。亘。 《补》1804 臼（宾二）

上揭辞例中，（4）—（17）为甲桥刻辞，（18）—（42）为骨臼刻辞。一些命辞中的"示"，似也可以看作是此种结构省略主语的用法，如"贞：示兔畐牛"（《合》309 甲正）、"贞：弖（勿）示兔畐"（《合》309 甲正）、"……示九百人……"（《合》1038 正）。历组卜辞《合》32008、32009 两版有同文辞曰："庚午卜：宓刍示千？"方稚松释为"示宓刍千"或"示千宓刍"之义，如此则亦属省略间接宾语的用法。《合》17638 辞曰"庚午，示三屯"，《合》21006 反辞曰"庚寅，示五"，此为记事刻辞中省略主语者，较为少见。

三、叀 + O$_i$ + V（示）

通过虚词"叀"将间接宾语前置，直接宾语省略。此种用法仅见于命辞，如：

（43）叀在庞田丰示，王弗每（悔）？羍。大吉。 《屯南》2409（无名）

（44）叀在尊田又示，王弗每（悔）？ 。羍。吉。 《屯南》2409（无名）

（45）叀在汧田㓟示，王弗每（悔）？ 。羍。吉。 《屯南》2409（无名）

上揭辞例中，在庞田丰、在尊田又、在汧田㓟均为人名，属于接受方，所"示"之物不明。

自宾间类卜辞《合》10474 辞曰："甲寅卜，王：叀戔示✜？五月。"这是为"示✜"之时间而举行的占卜。✜字在卜辞中更多的是用作族地名和人名，如"叀豆令视于✜"（《合》8092）、"𡊬立史于✜侯"（《合》5505）、"王其告其比✜侯"（《合》32807）、"乎✜，隻（獲）豕"（《合》6949 正）、"乎犬✜省，从南"（《合》10976 正）。"示✜"与"叀在庞田丰示"等相类。陈剑先生释为琮，谓象玉琮之形。如将✜理解为玉器名，则在上辞中表示所"示"之物，属直接宾语。

四、O_d +S+V（示）

将直接宾语提至主语之前。此种用法较为少见，如：

（46）□丑，十屯，小臣从示。　　　　　　　　《合》5579 反（宾二）

（47）……廿屯，嚴示。犬。　　　　　　　　《合》17599 反（宾三）

此二辞均属骨面刻辞。《合》5580 亦有骨面刻辞曰："……廿屯，小臣……"
此与（46）辞结构相同，所记内容亦应相类。

五、S+V（示）

同时省略间接宾语和直接宾语。此种用法有 15 例，如：

（48）甲申，乞自雩十屯。购示。叙。　　《合》501 臼（宾三）

（49）丁亥，乞自雩十屯，购示。殳。　　《合》5506 臼（宾三）

（50）丁亥，乞自雩十屯，购示。叙。　　《合》9409 臼（宾三）

（51）丁亥，乞自雩十屯，购示。殳。　　《合》9416 臼（宾三）

（52）丁亥，乞自雩十屯。乍示。殳。　　《合》5517 臼（宾三）

（53）乙亥，乞自……乍示。殳。　　　　《合》4415 臼 +《补》1173 臼[5]（宾三）

（54）帚井示。争。　　　　　　　　　　《合》13658 反（宾二）

（55）帚姘示。㱿。　　　　　　　　　　《合》12336 反（宾二）

（56）帚井示。　　　　　　　　　　　　《合》14313 反（宾二）

（57）［帚］井示。　　　　　　　　　　《合》14794 反（宾二）

（58）並示。　　　　　　　　　　　　　《合》16750 反（宾三）

（59）……喜示。　　　　　　　　　　　《合》17039（宾二）

（60）我入八屯。帚井示。韦。　　　　　《合》17493（《乙》5281，宾二）

（61）［我］入八屯。帚井示。韦。　　　《合》17494（宾二）

（62）永入十。帚閈示。方。　　　　　　《合》18911 反（宾二）

上揭辞例中，（48）—（53）、（60）—（62）诸辞皆同时记录甲骨的来源和交付情况。
我们认为，其动词"示"的直接宾语应该是承前省略了的。也就是说，甲骨来源的
"乞""入"等动词的宾语，同时也是"示"的宾语。（54）辞位于龟腹甲反面左甲桥，
其相对应的右甲桥有记录龟甲来源之曰"行取廿五"，则该辞"示"之宾语可能是承"取
廿五"而省。

周迟明先生在谈到双宾语动词所涉及三个方面的人和事物时认为："因上下文关系或语言环境关系,在说话时可能有一方面乃至两方面不出现,这应该认为省略,不是不具备。"[6] 这对我们理解甲骨文动词"示"的用法同样有启发意义。上文所列示的 5 种用法中,不管如何省略,"示"都应该看作是双宾语动词。

值得注意的是,为什么绝大部分记事刻辞中的"示"都可以省略间接宾语呢?我们认为,从《合》8797 臼、12764 臼两辞来看,接收一方很可能都是贞人,或者至少是某一占卜集团之人。他们同时又属于所接收龟版或骨版的管理方和使用方,故多省而不刻。

众所周知,汉语的双宾语动词一般分为"与义"和"取义"两类(如下图)。因此,甲骨文中双宾语动词"示"的意义只能从"与"和"取"两个意义范畴中去寻找。再联系"示"的主语多是"诸妇"以及"王"和诸子等,间接宾语多是当时占卜集团的卜人,"示"的意义自然就可以限定在"与"义这一范畴。

(以上引自周迟明《汉语双宾语句的语法现象和历史发展》66 页)

在传世文献中,双宾语动词"示"屡见不鲜,举例如下:

(63)匪手携之,言示之事。　　　　　　　　　　《诗经·大雅·抑》

(64)归马于华山之阳,放牛于桃林之野,示天下弗服。《尚书·武成》

(65)故昭令德以示子孙。　　　　　　　　　　《左传》桓公二年

(66)而寘其赂器于大庙,以明示百官。　　　　《左传》桓公二年

(67)会而列奸,何以示后嗣。　　　　　　　　《左传》僖公七年

(68)期年狄必至,示之弱矣。　　　　　　　　《左传》僖公八年

(69)于是乎伐原以示之信。　　　　　　　　《左传》僖公二十七年

(70)于是乎大蒐以示之礼。　　　　　　　　《左传》僖公二十七年

(71)叛而不讨,何以示威?服而不柔,何以示怀?非威非怀,何以示德?

　　　　　　　　　　　　　　　　　　　　《左传》文公七年

(72)示有等威,古之道也。　　　　　　　　《左传》文公十五年

（73）大史书曰"赵盾弑其君"，以示于朝。　　《左传》宣公二年

（74）子公之食指动，以示子家。　　　　　　《左传》宣公四年

（75）臣闻克敌必示子孙，以无忘武功。　　　《左传》宣公十二年

（76）武有七德，我无一焉，何以示子孙？　　《左传》宣公十二年

（77）郑人围许，示晋不急君也。　　　　　　《左传》成公九年

（78）宋人或得玉，献诸子罕，子罕弗受。献玉者曰："以示玉人，玉人以为宝也，故敢献之。"　　　　　　　　　　　《左传》襄公十五年

（79）铭其功烈以示子孙。　　　　　　　　　《左传》襄公十九年

（80）庆季卜之，示之兆。　　　　　　　　　《左传》襄公二十八年

（81）楚子示诸侯侈。　　　　　　　　　　　《左传》昭公四年

（82）卒筮，书卦，执以示主人。　　　　　　《仪礼·士冠礼》

（83）卒筮，执卦以示命筮者。命筮者受视，反之。　《仪礼·士丧礼》

（84）则是非徒示人以难也，又且害人者也，然则天下仇之必矣。

　　　　　　　　　　　　　　　　　　　　　《战国策·齐策》

（85）国奢则示之以俭，国俭则示之以礼。　　《礼记·檀弓下》

（86）袒而示之背，信之。　　　　　　　　　《左传》庄公八年

（87）楚子使师缙示之俘馘。　　　　　　　　《左传》僖公二十二年

（88）公与之邑六十，以示子罕……削而投之。　《左传》襄公二十七年

（89）宗人受龟，示莅卜。莅卜受视，反之。　《仪礼·士丧礼》

（90）卒筮，乃书卦于木，示主人，乃退占。　《仪礼·少牢馈食礼》

（91）文侯示之谤书一箧。　　　　　　　　　《战国策·秦策》

（92）吾闻子之剑，盖利剑也。子以示我，吾将观焉。

　　　　　　　　　　　　　　　　　　　《春秋公羊传》宣公六年

（93）皇天隆物，以示下民。　　　　　　　　《荀子·赋》

上述 31 例双宾语句中，"示"之义均属"与"的范畴，表示把相关的事物或道理摆出来以使第三方知晓。其指向的对象基本上都是表示抽象事物的名词或语句。（86）—（92）诸例中所"示"之物为具体的"背""俘馘""龟""书册"和"剑"等，但"示"依然表示"给第三方看""使第三方知晓"之义，而不是"交付""给予"。

值得玩味的是（93）例。"下民"是表示第三方面的间接宾语，直接宾语为皇天所隆之物，承前省略。很明显，"皇天隆物"并不仅仅是让"下民"知晓或看看

这么简单,"以示下民"应该包含有"给予""恩赐"义。王念孙《读书杂志》云:"隆与降同。示,本作施,俗音之误也。"[7]这是在文本解释不通时而寻求的改读。我们认为,《荀子》中的这个"示"恰恰与殷墟甲骨文中的双宾语动词"示"用法一致,都用来表示"给予"义,所涉及的对象也都是具体的物,而不是抽象的事。同时,这也提醒我们,同样是双宾语动词的用法,殷墟甲骨文中的"示"与后世文献中的"示"应该存在着一定的联系。某一方(S)把一个具体的物件(O_d)交接给第三方(O_i),这是我们熟悉的"交付""给予"义。但如果涉及的对象是抽象的事物(比如一件事、一种思想或观点),这种"交接"自然也就变成了"给第三方看""使第三方知晓"的意思。如果再延伸开去,"示"也就有了"宣示""教示"诸义。《左传》昭公九年:"自文以来,世有衰德,而暴灭宗周,以宣示其侈,诸侯之贰,不亦宜乎?"这里的"宣示其侈"与例(81)中的"楚子示诸侯侈"实际上表达的是同一类意思。

综上不难看出,从殷墟甲骨文到后世文献,双宾语动词"示"所指向的对象,经历了一个从具体到抽象的转变,相应的,意义也发生了一定的变化,但都是属于"与义"的范畴。将甲骨文中的双宾语动词"示"直接释为"交付""给予"义,完全是有章可循,根本不需要改读其字。

注释:

[1]方稚松:《殷墟甲骨文五种记事刻辞研究》,线装书局 2009 年版,第 21—44 页。

[2]示字作**▓**,属误刻字后改刻。

[3]吕叔湘:《语法学习》,中国青年出版社 1953 年版,第 27 页。

[4]黎锦熙:《新著国文语法》,商务印书馆 1955 年版,第 34、123 页。

[5]李爱辉缀,见中国社会科学院历史研究所先秦史研究室网站,http∶//www.xianqin.org/blog/archives/1669.Html,2009 年 9 月 26 日。

[6]周迟明:《汉语双宾语句的语法现象和历史发展》,《山东大学学报》1964 年第 1 期,第 63 页。

[7]王念孙:《读书杂志》,中国书店 1985 年版,第 10 页。

古汉字表意结构中的横笔画成因研究

贺柳

河南大学黄河文明与可持续发展研究中心

河南大学甲骨学与汉字文明传承发展研究中心

【摘要】古今汉字中横笔画产生的原因多种多样，本文从两方面就古汉字表意结构中所见的早期横笔画以及由表意结构演变出来的横笔画现象做一些初步的考察。前者分别举出简单抽象表意字蕴含着的横笔和具象表意字结体中蕴含着的横笔两部分字例；后者也分别列举等相关字例，考察由表意团块线化成的横笔和由表意部分的线条演化而成的带有横笔画字的成因。

【关键词】古汉字　表意结构　横笔画　成因

我们今天的汉字是由点、横、撇、捺、折、弯钩等常用笔画书写出来的。其中横写笔画是汉字构成中最基本、不能在形体上加以分解的最小书写单元。汉字的逐步演变可以清晰地反映出横笔画的变化过程。在早期的古汉字基本字形中，横这个笔画使用的相对比较少，只是少量保留了一些用横这样的笔画作为最小书写单元的字例。在汉字隶变之前，许多古汉字由于种种书写原因，慢慢加上了横笔画的书写元素，从而使今天的许多汉字中都带有横笔画。由于横笔画的来源及产生途径不同，其演变过程值得我们探究。古今汉字中横笔画产生的原因多种多样，有的是早期表意字中本来就蕴含着带有横笔画的字。另外一些字是后来由于简化字形的需要，将某些复杂笔画减省成横笔画；有的是由于对于字形审美的追求，羡加上的横笔画；还有的是由于文字同源分化的需要，添加上的具有区别符号功能的横笔画。

本文所说的表意字，主要是指"六书"中的象形、指事和会意字。"这些字一般都产生得比较早，流传比较广，有的字可能是直接从原始的象形符号或记事符号中蜕变出来的，保留较多的文字演化痕迹；另外，它们的形体上大都受到语言中一定此意所代表的物像的制约，字面上有以形表意的特点。"[1]限于篇幅，本文谨从两方面就古汉字表意结构中所见的早期横笔画以及由表意结构演变出来的横笔成因现象做一些初步的考察。

一、古汉字表意结构中所见的早期横笔画

简单抽象的表意字是指表意字中那些采用相对简单的线条，去表达一种抽象的涵义。例如商代先民们刻下一横就是"一"，刻下两横就是"二"，积画成数，积画成字。又如他们想表达上面的方位，就在一长横之上刻一短横；想表达下面的方位就在一长横之下刻一短横。就是这种最单纯、最朴素的表达方式开辟了文字起源的大门。遵从先民们这样的造字理念，笔者这篇文章开篇选择了造字之初这些最简单、最直接就能表达先民们意思的文字。

（一）简单抽象表意字蕴含着的横笔画

在这一部分中我将以"一、二、三、上、下"为例，试说明简单抽象表意性质的横笔画形成原因及其演变过程。

1."一""二""三"字例分析

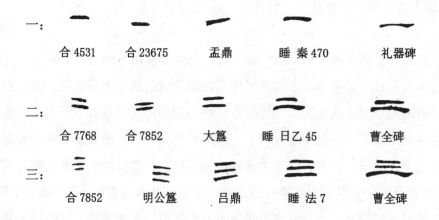

一:　　合 4531　　合 23675　　孟鼎　　睡 秦 470　　礼器碑

二:　　合 7768　　合 7852　　大篆　　睡 日乙 45　　曹全碑

三:　　合 7852　　明公簋　　吕鼎　　睡 法 7　　曹全碑

古汉字中"一"到"三"都是用相应数量的横笔来表示的，"一"字用一横笔表示，"二"字是用两等长的横笔表示，"三"字用三等长的横笔表示，是原始的计数符号。一、二、三一直到今天还保留着这样的原始字形。在《说文解字》中，第一个部首就是"一"。许慎"始一终亥"的部首排列方法也成为汉字字典编纂中最重要的分类原则。秦汉以后，由于隶书八分的笔意，"一、二、三"最下部的横笔画出现蚕头燕尾。这使得原来的横笔画书写起来更加明显和流畅，但在字形结体没有根本的改变。

类似于以上"一"到"三"的发展规律的字还有"四"、表示气流符号的简单

写作三横笔的"气"等字。甲骨文四字写作"三_{合15643}"用四个横笔表示"四"字的含义，与"一""二""三"的造字方法相同。到了战国文字，"四"由原本的四个横笔发生巨大变化，作"▰_{睡法49}"形，后世汉隶字形承袭这种写法。

2."上""下"字例分析

上：
合 20024   合 6819   启卣   上官鼎   睡 语 9   曹全碑

下：
合 1166   合 32615   番生簋   睡 效 22   史晨碑

甲骨文"上"字作"二"或"⌒"，上部横笔画短，下部横笔画长，有时下部横画也做弧线状。"上"字《说文》释作："高也。""下"字《说文》释作："底也。"甲骨文"下"作"二"与"上"字字形相反，上部横笔画长，下部横笔画短。用这样两横叠加，上短下长之形来指事上面、上方的之意，而用上长下短来指事下面、下方之意。随着汉字字形演变的方块化和繁化。于是在秦铜器中开始写作上形，即把"上"字长横之上，短横之左羡加一竖笔；在秦简"下"字长横之下，短横之左加羡加一竖笔，以便于拉长字势，同时与"二"这样的近似字形进行区别。"上"、"下"两字添加了竖笔之后，也提高了"上"与"下"的形体区分。饰笔加在长横之上""表示位于上方，竖笔加在长横之下表示位于下方"下"。汉代以后，上、下二字习惯写作"上""下"之形，其长横笔演化成带有典型隶书特色的蚕头燕尾的波磔笔画，"下"字的短横笔则习惯写成下斜状的长点。由此可知，"上"字的两横笔和"下"字的长横笔古今都是一直存在的，在结体演化过程中没有发生变化。

（二）具象表意字结体中蕴含着的横笔画

在本节中，我们以"才、戈、亙（恒）、亟、米"为例试说明反映在表意字结体中的横笔画形成原因及其演变过程。

1."才"字例分析

才：
合 34406   合 28168   克钟   散盘   郭店 语 3   张迁碑

　　才字商代甲骨文作"◆"或"◆",《说文》:"才,草木之初也。"单从甲骨文字形来看,似乎和《说文》中的草木之初并无太大关联。金文中有将甲骨文中由两条斜笔和一横笔所形成的三角形结构团块化,作"◆";也有弱化甲骨文字形中的三角形,直接写作一横笔和一竖笔十字交叉状,作"╋"。"才"字中唯一的竖笔画,在战国以后更加拉长,成为该字的主笔。加之"才"字中的横笔画缩短,更加突出竖笔画的纵长之势。原本在横竖相交处的三角形结构简化成一点画,作"╋"。到了汉代,字形趋于扁方,横笔画拉长占据主笔位置;竖笔画缩短成为配角;原本横笔画下部的三角结构也减省成的点画演变成一斜笔或一撇画。整个字形呈现倒三角形,这种结构更加稳定、扎实。

　　"才"字的横笔画在字形演变过程中,一直保持至今,只不过其长短和形态发生了些许的变化。类似于"才"字演变的字还有很多,例如:在(**廿**孟鼎)、奎(**奎**合371)、杏(**杏**合14201)、戈(**戈**合28610)、材(**材**云梦 秦律)、豺(**豺**云梦 日甲)等。它们中都有"才"的成分,其中"才"这部分的演化过程也和"才"本字十分相似。

　　2. "戈"字例分析

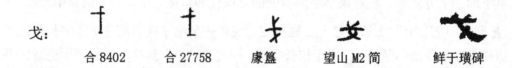

戈: 合8402　　合27758　　膺簋　　望山 M2 简　　鲜于璜碑

　　戈是一个象形字,《说文》:"戈,平头戟也。"甲骨文"戈"字作"┿"形,象"戈"这种兵器之形(如右图所示)。西周金文将原本上部的戈援变成一斜笔,箭头状的戈内和其末端的饰物变成一横笔,戈柲变成了上下贯穿全字的斜笔,戈镦上移到柲中变成一斜笔。"戈"字中上部的横笔画代表的就是戈这种兵器叫做"内"的部分。简牍书体基本也沿袭了金文的写法。汉代隶书更加规范了"戈"的写法,将上部横笔拉长,但又没有加上蚕头燕尾那样的装饰。上部斜笔简化作一点画,贯穿上下的斜笔向左下方倾斜呈卧勾状。类似于"戈"字演变的字还有很多,例如:成(**成**合28180)、戕(**戕**合7986)、武(**武**合456)、馘(**馘**合25714)、我(**我**合6091)、翅(**翅**合30967)等。它们都是由"戈"和别的部分组成的,其中横笔画的成因、变化也和"戈"字的相同,这里不再一一例举。

3. "亙（恒）"字例分析

亙（恒）： （图形字例）

合 14749　　亙鼎　　恒簠　　珍秦 57　　马王堆帛书　　华山庙碑

甲骨文亙（恒）象月亮之形在两横笔画之间，作"（字形）"形，当是月亮在天地之间圆缺往复而寓永恒之意。《诗·小雅·天保》有"如月之恒，如日之升。"的诗句，正到处了"恒"取象于月的缘由。而"（字形）"中上下两横笔即是指代天地，和"亟（（字形））"中的横笔画含义相同。金文开始增加"心"符，如"（字形）"形，其含义大概与"恒心"之义相关。到了汉隶，该字从月的写法将其中的"月"符更加减省成"日"，写作"恒"。楷书也基本沿用这两种写法即"恒"和"恆"，但前者更为主流。亙（恒）字的演变过程比较复杂，先是增加了"心"符，后"月"符又出现讹变分化成两种写法。此番过程中，两笔横画保留下来，其形态变化也大抵如"亟"字的横笔画相类似。

4. "亟"字例分析

亟： （图形字例）[2]

合 13637　　牆盘　　毛公鼎　　曾大保盆　　侯马盟书　　居延汉简　　曹全碑

"亟"的本义是高处的意思。由于此意，后来也写作"極"。于省吾先生的《甲骨文字释林》："亟，古极字……亟字中从人，而上下有两横画，上极于顶，下极于踵，而极之本意昭然可覩也。"[3]甲骨文象一个人站立于天地之间，头顶天，脚立地。西周金文在人形左下加上一个"（字形）"形，作"（字形）"形。或在人形的左下部加"（字形）"形，缩短表示人双臂的短斜笔，使"（字形）"形包裹"（字形）"形；在"（字形）"形的右边加上攴符"（字形）"。这种写法奠定了"亟"字以后的基本构形。该字上下两横笔随着时间的推移，其长短发生着微妙的变化。在甲骨文、金文中，"亟"字两横笔几乎长短相等，作"（字形）"和"（字形）"。到了汉代，简帛书体多呈现潇洒、飘逸之态。于是，"亟"字顶部代表"天"的横笔缩短；底部代表"地"的横笔拼命加长，并加上蚕头燕尾作为装饰，成为该字的主笔，作"（字形）"。此时，"亟"中的攴符写作"攵"汉代碑刻隶书中的"亟"字再一次进行改变，将"攵"写作"又"。

5. "米"字例分析

米： （图形字例）

合 33230　　屯中南 343　　米宫瓯　　包山 095　　睡 秦 179　　曹全碑

"米",象形字,《说文》:"米,粟食也。"甲骨文本来写作上下对称状的六个小点,中间以一横笔贯之。因甲骨文契刻工具的缘故,有些"米"字中间的横笔画也会刻成斜笔,其含义和作用并无实际变化。今见战国秦简米字表示中间的两米粒形的笔画逐渐拉长,穿过横笔画,连接起来,与横笔画形成十字交叉的形状,即写作"米"。这种写法将横笔画略微缩短,竖笔拉长,更显得字形纤长瘦劲。汉代隶书之后,将横笔画和竖笔画调整到几乎相等的长度,保证了字形的方整端庄。又将横笔画的位置上提至竖笔的三分之一处,完美了"米"字的字形比例。再将横笔以上两点画加以弱化,横笔以下的两点变成撇、捺两个主要笔画,避免了横笔上提后头重脚轻的情况。此时"米"字呈现出上部收紧,下部放开,有收有放之势。

从"米"部且与"米"字中横笔画演化过程相似的字还有:粱(　　伯公父匜)、粟(　　云梦 效律)、粲(　　云梦 秦律)等字。

二、由表意结构演变出来的横笔画

据王蕴智的整理,目前所能见到的商代文字字目共有 4100 余个,可释字目计约 1333 个,其中以形表意的字约占 65.5%。[4] 除了上文提到的古汉字中简单抽象的带有横笔画的字形之外,在一些具象的早期表意字中,本来也蕴含着带有横笔画的字。这里谨从表意团块线化和表意线条的演化两个角度,讨论一下其中横笔画的形成原因及演化轨迹。

(一)由表意团块线化成的横笔画

在这一部分中我将以"丁、旦、古"为例,试说明"古汉字中由表意团块线化成的横笔画"形成原因及其演变过程。

1."丁"字例分析

丁：　合 15706　　甲编 2329　　戊寅鼎　　虢季子白盘　　包山 004　　马圈湾　　居延汉简

《说文》:"丁,夏时万物皆丁实。象形。"[5] "丁"字,的甲骨文字形有两种写法,分别是"□"和"●"。两种写法仅空心和实心之差,其形状都象钉帽的俯视图。金文的"丁"字延续甲骨文的实心写法。此时,象钉子侧视图的抽象写法也开始出现。如"●",上部宽大,越往下越窄小。战国以后,"丁"字类似于侧视图的写法更加形象生动。如"ᐟ",极象带有圆形钉帽钉子的侧视图,上部由原先的团块简化作一横笔，表示钉帽；下部加上一短小笔画表示钉尖。汉代隶书的"丁"字将表示钉帽的团块写作带有蚕头燕尾的一笔长横，下部的短小笔画写作竖勾。至此，"丁"字的写法基本确立。原本表示钉帽的团块形历经数千年演变成"丁"字顶部的横笔画。

2."旦"字例分析

旦：

合 1074 正　　　颂鼎　　　休盘　　　睡 法1　　　华山庙碑　　　荐季直表

《说文》："旦，明也。从日见一上。一，地也。"今天看来，许慎的这种解释是不尽合理。"旦"字甲骨文作"<img>"形，即从日从"口"。刘钊先生认为："'口'并非象大多数人理解的那样是'象地面'，而是'丁'字。旦从'丁'应为声符。古音旦在端纽元部，丁在端纽耕部，声纽相同，韵为旁转。"[6]另外他还以战国文字加以佐证，认为战国古玺中的"旦"作"<img>"、"<img>"、"<img>"、"<img>"，"丁"作"<img>"。可见直到战国文字"旦"仍然从丁声作。[7]

甲骨文"旦"字共有上下两部分组成，上部分是"日"字，下部分是"丁"字，作"<img>"。西周金文中，"旦"字下部的"丁"开始由一个方块形演变成一个实心团块，如"<img>"形或"<img>"形。战国文字中，"旦"作"<img>"形，下部表示"丁"字的团点线化成一长横笔，托起上部"日"字。至此，"旦"字的写法基本确立，且较前世写法更加美观、舒展。以后的隶楷字形几乎都是承袭这种写法。

3."古"字例分析

古：

合 9560　　　亚古父己盉　　　大盂鼎　　　墙盘　　　包山 157　　　史晨碑

"古"字从<img>，从"口"形。甲骨文、金文中"<img>"形和"<img>"形均象征盾牌之意。盾牌的特点即是坚固。"古"字取"固"声，下部加上"口"形作为区别符号，如此形成古字的甲骨文写法，作"<img>"。西周中晚期之后，该字上部表示盾牌的团块状逐渐线化成一横笔画，其长度基本等同于下部"口"形的宽度，作"<img>"。此时，"古"字字形基本稳定。许慎所说的"从十、口，识前言者也。"是据后代字形而衍生出的说法，若上溯甲金，即不尽合理。战国之后，表示盾牌的横笔画更加拉长，七长度远远长出"口"形宽度，显得飘逸自在。到了汉代，隶书"古"字中的横笔画继续拉长，还增加了蚕头燕尾作为装饰，整个字形呈现扁方状。字中原本表示盾牌的团块的横笔画变成整个字的主笔，"口"形收入横笔画下部。至今楷书仍然沿袭这种写法。

（二）由表意部分的线条演化而成的横笔画

在这一部分中，我们以"大、禾、牛、首"为例，试说明从古汉字中一些表意性线条嬗变出横笔画的原因。

1. "大"字例分析

| 大： | 合 33349 | 散盘 | 师同鼎 | 曾侯墓简 | 马王堆 星 029 | 曹全碑 |

"大"字，象形字。《说文》："天大，地大，人亦大，故大象人形。"甲骨文"大"字作"𡗶"，象手臂张开，双腿分开的直立人形。"𡗶"顶部竖笔象征人的头和颈部；中间的"∧"形笔画象征人的双臂；最下面的"∧"形笔画象征人的双腿。金文之后该字上部"∧"笔画趋向平直。这种写法历时不久，西周金文就已经将"∧"形笔画拉直成为一横笔画，作"大"，以后的简帛书体基本沿袭这种写法。汉代隶书将该字原本表示双腿的"∧"形笔画大幅度向两边拉开，作一撇一捺；横笔画以上原本表示人头和颈部的竖笔画缩短，整个字重心上移，充满张扬之美。

"赤""亦""夹""無（舞）""天"等，从大的字，其中关于"大"那部分的字形演化和"大"字的字形演化轨迹是一致的，这里不再一一赘述。

2. "禾"字例分析

| 禾： | 合 33321 | 禾大方鼎 | 睡 秦 10 | 睡 日甲 151 | 马王堆 战 006 | 西峡颂 |

禾，象形字。《说文》："禾，嘉谷也。二月始生，八月而孰，得时之中，故谓之禾。禾，木也。木王而生，金王而死。从木，从𥝌省。象𥝌其穗。"甲骨文"禾"字作"𥝌"，象谷穗下垂之形，上部"𠆢"象征稻谷下垂的果实，"𥝌"象征稻谷的根茎和叶子。金文基本沿袭甲骨文的写法，只是将上部表示果实的部分稍作加重，成"𠆢"形。到了战国时期，"禾"字上部象征果实的笔画拉直成一斜笔，下部象征根茎的"𥝌"形笔画，先是更加紧凑，成"米"形。后"禾"字上部的斜笔演变成一短撇，中间的"∨"形笔画逐渐拉直其左斜笔；"∧"则逐渐象撇、捺笔画过度。到了汉代

简帛书体，索性将"Ⅴ"形笔画全部拉直成一横笔画。隶书"禾"字将"Ⅴ"形笔画演变成的横笔画更加拉长，由"Λ"形演变成的撇、捺笔画从此确立下来。后世楷书几乎沿袭隶书"禾"字的写法。

3."牛"字例分析

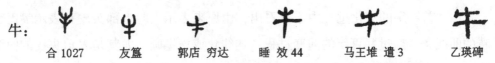

| 牛： | 合 1027 | 友簋 | 郭店 穷达 | 睡 效 44 | 马王堆 遣 3 | 乙瑛碑 |

"牛"字，象形字。《说文》："牛，大牲也。"甲骨文"牛"字象牛头形，本义就是指牛这种动物，是把客观物体最具有特征的部分描绘下来。在商代很多祭祀活动时都要用牛作为祭品，因此在甲骨文中"牛"字出现频率极高。甲骨文的"牛"字作"牛"，上部"Ｕ"形象征牛头的犄角，往下的"⌣"形象征牛头的下部轮廓。商代以后的金文将"Ｕ"形笔画变成一个圆转的"Ｕ"形笔画，将"⌣"形笔画拉直成一短横笔，"牛"字中间的横笔画于是确立下来。

简牍帛书中的"牛"字写法更加随意。甲骨文"牛"字上部"Ｕ"形，甚至被简化成前部略带起笔的"⌐"或前部略带起笔，后部收笔微微挑起的"⌣"。"牛"字中间由"Ⅴ"形笔画转变的短横笔更加拉长，形成托起上部"犄角"之势。汉代隶书几乎沿袭这种写法，仅将横笔画增加蚕头燕尾作为装饰。

"告"字和"牢"字中横笔画的演变过程和"牛"字中的横笔画演变过相同，这里不再赘述。

4."首"字例分析

| 首： | 合 6032 | 农卣 | 颂簋 | 睡 日乙 37 | 马王堆 简 1 | 曹全碑 |

《说文》："首，百同，古文百也。《《象发，谓之鬊，鬊即《《也。"首字甲骨文作"百"（无发之形的"百"）或"首"（有发之形的"首"），象侧面人头形，头顶表示头发的曲线有时会省去。在子组卜辞中也有作"首"象正面人头形的写法。金文作"首"之形，头部外轮廓进一步线化成半封闭的"σ"，内部表示嘴巴和眼睛的线条直接减省成"ミ"形，头顶表示头发的曲线也简化成三短竖笔"ⅲ"。秦文字的"首"字趋于方正，原来表示面部轮廓的先天全部拉直，象征头皮的部分线化成一短横笔，

其他部分几乎保留了金文的写法，只是更加趋于方正。到了汉代，"首"字字形基本确立下来，代表头皮的上部短横拉长成为隶书"首"字的主笔画，与下部"𦣻"形的结构以点画连接，整个字形成倒三角之势"𦣻"更显柔美、灵动。其中"𦣻"内部由眼睛、嘴巴演变而来的两短横笔也更加明确。

在"首"字的演化过程中不难看出，由原来表示人脸上部头皮和表示嘴巴、眼睛的曲线条，经过几百年的演变过程，均线化成横笔画。尤其是表示头皮的曲线的演变最为突出和明显。

结语

横笔画是古汉字构形中一个最简单、最常见的笔画，它的产生原因有多个方面。古汉字中还有很多字例，它们都和横笔画的演变有着密切的联系。本文谨选择其中的一小部分典型字例进行说明。商代甲、金文是迄今所知最早成体系的古汉字，其数量之多，系统之成熟，构形之早期性，是以往汉字学史上所未及的。笔者通过对古汉字中横笔画成因的研究还只是初步的，今后对古汉字构成理据和汉字笔画形成的问题还有待更深入的探索。

注释：

[1] 王蕴智：《字学论集》，河南美术出版社 2004 年版，第 50 页。

[2] 该字形截取自《曹全碑》"极"字的右半部分。

[3] 于省吾：《甲骨文释林》，中华书局 2009 年版，第 116 页。

[4] 王蕴智：《殷墟甲骨文书体分类萃编·第 10 卷甲骨文可释字形总表》，河南美术出版社 2017 年版，第 5 页。

[5] 许慎：《说文解字》，中华书局 2013 年版，第 308 页。

[6] 刘钊：《古文字构形学》，福建人民出版社 2006 年版，第 92 页。

[7] 刘钊：《古文字构形学》，福建人民出版社 2006 年版，第 92 页。

试说古文字中口和囗的形义来源及其区辨

刘俊成　康永易

内蒙古包头市美岱召贤仑居文化传播有限责任公司

【摘要】古文字中有许多相似、相近的字形，如果不去理解其根本含义，就会出现各种错误的使用，这些字往往是作为文字的一个组成部件，一个小小的结构笔画出头与不出头、笔画的高与低、方向的正与反、封口与不封口、连接与不连接就会出现各种书写的问题。近现代许多名人、大家也会因此经常出现写错字的现象，究其原因主要是缺乏对古文字的深入了解和学习，造成只注重写字的外形而不去理解文字的内涵和造字的根本，这种不重视传统的现象在当代比较普遍存在。本文谨以当代书家在使用古文字之中出现错误频率较多的"口与囗"为例，略对二字进行分析区辨。

【关键词】古文字　口与囗　区辨

　　古文字是中国汉字早期的文字，是汉字创造之初、形成之始的文字。从当代的使用角度来看古文字有狭义和广义之分，狭义上是先秦之前的文字系统，主要指甲骨文和金文；广义上是指汉代以前的古文字，包括商代甲骨文、商和西周金文及战国文字（包括春秋时期文字），还包括秦汉时期的小篆和保留有早期构形的篆隶文字。

　　中国文字的历史跨越了五千年之久，形成完备的文字体系，在不同的历史阶段体现出不同的文字形式特点，分别有篆、隶、草、楷、行各种字体，在各种字体之内又形成了各种不同的风格特点。篆隶文字是各种形式字体的源头，其他字体是流脉，源头就是文字的发轫点，具有始创性、固有性、内涵性和爆发性。由于古文字源头深厚孳乳的发展才有后来的发展和延续。古文字距离当代已经有两千年到四千年之久，这么古老的文字在当代存在的意义和价值是怎样的呢？首先，古文字是现行仿宋体的源头和历史，学习古文字可以了解现行文字的形成和发展。其次，古文字的产生中蕴含了文字的思想、智慧和先民的生活状态，每一个文字都浓缩了当时先民的思考和当时的生活状态。再次，古文字的产生和衍变也是中国历史、文化发展的进程，其中承载和蕴含了各种文化的历史，文化的释读都需要去解析每一个文字，没有文字的记载就没有人类的文明和传承，这也是人类创造文字的作用和意义。由于历史的久远，古文字在当代已经脱离了现实生活，远离了实用性，四千年之前的文字符号与现行的印刷体截然不同，对于普通人来说每个古文字都是陌生的，自然会出现对古文字的不可识性，甚至对古文字产生了好奇和疑问，每个古文字的奇诡造型在诉说着什么，代表着什么，这在当代已经是一门深厚的学问，是一门集民族思想、自然、人文、哲学、历史等综合性的文化，也是我们常常提及的传统文化，所谓的传统文化的发源思想就蕴藏在古文字之中，解读古文字就成为当代学习传统思想的根源所在，学习古文字是纠正当下使用错字、书写错字、以讹传讹的现象，继承古文字是尊重传统文化，对正确弘扬传统文化有着重要的作用和意义。

　　古文字在近一百年得到了深入的研究，甲骨文的发现和挖掘使得近现代能够看到商周之前的文字，东汉文字学家许慎也不曾见到甲骨文字，所以在《说文解字》当中出现了许多错误的文字，是由于当时前代文字史料的不完整和局限性所致，在当下纠正书写错误是继承者的责任和担当。在古文字之中有许多字形相近、相似，容易产生混淆的现象。诸如：口、囗、肉，大、夭、矢，正、足与疋，王、士、玉，手与毛、丰与屮、乃与丂，日与回，月与夕，云与虫，天与而，木与朩，永与辰，壬与壬等。这些字如果不去理解其根本含义，就会出现各种错误的使用，这些字往往是作为文字的一个组成部分，一个小小的结构笔画出头与不出头、笔画的高与低、方向的正与反、封口与不封口、连接与不连接就会出现各种错误的问题。近现代许多名人、大家经常出现写错字的现象，包括吴昌硕、齐白石，究其原因主要是缺乏对古文字的深入了解和学习，造成书法家只注重写字的外形而不去理解文字的内涵和造字的根本，这种不重视传统、不尊重传统的现象在当代比较普遍存在。分析当代书法家在使用古文字之中出现错误频率最多和最常见的文字是"口与囗"的分辨问题，列举一例示之，纠正文字之误，以免以讹传讹，贻笑大方。

　　"口与囗"的出错率较高，认识"口与囗"的形义来源对于古文字研究和书写有着重要的意义。《说文解字》曰："口，人所以言食也，象形。"[1]《说文解字》指出"口"字源于象形的创造，字形从人、动物口的外形上得来，与说话、食物有关系。段玉裁《说文解字注》曰："口，人所以言食也。言语，饮食者，口之网大耑。"[2]段玉裁先生解释"口"与言语和饮食相关，"𠕋是再也，再者、一举而二也，凡物有二"，[3]"㕧同端"字，"口"字出于嘴之两端之事，"口之𠕋大㕧"把"口"形成的象形状态生动地描绘了出来，也正如王蕴智先生《字学论集》中解释说："象征口喙形的专用符号。"[4]"口"在古文字中书写为"口"，通过审视《说文解字》中所有从"口"的字均与"口"的言语、饮食有关系，包括"口"的结构、动作、味道、食物、喘息、口液、呼叫、情态、妄语、嚎叫以及动物的鸣叫等等。金文明主编《中华古汉语字典》之中将"口"分析列有13项含义：1.人与动物饮食、发声的器官；2.指言语；3.口才；4.讥议；5.口味；6.人口；7.进出的通道；8.容器通外面的部位；9.破裂的地方；10.锋刃；11.中医学名词；12.量词；13.姓。在《现代汉语字典》中收录了500多字与"口"字有关的汉字，这些汉字大都是作为汉字的左右、上下结构的组合，也有个别"口"在字中作为一部分结构使用。

　　"囗"《说文解字》："回也，象回帀之形。"[5]"囗"，回绕，象回转一周的样子。"囗"与现在汉字的"口"在外形上一样，只是大小口形的区别，篆书分别是"〇"和"ㅂ"，文字学家黄天树先生说："囗象四周围起来的样子，按传统的音读'囗'跟'围'同音。围、圆二字古音相近。'囗'字显然是由'〇'（圆）字变来的。"[6]王蕴智先生认为：从囗（表城垣）的表意符号或同化作囗形，"囗"是"衞"初文象城垣外步守形，字中表城垣的囗或写作方。从"囗"的字有很多，都与城垣有关系，如：城、國、圍、郭、邑、良、亞、曲、宮、圖、區、啚、邕、雝、叩（古文鄉）、墉等。同时还有与土地和围合环境状态有关的字也与"囗"有关系，如田、置、疆、甫、囿、界、中、疇、囚、困、图、圈、圜、團、圓等字，其中的"囗"形在古文字中都是封口的方框形，有的囗作为包围的外形，有的是在字中的囗。

　　"口"与"囗"在汉字中被广泛使用，区辨其内涵和外形可以明晰这类古文字的差异。在文字的发展历史过程中，古文字由繁复向简约、由斜交向正交、由无序向有序、由书写的累赘向便利发展，由结构的不合理向结构的美观发展，出现了增减笔画的现象，以求文字的结构更加合理和美观。在众多带口的字形中，"口"与"囗"使用在不同位置、不同状态、不同环境或固定的模式就会出现不同的文字形态和含义，进行两者之间的区辨来避免在形态上的混淆，具体表现在以下几个方面。

　　区分"口"与"囗"的各自含义，辨别各自的形义属性。"口"是象征口喙形的专用符号，是本来从"口"的字，这类字很多，诸如：吹、名、呼、咙、召、问、呈、吉、哀、叩（古文喧）、叩、虓、咢、嚴、丧等。"囗"的本体字诸如：國、圍、郭、邑、亭、京、良、亞、曲、廪、宫、圖、圓、亳、享、區、啚、田、畕、疆、甫、囿、界等，这些字都与城垣、土地、范围、建筑相关。相同的"口"形，具体在每个文字中的书写表现却不同，"口"与"囗"古文字书写的差异就在于"口"字的两竖端出头，也就是"口"的上横下陷，使"口"的两竖端略露出头"廿"，而"囗"是闭合的方"〇"。"口"与"囗"的隶、楷形态都是相同的"口"形，普通人对古文字不了解就会看到"口"的外形一样，容易混淆地使用，辨别"口"与"囗"的本质含义有助于正确使用和识别汉字中容易混淆的现象。

在古文字中羡加饰笔，以类化、美化字形。羡饰就是在古文字之中进行装饰，加饰点、横或加饰偏旁部首来追求审美上的需要，以求字形美观、外形饱满、笔画合理、体势平衡、节奏和谐。1. 羡饰点画。如古文字"十"字在甲骨文中为"丨"，后来在"丨"上加饰点，逐渐衍变成横画"十"字。再如"元""商""辛""帝"等字在字头上多加了横画。"其""酉"的底部进行增饰笔画，虫类字"万"字，都是不断增饰笔画形成的；2. 羡饰偏旁部首。以"口"追饰为文字的一个部分，使得字形更加饱满、好看，字形特点更加突出、明确。正如王蕴智先生所说："周代以后，一些基本字形的下部或习惯加上一个"口"形，此"口"形为饰符，如若、商、周、曾、高等字即是。"[7]"古文字中常常在一些原始字形的下部累加一个口符，其在构形上并没有特定的音义功能，而仅仅起均衡、衬托、装点字形的作用。"[8]古文字下部的"口"字，是后来羡加在字形下部的特殊装点符号，与一般表口喙意义的用法不同，诸如：君、右、台等字的"口"形都是后来羡加上的字符。3. 在"口"形中增饰笔画。有些带"口"的古文字，"口"的内空间在视觉上缺乏充实感，从文字的空间分割上来分析"口"的内空间，一个字"口"的内空间比例要与其他部分的空间相协调，如果"口"的空间太大就会影响这个字的其他空间，造成整个字的不协调，诸如黑的上部加进了两点，曾、曹、昌、者的下部就是进行了笔画的增饰，在"口"中加了一横。中国古人在造字的同时一直在追求文字的和谐和美好，古文字的形成历史是漫长的，羡饰的过程也是漫长的完善过程，每个汉字的完善与古代先民使用文字的审美有着直接的关系，甚至几百年、上千年才能进化和完善一个点画，古代无数文字的专家在经营着古文字的进化，这个嬗变的过程无疑使我们在使用和学习古文字时增加了难度，精通古文字就成为研习中国传统文化的必然途径。

由"口"衍生出不同的相似文字。如："甘""曰"，曰《说文》："象口气出也"[9]，其内容与口的本义都属于口喙的范畴，是由口所衍生出的。"凵"《说文》："张口也，象形。"[10]古文字"凵"象坎陷之状，像地有坑穴之状，在"凵"字中羡加一横笔就与"甘"字相同。王蕴智先生说："古文字中有一些本来从口的字，在书写过程中，或在空廓中羡加饰横而繁作从甘。"[11]以上几字都是由口字衍生出来的，其内涵都属于口的范畴。

由"囗"所衍生的字。"囗"相对来说没有"口"活跃、没有"口"孳乳的丰富。在囗字的众多字中，大部分是作为独立的"囗"形存在，也就是一个方形，它包围着其他文字，作为汉字围合结构的主要特点，或者囗字作为文字的一部分在文字中间存在，这些"囗"形最容易与"口"相混淆、出错，例如：衛、韋、郭、邑、亭、京、廪、宫等。由"囗"衍化派生出诸如田、疆、畺、周、中等字都属于与土地相关的范畴，文字中的"囗"表示范围，在"囗"中进行"十"字分割成为"田"，"田"成为一个象征土地分界的独立文字符号。"中"的"囗"是属于围合的，《说文》曰："中，内也，从口丨，上下通。"[12]象在口的中界上下树立游旗状，其中的"口"是属于地域范畴的含义，当今有许多书法家都把"中"字的"口"写成状"甘"状，出现混淆。

类似"口"与"囗"外形的字还有"肉""回""吕""石"等字，其含义与"口"与"囗"完全不同，"肉"古文字的"口"形向左开"囗"，与"多"字都是肉的含义。"回"字是回旋的含义，其古文字形"回"与"甘""口"不相同。"吕"的"口"含义是取金属的冶炼物形，其外形是两个封闭的"口"形，与"囗"相似。"石"的"口"代表石头的块状物，在后期衍变过程中逐渐羡饰出了两端的竖笔成为"甘"形。总之在古文字的"口"与"囗"的使用过程中多总结、多思考、多发现文字之间的异同性，区辨之间的关系以提高对古文字的驾驭能力。

以上解析了"口"与"囗"形与义的区辨，在分辨其内容和外形的同时，也体会到了古文字在古代造字过程的严谨性和内涵性，相似的造型下所代表的不同含义，这些外形的相似性是我们明辨是非曲直的关键点，用文字的划分标准来重新审视古代作品我们可以发现有许多大家、名家都在混淆书写相近、相似的字，不去认真分辨其内涵，把严谨庄重、孳乳内涵的古文字写错，在口和囗的使用上诸如吴昌硕把"吴俊卿印"中的"吴"字上面"口"刻成"囗"（图一），印章"郦堂"中的"邑"部的"囗"刻成了"口"（图二），印章"韬盦"中"韋"字中的"囗"刻成了"口"（图三），通过翻阅吴昌硕篆刻作品集发现先生的"口"与"囗"不作分辨，时而为"口"，时而为"囗"。齐白石的篆刻作品中"石""古""湖""君""如"等字的"口"与"囗"出现混淆。再如徐三庚、邓散木在篆刻中"口"与"囗"也不作分辨。"口"

与"口"的混淆错用无疑是对古代传统文化的流失和缺失，近现代我国古文字研究成果不断涌现、新出土文物的面世和佐证也将填补传统文化中的缺失和不足，大力斧正错误的延续，避免和杜绝以讹传讹。

口与口的区辨包含两者关系的内涵和外形，分别说明和阐释来惊醒世人的关注，此文有抛砖引玉、以点带面的意义，口与口的辨别只是古文字中的一个小问题，继续揭示和研究其他容易出错的相近字，找出问题，昭示天下，让传统文化得到正传，才能真正起到回归传统、尊重传统和学习传统，这也是当代和未来的继承发展之路，"以铜为鉴，可以正衣冠，以人为鉴，可以知得失，以史为鉴，可以知兴替"[13]，以正确的传统文化为鉴来弘扬民族文化的博大和精深！

注释：

[1]（汉）许慎：《说文解字》，中华书局2019年版，第24页。

[2]（汉）许慎，（清）段玉裁：《说文解字注》，凤凰出版社2007年版，第94页。

[3]（汉）许慎，（清）段玉裁：《说文解字注》，凤凰出版社2007年版，第94页。

[4]王蕴智：《字学论集》，河南美术出版社2004年版，第114页。

[5]（汉）许慎：《说文解字》，中华书局2019年版，第125页。

[6]黄天树：《说文解字通论》，北京大学出版社2017年版，第104页。

[7]王蕴智：《字学论集》，河南美术出版社2004年版，第111页。

[8]王蕴智：《字学论集》，河南美术出版社2004年版，第107页。

[9]（汉）许慎：《说文解字》，中华书局2019年版，第95页。

[10]（汉）许慎：《说文解字》，中华书局2019年版，第29页。

[11]王蕴智：《字学论集》，河南美术出版社2004年版，第114页。

[12]（汉）许慎：《说文解字》，中华书局2019年版，第8页。

[13]唐忠民：《中国历代君臣得失之道》，中国言实出版社2006年版，第11页。

作品图例出自：浙江古籍出版社《中国历代篆刻家集萃9——吴昌硕》

图一　　　　　　图二　　　　　　图三

由甲骨学工具书的编纂到甲骨文数据库的建设

门艺

河南大学黄河文明与可持续发展研究中心

【摘要】经过一百多年的发展，甲骨学已经成为一门综合性的独立学科，产生了大量的文献和研究成果，其中甲骨文献部分的甲骨学的工具书可以帮助初学者和研究者的深入。本文将甲骨学工具书进行了系统的分类：目录、释文和情况表、字汇、类纂和通检、集释、字词典 6 类，并重点对前 3 类文献的发展历程进行了述说，并介绍了各类工具书中的代表作。最后，本文就甲骨文工具书所显示的弊端，说明了甲骨文数据库建设的重要性。

【关键词】甲骨学　工具书　云平台　数据库

甲骨文自 1899 年被学者识别以来，其收集整理和研究工作已持续近 120 年时间，海内外学者们通过不懈的努力，已经对甲骨和甲骨文有了充分的认识。在这一门学问形成和发展的过程中，不断出现帮助初学者学习和学者进行深入研究的工具书，每一阶段的工具书都起到了总结前一阶段学术研究成果的作用。

对甲骨学工具书进行系统的介绍，目前仅见两篇论文，一为柳春鸣先生的《甲骨文工具书综论》[1]，他首先把甲骨文工具书和甲骨学工具书作了区分，因此此文主要介绍了涉及文字的隶定、释义、注音等的甲骨文工具书，将 12 种 2000 年以前出版的甲骨文工具书，分为字汇类、会要类、索引类、字典类 4 大类进行了综述。另一篇为宋镇豪先生的《百年来甲骨文集成性工具书的编纂》[2]，该文首先列举了百年甲骨学史上出现的 33 种甲骨文工具书，然后分字汇、索引、字典及辞典、集释、通检等 5 大类对每类中比较典型的甲骨学工具书进行了详细介绍和评价。赵诚先生在《二十世纪甲骨文研究述要》[3] 一书中也专章介绍了 15 种甲骨文工具书，对所介绍的每一种工具书都进行了详细的解说和评价。以上两篇文章均是着眼于对甲骨文字进行编纂的工具书，很少涉及甲骨学学科所能用到的其他类的工具书。另外，两文均发表于 2000 年左右，在这十多年间甲骨学有了长足的进步，甲骨学工具书也不断有更新。赵诚先生的述要比较详细，却没有对工具书进行分类。综上三点，有必要对甲骨学的工具书再次总结述要，以便于学者使用。

根据我们对甲骨学文献的整理,把甲骨学工具书分为目录、释文和情况表、字汇、类纂和通检、集释、字词典 6 类。目录是治学的门径，甲骨学的学习和研究同样少不了目录的指引；释文和情况表是甲骨文的基础整理工作，方便各类研究的使用；字汇又可称为文字编，是对以往文字考释成果的阶段性总结，方便学者查找甲骨字形和为进一步研究提供新的起点；类纂和通检类工具书把散乱的甲骨材料按照一定的标准集中起来，或带释文或只提供甲骨片号，可有效促进甲骨学的深入研究；集释帮助学者节省了大量的时间和精力去翻检相关论点；在甲骨学各种研究基础上编辑的字词典则可以起到总结甲骨学研究成果，普及甲骨文知识的作用。这些种类的工具书是相互依存，共同进步的，尤其是后三类工具对文字编、释文类工具书、甲骨文字考释的依赖性很强，其形成也需要更长的研究周期。本文将着重介绍前 3 类工具书，并结合甲骨文数据库谈一下我们对于甲骨学工具书编纂的看法。

一、目录类

书目是指示读书门径，提供研究资料线索的重要工具之一。善于使用书目，可使学习和研究达到事半功倍的效果，因此甲骨文的研究历史上，学者们均非常重视相关研究论著的收集，编制和不断增订甲骨学论著目录。容庚先生《甲骨文之发现及其考释》（1923 年）一文中附有"甲骨文字书籍论著参考目录"，1942 年明义士的《卜辞研究》一书第二章《著作》分文字、考释、杂著、字书、目录 5 项，逐一介绍甲骨文发现 40 年来的重要著作 58 种。董作宾先生有《甲骨年表》（1930 年版/1937 年版）、《甲骨文论著目录》（1932 年）、《续甲骨年表》（1947 年），年表虽然以年纪甲骨大事，同时也逐年记录了关于甲骨文字的论著，1937 年版《甲骨年表》记有甲骨学相关论著 341 种，后有《甲骨文论著分类索引》，将甲骨文献分为编纂、考释、研究、载记、论述 5 项。胡厚宣先生有《甲骨学类目》（1945 年）、《五十年甲骨学论著目》（1952 年）等书，《五十年甲骨学论著目》分 8 大类（发现、著录、考释、研究、通说、评论、汇集、杂著）36 小类纂集了 876 种甲骨文献。陈梦家《殷墟卜辞综述》（1956 年）是一部关于殷墟卜辞的通论性专著，书末附有《甲骨论著简目》和《甲骨著录简表》，给初学者和研究者也带来了不少方便。

百多年来，海内外编写的甲骨文书目不下数十种，本文择要介绍三种：

在搜集文献方面最详尽丰富的为宋镇豪先生于 1999 年主编出版的《百年甲骨学论著目》（按：本文简称《论著目》），1999 年之前海内外出现的甲骨文相关著录、论文、著作等大都收录，体例与胡厚宣先生《五十年甲骨学论著目》相同，每种论著一个编号，编号下有篇（书）名、作者、出处以及出版年份。此书共 10946 号，所收论著"按甲骨发现、甲骨综论、甲骨著录、甲骨研究、专题分论、甲骨类编、书刊评介、其他杂著、学人传记、附录共十大类进行编纂，每类之下，又有分目。书后附编年、作者、篇名三个索引"。此书最大的亮点在于收录不少海外甲骨学研究论著，为了解海外甲骨学研究情况提供了不少线索。2005 年宋镇豪先生又对此书有所订补，并发表到先秦史研究室网站，可供免费下载 WORD 版 [4]。补订将各论著收录《甲骨文献集成》和《甲骨文研究资料汇编》等丛书的情况有所说明，此外还有不少增补，如"甲骨综论—概说"补遗有 40 种，"甲骨研究—文字—专著"补遗有 63 种等，总的计算下来，补遗的又达数百种。

刘一曼、郭振录、徐自强等先生编著的《北京图书馆藏甲骨文书籍提要》（1985年），这是一部提要类的甲骨文书目，分著录、考释、研究、汇集、其他共 5 类，介绍了 237 种甲骨文论著。"所录各书及文章均载篇名、作者、版本、出版时间、各章目录、主要内容、有关的书评等项，对较重要的著作，对其优缺点和它在甲骨学研究上的作用也略加评论。"书末附有"甲骨文书籍编年简目""著者索引""甲骨文书名通用简称"。2017 年又出增订本，由刘一曼和韩江苏增订，更名为《甲骨文书籍提要（增订本）》，又补充 1985 年以来新出甲骨书籍 180 余部，这是一本中规中矩的书目提要，对甲骨学入门、文献检索都极有帮助。

雷焕章神父《甲骨文集书林》（本文简称《书林》）是最晚出的一部甲骨文献书目，出版于 2008 年，文献收录也截止到 2008 年。雷焕章神父是法籍天主教耶稣会会士，致力于古文字和甲骨文的研究 50 多年，编著的《法国所藏甲骨集》《德瑞荷比所藏一些甲骨录》两部甲骨文著录书，是很重要的海外藏甲骨集。这本《甲骨文集书林》是提要类的甲骨文书目，按时间顺序介绍甲骨学论著 412 种，以甲骨著录书为主，兼及研究著作和论文。"某些论文由于载有首次发表的甲骨文字，也会视为'研究来源'，收录在本书中" [5]，如第 17 号介绍普莱士维克－萨哈辛 1919 年作《巴塞尔民族博物馆的中国甲骨》一文，著录了 5 张甲骨照片，是德国人卫礼贤的藏品，介绍到最后还指出五张照片中，倒过来的那片甲骨是伪片。从本书中，我们会得到一些《论著目》中所列论著较为详细的情况。如《论著目》522 号为无名氏《铁云藏龟四百种》,仅记"国立中央研究院历史语言研究所藏本",这个书名及其内容均令人疑惑不已。《书林》第 92 号即有对这一藏本的简单介绍,所谓"四百种"即是400 片甲骨摹本,从而使没有见过这部书的读者对"四百种"有了一个基本的认识。[6]从本书对甲骨文著录书的简介,我们可以看出雷焕章神父对他所介绍的甲骨论著有很深入的研究。全书无处不闪烁着雷焕章神父醉心于甲骨文研究,自得其乐的治学态度,参考此书获得新知的同时,也让我们享受到了这种治学的快乐。

可与以上目录书配套使用的有 2001 年出版的《甲骨文献集成》(本文以下简称《集成》)和 2008 年出版的《甲骨文研究资料汇编》(本文以下简称《资料汇编》),这两套丛书将甲骨文文献资料汇集出版,为广大使用甲骨文资料的研究者省去了不少搜寻功夫。《集成》共 40 巨册,收录甲骨文著录材料、甲骨学论文、著作 2000 余种,《集成》将这些资料全文全书复印,注明始发和复印来源,极大地方便了使用者。2010 年以前,还有网络版的《甲骨文献集成》,从目录中可直接点击进入文献阅读,遗憾的是,近年这个网站的服务器已经停止服务。《资料汇编》"甄选了五十种甲骨文发现早期(多为 1949 年以前)颇具里程碑意义的代表作"[7],有近一半的文献与《集成》所收重复,但《资料汇编》中所收 1949 年以前的甲骨文著录书,如《铁云藏龟》《殷墟书契前编》以及胡厚宣先生战后编纂的一系列甲骨著录书等还是有一定的参考价值。

二、释文和情况表

甲骨文字原始难认、殷墟卜辞古奥难通,甲骨文释文为初学者提供了学习的突破口,为文史工作者的研究提供了可供认识的依据,为甲骨学工作者的深入研究提供了基础材料。

有专门就一种著录书进行考释和释文的专书类释文。这种专书类释文又有如下三种形式:第一种在早期著录书中较常见,如王国维《戬寿堂所藏殷墟文字考释》(1917 年),对每一片甲骨上的刻辞进行逐条释文,并对一些重点字词和重要史实进行详细考释论述,郭沫若《卜辞通纂》(1933 年)等也是采用这种形式。第二种最常见,也是配合著录书的释文,如《殷墟文字甲编考释》《甲骨文合集释文》为另行于著录书的单行本,《小屯南地甲骨》《英国所藏甲骨集》《甲骨文合集补编》《花园庄东地甲骨》《殷墟小屯村中村南甲骨》《北京大学珍藏甲骨文字》《中国社会科学院历史研究所藏甲骨集》等，大多数著录书的释文附于书后。这类释文比较简单，每片甲骨释文按条排列，一般不考释字词，会有关于甲骨的简短说明等。第三种比较少见，在甲骨片旁或甲骨片的摹本上注出相应的现代汉字，以 1931 年鲍鼎为《铁云藏龟》做释文为代表，刘敬亭先生《山东博物馆珍藏甲骨墨拓集》（1998年），濮茅左先生编著《上海博物馆藏甲骨文字》（2009 年）均是采用这种形式。《殷墟文字丙编》为显示卜辞的具体位置，除书后附的释文外，每版上也用透明纸显出甲骨具体轮廓在相应位置上写出现代汉字释文，提示卜辞行款走向。

各著录书的释文都比较零散，有些著录书的释文滞后于著录书的出版，有些著录书释文混于考释中不便于查检利用，还有很多甲骨文著录书根本没有释文。这些都不利于甲骨文的深入研究和甲骨文原始材料的使用，学界需要材料比较齐全的综合类释文。

姚孝遂先生主编《殷墟甲骨刻辞摹释总集》（本文简称《摹释总集》），克服了以上不利条件，将《甲骨文合集》《小屯南地甲骨》《英国所藏甲骨集》《东京大学东洋文化研究所藏甲骨文字》《怀特氏等收藏甲骨文集》等 5 部著录书进行汇总整理和释读，每片刻辞按辞条分别摹写原字形于上栏，对应的下栏为释文。

《摹释总集》把各类著录书的材料汇集在一起进行释文，为甲骨文释文数据库的建设以极大的启发，香港中文大学的"汉达文库 – 甲骨文"汇集 9 部甲骨文著录书，浙江师范大学陈年福的"甲骨文原文释文数据库"汇集 34 种甲骨文著录书（包括缀合材料，截至 2016 年 10 月），做出可检索的甲骨文原文释文数据库，非常便于甲骨文的研究使用。2006 年曹锦炎、沈建华两位先生出版《甲骨文校释总集》20 卷，是将汉达文库甲骨文数据库的释文部分整理出版的一部大型甲骨文释文总集。2010年陈年福先生也将其数据库内容付梓，《殷墟甲骨文摹释全编》时收录 2010 年以前出版的甲骨著录书 19 种，全书 10 卷，体例仿照《摹释总集》，"将每一片甲骨逐条逐字以原文录出，再配以释文"，对重片、缀合片也采用了相应的处理办法。这些综合类的甲骨文释文著作中，释字、辞条都代表了释文者对甲骨文的理解和对甲骨文研究成果的吸收利用。

甲骨片数量众多，著录又较繁杂，采用表格的形式对相关信息进行处理，可以一目了然，使用颇为方便。《〈甲骨文合集〉材料来源表》（本文简称《来源表》）是指示《甲骨文合集》图版来源出处的工具书，分上下两编，上编通过《合集》号可以查检以前的著录号、拼合、现藏等信息，下编按著录书出版时间为序，可以查检在《合集》中的编号。《来源表》为阅读以老著录号为线索的文献提供了方便，只要在《合集》中收录的，均可以通过《来源表》找到所讨论的甲骨片在《合集》中的片号，从而找到参考图版。《来源表》也为全面把握甲骨片的著录情况和现藏提供了依据。

近年所出各单位所藏甲骨著录书中也均有"来源表"一项，列出甲骨片的曾著录和缀合等情况，尤其是在《合集》中的片号，对于比对图版异同，选择更清晰的材料进行研究非常有用。

蔡哲茂先生《甲骨缀合续集》书后附《〈甲骨文合集〉缀合号码表》《〈甲骨文合集补编〉缀合号码表》《〈甲骨文合集〉重片号码表》《〈甲骨文合集补编〉重片号码表》《〈甲骨文合集〉误缀号码表》《〈甲骨文合集补编〉误缀号码表》《〈小屯南地甲骨〉缀合号码表》等均是非常易于使用的表格，对全面了解甲骨片的缀合情况很有帮助。近年林宏明先生、黄天树先生以及黄天树先生所带领的团队在缀合方面建树最多。他们的缀合成果书后往往附有表格，这些表格对检索缀合成果很有用处。中国社会科学院先秦史研究室网站是发表甲骨缀合成果的一块重要阵地，利用该网站的检索栏查找缀合成果也非常方便。

董作宾先生《甲骨文断代研究例》使得甲骨文不再是断烂朝报，而变为秩然有序的史料，之后甲骨文分期研究不断深入，根据贞人、字体等标准将甲骨文进一步分组类，以组类为单位，对推进甲骨文的研究起到了很重要的作用。长期的研究实践，使对每一片甲骨进行归类成为可能，杨郁彦先生《甲骨文合集分组分类总表》是一部查检甲骨片组类的工具书，此书按《合集》片号，将全部甲骨片进行归类，对于核对甲骨片类别有一定的帮助。首都师范大学莫伯峰先生的博士论文《殷墟甲骨刻辞字体分类表》，也是这样一部分类工具书，分类材料不仅限于《合集》，包括了《合集》及其以后所出各种著录材料，目前正在修订中，不日即将出版。

三、字汇

将文字纂辑汇总，便于识读、查找，是中国古代字书的传统，伴随着古器物的出土，古文字也渐渐多起来，《汗简》《古文四声韵》《说文古籀补》等一系列以纂辑出土器物上的古文字字形的字汇类工具书不断出现。甲骨文字经过一段时间的研究，已有不少可以识读，没有考释出来的字仍占多数，把这些可识的和不可识的字纂辑起来的工具书，称为字汇，也可称"文字编"，其作用有总结考释成果、查找字形、提供研究线索等。

罗振玉的《殷墟书契考释》（1915 年）、《殷墟书契待问编》（1916 年）是公认的最早的甲骨学文字编，《殷墟书契考释》的文字编性质并不明显，仍以考释为主。《殷墟书契待问编》只列出了未识字，但有字形、有出处、排列有序，正是甲骨文字汇的形式。罗振玉在《殷墟书契待问编·序》中说："编中诸文古今异体者十二三，古有今佚者十六七，今日所不知者异日或知之，在我所不知者他人或知之。"[8] 很显然，斯编是进一步研究的线索。《殷墟书契待问编》的编排形式很有特色，并没有按《说文解字》"始一终亥"的传统进行编排，而是将具有相同偏旁的字放在一起，后来唐兰先生"自然分类法"，岛邦男创立甲骨文部首应该都受到了此编的启发。

王襄的《簠室殷契类纂》（1920 年）将已识字和未识字汇于一书，按《说文》顺序编排，列举字形，指明出处，并摹写例句，是后来所习见甲骨文文字编的最初形式。商承祚《殷墟文字类编》（1923 年）将罗振玉的《殷墟书契考释》以《说文》顺序类次，编成文字编的形式，《殷墟文字待问编》则以未识甲骨文字在《殷墟书契前编》《殷墟书契后编》《殷墟书契菁华》《铁云藏龟》《龟甲兽骨文字》等著录书中出现的次第为序，起到了这些专书文字索引的作用。孙海波《甲骨文编》（1934 年）也是按《说文》类次甲骨文字，由于"摹写较真、举例较备、采录之说较多""对于研究卜辞有了很大的方便"。[9] 1965 年的改订本在材料上更加完备，并采纳了许多新的研究成果，一直到现在都是很多甲骨学者不可缺少的案头必备工具书。对于《甲骨文编》中的字形摹写失真、误读、分合不确、错号等不足之处，有铃木敦《〈甲骨文编〉札记》和秦晓华《〈甲骨文编〉校订》[10] 两篇文章可供参考。

随着甲骨文材料的增多，尤其是小屯南地甲骨、花园庄东地甲骨、小屯村中村南甲骨等新材料的发表，以及甲骨文考释工作的进步，编纂新的《甲骨文编》已被提上日程，已经出版的有以下三种。

刘钊、洪飏、张新俊等先生编纂的《新甲骨文编》出版于 2009 年，2014 年又出增订本，编排仍按《说文》顺序，有正编 14 卷，合文和附录各一卷。字形采用了电脑抓字黑白翻转的技术，对个别不清晰的字形原拓片剪切没有翻转，因此此编字形更加真切，每个字形均注明出处、组别，除商代甲骨文外，还收录了西周甲骨文。《新甲骨文编》在短短 5 年内就出增订本，针对第 1 版出版后学界提出的各种问题进行核对和修改，另外有增加新出材料、替换字形、重分组类并重排字形、吸收新的考释成果等修订工作，"仅新处理字形就达 1400 多个"，其付出的劳动可想而知。

正如刘钊先生在增订本后记中所说："任何字编都只能代表某个时段的水平，需要不断地更新、增补和提高，所以非常希望这本《新甲骨文编》在使用一段后，能采纳更好的批评和建议，再加以更新和增补，使其更为完善。"[11]

李宗焜先生《甲骨文字编》出版于 2012 年，编排采用自然分类法，将甲骨文字分布于 148 个部首之下，"收录截至 2010 年底所见的殷墟甲骨文字，共计单字4378 号、残文 52 个、摹本 26 个、合文 328 组。单字 4378 号中，隶定 2369 号，其中可释者 1682 号"[12]。全书甲骨字形为摹写，每个字形后有出处和组别，组别是以代号代替。李学勤先生总结此书有 6 点长处："即其收集之备、选择之善、摹写之精、分合之当、析类之详及检索之便。"[13] 其"检索之便"是这本书得以推广的最大优势。在"检索附录"这一册中"部首检索"与第一册的"字表目录"不同，"字表目录"是某字应归属于某部的体现，而"部首检索"则列出了有此偏旁而不属于此部的字，因此在使用"部首检索"时，不必考虑部别，只按字形有哪些偏旁，按偏旁即可在书中找到该字，使用十分方便。另外有与《类纂》和《甲骨文编》的对照表，可利用《类纂》《甲骨文编》进行检索，也方便和这两部工具书的配套使用。

陈年福《甲骨文字新编》出版于 2017 年，是陈年福教授在他所建立的数据库基础上而出版的一部甲骨文字编。文字上编收甲骨文已释字 2129 个，按《说文》部首编排，下编收甲骨文未识字 1949 个。编中字形均为陈年福教授按照甲骨原拓在电脑上做的矢量字，这种字体近于摹写，因使用最清晰的甲骨文拓片资料或照片进行制作，字形的可信度相对较高，并且在电脑中使用极为方便，可进行复制、检索等操作。

四、新出类纂、集释与字词典

在甲骨文的研究中，无论是考释文字还是进行历史研究，都需要把相关内容的材料聚合起来，进行归纳、总结，前人研究成果的借鉴也是必需的，归纳总结的工作和吸收前人成果当然得需要研究者自己的整理，如果有编排好的材料工具书，对于研究则可起到事半功倍的效果，索引和类纂以及集释类工具书就是适应研究的需要而产生的。关于这两种工具书的介绍，宋镇豪先生《百年来甲骨文集成性工具书的编纂》进行了很精彩的介绍和评价，本文就不再赘述，仅将 2000 年以后出现的若干新作做一简单的介绍。

近年新出甲骨材料最重要者要数 1991 年在花园庄东地出土的一坑甲骨，2003

年《殷墟花园庄东地甲骨》（按：本文简称《花东》）六大册出版以后，成为甲骨
学者研究的重要对象，《花东》是一部编排合理、体例集全、研究深入的优秀甲骨
文著录书，书中包含有《字形检字表》和《字词索引表》，前一个表是对甲骨文字
编的有益补充，后一个表起到了类聚甲骨卜辞的作用，均是非常便利的检索工具。
2011 年，章秀霞、齐航福两位先生在整理研究花东甲骨的基础上，编撰《殷墟花
园庄东地甲骨刻辞类纂》，吸收学界最新研究成果，对《字词索引表》进行修订和
重新编排，并将相关释文附于每个字词之后，为深入、细致地研究花东甲骨提供了
更为便利的工具。

　　集释是"博采众家释读之说而集录于一编"的工具书，从 1933 年朱芳圃《甲
骨学文字编》开其先导，李孝定《甲骨文字集释》（1965 年），松丸道雄与高嶋谦一《甲
骨文字字释综览》（1993 年），于省吾《甲骨文字诂林》（1996 年）为学界最常用的
集释类工具书。有硕士毕业论文对这些书进行增补：安徽大学罗庄的《〈甲骨文字
字释综览〉增补》（2014 年）和吉林大学李爱民的《甲骨文字考释汇纂》（2015 年）。
2017 年 10 月，中华书局出版了何景成先生编撰的《甲骨文字诂林补编》，所增补
为 1990—2013 年的甲骨文字词考释成果，与《诂林》相比，《诂林补编》专门收录
了甲骨文词语的考释成果。对《诂林》既有继承，又有创新，并且并不讳言《诂林》
的字形之失，有所补正。对词语的考释汇集，也展示出近 20 年来，学界对甲骨文
词语研究的重视，把甲骨文作为语料研究正成为甲骨文研究的一种发展趋势。

　　甲骨文字词典的编纂应该建立在对甲骨文字考释、甲骨文词汇深入研究基础之
上，是对前一阶段甲骨文字、词研究工作的全面总结，还肩负着扩大甲骨文影响、
提高甲骨文利用率的使命。徐中舒先生《甲骨文字典》（1988 年）和张玉金先生《甲
骨文虚词词典》是甲骨文字词典的代表之作。1989 年台湾学者朱歧祥的《殷墟甲
骨文字通释稿》虽未以字词典命名，实为一部甲骨文字词典。本书按甲骨文部首进
行编排，逐一对 1779 个甲骨文字进行了字形说解和字义解释，书并附有索引表和
笔画检字表。朱歧祥先生主张从语言语法的角度对甲骨文字进行解读，把甲骨文字
放到具体的句型之中，注意句与句之间的联系，从而对甲骨文字有比较全面的了解
和得出相对正确的看法。[14]

　　王蕴智先生很早就致力于甲骨文字字头的整理和甲骨文字典的编纂，其先期成
果为《商代文字可释字形的初步整理》一文，在该文中罗列字头 1490 个，按音序排列，
且注意对甲骨文基本字形的整理。在此文中王蕴智先生"计划在此基础上再进一步

扩大收字范围，着手系联、摹聚出土所见结字清晰、具有分类分组特征和量化统计指标明确的各种字形，从而尝试建立一个具有断代性质的商代文字字形库"。目前这一目标已经部分实现，在河南美术出版社的《殷墟甲骨文书体分类萃编》系列丛书中，最后两册是《甲骨文可释字形总表》，是作者对2016年之前著录所见可以确释的甲骨文字形材料的汇编，共收录了与后世文献有明确对应关系的1573个甲骨文字头。在甲骨文字词典的编纂上，王蕴智先生数十年如一日，逐步推出了一系列的成果，除上述两种之外，2018年他指导的赵伟博士也完成了《殷墟甲骨语词汇释》（本文简称《汇释》）的写作，这篇博士论文在前人字编的基础上进行了分析和合并，梳理出字头3655个，按甲骨文部首进行编排，逐一按照每个字在甲骨文中的用法进行了释义。《汇释》并非是对前人成果的汇释，而是甲骨语词的汇集和释义。在对甲骨文字进行释义的过程中，他在吸收前人成果的基础上，以甲骨文在卜辞中的实际用法为准则进行验证和取舍，是甲骨文词语、语言研究的重要成果。

五、甲骨文工具书与甲骨文数据库

甲骨文工具书的出版为广大研究者提供了便利，但也有一些很实际的问题，例如著录书不断出新，使以上工具书刚一出版即面临数据滞后的问题；甲骨文整理过程中发现的重片、缀合等，上述释文类工具书和各类表格也不能及时更新和说明；各工具书中有不少明显的错漏，也不能及时更正；释文是制作"类纂"的基础，释文的变动，直接导致"类纂"的重新修订；"集释"类工具书大概每十年就可以增加很多内容；《合集》来源表以及后来诸书的"著录情况表"等彼此重复，发表分散，不利于使用。诸如此类问题，都使得纸质工具书不太适应现代化的研究环境。各类工具书的修订虽然显示了甲骨学者们对学问孜孜以求的严谨学风，也展现了甲骨学的不断进步，可是不断修订的新工具书也给大家阅读和购买带来一定的困难。

数据库则可以最大限度地避免这些问题的发生。我们理想中的甲骨文数据库是一个比较庞大的系统，包括字库、图库、原文释文库、相关信息库、文献库等，也涉及很多技术性的问题，如图文共识、造字与输入法、标注与关联等。近一二十年来，很多地方都以甲骨文释文为基础建设了甲骨文数据库，大多都没有推广，目前可以供学界正常使用的仅有汉达文库、甲骨世界、中研院数位典藏等少数几个。[15]在建设甲骨文数据库的过程中，各地做了很多重复工作，建设一个主导性的甲骨文数据库供大家使用是很多学者的呼声。在图库、字库、相关信息库、文献库、造字与输入法等问题上，因为这些项目的数据比较客观，对这些数据集中进行建设和管理是可行的。而释文是甲骨文研究中最基础的整理工作，各家对卜辞的认识不同，对文字的理解不同，有时很难强行容纳到同一个系统中去，而依据释文所做的"文字编""类纂"等，也可以展现个人或团队的学术见解，统一并不是一个很好的选择。针对这种情况，可容纳不同数据库的云平台就显得比较公允和强大。各家释文均可以在此平台下供大家使用，有统一的界面和检索结果。云平台的使用对利用甲骨文进行各项研究将有极大的推动作用，云平台的建成也将是甲骨学者们所期待新的甲骨学研究工具。[16]

理想的甲骨文数据库和云平台的投入使用，可使甲骨文工具书的编纂更为便捷，如类纂的编撰是很耗时耗力的，而有一个比较好的释文库，则可以通过计算机的快速检索功能，很快将相关材料聚合。数据库甚至可替代某些工具书，如对文献库的成功标注，能使使用者更快地找到以往的研究成果，集释类工具书则完全没有存在的必要。

甲骨文数据库的建设，是一个长期的过程，是建立在对甲骨文进行详细严谨的基础整理之上，对甲骨文字形、字义，卜辞文例、句式，占卜程序、制度等都要有更接近于原始的认识，对文献的标注也得由专业学者细致爬梳清点，这样做出的数据库才能最忠于原材料、最大限度地避免错漏。基于云平台的数据库，是一个开放的研究平台，汇集学者们对数据的看法和使用过程中的问题，最快捷地通过数据管理人员进行说明和更正，从而使甲骨文云平台数据库成为真正有用、便利的甲骨学研究工具。

在甲骨文数据库的制作过程中，有一个最基础的问题迫切需要解决，就是甲骨文字形的数据化。在这方面，香港汉达文库、华东师范大学、北京师范大学、浙江师范大学、安阳师范学院等很多单位都做出了自己的字库和字体，但由于种种原因，并没有得到推广和使用。在实际使用过程中，又有种种问题，如字形描摹不准确，字形太过统一展示不同甲骨字形的变化以及组类差异等。人工智能识别文字技术的介入，使得这个问题的解决有了希望。但也给甲骨文字的基础整理工作带来了更加紧迫的工作，原始拓片的清晰程度，释文标注的准确性等直接影响人工智能识别的质量。在未来的研究和工作中，这些问题都要逐个击破，争取做出服务于甲骨文研究和普及的可靠产品。

注释：

此文为基金项目，项目为 2014 年国家社会科学基金一般项目（14BZS100）。

［1］柳春鸣：《甲骨文工具书综论》，《西南师范大学学报（哲学社会科学版）》，2000 年第 3 期。

［2］宋镇豪：《百年来甲骨文集成性工具书的编纂》，上海图书馆历史文献研究所编：《历史文献》第五辑，上海科学技术文献出版社 2001 年版。又见于先秦史研究室网站，http：//www.xianqin.org/xr_html/articles/kychg/291.html。

［3］赵诚：《二十世纪甲骨文研究述要》，书海出版社 2006 年版。

［4］宋镇豪：《百年甲骨学论著目（订补版）》，中国社会科学院历史研究所先秦史研究室网站：http：//www.xianqin.org/xr_html/articles/yjshzy/634.html。

［5］雷焕章：《甲骨文集书林·自序》，《甲骨文集书林》，台北利氏学社 2008 年版。

［6］本文草稿完成时，寄给台湾"中央研究院"历史语言研究所蔡哲茂先生求取意见，蔡先生纠正《铁云藏龟四百种》为拓本而非摹本，现在中研院史语所的"甲骨文数位典藏"网站上已有此书的相关数据。

［7］北京图书馆出版社古籍影印室：《甲骨文研究资料汇编·前言》，北京图书馆出版社 2008 年版。

［8］罗振玉：《殷墟书契待问编·序》，见宋镇豪主编《甲骨文献集成》第 14 册，四川大学出版社 2001 年版，第 374 页。

［9］陈梦家：《甲骨字汇的编制及其内容》，《殷墟卜辞综述》第二章第二节，中华书局 1988 年版，第 64 页。

［10］铃木敦：《〈甲骨文编〉札记》，《茨城大学人文学部纪要》第 2 号，1997 年，见于宋镇豪主编《甲骨文献集成》第 19 册，第 560—565 页；秦晓华：《〈甲骨文编〉校订》，华南师范大学硕士学位论文，2005 年。

［11］刘钊：《新甲骨文编·后记》。

［12］李宗焜：《甲骨文字编》"页首说明"，中华书局 2012 年版。

［13］李学勤：《〈甲骨文字编〉·序》，中华书局 2012 年版，第 2 页。

［14］朱歧祥：《谈"由句论字"对了解古文字的重要性——以《小屯南地甲骨为例》，兼释"每"字》，第七届"黄河学"高层论坛暨出土文献与黄河文明国际学术研讨会会议论文，2015 年 11 月。

［15］关于甲骨文数据库的介绍和对数据库功能的设想可参见门艺《甲骨文献的信息化与利用》，《兰台世界》，2008 年第 4 期。

［16］关于云平台的建设，是作者听闻安阳师范学院刘永革教授的讲解所作的总结。

于安澜先生对中国文字学的贡献

郭胜强

安阳师范学院历史文博学院

图1　于安澜先生

河南大学中文系教授于安澜（1902—1999年）原名海晏，字安澜，河南省滑县牛屯镇鸭固集村人。少儿之时入私塾学习，自幼聪颖淳朴，博闻强记，加之有着良好的启蒙教育，故使他在髫龄之年即可熟诵诸子百家，能写作古体诗文，具备了一定的国学基础知识。

1920年，于安澜考入了闻名豫北的省立汲县中学（今称卫辉市一中）。此时给他们讲国文的教师就是后来的著名学者范文澜先生。范先生对这位学习努力、才思过人的学生十分赏识，经常把他所作的诗文作为典范悬挂于教室中陈列，这进一步激发了于安澜学习国文的浓厚兴致。范老师在讲解文字、词汇之时常给学生穿插文字构形、汉语音韵方面的知识，于安澜对此尤感兴趣，课下曾多次登门请教，范老师总是给予热情指导。由于范文澜先生的启发引导，后来于安澜选择了文字、音韵的治学道路。

于安澜在中学时期不仅国文课出类拔萃，其他各科如数学、英语、美术等功课也都名列前茅。1924年夏中学毕业后被免试保送到开封中州大学（今河南大学的前身）深造。

中州大学当时虽在初创阶段，但执教的老师却不乏举世名家。如文科主任冯友兰先生主讲哲学，郭绍虞先生讲文字学，董作宾先生讲古文字学等。于安澜在大学如饥似渴地学习，在随堂听课之余，曾先后圈点研读了《说文解字》《尔雅》等文字学专著，阅读了梁启超的《要籍解题》、陈钟凡的《韵文通论》、张之洞的《书目答问》及《四库全书总目提要》等古典文献导读方面的专著。

于安澜圈点《说文》起点很高，有他自己的独到之处。在结合《段注》精读《说

图 2　于安澜先生（中坐者）
在河大求学时与同学留影

文》的时候，更在字形上下了很大功夫，将《说文》540 个部首反复背熟于心中，在此基础上再从各部逐一分析文字结构、演化特征，并根据篆文笔法认真摹写小篆字头。后来他指导研究生，所采用的仍是这个办法，他常对学生说，汉字有形、有音、有义，皆不可偏废。学习文字乃以字形为主，由字形带动音义。

对一个文字工作者来说，字不但需要认准，还应该写好。正因为这样，于安澜早年读书之时，便讲究执笔功夫，其行楷写得极有韵致。自学了《说文》，他又练就了一手精妙典雅的小篆。书写之余，或再尝试以篆法操刀入印。

1930 年冬季，于安澜从河南大学毕业，受聘于省立信阳第三师范学校，任国文教师，后转入省立沁阳第十三中学教国文。1932 年夏，他以优异成绩考入北平燕京大学研究院国学研究所，实现了他致力于国学研究的愿望。

1933 年，河南省教育厅新设研究生学术奖金，要求呈报年度成果。于安澜把他平日的研读心得体会和写作筛选整理成《诗学总论》，可谓其治学生涯中的第一部学术专著，将之作为学术成果而上报（同时上报的还有清华、北大、北师大等校河南籍研究生的材料）。后经河南省教育厅审核评定，荣获甲等奖学金 400 元。研究生学术奖的获得，更增添了他治学上的信心。

有清以来，从乾嘉学派到章黄学派，几代文字音韵学家通过整理《说文解字》谐声及先秦韵文（如《诗》韵）资料，大致由传世的《切韵》隋唐音系上溯到先秦古音。唯有汉魏六朝时期的中古音系在音韵学史上跨时久远，一直还是个空白。对此于安澜在考研前便已着意酝酿，入燕大后即选定"汉魏六朝韵谱"作为自己的主攻课题。

于安澜曾就这一课题先后请教过曾在河南大学任过教的语言文字学家、清华大学教授刘盼遂和闻宥（闻在宥）先生，得到了肯定，同时又都认为汉魏六朝时期作品太多，时间上跨越 800 余年，这方面任重而道远，非一人之力所能完成，建议暂作其中的一段。他很能领会两位长者

图 3　青年时期的于安澜

对他的关怀好意，但他又感到自己年方壮盛，精力充沛，不能过多计较工作劳苦，只能迎难而上，勇于拼搏，才有可能攀登学术高峰。

于是于安澜便夜以继日地忘我工作，阅读了《世说新语》《文心雕龙》《金石萃编》和《续编》《全汉三国晋南北朝诗》《全上古三代秦汉三国六朝文》等众多的书籍，尽可能地把汉至隋代之间所有的材料搜集齐备。在掌握大量第一手资料的基础上，认真进行归纳梳理工作，根据作品用字的时代背景划出了三个历史阶段，即"汉韵谱""魏晋宋韵谱"和"齐梁陈隋韵谱"，从而构成了本专著的核心部分。1934 年的下期，于安澜以这部多达 30 万字的初稿作为年度成果报呈给当时的河南省教育厅，经有关专家评审，获得特等 600 元的学术奖金。

接下来于安澜又进一步完善书稿，对韵谱中各韵部与邻韵的分合及各韵部的演变情况进行了综合研究，终于在 1935 年的上期完成了《汉魏六朝韵谱》全部书稿。全书成稿除了核心部分的三个韵谱外，他于书前还写有《总叙》，概述了汉语音韵从上古至南陈、隋的发展沿革情况，书后另有《存疑表》《校勘表》《作家地域表》等附录部分。

《汉魏六朝韵谱》取材丰富、体大思精、结构完整、极富创意，补充了汉语音韵学全史，在学术史上有着重要意义。于安澜的这一学术成果受到燕京大学的高度重视，特颁发给 500 元学术奖金。这次奖励名额共有四名，先生名列第一。因该奖金是美国哈佛大学资助的，所以先生亦为本年度哈佛奖学金的获得者。

于安澜的《汉魏六朝韵谱》脱稿后，当时的北平中华印书局（后来的中华书局）闻讯后即与他签订出版合约。同年 9 月始承印付排，1936 年 5 月印为三册一函正式出版发行。该书由著名音韵学家钱玄同先生题写书名，又有刘盼遂、闻宥及钱玄同先生亲为作序。

图 4 《汉魏六朝韵谱》封面

钱玄同教授在序中也说："忽睹大著，此国音史上最无办法讲述之一段，先生竟竭数载之力，一一为之疏通证明，弟于是始知此段当分为三期。两汉犹近先秦，魏、晋、宋即入新时期，至齐、梁以下，乃与《切韵》大同矣。先生对于古音之贡献，多发前人所未发，弟真欢喜赞叹，莫可名状！"[1]

《汉魏六朝韵谱》一书的问世，在学术界引起了极大的震动。当时，在国内从事汉魏六朝韵系研究的还有清华大学王力先生和中央研究院历史语言研究所罗常培先生两家，他们都是同辈学者。王力先生极为钦佩，很快在当年 9 月发表书评对《汉魏六朝韵谱》给予了热情的赞扬和中肯的评价，指出："这是呆板的工作，同时也是难能可贵的工作。于先生费三年的时间，独立以成此书，其毅力非常人所能及。"[2]

当时，罗常培先生在出版前已读过《汉魏六朝韵谱》书稿，闻知中华书局即将出版此书的消息，当即为历史语言研究所订购了 7 部，一时令书局发行人感到振奋。后来罗常培、周祖谟等先生在 1958 年出版《汉魏晋南北朝韵部演变研究》（第一册）的时候，更充分肯定了于安澜先生的开创之功。清华大学陈寅恪先生著《东晋南朝之吴语》一文，也曾数处引于安澜的学说，甚为推重。

《汉魏六朝韵谱》一书发行之际，国画家萧谦中先生特意为其作画两幅：一幅题为《校书图》，另一幅为《补韵图》。其中《补韵图》上还题有数位知名学者所作的纪念性诗文，诚可谓诗、书、画珠联璧合。

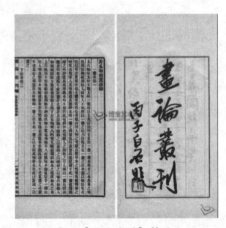

图 5 《画论丛刊》封面

《汉魏六朝韵谱》成功发行之后，书局方面就又约于安澜再著新书。原来于安澜在大学里阅读古代典籍时，即曾处处留意，汇集收罗到历代论画著述篇目数十种，这些曾是他业余学画的一种自修读物。1937 年 6 月，于安澜先生的第二部大著《画论丛刊》一函六册再次在中华印书局出版。该书由著名画家齐白石和萧谦中两先生亲为题笺并绘制封面，著名美术史论家余越园先生和著名美术理论家、中华印书局编辑郑午昌先生分别为该书作序。

1937 年，日军大举侵略华北，卢沟桥事件爆发，接着北平、天津等地相继沦陷。这时人心惶惶，不但打乱了于安澜的治学计划，而且使他也不能与家人团聚。无奈之中，他只有暂居北平同学家中观望时局。其间他把自己在大学中曾经下功夫圈点过的《说文解字》翻检了出来，根据过去学习《说文解字》的经验，切身感受到这部中国最早的字典对于初学者来说有诸多学习上的不便，一是冷僻字太多，二是540 部首过于庞杂。为此他立足于实用，有意打破《说文》的编排体例，把原部首按表意相近者类聚在一起，分别以天文、地理、草木、鸟兽、虫鱼、社会制度、言行等门类排比起来；各门类中的字头，再以常用为标准，逐步淘汰生僻字，从而选定 4600 多字，最后在各字下保存许慎说解，注明构字方式，凡由出土甲骨文、金文可以订正《说文》解说者，亦尽可能予以注出。如此苦心整理数月，终得简编本一册，题名为《〈说文解字〉分类简编》。由于当时处在抗战沦陷区动荡之中，该书后来一直未能够公开出版，沉寂于安澜先生书箱中长达 60 余个春秋。

1939 年暑季，平（京）汉铁路火车已通，于安澜立即南下返乡。回乡时家中老母中风瘫卧在床，他和夫人皆守在母亲身边精心护理，百般侍奉照料。他除了侍奉老母，他主要精力便用在对子女的教育上。对于不同的孩子，或补习功课，或教授新知，皆谆谆诱导，子女及侄辈们在学习上进步很快。

1945 年日本投降后，河南大学于当年年底从宝鸡返回开封，于安澜应聘于母校，出任文学院教授。1948 年 6 月，河南大学迁往苏州，于是于安澜先生又跟随学校举家南迁。在迁徙过程中师生多有失散，一部分教授已另到条件好的上海、南京等地一些高校中谋职。当时于安澜先生的学问、书画在江南皆有影响，只要先生点头，很快即可在那边的高校找到合适位置，但他没有这样做，1949 年 6 月，坚持随同河大师生返回开封。

1950 年夏，于安澜先生前往武昌教育学院任教。至 1951 年，新乡平原师范学院（今为河南师范大学）建校，他前往应聘被安排在中文系汉语教研室，主讲古代汉语和文字学课程。

于安澜先生根据大学生阅读古书的需要结合自己的体会，广泛搜集摘录古书中有特殊用法的文字，他按照文字形、音、义的特点区分为三编，每编又分若干类；在每字下面依时代远近罗列出辞例，使读者循此可以了解字形演变、声韵通假、词义发展的脉络，从而排除青年人阅读古书的障碍。这样经一年有余而成书稿，题名为《古书文字类编》。这是继《〈说文解字〉分类简编》之后他又一种关于文字训诂方面的著作。

1957 年人民美术出版社推出了于安澜的《画论丛刊》，并又分别于 1960 年、1989 年两次再版。香港中华书局也于 1978 年翻印了此书，继而传播到东南亚各国。

1955 年 8 月，河南师范学院进行调整，河南师范学院本部（原河南大学）定名为开封师范学院，原新乡院部的文科并入到开封师院。按新出台方案的要求，于安澜先生于 1957 年重新回到了更名后的母校河南大学，从此这里也就成了先生后半生的归宿。

回开封师院中文系后，系里让于安澜做教学辅助人员，后来长期在系资料室工作。作为一个早已蜚声学坛的大学教授去做资料室的工作，如果涵养差一点，早就心理上不能平衡了，但他泰然处之，看着是给他提供一个读书做学问的机会。

1966 年"文化大革命"初期，于安澜先生曾被作为"反动学术权威"而被揪出来批斗，他总是以坦然、宽容、开朗的心态乃至必要的诙谐来对待现实。一天被游街批斗后，家人担心其精神上受了刺激，他却戏谑地说："我们几个人的锣怎

图 6 "文化大革命"后焕发青春的于安澜先生

么着也敲不到点上，事先如能练习一下就好了。"话毕全家气氛顿时轻松了许多。

20 世纪 70 年代中后期，随着 10 年"文化大革命"的结束，拨乱反正，改革开放，祖国的命运发生了历史性的转折。目睹眼前的这一切变化，年近八旬的老人于安澜先生焕发了青春，十分感慨振奋。他的学识和独特的学人品格更加为广大师生所敬仰，对祖国科学的春天寄托着无限的希望，愿把自己的有生之年都无私地奉献出来。遂又重返讲台执教，为恢复高考之后的第一、第二届的大学生讲授文字学。

1982 年，于安澜先生的另一部美术史大著《画品丛书》由上海人民出版社正式出版。该书由著名画家刘海粟的题笺，与原来先生编著的《画史丛书》《画品丛书》是我国画坛上的重要著作。

1983 年，河南大学中文系古汉语教研室凭借于安澜先生的学术影响，与本教研室的赵天吏、张启焕等先生组成学术带头人群体，正式通过了国务院学位委员会硕士授权点的评审，从而建立起了在国内高校中较早具有招收汉语专业硕士研究生资格的学术基地。80 年代中期前后，先生连续招收了数届研究生。通过先生多年的言传身教，教研室诸位老师的全力配合，分别在文字学、音韵学、训诂学诸研究方向为学术界培养出来了一批批高层次的专业人才。

于安澜先生对甲骨文研究非常重视，他在《〈说文解字〉分类简编》中，成功地利用甲骨文、金文订正《说文解字》的解说，多有新意，更增加了《说文》的价值。他常常对同学们说，甲骨文是我国最早的文字，今天的汉字就是由甲骨文发展

图7　河南大学中文系八八届研究生毕业合影

第二排左起（坐者）：李春祥、李瑾、×××、高文、于安澜、华钟彦、任访秋、王梦隐、赵明、×××、陈新春、张启焕、董希谦。后排右3王蕴智

而来的。不一定要求你们成为甲骨文专家，但我们学习汉语史专业的必须要懂得一些甲骨文，否则你的知识就缺乏牢固的根基。

于安澜先生的研究生王蕴智受老师的启发，努力学习甲骨文，掌握了甲骨文的基础知识，尝试着超越《说文解字》，写出了五万余字的《商代文字探论》硕士论文，初步对以甲骨文为主体的早期文字资料进行了文字结体、文字演化等方面的探讨。于先生对此充分肯定，大为赞扬，后来还亲为作诗《古风一首赠蕴智》，并用精美的蝇头小楷书写。其中有"君自总角即向学，尤爱陈编识奇字。河大三年习硕衔，论著精审声誉美"。[5] 1991年王蕴智获得吉林大学考古学古文字专业博士学位，后来成为国内外著名的文字学家。

改革开放以后，作为河南大学的一位资深教授，于安澜先生在多个领域都有建树，其学术影响波及海内外，不仅在高校界而且在社会上都有很高的知名度。随着文化教育事业的繁荣发展，国内诸多学术团体的相继

图8　王蕴智（左）和导师于安澜先生合影

图 9　于安澜先生书法作品

成立，先生的各种学术活动亦开始增多。于安澜先后应邀参加了中国训诂学会、中国音韵学会、中国美术家协会、中国书法家协会等，并且担任了中国训诂学会、中国音韵学会、河南省语言学会等学术团体的顾问。

1984 年，于安澜先生出任河南大学古籍研究所所长。先生根据他自己长期在阅读和研究古代典籍方面的经验，为学校的古籍整理工作提出了新的规划。他结合自己的治学之道，结合河南作为历史文化大省的特点，曾经向国务院古籍整理领导小组及省市有关部门多次提议，希望能发掘利用河南的历史文化资源，着手整理有关古代典籍，为在我国历史上产生过重大影响的河南籍文化先哲、艺术名人举行纪念活动。

1982 年 11 月，中国训诂学会在苏州召开成立大会，80 岁高龄的于安澜先生作为学会的发起人之一，首先提出了召开全国性的纪念许慎学术讨论会的议题。这一提议得到了与会专家的积极响应。专家们一致认为，要继承和发展中国的语言文字学事业，就应该从纪念中国文字学的开山鼻祖许慎开始。这次会议之后，先生多次与河南省有关部门领导写信磋商，河南省文物局 1983 年 1 月 21 日曾专门下发"豫文物字（83）第五号函"，通知河南省郾城县及地区文化局做好迎接召开纪念许慎学术讨论会的准备工作。同年 4 月，先生又亲临许慎故乡，一方面调查采访有关许慎及其后人的遗迹、轶事，同时还向当地人民宣传纪念许慎活动的意义。

　　1985 年 4 月，在于先生的倡议下，由河南省文化厅拨出专款，郾城县组织人力重新修复了许慎墓祠，修复工程包括征地、砌墓、立碑、植柏等内容。在修复的许慎墓前，新立的"重修许慎墓碑记"格外引人注目。该碑是以中国训诂学会、河南省语言学会和郾城县人民政府的名义而立，碑额上的"冠冕千秋"4 个大字正是先生用古朴典雅的篆书所书写。碑文上对许慎的缅记，反映出华夏学人在经过深刻的历史变革之后，所焕发出来的强烈的爱国意识和对传统文化的珍重。

　　1985 年 4 月 12 日，全国首届"纪念许慎学术讨论会"在开封河南大学隆重开幕。先生和学校领导、教研室的老师们作为东道主，热情接待了 100 多位来自全国各地高校、科研单位的代表及新闻界人士。与会学者就许慎的生平事迹，《说义解字》研究的历史、方法及展望，文字考释等热点问题进行了 4 天的学术交流。研讨会之后，与会代表又分别抵达许慎故乡郾城及当年许慎奋斗过的地方——东汉都城洛阳（许慎曾在东观校理群书）参观访问。

　　漯河市又分别在 1989 年、1991 年和 2010 年与学术界配合，召开了三次大型的许慎学术研讨。王蕴智继承了于先生的事业，在于先生过世后应邀担任漯河市政府许慎文化资源开发特聘顾问，为许慎文化的研究竭尽全力出谋献策。现在王蕴智先生的学生不少也在从事许慎文化的研究和许慎文化园的工作，经过几代人的不懈努力，进一步促进了海内外许学事业的蓬勃开展，同时也激励了许慎故乡人民改革开放及发展经济的步伐。

　　于安澜十分重视辞藻的学习，早在抗战之初客居北平时，就曾尝试编纂《词汇手册》，为年轻人学习古代汉语提供方便。大学恢复正常教学秩序之后，先生发表《漫谈古代的名言隽语》[6] 将语言艺术视之为值得深入全面地加以发掘、整理、研究的民族文化之瑰宝。1984 年先生作为主持人，申报了名为《历代典范语言类编》的课题，并于当年获得了立项。经过于安澜先生和课题组成员连续 3 年的努力，该课题于 1987 年脱稿并结项。

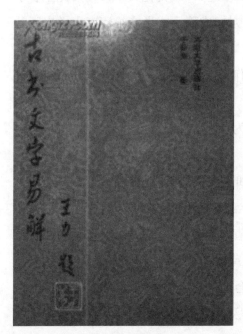

图 10 《古书文字易解》封面

20 世纪 80 年代，先生虽然年事日高，但此时是他一生漫长治学生涯中又一个比较活跃的时期。早年的《汉魏六朝韵谱》由于是旧式线装，发行量小，时隔半个世纪之后，新一代学人已经很少见到。该书曾于 1970 年经日本东京汲古书院翻印出版，不久即告售缺。随后香港、北京、上海诸方面亦分别转告于安澜先生有重印之意，为了保证质量他婉言谢绝，坚持要修订后再予以付梓。为此又做了大量工作，订正了原书中韵部归属有问题的字，并将各部入韵字按其在《广韵》中所属部的次序重新排列，各部中的入韵字再按不同声首进行编排。修订稿仍按照原书体例，于 1989 年 5 月由河南人民出版社影印出版。

图 11　于安澜书法

于安澜先生在新乡平原师院任教时，因感当时的学生古文基础薄弱，便结合古汉语教学，从古代典籍中钩稽 400 多个疑难文字分类例释，成稿后题为《古书文字类编》。由于种种原因，除有部分样稿曾经刻版油印给学生外，书稿沉没在先生书房中长达 40 年之久。"文化大革命"后先生着手修订，更名为《古书文字易解》，直到 1991 年方把成稿正式送交给河南大学出版社排印出版。

1933 年于安澜先生在读研究生时上报给河南省教育厅并获得甲等奖学金的《诗学总论》，是一部有关诗学史研究的重要著作，可惜竟整整积于先生案头达 60 个春秋。1992 年经先生对书稿做过修订补正，更名为《诗学辑要》，赵朴初先生为之题笺，由四川人民出版社出版问世。

1992 年是于先生 90 周岁华诞，经过学校和中文系的统一安排部署，9 月 26 日，"于安澜先生学术研讨会"隆重召开。会议由当时的中文系古汉语教研室主任董希谦先生主持，部分校系领导及教师代表，河南省及开封市书法家协会、美术家协会、省委统战部、文联、兄弟院校、九三学社、河南大学校友会等单位的领导、知名专家学者代表及新闻界人士 60 余人应邀出席了会议。与会代表畅所欲言，尽抒情怀，对先生渊博的学识、丰硕的成果、高尚的人品及治学特色进行了深入探讨。

1999 年春，于安澜先生因病医治无效不幸于 1999 年 8 月 16 日病逝，享年 98 岁。

先生去世后，家人清理出他 1994 年至 1997 年间尚未完成的部分学术文稿，说明先生九旬过后，在精力、体力不佳的情况下，他还在默默地耕耘着。

河南大学出版社刘小敏编审，河南大学黄河文明研究中心王蕴智教授为本文提供资料，特以致谢！ 2019 年是于安澜先生逝世 20 周年，谨以此文作为纪念。

注释：

［1］钱玄同：《汉魏六朝韵谱序》，见《汉魏六朝韵谱》，中华印书局 1936 年版。

［2］王力：《评〈汉魏六朝韵谱〉》，载 1936 年 9 月 17 日天津《大公报·图书副刊》。

［3］于安澜：《古风一首赠蕴智》，载王蕴智：《殷周古文同源分化现象探索》，吉林人民出版社 1996 年版。

［4］于安澜：《漫谈古代的名言隽语》，《河南师范大学学报》，1983 年第 2 期。

于安澜先生主要著作目录：

1.《汉魏六朝韵谱》，中华印书局 1936 年版。河南人民出版社 1989 年影印再版。

2.《画论丛刊》，中华印书局 1937 年版。人民美术出版社，1957、1960 年、1989 年三次再版。

3.《画史丛书》，美术出版社 1963 年版。

4.《画品丛书》，上海人民出版社 1982 年版。

5.《古书文字易解》，河南大学出版社 1991 年版。

6.《诗学辑要》，四川人民出版社 1992 年版。

汉字是一种国际文字
——许慎《说文解字》的千秋功业

赵丽明

清华大学中文系

二千多年以来，汉字不仅维系造就了中华民族及其生生不息的文化，且因文化势能流传至周边民族，促进了其他民族的文明发展。

汉字不仅是中国最大的文化遗产，而且是中华民族对人类文明的伟大贡献。由于汉字的传播，汉字成为一种区域性国际文字。同时作为载体，传播了华夏文化，启迪、开发、加快了多个民族、国家的文明历程。周边许多国家和民族，从此有了文字记载的历史，从史前文化进入文明社会。一位韩国教授说："汉字是东亚共同的财富。"

一、作为区域性国际文字的汉字与汉字文化圈的形成

"文化圈"一词固然出自西方，但"汉字文化圈"已经成为新的学术范畴和特定概念，已经成为历史的真实。

汉字作为交流工具和文化载体，不仅对中华民族的统一，而且对于周边地区和周边民族的语言文字建设及文明发展，起了重大而深远的影响。汉字不仅记录汉语，也记录日本语、朝鲜语、越南语、蒙古语、苗语、壮语等非汉语。在相当长的历史时期内，汉字曾是东亚地区的国际通用文字，借用标记本民族语言，如汉字日文、汉字朝鲜文、汉字瑶文、汉字侗文等，使用长达数百年至上千年。

汉字在传播过程中，作为记录当地语言的符号、社会交际的一种工具，不断地适应、调整，因此就造成了各种变异现象。这样，在汉字及汉文化传播圈内，有的则加以改革，使之更适于记录本民族语言。其中不但有官方的、宗教的、也有民间的；不但有借用，也有变体、改制，还有的从根本上改变了汉字的性质，由表意变

成了表音。汉字或准汉字，形成了一文多语（同一文字范式记录多语种）的汉字系文字大家族体系。

通过考察研究发现，我们不仅找到了汉字在外部传播中的一般规律，而且还有助于进一步研究汉字本体的标记功能和结构体制，以及汉字的历史作用和传播文明的文化功能。

文字从发生学上，分为自源文字、借源文字。例如许多民族、国家借用拉丁字母创造了本民族文字。汉字也是一种"源文字"。历史上先后有十几个民族借源汉字创造了本民族文字。汉字曾是多民族的借用、借源文字。由此形成了"汉字圈"：汉字大家庭／汉字系文字（汉字型／准汉字型）。

（一）汉字在 2000 年前就传至半岛、列岛以及东南半岛

朝鲜半岛　汉字传入朝鲜半岛比较早。文献及考古实证，早在西汉，最先传至半岛。

汉武帝（前 140—前 87）时期，曾在朝鲜半岛北部建立了都督府（半岛南部是三韩：马韩、弁韩、辰韩）。汉中央朝廷管辖所至，汉语汉字正式使用。

在与日本九州福冈隔海相望的韩国庆尚南道的伽耶时代古墓中，就多次出土过中国西汉的星云铜镜等一千多件祭器。铜镜上有铭文如"见日之光，天下大明"等。

特别是 1994 年公布的釜山西北金海墓葬群出土西汉早期的有铭铜鼎，还同时出土了仿制品。更说明公元前一、二世纪，汉字就传入朝鲜半岛了。

朝鲜半岛较早地接受了以汉语汉字为载体的儒家文化，并传播至日本列岛。朝鲜半岛是中国大陆汉字、汉文化传入日本列岛的中转站、文化桥。

日本列岛　日本人最早见到汉字大约是在弥生时代（约公元前 3 世纪—公元 3 世纪）传入的中国铜镜、金印及铸币上。最初汉字受到崇拜、敬畏，是尊贵的具有超常力量的象征符号。

据中国史志文献及朝鲜半岛、日本的考古发现，早在公元前一世纪（中国的西汉）就有载着小篆和隶书的铭文铜镜，经中国的辽东、朝鲜半岛传入日本的九州福冈等地。在当时日本人眼里，铜镜是神器和宝器。汉字如铜镜上其他图案一样，是某种庄严神圣的权威和吉祥的符号，后来成为地位尊贵的标志。铜镜多见于贵族古墓的殉葬器中。据李学勤先生介绍，在日本福冈等地出土的中国西汉铜镜就达五十多面。如福冈县饭冢市立岩古墓在二十世纪五十年代末至六十年代初出土了十面西汉晚期铭文铜镜。其中 1 号镜的铭文为"日有喜，月有富，乐毋事，常得（意），美人会，

芋（竽）瑟侍。贾市程，万物正，老复丁，死复生。醉不知，醒旦星（醒）"。说明至晚在公元前，汉字就已经输入日本列岛了。日本人在弥生时代后期仿制的倭镜中，也有仿制的铭文（参见季刊《考古学》第 43 号特集《镜の语る古代史》，东京雄山阁出版株式会社 1993 年 5 月 1 日发行）。弥生时代中期的古坟中还出土了王莽新政时期（9—25）的铸有小篆体"货泉"的货币。汉字在最早是伴随礼器、铸币等制度文化而传入日本列岛的，成为那里神圣的文明之光。

图一　"汉委奴国王"金印

特别是天明四年（1784）北九州的志贺岛出土的刻有"汉委（倭）奴国王"的金印，印证了《后汉书·东夷传》上的记载："建武中元二年（57）倭奴国奉贡朝贺，使人自称大夫。倭国之极南界也。光武赐以印绶。"的记载。至今，这枚"汉委（倭）奴国王"金印，仍是日本福冈博物馆镇馆之宝。（笔者 2013 年借开会之机专程去福冈博物馆，不许拍照，购得该馆所售复制品。见图一）

所谓委（倭）奴国，即为日本统一之前的众多个小国之一。他们已经与强盛的汉王朝及而后的魏晋有着较多的交往，甚至还经常贡奉"生口"（男女奴隶）。这时"汉字"伴随着皇权的概念引进使用，记录语言中的专名。文字的功能已经十分确定。相传公元三世纪，百济的汉文学者王仁到日本给皇族教授汉语汉字，被称为"史祖"。

迄今所能见到的最早的日本信史文献文字，大概是船山古坟出土的五世纪的太刀铭文："治天下蝮□□□齿大王世　奉世典曹人　名无利弓　八月中　用大琦釜并四尺廷刀　八十练六十捃三寸上慷慨口刀　服此刀者长寿　子孙注々得三恩也不失其所统　作刀者伊太加　书者张安也。"经日本学者考证，认为是蝮宫弥都齿大王时期（438 年前后）的制品。铭文告诉我们，刀是日本人制造的，文字可能是外国人（所谓"归化人"的朝鲜、中国移民）写的。早期国家文职人员多是精通汉字汉文的"归化人"。

汉末魏晋时，朝鲜半岛的三国（百济、新罗、高句丽），先后用汉字撰写历史，引进中文佛经。372 年，中国的顺道和尚到朝鲜半岛传教。4 世纪还建立学习中文的贵族学院中央儒教大学堂，各道也建立了地方儒教私学，以儒家经典为教材。多次派使者与中国朝廷往来。

越南半岛　汉字最晚在秦汉之间（公元前 2 世纪—公元 2 世纪）便传入与中国

山水毗连的东南半岛。公元前 214 年，秦发士卒戍守五岭以南，设立南海、桂林、象郡，便将越南北部和中部纳入象郡，开始了越南史上的"郡县时期"。秦末，华北定州人赵佗率兵在南越自立为王，并辖象郡、桂林之地，推行"南北交欢""和集百越"的政策。汉武帝元鼎六年（前 111）设交趾郡，并"颇徙中国（中原）罪人杂居其间，稍使学书，粗知言语，使驿往来，观见礼化"（《三国志·吴书》卷五十三《薛综传》）。中原人带去了汉语汉字和汉文化。东汉初年，光武帝派伏波将军平定西南，"治城郭，穿渠灌溉，以利其民"，进一步开发越南。

唐时（公元 7 世纪前后）设置安南都护府。从公元前后到十世纪末越南几乎都在中国封建朝廷管辖之下。从西汉到 20 世纪 40 年代拼音文字成为国家正式文字之前，汉字始终是越南的官方文字，使用了 2000 多年。虽然于公元十世纪前后创造了仿汉字的喃字，但始终与汉字混用。

（二）直接借用汉字，引进、移植汉文化体系

周边民族或国家借用汉字，最初是全盘引进，直接使用汉语汉字汉文，即用汉字记录汉语，书写的文本是汉文，用汉语可读得懂。这个阶段经历了近 1000 年的时间。

1. 首先是引进教师，派人留学，培养精通汉语文人才

唐以前，汉文化就作为高位强势文化被周边所仰慕。周边的民族和地区几乎都是原原本本地将汉字与汉字所载的汉文化以及生产技术、商品贸易等，一股脑地引进、移植，全盘接受。并作为样板和楷模，建立本民族本地区的行政管理、社会秩序等上层建筑，开发经济，推进文明。

中国隋代，正值日本的中央集权统治日趋完善的圣德太子、推古女王时代。短短 27 年内（581—618），日本多次派遣使节。607 年小野妹子为使节携带写有"日出处天子致书日没处天子"的国书拜见隋炀帝。（《隋书》卷八十一《东夷传·倭国传》）第二年隋派裴世清作为国使回访日本。小野妹子又作为陪送使再度访隋，并同时带来留学生和学问僧。614 年圣德太子又遣使赴隋。至唐，中日两国交往更加频繁。据史籍记载，日本曾任命过 19 次遣唐使，实际成行 13 次。有时一次便派四船、五六百人。其中除了各种史官之外，还有大批留学生、学问僧及各种工匠等专业人员。唐朝也派使节、僧侣、商人和各种专家、工匠到日本。空前统一的、富强开放的盛唐，成为东亚的中心。

2. 开设学堂，实行科举，鼓励选拔精通汉语文人才

日本及统一了朝鲜半岛的新罗，乃至东南亚的越南等都接受汉文化，并把汉字作为本国官方唯一的正式文字。直接用汉文本做教材。在朝鲜半岛，四世纪建立学习中文的中央儒教大学堂，各道也建立了地方儒教私学，学习儒家经典，教化年轻人。日本的奈良时代（公元八世纪），把中国的《周易》、《尚书》、《周礼》、《仪礼》、《礼记》、《毛诗》、《春秋左氏传》、《孝经》、《论语》（以上明经科）、《孙子》、《九章》、《周髀》等（以上算道科）、《史记》、《汉书》、《后汉书》（以上记传科）及隋唐律令（明法科）等作为中央直属的大学寮的必修教材。而这些经过九年苦读毕业的官僚贵族子弟要想步入仕途，就要通过秀才科、明经科、进士科、明法科等国家考试，必须用汉文撰写两篇论文，口试《文选》《尔雅》等。优秀者方可授官阶。而"汉方医学"的必读教材则是《素问》《本草》《脉经》等。

在东南半岛，安南历代王朝，均以儒学为安邦治国之本，李朝兴建文庙，以"泮宫"形制至今。陈朝创办国学院传习四书五经，黎朝以《四书大全》为科举考试内容，阮朝刻印儒家经典颁行全国。从李朝仁宗太宁四年（1075）起以科举取士，陈朝更仿中国以状元、榜眼、探花"试定三甲之分"，至黎朝重臣皆以科举出身的人担任。科举加试"数算"，梁世荣所撰《算法大成》有九九歌诀、九归歌、归除法等，广泛使用算盘。安南的武庙，祀奉的是姜太公，东序配祀管仲、孙武、韩信、李靖、李晟、徐达，西序配祀穰苴、张良、诸葛亮、郭子仪及岳飞。汉字长期通行，全面吸收中国文化。

3. 撰写本民族历史著作，制定法律文书，发展汉文学，形成本土典籍

借用汉语汉字，周边民族开始撰写自己最早的史书和其他文献。如日本古天皇时圣德太子颁布的《宪法十七条》（604）、日本第一部乡土志《风土记》（713年）、第一本正史《日本书纪》（720）。朝鲜半岛的《三国史记》（1145）、《三国遗事》（1285）。越南黎文琳的《大越史记》（1272）、吴士连的《大越史记全书》、潘叔直的《国史遗编》、张合桂的《大南实录》、郑怀德的《嘉定通志》，以及《越史略》等，均用汉文写成，而且史书的体例和编纂方法无不奉《春秋》《史记》《汉书》为圭臬。

就是在这种几乎是全盘引进大陆汉文化的时风之下，周边民族汉文学兴盛。如日本平安时代出现了一大批汉诗文集，如《怀风藻》（8世纪后期）、《凌云集》（敕撰汉诗集，814年成书）、《文华秀丽集》（敕撰汉诗集，818年成书）、《文镜秘府论》（文学理论书，空海撰，819—820年间成书）、《经国集》（敕撰汉诗集、827年成书）、《性

灵集》（汉诗集，空海弟子真济著，835 年成书）、《菅家文草》（汉诗文集，菅原道真著，900 年成书）等。正如一位韩国教授所说，汉字成为东方文化共同的财富。

越南的文学以汉文学为主流，国君、贵族、文士大都能诗善文，按照中国诗歌的音韵格律创造了"六八诗体"和"七六八诗体"，作家韩诠就是因为仿韩愈作《祭鳄鱼文》而畅姓韩。越南的古典名著《金云翘传》《玉嫱传》《苏公奉使传》从内容到形式都有模仿中国文字的痕迹。直至上个世纪末，清华的越南留学生还说她乡下的 90 岁外公会创作唐格律诗。

4．全盘借鉴中国的制度文化、科技、学术等

及至隋唐，在越南设立安南都护府。施行唐律，又建学校导之以礼，以科举考试选拔人才。初唐四杰之王勃，便是于上元二年（675）去看望在交趾任职的父亲，途中路过南昌写下著名的《滕王阁序》。第二年（676），王勃赴交趾，渡海途中落水，后惊悸而卒，时年仅二十七岁。宋太祖干德六年（968），安南统一，建立大瞿越国。安南独立以后，仍遵循中国的典章制度。中央设六部、六寺、六科及御史台、翰林院、东阁、国子监、国史院、府尹、宫师府、同天监、太医院、秘书监、中书监、华文监等机构，地方行政为路、府、州、县几级，官品与冠服饰物仿唐宋之制。李朝、陈朝的刑律皆以《唐律疏义》为准。后黎朝圣宗颁布的《洪德法典》更加完备。武将多习中国兵法，如陈国峻的《兵书要略》。李朝朝鲜，直接用大明律，加以谚解。

中国的医学在朝鲜半岛、日本列岛借鉴为"汉医""汉方"，在越南称为"南医"。仿中国设太医院、济生堂，学习中国医书，进口中国药材。结合本土情况编写《本草拾遗》《中越药性合编》《南药神效》等书。长期借用中国历法，元代的《授时历》传入越南后一直沿用到明初，以后又改用明代的《大统历》，直到清代才参照《历象考成》一书制定自己的《协纪历》，干支纪时法在民间广为使用。造纸术传入朝鲜半岛，出现"高丽纸"，传到越南有了"蜜香纸"。越南是东南亚最早接受中国印刷术的国家，最早的印刷品是陈朝元丰年间（1251—1258）的"木印贴子"，官刻有国子监本、集贤院本、内阁本、史馆本等，民间印本也仿中国题为某堂、某斋或某地某字藏版。丝绸、陶瓷、青铜、砖瓦、火药、铸钱等技术都是从中国传入的。此外，岁时、节日、服饰、戏曲、使用筷子等习俗都如同中国。

越南受汉文化的影响是广泛而且深刻的。同中国封建社会一样，越南也是独尊儒学，把它作为统治思想和教育、科举的主要内容。越南的佛教，事实上是汉传佛教的外传。道教在隋唐即传入越南，元朝尤为兴盛。越南民间祀奉的"天后圣母"

里供奉的是伏波将军马援，不少地方建有关圣庙。

因此，周边地区最初引进照搬的不仅是一种记录语言的工具，连同汉字承载的政治制度，意识形态，价值观念，具体包括国家体制、儒家思想、佛教、科技乃至礼仪习惯、社会风俗等；乃至意识形态"仁义礼智信""温良恭俭让""忠孝"等都成为使用汉字国家、民族的共识的价值观。大致在唐以前，形成了中国周边地区的异语同文同化现象，也导致了双语双文或双文混用等语言生活。

二、许慎"六书"具有跨时空普遍性，是汉字圈形成的理论依据

两千年前许慎《说文解字》使汉字有了规范。也是汉字圈的其他民族文字改良改革的理论依据和方法论。

（一）"六书"是科学的、不朽的文字学理论

两千年前的许慎，他不仅为汉代科学整理了汉字，总结出"六书"理论，解释了汉字造字法、用字法。使汉字有了规矩。后来造汉字，以及其他民族仿造文字，都有了简便的方法。

象形、指事、会意、形声、转注、假借的"六书"理论，不仅是汉字，而且是人类各种文字产生、创制的普遍规律，后来的大量资料证明，人类在苦苦探索记录语言的过程中，几乎都离不开"六书"规律。

仅从世界古文明的文字产生来看，无论是两河流域的楔形文字、古埃及的象形文字、玛雅文字等，均起源于象形文字。都不约而同地运用了象形、指事、会意、形声等造字方法。在西亚两河流域早期，曾长期使用阿塔托利亚的象形文字，又称之赫梯时代象形文字，经过数个朝代、多个民族的创造，而形成较简便的楔形文字。古埃及的三种字体，早期圣书体就是直接源于实物的描写，而后简化为僧侣体、大众体。玛雅文字，还没有来得及继续演变，就突然消失在密林中。而中国的汉字自产生之日起，虽然在繁简结构、笔势上几经演变，却始终执着地带着象形表意的胎记，延续使用至今。

汉字是记录汉语的，适应汉语的语言特点。其他民族直接借用汉字之后都必然面临如何适应本民族语言的问题，不仅语音、词汇大不相同，汉语的语法和各民族也不同，特别是日语、朝鲜语等不同语系的语言。如何解决标记者（汉字）与被标记者（非汉语语言）的矛盾，即工具好用不好用就成为突出的问题。

作为记录语言的工具，汉字之所以能够被周边不同语言的族群借用接受，是因为有了规范、有了模板。一种工具有了标准化，才便于使用、推广，不断革新，不断创造。

可以说，六书具有跨越时空的普遍意义，成为多个民族借用、借鉴汉字创造本民族文字，进行文字改良、文字改革的基本方法。

由于各自的民族语言特点、固有的文化、政治历史背景、民族意识等诸因素，在借用、借源汉字过程中，创造本民族文字的过程中的途径、手段方法的不同，形成了不同类型的、与汉字的距离参差不齐的、对汉字的变异错落有致的广义汉字大家族体系，或称汉字系文字。其中又有"汉字式文字"和"准汉字式文字"之分。

汉字系文字中，"汉字式文字"如：日本汉字、朝鲜汉字、喃字、方块蒙字、方块壮字、方块苗字、方块白字、方块瑶字、方块侗字、方块布依字、方块哈尼字、傈僳文等；"准汉字式文字"有日本假名、朝鲜谚文、西夏文、契丹文、女真文、八思巴字、彝文、水书、纳西哥巴文、女书以及一些方言字等，共二十余种，是一个异彩纷呈的汉字大家族。在目前信息时代，在《CJK（中日韩）统一汉字编码字符集》中，还有喃字、壮字等已经或正在进入汉字编码体系。

（二）六书理论是汉字圈分层次形成的理论依据

从汉字传播角度来考察，六书的次序恰恰要倒过来，即假借、转注、自创（形声、会意、象形、指事）。这是因为作为借源文字，身边有强势文化现成的文字工具，先移植借用即可，先解决有无问题，再解决合适与否、如何调整问题。因此周边民族、国家在借用、借鉴"源文字"的过程中，大致经历了：借用（语文全借）—假借（借音／音读、借义／训读）—仿造（文字改良）—变异（文字改革）。

最初直接借用，即汉字汉语汉文。用汉语可读得懂。汉字向周边民族早期的输出文本都是汉语汉字汉文。（见前一章讨论）

第二阶段是假借，汉字某语某文，包括借词（形音义）、借音、借义（音读、训读）。形成了汉字某语某文的语文形态，即造字范畴的六书假借。

所谓汉字某语某文，是非汉族民族书面语的本土口语化，即借用直写法，也就是把汉字作为记音、示义或标识语法的符号，标记本民族语言。写出来的文本，不是汉文，而是民族语文。对于懂汉语汉字的人来说，单个汉字都认识，但文句读不懂。

许慎在《说文·叙》阐述为："假借者，本无其字，依声托事，令长是也。"对于"本无其字"的周边民族和境内其他民族来说，假借是借源创造本民族文字的主要途径和手段。二十几个民族借用、借源汉字的历史证明，汉字传播到外民族的假借，分不同的历史阶段、不同的方法。

因此一些借用汉字的民族，权宜地把汉字当作记音的音符字、示义的义符字和语法的标识符号（用音同音近的汉字音读，或加以变异，或标加其他符号）。这是汉字记录外族语的最简便的方法。假借与前五书不同。在汉语文内部，从文字的创制过程来看，假借是经历了初始阶段之后出现的。当最初的象形、指事、会意及形声等产生一定数量的文字后，以不造形立字，同／近音假借，不造新的字符，借用已有汉字形体标记其他词。这时的汉字仅仅是标音符号，与原来字符取像所表意无关。

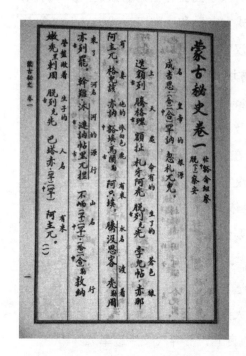

图二　《蒙古秘史》书影

借汉字标音，通篇音读字，最早见于文献的如春秋时代的《越人歌》，东汉时期的《白狼歌》。以及汉字日语日文、汉字蒙语蒙文、汉字朝鲜文、汉字壮文等。我们以汉字蒙语蒙文为例：

《蒙古秘史》又称《元朝秘史》[1]，原著已佚，目前我们能看到的只有明代洪武年间（1368—1398）四夷馆用汉字音写的蒙古语原文、逐词旁注汉译并附有摘要总译文的传世本。（见附图）。这是校勘者根据《四部丛刊》嘉庆年间顾广圻氏影印本，同时参校《永乐大典》钱（大昕）十五卷本和叶（德辉）氏本整理而成的，1981年内蒙古人民出版社出版。

《蒙古秘史》用 563 个汉字作为标音字母，拼写蒙古语。记述了成吉思汗远祖、成吉思汗诞生和一生征战经历以及蒙古民族的编年历史。例如：

迭额列　腾格理　额扯　札牙阿秃　脱列先　孛儿帖·赤那
　上　　天　　处　命有的　生了的　苍色　狼

今天的可口可乐、沙发、托福之类，即为此法。

在日本奈良时代（71—794）出现的"真假名（万叶假名）"，迈出了探索书面民族语文的第一步。大约完成于 771 年的日本第一部诗歌总集《万叶集》是力图假借汉字来标记日语文的最早文献之一。日本称原本汉字为"真名"（名，即字。真名即本字）。把以《万叶集》为代表的用整个字借来标记日文的用法的汉字被称作"假名"（假，即借。假名即借字），或"万叶假名"。为了区别后来省减汉字创造的字母假名，又称这种整体借用的万叶假名为"真假名"。虽仍借用汉字的形体，但书写出来的已经是日语日文，不是汉文。如：

　　盘白乃　浜松之枝乎　引结　　真幸有者　　亦换见武（《有间皇子》）

　　（盘代の　浜松が枝を　引き结び　真幸くぁらば　亦かへり见む）

　　（盘代海滨　松枝打结　三生有幸　归途重看）

　　借汉字义（训读法），实际是译读法。利用汉字标义，书面语是汉字汉文，阅读时翻译还原成的口语是民族语相应词的语音。一般用于标记实词。而虚词则用借音标记。人们习惯上把借用记音的汉字叫音读字，借用示义的汉字叫训读字。不仅日语如此，而且带有普遍性。

　　标记本民族语的语法是最重要的。借用标记语法的汉字可以称作语法字（或语助字、语法符号、语助符号）了。不同的民族借用汉字标识语法的方法，则各不相同，除了用音读字外，还有的用小字体音读字，或标加其他符号。日本曾创造了用大小两种字体写的宣命书。古代天皇的诏书，纯粹用汉文写的叫作诏敕，用日文写的叫作宣命书。宣命书用大字体汉字书写实词，用小字体汉字书写助词或词尾。如697年文武天皇即位时的诏书："现御神_止大八岛国所知天皇大命_{良麻止}诏大命_乎集侍皇子等王臣百官人等天下公民　诸闻食_止诏　高天原_尔事始而远天皇祖御世中今至_{麻氏尔}……"

　　这种方法是由于汉语和日语的语法结构特点不同所致。古朝鲜在吏读文字使用过程中，也曾借用小字体汉字标记语法，如"孟子伊曰孩提之童伊无不知爱其亲是弥及其长也为也隐无不知敬其兄也罗为时尼罗"。有的采用在汉字旁加点符号来提示音读或训读。如日本有一种"乎古止点"（常用作标记助词）训读法，即在汉字旁不同位置点上记号，来指示读时要加上某一助词。

　　音读、训读混用是借用汉字记录民族语普遍的方法。如《古事记》（712年太安麻吕撰录）就是音读字、训读字日汉文混用。如：

　　我者有爱故吊来耳　何吾比秽死人云而拔所御佩之十搣剑切伏其丧屋以足蹴离遣　此者在美浓国蓝见河之河上丧山之者也　其持所切大刀名谓量　亦名谓

神度剑（度字以音）其阿治志贵日子根神者忿而飞　去时　其伊吕妹高比壳命思显其御名故歌曰　阿米流夜于登多那婆多能　宇那贺世流　多麻能美须麻流美须麻迩　阿那陀麻波夜　美多迩　布多和多良须　阿治志贵多迦比古泥迦微曾也此歌者夷振也。(《古事记·代歌谣·天若日子の派遣》)

那么，如果是本民族语言固有词中所没有的，所借汉字同时既借音又借义，那常常就是引进的汉语借词了。日本、朝鲜等民族语文中大量的汉语借词。阅读时要还原有声语言都是本民族语言了。

古代朝鲜也有类似日本"万叶假名"的"吏读"，相传为新罗神文王（681—692）时的学者薛聪创造的用汉字记录本民族语言的一种书面语。其实，据平壤出土的三块石碑，早在高句丽长寿王（413—491）时就有了早期吏读。真平王时代（579—632）和善德女王时代（632—647）的新罗乡歌《薯童谣》《彗星歌》《风谣》等，就是早期吏读的代表作。其特点主要是：

1．语法上，组词成句按朝鲜语序，如吏读文"今至三年以后忠道执持过失无誓"（1940年庆州郡金文里出土《壬申誓记石》），汉文应是"誓今至三年以后忠道执持无过失"。

2．实词训读，虚词（语助词）音读。即实词借汉字义，训读朝鲜语音；加进表示朝鲜语法成分的语助词仅借汉字音，音读朝鲜语音，如"本罪律乙依良施行为齐"（1395年颁布的《大明律直解》）其中"本罪律""施行"是训读字，"乙依良""为齐"是音读字。

附加的语法助词，朝鲜语叫"吐〔t'o〕"，即"语助"（因此"吏读"又称作"吏吐""吏道"等），如"期"表示谓语体词形；"乃"，谓语接续形，表转折；"亦"表主格，"乙"表宾格。后来还发展成所谓"口诀"字，即比较固定的语法符号字。这样，吏读文本书面语都是汉字，读成口语都是民族语朝鲜话。

这种汉字民族文中的音读字具有随意性，即标记一个语音的汉字不固定，如万叶假名（真假名）：ぁ[a] 阿安、ぃ[I] 伊夷以异己艺、ぅ[u] 于易宇有鸟羽云禹、ぇ[e] 亚衣依爱哀埃、ぉ[o] 意忆于淤应隐伏、か[ka] 加架迦贺可可珂诃甲汗香何闲哿介河柯歌舸、し[si] 之芝子此志思寺侍诗斯师四式此紫资时矢尸司伺嗣旨指死词事使色新水进信兹试始施玺辞、に[ni] 尔迩二仁人日尼耳柔你贰、は[pa] 波破八半伴方芳播幡房薄盘倍婆簸泮绊巴。

朝鲜的"吏读"也有同类现象，如：主格：是伊；属格：矣衣（有情物）、叱（无情物），处格：崖、于是、于伊、亦是、曳、余是、余伊。

这种用汉字书写本地本民族语文的方法，是对标记者（借用文字元号）与被标记者（所记录的语言）之间适应度的一种变通式的调适。是许多借用汉字的民族普遍使用方法和经历过的阶段。如日本的真假名记录的《万叶集》，古代朝鲜的"乡札"、"吏读"以及中国境内的少数民族，都曾直接借用整个汉字来记音、示义、标语法，形成记录本民族语言的汉字日语日文、汉字苗语苗文、汉字壮语壮文、汉字侗语侗文等文本。

汉字民族文，说明该民族的语言生活从照搬移植、削足适履的初始语文形态，开始进入自觉时期。努力克服口语与书面语的剥离，实现言文一致。

有了记录本民族语的文本，这是语文生活的一大进步。其中又有两方面的问题，一是民族语言的实际需要：标记本民族语言。二是不能完全脱离汉语。因为经历了前一阶段，大量汉语词汇已经进入了民族语言，如韩语中的汉语借词高达 70%。

由此我们可以看到：

1．本无其字的六书假借，是没有文字的民族借源创制文字的最简便的方法。

2．假借文字系统的结果是，同文同化，移植的不仅是语文，还有社会、制度、价值观念体系；

3．假借文字系统的结果还形成大量借词和汉字词。事实证明，朝鲜半岛、日本列岛、中南半岛及境内其他民族的语言中有大量汉语借词，甚至高达 70% 以上。汉字词是外族用汉字合成的词，不是汉语词，如韩国的"定础"，汉语词为"奠基"。

4．假借使汉字成为区域性国际文字符号。

三、汉字圈解决了"六书"两千年的难题：假借、转注都是造字法

研究汉字，"六书"是个回避不了的基本问题，乃至于形成了所谓六书之学。它不仅涉及六书名称、次第，而且关系到造字之法、用字之法、造字之本、字例之条等六书性质问题。某种意义上甚至突破了《说文》的局限，成为更深层次的文字学理论、汉字体系等理论问题的探讨。

特别是六书中的转注和假借尤为历史难题。似乎扯不断理还乱。最常见的就是体用说。即前四书为体，后二书为用。也就是说象形指事、会意、形声为造字法，转注、假借为用字法。

如果我们换一个角度，跳出汉字圈子，从距离我们较近的借源产生的汉字式文字的造字手段、构形方式、记录语言的特点等考察六书，许多纠缠不清的问题便可了然。

汉字系文字是宝贵的资源，特别是研究汉字的发展演变、造字构型、记录语言的功能等规律，为我们提供了丰富的材料和旁证。从汉字系文字系统来审视传统六书理论，许多问题将清晰可解。

关于假借，前面的讨论已经充分说明，也是一个没有文字的民族，为自己语言借来工具的一种造字方法。这是汉字圈汉字传播的第二阶段，借汉字记民族语。这时的汉字已经是外民族的记录语言的工具了。

汉字传播第三阶段、第三种形态是某族汉字，或某族方块字，借汉字偏旁部件形声、会意重组构型；即转注造字。因此形成众多的"汉字式文字"，如日本列岛的"倭字"、越南半岛的"喃字"、朝鲜半岛的"国字"等。

所谓"汉字式文字"指非汉族仿造的民族汉字，在文字形体符号上，完全借用汉字的零部件，并按照汉字的造字法，重新拼形组装构成方块字，转注标记民族语或方言。这类方块民族字，或称民族方块字，由于使用的材料都是汉字构件、方法都是汉字的拼形组合，所以外形酷似汉字，符合汉字体制；但实质上不是记录汉语的汉字，而是专门用于记录本地语词的民族文字。日本称作"国字""倭字"，如凧、働、峠等；朝鲜称作"国字"，如畓、乭、夻等；越南称作"喃字"（汉字被称作"儒字"）；在境内民族地区称作"方块苗字""方块壮字"，如岜_石山_、迡_逃_等；"方块侗字"，如伓_父_、叭_鱼_、愀_愁_等（在汉语方言区被称作"方言字"）。他们又不约而同地被称作"方字"，或者"土字""俗字""土俗字"。各地转注仿造的汉字式文字，记录的语言不同，但都是借源汉字的产物，是脱胎同一母体的同胞姊妹。有时甚至会雷同，异源同形。（见后面字样。）

这些就是"六书"转注造的字。转注仿造使无文字的民族有了自己的文字体系。

对于六书中的转注，历来讨论纷呈，莫衷一是，更是不了公案。唐贾公彦的左右形转说，和者有之。[2] 南唐徐锴类耦虚实之说，论者不乏。[3] 宋张有《复古编》中有依声转注说；其他还有会意转注说、引申假借转注说云云。特别是明杨慎的"四象为经，注借为纬"说，被孔广居称为"不易之论"。戴震四体二用说，与之不无干系。而且戴氏的体用说，经高足段玉裁的阐发，既成一家定说，影响甚大。[4] 后世提及六书即云四体二用，人云亦云，似乎成了公论。期间虽有明赵宧光"转注之

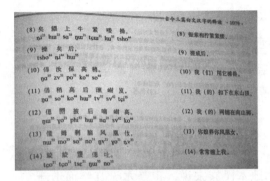

图三　方块白文

体大在形声"等论，亦被淹没繁复杂论之中。直至章太炎明之："余以为转注假借，悉为造字之则，凡称同训者，在后人亦得名转注，非六书之转注也。同声通用者，在后人虽通号假借，非六书之假借也。"（《转注假借字》）。今考之汉字的传播，更是云开雾散。

　　转注与前四书确有不同。许慎在《说文·叙》阐述为"建类一首，同意相受，考老是也"。如果说象形、指事、会意、形声是标记词语的文字元号"从无到有"造字的话，转注是文字经过造字初始阶段之后，或是古今语音的演变，或是地域方言的差别，或是原字标记的词义有了变化，或是假借同音近音字来标音，为了更准确标记词语，根据原来已有的字再造新字，于是"据有生新"，即由已有文字孳乳再造新文字，因此转注的特点是：1. 指原有本字 A、滋生新造字 B 之间的关系，即 B 是 A 的转注字；2. 二者在形体上部首相同；3. 意义上相同相近；4. 语音上相同相近，或有对应关系。

　　可见，讨论转注的关键：弄清本字 A 与仿造孳生字 B。即弄清标记"相授"的一组同（近）义词的本字与新字。转注关系到一组字，其中哪个是先有的字，哪个是后来因古今音变、方言不同而相转重组造的字。汉字体系内往往很难分清何为先有字（本字）、何为后造字（仿造孳生字），即谁是本字、谁是新字；孰先孰后。这个问题有时表现为正俗字、古今字。而把这个问题放在汉字传播中考察，外民族是如何借用汉字的偏旁部首（表意、标

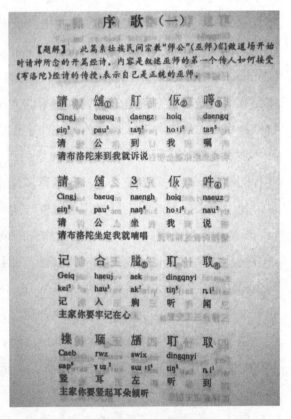

图四　方块壮文

音构件），模仿汉字重新造字，以转相标记本地本民族语词，即后起造字。一目了然。其他地区为了标记方言、语言，利用汉字已有构件"建类一首"，依照汉字的结构方式，仿汉字而造的汉字式文字，无疑是后造新字。比较清晰地显示出新字与本字之间"同意相受"的转注关系。（附表中的外族方块字都是模仿汉字本字而转相后造的孪生字 B 们。略。）

静态上看最后造字构型结果，当然大多为形声（本地本族音）结构，抑或会意（合字会意新造本地本族字）结构。针对本地本民族来说，也是本无其字而造新字。

据《国字の字典》（菅原義三，东京堂，1999）日本汉字有 1551 个，《韩国固有汉字研究》（金钟埙，集文堂，1992）韩国国字有 250 多个。

自秦汉之际便有大批中原军队、官吏和移民进入越南半岛，致使越南语吸收了大量汉语词汇。据语言学家调查，现代越语中，汉族借词超过 50%。所以，自秦汉以来的千余年中，汉字一直是官方正式通行的文字，称为"儒字"。

大约在我国的宋代，在广西"方块壮字"（即俗字）的推动下，越南也开始用汉字来表记越南语，称为"字喃"或"喃字"，亦称"俗字"。喃字最早见于 1210 年在永富省所立的《报恩寺碑记》，相当于南宋后期和越南的陈朝。喃字与壮字的结构大体相同，借义又借音的如文（文 van）、南（南 nau）等，借义不借音的如驭（马 nqua）、鲜（鲜 tuoi）等，借音不借义的如吏（来 lai）、英（兄 aub）等。喃字中还有一些是仿汉字创造的新字，创字的方法不外乎会意，形声和简化三种，读音皆依越南语。用这种方法形成的喃字，字形仍然是方块字，往往是借用汉字与自创新字夹用，有的借用汉字的音，有的借用汉字的义，绝大多数是以汉字越南语音。实行的结果，一音多字多义、一字多音多义、同字异形及重叠繁复的现象严重，所以，使用起来极不方便，虽有几个短暂时期明令公布施行，但作为正式文字并不通行，多半是民间使用。喃字现存的读物有千余种，在河内文庙常年出售《论语》《四书五经》《千字文》等汉字、喃字、汉越音三对照的读本。著名的如长诗《金云翘传》等就是用喃字对译（笔者购得复印本）。自 1884 年法国占领越南以后，改用拉丁化拼音文字，越南独立后以拉丁文为法定文字，称为"国字"。

越南的喃字系统异常发达。笔者与河内汉喃研究院交流得知，他们总结出 15000 个喃字！创作了大量越语喃字作品，近代以来用喃字改写的汉文文献有 1000 多种。（见图）

转注仿造民族汉字形态的特点与价值：

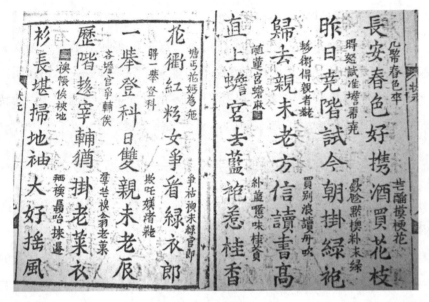

图五　喃字

　　（一）由于汉字的构件就是音节符号或语义符号，即一字一音节一语素，所以转注仿造汉字非常能产，特别适合标记单音节语词。喃字、壮字、苗字等语言和汉语十分相似，都是单音节词为主，声调有区别意义等，因此民族汉字比较发达，数量多，成百上千。

　　（二）提供了造字动态流程实例，有助于汉字理论研究。汉字式文字造字的方法，实际上是争论了近两千年的"六书"中的"转注"造字法——借汉字的部件、方法，造新汉字。这些实证有力地说明假借、转注也是造字法，是动态的造字手段，造字过程，其结果是形声、会意等静态结构。汉字内部很难看出造字先后，哪个是早有的字，哪个是转注仿造的字，看民族方块字就十分清楚了。从造字法的角度，各地转注仿造方言字，也是同类现象。

　　（三）验证、丰富了汉字理论，不仅说明形声、会意是能产的造字法，还有反切、双声、记号等。汉字中有旮旯、孑孓、虞铻等。朝鲜造的"国字"（朝鲜语吏读汉字）中也有"六书"所不能概括的，如李晬光《芝峰类说》所说："我国用字以水田为□（上水下田），米谷未满者为□（走之上加斗字），柴束之大者为□（走之上加去字），皆意作也。"再如，另造"狵"字来表示朝鲜语的"猫"〔kuag〕、上"乃"下"末"〔amal〕，标记新罗的专有官职名、上"为"下"了"〔han〕的"为"表动词"做"〔ha〕"了"表完成体〔n〕。方块壮字有双声符字，如 山三（白米）、来赖（倒）、又诱（骗）、丁登（打中）；反切字，如（荒草、忙）等。

（四）专用于标记本民族语而转注仿造新汉字，实际上是新造民族文字，标记民族语文。但是，转注仿造的民族汉字不可能是个完整体系，文字体系主体仍是汉字，转注仿造的民族汉字仅仅是借用汉字的零散补充，局部调适。因此转注仿造民族汉字（或民族方块字／方块民族字），只是文字改良。

四、汉字圈中的文字改革——汉字型表音文字

汉字传播的第四阶段——创制本民族文字。这样，就从前面的仿制改良，到文字改革了。

借源模仿汉字而创造的这些汉字系文字和汉字的关系远近是分层次的，除了借用汉字部件、借用汉字造字法而造的汉字式民族汉字、方言字之外，还有借鉴汉字的笔画、借鉴汉字的方块组合、借鉴汉字的单音节字符单位元，或将汉字体势变异等创造的各种民族文字，在发生学上与汉字有着血缘关系。外观上虽然已经面目全非，但有汉字的痕迹，即汉字的某种基因。有人将这种和汉字差距较大的叫作"准汉字式文字"（或称"拟汉字式文字"），实际上是汉字的派生支系，汉字的非汉语小区变体。如日本的字母假名（音节字母文字）、朝鲜的谚文（音素字母文字）、西夏文、契丹文、女真文、蒙古八思巴文（音素字母文字），以及彝文、水书、纳西哥巴文、傈僳音节文字、女书等。它们虽然源于汉字，却从根本上改变了文字的性质，已经是创造性的文字改革了。

由于与汉文化关系、影响和变异情况不同，大致分为三种情况：早期借汉字封建国家改创民族文字、中古自立王朝借鉴汉字始造民族文字、自制原始民族文字借鉴汉字。

日本在平安时代（794—1192）产生了本民族文字假名字母（平假名、片假名）。片假名产生于传授佛经的寺院，平假名出于宫廷女手。片假名和平假名虽然都是对笔画繁多的汉字在书写上进行简便性的变体改造，却成为专门记录日语的本民族文字，并从根本上改变了汉字的表意性质而成为纯表音文字——音节字母文字。其间有个探索过程。

僧侣写经创造了片假名。如奈良时代在日本流行的《金光明最胜王经》（平安初期西大寺传本）的《序品》开头："如是我闻。""如"字右下有向右倾斜的"十"，据考证为后来的片假名"キ"；"如"字左下有"乎古止点"上下排列的两点。那么

这个"如"字就要训读为"如キコトヲ"。"闻"字右下有上"て"下"十"的符号被认为是后来片假名的"ヘキ";"闻"左下有"乎古止点""一"。那么，这个"闻"字就要训读为"闻キタマヘキ"。这也许就是片假名产生最初时的情形。寺院的写经生在抄写佛经典籍或记录讲义时，为了速记，便借鉴汉语佛经变文的俗用简体字，有意减少书写笔画，仅仅写偏旁，如：将"菩萨""灌顶""醍醐""琉璃""琵琶"写成"ササ""シ丁""酉酉""王王""比巴"，再如川（训）、ソ（反）、谷（俗）等。更有甚者，还将省略后形体又合写，如釗（金刚）、左ィ右西（西佛）、左ィ右去汀（传法灌顶）等。为速记简便并有所区别，于是肢解汉字，略取某些汉字楷书的偏旁作为标音字母，仍以音节为单位，经过规范便成为音节字母。如 阿 [a] → ア、伊 [i] → イ、宇 [u] → ウ、加 [ka] → カ、利 [li] → リ 等。

朝鲜也有类似的所谓"口诀"字，即比较固定的语法符号字。有的是汉字简略，类似日本的片假名。如テ（"面"的简体，表示"则"）、ソ個（"为罗"的简体，"做"的命令式）、ソロ（"为古"的简体，表示"做""并""而且"）。

平假名诞生的土壤是中国汉字书法影响下的书道时尚。书道的发达促进平假名诞生。

在朝鲜半岛，千余年来汉文一直作为官方的正统的法定的书面语。汉字在朝鲜半岛的影响比较深，公元七世纪新罗统一全国后直至十九世纪末，国家各种公文、外交文书、史书典籍、科举考试，以至日用书信、地名称谓都是使用汉字汉文。千余年来汉文一直作为官方的正统的法定的书面语。朝鲜从李朝世宗 25 年 12 月（1444 年初）开始，世宗亲自主持创制《训民正音》，1446 年 9 月完成并颁布，这是一部国家文字改革方案。开宗便阐明创制本民族文字的宗旨和必要性："国之语音，异乎中国，与文字不相流通。故愚民有所欲言，而终不得伸其情者多矣。予为此悯然，新制二十八字，欲使人人易习，便于日用耳。""训民正音"又叫"谚文（谚，俗也）"。这种类似日本假名字母的简便标记符号，最初只有 28 个字母，17 个子音（辅音），11 个元音（元音）。以音节为单位拼写，组成一个个笔画式方块形的拼组字，是一种音节式音素拼音文字。李朝世宗 25 年 12 月（1444 年初）开始，世宗亲自主持，设立专门机构"正音厅"（亦叫"谚文厅"），组织郑麟趾等集贤殿优秀学者研究创制朝鲜文字。期间还多次与中国学者讨论、商榷。1446 年 9 月完成并颁布《世宗御制训民正音》一书，这是一部国家文字改革方案。

9 世纪，日本完成了音节字母文字的改革创制；15 世纪中，朝鲜进行了音素字母文字的改革创制。至于中南半岛，虽然 17 世纪欧洲传教士进入以后，特别是 19 世纪 40 年代法国殖民者入侵后，采用了拉丁字母；但汉字、喃字一直在用，乃至 20 世纪 50 年代。[5]

这种形态文字的特点与价值：

（一）自从汉字辗转传入之后，古朝鲜、日本、越南才有了记录语言的借用工具，并由此产生了本民族的文字。如果从最早汉字进入日本（公元前 1 世纪）算起，到日本出现自己的假名字母文字（平安时代，公元 9 世纪），大约经历了 1000 年。朝鲜半岛到 1444 年李朝世宗创造"训民正音"即谚文时，借用汉字汉文达 1500 年，如果到 20 世纪初真正全面推行本民族文字，则达 1900 年。可见汉字的影响及正统地位的稳固性。

（二）由于接受汉字汉文化较早、较久，改创的民族文字与汉字有血缘关系，始终未能完全脱离汉字，同时与汉字相伴随的汉文化也已经渗透于本民族文化之中，乃至形成今天的汉字文化圈。

（三）民族文学的兴盛与发展是民族文字诞生的沃土。汉文学愈垄断文坛，它的移植文学的致命弱点也就愈暴露。由显示学识，缺乏真情实感而日趋丧失文学本质和魅力。与此同时，日本民族诗歌"和歌"、朝鲜"乡歌"等应运复兴，物语（小说）、日记、随笔等能够自然表达心声的散文形式文学也蓬勃兴起。民族文学促进了民族文字的改创。

（四）遵循标音、简便的实际需要，完成了借用表意文字符号→表音文字的体制改革。

五、变异与趋同

在汉字圈，还有两个具有规律性的文字现象：变异与趋同。即周边民族政权把造本民族文字作为国策，有自立的民族意识，仿汉字，却又极力区别于汉字。新造字远看像汉字，近看不是汉字，如西夏文、契丹文、女真文；还有些自源民族文字，本有原始图画象形文字造起，却离不开汉字体制特点：方块形体、六书构型，越发展越接近汉字，如东巴文等。

（一）中古北方民族政权造字变异化

唐末以后周边其他民族建立的王朝，更是把创立民族文字作为建国大政之一。典型的是北方的西夏文、契丹文、女真文及蒙古八思巴文、满文等。

契丹字分大字（920 年造）小字（924 年造），是唐末时辽太祖耶律阿宝机建立契丹王朝后，命人参照汉字相继创造的，都是官方文字。"契丹本无文纪，唯刻木为信。汉人之陷蕃者，以隶书之半加减，撰为胡书。"（《五代会要》）两套文字并行，辽灭亡后，曾被金女真人使用，直至 1191 年金章宗"诏罢"不用，行三百年。

契丹语属阿尔泰语系蒙古语族。契丹大字是表词文字，据说有几千个，除了少量直接借汉字词（皇帝、太后、太王等）外，基本上是利用笔画，变异汉字的构件，重新拼组方块字。契丹小字是表音。因大字不方便，又由耶律阿宝机的弟弟在大字典基础上造了一套"小简字"，即契丹小字。契丹小字标记音节或音素，基本字符"原字"有 378 个（见清格尔泰等人研究）。一个契丹语单词要用几个原字拼组叠成方块字标记。（参见贾敬颜等文）

女真字是女真人（即后来的满族）建立金朝后（1119），金太祖阿骨打命完颜希尹所创，"希尹乃依仿汉人楷字，因契丹字制度，合本国语，制女真字"（《金史·完颜希尹传》）也有大小字之分。女真小字是 1138 年由金熙宗创制颁行的。行五百年。女真语为阿尔泰语系通古斯语族。

西夏文初称蕃书、蕃文，是党项族的首领元昊在建立西夏国（1038—1227）的前夕作为政权制度之一而创制的。"元昊自制蕃书，命野利仁荣演绎之，字形体方整类八分，而画颇重复。"（《宋史·夏国传》）"元昊既制蕃书，尊为国字，凡国中艺文浩牒尽译蕃书。""特建蕃学，以野利仁荣主之，译《孝经》《尔雅》《四言杂字》为蕃语，写以蕃书。"（《西夏书事》）"立蕃字、汉字二院，汉习正草，蕃兼篆隶，其秩与唐宋翰林等。"

西夏文是作为独立政权制度之一，有意区别汉字而为，不用汉字一个偏旁，却用汉字的造字法，利用笔画，重新拼组方块字，基本上一个方块字记录一个词，并采用汉字的书写行款制度。西夏文是词符文字，所记录的西夏语（党项语）属汉藏语系藏缅语族。西夏文共有六千多字，现已识读一半以上。西夏被元灭亡后，西夏文仍使用相当长一段时间，直至明中叶，行四百六十余年。

西夏文留下大量文献，包括文学、语言、法律、医学、佛经以及官方文书等。其中有许多字典韵书，如著名的《文海》（1124—1131）、《五音切韵》（1173），西夏人骨勒茂才还编写了汉夏双解字典《蕃汉合时掌中书》（1190）等。并且翻译了大量的汉文经典《孝经》《论语》《孟子》《列子》《左传》《孙子兵法》等。西夏本民族作品如《西夏诗集》、故事集《新集慈考记》、劝世诗文《贤智集》等。20 世纪以来，中、俄、日等国学者研究西夏文献，已蔚然形成国际性的西夏学。

八思巴文，曾先后叫作蒙古新字、蒙古字、国字、国书、八思巴蒙古字、八思巴字、方体字、蒙古方体字等。元世祖忽必烈入主中原之后，首先着手的一件大事，就是创制本朝国字，诏"我国家肇基朔方，俗尚简朴，未遑制作；凡施用文字，因用汉楷及畏吾字以达本朝之言。考诸辽金以及遐方诸国，例各有字。今文治寝兴，而字书有阙，于一代制度实为未备。故特命国师八思巴创为蒙古新字，译写一切文字，期于顺言达到事而已"。"中统元年（1260），世祖继位，尊为国师（八思巴），授以玉印，命制蒙古新字，字成上之。"（《元史·释老传》）《元史·世祖记》还明确记载，最迟于 1269 年正式颁布使用。"诏以新蒙古新字颁行天下。"实际上，八思巴文是与民间回纥式蒙古文并行。其生命力即使用时间基本上与政权同期。八思巴文使用了 110 年，随着元朝蒙古统治者退出历史舞台，而成了凝固在文献上的死文字。

八思巴字母采诸梵文、藏文，大约有四五十个，基本上是音素字母，不仅记录蒙古语，还可以"译写一切文字"，如史料所见的汉语、藏语、梵语、维吾尔语等。也就是说，八思巴文是一种音素字母拼音文字。但是，八思巴文以音节为书写单位，特别是体势上有正体（楷体）与篆体，甚至被称作方体字。其行序从右向左、字序从上至下的行款，字体仿汉字篆体，甚至成为藏文转写符号，常见于喇嘛寺中。那元朝官印碑额上九曲十八弯的八思巴篆文，难道不是向汉文的趋同吗？八思巴文在文字发生学上是混血儿，是汉字的远裔。与之类似的还有满文。

1616 年努尔哈赤统一女真各部，建立后金。1635 年定族名为满洲。明代中叶，废止女真文，改借蒙古文。1599 年努尔哈赤命额尔得尼等借用蒙古文字母创制了老满文。三十多年后，清太宗皇太极命达海等改革完善了新满文，为 1644 年入主北京作了文化上的准备。尽管满文借用的是蒙古字母，记录的是满语，又是满族执政朝纲，然而却向汉字趋同。清高宗乾隆十三年（1748）以陪都盛京（今沈阳）为题御制《盛京赋》中，有 32 体篆字，是直接借鉴了汉字篆字的特点。如金错篆、雕虫篆、飞白篆、龟书篆、奇字篆、玉筋篆、鸾凤篆、钟鼎篆、刻符篆等，外观呈长方性。

另外，民间女书，是汉字系文字中，无论流行地区、使用人群、传承方式、功能作用，还是记录的语言、字形体势、符号性质等，都十分奇特的一种文字。女书是普通农家妇女的专用文字，仅仅流传在湖南江永县、道县、江华县三县交界之处的群山环抱的潇水流域，方圆不到一百里的汉族瑶族混居的地区。使用女书的人群的生活方式基本上是传统的男耕女织，男婚女嫁，男尊女卑。女书老人几乎都是缠足。经过调查研究，女书记录的是当地通用的汉语土话。因此女书是一种汉字。在当地，1949 年以前，男人使用"男字""男文"（方块汉字），女人使用女书（又叫女字、女文）。一语二文。女书主要用于结交女友间的通信娱乐，自传诉苦的唱读写本。因此女书是一种女性文字。外观上，女书字体基本呈"多"字形，是方块汉字的一种变体。女书是一种斜体汉字但却不是表意文字。女书利用假借的方法，一个字符标记一组同音或近音词。经过清华大学师生对 22 万字女书原件穷尽性统计，女书的基本字不到 400 个，就可以基本完整地记录当地土话。因此女书是一种音符字单音节表音文字。

这种形态文字的特点与价值：

1. 这类文字大多由朝廷授命制定，自上而下推行，是政治统治制度的有机部分。与民族及民族语言的命运相关，民族政权消亡了，官方文本不用了，民族文字也逐渐成死文字。

2. 力求创新，借鉴汉字又尽量有别于汉字，以示民族政治、文化的自立。形体上近而不似。形成一套别具特色的文字元号系统。

西夏文、契丹文、女真文在始创之时，就明确是仿汉字而变异，或"以隶书之半加减"，或"仿汉人楷字，因契丹字制度"，或"字形体方整类八分，而画颇重复"。蒙古八思巴文、满文在文字制度上和汉字不同，是音素拼音文字，采用梵文、藏文或蒙古文字母，但以音节为书写单位，在体势上努力仿汉字方体化、篆体化。这些北方王朝文字大多为表音文字，这主要与适应语言特点有关。

3. 多与汉字汉文并行，实行双语文制度。"立蕃字、汉字二院，汉习正草，蕃兼篆隶，其秩与唐宋翰林等。"（《西夏书事》）公文、碑刻，并编写双语文字典、词典等工具书。包括翻译汉文献典籍、佛教经典、朝廷公文及各种实用书籍。

4. 记录了借字、造字之初的汉语面貌。由于数千年以来汉语没有精确的记音符号，古代的语音面貌只能凭借有限的材料推拟，八思巴文等作为音素字母拼音文字所记录下来的汉语数据十分珍贵。如八思巴文《蒙古字韵》证实了元代汉语深摄、咸摄确实有"-M"收尾，与 -P 同类，被称作"噙口"。还有一些方言词，可以在八思巴文记录的元代汉语中找到。

5. 文字的性质大多变成了表音文字，音节表音文字如日本假名、女书，音素表音文字如朝鲜谚文、八思巴文等。

这类字处于汉字圈的外围。

（二）自制原始民族文字趋同汉字化

彝文、水书、纳西东巴文哥巴文、傈僳音节文字等西南民族文字，多具有浓厚的原始色彩，但都不同程度地借鉴了汉字，或者称汉字化。

彝文历史上又被称作爨文、韪书、倮倮文、夷经等，最早文献为明代刻石。有人上推元、唐乃至东汉。流传于云南、贵州、广西、四川等地的彝语各方言地区，大同小异。是自成体系的民族文字。多由象形文字逐渐抽象化演变，少量借鉴汉字，是一种以独体符号为主的音节文字。记录的不是词或语素，也不是音素，而是彝语的音节。与汉字的关系，至少1. 符号形体采用汉字篆隶体势；2. 一些借字、借词，如白、牛及数字。四川凉山彝文，20世纪70年代经过规范，有819个单字。彝文有着大量文献，如《西南彝志》等。前不久，清华大学图书馆将西南联大期间马学良等先生在云南武定、禄劝收集的250册写本及传抄本、刻本，进行了整理。内容涉及经书，以及家谱、医书、史书、唱本、天文历算等。

水书是生活在贵州三都等地的水族巫师使用的民族宗教文字，主要用于占卜，大约有四百字左右。水书又叫水文、水字，也被称作"反书"（相对汉字而言），可见与汉字的关系。除了象形（如🐟鱼、🦵踢）之外，主要是借源汉字而造。方法有①反体：Ξ（子）、Τ（丁）、干（午），②倒体：彐（年）、Ｔ（五），③变体：否（吉）、Ⅳ（甲）、正（正）、彐（寅），④古体：ФФ（卯）、巴（酉）等。清华大学学生在2008年暑假，深入贵州三都、荔波等水族地区，和水书先生面对面请教翻译解读了清华馆藏10本水书。（图片。略）

纳西族除了象形的东巴文之外，还有

图六　清华大学馆藏彝族毕摩文献

哥巴文。哥巴文被认为是在东巴象形字基础上创造的音节文字，其中有的借源于汉字。"哥巴"是"弟子"的意思。根据明万历四十七年的汉、藏、哥巴三体崖刻，至少在 1619 年前后已经流行了。（图片略）

傈僳音节文字在云南维西县傈僳族中使用，是当地十枝乡岩瓦洛村农民汪忍波（1900—1965）于二十年代仿汉字创造的，共 1000 多个音节字，一个字一个音节，还编写了推广教材《傈僳语文课本》，木刻版印行。据说八十年代流行于附近四个乡，一万多人使用。这套傈僳族音节字，形体明显呈笔画式方块形。（图片略）

特别是近些年来，我们做的国家社科重大项目《中国西南地区濒危文字的抢救、整理与研究》，收集到大量的第一手资料，我们看到东巴文等的自然发展，明显从宗教走向世俗，从原始走向成熟。已经可以一字一音记录地契等法律文献。

以上这几种自制文字的最重要的共同特点和价值是：

1．具有浓厚的原始色彩，文字体系不完善，不能完整记录语言。

2．努力趋同汉字。由于有着血缘关系或耳濡目染的影响，因此与汉字有着摆脱不掉的情结、牵连，或明或暗地有汉字的影子、痕迹。掺杂变体汉字，外观总体上呈方块形。

3．少数人掌握，有较强的地方性，多为宗教的、非官方的，使用范围有限。

小结与思考

从汉字传播归纳为下面的表格，以作小结：

造字法（发生学）	构形法（符形学）	传播阶段、文字类型（语文关系、字形体系）	实例
借用	形音义全借	第一阶段 汉字汉语汉文	三国史记(韩)三国遗事(韩)日本古天皇时圣德太子颁布的《宪法十七条》(604)，日本第一部乡土志《风土记》(713)、第一本正史《日本书纪》(720)、第一部汉诗集《怀风藻》(8世纪后期)
假借	借音（音读字）（标音音符字）（标记语法词）借义（训读字）	第二阶段 汉字某语某文 记录本民族语 调整语音、语法	古事记（日）万叶集（日）大明律直解（韩）蒙古秘史（蒙）

续表

造字法 （发生学）	构形法 （符形学）	传播阶段、文字类型 （语文关系、字形体系）	实例
转注（仿造） 汉字偏旁构件 重组造方块字	形声构型		和字／倭字 喃字 朝鲜国字 古壮字
	会意构型 （合字会意）	第三阶段　汉字式文字 方块某字／方块民族字 用汉字偏旁从某形 从本地本民族声／会意 记录本民族语	
自创文字	借源借鉴汉字 笔划组字 汉字变体	第四阶段　准汉字式文字 创制本族本语文字体系 （异形、异质）	西夏文、假名、契丹文、谚文、 女真文、女书
	自源文字	原始图画文字 象形文字 （与汉字无关，或受影响）	东巴文、彝文、尔苏沙巴文、 坡芽歌书
混合型	借用汉字 变异汉字 原始象形符号	混杂、体系不完整 借汉字、"反书"、象形 借其他字母（印度）	水书、哥巴文、达巴文

通过对借源汉字式文字的考察，我们看到，六书是分层次的、动态的，并不在同一平面上。借源文字首先使用假借，为了进行调适而转注造字。其结构方式，会意、形声（以及义音、声声、反切）等，都是利用原有汉字，进行再造字。后人的争议也是从不同层次、不同角度的分析。即有造字层面和解字层面、文字层面与训诂层面、音韵层面、造字层面与构形层面。而班固的"造字之本"与许慎的"字例之条"二者皆宜，确实高明。

综合前人成果，可以将指事、象形、形声、会意、转注、假借这六种"文字条例"，分为造字法（造字思维手段）、构形法（符号的编码构型）、解字法（识字、训诂）三个层面；发生学、类型学两个角度。至于用字法，则是通假字层面，本有其字，与造字法的六书无关。

作为记录语言的工具，文字的原则是要适应语言；作为文化工具，文字的根本原则是服务于人类日益增长的生活质量需求和日益复杂的社会交际需求。文字是人类文明的产物，也必然伴随文明而发展，而传播。并不断进行调整，发生变异，并具有一些普遍规律。

1．一种文字的使用社群、传播范围、流行区域，是与该文字所承载的文化势能有关。具有先进的科学技术、发达的经济实力、成熟的意识形态（包括教育、学术思想体系、宗教）、定型的政治模式的高位强势文化的文字，必然向周边地区、周边民族传播。因此，在语言、地理、历史、文化诸因素中，强势文化是文字传播的第一动力。

2．文字的传播即是文化的传播，在某种意义上说，是对生活方式的选择与适应，是对社会价值观、社会规范的认同与接受，是文化的变迁。传播与变迁的过程，既有涵变，也有突变，前者是必要的积累；既有强权因素，也有自觉仰慕，常常是后者追求进步的主动意识。

3．汉字圈（汉字系文字，包括汉字式与准汉字式文字）证明，已经有了成熟的文字的地区的其他民族，大多采取借用、借源的方法，方便，快捷。但由于语言特点的不同，特别是强烈的民族意识，最终要进行调整，即本土化。传播的结果，必然是创制适应本民族语言的民族文字体系。比如化学字，至今不管再发现什么新的化学元素，都可以用形声造字法，造出一个新的汉字。大家会读出音，并且知道是哪一类的化学元素。

4．两千年前许慎《说文解字》是不朽的文字学经典，根据汉字提出的"六书"理论，具有普世价值。揭示了文字产生、发展的一般规律；也是借源文字的理论根据。

5．正是由于借用、假借、转注造字、变异改良、文字改革，与汉字的血缘关系，由近及远，汉字的内亲外戚，形成了汉字圈／汉文化圈。汉字是区域性国际文字。促进了亚洲乃至世界文明的发展。

当前，信息时代提出新的要求，经济的全球化、文化的多元化与文字的标准化。汉字面临新的"书同文"以及如何处理文字元号杂糅问题。汉字在周边传播中的变异规律将提供历史的借鉴和发展的基础。特别是随着中国实力的增强崛起，在中国提出的"一带一路""全球命运共同体"等倡议和理念下，越来越多的人学习汉语汉字，历史形成的汉字文化圈必将焕发新的时代意义，越来越影响整个人类。

许慎作为一代字圣，不仅是民族英雄，也是传播、影响人类文明进程的千古大功臣！

注释：

〔1〕与《蒙古黄金史》《蒙古源流》并列被称为蒙古三大史书,均为 17 世纪用回鹘式蒙古文写成。(起初,1204 年成吉思汗开始用回鹘字母拼写蒙古语,1269 年元世祖忽必烈颁布主要依据藏文、梵文创制的"蒙古新字"即"八思巴文"。元朝灭亡前后,回鹘式蒙古文又通行使用。)

〔2〕唐贾公彦的左右形转说《周礼疏》:"转注者,考老之类是也。建类一首,文意相受,左右相注,故名转注。"因此裴务齐《切韵》:"考字左回,老字右转。"戴侗、周伯琦等承此说。

〔3〕清光绪间蔡金台(字燕生)和龙学泰(字恕清)专著文《六书三耦说》,程或林(字少珊,贵州人,光绪己丑年翰林)亦著《六书次第说》论三耦说。

〔4〕戴震《答江慎修先生论小学书》:"大致造字之始,无所冯依,宇宙间事与形两大端而已。指其事之实曰指事,一、二、上、下是也;象其形之大体曰象形,日、月、水、火是也。文字既立,则声寄于字,而字有可调之声;意寄于字,而字有可通之意,是又文字之两大端也。因而博衍之,取乎声谐,曰谐声;声不谐而会合其意,曰会意。四者,书之体止于此矣。由是之于用,数字共一用者,如初、哉、首、基之皆为始,卬、吾、台、予皆为我,其义转相为注,曰转注。一字具数用者,依于义以引申,依于声而旁寄,假此以施于彼,曰假借,所以用文字者,斯其两大端也。六书之次第出于自然,立法归于简易。"

段玉裁《说文解字注》:"戴先生曰:'指事、象形、形声、会意四者,字之体也;转注、假借二者,字之用也。'圣人复起,不易斯言也。"

王筠也同样认为"六书"中存在"经"和"纬",分别为"造字之本"和"用字之本"。王筠《说文释例》:"象形指事会意形声四者为经,造字之本也;转注假借为纬,用字之本也。"朱骏声、桂馥等文字学家也持"四体二用"说。

(近人沈兼士的"四级说",以及唐兰、陈梦家、刘又辛、裘锡圭等的"三书说"等多避谈转注。)

〔5〕据李乐毅先生(国家语委研究员)介绍,1957 年他 20 岁从越南回国时,西贡中小学课本直接翻印中国教材。

主要参考文献：

〔1〕段玉裁:《说文解字注》,上海古籍出版社 1981 年版。

〔2〕赵丽明:《清代说文学史略》,博士论文,1987 年。

〔3〕王力:《汉语史稿》,中华书局 1980 年版。

〔4〕《蒙古秘史》,内蒙古人民出版社 1981 年版。

〔5〕黎崱撰、武尚清点校:《安南志略》,中华书局 1995 年版。

［6］《段忠昆汉越喃三体三字经》，1999 年版。

［7］中国民族古文字学会编：《中国民族古文字研究》，中国社会科学院出版社 1984 年版。中国民族古文字学会编：《中国民族古文字》，天津古籍出版社 1987 年版。

［8］赵丽明：《方块侗字与汉字侗文》，《中国民族古文字研究》（三），天津古籍出版社 1991 年版。

［9］赵丽明：《从越南版三字经初探喃字体系用字》，《汉传播与中越文化交流》，国际文化出版公司 2005 年版。

［10］赵丽明：《中国女书合集》，中华书局 2005 年版。

［11］赵丽明、刘自齐：《湘西方块苗文》，《民族语文》，1995 年第 4 期。

［12］赵丽明、黄国营主编：《汉字的应用与传播》，华语教学出版社 2000 年版。

［13］赵丽明主编：《汉字传播与中越文化交流》，国际文化出版公司 2005 年版。

［14］江中柱：《戴震四体二用说研究》，《湖北大学学报》，1993 年第 4 期。

［15］（法）汪德迈著、陈彦译：《新汉文化圈》，江西人民出版社 1999 年版。

［16］《日本古典文学全集》，日本小学馆 1973 年版。

［17］（日）菅原义三：《国字の字典》，东京堂 1990 年版。

［18］小松茂美：《假名的创造与使用》，东京岩波书店 1968 年版。

［19］（韩）金钟埙：《韩国固有汉字研究》，集文堂 1992 年版。

［20］《朝鲜朝世宗实录》，韩国成均馆大学藏。

［21］周一良主编：《中外文化交流史》，河南人民出版社 1987 年版。

［22］清吴广成、龚世俊等校：《西夏书事校证》，甘肃文化出版社 1995 年版。

［23］张声震主编：《布罗陀经诗译注》，广西人民出版社 1991 年版。

［24］大理白族自治州白族文化研究所编，徐琳主编：《大理丛书·白语卷》云南民族出版社 2008 年版。

［25］《镜の语る古代史》，日本《考古学》第 43 号特集，东京雄山阁出版株式会社 1993 年版。

［26］（法）汪德迈、陈彦译：《新汉文化圈》，江西人民出版社 1999 年版。

［27］（日）菅原义三：《国字の字典》，东京堂出版 1990 年版。

［28］（日）金两基：《ハンゲルの世界》，中公新书 742，东京中央公论社 1984 年版。

［29］宣德五等：《朝鲜文字的变迁》，《中国民族古文字研究》，中国社会科学出版社 1994 年版。

［30］程方：《越南从使用汉字、喃字过渡到使用拼音文字的历史经验》，《语文现代化》1981 年。

［31］（越）黎崱、武尚清点校：《安南志略》，中华书局 1995 年版。

［32］周有光：《汉字型文字的综合考察》，《中国社会科学》，1998 年。

［33］饶宗颐：《造字与解字》，赵丽明、黄国营主编，《汉字的应用与传播》，华语教学出版社2000年版。

［34］赵丽明：《女书与女书文化》，新华出版社1995年版。

［35］赵丽明：《汉字在传播中的变异研究》，《清华大学学报》1999年，人民大学复印资料1999年。

［36］赵丽明：《宗教走向世俗、从原始走向成熟——从白地、油米、宝山文书等看东巴文的两大突破》，《语言学研究》13辑，北京大学外国语学院语言学研究所，高等教育出版社2013年版。

韩国小学汉字教育教材的现状和必要性

李宰雨

韩国京畿大学美术学院

一、古代东亚汉字的地位和作用

人类文明的创造和传承是以语言和文字为媒介。但是，文字与语言不同，文字的保存性高，在知识的积累中起到了很大的作用。因此，文字的历史是与人类的知识和学问的历史同时进行的，所用来记录的文字，具有比单纯用符号更能充分表现的历史意义。 另外，还伴随着无法用科学事实掌握的整体概念。那么，我们有必要问一下，对于我们民族来说，最重要的文字手段是什么。正如韩国的《朝鲜王朝实录》或各种文献所掌握的那样，韩国三国时代以来一直借用汉字作为文字，在世宗大王训民正音发明以后也一直使用文字。 据南广祐研究, 李熙昇的《国语大辞典》中收录 225203 个词汇中汉字词汇占 150935 个，占整体词汇的 67.02%。[1] 这些汉字深深地渗透我们的生活当中。这是我们民族通过与地理相邻的中国交流，接受中国文字"汉字"之后，在近两千多年的时间里，作为表现韩国文化、历史和思想等的手段，不断使用汉字的结果。在历史发展过程中被收容的汉字文化成为我们意识的一部分，排斥汉字的传统文化的继承和发展在现实中几乎是不可能的。

二、汉字教育的问题

小学汉字教育与中学不同，只能在自由活动时间进行指导。虽然可以在特别活动时间和自由活动时间进行指导，但很难进行系统的指导。在自由活动时间需要涉及的领域除汉字教育以外，还包括计算机教育、环境教育等 14 个领域。汉字教材也是以编辑者丰富的学问体系和经验为基础，有效地向学习者传达汉字的工具。因此，汉字教材应该方便学生有趣地学习，以诱发对汉字学习的兴趣，符合学习者的能力的内容构成。不仅如此，应该把实际生活中使用率高、关联性高，基础化的词汇等作为主要内容。在汉字语言中感受传统文化，慢慢形成健全的生活语言体系，确立民主生活态度和理想的价值观。提高这种精神素质的优质教材每年都在出版，但至今教师专用教材还跟不上。一般来说，汉字学习难度大，词汇量多。与汉字教育就是全部的"课堂式"教育不同，今后的小学汉字课程的学习，比起单纯的背诵和写作，应该更简单，更有趣地展开。

在系统的教学过程中，能够互相教授顺畅，提高学习密度的各种学习资料，目前还十分匮乏，急需一些能够引起小学生的兴趣，并能改变对汉字偏见的崭新的优质资料。汉字学习的内容太多。再加上，参加特长教育，现场体验学习，讨论学习，学艺会，体育会，表现活动等多种活动的小学生的学习负担过重。小学汉字教育就像中等汉字教育一样，根据汉字的教育课程，具有一定资格的教师，按照学校教育计划，持续实施一定时间的教育。即使不能达到这种程度，也需要具备对汉字教学的基本能力和亲切感，以及达到某种程度上素养的教师。为了小学汉字教育，小学教师更需要的是对汉字的亲近感和热爱。由于韩文专用和汉字认识和使用上的困难，汉字不仅很难学，而且使用难度大，因此是不合适的记录手段，仅仅以韩文就可以表达公文或文学没有不便之处。[2]总之，在当今公共教育中，汉字教育存在着教学时间、教材和资料开发不足，学生课业学习量大，去汉字化等很难进行汉字教育的问题。

三、汉字教育教材现状

在以往小学汉语教育课程中，小学汉语教育用基础汉字 600 字示例。但是研究结果显示，缺乏 600 个汉字，而且韩国汉语教育学会在修改中学教育用汉字 1800 字时，提出了小学汉语教育用汉字 500 字和 600 字。除此之外，虽然还有很多研究，但是还没有明确的关于小学生必须熟悉的汉字学习量的资料。在教材现状中，国家水平的教科书的不完善导致了汉字教育内容连贯性的缺乏。在韩国，教科书的编纂根据国家的参与方式或参与程度，可分为国定制、检定制、认定制。其中可以作为小学自由活动时间的汉字教育教材使用的教科书正在被制作成认定制教科书。 以 2009 年为准，开发了 53 种承认小学汉字的教科书，除去认定期限已过的教科书及作为同类教科书辅助教材发行的教科书，还有 41 种教科书在小学现场作为汉字教育教材使用。 因此，考虑到这种教科书认定制度的特性，根据认定汉字教科书的内容很难保持连贯性。 因此，当学生通过各教科书学习汉字时，通过教科书可以学到的量也不同。即使作为自由活动的一个领域,汉字的学习也要达到一定程度以上。
下面的表是目前在韩国使用的审定制、认定制教科书。

表 1　韩国的审定制及认定制教科书现状

次序	教科书 / 课本名	出版社
1	爱国汉字第 1 阶段	(주)형민사
2	爱国汉字第 2 阶段	(주)형민사
3	学习活动汉字 1	(株)MiraDN
4	学习活动汉字 2	(株)MiraDN
5	学习活动汉字 3	(株)MiraDN
6	学习活动汉字 4	(株)MiraDN
7	学习活动汉字 5	(株)MiraDN
8	学习活动汉字 6	(株)MiraDN
9	聪明的国际汉字	(株)艺术媒体
10	四字成语表现童话	图书出版共同体
11	流畅的汉字（基础阶段 1）	(株)教学社
12	流畅的汉字（基础阶段 2）	(株)教学社
13	流畅的汉字（基础阶段 3）	(株)教学社
14	流畅的汉字（基础阶段 4）	(株)教学社
15	流畅的汉字（基础阶段 5）	(株)教学社
16	流畅的汉字（基础阶段 6）	(株)教学社
17	简单有趣的汉字学习第 1 阶段	(주)형민사
18	简单有趣的汉字学习第 2 阶段	(주)형민사
19	简单有趣的汉字学习第 3 阶段	(주)형민사
20	有趣易学的汉字（第 1 阶段）	(주)형민사
21	有趣易学的汉字（第 2 阶段）	(주)형민사
22	有趣易学的汉字（第 3 阶段）	(주)형민사
23	有趣易学的汉字（第 4 阶段）	(주)형민사
24	有趣易学的汉字（第 5 阶段）	(주)형민사
25	有趣易学的汉字（第 6 阶段）	(주)형민사
26	写汉字的笔记本（基础 1）	(株)教学社
27	写汉字的笔记本（基础 2）	(株)教学社
28	初级汉字及工作本（1 阶段）	(株)教学社
29	初级汉字及工作本（2 阶段）	(株)教学社
30	初级汉字及工作本（3 阶段）	(株)教学社
31	初级汉字及工作本（4 阶段）	(株)教学社
32	初级汉字及工作本（5 阶段）	(株)教学社

续表

次序	教科书/课本名	出版社
33	初级汉字及工作本（6阶段）	（株）教学社
34	汉字和国语第1阶段	萤雪出版社
35	汉字和国语第2阶段	萤雪出版社
36	汉字和国语第3阶段	萤雪出版社
37	汉字和国语第4阶段	萤雪出版社
38	汉字和国语第5阶段	萤雪出版社
39	汉字和国语第6阶段	萤雪出版社
40	汉字生活1	图书出版 学文社
41	汉字生活2	图书出版 学文社
42	汉字生活3	图书出版 学文社
43	汉字生活4	图书出版 学文社
44	汉字生活5	图书出版 学文社
45	汉字生活6	图书出版 学文社
46	和汉字一起视频学习的图画中文	（株）艺术媒体

虽然不是制定国家水平的教育课程，开发并普及教科书，但各个地区教育厅水平的教科书开发和认证工作持续进行，对汉字教育可以说是件好事。但由于没有国家水平的教科书，即使是同年级不同地域的汉字教育，其内容也会有所不同，从教科书的开发情况来看，过于向大城市中心分布。值得我们思考，汉字教育是否也呈现了地区间的教育不均衡。因此，为了实现良好的汉字教育，必须选择国家水平的教材，用基础汉字进行小学教育。这将成为确保小学汉字教育体系性的基础，也是实施具有连贯性的汉字教育的基础。

四、汉字教育的必要性

韩国传统文化遗产大多用汉字保存着。另外，在创制韩文之后，韩国生活中使用的汉字的频率也很高。部分人认为，因为有韩文，所以没有必要使用汉字，而且将汉字视为增加学生学习负担的主要原因。汉字和韩文是我们文字和语言的双翼。汉字教育对韩国语言和社会生活的影响非常大，与日常生活也有密切的关系。

大部分教师和家长关于小学需要汉字教育有不同观点。教师认为汉字教育绝对需要，也许是因为亲身感受到汉字教育效果的缘故。通过汉字教育可以证明孩子们的理解力和表现力得到了提高。相反，家长们的反对意见是教师的2倍左右。汉字教育被认为是孩子们学习量增加所带来的负担。

表 2　汉字教育需要的理由^[3]

问卷调查内容	教师	家长	总计
因为韩国语的 70% 用汉字词汇可以帮助提高词汇能力	266（59.9）	413（52.7）	679（55.3）
因为有助于学习其他课程	89（20.0）	134（17.1）	223（18.2）
为了汉字文化圈之间的沟通	22（5.0）	97（12.4）	119（9.7）
因为有助于人性教育	16（3.6）	60（7.7）	76（6.2）
为了正确地继承传统文化	15（3.4）	37（4.7）	52（4.2）
其他	8（1.8）	8（1.8）	16（1.3）
不回答	28（6.3）	28（6.3）	62（5.1）
总计	62（5.1）	783（100.0）	1，227（100.0

　　首先，让我们探讨一下小学实施汉字教育的原因。在语言教育的各个阶段，为什么一定要在小学进行汉字教育。可以明确的是，语言是通过模仿和学习才能领会的，语文教育的核心是获得过学习和反复训练来发展表达能力和理解能力的高度传达的技术。小学时期这种语文、文字学习发展得最为快速，也是学习效果、效率急速提高的时期。如果说幼儿是"玩耍的儿童"，那么小学生可以说是"学习的孩子"。大体上幼儿的语言能力表达最为显著。一般在 3 岁的时候比 2 岁的时候词汇能力增加 3 倍，5 岁的时候会比 3 岁时增加 2 倍。2 岁时，虽然只说了几个表示自身需要的极其简单的语言，但 3 岁左右，就会慎重地使用能够沟通自己意愿和感情的话。小学低年级时文字能力，3 至 4 年级时发表能力、语法能力，高学年级时阅读理解能力等变强。特别是对数字的概念认知缓慢，抽象的思考只有在 11 岁以后才会被明确应用，从这时开始，批判力和解决问题的思维方式逐渐发展，创造性思维也变得丰富。

　　从大脑发展阶段来看，小学时期恰逢其时。韩文的表音文字只反映在左脑上，而像汉字的表意文字则反映在左脑和右脑上。例如，接触"川"字时，想起水流的形象，从右脑中理解，为韩文的"川（내）"字是左脑的作用。因此，在右脑活动比左脑活动更活跃的小学生时期学习汉字的话，更容易接受并理解汉字。另外，小时候的语言教育习惯在成长过程中被养成，在学习上也会引起兴趣。

　　日本汉字教育的创始人石井勳博史对儿童进行汉字教育，汉字教育丰富了儿童的表现力，并提供了大量的信息，从而刺激大脑活动，活跃大脑细胞的分化。学习汉字的儿童证明了学习能力比不学习汉字的儿童更加卓越。汉字主张将孩子打造成英才，在地球上，东北亚人认为汉字常用是头脑聪明的后天因素之一。[4] 那么为什么需要汉字教育呢？

（一）了解汉字的话，表现力和理解力就会提高。与学习能力提高是一脉相承的。我国词汇的 70% 以上是汉字的组合，因此学习汉字有助于提高词汇能力。比如说，演员在舞台上说的台词，指外交官的"大使"与尊称僧人的"大师"。没有学习汉字的小学生，看到文字很难知道意味着什么。因为韩文虽然相同，但根据汉字意思完全不同，所以如果不懂汉字，就很难磨炼词汇能力和国语实力。因此，在学习汉字的过程中学到的丰富的词汇能力有利于掌握文章的意义和含义。数学和科学教科书的大部分核心术语都是用汉字书写的。例如，数学课中出现的散布图，科学教科书中出现的环形动物等单词，都是小学生很难理解的词汇。在小学教学课目中，很多用语都是汉字构成的，如果不懂汉字的意思而盲目背诵，不仅不能理解，而且与类似用语混为一谈。而且如果理解不了这个词的意思，就很难理解含有这个词的提问本身。另外，汉字学习有助于理解字的生成原理，提高其他领域的学习理解能力，因此必须从许慎《说文解字》开始学习。因此，小学生的语言能力提高将成为全面提高国民的知识水平，并成为我们走向文化强国的基础。

（二）小学汉字教育是汉语，日语等外语教育的基础。汉字是近代前在东亚地区通用的普遍文字。虽然存在文字差异问题，但至今各国都在形成语言生活的基础，共享文字使用上的特点。中国自 20 世纪 60 年代普及简体字以来，一直处于稳定阶段，日本的部分略字则自然而然地被使用。但是，简体字的原理大部分基于本字的字形特性，日本的略字数量并不多。另外，在使用实际上，学习本字的学生在使用简体字时不会遇到太大困难，日本的略字也很容易从原字的形态上进行类推。但是，简体字的原理大部分基于本字的字形特性，日本的略字数量并不多。

除此之外，汉字教育还可以为词汇的使用打下共同的基础。随着作为普遍性文字的汉文时代落幕，汉字以自身的长处为基础，被赋予了新的历史使命。19 世纪末到 20 世纪初，西欧的学术和文化流入东亚时，包含相应概念的译本通过汉字本身的意义和造词方式诞生。虽然在中国有很多单词，但是大部分是先开放门户的日本，之后在汉字使用权国家之间共享的。考虑到汉字语言的概念、形成原理和共享基础，汉字教育具有为学习汉字使用权国家加强语言的基础学习的意义。[5]

（三）通过语言来净化人性教育产生的效果。从最近孩子们使用语言的实际情况来看，这是破坏语言的水平。国籍不明的外来语泛滥，网上流传的隐语和俚语扰乱了孩子们的精神，他们会不自觉地使用这些词语。语言就是人格，但语言太粗野。通过汉字教育谋求语言纯化，在切实需要人性教育的情况下，还可以期待语言来纯化人性教育的效果。

（四）小学汉字教育是一生教育的出发点。以语言生活为中心的汉字教育在小学课程结束。虽然初高中课程也包含语言课程，但汉字教育主要起到汉文文章学习前阶段的作用。也就是说，小学毕业后，实际上不存在以词汇为中心的汉字教育。没有经历这个学习过程，只有语言能力考试代替了这个长期的空白期。期间的汉字、韩文教育一般的讨论在学习的联系性方面，并没有关注小学汉字教育。只强调以小学的特殊性为基础的词汇学习或中、高等汉文教育与小学汉字教育的性质和目标不同。而且目前中学条件的语言生活及其他科目学习所需的汉字语教育主体也不明确。只强调以小学的特殊性为基础的词汇学习或中、高等汉文教育与小学汉字教育的性质和目标不同。　大学入学后情况也不会发生太大的变化。　除了一些有资格考试的学校，大部分学生都在埋头于汉语能力考试。这提供两个重要的启示。小学的汉字教育是在制度性环境中进行首次学习的时期，因此该时期形成的认识能够影响一生。而该时期获得的汉字学习方法，在今后有关汉字知识的各种事件中起到解决方法的根本性作用。

（五）汉字教育起着促进经济发展的催化剂作用。现代社会是要求经济富强国家的产业社会，是经济战争时代。更何况 21 世纪是知识化、信息化、全球化的新时代，是世界经济视角倾向于亚细亚太平洋的亚太时代。在这种背景下，汉字作为东亚的共同文字，是了解各国语言所必需的工具。即使不会用日语或汉语发音，也可以掌握理解文字含义。现在是汉字起到 "Be Se To Belt" 作用的时代。即汉字起到北京、首尔、东京的联结作用，即三国的文化、经济、教育等相互交流关系通过汉字来进行。[6] 举个例子，国内大企业的新职员招聘考试包括汉字考试。　为了防止因汉字实力下降而成为汉字文化圈国家之间的商业交流障碍，把汉字考试作为最低标准。

不要单纯从政治逻辑上看待汉字教育，而应该从教育的侧面和生活便利性中探讨汉字教育。汉字教育的开始源于国民确信只有学习汉字，才能更好地理解韩语，提高生活质量，所以感到汉字教育的必要性。世界上使用汉字的人口有 15 亿左右。

在使用人口数方面超过了英语。据悉，韩语的70％来源于汉字，因此在日常生活中很难忽视汉字。虽然可以把汉字用简便的韩语全部换成韩语，但事实却是我们的语文现实并非如此。因为汉字是韩国文化的土壤，所以要培养能够理解多样的文化、我们的传统及汉字文化圈的素养，其第一步就是汉字教育。另外，即使考虑到汉字文化圈国家国力上升等国际形势，对汉字和韩文文化的理解也充分有助于提高国家竞争力。东亚汉字文化圈内的人力，物力交流正在迅速增加，汉字圈的影响力也将超乎想象地增大。在这种变化中，汉字正在成为世界文化交流的重要工具。学习汉字从大的格局来看，可以说是具有扩大汉字文化圈，走向未来的重要意义。

注释：

［1］南广祐：《国语国字论集》，一潮阁1985年版，第44页。

［2］韩国昌原道溪小学校汉字教育方法。

［3］朴世珍：《韩、日小学汉字教育比较和理想的汉字教育方法》，2010年，第192页。诚信女子大学研究生院硕士学位论文中，以首尔、京畿、春川、仁川地区为对象，进行了450份教师用问卷和900份家长用问卷。

［4］石井勳：《汉字将我的孩子打造成天才》，key出版社2003年版。

［5］金昌浩：《小学汉字教育的性质和志向》，汉字汉文教育，韩国汉字汉文教育学会，2010年。

［6］姜贤善：《活用同体会意字的汉字教育方案研究：以中学汉语教育用基础汉字900字为中心》，庆熙大学教育研究生院硕士学位论文，2013年。

性别信息在汉字中的多重表达

张新艳

河南大学文学院语言科学与语言规划研究所

【摘要】汉字中蕴含了古人对性别的认识成果。汉字使用层级性的体系来表达性别信息，具体表达方式有 4 种：特称命名、性别称名、性别标识、结构渗透。"特称命名"反映古人对性别的感性认识；"性别称名"是古人形成性别意识的反映；"性别标识"是古人灵活使用性别符号的结果；"结构渗透"表现性别最为隐秘，体现汉字表达性别的文化深层隐秘。

【关键词】性别信息 汉字 表达

性别是横跨生物学、社会学和哲学三大领域的重要概念。生理性别（Sex）使生物得以繁衍，社会性别（Gender）是社会文化的重要组成部分，而阴阳对立统一则是中国传统哲学对宇宙万物性别二分属性的终极解释。

人们对性别的认识包含了从生理到心理、从物质到精神等多个层面的内容，其认识成果也亦需一定的表达方式将其呈现。文字作为语言的书面记录载体、表达观念的符号系统、传统文化的重要组成部分，正适合表达多种性别信息。但截至目前，对于这方面的研究，学者主要是通过观察汉字中"女"部字所反映的文化内容来关注上古社会女性之地位，如刁彦斌[1]、陈建民[2]、吴世雄[3]等相关论著。上述研究的角度与内容都颇显单一，视野不很开阔，而对性别信息在汉字体系中的多重表达方式缺乏系统爬梳。为此，我们以小篆之前的古文字为材料，搜罗其中表达性别信息的汉字，对其进行解析、考证和归纳。通过研究发现，性别信息在汉字中有充分的表达，且表达方式多样。各表达方式之间存在明显的层级性。

一、特称命名

特称命名是指专门给某种性别的具体动植物命名。命名用字所含构件一般没有表达性别信息的功能。如杜和棠本是同一类植物,《说文·木部》[4]:"杜,甘棠也。"又:"棠,牡曰棠,牝曰杜。"段玉裁《说文解字注》:"草木有牡者,谓不实者也。……今之海棠皆华而不实,盖所谓牡者曰棠也。"棠只开花不结果,而杜则开花结果。"棠"和"杜"是为不同性别的同一品种植物各自单独命名并整体构造的字。造字构件"木""尚""土"无关乎性别信息。

专门为某类性别的动植物造字,说明古人对其性别已有感性认识,但尚未将性别属性从生物个体中剥离,并给予特定的符号表达,而是将其隐含在生物个体的整体认知中。这在人类认识世界的早期阶段是普遍的,因为人类认识世界是从具体的个体开始的,类概念的建立必须以大量的具体认识为基础。古人对动物的命名就是很好的证明。古人对于动物的命名非常细致,同一种动物,不同的颜色、年龄、外形、性别就可能有不同的名称。《说文》中动物命名字很多,如"豝,牝豕也";"麎,牝麒也";"麜,牝麋也";"麎,麋牝者";"麀,牝鹿也";"羝,牡羊也";"羘,牡羊也";"羭,夏羊牝曰羭"(依据段玉裁《说文解字注》夏羊牝羭,牡羖);"羖,夏羊牡曰羖";"豛,牡豕也";"隲,牡马也";"駔,牡马也";"麠,牡鹿"。古人为不同性别的动植物造字,是古人缺乏类概念的表现。

二、性别称名

随着人们对世界认识的深入,人们逐渐把性别属性从具体生物中剥离,形成性别意识,并为之创造了性别符号,是为"性别称名"。汉字中能够表达性别类概念的汉字为数不少,人们大概是根据生物物种的不同来各自为性别称名并制字的,主要有:雌/雄、牝/牡、公/母、男/女、阴/阳。

(一)雄/雌

"雌"字出现较早,甲骨文有𩾌[5],从隹从匕,余永梁认为它就是雌字。[6]甲骨文另有𩾌(《合集》4726)、𩾌(《前》5·9·3),高明、涂白奎依据《集韵》"雌或从止"认为其亦是雌字。[7]"雄"字甲骨文未见,目前最早见于战国文字。

《说文·隹部》:"隹,鸟之短尾总名也。"据此推论,"雌""雄"一开始或许是雌性短尾鸟总名和雄性短尾鸟总名,后泛化为鸟类性别用字。《说文·隹部》:"雌,鸟母也。""雄,鸟父也。"《尔雅·释鸟》:"鸟之雌雄不可别者,以翼右掩左,雄;左掩右,雌。"

后来"雄"和"雌"突破了鸟类的范畴,"雄"可泛指生物中能产生精细胞的,如雄狐、雄蕊；"雌"可泛指生物中能产生卵细胞的，如雌兔、雌竹。《诗·齐风·南山》："南山崔崔，雄狐绥绥。"《太玄·闲》："初一，蛇伏于泥，无雄有雌，终莫受施。"《乐府诗集·木兰诗二首》之一："雄兔脚扑朔，雌兔眼迷离。"惠洪《夏日偶书》："过墙雌竹已数子，出屋耄蕉终百龄。""雄"又可指男性，"雌"又可指女性。祝允明《前闻记·义虎传》："俄而山中又一人哭以出，遥察之，厥雄也。"《管子·霸形》："楚人攻宋郑……令其人有丧雌雄。"尹知章注："失男女之偶。"

（二）牝 / 牡

"牝""牡"皆见于殷商甲骨卜辞。"牡"或从牛作（《乙》2373）；或从羊作（《甲》248）；或从豕作（《乙》1764）；或从鹿作（《前》7·17·4）。"牝"或从牛作（《乙》5394）；或从羊作（《前》5·43·6）；或从豕作（《前》4·21·5）；或从犬作（《后》2·5·10）；或从马作（《前》6·46·6）；或从虎作（《甲》240）。

"牝""牡"所从部件"牛""羊""豕"等皆可易，唯"丄""〈"不变。郭沫若谓"'丄'乃牡器象形体之简化，'〈'乃匕柶字之引伸，盖以牝器似匕，故以匕为牝若牝也"[8]。或许在殷商时期，人们用"牛""羊""豕"加上"丄"或"〈"表示不同性别的某种动物，此与前述"特称命名"明显不同，"牝""牡"等字已经通过"丄"或"〈"之类特定符号把性别属性凸显出来。因此后来"牝""牡"能够实现表意类化："牝""牡"分别类化表示雌性和雄性的禽兽。《说文》中已如是。《说文·牛部》："牝，畜母也。""牡，畜父也。"《广雅·释兽》："牡，雄也。"《集韵·姥韵》："牡，雄禽曰牡。"又《尚书·牧誓》："牝鸡无晨。"《诗·邶风·匏有苦叶》："雉鸣求其牡。"

（三）公 / 母

"公"甲骨文作（《甲》2546），金文作（《毛公鼎》），朱芳圃《殷周文字释丛》认为"公"当为瓮之初文[9]，最初或与表性别无涉。其小篆字形下部已讹变为"厶"。《说文·八部》："公，平分也。""平分"之义或为假借。"公"字如何具有表示性别的意义，谷衍奎《汉字源流字典》之说可参：（"公"字）也可用作诸侯国君或朝廷高官的通称……引申为对男子的尊称……又引申称亲属中的尊长……由男性尊称又引申指雄性禽兽。[10]

"母"字自产生就具有明显的性别色彩。"母"甲骨文作（《前》8·4·7），金文作（《颂鼎》）。李孝定："母女古得通，作。象两手操作形，与'男'从力田会意有别。作🈸，明象其两乳，示乳子之意。"[11]《说文·女部》："母，牧也。从女，象裹子形。一曰象乳子也。"生育孩子是女子的特有生理功能，因此，尽管只有生育孩子后的女子才能哺乳，但"女性"与"生育""哺乳"之间存在因果关系，故而"母"从特指哺乳妇女，表示"母亲"，进一步泛指雌性禽兽或草木结实的。王国维《尔雅草木虫鱼鸟兽名释例上》："草木之有实者曰母。"《字汇·毋部》："禽兽之牝皆曰母。"

（四）男/女

"男"字甲骨文作🈸（《铁》132·2）、🈸（《前》8·7·1）等形，从田，从 ⟋（力）。徐中舒认为："⟋象原始耒形，从田从力会以耒于田中从事农耕之意。农耕乃男子之事，故以为男子之称。"[12]《广韵·覃韵》："男，男子也。"

"女"字甲骨文作🈸（《铁》164·1）、🈸（《佚》807），金文或承之作🈸（《盂文》），或省简作🈸（《舀壶》）。孙海波谓其"象两手交覆跽伏之形"[13]。卜辞中"女"已用来表示女性。后世延续此用法。《说文·女部》："女，妇人也。"段玉裁《说文解字注》："男，丈夫也。女，妇人也。……浑言之，女亦妇人；析言之，适人乃言妇人也。"

"男""女"字自产生之始即为性别用字，说明人们对自身认识的程度超过了其他生物。

（五）阴/阳

西周金文"阴"作🈸（《曩伯盨》）、🈸（《上官鼎》）、🈸（《驫羌钟》），从𨸏。"阳"甲骨文作🈸（《前》5·42·5），亦从𨸏。阴、阳最初均是地理方位名词用字。《说文·𨸏部》："陰[14]，闇也。水之南，山之北也。从𨸏侌声。""陽，高明也。从𨸏昜声。"《谷梁传·僖公二十八年》："山南为阳，水北为阳。"《虢季子白盘》："于洛之阳"，正用其方位义。

地理方位的判断往往与观察天象有关。"山之南，水之北，阳光照射之地，称阳；山之北，水之南，阳光向背之地，称阴。"[15]《诗·小雅·湛露》中有"湛湛露斯，匪阳不晞"句，毛传："阳，日也。"《素问》："日为阳，月为阴。"阴和阳由指地理方位转而指天体。到了《老子》那里阴和阳就变成了古代哲学的一对范畴："道生一，一生二，二生三，三生万物。万物负阴而抱阳，冲气以为和。"阴和阳概括了宇宙中两种处于对立关系又相互作用的物质、属性和力量，超出了概括动物性别的公母、雌雄与概括人类性别的男女，成为判定万物属性的性别符号。

在自然界中，山南为阳山北为阴、太阳为阳月亮为阴、春夏为阳秋冬为阴、晴天为阳雨天为阴、男人为阳女人为阴、活人居住处为阳宅死人居住处为阴宅、人间为阳冥间为阴……

过去人们由于过分关注阴阳的运动和发展变化，过分关注公母、雌雄、男女二性的对立，而忽略了生物二性对立运动与哲学阴阳二性对立运动的比附，忽略了阴阳哲学字宙观下天地、乾坤之变化与生物二性的有机沟通。总之，古人用阴和阳来概括宇宙万物的性别，是超越了具体事物的视域限制，将性别内涵高度概括并上升到哲学层面的表现。

三、性别标识

性别称名以及产生的性别类化字具有高度的概括性，但现实生活中人们看到的往往是特定性别的个体生物。那么如何将性别信息渗透汉字结构内部，让人们通过单个汉字就能大致判断这个汉字意义与性别之间的某种联系就成了一个需要思考的问题。在汉字中设置"性别标识"很好地解决了这个问题。"性别标识"是一种汉字构件，它与其他构件共同组合成新的汉字。在这类合成汉字中，性别构件与其他构件多采用形声组合的模式。即性别构件做义符，而另一个构件做声符。与声符相比，义符一般表示字义的类属，类化程度较高，更适合用来表示性别这样的类属概念。

从理论上讲，上述性别类化字"雌/雄、牝/牡、公/母、男/女、阴/阳"均可作为性别构件使用，但从汉字构形学看，独体字比合体字更适合作为汉字构件参与新的汉字构形，上下结构的合体字比左右结构的合体字更适合参与汉字构形。因此，上下结构的"男"比左右结构的"雌""雄""牝""牡""阴""阳"更适合作汉字构件。独体字"女""公""母"比上述合体字更容易被人选为汉字构件。而实际情况是，"公""母"没有用来作为性别汉字构件，这可能是因为古人更加关注人的性别。同时，用于表示人类性别的"男""女"其使用频率也异常不平衡。由"男"参构的汉字非常少。《说文》以"男"作义符的字只有"舅""甥"2个。"男"参与构造的字如此之少，与父权社会中以男性为中心的观念有一定关系，如《尔雅·释亲》以男性亲属为中心，从男性的角度来叙述家庭宗族、母系、妻党、婚姻等各类亲属关系。在用字方面，人们相当统一地使用性别构件"女"来表达女性信息，如"姑""妇""姒""娣""嫔""姊""妹""嫂""姨"等。而男性称谓用字如"考""父""叔""兄""弟""孙""甥""舅""婿""公""侄""私"等，并不明显使用某一种性别构件。《说文》女部字也非常多，有238个，内容涉及女性的年龄、身份、容貌、动作、性状、心理、情态等多个方面。而《说文》中能表达大致相对内容的是另一个构件"人"。如"僮，未冠也""儒，柔也""佚，佚民也"主要用来指男性，而"健，伉也""倞，强也""仡，勇壮也""侗，武兒""伾，有力也""偲，强力也""偕，强也""儦，长壮儦儦也"等主要用来表示男性的体格或形貌特征。人含男女。古人用"人"偏指男性，正说明在以男性为中心的古代社会，男性的主导地位使人们特意淡化男性的性别特质，而特别凸显女人的女性特质。

四、结构渗透

"特称命名"和"性别称名"是古人对生物性别认识成果的体现，"性别标识"在此基础上反映了人们对社会性别的认识成果。而"结构渗透"则体现了阴阳二性对立运动哲学观在汉字中的深刻影响。

汉字的结构绝大多数是二合结构。其中两个构件原本是独立的汉字，它们在参与构成新的汉字时，通过某种组合方式将原来的意义渗透新的汉字并凝固成新的意义。同一个构件可反复使用，因此不同的汉字可能含有相同的构件，这些相同的构件可能与此构件作为汉字时的意义存在或远或近的关系。

东汉许慎在《说文解字·叙》中说："仓颉之初作书，盖依类象形，故谓之文；其后形声相益，即谓之字。字者，孳乳而浸多也。著于竹帛谓之书。书者，如也。"从"文"到"字"的过程实际上是从汉字变为构件并形成新的汉字的过程。正如钟如雄所言："象形的'文'如果各自处于静态的环境中，表现为'阴'和'阳'的对立，而这种对立要是永恒下去，它们将会被华夏先民或后代子孙淘汰、废弃，因为汉字仅有惟一的独体象形字，就不能满足华夏民族'书者如也'的需要，所以初创的象形'文'祗有向着'阴阳合和'方向'运动'才能'浸多'地'孳乳'出合体的'字'来，以满足华夏民族书写的需要。"[16]汉字从象形独体到二合孳乳，正是阴阳二性对立统一、互动发展的生动体现。汉字中最能体现阴阳二元、体现性别二性互动的当属形声字。

形声字的义符（又称形符、意符）是伴随着形声字的产生而产生的。一个汉字在成为义符之前，已经在汉语和汉字系统中独立地存在并被使用着。这些潜在的义符字多数是独体字。它们在成为义符之前，由于其表示的意义与人们生活关系紧密，因而早就活跃在文字系统中。

义符的能产性、孳乳性主要表现在同一义符构成的形声字可表达多个意义范畴。

意义范畴的膨胀是随着义符系统的形成而逐渐形成的。如"木"这个字，本来是表示木本植物的通称。陆德明《经典释文》引《字林》云："木，众树之总名。"树木的总名是一个较为抽象的概念，平时人们见到的是一棵棵具体的树，不同品种的树以及各种各样的木制品。当"木"进入形声字结构，成为义符，其构成的形声字就满足了人们概念具体化的要求。《说文》中义符"木"构成的形声字的意义范畴据李国英的归纳大致有以下几类：1. 树木的总名；2. 树木品种名称；3. 树木部位名称；4. 木材品种名称；5. 木制品名称；6. 树木的性状；7. 以树木为对象的行为；8. 以木器为工具的行为；9. 以木材为材料的行为。[17]上述以"木"为义符的形声字，其意义固然各不相同，但它们的意义中包含了一个共同的义素［树木］，上述各意义范畴实际上是人们认识同一事物的不同方面。义符是古人以名物为核心，将世界上的诸种具体事物、行为、性状联系在一起的手段。所以说，义符的能产性、孳乳性有以抽象衍生具体、以静育动的特点。一般学者把义符显示的义素称为"类义素"，认为义符表示形声字的意义类属，也正是这个道理。

　　义符能产性的实现要以声符的存在为前提，两者是相互依存的关系。声符除具有表音功能外还具有示意功能。示意功能中最核心的是示源功能，即声符能够表达语源义。语言中的语音是有限的，而要表达的语义却数倍于人们使用的语音成分。语音语义是约定俗成的，某个语音一旦和一定的意义结合在一起，便具有稳固性。在形声字中，与语言中语音产生联系的是声符，那么从同一个声符派生出来的形声字，其意义中就有可能包含相同的义素。这个相同的义素揭示了其语音产生之初与语义结合的约定性，是后世分化的源头，故称为源义素。"声符的示源功能，即声符显示形声字所记录的词的源义素的作用。源义素即派生词的构词理据，它是在源词分化出派生词的过程中由源词带给派生词的一种'传承信息'。"[18]源义素是声符具有衍生能力的源动力。如声符"可"能够表达"大"这个语源义。"诃"是"大言而怒"（见《说文》言部），舸是"大船"，阿是"大陵"。

　　声符通过其表达的"源义素"与义符通过其表达的"类义素"之所以能够各自产生"声符群"和"义符群"并组合新字表达新的完整义项，正是源于两者的对立与统一。"源义素存在于人的思维、感知、认识之中而反映、沉淀在词义之中，是认识在词义中的沉淀；这种认识是思维对命名事物某一特征的主观理解……能被感知的是事物的某一特征而不是事物属性；能够进入认识的首先是一种归纳和抽象，是对所有事物的性状特点的归纳和抽象，而不是任何一类或一个具体事物。"[19]

　　归纳、抽象、概括事物类的方面和事物性状、特征的方面是人们认识世界动态过程中不可或缺的两大主体。义符侧重表达"事物类"，声符侧重表达"事物性状"[20]，两相结合，使得原本被抽象出来的概念重新回归具体世界，用来表达具体可感的事物。如"水""山""人""木""竹""犬""口""木""土""阜"等是"事物类"，用义符表达；而"大小""高矮""圆直""胖瘦""宽窄""明暗""刚柔""硬软""美丑"等是"事物性状"，用声符表达。义符"类义素"与声符"源义素"既统一又对立：统一表现在它们均来源于客观世界；对立、互补表现在它们分别表达"事物类"和"事物性状"。两者对立又统一的关系使得它们的结合具有衍生的能力。由于具有同性状的事物往往不止一个，这样同一个声符就可以与不同的义符相结合。反过来，同一个事物又具有不同的性状，产生不同的动作行为，这样义符又可以和不同的声符结合在一起。从外在形态上讲，或形成同一个义符统率下的形声字群，或形成同一声符统率下的同源字群。从意义上，产生了具体的新的词义、字义。正因为如此，我们说义符与声符的对立统一运动与阴阳二性的对立统一运动具有惊人的相似之处。义符与声符的关系，正如阳与阴的关系，自它们产生之时就不是静态而是动态的，本身有生命力，有概括性，而且彼此都以对方的存在为自身存在的条件，两者有机结合将产生新的有机体。

　　汉字用以表达性别信息的上述四种方式，大致反映了古人对性别的认识历程："特称命名"反映了古人对生物性别的感性认识，性别只是包含在具体生物内部的一种区别特征。"性别称名"则说明人们已经把性别这种生物区别特征从具体生物中剥离出来，形成性别意识，进行抽象概括，并给予符号表达。"性别标识"则显示出古人对性别符号的娴熟应用。"结构渗透"完全突破了具体物种的限制，同时将阴阳二合的性别哲学观反过来投射于汉字文化中，显示出古人对性别认识的高深境界。

注释：

［1］刁彦斌：《从汉字分析看先民心理特点——以"女"部字为例》，《辽宁师范大学学报（社科版）》，1990 年第 1 期。

［2］陈建民：《语言与文化漫谈》，载《宏观语言学》，1992 年 9 月第 1 期。

［3］吴世雄：《由汉语的女部字研究看中国文化语言学存在的问题》，《古汉语研究》，1997 年第 1 期。

［4］《说文》即东汉许慎所著《说文解字》，此处按通常做法用简称。下文《说文》类其他著作，

如段玉裁《说文解字注》,《说文解字·叙》两种情况下使用全称,其余一律用简称。

[5] 文中所用古文字字形除注明来自《甲骨文合集》(简称《合集》) 外皆来自李圃主编《古文字诂林》,所用简称一仍其旧。

[6] 李圃主编:《古文字诂林(第四册)》,上海教育出版社 2000 年版,第 125 页。

[7] 高明、涂白奎:《古文字类编(增订本)》,上海古籍出版社 2008 年版,第 1275 页。

[8] 郭沫若:《释祖妣》,载《郭沫若全集·考古编》卷一,科学出版社 1982 年版,第 38 页。

[9] 季旭昇:《说文新证(上册)》,台北艺文印书馆 2002 年版,第 75 页。

[10] 谷衍奎:《汉字源流字典》,华夏出版社 2003 年版,第 71 页。

[11] 李圃主编:《古文字诂林(第九册)》,第 777 页。

[12] 徐中舒:《甲骨文字典》,四川辞书出版社 1989 年版,第 1477 页。

[13]《古文字诂林》,第 733 页。

[14] 为便于分析"阴""阳"两字的结构形体,此处用繁体字。文中其他地方,尽量使用简体字显示,如果简体字影响表述,则使用繁体字。余下不作说明。

[15] 戴家祥:《金文大字典》,学林出版社 1995 年版,第 5042 页。

[16] 钟如雄:《汉字转注学原理》,电子科技大学出版社 2007 年版,第 43 页。

[17] 李国英:《小篆形声字研究》,北京师范大学出版社 1996 年版,第 51 页。

[18]《小篆形声字研究》,第 51 页。

[19] 黄易青:《上古汉语同源词意义系统研究》,商务印书馆 2007 年版,第 147 页。

[20] 声符记录的语源义,一般表示事物的性状,也可表示事物的行为动作,一般不表示"事物类"。有关内容可参阅殷寄明《汉语同源字词丛考》中对声符表示语源义的总结。

汉语同义语素联袂出现和汉字同义字素二合生成

李义海

闽江学院汉语国际教育研究所

【摘要】在汉语以单音节词为主的时代，人们为了表述得精准，会连用两个同义语素并将其融合并指向其共有意义，逐渐成为一个词语；受汉语言语表达的影响，人们也会将记录两个语义相同或相近的文字作为构字要素，并使其共有的词语意义显示词义以创制新字。

【关键词】汉语　汉字　结构　组合

一、先秦时期汉语的同义语素联袂出现

先秦时期，为了追求表意精准和言语之美，话语人有时会连续运用两个或几个同义的单音节词，从而使话题中同义语素联袂出现，"使其意义相互融合、相互渗透，成为一个整体意义，其作用相当于一个词语……融合成的那个整体意义，在一般情况下，都是连用的同义词所共同具有的意义，而不能简单地认为它就等同于其中的某个词语"[1]。例如：

《诗经·周颂·载芟》："为酒为醴，烝畀祖妣，不洽百礼，降福孔皆。"郑笺："烝，进。畀，予。"孔疏："为神所佑，致丰积如此，故以之为酒，以之为醴，而进与先祖先妣，以会其百众之礼，谓牲玉币帛之属，合用以祭，故神又下予之福，甚周徧矣。"按："烝"与"畀"，郑笺分别训为"进"和"予"，二者都有"进献"之义，亦即孔疏所谓"进与"。

同义语素连用这种现象，俞樾谓"古书中两字一义者，往往有之"[2]。并揭举"连文用连及之词"[3]和"语助同义复用"[4]两种类型。笔者在俞樾、杨树达、郭沫若、陈梦家通过修辞手段释读汉语文献的经典案例影响下，整理西周长铭金文修辞格式（或行文条例），得五十种。[5]

"同义连用"一例，笔者发现，就连用的同义结构之间有无连词而言，有使用连词与不用连词两类；就言语结构而言，连文有字词连文、词与短语连文、短语连文、句子连文四类；就同义结构之间的语义关系而言，有相涵式连文与并立式连文两类；就同义成分的数量而言，有二言与三言等[6]。

因为本文考察的对象是汉语语素与汉字字素二合且以后者为重点，加之拙著《西周长铭金文修辞研究》发行量甚小且排印不便，现择日记先秦书面文献中的几条语例以证"有之"：

（一）以语素义关系为视点

就同义语素间的语义关系而言，连文有"相涵"与"并立"两类。[7]前者具有包容关系而后者则无。

1.相涵式连文

《左传·襄公二十五年》："桓公之乱，蔡人欲立其出，我先君庄公奉五父而立之，蔡人杀之。"按："我先君"多矣，"庄公"只是其中的一位。

《诗经·郑风·将仲子》："将仲子兮，无逾吾里，无折我树杞。"

《礼记·三年问》："凡生天地之间者，有血气之属必有知，有知之属莫不知爱其类。今是大鸟兽则失丧其羣匹，越月踰时焉，则必反巡过其故乡：翔回焉，鸣号焉，蹢躅焉。蹢躅焉然后乃能去之。小者至于燕雀，犹有啁噍之顷焉然后乃能去之。故有血气之属者，莫知于人。故人于其亲也，至死不穷。"《说文·鸟部》："鸣，鸟声也。从鸟，从口。"段玉裁注："引申之，凡出声皆曰鸣。"同上《号部》："号，呼也。从号，从虎。"

2.并立式连文

《诗经·周南·兔罝》："肃肃兔罝，椓之丁丁。赳赳武夫，公侯干城。"按：干，盾牌；城，城墙。干城的作用在于护卫，本例"干""城"两同义名词连文，指用以御敌的事物。

《国语·周语》："叔父若能光裕大德，更姓改物，以创制天下，自显庸也。"俞樾《古书疑义举例》："按：创、制二字同义。《论语宪问篇》《释文》曰：'创，制也。'显、庸二字亦同义，庸读为融。下文'谷洛鬭章，显融昭明'。彼作'显融'，此作'显庸'，一也。"[8]

《国语·周语》："先王之令有之曰：'天道赏善而罚淫，故凡我造国，无从非彝，无即慆淫，各守尔典，以承天休。'今陈侯不念胤续之常，弃其伉俪妃嫔，而帅其卿佐以淫于夏氏，不亦嫭姓矣乎？陈，我大姬之后也。弃衮冕而南冠以出，不亦简彝乎？是又犯先王之令也。"俞樾《古书疑义举例》："按：简、彝二字同义。《尔雅·释诂》：'夷，易也。''彝'与'夷'古字通。简彝，即简易也。"[9]

（二）以连用词的词性视点

名动形三大实词用例已见前揭，这里仅举例虚词。

俞樾《古书疑义举例》："古人用助语词，有两字同义而复用者。"[10]这个"助语词"，相当于现代语言学所说的"虚词"。所见有副词、连词与代词几类：

《左传·僖公四年》："初，晋献公欲以骊姬为夫人，卜之，不吉；筮之，吉。公曰：'从筮。'卜人曰：'筮短龟长，不如从长。'且其繇曰：'专之渝，攘公之羭。一熏一莸，十年尚犹有臭。'必不可。'"俞樾《古书疑义举例》引顾炎武说："尚，即犹也。"[11]

《礼记·檀弓下》："人喜则斯陶，陶斯咏，咏斯犹，犹斯舞，舞斯愠，愠斯戚，戚斯叹，叹斯辟，辟斯踊矣，品节斯，斯之谓礼。"俞樾《古书疑义举例》："斯，即则也。此顾氏炎武说。"[12]

《大戴礼记·曾子制言》："曾子门弟子或将之晋，曰：'吾无知焉。'曾子曰：'何必然，往矣！有知焉，谓之友；无知焉，谓之主。且夫君子执仁立志，先行后言，千里之外，皆为兄弟，苟是之不为，则虽汝亲，庸孰能亲汝乎？'"俞樾《古书疑义举例》据王引之说谓："'孰'谓之'庸孰'""庸，亦孰也。"[13]

后来，姚维锐又发现了能愿动词：

《左传·昭公二十六年》："周其有颎王，亦克能修其职。"姚维锐《古书疑义举例增补》据顾炎武《日知录》谓："'克，即能也。''克能'……复用之词。"[14]

在众所共知的"同义"字词组合之外，前贤还通过考据，揭举了许多看似无涉却真实同义的语例。例如：

　　《孟子·公孙丑篇》："弟子齐宿而后敢言。"按："齐""宿"二字同义。《仪礼·特牲馈食礼》《礼记·祭统篇》注，并曰："宿读为肃。"然则"齐宿"即"齐肃"也。《贾子·保傅篇》："有司齐肃端冕。"《国语·楚语》："故齐肃以承之"，并"齐""肃"连文之证。《离娄篇》："又从而礼貌之。"按："礼""貌"二字同义。《周易·系辞传》："知崇礼卑。"蜀才本"礼"作"体"。《诗·谷风篇》："无以下体。"《韩诗外传》"体"作"礼"。然则"礼貌"即"体貌"也。《战国策·齐》："令人体貌而亲郊迎之。"《汉书·贾谊传》："所以体貌大臣而厉其节也。"并体貌连文之证。[15]

这种考释是十分重要的，对我们辨识合体字中的同义字素进而开展汉字教学，具有十分重要的意义。

二、先秦时期汉字的近义字素二合生成

同义语素两两联袂出现，是汉语言语表达时言语单位"组合结构结合"[16]之际"以二合为主"[17]的具体表现。这种"二合为主"，也体现在记录汉语并与之并行的"万岁汉字"[18]上。

"汉字学元点理论"[19]认为，汉字的生成与表词，有"据义生成""构意表词"两个环节。

在"生成"环节，人们根据单音节语素的核心义选取意象创制符号，这个由语素义到符号的过程，是"语素物化"的过程。在这个阶段，尽管这个新生符号还没有经过社会共识而成为文字但也显示着人们的造字意蕴，这个意蕴，就是"造意"或"构意"。

在"表词"环节，是新生符号显示的造字意蕴，经过人们的思维表达模式的"中介"迁移到所欲记录的单音节语素核心义的过程，也就是由语素核心义物化了的符号的意蕴回到语素核心义的过程，是"物化回归"阶段。

在"物化回归"这个环节的终点，新生符号的意蕴（或造意、构意）经社会检验而成为共识之后，符号便成为"文字"，其"意蕴"也因此被称为"文字造意"或"造意"；它所记录的那个单音节语素的音也完全转嫁给所创制的文字上而变成了"字音"。

在"语素物化"制造阶段，人们按照认知规律与表达范式，施行个体的表意行为，是汉字由"无"到"有"的"结构"过程。"物化回归"这个检验阶段，人们按照"组合"的方式"连读"以理解[20]并检验符号意蕴与所欲记录的单音节语素核心义是否契合。因此，汉字的生成表词过程，就是"结构"—"组合"的过程。

与汉语同义语素联袂相适应，汉字在生成过程中也存在着同义字素二合的现象。这种存在，如果以常用字为考察对象，主要有两种形式：

（一）上下叠置

1.委

为了用符号记录单音节语素｛委｝，人们筛选出该语素的核心意义"曲"，再

选取呈现曲垂状态的"禾穗"这一事物、和具有曲己从人这一美德[21]的"女性"这一人物类别，继而使用记录着"禾穗"与"女性"的"禾"与"女"两个独素字作为意象，并按照"上下叠置"[22]的方式组合为一个新的意象[23]，且以其共有的意义明确"曲"义。这个根据单音节语素核心义结构"委"这一复合意象的过程，就是"据素构象"，也就是李先生所说的"语素物化"或者"从语素中来"的过程。

这种推测或还原，可以得到以下文献的支持。

《说文·禾部》："委，随也。从女，从禾。"（据段注）徐铉："委，曲也。取其禾谷垂穗委曲之貌。故从禾。"这一节，说明了"委"的语素核心在于"曲"。虽然从表面上看，"随"和"曲"都是"委"的重要意义，但"随"只是一个外在显现，其根本原因在于万物之"随"出于其"曲"。《说文》所谓"从女，从禾"，只说人们造字是选取了"女"与"禾"作为表达语素核心义"曲"的意象；大徐"取其禾谷垂穗委曲之貌，故从禾"，告知选取"禾"作为意象的原因。至于选取"女"作为意象的原因，《说文》"如"字下有了提示。《说文·女部》："如，从随也。从女从口。"段注："从随即随从也。随从必以口。从女者，女子从人者也。幼从父兄，嫁从夫，夫死从子。故白虎通曰：'女者，如也。'"杨树达《文字形义学》发阐为："如从女口，谓女子言语善顺随人也。"[24]拙见以为，"从""随"，都是"曲己意以从人"。

这个过程，是我们推得的先民选取意象以创制记录单音节语素核心义的符号或合成新意象的过程；换个角度，就是我们再现造字理据的过程。

上述过程完成之后，就进入了"表词"阶段，是诉诸社会检验并征得共识的阶段。

"禾"与"女"两个意象，由"谷穗"与"女子"，在事物与其属性间互渗之律的作用下，经过"以事物代称其属性"这一思维认知规律或行文条例的"中介"与"表达"，转而具有了"曲"这一属性义。于是，在"禾""女"这两个连用的单音节语素组合而成的"语言片段"中，它们的连读，表示着"曲"作为单音节语素｛委｝的语素核心义。

至此，证明了"禾"和"女"两个意象或文字构意的组合，可以准确记录｛委｝的语素核心义。这个过程，是"委"这个符号的"表词"过程。

随后，单音节语素｛委｝的读音就转嫁到"委"这个符号上来。"委"这个符号或复合意象也就成了形音义一体的"文字"。

至此，在经过了"语素物化"与"物化回归"之后，先民完成了通过核心义为单音节语素｛委｝造字的整个过程（包括初制与检验）。

在意象（符号）经过生成与表词两个阶段后，"委"的创制才会得到社会的认可而成为一个"字"，一个用以记录核心义是"曲"的单音节语素 { 委 } 的一个字。

因此，从生成与表词两个环节来看，我们根据单音节语素"委"的核心义与组成"委"字的要素之间的音（义）关系，断定"禾""女"是两个用以结构"委"字的近义字素。

从这一点上讲，"委"是由"禾""女"这两个意义相同的字素"结构与组合"而成的。

2.容

为了给单音节语素 { 容 } 创造出一个文字来记录其音义，人们根据该语素的核心义"盛""纳"，选取了房舍与山谷这两个中空可盛的事物[25]，并用表示二者的意象"宀"和"谷"，按照"上下叠置"的方式，组合成一个符号（或新的意象），用以记录"盛""纳"义。

在这个符号（意象）创制之后，人们将"宀"与"谷"这两个物象所表示的房屋与山谷两个事物，经过事物与功用之间的互渗关系，经由"体用同称"的思维认知规律或行文条例的中介，迁到了房屋与山谷共同的作用"容纳"上来，与语素 { 容 } 的核心义"纳"恰相一致。

在上述两个过程完成之后，用以记录单音节语 { 容 } 的核心义"盛""纳"的"容"这一复合意象得到社会的承认。于是，单音节语素 { 容 } 的读音也完全由语素音转嫁到了这一复合意象上，使之具备了形音义三个要素。

因此，我们可以推定，用以表示"纳""盛"字的"宀"和"谷"，是用以记录核心义为"盛纳"的单音节语素 { 容 } 的两个成字字素。

所以，我们是不同意将"容"字拆分成"宀""八""人""口"几个部件的，因为如此拆分既不能显示"容"字的生成表词理据，也不能使学生经过汉字拆分而明白汉字的"形""音""意""物"之间的关系，也就无法对汉字汉语的学习有所帮助。

3.麼

单音节语素 { 麼 } 的核心义是小。《广雅·释诂二》："麼，小也。"王念孙疏证："《众经音义》卷七引《三仓》云：'麼，微也。'《列子·汤问》："江浦之间有麼虫（其名为焦螟，群飞而集于蚊睫，弗相触也，栖宿去来，蚊弗觉也。）张湛注云：'麼，细也。'……《尉缭子·守权篇》云：'么麼毁瘠者并于后。'《鹖冠子·道端篇》云：

'（无道之君，）任用幺麼。'《汉书叙传》：'又况幺髍尚不及数子。'郑氏注云：'髍，小也。'《文选》作'麼'，李善注引《通俗文》云：'不长曰幺，细小曰麼。'"

　　人们根据"小"这一语素核心义，选取表示"小"义的"麻"与"幺"作为意象并按照"上下叠置"的方式组成一个复合意象。

　　《说文·广部》："麻，与枲同。"《木部》："朩，分枲茎皮也。从中，八象枲皮。凡木之属皆从朩，读若髍。"段注："分枲茎皮也：谓分擘枲茎之皮也。从中：象枲茎。八象枲皮：两旁者，其皮分离之象也。"[26]《枲部》："枲，葩之总名也。枲之为言微也，微纤为功。象形。"段注："赵岐、刘熙注孟子妻辟纑皆云：'缉绩其麻曰辟。'按：辟音劈。今俗语缉麻析其丝曰劈，即枲也。""枲之为言微也：枲微音相近。春秋说题辞曰：'麻之为言微也。'枲麻古盖同字。""微纤为功：丝起于糸，麻缕起于枲。""象形：按此二字当作'从二朩'三字。朩谓析其皮于茎，枲谓取其皮而细析之也。"[27]按：段注条分缕析，使"麻"与"枲""朩"的关系更为明晰。拙见以为，"枲谓取其皮而细析之"，根据动作与其结果互渗之"以动作代结果"这一认知与迁移条例，"枲"又可指其"细析"而成的成品"麻"，所以，《说文》"麻"字下谓"与枲同"。因之，"麻"有小义。

　　《说文·幺部》："幺，小也。象子初生之形。"段注："小也：《通俗文》曰：'不长曰幺，细小曰麼。'象子初生：子初生，甚小也。俗谓一为幺，亦谓晚生子为幺，皆谓其小也。"[28]李孝定谓："甲骨文'实糸之初文'。"[29]按：糸为"丝"半，其体甚微。

　　这两个同义意象，共同表示着"小"这一语素核心意义。在经过了"语素核心义"物化为象之后，这个物化了的象又回归到了"语言核心义"上来，实现了"语素中来"到"语素中去"这个生成与表词的过程，进而通过语素音的转嫁使"麼"成为了形音义的统一体。

　　因为"麼"已公认为"字"，构成它的"麻"与"幺"这两个意义均与"麼"所显示的语素核心"小"有着直接关系的独素意象，便成为构成"麼"的两个成字字素。所以，无论如何，我们都不能把这个"麼"字拆分为"广""林""幺"三个部件，或者"广""木""木""幺"四个部件，或者"丶""厂""木""木""幺"五个部件。

　　4.灾

　　单音节语素｛灾｝的核心义是祸害。《易·复》："有灾眚。"陆德明释文引郑玄曰："害物曰灾。"引起灾祸的原因有水、火、旱、虫等。《国语·周语下》："古者，天灾降戾，于是乎量资币，权轻重，以振救民。"韦昭注："灾，谓水旱蝗螟之属。"《封神演义》第三回："军民遭兵燹之灾，三害也。"由于"祸害"比较抽象，人们在造字时就选取能够给人带来祸害的常见事物作为构形的意象，如水和火，这是个"取象发生"阶段。"水"与"火"这两个意象，又经过"上下叠置"的方式制成灬这一符号，从而构成"水火"这一构形意图亦即"构意"。构意形成后，经由"体用同称"这一思维认知规律或表达条例的中介，人们将"水火"这两个同义语素连读，领会到了"灾祸"与"祸害"，这正与人们打算创造的单音节语素｛灾｝的核心义相合。经历了这个从语素核心义出发，经由"取象""构形""成意"之后，构意又回到了语素核心义上，继而单音节语素的读音又完全"转嫁"给所构之形（或复合之象），从而使创制的符形成为"形象""意义""读音"兼备的统一体，最终完成了记录单音节语素｛灾｝的预设。

因此，我们在把"灾"这个字进行静态的分析之后，可以得到"巛""火"或"〈""〈""〈""火"或"〈""〈""〈""丿""丿""人"三种答案，但是，如果把这三组分别与单音节语素｛灾｝的语素核心义"祸害"关联起来，就会很容易地把第一组也就是"巛""火"一组作为"灾"的成字字素。成字字素的准确辨识，对汉字与汉语学习都十分重要。

（二）左右分置

1.抓

单音节语素｛抓｝的核心义是"取"。抓取这一动作，离不开人类的手和动物的爪子，于是，先民便根据这一生活经验，选取记录｛手｝和｛爪｝这两个均表示"抓取"义的独素字"手"和"爪"作为意象，再按照"左右分置"[30]的构形方式构造一个意象群组符号，以表示"手爪"这一构形意图亦即"构意"或"造意"。"手爪"这一造意，在同义语素"手""爪"连读后，根据"体用同称"这一行文条例，语义迁移为"手""爪"二物的功用亦即"取"。在这个根据语素核心义构造符号且符号造意又迁移到语素核心义这两个环节完成之后，单音节语素｛抓｝的读音转嫁给了"抓"这个符号，于是"抓"字的生成表词阶段彻底完成。

如果我们从"抓"字上述生成表词的过程来考虑，通过静态分析而得的"手"和"爪"，既表示相同的意义又各有其读音，还与单音节语素｛抓｝的语素核心义"取"直接相关，它们也就是用以结构"抓"字的两个"字素"。

2.输

单音节语素｛输｝的核心义是运送。《说文·车部》:"输,委输也。从车俞声。"段注:"输者,委随输写也。以车迁贿曰委输。亦单言曰输。"谓"输"指"以车迁贿",明言车这一工具的功用在于"迁",也就是所说的"转运"。《左传·僖公十三年》:"秦于是乎输粟于晋。"《后汉书·张纯传》:"督委输,监诸将营。"李贤注:"委输,转运也。"

《说文·舟部》:"俞,空中木为舟也。从亼从舟从巜。巜,水也。"段注:"空中木者,舟之始也。""其始见本空之木用为舟,其后因刳木以为舟。"清·程鸿诏《复李炳奎先辈论说文俞字书》:"空中木为舟,即中空木为舟也。"

人们根据迁送类行为离不开车船二种事物或工具这一常识,在为单音节语素｛输｝的核心义创造文字时,选取表示"车辆"与"船只"义的"车"和"俞"作为意象,并按照"左右分置"的构形方式制作出符号"输",表示"车俞"这一符号造意。这是一个根据语素义核取象发生构形表意的过程。

"输"这一符号所表示的"车俞"这一造意,经由言语"车""俞"的组合后,各自经由"体用同称"[31]的认知与表达条例,迁移到行为"转送"这一语素核心义。

这番集体验证通过后,单音节语素｛输｝的读音转嫁给符号"输",从而使它成为一个具有形体、意义与读音三重属性的汉字。

因此,从生成表词的角度讲,"输"字,由"车""俞"两个"字素"构成,不能"拆分"为"车""亼""月""刂",更不能依据"分离"原则进一步拆分成"车""人""一""月""丨""刂"。

3.矮

单音节语素"矮"的核心义是"短"。《说文·矢部》新附:"矮,短人也。从矢,委声。"《广韵·蟹韵》:"矮,短貌。"《五灯会元·万年一禅师法嗣》:"报恩室中唯一矮榻,余无长物。"元·杨允孚《滦京杂咏》:"凭君莫笑穷庐矮,男是公侯女是妃。"

先民在给单音节语素｛矮｝创造文字时,考量与｛矮｝的语素核心义"短"相关的事物与因素,选中了与"短"直接相关的"直"与"曲"两种属性,并分别用独素字"矢"和合素字"委"作为意象来代表它们。

"矢"有"短"义,段注已揭其例。《说文·矢部》:"短,有所长短,以矢为正。从矢,豆声。"段注:"'从矢':按此上当补'不长也'三字乃合。'有所长短,以矢为正':说从矢之意也。榘字下曰:'矢者,其中正也。'正直为正,必正直如矢而刻识之，而后可裁其长短。故诗曰：'其直如矢。'"按："矢"干直正，故有"直"义。《诗经·小雅·大东》："周道如底，其直如矢。"正直则短，遂有"短"义。

"委"有"曲"义。《说文·禾部》："委，随也。从女，从禾。"（据段注）徐铉："委，曲也。取其禾谷垂穗委曲之皃。故从禾。"

其实，"委"的曲义，不仅如徐铉所说的取象于"禾"，也和"女"有关。《说文·女部》）："女，从随也。从女从口。"段注："从随即随从也。随从必以口。从女者，女子从人者也。幼从父兄，嫁从夫，夫死从子。故白虎通曰：'女者，如也。'"杨树达先生《文字形义学》发阐为："如从女口，谓女子言语善顺随人也。"[32]拙见以为，"从""随"，都是"曲己意以从人"。

用以表示单音节语素｛矮｝核心义的意象"矢"与"委"确立之后，按照"左右分置"的构形（或构象）方式组合成"矮"。

这一复合意象的构意"矢委"，经过事物与其属性互渗之律的表现"以事物代其属性"这一思维认知规律（或行文条例）的中介，迁移到属性"直"亦即前引《说文》桀字下：'矢者，其中正也'；事物中正则其高度值必小，经由"以结果代称原因"的认知规律或行文条例迁移到"高度值小"。事物弯曲后则高度变小，"委"的"曲"义也根据"以结果代称原因"的条例的中介而迁移到"高度值小"。因之，"矢委"这一言语片段所表之义，在于这两个语素都有"高度值小"之义。

在经过了"从语素中来"又"到语素中去"这一过程的检验后，人们为单音节语素｛矮｝所创制的符号（或意象）"矮"得到了社会的认可。因之，｛矮｝的读音也理所应当地转嫁给了"矮"这一符号（或意象）上来，"矮"这一复合意象也就成为兼具形义与音的文字。

因此，从结构汉字的角度来考虑，人们在取象表义过程中选中作为意象的"矢"与"委"这两个汉字，也就成了构成"矮"字的两个字素，它们的意义直接与单音节语素｛矮｝的核心义"高度值小"相关。

所以，从生成表词的角度来考虑，"矮"字是由"矢""委"两个字素构成的，它不应该"拆分"为"矢"与"禾""女"三个"部件"。这是因为，由这几个"部件"构成且能会出"短"意的，应是它们自左而右并列构成的"秋""秌""秨""秚""媝""媁"之类。

至于《新附》所谓"短人"的本字，应当是"躷"。《篇海类编·身体类·身部》："躷，与矮同。"

4.舒

单音节语素｛舒｝的核心义是"伸""展"。《说文·舍部》："舒，伸也。从舍，从予，予亦声。"《广雅·释诂三》："舒，展也。"与今言"舒服"相当。

为了给语素｛舒｝创造文字，人们根据得到赏赐或尊上给予时心情舒畅这一常情，选取在意义上和"舒服"这一语素核心义关系密切的独素字"舍"和"予"作为意象，并把它们按照"左右分置"的构象方式组合成"舒"这一复合意象，表示"舍予"这一构意。

"舍"有布施义。《左传·昭公十年》："施舍不倦，求善不厌，是以有国。"杜注："施舍，犹布恩德。"

"予"有给予义。《说文》："予，推予也。象相予之形。"《尔雅·释诂上》："予，赐也。"《诗经·小雅·采菽》："彼交匪纾，天子所予。"

"舍"和"予"不仅意义相近而且古音相同以致"予""舍"同字。《管子·四称》："昔者无道之君，大其宫室，高其台榭，良臣不使，谗贼是舍。"郭沫若《集校》引孙诒让曰："舍当为予之借字。《隶续》载魏三体石经《大诰》：'予惟小子。'予字古文作舍，是其证。予、与义亦同。'谗贼是舍'犹言谗贼是与也。"《墨子·耕柱》："见人之生饼，则还然窃之曰：'舍余食。'"孙诒让间诂："舍，予之假字。古赐予字或作舍……'舍余食'犹言与我食也。"[33]

"舍予"这一言语片段表示的构意，在同义语素"舍予"连读后具有"舍""予"均有的"给予"义，经过"施受同辞"这一行文条例的中介之后，"给予"义迁移为"受"义，再经过动作与其结果之间的互渗及其表现形式"动作代称其结果"的中介后迁移为"舒服""舒畅"，恰巧实现了意象"舒"的构意与语素核心义的吻合。因之，｛舒｝的读音也完全转嫁到"舒"上来，"舒"也就成为一个可以记录单音节语素｛舒｝的文字。

因此，从据义取象、构象、成象构意与构意表词的整个汉字生成表词过程来考虑，我们只能推定参与结构"舒"字的"舍"与"予"这两个作为意象的独素字，是语素｛舒｝的成字字素。如此，方可解释"舒"字的生成理据以及结构要素在成字表义中的作用。如果我们"依形切分"为"人""干""口""予"四个部件，则汉字就成了一堆与意义无涉的任意符号。

前述先民造字时选择的两个同义意象，在造字者看来，是他为造字而选择的两个在表达语素核心义时意义相同或相近的"字素"；在文字使用者看来，在这两个同义或近义的意象经造字人"结构"后复合而成的新意象的构意能够准确表达语素核心义并全面接受单音节语素读音之后，亦即成为一个文字之后，才是个令人信服的造字"字素"。第一种，出于造字人所在族群的认知规律而非其一厢情愿；第二种，是经过检验后一个族群的共同认识。所以，新造汉字在得到社会承认后，因其字素和语素核心义的关系和言语表达规律相契合，不仅使汉字成为一种"具象"的汉语，同时也为汉字的理解与学习提供了极大的便利。

注释：

[1] 李义海、李葆嘉、刘乃叔：《古代汉语》，吉林人民出版社 2001 年版，第 79—80 页。

[2] 俞樾、刘师培、杨树达、马叙伦、姚维锐：《古书疑义举例五种》，中华书局 1956 年版，第 139 页。

[3]《古书疑义举例五种》，第 83 页。

[4]《古书疑义举例五种》，第 68 页。

[5] 李义海：《西周长铭金文修辞研究》，黑龙江人民出版社 2010 年版。

[6]《西周长铭金文修辞研究》，第 45—60 页。

[7]《西周长铭金文修辞研究》，第 45 页。

[8]《古书疑义举例五种》，第 141—142 页。

[9]《古书疑义举例五种》，第 142 页。

[10]《古书疑义举例五种》，第 68 页。

[11]《古书疑义举例五种》，第 68 页。

[12]《古书疑义举例五种》，第 68 页。

[13]《古书疑义举例五种》，第 68 页。

[14]《古书疑义举例五种》，第 295 页。

[15]《古书疑义举例五种》，第 142—143 页。

[16] 郑颐寿：《辞章学导论》，台北万卷楼图书公司 2003 年版，第 365 页。

[17] 张志公：《汉语辞章学论集》，人民教育出版社 1996 年版，第 77—79 页。

[18] 李玲璞：《节律性、自足性与自相似性——谈谈汉语的特点与汉字的特点》，《中国文字研究》，大象出版社 2008 年版，第 1—3 页。

[19] 李玲璞：《汉字学元点理论及其相关问题》，《中国文字研究》，广西教育出版社 2004 年版，第 1—6 页。

[20] 段玉裁揭其端绪。《说文》："凭，依几也。从几从任。"段注改解形为："从任几"，并谓"任

几犹言倚几也"。见段玉裁《说文解字注》，上海古籍出版社 1981 年版，第 715 页；裘锡圭《文字学概要》发凡其例："它们由两个以上（绝大多数是两个）可以连读成语的字构成，连读而成之语能说明或暗示字义"，并称之为"偏旁连读成语的会意字"。见裘锡圭《文字学概要》，商务印书馆 1988 年版，第 135 页。受裘锡圭先生影响与李玲璞师点拨，笔者称之为"成字字素连读构义"。见李义海《面向汉语国际教育的会意字类别研究》，《中国文字研究（20）》，商务印书馆 1988 年版，第 168—173 页。

［21］按："曲己从人"这一"美德"，采用是制作"委"字的那个父系社会的集体观念。这类问题，我们应该持辩证、历史、唯物的态度。

［22］李圃：《甲骨文文字学》，学林出版社 1995 年版，第 105 页。

［23］甲骨文有"委"字作 ，见《合集》7076 反，其辞曰："贞：允其启委？贞：不其启委？"当为人名或地名，其义与"曲"无涉，故本文讨论的"委"字仍视为"禾"与"女"上下叠置。

［24］杨树达：《文字形义学》，上海古籍出版社 1988 年版，第 176 页。

［25］关于"容"字意象的遴选，徐铉等注曰："屋与谷皆所以盛受也"，十分精准。

［26］段玉裁：《说文解字注》，上海古籍出版社 1981 年版，第 355 页。

［27］段玉裁：《说文解字注》，第 355 页。

［28］段玉裁：《说文解字注》，第 158 页。

［29］汉语大字典编纂委员会：《汉语大字典》，四川辞书出版社 1986 年版，第 1092 页。

［30］李圃：《甲骨文文字学》，第 104 页。

［31］段玉裁：《说文解字注》，第 258 页。

［32］杨树达：《文字形义学》，第 176 页。

［33］汉语大字典编纂委员会：《汉语大字典》，第 2942 页。

异体字的文化信息价值

暴希明

安阳学院文学与传媒学院

【摘要】 所谓异体字，是指同一个词的不同书写形式。汉字中存在着大量的异体字，它的存在，给我们阅读古书很大障碍，但同时也给汉字的文化研究提供了可资参证的重要镜像。因为异体字的成因，从本质上说或是文化背景的差异，或是文化视角的不同，或是福建帝王的文化专制。因此，分析异体字不同的构形理据，便可窥见其中所载负的文化信息。

【关键词】 异体字　文化　蕴含

　　异体字，又叫重文、或体、俗字等，通常是指音义相同而形体不同的一组字。它是汉字的一种特有现象。从共时角度看，汉字中的异体字也许并不太多，但从历时的角度看，异体字的数量却相当惊人。王继洪先生曾对《汉语大字典》所收汉字做过一个统计，《汉语大字典》共收字 56000 个左右，异体字大约有 25000 个左右，占所收汉字总量的 40% 左右[1]。刘又辛先生则认为更多，他在《汉语汉字答问》一书中说："在六万左右的汉字字库中，至少有三万多异体字。"这么多异体字的存在，势必造成其使用与传播上的讹误和混乱，以及增加识认上的困难。因此，整理、限制、乃至消灭异体字，是规范汉字的一项重要工作。但是，事物都是一分为二的，异体字在给使用、识认和传播带来累赘的同时，也给汉字的文化研究提供了可资参证的重要镜像。因为从本质上说，异体字现象乃是同一字义与不同字形发生联系的现象。这种联系或同时共存，或历时更替，但究其成因，要么是文化背景的差异，要么是文化视角的不同，要么是福建帝王的文化专制。因此，异体字形义之间的多维联系，也是汉字蕴含、传载文化信息的一种重要方式。而分析这种多维联系，用文化语言学的方法对它进行观照、阐释，发掘其中所蕴含的文化信息，自然也是探寻汉字文化蕴含、研究祖国传统文化的有效途径。

下面，我们试分析这几类异体字，用文化语言学的方法对它进行观照、阐释，以发掘其文化蕴含。

一、文化背景不同而形成的异体字

文化是动态的，随着时间的变异，文化必然也会发生变迁。有的异体字就是由于文化背景不同而形成的，它们的不同构形，实质上反映的是文化的变迁，这类异体字一般都是历时异体字。如：

[葬埊]

这是分别见于《说文》和汉《衡方碑》的一组异体字。反映了我国丧葬习俗的演进。

丧葬的形式是随着社会的发展而不断变化的。远古的时候实行天葬。《周易·系辞下》谈到古代的天葬时说："古之葬者，厚衣之以薪，葬之中野，不封不树。"意思是说：在古代，人死以后，用柴草将尸体厚厚地裹扎起来，送到荒野之中，既不堆土也不立标志。古人每每将人死说成"填沟壑"，就与这种丧葬形式有一定关系。而"葬"字就是这种丧葬习俗的活化石。小篆的"葬"字写作"𦸷"，字由三部分组成："茻"（mǎng），表示草丛；"𠕁"，是死字，是尸（屍）字的最初写法（今"尸"字在古代并非尸体的尸，它是祭祀时代替死者受祭、象征死者魂灵的活人，成语"尸位素餐"用其本义。"死"才是尸体的尸的本字。）；"一"似乎是放置尸体的垫子。将天葬的意思巧妙地表现出来了。

尸体扔在野外，会招来禽兽啄食，死者的家属不忍心亲人的遗体为鸟兽所食，于是就想办法保护亲人的遗体，故古代又有守丧驱禽之风。《吴越春秋·勾践阴谋外传》在谈到弹弓的起源时说："古者人民朴质，饥食鸟兽，渴饮雾露，死则裹以白茅，投於中野。孝子不忍见父母为禽兽所食，故作弹以守之，绝鸟兽之害。"小篆的"弔"字就写作"𢎨"，像一个人背了一张弓。《说文》："弔，问终也，从人弓，古之葬者厚衣之以薪，故人持弓会驱禽也。"唐代颜师古在注释《急就篇》谈到"弔"字时也说："弔，问终者也。于字，人持弓为弔。上古葬者，衣之以薪，无有棺椁，常苦禽兽为害，故弔问者持弓会之，以助弹射。"但这毕竟不是长久之计，根本的解决办法还是用土把尸体掩埋起来，所谓"入土为安"。《孟子·滕文公上》："盖上世尝有不葬其亲者，其亲死，则举而委之於壑。他日过之，狐狸食之，蝇蚋（ruì蚊子一类的飞虫）姑嘬（gū chuài 吮吸叮咬）之。其颡有泚（cǐ出汗的样子，此句谓孝子的额头冒出了汗水），睨（nì 斜视）而不视。夫泚也，非为人泚，中心达於面目，盖归反藟（lěi 盛土器）裡（lí 铲土器）而掩之。"形象地说明了由天葬过渡到土葬的因由。而"埀"字，象把尸体埋入土中，正是土葬这种丧葬习俗的形象描摹。《集韵·宕韵》："葬，或作埀"。

[礮砲炮]

炮在古代写作"礮"，最初是一种用来抛掷石块的机械装置。据说春秋时代的范蠡写有兵书，介绍这种机械装置可将十至二十斤重的石块（先秦一斤大约相当于今日的 230 克，不到半市斤）抛出二百步至三百步（古代一步，左右脚各向前跨一次）。这个射程，在今天微不足道，而在当时却是相当可观的。《孟子·梁惠王上》说在短兵相接的战场上打了败仗逃跑时，"或百步而后止，或五十步而后止。"可见逃出一百步甚至五十步就算逃出险境了，但却仍在"礮"的射程之内，足见"礮"的威力。由于礮是利用杠杆原理把石块抛掷到敌方阵地上的，所以字中有个偏旁"石"。"礮"字中间的"马"也是有意义的，"所谓礮者，咸驾车以机发石"（《中华大字典·午集·石部》），礮一般都架设在战车上，以增加其机动性，而马在古代大都是用来拉车的，比如"马路"就是供车跑的大道，所以从"马"就等于从"车"。"砲"是俗体字，是个形声字。《范蠡兵法》没有流传下来，我们无法对范蠡所说的礮作更多的了解。然而史书上对抛石机的礮却屡有记载。据《后汉书·袁绍传》，东汉末年曹操与袁绍官渡之战时，袁绍依仗兵多将广，从四面八方包围曹军，起土山高橹，居高临下向曹营射击，压制曹军。为了改变被动局面，"操乃发石车击绍楼，皆破，军中呼曰'霹雳车'"。霹雳车就是礮车，霹雳二字，形容抛出的石块击中目标时发出雷鸣般的声响。《新唐书·李密传》："以机发石，为攻城械，号将军礮。"赵翼《陔余丛考》引《通鉴》："秦王世民围王世充于洛阳城中，作大砲飞石，重五十斤，掷二百步。"砲在此时已发展为攻城的武器了。砲还可以用来守卫，赵翼《陔余丛考》引《唐书》："李光弼守太原，作大砲飞巨石，一发毙数十人。"宋代陈规在《守城录》里还具体介绍了守城用的砲。由砲抛出的石块，成不同弧度的抛物线，有点类似∩形，象山的轮廓，象棋中所谓车走直路砲翻山，是颇为形象的说法。砲车是用来抛石的，所以又称抛车。

由于火药的发明，后来产生了火砲，兵器由冷兵器时代过渡到了热兵器时代。《宋史·兵志十一》："火箭火砲不能侵。"赵翼《陔余丛考》卷二十九《火砲火枪》："火炮实起于南宋、金、元之间。《宋史》：虞允文采石之战，发霹雳炮，以纸为之，实以石灰、硫磺，投水中而火自水跳也，纸裂而石灰散为烟雾，眯其人马，遂败之。

又魏胜创砲车，施火石可二百步，其火药用硝石、硫磺、柳炭为之。此近代用火具之始。”火砲出现后，其物质材料已与石砲完全不同，由用机械发射石头变成了用火药发射铁弹丸，再用“石”旁则名实不符，为了名实相符，于是改“砲”为“炮”，以突出其利用火药发射这一特点。

古时早有“炮”字，《说文·火部》：“炮，毛炙肉也。”本义指一种把带毛的肉用泥包住放在火上烧烤的烹饪方法。火炮的“炮”与此无关，应看作是同形字。两者的音读也不一样，《说文》里收录的“炮”字音读是páo，火炮的“炮”音读是pào，读去声。现在字典均以“炮”“砲”“礮”为异体关系，这是对的。

从“炮”字的异构我们可以看出，“炮”字字形的演变历史，实际就是“炮”这种武器的演进历史。

二、文化视角不同而形成的异体字

事物是复杂的，人们观察事物的角度不一样，得到的印象也就不同，苏轼诗“横看成岭侧成峰，远近高低各不同”，说的就是这种情况。有些异体字就是由于文化视角不同而形成的。如：

［车］

繁体字“車”是象形字，“車”字中，上下两横是车轮，当中部分为车身，正中一竖为车轴，横看就像车子的样子，描绘的是车的外形。

“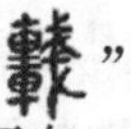”是车的异体字，见于《说文》所收的籀文。这是一个会意字，左边是上下两车，右边是上下两戈，戈是兵器，用于战争，二车二戈紧密相连，清楚地表明车在古代是用于作战（包括狩猎）的，描述的是车的用途。“车”的这个籀文写法所蕴含的文化信息，我们从考古发掘、古代文献以及与战争相关的一些汉字的构形中也可找到佐证。我们先看考古发掘，我们以世界文化遗产安阳殷墟为例，王宁说：“在挖掘的商代的车马坑中，几乎都发现有成套的青铜武器，这说明马车在当时主要是王室贵族用于作战、狩猎的工具，真正用于交通的可能很少。”[2] 我们再来看汉字构形，《说文解字·车部》：“军，圜围也。四千人为军，从包省，从车。军（按段玉裁认为此字应为车），兵车也。”曹先擢、苏培成在分析“军”字的构形理据时说：“清·段玉裁《说文解字注》：‘勹（包），裹也。勹车会意也。’车指兵车，从勹表示环围。古代车战，军队宿营休止时以兵车环绕自围。”[3] 由于军队宿营休止时以兵车环绕自围，出入之处就仰起两车，车辕相向以表示门，所以领兵将帅的营门称作"辕门"。《六韬·分合》："大将设营而陈，立表辕门。"《史记·项羽本纪》："于是已破秦军，项羽召见诸侯将入辕门，无不膝行而前，莫敢仰视。"《正字通·阜部》："阵，军之行列也。"曹先擢、苏培成《汉字形义分析字典》："阵是陈的分化字，陈由陈列引申指军队的陈列，战阵。古代打仗为车战，故改东为车，分化出阵字。"我们最后看古代文献，《左传·郑伯克段于鄢》："命子封帅车二百乘以伐京"，以"车"代军队；《论语》："桓公九合诸侯，不以兵车，管仲之力也"，以"兵车"指代军事行动。这同"军"字从"车"表军队，"阵"字从"车"表战阵是相同的，共同显示出车在战争中举足轻重的地位。以兵车作为战斗主体一直到战国时代仍是如此，以致当时衡量某国军事力量强弱的主要标准，就是视其拥有兵车的数量，故有"千乘之国""万乘之国"一类说法。屈原《国殇》："车错毂兮短兵接"所描写的车战场面，可以说是籀文"车"字造字依据的一个绝妙说明。

[醫毉]

"醫"为现代汉字"医"之繁体字。《说文解字·酉部》："醫，治病工也，从殹从酉。""治病工"就是今日所谓医生，而字从殹从酉会意，许慎分析其构形理据是："殹，病声，酒所以治病也。""酉"在甲骨文中象盛酒的器皿，因此在古文字中，从酉就等于从酒。醫从酉，诚如许慎所言，"酒所以治病也"。在古代中国，人们对酒的医学功效是非常青睐的，《汉书·食货志》说："酒，百药之长。"在医学上，酒是药物的最佳溶剂，许多药物，有效成分不溶于水，却溶于酒精。酒还可以通血脉、养脾气、厚肠胃、润皮肤、去寒气，适量饮酒可祛湿散风、活血化瘀，外用还具消毒之功效，故《礼记·射义》说："酒者，所以养老也，所以养病也。"《曲礼》："有疾则饮酒食肉。"马王堆出土的西汉帛书记载有五十二个医方，其中三十三个与酒有关，而秦汉时大医学家秦越人、淳于意、张仲景都有用酒治病的医案。

"毉"为醫之异体。《国语·越语上》："将免者以告，公醫守之"，一本"醫"作"毉"，《集韵》："醫，治病工也，或从巫。"巫是巫祝、巫师的意思，《说文解字·巫部》："巫，祝也，女能事无形，以舞降神者也"，这些人从事歌舞娱神或凭借某些器具、咒语以降神驱邪除灾，男的叫觋，女的叫巫，也可以通称作巫。医的异体从巫，盖因为人类最早曾以巫术治病，以巫师为医师。《说文解字·酉部》："古者巫彭初作医。"《山海经·海内西经》："开明东有巫彭、巫抵、巫阳、巫履、巫凡、巫相。"郭璞注："皆神医也。"《淮南子·说山》："病者寝席，医之用针石，巫之用糈藉，所救钧也。"高诱注："医师，在男曰觋，在女曰巫。石针所抵，弹人雍痤，出其恶血。糈，所以享神，藉，营茅，皆所以疗病求福祚，故曰救钧。"巫即是医，故巫医常连缀成语。《论语·子路》："人而无恒，不可以作巫医"，《说苑·修文》："以巫医匍匐救之。"而古人以巫为医，乃是因为在他们心目中，人之所以生病，无非是神灵降灾，鬼魂附体，而"以舞降神仙者也"的巫者，可以沟通神灵，消灾难，祛祸殃，降福于人。不仅古代，就是科学已十分昌明的今天，豫北农村地区还有请巫婆治病的。故医之异构从巫，实是古代巫术崇拜、以巫为医之镜像。

三、由于帝王的文化专制而形成的异体字

在专制主义的封建社会中，统治者对汉字也采取专制态度，他们或编造一些特殊的异体字，以显示自己的权威和圣明；或妄改某些不合己意的字，以附和自己的迷信心理。这样一来，也给汉字的应用造成许多混乱。但同时，我们通过这些特殊现象，也可以对古代社会的王权制度，以及人们对于汉字形体的迷信与崇拜，得到更加深刻的了解。

[叠曡]

"叠"与"曡"是同见于《说文》的一组异体字，今简化为"叠"《说文·晶部》："曡，扬雄说以为古理官决罪，三日得其宜乃行之。从晶、宜。亡新以从三日太盛，改为三田。"则字古本作"曡"，从三日，有累积之意，故后用为重叠之"叠"。《水经注·江水》："重岩叠嶂，隐天蔽日。"温庭筠《菩萨蛮》："小山重叠金明灭，鬓云欲度香腮雪。"

王莽篡汉后，以为自己是以土德代汉火德，火德已衰，而叠字从三日，火太盛，于己不利，于是改从三日之晶为从三田之畾（田为土田，表示新莽的土德已盛），作"叠"。但是，这并没有能挽救新莽王朝覆灭的命运，只不过使汉字中又多了一个异体字，给后人增加了点茶余饭后的谈资和笑料而已。从王莽改字这场闹剧中，我们又一次看到了阴阳五行思想对国人包括帝王思想的巨大影响，看到了古人对汉字形体的崇拜与迷信。

[辠罪]

犯罪之"罪"本作"辠"，《说文·辛部》："辠，犯法也，从辛从自，言辠人蹙鼻苦辛之忧。秦以辠似皇字，改为罪。""自"的古形体象人鼻子之形，是"鼻"的古字。"辛"甲骨文象刑刀之形。犯罪则受刑罚，受刑则有"蹙鼻苦辛之忧"，故以刑刀和鼻子表示，是个会意字。《周礼·天官·甸师》："王之同姓有辠，则死刑焉。"《史记·赵世家》："盾虽不知，犹为贼首。以臣弑君，子孙在朝，何以惩辠？请诛之。"

宋司马光《上庞枢密论贝州事宜书》："光闻之，受恩而不知报者，犬彘也……是以夙夜思之，苟有以报万分者，虽陷入大辠，不敢爱也。"各句中之"辠"都和今"罪"意思相同。宋苏轼《盖公堂记》："里父老教之曰：是医之辠药之过也，子何疾之有。"一本"辠"就作"罪"。

"罪"的本义是鱼网。《说文·网部》："罪，捕鱼竹网。从网，非声。秦以罪为辠字。"段玉裁注："本形声之字，始皇改为会意字也。……《文字音义》云：'始皇以辠字似皇，乃改为罪。'按经典多出秦后，故皆作罪，罪之本义少见于竹帛。"段玉裁的意思是，儒家经典经过秦始皇焚书坑儒之后，大多消失，现在传世的儒家经典，大多都是汉代根据儒生的口述传写的，因而，犯辠之"辠"，在传世的经典中都已改成了"罪"，而"罪"捕鱼竹网之本义，反而很少见了。段玉裁的说法基本是对的，但也不尽然。如"辠"字表示犯罪之义，在部分古书中仍有使用，前面所举例子就是证明。而"罪"捕鱼竹网之本义，在部分古书中也有保留。如《诗·小雅·小明》："岂不怀归，畏此罪罟。"马瑞辰通释："《说文》：罪，捕鱼竹网；罟，网也。秦始以罪易辠。维此诗罪罟二字平列，犹云网罟。与下章'畏此谴怒''畏此反复'语同。"《庄子·寓言》："若参者可谓无所县其罪乎？"章炳麟《三与黄侃书》释此句曰："通以今语，犹云无所絓其罔。以利禄为缨绋，或言罔罗，斯本恒语。"

　　只因为"辠"字的上半部分"自"之形体与"皇"的上半部分相近，秦始皇就认为有损于皇帝的形象，于是废"辠"而改用"罪"，从中我们可以看出帝王对文化的专制。今天，"辠"字已经废弃不用了，而"罪"字捕鱼竹网之本义，在现代汉语中也完全消失了。

　　以上我们分析了三类不同的异体字。它们的构形理据，或是文化视角的不同，或是文化背景的差异，或是帝王的文化专制。从这三类异体字中我们可以看出，相较于单个汉字而言，异体字中蕴含着更为丰富的文化信息。因为从理论上讲，汉字承载文化信息的能力是跟汉字形体结构的复杂程度、表意部件的多少成正比的，形体结构越复杂，表意部件越多，承载的信息量就越大，反之，就越小。而汉字的基本功用是书写记录语言，需满足书写简单快捷的要求，不会也不可能为了反映文化信息而造出形体复杂的字。因此，要用形体简单的单个汉字去反映丰富复杂的文化现象，只能是一鳞半爪，不可能面面俱到。而异体字的存在则在一定程度上弥补了汉字信息承载能力上的不足。首先，一个汉字的表意部件少，如果有异体字的存在，表意部件就相对地增多了，有的汉字有好几个异体字，增加的表意部件就更多。表意部件增多，相应地就提高了汉字的文化承载能力，使它们可以从不同的角度反映同一文化现象的不同方面，通过它们，再结合其他材料，我们就可以对古代相关文化现象有一个比较全面的认识。其次，文化是动态的，处在不断的变化之中，而单个汉字是静态的，无法反映文化的变迁。而历时异体字的存在，不同字形和同一字义的多维联系，正好可以弥补单个汉字在这方面的不足，及时反映文化的变迁。因此，异体字的存在，虽然增加了我们识字的负担，给我们阅读古书造成了不小的障碍，但从文化的角度看，它又蕴含着极为丰富的文化信息，是我们研究华夏文化不可或缺的宝藏。而对这一宝藏的开掘，对我们研究汉字文化，无疑具有极为重要的价值。

注释：

本文得到了"河南省高等学校哲学社会科学创新团队支持计划"（编号：2012-CXTD-08）的资助，是作者主持的河南省哲学社会科学规划项目"系统科学视野下婚姻家族宗法生育类甲骨文研究"（项目编号：2018BYY001）和教育厅人文社科规划项目"系统科学视野下婚姻家庭宗法生育类甲骨文研究"（项目编号：2017—ZZJH—004）的阶段性成果之一。

［1］王继洪：《异体字与汉字学研究》,《上海大学学报》（社会科学版），1999年第4期。

［2］王宁、谢栋元、刘方：《〈说文解字〉与古代文化》，辽宁人民出版社2000年版，第160页。

［3］曹先擢、苏培成：《汉字形义分析字典》，北京大学出版社1999年版，第281页。

地名用字的研究价值与意义

周文德　陈诗雨

四川外国语大学中文系

【摘要】地名用字是汉字大家庭里的重要成员。地名用字是地名文化遗产的重要组成部分，具有重要的文化价值。地名用字研究具有重要的应用价值：推动语言文字规范工作的开展，加快地名标准化工作的进程，为大型字书、辞书的编纂提供依据，有助于提高地名工具书的编纂、地名图编绘工作的准确性。地名用字研究的社会价值体现在：引起学界和社会对地名用字研究的反思，有效推进我国地名信息化建设，为国家地名行政管理提供参考，是我国加强国防建设、维护社会稳定的需要，为地名档案、资料的管理提供依据。其经济价值体现在：地名用字考证有利于提升城市形象、凸显地域文化、带动经济发展，构建地名用字基础信息平台，实现资源共享，提高办事效率。

【关键词】地名用字　研究价值　文化价值　学术价值　应用价值　社会价值经济价值

商伟凡先生在《守护地名文化的基石——专用汉字》一文中讲述了一个真实的故事：苏北泗洪县孙元镇一个乡村的语文教师，快退休了，一个特别的心事放不下，长途电话打到北京向他求助：

> 每逢新生入学第一课，我都要教他们认识家乡的名字——zhuǎi 头村。这个 zhuǎi 字，笔画并不多，左为"土"，右为"只"。学会之后，孩子们总要问，咱村儿这么大，当年又是新四军的抗日根据地，为什么《新华字典》没有这个字，连《辞海》里都找不到？我就要退休了。离开讲台之前，只有这件心事未了……"[1]

这位老教师经过辗转才找到自认为能解决他"心事"的人，殊不知，即使如民政部地名研究所副所长的商先生也未必能即刻解决他的"心事"。这位教师可能没有意识到，他并不孤单，全国有类似"心事"的人大有人在。其实，我们关注的不只是单个的地名用字，而是地名用字的价值和意义。

地名用字是汉字大家庭里的重要成员。据严军统计，《甲骨文字典》收录的地名用字约 840 个。《说文解字》所载地名用字 480 个，包括地名专用字与地名兼用字（实即多义字），专用字共计 344 个。《新华字典》中"无其他含义的地名专用字"有 200 多个。[2] 据瞿元庆统计，《汉语大字典》收录了地名用字 3141 个。[3] 实际的地名用字到底有多少，至少目前还没有人能统计出准确数字，粗略估计，单是地名专用字恐怕要以千计。截至目前，地名专用字还没有得到系统的搜集与整理，也就无法得到系统研究。地名用字的研究价值也没有得到充分重视，地名用字的研究价值和意义起码有文化价值、学术价值。

一、文化价值

地名用字是地名文化遗产的重要组成部分，具有重要的文化价值。地名文化遗产已受到各国政府和学界的高度关注，特别是近几十年来，人们对地名的重视程度正不断增强，对地名的研究正持续扩大和深入。

1960 年成立了联合国地名专家组，1967 年召开了第一届联合国地名标准化会议。地名标准化会议每 5 年举办一次，至今已举办了 11 届。在两届会议期间，一个由地理学家、语言学家和地图测绘人员等专家组成的联合国地名专家组负责跟踪各项会议决议的履行情况。1975 年我国应邀参加了联合国这个会议。参加的条件之一是要有个代表国家的地名权力机构。因此，由国家测绘总局、公安部、外交部、文字改革委员会、新华社于 1977 年报请国务院成立了中国地名委员会。

联合国第五届地名标准化会议 6 号决议指出："地名是民族文化遗产"（1987），第六届地名标准化会议 9 号决议指出："地名有重要的文化和历史意义，随意改变地名将造成继承文化和历史传统方面的损失"（1992），第九届地名标准化会议的决议进一步明确"地名属非物质文化遗产"适用《保护非物质文化遗产公约》（2007）。就汉语地名而言，地名用字是地名文化遗产的重要组成部分，地名用字的研究价值正日益显现。

联合国地名专家组中国分部主席刘保全指出：作为人类文化的重要组成部分，地名是历史的产物，具有文化认同性与延续性，今天众多国家都把地名文化遗产的保护与研究作为地名科研与地名工作的重要内容。因此"抢救和保护我国地名文化遗产，十分重要，十分迫切"[4]。

我国地名的丰富性、深刻性、复杂性不言而喻；同时地名与历史文化一脉相承，保留了大量的古音、古形。加强对地名用字的调查与整理，有利于文化评估与记录，以及研究与宣传。因此，对地名用字的研究，尤其是系统化的整理，不仅有利于历史考证和地域文化挖掘，更是对中国传统文化的保护与继承。另外，部分少数民族语地名、方言地名中的用字考证，对于少数民族文化、地域文化的研究，甚至汉语方言研究、方言本字确认也十分有利。亦可为保护地名文化遗产提供经过整理与论证的可靠材料。

二、应用价值

（一）推动语言文字规范工作的开展

语言文字的通用规范需要建立在各个专业规范的基础之上。地名以语言文字为前提和载体，对于地名汉字音、形、义的考究与整理，以及对部分"于史有据、于名有义、于今有用"（商伟凡，2015）的特殊疑难用字、废弃字进行考释与"复活"，可为我国语言文字工作进一步研究提供依据，为汉字整理与规范提供基本素材，促进语言文字的进一步规范。语言文字工作的成果使地名用字规范化有据可循，另一方面，地名用字的考定亦可为语言文字的规范及语言文字政策的制定提供参考。

（二）加快地名标准化工作的进程

王际桐（1996）提道："地名标准化主要体现在书写和读音以及用字等方面，而地名用字、书写和读音则建立在语言文字规范化的基础上。没有语言文字的规范，就谈不上地名的标准化。"可见，"语言文字规范化是地名标准化的基础"[5]。地名标准化的问题即是语言文字的问题。语言文字建设的成就奠定了地名标准化的前提与基础，地名用字的考定在为语言文字的规范提供参考同时，也有助于推动当今地名标准化工作的开展。

（三）为大型字书、辞书的编纂提供依据

全国地名普查之后，各地出版了大量面向社会的地名图书。例如：地名录、地名手册、地名图、地名志、地名故事传说集等。各类书籍都是当代中国地名工作和地名学研究的成果，是时代前进的标志。地名图书具备典范性，所谓典范，除了地名要求具备标准化的字形、拼音、类别、方位之外，所有提供的有关信息都必须经

过严格审核（李如龙，1993）。因此，这类书籍的编纂对记录和进一步推动社会发展进程意义重大，其收录的地名不仅材料要翔实，而且叙述要客观，更重要的是地名用字必须标准且规范。所以，建立严格的地名用字基础信息系统，可为大型字典辞书编纂提供参考。

（四）有助于提高地名工具书的编纂、地名图编绘工作的准确性

地图是大量、系统的刊布和使用地名的载体，因而地名在地图上的科学表示始终是测绘工作的重要内容之一（陈邦柱，2013）。此外，为测绘制图、交通运输、出版印刷、计算机信息处理提供基础数据和基本信息。地名用字考证的精确化，可提高地名工具书的编纂、地名图编绘工作的准确性。

三、社会价值

（一）引起学界和社会对地名用字研究的反思

地名学科诞生时间较晚，比起其他传统学科较为边缘化。不仅在继承传统和保护文化方面有较高价值，在国家行政管理、军事战略方面亦是影响颇多。在新中国建立后的几十年中，虽然社会与学界给予地名越来越多的关注，地名研究硕果累累，但研究力度较之其重要程度而言，还远远不够。对于我国地名的研究还待继续深入和不断发展，通过地名可以挖掘和继承优秀文化传统，振奋民族精神（李如龙，1998），地名的研究和保护与人类社会息息相关。因此，该领域亟待引起社会和学界广泛地关注与参与。

（二）有效推进我国地名信息化建设

2005 年全国数字地名建设和服务经验交流会议指出："地名信息化建设是国家信息化建设的重要基础，对于促进我国的现代化建设具有非常重要的作用。作为国家自然资源、社会管理与地理空间信息的重要组成部分，地名信息与经济活动、社会管理、科学研究、国防建设和群众生活有着密切关系，内政外交、经济社会、生产生活等各个领域的现代管理和服务活动，都需要地名信息的支持和服务。"随着人类活动的增多、人口的增加和经济社会的发展，新的地名不断出现，地名信息的总量在不断增大；特别是我国正处于工业化、城镇化的快速发展时期，城市数量逐步增多，城市建设规模逐渐扩大，新生地名大量涌现，旧有地名变更频繁。与此同时，随着生产力的不断发展，社会经济活动的总量和范围不断扩大，人民群众的交往、交流、出行活动也大大增加，这些因素都使社会对地名信息服务的需求呈现出

强劲的增长趋势。

在信息化时代，地名用字关乎国计民生，地名用字系统的建立有助于地名基础信息的搜集与完善。我国的地名管理和服务必须适应新形势提出的新要求，把加强地名信息化服务作为日后工作的重点。

（三）为国家地名行政管理提供参考

地名用字不规范将影响到国家的军事安全和文化安全，也影响到全球卫星定位系统的应用价值，更直接影响到老百姓的日常生活。地名既是国家、社会和个人日常生活中所使用的符号，又是增加、变化着的系统，作为国家行政管理的一部分内容，这就需要有经常性的管理工作（李如龙，1998）。据中国行政区划网统计至 2017 年我国有省、地、县、乡、村五级行政区划名 705926 条，数量庞大。地名管理作为国家行政管理重要工作之一，建立标准化、科学化的地名信息系统是维护社会和谐稳定发展的重要基础。因此，建立起地名基础信息平台，对地名用字进行搜集、整理以及形音义的研究，可以更好地辅助国家相关管理部门建立科学的、标准的管理系统，提升国家治理能力。

（四）是我国加强国防建设、维护社会稳定的需要

随着社会发展，我国原有地名不断消失，新生地名大量涌现，地名数据不新、不全、不准的问题十分突出，致使目前掌握的地名信息已难以反映地名实际情况，对于我国国防建设和社会稳定极为不利。对于用字的系统性整理与研究，有利于摸清地名底数详情；构建地名用字信息平台，规范地名用字，是加强我国社会管理，维护社会和谐稳定的重要因素。

（五）为地名档案、资料的管理提供依据

地名档案、资料是在全国地名普查工作中收集积累而成的，这些普查的成果资料是今后进一步开展地名工作的基础。它既是地名的宝贵财富，又是国家档案的组成部分（王际桐，1984），其重要性不言而喻。地名档案可以储存各个时代政治、经济、文化信息，考察社会发展轨迹，为维护国家领土主权、保护国家版图完整提供重要凭证。加强全国地名档案、资料的统一管理，发挥地名档案在内政、外交、国防、经济、文教、科研、新闻等方面的作用，可以更好地为我国社会主义事业服务。

对于地名用字的整理与考证，可辅助地名档案、资料的形成、归档、鉴定；推动我国地名档案、资料的管理工作高效率、高质量地进行。

四、经济价值

（一）地名用字考证有利于提升城市形象，凸显地域文化，带动经济发展

古今地名的形成，印记了千百年来地域政治、经济、文化变迁的足迹，凝结了地域深厚的文化气韵（王蒙，2015）。地名中蕴含着地理情况、历史进程、乡土风情等文化内涵，这些文化资源、品质与文化影响及其形成的文化产业链，不仅是城市竞争力的核心要素之一，而且已经成为城市的标志和独特的旅游吸引物，最终对地区发展具有重要影响。

地名作为一种重要的文化景观和文化要素，在城市发展进程中，特别是在城市历史街区保护开发中具有重要的指示和路标作用。人们不仅可以通过对城市地名变化规律的研究和找寻，从中查找到城市发展的趋势、不同历史时期城市的变化特色甚至是城市所赖以存在的社会经济环境。更重要的是，地名承载着人与自然环境的关系，体现着人类的创造力，是一种重要的非物质文化遗产。建立地名用字信息系统，可以更好地对地名用字进行考证。地名用字有利于反映特殊自然人文景观，凸显地域文化色彩，提升旅游城市形象，构建独具特色的旅游目的地，以推动地方旅游经济的发展。

（二）构建地名用字基础信息平台，实现资源共享，提高办事效率

地名用字研究成果有利于文字学、语言学、历史学、地理学等众多学科的发展；同时地名用字规范对于我国语言文字工作、制定相关政策，实现行政管理都有较大帮助。因此，在全球信息化形势下构建起地名用字基础信息平台，对全国地名用字进行全面性、系统性的搜集整理，便于社会各界查阅参考，节省劳力资源与时间，实现效益最大化。

总之，地名用字具有重要的研究价值和意义。

注释：

[1]商伟凡：《守护地名文化的基石——专用汉字》，《中国民政》，2008年第3期。

[2]严军：《中国地名文字学的开创性著作——评〈说文解字〉的地名研究成就》，《杭州师范学院学报》，2002年第6期。

[3]瞿元庆：《〈汉语大字典（第二版）〉所收地名用字研究》，四川外国语大学硕士学位论文，2018年。

[4]刘保全：《抢救和保护地名文化遗产》，《时事报告》，2008年第1期。

[5]商伟凡：《地名标准化与语言文字建设60年》，《语言文字应用》，2009年第3期。

陶文未释文字对写意印风的启示

孟德乡

包头师范学院美术学院

摘 要：未释文字是被人们遗弃的文字体系，不被人们所关注，对未释文字的重新解读和阐释就可以给当代篆刻艺术以新的启示。在学习过程中灵活借鉴未释陶文各种风格的形式美，拓宽学习传统的方法，为时代创造出更加丰富多彩的写意印风艺术形式。

【关键词】陶文　未释文字　写意印风

作为中国传统的篆刻艺术发展到当代，已经从大众化走向精英化，从业余化走向专业化，出现了与时代相和谐的艺术表现形式。几千年的传统文化，我们可以去伪存真，舍弃糟粕，利用精华，也可以变废为宝，化无用为有用，达到对传统更好的继承、借鉴和发扬。

陶文文字无疑是我们关注和学习的必备资料。陶文是指刻画、书写或打印在陶器上的文字，是古文字学的一个重要分支。陶器从新石器时代晚期便已经广泛运用于人们的日常生活，从起初的实用性进而走向装饰性，逐渐开始融合艺术的朴素审美，陶文就在实用的装饰美化中诞生的。对陶文文字的性质学界看法不一，裘锡圭认为是"记号"，郭沫若认为是"具有文字性质的符号"，而于省吾等学者则认为已属文字范畴，唐兰先生在谈到大汶口文化陶文时说，"是现行文字的远祖，它们已经有 5500 年左右的历史了"，可以肯定地说陶文与汉字是有渊源关系的。陶文在中国各类古文字中，存在的时间跨度最长，金文盛行于商代后期，前期只能找到个别例子，再往上追溯文字的始源，就只能从陶文中寻源了。黄宾虹曾经说过："古陶拓片文字，既可实证玺印之用，书体中有雄浑秀劲约分两种，皆足为书法源流之参考。"[1] 陶文相比其他同类古文字有以下特点：首先，陶文的刻画从新石器时代便出现在陶器上，延续时间最长，文字符号形式直接体现了当时人们的审美特点所反映的思维方式；其次，陶文是由制陶工匠在生产中刻画的自然流露，是拙朴的、真实的，最贴近艺术的审美；再次，陶文独特的陶土材料，可以先刻后烧，也可以先烧后刻，质地相对来说是属于易于塑造的软质材料，这样质朴的材料与古拙、诡异、神奇的文字形式相统一，形成一种变化莫测、空灵神秘的印文形式，再加上编著书籍的文字学家拓印文字时由于文字与文字周边的陶面肌理造成模糊的墨拓痕迹，形成了空蒙弥漫、纵迹大化的迷人艺术效果。

未释文字就是古文字学家没有考释出来的出土器物上的古代图形或字符，被附录在字典内的待考释文字。据徐谷甫、王延林著的《古陶字汇》中陶文的已释文字量是1700余字，未释文字为1100余字。王恩田著《陶文字典》已释文字量是1279字，未释文字为1170字。以上两者中的未释文字都占很大的比例，虽然附录在字编的后面，但很难引起学者的重视。古人留下的宝贵财富不能被利用确实是知识资源的浪费。类似的未释文字在甲骨文、金文、简文的字典中均有附录，是中国古文字学中常见的文字现象。由于文字学家难以考释，附录在字编后面，属于"休眠"或"死"的文字系列。在各种陶文字编中，未释文字有大小、有斜正、有一字一形也有一字多形、有阳阴、也有阴阳难辨的图形符号。文字拓片是由专家从陶器上拓成"墨拓"的形式，阴文是专家有意无意地依照文字的外形剪裁，有剪裁文字字形边缘一面的、两面的、三面的或多面的，形状各异，一任自然，文字在黑框内或延伸到框外，阳文是直接拓成无边框的墨线形式。这些陶文未释文字符号引起我们无限的遐想和审美愉悦，使得这些沉寂了几千年的古文字好像还在与我们对话，达到了跨越时空的沟通，触动着我们的心灵。千余个未释文字的造型是那样的奇特、诡异和神秘，已释文字却失去了这样强烈的神秘感受。正如邱振中先生在回答唐楷之的对话："由于'待考文字'与可辨识的古文字形态相去甚远而未能被考释出来，但那些奇特的、不可思议的结构带来神秘而极富新意的空间感觉。利用它，一方面可以避开语义而自由构成……一大批这样的'待考释文字'，放在面前，既不同于人们习见的汉字结构，又不同于西方作品中的结构，这会给人带来多少灵感。"[2]文字是篆刻艺术依赖的形式载体，语义具有对形式和内容限制的作用，具体的语义就有与其相对的形式和内容，这就形成了语义对篆刻创作的束缚，创作时所设想或创造的线条、空间的情调往往受到题材所包含的语义的干扰。所以对未释文字的研究能给学者带来许多灵感和启迪。

由于陶文的时间跨度很长，从新石器时代历经各个时期的古文字符号演变形式都有可能出现，文字形式丰富多彩，从而对未释文字进行了归纳整理，大致分为以下几种类型：

一、象形文字（如图1—8）。这种文字形式具有象形的形式意味，依照物象的形态，抽象出线形或面形，像动物、植物、人物等自然物象，自然而生动，具有原始性、自由性的味道。文字学家唐兰先生说："文字起于绘画，愈古的文字，就愈象图画。图画本没有一定的形式，所以上古的文字，在形式上是最自由的。用绘画来表达文字，可以画出很复杂的图画，也可以很简单地用朱或墨涂出一个囫囵的仿佛形式的物体，在辛店期彩绘的陶器里，我们可以略微看见一些迹象。"[3]象形文字的拟象、抽象特点具有很强的形式美感，不是简单的依物象形，而是经过数千年的应用过程中理性的取与舍，从象形走向理性的概括。

二、几何文字（如图9—14）。理性的秩序化就是这类文字有很强的逻辑造型思维能力，已经不是简单的线的集合，而是一组很具有秩序性的线的和谐，或对称，或均衡，或反复，或疏密，或韵律，或统一等种种形式规律，这种文字有很强的理性逻辑思维，有神秘、诡异的感受。

三、意象文字（如图15—26）。在未释文字中这类符号已经是非常成熟的文字形式了，在字编中占了很大数量，只是文字专家尚未考释出它们的音意，属于待考文字，或许在今后出土的资料多了有可能还原它们的含义。正因为未考释出它们的含义才显得有很强的借鉴性和参考性。这些文字已经摆脱了模拟、写实，走向象征、意象，从形到线的历史过程中，形成了美的形式和审美的形式感。每个文字符号的造型已经纳入理性的秩序之中，简洁明了，是一种高级的抽象概括形式，往往一个文字由多个符号组成，组排在一起，或错落，或大小，或斜正，或轻重，或左右，或上下，或内外。组织过程中运用了节奏、韵律、对称、连续、间隔、变化、统一、错综等多种形式规律。

四、符号文字（如图27—33）。这类文字符号笔画很少，简练概括，有很抽象的形式特点，很难用象形去概括它们，也不是简单的符号组合，是经过时间的推演逐渐形成的，具有标记性质，唐兰这样认为："图画文字和记号文字本是衔接起来的，图画演化得过于简单，就只是一个记号了。"[4]

五、刻画文字（如图34—39）。这类文字表现为一种随意性、自然性，更多的是在制作好陶胚未烧之前的刻画行为，具有很强的书写性质，文字无拘无束、生动活泼、流畅自然、诡异难辨，有很强的艺术感染力，制作陶的工匠往往是百姓技工，没有很深厚的文化,与商周金文的严整、庄重相比,显得陶文更有民间性质的朴素、古拙。这样才能体会到真正意义上心灵的释放和抒发,我们可以体会到他们书写时的轻松自然,达到心灵与物象的合一境界。

六、装饰文字(如图40—41)。装饰性的文字在陶文中为数不多,有类似商周金文中的装饰文字的造型,在拙朴的陶文中却尤其显得珍贵。文字线面结合,点形、线形与面形应用得平均对称,点画造型完整明确。或方形,或圆形,或三角形。这类文字已经从应用文字走向装饰美化的艺术审美,是艺术审美较强的文字造型,反映了当时陶工的聪明与智慧。

七、图画文字(如图42—47)。图画文字是一种文字图案形式,不具有文字具体形象,形成一种模糊不定的文字或图像集合,加上拓印时的模糊效果,有很强的艺术视觉形式感染力。或许是当时的陶工过于随意造成的,或是长期的磨蚀漫漶形成的,或是多种情况再加上拓印时由于文字与文字周边的陶面肌理造成模糊的墨拓痕迹。虽然不是具象的文字符号,却启迪了我们对印面整体风格面貌的思考。通过对未释陶文的解读和分析,罗列出以上七种类型,或许可以为篆刻家们起到抛砖引玉、开拓思维的效果。

陶文近年来逐渐成为艺术界关注的珍贵资料,已经为许多学者所使用,并且丰富了书画篆刻的创作,特别是近年来对写意印风的学习已经自觉地成为时代风气,这种风气说明了人们思想的解放和精神的追求,从实用主义思想走向丰富表现的艺术创作。写意印风就是主观意识在创作中的表现,表现主观的意义、思想内容和审美境界的印章风格。也就是指那种求"神"重于求"形"的印章风格。或粗犷浑厚,或雄健险峻,或自然率真。在创作中,不追求点画的匀称,不过分雕琢修饰,借助奔放的感情通过刀法、字法与章法表现出来。这种写意印风的丰富表现力是独树一帜的,已经成为一种时代精神的产物。写意印风最宜于表达自由奔放的情感世界,又能与快节奏的现代生活相和谐,所以在今天,它在印坛上已发展成为一种主流趋势。陶文资料的推广和出版对古玺印、将军印等写意印风的借鉴起到了推波助澜的作用,繁荣了印风的大众化、多样化和精深化。目前未释陶文能给当代写意印风怎样的启迪呢?

第一,未释陶文给当代写意印风带来了更大的想象和联想空间,使我们不被文字的内容所限制和制约,去参照和预想我们所要得到的艺术表现形式。想象和联想在视觉艺术思维中是不可缺少的重要成分,是决定艺术创作成功与否的重要条件之一。未释文字的这种有造型没有音意的特殊文字就具备了产生想象和联想的参照和预想条件，联想是人头脑中记忆和想象联系的纽带。由于人对事物的记忆而引发出思维的联想，记忆的许多片段通过联想形式进行衔接，转换为新的想法。在艺术创作的过程中，联想与想象是记忆的提炼、升华、扩展和创造，而不是简单的再现。从这个过程中产生的一个设想导致另外一个设想或更多的设想，从而不断地创作出新的作品。未释文字的造型为我们创作提供了参照的样板和想象的空间，经过对文字的想象、照应和参考就可以达到美好的形式，感受和体验美好的形式规律。

第二，未释文字的形式构成秩序和空间布白为写意印风提供和拓展丰富的形式美效果。未释陶文的文字形式构成是线的组合，包括阴文和阳文，其中阴文数量较多，任何一个文字都有它的构成形式，这种形式就是我们要探讨的秩序规律，线形的秩序包括线的形状、线的方向、线的长短、线的位置和线的质感以及内部开合等性质的变化与统一，就是在对立统一中寻求统一，在统一中设置对立，构成了作品丰富的形式美。秩序反映到现实物象之中是属于视知觉范畴的，通过视知觉对物象的感受反应，得到一种愉悦的感官状态，这种状态就是美好的秩序。秩序的产生需要以下几个特点：1. 世界物象的客观存在；2. 物象形式所传达感官器官的愉悦；3. 物象形式所传达出的比较稳定的视觉形式。任何艺术创作都是在追求美的秩序，书法艺术是以文字符号为载体，在点画与点画、字与字、行与行之间寻求美好的秩序，成为美好的艺术，篆刻艺术也是同样的。正如英国经验主义集大成者休谟在《论人性》中说道："美是（对象）各部分之间的这样一种秩序和结构，由于人性的本来构造，由于习俗，或是由于偶然的心情，这种秩序和结构适宜于使心灵感到快乐和满足。这就是美的特征。"[5] 同时未释陶文也为我们提供了广阔的艺术形式美的空间，实现我们对美的探索。陶文的线形是正形，负形是线形之外的布白，这种关系称之为空间，未释陶文单字的空间分为内空间和外空间，陶文的阴文就如一方印章，它的外空间是由文字学家剪裁出的黑色边框，内空间是文字内部之间的空白。阳文就如一个墨迹的单字，特别是阴文很明确地传达出空间的特点，美好的线形是由它的空间所衬托出来的，即空间布白，未释陶文的空间美是由于线形的姿态、秩序、疏密、穿插、轻重等关系形成的，正形的美好必然使负形得以美好的形，两者是相辅相成、相互统一的关系。它们美的空间是通过布置空间、组织空间、创造空间、扩大空间等多种手法实施的，以黑与白的形式形成对立的关系，互为作用，"记白当黑"或"记黑当白"，也就是说以虚带白，以实带虚，虚中有实，实中有虚，虚实结合，这是中国美学思想的核心问题。在二者相互转化的秩序中产生美的秩序，从而产生对立统一阴阳相生的关系，在黑与白的空间里寻求美好的秩序，经营组织空间和线形是需要掌握应用美的形式规律方法的，正如沈复所说："大中见小，小中见大，虚中有实，实中有虚，或藏或露，或浅或深，不仅在周回曲折四字也。"[6]"周回曲折"四字应该是我们空间布白的基本方法，也是我们一般的艺术审美标准，在未释陶文中有无数的空间变化形式，为我们提供了取之不尽的形式美样本。

第三，未释文字的每个字或每一组字形都是一方非常珍贵的"印拓"，它的视觉形式美是写意印风借鉴的风格形式大全。在陶文字编未释陶文中每个字都是一方精彩的印拓，风格形式多样，或厚重，或雄强，或纤细，或朦胧，或遒劲，或荒诞，或诡异等等都给人以不尽的感受，我们在欣赏、学习或创作时就可以去体会、模仿和研究它们的造型特点、线条质感、肌理效果和空间布白。在分析、学习和模仿的过程中总结各种风格的形式规律，拓宽学习传统的方法，借鉴和汲取美好的风格形式，就可以丰富当代写意印风艺术的风格形式，达到百花齐放、百家争鸣的艺术氛围，不愧于这个美好的时代。

未释文字虽然不被人们所关注，但可作为篆刻学的珍贵参考资料，能拓宽我们的视野，在文化日益繁荣的今天，借鉴未释文字的形式美规律推动篆刻艺术事业的繁荣和复兴，使我们做得更加专业化、系统化和精深化！

参考文献：

[1] 赵志钧：《黄宾虹金石篆印丛编》，人民美术出版社 1999 年版，第 163 页。

[2] 邱振中：《书写与观照》，中国人民大学出版社 2006 年版，第 202 页。

[3] 唐兰：《中国文字学》，上海古籍出版社 2003 年版，第 101 页。

[4]《中国文字学》，第 94 页。

[5]《黄宾虹金石篆印丛编》，第 665 页。

[6] 朱光潜：《西方美学史》（下卷），人民文学出版社 1996 年版，第 370 页。

[7] 宗白华：《艺境》，北京大学出版社 1997 年版。

附图（以下图例出自徐谷甫、王延林著《古陶字汇》和王恩田著《陶文字典》）:

图1　　　　　图2　　　　　图3　　　　　图4

图5　　　　　图6　　　　　图7　　　　　图8

图9　　　　　图10　　　　　图11　　　　　图12

图13　　　　　图14

图 15　　　　　　图 16　　　　　　图 17　　　　　　图 18

图 19　　　　　　图 20　　　　　　图 21　　　　　　图 22

图 23　　　　　　图 24　　　　　　图 25　　　　　　图 26

图 27　　　　　　图 28　　　　　　图 29　　　　　　图 30

图 31　　　　　　图 32　　　　　　图 33

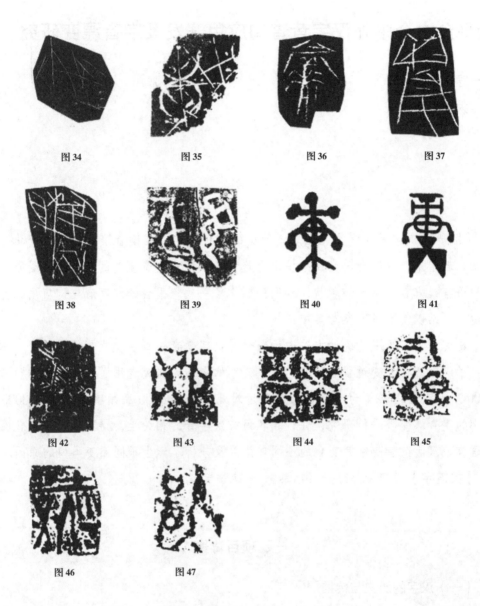

图 34　　　　　图 35　　　　　图 36　　　　　图 37

图 38　　　　　图 39　　　　　图 40　　　　　图 41

图 42　　　　　图 43　　　　　图 44　　　　　图 45

图 46　　　　　图 47

跨平台古今中外汉字音查询应用开发及字音漂变研究

吕一铮

清华大学环境学院

【摘要】汉字是汉字文化圈广泛使用的一种文字，其读音演变较字形变化尤为复杂。近年来，汉字音研究成果呈上升趋势，但针对读音演变的研究大多局限于某一种语言或方言。基于该现状，我们先制作了一款跨平台的汉字音查询应用，并且搭建了网站以使更多人参与其中。

其次，我们使用了统计方法进行研究。汉字读音一直在发生着随机漂变。本文研究了汉字音在漂变过程中字频对其漂变率的影响。研究选用了古代汉语语料库中1500 万古汉语语料作为字频标准。通过对几种语言 6000 高频字和普通话 3000 高频字的字音漂变数进行研究，并计算各语言汉字音的相关性，得到了汉字文化圈不同语言中汉字读音随字频变化的不同规律以及分析了产生不同漂变类型的原因。

【关键字】汉字音 应用制作 漂变 统计分析

一、项目背景

（一）汉字的历史与传播

汉字是迄今为止连续使用时间最长的文字，也是上古时期各大文字体系中唯一传承至今的文字，中国历代皆以汉字为主要官方文字，在夏商时期，汉字以甲骨文的形式，已经具备了"象形、会意、形声、指事、转注、假借"的造字方法，成为了系统性的完备的文字。[1] 饶宗颐先生说："造成中华文化核心的是汉字，而且成为中国精神文明的旗帜。"

1.汉语的汉字读音

随着时代变迁，汉字的字体在发生着变化，从甲骨文、金文、篆书、隶书、楷书到现今通行的简体字。但是，由于汉字的表意性，与汉字发音的变化相比字形的变化基本可以忽略不计。纵向来看，汉字从先秦时代的上古音演变为唐代的中古音，再到现今的普通话，经历了一个极其复杂而显著的过程。从上古音到中古音声调的出现和复辅音的消失，从中古音到现代普通话入声和尖团音的消失，现今的中国人恐怕是不可能听懂祖先的对话了。横向来看，由于地形，移民等一系列因素的影响，中国现代存在着八大方言区，其中以官话和粤语的影响力最大。这些方言的汉字读音差别程度较大，互相交流均存在着障碍。

2. 域外方音

汉字的影响力不仅局限在中国，也辐射至东亚周边国家，形成了"汉字文化圈"，涵盖了日本、韩国、朝鲜、越南和琉球等国家。汉字在古代传入这些国家后，与各国原有的语言相结合，逐渐成为各国语言中不可或缺的一部分。

日本：日语汉字读音比较复杂，可以分为音读和训读；而其中音读根据传入时间可以分为汉音、吴音和唐音，而这些读音在历史演变中也发生了转变，出现了历史假名遣和现代假名遣的区别。

韩国（朝鲜）：朝鲜半岛与中原接触较多，汉字很早便传入了韩语之中。韩语汉字只有音读不存在训读。世宗大王在创制《训民正音》时，即参考了中原的《洪武正韵》，初声和终声可以与汉语一一对应。随着韩语的发展，一些子音和母音不再使用，但大致仍保留不变。

越南：汉越音是唐代传入越南的汉字读音，是所有域外方音中唯一保留了中古汉语平上去入分阴阳这一声调系统的语言。此外，也有极少量的发音是上古汉越音。[2]

（二）研究现状

王力先生是研究上古、中古汉语的专家，同时在越南语研究上也颇有建树。在域外方音的研究上，20世纪初，法国汉学家马伯乐最先讨论了朝鲜语和越南语中的汉字音问题，而后瑞典汉学家高本汉在《中国音韵学研究》中，首次根据33种汉语方言，结合日、朝、越语汉字音的实际读音，构拟出《切韵》为代表的中古音音值。其中，日语汉字读音的研究成果和深入度显著高于其余领域。[3]

进入新世纪以来，汉字读音研究成果呈上升趋势，音韵学的研究者和学习者的人数也与日俱增。但是目前大多工作仍然都是以传统的论文和各语言分别的词典为主，很少有利用大数据统计的方法进行分析的研究。

　　具体而言，我们关注了两个前人尚未涉及的问题：首先，汉字音韵学习者和爱好者缺乏一款能够整合前人成果登入各语言和域外方音中汉字的读音，并详细地标识出多音字各读音的对应关系的查询应用。此外，针对汉字读音演变的研究也大多着眼于某一种语言或方言中的单字或韵部，鲜有基于大量汉字多语言（方言）汉字音的分析和相关性研究。

二、基础工作

（一）应用制作与完善

　　本研究的基础是一款跨平台的手机应用软件，可在安卓和 ios 系统上运行。应用在参考了现有的各词典软件的基础上制作而成。字库涵盖了 unicode 中 CJK 字符集的 20903 个汉字。

　　应用的目标受众是音韵学的学习者和研究者，根据功能设置，我们希望本应用能够为音韵学相关人员提供便利的汉字读音查询手段。同时对于音韵学的学习者，应用也能够成为一个快捷便利的工具。

　　目前应用具有的功能有：当输入一个汉字后，软件应当能够显示其在各种语言和方言的读音；如果有多音现象也一并列出，且一一标明和中古汉语读音的对应关系。同时，在输入某种语言的读音时，可以搜索到该读音对应的所有汉字。同时，为方便学习者，我们制作了生字本功能以便标记。可以将不熟悉或者不认识的汉字添加到生字本中方便整理和复习。

1. 字库工作

　　字库整理工作是本工作中最重要也是最艰难的部分。字库共计 20903 个汉字，字库中包含了各语言和方言中汉字的读音，具体如下：（1）汉语下的官话，粤语和吴语的汉字读音。官话以普通话为例，计划参考《现代汉语词典》[4]，粤语参考何文汇的粤语正读字汇和粤语审音配词字库（香港中文大学网站），吴语以上海话为准，来源为 1988 年的上海市区方言志。（2）日语的汉音、吴音、唐音和惯用音。日语主要参考《大汉和辞典》[5]，《汉辞海》和《汉字源》[6]。（3）朝鲜语汉字读音。参考整理《全韵玉篇》[7]。（4）越南汉越音。参考整理《汉字与汉越音对照词典》[8]和汉喃复活委员会的字库。（5）汉语中古音，使用 Polyhedron 的罗马字转写方案[9]记录（此项参考已有的汉语古今读音表）。此外，计划整理异体字和多音字。（6）

汉语上古音。来源为小学堂上古音网站数据。

在整理读音的基础上，字库还包含了多音字的各个读音对应，具体如表 1 所示。我们确保一切读音演变的出发点都是中古音，即用中古音的各个读音对应上各语言中现在的读音。用同一个序号表示为来源于同一个中古汉语发音。

表 1　多音字单字整理示例

语言	读音名称	读音表			
汉语	上古音	先秦	王力系统	鱼	ts^h	a
		先秦	董同龢系统	鱼	ts^h	ɑg
		先秦	周法高系统	鱼	ts^h	aɤ
		先秦	李方桂系统	鱼	tsh	agh
		两汉	东汉	鱼		
		先秦	高本汉系统		ts^h	ɑk
		先秦	王力系统	铎	ts^h	ak
		先秦	董同龢系统	鱼	ts^h	ɑk
		先秦	周法高系统	铎	ts^h	ak
		先秦	李方桂系统	鱼	tsh	ak
	中古音	[1] choh [2] chak			
	普通话	[1] cuò			
	粤语	[1] cou3			
	吴语				
	闽南语	[1] tshu3			
韩语	韩语谚文	[1] 조 [2] 착			
越南语	汉越音	[1] thố [2] thác			
日语	吴音	[1] す [2] さく			
	汉音	[1] そ [2] さく			

此外，为了规范拼写，所有的语言中汉字读音在整理时统一转换为通行的罗马字方案。中古音使用 Polyhedron 的罗马字转写方案，日语统一用日本式罗马字，韩语则使用文化观光部 2000 年式罗马字表记法。但是为了使用者查询便利，我们在载入字库时，便需要有罗马字和本民族语言两种形式呈现，所以也完成了罗马字到假名和谚文的转换工作。

2．应用编写

本应用收字范围为 unicode 的 CJK 字符集（绝大部分《汉字内码扩展规范》中的汉字），共计 20902 个汉字。当输入一个汉字后，软件能够显示其在各种语言和方言的读音，并且能显示异体字。如果有多音现象也一并列出。同时，在输入某种语言的读音时，可以搜索到该读音对应的所有汉字。此外，生字本功能也是本应用的重要特色。

根据前期资料搜索和与专家访谈，确认目前学界尚未有类似应用。早些年 Android 系统上有一位美国华裔工程师曾编写过类似应用，收字和内容较为简单。我们与其取得了联系。在交流后他表示鼎力支持我们团队在苹果系统上的应用编写，并且对我们开放了代码以供参考。[10]

最初应用基于苹果公司的移动操作系统 iOS，可以在 iPhone、iPad 等多种平台上运行。iOS 系统具有操作流畅、界面美观、应用质量高等优点，被越来越多的用户选择。应用采用前沿的 Swift 语言编写（这是苹果公司于 2014 年才发布的新编程语言），未来也能够方便移植到桌面操作系统 macOS 上。然而，在移动设备市场上，Android 系统的份额占据八成，而 iOS 系统仅有不到两成。为了能够让更多的用户使用，我们决定将本应用移植到 Android 平台上。现在我们已经实现了跨平台的目标，无论是 iOS 用户还是 Android 用户，均能够安装并使用本应用。

目前，应用的基本功能已经编写完毕，界面如图 2 所示。我们把整理好的部分汉字录入了 SQLite3 数据库，并置入应用内部。应用支持单字输入和词组输入，并且可以支持简繁、异体转换。当用户输入汉字后，应用将显示其在各种语言和方言的读音。如果有多音现象也一并列出。同时，应用也支持输入罗马字转写的读音来查询该读音对应的汉字。

我们制作了生字本功能以便标记。用户点击应用下方的"生字本"后，将会切换到生字本界面（如图 3），生字本中包含了用户认为不熟悉或者不认识的汉字，以方便整理和复习。用户点击汉字下方的星星后，就可以将该字加入生字本，星星也会变亮；用户再次点击星星后，该字会从生字本中删除，星星也会变暗。

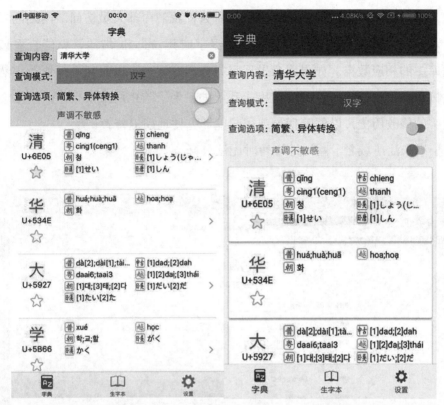

图一　应用界面查询示意图（左侧为 iOS 系统，右侧为 Android 系统）

（二）网站建设与运行

在整理字库的过程中，我们原先使用 Excel 表格存储字库，但由于字库太庞大，用计算机打开文件和进行编辑时的反应较慢，影响了整理的效率。而且单文件存储的形式也不利于多人协作。因此，我们决定搭建一个网站，使我们能够在线进行字库的整理。

建立网站还有一个优点，那就是可以让更多的人加入我们的行列。就像维基百科那样，只要对此感兴趣，任何人都可以到我们的网站上注册账号，申请编辑权限，然后就可以帮助查找我们的错误，或对我们的工作进行补充。

我们的网站基于 B/S 架构，只需通过 WDb 浏览器就可以进行访问和编辑，无论是桌面端还是移动端。网站的网页端使用 HTML，JavaScript，CSS 等技术，服务器端使用基于 Python 语言的 Django 框架，后端数据库使用和应用相一致的 SQLite3 数据库，能够方便地与应用数据库之间进行转换。

目前，网站已成功搭建并部署，已具有用户登录、注册，查询、修改字库数据等功能。不过由于网站功能尚未完善，暂时只供我们内部人员访问。网站的界面如图 3 所示，用户只需在搜索框中输入一个汉字或其 unicode 编码，就能查看该汉字在数据库中的相应数据。如果用户发现哪条数据有误，可以对其进行修改，然后点击修改按钮即可将修改同步到数据库中。此外，为了防止用户误操作，网站会记录每个汉字的修改历史，以便管理员或用户能够方便地回退修改。

由于尚未注册域名，网站地址暂时无法公开。

图二　在线查询网站界面

三、字频及相关性分析

（一）概述

语言和基因类似，都是通过代际传播而演化，并有机会进行差异复制。我们知道，即使在没有自然选择的情况下，基因频率随着遗传漂移而随机变化。自然地，当生物进化中基因漂变的概念被类比至汉字读音中，我们也可以认为，汉字读音在从中古音演变至当前汉语的各种方言以及域外方音的过程中，同样经历了类似的随机漂变的过程。

本文研究了汉字音在漂变过程中最主要的外在因素，即字频对其漂变率的影响。我们使用从先秦至明清之间 1500 万字语料中获得的古汉语字频表，分析了字频对汉字在各种语言中读音漂变的影响。我们在某些情况下拒绝随机漂移，例如因为简化字与繁体字重合后读音有所增加的汉字。结论表明，随机漂移对于低字频词语来说影响效果更显著，这可以解释为什么生僻字比常用字更容易念错。之后，我们研究了各语言或方言中汉字读音漂变之间的相关性，结论表明了汉语对韩语和日语的影响较小，而与越南语在汉字读音的演变上存在着极强的相互影响。

（二）字频分析

前人的众多类似工作表明，使用频率是词汇或者语法结果漂变的一个重要影响因素。[11] 在本研究中，我们假设低频汉字由于使用次数较少，容易产生读音的偏差。

我们选用了古代汉语语料库汉字频率表作为我们字频的标准。该频率表是来自于 1500 万古汉语语料，仅收录出现频数大于等于两次的汉字。以一千字作为分段标准，前 1000 高频字占据了语料库所有汉字中 84.98%；前 2000 占 95.02%；前 6000 字已经覆盖了 99.99% 在文章中出现过的汉字，因研究对象选取高频 6000 字是合理的，能够广泛代表古汉语中常用的汉字。

我们定义字音漂变为汉字读音在某种语言或方言中读音与中古音韵地位按规律演变所得的读音相比缺失、增加或减少。字音漂变数则是指一个汉字在该种语言或者方言中与中古音韵地位按规律演变得的读音相比缺失、增加和减少的量。基于应用工作，我们已经整理完成了所有汉字在各种语言中的读音缺失，增加和错误。当一个汉字在某种语言中出现上述三种情况之一，之二甚至全部，则将其漂变布尔值记为 1，否则为 0；同时标记其漂变数。接着将 6000 字按频率从高到低 1 至 6000 标号成为频次序号，并从 1 至 6000 号字累加之前的漂变布尔值和漂变数。最后绘制累加漂变布尔值和累加漂变数对频次序号的函数图像，通过拟合曲线进行分析。

因为斜率代表漂变率随着字频的变化率，因此我们只需定性分析其斜率变化情况，故不妨拟合为多项式，且一般可认为 R2 达到 0.999 以上的函数为合适的拟合结果。

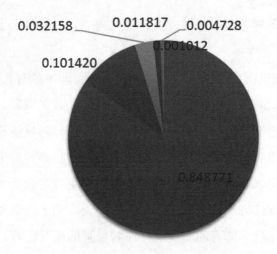

0.032158   0.011817   0.004728

0.101420   0.001012

0.848771

■1000字 ■2000字 ■3000字 ■4000字 ■5000字 ■6000字

图三　千字字频占总语料库字数比例

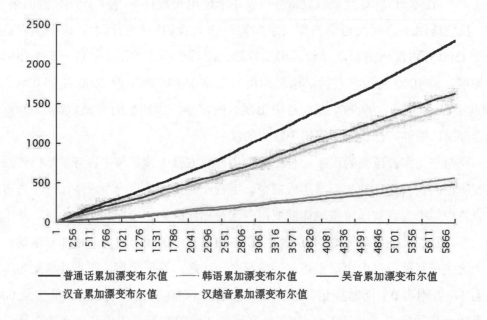

——普通话累加漂变布尔值 ——韩语累加漂变布尔值 ——吴音累加漂变布尔值
——汉音累加漂变布尔值 ——汉越音累加漂变布尔值

R2，拟合截距为0	普通话	韩语	吴音	汉音	汉越音
一次	0.9912	0.9963	0.9846	0.9856	0.9958
二次	0.9997	0.9993	0.9992	0.9987	0.9995
三次	0.9997	0.9998	0.9993	0.9989	0.9995

图四　各语言累加漂变布尔值与频次序数曲线

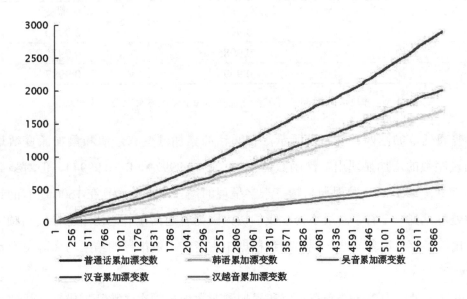

R2，拟合截距为0	普通话	韩语	吴音	汉音	汉越音
一次	0.9861	0.9960	0.9786	0.9809	0.9917
二次	0.9994	0.9991	0.9990	0.9988	0.9995
三次	0.9995	0.9998	0.9993	0.9989	0.9996

图五　各语言累加漂变数与频次序数曲线

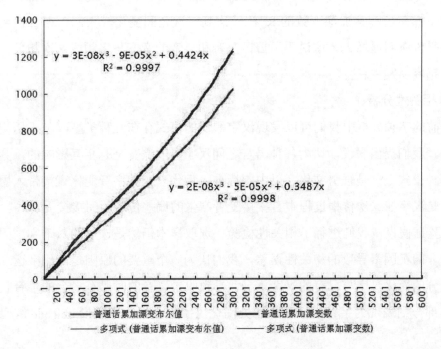

R2，拟合截距为 0	累加漂变布尔值	累加漂变数
一次	0.9963	0.9950
二次	0.9985	0.9971
三次	0.9998	0.9997

图六　普通话高频 3000 字累加漂变布尔值和累加漂变数与频次曲线

普通话：如图四、五、六所示，普通话的累加漂变布尔值和累加漂变数均随着频次序数的增加显现出二次函数的特性（R^2=0.9997 和 R^2=0.9994）。但对最高频 3000 字进一步分析，发现最高频三千字呈现的是三次函数，且在 1600 左右的频次序数处可见到一个斜率的最小处。我们认为因为普通话在口语使用中导致高频字的发音出现了存古现象，这一现象导致根据中古音韵地位推导的结果与实际发音不相符合。

韩语：韩语中累加漂变布尔值和累加漂变数均与频次序数几乎成一次线性关系（R^2=0.9988 和 R^2=0.9991），说明韩语汉字的音变与字频关系不大，高频字与低频字发生音变的概率近似相同。这一结论与之前的假设产生矛盾。通过文献，我们推测因为韩语历史上几次引入中国的韵书以修正民间惯用的汉字音，导致漂变基本都是因为清浊混淆和韵部偏差发生，因此掩盖了低频字容易发生漂变的特点。

越南语汉越音，日语汉音和吴音：此三者基本符合假定。汉越音、汉音和吴音的累加漂变布尔值和累加漂变数的 R^2 在一次到二次之间变化较大，而在二次到三次之间几乎没有明显增大。这说明了日语汉音和吴音的音变与字频成二次相关，字频越低，越容易发生音变。

（三）相关性分析

从之前的字频分析中我们可以发现汉字漂变的模式存在几种类型。基于历史文献和经验，我们提出假说，认为各种语言之间汉字音的漂变是有相互影响的，具体有以下两种模式：一是强势文化（以中国标准语为代表）的字音变化直接带入周边语言；二是汉字在二次传播过程中直接接受者产生的偏差传递至间接接受者。

为了验证假设，我们进行了相关性检验。选取样本仍然是选取的六千字。因为其中具有非随机因素导致的相关性误差，我们认为一个重要的原因是简化字运动导致了一部分的简化汉字与已有的汉字重合，导致收录读音的时候有多余的字音收录进去。这部分则表现为字音的漂变。此处简化汉字定义为与原字形 unicode 编码不同的汉字。

　　通过简体字和繁体字对照表,统计可知6000字中共存在106个字与简化字同形,因此我们将其排除出相关性检验样本后进行相关性分析。

　　1.　背景值界定

　　虽然理论上汉字读音的演变是完全随机的,但是事实上在逐字分析的过程中我们发现部分汉字在各种语言中都容易发生漂变,其原因大致有错误的偏旁类推和多音韵地位汉字的发音缺失。基于此,如果单纯计算任意两种语言间汉字发音的相关性,结论不是非常可信。因此在相关性分析之前需要选定背景值作为衡量的标准。

　　根据前人的文献[12],我们认为越南语日本从唐代开始至近代不存在大规模的文化交流现象。法国殖民越南之前,日越交流的主要形式是贸易交往以及海上漂流,涉及的人员和频次较低;法属时期特别是20世纪初,越南志士掀起的东游运动也仅是局限于精英阶层和知识分子,没有对语言产生实质性的影响,因此我们认为可以用日语吴音及汉音分别和汉越音的相关性来作为相关性的背景值,即若相关性高于该值则认为两者存在相互影响作用。

　　运用SPSS软件计算相关性,可得汉字字音在吴音和汉越音中漂变的Pearson相关性为0.321,在汉音和汉越音中为0.298,两者均通过检验假设。由此,我们将背景值选定为Pearson value=0.3。

　　2.汉语、日语和韩语汉字音的相关性

　　在研究了汉语普通话与韩语的相关性后,我们惊讶地发现两者的Pearson相关性仅有0.191,虽然通过了显著性检验,但是与之前选定的背景值0.3相比,可知韩汉之间汉字音的漂变几乎不存在联系。普通话与日语汉音和吴音之间的相关性系数分别为0.251和0.272,同样低于背景值。

　　推测韩语与普通话漂变相关性较低的原因有以下两点:一是韩语中发生了大量的清浊音混淆,这在汉语官话中是极少出现的;二是朝鲜时代最后一次引入并推广韵书作为汉字读音的标准是明代的《洪武正韵译训》,之后由于尊周思明的文化政策排斥清代的韵书,转而开始编纂基于本国的韵书。[13]由于韵书多采用古音,使得一些发生在汉语口语中的音变没有影响到朝鲜半岛,而这部分音变则是现今普通话字音漂变的重要组成部分。

　　日语的这一现象原因推测如下:日语从汉语中吸收汉字读音是多层次的,后期受汉语影响传入的不符合演变规律的读音已经被归入了唐音及惯用音中,因此汉音和吴音相对而言不再受到汉语字音发音的持续影响。

历史上汉字经由韩国传播至日本，因此有可能在传递过程中韩语汉字音产生的误差会带给日语汉字音。汉音和吴音与韩语漂变的 Pearson 相关性值分别为 0.313 和 0.303。该结果虽然几乎与背景值 0.3 相等，但是明显高于与普通话漂变之间的相关性。结合读音整理工作，可证明汉字在二次传播过程中在韩语中产生的偏差确实部分传递至了日本，但是这部分在整体中占据的比例并不高。

3. 汉语与汉越音的相关性

普通话与汉越音漂变之间的 Pearson 相关性为 0.591，说明两者存在强相关性。具体分析两者漂变的类型，我们认为原因主要是汉越音与普通话的字音在声调上的变化有许多共通之处，甚至部分变调导致的漂变都极为类似。由此我们可以推论汉越音受到了汉语近代以来多次发音的影响，从而说明了汉越两国和两个民族自古以来密不可分的交流，同时说明越南语的发展始终受到汉语和汉文化的影响。

（四）结论

根据字频和相关性的分析，我们运用大数据的方法实现了对于汉字字音漂变在各种语言中影响因素的分析。

首先，总体而言可以认定字频是影响汉字漂变的重要因素。在日语和越南语的研究中，我们均可以发现随着字频的下降，汉字读音发生漂变的概率逐渐提高，这一结论与生物学上基因的情况类似：常用的基因会有自我修复能力，传播过程中更不容易出错。普通话初期显示的高频波动是因为汉字在中文官话区内是作为日常用语存在的，导致最常用的汉字出现了读音存古现象。而韩语因为其发生了大面积的清浊音混淆和整体韵部偏差，导致字频对漂变率几乎没有影响。

其次，我们认为汉字从中国传播至汉字文化圈后，除了越南之外，中国主流汉字的读音对于日韩两国的汉字读音影响不大；同时，汉字在二次传播过程中直接接受者产生的偏差传递至间接接受者的比例也不显著。由此我们认为，汉字音韵的漂变在各国间基本都是独立发生的，可以忽视受到别的语言影响这一因素进行分析。

四、总结和展望

我们团队的基础工作是一款跨平台的应用，立足于传统音韵学和现代信息技术的交叉口，希望以电子词典的形式整合目前对于汉字读音及其演变的研究工作，并且整理了一字多音现象，希望能够为音韵学研究者和学习者提供一个便捷准确的汉字读音查询软件。我们也制作了网站以增加影响力，为广大音韵学研究者和学习者